Meisner-Stern-Hodes

NACHBARRECHT

IM BUNDESGEBIET (OHNE BAYERN) UND IN WESTBERLIN

3. verbesserte und erweiterte Auflage

(früher: Meisner-Stern
Preußisches Nachbarrecht)

bearbeitet von

Dr. Fritz Hodes
Oberlandesgerichtsrat in Frankfurt a. M.

1956

J. SCHWEITZER VERLAG BERLIN

Satz: Walter de Gruyter & Co., Berlin W 35
Druck: Berliner Buchdruckerei „Union" GmbH., Berlin SW 29

Aus dem Vorwort
zum
„Preußischen Nachbarrecht"

Die vorliegende Abhandlung enthält die gesamten, auf das Nachbarrecht bezüglichen Vorschriften des Reichs- und Landesrechts mit Einschluß des Rechts der Grunddienstbarkeiten, jedoch unter Ausscheidung des Wasserrechts. Es wurde darauf Bedacht genommen, den Zusammenhang des neuen Rechts mit den alten Rechtsquellen einschließlich der Partikularrechte herzustellen. Die öffentlich-rechtlichen Normen sind insoweit einbezogen, als dies mit Rücksicht auf den Zweck einer zusammenfassenden Darstellung des Nachbarrechts geboten schien.

Unbeschadet des Strebens nach wissenschaftlicher Durchdringung des Stoffes ist darauf Bedacht genommen, durch klare und gemeinverständliche Sprache auch dem Laien die Handhabung des Buches zu ermöglichen. Das eingehende Sachregister und das reichhaltige Wortverzeichnis wird dies wesentlich erleichtern.

Würzburg und Berlin, im September 1926

Christian Meisner. Heinrich Stern

Aus dem Vorwort zur 2. Auflage

Das „Preußische Nachbarrecht" ist seit Jahren vergriffen. Dieser Umstand und die Tatsache, daß in den vergangenen Jahrzehnten durch den Gesetzgeber und die Rechtsprechung das Nachbarrecht eine erhebliche Um- und Fortbildung erfahren hat, ließen den Wunsch nach einer baldigen Neuauflage des Werkes entstehen. Dieser Wunsch verdichtete sich zu einer unausweichlichen Forderung, nachdem im Zuge des wirtschaftlichen Wiederaufstiegs der Bundesrepublik auch der Wiederaufbau der durch den totalen Krieg verwüsteten Städte und Dörfer in einem nicht für möglich gehaltenen Tempo und Ausmaß in Gang gekommen war und im Zusammenhang damit die nachbarrechtlichen Vorschriften für das Wirtschafts- und Rechtsleben eine höchst zeitnahe Bedeutung erlangt hatten.

Diese Neuauflage konnte aber, nachdem inzwischen der Preußische Staat zu bestehen aufgehört hatte und seine Gebiete entweder zu selbständigen Bundesländern erklärt oder anderen ehemals außerpreußischen Gebieten zwecks Bildung einer neuen staatlichen Einheit zugeschlagen worden waren, sich nicht mehr auf die Darstellung des Preußischen Nachbarrechts beschränken, sondern mußte darüber hinaus sich mit dem im gesamten Bundesgebiet und West-Berlin geltenden Nachbarrecht — Bayern ausgenommen, dessen Nachbarrecht bereits von Ring abgehandelt ist — befassen. Bei Erledigung dieser Aufgabe wurde angestrebt, die für das „Preußische Nachbarrecht" von seinen Verfassern vorgezeichnete Grundlinie, „neben wissenschaftlicher Durchdringung des Stoffes durch klare und gemeinverständliche Sprache die Handhabung des Buches auch dem Laien zu ermöglichen", beizubehalten.

Aus Gründen einer besseren Übersicht sind außer Kraft getretene und Übergangsvorschriften sowie Bestimmungen von minderer oder nur örtlich begrenzter Bedeutung im Kleindruck gebracht.

Frankfurt a. M., im Januar 1955

Vorwort zur 3. Auflage

Wenn auch diese Neuauflage verhältnismäßig rasch der 2. Auflage folgt, so erweitert sie doch in verschiedener Hinsicht das Werk, und zwar in erster Linie unter Berücksichtigung der in Besprechungen oder persönlich an den Verfasser herangetragenen Anregungen. Daneben sind selbstverständlich Rechtsprechung und Schrifttum auf den neuesten Stand gebracht. Schließlich wurden einzelne landesrechtliche Vorschriften, insbesondere die des früheren Landes Braunschweig, ergänzt oder vertieft.

Frankfurt a. M., 30. Juni 1956 Dr. Hodes

Inhaltsverzeichnis

Seite

Abkürzungen

ALR	= Allgemeines Landrecht für die preuß. Staaten
AG	= Ausführungsgesetz
Anw.	= Anweisung
ArchBR	= Archiv für bürgerliches Recht
ArchÖffR	= Archiv für öffentliches Recht
ArchZivPr.	= Archiv für die zivilistische Praxis
AV	= Allgemeine Verfügung
BadRspr.	= Badische Rechtsprechung
BayKKG	= Bayrischer Kompetenzkonfliktsgerichtshof
BayLR	= Bayrisches Landrecht
BayObLG	= Entscheidungen des bayerischen Obersten Landesgerichts in Zivilsachen
BayObLGSt.	= Entscheidungen des bayerischen Obersten Landesgerichts in Strafsachen
BayOGH	= Entscheidungen des obersten Gerichtshofes für Bayern in Zivilsachen
BayVGH	= Entscheidungen des bayerischen Verwaltungsgerichtshofs
BayZ	= Zeitschrift für Rechtspflege in Bayern
BB	= Betriebsberater
Begr.	= Begründung
BGBl.	= Bundesgesetzblatt
BGH	= Bundesgerichtshof
Biermann	= Biermann, das Sachenrecht des BGB 3. Aufl.
BlAdmPr.	= Braters Blätter für Administrative Praxis in Bayern
Bolze	= Bolze, Praxis des Reichsgerichts
C. c.	= Code civil
Cosack	= Cosack, Lehrbuch des Deutschen Bürgerlichen Rechts, 6. Aufl.
Crome	= Crome, System des Deutschen Bürgerlichen Rechts
Crusen-Müller	= Crusen und Müller, Das preußische Ausführungsgesetz zum BGB
Denkschrift	= Denkschrift zum Entwurf eines BGB
Dernburg Pand.	= Dernburg, Pandekten, 7. Aufl.
Dernburg PrPrR	= Dernburg, Lehrbuch des Preußischen Privatrechts
Dernburg SR	= Dernburg, Das Bürgerliche Gesetzbuch des Deutschen Reichs und Preußens. Bd. III, Sachenrecht, 4. Aufl.
Dittus-Zinkahn	= Baulandbeschaffungsgesetz 1954
DJZ	= Deutsche Juristenzeitung
DNotZ	= Zeitschr. d. Deutschen Notarvereins
DR	= Deutsches Recht
DVBl.	= Deutsches Verwaltungsblatt
DWW	= Deutsche Wohnungswirtschaft

Endemann	= Endemann, Einführung in das Studium des BGB, 8./9. Aufl.
EntschFG	= Entscheidungen in Angelegenheiten der freiwilligen Gerichtsbarkeit
Entw.	= Entwurf
ErbbauRVO	= Verordg. über das Erbbaurecht vom 19. 1. 1919 (RGBl. I.72)
ErgB	= Ergänzungsband
Ermann	= Handkomm. zum BGB, 1952
Foerster-Eccius	= Foerster-Eccius, Preußisches Privatrecht, 7. Aufl.
FkfRdsch.	= Frankfurter Rundschau
Fuchs	= Fuchs, Grundbuchrecht
GBO	= Grundbuchordnung
GewO	= Gewerbeordnung
Gierke	= Gierke, Deutsches Privatrecht, Bd. II, Sachenrecht
Goldmann-Lilienthal	= Goldmann und Lilienthal, Das Bürgerl. Gesetzbuch, systematisch dargestellt, 2. Aufl. Bd. II, Sachenrecht
Gruchot	= Beiträge zur Erläuterung des Deutschen Rechts; begründet von Gruchot
GS	= Preußische Gesetzessammlung
GTO	= Gemeinheitsteilungsordnung
Guethe	= Guethes Grundbuchordnung, 4. Aufl., herausgegeben von Triebel
Habicht	= Habicht, Die Einwirkung des BGB auf zuvor entstandene Rechtsverhältnisse, 3. Aufl.
Hampe	= Das particulare Braunschweigische Privatrecht, 2. Aufl., 1901
HansGZ	= Hanseatische Gerichtszeitung
HessRspr.	= Hessische Rechtsprechung
Heusers Ann.	= Annalen der Rechtsprechung des Oberappellationsgerichts Kassel, herausg. v. Heuser
HEZ	= Höchstrichterliche Entscheidungen in Zivilsachen
Holtz-Kreutz-Schlegelberger	= Das preußische Wassergesetz
Höniger	= Höniger, Die Grenzscheidungsklage
HRR	= Höchstrichterliche Rechtsprechung
HW	= Haus und Wohnung
JheringsJ	= Jherings Jahrbuch für Dogmatik
JDR	= Neumann, Jahrbuch des Deutschen Rechts
JFG	= Jahrbuch für Entscheidungen der freiwilligen Gerichtsbarkeit
JMBl.	= Justizministerialblatt
JW	= Juristische Wochenschrift
JZ	= Juristenzeitung
KGBl.	= Blätter für Rechtsprechung im Bezirk des Kammergerichts
KGJ	= Jahrbuch der Entscheidungen des Kammergerichts, herausgegeben von Johow u. Ring
Koch	= C. F. Koch, Kommentar zum Allgemeinen Landrecht
Kretzschmar	= Kretzschmar, Kommentar zum Sachenrecht
Kuhlenbeck	= Kuhlenbeck, Kommentar zum BGB

Landmann-Rohmer	= Kommentar zur Gewerbeordnung. 1952. Herausgegeben von Egermann-Fröhlich
Lange	= Landesprivatrecht der Fürstentümer Waldeck und Pyrmont 1910
LG	= Landgericht
LM	= Lindenmaier-Möhring (Entscheidungssammlung)
LZ	= Leipziger Zeitschrift für Deutsches Recht
M	= Motive zum Entwurf eines BGB für das Deutsche Reich
Maenner	= Maenner, Das Sachenrecht nach dem BGB und der GBO, 2. Aufl.
Mathiaß	= Lehrbuch des Bürgerlichen Rechts, 5. Aufl.
MDR	= Monatsschrift für Deutsches Recht
Möller	= Sammlung von Gesetzen und Verordnungen der Freien Hansestadt Bremen, 1927
Mugdan	= Mugdan, Die gesamten Materialien zum BGB
NF	= Neue Folge
Niedner	= Niedner, Kommentar zum Einführungsgesetz des BGB
NJW	= Neue Juristische Wochenschrift
Nöldeke	= Hamburg. Landesprivatrecht (Dernburg Erg Bd 6)
Oberneck	= Oberneck, Das Reichsgrundbuchrecht, 4. Aufl.
OGHBrZ	= Oberster Gerichtshof für die Brit. Zone (Entscheidungen des)
OLG	= Rechtsprechung der Oberlandesgerichte, herausgg. von Mugdan und Falkmann
OldenbZ	= Zeitschrift für Verwaltung und Rechtspflege im Großherzogtum Oldenburg
Ortloff	= Ortloff, i. ArchBürgR 26, 327ff.
OTr.	= Entscheidungen des preußischen Obertribunals (Amtl. Ausgabe)
OVG	= Entscheidungen des preußischen Oberverwaltungsgerichts
Palandt	= Handkommentar zum BGB, 14. Aufl.
Planck	= Planck, BGB nebst Einführungsgesetz, 4. Aufl.
Predari	= Predari, Die Grundbuchordnung, 2. Aufl.
PosJMSchr.	= Juristische Monatsschrift für Posen, Ost- und Westpreußen
PrVBl.	= Preußisches Verwaltungsblatt
R	= Das Recht. Juristisches Zentralblatt für Praktiker
RdL	= Recht der Landwirtschaft
Rehbein OTr.	= Rehbein, Die Entscheidungen des vormaligen Obertribunals
Rehbein-Reincke	= Rehbein u. Reincke, Allgemeines Landrecht, 5. Aufl.
RG	= Entscheidungen des Reichsgerichts in Zivilsachen
RGBl.	= Reichsgesetzblatt
RGK	= Das BGB, erläutert von Reichsgerichtsräten, 4. Aufl.
RGSt.	= Entscheidungen des Reichsgerichts in Strafsachen
RheinArch.	= Archiv für Civil- u. Kriminalrecht der preuß. Rheinprovinz
ROHG	= Entscheidungen des Reichsoberhandelsgerichts
Rosenberg	= Rosenberg, Kommentar z. Sachenrecht des BGB (Hölder usw.)
Ruhstrat	= Oldenburg. Landesprivatrecht, 1900

SächsArch.	= Sächsisches Archiv für Bürgerliches Recht und Prozeß
Schelhaß	= Nachbarrecht
Scherer	= Scherer, Das Sachenrecht des BGB
SchleswHolstAnz.	= Schleswig-Holsteinischer Anzeiger
SeuffA	= SeuffertsArchiv für Entscheidungen der höchsten Gerichtshöfe in deutschen Staaten
SeuffBl.	= Seufferts Blätter für Rechtsanwendung
Staudinger	= v. Staudinger-Kober, Kommentar zum BGB
Stobbe	= Stobbe, Handbuch des deutschen Privatrechts
Stranz-Gerhardt	= Stranz u. Gerhardt, Das preußische Ausführungsgesetz zum BGB
StriethA	= Striethorst, Archiv für Rechtsfälle des preuß. Obertribunals
Turnau-Förster	= Turnau und Förster, Das Liegenschaftsrecht usw. Bd. 1 Das Sachenrecht des BGB
VO	= Verordnung
VRS	= Verkehrsrechtsammlung
WarnE	= Warneyer, Jahrbuch der Entscheidungen, Ergänzungsband
Westermann	= Sachenrecht
WG	= Wassergesetz
Wilhelmi-Vogel	= Kommentar zum Zwangsversteigerungsgesetz (ZVG)
Windscheid-Kipp	= Windscheid, Lehrbuch des Pandektenrechts, herausgegeben von Kipp, 9. Aufl.
Wolf	= Hess. Landesprivatrecht 1910
Wolff	= Wolff, Sachenrecht (Bd. II 1 des Lehrbuchs v. Enneccerus, Kipp u. Wolff), 12.—14. Aufl.
WürttJ.	= Jahrbücher der Württembergischen Rechtspflege
WürttZ	= Zeitschrift für die freiwillige Gerichtsbarkeit und die Gemeindeverwaltung in Württemberg
Wüsthoff	= Handb. d. Deutschen Wasserrechts, 1949
ZAkDR	= Zeitschrift der Akademie für deutsches Recht
ZZP	= Zeitschrift für Zivilprozeß

Einleitung

I. Nachbarrecht

Eigentum ist die rechtliche Herrschaft über eine Sache. An und für sich kann der Eigentümer mit der Sache nach Belieben verfahren und andere von jeder Einwirkung ausschließen. Indes sind der Willkür des Eigentümers in der Verfügung über die Sache durch allgemeine gesetzliche Bestimmungen Schranken gezogen; die staatliche Ordnung erheischt, daß auch das Privateigentum in den Dienst des Gemeinwohles gestellt wird. Auch können besondere Rechte Dritter auf Grund eines dinglichen oder obligatorischen Titels bestehen, die den Eigentümer in seinen Befugnissen beschränken. All dies wird zum Ausdruck gebracht durch die Bestimmung des § 903 BGB, wonach der Eigentümer einer Sache, soweit nicht das Gesetz oder Rechte Dritter entgegenstehen, mit der Sache nach Belieben[1]) verfahren und andere von jeder Einwirkung ausschließen kann. Gesetz im Sinne des § 903 bedeutet jede Rechtsnorm; die Befugnis des Eigentümers, mit der Sache nach Belieben zu verfahren, muß also auch überall da zurücktreten, wo die nach Landesgesetz zulässigen Polizeiverordnungen eine einzelne Art der Benützung des Eigentums verbieten[2]).

Hiernach darf also der Eigentümer alles mit seinem Eigentum anfangen, was ihm nicht besonders untersagt ist. § 903 BGB handelt nur von der Befugnis zu tatsächlichen Verfügungen[3]); daß dem Eigentümer, soweit ihm nicht durch Gesetz oder Verträge Schranken gesetzt sind, auch die ausschließliche rechtliche Herrschaft über die Sache zusteht, ist selbstverständlich. — Der Umstand allein, daß die Ausübung des Eigentumsrechts einem anderen Schaden bringt, macht sie noch nicht zu einer unzulässigen. So darf nach BGB z. B. der Eigentümer eines Grundstücks durch Errichtung eines Gebäudes dem Nachbarhause nicht nur die Aussicht, sondern auch das Licht verbauen[4]), einer Windmühle den Mahlwind ent-

[1]) Der Entwurf I sagte: „nach Willkür". Die zweite Kommission hat an Stelle dieser Worte „nach Belieben" gesetzt, um nicht den Gedanken aufkommen zu lassen, daß der Eigentümer auch von allen durch die Gebote der Sittlichkeit gegebenen Beschränkungen (vgl. §§ 226, 826 BGB) im Gebrauche der Sache befreit sein sollte. Planck, Bem. 2 zu § 903.

[2]) OVG im R 02 S. 508; vgl. BayObLG im R 04 Nr. 43.

[3]) M 3, 258 (Mugdan 3, 142f.); KommProt. 3525 (Mugdan 3, 578).

[4]) S. unten § 38 I 1a; vgl. aber § 17 N. 31 und § 25 C II.

ziehen[5]). Der Unternehmer eines Hüttenwerks ist nicht schadenersatzpflichtig, wenn Bienen eines Nachbarn in der Luft über der Hütte giftige Gase einatmen und dadurch zugrunde gehen[6]). Dagegen ist eine Ausübung des Eigentumsrechts, welche nur den Zweck haben kann, einem anderen Schaden zuzufügen, unzulässig. Schikanöse Rechtsausübung ist durch die allgemeine Norm des § 226 BGB verboten[7]).

Andererseits kann der Eigentümer jegliche Einwirkung Dritter ausschließen; er braucht z. B. im allgemeinen nicht zu dulden, daß der Nachbar oder dessen Handwerksleute zwecks Ausbesserung des Nachbarhauses sein Grundstück betreten[8]).

Die Befugnis des Eigentümers, die Einwirkungen Dritter auszuschließen, müßte mit den Bedürfnissen des Lebens in einen unversöhnlichen Widerspruch treten, wenn sie von dem Gesetzgeber nach jeder Richtung streng durchgeführt würde. Das nachbarliche Zusammenleben der Menschen führt naturnotwendig zu einem Widerstreit der Interessen, in welcher das Eigentum des einen das Eigentum des anderen zu überwinden sucht. Vernunft und Billigkeit sollten zwar die Grundeigentümer von selbst dazu bringen, bei Ausübung der in ihrem Eigentum liegenden Befugnisse angemessene Rücksicht auf die Interessen ihrer Nachbarn zu nehmen. Jeder muß sich sagen, daß ein allzu starres Bestehen auf seinen Eigentumsbefugnissen einen fortwährenden Kriegszustand hervorrufen würde, bei dem wohl keiner der Nachbarn die Linie seines Rechtes überschreitet, jeder aber den anderen in der Benützung des Eigentums auf eine für alle unerträgliche Weise beschränkt. Das Bedürfnis einer solchen gegenseitigen nachbarlichen Rücksicht ist für das Gemeinwohl so dringend, daß für den Gesetzgeber die unabweisbare Aufgabe erwächst, ausgleichende Grundsätze für die widerstreitenden Interessen der Grundstückseigentümer zu finden und das, was Vernunft und Billigkeit fordern, als rechtliche Notwendigkeit festzusetzen[9]). Diesem Bedürfnis nach einem vermittelnden Ausgleich entspringen die Rechtsvorschriften, welche das Eigentum aller beschränken, um das Eigentum aller zu verstärken.

Der Inbegriff aller jener Normen, durch welche der Eigentumsinhalt zum Ausgleich der widerstreitenden Interessen der angrenzenden Grundbesitzer abgemildert wird, stellt das Nachbarrecht dar[10]).

---

[5]) SeuffA 64, 225. Vgl. aber § 38a II 2d.

[6]) BayZ 1916, 91 (RG).

[7]) S. unten § 13.

[8]) Im Falle des Notstandes greift § 904 BGB in dieses Verbietungsrecht des Eigentümers ein, s. unten § 14; ferner § 28, § 38a II 2d und § 38a N. 26.

[9]) Puchta, Institutionen II § 231.

[10]) Die Eigentumsbeschränkungen der §§ 904—924 finden auch auf die Eigentümer öffentl. Sachen Anwendung. Biermann, Öffentl. Sachen 35. AM. Meyer, ArchÖffR. 16, 63.

Das Bürgerliche Gesetzbuch hat ein einheitliches Recht auf diesem Gebiete nicht geschaffen. Zwar sind vom Bürgerlichen Gesetzbuche in den §§ 906—923 nachbarrechtliche Vorschriften getroffen, welche für das ganze Reichs(Bundes)gebiet Geltung haben und der Abänderung durch die Landesgesetzgebung entzogen sind. Allein der Verschiedenheit der örtlichen Verhältnisse mußte durch einen weitgehenden Vorbehalt zugunsten der Landesgesetzgebung Rechnung getragen werden. Art. 124 EG bestimmt, daß diejenigen landesgesetzlichen Vorschriften, welche das Eigentum an Grundstücken zugunsten der Nachbarn noch anderen als den im Bürgerlichen Gesetzbuch bestimmten Beschränkungen unterwerfen, unberührt bleiben. Die in den §§ 906ff. BGB getroffenen Eigentumsbeschränkungen können demnach durch die Landesgesetzgebung weder verschärft noch gemildert werden. Alle landesrechtlichen Vorschriften, die von diesen reichs(bundes)gesetzlichen Bestimmungen abweichen, sind daher schon auf Grund der Reichs(Bundes)gesetzgebung außer Kraft getreten. Dagegen sind von der Reichs(Bundes)gesetzgebung unberührt geblieben alle Beschränkungen anderer Art, als sie durch die §§ 906ff. BGB dem Grundstückseigentümer auferlegt sind. Diese noch geltenden landesgesetzlichen nachbarrechtlichen Beschränkungen gehen vielfach auf das Gemeine und das Rheinische Recht sowie den 8. und 22. Titel des 1. Teils des Preußischen Allgemeinen Landrechts als wesentliche Rechtsquellen zurück; zum Teil ergeben sie sich aus den nach 1900 und insbesondere auch nach 1945 von den Ländern erlassenen Landesgesetzen.

Die räumlichen Geltungsbereiche des Gemeinen Rechts, des Preuß. Allg. Landrechts sowie des Code civil lassen sich wie folgt bezeichnen[10a]):

Gemeines Recht galt oder gilt in Schleswig-Holstein, Reg.-Bez. Stralsund, Lübeck, Rügen, Mecklenburg, Oldenburg, (ohne Birkenfeld), Bremen, Hamburg, Lippe, Hannover (ohne Reg-.Bez. Aurich und die Kreise Lingen und Duderstadt), Braunschweig, Thüringen, Hessen-Nassau, in dem rechtsrhein. Teil des Reg.-Bez. Koblenz, in Württemberg, Bayern, (ohne die früh. Fürstentümer Ansbach und Bayreuth und ohne einige Orte im Amtsbezirk Waldsassen und des Marktes Redwitz), Hohenzollern.

Das Preußische Allgemeine Landrecht (ALR) galt oder gilt in den altpreuß. Provinzen, in Westfalen, Ostfriesland, in den früh. sächs. Landesteilen, in den mit Sachsen-Weimar vereinigten Erfurter Gebietsteilen, in einem Teil der Provinz Hannover (im Reg.-Bez. Aurich, in den Kreisen Lingen und Duderstadt), in 6 Kreisen der Rheinprovinz (Essen, Essen-Land, Rees, Duisburg, Mühlheim und Ruhrort), in den fränk. Für-

---

10a) Wüsthoff I S. 22; Siméon-David, Recht und Rechtsgang I, 1 § 6 III und IV.

stentümern Ansbach und Bayreuth sowie in der mit Langenberg vereinigten Stadt Oberbonsfeld.

Der Code civil galt oder gilt in der ehemaligen preuß. Rheinprovinz mit Ausnahme der Teile, wo gemeines Recht oder preuß. Allg. Landrecht galt oder gilt, in der früheren Provinz Rheinhessen, in der — bayr. — Pfalz, im oldenburg. Birkenfeld sowie — in einer amtl. Übersetzung — in Baden.

II. Öffentlich-rechtliche Eigentumsbeschränkungen

Unberührt vom Inkrafttreten des BGB bleiben die landesgesetzlichen Vorschriften, welche im öffentlichen Interesse das Eigentum in Ansehung tatsächlicher Verfügungen beschränken (Art. 111 EG).

Es ist besonders hervorzuheben, daß Art. 111 EG nur die Beschränkungen für tatsächliche Verfügungen des Eigentümers betrifft und das Landesgesetz den rechtlichen Inhalt des Eigentums auch im öffentlichen Interesse nicht nach Belieben beschränken darf; die Zulässigkeit wird in den Art. 115 bis 117, 119 EG genau abgesteckt[11]). Wegen Nichteinhaltung derartiger polizeilicher Vorschriften hat der dadurch beeinträchtigte Nachbar regelmäßig kein Recht, die actio negatoria zu erheben; denn durch die Polizeivorschrift wird für niemand ein Privatrecht auf deren Beobachtung begründet, es kann nur Verwaltungsbeschwerde und Klage zum Verwaltungsgericht erhoben werden[12]) oder unter Umständen Schadenersatz gefordert werden[13]).

III. Zeitliche Statutenkollision

Das Nachbarrecht regelt den Inhalt des Eigentums; demgemäß finden die nachbarrechtlichen Vorschriften des Bürgerlichen Gesetzbuchs und des Ausführungsgesetzes vom Inkrafttreten des Bürgerlichen Gesetzbuches an ohne weiteres Anwendung (Art. 181 EG). Nach neuem Recht ist daher zu entscheiden, ob und in welchem Maß der Grundeigentümer dem Nachbar Rauch, Ruß, Dampf, Erschütterungen und ähnliche Immissionen zuführen darf[14]), ob der Nachbar die Beseitigung von Anlagen, durch deren Bestand oder Benützung er in seinem Eigentumsrechte beeinträchtigt wird[15]), oder die Beseitigung eines Überbaues[16]) verlangen kann, ob er die Abwendung eines gefahrdrohenden Zustandes auf dem Nachbargrund-

[11]) Endemann 2, 485 f.

[12]) JW 08, 142. Schade, ArchÖffR 25, 286. Vgl. Recht 10 N. 1385, Hamburg. Vgl. unten § 16 N. 148 mit weiteren Verweisungen.

[13]) Vgl. unten § 43 D III 2.

[14]) § 906 BGB s. unten § 16.

[15]) § 907 BGB s. unten § 17.

[16]) §§ 912 ff. BGB s. unten § 24.

stücke verlangen kann[17]), ob und in welcher Weise der Eigentümer sein Grundstück vertiefen[18]) darf, ob er sich die von einem Nachbarbaum herübergefallenen Früchte aneignen darf[19]), ob er von seinem Nachbar die Bestellung eines Notwegs fordern kann[20]), ob durch den fremden Luftraum Drähte oder durch den fremden Berg ein Tunnel geführt werden dürfen[21]).

IV. Besondere Rechtsverhältnisse

Hat der Eigentümer unter der Geltung der bisherigen Gesetze ein besonderes Recht erworben, welches ihn von der Einhaltung der damaligen gesetzlichen Eigentumsbeschränkung entband, so bleibt dieses besondere Recht auch gegenüber dem neuen Recht in Kraft, selbst dann, wenn dieses die Beschränkung verschärft (Art. 184 EG). Zu den Erwerbstiteln eines solchen besonderen Rechts kann auch die Verjährung gehören, wenn durch sie nach bisherigem Rechte eine Befreiung von einer Eigentumsbeschränkung als Grunddienstbarkeit ersessen wurde.

Unter der Herrschaft des Bürgerlichen Gesetzbuches ist auch die Neubegründung einer Grunddienstbarkeit zulässig des Inhalts, daß die Ausübung eines Rechts ausgeschlossen ist, das sich aus dem Eigentum an dem belasteten Grundstück dem anderen Grundstücke gegenüber ergibt (§ 1018 BGB). Für die Entstehung einer solchen Grunddienstbarkeit ist aber auseinander zu halten der Zeitraum vor und nach dem Zeitpunkte, zu welchem das Grundbuch als angelegt anzusehen ist; denn bis zu diesem Zeitpunkt richtete sich die Begründung einer Grunddienstbarkeit noch nach bisherigem Recht (Art. 180 EG)[22]).

---

17) Z. B. bei Gefahr des Einsturzes eines baufälligen (Hauses § 908 BGB; s. unten § 19) oder bei Gefahr des Einsturzes eines morschen Baumes (s. unten § 19 N. 11.)

18) § 909 BGB; s. unten § 20.

20) S. unten § 27.

19) S. unten § 23.

21) § 905 BGB; s. unten § 1 II 4.

22) S. unten § 36.

I. Abschnitt

Die räumliche Begrenzung des Eigentums

§ 1. Das Grundstück und seine Begrenzung

I. Begriff des Grundstücks

Der Begriff des Grundstücks ist nicht von der Natur gegeben, sondern durch die Rechtsordnung geschaffen. Das Grundstück ist ein abgegrenzter Teil der in einem natürlichen Zusammenhang stehenden Erdmasse, der vom Recht als selbständiger Gegenstand menschlicher Wirtschaft anerkannt wird. Da der Erdkörper ein zusammenhängendes Ganzes bildet, so wird die selbständige Einheit eines Bodenstücks durch menschliche Verfügung bestimmt, die der willkürlichen Änderung unterliegt. Demnach erfolgt die Abgrenzung, Teilung und Vereinigung der Grundstücke durch die Willenserklärung der Berechtigten[1]). Hierzu ist in rechtlicher Beziehung erforderlich eine Kundbarmachung des Willens des Eigentümers, daß er den auf der Oberfläche gekennzeichneten Teil der Erde als eine Einheit aufgefaßt wissen will. Allein dies genügt noch nicht, um den durch diesen Willen umfaßten Erdausschnitt zu einem selbständigen Grundstück zu machen; dazu ist erforderlich, daß der Erdausschnitt in seinem Verhältnis zu den mit ihm im natürlichen Zusammenhang stehenden anderen Erdausschnitten ermittelt wird[2]). Der solchermaßen in seiner Individualität[3]) festgestellte Erdausschnitt wird zum selbständigen Grundstück durch seinen Eintrag in die Katasterkarte[4]). Dagegen ist die Eintragung in das Grundbuch[5]) nicht erforderlich. Ist freilich eine solche Eintragung vorhanden, so ist sie maßgebend; denn in der Eintragung liegt die Kundbarmachung des Willens

[1]) Vgl. SeuffBl. 73, 102; BayZ 08, 405; Staudinger Bem. I, 1 vor § 873.

[2]) Vgl. Oberneck bei Gruchot 43, 169; vgl. BayZ 07, 351; 08, 405; BayObLG 8, 359.

[3]) Vgl. R 16 Nr. 2797 (RG).

[4]) Mehrere Grundstücke können zu einem Grundstück vereinigt werden (§ 890 Abs. 1). In der Anlegung eines gemeinschaftlichen Grundbuchblattes liegt eine solche Vereinigung nicht ohne weiteres (BayZ 13, 338, BayObLG auch für altes Recht).

[5]) Vgl. dagegen Staudinger III, 85, dessen Hinweis auf RGK, Bem. 4 zu § 873 übersieht, daß dort (a. E. des 1. Absatzes) keineswegs verkannt ist, daß es selbständige Grundstücke gibt, die im Grundbuche nicht eingetragen sind. Vgl. § 90 GBO; Meikel Bem. 1 zu § 91 GBO.

daß derjenige räumlich abgegrenzte Bodenabschnitt, der auf einem besonderen Grundbuchblatt für sich allein oder auf einem gemeinschaftlichen unter besonderer Nummer im Verzeichnis der Grundstücke eingetragen ist, das Grundstück bilden soll[6]). Sind also im Grundbuch mehrere Parzellen unter einer Nummer zu einem Grundstück vereinigt[7]), so stellen sich diese Katastergrundstücke als unselbständige (aber nicht wesentliche) Bestandteile des einheitlichen Grundbuchgrundstückes dar[8]).

Das Grundstück besteht aus dem durch die Grenzen festgelegten Ausschnitt der Erdoberfläche mit dem darunter befindlichen Teil des Erdkörpers. Es ist ein Körper, keine Fläche[9]). Die Begrenzung der zum Grundstück gehörigen Erdmasse wird durch mathematische Flächen bestimmt[10]), die sich von den auf der Oberfläche gedachten Grenzlinien in lotrechter Richtung nach unten erstrecken, bis sie in einem Punkt, dem Mittelpunkt der Erde, zusammenlaufen. Der durch diese Flächen umschlossene, sich nach unten bis zu einer Spitze verjüngende Erdkörperkeil bildet das Grundstück (vgl. unten § 1 III 2).

Ragt in diesen Keilausschnitt eine mit dem Erdkörper des Nachbargrundstücks verbundene Gesteinsmasse (z. B. ein Felsblock) hinein, so gehört der Felsblock, soweit er innerhalb des Keilausschnitts liegt, zu dem durch diesen Keilausschnitt dargestellten Grundstück.

II. Erdkörper und Luftraum

1. Theorie: Natürlich ist diese Vorstellung eines aus dem Erdkörper herausgeschnittenen Keiles, dessen Endpunkt mit dem Mittelpunkt der Erde zusammenfällt, rein theoretisch. Wollte man aus dieser Vorstellung nach rechtlicher Logik die Folgerung ziehen, so würde dem Eigentümer des Grundstückes die Berechtigung zugesprochen sein, mit dem unter der Oberfläche seines Grundstückes gelegenen Boden bis zum Mittelpunkt der Erde nach seinem Belieben zu verfahren und andere von jeder Einwirkung auszuschließen (§ 903). Der Gesetzgeber wollte einerseits diese der Logik

---

6) Vgl. RG 84, 269; KGJ 49, 232; Güthe § 3 N. 6.

7) Vgl. oben N. 4.

8) Vgl. OLG 43, 6 (zu Unrecht wird aber dort hieraus gefolgert, daß diese unselbständigen Grundstücksflächen nicht Gegenstand besonderer Rechte sein können, s. hierüber unten § 2 I).

9) Mot. 3, 48; Planck Bem. I, 1 zum 2. Abschnitt des Sachenrechts und Bem. 1 zu § 905. Vielfach wird ungenau das Grundstück als Teil der „Erdoberfläche" umschrieben (vgl. Oberneck bei Gruchot 43, 170; Meikel, Bem. 2 zu § 3 GBO; RGK Bem. 4 zu § 873; Isay, preuß. BergG 1, 84; Staudinger 3, 84; Dernburg, Sachenrecht § 3, der immer von einem „Flächenabschnitt" spricht). Dabei ist die Oberfläche nicht als mathematische Gestalt aufzufassen, sondern als die dem Luftraum zunächst liegende Masse des Erdkörpers (vgl. Planck Bem. 1 zu § 905). Soergel vor § 873 Anm. 1; R 1912 Nr. 547 u. 692.

10) Vgl. Monich, IherJ 38, 178; Maenner 155. Über Wassergrundstücke s. RG 53, 98.

entsprechende Folgerung nicht verwerfen; andrerseits scheute er sich, diese für menschliches Vermögen recht überhebliche Folgerung auszusprechen. Diesem Widerstreit der Empfindungen verdanken wir die Fassung des § 905, wonach sich das „Recht des Eigentümers" eines Grundstückes auf den Raum über der Erdoberfläche und den Erdkörper[11]) unter der Erdoberfläche „erstreckt". Dabei sind zwei Dinge gleichheitlich behandelt, die für die rechtliche Beurteilung durchaus wesensverschieden sind. Während der Luftraum als solcher nicht als Gegenstand des Eigentums gedacht werden kann, ist ein Eigentum an der festen Masse des Erdkörpers durchaus denkbar und wenigstens bis zu einer gewissen Tiefe für die Rechtsordnung unentbehrlich. Und trotz der sprachlich gleichwertigen Verbindung, in welcher die rechtliche Machtbefugnis an Luftraum und Erdkörper geregelt wird, ist für Luftraum und Erdkörper der Begriff dieser Machtbefugnis verschieden konstruiert. Das „Recht des Eigentümers" ist der übergeordnete Begriff, unter ihn fallen das Eigentum am Erdkörper[12]) und die Machtbefugnis am Luftraum, der kein Eigentum ist[13]). Nach oben wie nach unten ist diesem „Recht des Eigentümers", soweit das „nach Belieben verfahren" in Betracht kommt, keine Schranke gezogen; es geht soweit, als das menschliche Vermögen reicht. Die andere Seite des Rechts

[11]) Der Ausdruck „Erdkörper" ist ungenau; auch unterirdische Höhlen und Gewässer gehören dazu; vgl. Gierke DPrR 2, 394 Anm. 3. — Auf das Bergwerkseigentum findet § 905 keine Anwendung. § 50 Abs. 3 PrBergG erklärt lediglich die Vorschriften des BGB über den Erwerb des Eigentums und die Ansprüche aus dem Eigentum für anwendbar (vgl. RG 72, 304; 87, 400); wegen der Berggesetze der Länder s. unten § 44 vor I und dortige N. 1.

[12]) Theoretisch steht der ganze Erdausschnitt bis zum Mittelpunkt der Erde im Eigentum des Grundstückseigentümers (vgl. Gebhard, BayZ 1923, 201). Praktisch wird diese Theorie nur insoweit, als man tatsächlich in der Lage ist, auf die Bestandteile des Erdkörpers einzuwirken. Unabhängig davon und daneben besteht das Gewinnungsrecht an den dem Bergbau vorbehaltenen Bodenbestandteilen. Diese stehen auch schon vor der Verleihung des Bergwerkseigentums nicht im Eigentum des Grundstückseigentümers und diesem steht als solchem auch kein Gewinnungsrecht hierauf zu. Es handelt sich also um zwei Rechte verschiedenen Charakters am Erdkörper (vgl. RG vom 24. Oktober 1888 in Brassert Z f. Bergrecht 30, 105): Das Eigentumsrecht des Grundeigentümers, das die ganze Erdrinde durchzieht, soweit ihre Teile nicht dem Bergbau vorbehalten sind, und das Gewinnungsrecht auf die dem Bergbau vorbehaltenen Teile. Dieses steht demjenigen zu, dem das Bergwerkseigentum verliehen ist und vor der Verleihung niemand. Isay, BergG 1, 86 lehnt dagegen ein Eigentum des Grundstückseigentümers an den Bestandteilen des Erdkörpers ab. Auch dieser soll nur ein Gewinnungsrecht haben, so daß also das Recht des Grundeigentümers an den bergbaufreien Bestandteilen der Erdrinde und das Gewinnungsrecht des Bergwerkseigentümers auf die dem Bergbau vorbehaltenen Teile der Erdrinde gleichwertig nebeneinander stehen, wenn sie auch aus verschiedenen Wurzeln entspringen. Diese Ansicht beruht auf einer unrichtigen Vorstellung von dem Begriff des Grundstücks, als welches Isay nur die Erdoberfläche betrachtet (vgl. Isay, BergG 1, 84).

[13]) KommProt. 3529 (Mugdan 3, 579), vgl. JDR 8, 382; Gebhard, BayZ 1923, 201.

des Eigentümers, das Ausschließungsrecht, wird jedoch eingeschränkt durch die Bestimmung des § 905 Abs. 2, wonach der Eigentümer Einwirkungen nicht verbieten kann, die in solcher Höhe oder Tiefe[14]) vorgenommen werden, daß er an ihrer Ausschließung kein Interesse hat.

2. Praktische Auswirkung: Grundsätzlich gehört alles, was über und unter der Erdoberfläche mit dem Boden fest verbunden ist, zum Eigentum am Grundstück[15]). Der Eigentümer eines Hauses ist daher auch Eigentümer des darunter befindlichen Kellers[16]). Was hier vom Grundstück gesagt wird, muß auch für Gebäude gelten, die ausnahmsweise nicht Bestandteil des Bodens geworden sind (vgl. § 95 BGB)[17]). In solchem Falle muß man dem Gebäudeeigentümer mindestens das Recht auf den Raum über der Erdoberfläche einräumen[18]). Die gegenteilige Meinung[19]) würde dazu führen, daß niemand Einwirkungen auf den Raum über der Erdoberfläche verbieten könnte; dem Eigentümer des Grundstückes kann das Verbietungsrecht nicht zustehen; denn er hat, wenn das Gebäude einem anderen gehört, an der Ausschließung kein Interesse (vgl. auch § 226 BGB).

Der Eigentümer des Flußbettes hat das Ausschließungsrecht des § 905 an dem Raum, der sich über dem Flußbett befindet; auch dann, wenn das Wasser selbst öffentlich ist[20]). Sein Ausschließungsrecht erstreckt sich auf den Luftraum über dem Wasser und auf den innerhalb der Ufer und der Sohle befindlichen Raum, in welchem das Wasser fließt[21]).

§ 905 BGB gilt auch für Wege. Einwirkungen auf Grund der nach öffentlichem Recht jedermann, insbesondere den Anliegern, zustehenden Befugnis zum Gebrauch öffentlicher Wege und Gewässer in verkehrsüblichen Grenzen können aber nicht verboten werden (vgl. RG 123, 183; 123, 187; 125, 110; RG JW 1930, 1961; Bull. in „Der Markenartikel" 1956, 29), z. B. Reklameeinrichtungen, die in den Luftraum über die Straße hinausragen (RG 123, 183; LG Hannover in BB 1953, 548), das Führen von Schläuchen von der

---

14) Über Abgrenzung des Eigentums am Grundstück vom Bergwerkseigentum vgl. oben N. 12.

15) Es kann demnach nach dem 1. Januar 1900 kein Sondereigentum an einem wesentlichen Teile eines Grundstücks begründet werden. Vgl. hierüber unten § 2.

16) Das schließt aber nicht aus, daß ein Dritter Besitz an dem Keller hat, oder daß der Keller auf Grund einer Grunddienstbarkeit, ja sogar eines Sondereigentums nach § 95 der ausschließlichen Benützung des Dritten untersteht. S. darüber § 4.

17) Sei es, weil sie in Ausübung eines Rechts an einem fremden Grundstück (z. B. Nießbrauch, Dienstbarkeit) oder nur zu einem vorübergehenden Zweck (z. B. Schaubude, Gerüst oder auch Behelfsheim — OGH 1, 170; Hamburg MDR 51, 736 —) von dem Berechtigten mit dem Grundstück verbunden worden sind.

18) Biermann zu § 905; Planck Bem. 1 zu § 905.

19) Maenner 161 Anm. 20; zweifelnd Staudinger zu § 905.

20) Die den Gemeingebrauch überschreitende Einwirkung ist unzulässig (RG 53, 99; 94, 35).

21) RG 92, 48; 53, 99; 94, 35; JW. 28, 503.

Tankstelle aus über die Straße (RG 150, 399), Rollfilmautomaten (LG Detmold in NJW 52, 1057), Hotelschutzdächer über Bürgersteigen (RG. 132, 399), Bierfaßeinwurf (LG Berlin in NJW 54, 437 mit ablehnender Anm. von Wagenführ in NJW 54, 889. — Vgl. auch unten § 17 N. 11 und Hammes in DVBl. 50, 71 und 102).

Der Eigentumsgegenstand ist auf den Erdkörper (und das, was er umschließt) beschränkt und das Recht des Grundstückseigentümers am Luftraum über seinem Grundstück ist nur der Ausfluß des Eigentums am Grundstück. Nach der zutreffenden Formulierung Niemeyers[22]) erschöpft sich das Recht des Grundeigentümers am Luftraum in dem ausschließlichen Recht auf Benützung des Luftraumes, soweit es vom Grundstück aus und in Verbindung mit diesem ausgeübt werden kann, und in dem Verbietungsrecht gegen solche Einwirkungen, welche diese Benützung des Luftraumes und die Benutzung des Grundstückes beeinträchtigen.

Hiernach braucht sich der Grundstückseigentümer[23]) das Überragen des Daches des Nachbarhauses[24]) oder eines Erkers[25]) in seinen Luftraum grundsätzlich nicht gefallen zu lassen, ebensowenig ein Übergreifen eines Kellers auf sein Grundstück.

Der Abwehranspruch setzt aber stets eine Einwirkung auf die senkrechte Luftsäule über dem Grundstück oder auf den Erdkörper voraus. An dieser (positiven) Einwirkung fehlt es, wenn der Windmühle durch einen Neubau des Nachbars nur der Luftzug entzogen wird[26]).

3. Gesetzliche Ausnahmen: Das Zusammenleben der Menschen und der hierdurch notwendig werdende Ausgleich der widerstreitenden Bedürfnisse hat für das Nachbarrecht eine Reihe gesetzlicher Beschränkungen des Eigentums notwendig gemacht, die als Ausnahmen in den Grundsatz des § 905 eingreifen; so z. B. Wegfall des Ausschließungsrechtes für mäßige Immissionen (Zuleitung von Gasen, Gerüchen, Rauch, Lärm usw.), Bestimmungen über den Notweg, Überbau, den natürlichen Wasserlauf usw. Insoweit nicht solche besondere Ausnahmen Platz greifen, ist die

---

[22]) Niemeyer, Verh. f. d. 31. DJurTag Bd. 2 S. 39f. Ähnlich Runtel, Außervertragl. Haftung des Luftschiffers S. 20ff. — Ungenau RG 92, 48 (der Luftraum „gehört ebenso wie das Innere des Erdkörpers dem Grundeigentümer"); vgl. Duchesne JW 22, 205. Über Luftverkehr siehe unten II 7.

[23]) Befindet sich das Grundstück nicht im Besitz des Eigentümers, so kann auch der Besitzer die unzulässigen Einwirkungen mit der Besitzstörungsklage verbieten. Planck Bem. 5 zu § 905.

[24]) Vgl. darüber unten § 24 I 2 und § 26 IIb.

[25]) Vgl. darüber unten § 24 I 2. Die Stadtgemeinde kann, soweit nicht ein zulässiger Gemeingebrauch vorliegt (RG 123, 183), Klage auf Beseitigung der Schaukästen über dem Bürgersteig erheben (OLG 18, 121; SeuffA 65, 454 [RG]); vgl. Gruchot 54, 918 (RG),

[26]) SeuffA 64, 225; JW 09, 161. — Entziehung von Licht und Luft: RG 51, 254; JW 08, 142; s. unten § 17 N 17 und § 38 I 1.

gemeinrechtliche Lehre, daß sich der Machtbereich des Grundeigentümers bis zum Mittelpunkt des Erdkörpers nach unten und bis zum Ende der Luftsäule nach oben erstrecke, dem Grundsatz nach auch für das neue Recht übernommen. Vernünftigerweise wird jedoch diesem theoretischen Gedanken wieder die Spitze abgebrochen[27]) durch die Beschränkung, welche Satz 2 des § 905 dem Satz 1 beifügt, wonach der Eigentümer Einwirkungen nicht verbieten kann, die in solcher Höhe oder Tiefe vorgenommen werden, daß er an der Ausschließung kein Interesse hat. Diese Beschränkung des Machtbereichs des Eigentümers beruht auf demselben sozialen Gedanken wie das Schikaneverbot des § 226 BGB. Es wäre jedoch unrichtig, den Satz 2 des § 905 als einen Anwendungsfall des § 226 zu bezeichnen[28]). Satz 2 des § 905 geht vielmehr weiter als das allgemeine Schikaneverbot des § 226; denn es genügt für die Anwendung jener Bestimmung schon die Feststellung, daß der Eigentümer tatsächlich kein Interesse an der Ausschließung hat, ohne daß es nötig wäre, festzustellen, daß er an der Ausschließung kein Interesse haben k a n n; und anders wie im Falle des § 226 ist keine Voraussetzung, daß der Eigentümer mit dem Verbot der Einwirkung den Zweck verfolgt, einem anderen Schaden zuzufügen[29]). Das nach § 905 maßgebende Interesse des Eigentümers an der Ausschließung braucht nicht notwendig ein vermögensrechtliches zu sein; es genügt jedes nur irgend schutzwürdige[30]) Interesse (z. B. auch ein ästhetisches) in Ansehung der Benutzung oder des Wertes des Grundstücks[31]). Immerhin aber wird ein wirklich begründetes Interesse nicht allzu persönlicher Natur verlangt werden müssen, da das Verbietungsrecht des „Eigentümers" nur mit einem Interesse zu begründen ist, das aus der Benützung des Grundstücks abgeleitet wird[32]).

---

[27]) Vgl. hierzu Monich in Iherings Jahrb. 38, 155ff.

[28]) So Kuhlenbeck Anm. 1 zu § 905. [29]) Maenner 161. Vgl. Planck Bem. 3 zu § 905.

[30]) Vgl. RG 97, 27; 150, 226; SeuffA 71, 89. — So wurde z. B. vor Inkrafttreten des Luftverkehrsgesetzes die Schutzwürdigkeit dem Interesse abgesprochen, das aus der ganz entfernten Möglichkeit abgeleitet wird, daß das Flugzeug beim Überfliegen eines Grundstücks abstürzen und dadurch das Grundstück beschädigen kann. Die Geltendmachung eines derartigen Verbietungsrechtes, das entweder allen Eigentümern oder keinem zugebilligt werden muß, wäre übrigens auch nach § 826 unzulässig, weil dadurch der für die Allgemeinheit unentbehrliche Luftverkehr unterbunden würde (vgl. RG 100, 7). Jetzt sind natürlich die Vorschriften des Luftverkehrsgesetzes vom 21. August 1936 — RGBl. I 653 — mit den Änderungsgesetzen vom 27. September 1938 — RGBl. I 1246 — und 26. Januar 1943 — RGBl. I 69 — (s. darüber unten II 7) maßgebend.

[31]) Vgl. KommProt. 3529 (Mugdan 3, 579); Staudinger, Vorträge 323; RG 59, 118. Das Interesse des Eigentümers und nicht das des fremden Eingreifers bildet den Maßstab und die Grundlage. Auch das reine Affektionsinteresse genügt. OLG 5, 384. Vgl. Gruchot 58, 201 (RG). Drahtleitungen werden regelmäßig nicht als eine ins Gewicht fallende Verunstaltung des Straßenbildes empfunden (SeuffA 71, 154).

[32]) Staudinger Anm. 1b zu § 905.

Deshalb ist z. B. die nachweisbare und nicht zu beseitigende, aber unbegründete Angst des Hauseigentümers, daß die Drähte[33]) über dem Hause die Gefahr des Blitzschlages erhöhen, nicht genügend, ein solches Interesse darzutun; denn das ist kein wirkliches, sondern nur ein vermeintliches Interesse. Anders, wenn ein Mieter infolge einer solchen unbegründeten Angst ausziehen will; hierdurch wird das Interesse des Hauseigentümers sehr wesentlich berührt[34]).

Das Interesse muß sich auf das Grundstück und den dazugehörigen Rechtskreis beziehen und auf die Ausschließung der Einwirkung auf das Grundstück gerichtet sein; deshalb ist die Absicht, durch das Verbot der Einwirkung die Entrichtung einer Abgabe zu erzwingen, nicht zu berücksichtigen[35]); ebensowenig kann eine Stadtgemeinde ihr Interesse auf Beseitigung elektrischer Leitungen daraus ableiten, daß sie selbst elektrischen Strom herstellt und durch die Drähte, deren Beseitigung sie verlangt, anderen Grundstücken elektrischer Strom zugeführt, ihr also Wettbewerb gemacht wird[36]). Dagegen kann ein Verbietungsrecht damit begründet werden, daß die fremden elektrischen Drähte auf eine elektrische Leitung des Eigentümers störend einwirken (s. hierüber unten § 15).

Aus der Fassung des Gesetzes „Einwirkungen . . ., die in solcher Höhe oder Tiefe vorgenommen werden, daß er an der Ausschließung kein Interesse hat“, darf nicht etwa abgeleitet werden, daß das Interesse nur nach abstrakten Grundsätzen zu ermitteln ist[37]). Dies würde dazu führen, daß der § 905 Satz 2 fast nie angewendet werden könnte. Denn dann müßte jede Möglichkeit einer Beeinträchtigung durch die Einwirkung ausgeschlossen sein und bei der Prüfung dieser Frage auch jede Möglichkeit einer Veränderung der Umstände berücksichtigt werden[38]). Man müßte damit rechnen, daß es dem Grundstückseigentümer einmal einfallen könnte, auf seinem Grundstück eine Sternwarte zu errichten, deren Benutzung durch vorhandene Leitungsdrähte beeinträchtigt werden könnte. Richtiger wird es wohl sein, zu sagen: Die Frage, ob der Eigentümer an der Ausschließung der Einwirkung ein Interesse hat, ist nach den gegebenen Verhältnissen zu beurteilen; dabei ist aber zu berücksichtigen, daß der Wegfall des Interesses durch die Höhe oder die Tiefe, in welcher die Einwirkung vorgenommen wird, verursacht sein muß. Der Mangel eines

---

[33]) Über Telephon- und Telegraphendrähte s. unten § 15.

[34]) Vgl. RG 59, 120: Dem Eigentümer wurde ein Verbietungsrecht zugesprochen dagegen, daß von einer elektrischen Zentrale elektrische Leitungsdrähte in einer Höhe von 4 m über dem flachen Dache des Hotels gezogen wurden, da der Besuch des Hotels unter der Furcht der Gäste vor Gefahren aus der elektrischen Kraftleitung leiden könne. Solche Befürchtungen können, wenn sie auch sachlich ungerechtfertigt sein mögen, doch von verständigen Leuten geteilt werden.

[35]) Dernburg 232; Maenner 161; Gruchot 58, 201.

[36]) SeuffA 71, Nr. 89.

[37]) A. M. Turnau-Förster Anm. 2 zu § 905.

[38]) Vgl. dagegen Turnau-Förster a. a. O.

Interesses muß in der Höhe (oder Tiefe), in welcher die Einwirkung erfolgt, seinen Grund haben. Dadurch kommt man bei Beurteilung der Höhe und Tiefe zu einem relativen Maßstabe[39]).

Hiernach hat der Eigentümer ein Interesse an der Ausschließung aller Einwirkungen, welche die Benutzung seines Grundstückes beeinträchtigen, mögen sie auch in noch so großer Höhe oder Tiefe vorgenommen werden. Wesentlich im Sinne des § 906 braucht die Beeinträchtigung nicht zu sein, denn § 906 handelt von Einwirkungen, die von einem anderen Grundstücke ausgehen; § 905 betrifft dagegen Einwirkungen, die in der zum Grundstück selbst gehörigen Luftsäule (bzw. in dem dazugehörigen Erdkörper) vorgenommen werden. Immerhin wird auch hier für die Frage, ob ein schutzwürdiges Interesse vorliegt, der Grad der Einwirkung von Bedeutung sein[40]). Dabei ist nicht nur die derzeitige Art der Benützung[41]), sondern auch jede andere Art der Benützung, die unter den gegebenen Verhältnissen normal sein würde[42]), aber auch jede bereits in Aussicht genommene anormale Benützungsart, nicht aber jede mögliche Art der Benützung[43]) in Betracht zu ziehen.

Wenn ein Unternehmer einen Draht in so geringer Höhe über dem Dachstuhl meines Hauses zieht, daß ich dadurch an der in Aussicht genommenen Erhöhung meines Hauses behindert werde, so liegt ein solches Interesse vor. Wenn ich auf meinem Grundstück einen 70 m hohen Aussichtsturm erbauen will, so muß eine in dieser Höhe befindliche Leitung beseitigt werden.

Besonders bei Einwirkungen in der Tiefe wird ein strenger Maßstab an den Nachweis, daß der Eigentümer an der Ausschließung der Einwirkung kein Interesse hat, zu legen sein; denn es läßt sich schwer übersehen, ob nicht durch die Einwirkung eine Veränderung in den unterirdischen Wasserläufen oder im Grundwasser eintritt[44]). Hier müssen schlüssige Gutachten von Sachverständigen beigebracht werden, aus welchen erhellt, daß jede Gefahr ausgeschlossen ist.

Die Beweislast dafür, daß die Voraussetzungen der ausnahmsweisen Zulässigkeit der Einwirkung gegeben sind, hat derjenige, welcher die Zu-

---

[39]) Vgl. z. B. unzulässiges Überragen einer Grenzmauer OLG 34, 171; Überragen von Gesimsen (R 10 Nr. 4089).

[40]) Vgl. RG 97, 27; SeuffA 71 Nr. 89.

[41]) Maenner 160 Anm. 16; Kretzschmar im SächsArch. 12, 410.

[42]) RG 59, 119 spricht von „beliebiger ordnungsgemäßer Verfügung" und tritt dem OLG bei, das die „beliebige Benützung des Luftraums über dem Hause" durch den Eigentümer „zu solchen Vorkehrungen, die bei gegebener Sachlage ordnungsmäßig und üblich sein würden", in Betracht gezogen hatte; für das bisherige Recht vgl. RG 42, 205.

[43]) R 08 Nr. 3615; OLG 18, 121 gehen zu weit. Von OLG 18, 121 wird Beseitigung einer Drahtseilbahn in einer Höhe von 9,5 m zugesprochen, weil die Wiese später einmal Bauplatz werden könnte.

[44]) S. unten N. 58 und § 43 D III 2c, cc.

lässigkeit der Einwirkung behauptet[45]), und nicht der Eigentümer, welcher das Verbietungsrecht geltend macht. Dieser Beweislast hat jener zunächst Genüge geleistet, wenn er die äußeren Umstände darlegt, welche den Mangel eines Interesses für den Eigentümer erkennen lassen. Dem Eigentümer bleibt es dann immer noch anheimgestellt, ein bestimmtes Interesse zu behaupten; der andere hat dann auch das Nichtbestehen dieses behaupteten Interesses nachzuweisen[46]). Der Eigentümer eines Gebäudes, dessen Gesimse über die Grenze ragen, ist (vorbehaltlich des § 912 BGB) zur Beseitigung verpflichtet. Auf § 905 kann er sich regelmäßig[47]) nicht berufen, da der Nachbar jederzeit in die Lage kommen kann, den Raum für ein von ihm zu errichtendes Gebäude in Anspruch zu nehmen[48]).

Der Eigentümer, welcher auf Grund des § 905 Abs. 2 zur Duldung einer Einwirkung verurteilt wurde, kann, wenn später infolge einer Veränderung der Umstände ein zur Zeit der Urteilsfällung nicht vorhandenes Interesse eingetreten ist, die Vollstreckungsgegenklage des § 767 ZPO anstrengen[49]).

4. Anwendungsfälle des § 905 Abs. 2 sind z. B. Tunnelbauten[50]), elektrische Leitungen[51]), Viadukte, Legung unterirdischer Röhren und Kabel[52]), Kanäle, Untergrundbahnen, Drahtseilbahnen[53]). Auch Schaukästen[54]), Balkone, Erker über öffentlichen Straßen können in Betracht kommen. In jedem einzelnen dieser Fälle ist zu prüfen, ob die Voraussetzungen des § 905 Satz 2 gegeben sind. Ein Recht, Gestänge auf Gebäuden (Telephonständer) aufzustellen, ist durch § 905 nicht begründet (s. unten § 15 B); Haltevorrichtungen für die Oberleitungen der Straßenbahnen an Grundstücken und Gebäuden müssen aber geduldet werden (§ 14 III der Straßenbahnbau- u. Betriebsordg. — RGBl. 1937 I 1247). Soweit die Einwirkung

---

45) Turnau-Förster Anm. 2 zu § 905; Planck Bem. 4 zu § 905; Kretzschmar im SächsArch. 12, 410. RG 59, 120; OLG 5, 383; a. M. Bunsen in Bernhöft und Binders Beitr. Heft 6 S. 419ff. mit der Begründung, daß die im Gesetz gezogene Schranke eine aus der Materie der Sache folgende, den sozialen Verhältnissen entsprechende regelmäßige Begrenzung der Besitzmachtvollkommenheit des Eigentümers bilde.

46) Vgl. Monich in IheringsJ 38, 157.

47) Ausnahme, wenn nach den gegebenen sachlichen Umständen mit der Möglichkeit einer Bebauung nicht zu rechnen ist.

48) Mit einer Bescheinigung des Eigentümers, für diesen Fall die Gesimse zu beseitigen, braucht er sich nicht zu begnügen (R 10 Nr. 4089).

49) Turnau-Förster a. a. O. muß auf Grund seiner Anschauung, daß an die Voraussetzungen des § 905 Abs. 2 ein abstrakter Maßstab anzulegen ist, zum entgegengesetzten Ergebnis gelangen.

50) JW 12, 869.

51) Vgl. SchleswHolstAnz. 10, 83; SeuffA 71, 154. Vgl. ferner unten § 43 D III 1 d. Über Telegraphen- und Telephondrähte s. unten § 15.

52) Über Notwegerecht zur Legung unterirdischer Röhren und Kabel s. unten § 27 II und § 27 N. 59.

53) OLG 18, 121; R 08, 664.

54) Vgl. oben N. 25.

unter der Erde zulässig ist, wird dadurch niemals ein Recht zur Aufgrabung der Erdoberfläche zwecks Herstellung der an sich zulässigen Anlage begründet, auch dann nicht, wenn sich der Unternehmer unter Sicherheitsleistung zur Wiederherstellung verpflichtet. Das Überfliegen mit Luftfahrzeugen ist durch das Luftverkehrsgesetz geregelt (s. unten Ziff. 7).

Das Interesse des Eigentümers eines Wohnhauses wird regelmäßig nicht verletzt, wenn man Drähte über seinem Haus spannt; er kann dies also regelmäßig (vgl. aber oben N. 31 und 34) nicht verbieten. Anders, wenn er sich auf seinem Dache einen sog. Berliner Garten oder eine Privatsternwarte eingerichtet hat und durch die Drähte in seinem freien Ausblick gestört wird; dies kann in letzterem Fall schon durch einen einzigen Draht bewirkt werden. Befindet sich auf einem Grundstücke ein wissenschaftliches Laboratorium, dessen Präzisionsapparate durch den oberhalb des Hauses hingeleiteten elektrischen Strom beeinträchtigt werden, so kann der Unternehmer zur Beseitigung dieser Leitungsdrähte, soweit sie durch den Luftraum des Hauseigentümers gehen, angehalten werden.

Der Eigentümer eines Ziergartengrundstückes wird wohl durch eine mäßige Anzahl von Leitungsdrähten, welche sich in der üblichen Höhe befinden, regelmäßig nicht beeinträchtigt, während bei einer solchen Menge von Drähten, daß hierdurch die ästhetische Gesamtwirkung der Gartenanlage gestört wird, ein zur Rechtfertigung des Widerspruchs genügendes Interesse gegeben ist[55]). Auch darin liegt ein genügendes Interesse, daß infolge einer über ein Hotel geführten elektrischen Leitung möglicherweise Gäste aus (unbegründeter) Furcht vor Gefahren wegbleiben können[56]).

Wenn sich unter meinem Grundstücke eine von diesem aus nicht zugängliche Höhle befindet, so kann ich meinem Nachbarn, von dessen Grundstück die Höhle zugänglich ist, nicht verbieten, diese gegen ein Eintrittsgeld zu zeigen[57]). Sobald ich mir aber selbst einen Zugang zu der Höhle verschafft habe, muß dies aufhören.

Die Eigentümer hochgelegener Almen haben ein Interesse an der Ausschließung eines Tunnelbaues, wenn die Gefahr besteht, daß durch die Anlegung des Tunnels eine Almenquelle versiegt[58]).

---

[55]) Vgl. KommProt. 3529 (Mugdan 3, 579); Maenner 161.

[56]) RG 42, 210; 59, 120. Vgl. oben N. 34

[57]) Cosack 2, 152. Vgl. RG 28, 154: Hier wird ausgesprochen, daß die Barbarossahöhle und deren Verwertung durch Einführung von Fremden dem Grundeigentümer, nicht dem Bergberechtigten gehört. — Das ist richtig. Das vom RG nach gemeinem Recht anerkannte Verbietungsrecht wäre nach § 905 nur dann begründet, wenn der Grundeigentümer einen von den Bergbaueinrichtungen unabhängigen Zugang zu der Höhle hat; denn sonst hat er an der Ausschließung der Besichtigung kein Interesse. So schon nach gemeinem Recht richtig Dernburg Pand. I §198 Anm. 4 für folgenden Fall: Unter einem Acker befindet sich in großer Tiefe eine Tropfsteinhöhle, die den einzigen Zugang von einem weit entfernten fremden Grundstück hat. Der Eigentümer des Ackers kann dem andern nicht verbieten, die Höhle gegen Entgelt zu zeigen; er kann auch nicht beanspruchen, daß dafür an ihn eine Vergütung bezahlt wird. (Unrichtig Schumacher, Z. f. Vermessungswesen 03, 106 Anm. 5).

[58]) Schumacher, Z. f. Vermessungswesen 03, 105. Das ist beim Simplontunnel der Fall gewesen. — Das Verbietungsrecht gegenüber der Eisenbahn ist jedoch entzogen und in einen Anspruch auf Schadloshaltung umgewandelt. Infolge der Anlage des Bahntunnels Cochem-Eller ist das Wasser eines Baches unterirdisch verschwunden. Der Bahnfiskus wurde zur Entschädigung verurteilt (RG 4, 344); vgl. oben N. 44 und unten § 43 D III 2, cc.

Dagegen läßt sich der Fall, daß die Fensterflügel des Nachbarhauses beim Öffnen der Fenster durch den Luftraum des Grundeigentümers geführt werden, zumeist nicht unter § 905 Abs. 2 BGB bringen. Denn diese Bestimmung hat eine solche Höhe im Auge, welche für die regelmäßige Benützung von Grundstücken überhaupt nicht in Betracht kommt. Anwendbar ist hier unter Umständen § 226 BGB.

5. Schadenersatzpflicht. Die Einwirkungen, die der Eigentümer gemäß § 905 Abs. 2 nicht verbieten kann, sind nicht rechtswidrig[59]); denn durch § 905 Satz 2 wird der gesetzliche Inhalt des Eigentumsrechts eingeschränkt[60]). Deshalb kann derjenige, welcher in einer nach § 905 Abs. 2 zulässigen Weise auf dieses Recht eingewirkt hat, auf Schadenersatz nur aus einem besonderen Rechtsgrunde[61]) in Anspruch genommen werden. In dieser Hinsicht kommt, abgesehen von einem Verschulden des Einwirkenden, insbesondere die Ersatzpflicht für Schäden, die durch den Betrieb eines Bergwerkes verursacht sind[62]), und die Gefährdungshaftung in Betracht[63]).

6. Öffentl. Recht. Noch weitergehende Einschränkungen als die durch § 905 bestimmten (etwa die Pflicht zur Duldung von Einwirkungen in unmittelbarer Nähe der Erdoberfläche) können durch die öffentlich-rechtliche Gesetzgebung bestimmt werden. Eine solche Vorschrift über die Verpflichtung zur Duldung von Telegrafen- und Telefondrähten enthält das Reichsgesetz betreffend die Telegrafenwege vom 18. 12. 1899 (s. unten § 15).

Der Luftraum über einem öffentlichen Wege oder Gewässer unterliegt grundsätzlich der Zuständigkeit der Wege- bzw. Wasserpolizeibehörde[64]), jedoch nur insoweit, als nach den tatsächlichen Umständen der Wegbestand über der Bodenfläche des Weges, der Bestand des Gewässers über der Wasseroberfläche anzunehmen ist[65]). Es kommt also darauf an, ob durch die Höhenlage der Drähte noch in den Bestand des Weges oder Gewässers eingegriffen wird. Nur unter dieser Voraussetzung ist für das Überqueren der Wege (Gewässer) mit Drähten die polizeiliche Genehmigung erforderlich[66]). Unabhängig von diesem Erfordernis der polizeilichen Genehmigung und unabhängig von einer erteilten Genehmigung steht dem Eigentümer des Weges (Gewässers) das Recht der Ausschließung der Drähte im Rahmen des § 905 BGB zu. Hat er nach § 905 die Drähte zu dulden, so hat er den Anspruch auf Schadenersatz auch ohne Nachweis eines Verschuldens

---

[59]) Kipp, JW 08, 644. [60]) Vgl. Niemeyer, Verh. d. 31. D. Jur. Tag 2, 41.

[61]) Ebenso Linkelmann, JW 09, 8; Goldfeld, JW 11, 565; wie Kipp dagegen Staudinger Bem. 1 h zu § 905; Meurer, Luftschiffahrtsrecht 16; Bodenheim, Luftschiffahrt 24; Ludewig JW 08, 705 führt gegenüber Kipp, JW 08, 644 zutreffend aus, daß die Ersatzpflicht des Luftschiffers nicht nach Analogie des § 26 GewO begründet werden kann. Gleichwohl besteht Ersatzpflicht für den durch Absturz herbeigeführten Schaden auf Grund der gewohnheitsrechtlich geltenden Gefährdungshaftung (s. unten § 43 D III).

[62]) S. darüber unten § 44.

[63]) S. darüber unten § 43 D III. [64]) OVG 59, 308; 60, 361.

[65]) OVG 60, 360. [66]) Neugebauer, Funkrecht 73.

des Halters der Drahtanlage (z. B. infolge des Reißens der Drähte infolge Windsturms oder Schneedrucks[67])).

7. Luftverkehrsgesetz: Für den Luftverkehr sind die Bestimmungen des Luftverkehrsgesetzes vom 21. 8. 1936 (RGBl. I 653, 936) mit den Änderungen vom 27. 9. 1938 (RGBl. I 246) und vom 26. 1. 1943 (RGBl. I 69) maßgebend:

a) Nach § 1 dieses Gesetzes ist die Benutzung des Luftraums für Luftfahrzeuge im Sinne des § 1 Abs. 2 LVG frei, soweit sie nicht durch dieses Gesetz oder die zu seiner Ausführung erlassenen Anordnungen beschränkt ist. Ist infolge einer solchen Beschränkung im Einzelfalle die Benutzung unzulässig, so wird wieder § 905 BGB wirksam. Im übrigen aber scheiden die Vorschriften der §§ 905 und 1004[68]) BGB als Grundlage für einen Abwehranspruch des Grundeigentümers aus; es besteht lediglich die Verpflichtung zum Schadenersatz nach § 19 (Gefährdungshaftung) und § 28 (in Verbindung mit §§ 823ff. BGB wegen unerlaubter Handlung).

Luftfahrzeuge dürfen außerhalb von Flughäfen des allgemeinen Verkehrs nur landen[69]), wenn es die Sicherheit des Fluges erfordert oder eine besondere behördliche Erlaubnis hierzu erteilt ist (§ 12 LVG und § 39 DVO). In solchem Falle kann der Eigentümer eines Grundstücks die Landung eines Luftfahrzeugs nicht verhindern; er kann aber Ersatz des ihm durch die Landung entstehenden Schadens nach §§ 19ff. LVG und im Falle des Verschuldens auch nach § 28 LVG in Verbindung mit §§ 823ff. BGB verlangen (RG 158, 34). Die Besatzung des gelandeten Luftfahrzeugs ist dem Berechtigten gegenüber verpflichtet, über Name und Wohnsitz des Halters und des Führers Auskunft zu geben. Nach Feststellung von Halter und Führer darf der Berechtigte den Abflug oder die Abbeförderung des Luftfahrzeugs nicht verhindern; er hat also wegen seiner Ersatzansprüche kein Zurückbehaltungsrecht oder gesetzliches Pfandrecht. Würde der Eigentümer eine hiernach zulässige Landung zu hindern versuchen, so wäre die Besatzung in einem Notstand und zur Selbsthilfe berechtigt.

Notlandungen sind überall gestattet (§ 904 BGB).

b) Schadenersatzpflicht.

Wird beim Betrieb eines Luftfahrzeugs durch Unfall jemand getötet, sein Körper oder seine Gesundheit[70]) verletzt oder eine Sache beschädigt,

---

[67]) Vgl. RG 100, 74 und unten § 43 D III 1 d.

[68]) Eine Abwehrklage wegen übermäßigen Lärms beim Überfliegen ist durch § 1 LVG ausgeschlossen (RG 97, 27; 133, 127 u. 350; Müller, DJZ 24, 841).

[69]) Über Fluglanderecht siehe Jehle, R 24, 539.

[70]) Erschrickt jemand infolge überempfindlicher Nerven durch das Motorengeräusch eines ruhig fliegenden Luftfahrzeugs und kommt dadurch zu Schaden, so besteht keine Ersatzpflicht (RG 133, 127 u. 350). Das gleiche gilt, wenn bei ordnungsmäßigem Betrieb des Luftfahrzeugs ein überempfindlicher Gegenstand beschädigt wird.

so ist der Halter des Luftfahrzeugs nach Maßgabe der §§ 19ff. und im Falle des Verschuldens auch nach § 28 in Verbindung mit §§ 823ff. BGB verpflichtet, den Schaden zu ersetzen. Unfall ist ein plötzlicher, auf Menschen oder Sachen schädigend einwirkender Betriebsvorgang. Betrieb eines Luftfahrzeugs bedeutet das Einwirkenlassen der bestimmungsgemäßen Triebkräfte auf das Fahrzeug zum Zwecke bestimmungsgemäßer Bewegung[71]). Der Ersatzanspruch verjährt in 2 Jahren; allerdings verliert der Ersatzberechtigte seine Rechte grundsätzlich schon dann, wenn er nicht binnen 3 Monaten nach Kenntnis von dem Schaden und der Person des Ersatzpflichtigen diesem den Unfall anzeigt (§§ 25, 26 LVG). Für die Klage ist auch das Gericht zuständig, in dessen Bezirk der Unfall eingetreten ist (§ 30 LVG). Bei mitwirkendem Verschulden des Verletzten ist § 254 BGB anzuwenden. Der Fahrzeugführer haftet nur bei nachgewiesenem Verschulden (§ 823 BGB).

Entsteht ein Schaden durch Herabfallen oder Abwurf von Gegenständen, so wird es sich regelmäßig um einen Betriebsunfall (§ 19 LVG) handeln. Der hierfür erforderliche Zusammenhang mit dem Betrieb liegt auch dann vor, wenn ein Mitglied der Besatzung oder ein Fluggast einen Gegenstand über Bord wirft[72]). Denn hier handelt es sich um einen Vorgang, der mit den dem Betrieb eigentümlichen Gefahren (spezifische Gefahr) in ursächlichem Zusammenhang steht. Liegt kein Betriebsunfall vor, so kann der Halter des Luftfahrzeuges nicht etwa aus § 905 BGB auf Schadenersatz in Anspruch genommen werden, denn § 905 ist für die Luftfahrt durch § 1 LVG ersetzt.

Bei Landungsschäden ist es im Endergebnis für die Schadenersatzpflicht des Flugzeughalters ohne Bedeutung, ob die Landung nach LVG zulässig war oder nicht, da die Ersatzpflicht in jedem Fall gegeben ist. Bei nach LVG erlaubten Landungen steht dem Grundstückseigentümer als Ausgleich für seine Duldungspflicht ein Ersatzanspruch für die Landungsschäden zu, auch wenn kein Verschulden vorliegt[73]). Die Ersatzpflicht folgt nach der reichsgerichtlichen Rechtsprechung zum Ausgleich für die Entziehung des Abwehranspruchs[74]). Bei Notlandungen ist die Ersatzpflicht durch § 904 Abs. 2 BGB begründet. Unzulässige Landungen sind verbotene Eigenmacht; die Ersatzpflicht ist durch § 823 Abs. 1 und 2 mit § 858 BGB begründet.

---

71) Müller, EisenbE 41, 14 (das Ausrollen ist noch eine Wirkung der Triebkräfte).

72) A. M. Müller, EisenbE 41, 14.

73) Jehle, R 24, 359. So jetzt auch Müller, EisenbE 41, 14.

74) RG 100, 69; 158, 34; JW 25, 53 (RG).

III. Verschiebungen der Erdoberfläche

1. Relativer Begriff der Unbeweglichkeit: Die Abgrenzung muß sich naturgemäß an die Gestaltung der Erdoberfläche anschließen. Durch die auf der Oberfläche gedachten Linien (die Grenzen) wird das Grundstück in seiner räumlichen Beziehung zu den übrigen Teilen des Erdkörpers (also nach seiner geographischen Lage) dauernd und unverrückbar festgelegt und individualisiert. Diese Auffassung des Juristen beruht auf der Unterstellung, daß die Erdoberfläche im ganzen betrachtet in einem dauernd unveränderlichen Zusammenhang der sie bildenden Teile bleibt, also unbeweglich und unverrückbar ist. Tatsächlich ist aber die Erdoberfläche keineswegs unverrückbar. Im Innern des Erdkörpers gehen fortgesetzt Veränderungen vor sich, die naturgemäß auch die Oberfläche in Mitleidenschaft ziehen[75]). Dabei handelt es sich nicht nur um plötzlich einsetzende elementare oder durch menschliche Tätigkeit veranlaßte Ereignisse, wie Erdbeben oder Einsturz von Erdmassen (Erdrutsch), sondern auch um stetig fortschreitende Veränderungen im Erdinnern, deren Auswirkung auf die Oberfläche sich so allmählich und deshalb unmerklich vollzieht, daß sie den Beteiligten gar nicht zum Bewußtsein kommt und erst durch genaue wissenschaftliche Beobachtung festgestellt werden kann.

Der geologische Aufbau des Erdkörpers ist nicht abgeschlossen. Infolge des ungleichen Drucks der Massen, welche den Erdkörper bilden, treten allmähliche Verlagerungen ein. Man spricht hier von tektonischen Veränderungen. Unter Tektonik versteht man die gesetzmäßige Umbildung des Aufbaues der Gesteinsmassen[76]), namentlich der Gebirge. Eine solche Umbildung im Aufbau der Gebirge muß zu Verschiebungen der Oberfläche, zu tektonischen Verschiebungen führen. Solche wurden namentlich im bayerischen Alpenvorland festgestellt. Sie sind eine Folge des durch das Alpenmassiv ausgeübten Druckes. Man sollte meinen, daß dieser Druck eine Verschiebung des Alpenvorlandes von Süden nach Norden bewirkt. Allein im Norden wird der von Süden kommenden Druckwirkung des Alpenmassivs durch die vorgelagerten in der Tiefe fest verankerten Mittelgebirge (namentlich die böhmische Urgebirgsmasse) Widerstand entgegengesetzt, mit der Folge, daß die von der Druckwirkung ausgelöste Bewegung nach der Richtung des geringeren Widerstandes, nämlich nach Westen abgelenkt wird. Im Westen stößt der Druck auf jüngere Miozän- und Quartärschichten der Oberfläche, deren Zusammenhang zudem noch durch zahlreiche, tief eingeschnittene und durch lose Geröllmassen ausgefüllte Flußtäler unterbrochen ist. Diese weicheren Gesteinsmassen vermögen dem von den Alpen ausgehenden und von den nördlich vorgelagerten Mittelgebirgen zurückgegebenen Gegendruck nicht standzuhalten, so daß sie infolge der Zusammenpressung nach und nach allmählich nach Westen ausweichen. Es wurde festgestellt, daß seit der Ausführung der bayerischen Landestriangulierung in der ersten Hälfte des vergangenen Jahrhunderts eine Verschiebung der ganzen Erdkruste des

---

[75]) Über Bergfluß s. auch unten § 20 I 3 (N. 21).

[76]) Der Geologe bezeichnet die Massen, aus denen die feste Erdrinde (Lithosphäre) besteht, als Gestein, gleichgültig, ob sie eine feste Beschaffenheit besitzen, wie die Granite, Kalk- und Sandsteine, oder ob sie in lockerer Form als Sande oder Tone auftreten (Wahnschaffe, Recht 1913 S. 477).

Alpenvorlandes besonders nach der Westrichtung, also eine tektonische Westwanderung eingetreten ist, die Professor Schmidt bis zu Maßen von $2^1/_2$ m errechnet[77]).

(Bodenfluß)[78]). Die tektonischen Vorgänge sind begrifflich von der natürlichen Bodenbewegung wohl auseinanderzuhalten. Tektonische Bewegungen werden durch Störungen des Schichtverbandes ausgelöst. Solche Störungen, die auf weite Strecken hin gleichförmig zu verlaufen pflegen, sind in der Regel auf Spannungszustände in größerer Rindentiefe zurückzuführen, können aber auch in Volumenschwankungen, Auslaugungen und dergleichen ihre Ursache haben. Die tektonischen Störungen stellen also — und dies unterscheidet sie wesentlich von den Bodenbewegungen — Verlagerungen im eigentlichen Schichtverbande dar. Die natürliche Bodenbewegung oder der „Bodenfluß" beschränken sich, wie schon der Name sagt, auf die sog. Böden (Bodenprofil), also übertragen auf unsere gemäßigten klimatischen Verhältnisse, die eigentliche Verwitterungsschicht, welche unmittelbar über dem festen, von der Verwitterung unversehrt gebliebenen, anstehenden Gestein (dem „gewachsenen Fels", wie sich der Laie ausdrückt) beginnt und über den Auflockerungsbereich durch den Gebröckel- und den Mischhorizont hindurch bis in die oberste Humusschicht hinaufreicht[79]). Tektonische Bewegungen, die im allgemeinen durch Spannungen der Rinde unseres Planeten bedingt sind, werden durch bauliche Eingriffe oder überhaupt Menschenwerke weder ausgelöst noch gehemmt[80]).

Im Gegensatz zu den ganz allmählich und unmerklich fortschreitenden, nur in ihrer Gesamtwirkung erheblichen tektonischen Verschiebungen springt der Einfluß plötzlich auftretender, gewaltsamer Einwirkungen auf den Erdkörper in die Augen.

Als Folge von Erdbeben kann die ganze Oberfläche eines Grundstücks verschwinden, oder es kann die Oberfläche eines Grundstückes samt den darauf stehenden Bauwerken und Bäumen über ein anderes Grundstück geschoben werden[81]).

Dicht bei dem als Weinort berühmten Städtchen Lorch im Rheingau ragt als Wahrzeichen des Ortes ein steiler, mit Weinstöcken bepflanzter Berg empor, dessen Gipfel die uralte Ruine Nollig trägt. Im Frühjahr 1919 begann nun dieser Nolligberg zu arbeiten. Es zeigten sich im Gebirge und in den ins Gebirge eingehauenen Bergkellern Risse und Spalten. Von der Berliner geologischen Landesanstalt wurde festgestellt, daß erhebliche Bergmassen in Bewegung geraten waren. Vergebens wurde versucht, der Bewegung durch Abtragung einzelner Felsblöcke und Ausfüllung der Risse mit Ton Einhalt zu tun. Der das Bergmassiv bedeckende Bergschutt wanderte in der Richtung auf das Tal zu und bedeckte Räume und Flächen, die als Hofräume und Gärten benutzt waren. An einer steil gegen das Tal geneigten Schieferungsfläche ist das Gebirge abgerissen und um mehrere Meter abgesunken. Bei der absinkenden und nach dem Tale zu drängenden

---

77) Vortrag von Maximilian Schmidt, Professor der technischen Hochschule in München, in der Sitzung der bayer. Akademie der Wissenschaften vom 5. 6. 20 (Sitzungsbericht aus Jahrgang 1920 S. 297ff.).

78) Über Bodenfluß vgl. unten § 20 I 3 (N. 21).

79) Dr. Christa, Vorstand des Mineralogisch-Geologischen Instituts an der Universität Würzburg, Gutachten vom 9. 4. 25.

80) Christa a. a. O.

81) Schuhmacher, Zeitschr. f. Vermessungswesen 1903, 99, berichtet, daß im Jahre 1783 in Calabrien infolge eines Erdbebens ein Bauernhof zum Teil auf einen anderen geschoben wurde. Der hieraus entstehende Prozeß wurde dahin entschieden, daß dem Eigentümer des unten liegenden Landgutes das Eigentum im ganzen bisherigen Umfang dieses Gutes verblieb, daß aber dem Eigentümer des oben liegenden Gutes das Recht zugesprochen wurde, von seiner auf das andere Gut geschobenen Erdmasse soviel wegzunehmen, als er wolle.

Bewegung der einzelnen Felsstaffeln sind deren hervorragende Klippen abgebrochen, abgestürzt und erfüllten mit dem talabwärts gleitenden Gehängeschutt nicht nur den ganzen Hang, sondern zum Teil auch die Hofräume, sind sogar in einzelnen Fällen in die unteren Teile der Häuser hineingesprungen. Auch wurden Gebäude durch die Bergmassen von ihrem Standort verschoben.

Als Ursache des Bergsturzes wurde das Zusammenwirken menschlicher Eingriffe auf den Fuß des Berges festgestellt (beim Eisenbahnbau, bei Herstellung von Kellern, Planierung von Hofräumen), durch die der natürliche Gleichgewichtszustand aufgehoben wurde, so daß die natürlichen Vorgänge der Verwitterung und der im Rheinland überaus häufigen kleinen Erderschütterungen (tektonische Erdbeben) die Katastrophe unweigerlich herbeiführen mußten[82]).

Bedeutsame Veränderungen im Innern der Erde mit Rückwirkung auf die Erdoberfläche können von den Grundwasserverhältnissen ausgehen. In durchlässigen Schichten (z. B. in Sanden, Sandsteinen und Kiesen) oder in Gesteinsklüften sammelt sich das von oben her in die Schichten eingedrungene Meteorwasser an. Man nennt diese wasserführenden Schichten Grundwasserträger. In ihnen bewegt sich das Grundwasser nach dem Gesetz der Schwere. Demgemäß würde es nach unten verschwinden, wenn es nicht durch undurchlässige Schichten, die aus Tonen, Tonschiefern und anderen dichten Gesteinen gebildet werden (die sog. Grundwasserstauer) aufgehalten würde. So bewegt sich das Grundwasser der Neigung der Schichten entsprechend nach tiefer gelegenen Gebieten[83]). Wird der Ablauf des Grundwassers durch irgendwelche Vorgänge (Bruch des Wasserstauers, Tunnellierung, Bergwerkbetrieb) geändert, so daß Schichten, deren poröse Teile bisher vom Grundwasser ausgefüllt waren, wasserfrei werden, so kann es vorkommen, daß die poröse Gesteinsmasse durch den auf ihr lastenden Druck zusammengepreßt wird, mit der Folge, daß sich die Gesteinsmassen senken und von oben her Gesteinsmassen seitlich nach sich ziehen, so daß die Oberfläche verschoben wird.

Durch das Zusammenwirken menschlicher Eingriffe bei Benützung des Bodens (Anlage von Kellern, Abbau von Bodenbestandteilen, Ausschachtung der Fundamente, Planierung, Einschnitte für den Eisenbahnkörper), die am Fuße eines Berges vorgenommen werden und von denen jeder Eingriff für sich allein für die Standsicherheit bedeutungslos ist, kann im Laufe der Zeit die Bergmasse in eine labile Gleichgewichtslage gebracht werden, zu deren Störung und völliger Aufhebung es dann nur noch eines ganz geringen natürlichen Eingriffs bedarf, eines kleinen, aber folgerichtigen unabwendbaren Eingriffs von scheinbar unendlich geringer Bedeutung und doch alles menschliche Eingreifen in seiner Wirkung weit übertreffend. Die in dieser Weise tätigen Naturkräfte heißen: Verwitterung und Erschütterung des festen Felsgerüstes der Erde. Zermürbt die Verwitterung durch eindringendes Regenwasser den letzten Gesteinspfeiler, zersprengt die unwiderstehliche Kraft des in die Spalten eingedrungenen und zu Eis erstarrten Wassers diesen letzten Pfeiler, dann ist der Moment der Aufhebung des Gleichgewichts gekommen. Der Fels rutscht und stürzt. Das gleiche tritt ein durch Zermürbung und Bewegung der Felsmassen als Folge der fast täglichen kleinen zitternden Erderschütterungen, welche z. B. im Rheingebiet von den Erdbebenmessern angezeigt werden und die zurückzuführen sind auf ein inneres Schieben und Drängen riesiger, infolge der Schwerkraft sich dauernd vollziehender Bewegungen ganzer Gebirge (tektonische Bewegungen). So ist die in den Jahren 1919, 1920 eingetretene Gesteinssturzbewegung am Nolligberg in Lorch am Rhein entstanden[84]).

---

[82]) Gutachten des Geheimrats Beylschlag in Berlin, Präsident der geologischen Landesanstalt in Berlin, vom 19. 11. 1920. [83]) Wahnschaffe, R 13, 481.

[84]) Gutachten des Geheimrats Beylschlag, Präsident der geologischen Landesanstalt in Berlin, vom 19. 11. 1920.

Vielfache Verschiebungen der Erdoberfläche sind als Folge des Bergwerksbetriebes festgestellt worden. Durch das Niedergehen der Gebirgsschichten in die durch Auskohlung geschaffenen Hohlräume[85]), durch die Änderung der Grundwasserverhältnisse, durch Gasentweichung entstehen Senkungen und in Verbindung mit diesen auch seitliche Verschiebungen.

Bei einer Untersuchung über Verschiebungen trigonometrischer Punkte im Ruhrkohlengebiet hat Rothkegel auf Entfernungen unter 100 m Verschiebungen bis zu 66 cm festgestellt[86]). Nach einer Mitteilung von Köndgen ist am Schlacht- und Viehhof in Essen ein ganzer Baublock von 320 m Länge und 70 m Tiefe infolge der Einwirkungen des Bergbaues verschoben worden, so daß im Jahre 1903 Anlieger bis zu 72 cm von der ursprünglichen Bautiefe eingebüßt hatten[87]). Hillegart hat bei seinen Untersuchungen über den Einfluß des Bergbaues auf die Erdoberfläche im Zwickauer Steinkohlenrevier gefunden, daß innerhalb eines Zeitraumes von 40 Jahren Verschiebungen von 3—5 m nachzuweisen waren[88]). Schumacher erwähnt einen Fall aus dem Ruhrkohlenrevier, wo zwei 900 m voneinander entfernte Geländepunkte in entgegengesetzter Richtung um 6, 03 m verschoben waren und das zwischen den beiden Punkten liegende Gelände mithin um so viel größer geworden war[89]).

Die Horizontalverschiebungen sollen nach Hillegart[90]) im Verhältnis zur Senkung am stärksten an den Grenzen eines Abbaugebietes auftreten und sich weit über das Abbaugebiet hinaus in Gebiete erstrecken, die vom Abbau gar nicht berührt wurden. Die Verschiebung geht in der Weise vor sich, daß mit der zunehmenden Ausdehnung der Hohlräume den darüber liegenden Gesteinsschichten die erforderliche Stütze entzogen wird, so daß sie in die Hohlräume niedergehen. An der darüber liegenden Oberfläche macht sich dieser Vorgang als Senkung, zuweilen auch als Durchbruch bemerkbar. Durch das Niedergehen der Gesteinsmassen wird der seitliche Druck auf die sich daran anschließenden Gesteinsmassen aufgehoben. Sie haben ihr Widerlager verloren mit der Folge des Nachzugs dieser Erdschichten auf die Einsturzstellen zu. Die Oberfläche geht mit dieser Bewegung mit, indem sie sich nach seitwärts verschiebt.

Wenn in der Nähe der Grenze mit zu geringer Bemessung des Sicherheitspfeilers in steilen Wänden Ton abgebaut wird, können Rutschungen von dem Erdkörper des Nachbargrundstückes nach der Tongrube stattfinden und dadurch die vermarkten Grenzzeichen verschoben werden. Bei dem Abbau von Tonen, namentlich wenn diese durch Niederschläge aufgeweicht sind, sind Quellungen und Rutschungen dann unausbleiblich, wenn durch Fortnahme des Widerlagers der einheitlich lastende Druck ausgelöst wird, so daß er sich in eine Horizontalbewegung umsetzen muß[91]).

Unterwaschungen durch Wasser können ohne jede menschliche Tätigkeit Erdschichten, namentlich Tongeschiebe in Bewegung setzen und dadurch eine Verschiebung der Grenzzeichen herbeiführen[92]).

Über das sog. Schuttkriechen s. unten § 17 N. 27.

---

[85]) Schumacher, Z. f. Vermessungswesen 03, 101 gibt im Jahre 1903 an, daß allein die durch die Kohlengewinnung innerhalb des Bezirks des Westfälischen Steinkohlenbergbaues alljährlich in der Erdrinde geschaffenen Hohlräume insgesamt einen Rauminhalt von 30 Millionen cbm haben.

[86]) Rothkegel, Z. f. Vermessungswesen 1903, 217.

[87]) Köndgen, ebenda S. 233.

[88]) Hillegart, ebenda 1910, 957.

[89]) Schumacher, ebenda 1903, 102.

[90]) Hillegart, ebenda 1910, 559ff.

[91]) Wahnschaffe, R 13, 492.

[92]) Schumacher, Z. f. Vermessungswesen 1903, 100.

2. Einfluß von Verschiebungen auf den rechtlichen Bestand des Grundstückes: Das Grundstück im Rechtssinn ist der keilförmige Ausschnitt aus dem Erdkörper, der durch Lotebenen umschlossen wird, die durch die Grenzlinien der Erdoberfläche gelegt sind und die über

Verzerrte Darstellung zur Veranschaulichung der Pyradmidenbildung

Die Pyramidenkanten *ma*, *mb*, *mc*, *md*, und *me* (Lote) sind an der Erdoberfläche praktische Begriffe paralle

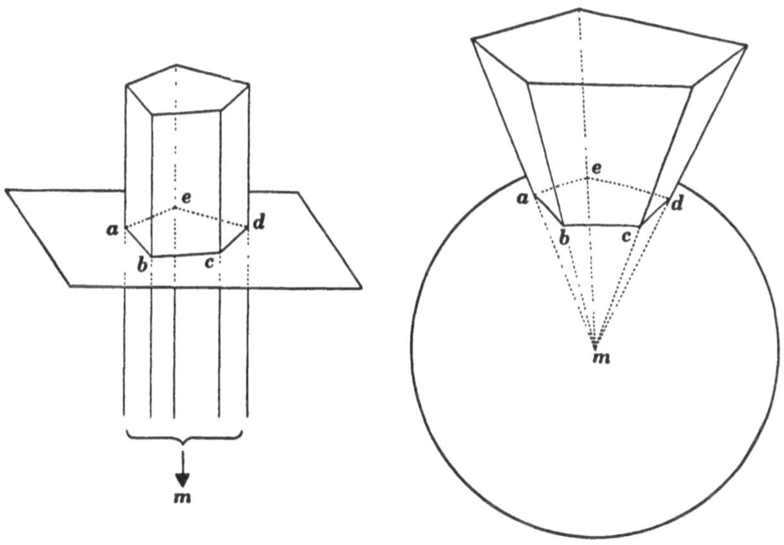

a b c d e = Grundstück an der Erdoberfläche
m = Erdmittelpunkt*)

die Erdoberfläche hinaus nach oben fortgesetzt gedacht werden. Diese Lotebenen werden sich, den Erdkörper als Kugel angenommen, im Erdmittelpunkte schneiden. Sie bilden, wenn man den Umfang des Grundstückes in gerade Linien zerlegt, eine Pyramide, deren Spitze der Erdmittelpunkt ist (vgl. Abbildung). Ihre räumliche Begrenzung zu den übrigen Teilen der Erde ist in ihrer geographischen Lage dauernd und unverrückbar festgelegt. Der rechtliche Bestand des Grundstücks wird durch die Flächen der Lotebenen bestimmt. Was als Keil-Ausschnitt der Erde und des Luftraumes von dem durch diese Flächen

*) Die Zeichnungen verdanken wir Herrn Oberregierungsrat Oberarzbacher in München.

gebildeten Mantel umschlossen wird, bildet den rechtlichen Bestand des Grundstücks. Praktisch besehen, bestimmt die Oberfläche den körperlichen Gehalt des Grundstücks und an der Oberfläche scheidet sich das Recht des einen Grundstücks von dem andern. Das ist auch theoretisch richtig für den Zeitpunkt der Verfügung, durch welche ein Teil des Erdkörpers zum Grundstück wird. Ändert sich aber später die Oberfläche, so erkennen wir, daß nach dem Zeitpunkte dieser Verfügung nicht mehr die Oberfläche den rechtlichen Bestand des Grundstücks bestimmt, sondern der Schnitt der ursprünglich festgelegten Lotebenen mit der geänderten Erdoberfläche.

Man muß sich die Entwicklung des rechtlichen Vorgangs folgendermaßen vorstellen: Durch menschliche Verfügung wird ein Teil des Erdkörpers zum selbständigen Grundstück. Diese Verfügung schließt sich an die zur Zeit der Verfügung vorhandene Gestaltung der Oberfläche an. Auf dieser Oberfläche werden Linien gedacht, durch welche das Grundstück von den übrigen Teilen der Erdoberfläche abgegrenzt wird. Die rechtliche Wirkung dieser Abgrenzung der Oberfläche besteht darin, daß zu dem Grundstück der unter der abgegrenzten Oberfläche befindliche Erdkörper und der darüber befindliche Luftraum gehört. Die Begrenzung dieser Erdmasse wird durch geometrische Flächen bestimmt, die sich von den auf der Oberfläche gedachten Grenzlinien lotrecht nach oben und unten erstrecken. Der Inbegriff dessen, was innerhalb dieses Raumes (also innerhalb des Keilmantels) von der Erdmasse und den damit festverbundenen Körpern ausgefüllt ist, ist das Grundstück. Legt man durch die Figur dieses Erdkeilausschnittes eine waagrechte Ebene, so erhält man den Querschnitt, der die unverrückbare Grundlage des rechtlichen Bestands des Grundstücks bildet. Der Umriß dieses Querschnittes und damit auch sein Flächenmaß bleibt unwandelbar und unberührt von den Veränderungen, die mit der Oberfläche vor sich gehen.

M. a. W. Nur in dem Moment, in welchem ein Stück der Erde zum selbständigen Grundstück wird, sind die auf der Oberfläche gedachten Grenzen bestimmend für den rechtlichen Bestand des Grundstücks. In demselben Moment, in welchem das Stück der Erde zum selbständigen Grundstück geworden ist, löst sich der rechtliche Bestand des Grundstücks von der Begrenzung auf der Oberfläche los; er ist von da ab unwandelbar verknüpft mit dem waagerechten Keilquerschnitt. Die Linien dieses Querschnittes sind auf die Oberfläche des Grundstücks zu übertragen (projizieren). Diese auf die Oberfläche übertragenen Linien sind die Grenzen. Die auf der Oberfläche vorhandenen Grenzzeichen sind nicht die Grenzen, sondern nur ihre Bezeichnung, die äußere Beurkundung der nur gedachten Grenzlinien. Sind die Grenzzeichen verschoben, so zeigen sie nicht mehr die wahre Grenze auf; sie stehen an einem unrichtigen geographischen Ort.

Damit sind wir bei der Beantwortung der gestellten Frage angelangt. Das Grundstück, d. i. der vom Recht als selbständige Einheitssache anerkannte Ausschnitt aus dem Erdkörper geht nicht mit, wenn Bestandteile des Grundstücks ihren Standort verändern und über die Grenzflächen des Keilausschnittes hinüberwandern. Ob sich die Bestandteile nur im Innern verschieben oder ob die Verschiebung auch auf die Oberfläche übergreift; ob nur geringe Massen der Bodenbestandteile über die Grenze verschoben werden, oder ob die Massen noch so gewaltig sind; ob sie auseinandergerissen werden oder ob sie im natürlichen Zusammenhang bleiben, all dies ist belanglos, soweit der rechtliche Bestand des Grundstücks in Betracht kommt. Und auch das ist für die Grenzfrage völlig belanglos, ob die Ursache der Verschiebung auf natürlichen Vorgängen (höherer Gewalt) oder menschlichem (auch schuldhaftem) Verhalten beruht[93]). Der rechtliche Bestand des Grundstücks (der durch die waagrechte Ebene herausgeschnittene Querschnitt des Erdkörperkeiles) wird durch die Verschiebung der Oberfläche nicht verändert, er wird weder größer noch kleiner.

Wenn die Oberfläche eines Grundstücks mit ihrer Umgebung abgerutscht ist, so kann es bei entsprechender Mächtigkeit der abgerutschten Erdmassen vorkommen, daß die abgerutschte Oberfläche eines Grundstücks an ihrem neuen Standort noch unzweideutig zu erkennen ist, wenn sie auch durch das Gewicht der von oben nachgerutschten Massen und den Aufprall der Erdmassen am Ruhepunkt zusammengedrückt, gefaltet und in der Rutschwirkung verkürzt sein wird. Die Annahme, daß diese unzweideutig erkennbare frühere Oberfläche des Grundstücks auch nach dem Abrutsch den rechtlichen Bestand dieses Grundstücks bestimme und mit dem darunter liegenden Boden dieses Grundstück bilde, wäre durchaus verfehlt. An dem Eigentumsrecht dieses Grundstücks, auf welchem die abgerutschte Oberfläche des anderen Grundstücks zur Ruhe gelangt ist, hat sich nichts geändert[94]) und das G r u n d s t ü c k, dessen Oberfläche ausgewandert ist, hat diese Wanderung nicht mitgemacht, sondern ist geblieben, wo es vorher war.

Wenn eine auf einem Grundstück hart an der Grenze stehende Felswand infolge des Zusammenbruchs einer darunter befindlichen Höhle sich mit der Folge neigt, daß ein Teil des Felsens über die Grenzfläche hinüberragt, so ist der überragende Teil der Felswand Teil des Nachbargrundstücks geworden. Ein auf dem überragenden Teil des Felsens stehendes Gebäude teilt dessen rechtliches Schicksal[95]). Ragt jedoch nur ein Teil des

---

[93]) Schumacher a. a. O.

[94]) Deshalb wäre der aus Anlaß des Erdbebens in Calabrien vom Jahre 1783 entstandene Prozeß (s. o. N. 81) hinsichtlich des Eigentums am Grundstück nach deutschem Recht genau so zu entscheiden, wie er seinerzeit von dem italienischen Gericht entschieden wurde (vgl. Schumacher a. a. O. 99).

[95]) Der Eigentümer des Grundstücks, in dessen Keilausschnitt das ganze Gebäude eingetreten ist, ist daher auch Eigentümer des Gebäudes geworden, da es mit dem dazu gehörigen Boden fest verbunden ist. — Der bisherige Eigentümer hat aber den Be-

Gebäudes in den fremden Luftraum hinein, so sind auf den hinüberragenden Teil des Gebäudes die Grundsätze des Überbaus anzuwenden (s. unten § 24 VII, 4 u. 5).

Aus dem klargelegten Begriff des Grundstücks und der Unveränderlichkeit seines rechtlichen Bestandes ergibt sich die Folge, daß ein Untergang des Grundstücks (des geographisch festgelegten Teiles des Erdkörpers) rechtlich nicht denkbar ist.

Wenn infolge von Vorgängen im Erdinnern ein Durchbruch der Oberfläche stattfindet, so kann es sich begeben, daß die ganze Oberfläche eines Grundstücks in der Tiefe des Erdinnern versinkt und sich die in der Natur vorhandenen Oberflächen der benachbarten Grundstücke über der versunkenen Oberfläche zusammenschließen[96]). Das Grundstück, dessen Oberfläche versunken ist, hat infolge dieses Vorganges keineswegs aufgehört, rechtlich zu bestehen[97]). Sein rechtlicher Bestand ist unverändert in der geographischen Lage geblieben, welche dem Grundstück durch den gedachten Keilausschnitt des Erdkörpers angewiesen ist. Das ist selbst dann der Fall, wenn infolge dieses Ereignisses bis auf noch so große Tiefe die früheren Bestandteile des Grundstücks über die Grenzen gewandert sind. Eine andere Frage ist die, ob die in der Natur vorhandene neue Oberfläche wesentlicher Bestandteil des Grundstücks geworden ist, auf welchem sie sich jetzt befindet (s. hierüber unten § 2 III).

Senkt sich die Oberfläche eines Grundstücks in der Weise, daß sie dauernd von dem Wasser eines daran angrenzenden Sees bedeckt wird, so bleibt das Eigentum an dem versunkenen Grundstück mit der Folge erhalten, daß es sich auf das darüber befindliche Wasser erstreckt[98]).

Der Grundsatz der geographischen Unveränderlichkeit der Grundstücke erleidet eine einzige Ausnahme. Auf die tektonischen Verlagerungen der Gesteinsmassen sowie den Bergfluß und die dadurch bewirkte stetige Verschiebung der Erdoberfläche kann er dann nicht angewendet werden, wenn es sich um Vorgänge handelt, die das Gelände im weiten Umgriff erfassen und sich so allmählich und unmerklich vollziehen, daß sie erst nach einer längeren Zeitspanne durch genaue, schwierige und nicht immer absolut zuverlässige wissenschaftliche Beobachtung in ihrer Gesamtwirkung festgestellt werden können.

---

reicherungsanspruch nach § 812 BGB. Dieser wird durch Bestellung einer Grunddienstbarkeit zum Halten des Gebäudes gegen Zahlung einer jährlichen Überbaurente zu erfüllen sein.

[96]) Solche Verwerfungen können ohne jeden Zusammenhang mit Bergbau oder einer anderen menschlichen Einwirkung durch eine Gesteinsmassenverschiebung herbeigeführt werden (Henschel, Z. f. Vermessungswesen 10, 975).

[97]) Unrichtig Schumacher a. a. O. 111 Anm. 10.

[98]) JW 1900, 492 (RG). Wird ein Teil eines Grundstücks zum Bett eines Flusses, so ist nach Wasserrecht zu entscheiden, ob hierdurch der Eigentümer des Grundstücks das Eigentum an diesem zum Flußbett gewordenen Teil verliert; vgl. JW 08, 443. Nach § 15 PrWG wird der Staat ipso jure Eigentümer des neuen Bettes eines Wasserlaufs erster Ordnung. — Aber dieser gesetzliche Eigentumsverlust für den bisherigen Eigentümer beruht nicht auf der Annahme eines Untergangs des Grundstücks; denn dann bestünde ja kein Grund für die vom Gesetz angeordnete Entschädigung des bisherigen Eigentümers. — Vgl. RG 8, 182 (Überschwemmungen).

In diesem Falle steht nichts entgegen, bei der Anwendung des Rechts die Unterstellung des Gesetzgebers von der Unbeweglichkeit der Erdoberfläche hinzunehmen und sich damit abzufinden, obwohl wir wissen, daß diese Unterstellung mit den Ergebnissen der Naturwissenschaft nicht im Einklang steht. Die Rechtsanwendung kann nur praktisch bedeutsame Veränderungen berücksichtigen; Ergebnisse der Wissenschaft, mögen sie auch noch so bemerkenswert sein, sind von der Rechtsanwendung nicht zu berücksichtigen, wenn die ihnen zugrunde liegenden Vorgänge auf das praktische Leben ohne jeden Einfluß sind. Die stetig fortwirkenden und nur ganz allmählich fortschreitenden tektonischen Verschiebungen[99]) sind in der Tat ohne jeden solchen Einfluß. Denn die ganze Umgebung eines jeden hiervon berührten Grundstücks wird davon in gleicher Weise betroffen, so daß die räumliche Beziehung der beteiligten Grundstücke untereinander in keiner Weise geändert wird. Die während eines übersehbaren Zeitraumes vor sich gehende Verschiebung ist so unbedeutsam, daß sie von keinem Beteiligten bemerkt werden kann. Es besteht daher für die Rechtsanwendung nicht das mindeste Bedürfnis, aus solchen stetig und allmählich wirkenden tektonischen Verschiebungen praktische Folgerungen zu ziehen, die im höchsten Maße unpraktisch wären. Man muß sogar noch weitergehen und als Willen des Gesetzgebers erachten, daß diese Folgerungen nicht gezogen werden dürfen.

Wenn der Gesetzgeber die Unbeweglichkeit des Grundstücks unterstellt[100]), so hat er dabei den Zustand im Auge, der nach der menschlichen Erfahrung als Unbeweglichkeit erachtet wird. Der Begriff ist also nach dem Maßstab der Erfahrung zu bestimmen, und diese merkt und weiß nichts davon, daß infolge des tektonischen Aufbaues der Gesteinsmassen in diesen eine Art von Bewegung ist. Die dadurch herbeigeführten, im einzelnen unmerklichen Verschiebungen fallen für den Begriff nicht ins Gewicht, sie sind, wie sie es tatsächlich sind, so auch rechtlich unbeachtlich. Bewirkt aber die stetig wirkende tektonische Arbeit eine aus dem Rahmen der allmählich fortschreitenden Entwicklung herausfallende sinnfällige (lokale) Verschiebung, so wird eine solche von der Erfahrung als Bewegung erkannt und ebenso vom Recht gewertet, so daß der Grundsatz der geographischen Unveränderlichkeit auf einen solchen Fall, wie auf jeden anderen (nicht auf tektonischer Ursache beruhenden) Fall einer Verschiebung der Oberfläche anzuwenden ist.

---

99) Durch tektonische Ursachen können auch sinnfällige Veränderungen bewirkt werden.

100) § 781 Entw. I sprach dies ausdrücklich aus: „Unbewegliche Sachen sind die Grundstücke“. Die zweite Kommission hat diesen Satz gestrichen, weil sie ihn als selbstverständlich und daher als überflüssig erachtete.

Zusammenfassend ist über die rechtliche Beurteilung von Verschiebungen der Erdoberfläche zu sagen: Die durch tektonische Arbeit von Gesteinsmassen bewirkte Verschiebung der Erdoberfläche wird vom Rechte dann nicht beachtet, wenn sie nicht sinnfällig ist. Die unmerklich und allmählich eintretende tektonische Verschiebung der Erdoberfläche nimmt den rechtlichen Bestand des Grundstücks mit. In allen übrigen Fällen, in welchen — gleichviel aus welcher Ursache — eine Verschiebung der Erdoberfläche eintritt, wird hiervon der rechtliche Bestand des Grundstücks nicht berührt. Das Grundstück als solches, d. i. sein rechtlicher Bestand geht nicht mit der Oberfläche, wenn sie über die Grenze hinüberwandert. Die verschobenen Grenzzeichen bezeichnen nicht mehr die richtige Grenze; sie sind an ihren richtigen geographischen Standort zurückzuversetzen.

§ 2. Bestandteile des Grundstücks

I. Begriff

Das Grundstück ist ein abgegrenzter Ausschnitt der Bodenmasse. Es ist ein Körper, keine Fläche. Dieser Körper ist aus Bestandteilen zusammengesetzt.

Der Begriff des Bestandteils ist im Gesetze nicht bestimmt, sondern als gegeben vorausgesetzt. Bestandteile sind diejenigen körperlichen Gegenstände, die entweder von Natur eine Einheit bilden oder durch Verbindung miteinander ihre Selbständigkeit dergestalt verloren haben, daß sie, solange die Verbindung dauert, als ein Ganzes, als eine Einheitssache erscheinen[1]). Bestandteil kann daher nur das sein, was Teil einer einheitlichen Sache, ein unselbständiges Stück eines Körpers ist, nicht was selbst eine Sache unter mehreren selbständigen Sachen ist, die zusammen ein wirtschaftliches Ganzes bilden[2]).

Das Gesetz hebt unter den Bestandteilen die wesentlichen Bestandteile hervor. Wesentliche Bestandteile eines Grundstücks sind zunächst einmal diejenigen Bestandteile, die voneinander nicht getrennt werden können, ohne daß der eine oder andere zerstört oder in seinem Wesen verändert wird (§ 93), sodann aber die mit dem Grund und Boden fest verbundenen Sachen[3]),

[1]) RG 63, 416. Die Sacheinheit ist ein zusammenhängendes körperliches Stück der Natur; dem Bestandteil dagegen fehlt der Charakter der Selbständigkeit. Maßgebend hierfür ist die natürliche Anschauung (RG 67, 30; 69, 121 u. 133; 83, 169; 87, 45).

[2]) RGK Bem. 2 zu § 93 und die dort angef. Entsch. d. RG.

[3]) Ein leichter Schuppen, der ohne feste Verbindung einfach auf den Boden gestellt ist, ist selbst dann nicht wesentlicher Bestandteil, wenn er zu einem dauernden Zwecke errichtet wurde.

insbesondere Gebäude, sowie die Erzeugnisse[4]) des Grundstücks, solange sie mit dem Boden zusammenhängen (§ 94 Abs. 1). Zu den wesentlichen Bestandteilen eines Gebäudes gehören die zur Herstellung des Gebäudes eingefügten Sachen (§ 94 Abs. 2). Die wesentlichen Bestandteile können nach der zwingenden Vorschrift des § 93 nicht Gegenstand besonderer Rechte sein[5]).

Die einzelnen Flächenteile eines Grundstücks sind wohl dessen Bestandteile; sie sind aber keine wesentlichen Bestandteile, weil das Grundstück durch Ziehen von Grenzlinien jederzeit in verschiedene Teile zerlegt werden kann[6]). Deshalb können die einzelnen Parzellen eines Grundstücks auch Gegenstand besonderer dinglicher Rechte sein. So kann z. B., wenn

---

[4]) Ein vom Eigentum am Grundstück verschiedenes Eigentum an stehenden Bäumen (anders bei Baumschulen des Pächters) ist ausgeschlossen (JW 05, 280; R 05 Nr. 14 [BayObLG]). Der Mieter darf einen von ihm gepflanzten Baum nicht wegnehmen. § 547 Abs. 2 ist nicht einschlägig, da der Baum keine „Einrichtung" ist. Auch der Pächter darf die von ihm gepflanzten Bäume nicht wegnehmen, soweit sie nicht nach den Regeln einer ordnungsmäßigen Wirtschaft als Ertrag des Pachtgrundstückes anzusehen sind (vgl. Soergel Rspr. 1912 Nr. 1 zu § 581). Unter Umständen kann Ersatz für „Verwendungen" (Kosten des Einpflanzens) verlangt werden (vgl. §§ 994ff., insbes. § 997 Abs. 2). — Für die Übergangszeit s. unten § 2 IV.

Samen wird mit dem Aussäen, eine Pflanze mit dem Einpflanzen wesentlicher Bestandteil (§ 94) ohne Rücksicht darauf, ob die Pflanze Wurzel geschlagen hat. Das Eigentum am Baum steht demjenigen zu, auf dessen Grundstück der Stamm aus dem Boden heraustritt. Die Wurzeln und Zweige des Baumes folgen notwendigerweise dem Eigentum am Stamm. Über die Rechte des Eigentümers, in dessen Machtbereich sie eingedrungen sind, trifft § 910 Bestimmung (s. darüber unten § 21). Ein auf der Grenze stehender Baum steht im Miteigentum der Nachbarn (gegen die herrschende Meinung s. unten § 12).

[5]) Deshalb ist eine Vereinbarung, wonach sich der Verkäufer eines Grundstücks bei dessen Veräußerung ein daraufstehendes Gebäude als Eigentum zurückbehält, dinglich wirkungslos. Der Veräußerer hat lediglich einen obligatorischen Anspruch darauf, daß ihm der Käufer nach Abschreibung des Gebäudes mit der darunter liegenden Grundfläche das Eigentum an dem Gebäude verschafft (vgl. RGK Bem. 7 zu § 93). Im Streitfalle wird sich empfehlen, mit dem Anspruch auf Verschaffung des Eigentums hilfsweise den Anspruch auf Rückübertragung des Eigentums am ganzen Grundstück (wegen Unmöglichkeit der Erfüllung des Hauptanspruchs gemäß §§ 305, 139 BGB) zu verbinden. Sonderbesitz am Gebäude (§ 865) mit dem daraus folgenden Besitzschutzrecht (§§ 858ff. BGB) ist rechtlich zulässig.

Sondereigentumsrechte nach früherem Recht an Gegenständen, die nach §§ 93, 94 BGB wesentliche Bestandteile sind, sind gemäß Art. 181 EG am 1. 1. 1900 erloschen (RG 56, 243; JW 03 Beil. 90; 04, 89; 12, 120). Hinsichtlich eines sich hieraus ergebenden Bereicherungsanspruchs vgl. unten § 2 IV. Hinsichtlich des Stockwerkseigentums s. unten § 3.

[6]) Das gilt auch für Straßen und Wege (JW 10, 813), selbst wenn es sich um eine Straße mit Steinrollierung und Steingeschläg handelt, die als besonderes Werk erscheint. Ein zu einem Weg gehöriger Abzugsgraben ist als unwesentlicher Bestandteil des Wegs zu erachten (vgl. Warneyer 19 Nr. 187).

im Grundbuch mehrere Katasterparzellen unter einer Nummer vereinigt sind, eine dieser mehreren Parzellen mit einer Grunddienstbarkeit belastet werden. Zwar bestimmt § 6 GBO. „Soll ein Grundstückteil mit einem Rechte belastet werden, so ist er von dem Grundstück abzuschreiben und als selbständiges Grundstück einzutragen". Aber diese Vorschrift ist nur eine Ordnungsvorschrift[7]), und § 6 Satz 2 GBO bestimmt: „Ist das Recht eine Dienstbarkeit oder ein Realrecht, so kann die Abschreibung unterbleiben, wenn hiervon Verwirrung nicht zu besorgen ist". Aus dem gleichen Grunde muß es aber auch möglich sein, zugunsten einer von mehreren Katasterparzellen, die im Grundbuch unter einer Nummer vereinigt sind, eine Grunddienstbarkeit zu bestellen[8]). Wenn für diesen Fall die GBO eine dem § 6 entsprechende Vorschrift nicht enthält, so hat dies seinen Grund darin, daß die Grunddienstbarkeit nur auf dem Blatt des dienenden Grundstücks, nicht auch des herrschenden Grundstücks einzutragen ist.

Eine für sich allein auf einem Grundbuchblatt stehende Liegenschaft ist eine selbständige Sache; sie kann niemals als Bestandteil eines anderen Grundstücks in Betracht kommen[9]). Dies ist nur so zu erreichen, daß sie einem anderen eingetragenen Grundstück gemäß § 6 GBO zugeschrieben und damit nichtwesentlicher Bestandteil dieses Grundstücks wird (§ 890 Abs. 2 BGB); selbstverständlich kann ein Grundstück immer nur einem anderen zugeschrieben werden (HRR 41, 602). Von der Zuschreibung ist die Vereinigung mehrerer Grundstücke zu einem einheitlichen neuen in Größe der vereinigten Grundstücke zu unterscheiden (§ 5 GBO; § 890 Abs. 1 BGB).

Nach Art. 24 BadAG (RegBl. 25, 285) sind Zuschreibung und Vereinigung nur zulässig, wenn die mehreren Grundstücke in demselben Grundbuchbezirk belegen sind, unmittelbar aneinander grenzen und nicht in verschiedener Weise mit Grundpfandrechten belastet sind. Nach § 21 BraunschwAG sollen Grundstücke nur vereinigt oder soll eine Zuschreibung nur vorgenommen werden, wenn die Grundstücke nicht oder nur mit denselben Rechten belastet sind. Gleiches gilt nach § 21 BremAG mit der Maßgabe, daß die Grunddienstbarkeit keine die Vereinigung oder Zuschreibung hindernde Belastung darstellt. Art. 81 HessAG erklärt die Vereinigung mehrerer Grundstücke und die Zuschreibung nur dann für zulässig, wenn sie im gleichen Grundbuchbezirk gelegen sind, den gleichen Vorschriften hinsichtlich Veräußerung und Vererbung unterliegen und nicht oder nur mit denselben Rechten belastet sind.

Eine Gleisanlage auf einem Fabrikgrundstücke zum Anschluß an die Eisenbahngleise ist nicht fest verbunden[10]). Nicht fest verbunden sind regelmäßig Leitungsmasten für elektrischen Strom[11]), wohl dagegen unterirdische Kabel und Rohrleitungen[11a]).

---

[7]) RGK Bem. 6 zu § 93. [8]) Unrichtig OLG 43, 6. [9]) JW 10, 60. [10]) OLG 28, 18.

[11]) Die feste Verbindung fehlt, wenn die Masten, an welchen sich die Drähte befinden, leicht herausgenommen werden können, ohne daß der Erdboden abgegraben werden muß oder die Masten beschädigt werden (Warneyer 14 Nr. 143). In solchem Falle sind die Leitungen Zubehör (§ 97 Abs. 1, § 98 Z. 2 BGB; vgl. RG 83, 69; 87, 50). Sind die

Hopfenstangen und Weinbergspfähle sind nicht fest verbunden, wohl aber die Steine einer gepflasterten Straße[12]).

Während § 93 die für alle Sachen gültige Begriffsbestimmung der wesentlichen Bestandteile gibt, bezieht sich § 94 nur auf die Bestandteile von Grundstücken, für welche eine Erweiterung des in § 93 gegebenen Begriffes bestimmt wird. Die Bedeutung des § 94 besteht also darin, daß den dort aufgeführten Sachen die Eigenschaft wesentlicher Bestandteile eines Grundstücks selbst dann zukommt, wenn die Voraussetzungen des § 93 nicht gegeben, ja sogar, wenn sie nach natürlicher Auffassung nicht als Bestandteile aufzufassen sind.

Von den Gegenständen, die nach § 93 oder § 94 wesentliche Bestandteile eines Grundstücks sein würden, werden durch § 95 Ausnahmen gesetzt[13]). Danach gehören zu den Bestandteilen des Grundstücks solche Sachen nicht, die nur zu einem vorübergehenden Zweck[14]) mit dem Grund und Boden verbunden sind. Das gleiche gilt von einem Gebäude

---

Leitungen in Ausübung eines dinglichen Rechts oder nur vorübergehend (z. B. auf Grund Mietvertrags oder precario modo) auf und über fremden Grundstücken gelegt, so sind sie auch dann nicht Bestandteile dieser fremden Grundstücke, wenn sie fest mit ihnen verbunden sind, sondern Zubehör des Grundstücks, auf welchem das Werk (Elektrizitätswerk) steht; sie gelten als bewegliche Sachen (RG 83, 69; 87, 50; Warneyer 18 Nr. 155). Das gilt auch für in den Boden eingelassene, also fest verbundene Kabel oder Leitungsrohre. [11a]) Vgl. N. 11. [12]) RGK. Bem. 2 zu 94.

[13]) Die Beweislast für die tatsächlichen Voraussetzungen der Ausnahme trifft denjenigen, der den Ausnahmefall behauptet.

[14]) Z. B. für die Dauer der Mietzeit (RG 55, 284; 59, 20; 63, 421; 87, 51; R 14 Nr. 1632). Sonach gehören die vom Mieter eingepflanzten Rosenstöcke diesem. — Bis zur Fertigstellung eines Gebäudes: Bauhütte, Gerüste (RG WarnE 10, 154). — Für die Zeit einer vorübergehenden Schaustellung: Ausstellungsgebäude (JW 01, 184).

Der Zweck bleibt vorübergehend, wenn bei der Verbindung der Wegfall dieses Zweckes früher oder später mit Sicherheit zu unterstellen ist, mag auch eine noch so lange Dauer vorherzusehen sein (vgl. RG 97, 102. Errichtung von Hüttenwerken aus allodialen Mitteln auf Fideikommißgrundstücken). Maßgebend ist, ob der Wegfall der Verbindung von vornherein beabsichtigt (RG 47, 197) oder nach der Natur des Zweckes der Verbindung sicher war (RG 63, 416) oder ob eine bei normalem Verlauf der Dinge als dauernd gedachte, nicht von vornherein zur Wiederaufhebung bestimmte Verbindung in Frage stand (RG 62, 410; SeuffA 78 Nr. 58). Der Zweck der Verbindung ist nicht nur dann vorübergehend, wenn er sich in kurzer Zeit erreichen läßt; er kann es auch dann sein, wenn ihm seiner Natur nach eine zeitliche Begrenzung innewohnt, mag auch das Ende erst nach Jahren oder Jahrzehnten eintreten; im Gegensatz dazu ist als dauernd derjenige Zweck anzusehen, für dessen Fortwirken, wenn nicht durch das Dazwischentreten unberechenbarer zufälliger Ereignisse Änderungen herbeigeführt werden, ein Endpunkt begrifflich nicht feststeht (RG 61, 188; 66, 88; SeuffA 78 Nr. 58).

Für den vorübergehenden Zweck der Verbindung ist allein der innere Wille des Einfügenden entscheidend, sofern er mit dem äußeren Tatbestand vereinbar ist (RG 158, 376; Vennemann, MDR 52, 75). Daher kann auch ein Behelfsheim wesentlicher Bestandteil eines Grundstücks sein (OLG Hamburg in MDR 51, 736); dies ist anzunehmen, wenn besondere Umstände dafür sprechen, daß an eine Einfügung auf die Dauer gedacht ist

oder anderen Werk[15]), das in Ausübung eines dinglichen[16]) Rechts an einem fremden Grundstück von dem Berechtigten mit dem Grundstück verbunden worden ist (§ 95 Abs. 1)[17]). Endlich gehören Sachen, die nur zu einem vorübergehenden Zweck in ein Gebäude eingefügt sind, nicht zu den Bestandteilen des Gebäudes (§ 95 Abs. 2).

Alle die Sachen, die nach § 95 nicht zu den wesentlichen Bestandteilen des Grundstücks gehören (auch Gebäude) sind rechtlich als bewegliche Sachen zu behandeln[18]), so daß für die Eigentumsübertragung die §§ 929ff. BGB maßgebend sind[19]), die Zwangsvollstreckung mit Pfändung durch den Gerichtsvollzieher stattfindet[20]), der öffentliche Grundbuchglaube hinsichtlich dieser Sachen keine Anwendung findet[21]). Regelmäßig sind diese Sachen Zubehör eines anderen Grundstücks[22]).

II. Wesentliche Bestandteile

Durch zusammenfassende Anwendung der in den §§ 93, 94 und 95 enthaltenen Begriffsbestimmungen ist zu entscheiden, ob ein zu einem Grundstück in Beziehung stehender Gegenstand wesentlicher Bestandteil dieses Grundstücks ist. Ist ein Gegenstand wesentlicher Bestandteil eines Grundstücks, dann sind notwendigerweise die wesentlichen Bestandteile

---

(LG Münster in MDR 51, 354), insbesondere wenn es sich um ein massives Dauerwohnheim handelt (Hamburg in MDR 50, 285) oder wenn vereinbart wird, das Behelfsheim solle bei Verkaufsabsicht des Bauherrn dem Grundstückseigentümer überlassen werden (OGHBrZ in MDR 49, 30); im übrigen spricht eine tatsächliche Vermutung dafür, daß Behelfsheime zu vorübergehendem Zweck mit dem Grundstück verbunden sind (OGHBrZ a. a. O.).

Trockenschuppen, die bald auf diesem, bald auf jenem Grundstück eines Fabrikanwesens aufgestellt werden, sind nicht Bestandteile der Grundstücke, auch wenn sie zum Zwecke der Verlegung auseinandergenommen werden müssen (BayObLG 10, 160).

[15]) Unter einem Werk versteht man eine einem bestimmten Zwecke dienende, nach gewissen Kunst- oder Erfahrungsregeln erstellte und mit dem Erdkörper verbundene Sache (RG 60, 139; 76, 261). Z. B. Wasserleitung (vgl. RG 39, 205; 48, 267; 61, 192). Eisenbahndamm (JW 08, 196). Zaun (OLG 20, 37). Erdaufschüttung zur Anlage einer Erdböschung (SeuffA 36 Nr. 261). Baugerüst (JW 10, 288). Senkgrube, Mauer, Keller. Ein Komposthaufen ist kein Bestandteil (SeuffA 35 Nr. 96). Über die Rechtsverhältnisse an Kellern s. unten § 4.

[16]) OLG 10, 160. RGKomm. Bem. 5 zu § 95. Dem dinglichen Recht an fremder Sache steht ein Recht am eigenen Grundstück mit dinglicher Wirkung auf das Nachbargrundstück gleich (vgl. § 922 Satz 3 [Grenzeinrichtungen]; s. hierüber unten § 7).

[17]) Die Scheinbestandteile des § 95 sind als bewegliche Sachen zu erachten (RG 55, 284; 59, 20; Wendt, ArchZPr. 103, 453), sofern sie nicht als wesentliche Bestandteile eines auf einem anderen Grundstück stehenden Gebäudes Immobiliareigenschaft haben.

[18]) RG 55, 284; 59, 19; 87, 51; 97, 103; SeuffA 60 Nr. 1. — A. M. Staudinger (9. Aufl.) Bem. 4 zu § 95 und dortige Nachweise.

[19]) RG 97, 106 und 251; JW 12, 129; Gruchot 59, 112.

[20]) RGK Bem. 1 zu § 95.

[21]) RG 61, 193; 73, 129.

[22]) Vgl. RG 55, 281; 87, 51; 97, 107; JW 01, 184.

dieses Gegenstandes mit ihm und durch ihn auch wesentliche Bestandteile des Grundstücks. Da ein Gebäude wesentlicher Bestandteil des Grundstücks ist und die Mauer wesentlicher Bestandteil des Gebäudes, so ist die Mauer auch wesentlicher Bestandteil des Grundstücks.

Das grundlegende Gesetz, das für die wesentlichen Bestandteile des § 93 wie für jene des § 94 in gleicher Weise gilt, ergibt § 93 durch die zwingende[23]) Vorschrift, daß wesentliche Bestandteile nicht Gegenstand besonderer Rechte sein können. Sie stehen also notwendigerweise im Eigentum des Eigentümers der Einheitssache. Davon gibt es keine Ausnahme. Wenn nun ein Gebäude von der Grenze zweier selbständiger Grundstücke dergestalt durchschnitten ist, daß es zu einem Teile auf der Pl.-Nr. 1 und zum anderen Teile auf der Pl.-Nr. 2 steht, dann sind zunächst alle Teile des Hauses, die mit ihm fest verbunden sind, wesentliche Bestandteile dieses Hauses. Die Vorschrift des § 93 verbietet, daß die wesentlichen Bestandteile Gegenstand besonderer Rechte sind. Sie müssen also alle demselben Eigentumsrechte unterworfen sein. Nun bestimmt aber der § 94 Abs. 1, daß das mit der Pl.-Nr. 1 verbundene Gebäude wesentlicher Bestandteil der Pl.-Nr. 1 und das mit der Pl.-Nr. 2 verbundene Gebäude wesentlicher Bestandteil der Pl.-Nr. 2 ist. Daraus würde sich ergeben, daß die wesentlichen Bestandteile des Hauses zum Teil im Eigentum des A, zum Teil im Eigentum des B stehen. Dieses Ergebnis ist durch § 93 in zwingender Weise ausgeschlossen und es ist in zwingender Weise durch § 94 Abs. 1 angeordnet. So treten die Bestimmungen der §§ 93 und 94 Abs. 1 miteinander in einen Widerstreit. Die Lösung des Widerstreites ist nur dadurch möglich, daß eine dieser beiden Vorschriften durch die andere überwunden wird. Deshalb ist zu prüfen, welche Vorschrift die stärkere ist. Aus der natürlichen Zusammengehörigkeit der Sachteile hat der Gesetzgeber in wirtschaftlicher Denkweise den Rechtsgrundsatz der Zusammengehörigkeit abgeleitet. Der Gefahr wirtschaftlich nutzloser Zerstörung vorzubeugen, ist Absicht und Zweck des Gesetzes[24]). Der Satz des § 93, der in zwingender Weise und ohne Anerkennung einer Ausnahme die rechtliche Zusammengehörigkeit der Bestandteile verfügt, erhebt ein Naturgesetz oder wenigstens einen wirtschaftlichen, dem gesunden Menschenverstand entsprechenden Grundsatz zum Rechtssatz. Im Gegensatz hierzu beruht die Vorschrift des § 94 Abs. 1 (superficies solo cedit) auf juristischer Begriffsbildung, die, dem römischen Rechte entnommen, in verschiedenen Rechtssystemen stark durchlöchert wurde und auch im BGB keine ausnahmslose[25]) Durchführung erfahren hat. An und

[23]) RG 62, 410; 74, 203.
[24]) RG 58, 341.
[25]) Vgl. RG 72, 272; 160, 178.

für sich sind die Sachen Naturdinge. Das Wesen der Sache beruht in ihrer körperlichen Einheitlichkeit. Das Grundstück im Sinne einer selbständigen Sache ist kein Naturding, sondern durch die Rechtsordnung erst künstlich geschaffen. Ein willkürlich ausgewählter Ausschnitt der Erdmasse wird durch einen Willensakt zum Grundstück und dadurch zur Einheitssache. Es ist keineswegs verwunderlich, wenn durch die Einführung einer solchen, durch die Rechtsordnung geschaffenen Sacheinheit in den Kreis der Einheitssachen, deren Anerkennung durch das Recht auf natürlicher Grundlage ruht, Unstimmigkeiten herbeigeführt werden. Der Rechtssatz „superficies solo cedit" ist eine Folge der durch den Gesetzgeber vollbrachten Schöpfung des Grundstücks. Er ist formal-juristisch und logisch auf der vom Recht angeordneten Fiktion aufgebaut, daß ein nur gedachter Ausschnitt der einheitlichen Erdmasse eine selbständigr Sache ist. Der Gesetzgeber hat wohl die Macht, dies anzuordnen, aber es fehlt ihm die Macht, seine Anordnung durchzusetzen. Darin liegt der tiefste Grund des Widerstreites zwischen dem Grundsatz des § 93 und jenem des § 94 Abs. 1. Der stärkere Grundsatz ist der des § 93. Er ist der leibhaftigen Natur, dem natürlichen Recht und dem wirtschaftlichen Denken entnommen. Der Grundsatz des § 94 Abs. 1 ist auf einer gesetzlichen Anordnung aufgebaut, die den wahren Tatsachen Gewalt antut und deshalb nicht wurzelecht ist. Deshalb muß dem natürlichen Zusammenhang der Teile derselben Einheitssache (§ 93) der Vorzug gegeben werden vor dem erst vom Recht geschaffenen Zusammenhang des § 94 Abs. 1, der das rechtliche Schicksal eines Sachteils ohne Rücksicht auf die Zugehörigkeit zu dieser Sache mit der Grundfläche zusammenfassen will[26]).

Gelangt man schon auf Grund dieser ausschließlichen Betrachtung der §§ 93 und 94 Abs. 1 zu diesem Ergebnis, so findet es die volle gesetzliche Rechtfertigung, wenn man die Gesamtheit der die Bestandteilseigenschaft regelnden Vorschriften einer zusammenfassenden einheitlichen Würdigung unterstellt. Der abstrakte Rechtsgrundsatz des § 94 Abs. 1 „superficies solo cedit" steht nicht für sich allein im Gesetz. Die Vorschriften der §§ 93 und 95 und insbesondere des § 94 Abs. 2 sind zusammen mit § 94 Abs. 1 und unter Heranziehung der §§ 946ff. als einheitliches Recht zu würdigen. In ihrer Gesamtheit ist in diesen Vorschriften das gesetzgeberische Ziel ausgeprägt, einem Gegenstand, der kraft seiner Zweckbestimmung und der allgemein gültigen Verkehrsauffassung als wirtschaftliche Einheit erscheint, auch die entsprechende rechtliche Einheit zu geben[27]). Zweckbestimmung und Verkehrsauffassung geben den

[26]) Vgl. Becher, BayZ 1915, 67; Staudinger (9. Aufl.) Bem. 7 zu § 94.

[27]) Vgl. RG 58, 341; 61, 192; 62, 408; 63, 419; 69, 121 und 153. Staudinger Bem. 1 zu § 93.

Ausschlag für die Entscheidung der Frage, ob eine Sache wesentlicher Bestandteil einer anderen ist[28]). Dabei handelt es sich um eine Zweckbestimmung, die nicht nur ein innerer Vorgang bei dem Schaffenden ist, sondern durch die Verwirklichung seines Willens so vergegenständlicht wird, daß der Zweck in das Wesen des Werkes übergeht. Nur dann, wenn dieser Zweck infolge des Zusammenhanges des Werkes mit dem Boden nicht verwirklicht werden konnte, kann sich der abstrakte Rechtsgrundsatz des § 94 Abs. 1 behaupten, während im übrigen die verwirklichte Zwecksetzung (§ 93) den Ausschlag gibt.

Dieser Ansicht, die zunächst für die Lehre vom Überbau aufgestellt worden ist[29]), hat sich schließlich nach langem Zögern[30]) auch das Reichsgericht angeschlossen (vgl. hierzu unten § 24 VII). Die Rechtsprechung der OLG Dresden und Düsseldorf baut auf ihr die Lehre von der Kommunmauer auf[31]). Sie ist aber nicht auf diese Gebiete zu beschränken, wie es zumeist geschieht, sondern ist auch der Schlüssel zur Konstruktion des Eigentums an Grenzeinrichtungen (vgl. hierüber unten § 7 III).

III. Vereinigung und Trennung der Bestandteile

Dem Eigentümer eines Grundstücks gehören — abgesehen von den dem Bergberechtigten vorbehaltenen Mineralien — grundsätzlich alle Bestandteile, aus denen sich die Erdmasse des Grundstücks zusammensetzt. Lösen sich einzelne Bestandteile des zum Grundstück gehörigen Erdkörpers los[32]) — gleichviel ob sich diese Loslösung im Innern des Erdkörpers oder an der Oberfläche vollzieht —, so bleibt der Eigentümer des Grundstücks zunächst Eigentümer der losgelösten, also beweglich gewordenen Bestandteile. Das gilt dem Grundsatz nach auch dann, wenn die losgelösten und in Bewegung geratenen Bestandteile auf ein anderes Grundstück gelangt und hier zum Stillstand gekommen sind. Wenn z. B. ein Bergrutsch stattgefunden hat mit der Folge, daß die Erdmasse des höher gelegenen Grundstücks mitsamt der Erdoberfläche und den darauf stehenden Grenzsteinen über die Grenzlinie hinüber auf das tiefer gelegene

[28]) RheinArch. 110, 145 (Düsseldorf).

[29]) Zuerst von Boethke bei Gruchot 45, 722. Dann ausführlich niedergelegt von Staudinger Bem. 7 zu § 94. S. ferner Delbrück, ArchBR 39, 436; Schmitt, BayZ 15, 58; s. hierüber unten § 8.

[30]) Früher RheinArch. 108, 373 (RG).

[31]) Vgl. SächsAnn. 33, 178; RheinArch. 110, 151; s. hierüber unten § 8.

[32]) Dafür sind die verschiedensten Ursachen denkbar: Erdbeben, Einfluß des Bergbaus, Vertiefung der Nachbargrundstücke; Unterwaschung durch Wasser, Verwitterung am Gestein; Zusammenbruch von Hohlräumen im Erdinnern, Veränderung der Grundwasserverhältnisse (s. oben § 1 III 1). Über eine durch den Druck aufgeschichteter Steinmassen (Halde) verursachte Verschiebung der Bodenbestandteile vgl. JW 21, 253 (RG).

Grundstück geschoben ist, so wird hierdurch eine Änderung des rechtlichen Bestandes des Grundstückes nicht bewirkt. Das Grundstück als solches, das ist der keilförmige Ausschnitt aus der Erdmasse, der durch gedachte Linien auf der Oberfläche (die Grenzen) in seiner räumlichen Beziehung zu den übrigen Teilen der Erdkugel (in seiner geographischen Lage) dauernd und unverrückbar festgelegt und durch diese gedachten Linien individualisiert ist (vgl. oben § 1 III 2), geht nicht mit, wenn sich einzelne Bestandteile des Grundstückes, sei es von der Oberfläche, sei es von dem Erdinnern, loslösen und auf ein anderes Grundstück gelangen. Die durch die verschobenen Grenzzeichen angegebene Linie ist nicht die Grenzlinie, und die verschobenen Grenzzeichen müssen deshalb wieder an ihren richtigen geographischen Standort gesetzt werden.

Grundverschieden davon ist die Frage, welches rechtliche Schicksal die früheren Bestandteile des Grundstücks haben, die nach ihrer Loslösung auf einem anderen Grundstück angelangt sind. Auszuscheiden sind hier zunächst die Veränderungen, deren rechtliche Beurteilung gemäß Art. 65 EG nach den landesgesetzlichen Vorschriften zu erfolgen hat. Das ist der Erwerb nach Ufer- und Wasserrecht, insbesondere die Fragen, die sich am verlassenen Flußbett hinsichtlich des Eigentums der Verlandungen, der Landversetzungen und Uferabrisse sowie neu entstandenen Inseln ergeben. (Vgl. hierzu §§ 14ff. PrWG; §§ 7ff. BadWG; §§ 51ff. BraunschwWG; Art. 11ff. Hess. Bachgesetz in der Fassung des Art. 282 AGBGB; Art. 9ff. WürttWG.)

Bei den nach BGB zu beurteilenden Verschiebungen kann es sich um Steine, Erde usw., um Gebäude und um Pflanzen (Bäume) handeln. Auszugehen ist davon, daß durch die Loslösung an dem Eigentumsverhältnis der Bestandteile nichts geändert wird. Wenn aber die fortgewanderten Bestandteile des Grundstückes auf oder in ein anderes Grundstück gelangt sind, dann verliert der bisherige Eigentümer sein Eigentum an den losgelösten Bestandteilen, sobald diese wesentliche Bestandteile des anderen Grundstücks geworden sind; denn § 946 bestimmt: „Wird eine bewegliche Sache mit einem Grundstück dergestalt verbunden, daß sie wesentlicher Bestandteil des Grundstückes wird, so erstreckt sich das Eigentum an dem Grundstück auf diese Sache." Um die Verbindung beweglicher Sachen mit einem Grundstück handelt es sich; denn durch die Loslösung haben die Bestandteile die Eigenschaft (unselbständiger) unbeweglicher Sachen verloren; sie sind (selbständige) bewegliche Sachen geworden. Das bleiben sie solange, bis sie wieder „unbewegliche Sachen" im Rechtssinne werden. Dieser Begriff ist noch nicht ohne weiteres erfüllt, wenn sich die losgelösten Sachen nicht mehr bewegen. Dazu ist erforderlich die feste Verbindung mit einer unbeweglichen Sache, dem Grundstück (§ 946).

Für die Anwendung des § 946 ist es ohne Bedeutung, ob die Ursache der Loslösung und der Verbindung auf menschlicher Tätigkeit[33]) oder auf Zufall (höherer Gewalt) beruht.

In allen Fällen ist zunächst nach den von §§ 93, 94, 95 aufgestellten Voraussetzungen zu entscheiden, ob die von einem Grundstück losgelösten Bestandteile zu einem wesentlichen Bestandteil des anderen Grundstücks geworden sind. Eine Sondervorschrift, wie sie der von der zweiten Kommission gestrichene § 786 E I hatte, gilt nicht. Es kommt vor allem darauf an, ob die ausgewanderten Bestandteile in feste Verbindung mit dem Grund und Boden des anderen Grundstückes gekommen sind. Diese Frage kann nicht für alle Fälle in gleicher Weise entschieden werden[34]).

Die Entscheidung muß noch heute nach denselben Grundsätzen getroffen werden, die schon die Römer aufgestellt haben. l. 9. § 2 D 39, 2 überliefert uns die Entscheidung des Juristen Alfenus, die folgendermaßen lautet: „Wenn von Deinem Acker ein Stück auf meinen Acker gefallen ist, kannst Du die herabgefallene Erde nur unter der Voraussetzung zurückfordern, daß sie sich mit meinem Erdreich nicht schon verbunden und vereinigt hat .... Auch ein Baum, welcher auf meinen Acker geschoben wurde und mit meinem Erdreich zusammengewachsen ist, kann von Dir nicht eigentümlich zurückgefordert werden. Aber auch ich werde gegen Dich keine Klage anstellen können, daß Dir kein Recht zustehe, das (frühere) Stück Deines Ackers auf meinem Acker zu haben, sobald es mit dem meinigen sich verbunden hat, weil es mein Eigentum geworden ist".

Und weiter bestimmt § 21 J 2, 1 und die damit fast gleichlautende l. 7 § 2 D 41, 1: „Wenn der Strom von Deinem Grundstück ein Stück abreißt und es an ein benachbartes ansetzt, so ist es klar, daß es Dein bleibt. Wenn es freilich längere Zeit hindurch mit meinem Boden zusammengehangen und die Bäume, welche es mit fortgetragen, in meinem Boden Wurzel getrieben haben, so sind sie von da ab für mein Grundstück erworben".

Und l. 20 J 2, 1; l. 7 § 1 D 41, 1 bestimmen: „Was ein Fluß durch Ausspülung an Deinen Acker angeschwemmt, ist Dein. Durch Anschwemmung wird das angesetzt, was so allmählich hinzukommt, daß man nicht gewahr werden kann, wieviel in jedem Augenblick dazu kommt."

Wesentlich in diesen Quellenstellen sind zwei Gesichtspunkte. Die Anschwemmung wird ohne weiteres deshalb Bestandteil des Grundstücks, weil die Aussonderung nicht tunlich ist. Weil und soweit bei dem abgerissenen Stück Land die Aussonderung möglich ist, wird es nicht sofort Bestandteil. Es erwirbt die Bestandteilseigenschaft erst, wenn es sich mit dem Grundstück fest verbunden hat.

Eine im Innern des Erdkörpers vor sich gehende Verschiebung, welche Bestandteile über die lotrechte Grenzfläche hinüber in den Bodenkörper eines anderen Grundstücks geführt hat, bewirkt ohne weiteres einen Wechsel im Eigentum, weil, abgesehen davon, daß die Aussonderung nicht möglich ist, die in die feste Masse des Erdkörpers eingedrungenen

---

[33]) Ausnahmen können sich aus § 95 ergeben.

[34]) Vgl. RG 50, 243; JW 04, 110.

Gegenstände infolge des Druckes, den die zusammenhängende Masse von allen Seiten auf sie ausübt, mit dem Boden an der Stelle, an welcher sie zur Ruhe gekommen sind, in fester Verbindung stehen.

Nicht so einfach ist die Rechtslage, wenn die Oberfläche des Grundstücks von der Verschiebung der Bestandteile betroffen ist. Solange und soweit die von dem Grundstück losgelösten, auf ein anderes Grundstück verschobenen Bestandteile unterscheidbar und der Aussonderung fähig sind, bleibt das bisherige Eigentum regelmäßig zunächst erhalten.

Deshalb kann der Eigentümer des Weinberges die auf die Wiese eines Unterliegers gelangte Humuserde zurückholen (§ 967)[35]. Läßt er die Humuserde längere Zeit liegen, dann ist unter Berücksichtigung aller Umstände zu prüfen, ob er hierdurch nicht seinen Willen der Aufgabe seines Eigentums kundgegeben hat (§ 959)[36] und daraufhin der Nachbar die dadurch herrenlos gewordene Sache sich angeeignet hat (§ 958). Ohne Rücksicht auf diesen Willen der Eigentumsaufgabe durch den einen und des Erwerbs durch den andern Nachbarn geht das Eigentum an der Humuserde von dem einen Nachbarn auf den andern selbsttätig mit dem Zeitpunkte über, in welchem die Humuserde mit dem Wiesengrundstück zusammengewachsen ist. Das ist z. B. der Fall, wenn die Gräser der unter der Humusschicht liegenden Grasnarbe aus der Humusschicht herausgewachsen sind. Oder bei einer dickeren Humusschicht, wenn die darunter liegende Grasnarbe zerstört ist und sich auf der Humusschicht eine geschlossene Vegetation gebildet hat.

Sind von der Felswand eines Grundstücks abgelöste Steine auf den Acker des Nachbarn gefallen, so ist hinsichtlich der Dereliktion und Aneignung nicht anders zu entscheiden. Eine feste Verbindung dieser Steine mit dem Grundstück wird dagegen, wenn überhaupt, so erst nach recht langer Zeit eintreten.

Ist eine dem Grundstückseigentümer gehörige (isolierte) Scheidemauer mitsamt der Erdoberfläche über die Grenze auf das Nachbargrundstück hinübergewandert, so erwirbt der Nachbar ohne weiteres das Eigentum der Mauer. Denn in einem solchen Fall wird die verschobene Erdmasse so mächtig sein, daß sie infolge des von ihr ausgeübten Druckes auf den darunter liegenden Erdkörper ohne weiteres mit diesem Erdkörper in eine feste Verbindung gelangt ist und da die Mauer ihrerseits mit der verschobenen Erdmasse fest verbunden ist, so ist die Mauer wesentlicher Bestandteil des Nachbargrundstücks. In gleicher Weise ist zu entscheiden, wenn mit der Erdmasse ein darin eingewurzelter Baum auf ein fremdes Grundstück geschoben ist. Handelt es sich um eine mächtige Erdschicht, die durch ihre eigene Schwere eine feste Verbindung mit dem Grundstück herstellt, dann ist diese und durch sie auch der Baum Bestandteil des Grundstücks geworden. In einem solchen Fall ist es zur Erlangung der Bestandteilseigenschaft des Baumes nicht erforderlich, daß der Baum in dem ursprünglichen Bestand der Erdmasse des Grundstücks Wurzel geschlagen hat. Wenn die verschobene Erdschicht

---

[35]) Der Besitzer des Grundstücks muß ihm die Wegschaffung gestatten. Weigert er sich, so kann er hierauf verklagt werden und wird bei Verzug schadenersatzpflichtig (§ 286). Eine gegen den Willen des Grundstücksbesitzers ausgeführte Zurückschaffung wäre verbotene Eigenmacht (§ 858). Hat der Grundstücksbesitzer die ausgewanderten Bestandteile in seinen Besitz genommen, so ist gegen ihn der Anspruch auf Herausgabe nach § 861 und nach § 985 begründet.

[36]) § 959 ist auch dann anzuwenden, wenn die Kundgebung des Willens, das Eigentum aufzugeben, dem unfreiwilligen Besitzverlust zeitlich nachfolgt. RGKomm. Bem. 4 zu § 959.

dagegen dünn ist, so werden die daraufstehenden mitverschobenen Pflanzen Bestandteil, sobald sie in den ursprünglichen Bestand der Erdmasse Wurzel geschlagen haben. Dadurch wird dann auch die verschobene Erdschicht mit dem Grundstück fest verbunden. Eine andere Beurteilung hat Platz zu greifen, wenn es sich nicht um eine isolierte Mauer, sondern um eine Hauswand handelt, die durch seitliche Verschiebung der Erdmasse (und des daraufstehenden Hauses) über die Grenze auf das Nachbargrundstück hinübergerückt ist. Auch hier ist zwar die hinübergewanderte Erdmasse wesentlicher Bestandteil des Nachbargrundstückes geworden. Allein die daraufstehende Hauswand verbleibt als wesentlicher Bestandteil des Hauses im Eigentum des Gebäudeeigentümers, weil der Grundsatz des § 93 mächtiger ist als der des § 94 Abs. 1 (vgl. unten § 24 VII 4).

Eine andere Frage ist wiederum die, ob der Eigentümer des Grundstücks, dessen Bestandteile auf ein anderes Grundstück gelangt sind, diese Bestandteile zurückholen m u ß. Sind die ausgewanderten Bestandteile zu wesentlichen Bestandteilen des fremden Grundstücks geworden, dann ist ohne weiteres klar, daß eine solche Verpflichtung nicht besteht. Aber auch, solange das ursprüngliche Eigentum an diesen Bestandteilen noch besteht, kann deshalb allein, weil diese Gegenstände in fremdem Eigentum stehen, der Eigentümer des Grundstücks, auf welchem sie sich befinden, einen Anspruch auf Beseitigung nicht erheben[37]). Dazu wäre ein besonderer Rechtsgrund erforderlich. Ist die Verschiebung der Grundstücksbestandteile durch ein unzulässiges Verhalten eines Anderen herbeigeführt worden, dann kann der Eigentümer des Grundstücks, auf welches hierdurch die Bestandteile verschoben wurden, die Beseitigung mit der Eigentumsfreiheitsklage verlangen (§ 1004 BGB). Verschulden ist nicht Voraussetzung dieses Anspruches. Liegt ein solches Verschulden vor, dann kann Ersatz des durch die Verschiebung verursachten Schadens (es ist z. B. eine Mauer eingedrückt worden), in Gemäßheit des § 249 BGB beansprucht werden. In Betracht kommt u. a. eine unzulässige Änderung des Wasserlaufes[38]) oder eine andere gewillkürte Veränderung des natürlichen Zustandes des Grundstücks (Erdaufschüttung, Auflagerung von Steinhalden)[39]) oder ein Vertiefen des Erdbodens[40]).

Zum Schluß ist noch zu prüfen, welche Rechte dem Eigentümer zustehen, der sein Eigentum an Bestandteilen dadurch verloren hat, daß sie wesentliche Bestandteile des fremden Grundstücks geworden sind. Er kann von demjenigen, zu dessen Gunsten die Rechtsveränderung eingetreten ist, Vergütung in Geld nach den Vorschriften über die Herausgabe einer ungerechtfertigten Bereicherung fordern. Die Wiederherstellung des

---

[37]) Wohl aber kann er selbst beseitigen. Dagegen kann er die Gegenstände nicht auf das Grundstück zurückschaffen, von dem sie gekommen sind, falls dessen Eigentümer nicht damit einverstanden ist.

[38]) Der Besitzer eines Zwischengrundstücks haftet nicht für Zuführung von Erdmassen, wenn diese durch Veranstaltungen auf einem anderen Grundstück verursacht ist. Vgl. R 15 Nr. 537 (RG). [39]) Vgl. JW 21, 253. [40]) Siehe unten § 20.

früheren Zustandes kann nicht verlangt werden (§ 951)[41]. Der Verpflichtete kann jedoch diesen Bereicherungsanspruch dadurch erfüllen, daß er dem Berechtigten die früheren Bestandteile seines Grundstücks herausgibt, die sich dann dieser holen mag. Er ist zur Herausgabe nicht verpflichtet (§ 951 Abs. 1 Satz 2), aber natürlich berechtigt. Durch die Herausgabe entfällt seine Bereicherung. Geldentschädigung kann also der Berechtigte trotz § 951 Abs. 1 Satz 1 nur dann verlangen, wenn der Verpflichtete zur Herausgabe nicht bereit ist.

Wenn eine unter dem Acker des A befindliche Tonschicht in den Erdkörper des dem B gehörigen Grundstücks eingedrungen ist und sich mit diesem Erdkörper fest verbunden hat, ist B der Eigentümer geworden. Erhebt A gegen B Klage auf Zahlung des Werts der ausgewanderten Tonmassen, so muß die Klage abgewiesen werden, wenn B sich zur Herausgabe[42]) bereit erklärt. Verbraucht aber B die Tonmasse, so muß er seine Bereicherung in Geld vergüten.

IV. Übergangsrecht

Während nach BGB Sonderrechte an wesentlichen Bestandteilen insbes. Erzeugnissen (Bäumen) eines Grundstücks nicht begründet werden können, sind die vor dem 1. 1. 1900 begründeten Sonderrechte durch Art. 181 Abs. 2 EG hinsichtlich der Erzeugnisse (Bäume), durch Art. 182 hinsichtlich des Stockwerkseigentums aufrecht erhalten.

Das Stockwerkseigentum ist unten (§ 3) behandelt.

Hinsichtlich der Erzeugnisse (Bäume) wird der Vorbehalt des Art. 181 EG wohl kaum mehr praktisch werden. Es kommen im ehemaligen Preußen Bestimmungen des preußischen Landrechts und des Code civil in Betracht.

a) §§ 187, 199, 200 ALR I, 22 anerkennen die Möglichkeit, daß bei wildwachsendem Holz der Grundeigentümer und der Eigentümer verschiedene Personen sein können. Das Sondereigentum an Bäumen konnte durch die gewöhnlichen Eigentumserwerbstitel, z. B. durch Anschlag mit dem Forsthammer, erworben werden[43]). Hat am 1. 1. 1900 Sondereigentum an Bäumen bestanden, so kann es nach §§ 929ff. BGB. weiterübertragen werden. §§ 932ff. BGB finden auf den gutgläubigen Erwerb Anwendung. Dagegen kann der Erwerber des Grundstücks, der gutgläubig den Veräußerer für den Eigentümer der Bäume gehalten hat, das Eigentum an den Bäumen nicht beanspruchen. § 892 BGB findet auf einen Irrtum über die Bestandteilseigenschaft von Erzeugnissen keine Anwendung[44]).

---

[41]) Es sei denn, daß durch Zufall der vor der Verbindung bestehende Trennungszustand wiederhergestellt wird. Wolff 213, Planck Bem. 1c zu § 951.

[42]) Ist infolge der Vermischung eine Ausscheidung nicht tunlich, so muß sich A damit begnügen, daß ihm B von der gemischten Masse so viel herausgibt, als A Ton verloren hat. Hat sich der Ton des A mit Mergel des B vermischt, so wird wohl B durch den Zuwachs überhaupt nicht bereichert sein (vgl. § 818 Abs. 3), äußerstenfalls müßte A sich mit der Zurückgabe seines Tones mitsamt dem Mergel begnügen.

[43]) Vgl. Förster-Eccius 3, 40ff.; Dernburg 3, 335. Dieses Sondereigentum ist nicht mit der superficies nach §§ 243ff., ALR I 22 zu verwechseln, bei welcher das Verfügungsrecht über die Bäume dem beschränkten dinglichen Recht am Grund und Boden entspringt.

[44]) RG 61, 194.

b) Das französische Recht[45]) kennt ein Sondereigentum an Bäumen, die unter der Geltung des Gesetzes vom 9. Ventôse 13 auf routes nationales et départementales angepflanzt wurden; diese Bäume gehören den Anliegern. Das Gesetz vom 9. Vent. 13 ist durch Gesetz vom 16. 12. 1811 aufgehoben.

§ 3. Stockwerkseigentum — Wohnungseigentum (Dauerwohnrecht)

I. Begriff und Inhalt nach bisherigem Recht

Eine Teilung des Grundstücks und seiner wesentlichen Bestandteile in waagerechter Richtung ist nach dem System des Bürgerlichen Gesetzbuches unmöglich; die wesentlichen Bestandteile eines Gebäudes folgen mit Notwendigkeit seinem rechtlichen Schicksale (s. oben § 2 I). Es ist daher die Neubegründung eines Stockwerkseigentums nach dem Bürgerlichen Gesetzbuche nicht mehr zulässig[1]). Ein am 1. 1. 1900 bestehendes Stockwerkseigentum kann nicht mehr auf ein zu dem horizontal geteilten Gebäude neuerdings hinzugezogenes Grundstück erweitert werden[2]). Das am 1. 1. 1900 bestehende Stockwerkseigentum bleibt bestehen (Art. 182, 189 Abs. 1 EG).

Das Wesen des Rechtsverhältnisses wurde verschieden aufgefaßt. Nach der einen Ansicht galten die dem Sonderrecht der einzelnen Teilhaber unterworfenen Teile des Gebäudes als selbständige unbewegliche Sachen, wobei das Miteigentum an der Grundfläche und den gemeinschaftlichen Teilen des Gebäudes als ein den Teilhabern mit dem Eigentum an den ersteren zustehendes Recht behandelt wurde, nach der anderen Ansicht bestand lediglich ein Miteigentumsverhältnis mit Ausschluß der Teilung und dauernder Zuweisung der Benutzung einzelner Teile des Gebäudes an die einzelnen Teilhaber[3]).

Beiden Auffassungen ist gemeinsam einmal das ausschließliche Benützungsrecht an den ausgeschiedenen Gebäudeteilen und dann das Miteigentumsrecht an anderen Teilen des Grundstücks, insbesondere der Bodenfläche, den Hauptmauern, dem Dache, dem Hausflur[4]).

---

[45]) Vgl. Kisch-Dernburg, Els.-Lothr. Privatr. S. 486; Fuzier-Hermann, Répertoire générale V, 26ff.

[1]) Vgl. Mugdan 3 S. 44f.; Ausschußverh. der bayer. Kammer d. A. 98, 31 (Becher, Mat. I, 188). Es ist auch nicht zulässig, aus einem bestehenden Stockwerkseigentum durch Teilung weiteres Stockwerkseigentum zu schaffen, auch dann nicht, wenn nach bisherigem Rechte eine solche Teilung zulässig war (R 05 S. 576 (Stuttgart); BayObLG 11, 716). Darüber, auf welche Weise es möglich ist, unter der Geltung des neuen Rechts ein dem Stockwerkseigentum verwandtes Rechtsgebilde zu konstruieren, vgl. unten vor II (N. 17—20).

[2]) SeuffBl. Bd. 58, 187 (BayObLG).

[3]) Vgl. Stobbe 2, 285; Oertmann 316.

[4]) Zu den Hauptmauern gehören nicht nur die Umfassungsmauern, sondern auch die anderen Mauern, soweit sie Gebälke und Decken tragen, nicht aber die nur die Zimmer einteilenden Zwischenwände. Wenn eine solche Zwischenwand zwei Stockwerksrechte trennt, so gehört sie den Inhabern dieser Stockwerksrechte gemeinsam.

Es gibt aber auch Rechtsbildungen, bei denen lediglich ein Sonderrecht an dem Stockwerk besteht, während dem Berechtigten an anderen Grundstücksteilen keinerlei Miteigentumsrecht zusteht[5]). In einem solchen Fall hat man es nicht mit einem Stockwerkseigentum im Sinne des Art. 182 EG zu tun. Hier kann ein superfiziarisches Rechtsverhältnis, Erbbaurecht oder auch eine Dienstbarkeit in Frage stehen. Eine superficies und ein Erbbaurecht ist aber regelmäßig nur dann gegeben, wenn der im Sondernutzungsrecht stehende Gebäudeteil eine wirtschaftlich selbständige Bedeutung hat[6]), also nicht lediglich ein annexum eines andern Grundstücks ist, wie dies namentlich bei einem für sich allein nicht benutzbaren Teile eines Gebäudes der Fall ist.

Die superficies und das Erbbaurecht haben nach § 95 Abs. 1 mit Art. 184 EG, die Servitut hat nach Art. 184 EG fortdauernde Geltung. Wurde nach bisherigem Recht ein solches Sonderrecht an einem Gebäudeteil, welches nicht mit einem Miteigentum an anderen Gebäudeteilen verbunden ist, als Eigentum im eigentlichen Sinne aufgefaßt, so kann es doch nach Inkrafttreten des BGB nicht mehr unter diesen Begriff gebracht werden, da diese besonders gestaltete Art von Eigentum dem BGB nicht bekannt und durch Art. 181 EG nicht aufrecht erhalten worden ist. Seitdem können solche Sonderrechte nur als Dienstbarkeiten oder Erbbaurechte aufgefaßt werden, als welche sie durch Art. 184 EG aufrecht erhalten sind[7]).

Der Inhalt solcher am 1. 1. 1900 bestehenden superfiziarischen oder servitutarischen Rechtsverhältnisse bestimmt sich in Gemäßheit des Art. 184 EG ausschließlich nach bisherigem Recht.

Nur das bereits am 1. 1. 1900 bestehende Stockwerkseigentum ist durch Art. 182 EG aufrechterhalten. Neues Stockwerkseigentum kann nach BGB nicht mehr begründet werden, auch nicht durch Teilung bestehenden Stockwerkseigentums. Ebensowenig können die Teilhaber die räumliche Ausdehnung der bestehenden Stockwerksrechte durch Vereinbarung dauernd ändern[8]). Durch die Vereinigung sämtlicher Stockwerksrechte

---

[5]) Wenn dem Oberbewohner für den Hausflur nur ein Durchgangsrecht eingetragen ist, dem Unterbewohner dagegen das Eigentum vom ganzen Erdgeschoß, so hat der Oberbewohner am Flur nur ein Recht an fremder Sache (R 23 Nr. 850 Stuttgart).

[6]) So wird man es beispielsweise bei einem Felsenkeller unter einem fremden Grundstück, der eine vollständig selbständige Existenz (insbes. auch einen eigenen Zugang hat), zumeist mit einer superficies oder einem Erbbaurecht zu tun haben. Gehört zu einem Hause ein Zimmer, welches in ein fremdes Haus hineingebaut ist, ohne von diesem letzteren aus zugänglich zu sein, so wird man regelmäßig ein servitutarisches Verhältnis anzunehmen haben. Vgl. hierüber unten § 4.

[7]) RG 56, 260 mit Hinweis darauf, daß Art. 553 C. c. auf den man die Auffassung des Eigentums in solchem Falle nach bisherigem Rechte gründete, durch Art. 89 Z. 2 PrAG aufgehoben ist.

[8]) R 05, 576 (Stuttgart). Bedenklich ist jedoch die weitere Bemerkung dieses Urteils: „Nicht jede Änderung an der Sache schafft übrigens ein neues Rechtsobjekt, und es ist insbesondere nach Umständen nicht ausgeschlossen, daß die Anteilsberechtigten bei bestehendem Stockwerkseigentum eine andere Zuscheidung der Räume, wenigstens der bisher schon abgeteilten vornehmen." — Vgl. auch oben N. 2.

in einer Hand wird das Stockwerkseigentum nicht zum Erlöschen gebracht[9]).

Nur für den Inhalt des Stockwerkseigentums gelten gemäß Art. 182 EG die bisherigen Gesetze. Soll bestehendes Stockwerkseigentum übertragen oder aufgehoben werden, so ist gemäß Art. 189 EG bis zur Anlegung des Grundbuches das alte, von da ab aber neues Recht maßgebend. Da nun die Grundbuchverfassung durchgeführt ist, bestimmt sich Übertragung, Belastung und Verlust von altrechtlichem Stockwerkseigentum nach den Vorschriften des BGB. Die Eintragung des Stockwerkseigentums im Grundbuch erfolgt derart, daß jedes Stockwerk ein besonderes Grundbuchblatt erhält; auf dem Titelblatt ist das Verhältnis des Stockwerks zum ganzen Haus genau ersichtlich zu machen; bei den Personalfolien erfolgt die Eintragung und genaue Bestimmung des Stockwerks in Abt. 1[10]). Die Zusammenschreibung aller Stockwerke eines Hauses bzw. aller Eigentümer auf ein einziges Grundbuchblatt[11]) wird sich empfehlen, wo nicht (z. B. durch verschiedene Belastung der Stockwerke) Verwirrung zu besorgen ist (Art. 4 GBO).

Bestritten ist die Frage, ob durch den völligen Untergang des Hauses selbst das Stockwerkseigentum erlischt. Die Frage wird gewöhnlich verneint[12]) und angenommen, daß bei Neubau des Hauses das Stockwerkseigentum „wieder auflebt", d. h. also wohl während des Niederliegens des Hauses ruhe; Umfang und Inhaber des am neuen Gebäude bestehenden Stockwerkseigentums seien die gleichen wie vor dem Untergang des alten Hauses[13]). Diese Lehre ist jedoch nicht zu billigen. Die Rechtserscheinung ruhenden Eigentums ist dem Gesetz nicht bekannt. Geht die zu Eigen gehörige Sache der Substanz nach unter, so erlischt auch das Eigentum, erlischt jedes Recht an ihr, soweit nicht das Gesetz das Gegenteil bestimmt. Das ist rechtsnotwendig[14]). Da Stockwerkseigentum wahres Eigentum

[9]) S. unten vor § 3 II.

[10]) Vgl. Mügel, Rheinisches Grundbuchrecht Bem. 2 zu § 17 S. 145, Fuchs-Arnheim Bem. 2 zu § 3 GBO; Achilles-Strecker 16; Turnau-Förster Anm. B I 2 zu § 3 GBO. Doch ist diese Art der Eintragung streitig. Vgl. v. Gagern, RheinArch. 109, 37ff.

[11]) Fuchs-Arnheim Bem. 8a zu § 3 GBO.

[12]) Henle-Schneider Bem. 9 zu § 42 des Bayr. Übergangsgesetzes, Oberneck I, 559 N. 3, Habicht 416, Planck zu Art. 182 und die französische Literatur, z. B. Fuzier-Hermann a. a. O. Nr. 124ff., Proudhon, Traité du domaine de propriétaire Bd. 11 Nr. 702 S. 264ff., ähnlich auch Oertmann, BayLandesPrR 319.

[13]) Noch weiter geht Planck a. a. O., der beim Neubau sogar Stockwerkseigentum für andere Personen und in anderer Verteilung als beim alten Haus zuläßt. Diese Ansicht ist gewiß unrichtig; denn eine anderweite Verteilung des Hausinhaltes und Zuteilung von Stockwerkseigentum an neue Berechtigte ist nichts anderes als die Begründung neuen Stockwerkseigentums, die nach Art. 182, 181 EG unzulässig ist.

[14]) Ebenso BGH (HW 54 S. 12; DNotZ. 54, 383; LM 1 und 2 zu § 1093 BGB) für das dingliche Wohnrecht (§ 1093 BGB). Über das Erlöschen von Eigentum an einge-

am Gebäudeteil, verbunden mit Miteigentum an Grundfläche usw. darstellt, so ist nach dem Wegfall des Gebäudeteiles auch Eigentum daran nicht weiter denkbar. Jedes „Wiederaufleben" von Stockwerkseigentum ist in Wahrheit nur eine — unzulässige — Neubegründung. Nach dem Untergang des Gebäudes bleibt das bisher dem Stockwerk akzessorische Miteigentum an der Grundfläche als selbständige Rechtsgemeinschaft bestehen. Einigen sich die Parteien nicht über den Wiederaufbau, so müssen sie sich bezüglich der Grundfläche auseinandersetzen; der bisherige Teilungsausschluß muß, weil zwecklos, als fortgefallen gelten[15]).

Ob der Untergang des Gebäudes auf Zufall (Brand) oder auf gewolltes Zusammenwirken aller Beteiligten (Abbruch) zurückzuführen ist, hat keine Bedeutung[16]).

Haben die Teilhaber ein bisher im Stockwerkseigentum stehendes Gebäude abgebrochen und ein Ersatzgebäude errichtet mit dem Willen und der Verabredung, daß dieses und seine einzelnen Teile dem gleichen Stockwerkseigentum wie das frühere Haus unterworfen sein sollen, so wird hierdurch kein Stockwerkseigentum begründet, das neue Gebäude steht wie das Grundstück selbst im einfachen Miteigentum. Man wird annehmen können, daß durch eine solche Vereinbarung die Beteiligten beabsichtigen, ein ausschließliches dingliches Benützungsrecht an den der Sonderbenützung überwiesenen Teilen zu begründen, wobei das Recht, die Aufhebung der Gemeinschaft zu verlangen, für immer ausgeschlossen sein soll; es kommt daher § 1010 BGB zur Anwendung[17]). Dingliche Wirkung wird freilich erst durch Eintragung im Grundbuch herbeigeführt[18]). Auf diese Weise läßt sich an jedem Gebäude ein dem Stockwerkseigentum verwandtes Ergebnis erreichen. Es braucht nur Miteigentum begründet zu werden, wobei zugunsten jedes Miteigentümers das Grundstück mit servitutarischem ausschließlichem Nutzungsrecht am einzelnen Stockwerke belastet wird. Teilungsausschluß[19]) im Sinne des § 1010

---

tragenen Grundstücken bei dauernder Überschwemmung: RG JW 08, 443. Vgl. auch unten § 30 N. 105.

[15]) Vgl. darüber die franz. Literatur Laurent VII, 493f., Aubry-Rau 11, 417.

[16]) Selbst wenn ein Berechtigter rechtswidrig das Gebäude beseitigt hat, kann die demselben obliegende Schadenersatzpflicht nicht zur Wiederherstellung des eigentlichen Stockwerkseigentums führen. Diese Wiederherstellung ist gesetzlich nicht möglich (§ 251 BGB).

[17]) Aber auch § 749 Abs. 2 BGB kommt zur Anwendung, wonach trotz einer solchen Vereinbarung die Aufhebung der Gemeinschaft jederzeit verlangt werden kann, wenn ein wichtiger Grund vorliegt.

[18]) Hat ein Teilhaber seinen Anteil vor dieser Eintragung im Grundbuch veräußert, so kann der Erwerber die gesetzlichen Vorschriften des Miteigentums zur Anwendung bringen.

[19]) Von der durch Art. 131 EG gegebenen Befugnis, den Teilungsausschluß rück-

kann durch grundbuchliche Eintragung herbeigeführt werden (allerdings in den Grenzen der §§ 749 Abs. 2 und 3, 751 S. 2 BGB und §16 Abs. 2 GBO)[20]).

Das Stockwerkseigentum erlischt nicht durch Vereinigung der mehreren Stockwerksanteile in einer Hand. Alsdann ist eben das eine Miteigentumsrecht zugunsten des anderen belastet, so daß in Ansehung des einen Miteigentumsanteils dem Miteigentümer zugleich ein Sonderrecht zugunsten des anderen Anteils zusteht. Diese Doppelstellung unterliegt keinen rechtlichen Bedenken und ist in den §§ 889, 1009 BGB ausdrücklich zugelassen. Weil aber die in einer Hand vereinigten Stockwerksanteile noch als gesonderte Rechte nebeneinander bestehen, so steht der Veräußerung des einen Stockwerksrechts kein rechtliches Hindernis entgegen[21]).

Über das Bestehen von Stockwerkseigentum bis 1900[22]) ist im einzelnen folgendes zu sagen:

1. Gemeines Recht: Die Theorie des Deutschen Privatrechts hatte unter Mißachtung des römischen Satzes „superficies solo cedit" die Zulässigkeit des Eigentums an horizontal begrenzten Gebäudeteilen, wenn auch nicht unangefochten, zugelassen[23]), während die strikte Durchführung des Gemeinen Rechts die Anerkennung eigentlichen Stockwerkseigentums ablehnte[24]).

2. Allg. Landrecht: Für das Geltungsgebiet des ALR lehnte die Rechtswissenschaft überwiegend das eigentliche Stockwerkseigentum ab[25]). Dagegen schwankte die Rechtsprechung des Obertribunals in dieser Frage fortgesetzt hin und her, so daß sich

---

sichtslos durchzuführen und so ein uneigentliches Stockwerkseigentum — Miteigentum am Grundstück und Gebäude, belastet durch die einzelnen Stockwerknutzungsrechte, völliger Teilungsausschluß — gesetzlich einzuführen, hat kein Bundesstaat Gebrauch gemacht. Nur Baden-Württemberg hatte durch das Gesetz über das Miteigentum nach Wohneinheiten vom 12. 6. 1950 (RegBl. 57) mit den DVO vom 29. 5. und 13. 6. 1950 (RegBl. 55, 57) hiervon Gebrauch gemacht. Diese Regelung ist aber mit Wirkung vom 1. 1. 1952 wieder beseitigt worden (Bad.-Württ. GBl. 1953, 9). — Vgl. auch unten N. 22.

[20]) Vgl. Staudinger Bem. 3 b zu § 1010. Oertmann 317. Näheres über dieses uneigentliche Stockwerkseigentum s. Merzbacher R 22, 217.

[21]) BayZ 11, 92 (BayObLG). Anders natürlich, wo nach Landesrecht durch Vereinigung vor 1900 das Stockwerkseigentum erloschen war. Dann kann unter der Herrschaft des BGB das einzelne Stockwerkseigentum nicht mehr begründet werden (BadRspr. 09, 178 Karlsruhe).

[22]) Vereinzelt versuchten Bundesstaaten, das am 1. 1. 1900 bestehende Stockwerkseigentum durch Übergangsbestimmungen dem Geist des neuen Rechts anzupassen; vgl. hierzu BayrÜG Art. 42, Pfälzisches LiegenschaftsG Art. 20, Hessisches AG Art. 216 bis 219. Siehe auch unten I 6 bis 9.

[23]) Die Normen über das Stockwerkseigentum sind nicht revisibel: RG. in LZ. 19, 375.

[24]) Vgl. Gierke 2, 41 c und Anmerkungen; Roth, DPrR Bd. 3 § 233.

[25]) RG 31, 171; SeuffA 4 Nr. 101, 14 Nr. 10, 34 Nr. 10. Das schließt natürlich die Bildung eines entgegengesetzten partikulären Gewohnheitsrechtes nicht aus. SeuffA 34 Nr. 10.

etwa eine gleiche Anzahl von Entscheidungen für und wider anführen läßt[26]). Immerhin scheint nach dem zeitlich letzten Urteil des Obertribunals[27]) ein preußisch-rechtlicher Fall von Stockwerkseigentum nicht zur Entscheidung des Reichsgerichts gekommen zu sein[28]) und, da dieses letzte Urteil des ObTr. im Ergebnis das Stockwerkseigentum ablehnte, scheint in der Tat auch die Praxis seit 1877 dieUnzulässigkeit des Stockwerkseigentums angenommen zu haben. Die aus dem Landrechtsgebiet bekannt gewordenen Fälle[29]) sind denn auch so vereinzelt geblieben, daß auf ein anerkanntes Gewohnheitsrecht nicht geschlossen werden darf.

3. In Schleswig war Stockwerkseigentum nicht unbekannt[30]). Die Rechtsquellen selbst schweigen zwar; aber gewohnheitsrechtlich ist Stockwerkseigentum zweifellos vorgekommen. So sagt z. B. Jensen[31]), der Schleswiger Kirchenhistoriker, bei der Besprechung der Besetzung von Pfarrstellen: „Die Gebäude — (die Pfarrhäuser) — waren bis auf wenige Facheigentum des Predigers." Er setzt also horizontale Teilung von Häusern als etwas ganz Bekanntes voraus. Die Geltung von Stockwerkseigentum in Schleswig scheint dem Lübischen Rechte zu entstammen, welches Stockwerkseigentum anerkannte[32]). Immerhin ist das Vorkommen von Stockwerkseigentum örtlich beschränkt, und allgemeines Gewohnheitsrecht ist nicht nachweisbar[33]).

4. In Frankfurt a. M. war zwar Stockwerkseigentum durch Gesetz[34]) verboten. Dennoch hatte sich vereinzelt Stockwerkseigentum erhalten. Es handelte sich um die singuläre Erscheinung der sogenannten Schirnen, d. h. bestimmter Fleischbänke, zu denen ein Überbau und ein darunterliegender Kellerraum gehörte und die in ein fremdes Haus eingebaut waren. Diese Schirnen mit Überbau und Keller folgten nicht dem Recht des Hauseigentümers; an ihnen bestand vielmehr eine eigene, vom Hauseigentümer gesonderte Berechtigung, die wohl als freies Eigentum angesprochen werden durfte[35]). Sie wurde jedenfalls als selbständiges, unbewegliches Rechtsobjekt behandelt, welches in den öffentlichen Büchern[36]) eigene Bezeichnung führte und unabhängig vom Recht am Hause selbst veräußert und verpfändet werden konnte[37]). Diese Schirnen sind mit der Frankfurter Altstadt im Bombenkrieg untergegangen.

5. Rheinisches Recht. Handelt es sich bei dem bisher Besprochenen nur um vereinzelte Rechtsbildungen, so tritt uns das Stockwerkseigentum im Gebiet des Code civil als gesetzlich anerkannte Rechtsbildung entgegen. Art. 553 C. c.[38]) stellte die Ver-

---

[26]) Förster-Eccius III 150 zu Anm. 36; Koch, ALR Bem. 31 zu § 41, ALR I 2 dagegen Ackermann, Stockwerkseigentum S. 34ff.

[27]) Dafür StriethA 36, 232; 54, 60; 92, 144 — dagegen OTr. 53, 4; 79, 128.

[28]) OTr. 79, 128.

[28]) Vgl. aber RG i. R 13, 210, wo das Bestehen von Sondereigentum an selbständigen Gebäudeteilen für das ALR verneint und das Rechtsverhältnis nur als Dienstbarkeit aufgefaßt wird. [29]) Vgl. für Danzig Ackermann 18ff.

[30]) Vgl. z. B. Roth, DPrR § 233 Note 3, Kuntze, Geschoßeigentum S. 6 und 47; SeuffA 6 Nr. 152 (OLG Kiel).

[31]) Versuch einer kirchlichen Statistik des Herzogtums Schleswig 96.

[32]) Vgl. die Urkunde vom Jahre 1357 bei Pauli, Lübeckische Zustände Bd. 1 S. 200/1.

[33]) Kähler, Schlesw.-Holst. Landesrecht 270.

[34]) Frankf. Reform VI 4 § 6; Gierke 41 Note 13; Schröder, Eigentümliche Formen 28.

[35]) Gierke a. a. O.; Stobbe 2, 284.

[36]) Für die als „Schirnenräumlichkeiten" bezeichneten Gebäudeteile existieren besondere Sachregister (Neumann-Levi, Frankfurter Privatrecht 17).

[37]) SeuffA Bd. 9 Nr. 264; dort bleibt dahingestellt, ob man an Eigentum im vollen Sinne zu denken hat. [38]) Art. 553 C. c. ist durch Art. 89 Z. 2 PrAG aufgehoben, natürlich vorbehaltlich des Übergangsrechts.

mutung auf, daß Gebäude, Pflanzen usw. dem Recht des Bodens folgen, auf dem sie stehen, jedoch unbeschadet des Nachweises eines Sondereigentums an einem unterirdischen Bau oder an einem sonstigen Gebäudeteil. In Art. 664 C. c. wird dies Eigentum an Gebäudeteilen weiter ausgestaltet. Die rechtliche Beurteilung des gesetzlich anerkannten Stockwerkseigentums ist nicht unstreitig. Der vereinzelt vertretenen Ansicht gegenüber, das Stockwerkseigentum sei „unteilbares Miteigentum am ganzen Gebäude, aber mit dauernder Abteilung hinsichtlich der Gebrauchs- und Nutzungsrechte"[39]), versteht die herrschende Ansicht unter dem Stockwerkseigentum des C. c. das volle freie Eigentum an dem Stockwerk genannten Gebäudeteil, verbunden mit unteilbarem Miteigentum an Grundfläche, Dach, Hauptmauern usw.[40]).

Die Frage, ob der Eigentümer des obersten Geschosses dem Haus ein anderes Stockwerk ohne Genehmigung der anderen Stockwerkseigentümer aufsetzen darf, ist streitig[41]); für rheinpreußisches Recht hat das Reichsgericht[42]) mit der auch in Frankreich herrschenden Ansicht die Frage verneint; mit Recht; denn jedes neue Stockwerk belastet alle Unterstockwerke und die gemeinsame Grundfläche; zudem wird meist das gemeinsame Dach durch den Aufbau betroffen werden.

6. Baden. Das Badische Landesrecht übernahm den Art. 664 C. c. unverändert (vgl. Naumann, Jahrbuch 1908, 595). Vgl. auch oben N. 19.

7. Hessen. Die Regelung für Hessen ergibt sich aus Art. 216—219 AGBGB. Hiernach bleibt das Sondereigentum bestehen, daneben aber wird das Miteigentum an den gemeinschaftlichen Gebäudeteilen (Hofraum, Treppen usw.) geregelt. Auf letztere finden die §§ 743 Abs. 2, 744—746, 748 BGB, nicht aber § 742 BGB Anwendung (vgl. dazu Habicht S. 419ff.; LG Darmstadt in HessRspr. 29, 11 wegen des rechtsrhein. Stockwerkseigentums).

8. Pfalz. Nach pfälzischem Recht wurde das bestehende Stockwerkseigentum in Miteigentum nach BGB umgewandelt, sofern die Stockwerksberechtigten Miteigentümer des Grundstücks waren, auf dem sich das im geteilten Eigentum stehende Gebäude befindet (Art. 20 LiegenschaftsGes.). War der Eigentümer dieses Grundstücks aber entweder nur ein Stockwerksberechtigter allein oder ein anderer Dritter, so wandelte sich das bisherige Sondereigentum an einzelnen Räumen eines fremden Grundstücks nun in ein veräußerliches und vererbliches Recht, auf dem fremden Grundstück den Gebäudeteil zu haben, um, wobei die §§ 1016, 1017 BGB entsprechend anzuwenden sind (Art. 19 LiegenschGes.; vgl. Meisner-Ring § 3; Oertmann S. 317, 318; Habicht S. 420, 421; Schneider, Liegenschaftsrecht in der Pfalz, München 1903, S. 194ff.).

9. Württemberg. Über das in Württemberg bestehen gebliebene Stockwerkseigen tum vgl. Mayer, WürttAGBGB II S. 282ff. und Art. 226—231 AGBGB vom 29. 12. 1931 (RegBl. 545); ferner SeuffA 24 Nr. 239; 47 Nr. 107; R 1905, 576. Über die Auffassung eines Kellerrechts als Stockwerkseigentum s. WürttJMin. in WürttZ 26/12. Vgl. auch oben N. 19.

---

[39]) Schröder a. a. O. 33, Ackermann 48ff.

[40]) So die weitaus überwiegende französische Rechtslehre. Vgl. Laurent VII Nr. 488, Fuzier-Hermann, Répertoire général 15 Nr. 80, ferner die Rheinische Praxis (OLG Köln); RheinArch. 90, 237; 91, 70ff. und scharf das Reichsgericht (JW. 94, 95; RG. 24, 340); v. Gagern, RheinArch. 109, 35. Wo das Miteigentum fehlt, hat man es nicht mit einem eigentlichen Stockwerkseigentum, sondern mit einem dinglichen Recht an fremder Sache zu tun (RG. 56, 260; s. oben § 3 I).

[41]) Entscheidungen der Gerichte von Paris und Nimes bei Fuzier-Hermann a. a. O. S. 118 und 119, bejahen die Frage; Aubry-Rau II 416a halten nicht die Genehmigung des Erdgeschoßeigentümers, wohl aber die der Eigentümer höherer Stockwerke für nötig; Fuzier-Hermann a. a. O. Nr. 122 verneinen sie.

[42]) RG. JW 94, 95.

II. Wohnungseigentum und Dauerwohnrecht

Dem früheren Stockwerkseigentum ähnlich, aber nicht gleich ist das Wohnungseigentum, das durch das Gesetz über Wohnungseigentum und Dauerwohnrecht vom 15. 3. 1951 (BGBl. I 175) eingeführt wurde.

Wohnungseigentum (WE) ist das Miteigentum der Bewohner (Benutzer) am Grund und Boden und an gemeinschaftlichen Gebäudeteilen (Dach, Treppenhaus, Versorgungseinrichtungen usw.) mit Sondereigentum an einer Wohnung (Wohnungseigentum) oder an nicht zu Wohnzwecken dienenden Räumen (= Teileigentum). WE ist also der mit Sondereigentum an einer Wohnung verbundene Miteigentumsanteil an einem Haus (Palandt, Überbl. 2 A zum WEG). Entsprechend können, wenn ein Erbbaurecht mehreren gemeinschaftlich nach Bruchteilen zusteht, deren Anteile in der Weise beschränkt werden, daß jedem Mitberechtigten das Sondereigentum an einer bestimmten Wohnung (WErbbauR) oder an nicht zu Wohnzwecken dienenden bestimmten Räumen (TeilErbbauR) in einem auf Grund des Erbbaurechts errichteten oder noch zu errichtenden Gebäude eingeräumt werden (§ 30 WEG).

Begründung und Aufhebung von WE und TE vollziehen sich nach den Vorschriften für Grundstücke. Gemäß § 8 WEG kann der bisherige Alleineigentümer des Gebäudes durch einseitige Erklärung gegenüber dem Grundbuchamt sein Alleineigentum in Miteigentumsanteile aufteilen und mit jedem Anteil das Sondereigentum an bestimmten Räumen verbinden: auf diese Weise kann der Eigentümer des Gebäudes einzelne Gebäudeteile verselbständigen und gesondert wirtschaftlich verwerten.

Das Sondereigentum kann ohne den Miteigentumsanteil, zu dem es gehört, nicht veräußert oder belastet werden. Das Rechtsverhältnis der Miteigentümer unterfällt den Vorschriften über die Gemeinschaft (§ 741 ff. BGB) und ist grundsätzlich nicht auflösbar, auch nicht aus wichtigem Grund; die Gemeinschaft kann weder von einem Pfandgläubiger (§ 751 BGB) noch vom Konkursverwalter (§ 16 Abs. 2 KO) zur Aufhebung gebracht werden. Lediglich bei schwerem Verstoß gegen die Gemeinschaftspflichten kann der schuldige Mitberechtigte zum Ausscheiden aus der Gemeinschaft durch Veräußerung seines WE oder TE oder durch Mitwirkung bei dessen Versteigerung gezwungen werden (§§ 14, 16, 18, 19 WEG). Die Gemeinschaft selbst hört nur dann auf zu bestehen, wenn für den Fall, daß das Gebäude ganz oder teilweise zerstört wird, vereinbart ist, daß eine Verpflichtung zum Wiederaufbau nicht bestehen soll (§ 11 Abs. I 3 WEG), oder wenn sämtliche Anteile sich in einer Hand vereinigen und durch entsprechende Erklärung des Alleininhabers gegenüber dem Grundbuchamt das WE oder TE durch Schließung der hierfür angelegten Grundbücher beseitigt wird.

Um eine Störung der Gemeinschaft nach Möglichkeit auszuschließen, ist die Bestellung eines Verwalters mit weitreichenden Befugnissen (Durchführung der Beschlüsse der Hausgemeinschaft, Überwachung der Hausordnung, Instandsetzung und Erhaltung des Gemeinschaftseigentums, Führung der Geldwirtschaft der Gemeinschaft) zwingend vorgeschrieben. Neben ihn tritt als weiteres Organ die Wohnungs-(Teil-)Eigentümerversammlung. Auch kann ein Verwaltungsbeirat bestellt werden.

Für Streitigkeiten aus dem Gemeinschaftsverhältnis wie auch für die Klage auf Zustimmung zur Versteigerung des Anteils gegen den störenden Mitberechtigten ist das Amtsgericht der belegenen Sache ausschließlich zuständig.

Das Dauerwohnrecht (Dauernutzungsrecht) besteht in der Belastung eines Grundstücks (Erbbaurechts) in der Weise, daß derjenige, zu dessen Gunsten die Belastung erfolgt, berechtigt ist, unter Ausschluß des Eigentümers eine bestimmte Wohnung (im Falle des Dauernutzungsrechts nicht zu Wohnzwecken bestimmte Räume) in einem auf dem Grundstück errichteten oder zu errichtenden Gebäude zu bewohnen oder in anderer Weise zu nutzen (§§ 31, 42 WEG). Das Dauerwohnrecht, das nur bestellt werden soll, wenn die Wohnung in sich abgeschlossen ist, ist veräußerlich und vererblich (§ 32 WEG).

Der Unterschied zwischen WE und echtem Stockwerkseigentum, das bestehen geblieben ist, liegt also darin, daß bei diesem Miteigentum am Grundstück nicht notwendig vorhanden zu sein braucht. Das ebenfalls aufrechterhalten gebliebene (vgl. § 64 WEG) unechte Stockwerkseigentum kennt im Gegensatz zum WE kein Eigentum, sondern — ebenso wie das Dauerwohnrecht (§§ 29ff. WEG) — nur ein ausschließliches Nutzungsrecht an der Wohnung.

Durch Landesrecht können aber Vorschriften zur Überleitung bestehender, auf Landesrecht beruhender Rechtsverhältnisse in die durch das WEG geschaffenen Rechtsformen getroffen werden (§ 63 Abs. 3 WEG).

§ 4. Das Recht an Kellern

I. Wesentlicher Bestandteil des Grundstücks

Ein Keller ist ein unter[1]) der Grundfläche belegener Hohlraum. Der Keller kann ein Gebäude über sich haben, er kann auch ohne ein solches im Erdinnern errichtet sein.

Gewisse Unternehmungen sind auf Keller besonders angewiesen, z. B. Brauereien, Kühlanstalten, Speditionshäuser. Wo sich diesen Anstalten

---

[1]) Bei einzelnen Felsenkellern kann es natürlich vorkommen, daß die obere Wölbung des Kellerraums die Erdoberfläche überragt.

nicht genügend eigene Kellereien bieten, versichern sie sich fremder, insbesondere auch solcher, die unter Gebäuden liegen, welche ihnen nicht gehören.

Nach § 905 BGB erstreckt sich das Grundeigentum auch auf den Erdkörper unter der Erdoberfläche; dem Grundstückseigentümer gehört daher an sich auch der Keller.

Die Begründung eines Sondereigentums an dem Keller ist nach neuem Recht nicht mehr möglich[2]). Auch ein nach früherem Recht begründetes Sondereigentum[3]) ist abgesehen vom Stockwerkseigentum nicht aufrecht erhalten[4]). Wo nach bisherigem Recht ein Sondereigentum bestanden hat, gilt es jetzt als das Recht, den Keller auf einem fremden Grundstück zu haben[5]), und zwar als Erbbaurecht[6]). Das Kellergewölbe steht nach § 95 BGB im Eigentum des Erbbauberechtigten.

Das Bedürfnis einer vom Eigentum am Grundstück unabhängigen Benützung des Kellers führte unter der Geltung des bisherigen Rechtes zu Rechtsbildungen, die den Keller vom rechtlichen Schicksal der bebauten Fläche trennen.

II. Bisheriges Recht

Nach bisherigem Recht war das Rechtsverhältnis an Kellern verschieden gestaltet.

1. Das rheinische Recht kannte in weiter Verbreitung Sondereigentum an Kellern[7]) dem Grundsatz des Art. 553 C. c. gemäß, der eine unbedingte rechtliche Bindung der auf oder unter der Grundstücksfläche befindlichen Sachen an die Grundfläche i. S. der §§ 93ff. BGB nicht kannte.

2. Das Recht am Keller konnte reines Stockwerkseigentum sein (s. oben § 3).

3. Auch als selbständige Gerechtigkeit im Sinn des § 69 EEG, § 3 preuß. GBO ist es aufgefaßt worden[8]).

4. Endlich wird es teils als superficies[9]), teils als Servitut[10]) konstruiert.

---

[2]) Der Vorbehalt des Eigentums an einem Keller des verkauften Grundstücks ist unzulässig, kann aber als Ausbedingung eines Erbbaurechts am Keller aufrecht erhalten werden (SeuffA 79 Nr. 31 RG).

[3]) Vgl. RG 24, 340.

[4]) Vgl. JW 03 Beil. 90; BayObLG 22, 217.

[5]) RG 56, 260.

[6]) Vgl. RheinArch. 102 I, 144.

[7]) RG 24, 340. Zeitschrift des rheinpreußischen Amtsrichtervereins 9, 148ff. StrietHorst, Arch. 68, 224 auch für das Landrechtsgebiet. Vgl. v. Gagern, RheinArch. 109, 32.

[8]) Insbesondere in einer Allg. Verfügung des Landgerichtspräsidenten von Elberfeld vom Juli 1890 (Zeitschrift des rheinpreußischen ARV Bd. 9 Abt. II S. 31; vgl. auch ebenda Bd. 8, 107). Diese Rechtsauffassung wurde mit Recht schon vor 1900 bekämpft (OLG Köln a. a. O. 9, 155), auch die Kommentare des Preuß. Ausführungsgesetzes sprechen sich dagegen aus. Stranz, Gerhard Bem. 60 zu Art. 40 AG, Crusen-Müller Bem. 11 A 1a zu Art. 40.

[9]) Die bei der Bestellung eines Kellerrechts erfolgte Vereinbarung einer fortlaufenden Grundzinspflicht ist als typisches Merkmal des aus dem römischen Recht entnommenen Rechtsinstituts der superficies zu erachten. In einem solchen Fall hat das BayObLG mit

III. Inwieweit ist bisheriges Recht aufrechterhalten?

Es ist nun zu untersuchen, ob diese nach früherem Recht begründeten Rechtsgestaltungen unter der Geltung des BGB aufrechterhalten sind.

1. Ein vom Eigentum an der Grundstücksfläche verschiedenes Kellereigentum im Sinn des rheinischen Rechts ist nach BGB nicht mehr denkbar. Nach Art. 181 EG gelten für den Inhalt des Eigentums die Vorschriften des BGB; also ist auch die Frage nach dem Gegenstand des Eigentums nach diesem Gesetz zu entscheiden. Sonach kann gemäß § 93 BGB der Keller nicht mehr ein Gegenstand gesonderten Eigentums sein, wenn er wesentlicher Bestandteil des Grundstücks ist, unter dem er liegt. Ob dies der Fall ist, ob einer Sache Bestandteilseigenschaft zukommt, ist nach heutigem Recht zu entscheiden[11]). Unter Zugrundelegung des BGB ist aber ein Keller wesentlicher Bestandteil des Grundstücks gemäß § 94 BGB. Daher kann Sondereigentum an ihm nicht mehr bestehen[12]). Vielmehr ist das Sondereigentum am Keller mit dem 1. 1. 1900 in ein dingliches Recht am unterkellerten Grundstück übergegangen; ob Dienstbarkeit oder Erbbaurecht vorliegt, bestimmt sich nach unten zu besprechenden Voraussetzungen.

2. Stockwerkseigentum ist gemäß Art. 182 EG aufrechterhalten. Doch ist zu beachten, daß von wahrem Stockwerkeigentum nur die Rede sein kann, wenn der Kellereigentümer zugleich Miteigentümer der gemeinschaftlichen Teile des unterkellerten Hauses und der Grundfläche ist (siehe oben § 3 I). Es gelten für ein Stockwerkseigentum am Keller die im vorigen Paragraphen besprochenen Grundsätze.

3. Wo ein Kellerrecht als selbständige Gerechtigkeit behandelt und auf besonderem Grundbuchblatt eingetragen sein sollte, bleibt es auch

Recht superficies und kein Sondereigentum angenommen, obwohl in der Erwerbsurkunde von dem „käuflichen Erwerb" des Erdraums die Rede war (BayObLG 22, 271). Auch wenn für die dem Erwerber auferlegte fortlaufende Zahlungsverpflichtung der für die superficies typische Ausdruck „Grundzins" in der Bestellungsurkunde nicht gebraucht ist, wird man wohl regelmäßig eine superficies anzunehmen haben. Denn wenn auch die Vereinbarung einer fortlaufenden Gegenleistung mit deutschrechtlichen Grunddienstbarkeiten nicht unvereinbar ist, so entspricht eine solche fortlaufende Gegenleistung doch weit mehr dem Wesen der superficies, als dem der Grunddienstbarkeit, bei der sie nur ausnahmsweise vorkommt. In der Vereinbarung einer solchen fortlaufenden Gegenleistung liegt also ein Indiz für die Annahme einer superficies.

[10]) Insbesondere der Standpunkt der gemeinrechtlichen Praxis (RG 4, 135), wenn sich auch Hinneigung zum Sondereigentum findet. (ObAppGer. Kiel in SeuffA. 6, 198.) Vgl. auch SeuffA 70, 99 (Bamberg).

[11]) RG 56, 289.

[12]) Gemeine Meinung, bes. RG 56, 258; RheinArch. 101, 11; 102, 146 (OLG Köln); HessRspr. 3, 33 (OLG Darmstadt); Bad. JMVg. vom 14. 9. 1906 u. d. Literatur; SeuffA 79 Nr. 31 (RG).

nach 1900 weiter bestehen und ist den Vorschriften über Grundstücke unterworfen (Art. 74 EG, Art. 40 PrAG)[13]).

4. Praktisch bleiben daher nach heutigem Recht vor allem die Gestaltungen der Kellerrechte unter der Rechtsform des Erbbaurechts und der Dienstbarkeiten. Welche dieser beiden Formen vorliegt, ist oft schwer zu bestimmen[14]). Vorauszuschicken ist, daß jedenfalls ein Erbbaurecht nur an ganzen Kellerräumen bestellt werden kann; soll ein Teil eines Kellers verdingt werden, so kann es nur im Wege der Bestellung einer Dienstbarkeit geschehen. Das folgt aus § 1014[15]). Im folgenden ist denn auch nur vom Kellerganzen die Rede.

a) Selbständige Keller, die ein Gebäude nicht über sich tragen, können Gegenstand sowohl eines Erbbaurechts wie einer Grund- oder einer beschränkt persönlichen Dienstbarkeit sein[16]). Durch die Bindung des Rechts an ein herrschendes Grundstück unterscheidet sich die Grunddienstbarkeit von den beiden andern Berechtigungen. Erbbaurecht und beschränkt persönliche Dienstbarkeit unterscheiden sich vor allem dadurch, daß ersteres frei veräußerlich[17]) und vererblich ist (§ 1012), letzteres nicht (§§ 1090, 1061, 1092). Ist aber die rechtliche Beweglichkeit des Kellerrechts das Hauptunterscheidungsmerkmal zwischen Erbbaurecht und beschränkt persönlicher Dienstbarkeit, so können bei noch jungen Berechtigungen, an denen die Frage der Veräußerung und des Erbganges noch

---

[13]) Freilich ist die Anwendung dieser Vorschriften auf Kellerrechte zweifelhaft; denn Art. 74 EG, auf dem Art. 40 PrAG fußt, hat nur Gewerbeberechtigungen im Auge.

[14]) Im Streitfalle wird der Kläger gut daran tun, den Antrag der Klage lediglich auf Anerkennung seines ausschließlichen Benützungsrechtes und Unterlassung jeder Störung dieses Benützungsrechts zu richten, nicht aber z. B. auf Feststellung, daß ihm das Eigentum zusteht. Es könnte z. B. eine Klage auf Anerkennung des Eigentums an einem Keller abgewiesen werden, weil jedenfalls kein Eigentum erwiesen und auf Anerkennung eines Erbbaurechts nicht geklagt worden sei. (Vgl. JW 03, Beil. 90.)

[15]) Bzw. jetzt aus § 1 Abs. 3 ErbRVO. Siehe auch Wolff 336 IV 6; Wittmaack 20 Nr. 3. Abw. Planck Bem. 2a zu § 1014; Oberneck I 609 Nr. 17.

[16]) War nach bisherigem Rechte ein Erbbaurecht (superficies) an einem Teile eines Gebäudes begründet (vgl. RG 7, 145, l. 3 D. 8, 5), so bleibt es aufrecht erhalten. (Art. 184 EG.) Vielfach finden sich bei einer ganzen Reihe von Häusern Bogenhallen (Laubengänge), unter denen sich der Bürgersteig am Erdgeschoß der Häuser entlangzieht, während die durch die Bogenpfeiler gestützten oberen Stockwerke den Laubengang überragen, die zu den Häusern gehörigen Keller aber in den unter dem Laubengang befindlichen Grund hineinragen. Das Reichsgericht hat in einem solchen Falle (Münster) angenommen, daß aus diesen Umständen weder nach gemeinem, noch nach preußischem allgemeinen Landrechte ohne weiteres zu folgern sei, daß die Hauseigentümer Eigentümer des Grundes und Bodens seien, soweit über demselben der Bürgersteig läuft. Bolze 1 Nr. 81. Über gemeindliche Wegeservitut an der Fläche unter einem Laubengang s. BayObLG 10, 199.

[17]) Vgl. aber § 5 ErbBRVO. Über Zwangsversteigerung eines Erbbaurechts Hagemann i. GruchotsBeitr. 65, 30ff.

nicht praktisch geworden ist, bei denen auch nicht etwa der Bestellungsakt deutlich spricht, die Grenzen leicht verschwimmen.

b) Wo über dem Keller ein Gebäude errichtet ist, fragt es sich, ob der Keller wirklich Teil dieses Gebäudes ist; bejahendenfalls scheidet die Möglichkeit eines Erbbaurechts aus (§ 1 III ErbRVO)[18]. Wann ein Keller als Gebäudeteil im Sinne des § 1 III ErbRVO aufzufassen ist, ist streitig. Mit der bisherigen Rechtsentwicklung[19]) ist anzunehmen, daß auch ein in den Grundmauern des Hauses eingebetteter, also baulich mit ihm verbundener Keller dann als selbständiges Ganzes zu gelten hat, wenn er selbständig benutzbar, wirtschaftlich vom Hause unabhängig ist, d. h. von dem Haus aus überhaupt keine Zugangs- und Nutzungsmöglichkeit hat[20]).

IV. Inhalt des Kellerrechts

1. Dienstbarkeit

Die Benutzung eines Kellers auf fremdem Grundstück ist zulässiger Inhalt einer Dienstbarkeit; der Berechtigte darf das belastete Grundstück in einzelnen Beziehungen benutzen; das belastete Grundstück muß die Vornahme von Handlungen dulden. Der Keller ist die „Anlage", die der Dienstbarkeitsberechtigte auf dem belasteten Grundstück hat; die §§ 1020ff. BGB finden Anwendung[21]).

Der Keller, der den Gegenstand der Dienstbarkeit bildet, kann schon bei ihrer Bestellung vorhanden sein, der Berechtigte kann ihn auch selbst bauen. Im ersteren Fall wird das Eigentum am Keller natürlich durch die Bestellung der Dienstbarkeit nicht geändert; er bleibt wesentlicher Bestandteil des Grundstücks, wenn er dem Eigentümer gehörte. Kann er auch einem Dritten außer dem Eigentümer (oder, wie gleich zu erörtern ist, dem dinglich Berechtigten) gehören? Ein früherer Dienstbarkeitsinhaber z. B. hatte den Keller erbaut. Dann war der Keller gemäß § 95 BGB nicht wesentlicher Bestandteil des Grundstücks, sondern Eigentum des Inhabers der Dienstbarkeit geworden. Hat sich dieses Eigentum auch nach dem Erlöschen der früheren Gerechtsame erhalten, so daß bei Neubestellung der Dienstbarkeit der neue Berechtigte neben dem Grundeigentum das Sondereigentum seines Vorgängers am Keller vorfindet? Die herrschende Meinung bejaht die Frage. Ein bedenkliches Ergebnis! Der Dritte kann die Dienstbarkeit jederzeit hinfällig machen, indem er kraft seines Eigentums

[18]) v. Gagern, RheinArch. 109, 33.

[19]) So schon SeuffA 6, 198; StriethA 68, 224; BayObLG 16, 282; SeuffA 52 Nr. 147; SeuffBl. 32, 297.

[20]) Herrschende Meinung: Biermann zu § 1014; Oberneck 1, 609; Crome 3, 468 N. 17. Abweichend Wittmaack, Erbbaurecht 20; Staudinger Bem. I 1 b δ zu § 1012; ähnlich Dernburg 549 N. 8. [21]) S. unten § 31 V.

den Keller abreißt; der jetzige Inhaber der Dienstbarkeit muß erst einen neuen Keller bauen oder sich vom Grundeigentümer bauen lassen. Und ferner: die Publizität des Grundstücksverkehrs wird erheblich geschmälert, wenn neben das Grundeigentum ein aus dem Grundbuch nicht erkennbares — die Dienstbarkeit ist erloschen! — Gebäudeeigentum tritt[22]). Sonach drängt das praktische Bedürfnis dazu, anzunehmen, daß mit dem Erlöschen der Dienstbarkeit des Erbauers die Regel des § 94 BGB von selbst Platz greift und infolgedessen der Keller zum wesentlichen Bestandteil des Grundstücks wird. Wenn durch § 95 Abs. 1 S. 2 die Bestandteilseigenschaft des in Ausübung eines dinglichen Rechts errichteten Bauwerks aufgehoben wird, so geschieht dies nur um dieses dinglichen Rechts willen; mit dem Erlöschen des Rechts hat die Loslösung vom Grundeigentum ihren Sinn und Zweck verloren, und die Regel des § 94 tritt wieder ein[23]). Sonach kann nur entweder Eigentum des Grundeigentümers oder des dinglich berechtigten Erbauers während der Dauer seiner Berechtigung in Frage kommen. Eigentum eines Dritten ist ausgeschlossen[24]).

Diese Regel führt aber noch weiter. Erbaut der dinglich Berechtigte den Keller, so erwirbt er das Eigentum nach § 95[25]). Der Keller ist sein Eigentum als bewegliche Sache[26]). Aber er ist nicht völlig losgelöst vom Grund und Boden[27]), sondern nur zugunsten des dinglichen Rechts der Bestandteilseigenschaft entkleidet. Erlischt die Dienstbarkeit, so tritt § 94 wieder in seine Rechte. Daher kann der Dienstbarkeitsinhaber auch während der Dauer seiner Berechtigung das Bauwerk an Dritte nicht veräußern (natürlich aber an den Grundeigentümer selbst)[28]).

---

[22]) Dies besonders im landrechtlichen Gebiet, wo die Servituten der grundbuchlichen Eintragung überhaupt nicht bedürfen.

[23]) Tobias, ArchZivPr. 94, 417; Wolff, Bau auf fremdem Boden S. 83, verwendet zwar diesen Satz nur, um zu beweisen, daß bei Bau mit fremdem Material nie der grundstücksfremde Materialeigentümer Eigentum am Gebäude erlangen kann, sondern der Grundeigentümer (vgl. unten); der Grundsatz führt aber zu weiteren Ergebnissen, und nach seiner Anerkennung mußte Wolff auch das Eigentum jedes Dritten am Gebäude verwerfen.

[24]) Die theoretische Möglichkeit des Sondereigentums am Kellergewölbe betont z. B. OLG Kiel i. SchleswHolstAnz. 09 S. 305.

[25]) Erbaut er ihn mit fremdem Material, so wird er nur Eigentümer, wenn nicht der Material- den Arbeitswert übersteigt (§ 950). Aber entgegen § 950 erwirbt auch nicht der Materialeigentümer den Bau, sondern in Anwendung der oben angeführten Regel wächst er nunmehr wieder dem Grundstück als wesentlicher Bestandteil an. Vgl. Woff S. 83.

[26]) RG 55, 284; 59, 20. Daß die Scheinbestandteile des § 95 Mobilien sind, ist zwar streitig, da aber auch die Verfechter der Immobiliareigenschaft die Mobiliarvorschriften anwenden wollen, ist die ganze Frage, wie Wendt im ArchZivPr. Bd. 103 S. 453ff. mit Recht bemerkt, nur ein leerer Wortstreit.

[27]) So Wolff a. a. O. S. 77ff.

[28]) A. M. Wolff a. a. O.; Oertmann Allg. Teil Bem. 1a E zu § 95. Ihre Ansicht, obwohl sie anscheinend den Wortlaut des § 95 für sich hat, würde z. B. zu dem Ergebnis

2. Erbbaurecht

Hier ist zu unterscheiden zwischen Erbbaurechten, die vor und nach dem 22. 1. 1919 begründet worden sind. An diesem Tag trat die ErbBRVO in Kraft. Vorher begründete Erbbaurechte richten sich nach §§ 1012ff. BGB, später begründete nach der Verordnung.

a) BGB

Wird das Erbbaurecht am bestehenden Keller errichtet, so bleibt der Keller wesentlicher Bestandteil des belasteten Grundstücks und unveräußerliches Eigentum des Grundstückseigentümers[29]). Darum erstrecken sich die Belastungen des Erbbaurechts nicht auf den Keller, er haftet insbesondere nicht für die Erbbaurechtshypothek[30]). Die Befugnis des Erbbauberechtigten geht sehr weit; er kann den Bau sogar abreißen; er kann den eingestürzten Bau erneuern[31]).

Eigentum eines Dritten am Keller ist auch hier aus den oben dargelegten Gründen ausgeschlossen[32]).

Erbaut der Erbbauberechtigte den Keller, so ist die rechtliche Beziehung des Baues zum Erbbaurecht bestritten. Er wird aufgefaßt als wesentlicher Bestandteil des Erbbaurechts[33]) bzw. „des Grundstücks als dem Erbbaurecht unterworfen"[34]), als nicht wesentlicher Bestandteil[35]), Zubehör[36]) des Erbbaurechts, endlich wird auch davon gesprochen, daß er mit dem Erbbaurecht einen einheitlichen Rechtskomplex bildet, bei dem das dingliche Recht als Hauptrecht maßgebend sei[37]). Wir treten der ersten Ansicht bei, die in der Entscheidung des Kammergerichts KGJ 39, 87ff. eine überzeugende Begründung erhalten hat und nirgends ausreichend widerlegt ist. Nach § 1017 gelten für das Erbbaurecht die sich auf Grundstücke be-

---

führen, daß der Grundeigentümer aus § 1004 sofort die Beseitigung des Baues verlangen könnte (abgesehen von den schon oben dargelegten Bedenken). Das kann das Gesetz unmöglich gewollt haben.

[29]) Delitzsch, Erbbaurecht u. Bauwerk S. 25 will das Eigentum an den Erbbauberechtigten übergehen lassen; seine Gründe vermögen gegen den klaren Wortlaut der §§ 93—95 nicht aufzukommen.

[30]) Streitig. A. M. Planck Bem. 2d zu § 1017, RGKomm. Bem. 1 zu § 1017.

[31]) Wolff, Sachenrecht S. 319; Wittmaack S. 79.

[32]) Dagegen die herrschende Ansicht.

[33]) Herrschend: Fuchs zu § 1017; Oberneck 1, 619; Planck Bem. 3b γ zu § 1012; Guethe 2, 592; Turnau-Förster Bem. 2 zu § 1017 S. 557; v. Gagern, RheinArch. 109, 9 u. 16; SeuffA 70, 456; RGKomm. Bem. 1 zu § 1017; vor allem KGJ 39 B, 87ff.

[34]) Oertmann, ArchBR 20, 190; Staudinger Bem. 1c β zu § 1012, Bem. 1 zu § 1017.

[35]) Goldmann-Lilienthal II § 55 Anm. 25; Crome 3, 472 N. 59.

[36]) Gierke § 105 N. 60, § 141 N. 13; Wolff, Sachenrecht 318; Michaelis, ZBlFG 19,13.

[37]) Delitzsch 15ff. bes. 20.

ziehenden Vorschriften[38]), also auch die §§ 93ff. BGB. Wie danach ein Gebäude gemäß § 94 BGB wesentlicher Bestandteil des Grundstücks ist, so ist angewandtermaßen der Bau des Erbbauberechtigten wesentlicher Bestandteil seines Rechts, nicht zwar infolge räumlichen Zusammenhanges — den erfordert die Bestandteilseigenschaft nicht, vgl. § 96! —, sondern vermöge „innerer Zusammengehörigkeit".

Als wesentlicher Bestandteil des Rechts ist der Keller Eigentum des Erbbauberechtigten, der ihn gemäß § 93 auch nicht ohne das Recht weiter veräußern kann[39]). Auf ihn erstrecken sich sonach auch die Belastungen des Erbbaurechts; er haftet für sie[40]).

Mit dem Erlöschen des Erbbaurechts tritt nach unserer oben zu 1. dargelegten Auffassung von selbst Anfall des Kellers an den Grundeigentümer ein[41]), dem Erbbauberechtigten bleibt nur der Anspruch aus ungerechtfertigter Bereicherung gegen den Grundeigentümer.

b) Erbbaurechtsverordnung

Den vorstehend geschilderten, für das BGB bestrittenen Rechtszustand hat die VO zum Gesetz erhoben. Nach § 12 ist das den Gegenstand des Erbbaurechts bildende Bauwerk wesentlicher Bestandteil des Erbbaurechts, gleich ob es vor Begründung des Erbbaurechts errichtet ist (hier also anders als BGB) oder später. Die Haftung des Bauwerks für die Grundstückslasten erlischt mit der Eintragung des Erbbaurechts im Grundbuch. Das Bauwerk wird also nach § 12 VO in jedem Fall Eigentum des Erbbauberechtigten gemäß § 93 BGB[42]). Erlischt das Erbbaurecht, so wird gemäß

[38]) Es wird als Grundstück behandelt, ist aber keins; die komplizierte Formulierung Oertmanns (vgl. oben zu N. 34) ist daher unbegründet. Übrigens ersetzt er nur eine Fiktion durch die andere.

[39]) KG a. a. O. S. 90, Wittmaack S. 70. Anderer Ansicht die Anhänger der Theorie vom nicht wesentlichen Bestandteil und Zubehör. Gegen das Eigentum eines Dritten s. oben § 4 IV 1.

[40]) Hierin treffen sich alle auseinandergehenden Ansichten, nur daß die Zubehörtheorie den Bau der Belastung des Erbbaurechts lediglich „im Zweifel" unterwirft. Keine Haftung — eine für das Erbbaurecht vernichtende Auffassung — nehmen an: Grünberg, Bauten auf fremdem Grund 53ff.; Hitzig, Zeitschr. f. Schweizer Recht NF. 21, 21ff.

[41]) Ebenso Delitzsch 27ff.; Tobias, ArchZivPr. 94, 417; Silberschmidt a. a. O. 412; v. Gagern, RheinArch. 109, 26. Dagegen die herrschende Meinung: Oertmann Bem. 2b γ zu § 95; Oberneck 1, 612, 618f.; Guethe 2, 592; Wittmaack 63 u. 78f.; Endemann 2, 620 N. 17; Kretzschmar Bem. 6 zu § 1014; Michaelis a. a. O. 17; vor allem KG in SeuffA 70, 456. Danach wird der Keller mit dem Erlöschen des Erbbaurechts bewegliche Sache, bleibt im Eigentum des Erbbauberechtigten und kann von ihm gemäß § 929ff. veräußert werden. Vgl. auch RGKomm. Bem. 4 zu § 1012.

[42]) Wolff 338. Nach RGKomm. Bem. 2 zu § 12 VO. soll das schon vor Errichtung des Erbbaurechts errichtete Bauwerk zwar wesentlicher Bestandteil des Erbbaurechts

§ 12 Abs. 3 das Bauwerk Grundstücksbestandteil, fällt also in das Eigentum des Grundeigentümers. § 34 verbietet dem Berechtigten, bei Erlöschen des Erbbaurechts auf das Bauwerk irgendwie einzuwirken.

V. Schutz des Kellerrechts

Wird das Recht im Keller in anderer Weise als durch Entziehung oder Vorenthaltung des Besitzes beeinträchtigt, so steht dem Berechtigten der Anspruch aus § 1004 zu, dem Eigentümer des Kellers ohne weiteres, dem Erbbauberechtigten nach § 1017 Abs. 2, BGB bzw. § 11 Abs. 1 ErbbauRVO., dem Dienstbarkeitsberechtigten nach §§ 1027, 1090 Abs. 2 BGB.

Als Beeinträchtigung des Rechts am Keller können auch Abgrabungen auf dem Nachbargrundstücke in Betracht kommen. Der Nachbar ist hierzu, sofern er innerhalb seiner Grenzen bleibt, befugt; nur darf das Grundstück nicht in der Weise vertieft werden, daß der Boden des Nachbargrundstücks die erforderliche Stütze verliert, es sei denn, daß für eine genügende anderweitige Befestigung gesorgt ist (§ 909 BGB, s. darüber unten § 20).

Zumeist liegt der Hauptwert des Kellers in der gleichmäßig kühlen Temperatur, infolge deren der Keller zur Auflagerung von Vorräten (so namentlich Bier, Wein) geeignet ist. Wenn nun das den Keller umgebende Erdreich aus dem Nachbargrundstück weggenommen wird (z. B. durch Anlegung eines Steinbruches oder einer Lehmgrube), wird dem Zutritt der Wärme und der Kälte Vorschub geleistet und so der Keller verdorben. Das kann z. B. bei dem Lagerkeller einer Brauerei zu einer äußerst erheblichen Entwertung des Kellers führen. Der Eigentümer des Kellers kann dessen ungeachtet keinerlei Ansprüche gegen den Nachbarn erheben, da dieser nur von der in seinem Eigentum gelegenen Befugnis Gebrauch macht, wenn er das Erdreich seines Grundstückes beseitigt.

Anders kann das Rechtsverhältnis zu beurteilen sein, wenn das Recht am Keller auf einer Grunddienstbarkeit, einer superficies oder einem Erbbaurecht beruht. Der Eigentümer des mit diesem Kellerrecht dinglich belasteten Grundstücks darf auf diesem[43]) keine Handlung vornehmen, durch welche die bestimmungsgemäße Benützung des Kellers wesentlich beeinträchtigt wird.

---

werden, aber im Eigentum des Grundeigentümers verbleiben. Diese Auffassung ist mit § 93 BGB nicht zu vereinen.

[43]) Wohl aber auf einem anderen Grundstück, vgl. Kohler, ArchZivPr. 87, 26. Ist die Grunddienstbarkeit vertragsmäßig bestellt, so kann die Auslegung des Vertragswillens dazu führen, daß der Besteller und sein Universalrechtsnachfolger auch auf einem anderen als dem belasteten Grundstück keinerlei Handlungen vornehmen dürfen, durch welche der mit der Bestellung der Grunddienstbarkeit verfolgte Zweck vereitelt wird. Dabei handelt es sich natürlich nur um eine obligatorische Verpflichtung.

§ 5. Die Grenze und ihre Vermarkung

Der Zug der Grenzen[1]) wird durch gedachte Linien bestimmt[2]). Zur äußeren Kennbarmachung dieser Grenzlinien dienen sichtbare Zeichen, die sog. Grenzmarken.

In früherer Zeit setzten die Nachbarn ihre Grenzzeichen selbst, indem sie Pflöcke einschlugen oder Steine und ähnliche sichtbare Gegenstände aufstellten. Mit der zunehmenden Ausnützung des Bodens und der dadurch bewirkten Zersplitterung des Grundbesitzes wurde die sichere Festhaltung der Grenzlinien zu einem öffentlichen Interesse. In vielen Gegenden bildete sich schon frühzeitig das Institut der Feldschieder oder Märker aus, die für den Flurbezirk der Markgenossenschaft oder Gemeinde als Hüter der Grenzen aufgestellt waren und die Grenzzeichen meist unter Anwendung geheimer Merkmale zu setzen hatten.

Die Abmarkungspflicht liegt im Interesse der beteiligten Nachbarn und im allgemeinen Interesse. Dementsprechend ist eine privat-rechtliche Verpflichtung zur Abmarkung und eine öffentlich-rechtliche gegeben. In den Rahmen dieser Abhandlung fällt nur der privat-rechtliche Anspruch. Hierüber gilt folgendes:

I. Der Abmarkungsanspruch

Die privatrechtliche Verpflichtung zur Abmarkung ist durch § 919 Abs. 1 BGB bestimmt, wonach der Eigentümer[3]) eines Grundstücks von dem Eigentümer des Nachbargrundstücks verlangen kann, daß dieser zur Errichtung fester Grenzzeichen und, wenn ein Grenzzeichen von der Stelle gerückt oder unkenntlich geworden ist, zur Wiederherstellung mitwirkt.

Der Anspruch auf Grenzabmarkung ist ein rein dinglicher Anspruch aus dem Eigentum[4]).

Der Anspruch setzt unmittelbar aneinander anstoßende Grundstücke voraus; dabei kann es sich auch um katasterlich erfaßte Wegegrundstücke handeln. Sind zwei Grundstücke aber durch ein drittes Grundstück oder einen Fluß getrennt, so ist der Anspruch nicht gegeben[5]).

---

[1]) Es handelt sich hier nur um die privatrechtliche Abgrenzung der Grundstücke. Über die Grenzen des Gebiets des früheren Reichs und der Länder s. Merk, ArchÖffR. 8, 305. — An Flußläufen richten sich die Eigentumsgrenzen nicht nach dem Katasternachweis, sondern nach wasserrechtlichen Vorschriften.

[2]) Vgl. oben § 1 I.

[3]) Eine Mitwirkung der Realberechtigten ist nicht erforderlich, da die Anwendung des § 919 keine Veränderung im Bestande des Grundstückes herbeiführt Staudinger Bem. I zu § 919.

[4]) Höniger, Grenzstreitigkeiten 48; Palandt 2 zu § 919; Planck Bem. 2 zu § 919; Staudinger Bem. I zu § 919; Crome 296 N. 3; Müller 87; Behrend in BuschsZ 30, 273. Dagegen M 3, 268 (Mugdan 3, 148); Endemann 456 N. 13; Goldmann-Lilienthal 61 N. 6.

[5]) Höniger, Grenzstreitigkeiten 52; Staudinger Bem. I 1a zu § 919.

Aktiv und passiv legitimiert zum Grenzabmarkungsanspruch sind die Eigentümer[6]) der angrenzenden Grundstücke, und nur diese, also nicht die an dem Grundstück dinglich Berechtigten (Nießbraucher, Pfandgläubiger, Dienstbarkeitsberechtigte), auch nicht der Erbbauberechtigte, weil ihm die Macht zur rechtlichen Verfügung über das Grundstück fehlt[7]). Nach § 1011 ist jeder Miteigentümer für sich allein aktiv legitimiert, dagegen muß die Klage gegen alle Miteigentümer gestellt werden[8]). Der Pächter ist natürlich nicht legitimiert[9]).

§ 919 bezieht sich auf alle Arten von Grundstücken, also auch auf städtische Grundstücke, selbst auf Gebäude mit festen Grenzwänden, weil solche Wände nicht als Grenzzeichen im Sinne des Gesetzes gelten[10]). Auch die Grundstücke des Staates und der Gemeinde unterliegen selbstverständlich dieser Abmarkungspflicht[11]).

Der Abmarkungsanspruch ist sowohl dann gegeben, wenn bisher Grenzzeichen überhaupt noch nicht bestanden haben oder wieder ganz verloren gegangen sind, als auch, wenn die bestehenden Marksteine nicht die richtige Grenze anzeigen, sei es, daß sie von Anfang an falsch gesetzt waren oder daß sie durch irgendwelche Ursachen von der Stelle gerückt wurden (z. B. durch Erdrutsch, Bodensenkungen)[12]) oder unkenntlich ge-

---

[6]) Der Vorerbe ist Eigentümer, solange der Fall der Nacherbschaft noch nicht eingetreten ist. (§§ 2100, 2139 BGB.)

[7]) Kretzschmar i. ZBlFG 3, 444; a. M. die herrschende Meinung z. B. Palandt 2a zu § 919, RGKomm. Bem. 2, Planck Bem. 3; Turnau-Förster Bem. 1; Staudinger Bem. I 2 zu § 919; Crome 296; Goldmann-Lilienthal 61; Maenner 174 N. 108; Müller 87. Der von all diesen als Erklärung herangezogene § 1017 (jetzt § 11 Abs. 1 VO) ergibt aber nur, daß eine Abmarkung des Erbbaurechts genau so wie die eines Grundstücks beansprucht werden kann, nicht aber, daß der Erbbauberechtigte Abmarkung des ganzen Grundstücks zu verlangen hat, soweit es nicht vom Erbbaurecht betroffen ist. Es ist also der Erbbauberechtigte aktiv legitimiert, die Abmarkung derjenigen Fläche, die mit seinem Erbbaurecht belastet ist, zu verlangen. Höniger 57.

[8]) Palandt 2a zu § 919; RGKomm. Bem. 4 zu § 919; Höniger 56; RG, JW 06, 233. Staudinger I 2 zu § 919.

[9]) M III, 270. Höniger 57, der weitere Legitimationsfragen erörtert.

[10]) Höniger 54, Staudinger Bem. I 1a zu § 919. Abw. noch RG 44, 171 und RGKomm. Bem. 3 zu § 919. Richtig ist freilich, daß in diesem Fall der Fall der Grenzverdunkelung nur selten vorliegen wird. Vgl. BayVGH 17/253.

[11]) Höniger 62.

[12]) Vgl. Schumacher, Lage und Feststellung der Eigentumsgrenzen bei seitlicher Verschiebung der Grenzzeichen infolge der durch den Bergwerksbetrieb veranlaßten Bodensenkungen, in der Zeitschrift für Bergrecht 03, 203ff. Wenn sich infolge einer Senkung der Erdmasse auch die Oberfläche des Grundstücks verschiebt, so werden sich damit regelmäßig auch die Grenzlinien und Grenzzeichen verschieben, sie sind wieder an derjenigen Stelle anzubringen, an welcher sie sich vor der Verschiebung befunden haben. Schumacher 212f. Dieser Erfolg ist im Streite mit der Grenzscheidungsklage des § 920 herbeizuführen. Schumacher 215, s. darüber oben § 1 III.

worden sind (z. B. durch Verwitterung oder mechanische Beschädigung). Der Anspruch steht selbst demjenigen zu, der in strafbarer Weise die Grenzzeichen eigenmächtig verrückt hat; denn der Grund, aus welchem die Sicherung der Grenze durch Grenzzeichen fehlt, ist für die Entstehung der Abmarkungspflicht gleichgültig[13]). Über Einrichtung und Arten der Grenzzeichen s. unten zu II.

Die Verpflichtung zur Mitwirkung geht nur soweit, als das Bedürfnis für die Sicherung der Grenze reicht. Die Grenze ist gesichert, wenn die Zeichen alle Grenzzüge der Grundstücke vollkommen sicher erkennen lassen.

Der Anspruch ist gemäß § 924 BGB unverjährbar. Auf den Anspruch kann mit dinglicher Wirkung nicht verzichtet werden[14]), in einem Verzichte könnte deshalb nur das Versprechen gefunden werden, den Anspruch nicht geltend zu machen[15]); der Singular-Rechtsnachfolger wird daher durch einen Verzicht nicht gebunden. Die obligatorische Wirkung eines solchen Versprechens kann jedoch weder nach § 138 BGB noch nach § 309 BGB in Zweifel gezogen werden[16]); denn die Geltendmachung des durch § 919 BGB gegebenen Anspruchs *ist* in das freie Belieben des Eigentümers gestellt; es liegt daher keine zwingende Vorschrift vor.

Voraussetzung des Anspruchs aus § 919 BGB ist, daß die Grenze zwischen den Nachbarn unbestritten ist[17]).

Der Abmarkungsanspruch gehört, sofern nicht durch Landesrecht etwas anderes bestimmt ist, vor die ordentlichen Gerichte[18]). Ausschließlich zuständig ist das Gericht, in dem die von der abzumarkenden Grenze geschiedenen Grundstücke gelegen sind (§ 24 ZPO)[19]); liegen sie in

[13]) Vgl. Entsch. d. BayVGH 17, 253.

[14]) Herrschende Meinung: Palandt 2a zu § 919, Fischer-Henle Bem. 5, Biermann Bem. 3, Staudinger Bem. I 5a, Crome 296; Müller 87. Endemann 465 Nr. 15, Wolff, Sachenrecht 170 (weil „inhaltlich anstößig"), Turnau-Förster Bem. 1_3 § 919 (weil öffentlichem Interesse zuwider). Unrichtig dürfte die Begründung von RGKomm. Bem. 5 sein, daß der Verzicht eine Belastung enthalte, die in der geschlossenen Zahl der gesetzlichen Belastungen nicht enthalten sei. Formell stellt der Ausschluß des Abmarkungsrechts eine Grunddienstbarkeit i. S. des § 1018 Fall 3 dar (Planck Bem. 73 § 919, Gierke 640 Nr. 1); inhaltlich eignet sich aber der Ausschluß dieses Nachbarrechts nicht zur Servitut, weil eine solche fundo *utilis* sein, d. h. die „Gebrauchs- oder Erwerbsfähigkeit des Grundstücks steigern" muß (Guethe II 1692.) Daran fehlt es hier. (Abw. Gierke a. a. O., Planck a. a. O.)

[15]) M III, 270. (Mugdan 349).

[16]) Herrschende Meinung, z. B. RGKomm. Bem. 5 zu § 919, Planck Bem. 7 zu § 919, Palandt 2a zu § 919.

[17]) Herrschende Meinung auch RGSt. 41, 96. Dagegen nur Scherer Bem. 203c zu § 919, 920 (ohne Begründung) und Rönneberg, Die Grenzscheidungsklage 84; gegen ihn zutreffend Höniger 53 und 64f.

[18]) Anders in Bayern. Vgl. Meisner-Ring, Bayerisches Nachbarrecht 55ff.

[19]) Palandt 2b zu § 919; RGKomm. Bem. 5, Kretzschmar Bem. 2 zu § 919; Höniger 62.

verschiedenen Gerichtsbezirken, so hat das gemeinschaftlich übergeordnete Gericht das zuständige Gericht zu bestimmen (§ 36 Nr. 4 ZPO).

Der Klageantrag wird abhängen von der Art, in der der Kläger die Vermarkung vornehmen will, bzw. wenn landesgesetzlich ein bestimmtes Abmarkungsverfahren vorgeschrieben ist, von der Art dieses Verfahrens. Im ehemaligen Preußen, wo ein solches Verfahren nicht gesetzlich festgelegt ist[20]), können die Beteiligten die Grenzzeichen selbst setzen; häufiger werden sie einen Fachmann, den zuständigen Katasterbeamten, damit betrauen.

Nur im ersteren Fall wird sich der Antrag empfehlen auf Verurteilung des Nachbars zur „Mitwirkung bei der Abmarkung" und anteiliger Tragung der Abmarkungskosten. Denn die Mitwirkung bei der Tätigkeit des Zeichensetzens ist eine nach § 887 ZPO vollstreckbare vertretbare Handlung[21]). Soll aber der Katasterbeamte als gemeinschaftlicher Vertrauensmann das Abmarkungsgeschäft vornehmen, so bezweckt die Klage, die notwendige[22]) Zustimmung des Nachbars zu erzielen und durch Urteil gemäß § 894 zu ergänzen[23]). Hier empfiehlt sich also zu beantragen, den Beklagten zu verurteilen, darein zu willigen, daß der zuständige Katasterbeamte die Abmarkung der Grundstücke auf gemeinschaftliche Kosten vornehme; die bloß abstrakte Verurteilung auf Mitwirkung würde in diesem Falle in der Vollstreckung Schwierigkeiten machen[24]). Das Urteil wirkt selbstverständlich nur unter den Parteien[25]).

Über die Kosten des Abmarkungsprozesses ist nach allgemeinen Grundsätzen (§ 91 ZPO) zu befinden. Die Vorschrift des § 919 Abs. 3 bezieht sich nur auf die Kosten des Abmarkungsgeschäfts.

Die Verbindung der Abmarkungs- und Grenzscheidungsklage (aus § 920) ist zulässig; sie wird regelmäßig vorgenommen werden[26]).

---

[20]) S. aber unten zu II.

[21]) Nach RGKomm. Bem. 7 ist die Mitwirkung eine unvertretbare Handlung und nur nach § 888 ZPO zu erzwingen. Vgl. aber JW 15, 717 (RG); Palandt 2b zu § 919.

[22]) S. unten zu II. [23]) Vgl. RGSt. 41, 97.

[24]) Vgl. die zutreffenden Ausführungen bei Planck Bem. 5 zu § 919; zustimmend Kretzschmar Bem. 1d zu § 919. Im übrigen ist vieles streitig. Vgl. Staudinger Bem. I 6, RGK. Bem. 5 und 7; Biermann Bem. 1 zu § 919; Goldmann-Lilienthal 61 N. 9; Palandt 2b zu § 919. Ein solches Urteil ersetzt allerdings nur die Einwilligung zur Vornahme der Vermarkung durch den Katasterbeamten, nicht aber das Anerkenntnis der durchgeführten Vermarkung, das diese erst zu einer gesetzmäßigen macht. Insoweit ist heute aber vielfach das Verfahren in der Weise vereinfacht, daß die Anerkenntniserklärung als abgegeben fingiert wird. S. unten II 2.

[25]) Biermann, Endemann a. a. O.; Crome 296 N. 4; Endemann 456 N. 15; Höniger 71 ff.

[26]) Höniger 64ff.; Reiß 156; RGKomm. Bem. 5 zu § 919; RGSt. 41, 97. Abw. Rönneberg a. a. O. — Zur Frage der Verbindung der Eigentumsfeststellungsklage mit der Abmarkungsklage siehe OLG Celle in NJW 56, 632.

II. Das Abmarkungsgeschäft

Die Art der Abmarkung und das Verfahren bestimmt sich nach Landesrecht (§ 919 Abs. 2); fehlt es an landesgesetzlicher Regelung, so ist nach Ortsüblichkeit zu verfahren.

1. Im ehemaligen Preußen. Das Verfahren bei der Abmarkung ist nicht erschöpfend geregelt. Die beteiligten Grundstückseigentümer können allein die Grenzzeichen setzen; wollen sie der Abmarkung, insbesondere dem gegenseitigen Grenzanerkenntnis, wirksamen Ausdruck verleihen, so können sie hierzu eine öffentliche Urkundsperson hinzuziehen[27]), nötig ist eine solche Mitwirkung nicht.

Mit der Abmarkung können die Parteien auch den zuständigen Katasterbeamten beauftragen, der jedoch seine Mitwirkung ablehnen kann, wenn nicht alle beteiligten Grundeigentümer zugestimmt haben[28]). Der Katasterbeamte kann und muß auch auf behördliches Ersuchen[29]), er kann auch von Amts wegen die Vermarkung vornehmen, besonders wenn sich die Notwendigkeit dazu gelegentlich der amtlichen Fortschreibungsvermessung herausstellt[30]).

Über die Vermarkungsart, besonders über die zur Verwendung kommenden Grenzzeichen geben §§ 362—371 ALR I 17, die Anweisung II vom 17. 6. 1920 (in § 11) und die Ergänzungsvorschriften vom 21. 2. 1913 (in § 48) ausführliche Vorschriften: Die Grenzen müssen durch deutliche und unverwischbare Zeichen kenntlich gemacht werden (§§ 362, 363 I 17 ALR[31])). Als Grenzzeichen empfehlen sich daher nicht Wege, Fußsteige und Bäche, welche ihre Lage leicht verändern (§ 369 eod.); vielmehr kommen in Betracht Grenzraine und Gräben[32]), Holzpfähle, Bäume und Steine, in gerader Linie miteinander verbunden (§ 370 eod.), sowie Grenzhügel, Wälle und Hecken (§§ 363 ff. eod.). Neben dieser oberirdischen Grenzbezeichnung empfiehlt sich unterirdische Markierung durch unverwesliche Gegenstände unter dem sichtbaren Zeichen[33]); als vor allem zu benutzendes Abmarkungsmittel heben Ergänzungsvorschriften vom 21. 2. 1913 vor allem Flaschen, in senkrechter Stellung, die Öffnung nach unten hervor[34]).

---

[27]) Zuständig AG und Notar (PrFGG Art. 31. Vgl. VO vom 20. 12. 1899 [GS 1899 640] § 12); im jetzigen Hessen auch das Ortsgericht (§ 21 HessOrtsgerichtsG vom 6. 7 1952 (GVBl. 124).

[28]) Geschäftsanweisung für die Kgl. Preußischen Katasterämter vom 21. 2. 1912 (Nr. V), § 17 N. 6 und Abs. 2. Ergänzungsvorschriften für die Ausführung von Fortschreibungsvermessungsarbeiten vom 21. 2. 1913 § 48. „Es dürfen nur diejenigen Grenzpunkte vermarkt werden, die von sämtlichen Beteiligten als die das Eigentum bestimmenden anerkannt worden sind, weil nur die mit Zustimmung aller beteiligten Grundeigentümer errichteten Grenzmale gegen sie rechtliche Wirkung haben“.

[29]) Geschäftsanweisung § 17 Abs. 2.

[30]) Der Vermessungsbeamte soll auch die Beteiligten bei jeder Gelegenheit zur Abmarkung anhalten und bei der Vermarkung tätige Hilfe leisten (§ 101 ff. Anw. II.)

[31]) Auch § 919 spricht vom Anspruch auf Mitwirkung bei Errichtung „fester Grenzzeichen“. Fest sind solche, die in Zukunft dauernd „geeignet“ bleiben, die durch den Nachbar erfolgte Anerkennung des Grenzzuges zu beweisen. Mot. III, 269.

[32]) Dämme und Gräben zwischen einzelnen Besitzungen müssen mindestens ein, zwischen verschiedenen Feldmarken mindestens 4 Fuß breit sein (§ 364 ALR I, 18). Bei gemeinschaftlichem Grenzraum oder -graben gilt dessen Mitte als Grenzlinie (§ 360 eod.; Koch Bem. 82 zu § 366).

[33]) Ein Hügel soll nur als Grenzhügel erachtet werden, wenn diese unterirdische Markierung dazutritt (§ 368 eod.). Vgl. Anw. II § 107.

[34]) § 51 ibd. Vgl. auch § 108 der Anw. II (Hohlziegel).

2. In anderen Ländern:

Das Abmarkungsverfahren richtet sich

a) in Baden nach dem Vermessungsgesetz vom 9. 6. 1932 (GVBl. 211);
b) in Braunschweig nach dem Gesetz vom 7. 2. 1889;
c) im Gebiet des früheren Volksstaats Hessen nach dem Abmarkungsgesetz vom 9. 1. 1926 (RegBl. 27); im jetzigen Land Hessen herrscht also insow. zweierlei Recht;
d) in Württemberg nach der VO vom 1. 8. 1894 (§§ 24 ff.) und MinVfg. vom 1. 9. 1899 — RegBl. 667 (§§ 26—37). —

Nach Kriegsende sind, nachdem schon vorher der RdErl. d. RMdI vom 30. 6. 1942 (RMBliV 1417) gewisse Vereinfachungen gebracht hatte, für die Aufnahme von Grenzverhandlungen in einzelnen Ländern weitere Vereinfachungen getroffen worden, und zwar in

a) Berlin mit Verfügung vom 1. 7. 1952;
b) Hessen mit RdErl. vom 7. 9. 1953;
c) Niedersachsen mit RdErl. vom 10. 5. 1951 (vgl. Neufassung der Anw. II vom 1. 1. 1952);
d) Nordrhein-Westfalen mit RdErl. vom 15. 12. 1951 (MBl. 1952 S. 2);
e) Rheinland-Pfalz mit RdErl. vom 11. 8. 1948 und 12. 10. 1949.

Hiernach ist eine Beschreibung des Grenzverlaufs im einzelnen (Anw. II Nr. 114 e) nur noch beim Vorliegen von Besonderheiten vorgesehen, insbesondere bei Abweichungen zwischen örtlichem Besitzstand und Katasternachweis (z. B. als Folge eines Aufnahmefehlers) oder bei Unbrauchbarkeit der katastermäßigen Unterlagen. In allen anderen Fällen genügt der Hinweis auf eine Darstellung der Grenzen und Grenzmale in einer Skizze.

Ferner ist nunmehr in allen Fällen, in denen die örtliche Lage der Grenzen mit dem Katasternachweis übereinstimmt, nicht mehr geboten, nachträglich die Grenzanerkennung von dem zum Abmarkungstermin nicht erschienenen Nachbar anzufordern; dessen Anerkenntnis wird vielmehr in der Regel fingiert, falls er nicht innerhalb bestimmter Frist der ihm mitgeteilten Abmarkung widersprochen hat.

Die Kosten der Abmarkung sind von den Beteiligten zu gleichen Teilen zu tragen, sofern nicht aus einem zwischen ihnen bestehenden Rechtsverhältnisse sich ein anders ergibt (§ 919 BGB). Letzteres ist z. B. dann der Fall, wenn die Abmarkung dadurch notwendig geworden ist, daß ein Beteiligter die vorhandenen Grenzsteine schuldhaft zerstört hat und daher nach § 823 ff. BGB für den Schaden haftbar ist[35]). Legt einer der Beteiligten die Abmarkungskosten voll aus, so unterliegt sein Anspruch auf Erstattung des erstattungspflichtigen Kostenanteils, anders als der Hauptanspruch, der Verjährung, da es sich nicht um einen Eigentums-, sondern um einen Bereicherungsanspruch handelt[36]).

III. Wirkung der Abmarkung[37])

Die gesetzlich vollzogene Abmarkung bewirkt, abgesehen von dem durch § 274 Nr. 2 RStGB normierten strafrechtlichen Schutz der ver-

[35]) RGKomm. Bem. 9 zu § 919; Crome 297, 11; Goldmann-Lilienthal 61 N. 2.

[36]) Planck Bem. 8 zu § 919; Maenner 175 N. 114; Dernburg 301.

[37]) Abmarkung ist nicht zu verwechseln mit Vermessung; s. unten § 6 III 2.

markten Grenze[38]), eine behördliche Beurkundung darüber, daß die beteiligten Nachbarn die Richtigkeit der Grenze so, wie sie vermarkt wurde, anerkannt haben. Durch die Vermarkung wird keine Änderung in den Eigentumsverhältnissen herbeigeführt; aber sie schafft ein ausschlaggebendes Beweismittel dafür, wie weit das Eigentum zur Zeit der Vermarkung gereicht hat.

Die Beweiskraft der Beurkundung kann zwar nicht aus § 415 ZPO abgeleitet werden, da sich die Zivilprozeßordnung nur mit der Beweiskraft der schriftlichen Urkunden befaßt; allein bei Anwendung des § 286 ZPO, der für die Beweiswürdigung der übrigen Urkunden maßgebend ist[39]) und dem Richter das Recht einräumt, seine Überzeugung ohne Beeinflussung durch irgendwelche Beweisregeln zu schöpfen, wird das Gericht gleichwohl stets dazu kommen, auf Grund der Abmarkung die beiderseitige Anerkennung der Grenze als voll erwiesen zu erachten[40]); denn das staatlich geordnete Abmarkungsverfahren gibt hinreichende Gewähr dafür, daß diese erste Voraussetzung des Abmarkungsgeschäftes vorgelegen hat. — Ist aber die beiderseitige[41]) Anerkennung der Grenze bewiesen, so muß sie bis zum Beweise des Gegenteils als richtig angenommen werden. Denn die Anerkennung ist unter Umständen erfolgt, welche den Beteiligten die Tragweite ihrer Erklärungen zum vollen Bewußtsein bringen mußten, und es ist daher auch anzunehmen, daß sich die Beteiligten, welche als Eigentümer hierzu wohl in der Lage waren, über die einschlägigen Verhältnisse unterrichtet haben. Diese Erwägungen müssen vernünftigerweise den Richter zur Überzeugung bringen, daß die vermarkte Grenze die richtige ist, sofern nicht das Gegenteil bewiesen wird[42]).

Nach § 891 BGB wird vermutet, daß ein Recht, das im Grundbuch eingetragen ist, dem eingetragenen Berechtigten zusteht. Diese Vermutung erstreckt sich auf die katastermäßige Grenze[43]). Durch eine entgegen-

---

[38]) Jetzt ausführlich RGSt. 41, 95 ff. Das Delikt aus § 274 Nr. 2 trifft als Formaldelikt das Grenzzeichen, nicht den Grenzzug. Nur dasjenige Zeichen wird geschützt, das als Grenzzeichen bestimmt ist durch Willenseinigung der Parteien oder durch Anordnung der dazu berufenen Behörde, mag es selbst tatsächlich die wahre Grenze nicht bezeichnen. Insbesondere steht die auf Grund eines Urteils aus § 919 erfolgte Grenzabmarkung unter strafrechtlichem Schutz.

[39]) RG 6, 197.

[40]) Vgl. Maenner 175, N. 112; Staudinger Bem. IV zu § 919; Kretzschmar in Sächs.-Arch. 12, 405.

[41]) Bei einer einseitigen Marksteinsetzung gilt diese Vermutung zuungunsten desjenigen, der die Marksteine gesetzt hat. Er muß bis zum Beweis des Gegenteils die von ihm anerkannte Grenze als die richtige gelten lassen.

[42]) Vgl. Maenner 175 Anm. 112; Staudinger Bem. IV zu § 919.

[43]) Vgl. NJW 56, 632 (OLG Celle).

stehende Vermarkung wird diese Vermutung überwunden. Dagegen überwindet der Buchglaube des rechtsgeschäftlichen Erwerbers (§ 892) eine entgegenstehende Vermarkung. Denn der buchgläubige Erwerber kann die Grenzen auch dann beanspruchen, wenn sie erwiesenermaßen unrichtig sind[44]).

IV. Grenzfeststellungsvertrag

Vielfach wird der Anerkennung der Grenze, die vor der Abmarkung erfolgt, eine vertragsmäßige Feststellung der Grenze zugrunde liegen oder damit zusammenfallen. Nicht immer ist in den Erklärungen, welche die Beteiligten im Anschluß an eine geometrische Vermessung oder bei einer Abmarkung abgeben, insbesondere in einer Anerkennung der durch die Vermessung gefundenen Grenzlinie ein Grenzfeststellungsvertrag enthalten. Dazu ist ein Austausch (Antrag und Annahme) der beiderseitigen Willenserklärungen erforderlich, die Grenze rechtsgeschäftlich festzusetzen[45]). Es kann sehr wohl sein, daß die Unterzeichnung des Ergebnisses der geometrischen Vermessung sich nach dem Willen des Unterzeichners in der Anerkennung der Tatsache erschöpft, daß dieses Ergebnis die Einträge im Katasterplan richtig wiedergibt, also die Vermessung technisch richtig ausgeführt ist[46]).

Aber regelmäßig (also bis zum Beweis des Gegenteils) wird man wohl unterstellen dürfen, daß der Beteiligte, der ein Messungsergebnis unterschreibt, damit nicht nur dem Messungsbeamten, sondern auch dem Nachbar gegenüber zum Ausdruck bringen will, daß er die vermessene Grenze als die richtige gelten lasse. Das genügt vollauf als Erklärung eines rechtsgeschäftlichen Willens, und da der Beteiligte weiß, daß der Vermessungsbeamte über die Vermessung und die Grenzfestsetzung auch mit dem Nachbar verhandelt, so ist er sich auch bewußt und damit einverstanden, daß der Austausch der beiderseitigen Erklärungen durch den Messungsbeamten erfolgt. Die Ansicht, ein rechtsgeschäftlicher Wille sei dann nicht zu unterstellen, wenn der Unterzeichner von der Annahme ausgeht, das Ergebnis der Vermessung sei für die Beteiligten schlechthin bindend, so daß es auf seinen eigenen Willen gar nicht ankomme[47]), läßt sich nicht halten. Die Beteiligten wissen sehr wohl, daß der Unterzeichnung eine rechtliche Wirkung zukommt, und wenn sie wirklich in der irrigen Annahme unterzeichnen, daß das Messungsergebnis schlechthin bindend

[44]) Zeiler, BayZ 1913, 377. Vgl. Palandt 3c zu § 919.
[45]) Meisner, SeuffBl. 77, 256; zustimmend Zeiler, BayZ 1913, 348 und 372 (unrichtig Feßler BayZ 1911, 236).
[46]) Zeiler, BayZ 1913, 372.
[47]) So auch, obwohl widerstrebend, Zeiler, BayZ 1913, 373.

sei, so sind sie doch darüber klar, daß sie mit ihrer Unterschrift ihre eigene Zustimmung erklären. Diese Erklärung ist rechtswirksam, da der Irrtum nur den Beweggrund dieser Erklärung betrifft und daher unbeachtlich ist.

Wenn nun die Nachbarn bei einem solchen Grenzfeststellunsvertrage davon ausgehen, daß durch diesen die richtige Grenze festgelegt werden und vielleicht unter Lösung einer vorhandenen Ungewißheit jeder von ihnen erhalten oder behalten soll, was ihm gehört, dann ist ein solcher Vertrag formfrei gültig. Wenn aber die Beteiligten die Auffassung haben, daß eine von der wahren Grenze abweichende neue Grenze geschaffen werden, also ein Stück Land den Eigentümer wechseln soll, dann ist zur Gültigkeit eines solchen Vertrags die Einhaltung der Form des § 313 erforderlich[48]). Es kommt also darauf an, ob nach dem Willen der Nachbarn die Grenzfestsetzung deklaratorische oder konstitutive Bedeutung haben soll; in letzterem Fall ist die Einhaltung der Form des § 313 erforderlich, während in ersterem Fall der Vertrag formfrei gültig ist. Die Wirkung des formfrei gültigen Vertrags ist dann allerdings konstitutiv, d. h. die unrichtig festgestellte Grenze ist durch den Vertrag die richtige geworden[49]).

§ 6. Grenzstreitigkeiten

I. Eigentums- und Grenzscheidungsklage

Grundstücke sind festumrissene Teile des Erdkörpers. Der Umriß ist durch gedachte Linien auf der Erdoberfläche (die Grenzen) bestimmt.

Ein Streit über den Umfang des Grundstücks ist also ein Streit über die Grenzen des Grundstücks. Sieht sich der Grundeigentümer genötigt, einen solchen Streit über den Umfang des Grundstücks dem Grenznachbar gegenüber zum Austrag zu bringen, so kann seine Stellung eine zwiefache sein. Wenn er einen bestimmten Grenzzug dem Nachbar gegenüber für vorhanden annimmt, ist er in der Lage, ein genau bestimmtes Grundstück

[48]) BayZ 06, 227 (RG); JW 06, 302; Staudinger Bem. III zu § 920; Meisner, SeuffBl. 77, 251; Feßler, BayZ 11, 235; RGK Bem. 1 zu § 313. Also nicht darauf kommt es an, ob durch den Vertrag die Grenze anders festgesetzt wird, als sie in Wahrheit (objektiv) besteht, sondern darauf, ob nach der Meinung und dem Willen der Beteiligten ein Stück Land den Eigentümer wechseln soll. So mit Nachdruck Zeiler BayZ 13, 349. Nicht verständlich ist jedoch die Kritik Zeilers gegen die von Meisner, (BayrNachbarr. 2. Aufl. S. 28 u. SeuffBl. 77, 256) für die Formfreiheit aufgestellte Bedingung, daß beide Nachbarn davon ausgegangen sein müssen, jeder behalte oder erhalte durch die Vereinbarung, was ihm gehört. Denn wenn das nicht ihre Auffassung war, dann haben sie eben gewollt, daß ein Stück Land den Eigentümer wechseln soll. — Übrigens bedarf der Grenzfeststellungsvertrag auch dann der Form des § 313, wenn nur der eine der beiden Beteiligten, nämlich derjenige, der durch den Vertrag ein Stück verliert, seinen Willen auf den Wechsel des Eigentums an diesem Stück gerichtet hat.

[49]) So mit Recht Zeiler, BayZ 13, 350.

als sein Eigentum in Anspruch zu nehmen und aus diesem genau zu substantiierenden Recht heraus die Eigentums-, Eigentumsfeststellungs- oder Eigentumsstörungsklage zu erheben. Hier liegt eine Grenzverwirrung weder als Klagegrund noch als Klageveranlassung vor, vielmehr bestreitet lediglich der beklagte Nachbar die vom Kläger bestimmt bezeichnete Grenze, sei es, daß er zugleich eine andere Grenze behauptet oder sich mit bloßem Bestreiten begnügt.

Der Grundeigentümer wird aber nicht immer in der Lage sein, so wohlvorbereitet in den Grenzstreit einzutreten; denn oft ist die Grenze auch ihm nicht bekannt; es liegt für seine Kenntnis der Sachlage eine Grenzverwirrung vor (Grenzverwirrung im subjektiven Sinn)[1]).

Eine Klage aus dem Eigentum wird er hier nicht erheben dürfen: diese Klage verlangt die Darlegung des Eigentums an einem bestimmt umgrenzten Grundstück als Klagegrund und einen bestimmten Antrag, in dem das Grundstück, um dessen Eigentum der Streit sich dreht, nach seinen Grenzen genau bezeichnet wird.

Ohne diesen bestimmten Klagegrund und -antrag ist die Eigentumsklage nicht schlüssig[2]). Würde das Gesetz daher den Kläger auf die Eigentumsklage beschränken, so veranlaßte es ihn zur Angabe einer bestimmten Grenze, obwohl gerade deren Unkenntnis die Veranlassung des Rechtsstreits ist, zwänge ihn also gewissermaßen zur Prozeßlüge[3]). Ferner aber

[1]) Eine Grenzverwirrung ist auch bei überbauten Grundstücken möglich. Nach gemeinem Recht ist die Grenzscheidungsklage da ausgeschlossen, wo die Nachbargrundstücke mit Gebäuden besetzt sind, die feste Grundmauern aufweisen. — Vgl. Windscheid-Kipp, Bd. 2 § 450 Anm. 1; Staudinger Bem. 2b zu § 920; SeuffA. 51, Nr. 97; diese Entscheidung ist für das neue Recht nicht mehr zutreffend. Die freie richterliche Beweiswürdigung wird in vielen Fällen annehmen können, daß durch den Bestand fester Grenzmauern das Eigentum bewiesen wird; eventuell wird die Grenze auf Grund des Besitzstandes nach dem Zug der Mauer in Gemäßheit des § 920 festgelegt. Andererseits wird bei der Behauptung eines Grenzüberbaues (vgl. § 912ff. BGB) vielfach die Grenze gesucht werden müssen; so schon für gemeines Recht Dernburg, Pand. Bd. 1 § 229 Anm. 5. — Wird von einem Grundstückseigentümer behauptet, daß der Nachbar über die Grenze gebaut hat, so wird, trotz des Vorhandenseins fester Grundmauern, über den Zug der Grenze gestritten.

Bei Grenzmauern im Sinne des § 921 wird wohl in den seltensten Fällen die Grenzlinie haarscharf hergestellt werden können. Gerade hier ist daher eine Grenzverwirrung sehr wohl möglich.

[2]) RG 68, 24, eine für die vorliegende Frage nicht genügend beachtete Entscheidung. Nicht folgerichtig daher die, welche die Grenzscheidungsklage als reine Eigentumsklage auffassen, aber einen bestimmten Klageantrag nicht fordern. So Planck Bem. 4a zu § 920.

[3]) Hoeniger 89. Was Reiß 134 hiergegen vorbringt, ist nicht durchschlagend. Er hält es für genügend, wenn der Kläger irgend eine Linie angibt, die möglicherweise die Grenze sein kann (und nach der Überzeugung des Klägers sein soll). Sehr häufig hat aber der Kläger auch nicht annähernd eine Vorstellung, wo die Grenze läuft; es erscheint doch unsinnig, nur um eines Formerfordernisses willen ihn zu zwingen, dem

wäre der Kläger, sobald seine Klagebehauptung bezüglich der Grenze unzutreffend wäre, einer wenigstens teilweisen Abweisung ausgesetzt[4]).

Man sieht, daß die Eigentumsklage praktisch versagt, wenn die Grenze dem Kläger ungewiß ist. Auf seine Klagebegründung aber kommt es an. Das Gesetz hat dem Rechnung getragen und neben die Eigentumsklagen einen eigenartigen Anspruch gestellt, der lediglich auf die Behauptung einer Grenzverwirrung[5]) als Klagegrund gestützt ist, bei dem es also dem Kläger erlassen ist, einen bestimmten Grenzzug zu behaupten und eine bestimmte Grundstücksfläche als Eigentum in Anspruch zu nehmen[6]). Dieser Anspruch ist enthalten in § 920 BGB[7]).

Richter gegenüber eine Linie als Grenze anzugeben, obwohl er keinen Anhalt für die Richtigkeit seiner Angabe hat.

[4]) Die Klage muß teilweise abgewiesen werden, wenn das Urteil die Grenze nicht genau so feststellt, wie der Kläger es fordert. Planck Bem. 4a; RGKomm. Bem. 1 zu § 920; Crome 298 zu N. 24. Vgl. auch Goldmann-Lilienthal 62, Maenner 176 N. 117 bildet das Beispiel: „Verlangt ein Kläger, daß die Grenze so zu laufen habe, daß ihm ein Streifen von 2 Meter Breite zufalle, so kann das Urteil erklären, daß die Grenze so laufe, daß zu dem Grundstück des Klägers nur 1 Meter des streitigen Streifens gehöre." Im übrigen muß die Klage abgewiesen werden. Nicht immer wird aber die Grenze so festgelegt, daß der zugesprochene Teil gegenüber dem Klageantrag ein Minus ist. Die Grenze kann eine vielfach gebogene Linie (Grenzfluß) sein; dabei kann es sich begeben, daß die richtige Grenze (bei einer Ausbiegung) noch jenseits der vom Kläger beanspruchten Grenzlinie liegt. Dem Kläger darf nicht mehr zugesprochen werden, als er mit der Eigentumsklage beansprucht.

[5]) § 920 ist nur gegeben, wenn keiner der beiden Nachbarn die richtige Grenze beweisen kann. (RGKomm. Bem. 1, Palandt, 1 zu § 920; Höniger 93, Staudinger Bem. 1 zu § 920). Erachtet der Kläger Grenzverwirrung für gegeben, indem er die vom Beklagten behauptete Grenze bestreitet, so muß er mit seiner Grenzscheidungsklage aus § 920 abgewiesen werden, wenn der Beklagte die von ihm behauptete Grenze nachweist. Andernfalls würde Beklagter in der Sache recht bekommen und gleichwohl die Kosten tragen. Kann jedoch der Beklagte die von ihm behauptete Grenze nicht nachweisen, so dringt die Grenzscheidungsklage selbst dann durch, wenn die festgestellte Grenze sich nicht mit der vom Kläger außerhalb des Rechtsstreits beanspruchten und im Rechtsstreit vorgeschlagenen Grenze deckt. [6]) Vgl. SächsAnn. 33, 181 (Dresden).

[7]) Die Frage ist streitig. Für die im Text vertretene Ansicht schon Protokolle III, 129, ferner: Palandt, 1 zu § 920; Gierke 442; Höniger 86, 88, 90; Staudinger Bem. 1c; Biermann Bem. 1, RGKomm. Bem. 1 zu § 920; Wolff 171; Crome 297 N. 15; Mathiaß 481. Für die Auffassung als Eigentumsklage Planck Bem. 1 zu § 920; Goldmann-Lilienthal 62; Endemann 457; Maenner 176 N. 117; Zeiler, BayRpflA 13, 347, neuestens auch Reiß 132ff. mit wenig überzeugender Begründung und vor allem Mot. III, 270f. Aber die Motive gehen, wie auch die Protokolle, von einem in wesentlichen Punkten verschiedenen Text aus. Entw. I § 852 lautete: „Wird im Fall einer Grenzverwirrung die richtige Grenze nicht erwiesen, so ist als die richtige Grenze diejenige Linie anzusehen, welche dem Besitzstand entspricht, und wenn auch solcher nicht erwiesen wird, diejenige Linie, durch welche jedem der beteiligten Grundstücke ein gleich großes Stück des streitigen Flächenabschnitts zugeteilt wird."

Danach trat die richterliche Bestimmung nur ein, wenn der richtige Grenzzug nicht erwiesen, wohl aber behauptet war. Es mußte also ein bestimmter Antrag gestellt werden

Der Anspruch geht zunächst auf Ermittlung der richtigen Grenze. Der Richter soll an der Hand der Parteiangaben und auf Grund eigener Erforschung den Lauf der wahren Grenze feststellen. Erst wenn die Beweismittel der Parteien und die sonstigen Erkundungsbehelfe nicht zu einer Ermittelung der objektiv richtigen Grenze führen, tritt die zweite Funktion des Anspruchs aus § 920 ein: es erfolgt „Abgrenzung" durch den Richter auf Grund der drei gesetzlichen Normativbestimmungen: Abgrenzung nach dem Besitzstand, Zuteilung gleich großer Teilflächen, Grenzziehung nach Billigkeit an der Hand des für die Grenzbestimmung ermittelten, feststehenden Tatbestandes.

Das Gesetz scheidet also scharf zwischen zwei Funktionen richterlicher Tätigkeit. Gemeinsame Voraussetzung ist eine Grenzverwirrung im oben besprochenen Sinne. Wird sie schlüssig behauptet[8]), so hat der Richter zunächst den Grenzzug, der nur nicht auffindbar, in Wirklichkeit aber noch nachweisbar ist, zu „ermitteln". Hier ist der Lauf des Grenzzuges im Urteil als objektiv „richtig" deklaratorisch darzustellen; der Richter erkennt nur besser, was der Kläger zu erkennen nicht in der Lage ist. Reicht auch die richterliche Ermittlung nicht aus, die richtige Grenze nachzuweisen, so soll der Richter nach gesetzlichen Anhaltspunkten eine Grenze ziehen. Das Gesetz weiß, daß diese Linie vielleicht nicht die ursprüngliche Scheidelinie ist; es könnte aber fingieren, daß der durch die richterliche „Abgrenzung" geschaffene Grenzzug als ursprüngliche (richtige) Grenze angesehen werden solle. So konstruierte noch der erste Entwurf § 852; dort heißt es: „wird .... die richtige Grenze nicht erwiesen, so ist als die richtige Grenze diejenige Linie anzusehen, welche dem Besitzstand entspricht und, wenn auch ein solcher nicht erwiesen wird, diejenige Linie, durch welche jedem .... ein gleich großes Stück .... zugeteilt wird." Während hier die Fiktion der richtigen Grenze klar ausgesprochen ist, fehlt der jetzigen Norm des § 920 jede Andeutung einer fiktiven Rückbeziehung und es heißt dem klaren und gar nicht mißzuverstehenden Wortlaut des Gesetzes Gewalt

— nur die Beweisführung war erleichtert —, womit der Charakter als Eigentumsklage gewahrt blieb. Die gesetzliche Fassung des § 920 weist mit keinem Wort auf diesen Charakter hin; ob der heutige Wortlaut eine gewollte oder nur textliche Änderung der Redaktionskommission darstellt, ist für die Gesetzesauslegung unerheblich. Sprechen also für die Auffassung als Eigentumsklage nur die Motive, so spricht dagegen außer den sehr gewichtigen Bedenken, die im Text dargestellt sind, die Stellung des § 920 im System des BGB; es würde eine Beweiserleichterung für die Eigentumsklagen eingeführt, herausgerissen aus dem System der Eigentumsklagen, die später im Zusammenhang dargestellt werden. Auch § 924 wäre ganz unverständlich, der bestimmt, daß mit anderen Ansprüchen der aus § 920 der Verjährung entzogen ist; danach muß doch das Gesetz in § 920 einen besonderen Anspruch haben schaffen wollen, während die den Motiven folgende Rechtslehre den Anspruch zu § 920 aus den §§ 985, 1004 und 903 BGB abzuleiten hat.

[8]) Siehe unten II.

antun, wenn man die richterliche Tätigkeit der Abgrenzung dahin bestimmt, daß sie die neue Grenze als die richtige rückdeutend erklären soll. Das Gesetz spricht im Gegensatz zur Ermittlung der richtigen Grenze, d. i. zum Auffinden von etwas schon Bestehendem, von „Abgrenzung", d. h. von einer grenzschaffenden Tätigkeit, in Verfolg dessen der Richter Grundflächen „zuteilen"[9]) und nach Billigkeit eine „Grenze ziehen" soll. Der Gegensatz ist nicht zu umgehen und führt unabweislich zur Annahme, daß § 920 den Anspruch auf Grenzschaffung durch konstitutives Urteil gewährt[10]).

II. Grenzverwirrung

Wer auf Grenzermittlung bzw. Grenzregulierung klagt, muß zunächst schlüssig behaupten, daß eine Grenzverwirrung vorliegt, d. h., daß die Grenze zwischen den Grundstücken der Parteien ganz oder teilweise nicht zu ermitteln ist. An diesem Erfordernis ist mit Entschiedenheit festzuhalten. Ergibt sich aus dem Antrag der Klage, daß der Kläger einen

[9]) Der Gebrauch des Wortes „zuteilen" ist besonders prägnant. Das Gesetz verwendet ihn nur noch an folgenden Stellen (Gradenwitz, Wörterbuch S. 182): § 757: „Zuteilung" eines bisher gemeinschaftlichen Gegenstandes an einen Gemeinschafter bei Auseinandersetzung. § 1132 Abs. 2 und 1172 Abs. 2: Zerlegung einer Gesamthypothek und „Zuteilung" der Teilforderung bzw. Teileigentümerhypothek an die einzelnen Grundstücke; §§ 1480 und 1504: Nach Auseinandersetzung der allgemeinen bzw. fortgesetzten Gütergemeinschaft haftet dem Gläubiger einer Gesamtgutsverbindlichkeit auch der vorher nicht haftpflichtige Gemeinschafter, aber nur mit den ihm bei der Auseinandersetzung „zugeteilten" Gegenständen. In all diesen Fällen ist Zuteilen eine Tätigkeit bei einer Auseinandersetzung, aber nicht etwa die deklarative Feststellung eines schon früher in nuce bestehenden Rechts an einem Gegenstand, sondern die Neuschaffung eines solchen Rechts. Ebenso muß in § 920 angenommen werden, daß durch Zuteilung der Hälfte nicht der richtige Eigentumsumfang rückdeutend festgestellt, sondern Eigentum in neuem Umfang geschaffen wird.

[10]) Hauptstreitfrage zu diesem Paragraph. Wie hier Höniger 90 und 103; Wolff, Sachenrecht 171 N. 7; Thiele, JW 12, 766; Cosack II, 161f., Hellwig, Lehrbuch I, 238 N. 37 und System I, 274 Z. 3a; Guethe, Bem. 12 zu § 20; Staudinger Bem. I, 4; Biermann Bem. 1 zu § 920. Abweichend, ausgehend von der Fiktion objektiver Gewißheit der Grenze, für deklaratorischen Richterspruch: Gierke 442; Ortloff 224, Müller 88, Endemann 456 N. 18; Crome 298 N. 16; Mathiaß 481 II; Goldmann-Lilienthal 62 N. 18 Maenner 176. RGKomm. Bem. 1; Turnau-Förster Bem. 2; Planck Bem. 4b; Kretschmar Bem. 5d zu § 920, Reiß 141, meist im Anschluß an Motive Bd. III, 273, die doch — s. oben — von einem abweichenden Gesetzestext ausgehen. Ganz seltsam, offenbar unter Verkennung des Wesens des konstitutiven Anspruchs, Roettgen a. a. O. 238/9, bes. 239 letzter Absatz.

Für konstitutive Wirkung übrigens auch das Preußische Recht; vgl. Förster-Eccius 329 N. 97.

Wenn Reiß und ihm folgend Nußbaum (141), ferner Palandt Anm. 2e zu § 920 behaupten, der Streit um die Natur des Grenzscheidungsurteils sei praktisch bedeutungslos, so ist dem durchaus nicht beizupflichten. Die Wirkung des Grenzurteils gegen Dritte ist je nach der Entscheidung dieser Frage verschieden zu beurteilen (s. unten § 6 V und N. 101 daselbst).

bestimmten Grenzzug für sich beansprucht, so liegt kein Fall des § 920 vor[11]). In solchem Fall hat der Kläger die Eigentumsklage erhoben und muß dafür Sorge tragen, daß er seine Behauptung über den Zug der Grenze ordnungsmäßig beweist. Vermag er das nicht, so ist seine Klage abzuweisen, nicht etwa ist der Rechtsstreit von Amts wegen in das Grenzscheidungsverfahren des § 920 umzuleiten. Der Beklagte wäre berechtigt, Klageänderung zu rügen[12]). Daher wird es sich empfehlen, daß der Kläger, der einen bestimmten Grenzzug durchzusetzen hofft, hilfsweise neben dem Antrag aus der Eigentumsklage den Antrag der Grenzscheidungsklage auf Grund der Grenzverwirrung stellt. Der Antrag aus § 920 geht auf „Abgrenzung"; in diesem Begehren ist zugleich der Anspruch auf Ermittlung wie der auf Neuschaffung der Grenzen enthalten[13]).

III. Beweismittel

Die auf Grund der Klage aus § 920 zunächst einsetzende richterliche Ermittlungstätigkeit bezweckt das Auffinden der objektiv richtigen Grenze. Von den neben den allgemeinen Beweismitteln hierbei in Frage kommenden Anhaltspunkten seien folgende hervorgehoben:

1. Abmarkung: Ein ausschlaggebendes Beweismittel für die Erkenntnis des Grenzlaufs ist die Grenzabmarkung (siehe oben § 5 III).

Ist die Grenze ordnungsgemäß vermarkt, dann wird regelmäßig[14]) eine Grenzverwirrung nicht vorliegen; denn durch die Vermarkung wird

[11]) Staudinger Bem. 4c zu § 920. Es ist streng zu scheiden, ob die Grenze vom Standpunkt des Klägers aus kenntlich, aber bestritten, oder ob sie für ihn selbst verwirrt, verdunkelt ist. Abw. Höniger 93, 11, 2b. Natürlich ist dabei die Klage verständig auszulegen; der Kläger kann, ohne eine Grenze bestimmt zu beanspruchen, dem Richter durch Hinweis auf einen vermutlich zutreffenden Grenzzug Anhaltspunkte geben. Entscheidend wird im allgemeinen die Formulierung des Antrags sein.

[12]) Abweichend E I, der mangels Nachweises der behaupteten bestimmten Grenze die Grenzregulierung des Richters eintreten ließ. Vgl. Motive Bd. III, 271. Im Gesetz fehlt jeder Anhalt dafür, daß die Grundregel des Zivilprozesses „keine Behauptung ohne Beweis" durch § 920 eine Abänderung im Sinne der Inquisitionsmaxime erleiden soll. Den hier bekämpften Standpunkt vertreten z. B. Goldmann-Lilienthal 62; Maenner 176 N. 117; Zeiler, BayZ 13, 347f. u. Reiß 138f.

[13]) Auffallend ist, daß auch Vertreter der Lehre von der deklaratorischen Richtertätigkeit (oben N. 10) den allgemeinen Antrag auf Grenzregulierung zulassen. Das ist schwer miteinander vereinbar: Vgl. in diesem Sinn RGKomm. Bem. 1; Palandt Anm. 2c zu § 920; Crome 298 zu N. 24; Planck Bem. 4a zu § 920, letzterer auch in innerem Widerspruch zu seiner Auffassung des Anspruchs als Eigentumsanspruchs. Folgerichtig für bestimmten Antrag: Goldmann-Lilienthal 62; Endemann 457 N. 21; Kretzschmar Bem. 5c zu § 920, auch Dernburg 298. Wie hier: Staudinger Bem. II 1 zu § 920; Höniger 92, 93.

[14]) Wenn infolge einer Bodensenkung oder eines Erdrutsches mit den Erdmassen die Grenzzeichen eine Verschiebung erfahren haben, kann trotz vorliegender Abmarkung eine Grenzverwirrung gegeben sein, auf welche § 920 anzuwenden ist. Vgl. Schumacher Z. f. Bergrecht 03, 216 u. oben § 5 N. 12.

Beweis dafür erbracht, daß die Grenze so läuft, wie die Markzeichen dieselbe anzeigen[15]). Zwar ist gegen die Richtigkeit dieser angezeigten Grenzlinie Gegenbeweis zulässig, der aber nur dadurch geführt werden kann, daß das Eigentum an einer bestimmten Fläche des Bodens nachgewiesen wird. Es ist nicht etwa angängig, daß er lediglich die Unrichtigkeit der vermarkten Grenze nachweist und dadurch die Bedeutung der Markzeichen überhaupt aufhebt; er muß vielmehr sein Eigentum für jeden Quadratzentimeter Land, den er jenseits der vermarkten Grenzlinie für sich in Anspruch nimmt, nachweisen, und nur insoweit als ihm dies gelingt, ist die vermarkte Grenzlinie zurückzusetzen.

Die Beweiskraft der Abmarkung wurde übrigens im ehemaligen Preußen dadurch noch unterstützt, daß gemäß Nr. 109ff. der Anweisung II vom 17. 6. 1920 in der Fassung vom 1. 3. 1939 bei jeder Abmarkung, die gelegentlich der Fortschreibungen erfolgte, von dem vermessenden Katasterbeamten in die Grenzverhandlung eine gemeinsame Anerkennungserklärung der Beteiligten aufgenommen werden mußte. Etwas anderes gilt selbstverständlich dann, wenn das Anerkenntnis durch den Nachbar nicht erklärt worden ist, sondern nur als abgegeben fingiert wird (vgl. oben § 5 II 2).

Über Grenzfeststellungsvertrag siehe § 5 IV.

2. Kataster und Grundbuch. Das wichtigste Hilfsmittel für die Ermittlung der richtigen Grenzen ist das Kataster, vor allem in Verbindung mit dem Grundbuch.

a) Zur Erhebung der Grund- und Gebäudesteuer wurden in Preußen für das Rheinland und Westfalen bereits seit 1822, für die übrigen alten Provinzen seit 1861[16]) Bücher angelegt und geführt, in denen die einzelnen Grundstücke nach Flächeninhalt und Ertrag auf Grund geometrischer Vermessung und Abschätzung verzeichnet sind. Dieses Verzeichnis, gedacht und angelegt ursprünglich nur für die Zwecke der Besteuerung, hat in Preußen seit der Einführung der Grundbuchverfassung erhöhte Bedeutung erlangt. Nachdem in einzelnen Landesteilen schon früher ähnliche Vorschriften erlassen waren, bestimmte § 4 der PreußGBO für die alten Provinzen, daß die Grund- und Gebäudesteuerbücher zur Ausmittelung der grundbuchlich eingetragenen oder einzutragenden Grundstücke nach Lage und Größe dienen sollen und daß die Zurückführung der bereits angelegten Grundbuchblätter auf das Kataster nach besonderer Ausführungsverfügung zu erfolgen habe. Demgemäß ist für Altpreußen die die Zurückführung regelnde JM. Verfügung vom 2. 9. 1872 ergangen, der weitere Normen für die neuen Provinzen folgten[17]).

Entsprechend ist auch bei der Fortführung des Katasters selbst darauf Bedacht genommen, es für die Zwecke der Bestimmung des Eigentums im Grundbuch tauglich zu erhalten. Die Darstellung des Katasterwesens im einzelnen gehört nicht hierher. Allgemein ist hierzu nur folgendes festzustellen:

Aus Anlaß der Übernahme der auf Grund des Bodenschätzungsgesetzes vom 16. 10. 1934 — RGBl. I S. 1050 — festgestellten Schätzungsergebnisse

---

15) Vgl. oben § 5 III.

16) Die neueren Provinzen schlossen sich allmählich an. Vgl. Guethe Bem. 24 zu § 2 GBO.

17) Aufgezählt bei Guethe Bem. 3 zu § 2 GBO.

in das Liegenschaftskataster wurde nach den Runderlassen des RMdI vom 23. 9. 1936 — VI A 13352/6833 — und vom 22. 2. 1938 — VIa 4074/38—6833 — das sogenannte Reichskataster aufgestellt. Dieses ist laufend mit dem Fortschreiten der Bodenschätzung entstanden. Die Fortführung des Reichskatasters ist in dem Fortführungserlaß des RMdI vom 30. 9. 1940 — VIa 9026/40—6835 — geregelt. Für die Gemeinden, in denen das Reichskataster noch nicht aufgestellt ist, ist im ehemals preuß. Gebiet das bisherige Liegenschaftskataster weiter zu führen; der preuß. Fortführungserlaß vom 1. 11. 1941 — KV 2.500 — hat aber die Verfahrensbestimmungen über die Fortführung des bisherigen Liegenschaftskatasters weitgehend an die Bestimmungen über die Fortführung des Reichskatasters angepaßt, um auf diese Weise die Aufstellung des Reichskatasters, insbesondere beim Gebäudebuch, soweit wie möglich vorzubereiten.

Für die Grenzermittlung wichtig ist folgendes: Die Grundstücke werden für die Zwecke der Besteuerung (und die weitergehenden der grundbuchlichen Individualisierung) in 2 Büchern und einer Kartei geführt. Im Flurbuch eines Gemeinde- oder Gutsbezirks werden dessen sämtliche Liegenschaften in ihrem natürlichen Zusammenhang verzeichnet; die Liegenschaftskartei (früher Grundsteuermutterrolle) des Bezirks enthält ebenfalls dessen sämtliche Liegenschaften, aber nach Eigentümern zusammengefaßt, und, soweit die Grundstücke im Grundbuch eingetragen sind, zugleich in Übereinstimmung mit dem Grundbuch-Nachweis. Das Gebäudebuch (früher Gebäudesteuerrolle) enthält die sämtlichen Gebäude des Bezirks, nach Nummern geordnet, deren jede einzelne das Gebäude je eines Eigentümers nachweist. Zum Zweck der Individualisierung der Grundstücke findet folgende Zerlegung der Grundfläche in einzelne rechtliche Bestandteile statt. Die sämtlichen Liegenschaften jedes Gemeinde- oder Gutsbezirkes bilden eine Gemarkung (soweit nicht einzelne Grundstücke eines Bezirks ausgeschieden, zu einem selbständigen Grundsteuererhebungsbezirk vereinigt sind und dann eine eigene Gemarkung bilden). Die Grundstücke jeder Gemarkung sind graphisch dargestellt auf der Gemarkungskarte, die gewöhnlich — wenn ein Bogen zur Kartierung nicht reicht — in Kartenblätter zerlegt ist. Innerhalb der Gemarkung erfolgt nun, und das ist die für die Grenzermittlung wichtigste Individualisierung, die Zerlegung der Grundstücke in Flächenabschnitte oder Flurstücke. Ein Flurstück ist, wie in § 64 der Anweisung I und § 29 der Anweisung VIII definiert ist, ein Stück Land, das einmal demselben Eigentümer gehört, im Grundbuch einen besonderen Rechtsgegenstand bildet und für denselben Eigentümer nachzuweisen ist, das ferner ganz in der gleichen Feldlage (Gewanne usw.) liegt und demselben Gemeinde-(Guts-)bezirk angehört und das endlich von einheitlicher Kulturart ist, sofern diese durch feste Grenzen bestimmt ist. M. a. W. Lage (im Feld und im Gemeindebezirk), Eigentumszugehörigkeit und Kulturart unterscheiden die Flurstücke voneinander. Jedes Flurstück enthält eine besondere Nummer (über die Art der Numerierung siehe § 31 Anw. VIII und Ziff. 186ff. Anw. II vom 17. 6. 1920 in der Fassung vom 1. 9. 1939).

Von den einzelnen, für die Flureinteilung gegebenen Normen ist wichtig die, daß die durch natürliche Grenzen (öffentliche Wege, Wasserläufe, Zäune, tiefe Gräben, Eisenbahnen usw.) getrennten Liegenschaften als besondere Flurstücke zu gelten haben, wogegen Liegenschaften, die nur durch unerhebliche Scheidungen getrennt sind, zusammen ein Flurstück bilden. Gräben, Privatwege, breite Grenzraine sind mit dem Flurstück des Eigentümers, dem sie gehören, zusammenzuführen, und auf den Karten durch Häkchen als verbunden zu bezeichnen (§ 29 Anw. VIII). Jede Formveränderung des Flurstücks bedingt eine neue Numerierung (Nr. 186 Anw. II). Schon hieraus ergibt sich, daß aus der Führung der Liegenschaften in den Grundsteuerbüchern und der dazugehörigen Katastrierung für die Grenzermittlung ein bedeutsames Beweismittel geschaffen ist. Derjenige, dem die Gemarkungskarte und die mit ihr übereinstimmenden Eintragungen im Flurbuch und in der Liegenschaftskartei ein streitiges Flurstück zusprechen, derjenige, dessen Behauptungen des Grenzzugs durch Steuerbücher und Karte bestätigt werden, wird in der Regel[18]) verlangen können, daß bis zum Gegenbeweis durch den Nachbar die Grenze nach der Katasterkarte gezogen wird. Der Gegenbeweis wird heute nur noch ausnahmsweise in Betracht kommen, da die in Gebrauch befindlichen Katasterkarten durchweg auf Aufnahmen beruhen, die im Zuge der inzwischen durchgeführten Umlegungen (Verkoppelungen) vorgenommen worden sind, wodurch etwa früher vorgekommene Fehler beseitigt sein dürften. Gegen die Eintragungen in die Katasterkarte wird eine Gemeinheitsteilungs-, eine Separationskarte Gegenbeweis führen (Ziff. 80 Anw. II)[19]), wird auch eine private Vermessung, die durch alle beteiligten Nachbarn anerkannt ist, ins Gewicht fallen, werden selbst Zeugenaussagen über den Grenzverlauf nicht ohne Bedeutung sein dürfen.

Verstärken wird sich die Beweiskraft der Katastereintragungen, wenn Fortschreibungen, die in ordnungsgemäß geführten Veränderungsnachweisen niedergelegt sind, mit berücksichtigt werden können. Jede bedeutsame Veränderung einer Liegenschaft ist in den Steuerbüchern und -karten nach besonderem Verfahren nachzutragen: Fortführungserlaß betr. das Reichskataster (RFE) vom 30. 9. 1940 — VIa 9026/40—6835 — und preuß. Fortführungserlaß (PrFE) vom 1. 11. 1941 — K V 2.500 —. Fortschreibungsfälle liegen vor, wenn Veränderungen in den Eigentumsverhältnissen, in der Form, in den Eigenschaftsangaben, in der Bezeichnung, infolge Aufmessung von Grenzzeichen und topographischen Gegenständen, infolge Neumessung, Umlegung und dgl. eingetreten sind (I Ziff. 2 RFE; II Ziff. 22 PrFE). Für den Grenzprozeß interessieren vor allem die Fälle der Formveränderung. Diese treten ein, wenn sich die geometrische Form eines Flurstücks durch Teilung, Grenzausgleich, Verschmelzung, Anlandung oder Abschwemmung u. dgl. ändert (I Ziff. 4 RFE; II Ziff. 24 PrFE). Die Fortführung des Katasters geschieht auf Antrag oder von Amts wegen. Die Berichtigung eines Aufnahmefehlers darf aber nur erfolgen, wenn die beteiligten Eigentümer in der Verhandlung über den Grenzverlauf erklärt haben, daß sie den örtlichen Besitzstand und nicht den Katasternachweis als rechtmäßig anerkennen, und daß die Abweichung nicht auf eine Grenzveränderung zurückzuführen ist (I 12 RFE; II 32 PrFE). Hier handelt es sich also nur um die Berichtigung von Grenzunrichtigkeiten, die bereits bei der Anlegung des Katasters begangen worden sind; für spätere Grenzveränderungen sind andere Gesichtspunkte maßgebend, vor allem der öffentliche Glaube des Grundbuchs (siehe unten zu b).

---

[18]) Die Beweiskraft der Katasterkarte selbst kann vom Richter nachgeprüft werden; zeigt sie auch an anderen Stellen Ungenauigkeiten, so wird sich ihre Beweiskraft erheblich abschwächen. Vgl. Roettgen bei Gruchot 56, 231 f. (Ziff. 3); Reiß 70 und vor allem die äußerst eingehende Darstellung bei Plähn, Grenzprozeß 408 ff., der auf die schweren Mängel der Kartierung hinweist.

[19]) Vgl. auch Buch, PosJMSchr. 16, 5/6. Wenn Reiß, PosJMSchr. 16, 73 sich für die entgegengesetzte Ansicht auf RG in GruchBeitr. 37, 1096 beruft, so hat er dabei übersehen, daß die Entscheidung sich nicht bezieht auf Unterschiede zwischen Separations- und Katasterkarte, sondern auf Unterschiede zwischen der (richtigen) Katasterkarte und den (damit nicht übereinstimmenden) Bestandsangaben des Bestandsverzeichnisses; gutgläubiger Erwerb im Vertrauen auf diese kann nicht durch Berufung auf die Karte beseitigt werden.

Im Grenzstreit wird daher der Richter den letzten Veränderungsnachweis heranziehen; ergibt sich daraus, daß die Grenzen damals von den Eigentümern anerkannt oder vom Amtsgericht bestätigt worden sind, so ist ein ausschlaggebendes Moment für das Urteil gefunden; wer die Feststellungen erschüttern will, muß nachweisen, daß sich seit der maßgebenden Grenzverhandlung die Grenzen geändert haben[20]); der Beweis wird genau bis zur kleinsten Maßeinheit zu führen sein.

All diese Darlegungen gehen davon aus, daß das Kataster allein maßgeblich ist. Dies wird nur noch selten der Fall sein, denn bis auf verhältnismäßig wenig buchungsfreie Grundstücke stehen alle Liegenschaften im Grundbuch[21]). Doch wird die folgende Darstellung zeigen, daß, obwohl das Grundbuch zunächst über den Grundstücksbestand Auskunft gibt, Fälle denkbar sind, in denen das Kataster seine Beweiskraft dem Grundbuch gegenüber behauptet.

b) Gemäß § 2 GBO, §§ 3 und 8 PrAllgVfg. vom 20. 11. 1899, dient das Bestandsverzeichnis Nr. I des preußischen Grundbuchformulars der Individualisierung des Grundstücks. Dort werden u. a. „nach dem Inhalt der Steuerbücher" angegeben, die Gemarkung, Nummern des Kartenblatts und des Flurstücks, die das Grundstück betreffen[22]). Durch Aufsuchen des numerierten Flurstücks in Flurbuch und Gemarkungskarte sind die Grenzen des Grundstücks sofort festzustellen; andererseits werden durch die Aufnahme der katastermäßigen Liegenschaftsbezeichnungen die Grundstücke in dem Umfang, d. h. mit den Grenzen, wie sie das Kataster enthält, in das Grundbuch eingeführt. Das Grundbuch ist inzwischen vollständig durch Zurückführung auf das Kataster mit den Angaben der Steuerbücher in Einklang gebracht[23]), und wird durch genau geregeltes. Verfahren in Übereinstimmung mit ihnen erhalten[24]).

Unerläßliche Voraussetzung für die zivilrechtliche Bedeutung der Katastergrenze ist in allen Fällen, daß die im Katasterplan für das betreffende Grundstück eingezeichneten Grenzen derart sind, daß sie auf die Natur übertragen werden können[25]). Das ist nicht der Fall, wenn die Linie, die der Katasterplan darstellen will, sich an Ort und Stelle nicht mehr ermitteln läßt, weil es an Grenzmalen fehlt oder an Messungszahlen, mit deren Hilfe die richtigen Maße von den feststehenden Grenzmalen aus im Felde abgetragen werden könnten, oder weil die festen Punkte, von denen

[20]) Abw. Reiß 99, 107. Er hält es für möglich, daß trotz der Einigung vor dem Katasterbeamten im Prozeß die Parteien der anerkannten Grenze gegenüber die richtige Grenze nachweisen; als einzig wirksames Schutzmittel gegen diese nachträgliche Abweichung von der Grenzvereinbarung hält er Auflassung des Streitstückes gemäß der Vereinbarung für nötig.

[21]) Die Darlegung. von Kaufmann in DJZ 20, 396 sind heute praktisch gegenstandslos.

[22]) Ausn. § 3 Abs. 2 Allg. Vfg. Besteht ein Grundstück aus zuviel Einzelparzellen, so kann die Eintragung der Parzellen bei Besorgnis der Verwirrung unterbleiben: dafür ist ein vollständiger Auszug aus dem Steuerbuch bei den Grundakten aufzubewahren. Dieses Verfahren steht in den Wirkungen (öffentlicher Glaube) der Aufnahme in das Bestandsverzeichnis gleich. Predari 204.

[23]) Das Zurückführungsverfahren interessiert hier nicht.

[24]) S. oben III 2a. [25]) RG 73, 125.

aus die vorliegenden Messungszahlen zu rechnen sind (z. B. Gebäude, Raine, Hügel), verschwunden sind[26]).

Eine Katasterkarte, welche die in der Natur vorhandenen festen Punkte (z. B. Hügel, Gebäude, Mauern, Raine) falsch verzeichnet, ist überhaupt keine geeignete Unterlage für die Auffindung von Grenzen in der Örtlichkeit[27]).

Wenn die Katasterkarte alt ist, kann es vorkommen, daß sie infolge des Eintrocknens des Papiers durch Kartenschwund gelitten hat. Hat sich dieser Kartenschwund dem Papier in allen seinen Teilen gleichmäßig mitgeteilt, so ist dadurch nur der Maßstab etwas verändert und zwar in gleichmäßiger Weise. Bei ungleichmäßigem Schwund dagegen entsteht ein verzerrtes Bild, das zur Übertragung auf die Natur ungeeignet ist[28]).

Doppelte sich widersprechende Eintragungen an verschiedenen Stellen des Grundbuchs heben einander auf, so daß also die Rechtslage so zu beurteilen ist, als ob im Grundbuch überhaupt kein Eintrag vorhanden sei[29]).

3. Öffentlicher Glaube des Grundbuchs

a) Entscheidenden Einfluß auf den Ausgang des Grenzstreits haben diese Bestandsangaben des Grundbuchs dadurch, daß sich der öffentliche Glaube des Grundbuchs auch auf sie erstreckt. Nach § 891 BGB wird vermutet, daß ein Recht, das im Grundbuch eingetragen ist, dem eingetragenen Berechtigten zusteht; nach § 892 BGB gilt zugunsten des Erwerbers eines Grundstücksrechts der Inhalt des Grundbuchs als richtig, es sei denn, daß ein Widerspruch gegen die Richtigkeit des Grundbuchs eingetragen oder daß dem Erwerber die Unrichtigkeit bekannt ist. Hervorragendstes Recht im Sinne dieser Vorschriften ist das Eigentum; die Vermutung des § 891, die Fiktion des § 892 beziehen sich darauf in erster Reihe. Soll das Grund-

---

26) Reiß 23, 59. Unter Umständen wird es trotzdem möglich sein, auf graphischem Wege durch sogenanntes Abgreifen die gesuchte Stelle zu ermitteln, indem von weiter entfernt liegenden Punkten Abmessungen nach der Richtung vorgenommen werden, in welcher der gesuchte Punkt liegen muß. Versagt auch dieses Verfahren, so ist eine genügende Unterlage für die Übertragung der Katastergrenzen auf die Natur nicht vorhanden (Reiß 71).

27) Reiß 24, der beispielsweise anführt: Eine Linie, welche auf der Karte in ihrem Verlauf durch Hügel bestimmt wird, die an ihrem Anfangs- und Endpunkt liegen, läßt sich nicht mit Sicherheit in der Natur wiederfinden, wenn sich herausstellt, daß die Hügel, welche die Karte darstellen wollte, nicht auf den ihnen in der Karte angewiesenen Plätzen, sondern von diesen mehrere Meter weit entfernt liegen (vgl. Reiß 72).

28) Reiß 72.

29) JW 1900, 573; RG 56, 58. Eine Doppelbuchung, die nur einen Teil eines Flurstücks betrifft, kann vorkommen, wenn von zwei benachbarten Grundstücken nur das eine vermessen wird und das Ergebnis dieser Vermessung in das Grundbuch übernommen wird (Reiß 87).

buch vertrauenswürdige Auskunft über das Eigentum geben, so muß es auch über den Gegenstand des Eigentums, das Grundstück, verläßliche Angaben bringen und nachweisen, welchen körperlichen Gegenstand dieses wichtige Grundstücksrecht umfaßt. Daher nehmen notwendig die diesen Nachweis führenden Angaben des Bestandsverzeichnisses über die flurstückmäßige Zusammensetzung des Grundstücks, den Grundstücksumfang (die „Bestandsangaben" —, wie sie Guethe nennt), am öffentlichen Glauben des Grundbuchs teil[30]), während die rein tatsächlichen Angaben über Lage, Steuerertrag, Flächeninhalt, Kulturart („Eigenschaftsangaben") vom öffentlichen Glauben ausgeschlossen sind[31]). Steht daher ein Flurstück im Grundbuch eingetragen, so wird vermutet, daß es in den Grenzen, wie sie aus dem Kataster nachzuweisen sind, dem eingetragenen Eigentümer zusteht[31a]), es gilt der gutgläubige Erwerber eines solchen Flurstücks als

---

[30]) RG 73, 125 für das nach Maßgabe der preuß. Verfügung vom 20. 11. 1899 eingerichtete Grundbuch (ebenso JW 10, 813; JW 27, 44; DJZ 10, 1354; Recht 1918 Nr. 523 RG). Die Gründe des Reichsgerichts treffen auch für das nach bayerischem Recht eingerichtete Grundbuch in allen Teilen zu (OLG 31, 315; BayZ 1915, 246 München). Die Ansicht des Reichsgerichts, die schon für das frühere preuß. Recht herrschend war (vgl. Guethe Bem. 57 zu § 2 und Reiß 16), ist scharf umstritten. Sie wird vertreten von Palandt Anm. 4a zu § 891; RGK Bem. 3 zu § 891; Planck Bem. I 1 zu § 892; Staudinger Bem. 2c zu § 891, III B 2a zu § 892; Rosenberg IIa γ zu § 892; Wolff, Gruchot 45, 765; Meisner, SeuffBl. 77, 251; Guethe, GBO Bem. 56 zu § 2; Fuchs I, 157; Oberneck 390; Reiß 9 u. 16; Sawitz, Der Inhalt des Grundbuchs nach § 892, 59; Seuffert bei Gruchot 43, 171; Forstner, DJZ 1917, 400; vgl. auch BayZ 1916, 73; 23, 23 (BayObLG); NJW 56, 632 (OLG Celle).

Die entgegengesetzte Meinung wird vertreten von Dernburg 157. Crome 151; Neumann bei Gruchot 48, 20; Maenner 43; Turnau-Förster Bem. zu § 891; Endemann 300; Höniger 94; Ramdohr bei Gruchot 44, 341; Predari, GBO 204; Bauer, ZBl. FG 11, 560; Bauer, DJZ 1916, 1443; Fröhlich, DNotZ 1912, 329; Consbruch, JW 21, 219; Plähn, Die Mängel des preuß. Katasters und der Rechtsprechung in Grenz- und Grundeigentumsprozessen. Holtze, JW 26, 929.

Röttgen bei Gruchot 56, 208 führt aus, daß nicht die Grenze der Katasterkarte, sondern die zur Zeit der Anfertigung der Katasterkarte im Felde vorhandene Grenze, welche die Karte darstellen will, die rechtliche Beziehung zwischen Eigentümer und Grundstück zum Ausdruck bringe und somit unter den öffentlichen Glauben des Grundbuchs falle, während die Tatsache, daß diese Linie in der Karte falsch eingezeichnet sei, lediglich tatsächlicher Natur sei. Diese Ansicht ist widerlegt von Reiß 20 ff.; sie würde dem Grundbuchglauben hinsichtlich der Grenzen den Boden unter den Füßen wegziehen.

Reiß, JW 15, 1412 stellt zwar in Abrede, daß zutreffende Gründe rein juristischer Natur dafür vorhanden seien, daß den Katasterangaben öffentlicher Glaube beizumessen sei, er hält aber die rechts- und wirtschaftspolitischen Gründe des RG (73, 125) für durchschlagend.

[31]) RG 61, 194. KGJ 27 A 93, 30 A 207. — Wenn Kriener aufstellt, daß nach RG 73, 125 auch die Größenangabe zu dem durch §§ 891, 892 gedeckten Inhalt des Grundbuchs gehöre, so ist das ein Irrtum.

[31a]) OLG Celle (NJW 56, 632): In solchem Falle ist daher für eine Grenzscheidungsklage kein Raum.

sein Eigentümer, selbst wenn es gar nicht oder nicht in dem Umfang, wie katastermäßig vermerkt, dem Verkäufer gehört hatte[32]).

Für den Grenzprozeß folgt zunächst aus dem öffentlichen Glauben des Grundbuchs, daß die Partei, die den rechtsgeschäftlichen Erwerb eines Flurstücks nachweist, ohne daß ihr Unredlichkeit entgegengehalten werden kann[33]), als Eigentümer des Flurstücks ohne weiteren Gegenbeweis gilt, so daß die Grenzen dieses Flurstücks ihrem Grundstücksbestand zuzurechnen sind. Mag selbst der strikte Beweis geführt werden, daß die Gegenpartei oder ein Dritter Eigentümer des Flurstücks ist, daß ein handgreiflicher Schreibfehler des Grundbuchführers vorliegt — Grundakten und Kataster enthalten die richtige Flurstücksnummer —, so versagen all die Beweise gegenüber der Tatsache des redlichen Erwerbs des Flurstückes. Ebensowenig nützt der Nachweis, daß bereits das Kataster unrichtig und von da eine unrichtige Flurstücksnummer oder unrichtige Grenzen ins Grundbuch übernommen sind; gegen die Fiktion des § 892 ist ein Gegenbeweis nicht zu führen.

b) § 892 wirkt nur zugunsten des rechtsgeschäftlichen, also nicht des gesetzlichen[34]) und nicht des vollstreckungsweisen[35]) Erwerbs.

Für den Erwerb durch Zwangsversteigerung ist der Zuschlag maßgebend. Darnach wird das Grundstück in dem Umfang zugeschlagen, der sich aus dem Inhalt des Grundbuchs ergibt, das ist der katastermäßige Umfang[36]). Der Ansteigerer erwirbt deshalb das Eigentum mit den im Katasterplan angegebenen Grenzen selbst dann, wenn sich in Wahrheit das Eigentum des Schuldners nicht so weit erstreckte. Es ist belanglos, ob der Ansteigerer die wahren Grenzen kannte. Selbst wenn er das Grundstück nur in dem geringeren Umfang erwerben will, der sich aus den ihm bekannten richtigen Grenzen ergibt, erwirbt er durch den Zuschlag das Eigentum mit den katastermäßigen Grenzen, weil es beim Zuschlag auf den Erwerbswillen des Ansteigerers überhaupt nicht ankommt[37]).

---

[32]) Nach den Zurückführungen auf die Grundsteuerbücher finden sich zuweilen Abweichungen zwischen dem alten und neuen Titelblatt; dann gilt für den gutgläubigen Erwerb als maßgeblich nur das neue Blatt (streitig) BuchPosJMSchr. 16, 5; vgl. Reiß ebd. 15, 134; 16, 73.

[33]) Hierzu vgl. Reiß 49ff.

[34]) Brachvogel bei Gruchot 47, 554.

[35]) RG 54, 105; Gruchot 57, 1087 (RG); JW 02, 272; OLG 25, 155; KGJFG 15/112; Warn. 31, 106; RG 90, 388. Über Wirkung des Zuschlages: RG 129, 159; § 419 BGB. schließt § 892 nicht aus: RG 123, 54.

[36]) Gruchot 54, 398 (RG); 55, 1114 (RG); RG 129/159; Meisner SeuffBl. 77, 280; Staudinger Bem. III B 1a zu § 892; OLG 11, 324; Guethe Bem. 57 zu § 2.

[37]) Meisner, SeuffBl. 77, 280. Wenn der Ersteher das mit den wahren Eigentumsverhältnissen widersprechende Ergebnis arglistig herbeigeführt hat, ist er ersatzpflichtig (JW 03, 406).

Steht einem Dritten das Eigentum an der Grenzfläche zu, so verliert er es durch den Zuschlag an den Ansteigerer. Seine entgegenstehenden Rechte sind durch das Aufgebot ausgeschlossen (§ 37 Nr. 5 ZwVG)[38]. Diese Ausschließung tritt aber nur dann ein, wenn der Dritte aus der veröffentlichten Terminbestimmung ersehen konnte, daß sein Recht der Zwangsversteigerung entgegensteht, er also Veranlassung nehmen mußte, sein Recht zu wahren[39]. Ist die gehörige Bekanntmachung des Termines unterblieben oder sind bei der Bekanntmachung des Termines nicht die einzelnen Flurstücknummern, sondern nur das Grundbuchblatt angeführt, so hatte der Nachbar keine Veranlassung, im Versteigerungsverfahren geltend zu machen, daß die wahren Grenzen des zu versteigernden Grundstücks nicht so weit reichen, wie die katastermäßigen; er verliert daher sein Eigentum an der Grenzfläche durch den Zuschlag nicht[40].

c) Die Anwendbarkeit des § 892 setzt ein positives Vertrauen auf die im Grundbuch enthaltenen Bestandsangaben nicht voraus. Der Erwerber kann sich daher auf § 892 selbst dann berufen, wenn in der Katasterkarte günstigere Grenzen eingezeichnet sind, als er sie sich beim Erwerbe vorstellte[41]. Nur darf diese Vorstellung nicht auf der Kenntnis von der Unrichtigkeit des Grundbuchs beruhen. Entscheidend für die Kenntnis ist der Zeitpunkt, zu welchem der Antrag auf Eintragung der Eigentumsveränderung beim Grundbuchamt einläuft (§ 892 Abs. 2). Hat sich der Käufer in der Zeit zwischen Abschluß des Kaufvertrags und dem erwähnten Zeitpunkt in die Grenzen vom Verkäufer einweisen lassen, so hat er sie gekannt.

„Kennen" ist gleichbedeutend mit: das für wahr halten, was in der Tat wahr ist[42]. Ist das, was der Erwerber für wahr hielt, tatsächlich wahr gewesen, dann ist ihm die Unrichtigkeit einer damit in Widerspruch stehenden Angabe des Grundbuchs bekannt gewesen und somit der Schutz des § 892 ausgeschlossen[43]. Kannte der Erwerber den Umstand, daß die Grenze nicht da verläuft, wo sie in der Katasterkarte eingezeichnet ist, dann ist es ohne Bedeutung, ob der Erwerber statt dessen nun den richtigen

---

38) Vgl. JW 03, 406 (RG); OLG 8, 4; 14, 107; Jaeckel-Guethe Bem. 3 zu § 90 ZwVG.

39) RG 57, 200; Jaeckel-Guethe Bem. 4 zu § 90 ZwVG.

40) Vgl. Reiß 57f.; Jaeckel-Guethe Bem. 4 zu § 90 ZwVG; RG 57, 200; OLG 17, 356; 22, 410. Wilhelmi-Vogl, ZVG 3. Aufl., Anm. 2 zu § 90. Ist aber die Flurstück-Nr. in der Bekanntmachung angegeben, dann hat der Dritte die Möglichkeit und Veranlassung, sich zu erkundigen, ob diese Flurstück-Nr. an sein Grundstück grenzt und ob nicht sein Eigentum durch die katastermäßige Grenze verkürzt wird (Reiß 57).

41) RGK Bem. zu § 892; Staudinger Bem. III, 3 zu § 892. RG 86, 356 (gegen RG 61, 195).

42) Prot. 3, 79 u. 85; vgl. aber auch Rosenberg II 4e β zu § 892.

43) Vgl. auch BayObLG 21, 16.

oder einen anderen gleichfalls falschen Grenzzug für den zutreffenden gehalten hat[44]).

Woher der Erwerber die Kenntnis genommen hat, ist gleichgültig. Erkenntnisquellen werden besonders Mitteilungen des Veräußerers und eigene Beobachtungen sein. Es ist jedoch nicht ausgeschlossen, daß auch durch Mitteilungen dritter Personen, welche der Erwerber für glaubwürdig hielt, die Kenntnis gewonnen wird[45]). Hat der Erwerber das Grundstück vor dem Kauf besichtigt und hierdurch den Verlauf der in der Natur ersichtlichen Grenzen kennen gelernt, so kann er die im Katasterplan eingezeichnete günstigere Grenze nicht auf Grund des § 892 in Anspruch nehmen. Gegenstand des Kaufs war z. B. ein zur Zeit der Besichtigung mit Klee bestellter Acker. Die tatsächlich mit Klee bestellte Grundfläche reichte nicht ganz bis zur katastermäßigen Grenze, während der daranstoßende Kartoffelacker des Nachbarn über die katastermäßige Grenze in der Natur hinüberreichte. Die auf eigener Wahrnehmung beruhende Vorstellung des Käufers, der bei der Besichtigung sah, wie weit mit Klee und wie weit mit Kartoffeln bestellt war, ging dahin, daß der Kaufacker so weit reichte wie die Bestellung mit Klee[46]). Verläuft die Katastergrenze anders, so hat er deren Unrichtigkeit gekannt. Er kann sich also auf § 892 BGB nicht berufen, wenn schon er nach der Erfahrung damit rechnen konnte, daß vielleicht der Nachbar über die Grenze herübergeackert haben könne. Auf die widerlegbare Vermutung des § 891 BGB kann er sich jedoch berufen[47]). War Gegenstand des Kaufs ein Landgut mit zerstreuten Flurstücken und hat der Käufer vor dem Erwerb die Flur begangen, so wird er durch diese Besichtigung wohl kaum die in Natur ersichtlichen Grenzen eines jeden Grundstücks kennen gelernt haben. Es ist zu berücksichtigen, daß dem Erwerber die Kenntnis von der Unrichtigkeit der Katastergrenze bewiesen werden muß[48]) und daß Grobfahrlässigkeit der Unkenntnis den Buchglauben nicht ausschließt[49]).

---

[44]) Reiß 51.

[45]) JW 10, 813; Rosenberg a. a. O.

[46]) Eine andere Beurteilung greift natürlich z. B. dann Platz, wenn der Verkäufer dem Käufer erklärt hat, der Nachbar habe über die Grenze herübergeackert.

[47]) Auch das ist nicht ausnahmslos. Kann nachgewiesen werden, daß beim Erwerb die beiden Vertragsteile darüber einig waren, daß Gegenstand des Vertrags das Grundstück mit den ihnen beiden bekannten in der Natur vorhandenen Grenzen sein sollte, und deckt sich damit die katastermäßige Grenze nicht, so haben die beiden Vertragsteile durch die Erklärung, daß das Flurstück Nr. 312 verkauft werde, ihren übereinstimmenden Willen unrichtig erklärt. Es liegt eine falsa demonstratio vor. Der wahre Wille gilt (s. darüber unten III 3 e).

[48]) RG 90, 395. Die Kenntnis der Tatsachen, aus denen sich die Unrichtigkeit des Grundbuchinhalts ergibt, genügt. Dem Erwerber muß aber der Gegenbeweis offen gelassen werden, daß er trotz Kenntnis dieser Tatsachen infolge Rechtsirrtums den Inhalt des

d) Der Grundsatz des Buchglaubens kann dazu führen, daß dem rechtmäßigen Eigentümer wertvolle Bestandteile seines Grundstückes, ja das ganze Grundstück genommen wird (Katasterraub)[50]. Er kann nicht einmal Entschädigung dafür verlangen, denn der Bereicherungsanspruch des § 812 ist ihm gegen den Erwerber[51] versagt, da dieser nicht ohne rechtlichen Grund erworben hat[52]. Soll der Grundsatz des Buchglaubens nicht in einer dem gesunden Rechtsempfinden unerträglichen Weise überspannt werden, so dürfen die Anforderungen an den Nachweis, daß der Erwerber die wahren Grenzen gekannt hat, nicht zu streng gestellt werden[53]. Dem regelmäßigen Verlaufe der Dinge entspricht es, daß der Eigentümer sein Eigentum bis zur Grenze ausnützt. Hat also der Erwerber zur Zeit der Eintragung des Eigentumerwerbs in das Grundbuch gewußt, daß sein Besitzvorgänger die Bodenfläche nur bis zu einer gewissen Linie ausgenützt und jenseits dieser Linie ein anderer den Boden benutzt hat, so hat der Erwerber annehmen können und müssen, daß das von ihm erworbene Eigentum nur bis zu dieser Linie reicht, mit anderen Worten, daß diese Linie die Grenze ist. Reicht die katastermäßige Grenze darüber hinaus, so muß der Angrenzer die Unrichtigkeit der Katastergrenze beweisen (§ 891). Gelingt ihm dieser Beweis, dann behält er sein Eigentum trotz § 892 BGB, weil der Erwerber die wahre Grenze gekannt hat.

e) Geht die Katastergrenze über die natürliche Grundstücksgrenze hinaus[53a], so hat man es mit einer falsa demonstratio zu tun. Beide Teile

---

Grundbuchs für richtig gehalten hat (vgl. Recht 1914 Nr. 3011; JW 06, 226; OLG 31 347; Gruchot 50, 985).

[49]) Der Gegenbeweis nach § 892 ist darauf zu richten, daß das Grundbuch unrichtig ist und der Erwerber beim Erwerb die Unrichtigkeit gekannt hat (BayObLG 21 B 13 [Nürnberg]).

[50]) Über Katasterraub vgl. Recht 05, 271; 08, 874; 09, 417.

[51]) Nur beim Erwerb auf Grund unentgeltlicher Verfügung kann der Erwerber nach § 816 Abs. 1 Satz 2 in Anspruch genommen werden. Bei entgeltlichem Erwerb ist der geschädigte Eigentümer auf den Bereicherungsanspruch des § 816 Abs. 1 Satz 1 gegen den Veräußerer angewiesen. Er kann nur das verlangen, was der Veräußerer infolge der unberechtigten Verfügung mehr erlangt hat, als er erlangt hätte, wenn er nur über das ihm Zustehende verfügt haben würde (RG Recht 1913 Nr. 476; 1915 Nr. 489). Damit wird derjenige, der den Grenzstreifen verloren hat, nur in den seltensten Fällen zu einem Ersatz kommen (Reiß 91).

[52]) Wenn auf diese Weise die Grenze einen Teil eines Hauses durchschneidet, so bleibt der Teil des Gebäudes, welcher jenseits der Grenze steht, gleichwohl im Eigentum des Hauseigentümers. Es sind die Grundsätze des Überbaus anzuwenden (s. unten § 24 VII 5).

[53]) Vgl. Staudinger Bem. III 2a γ zu § 892: „Das Vorschützen grobfahrlässiger Unkenntnis von der Unrichtigkeit des Grundbuchs kann unter Umständen derart frivol sein, daß das Gericht auf Grund freier Beweiswürdigung zu dem Schluß gelangen kann, der Erwerber habe in Kenntnis der Unrichtigkeit des Grundbuchs gehandelt" (zustimmend Consbruch, JW 21, 219).

[53a]) Über die Bedeutung der Vertragsklausel, das Grundstück wird verkauft „wie es

haben denselben Willen erklärt, indem sie als Gegenstand des Vertrages das Flurstück 312 bezeichneten. Das ist eben der Teil des Erdkörpers, der im Katasterplan die Nr. 312 mit den dort ausgewiesenen Grenzen führt. Aber sie haben beide etwas anderes gewollt und zwar beide das Gleiche. Gegenstand des Vertrages sollte das Grundstück sein, welches im Kataster die Nr. 312 führt, aber mit den ihnen bekannten, in der Natur vorhandenen Grenzen. Sie haben ihren übereinstimmenden Willen unzutreffend zum Ausdruck gebracht. Die Auflassung ist nur hinsichtlich der von dem übereinstimmenden Willen umfaßten Grundfläche rechtsgültig, hinsichtlich der anderen Grundfläche nichtig[54]).

Dabei ist aber zu berücksichtigen, daß der Inhalt der Erklärung nicht bloß aus ihrem Wortlaut, sondern auch aus den begleitenden Umständen abzuleiten ist[55]). Die vertragliche Erklärung unterliegt deshalb der Auslegung. Hierfür kommt es aber nicht ausschlaggebend darauf an, wie jeder Teil für sich den Inhalt seiner Erklärung aufgefaßt hat, sondern darauf, wie die vorliegende Erklärung objektiv verstanden werden muß[56]). Nur wenn nach diesem Standpunkt die Erklärung verschieden aufgefaßt werden kann, und sie in der Tat von den beiden Vertragsteilen verschieden aufgefaßt worden ist[57]), liegt in Wahrheit eine Willenseinigung über den Gegenstand des Vertrages nicht vor. In einem solchen Falle hat man es mit einem versteckten Dissens im Sinne des § 155 BGB zu tun mit der Folge, daß ein Vertrag überhaupt nicht zustande gekommen ist[58]). Der Fall eines versteckten Dissenses, wo beide Parteien, jede im Irrtum über die Erklärung der anderen, Verschiedenes erklärt haben, ist häufig schwer zu unterscheiden von dem Fall des Irrtums eines Vertragsteiles über den Inhalt seiner Erklärung. Die Anfechtung wegen Irrtums setzt voraus, daß die beiderseitigen Erklärungen objektiv den gleichen Inhalt haben, gleichviel ob sich dieser aus dem Wortlaut ohne weiteres ergibt oder unter Berücksichtigung aller dafür auf beiden Seiten in Betracht kommenden Umstände durch Auslegung festgestellt wird. Dann liegt eben nicht der Fall eines Mißverständnisses, einer bloßen fälschlichen Annahme des Einverständnisses vor (§ 155), sondern ein wirklich erklärtes Einverständnis,

---

steht und liegt" oder „wie vom Verkäufer besessen und benützt" oder „wie an Ort und Stelle besichtigt und besprochen", vgl. die zutreffenden Ausführungen von Ring in DNotZ 53, 389 (abw. Richter DNotZ 53, 386).

[54]) RG 60, 340; 66, 21; 77, 33; JW 07, 540; 11, 940; OLG 26, 38. Rosenberg Bem. III 1 b zu § 873. Mit Recht weist Consbruch, JW 21, 219 darauf hin, daß den auf Herausgabe eines Grundstücks erhobenen Klagen die Beklagten in der Regel mit dem Einwand des Mangels der Aktivlegitimation begegnen können, da sich meistens der Wille der Veräußerer und Erwerber eines Grundstücks auf die Grundstücksfläche erstreckt habe, die der Veräußerer besessen hat.

[55]) RG 66, 125. [56]) RG 58, 235. [57]) Vgl. RG 66, 122; 68, 9; 78, 376.

und wenn sich dabei die eine Partei über die Bedeutung ihrer Erklärung getäuscht hat, so betrifft dieser Irrtum nicht den Inhalt der gegnerischen, sondern den ihrer eigenen Erklärung[59]).

Dieser rechtliche Unterschied führt zu praktisch wichtigen Ergebnissen. Denn im Falle des § 155 kann jeder Dritte sich auf die Nichtigkeit des Vertrages berufen. Im Falle der Anfechtung wegen Irrtums (§ 119 BGB) kann nur der irrende Vertragsteil durch Anfechtung die Nichtigkeit herbeiführen[60]). Ist das Flurstück 312 als verkauft bezeichnet, so liegt darin, von besonderen Umständen abgesehen, regelmäßig die Erklärung, daß Gegenstand des Vertrages jener abgegrenzte Teil des Erdkörpers sein soll, welcher im Katasterplan als das Flurstück 312 mit den dort eingezeichneten Grenzen ausgewiesen ist. Der Käufer, der die in der Natur anders verlaufenden Grenzen nicht kennt, wird wohl regelmäßig seiner Erklärung den Willen zugrunde gelegt haben, das Grundstück mit den katastermäßigen Grenzen zu erwerben. Sein Wille deckt sich mit der Erklärung. Der gleichlautenden Erklärung (Flurstück 312) des Verkäufers lag dagegen der Wille zugrunde, nur das Grundstück mit den in der Natur vorhandenen Grenzen zu verkaufen. Sein Wille deckt sich nicht mit der Erklärung. Er kann deshalb seine Erklärung wegen Irrtums anfechten (§ 119 BGB). Dies muß er ohne schuldhaftes Zögern tun, sobald ihm die rechtliche Tragweite seiner Erklärung klar geworden ist (§ 121 BGB), was unter Umständen lange dauern kann. Da aber die Anfechtung nur dem irrenden Vertragsteil zusteht, wird die Irrtumsanfechtung nur in den Fällen von praktischer Bedeutung sein, in welchen der Anfechtungsberechtigte Eigentümer des an das Flurstück angrenzenden Grundstückes geblieben oder geworden ist, das von dem Katasterraub betroffen wird.

Da aber für den Inhalt der Erklärung nicht bloß der Wortlaut maßgebend ist, sondern der objektive Inhalt der Erklärung durch Auslegung festzustellen ist, muß im Einzelfalle immer geprüft werden, ob die Erklärung objektiv auch wirklich so und nicht anders zu verstehen ist, als daß Gegenstand des Vertrages die im Katasterplan als Flurstück 312 bezeichnete Grundfläche mit den dort eingezeichneten Grenzen sein soll. Das ist nicht der Fall, wenn in dem Vertrag nicht nur die Flurstück-Nummern aufgeführt sind, sondern daneben gesagt wird, daß der Verkäufer seinen Grundbesitz in dem Umfange verkauft, wie er ihn bisher besessen hat[60a]); es ist ferner regelmäßig nicht der Fall, wenn im Vertrag als verkauft bezeichnet ist das „Flurstück 312 Ödung“ und wenn der strittige

---

[58]) RG 66 122. [59]) RG 58, 236.

[60]) Vgl. RG 58, 233; JW 06, 190; WarnE 10 Nr. 270.

[60a]) Vgl. oben N. 53a.

Teil der zum Flurstück 312 gehörigen katastermäßigen Fläche mit Bäumen bepflanzt ist, während der übrige Teil des katastermäßigen Flurstücks 312 noch Ödung ist. Ebenso liegt der Fall, wenn als verkauft bezeichnet ist das „Flurstück 311 Wiese" und wenn auf einem Teil dieser katastermäßigen Fläche ein Gebäude steht[61]).

In allen diesen Fällen ist die Erklärung objektiv so zu verstehen, daß Gegenstand des Vertrags und der Auflassung sein sollen die Grundstücke mit den in der Natur vorhandenen Grenzen. Ein Dissens liegt nicht vor. Denn objektiv ist die beiderseitige Erklärung in gleicher Weise aufzufassen; nur wenn die Bezeichnung Flurstück 312 für sich allein ins Auge gefaßt wird, ist diese Bezeichnung für den übereinstimmenden wahren Willen unzutreffend. Insoweit liegt also eine falsa demonstratio vor, mit der Folge, daß eine rechtswirksame Auflassung desjenigen Gegenstandes eingetreten ist, auf den sich der beiderseitige Wille und der durch Auslegung gewonnene objektive Inhalt der beiderseitigen Erklärung erstreckte, also nur derjenigen Fläche, welche durch die in der Natur vorhandenen Grenzen des Flurstücks 312 umschrieben wird, während hinsichtlich des über diese natürlichen Grenzen herausfallenden Teiles des katastermäßigen Flurstückes 312 die Auflassungserklärung nichtig ist[62]).

Festzuhalten ist die Voraussetzung einer falsa demonstratio. Jeder Teil meint mit seiner Erklärung dasselbe; er bedient sich jedoch einer unzutreffenden Bezeichnung des Vertragsgegenstandes[63]). Eine falsche Bezeichnung, mit der die beiden Vertragsgegener denselben Gegenstand gemeint haben, ist unschädlich, gleichviel, ob beide Vertragsteile oder einer von ihnen ihrem Willen eine unrichtige Annahme über das Flächenmaß zugrunde gelegt haben[64]).

f) Wenn ein Eigentumswechsel und damit die Anwendung des § 892 BGB nicht in Frage kommt, steht zwar auch der grundbuchlichen Eintragung die Vermutung der Richtigkeit zur Seite (§ 891)[65]); aber sie ist zu entkräften[66]). Kann nachgewiesen werden, daß die grundbuchlichen Angaben in Spalte 4 des Bestandsverzeichnisses von der des Katasters

[61]) Vgl. Sawitz, Der Inhalt des Grundbuchs nach § 892, 79; Guethe Bem. 57 zu § 2 GBO; Fröhlich, DNotZ 1912, 335.

[62]) Vgl. RG 60, 340; 66, 21; 77, 33; JW. 07, 540; 11, 944; Gruchot 58, 196; OLG 26, 38; SeuffA 75 Nr. 25.

[63]) Staudinger Bem. 2 zu § 155; BayObLG 17, 42.

[64]) OLG 40, 260 (BayObLG). Dort ist auch ausgeführt, daß es in einem solchen Falle, in welchem beide Teile über den Gegenstand des Vertrages durchaus einig sind, überhaupt nichts „anzufechten" gibt.

[65]) Abw. Roettgen bei Gruchot 56, 219 und 230, der ohne Begründung dem Kläger die volle Beweislast auferlegt.

[66]) Über die Beweiskraft der Vermarkung gegenüber § 891 vgl. Meisner, SeuffBl. 77, 355; Zeiler, BayZ 13, 376, vgl. oben § 5 III und N. 43 dort.

abweichen (z. B. das Grundbuch ist durch irrtümliche Auflassung oder Wegnahme eines Flurstücks falsch zurück- oder fortgeführt), dann muß auf das Kataster selbst zurückgegriffen werden. Nur die Unrichtigkeit des Katasters ist nachzuweisen, wenn Grundbuch und Kataster übereinstimmen. Die Unrichtigkeit des Katasters kann darin bestehen[67]), daß bei einem richtig abgegrenzten Flurstück ein Fehler in der Angabe des Eigentümers unterlaufen ist (Flurstückverwechslung) oder daß die Grenzen eines Flurstücks in den Grundbüchern falsch wiedergegeben sind (Grenzunrichtigkeit)[68]), sei es, daß ein rein zeichnerischer Fehler der Gemarkungskarte oder ein wirklicher „materieller Irrtum" des Katasters vorliegt[69]). Es gilt für all diese Fälle das oben zu a) Bemerkte[70]).

IV. Die Grenzscheidungsklage

1. Bei einer Grenzstreitigkeit ist für die im Grundbuch eingetragenen Grundstücke zunächst zu prüfen, ob nach Anlegung des Grundbuchs der derzeitige Eigentümer oder sein Sondervorgänger[71]) das Grundstück im Buchglauben an die Richtigkeit der im Grundbuch (Katasterplan) eingetragenen Grenzen erworben hat (s. oben § 6 III 3). Ist das der Fall, so kann er die durch den Katasterplan ausgewiesenen Grenzen selbst dann in Anspruch nehmen, wenn feststeht, daß diese Grenzen unrichtig sind (§ 892 BGB).

2. Die vorstehenden Darlegungen zeigen, daß im allgemeinen dem Richter weitgehende Hilfsmittel für die Ermittlung der richtigen Grenze

---

[67]) Vgl. Reiß 28ff.; Guethe Bem. 47ff. zu § 2.

[68]) Bei Flurstückverwechslung darf das Kataster erst berichtigt werden, wenn vorher das Grundbuchamt die Änderung im Grundbuch herbeigeführt hat (§ 7 Nr. 2 JMVfg. vom 8. 2. 1911). Bei der Erteilung der Zustimmung zu einer Grenzberichtigung hat das Grundbuchamt den öffentlichen Glauben des Grundbuchs in Betracht zu ziehen. Es darf beide Handlungen nur vornehmen, wenn feststeht, daß seit der Katastereintragung ein gutgläubiger Erwerb an dem der Berichtigung unterliegenden Flurstück oder an einem Recht an diesem Flurstück unmöglich erfolgt sein kann. Ist diese Möglichkeit nicht ausgeschlossen, so hat es die Zustimmung aller durch die Berichtigung Betroffenen einzuholen. Näheres bei Guethe a. a. O. und Breme ZFG 13, 356ff., Reiß 103ff.

Ergibt sich im Grenzstreit, daß eine Flurstückverwechslung oder eine Grenzunrichtigkeit im Kataster vorliegt, so kann den Parteien aufgegeben werden, beim Grundbuchamt die Berichtigung durchzuführen; das Gericht kann auch bis zur Erledigung dieser Handlung freiwilliger Gerichtsbarkeit den Grenzstreit aussetzen (Gaupp-Stein Bem. 1; Förster-Kann Bem. 3 zu § 148 ZPO; RG in Gruchots Beitr. 50, 1002); das wird sich praktisch empfehlen.

[69]) Guethe Bem. 50ff. zu § 2.

[70]) Rosenberg II 1a γ zu § 862.

[71]) Dem Nachmann eines gutgläubigen Erwerbers schadet die Kenntnis von der früheren Unrichtigkeit des Grundbuchs nicht (OLG 2, 266; 25, 378; SeuffA 67 Nr. 12).

zur Seite stehen. Aber alle können versagen, Grenzabmarkungen können fehlen, Grenzfestsetzungsverträge sind nicht vorhanden, die wahren Grenzen können nicht mehr festgestellt werden[72]).

In diesem Fall hat der Richter eine neue Grenze zu ziehen nach folgenden von § 920 festgestellten Regeln:

a) Läßt sich die richtige Grenze nicht ermitteln, so soll in erster Linie der Besitzstand maßgebend sein. Welcher Zeitpunkt hierfür entscheidend sein soll, ist im Gesetze nicht gesagt. Man muß daher annehmen, daß der gegenwärtige, nicht der bisherige Besitzstand gemeint ist[73]). Der Richter hat also die Zeit der Urteilsfällung, nicht etwa die der Klageerhebung, zugrunde zu legen. Wer sich den Besitz durch verbotene Eigenmacht verschafft hat, besitzt fehlerhaft (§ 858 BGB). Der andere kann Wiedereinräumung des Besitzes verlangen (§ 861 BGB). Dieser possessorische Anspruch bildet den Ersatz des gegenwärtigen Besitzes. Es ist nicht erforderlich, daß der Verdrängte gegen seinen Gegner die Besitzklage auf Wiedereinräumung des Besitzes erhebt[74]). Es ist also der Nachweis gestattet, daß der Besitzer dem anderen gegenüber fehlerhaft besitzt. Wenn aber die Besitzansprüche nicht mehr zulässig sind[75]), so übt es keinen Einfluß, daß der Besitz einen fehlerhaften Ursprung hat. Auch ruhiger Besitzstand ist keine Voraussetzung des § 920 BGB[76]). Besitzer eines Grundstückes ist derjenige, welcher die tatsächliche Gewalt ausübt (§ 854 BGB). Ob dies der Fall ist, bestimmt sich nach den Umständen. Einen hierauf gerichteten Willen verlangt das Bürgerliche Gesetzbuch nicht[77]). In dem Einpflocken eines Grundstücks mit Grenzzeichen, Einzäunen eines Grundstücks, Einstecken von Dörnern zum Schutze gegen Betreten durch Menschen, Errichtung einer Warnungstafel, in dem Pflügen

---

[72]) Vgl. Roettgen a. a. O. 232 Z. 4.

[73]) Vgl. Mot. III, 271. Planck Bem. 2a zu § 920. SächsAnn. 33, 182 (Dresden); Palandt Anm. 2d zu § 920.

[74]) Mot. III, 272; Staudinger Bem. 3a, RGKomm. Bem. 3, Turnau-Förster Bem. I zu § 920; Palandt Anm. 2 zu § 920.

[75]) Nach § 864 BGB erlischt der possessorische Anspruch auf Wiedereinräumung des Besitzes mit dem Ablauf eines Jahres nach der Verübung der verbotenen Eigenmacht, wenn nicht vorher der Anspruch im Wege der Klage geltend gemacht wird.

[76]) Vgl. Mot. 3, 271.

[77]) Vgl. Bendix, Die Besitzlehre nach dem BGB 1; Turnau-Förster Bem. 4 zu § 854; A. M. Dernburg 63; Frank, Besitzwille 14ff. Wird die streitige Grenzfläche zwar von beiden Nachbarn benutzt, aber nur auf Grund eines ausdrücklich vorläufigen Abkommens, so üben die Nachbarn die tatsächliche Gewalt im Bewußtsein der Widerruflichkeit aus; zu einer Entscheidung nach dem derzeitigen Besitzstand ist kein Raum SächsAnn. 33, 182 (Dresden). — Zum Erwerb des Besitzes ist nicht erforderlich, daß der Erwerber von seinem Besitze Kenntnis hat. Vgl. Strohal, JheringsJ 38, 71; Turnau-Förster Bem. 4 zu § 854.

eines Ackers, Abgrasen eines Raines sind regelmäßig Besitzhandlungen zu finden. Auch durch den Tropfenfall kann an dem unter der Traufe gelegenen Raum Besitz ausgeübt werden[78]). Alle Handlungen, durch welche auf das Grundstück eingewirkt wird, können als Besitzhandlungen in Betracht kommen. Es ist nach der Anschauung des Lebens und Verkehrs zu entscheiden, ob infolge solcher Einwirkungen ein tatsächliches Herrschaftsverhältnis vorliegt[79]). Unter Umständen ist auch eine Einwirkung genügend, die weder alle Teile der Sache trifft, noch an sich die inhaltlich vollendete Herrschaft in sich begreift, aus der sich aber doch die Fähigkeit für den Handelnden ergibt, über den Gegenstand zu verfügen[80]). An einem Teich kann z. B. der Besitz durch Ausübung der Jagd, Fischerei, Schilf- und Materialentnahme ausgeübt werden[81]).

b) Kann der Besitzstand nicht festgestellt werden (z. B. bei unkultivierten Grundstücken), so ist jedem der Grundstücke ein gleich großes Stück der streitigen Fläche, d. i. jener Fläche, an welcher der Besitzstand nicht nachweisbar ist, zuzuteilen. Eine Feststellung des Besitzstandes ist namentlich dann unmöglich, wenn beide Teile den Besitz nebeneinander ausgeübt haben. Jedem Grundstück ist ein gleich großes Stück zuzuteilen. Auf Wert und Bonität wird also keine Rücksicht genommen[82]). Auch das Größenverhältnis der beteiligten Nachbargrundstücke dergestalt, daß etwa ein diesem Größenverhältnis entsprechender Teilungsmaßstab angelegt würde[83]), kommt nicht in Betracht. Bei der Teilung braucht eine bestimmte Teilungslinie nicht eingehalten zu werden. Es sind in jedem Fall verschiedene Linien möglich, durch welche die vorgeschriebene Teilung bewirkt werden kann[84]).

---

78) Weitergehend stellten frühere Rechte die Vermutung auf, daß der von Traufe bedeckte Raum, oft in gesetzlich fixierter Breite, im Eigentum des Traufinhabers stehe. (Vgl. z. B. Berliner Bauobservanzen Kap. III §§ 1 und 3, Hannoversches Baustatut bei Linckelmann-Fleck S. 203 Ziff. 3. — Auch für das Recht des C. c. vgl. Fuzier-Hermann, Code civile annotée Bem. 13ff.; Supplem. Bem. 16 zu Art. 681; Demolombe Ziff. 592; Zachariae-Crome Bd. I S. 518 N. 1.) Diese Vermutung hat sich für das Recht des BGB zu einem tatsächlichen Beweismoment verflüchtigt, das unter der Herrschaft des § 286 ZPO steht. — Vgl. unten § 28 I.

79) Bendix, Besitzlehre 9.

80) Bendix a. a. O. 9.

81) OTrib. 55, 208.

82) Vgl. Mot. 3, 272.

83) Vgl. dagegen Staudinger Anm. II, 3c zu § 920. Das Gesetz führt keineswegs, wie Staudinger annimmt, die unverhältnismäßige Größe der beteiligten Grundstücke als Beispiel an; unter dem Ergebnis, das mit der feststehenden Größe der Grundstücke nicht übereinstimmt, soll vielmehr der Fall getroffen werden, in welchem infolge der Zuteilung das eine Grundstück mehr Flächenmaß und das andere weniger erhalten würde, als es feststehendermaßen hat.

84) Vgl. Prot. 3536.

c) Soweit eine diesen Vorschriften[85]) entsprechende Bestimmung der Grenze zu einem Ergebnis führt, das mit den ermittelten Umständen[86]), insbesondere mit der feststehenden Größe der Grundstücke, nicht übereinstimmt, ist die Grenze so zu ziehen, wie es unter Berücksichtigung dieser Umstände der Billigkeit entspricht (§ 920 Abs. 2 BGB[87])). Bei der Hervorhebung des Falles, in welchem die Größe der Grundstücke feststeht, ist der Gesetzgeber von folgender Erwägung ausgegangen: Wenn im Falle der Grenzverwirrung die richtige Grenze nicht erwiesen werde, so könne doch genau feststehen, ein wie großer Teil des streitigen Flächenabschnittes dem einen oder dem anderen Nachbar gehöre, z. B. wenn feststehe, daß von zwei benachbarten Grundstücken das eine 100, das andere 200 qm groß sei; in solchem Falle dürfe die Grenze weder nach dem Besitzstand noch durch Halbierung des streitigen Stücks bestimmt werden. Die Bestimmung müsse vielmehr so erfolgen, daß jeder Nachbar ein Grundstück von dem ihm unzweifelhaft zustehenden Flächeninhalt erhalte[88]). Diese Erwägungen sind theoretisch durchaus zutreffend, praktisch aber wohl in den meisten Fällen bedeutungslos. Denn wenn überhaupt eine Grenzverwirrung vorliegt, dann wird zumeist auch die Größe der einzelnen Grundstücke nicht feststehen; steht die Größe der einzelnen Grundstücke fest, so wird man regelmäßig die Grenze durch einfache Vermessung festlegen können.

Im übrigen ist der Inhalt der im § 920 Abs. 2 BGB enthaltenen Bestimmungen recht dunkel[89]). Was man unter einem Ergebnis, das mit den ermittelten Umständen nicht übereinstimmt, verstehen soll, ist kaum zu ergründen. Man wird nur solche Umstände heranziehen dürfen, aus denen sich ergibt, daß die nach Abs. 1 gefundene Grenze nicht richtig sein kann. Eine bloße Unzweckmäßigkeit dieser gefundenen Grenze erfüllt wohl diese Voraussetzung nicht. Es genügt daher z. B. nicht ohne weiteres, daß ein Bach vorhanden ist, der eine zweckmäßigere Grenzlinie bilden würde als die gefundene Linie[90]).

---

[85]) § 920 Abs. 2 bezieht sich auf beide Fälle des Abs. 1. RG SeuffA 76 Nr. 118.

[86]) Hierzu vgl. Reiß 144f.

[87]) Vgl. R 01 Nr. 1329; R 08 Nr. 75; SächsAnn. 33, 183. Der Richter ist aber nicht befugt, absichtlich eine Umlegung unzweckmäßiger Grenzen vorzunehmen. Endemann 457; Biermann Anm. 2 zu § 920.

[88]) Vgl. Prot. 3536 (Mugdan 3/583).

[89]) Rönneberg, Grenzscheidungsklage, S. 92 spricht von einer bedauernswerten Unklarheit.

[90]) Vgl. dagegen Staudinger Anm. II, 3c zu § 920. — Etwas anderes ist es, wenn der Richter auf Grund seiner freien Beweiswürdigung aus dem Umstande, daß ein wertloser Streifen Landes jenseits des Baches liegt, als bewiesen annimmt, daß dieser Streifen nicht zum Eigentum des diesseits des Baches liegenden Grundstücks gehöre.

Auch aus der Unverhältnismäßigkeit der Größe der beiden Grundstücke kann ein solcher Umstand nicht abgeleitet werden. Wenn also von den angrenzenden Grundstücken die unbestrittenermaßen dem A gehörige Fläche 1 ha und die unbestritten dem B gehörige Fläche nur 0,10 ha umfaßt, so mag wohl die Hälfteteilung der streitigen Fläche, welche eine Größe von 0,5 ha hat, unbillig sein; allein das Gesetz hat im Abs. 1 des § 920 BGB ausdrücklich bestimmt, daß bei Ermangelung einer Feststellung über den Besitzstand jedem Grundstück ein gleich großes Stück der streitigen Fläche zuzuteilen ist und in den Gesetzgebungsarbeiten[91]) ist besonders hervorgehoben, daß nicht etwa das Größenverhältnis der Nachbargrundstücke in Betracht komme, dergestalt, daß ein diesem Größenverhältnis entsprechender Teilungsmodus angelegt werde[92]).

Dagegen kann ein Umstand, mit welchem das Ergebnis, zu dem die nach Abs. 1 erfolgte Bestimmung der Grenze geführt hat, nicht übereinstimmt, bei Grenzeinrichtungen, die zum Vorteile beider Grundstücke dienen (s. § 921 BGB, Mauer, Winkel, Rain, Hecke usw.) häufig gegeben sein. § 921 BGB stellt die Vermutung auf, daß die Nachbarn zur Benutzung solcher Grenzeinrichtungen gemeinschaftlich berechtigt sind, sofern nicht äußere Merkmale darauf hinweisen, daß die Einrichtung einem der Nachbarn allein gehört. — Der Besitzstand ist für diese Frage gleichgültig. Strengt ein Nachbar die Grenzscheidungsklage an, so würde, wenn sich die richtige Grenze nicht ermitteln läßt, gemäß § 920 BGB für die Abgrenzung zunächst der Besitzstand maßgebend sein. Allein eine diesem Besitzstand entsprechende Bestimmung der Grenze kann, wenn der eine Nachbar den Besitz der ganzen Grenzeinrichtung hat, unter Umständen zu einem Ergebnis führen, das mit dem vom Gesetze vermuteten Recht der gemeinschaftlichen Benützung im Widerspruch steht (§ 920 Abs. 2 BGB). Es ist daher die Grenze so zu ziehen, wie es unter Berücksichtigung dieses Umstandes der Billigkeit entspricht. Dies wird dazu führen, die gedachte Grenzlinie durch die Mitte der Grenzeinrichtung zu legen[93]). Wenn aber äußere Umstände darauf hinweisen, daß die Einrichtung einem der Nachbarn allein gehört, dann entfällt die im § 921 aufgestellte Vermutung des gemeinschaftlichen Benützungsrechts. In diesem Falle hat eben der eine Nachbar einen Umstand dargetan, der dafür spricht, daß die Grenzeinrichtung auf seinem Eigentum steht und die Grenzlinie mit dieser Einrichtung abschneidet. Auf den Besitzstand kommt es auch hier nicht an.

Ein anderes Beispiel bringt Cosack[94]). Ein Majoratsherr und dessen Rechtsvorgänger haben jahrhundertelang das Majoratsgut und das daran grenzende Allodialgut gemeinsam bewirtschaftet. Nun teilt sich die Majorats- und Allodial-Erbschaft. Niemand kennt die Grenze zwischen dem Majoratsgut und dem Allodialgut. Doch ergeben die Wirtschaftsrechnungen der ältesten Zeit, daß das Allodialgut klein gewesen sein muß. Das Gericht darf mit souveräner Freiheit die Grenze so ziehen, daß auf das Allodialgut nur $^1/_{10}$ des gesamten Areals entfällt.

---

91) Prot. 3536 (Mugdan 3/583).

92) Reiß S. 145. S. dagegen Staudinger Anm. II, 3c zu § 920; Planck Bem. 2c zu § 920. Die dortige Aufstellung, daß das Gesetz die unverhältnismäßige Größe der beteiligten Grundstücke als Beispiel anführe, ist sicher unzutreffend.

93) Unrichtig Höniger 102.

94) Cosack 2, 160.

V. Prozessuale Fragen

Einige prozessuale Fragen sind noch zu erörtern[95]). Über Klagegrund und -antrag ist schon oben gesprochen worden[96]).

Der Anspruch auf Grenzermittlung und Abgrenzung kann nur von dem erhoben werden, der die rechtliche Herrschaft über das Grundstück hat, vom Eigentümer. Nur ihm kann die Möglichkeit gewährt werden, durch Angehen des Gerichts eine Veränderung des Grundstücksumfangs herbeizuführen, wie sie die Klage aus § 920 nach sich ziehen kann[97]). Aus demselben Grunde ist nur der Eigentümer passiv legitimiert. Dagegen ist es nicht ausgeschlossen, daß im Prozeß über ein dingliches Recht am Grundstück, falls nämlich der Umfang des Gegenstands dieses Rechts streitig wird, das Gericht genötigt wird, Grundstücksgrenzen zu ermitteln. Diese Grenzentscheidung kann aber nur ein Urteilselement bilden und darf nicht, Rechtskraft herbeiführend, im Tenor Ausdruck finden[98]).

Die Aktivlegitimation eines Miteigentümers ergibt sich aus §§ 432, 1011 BGB, passiv legitimiert sind aber stets nur alle Miteigentümer als notwendige Streitgenossen (§ 62 ZPO).

Das Versäumnisverfahren bietet keine Besonderheiten[99]). Die Klage muß die Grenzverwirrung darlegen, insbesondere also angeben, bis zu welcher Linie beide Grundstücke unstreitig gehen, so daß der Umfang des strittigen Streifens klargestellt wird. Fehlt es daran, so ist die Klage als unschlüssig abzuweisen. Mit diesem Mindestinhalt kann der Richter aber stets zum Urteil kommen, indem er die Grenze durch die Mitte des streitigen Streifens legt. Ergibt die Klage mehr, insbesondere ausreichendes Material zur Ermittlung der richtigen Grenze oder läßt sie den Besitzstand erkennen, so ist dementsprechend zu entscheiden[100]).

Die Klage verlangt Regulierung der Grenze; entspricht der Richter diesem Antrag, d. h. weist er nicht glatt ab, so liegt stets eine Verurteilung des Beklagten vor, mag die Grenze auch anders ermittelt oder gezogen

---

[95]) Es kann hier auf die umfassende Darstellung von Reiß S. 146ff. insoweit verwiesen werden, als sich nicht aus der von Reiß verlangten Forderung eines bestimmten Klageantrags Abweichungen ergeben.

[96]) § 6 I.

[97]) OLG 34, 326 (Posen).

[98]) Schon Mot. 3, 273, ferner RGKomm. Bem. 1 zu § 920; Goldmann-Lilienthal 63 N. 21. Die Frage ist sehr bestritten. Vgl. Gierke 442 N. 111; Höniger 97; Dernburg 299f.; Müller 88; Ortloff 224; Crome 298 N. 18; Maenner 176; Staudinger Bem. II 2; Turnau-Förster Bem. 3; Biermann Bem. 5; Planck Bem. 3; Kretzschmar Bem. 5a zu § 920; Reiß 140ff.

[99]) Höniger S. 103.

[100]) So erledigen sich die Bedenken von Thiele (JW 1912, 765), der den Erlaß eines Versäumnisurteils für ausgeschlossen hält.

werden, als der Kläger in der Begründung des Antrags angeregt hat. Wenn der Beklagte vor dem Prozeß die Grenzverwirrung nicht bestritten, und im Prozeß sofort das Verlangen auf Abgrenzung als berechtigt anerkennt, dann fallen dem Beklagten gleichwohl die Kosten zur Last, weil der Anspruch nicht auf ein Tun oder Unterlassen des Beklagten, sondern auf eine richterliche Handlung gerichtet ist. Dem Beklagten steht aber so gut wie dem Kläger das Recht zu, die Feststellung der Grenze durch den Richter zu verlangen. Er ist hierbei vom Kläger völlig unabhängig und kann hierauf Widerklage stellen. Die rechtliche Natur des iudicium duplex kommt hierin zum Ausdruck. Der Klageantrag ist kein Anspruch auf ein Tun oder Unterlassen des Beklagten, sondern das durch die Klage gestellte Verlangen an das Gericht, die Grenze zu bestimmen. Dieses Verlangen kann der Beklagte so gut stellen wie der Kläger, und auch dann noch, wenn es der Kläger bereits gestellt hat. Der Sinn der Widerklage ist der: Was der Kläger verlangt, verlange ich auch, und die Folge ist, daß die beiden Parteien die Kosten gemeinschaftlich tragen, ein Ergebnis, welches das allein vernünftige ist.

Da das Urteil konstitutiv wirkt und neues Eigentum schafft, wirkt es gegen jeden Dritten[101]), insbesondere auch gegen die Realgläubiger. Eine nachträgliche Abänderung ist nur unter den Voraussetzungen der Restitutionsklage denkbar[102]).

Eine eigentliche Vollstreckung des Urteils ist naturgemäß ausgeschlossen. Auf Grund des Urteils erfolgt ohne weiteres die Berichtigung des Grundbuchs im Sinne des Tenors; da der Eigentumswechsel mit der Rechtskraft bereits vollzogen ist, bedarf es keiner Einwilligung des betroffenen Eigentümers[103]).

Der Anspruch aus § 920 ist nach § 924 BGB unverjährbar.

---

[101]) Höniger S. 105; Biermann Bem. 5; Staudinger Bem. II 4d zu § 920. Grundsätzlich anders die Vertreter der Theorie von der deklaratorischen Urteilswirkung Planck Bem. 3; RGKomm. Bem. 1 zu § 920. Wolff, Sachenrecht 172 hält das Urteil für unwirksam gegenüber dem Dritten, der Eigentum an dem zugeteilten Land hatte und am Prozeß nicht teilnahm; das wird sich mit der rechtserzeugenden Natur des Urteils schwer vereinen lassen. Palandt, Anm. 2e zu § 920 erkennt dem Urteil nur die Rechtskraftwirkung nach § 325 ZPO zu, hält aber die Frage, ob das Urteil rechtsbegründend oder rechtsfeststellend wirkt, für praktisch bedeutungslos! Vgl. auch oben § 6 Anm. 10.

[102]) Wolff a. a. O. 72 N. 9 A. M. Cosack 162; Staudinger Bem. II 4d zu § 920, die der Ansicht sind, daß das Urteil schlechthin außer Kraft tritt, wenn später die wahre Grenze ermittelt wird. Wie sollte das aber prozessual gehandhabt werden?

[103]) Staudinger Bem. II 4b; Turnau-Förster Bem. 2 zu § 920; Guethe Bem. 12 zu § 20, 28 zu § 22 GBO; Reiß 177. Abw. Roettgen a. a. O. 237ff.

§ 7. Grenzeinrichtungen[1])

I. Begriff

1. Entstehung der Grenzeinrichtung: Eine Grenzeinrichtung im Sinne des § 921 BGB ist eine von den Eigentümern benachbarter Grundstücke einverständlich getroffene Veranstaltung, die von der zwischen den beiden Nachbargrundstücken verlaufenden Grenzlinie durchschnitten wird und dem Vorteil beider Grundstücke dient.

Die Vorschriften der §§ 921, 922 finden auch auf eine vor dem 1. 1. 1900 schon vorhandene Einrichtung Anwendung. Es ist aber nicht erforderlich, daß die Einrichtung schon von alters her bestanden hat, auch deren Neuerrichtung kann vielmehr die Voraussetzungen für die Anwendung des § 921 BGB erfüllen[2]). Es ist auch keineswegs erforderlich, daß die Nachbarn einen auf gemeinsame Benutzung abzielenden förmlichen Grunddienstbarkeitsvertrag geschlossen haben; im Gegenteil: die Vorschriften der §§ 921, 922 sind gerade für die Fälle getroffen, in welchen ein Grunddienstbarkeitsverhältnis nicht oder doch nicht erwiesenermaßen vorhanden ist[3]). Es kann aber selbstredend nicht in der Willkür eines Grundeigentümers gelegen sein, einseitig und gegen den Willen seines Nachbars eine Grenzeinrichtung zu schaffen, für welche der Grund und Boden des Nachbars mit in Anspruch genommen wird. Es steht vielmehr an sich dem Nachbar der Anspruch auf Beseitigung einer solchen einseitig errichteten Einrichtung zu, soweit sie auf seinem Grund und Boden steht (§ 903)[4]), sofern nicht Gesetz, Herkommen oder Vertrag ihn zur Duldung verpflichten; insbesondere zieht auch eine stillschweigende Zustimmung zur Grenzüberschreitung den Wegfall des Beseitigungsanspruchs nach sich. Wird von zwei Nachbarn gemeinschaftlich oder von einem derselben unter ausdrücklicher oder stillschweigender Zustimmung[5]) des anderen eine von der Grenze durchschnittene Einrichtung getroffen, welche nach ihrer objektiven Beschaffenheit zum Vorteile beider Grundstücke zu dienen bestimmt erscheint, so hat man es mit einer Grenzeinrichtung im Sinne des § 921 zu tun[6]).

---

[1]) de Boor, Das Recht der Anlagen auf der Grenze, insbesondere die Grenzmauern nach BGB (Heidelb. Diss. 1911).

[2]) M. 3, 275. Ob die Grenzeinrichtung vor oder nach dem Inkrafttreten des Bürgerlichen Gesetzbuches errichtet wurde, ist gleichgültig. Vgl. Staudinger, Votträge 349.

[3]) Pfirstinger in SeuffBl. 67, 67.

[4]) Staudinger Bem. II c; RGKomm. Bem. 1; Kretzschmar Bem. 3 zu § 921; Endemann 459 Z. 4; RG 70, 201 ff. Über die sonderbare Einschränkung, welche das RG dem Beseitigungsanspruch zuteil werden läßt, indem es die „unmittelbar auf der Grenze stehenden" untrennbaren Teile der Sache von dem Beseitigungsrecht ausnimmt, siehe unten § 7 III 3.

[5]) Ihr steht die nachträgliche Genehmigung gleich.

[6]) Vgl. Pfirstinger in SeuffBl. 67, 68. Dieser Grundsatz läßt sich sogar auf den Fall

Die ausdrückliche oder stillschweigende Einwilligung des Nachbarn zur Schaffung der Grenzeinrichtung, die neben der objektiven Beschaffenheit der Einrichtung Voraussetzung für die Entstehung einer Grenzeinrichtung im Sinne des § 921 ist, liegt unter Umständen schon in der Unterlassung eines Widerspruchs, wenn dem Nachbarn die unter Beanspruchung seines Eigentums erfolgte Schaffung der Einrichtung bekannt ist (stillschweigend erklärte Einwilligung). Bei einer schon länger bestehenden Einrichtung, die sich objektiv als Grenzeinrichtung darstellt, wird man demjenigen, der die Einrichtung nicht als Grenzeinrichtung gelten lassen will, den Beweis dafür überbürden, daß er oder sein Besitzvorgänger Widerspruch gegen die Schaffung der Einrichtung erhoben und diesen Widerspruch auch nicht (stillschweigend) fallen gelassen hat.

Somit ist durch eine im beiderseitigen Einverständnis von dem einen Nachbar halbscheidig errichtete Giebelwand, deren spätere Mitbenutzung durch den Anbau des Nachbars in Aussicht genommen ist, schon vor dem Anbau eine Grenzeinrichtung im Sinne des § 921 geschaffen[7]). Die Mauer dient schon vor dem Anbau dem Vorteil des Nachbargrundstückes; dieser Vorteil liegt einerseits in der grenzscheidenden Wirkung der Mauer, andrerseits in dem bloßen Vorhandensein einer Giebelwand, die jederzeit zum Anbau benutzt werden darf. Auch äußere Merkmale weisen nicht darauf hin, daß die Einrichtung einem der Nachbarn allein gehört. Zwar ist offensichtlich, daß die Mauer vor dem Anbau ein Bestandteil des stehenden Hauses ist und deshalb (§ 93) die Mauer im Alleineigentum des Hauseigentümers steht[8]). Allein die Grenzeinrichtung besteht, wie die beispielsweise Aufzählung solcher Einrichtungen in § 921 zeigt, nicht nur aus der auf dem Grund und Boden aufgeführten Anlage, sondern auch aus dem zur Einrichtung verwendeten Grund und Boden selbst[9]). Die äußere Beschaffenheit der Mauer

---

anwenden, daß der Eigentümer eines Grundstücks dadurch eine enge Reihe, welche von der Grenze durchschnitten wird, bildet, daß er, gleichwie es der Angrenzer seinerzeit bei Errichtung seines Gebäudes getan hat, mit seinem Neubau ebenfalls etwas von der Grenze zurückbleibt. Die Schaffung der engen Reihe war dann mit der Errichtung des älteren Baues vorbereitet, und mit der Ausführung des Neubaues vollendet. Vgl. dagegen Wolff im Recht 1900 S. 448, nach dessen Ansicht sich in solchem Falle der äußerlich als Grenzanlage erkennbare Zustand erst dann zu einem gesetzlichen gestalten soll, wenn beide Nachbarn die Absicht der Abschließung aufgegeben haben. Dies soll insbes. dann anzunehmen sein, wenn die dem Zweck der Anlage entsprechende Benützung längere Zeit hindurch beiderseits geduldet ist. Die Ansicht von Wolff ist geeignet, in der Praxis zu unklaren Verhältnissen zu führen. Wird mit Wissen und Wollen der beiden Nachbarn eine Einrichtung geschaffen, die sich äußerlich als Grenzeinrichtung darstellt, dann ist sie auch als gesetzliche zu behandeln, wenn nicht vor Vollendung der Anlage ein Teil seinen gegenteiligen Willen äußerlich wahrnehmbar kundgegeben hat (z. B. durch Einschlagen von Pflöcken auf der Grenze).

[7]) BayZ 15, 350 (RG); Staudinger (10. Aufl.) IV 6 zu § 921 (gegen frühere Auflagen); Koppers, DJZ 04, 806; Broicher, PucheltsZ 38, 178; Bungard 13ff., 17ff.; OLG 18, 130 (Dresden); Hallbauer, SachsAnn. 27, 176; 35, 120; Buhmann, BayZ 14, 199; Lieberich, BayZ 14, 240 (gegen die zweite Aufl. des bayr. Nachbarrechts) s. dagegen RheinArch. 108, 366; 109, 280; 110, 147 (Düsseldorf); Breit in FischersZ 35, 147; Crome 300 Anm. 13 und 19. [8]) Siehe darüber unten § 7 III 3 und § 8.

[9]) BayZ 15, 350 (RG).

(größere Stärke, rauhe Außenseite) weist sogar darauf hin, daß die Grenzeinrichtung nicht einem der Nachbarn allein gehört[10]) (§ 921).

2. Kein Zwang zur Schaffung einer Grenzeinrichtung. Ein Zwang zur Mitwirkung an der Schaffung einer Grenzeinrichtung kann nicht ausgeübt werden[11]). Zur Frage der Haftung des Nachbars für Kosten der Herstellung und Unterhaltung einer Grenzeinrichtung vgl. unten § 9.

3. Durchschnittensein der Einrichtung durch die Grenze: Nach der oben gegebenen Begriffsbestimmung ist also einmal erforderlich, daß die Grenzeinrichtung von der Grenze durchschnitten wird, mithin teils zu dem einen, teils zu dem anderen Grundstück gehört[12]), wobei aber die Grenze nicht gerade durch die Mitte der Einrichtung zu fallen braucht[13]). Gehört die Bodenfläche, auf welcher sich die Einrichtung befindet, erweislich[14]) nur dem einen Nachbar, so ist eben eine Grenzeinrichtung im Sinne des § 921 BGB nicht gegeben[15]). Gleichwohl kann unter Umständen dem angrenzenden Nachbar das Recht der Mitbenützung an einer solchen jenseits seiner Grenze liegenden Einrichtung (z. B. einer Mauer) zustehen; er muß aber den besonderen Erwerb dieses Rechtes (z. B. vertragsmäßige Bestellung oder Ersitzung) nachweisen. Das Recht auf Mitbenützung stellt sich in solchem Falle zumeist als Grunddienstbarkeit dar[16]).

Außer dieser Lage der Grenzeinrichtung ist aber eine Beschaffenheit erforderlich, welche äußerlich ihren Zweck kundgibt, der Benützung der Nachbarn zum Vorteil der beiderseitigen Grundstücke zu dienen. Die Zweckbestimmung ist nach objektivem Maßstab zu beurteilen[17]). Dagegen

---

[10]) Vgl. RheinArch. 110, 308 (Düsseldorf).

[11]) Insbes. besteht im allgemeinen kein Kommunmauerzwang mehr, s. hierzu unten § 8 I 2.

[12]) Von den Grenzanlagen in diesem Sinne sind die sogenannten „Scheidungen" zu unterscheiden, die zwar zwei Grundstücke voneinander abgrenzen, aber ganz nur auf einem Grundstück errichtet sind. Hierüber vgl. unten § 11.

[13]) Vgl. Wolff R 00, 449.

[14]) Das Alleineigentum kann auch durch den Nachweis der Ersitzung bewiesen werden. Doch ist hierfür der Nachweis des ausschließlichen Besitzes erforderlich. Hat der Gegner desjenigen, der sich auf Ersitzung beruft, bezüglich einer engen Häuserreihe zwar keine anderen Besitzhandlungen und Einrichtungen als das Haben von an sich unzulässigen Fenstern und eines Dachvorsprunges, so genügt dies doch, um darzutun, daß jener nicht im alleinigen und ausschließlichen Besitze war, mithin das Alleineigentum nicht ersessen hat; vgl. BayOGH 16, 58.

[15]) Dies gilt auch dann, wenn die Einrichtung zugleich dem Vorteil des anderen Grundstücks dient. JW 09, 162. A. M. Cosack 2, 159, dem es zur Widerlegung der Vermutung des § 921 nicht genügt, wenn einer der Nachbarn sein Alleineigentum dartut, wohl aber, wenn das Alleineigentum durch äußere Merkmale erkennbar ist.

[16]) Mot. 3, 277, RGK Bem. 6 zu § 921. Vgl. Habicht, Einwirkung 381.

[17]) Planck Bem. 3c; Staudinger Bem. 1b zu § 921.

ist es kein begriffsbestimmendes Erfordernis, daß die Einrichtung bestimmt ist, gerade als Grenzscheidungsmittel zu dienen. Es kann daher auch eine Brunnenanlage, eine Dachrinne Grenzeinrichtung sein[18]). Andererseits dient eine Einrichtung schon wegen ihrer bloßen Eigenschaft als Grenzscheidungsmittel zum Vorteile beider Grundstücke[19]). Das Vorhandensein einer baulichen Anlage ist nicht erforderlich, sondern es genügt schon, daß eine zu gemeinsamer Benützung verwendbare und eingerichtete Fläche vorliegt[20]), wie dies z. B. bei einem zwischen zwei Häusern liegenden engen Zwischenraum (sog. Reihe oder Winkel) zutrifft. Der Zweck, zum Vorteile beider Grundstücke zu dienen, muß sich aus der Beschaffenheit der Einrichtung von selbst ergeben. Es handelt sich um eine Zweckbestimmung, die nicht nur ein innerer Vorgang bei dem Schaffenden ist, sondern durch die Verwirklichung seiner Willensrichtung so vergegenständlicht ist, daß der Zweck in das Wesen der Einrichtung übergegangen ist, so daß die Zweckbestimmung der Einrichtung aufgeprägt ist. Deshalb erfüllen nur Zwischenräume von geringer Ausdehnung zwischen zwei Häusern den Begriff einer Grenzeinrichtung, also nicht eine zwischen zwei Häusern befindliche Durchfahrt von 8 oder gar 12 Fuß Breite[21]), andererseits ist auch nicht erforderlich, daß der Winkel höchstens 3 Fuß breit ist[22]).

4. Selbständiges gemeinschaftl. Grundstück ist keine Grenzeinrichtung: Wohl zu unterscheiden von einer Grenzeinrichtung ist der Fall, in welchem ein zwischen zwei Grundstücken belegenes selbständiges Grundstück im Miteigentum der beiden Angrenzer steht und den wirtschaftlichen Zwecken dieser beiden angrenzenden Grundstücke dauernd

---

[18]) So Staudinger Bem. 1; Kretzschmar Bem. 1 zu § 921; Goldmann-Lilienthal 64 N. 28; de Boor 52; R 04 Nr. 2490 (Dresden). Abw. RGK Bem. 3; Planck Bem. 3a zu § 921; Crome 300a; Cosack 161 Z XIII; Graf in WürttJ 07, 322; RG 70, 204 darf dieser gegenteiligen Meinung nicht zugerechnet werden. Wenn das RG dort sagt, daß die Einrichtung nur dann nach § 921 zu beurteilen ist, wenn sie gerade durch ihre die Grundstücke scheidende Wirkung den beiden Grundstücken zum Vorteil dient, so kann diese Voraussetzung wohl für Teile eines von der Grenzlinie durchschnittenen Gebäudes fehlen; es ist aber anders bei Anlagen von geringerer Ausdehnung wie Brunnen, Dachrinnen und Dungstätten, durch welche, wenn auch nicht als eigentliche Grenzscheidungsmittel, so doch der Wirkung nach die beiden Grundstücke voneinander geschieden werden. Das RG wird nicht verkannt haben, daß als Grenzeinrichtungen auch Gebäude von geringer Breite in Betracht kommen können, z. B. Schutzpavillons auf der Grenze zweier Felder, Futterhütten für Wild auf der Grenze zweier Jagdgrundstücke; für den dort zur Entscheidung stehenden Fall war ein Hinweis hierauf nicht geboten.

[19]) Sächs. Rpfl. Arch. 10, 48 (LG Dresden).

[20]) Mot. 3, 275; RG i. BayRpflZ 15, 351.

[21]) Vgl. JW 81, 142; OTr. 78, 318. Es wird deshalb auch ein zwischen zwei Häusern befindlicher Lichthof nur dann eine Grenzeinrichtung darstellen, wenn er eine geringe Breite hat.

[22]) Vgl. StriethArch. 16, 171.

zu dienen bestimmt ist, wie dies namentlich bei gemeinschaftlichen Einfahrten, Hofräumen, aber auch Wegen vorkommt[23]). Entscheidend ist, ob das betreffende gemeinschaftliche Grundstück als selbständig im Kataster bzw. Grundbuch eingetragen steht. Nach gemeinem Recht wie auch nach preußischem Landrecht und code civil war in Ansehung solcher Gemeinschaftsverhältnisse die Teilung ausgeschlossen, wenn die Fortdauer der Gemeinschaftlichkeit für den Gebrauch oder die Bewirtschaftung der andern Grundstücke notwendig und dauernd in deren Interesse gelegen war[24]).

Für das heutige Recht sind die Vorschriften der §§ 921 und 922 auf diese selbständigen Zwischengrundstücke unanwendbar[25]).

5. Beispiele von Grenzeinrichtungen: Als solche sind in § 921 BGB besonders genannt: Zwischenräume (Häuserreihen, Feuergassen, Lichtschacht[26])), Raine, Winkel, Gräben (Flutgräben), Mauern (Kommunmauern[27])), Hecken[28]), Planken. Diese gesetzlichen Beispiele lassen sich noch vermehren: gemeinsame Dachrinnen zwischen zwei Häusern, gemeinsame Dungstätte, gemeinsamer Brunnen[29]), durch Waldungen geschlagene Grenzgestelle, Wege, namentlich Gangsteige, Baumreihen; es ist auch denkbar, daß ein Weg samt der dazugehörigen Allee Grenzeinrichtung ist; Steinwälle[30]).

---

[23]) Vgl. SeuffA. 62, 360ff.; RheinArch. 108, 298; RG 15, 330.

[24]) Vgl. für Gemeines Recht; Windscheid 772; Dernburg, Pandekten § 197 N. 16; Gruchot 6, 279; Kohler, gesammelte Abhandlungen 170ff.; Stölzel, Arch. für prakt. Rechtsw. N. F. 4, 3ff.; SeuffBl. 5, 108; 41, 328. BayOGH 6, 68; 7, 401; SeuffA. 7 Nr. 176, 15 Nr. 126. Für das Recht des ALR: Rehbein, OTr. 3, 58; Dernburg, PPr. R 1, 563ff.; OTr. 34, 142; Gruchot 12, 375f. Für rhein. Recht Zachariä-Crome 1, 573 Text und Note 22; Dernburg-Kisch 483; Habicht, Einwirkung 398; Crome 3, § 424 Note 11; Aubry-Rau § 221; RheinArch. (Köln) 108, 298; Baudry-Lacantinerie 195 Nr. 274.

[25]) Daher unrichtig die Folgerungen, die Sindlinger in WürttZ 07, 129ff. für die Behandlung gemeinschaftlicher Einfahrten aus § 921f. entwickelt. Dagegen denn auch Letzgus ebd. 230f., Graf 322f. und Kley, BadNotZ 12, 81.

[26]) Vgl. WarnE 16, 264. Über die Breite dieser Zwischenräume vgl. oben § 7 I 3.

[27]) Über Kommunmauern s. unten § 8.

[28]) Bei einer Hecke, die als Grenzeinrichtung dient, kommen nicht die Grundsätze des § 923 BGB in Anwendung; die Beseitigung einer solchen Hecke kann daher einseitig nicht verlangt werden, s. dagegen Scherer Bem. 221 zu § 923.

[29]) R 1904 Nr. 2490 (Dresden).

[30]) Bei steinigem Boden hat oft eine — zuweilen auf Generationen zurückgehende — Arbeit die Steine gesammelt und längs der Grenze aufgeschichtet, wodurch sich allmählich ein förmlicher Rain von Steinen gebildet hat. Hier hat man es mit einer Grenzeinrichtung zu tun. Jeder Nachbar ist berechtigt, die weiter herausgeholten Steine darauf zu legen, auch wenn dadurch mit der Zeit die Einrichtung breiter wird.

II. Wesen der Grenzeinrichtung

Nach dem oben dargelegten Begriff der Grenzeinrichtung ist es wesentliches Erfordernis, daß die Grenze durch die Einrichtung geht. Da in zahllosen Fällen gerade das Vorhandensein von Grenzeinrichtungen das Auffinden der genauen Grenze erschwert, so würde an sich die Frage, wer Eigentümer der Grenzeinrichtung ist, ja ob überhaupt die Grenze durch die Einrichtung geht, zu einem schwierigen Grenzermittlungsverfahren führen. Das soll vermieden werden, um so mehr, als regelmäßig die Nachbarn viel weniger Interesse an der Frage haben, wem von ihnen das Eigentum an den Grenzeinrichtungen zusteht, als daran, ob und wieweit sie ein Benützungsrecht haben. In verständiger Würdigung dieser Sachlage hat das Gesetz die Eigentumsfrage offen gelassen. Hingegen führt § 921, wenn die unter I dargelegten Voraussetzungen vorliegen, wenn also insbesondere die Einrichtung sich äußerlich als dem Vorteil beider Grundstücke gewidmet zeigt, eine Vermutung dafür auf, daß beide Nachbarn zu ihrer Benutzung gemeinsam berechtigt sind[31]). Die Vermutung dieses gemeinschaftlichen Benutzungsrechts kann nur widerlegt werden durch den Nachweis, daß die scheinbare Grenzeinrichtung in Wirklichkeit eine solche nicht ist[32]), daß also z. B. eine Mauer ganz auf dem Grundstück des einen Nachbarn steht[33]). Dieser Nachweis ist genau zu führen durch die Aufdeckung des wahren Grenzlaufs, evtl. auf dem Wege des § 920. Nach ausdrücklicher Vorschrift des § 921 wird die Vermutung eines gemeinschaftlichen Benutzungsrechts aber auch schon durch äußerliche Merkmale

---

[31]) Herschende Meinung, z. B. Planck Bem. 3b zu § 921.

[32]) Eigenartig Eckstein bei Gruchot 57, 646f. Nach ihm kann die Vermutung nicht nur durch den strikten Nachweis, sondern schon dadurch widerlegt werden, daß dem Gericht Umstände nachgewiesen werden, aus denen freie Beweiswürdigung das Alleineigentum zu schließen imstande ist. Nach Eckstein spricht die Vermutung nur eine Regelung aus, die auch ohne gesetzlichen Ausdruck schon im Leben gelte; ein bloßes Aussprechen der Vermutung könne daran nichts hindern. Wie daher ohne ausdrückliche Vermutung das Erbringen „großer Wahrscheinlichkeit" für das Alleineigentum die vom Leben diktierte Vermutung umwerfen würde, so würde sie auch die gesetzliche Vermutung zu entkräften fähig sein. Die Lehre Ecksteins über die Entkräftung der gesetzlichen Vermutung kann nicht geteilt werden; sie führt zu einer Rechtsunsicherheit, die das Gesetz gerade beseitigen wollte. Das zeigt sich am besten an seinem Beispiel zu § 921: Ist in einem Zwischenraum ein Brunnen nachweisbar von einem Nachbar zu einer Zeit errichtet worden, da der andere Nachbar einen eigenen Brunnen auf seinem Grundstück hatte, so soll nach Eckstein die Vermutung des § 921 widerlegt sein. Wenn aber der andere Nachbar beweist, daß sein Brunnen wasserarm war, daß inzwischen im Geschäft sein Wasserbedarf stark gestiegen sei, daß der Grenzbrunnen ihm viel bequemer liege als der eigene? Einer Prüfung dieser Gründe und Gegengründe soll gerade der Richter überhoben sein, da sonst die Streitigkeiten endlos würden.

[33]) RG i. BayRpflZ 15, 351.

widerlegt, die darauf hinweisen, daß die Einrichtung einem Nachbar allein gehört (siehe unten III).

Natürlich bleibt es beiden Nachbarn überlassen, das gesetzliche Mitbenutzungsrecht an der Grenzeinrichtung durch Vereinbarungen, die im Wege der Dienstbarkeitsbestellung auch dinglichen Charakter erhalten können, zu ändern oder auszuschalten.

III. Das Eigentum an der Grenzeinrichtung

1. Die Frage nach dem Eigentum an den Grenzeinrichtungen bereitet erhebliche Schwierigkeiten. Aus § 921 selbst ist, wie schon erwähnt wurde, für die Eigentumsfrage nichts zu entnehmen; die gesetzliche Vermutung bezieht sich nur auf das Benutzungsrecht. Im Gegenteil wird durch den Nachweis des Alleineigentums die für ein gemeinschaftliches Benutzungsrecht bestehende Vermutung des § 921 beseitigt[34]).

Bei echten Grenzeinrichtungen, die erwiesenermaßen von der Grenze durchschnitten werden, ist die Entscheidung, wer Eigentümer ist, nach der Art der Einrichtung verschieden.

2. Handelt es sich um bloße Grenzflächen (Raine, Winkel, Gestelle im Walde), so ist reale Teilung durch die Grenzlinie gegeben, da Grundstücksteilflächen nie wesentliche Bestandteile sind und § 93 BGB somit nicht entgegensteht[35]).

3. Bei Einrichtungen, die sich von der Grundfläche abheben, kann die Entscheidung verschieden ausfallen. Ein aus unverbundenen Steinen bestehender Steinwall, zu dem beide Nachbarn durch Aufhäufen von Steinen beigetragen haben, steht gemäß §§ 948, 947 BGB im Miteigentum beider Nachbarn. Wie aber, wenn es sich um eine Anlage handelt, die mit dem Grundstück fest verbunden ist (z. B. Bauwerk, Zaun, Hecke)? Die herrschende Meinung nimmt an, daß auch hier, wie bei Flächen, reale Teilung gemäß dem Zug der Grenze eintritt[36]) und stützt sich vor allem auf folgende Ausführungen der Motive:

---

[34]) Natürlich kann gleichwohl ein servitutarisches Mitbenutzungsrecht bestehen, aber dieses muß eben nachgewiesen werden.

[35]) Vgl. Graf i. WürttZ 07, 323ff.

[36]) Staudinger Bem. IIa; Biermann Bem. 1; RGKomm. Bem. 1 und 6; Planck Bem. 2a zu § 921 u. Bem. 4 zu § 94; Kretzschmar Bem. 2 N. 1; Turnau-Förster Bem. 1 zu § 921; Endemann 458 N. 25; Mathiaß 454b; Molitor, ElsLothrAusfGes. 464; Schröder, PucheltsZ 36, 228; Burgard, Kommunmauer 8ff.; de Boor 32f.; Buecken 16f.; Pfirstinger, SeuffBl. 67, 65f.; Broicher, PucheltsZ 38, 171; Heinsheimer, BadR I, 382; Goldmann-Lilienthal 63; Maenner 177; Dernburg 242; FrkfRdsch. 12, 39/40 (Fkft.); vor allem RG Gruchot 45, 1018; RG 53, 311; 65, 363; 162, 212; OLG Düsseldorf RheinArch. 109, 279; BayZ 16, 156 (Nürnberg); OLG 4, 294 (Zweibrücken); HessRspr. 17, 189 (Darmstadt); OLG 29, 340 (München) — Vgl. hierzu unten N. 39 u. 40 sowie § 8 II und III 1.

„Der Entwurf geht von dem Prinzip aus, daß ein jedes Grundstück gegen das Nachbargrundstück eine geometrische Grenze haben muß und daß diese Grenze objektiv stets gewiß und in den Fällen subjektiver Ungewißheit stets auffindbar ist. Mit der strengen Durchführung dieses Prinzips ist derjenige Weg, welchen die modernen Gesetzgebungen zu dem Zwecke der Erhaltung der Grenzanlagen einschlagen, unvereinbar. Dieselben suchen nämlich mit der Annahme eines Miteigentums und mit einer aus diesem Gesichtspunkt sich ergebenden Regelung des gegenseitigen Verhältnisses zu helfen. Für ein solches Miteigentum fehlt es aber an einem Gegenstande; denn ein drittes Grundstück außer den beiden Nachbargrundstücken gibt es nicht, und an einer Superfizies finden von dem Rechte am Grundstücke abgesonderte Rechte nicht statt. Wollte man in der Grenzanlage ein selbständiges, von den beiderseitigen Grenzen der Nachbargrundstücke eingeschlossenes Grundstück erblicken, so müßte dieses Grundstück und das Recht an demselben gebucht oder es müßte von der Regel der Buchung eine Ausnahme gemacht werden. Außerdem müßten die angenommenen Miteigentumsrechte, entsprechend dem Zwecke ihrer Annahme, als anormale Miteigentumsrechte gedacht werden, welche als subjektiv dingliche Rechte mit dem Eigentume der Nachbargrundstücke verbunden sind. Alle diese Konsequenzen sind für den Entwurf nicht annehmbar. Hiernach kann derselbe die zu bestimmenden Rechte nicht als Miteigentumsrechte, sondern nur als Rechte der Nachbarn denken, welche die aus den allgemeinen Bestimmungen der §§ 948, 949 sich ergebenden Rechte gegenseitig beschränken. Die beschränkenden Rechte finden ihren Gegenstand in der durch die Grenzeinrichtung okkupierten Grundstücksparzelle. Damit eine gegenseitige Beschränkung — nur eine solche soll bestimmt werden — denkbar sei, ist erforderlich, daß jene Grundstücksparzelle von der Grenze durchschnitten, teils zu dem einen, teils zu dem andern Nachbargrundstücke gehöre, wenn auch die Beiträge von der einen und von der andern Seite von verschiedener Größe sind."

Daran ist richtig, daß ein drittes Grundstück neben den Nachbargrundstücken nicht vorhanden ist, das ist aber auch gar nicht nötig, da Gegenstand des Miteigentums nicht unter allen Umständen der Boden sein muß, sondern auch die Anlage sein kann. Unrichtig aber ist es[37]), und das ist der Kern der Streitfrage, daß an einer Superfizies kein anderes Eigentumsverhältnis bestehen könne als am Grundstück selbst. Hier sind die oben[38]) aufgestellten Grundsätze über den Fall einschlägig, daß die Grenze durch eine Einheitssache geht. Dann verliert der in § 94 Abs. 1 BGB aufgestellte Satz „superficies solo cedit" seine Kraft zugunsten der in § 93 aufgestellten Norm von der Untrennbarkeit wesentlicher Sachbestandteile.

Das bedeutet die Ablehnung der herrschenden Meinung. Diese geht dahin, daß die Grenzeinrichtung nach dem Verlauf des Grenzzugs real geteilt sei. Sie führt zu der Annahme, daß eine Mauer von 30 cm Dicke in einer Breite von 15 cm dem A, von 15 cm dem B als Alleineigentümer zusteht. Diese Auffassung widerstrebt jedem natürlichen Empfinden und führt zu konstruktiver Rechtsbildung.

Die herrschende Meinung beruft sich auf RG 70, 201. Diese Entscheidung bezieht sich zwar nicht auf eine Grenzeinrichtung, sondern auf

[37]) Über die Unrichtigkeit der Fiktion der Gewißheit von Grundstücksgrenzen siehe oben § 6. [38]) § 2 II.

den Fall, daß die Grenze mitten durch ein einheitlich errichtetes Gebäude geht. Dabei hat nun allerdings das RG Grundsätze aufgestellt, deren Übertragung auf Grenzeinrichtungen zu einer realen Abteilung des Eigentums an der Grenzeinrichtung führt[39]).

Diese Verallgemeinerung führt zu recht gekünstelten Ergebnissen. Das RG führt aus:

„Würde das von der Grenze durchschnittene Gebäude durch Niederreißen in seine Bestandteile zerlegt, oder würden sonst die Teile des Gebäudes von einander getrennt, so verblieben zunächst die Stücke, die je innerhalb der Grundstücksgrenzen sich befunden hätten, im Eigentume der Partei, der das Grundstück gehört; denn die Tatsache der Trennung könnte auf das bestehende Eigentum keinen Einfluß ausüben. Die Stücke aber, die sich unmittelbar auf der Grenze der beiden Grundstücke dergestalt befinden, daß sie durch die Grenzlinie durchschnitten würden, müßten, da sie nach der Trennung von dem Boden und dessen anderen Bestandteilen den für bewegliche Sachen geltenden Rechtsgrundsätzen unterlägen, und da eine Sonderinhabung eines jeden der beiden Grundstückseigentümer an ihnen tatsächlich nicht möglich wäre, mit Rechtsnotwendigkeit Miteigentum der beiden Parteien werden und zwar zu Bruchteilen, die der früheren räumlichen Erstreckung des zur beweglichen Sache gewordenen Bodenbestandteiles auf das eine und das andere Grundstück entsprechen müssen."

Diese Ausführungen sind nicht frei von innerem Widerspruch. Einmal heißt es: „das real geteilte Eigentum erhalte sich auch nach der Trennung; denn die Tatsache der Trennung könne auf das bestehende Eigentum keinen Einfluß ausüben." Andererseits sollen die unmittelbar auf der Grenze stehenden (!) Stücke durch die Trennung Miteigentum beider Parteien nach Quoten werden, da sie nach der Trennung den Normen für Mobilien unterlägen und eine getrennte Innehabung nicht vertrügen; damit aber wird die Tatsache der Trennung dennoch von Einfluß auf das Eigentum. Es ist auch nicht zu verstehen, wo das Reichsgericht die Grenze für diejenigen Teile ziehen will, die sich im Sondereigentum erhalten gegenüber den Teilen, die aus dem Sondereigentum ins Miteigentum treten. Wo sollen z. B. bei einer festen Scheidemauer von 1 m Dicke die von der Grenze geschnittenen „Stücke" aufhören? Es kann doch wohl kaum das Eigentum an Teilen bis zu 5, 10, 15 cm Entfernung von der Grenzlinie durch die Trennung berührt werden, die weiter entfernten Teile nicht. Eine solche Mauer kann durch Verhärtung des Mörtels so zusammengewachsen sein, daß sie ohne Zerstörung der einzelnen Steine,

[39]) Inzwischen hat das Reichsgericht (RG 160, 176; 169, 175) die in RG 70, 201 vertretene Rechtsansicht hinsichtlich der Eigentumsverhältnisse beim Eigengrenzüberbau aufgegeben. Die Ansicht, daß bei Grenzmauern reale Teilung des Eigentums bis jeweils zur Grenze eintritt, soweit weder die Voraussetzungen des § 95 Abs. 1 S. 2 (s. § 8 II 1) noch die Duldungspflicht des § 912 Abs. 1 (s. § 8 II 2) gegeben sind (vgl. § 8 N. 47), hat es dagegen aufrechterhalten (RG 162, 212). Vgl. unten § 24 VII 1. — Anderer Ansicht als das RG ist anscheinend der BGH, der an der, nach der Zerstörung der angebauten Gebäude, übriggebliebenen Giebelwand ein Miteigentumsrecht der beiden Nachbarn bejaht: NJW 55, 257.

aus welchen sie zusammengesetzt ist, gar nicht auseinandergenommen werden kann. Man könnte darauf antworten, daß eben dann alle Bestandteile dieser Mauer nach der Trennung vom Boden ins Miteigentum fallen. Soll das dann anders sein, wenn der Mörtel die Mauersteine weniger fest zusammenhält? Eine Entscheidung, die zu solchen Widersprüchen und Künsteleien führt, kann unmöglich von richtiger Grundanschauung ausgehen. Die logische und wirtschaftliche Unmöglichkeit der Zerlegung von Teilen der Einheitssache steht ihr entgegen. Läßt man diese Unmöglichkeit in den Hintergrund treten gegenüber der doch nur rechtspolitischen Vorschrift des § 94 Abs. 1 „superficies solo cedit", dann führt das bei Grenzeinrichtungen zu Ergebnissen, die mit den Anschauungen des Verkehrs unverträglich sind.

Man muß sich nur freimachen von der Anschauung, die Grenzeinrichtung in erster Linie nach ihrem Zusammenhang mit dem Grund und Boden zu beurteilen. In Wahrheit ist ja doch der Zusammenhang der Teile untereinander von vorneherein inniger als der Zusammenhang mit dem Boden. Die Steine der Mauer sind zunächst Bestandteile der Mauer, erst mit dieser und durch diese werden sie zum Bestandteil des Grundstücks.

Davon muß man auch bei der rechtlichen Würdigung ausgehen und den Zusammenhang des Steines mit der Mauer auch in seiner Wirkung dem Zusammenhang des Steines mit dem Grundstück voranstellen. Der Zusammenhang des Steines mit der Mauer ist auch stärker. Bei einer durch Verhärtung des Mörtels zusammengewachsenen Mauer läßt sich denken, daß man die Mauer vom Boden trennt und die Steine bleiben dennoch beisammen.

Der Natur der Sache entsprechend muß demnach auch der rechtliche Zusammenhang der Teile untereinander für stärker erachtet werden als der rechtliche Zusammenhang der Teile mit dem Grundstück. Dann bleibt aber für die rechtliche Beurteilung des Eigentumsverhältnisses keine andere Wahl als die mit dem Rechtsbewußtsein, der Verkehrsanschauung und der Rechtsüberlieferung im Einklang stehende Annahme eines Miteigentums an der Grenzanlage[40]). Die Anlage selbst bleibt ungeteilt (§ 93 BGB), nur das Herrschaftsrecht an der Anlage wird in Teile zerlegt. Genau dieselbe Erwägung, die das Reichsgericht dazu bringt, n a c h der Trennung vom Grundstück Miteigentum an den vorher von der Grenze geschnittenen zusammenhängenden Bestandteilen der Sache anzunehmen, führt zur An-

---

[40]) Miteigentum nehmen an: Crome 428f., und 299 Nr. 3; Landsberg 2, 645; Cosack 2, 160; Breit in FischersZ 38, 185f.; Waller, JW 09, 945 und in RheinArch. 107, 87ff. (allerdings mit bedenklichen Folgerungen); Brugger in BadRspr. 11, 60 und in BadNotZ 12, 7. — Wegen des Standpunktes des BGH vgl. oben N. 39.

nahme des Miteigentums an der noch stehenden Anlage. Denn „da eine Sonderinhabung an ihnen tatsächlich nicht möglich" ist, sind sie „mit Rechtsnotwendigkeit Miteigentum der beiden" Nachbarn. Sie sind es nach der Trennung und, weil die „Tatsache der Trennung auf das bestehende Eigentum keinen Einfluß ausüben könnte", auch schon vor der Trennung.

Das Miteigentumsrecht an der Grenzanlage ist als subjektiv dingliches Recht untrennbar mit dem Eigentum der Nachbargrundstücke verbunden. Insoweit kommt die Abhängigkeit der Anlage von dem Grund und Boden, auf welchem sie steht und somit der Grundsatz des § 94 Abs. 1 zur Geltung.

Die Voranstellung des Grundsatzes von der Untrennbarkeit der Bestandteile führt aber zu einem weiteren Rechtskonflikt, wenn die Einheitssache (Mauer), um deren Teile es sich handelt, selbst wieder ein Bestandteil einer anderen Anlage (Haus) ist; wenn z. B. eine auf der Grenze stehende Mauer die Scheidewand von zwei Häusern bildet, dergestalt, daß sie ebenso gut zu dem einen Haus gehört wie zu dem andern. Die beiden Häuser stehen in Alleineigentum. § 93 bestimmt, daß sich das Eigentum auf die wesentlichen Bestandteile erstreckt. Die Mauer, und zwar die ganze Mauer, ist wesentlicher Bestandteil des Hauses Nr. 1 nicht mehr und nicht weniger als des Hauses Nr. 2. Es trifft also bei folgerichtiger Durchführung des § 93 an der ganzen Mauer das Alleineigentumsrecht des einen mit dem Alleineigentumsrecht des andern zusammen. Es würde keine Lösung des Konfliktes, sondern nur ein Ausweichen bedeuten, wenn man deshalb den § 93 völlig preisgeben und sich auf den Standpunkt des § 94 Abs. 1 (superficies solo cedit) zurückziehen wollte. Denn wenn die Vorschrift des § 94 Abs. 1 nicht bestünde, müßte der Konflikt, der sich ausschließlich im Rahmen des § 93 selbst bewegt, doch auch gelöst werden. Es ist allerdings nicht zu verkennen, daß dieser Konflikt gerade eine Folge der Unbeweglichkeit der beiden Häuser, also eine Folge ihrer festen Verbindung mit dem Grund und Boden ist. Allein die Preisgabe des § 93 und der Rückzug auf den Rechtsboden des § 94 Abs. 1 führt zu demselben Konflikt. Denn der Grundsatz des § 94 Abs. 1 gilt nicht ausnahmslos. Nach § 95 gehört nicht zu den wesentlichen Bestandteilen des Grundstückes ein Werk, das in Ausübung eines (dinglichen)[41]) Rechts von dem Berechtigten mit dem Grundstück verbunden worden ist. Ist das eine Haus mit der halbscheidigen Mauer mit Zustimmung des Nachbarn errichtet, so hat man es schon vor dem Anbau mit einer Grenzeinrichtung des § 921 zu tun, folglich darf die Mauer nicht ohne Zustimmung des Eigentümers des zuerst gebauten Hauses beseitigt werden (§ 922). Dieses dingliche Recht

[41]) Herrschende Meinung. Vgl. oben § 2 Anm. 16.

auf das Halten der Mauer, soweit sie auf fremdem Boden steht, fällt unter § 95 (s. unten § 8).

Daraus folgt, daß auf den übergebauten Mauerteil nicht § 94 Abs. 1, sondern § 94 Abs. 2 und § 93 anzuwenden ist, mithin auch dieser Mauerteil im Alleineigentum des Gebäudeeigentümers steht. Hat dann der Nachbar an das Gebäude angebaut, so hat er das gleiche dingliche Recht an dem auf dem Boden des ersterrichteten Gebäudes stehenden Mauerteil. Er kann sich deshalb mit demselben Rechte, wie sein Nachbar darauf berufen, daß der (von seinem Grundstück aus betrachtet) hinübergebaute Teil der Mauer nicht zu den wesentlichen Bestandteilen des Nachbargrundstückes gehört, sondern als wesentlicher Bestandteil seines Hauses in seinem Alleineigentum steht. Also auch im Rahmen der §§ 94 Abs. 1, 95 stößt das Alleineigentum des einen Nachbars auf das Alleineigentum des andern mit der rechtlich unabweisbaren Folge, daß sie beide Miteigentümer der ganzen Mauer sind. Das deckt sich mit der Tatsache, daß die ganze Mauer gemeinschaftlich ist. Es ist nicht wahr, daß jedem an der einen Hälfte die ausschließliche Einwirkungs- und die Ausschlußbefugnis zusteht. Die Macht der Tatsachen erzwingt die Behandlung der Scheidewand als einer gemeinschaftlichen. Die Beteiligten wissen es nicht anders und der Jurist geht fehl, wenn er mit einem doktrinären Grundsatz, den er doch nicht durchführen kann, den Tatsachen Gewalt antun und den gesunden Menschenverstand in Fesseln schlagen will.

Wenn § 93 zwei verschiedenen Personen das volle und ausschließliche Herrschaftsrecht an derselben Sache zuspricht, so kann es logischerweise gar nichts anderes sein als Miteigentum. In dem Zusammentreffen von zwei Alleineigentumsrechten in derselben Sache ist begrifflich Miteigentumsrecht gegeben[42]). Es ist kein Ausfluß des Eigentums am Grund und Boden, sondern untrennbar mit dem Eigentum am Gebäude verbunden. Solange nur ein Haus besteht, gehört die ganze Grenzmauer, die von der Grenze durchschnitten wird, zu diesem Haus. Wird das Nachbarhaus

---

[42]) § 947 bestimmt: Werden bewegliche Sachen miteinander dergestalt verbunden, daß sie wesentliche Bestandteile einer einheitlichen Sache werden, so werden die bisherigen Eigentümer Miteigentümer dieser Sache; die Anteile bestimmen sich nach dem Verhältnis des Wertes, den die Sachen zur Zeit der Verbindung haben. Ist eine der Sachen als die Hauptsache anzusehen, so erwirbt ihr Eigentümer das Alleineigentum.

Gewiß gilt diese Vorschrift nur für bewegliche Sachen; die Erlassung einer Vorschrift für den Fall der Verbindung mehrerer unbeweglicher Sachen hat der Gesetzgeber — wie zugegeben werden muß — bewußt unterlassen, weil er sich vorgestellt hat, daß eine solche Verbindung mit Rücksicht auf die Bestimmungen der §§ 94, 946 rechtlich nicht möglich sei. Diese Möglichkeit wird aber durch die Macht der Tatsachen erzwungen, und die sich hieraus ergebende Gesetzeslücke muß dann eben durch analoge Anwendung des in § 947 anerkannten Grundsatzes ausgefüllt werden.

angebaut und die Scheidewand auch diesem Nachbarhaus als wesentlicher Bestandteil einverleibt, so verwandelt sich das bisherige Alleineigentum des einen Nachbars in Miteigentum der beiden Nachbarn. Reißt der Nachbar, der zuerst gebaut hatte, sein Haus ab, so muß er die ganze Mauer stehen lassen und der andere wird von selbst Alleineigentümer der ganzen Mauer[43]). Allenthalben sehen wir, wie der wirtschaftliche Zusammenhang der Sachbestandteile (§ 93) dem Zusammenhang mit dem Boden vorangeht und der Grundsatz superficies solo cedit zurücktritt.

Auch die neuere Rechtsentwicklung, wie sie im Wohnungseigentumsgesetz (vgl. oben § 3 II) ihren Niederschlag gefunden hat, zeigt deutlich eine Abkehr von dem starren Grundsatz des § 94 I BGB; auch sie spricht daher für die hier vertretene Ansicht.

4. Die vorstehenden Darlegungen führen auch für das Übergangsrecht zu einer von der herrschenden Meinung abweichenden Ansicht. Die herrschende Meinung, die lehrt, daß nach BGB ein vom Grundeigentum getrenntes Gebäude nicht bestehen kann, daß also nur Sondereigentum an vertikal geteilten Bauwerkanteilen denkbar sei, muß gemäß Art. 181 Abs. 1 EG das bestehende Miteigentum in real geteiltes Eigentum überleiten[44]). Das bedeutet einen völligen Bruch mit der bisherigen Rechtsentwicklung, da nach gemeinem und rheinischem Recht wie auch nach der Rechtsprechung des preußischen Rechts bisher Grenzeinrichtungen als im Miteigentum der Nachbarn stehend erachtet wurden[45]).

---

[43]) Er wird daraus nicht verpflichtet, dem Eigentümer des zuerst gebauten Hauses den Wert der halben Mauer zu ersetzen. Zwar hat dieser einen Rechtsverlust erlitten, den der andere als Vorteil erlangt hat; er hat ihn auch ohne rechtlichen Grund im Sinne der § 812 erlangt. Aber die ganze Mauer, die auch jetzt noch der Wirkung nach die Grenze scheidet, ist Bestandteil der noch vorhandenen (s. darüber oben III 3) Grenzeinrichtung geblieben, und derjenige, der sein Haus abgerissen hat, ist berechtigt, jederzeit die Mauer wieder zum Anbau zu benutzen. Es wird also nur die Hälfte der so belasteten Mauer erworben. Der Erwerber hat somit nicht mehr Befugnis durch den Erwerb erlangt, als er schon vorher hatte und infolgedessen ist der Geldwert des erworbenen Eigentumsrechts gleich Null.

[44]) Vgl. RG in GruchotsBeitr. 45, 1018; RGKomm. Bem. 8 zu § 921; Endemann 458 N. 24; Kretzschmar Bem. 4 zu § 921; SächsAnn. 33, 184 (Dresden).

[45]) Gem. Recht: Dernburg, Pand. 462 Anm. 17—19; Kohler ges. Abh. 170f.; SeuffA. 22 Nr. 216; 34 Nr. 99; 35 Nr. 99; SächsAnn. 33, 186; Stölzel, ArchPraktRw. NF 4, 3ff.

ALR: Rehbein 1, 287f.; StriethorstArch. 54, 170; 74, 257; 100, 74; OTr. 48, 25. Abweichend zum Teil die Rechtslehre: Dernburg 533 Note 17; Foerster-Eccius 74 N. 25. Auch § 72 BraunschwBauO vom 13. 3. 1899 (GVBl. Nr. 25) nimmt bei Gebäuden mit gemeinschaftlicher Fachwerkswand Miteigentum der Nachbarn an der Wand und der darunter liegenden Grundfläche an.

Franz. Recht: Zachariae-Crome 1, 529ff.; Kohler a. a. O. 175; Dernburg-Kisch 486; Aron, Els.-Lothr. AusfGes. § 91 Nr. 2; Aubry-Rau 2, § 222 S. 417; Baudry-

Die herrschende Meinung beseitigt diesen Rechtszustand, so daß das bisherige Miteigentum in real geteiltes Sondereigentum übergeführt werden muß. Nach der hier vertretenen Ansicht dagegen bleibt das Miteigentum bestehen, allerdings nach Art. 181 Abs. 1 gemäß den Normen des BGB über Miteigentum und die Gemeinschaft[46]). Auch etwa begründetes Gesamthandeigentum bleibt aufrecht erhalten[47]). Im Gegensatz zur herrschenden Meinung müßte sogar Sondereigentum an Teilen der Grenzeinrichtung, wie es nach der für ALR herrschenden Ansicht zur Entstehung gelangt sein kann, in Wegfall kommen und in Miteigentum nach Bruchteilen übergeleitet werden; denn für den Inhalt des Eigentums, also auch für dessen Gegenstand, gilt gemäß Art. 181 EG neues Recht.

5. Das Rechtsverhältnis an Grenzeinrichtungen ist gemäß §§ 921 und 922 wie folgt aufzufassen: Stehen Grenzanlagen im Miteigentum, so trifft, wenn die Vermutung des § 921 eingreift und unwiderlegt bleibt, Gemeinschaft an Eigentum und Benutzung zusammen, diese ist ein Ausfluß jener, wie bei jedem Miteigentum, nur mit etwas abweichender Regelung der Gemeinschafterrechte und -pflichten. Fällt die Vermutung des § 921, so gelten die gewöhnlichen Regeln für Miteigentum.

Kommt bei Grenzflächen, an denen ja real geteiltes Eigentum vorliegt, die Vermutung des § 921 zur Anwendung, so ist einerseits jeder der Nachbarn in seinem Eigentum beschränkt durch das gemeinschaftliche Benutzungsrecht[48]), welches die Einwirkungs- wie die Ausschließungsbefugnis des § 903 bezüglich der eigenen Fläche entsprechend einengt. Zugleich ist aber auch dem Eigentum jedes Nachbarn eine den gesetzlichen Eigentumsinhalt übersteigende Einwirkungsmacht auf die fremde Fläche zugelegt. Jeder Nachbar benutzt daher die ganze Grenzanlage aus dem-

---

Lacantinerie 636 Nr. 931; Habicht 411, 413; Maenner, Recht 1900, 410; RG 60, 311; BadRspr. 1903, 565; Scherer, EG 163 Nr. 219, der sogar Gesamthandeigentum annimmt.

[46]) Ebenso Biermann Bem. 2 zu § 921; Crome 300 N. 18; Goldmann-Lilienthal 63 N. 26.

[47]) Abw. Planck Bem. 6c; Niedner Bem. 5aα; Staudinger Bem. 4b zu Art. 181; Habicht 410; RheinArch. 108, 299 (Köln), die die Ansicht vertreten, daß das in Art. 181 Abs. 2 aufrecht erhaltene Gesamthandeigentum sich lediglich beziehe auf besondere Fälle (z. B. adlige Ganerbschaften), nicht auf Gesamthandeigentum, das sich aus allgemeinen Lehrsätzen der Gesetze ergibt. Diese Unterscheidung ist zwar in den Protokollen VI, 517 ad A 1 enthalten; sie hat aber in das Gesetz selbst keine Aufnahme gefunden. Es muß daher der unzweifelhafte und unzweideutige Gesetzestext den Vorrang behalten. Ebenso Gierke 389 N. 61 und Strübe, BadRspr. 03, 96ff. Vgl. auch Maenner im R 1900, 410, der keineswegs (vgl. S. 409), wie Habicht a. a. O. meint, die oben genannte Stelle der Protokolle übersehen hat.

[48]) Es gibt nur ein gemeinschaftliches Benutzungsrecht, nicht zwei parallel laufende Befugnisse: Prot. III, 130; Turnau-Förster 2 zu §§ 921, 922; Wolff, Sachenrecht 168; Crome 300; Goldmann-Lilienthal 64/5.

selben Rechtsgrund, nämlich auf Grund seines Eigentums an dem Flächenteil[49]). Ist endlich die Vermutung des § 921 bei real geteiltem Eigentum nicht gegeben oder widerlegt, so ist sowohl Eigentum wie Nutzungsrecht jedes Nachbars auf das ihm gehörige Flächenstück beschränkt.

IV. Äußere Merkmale für und gegen das Sondereigentum eines Nachbarn

Die Vermutung des § 921 kann außer durch den Nachweis der Grenze (s. darüber oben § 7 II) dadurch widerlegt werden, daß äußere Merkmale auf das Sondereigentum eines Nachbarn hinweisen[50]). Welcher Art diese sein müssen, bestimmt das Gesetz nicht, während frühere Rechtssysteme hierüber bis ins einzelne gehende Normen aufwiesen. Für die am 1. 1. 1900 bestehenden Grenzeinrichtungen bleibt in dieser Beziehung das bisherige Recht maßgebend[51]).

Übrigens geben die in den bisherigen Rechtsquellen aufgestellten diesbezüglichen Normen nur Erfahrungssätze wieder, die — wenn auch nicht mit bindender Kraft — auch für die nach dem 1. 1. 1900 entstandenen Grenzeinrichtungen anzuwenden sind. Im Bezirke des gemeinen Rechts waren gesetzliche Merkmale überhaupt nicht bestimmt und hatte man sich daher nach den durch die Erfahrung gewonnenen Regeln zu richten[52]). Hierfür dürfen auch die Normen anderer Rechtsquellen herangezogen werden.

Daß die äußeren Merkmale sich gerade an der Grenzeinrichtung selbst befinden, ist nicht erforderlich.

Winkel. Wenn in einen Winkel (Häuserreihe) bisher nur einer der Nachbarn die Traufe hat fallen oder allein dorthin Gossen hat ausmünden lassen oder allein Fenster

[49]) Unrichtig ist daher die Auffassung, als entfließe das Nutzungsrecht auf die eigene Fläche dem Grundeigentum, das auf den fremden Teil einer eigenen „gesetzlichen Grunddienstbarkeit", so Wolff R 1900, 176; Staudinger Bem. 11 zu § 922; denn eine solche ist dem Gesetz unbekannt.

[50]) Es kommt nicht darauf an, ob die Merkmale auf Sonderbenutzung hinweisen, sondern auf Sondereigentum wird abgestellt. Trotz solcher Merkmale kann ein gemeinschaftliches Benützungsrecht bestehen; es wird nur nicht vermutet. Vgl. Breit in FischersZ 38, 174 ff.

[51]) Die Aufhebung der betreffenden Gesetzesstellen des ALR und Code durch Art. 89 PrAG ist in dieser Hinsicht unerheblich. Für Fortbestehen des alten Rechts Habicht 398, Niedner Bem. 2b α E zu Art. 181; OLG 4, 294 (Zweibrücken); Planck Bem. 4b zu Art. 181; dagegen Schröder in PucheltsZ Bd. 36, 227. Der ersten Ansicht dürfte beizutreten sein. Die zeitliche Geltung von Vermutungen bestimmt sich nach dem materiellen Rechtsgebiet, für das sie die Beweisregelung schafft (Hedemann, Die Vermutung 346 ff.; Affolter, Intertemporales Privatrecht 95). Das materielle Rechtsgebiet ist hier die Frage des Eigentumserwerbs, und diese wird nach altem Recht beurteilt (Planck Bem. 3a: Staudinger Bem. F 3b zu Art. 181). Vgl. auch Dernburg, Sachenrecht 242.

[52]) Vgl. Schellhaß 99.

in seiner daran angrenzenden Wand hat, so wird vermutet, daß der Zwischenraum ihm allein gehöre[53]). Wenn ein Winkel von nicht zu geringer Längsausdehnung nur dem einen Nachbar zugänglich ist, so spricht dies dafür, daß er diesem allein gehört[54]).

Graben. Befindet sich der Auswurf eines Grabens oder Kanals nur auf dem Grund und Boden des einen Nachbars, so ist zu vermuten, daß diesem die Grenzeinrichtung allein gehört[55]).

Bei Mauern sind die äußeren Merkmale, welche darauf hinweisen, daß sie einem der Nachbarn allein gehören, verschieden, je nachdem es sich um Mauern handelt, welche den Nachbarhäusern als Wände dienen, oder um solche Mauern, welche die Hofräume, Hausgärten usw. der Nachbarn voneinander trennen.

Bei Hausmauern, die als Wände der beiden Nachbarhäuser dienen, gibt es nur wenige Merkmale, welche dartun, daß die Mauer nur einem der Nachbarn gehört. Wenn nur das Gebälke des einen Hauses auf der Mauer und nicht nur auf der halben Dicke der Mauer, sondern auf ihrer ganzen Dicke aufliegt, dann ist anzunehmen, daß sie zu diesem Hause gehört, wogegen umgekehrt Miteigentum vermutet wird, wenn die Balken der beiden Häuser gleich tief in der Mauer liegen[56]) oder Mauerbalken beider Nachbarn auf ihr aufliegen[57]). Wenn eine Mauer, die überhaupt kein Gebälke trägt, über das Gebäude des einen Nachbars hinausragt, so daß sie sich nur unter dem Dache des anderen Nachbars befindet, gehört sie dem letzteren[58]). Doch kann die Beweiskraft dieser Merkmale wiederum dadurch ausgeschlossen werden, daß andere Merkmale die Gemeinschaftlichkeit dartun, so z. B. wenn durch die Mauer eine Abtrittsröhre[59]) oder ein Kamin[60]) geht, der von beiden Nachbarn gemeinschaftlich benützt wird, wenn auf der Mauer eine gemeinschaftlich benutzte Dachrinne liegt[61]) oder wenn auf der Stirnseite der Mauer in deren Mitte ein Abzugsrohr (Nust) senkrecht zum Boden führt, welches das von den Dachtraufrinnen beider Nachbaranwesen kommende Wasser aufnimmt.

Die Gemeinschaftlichkeit an einer Scheidemauer ist unter besonderen Umständen selbst dann möglich, wenn sie einen konstruktiv notwendigen Bestandteil des zuerst errichteten Hauses und die bloße Abschlußwand des von demselben Besitzer später daran angebauten Hauses bildet. Wird später ein Haus wegverkauft und hierbei ausdrücklich bestimmt, daß die Scheidewand gemeinschaftliches Eigentum sein solle, so hat man es mit einer Grenzeinrichtung zu tun[62]).

Bei Mauern, durch welche die Hofräume und Hausgärten der Nachbarn voneinander geschieden werden, sind die Merkmale, welche darauf hinweisen, daß die Mauer nur

---

[53]) ALR I 8 § 121; vgl. StriethArch. 57, 132; HessBauO § 44 und dazu HeuserAnn. 2, 436; FkfReform. VIII Tit. 7 § 80; Baustatut 7 § 17.

[54]) BerlBauobs. v. 1641 § 9, vgl. § 51.

[55]) Diese Vermutung ist in ALR I 8 § 188 und Code civil Art. 668 ausgesprochen, ist aber als allgemein gültige Regel anzusehen; vgl. Roth, BayrZR 2, 66.

[56]) HessBauO §§ 41 f. (dazu HeuserAnn. 18, 210ff.); Nassau-KatzenellenbBauO VI cap. 3 Nr. 13; FrankfRef. VIII § 5; Baustat. VIII § 1c, 2e; Mainzer Bauordg. VII § 23.

[57]) FkfRef. VIII § 12; Baustat. VIII § 2d.

[58]) FkfRef. VIII § 3; Baustat. VIII § 1a; Schellhaß 98.

[59]) Vgl. Breslauer Bauobs. 19; FkfRef. VIII § 7; Baustat. VIII § 1d; Nassau-KatzenellenbBauO cap. 3 N. 13.

[60]) Trierer Landrecht 22 § 13; FkfRef. VIII § 7; Baustat. VIII § 1d; Nassau-KatzenellenbBauO cap. 3 N. 13.

[61]) HessBauO §§ 41 Nr. 4 und 42 Nr. 3; FkfRef. VIII § 10; Baustatut VIII 2b.

[62]) RG 53, 309. Wäre eine solche Vereinbarung nicht nachweisbar, so wäre für das zuletzt erbaute Haus nur die Bestellung einer Grunddienstbarkeit durch Widmung (vgl. unten § 35 II und für neues Recht § 36 I 4) anzunehmen. Der Grunddienstbarkeitsberechtigte darf die Mauer nur in dem bisherigen Umfange benutzen.

dem einen Nachbar gehört, zahlreicher. Solche sind darin zu finden, wenn nur an der einen Mauerseite Pfeiler, Bogen, Tragsteine, Vertiefungen (Blenden), Blindfenster, eiserne Ringe, eingehauene Wappen und Schriften sich vorfinden. Die Mauer gehört demjenigen, auf dessen Seite sich der Pfeiler, Bogen usw. befindet[63]). Besonders wichtig ist der Umstand, wenn die Oberfläche der Mauer nur nach einer Seite geneigt ist oder wenn die auf die Mauer gelegten Platten nur nach einer Seite überragen (Traufe). Dies weist darauf hin, daß die Mauer dem Nachbar gehört, auf dessen Seite sich die Traufe befindet[64]).

Ein weiteres Merkmal liegt vor, wenn eine Mauer, die unten dicker ist als oben, auf der einen Seite lotrecht ist, so daß nur die andere Seite die nach oben laufende Verjüngung der Mauer zeigt. Die Mauer gehört demjenigen, auf dessen Seite sich die Verdickung der Mauer befindet. Ist die eine Seite der Mauer rauh, die andere aber glatt, so spricht dieser Umstand für das ausschließliche Recht desjenigen Nachbars, dem die rauhe Seite zugekehrt ist[65]).

Ist ein Grundstück ringsum gleichmäßig von einer Mauer umgeben, das daran angrenzende Nachbargrundstück aber nicht, so ist die Mauer als zu ersterem gehörig zu betrachten.

Eine Hecke muß dann als dem einen Nachbar gehörig erachtet werden, wenn dieser sein Grundstück auch an der anderen Seite eingezäunt hat, während dies bei dem Nachbargrundstück nicht der Fall ist[66]).

Die Planke gehört dann dem einen Nachbarn ausschließlich, wenn auf der diesem zugekehrten Seite allein die Pfostenständer oder Stiele stehen[67]). Aus dem Umstand, auf welcher Seite ausschließlich die Häupter der Nägel stehen, läßt sich ein verlässiger Schluß nicht ziehen[68]).

Eine Dungstätte auf der Grenze wird dann als ausschließlich dem einen Nachbarn gehörig erachtet, wenn nur von dessen Haus ein Rohr in dieselbe mündet und auch sonst keine Rinne von dem anderen Anwesen in die Dungstätte führt[69]).

Der sog. hohe Rain d. h. der zwischen einem höher und einem tiefer liegenden Grundstück befindliche Abhang gehört nach seiner natürlichen Beschaffenheit zum oberliegenden Grundstück[70]). Dies gilt aber nur bei ganz auffälliger Niveauverschiedenheit der beiden Grundstücke.

V. Inhalt des gemeinschaftlichen Benützungsrechts

Ist im gegebenen Fall in Gemäßheit des § 921 BGB die gemeinschaftliche Berechtigung beider Nachbarn zur Benützung der Grenzeinrichtung

---

[63]) Vgl. ALR I, 8 § 160; Frankfurter Ref. VIII Tit. 8 § 4, Frankfurter Baustatut Kap. 8 § 16; Berliner Bauobservanzen I § 11; Breslauer BauO S. 19; Trierer, LandR 22 § 13; Nassau-KatzenellenbBauO VI Kap. 3 Nr. 13; Mainzer Bauordnung VII § 23; Holzschuher, Theorie und Kasuistik 2, 92; Schelhaß, Nachbarrecht 97f.

[64]) Vgl. Code civil Art. 654; ALR I, 8 § 159; Hessische BauO § 43 Abs. 1; Breslauer BauO S. 19. — Vgl. SeuffBl. 43, 93: Wenn sich der Horsch oder die Platten nach beiden Seiten neigen, so kommt nichts darauf an, wenn die Neigung des Horsches gegen die eine Seite stärker ist als gegen die andere; die Mauer gilt als gemeinschaftlich.

[65]) Holzschuher, Theorie und Kasuistik 2, 92; Schelhaß, Nachbarrecht 100.

[66]) Vgl. Code civil Art. 670.

[67]) ALR I Tit. 8 § 154; Berliner BauObs. I § 3; Roth, Bayer. Zivilrecht 2, 67.

[68]) Vgl. z. B. Ostrheinische Prov.- und Partik.-Rechte S. 11 § 29; Sayn-Altenkirchen: Die Planke gehört dem, gegen den die Spitzen der Nägel stehen.

[69]) Roth, Bay. Zivilrecht 2, 68.

[70]) Dernburg, PrPrR 552/3, Sachenrecht 242 zu N. 6.

gegeben, so fragt sich, welchen Inhalt dieses Benützungsrecht hat. Hierüber stellt § 922 BGB die Norm auf. Jeder Nachbar kann die Grenzeinrichtung — nicht das Nachbargrundstück selbst: RG Warn. 16, 169 — zu dem Zwecke, der sich aus ihrer Beschaffenheit ergibt, insoweit benützen, als nicht die Mitbenützung des anderen beeinträchtigt wird.

Welcher Zweck sich aus der Beschaffenheit der Grenzeinrichtung ergibt, ist aus ihren objektiven Merkmalen nach wirtschaftlichen Grundsätzen zu entscheiden. Vielfach geht der Zweck nicht weiter, als eine Scheidung der beiden Grundstücke herbeizuführen. Bei anderen Grenzeinrichtungen liegt der Zweck in der Abwendung der Feuersgefahr, der Ableitung des Dachtraufwassers, der Ermöglichung des Durchgehens, der Zuführung von Licht und Luft usw. Nur eine dieser Zweckbestimmung entsprechende Benützung ist dem Nachbarn gestattet. Will ein Nachbar ein weitergehendes Benützungsrecht behaupten, so muß er einen besonderen Erwerbsgrund z. B. vertragsmäßige Bestellung oder Ersitzung einer Grunddienstbarkeit beweisen.

Im einzelnen sind hiernach folgende allgemeine Gesichtspunkte gegeben:

In die Winkel oder Häuserreihen dürfen die Abwässer der Hauswirtschaft nicht geleitet werden, noch weniger Unrat und Fäkalien. Wenn freilich seit alters für die Abwässer oder Fäkalien Abzugsrohre oder sonstige Zuleitungen bestehen, welche in den Winkel einmünden, dann sprechen eben äußere Merkmale für die Befugnis zu solcher Benützung[71]). Dem Nachbar ist es nicht verwehrt, von seinem Anwesen eine Tür in den Winkel zu brechen, um ihn zum Zwecke der Reinigung zu betreten und auch sonst durchzugehen[72]). Ist ein solcher Gang der objektiven Beschaffenheit nach bestimmt, als Durchgang zu dienen, so muß es auch gestattet sein, mit einem Schubkarren durchzufahren, dies selbst dann, wenn es mit Rücksicht auf die Enge des Ganges nicht möglich ist, daß beide Nachbarn aneinander vorbeifahren können, so daß also eine gleichzeitige Benützung insoweit nicht möglich ist[73]). Andererseits ist es nicht gestattet, die Reihe zur Aufbewahrung irgendwelcher Gegenstände (z. B. Lagerung

[71]) Vielfach wurde darum zwischen nassen und trockenen Winkeln geschieden und deren Benutzung verschieden geregelt. Vgl. z. B. Hessische BauO § 25 (vgl. dazu HeusersAnn. 4, 712) und der Fall in BayZ 16, 321 (RG) (abgedr. auch WarnE 16, 264).

[72]) Vgl. 1, 41 § 1 D 8,2. Wolff im R 00, 176. Anders wäre nur zu entscheiden, wenn hierdurch das Mitbenützungsrecht des Nachbars beeinträchtigt werden würde; dies könnte der Fall sein, wenn die beiderseitigen dem Winkel zugekehrten Hauswände überhaupt keine Öffnungen haben und somit infolge dieser Beschaffenheit die ganze Einrichtung dem Schutz gegen Feuersgefahr zu dienen bestimmt erscheint.

[73]) Vgl. RG bei Gruch. 27, 914.

von Holz oder Steinen, Aufbewahrung von Handwagen, Dung)[74] zu benützen; es müßte denn sein, daß eine vorhandene besondere Einrichtung das Gegenteil dartut, z. B. ein Schutzdach, oder eine Dunggrube usw. Wohl aber darf man in den gemeinschaftlichen Winkeln Gerüste zur Ausbesserung der Häuser aufstellen[75]. Dient der Winkel zur Licht- und Luftzuführung, so bleibt es dennoch jedem Nachbar unverwehrt, durch Erhöhung der an die Winkel anstoßenden Mauer die Luft- und Lichtzufuhr zu verringern; denn § 922 gibt dem benachteiligten Nachbar nur ein Recht, Störungen an den Grenzanlagen selbst entgegenzutreten; hält sich der Nachbar streng auf seinem Eigentum außerhalb der Grenzeinrichtung, so kann der andere Nachbar diesem Ausfluß der Eigentumsmacht nicht entgegentreten[76].

Grenzraine zwischen Feldern dienen der Pflugwende, sie dürfen von beiden Anliegern zu diesem Zweck betreten, nicht aber durch Geröll und Steine verschüttet werden[77].

Flußgräben sind vor allem für die Entnahme und das Hineinleiten von Wässern bestimmt[78]; sie dürfen daher nicht plötzlich von einem Anlieger überflutet werden, z. B. dadurch, daß er auf seinem Grundstück zahlreiche neue Torfgräben anlegt[79].

Bei Grenzmauern kann sich ebenfalls, je nach der Beschaffenheit der Mauer ein verschiedener Zweck und somit auch eine Verschiedenheit der zulässigen Benützungsart ergeben. Eine Mauer, deren Zweck lediglich in der Scheidung der beiden Grundstücke besteht, darf nicht als Stütze für Balken benützt werden. Dagegen ist es dem Nachbarn unverwehrt, auf seiner Seite Gemälde oder Spalierlatten zur Ziehung von Pflanzen oder Haken für Leitern anzubringen[80]. Selbstverständlich ist der Nachbar nicht berechtigt, den Teil der Scheidemauer, welcher dem anderen Nachbarn zugekehrt ist, zu verändern, z. B. ein Gitter auf diesem Teil (oder auf der Grenzlinie) oder gar einen Maueraufbau zu errichten. Eine halbscheidig gebaute Giebelmauer, an die der Nachbar noch nicht angebaut hat, darf von diesem zur Anbringung von Reklameschildern nicht benutzt werden[81]; denn der Zweck dieser Grenzeinrichtung erschöpft sich in dem Anbau und der grenzscheidenden Wirkung.

---

[74] Vgl. SeuffArch. 62 Nr. 207.

[75] Staudinger Bem. 1b zu § 922; Palandt Anm. 2a zu § 922.

[76] RG in BayZ 16, 322.

[77] Planck Bem. 1a, RGKomm. Bem. 2, Staudinger Bem. 1b zu § 922; Ortloff 229; vgl. aber oben § 7 Anm. 30.

[78] Planck und RGKomm. a. a. O.; Wolff, Sachenrecht S. 173.

[79] RG bei Gruchot 47, 1066.

[80] Holzschuher, Theorie und Kasuistik Bd. 2, 87.

[81] OLG Köln RheinArch. 09 I, 200.

Eine Mauer, welche zwei Gebäude voneinander trennt, wird regelmäßig nach ihrer Beschaffenheit dazu bestimmt sein, die Last des beiderseitigen Gebälkes zu tragen und einen feuer-, licht- und schallsicheren Abschluß der Häuser zu bilden[82]). Der Nachbar kann daher Balken einlassen. Eine Mauer kann von jedem der Nachbarn nicht nur bis zur Hälfte ihrer Dicke, sondern in ihrer ganzen Ausdehnung benützt werden, sofern sich diese Art der Benützung aus der Zweckbestimmung der Mauer ergibt, was für den Einzelfall besonders zu entscheiden ist[83]). So kann z. B. das Gebälk auf der ganzen Dicke der Mauer aufgelegt werden, während eine Aushöhlung der Mauer regelmäßig nur bis zur Hälfte der Mauer gehen darf[84]). Ein Wandschrank darf nicht eingelassen werden, wenn dadurch der Zweck der Mauer, einen schallsicheren Abschluß der Nachbarhäuser zu bilden, vereitelt würde[85]). Man darf sich aber bei Entscheidung dieser Frage nicht gerade den Fall denken, daß beide Nachbarn an derselben Stelle zur Einlassung eines Wandschrankes die Mauer bis zur ihrer Hälfte aushöhlen würden; denn die beiden Berechtigten haben gegenseitig aufeinander Rücksicht zu nehmen[86]). Gas- und Wasserleitungsröhren darf jeder Nachbar einfügen. Nach moderner Anschauung dienen die Mauern bestimmungsgemäß zur Aufnahme solcher Leitungsröhren. Auch darf der Nachbar regelmäßig seinen Kamin in die Mauer hineinstellen, wenn nicht etwa dadurch die Feuersicherheit der Anlage verringert wird[87]). Selbstverständlich darf die Mauerwand getüncht oder tapeziert werden; es können Nägel und Kloben in dieselbe geschlagen werden. Eine Treppe kann an der Mauer mit ihrem Stützpunkt angebracht, Treppenstufen dürfen in die Wand auch über Mittellinie hinaus eingefügt werden[88]). An der Stirnseite der gemeinschaftlichen Hausmauer kann die Dachrinne senkrecht zum Boden geführt werden, doch darf hierbei der eine Nachbar für sich nur soviel Raum beanspruchen, daß von der Dicke der Mauer derselbe Raum für den andern Nachbar zum gleichen Zwecke bleibt. Über die Zuführung von Feuchtigkeit und ähnlichen Immissionen sind die für

[82]) RG in SeuffA 66, 365.

[83]) Abw. mit Unrecht Dernburg III, 242.

[84]) Vgl. Maenner 178; JW 83, 188; Wolff, R. 00, 476

[85]) Endemann 459.

[86]) Vgl. OLG 4, 294 (Zweibrücken); Cosack 2, 161; Dernburg III, 242. Nach ALR I 8 §§ 135, 136 durfte jeder Nachbar die Mauer an seiner Seite bis zur Hälfte der Dicke durch Anlegung von Wandschränken und anderen Anlagen benutzen. OTr. 26, 191; für das gemeine Recht vgl. l. 25 § 1 D 8,2, aber auch SeuffA Bd. 41 Nr. 5.

[87]) Dernburg III, 242; Planck Bem. 1a zu § 922. Die Zulässigkeit der Anlegung ist also Tatfrage; abw. ALR I 8 § 133, wonach ein Anlehnen von Öfen und Feuerherden schlechthin verboten war. Der § 133 ist aber trotz seiner Aufrechterhaltung in Art. 89 PrAG dem § 922 BGB gegenüber ungültig.

[88]) RG i. SeuffA 66, 366 = JW 11, 367.

das Alleineigentum geltenden Grundsätze des Nachbarrechts (§§ 906ff. BGB) analog anzuwenden[89])[90]). Nicht nach § 922 BGB ist die Frage zu beurteilen, ob eine zwei Gebäuden gemeinschaftliche Scheidemauer von einem Nachbar eigenmächtig „unterfangen", d. h. in voller Dicke nach unten verlängert werden darf. Denn dadurch wird der jenseits der Grenze liegende Boden des Nachbars in Anspruch genommen. Das bedeutet einen Eingriff in das nachbarliche Alleineigentum (§ 905 BGB)[91]).

Die vorstehenden Normen, d. h. die Begrenzung der Sondernutzung des einen durch das Nutzungsrecht des andern Nachbars und das Verbot der Änderung der Grenzeinrichtung sind lediglich Ausflüsse der in § 921 eingeführten Benutzungsgemeinschaft. Vom Standpunkt der Motive und der herrschenden Meinung aus regelt diese Norm den Inhalt der Beschränkung des Eigentums an der realen Hälfte der Grenzeinrichtung, indem sie die in § 903 gestattete beliebige Einwirkungsbefugnis des Eigentümers einengt[92]). Vom hier vertretenen Standpunkt dagegen handelt es sich, soweit Miteigentum an der Grenzeinrichtung in Frage kommt, um bloße Funktionen der Eigentumsgemeinschaft, um Pflichten der Gemeinschaftsgenossen. Jedenfalls aber handelt es sich, ob nun als Inhalt eine Eigentumsbeschränkung oder -gemeinschaft anzunehmen ist, um bestimmte reichsrechtliche Normen, an denen die Landesgesetzgebung nicht rütteln kann. Alle diejenigen Vorschriften, die in alten Partikular- oder neuen Ausführungsgesetzen die Benutzung der gemeinschaftlichen Einrichtung in einem der Sondereinwirkung des einzelnen Nachbars günstigeren oder ungünstigeren Sinne regeln, alle Normen des Landrechts, die das Recht eines Nachbars, die Substanz der gemeinsamen Einrichtung abzuändern, an mildere oder schärfere Voraussetzungen knüpfen als § 922 S. 3 oder es ganz ausschließen, sind gegenüber § 922 BGB hinfällig[93]).

Auf diesen Grundsätzen beruhte die Aufhebung mehrerer Vorschriften des ALR und CC durch Art. 89 PrAG. Ihnen zuwider läuft jedoch einmal

---

[89]) Reißt der Nachbar sein Haus ab, läßt aber die Grenzmauer unversehrt, so ist er nicht haftbar für den infolge des Abbruchs verstärkten Einfluß der atmosphärischen Feuchtigkeit. OLG 26, 32.

[90]) Über die Rechtsverhältnisse bei Trümmer-(Ruinen-)grundstücken vgl. unten §§ 19 III und 38a.

[91]) So mit Recht Obermeyer in SeuffBl. 68, 496. Nur unter den Voraussetzungen des § 904 wäre anders zu entscheiden.

[92]) Planck Bem. 1b zu § 921; RG 162, 212; SeuffA 67 Nr. 367.

[93]) Grundsätzlich anders OLG Frankfurt i. Fkf. Rundschau 08, 33. Dort wird ausgesprochen, daß die §§ 921 f. subsidiäres Recht enthielten und nur eingriffen, „wenn die Partikulargesetzgebung die Materie nicht ausgiebig geregelt habe". Diese Auffassung widerspricht dem Wortlaut und Sinne des Art. 124 EG und ist zweifellos unrichtig (vgl. oben § 7 I 1).

das in Art. 89 zugelassene Fortbestehen des § 133 I 8 ALR[94]). Soweit er ein unbedingtes Verbot der Errichtung von Öfen und Feuerherden an der gemeinschaftlichen Mauer enthält, widerspricht er der in § 922 S. 1 festgelegten Benutzungsbefugnis. Es ist reine Tatfrage, ob die Errichtung der in § 133 I 8 genannten Anlagen die Mitbenutzung des anderen Nachbars an der gemeinschaftlichen Mauer beeinträchtigt. Daher ist das uneingeschränkte Verbot der Anlegung von Öfen als dem Reichsrecht widersprechend ungültig.

Von erheblich größerer Bedeutung sind die Bedenken, die sich gegen die Rechtsgültigkeit jener landesgesetzlichen Normen richten, die jedem Nachbarn die Erhöhung der gemeinschaftlichen Scheidemauer, sofern dadurch die Mauer nicht gefährdet wird, gestatten, ferner dem Bauenden das Recht gewähren, dem Nachbarn die Benutzung des Aufbaus zu verbieten, und dem Bauenden erlauben, auf seinem Grundstück die Mauer zu verstärken (Art. 23 PrAG; Art. 8 BadAG (RegBl. 25, 283); § 24 BremAG; Art. 82 HessAG). Die Begründung zum PrAG[95]) rechtfertigt die Einführung dieses Artikels mit der Erwägung, daß nach Art. 124 EG das Eigentum an der Mauerhälfte — Standpunkt der Motive! — „noch anderen" als den im BGB normierten Beschränkungen unterworfen werden dürfe: die Duldung des Maueraufbaus sei eine solche anderweitige Beschränkung, da Höherbauen kein Benutzen der Mauer und daher der Landesgesetzgebung freigegeben sei[96]). Diese Begründung ist zwiefach verfehlt. Erstens ist das Höherbauen ein Benutzen der Mauer; denn die bestehenden Teile der Mauer werden dazu benutzt, den Aufbau zu tragen. Die landesgesetzliche Regelung der Benutzungsbefugnis verstößt also gegen § 922 S. 1[97]). Zweitens ist die Erhöhung ebenso wie die Verstärkung der Mauer eine Änderung der bestehenden Grenzeinrichtung im Sinne des § 922 S. 3[98]). Das übersieht die Begründung und die ihr folgende Rechtslehre und Rechtsprechung. Wenn daher jene Vorschriften die Verstärkung auf der Seite des Bauenden schlechthin gestatten und die eigenmächtige Erhöhung nur von dem Nachweis der Ungefährlichkeit für die Mauer abhängig machen, so bedeutet das vom Standpunkt der Realteilung aus

[94]) Derselben Meinung ist Weißler zu § 133 I, S. 211. Abw. Turnau-Förster Bem. 4 zu § 922.

[95]) Materialien zum Pr. AG Heymann) 289 und 353; vgl. 359.

[96]) Ebenso RG 162, 213; LG Düsseldorf NJW 55, 1799; Palandt Anm. 2a zu § 922; Stranz-Gerhardt Bem. 11; Crusen-Müller Bem. 1; Hodler Bem. 1 zu Art. 23; Endemann 459 N. 27; RGKomm-Bem. 2 zu § 922; Turnau-Förster Bem. 8a zu § 921, vgl. auch Bem. 2; Crome 300 N. 13.

[97]) Turnau-Förster Bem. 8a zu § 922 vgl. auch Bem. 2; Crome 300 N. 13.

[98]) Biermann Bem. 1 zu § 922; Goldmann-Lilienthal 66 N. 1; Dernburg-Wolf, Hess. Landesprivatr. 262.

eine Abschwächung der Unterlassungspflicht des § 922 Abs. 3; nach § 922 darf der Eigentümer nur verändern, wenn kein irgendwie geartetes Interesse des Nachbars entgegensteht, nach den genannten Vorschriften wird seine Verfügungsmacht schon wiederhergestellt, wenn er dem Nachbar den Nachweis bautechnischer Sicherheit erbringt. Aus all diesen Erwägungen folgt (auch wenn man die herrschende Konstruktion zugrunde legt), daß die erwähnten Vorschriften ungültig sind.

Ebenso hat zu entscheiden, wer mit uns (vgl. oben N. 39) Miteigentum an der Mauer annimmt. Von diesem Standpunkt ans enthält § 922 nur besonders geartete Gemeinschaftsnormen; auf dem Gebiet der Gemeinschaft ist für Landesrecht ein Vorbehalt überhaupt nicht gemacht und gemäß Art. 173 gilt auch für die Übergangszeit bereits neues Recht; für abweichende partikulare Normen bleibt also kein Raum.

Das Gleiche muß auch von allen anderen, alten landesrechtlichen Normen behauptet werden, die gegen § 922 BGB. verstoßen. Ungültig sind daher z. B. auch die Bestimmungen des Frankfurter Baustatuts Kap. I § 13 f. und Kap. 4 §§ 3—5 über Änderung und Erhöhung der Mauern [99]). Da jedoch der herrschenden Meinung Rechnung getragen werden muß, sollen die betreffenden landesgesetzlichen Vor schriften unten Erörterung finden (unten § 10).

Die nach obigen Grundsätzen der Zweckbestimmung der Grenzeinrichtung entsprechende Benutzung darf nur soweit ausgedehnt werden, daß dem andern Nachbar die Möglichkeit der gleichen Benützung bleibt. Unter Benützung hat man den tatsächlichen Gebrauch und die Nutzung zu verstehen.

Ob Früchte und Nutzungen von der Grenzeinrichtung zu ziehen sind, bestimmt sich nach dem Zwecke, der sich aus der Beschaffenheit der Anlage ergibt. Bei einer Häuserreihe ist dies nicht der Fall. In einer solchen darf man nicht etwa Gras oder Bäume anpflanzen. Sind Früchte vorhanden[100]), so gebührt nach § 743 BGB, der nach dem Schlußsatz des § 922 BGB hier anwendbar ist, jedem Nachbar ein seinem Anteil entsprechender Bruchteil der Früchte, wobei nach § 742 BGB anzunehmen ist, daß jeder Nachbar Anspruch auf die Hälfte der Früchte hat.

VI. Die Verwaltung der Grenzeinrichtung

Die Verwaltung der Grenzeinrichtung steht den beiden Nachbarn gemeinschaftlich zu (§ 922 mit § 744 Abs. 1 BGB). Jeder Nachbar ist

[99]) Grundsätzlich abweichend die Praxis des OLG Frankfurt auf Grund der oben N. 93 dargelegten unrichtigen Auffassung des Art. 124 EG.

[100]) Z. B. der Grasertrag eines Rains. RGKomm. Bem. 7 zu § 922.

berechtigt, die zur Erhaltung der Grenzeinrichtung notwendigen Maßregeln ohne Zustimmung des andern zu treffen.

Die Nachbarn können über die Verwaltung und Benutzung Vereinbarungen treffen. Das ergibt sich aus dem Grundsatz der Vertragsfreiheit und ist in den §§ 745 Abs. 2, 746 bestätigt.

Nun bestimmt § 746: „Haben die Teilhaber die Verwaltung und Benutzung des gemeinschaftlichen Gegenstandes geregelt, so wirkt die getroffene Bestimmung auch für und gegen die Sondernachfolger." Damit sind nur solche Vereinbarungen gemeint, welche Art und Weise des bestehenden und in seinem rechtlichen Bestand unberührt gelassenen Benutzungsrechts regeln, also sich darüber verhalten, wie es zu benutzen ist, nicht aber, ob es überhaupt benutzt werden darf. Deshalb geht eine Vereinbarung, wonach die Benutzung nur gegen eine Geldzahlung erfolgen darf, nicht auf die Sondernachfolger über[101]).

Aber auch eine über Maß und Art der auszuübenden Benutzung getroffene Vereinbarung geht nur dann auf die Sondernachfolger über, wenn sich aus den Umständen ergibt, daß bei der Vereinbarung wirklich eine dauernde Regelung der Benutzung beabsichtigt war, also dann nicht, wenn es sich nur um eine Vereinbarung vorübergehender und rein persönlicher Natur handelt[102]).

§ 746 kann überhaupt nicht angewendet werden, wenn man an einer Grenzeinrichtung (die keine bloße Fläche ist) Miteigentum nach Bruchteilen annimmt, wie dies bei Grenzeinrichtungsanlagen im Gegensatz zu der herrschenden Meinung hier vertreten ist, weil hierauf § 1010 BGB anzuwenden ist, wonach eine solche Vereinbarung den Sondernachfolger nur dann bindet, wenn sie als Belastung in das Grundbuch eingetragen ist[103]).

Die Unterhaltungskosten sind unter allen Umständen von beiden Nachbarn je zur Hälfte zu tragen, auch wenn die Grenze nachweisbar nicht durch die Mitte der Einrichtung geht (§ 922 Abs. 2 BGB). Unter Unterhaltungskosten sind nur jene Aufwendungen zu verstehen, welche erforderlich sind, um die Grenzeinrichtung in einer ihrem Zwecke entsprechenden Beschaffenheit zu erhalten. Stellt sich ein Weg mitsamt der dazugehörigen

---

[101]) S. hierüber unten § 8 IV 2.

[102]) Lieberich, BayZ 14, 242 Anm. 18.

[103]) Vom Standpunkt der herrschenden Meinung, welche real geteiltes Eigentum annimmt, ist § 1010 nicht anzuwenden, so daß hienach anzunehmen wäre, daß die Sondernachfolger auch ohne Eintragung der Vereinbarung in das Grundbuch gebunden sind. S. hierüber RGK Bem. 6 zu § 922; Lieberich, BayZ 14, 242 Anm. 18, Maenner 178, Anm. 125 und dagegen Staudinger Bem. 3 zu § 746, Wolff R 00, 476; Becher, Mat. 1, 89. — Voraussetzung müßte natürlich auch nach dieser Ansicht sein, daß es sich um eine Vereinbarung handelt, welche nur die Art und Weise des Benutzungsrechts regelt.

Allee als Grenzeinrichtung dar, so gehört auch die Nachpflanzung einzelner eingegangener Bäume zu den Unterhaltungskosten. Es muß daher zu den Kosten, welche durch die Nachpflanzung des auf dem Boden eines Nachbarn stehenden, zu der Grenzeinrichtung (Allee) gehörigen Baumes erwachsen, auch der andere Nachbar beitragen. Auch solche Unterhaltungskosten, die nur durch die Benützung des einen Nachbars entstanden sind, müssen von beiden Nachbarn gemeinschaftlich getragen werden[104]). Das Gesetz legt schlechtweg die Unterhaltungspflicht beiden Nachbarn auf. Es hat daher nur darauf anzukommen, ob die Aufwendung notwendig ist. Aus welchem Grunde die Notwendigkeit eingetreten ist, ist gleichgültig. War die Benutzungsart, durch welche der eine Nachbar die Voraussetzung für die Aufwendung der Unterhaltungskosten gesetzt hat, zulässig, so spricht nicht einmal die Billigkeit dafür, den anderen Nachbar, der aus freien Stücken von dem ihm in gleicher Weise zustehenden Benützungsrecht keinen Gebrauch gemacht hat, von der Unterhaltungspflicht freizuhalten. War dagegen die Art der einseitigen Benützung unzulässig, so ist zwar an und für sich der andere Nachbar verpflichtet, die Unterhaltungskosten mit zu tragen, er hat aber unter Umständen gegen den Nachbar einen Schadenersatzanspruch gemäß §§ 823 ff. BGB, mit dem er aufrechnen kann. Ist das Eigentum von dem Nachbar, welcher durch unzulässige Benützung die Unterhaltungskosten verursacht hat, später auf einen anderen übergegangen, so können sie diesem letzteren gegenüber nicht aufgerechnet werden. Diese Folge kann nicht befremden. Der Grund hierfür liegt in dem Unterschied zwischen dem dinglichen Anspruch aus § 922 und dem obligatorischen Anspruch aus §§ 823 ff.

Eine Klage auf Teilung ist ausgeschlossen[105]). Dies ergibt sich aus § 922 Abs. 3 BGB, wonach die Einrichtung, solange einer der Nachbarn an dem Fortbestand der Einrichtung ein Interesse[106]) hat, ohne seine Zustimmung nicht beseitigt oder geändert werden darf. Damit ist nicht gesagt, daß gegen den Widerspruch des Nachbarn überhaupt keine Änderung vorgenommen werden darf. Die Änderung ist nur insoweit unzulässig, als die Mitbenützung des Nachbars beeinträchtigt wird[107]) oder der Nachbar an dem unveränderten Fortbestand sonst ein Interesse hat[108]).

---

[104]) Der Ansicht im Prot. 3549, der Planck Bem. 1b zu § 922 folgt, daß gegen die unbillige Verteilung solcher Kosten die Praxis sich durch eine strenge Auslegung des Begriffs der Unterhaltungskosten helfen könne, ist nicht beizupflichten.

[105]) Planck Bem. 2c; Turnau-Förster Bem. 6 zu § 922.

[106]) Biermann Anm. zu § 922; Staudinger Anm. zu § 922; Maenner 178; Goldmann-Lilenthal 65; Crome 438 Z. 1. Das Interesse braucht kein vermögensrechtliches zu sein.

[107]) JW 08, 12 (RG) (auch abgedruckt BayZ 08, 42).

[108]) Danach kann die Erhöhung der Grenzmauer auf der dem Bauenden zugekehrten Hälfte (vgl. die in N. 107 erwähnte RG Entscheidung) selbst dann unzulässig sein, wenn

Dies folgt aus § 226 BGB. Daraus ergibt sich, daß eine zeitgemäße Umgestaltung der Einrichtung unter Umständen auch gegen den Willen des Nachbars zulässig ist. Dann nämlich, wenn dieser hierdurch weder in seinem Benützungsrecht beeinträchtigt wird, noch eine Erhöhung der Unterhaltungskosten für die Zukunft herbeigeführt wird. Wenn das Ziergartengrundstück des A von alters her durch einen Lattenzaun, der sich als Grenzeinrichtung im Sinne des § 921 BGB darstellt, von dem Acker des B geschieden wird, so kann A auch gegen den Widerspruch des B den Lattenzaun auf seine Kosten durch einen eisernen Zaun ersetzen. Daß ein Nachbar auch gegen den Widerspruch des anderen den morschen Holzzaun, der durch eine Reparatur nicht in ordnungsgemäßen Zustand zurückgebracht werden kann, durch einen neuen Holzzaun ersetzen kann, ergibt sich schon aus seiner in § 744 Abs. 2 BGB begründeten Berechtigung, die zur Erhaltung der Grenzeinrichtung notwendigen Maßregeln einseitig zu treffen. Der andere Nachbar muß die Hälfte der Herstellungskosten ersetzen. Hat ein Nachbar einseitig an Stelle des unbrauchbaren Holzzaunes einen eleganten eisernen Zaun errichtet, so kann er den anderen Nachbarn nur auf den hälftigen Ersatz desjenigen Betrages in Anspruch nehmen, den die Einrichtung eines neuen Holzzaunes erfordert hätte.

Selbstverständlich bedeutet eine Verlegung der Grenzeinrichtung eine sehr wesentliche Änderung; sie kann besonders bei Rainen, Wegen, Gangsteigen vorkommen. Die Fälle sind zahlreich, in welchen die Bauern bestrebt sind, die Ausdehnung ihres Grundstückes zu vergrößern, indem sie immer mehr von dem auf der Grenze befindlichen Rain oder Weg wegackern. Während der Rain auf diese Weise immer schmäler wird und schließlich ganz verschwindet, wird der Weg mehr und mehr auf das Nachbargrundstück hinübergedrängt, so daß schließlich der Weg ganz jenseits der Grenze liegt.

In einem solchen Falle kann man natürlich aus der Untätigkeit des Nachbarn, der sich eine solche Verschiebung gefallen läßt, nicht ableiten, daß er hiermit einverstanden ist. Ihm steht vielmehr der Anspruch auf Wiederherstellung des früheren Zustandes zu (§ 1004 BGB).

Bei Flutgräben auf der Grenze bewirkt oft die selbsttätige Wirkung des Wassers die Verschiebung. Hier kann natürlich der Eigentümer, auf dessen Grundstück der Flutgraben durch das Wasser ohne Mitwirkung des anderen Angrenzers hinübergeschoben wurde, gegen diesen nicht den Anspruch auf Wiederherstellung des früheren Zustandes erheben, wohl aber darauf, daß er dies gemeinschaftlich mit ihm bewirkt; es ist dies eine Folge der gemeinschaftlichen Unterhaltungspflicht.

der Aufbau keinem bautechnischen Bedenken unterliegt; es können ästhetische Interessen dem halbscheidigen Aufbau entgegenstehen (z. B. in Villenvierteln).

Nimmt der eine Nachbar ohne Zustimmung des anderen eine unzulässige Beseitigung oder Änderung der Grenzeinrichtung vor, so hat der letztere den Anspruch auf Wiederherstellung[109]). Dieser Anspruch ist immer dann gegeben, wenn der andere Nachbar seine Zustimmung nicht erteilt hat. Es ist einerseits nicht erforderlich, daß er Widerspruch erhoben hat, andererseits kann unter Umständen in einem Stillschweigen die Zustimmung gefunden werden[110]).

Eine Beseitigung oder Änderung der Grenzeinrichtung, die der eine Teil ohne Zustimmung des anderen vornimmt, oder eine Benutzung der Einrichtung zu einem Zwecke, der sich nicht aus ihrer Beschaffenheit ergibt oder durch welche die Mitbenutzung des anderen Teiles beeinträchtigt wird, kann (nach dem Standpunkt real abgeteilten Eigentums) von dem anderen mit der Eigentumsfreiheitsklage des § 1004 und, soweit sich die Änderung auf die im Alleineigentum des Ändernden stehende Fläche beschränkt, durch den Anspruch aus der Gemeinschaft (§ 744 BGB) abgewehrt werden[111]). Voraussetzung ist jedoch hierbei, daß die Beeinträchtigung durch eine Einwirkung auf die Grenzeinrichtung selbst herbeigeführt wird. Deshalb hat der Teilhaber einer engen Reihe kein Widerspruchsrecht aus §§ 992, 1004 dagegen, daß der andere Teilhaber durch einen Aufbau auf der Mauer seines Hauses der Reihe Licht und Luft entzieht[112]).

Wie eine Grenzeinrichtung formlos begründet werden kann, so kann das hierdurch begründete Rechtsverhältnis der Grenzeinrichtung auch formlos wieder aufgehoben werden. Eine bloße Vereinbarung genügt hierzu noch nicht, sondern es muß die Vereinbarung auch ausgeführt werden. Ist einmal ein tatsächlicher Zustand mit Zustimmung der beiden Nachbarn vorhanden, vermöge dessen die Einrichtung objektiv dem Vorteil beider Grundstücke dient, so bleibt die vom Gesetz daran geknüpfte dingliche Wirkung solange erhalten, bis dieser Zustand mit Zustimmung beider Nachbarn beseitigt ist[113]).

---

[109]) U. U. kann der Eingriff als Sachbeschädigung strafbar sein BayZ 11, 488.

[110]) Die Zustimmung zur Aufhebung und Änderung der Grenzeinrichtung bedarf keiner Form. Wolff im R 00, 477. Solange der Aufhebungswille nicht äußerlich vollzogen ist, besteht die Grenzeinrichtung als solche weiter.

[111]) BayZ 16, 321 (RG). Bei Annahme von Miteigentum (§ 1011) gelangt man zu demselben Ergebnis aus §§ 744 ff.

[112]) Das sich aus dem Alleineigentum des Hausbesitzers ergebende Recht, mit seiner Sache nach Belieben zu verfahren, könnte nur durch einen besonderen Rechtstitel etwa durch eine bestellte oder ersessene Dienstbarkeit beschränkt sein. Das gilt auch dann, wenn die Reihe zur Licht- und Luftzuführung bestimmt ist (BayZ 16, 321 RG). Eine solche Grunddienstbarkeit wäre ersessen, wenn früher der Hauseigentümer hätte aufbauen wollen, dies aber auf den Widerspruch des anderen an der Reihe Beteiligten unter der Geltung des bisherigen Rechts während der Ersitzungszeit unterlassen hat

[113]) S. hierüber unten § 8 IV 2 und N. 93 daselbst.

Eine Giebelmauer hört nicht auf, Grenzeinrichtung zu sein, wenn die angrenzenden Häuser abgerissen oder durch Kriegseinwirkung zerstört werden; ebensowenig endet damit das Gemeinschaftsverhältnis der Nachbarn[114]); denn die Mauer bietet weiterhin die Möglichkeit zum Anbau und übt auch ihre grenzscheidende Wirkung nach wie vor aus. Zu den Kosten der Beseitigung von Feuchtigkeitseinwirkungen, die von dem Trümmergrundstück auf das stehengebliebene oder wiederaufgebaute Nachbarhaus ausgehen, kann der Trümmergrundstückseigentümer jedoch auch nicht hälftig herangezogen werden (Vgl. hierzu unten § 38a).

§ 8. Die Kommunmauer[1])

I. Einleitung

1. Rechtsgeschichtliche Entwicklung: In vielen Gegenden Deutschlands ist es üblich, zur Ersparung von Baugrund und Baumaterial zwei aneinanderstoßenden Häusern eine gemeinsame Giebelmauer verstärkten Umfangs zu geben. Nur selten erfolgt der Bau solcher Häuser gleichzeitig. Häufiger baut zunächst nur der eine Nachbar sein Haus und setzt dabei eine Giebelwand zum Teil, meist zur Hälfte (halbscheidig)[2]) über die Grenze auf den Grund und Boden seines Nachbarn. Baut dann früher oder später dieser, so verwendet er die zum Teil auf seinem Boden stehende Mauer als Umfassungsmauer seines Neubaues.

Diese Bauweise bürgerte sich namentlich in den Rheinlanden ein, wo sie durch Art. 660, 661 Code civil und die daran anknüpfende Rechtsprechung des OLG Köln und das Reichsgerichts gestützt wurde[3]). Aus der dem Angrenzer durch Art. 661 Code civil eingeräumten Befugnis, eine ganz auf dem Nachbargrundstücke stehende Mauer gegen Ersatz des halben Mauerwertes gemeinschaftlich zu machen, leitete die Recht-

---

[114]) Unricht. insow. OLG Hamm (NJW 54, 273); hiergegen Hodes (NJW 54, 1369).

[1]) Vgl. Abele LZ 16, 831; Breit in Fischers Z 33, 155; 35, 113 u. 385; Breit, SächsRpfl. Arch. 11, 385; Geiershöfer im R 05, 401; Kukuk, Die Rechtsverhältnisse an der gemeinschaftlichen Mauer (Leipz. Dissertation 1909); Pfirstinger, Die Kommunmauer (1909); Waller, RheinArch. 107, 78; Wein, BayZ 13, 454 und 472; Ziel, Die gemeinschaftlichen Giebelmauern (Leipz. Dissert. 1911); Nützel, BayZ 14, 179; Buhmann, BayZ 14, 197; Lieberich, BayZ 14, 237; Frommherz, BadRspr. 14, 241; Becher, BayZ 15, 65; Metzgers, Gruchot 62, 76; Droste, Gruchot 60, 251; Bull in AcPr. 138, 80ff.

[2]) Der Einfachheit halber wird in folgendem immer nur von einer „halbscheidigen" Giebelwand gesprochen. Es ist aber für das rechtliche Schicksal der Mauer und die Befugnis zum Anbau belanglos, ob die Grenze gerade durch die Mitte geht oder ob die 40 cm dicke Mauer nur in einer Dicke von 10 cm auf dem einen Grundstück steht; war in solchem Falle die Errichtung einer halbscheidigen Mauer vereinbart, so kann der „zuviel überbaute" Nachbar Ausgleichsansprüche erheben (vgl. hierzu unten § 8 II 3a).

[3]) OLG Köln im RheinArch. 82 I 213; 92 I 201; RG 2, 346; RheinArch. 74 III 41; vgl. RheinArch. 100 I 46; 110, 211 (Köln); 100, 46 (Düsseldorf).

sprechung seine Pflicht ab, dem Mauereigentümer Ersatz zu leisten. Bis zur Ersatzleistung konnte der Ersatzberechtigte die Mitbenützung der Mauer verbieten.

2. Rechtsvorschriften nach 1900. Reichs- oder bundesrechtliche Sonderbestimmungen über den Anbau an eine halbscheidig errichtete Giebelmauer bestehen nicht. Auf Grund des Art. 124 EG konnten und können daher die Länder das Anbaurecht und die Entschädigungspflicht des Nachbarn selbständig regeln oder auch gemäß Art. 3 EG die bisherigen Rechtsnormen aufrechterhalten[4]).

Für die Zeit nach dem Inkrafttreten des Bürgerlichen Gesetzbuchs fällt also ein Kommunmauerzwang, der den Eigentümer verpflichtet, auf Anforderung seines Nachbarn eine Mauer als Kommunmauer zu bauen oder dem Nachbar den erforderlichen Grund und Boden abzutreten, insoweit weg, als er nicht in Partikulargesetzen begründet ist, die der Aufhebung durch die Ausführungsgesetzgebung entgangen sind.

a) Ehemaliges Preußen

Art. 89 PrAG hat mit den anderen Vorschriften des Code civil über Kommunmauern auch den Art. 663 CC. aufgehoben; nach dieser Norm konnte in Städten und Vorstädten[5]) jeder seinen Nachbarn dazu zwingen, daß er „zur Erbauung und Ausbesserung der Scheidemauer mit beitrage, die ihre in diesen Städten und Vorstädten gelegenen Häuser, Hofräume und Gärten[6]) voneinander trennt." Die Mauer war, wo nicht Ortsgebrauch ein anderes vorschrieb, in großen Städten (mit mehr als 50000 Einwohnern) mindestens 10 Fuß, in den übrigen Städten mindestens 8 Fuß zu errichten. Art. 24 PrAG bestimmt

---

[4]) RG 63, 6. Das Ergebnis der für badisches Recht gefällten Entscheidung ist auf Preußen nicht zu übertragen; in Baden fehlt die Norm des Ausführungsgesetzes, welche das alte Recht ausdrücklich aufhebt. Ebenso Broicher i. PuchZ 38, 174.

Sehr zweifelhaft ist das Übergangsrecht, d. h. die Frage, ob bei Bau des ersten Hauses vor, des zweiten nach 1900 Anbaurecht und Entschädigungspflicht nach den alten oder neuen Vorschriften zu beurteilen sind. Einige Entscheidungen nehmen Fortgeltung des alten Rechtes an, indem sie die Pflicht des Erstbauenden, den Anbau zu dulden und die Entschädigungspflicht des Zweitbauenden als besondere vom Eigentum verschiedene Belastung der Grundstücke auffassen, die sich gem. Art. 184 EG nach altem Recht zu richten hätte. So Köln RheinArch. 100 I 46, 105 I 46, 110 I 211; Haase, RheinArch. 105, 328; dagegen aber Köln RheinArch. 110, 216. Dieser Ansicht ist nicht beizutreten. Denn nach der herrschenden Rechtslehre gehören die genannten Pflichten und die entsprechenden Rechte zum Inhalt des Eigentums (Zachariae-Crome 1, 489ff., 537) und für den Eigentumsinhalt ist nach Art. 181 nur das neue Recht maßgebend, das entsprechende Normen nicht mehr kennt. Ebenso Karlsruhe RheinArch. 108, 370; Kukuk S. 17

[5]) Art. 663 galt also nicht für Grundstücke auf dem Lande. Ob eine Stadt i. S. des Art. 663 vorlag, hatte der Richter im Einzelfall zu prüfen. Vgl. hierüber z. B. RheinArch. 91 I 222, 95 I 15 (Köln); Zachariae-Crome I, 509 N. 1.

[6]) Die Aufzählung ist nicht erschöpfend. Dem Kommunmauerzwang unterlagen auch sonstige mit Hausgrundstücken in Verbindung stehende Flächen und Plätze. Zachariae-Crome I, 510 N. 2.

nun: „Hat im bisherigen Geltungsgebiet des Rheinischen Rechts der Eigentümer eines Grundstücks vor dem Inkrafttreten des BGB auf Grund des Art. 663 des Rheinischen BGB von seinem Nachbar verlangt, daß er zur Errichtung[7]) einer Scheidemauer beitrage, so bleiben für das Recht und die Pflicht zur Errichtung der Mauer die bisherigen Vorschriften maßgebend." Der Artikel hält das alte Recht nur aufrecht für das Recht und die Pflicht zur Mauererrichtung (und -ausbesserung), auf die vollendeten Mauern findet § 922 BGB Anwendung. Das Beitragsverlangen, das formlos erfolgen kann, muß vor dem 1. 1. 1900 gestellt sein; ist die Mauer vor diesem Zeitpunkt vollendet, so findet, wenn das Verlangen erst nach 1900 gestellt wird, Art. 24 keine Anwendung[8]).

b) Partikularrechte

aa) Bremen: In seinem Urteil vom 21. 5. 1954 — 1 U 449/53 — hat das OLG Bremen die Ansicht vertreten, aus § 24 BremAG ergebe sich, daß gemeinschaftliche Mauern vom Erstbauenden zur Hälfte auf beiden Grundstücken angelegt werden können. Die erwähnte Vorschrift behandelt die Rechtsverhältnisse für den Fall der Erhöhung und Verstärkung einer Mauer.

bb) Frankfurt: Für gemeinschaftliche Scheidemauern enthalten die Frankfurter Reformation, die Ratsverordnung von 1708, das Baustatut von 1809[9]) sowie die PolVO vom 10. 7. 1884 (§ 21), vom 15. 3. 1901/4. 6. 1912 (§ 20 III) und vom 8. 4. 1910 (§ 4 II 2a Abs. 2) — letztere schreiben den Bau von Brandmauern auf die Grenze vor — die einschlägigen Bestimmungen.

---

[7]) Nach Art. 663 konnte der Erbauer vom Nachbar fordern „contribuer aux constructions et réparations". Vom Verlangen nach Beitrag für die Ausbesserung schweigt Art. 24. Es ist aber zweifellos auch darunter zu verstehen. Crusen-Müller Bem. 2 b α zu Art. 24.

[8]) Anders RheinArch. 101 I 5/6 (Köln); 110, 214 (Düsseldorf). Der Wortlaut des Art. 24 spricht klar gegen die unmittelbare Anwendung, wie sie das letztgenannte Urteil vornimmt. Ein Verlangen, daß man „zur Errichtung" einer Mauer beiträgt, ist nur denkbar, solange die Mauer noch nicht errichtet ist. Wenn das OLG Düsseldorf meint, der Schwerpunkt der Vorschrift liegt darin, „daß der Nachbar gezwungen werden konnte, zu dem Bauwerk beizutragen, also seinen Teil der Kosten zu tragen", so widerspricht diese Auslegung dem eindeutigen Wortsinn des Gesetzes. Das OLG Köln denkt an analoge Anwendung. Das ist bedenklich. Offenbar wollte Art. 24 in erster Linie Klarheit schaffen. Wer bis 1900 an Zwang gemäß Art. 663 nicht gedacht hatte, sollte nach 1900 ihn nicht mehr ausüben dürfen. Eine klare Willensäußerung betreffs dieses Zwangs war also erforderlich und nur durch das „Verlangen" gemäß Art. 24 zu erzielen. Wer bis 1900 geschwiegen hatte, wollte vielleicht auf Ausübung des Zwanges verzichten. Der Wortlaut des Art. 24 hat also seinen guten Sinn. Vgl. auch Crusen-Müller a. a. O. Bem. 2 b α.

[9]) Frankfurter Rechtsquellen S. 34ff., 63ff. Das Baustatut gilt nur für die innere Stadt und Sachsenhausen, also nicht für die Altfrankfurter Dorfschaften (Bonames, Bornheim, Hausen, Niederrad, Niederursel frankfurterseits und Oberrad), für die die RatsVO. maßgebend ist, und nicht für das Amt „Bornheimer Berg" (Berkersheim, Bockenheim, Enkheim, Eschersheim, Fechenheim, Ginnheim, Preungesheim und Seckbach), für das die Frankfurter Reformation und hilfsweise gemeines Recht gilt, und nicht für die Gebiete des Solmser und des Mainzer Landrechts, wo nur die Vorschriften des BGB anzuwenden sind (s. hierzu Ettlinger in Zeitschr. d. AnwK im OLG Bezirk Frankfurt a. M. 1930 S. 105 ff.). Vgl. auch OLG Frankfurt a. M. in Fft. Rdsch. 91, 211 ff.

Die allgemeinen Vorschriften über Benutzung und Ausbesserung gemeinschaftlicher Mauern, die in Teil 8 Kap. 8 der Frankf. Reformation und Kap. 4 des Baustatuts von 1809 enthalten sind, decken sich mit § 922 und sind daher als beseitigt anzusehen[10]).

Noch in Geltung aber sind die Vorschriften über gemeinsame Brandmauern, d. h. Scheidemauern von besonderer baupolizeilich geordneter Beschaffenheit[11]). Die Errichtung dieser der Feuersicherheit dienenden Scheidemauern begünstigt das Gesetz durch besondere, dem Nachbarn auferlegte Eigentumsbeschränkungen.

aaa) Nach der Frankf. Reform. (Teil 8, Titel 1, § 6) verliert derjenige, der nicht mitbaut, den Brandmauergrund und alle Rechte an der Mauer. Diese Rechtslage änderte der Senatsbeschluß v. 17. 2. 1708 dahin ab, daß er dem später Anbauenden das Recht einräumte, die dem Nachbarn heimgefallene Brandmauer gegen die halben Baukosten wieder auszulösen.

bbb) Dieses nachbarliche Lösungsrecht wandelte alsdann das Neue Baustatut vom 11. 6. 1809 in eine Lösungspflicht um. Will also ein Nachbar eine Brandmauer bauen, so ist der andere Nachbar verpflichtet, den halben Baugrund für die Mauer herzugeben und die halben Baukosten zu tragen (Kap. 1 § 11 Baustatut). Die Mauer wird dann Miteigentum der Nachbarn; sie ist echte Grenzeinrichtung i. S. der §§ 921 f. BGB. Steht eine vorschriftsmäßige Brandmauer schon auf dem Grundstück eines Nachbars, so ist der andere Nachbar berechtigt und auf Verlangen des Mauereigentümers sogar verpflichtet, gegen Erstattung der Hälfte der Baukosten und des Bodenwertes dieses Miteigentum an der Mauer zu erwerben[12])[13]). Verweigert der Nachbar die Erstattung der Kosten oder ist er nicht in der Lage, sie zu tragen (§ 12a), so ist er verpflichtet, dem Nachbarn den ganzen Baugrund zu übereignen, so daß die Brandmauer in das alleinige Eigentum des Bauenden tritt (§ 11)[14]); die Grundabtretung ist ausgeschlossen, wenn der Zustand des Nachbarhauses sie nicht gestattet; an ihre Stelle tritt dann die Pflicht zur Erstattung der Hälfte von Baugrund und Baukosten, ohne daß die Mauer gemeinschaftlich wird (§ 12b). Ist der Nachbar vermögenslos und gestattet die Anlage seines Hauses nicht, die volle Grundabtretung zu gewähren, so muß er das Entbehrliche an Baugrund übereignen; das Nachbargrundstück bleibt aber mit der Ersatzpflicht für halben Baugrund und halbe Baukosten beschwert (§ 12b).

Die Pflicht des Bauenden, dem Nachbarn den Eintritt in das Miteigentum der ihm alleingehörenden Brandmauer zu gewähren und seine Pflicht, bei Weigerung oder Unvermögen des Nachbars die Mauer ganz auf seinem Grundstück zu errichten, andererseits die Pflicht des Nachbars, dies Miteigentum zu erwerben (oben zu b), sowie seine

---

[10]) Kap. IV § 1 u. 2: Unterhaltungspflicht auf gemeinschaftliche Kosten: § 922 S. 2, §§ 744 und 748 BGB. Daß bei Wiedererrichtung einer gemeinschaftlichen Mauer beide Nachbarn die vorher vorhandenen besonderen Anlagen wieder herstellen dürfen, ist nach § 922 S. 1 selbstverständlich. Nach Neumann-Levi, Fkf. Privatrecht 2, 40 bestehen diese Paragraphen neben § 922 noch fort; mit Recht wird aber auch hier Kap. IV § 3 (Verbot einseitiger Änderung) als durch § 922 S. 3 beseitigt erachtet.

[11]) Neumann-Levi a. a. O. 43, Ettlinger a. a. O.; Fkf. BauO von 1901/2; § 20 (RegAmtsbl. 01, 141).

[12]) Baustatut Kap. 1 § 3. Diese Vorschrift ist in der Reformation nicht enthalten, gilt also nur in dem oben N. 6 bezeichneten Geltungsbereich des Baustatuts.

[13]) Die Erstattungspflicht entsteht erst mit dem Augenblick, da der Nachbar an die Mauer anbaut. So in ständiger Rspr. das OLG Frankfurt; vgl. zuletzt Fft. Rundschau 02, 29 und 08, 162, wo ausdrücklich ausgesprochen ist, daß nach der Zahlung die Mauer gemeinschaftliches Eigentum beider Nachbarn wird; vgl. auch Fft. Rundschau 12, 56; OLG Frankfurt vom 16. 6. 56 — 1 U 1/55 —.

[14]) Über die Grundabtretung vgl. ausführlich Neumann-Levi a. a. O. S. 44ff.

Pflicht zur Grundabnahme sind gesetzliche Einengungen des Eigentums kraft Nachbarrechts. Da sie dem BGB fremd sind, fallen sie unter den Vorbehalt des Art. 124 EG, der dem Landesrecht die Normierung anderer als in den §§ 905 ff. normierter Eigentumsbeschränkungen offen läßt. Mit den Eigentumsbeschränkungen des Bauenden ist untrennbar verknüpft die Entschädigungspflicht des nicht bauenden Nachbars, die daher ebenfalls durch Art. 124 EG mitgedeckt wird[15]). Wie die Verpflichtung zum Bau, zum Erwerb des Miteigentums, zur Grundabtretung naturgemäß mit dem Eigentum an den durch die Brandmauer getrennten Grundstücken verbunden ist, so sind auch Zahlungspflicht und -recht an dies Eigentum geknüpft und von ihm nicht zu trennen; sie gehen daher nicht auf die Universalrechtsnachfolger des Bauenden und seiner Nachbarn über, sondern bleiben Bestandteile des Grundstückeigentums, mit dem sie übertragen werden. Eine Sonderabtretung des Entschädigungsanspruches ist daher (anders als im Reichsrecht) nicht denkbar[16]).

cc) Für Danzig galt Art. 8 des Gesetzes betr. Einführung des Westpreußischen Provinzialrechts in Danzig vom 16. 2. 1857[17]). Danach galt sowohl für Scheidewände zwischen unbebauten Flächen (§ 7) als für Brandmauern zwischen Gebäuden (§ 5) eine Verpflichtung beider Nachbarn, sie auf gemeinsame Kosten zu errichten und zur Hälfte Baugrund dafür hinzugeben. Nach § 5 hatte, wenn ein Nachbar die Kostenhälfte schuldig blieb, der andere das Recht, die Summe auf dem Grundstück des Zahlungspflichtigen als Hypothek eintragen zu lassen, unter Umständen mit gesetzlichem Vorrang vor allen schon eingetragenen Lasten. Dieser gesetzliche Hypothekentitel und Vorrang sind nach BGB nicht mehr in Geltung.

3. Irrige Konstruktionen: Da das BGB und die AG es unterlassen haben, für die Kommunmauern Sonderbestimmungen[18]) zu treffen, so ist es Aufgabe der Rechtslehre und Rechtspflege, die überaus schwierigen Rechtsverhältnisse der Kommunmauer auf Grund der allgemeinen Vorschriften des BGB zu meistern. Seit Inkrafttreten des BGB quälen sich die Wissenschaft und Rechtspflege damit ab, eine mit den Anforderungen der Vernunft und den Bedürfnissen der Wirtschaft in Einklang stehende rechtliche Konstruktion herauszuarbeiten. Eine vollbefriedigende Lösung ist bis jetzt nicht gefunden. Der Wirrwarr der Meinungen ist so groß und bis jetzt so ungeklärt, daß man nicht einmal von einer herrschenden Meinung reden kann.

Nach allen möglichen Richtungen sind rechtliche Konstruktionen unternommen worden.

Zunächst wurde vom OLG Köln der Versuch gemacht, das bisherige Recht durch analoge Anwendung des Art. 23 PrAG aufrecht zu erhalten[19]). Dieser Versuch wurde vom Oberlandesgericht Köln selbst aufgegeben[20]).

---

[15]) OLG Frankfurt i. Fkf. Rdschau 06, 110.

[16]) Neumann-Levi a. a. O. S. 49f. Mit Unrecht wird daher in der Rechtsprechung des OLG Frankfurt dieser Anspruch als obligatorisch bezeichnet (vgl. a. a. O. S. 50 N. 1). Er ist es ebensowenig wie die Überbau- und Notwegrente, sondern als Korrelat der gesetzlichen Eigentumsbeschränkungen Inhalt des Grundeigentums.

[17]) Rehbein-Reincke ALR Bd. 1 S. 71ff.

[18]) Vgl. aber unten § 10.

[19]) RheinArch. 100 I 48, 101 I 127, 104 I 34, 105 I 48.

[20]) RheinArch. 110 I 216 (Köln), 106, 80 und 164 (Düsseldorf); Haase, RheinArch. 105, 328.

Ein anderer Versuch, das alte Recht aufrecht zu erhalten, unterstellte, daß in den Gebieten, in welchen die kommune Bauweise gemeinüblich war, sich dieser Brauch zu einem förmlichen Gewohnheitsrecht verstärkt habe derart, daß hierdurch ein wirkliches Recht gewährt werde[21]). Der Versuch war schon deswegen verfehlt, weil eine Rechtsübung, welche die gesetzlichen Vorschriften anwendet, zur Begründung eines Gewohnheitsrechtes nicht tauglich ist[22]) und sich ein solches Gewohnheitsrecht nur für das ganze Gebiet des Gesetzesrechtes, also entweder für das ganze Reich (Bundesgebiet) oder (auf Grund der Art. 2, 124 EG) für das ganze Land hätte bilden können[23]).

Das OLG Düsseldorf wollte aus der bloßen Zwecksatzung, welche der halbscheidigen Mauer durch den Erstbauenden gegeben wurde, ein Anbaurecht des Nachbarn folgern[24]). Mit diesem kühnen Versuch war aber ebensowenig weiterzukommen, wie durch den Vergleich mit der Rechtsprechung über Straßenanliegerecht[25]).

Man bemühte sich auch, die Lehre von der gemeinschaftlichen Giebelmauer auf einem Gewebe stillschweigender Verträge aufzubauen[26]). Von diesem Weg hat sich die Rechtsprechung bald wieder abgewendet, weil im Regelfall die auf den Vertragsschluß hinzielende Willensrichtung, der rechtsgeschäftliche Wille fehlt[27]). Neuerdings hat jedoch das BayObLG den Ersatzanspruch aus einem stillschweigenden Vertrag, der zwischen dem Mauereigentümer und dem Anbauenden durch Unterzeichnung des Bauplans zustandekommt, abgeleitet[28]). Es wird weiter unten[29]) dargetan werden, daß mit der Konstruktion stillschweigender Verträge auf diesem Gebiet sehr wenig anzufangen ist.

Auch mit der Einrede der Arglist wurde das Anbaurecht des Nachbars an die halbscheidige Mauer begründet. So hat das OLG Düsseldorf in wiederholten Entscheidungen ausgeführt[30]), daß in den Gegenden, wo die halbscheidige Bauweise gemeinüblich ist, jeder Grundeigentümer, der ein Gebäude mit halbscheidiger Mauer inne hat, weiß, zu wes Ende die Mauer

---

[21]) RheinARZ 29, 170.
[22]) Vgl. RheinARZ 29, 149.
[23]) RheinArch. 110, 145 (Düsseldorf).
[24]) RheinArch. 110, 309.
[25]) S. darüber unten § 17 N. 11.
[26]) Koppers, DJZ 04, 806; Broicher in PucheltsZ 38, 175; OLG 18, 130; RheinArch. 109, 285 (Düsseldorf).
[27]) JDR 12, Ziff. 2 und 3 (Dresden); RheinArch. 108, 368 (Karlsruhe); RheinArch. 110, 145 (Düsseldorf).
[28]) BayObLG 22, 334.
[29]) S. unten § 8 IV 3.
[30]) RheinArch. 110, 308.

teilweise über die Grenze gesetzt ist, daß sie eben dem Anbau des Nachbarn dienen soll. Wer seinerseits den Vorteil daraus ziehe, daß ein Teil der Mauer auf dem Grund des Nachbars steht, handle arglistig, wenn er sein Eigentum in einer der offensichtlichen Zweckbestimmung der Mauer zuwiderlaufenden Weise geltend mache. Diese Erwägungen mögen zutreffen auf den Fall, daß der Erbauer der Mauer noch ihr Eigentümer ist, seinem Sondernachfolger wird man die Pflicht der Duldung zum Anbau, wenn sie nach dem Gesetz nicht bestehen sollte, nicht dadurch aufbürden können, daß man in der Geltendmachung seines gesetzlichen Abwehranspruchs ein arglistiges Verhalten erblickt.

Als ein offensichtlicher Verlegenheitsbehelf stellt sich der Versuch dar, die Verpflichtung des Anbauenden zur Zahlung einer Ablösungsentschädigung aus der Vorschrift des § 922 oder § 748 abzuleiten, wonach die Unterhaltskosten einer gemeinschaftlichen Einrichtung von den Nachbarn zu gleichen Teilen zu tragen sind[31]). Es liegt ja auf der Hand, daß es sich bei der Neuherstellung einer Mauer nicht um Unterhaltungskosten handeln kann[32]).

Ein lebhafter Streit entspann sich über die Frage, ob eine halbscheidig errichtete Mauer vor dem Anbau als Grenzeinrichtung im Sinne des § 921 zu erachten sei. Das RG hat diese Frage bejaht und die gleiche Ansicht wird hier vertreten (s. hierüber unten § 8 II 1).

Mehr und mehr ist in der Rechtsprechung und Rechtslehre der Gedanke eingedrungen, den Ablösungsanspruch mit der Bereicherung zu begründen, wobei wieder die Ansichten darüber auseinander gingen, ob dieser Bereicherungsanspruch aus § 951 oder aus § 812 abzuleiten sei. Der Bereicherungsanspruch bietet wohl den einzigen brauchbaren Ausweg[33]).

Zu seiner Begründung ist es erforderlich, die sachenrechtliche Grundlage klarzustellen, auf welcher das Rechtsverhältnis der Kommunmauer beruht.

II. Das Rechtsverhältnis vor dem Anbau

Wer beim Bau seines Hauses eine Giebelmauer halb auf das Nachbargrundstück stellt, vollendet den Tatbestand, der in § 912 als Grenzüberbau behandelt ist[34]). Sind sämtliche Voraussetzungen des § 912 gegeben, dann

[31]) So Pfirstinger 24; SächsRpflArch. 11, 4 (Dresden).

[32]) Lieberich, BayZ 14, 262 Anm. 21; Staudinger Bem. IV 2b zu § 922 und FkfRdsch. 06, 71 (Frankfurt). Zu Unrecht wird aber dort der Ersatzanspruch aus der Geschäftsführung ohne Auftrag abgeleitet. [33]) Siehe hierüber unten § 8 III 1.

[34]) Vgl. RheinArch. 108, 373 (RG); 109 I 198 (Köln); 106 I 80 und 109 f 283 (Düsseldorf); 108 I 365 (Karlsruhe); Geiershöfer im Recht 05, 403; Breit in Fischers Z 38, 160; Ziel 18; Becher 66. — Siehe dagegen Wein, BayZ 13, 455 und Buhmann, BayZ 14, 198.

steht der übergebaute Teil der Mauer im Alleineigentum des Hauseigentümers[35]). Man muß sogar noch weiter gehen und das Alleineigentum des Hauseigentümers an der ganzen Mauer in jedem Falle, also z. B.[36]) auch dann annehmen, wenn der Hauseigentümer bewußt rechtswidrig einen Teil der Mauer über die Grenze hinübergesetzt hat[37]). Der gute Glaube ist von Bedeutung für die Frage, ob der Eigentümer des überbauten Grundstückes die Beseitigung des Überbaues verlangen kann, nicht aber für das Eigentumsverhältnis an der Mauer. Sie gehört in jedem Fall dem Hauseigentümer; es ist „seine" Mauer. Das ist eine Auswirkung der oben (§ 2 II) vertretenen Auffassung, daß der Grundsatz der rechtlichen Untrennbarkeit der Bestandteile (§ 93) stärker ist, als der Grundsatz des § 94 Abs. 1 (Superficies solo cedit) und deshalb beim Zusammentreffen der beiden Grundsätze auf denselben Tatbestand der § 94 dem § 93 weichen muß.

Das Reichsgericht geht von einem andern Standpunkt aus: Danach soll ein Gebäude grundsätzlich nur soweit wesentlicher Bestandteil eines Grundstückes sein, als es mit diesem fest verbunden ist, also darauf steht (§ 94). Reicht ein Teil des Gebäudes über die Grenze des Grundstückes hinaus, so ist dieser Teil Bestandteil des angrenzenden Grundstückes. Nur dann ist der hinübergebaute Teil eines Gebäudes ausnahmsweise rechtlicher Bestandteil des Gebäudes, wenn der Teil in Ausübung eines Rechtes an dem Nachbargrundstücke mit diesem verbunden wurde (§ 95 Abs. 1) oder wenn die Voraussetzungen gegeben sind, unter denen der Nachbar den Überbau nach § 912 zu dulden hat[38]).

In der für Kommunmauerrecht grundsätzlichen Entscheidung vom 8. 2. 1911 führt das RG[39]) aus: Wenn es sich um eine halbscheidig er-

[35]) Jetzt herrschende Meinung. RheinArch. 108, 363 (Karlsruhe); 109, 198 (Köln); 109, 277 (auch in JW 12, 491) und 110, 145 (Düsseldorf); SächsAnn. 33, 175 (Dresden); Geiershöfer a. a. O. 402; Kukuk 38; Breit, SächsAnn. 38, 168 und SächsRpflArch. 11, 392; Frommherz, BadRsp. 14, 225; Becher a. a. O. 67; vgl. BayZ 07, 334 (Nürnberg); Palandt, Anm. 5 a, aa zu § 921. An diesem Alleineigentum kann durch entgegenstehende Vereinbarung nichts geändert werden, da die Vorschrift des § 93 zwingend ist. Unrichtig daher BayZ 14, 181 und 182 (München).

[36]) Auch dann, wenn der Erbauer bei Errichtung der halbscheidigen Mauer Eigentümer der beiden Grundstücke war (sogenannter Eigengrenzüberbau) und dann das eine Grundstück veräußert hat oder die beiden Grundstücke im Wege der Zwangsversteigerung an verschiedene Erwerber zugeschlagen sind: RG 160, 176; 169, 175 (gegen RG 65, 361; 70, 200, wo auch in solchem Falle Realteilung angenommen war).

[37]) Ebenso OLG Köln in BB 51, 600; Staudinger (9. Aufl.) Bem. 7 zu § 94; A. M. Palandt Anm. 5 a, bb zu § 921.

[38]) RGKomm. Bem. 3 zu § 94. Wegen der Rechtsverhältnisse beim Eigengrenzüberbau vgl. RG 160, 176 und 169, 175; ferner oben N. 35 und unten § 24 VII.

[39]) RheinArch. 108, 373 ff. (in recht unvollständigem Auszug, der leicht zu Mißverständnissen führen kann, auch abgedruckt. JW. 11, 365)

richtete Mauer handelt, die weder in Ausübung eines Rechts am Nachbargrundstücke (§ 95 Abs. 1 Satz 2) noch unter den eine Duldungspflicht des Nachbarn begründenden Voraussetzungen des § 912 hinübergebaut wurde, so steht die Mauer je zur Hälfte in real abgeteiltem Eigentum der beiden Nachbarn (§ 94). Der Angrenzer kann die Beseitigung des übergebauten Mauerteils verlangen. Bei dem abgeteilten Eigentum bleibt es auch nach dem Anbau. Handelt es sich aber um eine halbscheidige Mauer, bei der die Voraussetzungen des § 95 oder der Duldungspflicht des § 912 gegeben sind, so steht die ganze Mauer im Alleineigentum des Hauseigentümers und dabei bleibt es auch nach dem Anbau[40]). Miteigentum ist hiernach also in jedem Falle ausgeschlossen[40a]).

Will man die Tragweite dieser Entscheidung richtig erfassen, so muß in eine Erörterung der beiden vom RG zugelassenen Ausnahmefälle eingetreten werden.

1. Errichtung mit Zustimmung des Nachbarn: Die Anwendbarkeit des § 912 wird vom RG verneint[41]), wenn der Überbau auf Grund und in Gemäßheit einer Vereinbarung erfolgt, durch die der Erbauer eine rechtliche Befugnis zum Bauen über die Grenze wirklich erworben hat[42]); in diesem Fall ist § 95 anzuwenden. Es ist nur die Frage, welche Anforderungen an einen Vertrag gestellt werden müssen, durch welchen eine rechtliche Befugnis im Sinne des § 95 Abs. 1 Satz 2 erworben wird. Die herrschende Meinung nimmt mit Recht an, daß nur ein dingliches Recht die Befugnis des § 95 gewährt[43]). Man sollte meinen, daß ein solches dingliches Recht nur in der Form wirksam bestellt werden kann, welche für die Begründung dinglicher Rechte vorgeschrieben ist, also durch Einigung und Eintragung im Grundbuche (§ 873). Das RG hat in einer anderen Entscheidung[44]) angenommen, daß durch die formlose

---

[40]) Aus dieser unrichtigen (s. darüber unten § 8 III) Annahme wird dann die Folgerung gezogen, daß der anbauende Nachbar für den Anbau in keinem Fall eine Entschädigung bezahlen müsse, weil der andere Nachbar in keinem Fall durch den Anbau einen Rechtsverlust erleide.

[40a]) A. M. der BGH. (NJW. 55, 257) insofern, als er an der von zwei zerstörten Häusern übrig gebliebenen Giebelmauer Miteigentum annimmt; vgl. oben § 7 N. 39 u. 40.

[41]) Ebenso OLG 34, 191 (Zweibrücken); RG 70, 203 — vgl. hierzu aber oben N. 35 —; R 10 Nr. 3925 (Hamburg); JW 14, 40; Wein, BayZ 13, 455; Buhmann, BayZ 14, 198.

[42]) RG Warn. 15 Nr. 270; BayZ 15, 350 (RG).

[43]) RGKomm. Bem. 5 zu § 95.

[44]) BayZ 15, 350 (RG). Im Einklang hiermit lehrt RGKomm. Bem. 5 zu § 95 (nachdem vorher das Erfordernis eines dinglichen Rechts für die Befugnis des § 95 aufgestellt ist): „Wenn eine Giebelmauer mit der ausdrücklich oder stillschweigend von den Nachbarn vereinbarten Bestimmung des späteren Anbaus des Nachbarn halbscheidig errichtet wird, so ist der hinübergebaute Teil als in Ausführung eines dinglichen Rechtes mit dem Nachbargrundstück verbunden anzusehen".

Zustimmung des Nachbarn zur halbscheidigen Errichtung der Mauer die rechtliche Befugnis zur Verbindung der Scheidemauer mit dem Nachbargrundstück erworben wird. Dieser Standpunkt ist richtig, bedarf aber der näheren Begründung.

Wie in der vorerwähnten Entscheidung des RG (vgl. N. 33) anerkannt wird, ist die im beiderseitigen Einverständnis halbscheidig errichtete Mauer, deren spätere Mitbenützung durch den Anbau des Nachbarn in Aussicht genommen ist, auch schon vor dem Anbau eine Grenzeinrichtung im Sinne des § 921 BGB[45]).

Eine Grenzeinrichtung darf aber, so lange einer der Nachbarn an dem Fortbestand der Einrichtung ein Interesse hat, nicht ohne seine Zustimmung beseitigt werden (§ 922). Dieses dinglich wirkende Recht[46]) an dem fremden Grund und Boden, soweit darauf die Anlage steht, wird durch die mit formloser Zustimmung erfolgte Schaffung einer Einrichtung erworben, welche nach ihrer objektiven Beschaffenheit zum Vorteil beider Grundstücke dient (§ 921). Es fällt unter § 95 Abs. 1 Satz 2. Zwar ist, streng genommen, die Verbindung der Anlage mit dem fremden Grundstück nicht in Ausübung eines dinglich oder dinglich wirkenden Rechtes an diesem Grundstück vorgenommen (§ 95 Abs. 1). Denn dieses Recht wird nicht schon durch die bloße Zustimmung zur Schaffung der Einrichtung erworben, sondern erst durch die mit Zustimmung erfolgte Schaffung der Einrichtung, welche objektiv dem Vorteil beider Grundstücke dient. Dieser Zustand wird erst durch die Verbindung geschaffen, während § 95 voraussetzt, daß schon die Vornahme der Verbindung in Ausübung eines dinglichen Rechtes erfolgt. Aber wegen völliger Gleichheit des Rechtsgrundes bestehen keine Bedenken gegen die analoge Anwendung des § 95 auf diesen Fall. Die Entscheidung des RG ist also nur unzureichend begründet, aber richtig.

---

[45]) S. darüber oben § 7 I 1 und § 7 N. 7. Deshalb darf der Eigentümer der halbscheidigen Mauer diese ohne Zustimmung des Nachbars nicht beseitigen. A. M. mit unzureichender Begründung Lieberich, BayZ 14, 262. Nach § 922 muß der Nachbar die Hälfte der Unterhaltungskosten für die mit seiner Zustimmung erbaute halbscheidige Mauer auch schon vor dem Anbau tragen. Das ist durchaus nicht unbillig. Derjenige, der das erste Haus gebaut hat, mußte mit den gesamten Herstellungskosten in Vorschuß gehen. Da der Nachbar der Schaffung der Grenzeinrichtung zugestimmt hat und die halbscheidige Mauer schon vor dem Anbau den Wert seines Grundstücks erhöht und es ihm ja jederzeit frei steht, den in Aussicht genommenen Anbau auszuführen, so ist nicht erfindlich, weshalb er sich der Zahlung der hälftigen Unterhaltungskosten sollte entschlagen können. A. M. Buhmann, BayZ 14. 223; Lieberich, BayZ 14, 263. Nur unter ganz besonderen Umständen kann eine gegenteilige stillschweigende Vereinbarung unterstellt werden (vgl. unten § 8 IV 3).

[46]) Es ist kein dingliches Recht, sondern Ausfluß und Inhalt des Eigentums an seinem Grundstück, aber es wirkt dinglich.

Das Ergebnis ist: Immer dann, wenn der Nachbar der Errichtung einer herüber gebauten Scheidemauer zugestimmt hat, gilt die Mauer, soweit sie auf seinem Grund und Boden steht, als von dem andern Nachbar (dem an der Grenzeinrichtung Mitberechtigten)[47]) in Ausübung eines Rechtes an einem fremden Grundstück mit dem Grundstück verbunden (§ 95). Auf einen solchen Fall ist § 912 nicht anzuwenden. Damit ist auch die Streitfrage[48]), ob für den hinübergebauten Teil der Mauer Überbaurente und Grundabnahme verlangt werden kann, ohne weiteres zu verneinen.

2. Errichtung ohne Zustimmung des Nachbarn. § 912 ist aber auf den Fall einer halbscheidig gebauten Giebelmauer vor dem Anbau des Nachbars anzuwenden

a) wenn der Nachbar dem Grenzüberbau weder ausdrücklich noch stillschweigend zugestimmt und auch weder vor noch sofort nach der Grenzüberschreitung gegen diese Widerspruch erhoben hat[49]),

b) wenn dem Überbauenden bei Überschreitung der Grenze weder Vorsatz noch grobe Fahrlässigkeit zur Last fällt.

Vorsatz bei der Grenzüberschreitung liegt vor, wenn der Hauseigentümer bei Errichtung der Mauer gewußt hat, daß er unberechtigt über die Grenze baut. Hat er sich über den Verlauf der Grenze getäuscht oder irrtümlich angenommen, daß er auch Eigentümer des Nachbargrundstückes sei oder daß der Nachbar mit dem Überbau einverstanden sei[50]), dann hat er die Grenze nicht mit dem Bewußtsein der Rechtswidrigkeit, also nicht vorsätzlich rechtswidrig überschritten. Es kommt dann darauf an, ob sein Irrtum auf grober Fahrlässigkeit beruht. Der Hauseigentümer muß beweisen, daß ihm Vorsatz und grobe Fahrlässigkeit bei der Grenzüberschreitung nicht zur Last fällt. Andernfalls besteht die Duldungspflicht

---

[47]) Gewiß hat nicht er, sondern der Hauseigentümer die Verbindung ausgeführt. Aber dieser hat zugleich auch für den Nachbarn gehandelt, bei dessen vorheriger Zustimmung als Beauftragter, bei nachträglicher Genehmigung als Geschäftsführer ohne Auftrag.

[48]) Vgl. Breit, FischersZ. 38, 180; Ziel 27; Wein 455; Pfirstinger 21 und SeuffBl. 02, 100, und dagegen Planck Bem. 5 zu § 921; de Boor 22.

[49]) SeuffA 62 Nr. 109. (Der zunächst erhobene Widerspruch wird zurückgenommen in einem Vergleich, der sich nach Fertigstellung des Überbaues als rechtsunwirksam erweist: keine Beseitigung des Überbaus).

[50]) Hat der Nachbar ein Verhalten an den Tag gelegt, welches, objektiv betrachtet, nicht anders aufgefaßt werden kann als die Zustimmung, dann hat er diese Zustimmung auch dann erklärt, wenn dies seinem inneren Willen nicht entsprach. Denn auch die stillschweigende Zustimmung ist eine Willenserklärung (vgl. RGK Vorbem. 2 vor § 116). Wird sie nicht rechtzeitig (§ 121) wegen Irrtums angefochten (§ 119), dann liegt der Fall 1 des Textes vor.

des § 912 nicht. In Gegenden, in denen die halbscheidige Bauweise Brauch ist, also vor allem im Rheinland, werden Vorsatz und grobe Fahrlässigkeit regelmäßig durch den Nachweis dieses Brauches[51]) ausgeschlossen sein[52]).

3. Folgerungen für das Eigentumsverhältnis an der Kommunmauer. Nunmehr übersehen wir die Grundlagen der reichsgerichtlichen Entscheidung, die so starke Anfechtung erfahren hat. Diesen Grundlagen der Entscheidung (nicht den daraus gezogenen Folgerungen) ist beizupflichten:

a) Ist die halbscheidige Giebelwand mit ausdrücklicher oder stillschweigender Zustimmung des Nachbars errichtet, so muß er den Überbau auf Grund der §§ 922, 95 Abs. 1 S. 2 BGB, dagegen nicht auf Grund des § 912 BGB dulden. Daher kann er weder Überbaurente noch Grundabnahme verlangen; er hat aber das Recht, die Giebelwand zum Anbau seines Hauses zu benützen. Bis zum Anbau steht die Giebelwand im Alleineigentum des Hauseigentümers (§§ 95, 922)[53]).

Ist die Giebelmauer abredewidrig nicht halbscheidig, sondern zum kleineren Teil auf das Grundstück des Erbauers und zum größeren Teil auf das Nachbargrundstück gesetzt worden, so ist das Eigentumsrecht des Nachbarn insoweit beeinträchtigt, als beispielsweise die 25 cm starke Wand nicht nur mit 12,5 cm, sondern mit weiteren 6,5 cm auf seinem Grundstück steht. Streng genommen würde es sich hinsichtlich der 6,5 cm um einen Überbau im Sinne der §§ 912ff. handeln, sofern Vorsatz und grobe Fahrlässigkeit beim Überbauen ausgeschlossen waren und Widerspruch nicht erhoben worden ist; die Mauer müßte also geduldet werden; der überbaute Nachbar könnte insoweit Grundabnahme oder Überbaurente verlangen. Nun steht aber auf Grund der getroffenen Vereinbarung dem Nachbar, soweit die 12,5 cm der Mauer in Frage stehen, lediglich das

[51]) Zu weit geht RheinArchRZ 29, 172, wenn dort der Brauch als Gewohnheitsrecht aufgefaßt wird, durch welches ein wirkliches Recht zum Bauen verliehen wurde. Dagegen mit Recht RheinArch. 110, 149 (Düsseldorf).

[52]) Vgl. RheinArch. 109 I 199 (Colmar). Ist in einer Stadt, wo die halbscheidige Bauweise üblich ist, ein Bauplan, der die halbscheidige Errichtung der Giebelwand aufzeigt, vom Nachbar unterschrieben worden, so liegt darin zwar nicht die ausdrückliche Erklärung seiner Zustimmung. Denn bei der Unterzeichnung des Bauplans handelt es sich nur um eine Erklärung gegenüber der Behörde, nicht gegenüber dem Bauherrn. Aber in der Unterzeichnung des Bauplanes im Zusammenhalt mit dem Geschehenlassen des halbscheidigen Mauerbaues wird dem Bauherrn gegenüber ein Verhalten an den Tag gelegt, das nach Lage der Sache keine andere Auslegung zuläßt als die Zustimmung. Es liegt also die stillschweigende Erklärung der Zustimmung vor. (Im Ergebnis richtig BayZ 15. 350 [München]; vgl. Becher, BayZ. 15, 66.) War der Nachbar im Irrtum darüber, daß halbscheidig gebaut werde, so ist er auf die Anfechtung wegen Irrtums angewiesen (s. oben Anm. 50).

[53]) RGKomm. Bem. 5 zu § 95.

Anbaurecht zu, das er wegen der weiteren 6,5 cm Mauer, die er dulden muß, nicht verwirklichen kann, ohne damit zugleich seiner Rechte aus dem Überbau verlustig zu gehen (vgl. nachst. Fall b). Im Falle des Anbaus an die Mauer stünden ihm daher Ansprüche aus dem Überbau nicht mehr zu. Andererseits aber hat er Besitz und Nutzung an dem 6,5 cm mehr überbauten Streifen Land endgültig verloren. Dieser Rechtsverlust muß ausgeglichen werden, und zwar als ungerechtfertigte Bereicherung oder — bei Vorliegen leichter Fahrlässigkeit — als Schadensersatz aus unerl. Handlung. Der geschädigte Nachbar kann verlangen, daß der Erbauer ihm unter Übernahme aller Kosten (Vermessung, Auflassung, Eintragung) den 6,5 cm breiten Streifen Land abkauft oder — in entsprechender Anwendung der Vorschriften über die Überbaurente — eine Rente zahlt. Zu dem gleichen Ergebnis gelangt man, wenn die Voraussetzungen des § 912 nicht gegeben sind, weil der Erbauer entweder vorsätzlich oder grobfahrlässig die Mauer nicht nur mit 12,5 cm, sondern mit 19 cm auf das Nachbargrundstück gesetzt oder weil der überbaute Nachbar rechtzeitig widersprochen hat. Dem an sich gegebenen Recht des Nachbars, die Beseitigung der 6,5 cm zu verlangen, steht nämlich praktisch der Umstand entgegen, daß die Mauer 12,5 cm stark bleiben muß, wenn an sie der Nachbar abredegemäß soll anbauen können, und daß ein Zurückrücken der Mauer nach Baubeginn regelmäßig nicht mehr möglich sein wird. An Stelle seines an sich gegebenen jus tollendi kann also der Nachbar auch in diesem Falle nur die oben erwähnten Ausgleichsansprüche erheben.

b) Ist die halbscheidige Giebelwand o h n e ausdrückliche oder stillschweigende Zustimmung des Nachbars errichtet, so muß der Nachbar[54]) die Giebelwand dulden, w e n n die Voraussetzungen des § 912 gegeben sind. Die ganze Mauer steht im Alleineigentum des Hauseigentümers[55]). Der Nachbar kann Überbaurente und Grundabnahme verlangen. Dagegen darf er die Giebelwand nicht zum Anbau seines Neubaues verwenden. Tut er dies trotzdem, so muß er auf Verlangen des Eigentümers des ersten Hauses die Beeinträchtigung der Giebelwand selbst dann beseitigen, wenn dieser rechtzeitig Widerspruch (§ 912 Abs. 1) nicht erhoben hat (§§ 903, 1004). Wenn dieser aber durch sein Verhalten ausdrücklich oder stillschweigend zum Ausdruck gebracht hat, daß er mit der Benützung seiner Mauer zum Anbau des Nachbars einverstanden ist, dann entfällt von da ab die Anwendbarkeit der Bestimmungen des § 912ff. Denn dann ist mit Zustimmung beider Nachbarn eine Einrichtung vorhanden, die objektiv

[54]) Natürlich auch sein Sondernachfolger, da die Beschränkung des § 912 dinglich wirkt. Die Kritik Lieberichs (BayZ 14, 239) an den Ausführungen der 2. Aufl. des Bayer. Nachbarrechts S. 58 geht deshalb fehl.

[55]) RGKomm. Bem. 5 zu § 95; Palandt, Anm. 5a, aa zu § 921.

dem Vorteil beider Nachbarn dient und dauernd zu dienen bestimmt ist. Das ist eine Grenzeinrichtung (§ 921 und § 95), so daß von da ab der Fall a gegeben ist.

c) Ist die halbscheidige Giebelwand ohne ausdrückliche oder stillschweigende Genehmigung des Nachbars errichtet und fehlt eine der Voraussetzungen der Duldungspflicht des § 912 Abs. 1, dann steht die ganze Mauer gleichwohl im Alleineigentum des Hauseigentümers, der jede Einwirkung auf seine Mauer verbieten kann (§§ 903, 1004)[55a]). Davon weicht die Ansicht des Reichsgerichtes[56]) ab, das in diesem Falle real abgeteiltes Eigentum an der Mauer annimmt. Jedenfalls kann der Nachbar Überbaurente und Grundabnahme nicht verlangen. Erhebt er gleichwohl den Anspruch auf Überbaurente oder Grundabnahme, dann wird darin zwar nicht ohne weiteres die nachträgliche Zustimmung zur Grenzüberschreitung, aber im Zweifel der Antrag an den Eigentümer des zuerst gebauten Hauses zu erblicken sein, den Überbau nach den Bestimmungen der §§ 912ff. zu behandeln. Dieser Antrag schließt den Verzicht auf den Beseitigungsanspruch ein. Nimmt der Nachbar diesen Antrag an, so sind von da ab die Bestimmungen der §§ 912ff. anzuwenden. Benützt der Nachbar die Mauer zum Anbau seines Neubaues, so ist das Rechtsverhältnis genau so zu beurteilen wie bei der darin liegenden Zustimmung zur rechtlichen Begründung einer Grenzeinrichtung im Fall b.

III. Der gesetzliche Ablösungsanspruch

Baut der Nachbar an die vom Hauseigentümer halbscheidig errichtete Mauer an, so benützt er einen Gebäudeteil, zu dessen Errichtung er zwar durch Grund und Boden, aber weder durch Arbeit noch durch Baustoffe etwas beigetragen hat. Die Rechtsprechung zog daraus unter der Herrschaft des rheinischen Rechts die Folgerung, daß er den Eigentümer des zuerst gebauten Grundstückes dafür entschädigen muß. Diese Entschädigungspflicht, die der Billigkeit und der Überlieferung entspricht, wird nun für das neue Recht von einem Teil der Rechtslehre und der Gerichte, an der Spitze vom Reichsgericht, geleugnet[57]).

Für die Untersuchung der Frage, ob für den Anbau nach neuem Recht Entschädigung bezahlt werden muß, empfiehlt es sich, zunächst von Ab-

[55a]) Ebenso OLG Köln in BB 51, 600.

[56]) RG 162, 212; 70, 201; RheinArch. 108, 377; JW 11, 366; OLG 34, 190 (München); RGKomm. N. 2 zu § 94; Palandt N. 5 a, bb zu § 921. Zum Standpunkt des BGH vgl. oben § 7 N. 39.

[57]) RheinArch. 108, 373 (RG); im ungenügenden Auszug auch in JW 11, 366; BayZ 14, 181 (München); OLG 34, 191; Bungard 28; Wein 455; Geiershöfer 403; Staudinger Anm. 16 zu § 921.

reden der Beteiligten abzusehen und bei der Untersuchung zu unterstellen, daß weder eine dingliche noch eine schuldrechtliche Vereinbarung über die Ersatzleistung zwischen den Nachbarn und ihren Besitzvorgängern getroffen wurde.

1. Änderung des Eigentumsverhältnisses durch den Anbau

Die Untersuchung hat auszugehen von dem Eigentumsverhältnis, das an der halbscheidigen Mauer vor dem Anbau besteht. Wie oben gezeigt wurde, steht in jedem Fall[58]) das Alleineigentum an der halbscheidig gebauten Mauer vor dem Anbau dem Gebäudeeigentümer zu. Dieses Alleineigentum an der ganzen Mauer wird aber durch den Anbau geändert. Denn durch die Einverleibung der Mauer in das zweite Haus wird sie auch zu dessen wesentlichem Bestandteil[59]) (s. oben § 2 II und § 7 III 3).

Der Rechtsgrundsatz des § 94 Abs. 1 „superficies solo cedit" ist an sich ein abstrakter Rechtsgrundsatz. Er steht aber nicht für sich allein im Gesetz. Die Vorschriften der §§ 93 und 95 und insbesondere des § 94 Abs. 2 sind zusammen mit § 94 Abs. 1 und unter Heranziehung der §§ 946ff. einer einheitlichen Betrachtung zu unterstellen. In ihrer Gesamtheit ist in diesen Vorschriften das gesetzgeberische Ziel ausgeprägt, einem Gegenstand, der kraft seiner Zweckbestimmung und der allgemein gültigen Verkehrsauffassung als wirtschaftliche Einheit erscheint, auch die entsprechende rechtliche Einheit zu geben[60]). Die Zweckbestimmung und Verkehrsauffassung gibt den Ausschlag für die Entscheidung der Frage, ob eine Sache wesentlicher Bestandteil einer andern ist oder durch die Verbindung wird[61]). Dabei handelt es sich um eine Zweckbestimmung, die nicht nur ein innerer Vorgang bei dem Schaffenden ist, sondern durch die Verwirklichung seiner Willensrichtung so vergegenständlicht wird, daß der Zweck in das Wesen des Werkes übergeht.

Der Erbauer einer halbscheidigen Mauer gibt dieser Mauer zunächst einmal die Zweckbestimmung, die Abschlußmauer seines Hauses zu bilden; sie fällt daher gemäß §§ 93, 94 Abs. 2 als Bestandteil seines Hauses in sein

[58]) Das RG macht jedoch hiervon eine (einzige) Ausnahme, nämlich für eine halbscheidige Mauer, bei der weder die Voraussetzungen des § 95 Abs. 1 Satz 2 (s. oben § 8 II 1) noch die Duldungspflicht des § 912 Abs. 1 (s. oben § 8 II 2) gegeben ist. Diese Ausnahme ist nicht gerechtfertigt, wie oben (§ 2 II und § 7 III) dargetan wurde.

[59]) JW 12, 1038 (Dresden); RheinArch. 109, 277 (Düsseldorf); auch in JW 12, 491; Metzges, Gruchot 62, 77; s. dagegen BayZ 14, 181 (München); Droste, Gruchot 60, 256. Ganz seltsam OLG 29, 241 (München): Es wird Überbau angenommen und daraus richtig gefolgert, daß an sich der hinübergebaute Teil Bestandteil des Hauses sei. Durch Annahme stillschweigender Abrede wird das Gegenteil (Realteilung) konstruiert, wobei übersehen wird, daß die Vorschriften der §§ 93ff. zwingendes Recht sind.

[60]) Vgl. RG 58, 341; 61, 192; 62, 408; 63, 419; 67, 419; 69, 121 u. 153; 160, 175; 169, 176; Staudinger Anm. 1 zu § 93.

[61]) RheinArch. 110, 145 (Düsseldorf).

Alleineigentum. Daneben aber gibt der Erbauer, indem er die Abschlußmauer seines Hauses halb über die Grenze setzt, der Mauer die weitere Zweckbestimmung, später, nämlich im Fall des Anbaues, auch dem Nachbarhaus als Abschlußmauer zu dienen. Diese Zweckbestimmung ist im Wesen der Mauer vergegenständlicht. Baut dann der Nachbar an, so wird dadurch lediglich die Zweckbestimmung verwirklicht, welche die Mauer von allem Anfang an in sich getragen und für die Verkehrsauffassung ersichtlich bewahrt hat. Wenn die in die Einheitssache hineingelegte, ihrem Wesen aufgeprägte Zweckbestimmung von allem Anfang an und immer darin besteht, dem einen Haus so gut wie dem andern die unentbehrliche Abschlußmauer, also wesentlicher Bestandteil zu werden, so muß in dem Augenblick, in welchem diese Zweckbestimmung auch für das zweite Haus verwirklicht wird, die wirtschaftliche wie die rechtliche Zusammengehörigkeit der Mauer zu dem zweiten Haus genau dieselbe werden wie zu dem ersten Haus. Für jedes der beiden Häuser ist die ganze Mauer, nicht nur die eine real abgeschnittene Hälfte, unentbehrlich; die ganze Mauer ist mit dem einen wie mit dem andern Haus fest verbunden, ist wesentlicher Bestandteil beider Häuser (§ 94 Abs. 2). Indem das Alleineigentum des einen Nachbars an der ganzen Mauer mit dem Alleineigentum des andern an derselben ganzen Mauer zusammentrifft und keines die Kraft hat, das andere zu überwinden, müssen sich die beiden Eigentumsrechte vereinigen und auflösen in ein ungeteiltes Miteigentum.

Durch den Anbau wird also die Mauer nach wirtschaftlicher und rechtlicher Auffassung auch dem neuen Haus als Bestandteil einverleibt[62]). Die erforderliche feste Verbindung liegt schon dann vor, wenn die halbscheidige Mauer als Abschluß des Neubaues (als dessen Verwandung) benützt wird, auch wenn eine besonders feste Verbindung durch Einbauen oder Auflegen von Balken nicht hergestellt ist[63]). Wird das neue Haus mit einer selbständigen Mauer dicht neben die alte Scheidewand gestellt, dann wird diese dem Neubau nicht einverleibt. Es muß sich aber auch wirklich um eine selbständige Mauer des Neubaues handeln, die für sich allein (also ohne Anlehnung an die Halbscheidemauer) standsicher wäre. Das ist bei

---

[62]) Becher, BayZ 15, 84; RheinArch. 110 I 145 (Düsseldorf); JW 12, 1038 (Dresden) wenden den § 946 (Verbindung einer beweglichen Sache mit einer unbeweglichen Sache) entsprechend an. Das wird nicht angängig sein; abgesehen davon, daß die Mauerhälfte keine bewegliche Sache ist und es doch etwas zu gekünstelt ist, sich die Mauerhälfte einen Augenblick als bewegliche Sache zu denken (vgl. RheinArch. 110, 145), kann man überhaupt mit der Mauerhälfte auch in Gedanken nicht so umspringen, als ob die andere Mauerhälfte nicht fest mit ihr verbunden wäre und mit ihr nicht eine Einheitssache bilden würde.

[63]) OLG Nürnberg in BayZ 16, 157 und BayJMBl. 53, 293; OLG Hamm in HGBR Rspr. 53/54 Nr. 85.

einer aus (schmalseitig) aufgestellten Backsteinen bestehenden Wand eines einigermaßen hohen Gebäudes nicht der Fall[63a]).

Die Änderung des Eigentumsverhältnisses vollzieht sich in dem Augenblick, in welchem sich der Neubau nach wirtschaftlicher Auffassung als ein wirtschaftlich zusammengehöriges und benützbares Ganzes, als eine Einheitssache, nämlich als ein Gebäude darstellt. Das ist der Zeitpunkt, in welchem der Neubau im Rohbau vollendet ist[64]). In diesem Augenblick zieht der Neubau die halbscheidige Mauer als Bestandteil zu sich herüber.

Wie oben und in § 7 III 3 dargelegt ist, besteht die Änderung des Eigentumsverhältnisses, die durch den Anbau herbeigeführt wird, darin, daß die bisher im Alleineigentum des Eigentümers des ersten Hauses stehende halbscheidige Mauer in das ungeteilte Miteigentum der beiden Nachbarn überführt wird. Nach der Ansicht des Reichsgerichts, deren Widerlegung oben versucht wurde[65]), wird durch den Anbau eine Änderung des Eigentumsrechts nicht bewirkt. Nach der Ansicht der Obergerichte[66]) wird durch den Anbau eine Änderung des Eigentumsverhältnisses bewirkt, die darin bestehen soll, daß sich das Alleineigentum des einen Nachbars an der ganzen Mauer verwandelt in zwei Allein-Eigentumsrechte, je an der durch die Grenze geteilten, real gedachten Hälfte der Mauer.

Während also nach der Ansicht des Reichsgerichts ein Rechtsverlust des bisherigen Alleineigentümers des Hauses durch den Anbau nicht herbeigeführt wird, tritt infolge des Anbaues ein Rechtsverlust ein nach der Ansicht der Obergerichte an der realen Hälfte, nach der hier vertretenen Ansicht an der ideellen Hälfte[66a]).

[63a]) Wird zwischen dem Neubau und der Giebelwand nur insofern eine feste Verbindung hergestellt, als nur die Kellerbetondecke zu einem Teil — nicht ganz bis zur Grenze — in die Giebelkammer vorgetrieben wird, während im übrigen eine 12 cm starke Wand mit gleichstarken Stahlbetonunterzügen (für die weiteren Betongeschoßdecken) im Abstand von 2 cm von der Giebelmauer entfernt errichtet wird, so liegt rechtlich ein Anbau an die Giebelwand vor, aber nur im Verhältnis des Wertes des Mauerteils, auf dem die Kellerdecke aufliegt, zum Wert der gesamten Mauer; nur im Verhältnis dieser Werte bestimmt sich das Miteigentumsrecht wie auch die Höhe der Ablösungssumme.

[64]) RheinArch. 110 I 152 (Düsseldorf); 110 I 216 (Köln); SächsAnn. 33, 180 (Dresden); Breit in SächsArchR 11 400; Ziel 36. — Abweichend RheinArch. 110 I 306 und 311 (Düsseldorf); Bungard 27; Becher 85, welche die Eigentumsänderung entsprechend dem Fortschreiten des Baues eintreten lassen. Allein nur das fertige Gebäude hat die Kraft, die Mauer zu seinem Bestandteil an sich zu ziehen. — Metzges in Gruchot 62, 76 hält den Beginn des Baues für den entscheidenden Zeitpunkt. [65]) S. oben § 8 II.

[66]) OLG Köln in BB 51, 600; BayZ 15, 350 (München); 16, 157 (Nürnberg); RheinArch. 108, 368 (Karlsruhe); 109, 277; 110 I 145 (Düsseldorf); 110 I 219 (Köln); JW 12, 1038 (Dresden); 12, 491 (Düsseldorf). Vgl. Lieberich, BayZ 14, 239. Der Ansicht der Obergerichte hat sich gegen das RG (JW 11, 364; s. oben § 8 II) angeschlossen: RGKomm. Bem. 5 zu § 95. [66a]) Wegen des Standpunkts des BGH. vgl. oben § 7 N. 39.

Es kommt nun häufig vor, daß die halbscheidige Mauer nur teilweise zum Anbau benützt wird, sei es, daß der Neubau nicht so tief ist wie das anstoßende Haus oder daß der Neubau nicht so hoch ist, so daß der obere Teil der halbscheidigen Mauer frei vom Anbau in die Luft ragt[66b]).

Die hier aufgezeichneten Querschnitte von Giebelwänden enthalten einen schraffierten Ausschnitt, welcher den Querschnitt des Neubaues darstellt. Der schraffierte Teil der halbscheidigen Mauer ist durch den Anbau auch ein Bestandteil des neuen Hauses geworden: er ist zugleich Bestandteil des ersten Hauses, steht also im ungeteilten Miteigentum der beiden Nachbarn. Der nicht schraffierte Teil der Giebelwand ist nicht zum Bestandteile des Neubaues geworden, würde also im Alleineigentum des Eigentümers des zuerst gebauten Hauses verbleiben. Es ist nun aber rechtlich unmöglich (§ 93), daß dieselbe Einheitssache (halbscheidige Mauer) einem verschiedenen Herrschaftsrecht unterworfen ist. Weil nun feststeht,

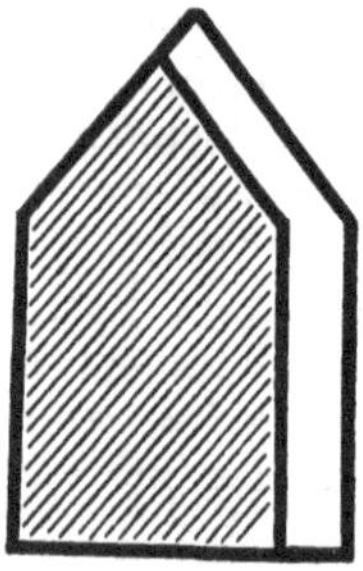

Fall I

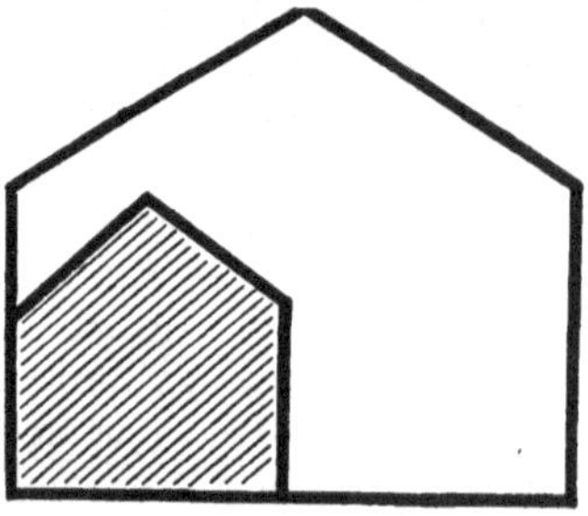

Fall II

daß der schraffierte Teil der Mauer Bestandteil des Neubaues ist, aber auch Bestandteil des alten Hauses und infolgedessen dieser Teil nur im Miteigentum der beiden Nachbarn stehen kann, so muß auch der nichtschraffierte Teil dem gleichen Herrschaftsrechte unterworfen sein, weil ja sonst zweierlei Herrschaftsrechte an derselben Sache bestehen würden. Aber das Miteigentum ist in diesem Falle nicht nach gleichen (hälftigen) Bruchteilen geteilt, sondern nach dem Verhältnis, in welchem das Flächenmaß des zum Anbau benützten Teiles der halbscheidigen Mauer zu dem Flächenmaße der ganzen halbscheidigen Mauer steht. Das Flächenmaß des schraffierten Teiles beträgt im Fall I 90 qm, im Falle II 80 qm. Das Flächenmaß der ganzen halbscheidigen Mauer beträgt im Fall I 120 qm, im Falle II 240 qm. Es steht die ganze halbscheidig errichtete Mauer im Miteigentum nach Bruchteilen, wobei der Eigentümer des zuerst gebauten Hauses im Falle I zu $^5/_8$, im Falle II zu $^5/_6$, der Eigentümer des Neubaues im Falle I zu $^3/_8$, im Falle II

[66b]) Vgl. hierzu auch den oben N. 63 a behandelten Fall.

zu $^1/_6$ beteiligt ist. Der Rechtsverlust, den der Eigentümer des alten Hauses erleidet, beträgt somit im Falle I $^3/_8$, im Falle II $^1/_6$ seines Eigentumsrechts[67]).

2. Grund und Höhe der Entschädigung

Für den Rechtsverlust, den der Eigentümer des ersten Hauses an seinem Mauereigentum durch den Anbau erleidet, muß Entschädigung geleistet werden. Der eine hat einen Teil seines Eigentums verloren, der andere hat ihn erlangt. Um den Wert dieses von dem einen verlorenen Eigentumsteiles ist der andere bereichert. Die Bereicherung beruht auf einer kraft Gesetzes (§ 93) eintretenden Rechtsänderung. Es muß nach Sinn und Zweck dieser gesetzlichen Bestimmung (§ 93) beurteilt werden, ob nach dem Willen des Gesetzgebers der Verlust der Wiederherstellung des gekränkten Rechts oder nur der logischen Durchführung einer Rechtskonstruktion dienen soll.

Der von § 93 erzwungene Rechtsverlust tritt nur deshalb ein, weil ein zwiefaches Herrschaftsrecht an derselben Einheitssache sich mit der Logik nicht verträgt. Deshalb muß das Herrschaftsrecht des einen vernichtet werden, auch wenn dieses Eigentum der materiellen Gerechtigkeit durchaus entspricht. Mit § 93 wird also das materielle Recht durch das formale überwunden. Ein dadurch herbeigeführter Rechtsverlust beruht nicht auf einem von Recht und Billigkeit getragenen Rechtsgrund, also hat der andere das, was der eine verloren hat, auf dessen Kosten ohne rechtlichen Grund erlangt. Damit ist der Herausgabeanspruch des § 812 gegeben[68]). Der Einwand, daß ja der Nachbar das Recht zum Anbau habe (§ 922) und deshalb das Eigentumsrecht an der Mauer mit rechtlichem Grund erlangt, ist nicht stichhaltig. Allerdings hat der Nachbar das Recht, die halbschichtige Mauer durch den Anbau mit seinem Haus zu verbinden. Aber der Erwerb des Eigentumsrechts gehört nicht zum Inhalt dieser Befugnis, sondern ist nur die rechtliche Folge der Ausübung der Befugnis. Der Bereicherte muß das, was er erlangt hat, herausgeben. Da er aber hierzu aus demselben zwingenden Rechtsgrund des § 93, der ihm das Eigentum zugebracht hat, außerstande ist, muß er den Geldwert ersetzen (§ 818 Abs. 2).

---

[67]) Vgl. Breit in FischersZ 38, 196; Kukuk 48 u. 80.

[68]) Palandt Anm. 5 b, bb zu § 921; Breit, FischersZ 38, 195; Kukuk 79; RheinArch. 109, 227 (Düsseldorf), auch JW 12, 491; s. dagegen Lieberich, BayZ 14, 251. Auf dem Umweg der §§ 946, 951 nehmen den Bereicherungsanspruch an JW 12, 1038 (Dresden); RheinArch. 110 I 219 (Köln); 108, 368 (Karlsruhe); RGKomm. Bem. 5 zu § 95; das OLG Dresden verkennt nicht, daß § 946 sich nur auf die Verbindung einer beweglichen Sache mit einem Grundstück bezieht; meint aber, daß das, was gelte, wenn die beiden Nachbarn die Mauer zusammen errichtet hätten, auch nach dem Anbau an eine von einem Nachbar allein errichtete halbscheidige Mauer gelten müsse. Das gilt auch, aber nicht auf Grund des § 951 (lex specialis für Verbindung beweglicher Sachen mit einem Grundstück), sondern auf Grund der allgemeinen Vorschrift des § 812.

Zu ersetzen ist der Wert des Eigentumsrechts, das er erlangt hat. Der Wert des Eigentums ist kein anderer als eben der Wert der Sache. Das Eigentum an der ideellen Hälfte der Mauer deckt sich mit der Hälfte ihres Wertes.

Maßgebend für den Wert ist der Zeitpunkt, in welchem der Vorteil erlangt ist. Das ist der Zeitpunkt der Vollendung des Anbaus im Rohbau. In diesem Zeitpunkt wird der Ablösungsanspruch fällig[69]).

Die Hälfte des Wertes, den die Mauer (bzw. der Mauerteil) in diesem Zeitpunkt hat, ist zu ersetzen. Ob die Kosten, die seinerzeit für die Herstellung der Mauer aufgewendet wurden, höher oder niedriger waren als ihr Wert im Zeitpunkt der Vollendung des Rohbaues, ist belanglos[70]). Somit ist zu ersetzen die Hälfte des Betrages, den die Herstellung der Mauer kosten würde, wenn sie erst zur Zeit der Vollendung des Rohbaues durch Werkvertrag fest vergeben worden wäre. Hiervon ist der Betrag abzuziehen, um den der Wert der halbschichtigen Mauer in diesem Zeitpunkt infolge von Abnützung geringer war als der Wert einer neuen Mauer.

Die Hälfte dieses so errechneten Betrages muß ersetzt werden. Dabei ist es ganz gleichgültig, ob die Grenze genau durch die Mitte der Mauer geht oder ob beispielsweise die Mauer in einer Dicke von 35 cm auf dem einen, in einer Dicke von 15 cm auf dem andern Grundstück steht; denn

[69]) Vgl. hierüber oben N. 64. Für Zahlbarkeit bei Beginn des Anbaus Lieberich 262 und dortige Nachweise (OLG München). Der Anbau und seine Fortführung kann nicht etwa von der Zahlung der Ablösungsentschädigung abhängig gemacht und bis dahin verboten werden. Denn der Ablösungsanspruch ist vor Vollendung des Rohbaues noch nicht fällig (§ 273). Abweichend RheinArch. 109, 325; 110 I 306 u. 311 (Düsseldorf), das ratenweise Fälligkeit nach Fortschreiten des Baues annimmt. Ähnlich, aber nicht mit folgerichtiger Durchführung, Becher, BayZ 15, 85.

[70]) Vgl. RGKomm. Bem. 3 zu § 818 u. Bem. 3 zu § 951 und die damit in Widerspruch stehende Bem. 5 zu § 95. — Hier wird ein Anspruch auf Entschädigung „wegen der Kosten der Herstellung" zugesprochen. Den Unterschied zwischen „Herstellungskosten" und Mauerwert scharf erfassend, führt Lieberich, BayZ 14, 262, aus, daß nach Münchener Übung der Wert des vom Nachbar zum Anbau beanspruchten, auf seinem Grund und Boden stehenden Mauerteils zu vergüten und die Ablösung nach dem Bauwert zur Zeit der Ablösung unter Zugrundelegung des allgemeinen Arbeits- und Materialpreises dieses Zeitpunktes zu berechnen sei. — Wohl ohne an den Unterschied zwischen Herstellungskosten und Mauerwert zu denken, sprechen das OLG München (BayZ 15, 350) und das OLG Nürnberg (BayZ 16, 157) von den „Herstellungskosten". Damals bestand bei den gleichbleibenden Preisen keine Veranlassung, an den rechtlichen Unterschied zu denken. Heute kann der Unterschied erheblich sein. — Nach dem für die innere Stadt Frankfurt a. M. und Sachsenhausen (hierzu vgl. oben N. 9) geltenden Baustatut vom 11. 6. 1809 ist nur die Hälfte der tatsächlich entstandenen Baukosten zu zahlen; daher hat das OLG Frankfurt a. M. in seiner Entscheidung vom 2. 7. 1930 (Zeitschr. d. AnwK im OLGBez. Frankfurt a. M. 1930 S. 120) in einem in Sachsenhausen spielenden Fall bei grundsätzlicher Anerkennung des hier vertretenen Standpunkts nicht den halben Mauerwert, sondern an Stelle von 1250 M Vorkriegskosten 1250 RM zugebilligt, also die halben ursprünglichen Herstellungskosten angemessen in Reichsmark aufgewertet. — Vgl. hierzu auch OLG Frankfurt vom 16. 6. 56 — 1 U 1/55.

der Eigentümer des zuerst gebauten Hauses ist vor dem Anbau in allen Fällen der Alleineigentümer der ganzen Mauer und er verliert durch den Anbau die ideelle Hälfte des Eigentums an den Nachbar. Allerdings ist die Dicke, mit der die Mauer auf dem Nachbargrundstück steht, von Erheblichkeit, wenn die Mauer mehr als vereinbart auf dem Nachbargrundstück steht; dem dadurch benachteiligten Nachbarn stehen dann zusätzlich Ausgleichsansprüche zu (vgl. oben § 8 II 3a).

Die Anhänger der Lehre von der realen Abteilung der Mauer durch die Grenzlinie müssen für den Bereicherungsanspruch zu einem anderen Ergebnis gelangen. Nach dieser Lehre stellt sich die Rechtslage folgendermaßen dar: Ist die Mauer vor dem Anbau Alleineigentum des Gebäudeeigentümers (Fall des § 95 oder des § 912), dann verliert dieser durch den Anbau den jenseits der Grenze stehenden Mauerteil an das Alleineigentum des Nachbarn und dieser ist um den Wert des Mauerteils bereichert. Das würde zu dem Ergebnis führen, daß der Anbauende um so mehr bezahlen muß, je mehr von seinem eigenen Grund und Boden durch die Mauer weggenommen ist, und daß er um so weniger bezahlt, je weniger von seinem eigenen Boden durch die Mauer bedeckt wird. Hat man es aber vor dem Anbau mit einer halbscheidigen Giebelmauer zu tun, die weder unter § 95 noch unter § 912 fällt und infolgedessen nach der Ansicht des Reichsgerichts schon vor dem Anbau real durch die Grenzlinie geteilt ist, dann hätte der Nachbar, der diese Mauer seinem Neubau einverleibt, dafür überhaupt nichts zu bezahlen, weil ja durch den Anbau an den Eigentumsverhältnissen nichts geändert wird. Das sind unsinnige Ergebnisse und lehrreiche Beispiele dafür, daß die Lehre eben nur eine Rechtskonstruktion ist, die der wahren Sachlage Gewalt antut. In Wahrheit kann eine einheitliche Hauswand dem Herrschaftsrecht nach nicht real geteilt sein und wenn zwei Personen das Herrschaftsrecht an derselben Hauswand zusteht, so kann es nur Miteigentum sein. So war es nach alter deutschrechtlicher Auffassung. So und nicht anders wird das Rechtsverhältnis vom gesunden Menschenverstand beurteilt und so muß es auch vom Juristen aufgefaßt werden, wenn ihm der Vorwurf der Weltfremdheit erspart bleiben soll. Das ist, wie oben gezeigt, mit dem Standpunkt des Gesetzes vereinbar.

Weil der Grund des Bereicherungsanspruchs die eingetretene Eigentumsveränderung ist, kann der Ablösungsanspruch nur dann erhoben werden, soweit durch den Anbau eine Änderung des Eigentums bewirkt wurde. Das ist nur der Fall, soweit die halbscheidige Mauer dem Neubau einverleibt ist. Hat der Nachbar seinen Neubau mit einer selbständigen[71]) Mauer neben die halbschichtige Mauer gestellt, dann braucht eine Ab-

[71]) S. darüber oben § 8 III 1 sowie N. 63 und N. 63a.

lösung nicht bezahlt zu werden[71a]). Es kann auch nicht etwa Schadensersatz wegen Unterlassung der Einverleibung verlangt werden. Denn es besteht keine gesetzliche Pflicht zum Anbau[72]).

Ist die halbscheidige Mauer nur teilweise zum Anbau benützt worden, dann besteht, wie oben § 8 III 1 gezeigt, die Änderung des Eigentumsverhältnisses darin, daß das Miteigentum an der Mauer nicht nach hälftigen Bruchteilen erworben wird, sondern nach dem Verhältnis, in welchem das Flächenmaß des zum Anbau benützten Teils der halbscheidigen Mauer zum Flächenmaß der ganzen halbscheidigen Mauer steht. Zu genau demselben Bruchteile, zu welchem der Anbauende am Miteigentum der halbscheidigen Mauer beteiligt wird, muß auch Ersatz für den Wert der Mauer geleistet werden. Vom Standpunkt der Annahme, daß reale Teilung eintritt, müßten auch Mauerteile bezahlt werden, die zum Anbau nicht benutzt werden.

3. Gläubiger und Schuldner des Ablösungsanspruchs

Weil sich der Wechsel in der Bestandteileigenschaft der Mauer erst im Zeitpunkt der Vollendung des Neubaues im Rohbau vollzieht, so trifft der Rechtsverlust nur denjenigen, dem in diesem Zeitpunkt das Eigentum an dem zuerst gebauten Hause zusteht und dieser ist also der Gläubiger des Ablösungsanspruchs[73]).

Aus dem gleichen Grunde erlangt den Vorteil nur derjenige, der in diesem Zeitpunkt der Eigentümer des Neubaues ist[74]). Dieser ist also der Schuldner des Ablösungsanspruchs[75]).

[71a]) Vgl. oben N. 63a.

[72]) Aus § 922 ist nichts Gegenteiliges abzuleiten. Dort ist bestimmt: „Solange einer der Nachbarn an dem Fortbestande der Einrichtung ein Interesse hat, darf sie nicht ohne seine Zustimmung beseitigt oder geändert werden." Durch den Anbau einer selbständigen Mauer an die halbscheidige Mauer wird diese noch nicht einmal ihrer Eigenschaft als Grenzeinrichtung entkleidet, da sie ihre grenzscheidende Wirkung behält. Aber selbst wenn man annehmen würde, daß die Mauer durch einen solchen Anbau aufhören würde, eine Grenzeinrichtung zu sein, so wird jedenfalls die Einrichtung selbst durch den Anbau weder beseitigt noch geändert und das Interesse des Eigentümers des ersten Hauses an seiner Benützung nicht berührt. Berührt wird wohl sein Interesse an der Ablösungssumme, aber darauf hat er keinen Anspruch, wenn der andere von dem ihm freistehenden Recht der Benützung zum Anbau keinen Gebrauch macht.

[73]) BayZ 15, 350 (RG); OLG 34, 191; SächsAnn. 36, 281 (Dresden); vgl. Lieberich 264 und dagegen Bungard 22. Unrichtig: BayZ 14, 180 (LG München); Nützel, BayZ 14, 183.

[74]) Hat dieser das Baugrundstück unmittelbar vor Vollendung des Rohbaues an einen Dritten übereignet, so ist dieser Erwerber zur Zahlung verpflichtet. Der Versuch des OLG Düsseldorf, diesem Ergebnis aus Billigkeitsgründen durch die Annahme zu entgehen, daß die Eigentumsänderung im Verhältnis zum Fortschreiten des Anbaues vor sich geht, ist verfehlt (s. oben N. 53). Doch kann dem Käufer, der durch arglistiges

Daraus folgt: Nur derjenige, der zur Zeit der Vollendung des Anbaues im Rohbau der Eigentümer des zuerst errichteten Hauses ist[76]), ist zur Abtretung[77]) des Ablösungsanspruchs berechtigt. Eine von ihm vorgenommene Abtretung ist aber auch dann wirksam, wenn sie schon vor diesem Zeitpunkte erfolgte, sofern nur der Abtretende noch zur Zeit der Vollendung des Anbaues im Rohbau der Eigentümer ist[78]). Abgetreten werden kann immer nur die Forderung gegen den Vollender des Rohbaues.

Ein vor Entstehung des Ablösungsanspruchs von dem Eigentümer der Kommunmauer erklärter Verzicht auf den Ablösungsanspruch bindet seinen Sondernachfolger nicht[79]).

Eine Beschlagnahme des alten Hauses zum Zwecke der Zwangsversteigerung erstreckt sich nicht auf den Ablösungsanspruch[80]), der deshalb dem Zessionar verbleibt, gleichviel ob die Beschlagnahme vor oder nach der Abtretung erfolgt, immer wieder vorausgesetzt, daß der Rohbau des Nachbars zu der Zeit vollendet ist, in welcher der Zedent noch Eigentümer ist, also vor dem Zuschlag[81]). Aus dem Veräußerungsverbot des § 23 ZwVG kann das Gegenteil nicht abgeleitet werden, da von dieser Bestimmung nur rechtliche Verfügungen des Eigentümers getroffen werden, im Falle des Anbaus aber der Verlust kraft Gesetzes eintritt. Der naheliegende Gedanke, daß an die Stelle des von der Beschlagnahme er-

---

Verhalten des Verkäufers (z. B. geflissentliches Hinauszögern der Vollendung des Rohbaues während der Kaufverhandlungen und spekulatives Verschweigen der bevorstehenden Zahlungspflicht) geschädigt ist, mit § 826 geholfen werden, aber nur gegenüber seinem Verkäufer.

[75]) OLG 34, 190 (München); das Gleiche gilt bei Pfändung OLG 34, 191 (Dresden); a. M. Lieberich, BayZ 14, 262 u. 264, der die Fälligkeit des Ablösungsanspruchs auf den Beginn des Anbaues verlegt. Schuldner ist der Eigentümer des Anbaugrundstückes zu diesem Zeitpunkt. Gleichwohl soll sein Besitznachfolger vor Zahlung der Ablösungssumme nicht weiterbauen dürfen oder gar den Anbau beseitigen müssen.

[76]) Unrichtig Bungard 22 und Buhmann, BayZ 14, 223, die den Anspruch demjenigen zusprechen, der die halbscheidige Mauer gebaut hat. Der in der Person des bisherigen Eigentümers durch den vorgenommenen Anbau schon begründete Anspruch wird durch eine Veräußerung seines Grundstückes nicht berührt. Lieberich 262; SeuffBl. 72, 262 (München).

[77]) Über die Zulässigkeit der Abtretung künftiger Forderungen vgl. RGKomm. Bem. 2 Abs. 2 zu § 398; Lieberich, BayZ 14, 291; Buhmann, BayZ 14, 223; OLG 34, 190 (München). Zweifelhaft ist, ob auch die Pfändung schon vor dem Anbau zulässig ist. Die Frage wird zu bejahen sein; vgl. RG 82, 227; Lieberich, BayZ 14, 291; Buhmann, BayZ 14, 223; OLG 34, 191 (Dresden). Das durch die Pfändung begründete Pfandrecht entsteht jedoch nicht vor der Entstehung der Forderung (RG 82, 231).

[78]) OLG 34, 190 (München); 34, 191 (Dresden); BayZ 10, 412 (Nürnberg); 17, 250 (Dresden).

[79]) Vgl. BayZ 17, 250 (Dresden); a. M. Lieberich, BayZ 14, 290.

[80]) Vgl. Jäckel-Guethe, Bem. 10 a. E. zu § 21 ZwVG.

[81]) Vgl. Lieberich, BayZ 14, 292; Pfirstinger 36; Wolff im Recht 1900, 417.

faßten Gegenstandes (hier der ganzen Mauer) der wirtschaftliche Ersatz (hier die Ersatzforderung) treten muß, ist vom Gesetz (§ 20 Abs. 2 ZwVG mit § 1127 BGB) nur für die besonderen Fälle des Anspruchs auf die Versicherungssumme (§ 20 Abs. 2 ZwVG mit § 1127 BGB), für den Anspruch auf Grund einer Zwangsenteignung (Art. 52 und 109 EG BGB) und für die Ansprüche wegen Entschädigung durch den Bergbau (Art. 67 EG BGB) angenommen. Auch im Falle der Zwangsverwaltung wird die Kommunmauerentschädigung von der Beschlagnahme nicht ergriffen, da es sich hier um eine einmalige Entschädigung handelt, die nicht zu den „Rechten auf wiederkehrende Leistungen" (§§ 20 Abs. 2, 148 ZwVG) gerechnet werden kann[82]).

Ist das Grundstück, auf welchem der Neubau errichtet ist, zur Zeit der Vollendung des Rohbaues beschlagnahmt, so kann der ersatzberechtigte Eigentümer des erstgebauten Hauses den Anspruch nicht als Masseforderung geltend machen. Gegen den Ersteher des Neubaues hat er keinen Bereicherungsanspruch, da dieser das Miteigentumsrecht an der Mauer (nach der herrschenden Ansicht das Eigentum an der realen Hälfte der Mauer) auf Grund des Zuschlags, also nicht ohne Rechtsgrund (§ 812) erlangt hat. Er hat ein Haus mit vier Wänden eingesteigert und dementsprechend hat er sein Gebot gelegt. Bereichert ist und bleibt allein derjenige, der zur Zeit der Vollendung des Rohbaues Eigentümer des Neubaues war (also der Beschlagnahmeschuldner). Zu seinen Gunsten ist die Rechtsveränderung eingetreten; denn er hat trotz vorliegender Beschlagnahme das Eigentumsrecht erworben. Die Gläubiger, die Befriedigung aus dem Versteigerungserlös erlangt haben, sind nicht bereichert. Auch wenn der schier unmögliche Beweis erbracht werden könnte, daß infolge der eingetretenen Rechtsveränderung an der Mauer bei der Versteigerung ein ziffernmäßig feststellbarer Mehrerlös erzielt wurde und einem Gläubiger zugefallen ist, der sonst ausgefallen wäre, ist dieser Gläubiger nicht bereichert. Nicht an ihn hat der Eigentümer der Mauer das Miteigentum verloren, sondern an den Eigentümer des Baugrundstückes. Dem genannten Gläubiger ist dieser Eigentumswechsel nur indirekt zugute gekommen und nicht etwa auf Grund einer Zuwendung des Beschlagnahmeschuldners, sondern auf Grund des Gesetzes (§ 20 ZwVG, § 1120 BGB).

IV. Der vertragsmäßige Ablösungsanspruch

Bei den bisherigen Ausführungen wurde unterstellt, daß, abgesehen von einer etwaigen Zustimmung zur Überschreitung der Grenze, irgendwelche Abreden über die halbscheidige Mauer, insbesondere den Anbau

[82]) OLG 9, 139 (Dresden); Lieberich, BayZ 14, 292.

und die hierfür zu zahlende Ablösungsentschädigung von den Beteiligten nicht getroffen wurden. Nunmehr ist zu untersuchen, welche rechtlichen Folgen eintreten, wenn solche Abreden vorliegen.

1. Dinglicher Vertrag

In dinglicher Weise kann das Rechtsverhältnis der halbscheidigen Mauer durch formgültige Bestellung einer Grunddienstbarkeit geregelt werden[83]. In diesem Falle ist das Rechtsverhältnis nach dem Inhalt der Bestellung und den Gesetzesvorschriften über die Grunddienstbarkeiten zu beurteilen. Das Recht zur Ausübung der Grunddienstbarkeit (Benutzung der Mauer zum Anbau) kann bei der Bestellung von einer Gegenleistung (Zahlung einer bestimmten Summe, der halben Baukosten oder des halben Bauwertes) abhängig gemacht werden[84].

Die Bestellung der Grunddienstbarkeit könnte etwa in folgender Form rechtswirksam erfolgen:

Die beiden Nachbarn räumen sich für ihre Grundstücke gegenseitig in dinglicher Weise das An- und Aufbaurecht auf der Grenze als Grunddienstbarkeit ein. Derjenige, welcher auf seinem Grundstück zuerst einen Neubau errichtet, muß die ganze Mauer seines Neubaues je zur hälftigen Breite auf das beiderseitige Besitztum stellen. Der andere ist bei Errichtung eines Gebäudes auf seinem Grundstück zur Benützung der Grenzmauer berechtigt und verpflichtet und muß dem Eigentümer des Hauses, das zuerst gebaut wurde, die Hälfte des Bauwertes zahlen, den die halbscheidige Mauer zur Zeit des Beginnes seines Neubaues hat. Der Ablösungsbetrag ist fällig, sobald mit dem Legen des Fundaments begonnen wird (oder sobald der Anbau im Rohbau vollendet ist[85])).

Das Rechtsverhältnis an der halbscheidigen Mauer kann auch in der Weise dinglich geregelt werden, daß aus dem Grund und Boden, auf welchem die halbscheidige Giebelwand steht, ein von den beiden Nachbargrundstücken abgetrenntes selbständiges Kommunmauergrundstück gebildet und im Grundbuch als Miteigentum der beiden Angrenzer eingetragen wird. Dabei wäre nach § 1010 das Recht auf dauernde Benützung dieses Grundstückes zum Zwecke der Errichtung und zum Halten einer Kommunmauer zu vereinbaren und das Recht der beiden Miteigentümer, die Aufhebung der Gemeinschaft zu verlangen, für immer auszuschließen. Diese Bestimmung wäre als Belastung des Anteils im Grundbuch einzutragen (§ 1010)[86].

[83]) Vgl. Mot. 3, 277; RGKomm. Bem. 6 zu § 921.
[84]) Staudinger Anm. 16ff. zu § 921; Geiershöfer i. R. 05, 402; vgl. unten § 30 III 7
[85]) BayZ 07, 334; R. 14 Nr. 912 (Nürnberg).
[86]) Vgl. Lieberich, BayZ 14, 239; BayObLG 12, 859.

2. Schuldrechtlicher Vertrag

Ist zwischen dem Erbauer der halbscheidigen Mauer und dem Angrenzer oder zwischen ihren Besitznachfolgern eine Vereinbarung darüber getroffen, unter welchen Bedingungen oder Voraussetzungen der Nachbar zum Anbau berechtigt sein soll, insbesondere ob und in welcher Höhe eine Ablösung zu bezahlen ist, dann ist ein solches, wenn auch formlos getroffenes Abkommen zunächst einmal obligatorisch verbindlich. Ist seit Abschluß der Vereinbarung bis zur Vollendung des Anbaues im Rohbau auf keiner Seite eine Sondernachfolge eingetreten, so ergeben sich keine besonderen Schwierigkeiten.

Ist bedungen, daß der Nachbar für den Anbau die Hälfte der Herstellungskosten der halbscheidigen Mauer zu entrichten hat, so kann natürlich der Berechnung der Ablösung der Wert der Mauer zur Zeit des Anbaues nicht zugrunde gelegt werden, gleichviel ob er höher oder niedriger als die seinerzeitigen Herstellungskosten ist, während andereseits von den Herstellungskosten ein Betrag für Abnutzung nicht abzuschreiben ist.

Wenn über die Fälligkeit der Ablösung keine weitere Bestimmung getroffen wurde, dann wird man im Zweifel die Fälligkeit auf den Zeitpunkt der Vollendung des Rohbaues verlegen müssen; denn die volle Entschädigung wird ja für die Benutzung der Mauer zum Anbau versprochen, und so lange sie noch nicht benutzt ist, wird sie nicht geschuldet. Regelmäßig wird einer solchen Vereinbarung auf beiden Seiten der Wille zugrunde liegen, daß der Nachbar, wenn er anbaut, die ganze Mauer zum Anbau benutzen soll. Er muß daher die vereinbarte Entschädigung im vollen Betrage auch dann bezahlen, wenn nur ein Teil der Mauer zum Anbau benutzt wird. Das gilt wenigstens bei einer Vereinbarung, die *vor* der Errichtung der halbscheidigen Mauer getroffen ist; denn in einem solchen Fall wird die halbscheidige Mauer im Vertrauen auf das Versprechen des Nachbarn errichtet, im Falle des Anbaues die halben Kosten zu ersetzen.

Wenn jedoch vor Vollendung des Anbaues eine Sondernachfolge im Eigentum eines der beiden Grundstücke eingetreten ist, so erhebt sich die schwierige Frage, ob die zwischen dem Vorbesitzer und dem Nachbarn getroffene Abrede auch für den Sondernachfolger verbindlich ist. Selbstverständlich ist das der Fall, wenn das Rechtsverhältnis in dinglicher Weise vereinbart ist[87]).

Erfahrungsgemäß fehlt es aber in den Rechtsgebieten, in denen die halbscheidige Bauweise üblich ist, sehr häufig sogar an formlosen Abreden, während die Bestellung einer Grunddienstbarkeit auf diesem Rechtsgebiete zu den Seltenheiten gehört.

Es wird nun von einem Teil der Rechtslehre[88]) die Ansicht aufgestellt, daß eine über die Kommunmauerablösung formlos abgeschlossene Vereinbarung kraft Gesetzes auch für die Sondernachfolger verbindlich sei. Mit besonderem Nachdruck wird diese Lehre von Lieberich vertreten.

---

[87]) S. hierüber oben § 8 IV 1.

[88]) Lieberich, BayZ 14, 241; Buhmann, BayZ 14, 223.

Lieberich geht zutreffend davon aus, daß die halbscheidige Mauer auch schon vor dem Anbau des Nachbars eine Grenzeinrichtung im Sinne des § 921 darstellt. Nun bestimme zwar § 922, daß jeder Teilhaber berechtigt sei, die Grenzeinrichtung zu dem Zwecke zu benützen, der sich aus ihrer Beschaffenheit ergebe. Da aber nach § 922 auf die Grenzeinrichtung im übrigen die Bestimmungen über die Gemeinschaft anzuwenden seien und hiernach (§ 745) die Verwaltung und Benützung der Grenzeinrichtung durch Vereinbarung, die gemäß § 746 auch für die Sondernachfolger wirksam sei, geregelt werden könne, so könne die nach § 922 regelmäßige Form der gemeinschaftlichen Benützung vereinbarungsgemäß eingeschränkt oder von Bedingungen (Zahlung einer Ablösungssumme) abhängig gemacht werden und eine solche formlos gültige Vereinbarung sei in ihrer Wirksamkeit von einem Besitzwechsel unabhängig.

Das ist freilich eine sehr einfache und deshalb bestechende Lösung. Sie kann aber der Nachprüfung nicht standhalten. Der Angelpunkt der Begründung liegt in der Annahme, daß das durch § 922 bestimmte gemeinschaftliche Benützungsrecht durch eine die Sondernachfolge bindende Vereinbarung über das Gemeinschaftsverhältnis (§ 746) von einer Bedingung abhängig gemacht und auch völlig aufgehoben werden könne. Aber der Grundsatz des gemeinschaftlichen Benützungsrechts wird von § 922 vorangestellt und nur „im übrigen" sollen die Bestimmungen über die Gemeinschaft gelten. Daraus folgt: Nur eine Vereinbarung über die Art und Weise des Benützungsrechts, also eine Vereinbarung, durch welche der Benützungsanspruch als solcher unberührt bleibt, ist für den Sondernachfolger verbindlich (§ 746). Das gilt für die Gemeinschaft an einer Grenzeinrichtung. Aber ganz abgesehen davon gilt bei einer dinglichen Gemeinschaft an Grundstücken überhaupt das Gleiche schon auf Grund der Bestimmungen über die Gemeinschaft[89]). Mit rein obligatorischer Wirksamkeit können die Beteiligten frei über das Benützungsrecht, also auch über dessen rechtlichen Bestand Vereinbarungen treffen, mithin die Befugnis eines Teilhabers auch völlig ausschließen. Zwischen ihnen und ihren allgemeinen Rechtsnachfolgern gilt die Vereinbarung allemal. Das ergibt sich aus dem Grundsatz der Vertragsfreiheit und wird durch §§ 745 Abs. 2, 746 lediglich bestätigt, nicht bestimmt. Zu einer Vereinbarung ist die Zustimmung aller Teilhaber erforderlich. Daneben kann nach § 745 Abs. 1 durch Stimmenmehrheit der Teilhaber, deren Stimmrecht sich nach der Größe ihrer Anteile bestimmt, eine der Beschaffenheit des gemein-

---

[89]) § 1010 kann allerdings zur Stütze dieser Ansicht nicht herangezogen werden, da er sich nur auf Miteigentum an einem Grundstücke bezieht (Buhmann, BayZ 14, 223; Staudinger Anm. 1d zu § 1010), während § 922 das gemeinschaftliche Benützungsrecht unabhängig von der Eigentumsfrage regelt.

schaftlichen Gegenstands entsprechende ordnungsgemäße Verwaltung und Benutzung beschlossen werden. § 746 bestimmt: „Haben die Teilhaber die Verwaltung und Benützung des gemeinschaftlichen Gegenstandes geregelt, so wirkt die getroffene Bestimmung auch für und gegen die Sondernachfolger."

Durch diese Bestimmung wird der fundamentale Grundsatz des Grundbuchrechts durchbrochen, wonach ohne Eintrag in das Grundbuch Vereinbarungen der Vorbesitzer über Grundstücksverhältnisse für die Sondernachfolger nicht verbindlich sind. Es handelt sich also in § 746 um eine Ausnahmebestimmung, die als solche nicht ausdehnend ausgelegt werden darf. Schon der Gebrauch des Wortes „regeln" weist nach dem Sprachgebrauch auf eine Wiederholung gleichartiger Fälle eines länger dauernden Verhältnisses hin und dieser sprachliche Hinweis wird verstärkt durch die Gleichstellung der Begriffe „Verwaltung und Benützung" in § 745 Abs. 1 und 3, § 746. Die Ausbedingung einer einmaligen Abfindung als Bedingung für die Benützung wird daher als Regelung der Verwaltung und Benützung um so weniger aufgefaßt werden können, als ja dadurch vereinbart wird, daß ohne Zahlung überhaupt nicht benützt werden darf, mit anderen Worten das Recht der Benutzung als solches gekauft werden muß. Unter Regelung der Benutzung kann vielmehr nur eine Vereinbarung verstanden werden, welche Art und Maß des bestehenden und in seinem rechtlichen Bestand unberührt gelassenen Benutzungsrechts bestimmt, also sich darüber verhält, wie zu benutzen ist, nicht aber ob überhaupt[90]) benutzt werden darf.

Gewiß kann eine Grenzeinrichtung formlos begründet werden, das dadurch begründete Rechtsverhältnis muß also auch formlos wieder aufgehoben werden können. Allein durch bloße Vereinbarung wird eine Grenzeinrichtung nicht geschaffen; erforderlich ist vielmehr die mit Zustimmung beider Nachbarn erfolgte Schaffung eines tatsächlichen Zustandes, vermöge dessen die Einrichtung objektiv dem Vorteil beider Grundstücke dient. Ist einmal ein solcher tatsächlicher, von dem Gesetz mit nachbarrechtlicher (also dinglicher) Wirkung ausgestatteter Zustand[91]) der beteiligten Grundstücke mit Zustimmung[92]) beider Nachbarn vorhanden, dann bleibt die vom Gesetz daran geknüpfte dingliche Wirkung solange erhalten, bis dieser tatsächliche Zustand mit Zustimmung beider Nachbarn beseitigt ist[93]). Die bloße, nicht tatsächlich ausgeführte Ver-

---

[90]) Eine solche Vereinbarung hat nur obligatorische Wirksamkeit unter den Vertragschließenden. [91]) Vgl. Lieberich, BayZ 14, 241 u. 290.

[92]) Einwilligung (§ 183) oder Genehmigung (§ 184).

[93]) Das ist schon bei einer Änderung dieses tätsachlichen Zustandes der Fall, durch welche äußerlich sichtbar gemacht ist (vgl. § 921: „äußere Merkmale"), daß die Einrichtung nicht mehr dem Vorteil beider Grundstücke dienen soll.

einbarung, das Grenzeinrichtungsverhältnis aufzuheben, erzeugt daher nur obligatorische, keine dingliche Wirkung[94]).

3. Stillschweigender Vertrag

An und für sich kann jede Art von Verträgen, für die keine Form vorgeschrieben ist, durch stillschweigende Erklärung der Beteiligten geschlossen werden.

Dabei ist aber zu berücksichtigen, daß für das Zustandekommen eines Vertrages Erklärungen der beiden Vertragsteile erforderlich sind, die sich in allen Punkten decken. Das gilt natürlich auch für die stillschweigenden Erklärungen. Bei einem so schwierigen Rechtsverhältnis, wie es die Kommunmauer und insbesondere die Frage der Ablösungsentschädigung ist, wo die Juristen in jedem Punkt miteinander streiten, muß eine solche Feststellung praktisch als ausgeschlossen erscheinen. Es gibt eine Theorie, welche der juristischen Not bei der Konstruktion des Ablösungsanspruchs geradezu oder fast grundsätzlich durch Unterstellung eines stillschweigenden Vertrags abhelfen will. Die stillschweigenden und sich deckenden Erklärungen der Beteiligten werden in dem Sinne konstruiert, daß sie nach der Natur der Sache durch ihr ganzes Verhalten stillschweigend erklärt haben sollen, es solle hinsichtlich der Kommunmauer, insbesondere hinsichtlich der Entschädigung für den Anbau alles nach dem Brauche gehalten werden, der sich hierüber herausgebildet hat[95]). Aber worin besteht denn dieser Brauch? Wenn schon auf dem Gebiete des bisherigen Rechts erhebliche Meinungsverschiedenheiten vorhanden waren, wenn nach dem geltenden Recht das RG einen gesetzlichen Ablösungsanspruch ablehnt, während die Rechtsprechung der Obergerichte diesen Anspruch zubilligt, dabei aber in allen Einzelheiten weit auseinandergeht, ja selbst dasselbe Obergericht seine Ansicht über dieselbe Frage wiederholt ändert? Bald soll die Hälfte der Herstellungskosten, bald die Hälfte des Wertes der Mauer ersetzt werden. Bald soll die Entschädigung beim Beginn des

[94]) S. dagegen Lieberich, BayZ 14, 290.

[95]) BayObLG 22, 332. Dort wird unterstellt, daß durch die Einreichung des Bauplanes für den Anbau und die Unterzeichnung des Bauplanes durch den Nachbar, der zuerst gebaut hat, ein stillschweigender Vertrag zustande komme, wonach eine Ablösungssumme zu zahlen sei, die nach Art und Maß der in München herrschenden Verkehrssitte zu errechnen ist. Der Bauplan und dessen Unterzeichnung durch den Nachbar hat aber nur öffentlich-rechtliche Bedeutung und ist nach seiner Bestimmung gar nicht auf Erzeugung privatrechtlicher Wirkungen gerichtet (vgl. BayOGH 3, 371; 13, 201; SeuffBl. 56, 173). Bei der Unterzeichnung des Bauplans wird daher der rechtsgeschäftliche Wille fehlen. Abgesehen davon mußte im Einzelfall untersucht werden, ob der Unterzeichnende sich über die Mitbenützung der Mauer zum Anbau des Nachbars klar war. Und letzten Endes blieben die im Text dargelegten Bedenken bestehen.

Anbaues, bald bei Vollendung des Rohbaues bezahlt werden. Die einen sprechen den Anspruch dem Erbauer zu, die andern demjenigen, der zur Zeit des Anbaues der Eigentümer ist.

Wie soll hier aus der Natur der Sache der Wille der Beteiligten und noch mehr der sich in allen Punkten deckende Wille als absolut zwingend gefolgert werden, während sich die Juristen in den Haaren darüber liegen, was der Natur der Sache entspricht? In Wahrheit machen sich die Beteiligten über all diese Dinge viel weniger Gedanken als die Juristen und es braucht deshalb gar nicht darauf hingewiesen zu werden, daß im Einzelfall die Beteiligten sehr häufig gar nicht darüber im klaren sein werden, daß überhaupt eine halbscheidige Scheidewand vorhanden ist. Es muß deshalb die Theorie der stillschweigenden Verträge für die Begründung der Rechtsverhältnisse der Kommunmauer[96]) als ein Mißbrauch erachtet werden, der dem Willen der Beteiligten in willkürlicher Weise Zwang anlegt und mit dem in der Praxis nichts anzufangen ist[97]).

Ist aber zwischen dem Erbauer der halbscheidigen Mauer und dem Nachbar eine klare Vereinbarung über das Recht zum Anbau und die dafür zu zahlende Entschädigung getroffen, dann — und nur dann — kann allerdings nach den Umständen, die für jeden Einzelfall sorgfältig zu würdigen sind, ein Übergang des Schuldverhältnisses auf den Sondernachfolger durch stillschweigende Willenserklärung herbeigeführt sein.

Man kann in einem solchen Fall auch daran denken, daß schon in dem Abschluß des Vertrages zwischen A und B, wonach B dem A für den Fall des Anbaues an die von A errichtete halbscheidige Mauer eine Ablösungsentschädigung verspricht, ein Vertrag zugunsten eines Dritten vorliegt, nämlich des Sondernachfolgers des A für den Fall, daß A sein Grundstück an ihn (C) weiterverkauft, bevor B angebaut hat. Ob in dem Vertragsabschluß zwischen A und B wirklich dieser Wille stillschweigend zum Ausdruck gebracht wurde, ist unter Berücksichtigung aller Umstände des Einzelfalls festzustellen. In einem solchen Falle wäre dann bei Veräußerung des Grundstückes des A an C eine ausdrückliche oder stillschweigende Abtretung des Ablösungsanspruches gar nicht erforderlich. Auf Grund des Vertrages zugunsten des Sondernachfolgers würde C unmittelbar den Anspruch erwerben, sofern er nicht das aus dem Vertrag erworbene Recht dem Versprechenden B gegenüber zurückweist (§ 333). Dazu kann er alle

[96]) Vgl. Koppers, DJZ 04, 806; Broicher in PuchZ 38, 175; BadRspr. 05, 61 (Karlsruhe) und die ältere, später preisgegebene Rechtsprechung des OLG Dresden seit dem Urteil in SächsAnn. 26, 132 (s. darüber Breit in FischersZ 35, 116).

[97]) Mit Recht ist darauf hingewiesen (RheinArch. 110, 147 (Düsseldorf); 108, 372 (Karlsruhe) und insbes. von Breit in FischersZ 35, 120), daß gerade in Gebieten, wo die halbscheidige Bauweise althergebracht ist, die Beteiligten bauen im Vertrauen auf diesen Brauch, nicht auf ein Einverständnis des Nachbars, das sie meist gar nicht für nötig halten.

Veranlassung haben, wenn er nach der Abrede seines Vorbesitzers A mit B nur die halben Herstellungskosten beanspruchen könnte, der halbe Wert der Mauer, auf den er gesetzlich Anspruch hat, aber inzwischen viel höher geworden ist.

Ein zwischen den Nachbarn mit obligatorischer Wirkung unter ihnen begründetes Schuldverhältnis kann natürlich sowohl auf der Gläubiger- wie auf der Schuldnerseite auf dritte Personen übergehen.

Die Zulässigkeit einer Abtretung des bedingten Ablösungsanspruchs ist bereits oben dargetan. Es fragt sich nur, ob diese Abtretung auch stillschweigend erfolgen kann. Das ist grundsätzlich möglich. Wenn A und B die Vereinbarung getroffen haben, daß B im Falle des Anbaues an die von A errichtete halbscheidige Mauer an A eine Ablösungsentschädigung zu zahlen habe, dann werden die beiden Nachbarn unter Umständen als selbstverständlich erachten, daß dann, wenn zur Zeit des Anbaues A nicht mehr Eigentümer sein sollte, dessen bedingter Anspruch auf seinen Sondernachfolger übergehen soll. Wenn nun auch C von der Tatsache, daß eine halbscheidige Kommunmauer vorhanden ist, zur Zeit des Kaufabschlusses Kenntnis hatte, dann wird man als Willen des Verkäufers A und des Käufers C beim Kaufabschluß unterstellen dürfen, daß der dem A gegen B zustehende Anspruch auf C übergehen soll. In einem solchen Fall kann unter Umständen stillschweigende Abtretung angenommen werden. Wird der Eigentumsübergang im Grundbuch eingetragen, dann wird die stillschweigende auf Abtretung gerichtete Willenserklärung gültig (§ 313 Abs. 2). Baut dann B an, so muß er gleichwohl nicht ohne weiteres an C bezahlen; denn er ist zur Leistung an C nur gegen eine von dem bisherigen Gläubiger A über die Abtretung ausgestellte Urkunde verpflichtet (§ 410). Die Ausstellung dieser Urkunde kann aber C von A verlangen (§ 403).

Andererseits kann die Schuld (Ablösungsentschädigung) von einem Dritten (Sondernachfolger) durch Vertrag mit dem Schuldner in der Weise übernommen werden, daß der Dritte an die Stelle des bisherigen Schuldners tritt (§ 415). Wenn also das Grundstück, auf dem der Anbau in Aussicht genommen war, an D, als den Sondernachfolger des B, übergegangen ist, dann kann die bedingte Ablösungsschuld durch Vertrag zwischen dem Verkäufer B und dem Käufer D von letzterem übernommen werden. Wie jeder Vertrag, so kann auch die Schuldübernahme durch stillschweigende Erklärungen vereinbart werden. Die Wirksamkeit der Schuldübernahme hängt nach § 415 von der Genehmigung des Gläubigers (das ist der Eigentümer des zuerst erbauten Hauses) ab. Auch diese Genehmigung kann stillschweigend erklärt werden[98]). Wenn der Gläubiger an die mit dem

[98]) Vgl. BayZ 21, 44.

Vorbesitzer des Anbaugrundstückes getroffene Vereinbarung obligatorisch gebunden ist (sei es, daß er die Vereinbarung selbst getroffen oder in den von seinem Vorbesitzer geschlossenen Vertrag vertragsmäßig eingetreten ist), dann ist zu untersuchen, ob nicht der Gläubiger nach dem Inhalt dieses ursprünglichen Vertrages von vornherein seine Einwilligung zu der Übernahme der Schuld durch jeden Sondernachfolger des Schuldners erklärt hat. Eine solche im voraus erklärte Einwilligung ist wirksam[99]).

§ 9. Haftung des Nachbars für die Kosten der Herstellung und Unterhaltung von Grenzeinrichtungen (Zäunen, Hecken, Mauern)

(Zugleich eine zusammenfassende Anwendung der in §§ 7, 8 entwickelten Grundsätze)

Errichtet ein Grundstückseigentümer auf der Grenze zum Nachbargrundstück einen Zaun, eine Hecke oder eine Mauer usw., so fragt es sich, ob der Nachbar zu den Herstellungs- und Unterhaltungskosten herangezogen werden kann, auch wenn im gegebenen Falle eine Abgrenzung der Grundstücke nach Sachlage weder vorgeschrieben noch sonst geboten war oder auch eine einfache, billigere Art der Ausführung durchaus genügt hätte. Bei der Behandlung dieser Frage muß unterschieden werden zwischen gewöhnlichen Grenzeinrichtungen (Zaun, Hecke, Mauer) einerseits und der halbscheidigen Giebelmauer andererseits, da für letztere, die auch eine Grenzanlage darstellt, abweichende Grundsätze gelten.

I. Zäune, Hecken, Mauern (die keine Giebelmauern sind)

1. Eine anteilige Haftung des Nachbars für die Herstellungskosten ist selbstverständlich zu bejahen, wenn vor Beginn der Arbeiten der Erbauer der Anlage sich mit jenem über die Herstellung und die Art und Weise der Ausführung geeinigt hatte und in Übereinstimmung hiermit der eine von beiden die Einrichtung hergestellt hat (§§ 713, 664, 670 BGB). Die Verpflichtung zur gemeinsamen Unterhaltung der Einrichtung folgt in solchem Falle aus § 922 Satz 2 BGB, da es sich bei der im gegenseitigen Einvernehmen errichteten Veranstaltung auf der Grenze um eine Grenzeinrichtung im Sinne der §§ 921, 922 BGB handelt, die beiden Nachbarn zur gemeinschaftlichen Benutzung zur Verfügung steht und von ihnen auch gemeinschaftlich unterhalten werden muß.

2. Hat der erbauende Grundstückseigentümer vor Errichtung des auf der Grenze stehenden Zauns, der Mauer usw. die Einwilligung des Nachbars nicht eingeholt, so sind zwei Fälle zu unterscheiden:

[99]) Vgl. RGKomm. Bem. 2 zu § 415.

a) Der Nachbar hat davon Kenntnis erlangt, daß unter Beanspruchung seines Grundstücks die fragliche Einrichtung hergestellt worden ist. Er erhebt hiergegen aber binnen angemessener Frist keinen Widerspruch, insbesondere klagt er nicht rechtzeitig auf Beseitigung der Beeinträchtigung seines Grundstücks nach § 1004 BGB; dann gibt er damit zu erkennen, daß er mit der Schaffung der auch ihm vorteilhaften Einrichtung nachträglich einverstanden ist; seine Einwilligung oder Zustimmung zur Errichtung der Grenzeinrichtung gilt als stillschweigend erklärt[1]). Von diesem Zeitpunkt ab liegt somit eine Grenzeinrichtung nach §§ 921, 922 BGB vor mit der Folge der gemeinsamen Unterhaltungspflicht.

Gleichzeitig ist der nur stillschweigend zustimmende Nachbar auch verpflichtet, die Herstellungskosten anteilig zu erstatten, und zwar unter dem Gesichtspunkt der genehmigten auftraglosen Geschäftsführung (§§ 683, 670 BGB). Könnte diese Rechtsgrundlage nicht herangezogen werden, weil der Nachbar der Errichtung der Grenzlage zunächst ausdrücklich widersprochen und erst nach Fertigstellung sich „verschwiegen" hätte, so daß bei der Herstellung der Erbauer in dessen vermutetem Auftrag gar nicht handeln konnte, so wäre die Verpflichtung zur Kostenerstattung jedenfalls unter dem Gesichtspunkt der ungerechtfertigten Bereicherung begründet (§§ 812ff. BGB). Der Nachbar wäre nämlich dadurch ungerechtfertigt bereichert, daß er, ohne selbst etwas dazu geleistet zu haben, und ohne sonstigen rechtfertigenden Grund an der geschaffenen Grenzeinrichtung ein Miteigentumsrecht[2]) oder, wenn man der herrschenden Meinung folgen wollte, die unter alleiniger Bezugnahme auf §§ 94, 946 BGB eine vertikale Aufteilung des Eigentums in zwei Alleineigentumsrechte der Nachbarn annimmt[3]), das Alleineigentum an dem auf seinem Grundstück befindlichen Teil der Grenzeinrichtung erworben hat; dieser ungerechtfertigte Rechtserwerb muß durch eine entsprechende Geldzahlung an den Erbauer der Grenzanlage ausgeglichen werden.

b) Ist die Einrichtung auf der Grenze gegen den ausdrücklichen Willen des Nachbars hergestellt worden, so ist eine Grenzeinrichtung im Sinne der §§ 921, 922 BGB sicher nicht gegeben, da die Veranstaltung auf der Grenze nicht einverständlich oder gemeinschaftlich errichtet worden ist, so daß auch die Unterhaltungsverpflichtung des Nachbarn aus § 922 Satz 2 BGB notwendig entfällt. Damit ist aber noch nicht die Frage beantwortet, ob der Nachbar nicht trotz seines Widerspruchs aus dem

---

[1]) Vgl. oben § 7 I 1.
[2]) Vgl. § 7 III 3 und N. 40 daselbst.
[3]) Vgl. § 7 III 3 und N. 36 daselbst.

Gesichtspunkt der ungerechtfertigten Bereicherung wenigstens zu den Herstellungskosten herangezogen werden könnte.

Diese Frage ist — soweit ersichtlich — bisher in Schrifttum und Rechtsprechung nicht behandelt, obwohl im Alltag Fälle dieser Art nicht allzu selten sein dürften. Diese Tatsache dürfte damit zu erklären sein, daß die aufgeworfene Frage in der Regel nur für eine begrenzte Übergangszeit praktische Bedeutung besitzt. Denn auch in diesem Falle ist der Nachbar gehalten, binnen angemessener Frist seinen Widerspruch vor allem in der Form der Eigentumsfreiheitsklage gegenüber dem Störer durchzusetzen, anderenfalls seine stillschweigende Zustimmung anzunehmen und damit der oben unter I 2 a behandelte Fall gegeben ist.

Bis zu dem Zeitpunkt, von dem ab die Zustimmung zur Errichtung der Grenzeinrichtung als stillschweigend erteilt anzunehmen ist und die Anlage damit zur Grenzeinrichtung im Rechtssinne wird, kann von einer Haftung des Nachbarn für die Herstellungskosten keine Rede sein. Zwar läßt sich nicht leugnen, daß dieser durch die Errichtung der Hecke, des Zauns oder der Mauer in jedem Falle[4]) ungerechtfertigt bereichert ist, wobei es dahingestellt bleiben kann, ob man mit der hier vertretenen Ansicht Miteigentum oder mit der herrschenden Lehre Alleineigentum an einem Teil der Anlage annehmen will. Auch geht der Bereicherungsanspruch auf Ersatz des objektiven Werts des erlangten Vorteils, regelmäßig also auf Erstattung der Hälfte des Wertes der Einrichtung, die wiederum mit den halben Baukosten im allgemeinen identisch sein wird; hätte allerdings inzwischen eine stärkere Abnutzung stattgefunden, so könnte auch der gegenwärtige Herstellungswert abzügl. der Absetzung wegen Abnutzung als rechnerische Grundlage in Betracht kommen. Der Nachbar kann aber diesen auf Bereicherung gestützten Anspruch ohne weiteres dadurch zu Fall bringen, daß er einredeweise den Eigentumsfreiheitsanspruch nach § 1004 BGB geltend macht[5]). Tut er dies, so muß die Grenzanlage, soweit sie auf dem Nachbargrundstück steht, wieder beseitigt werden, womit die eingetretene Bereicherung von selbst wieder wegfällt.

Dem Nachbarn kann also gegen seinen Willen eine Grenzeinrichtung letztlich nicht aufgezwungen werden; und er kann nicht auf Grund der widerrechtlich geschaffenen Tatsachen zu den Herstellungskosten anteilig herangezogen werden[6]).

Entspricht die von dem einen Grundstückseigentümer errichtete Grenzeinrichtung nur insofern nicht der getroffenen Abrede, als sie in einer anderen kostspieligeren Art und Weise errichtet worden ist, als abgesprochen war, so braucht der Nachbar zu den Herstellungs- und Unterhaltungskosten selbstverständlich nur soviel beizusteuern, als dies bei Ausführung in der vereinbarten Form hätte geschehen müssen. Um den antei-

---

[4]) Das gilt nicht für die gemeinsame Giebelmauer; vgl. hierzu unten II.

[5]) Enneccerus-Kipp-Wolf, Sachenrecht § 74 I.

[6]) Wegen der gemeinsamen Giebelmauer vgl. unten II.

ligen Mehrwert der Anlage ist er nicht bereichert, da die Grenzeinrichtung in der einfacheren Aufmachung für ihn die gleichen Vorteile geboten hätte. Entsprechendes gilt für etwaige Mehrkosten in der Unterhaltung, die durch die Verwendung anderen Materials als des vereinbarten verursacht werden.

II. Giebelmauer als Grenzeinrichtung

Die Grenzmauer steht nicht für sich allein, sondern bildet zugleich die Abschlußwand eines Hauses oder sonstigen Gebäudes (z. B. eines Stallgebäudes). Dieser Umstand, daß die Mauer kein für sich selbständiger, auf der Grenze stehender Gegenstand ist, sondern zugleich und vor allem wesentlicher Bestandteil des Gebäudes ist, dessen Abschlußwand sie bildet, und später auch wesentlicher Bestandteil des von der anderen Seite her nachträglich angebauten zweiten Gebäudes wird, wirkt sich in rechtlich erheblicher Weise aus.

1. Hat der Nachbar der Errichtung der halbscheidigen Giebelwand zugestimmt, so gilt diese, soweit sie auf fremdem Grund und Boden steht, als von dem Erbauer in Ausübung eines Rechts an dem fremden Grundstück mit diesem verbunden (§§ 922, 95 Abs. 1 Satz 2 BGB). Daher steht die Giebelmauer, solange ein Anbau seitens des „überbauten" Nachbarn nicht erfolgt ist, im Alleineigentum des Gebäudeeigentümers[7]), dem somit auch die Herstellungs- und Unterhaltungskosten allein zur Last fallen müssen. Baut nun der Nachbar an, wozu er ohne weiteres berechtigt ist, da die Mauer mit dieser Zweckbestimmung errichtet worden ist, so bleibt die Giebelwand nicht nur wesentlicher Bestandteil des ersten Gebäudes, sie wird vielmehr mit der Vollendung des Anbaues im Rohbau zugleich auch dessen wesentlicher Bestandteil. Dem entspricht es, ungeteiltes Miteigentum[8]) der beiden Hauseigentümer an der Giebelwand anzunehmen. Da aber dem anbauenden Nachbarn nur das Recht zum Anbau,

---

[7]) RG, Warn. 15 Nr. 270; OLG Köln in BB 51, 600; Staudinger, 10. Aufl., Anm. 13 zu § 921; Erman, Anm. 2 zu § 921.

[8]) Vgl. § 8 III 1; § 7 N. 39; a. M. das frühere RG in RheinArch. 108, 373ff., wo die Meinung vertreten ist, daß sich an dem Alleineigentum des Ersterbauers an der ganzen Mauer, die mit Zustimmung des Nachbarn oder unter den Voraussetzungen des § 912 BGB errichtet worden ist, durch den späteren Anbau seitens des Nachbarn nichts ändere; das RG ließ also außer acht, daß die Mauer durch den Anbau des zweiten Gebäudes auch dessen wesentlicher Bestandteil wird. Die h. M., deren Anhänger vor allem unter den OLGen (vgl. Köln, BB 51, 600; München, BayZ 15, 350; Nürnberg BayZ 16, 157; Karlsruhe, RheinArch. 108, 368; Düsseldorf, ebd. 109, 277 und 110 I, 145; Dresden, JW 12, 1038; Düsseldorf, JW 12, 491) zu suchen sind — ebenso Palandt, 14. Aufl., Anm. 5a, aa zu § 921; Staudinger, 10. Aufl. Anm. 15 zu § 921; RGK, Anm. 2 zu § 94 — nimmt an, die Mauer zerfalle entsprechend der zwischen den Grundstücken verlaufenden Grenze in zwei vertikale Allein-Eigentumsrechte der beiden Nachbarn; vgl. hierzu § 8 III 2.

nicht aber ein Anspruch auf Erwerb des Miteigentums oder, wenn man der herrschenden Lehre folgt, nicht ein Anspruch auf Erwerb des Alleineigentums an dem auf seinem Grundstück stehenden Mauerteil zustand, so ist er ohne Rechtsgrund um die Hälfte des Wertes der Mauer bereichert und muß den Wert der halben Mauer ihrem Erbauer erstatten. Ferner muß die im Miteigentum stehende, zugleich eine Grenzeinrichtung nach §§ 921, 922 BGB darstellende Giebelwand künftig von den beiden Nachbarn anteilig unterhalten werden.

Bis zum Anbau an die mit Zustimmung des Nachbarn errichtete Giebelmauer sind also die Herstellungs- und Unterhaltungskosten von dem Erbauer der Mauer allein zu tragen. Nach dem Anbau sind die anteiligen Herstellungskosten durch den Anbauenden zu erstatten; auch hat sich dieser künftig an den Unterhaltungskosten zu beteiligen.

2. Hat der Nachbar dem Grenzüberbau durch die halbscheidige Mauer weder ausdrücklich noch stillschweigend zugestimmt, hat er andererseits auch nicht vor oder sofort nach der Grenzüberschreitung widersprochen und trifft den Erbauer hinsichtlich der Grenzüberschreitung nur leichte Fahrlässigkeit, so liegt ein Überbau im Sinne des § 912 BGB vor. Dies bedeutet, daß die Mauer im Alleineigentum des Erbauers steht, der daher die Herstellungs- und Unterhaltungskosten auch allein zu tragen hat; der Nachbar kann die Überbaurente oder auch die käufliche Abnahme des überbauten Grundes verlangen, zum Anbau ist er nicht berechtigt. Erwirkt der Nachbar nachträglich die Zustimmung des Erbauers der Giebelwand zu seinem Anbau, so entfallen die Rechte aus dem Überbau und die Rechtsverhältnisse sind die gleichen wie oben im Falle II 1.

3. Ist die Giebelmauer ohne ausdrückliche oder stillschweigende Zustimmung oder Genehmigung des Nachbarn errichtet worden und liegen auch nicht die Voraussetzungen für die Annahme eines Überbaues vor (z. B. weil der Erbauer vorsätzlich oder grob fahrlässig über die Grenze gebaut hat), so gehört die Mauer nach richtiger Auffassung[9]) trotzdem allein ihrem Erbauer, der sie auf seine alleinigen Kosten hergestellt und auch allein zu unterhalten hat. Der Nachbar kann allerdings nach § 1004 BGB ihre Beseitigung verlangen; daneben steht ihm weder ein Anspruch auf Überbaurente noch auf Grundabnahme zu; ebensowenig hat er ein Recht zum Anbau. Vereinbaren die beiden Nachbarn dann nachträglich, daß der „überbaute" Nachbar anbauen darf, so treten auch in diesem Falle die Rechtsverhältnisse wie im oben behandelten Fall II 1 ein.

Abweichend von den übrigen Grenzanlagen ergibt sich also für die Giebelmauer, daß der Nachbar, dessen Grundstück von der Giebelwand

---

[9]) Vgl. § 8 II 3c; OLG Köln in BB 51, 600; a. A. RG 70, 201 und 162, 212.

des Nachbargebäudes mitbeansprucht ist, zu den Herstellungskosten stets nur im Falle des Anbaues herangezogen werden kann; ebenso ist er immer erst vom Anbau an verpflichtet, sich an der Unterhaltung der Mauer zu beteiligen.

4. Abschließend sind noch die Rechtsverhältnisse an der Giebelmauer unter Berücksichtigung der durch den Bombenkrieg verursachten Zerstörungen zu erörtern. Auch diese Untersuchung wird maßgeblich davon beeinflußt, ob die Giebelwand nach der Zerstörung beider Gebäude allein übriggeblieben ist oder ob sie wenigstens für ein Gebäude noch oder wieder die Abschlußwand bildet und damit wesentlicher Bestandteil dieses Gebäudes ist.

a) Sind beide Gebäude, die durch eine gemeinsame Giebelmauer miteinander verbunden waren, zerstört worden, so bildet die Mauer keinen wesentlichen Bestandteil eines Gebäudes mehr, sondern hat nur noch ihren Charakter als Grenzeinrichtung gewahrt, indem sie nach wie vor jedem der angrenzenden Grundstückseigentümer die Möglichkeit zu einem erneuten Anbau bietet und auf der Grenze steht[10]). Die gegenteilige Ansicht des OLG Hamm[11]), daß eine solche Mauer auch eine Grenzeinrichtung nicht mehr darstelle und aus diesem Grunde das Gemeinschaftsverhältnis im Sinne der §§ 921, 922 BGB zwischen beiden Nachbarn zum mindesten vorläufig beendet sei, trifft hiernach nicht zu. Vielmehr sind die beiden Trümmergrundstückseigentümer nicht nur Miteigentümer der Mauer geblieben[11a]), sondern auch durch das Weiterbestehen des Gemeinschaftsverhältnisses nach §§ 921, 922 BGB miteinander verbunden. Die aus diesem sich ergebende Unterhaltungspflicht ruht aber für beide Grundstückseigentümer bis zu einem etwaigen neuen Anbau an die Mauer; denn eine gemeinschaftliche Giebelwand hat in erster Linie und hauptsächlich die Aufgabe und den Zweck, die Abschlußwand für eine oder mehrere Gebäude zu bilden; nur nebenbei ist sie zugleich auch eine Grenzeinrichtung. Bei der allein übriggebliebenen Giebelmauer ist bis zu einem Wiederanbau die Hauptfunktion der Mauer gegenstandslos geworden mit der Folge, daß sie für beide Trümmergrundstückseigentümer zunächst nur ein praktisch wertloser Überrest der zerstörten Gebäude ist, dessen Unterhaltung solange nicht zumutbar erscheint, als nicht wieder angebaut und die Mauer ihrem wirtschaftlichen Hauptzweck wieder zugeführt ist[10]).

Diese Feststellung, daß die Unterhaltungsverpflichtung bis zum Wiederanbau ruht, schließt aber nicht aus, mit dem *BGH*[12]), der im Gegensatz zu der Auffassung des

---

[10]) Vgl. § 38a III; Hodes in NJW 54, 1348 und 1369.
[11]) NJW 54, 273. [11a]) Ebenso BGH NJW 55, 257.
[12]) NJW 55, 257.

RG[13]) ein Miteigentumsrecht der beiden Nachbarn an der übriggebliebenen Mauer bejaht, aus diesem Miteigentumsrecht für die Nachbarn die gemeinsame Verpflichtung zu folgern, die von der allein stehengebliebenen Giebelmauer etwa ausgehenden Gefahren für die öffentliche Sicherheit und Ordnung, notfalls durch Niederreißen der Mauer, zu beseitigen und den Fall einer Geschäftsführung ohne Auftrag anzunehmen, falls der eine Nachbar die Mauer allein niederlegt.

b) Ist nur das eine Gebäude zerbombt worden, während das andere erhalten geblieben ist, oder — was diesem Falle gleich behandelt werden muß — hat inzwischen einer der beiden ausgebombten Nachbarn wieder angebaut[14]), so ist die Mauer damit wesentlicher Bestandteil des stehengebliebenen oder wieder angebauten Gebäudes geblieben bzw. wieder geworden, und zwar mit der Rechtsfolge, daß das bisherige Miteigentum beider Nachbarn an der Mauer sich in das Alleineigentum des einen Gebäudeeigentümers zurückverwandelt hat[15]). Damit steht fest, daß die Unterhaltungskosten diesem Alleineigentümer so lange allein zur Last fallen müssen, als der andere Nachbar nicht ebenfalls angebaut hat. Auch hier führen daher die vorstehenden Überlegungen zu dem gleichen Ergebnis, das an anderer Stelle[16]) auf Grund anderer Erwägungen bereits gefunden worden ist.

Ergänzend mag noch hinzugefügt werden, daß die Umwandlung des Miteigentums an der Mauer in das Alleineigentum des Grundstückseigentümers zwar grundsätzlich einen Bereicherungsanspruch begründet. Von diesem kann endgültig aber erst gesprochen werden, wenn es sich dabei nicht nur um ein zeitliches Zwischenstadium. sondern um einen endgültigen Tatbestand handelt, z. B. weil inzwischen wegen Änderung der Bebauungs- oder Fluchtlinienpläne für das Nachbargrundstück ein Bauverbot ergangen ist oder der Trümmergrundstückseigentümer auf die Bebauung seines Grundstücks in Form einer Grunddienstbarkeit endgültig verzichtet hat; erst von solchem Zeitpunkt ab kann gegen den Gebäudeeigentümer mit Erfolg der Bereicherungsanspruch erhoben werden

§ 10. Erhöhung einer Grenzmauer

I. Recht der Erhöhung[1])

Es ist oben[2]) die Ansicht begründet worden, daß die Bestimmungen der Ausführungsgesetze über das Recht eines Teilhabers, eine Grenzmauer ihrer ganzen Dicke nach zu erhöhen, ungültig sind.

---

[13]) RG 70, 201; 162, 212.

[14]) Ein solcher Tatbestand lag der Entscheidung des OLG Hamm (NJW 54, 273) und anscheinend auch der des OLG Köln (BB 51, 600) zugrunde.

[15]) Unrichtig insoweit OLG Köln (BB 51, 600), das der Meinung ist, das von ihm angenommene Alleineigentum der Nachbarn an den auf ihren Grundstücken stehenden Mauerteilen bleibe auch nach dem Wiederanbau erhalten, weil ein „Zurückspringen" eines originär erlangten Eigentumsrechts unserem Rechtssystem unbekannt sei. Es verkennt dabei, daß es sich bei den §§ 94ff. BGB um zwingendes Recht handelt, das auf alle Arten von Eigentumsrechten anwendbar ist.

[16]) Vgl. oben N. 10 sowie Moeller in NJW 55, 183.

[1]) Ein Unterfangen der Grenzmauer (z. B. zwecks Anlage eines bisher nicht vorhandenen Kellers) ist nur im beiderseitigen Einverständnis zulässig: Obermeier in SeuffBl. 68, 496; oben § 7 Anm. 91. [2]) S. oben § 7 V.

Pflichtet man dieser Ansicht nicht bei, so ergibt sich nach den in Frage kommenden landesrechtlichen Vorschriften (Art. 8 Bad. AG-RegBl. 25, 283; § 24 Brem. AG; Art. 82 Hess. AG; Art. 23 PrAG) folgendes:

Zunächst ist festzustellen, daß diese Bestimmungen auf alle Fälle der Mauererhöhung Anwendung finden, mag die Erhöhung vor oder nach 1900 geschehen sein [3]).

An und für sich lassen diese Vorschriften dem Nachbar für den auf seiner Seite liegenden Teil der Mauer [4]) das aus seinem Sondereigentum [5]) entspringende Recht, der Erhöhung der Mauer nach ihrer ganzen Dicke zu widersprechen. Wenn ihm aber der andere Nachbar den Nachweis erbringt, daß durch eine solche Erhöhung die Mauer keine Gefährdung erleidet [6]), so wird hierdurch das Verbietungsrecht aufgehoben [7]). Wie dieser außergerichtliche Nachweis zu führen ist, bestimmt das Gesetz nicht; in der Regel wird er durch Beibringung sachverständiger Gutachten geliefert werden. Es muß aber jedenfalls ein derartiger Nachweis erbracht werden, daß ein vernünftiger Mensch sich dabei beruhigen kann. Es ist möglich, daß der Eigentümer gegen das vom Nachbarn beigebrachte Gutachten von Sachverständigen begründete persönliche oder sachliche Bedenken haben kann. Solange er begründeten Anlaß zu solchen Bedenken hat, verliert er sein Verbietungsrecht nicht. Der Nachweis muß eben so beschaffen sein, daß er vernünftige Zweifel ausschließt [8]). Ist dem Nachbar zwar ein Beweis durch Sachverständige oder auf andere Weise erbracht, welchen er nicht für genügend erklärt, und es kommt dann zum Prozeß [9]), in welchem dargetan wird, daß einerseits der beigebrachte Nachweis ein vollständiger nicht war und andererseits ein Schaden durch die Erhöhung

---

[3]) RheinArch. 101 I 227, 104 I 34, 105 I 48 (Köln).

[4]) Ein bloß aus zusammengemauerten Steinen verbundener Sockel, der nur zur Anbringung und Stütze eines Grenzgitters dient, ist überhaupt nicht als Mauer zu erachten. Vgl. RheinArch. 104 I 38 (Köln).

[5]) Vom Standpunkte der hier bekämpften Lehre der Motive (RheinArch. 97, 141 f. [RG], Crusen-Müller Bem. 1, 3b zu Art. 23). Für die hier vertretene Auffassung vom Miteigentum würde sich regelmäßig aus § 744 Abs. 2 BGB das gleiche Widerspruchsrecht ergeben.

[6]) Aus anderen Gründen (z. B. Entziehung von Luft und Licht durch den Maueraufbau) kann ein Verbietungsrecht nicht abgeleitet werden. Oertmann, Bayer. Landesprivatrecht S. 335.

[7]) Selbstverständlich entfällt das Verbietungsrecht, wenn der Nachbar den Aufbau gestattet hat.

[8]) Vgl. Crusen-Müller Bem. 4 zu Art. 23 § 1 PrAG.

[9]) Derjenige, welcher die Mauer ihrer ganzen Dicke nach erhöhen will und hieran durch den anderen Angrenzer gehindert wird, hat die actio negatoria (§ 1004) zu erheben. Crusen-Müller Bem. II 1a zu Art. 23 § 2. Oertmann, Bayer. Landesprivatrecht 336: für die Feststellungsklage ist hier das rechtliche Interesse stets vorhanden; gegen tatsächliche Hinderung ist der Anspruch auf Unterlassung weiterer Beeinträchtigung gegeben. S. unten § 38.

tatsächlich nicht verursacht wird, so werden die Prozeßkosten nach § 93 ZPO dem Kläger zur Last gelegt werden müssen, wenn der Beklagte sofort nach Erbringung des genügenden Nachweises seine Zustimmung zur Erhöhung erteilt. Denn dann hat er zur Erhebung der Klage durch sein Verhalten keinen Anlaß gegeben[10]). Wenn der Beklagte aber noch nach der im Prozeß erfolgten Beibringung des genügenden Nachweises widersprochen hätte, dann müßte er sämtliche Kosten tragen.

Wollen beide Nachbarn erhöhen, so ist nicht die Priorität der Erklärung entscheidend, sondern es ist unter Zugrundelegung der Gemeinschaftsnormen (§§ 744, 745 BGB) eine verständige Regelung zu treffen[11]).

Das Recht auf Erhöhung ist der Verjährung nicht unterworfen (Art. 23 § 1 PrAG; Art. 8 Abs. 4 Bad.AG — RegBl. 25, 283 — Art. 84 Hess.AG).

Sobald der genügende Nachweis erbracht ist, ist der Nachbar verpflichtet, die Erhöhung auf der ganzen Dicke der Mauer, also auch auf seiner Seite, zu dulden[12]). Zu einem aktiven Mitwirken bei der Errichtung des Maueraufbaues ist der Nachbar nicht verpflichtet. Ist die Mauer zu schwach, um den beabsichtigten Aufbau zu tragen, so kann der Nachbar, welcher den Aufbau aufführen will, die Mauer verstärken lassen. Die Verstärkung hat er jedoch auf seiner Seite anzubringen. Dagegen ist es nicht zulässig, daß er die stehende Mauer einreißt und mit stärkerer Konstruktion herstellt[13]). Dem Nachbar ist nur ein Recht zur Erhöhung der Mauer eingeräumt; steht die Mauer unter den Dächern der beiden Nachbarhäuser derart, daß die Dachtraufdächer der beiden Nachbaranwesen auf der Oberkante der Mauer zusammenstoßen, so darf der Nachbar zum Zwecke der Erhöhung der Mauer keine Einwirkung auf das Dach des Nachbars ausüben. Denn dort, wo das Dach des Nachbars anfängt, hört die Grenzeinrichtung auf. Vielfach ist die Beschaffenheit der Scheidemauer derart, daß die beiden Häuser, welche äußerlich ein ungeschiedenes Ganzes bilden, im Innern von der Scheidemauer getrennt werden. Solche Nachbarhäuser haben meistens zusammen einen einheitlichen Dachstuhl. Der Dachstuhl ist nun unter keinen Umständen eine Grenzeinrichtung. Schwierigkeit wird es nur bereiten, die genaue Grenzlinie beim Mangel äußerer Merkmale zu ermitteln. Aber die Grenze läßt sich nötigenfalls im Wege des Grenzscheidungsverfahrens feststellen. Würde durch die beabsichtigte Erhöhung der Mauer auf das so gefundene Alleineigentum des Nachbars an dem Dachstuhl eingewirkt, dann ist die Erhöhung der Mauer unzulässig. Regel-

---

[10]) Komm.-Ber. S. 356/7; Stranz-Gerhardt Bem. 8 zu Art. 23.

[11]) Vgl. Stranz-Gerhardt Bem. 9 zu Art. 23; Crusen-Müller Bem. 1 b zu Art. 23 § 1.

[12]) Und zwar im Gegensatz zu Art. 658 C. c. ohne Vergütung (Stranz-Gerhardt Bem. 8 zu Art. 23).

[13]) Komm.-Ber. S. 357; RheinArch. 97 II 142 (RG). Anders früher Art. 659 C. c.

mäßig wird diese Voraussetzung zutreffen. Der Nachbar, welcher bauen will, kann sich nur dadurch helfen, daß er die Mauer auf seiner Seite verstärkt und dann den Aufbau in einer Weise aufführt, daß er hierdurch auf das Eigentum des Nachbars an dem realiter abgeteilten Dachstuhl keine Einwirkung ausübt. Verjüngt sich die Mauer nach oben, so darf die Erhöhung nur in der Stärke des oberen Teiles vorgenommen, nicht etwa die ganze Mauer vom Beginn der Verjüngung an, gleichmäßig breit verstärkt und dann erhöht werden[14]).

Ist die Erhöhung der Mauer zulässig, so müssen ihre Kosten von demjenigen Nachbar getragen werden, der sie ausführt. Dieser hat auch den Mehraufwand zu tragen, den die Unterhaltung der Mauer infolge der Erhöhung verursacht[15]). Andererseits ist auch nur dieser Nachbar berechtigt, die Vorteile der Mauererhöhung zu genießen. Der andere Nachbar hat also auch keinen Anspruch auf die Mitbenutzung jenes Teiles der Mauererhöhung, der auf seinem Alleineigentum steht[16]). Dies wird in negativer Weise zum Ausdruck gebracht: Der Eigentümer des Grundstückes, von dem aus die Erhöhung erfolgt ist, kann dem Eigentümer des anderen Grundstückes die Benutzung des Aufbaues verbieten. Bei dieser Fassung des Gesetzes ist die Benutzung des Maueraufbaues durch den andern Nachbar solange nicht rechtswidrig, als kein Verbot der Benutzung erfolgt ist.

Das Verbietungsrecht des Eigentümers des Grundstückes, von dem aus die Erhöhung erfolgt ist, fällt aber dann weg, wenn ihm von dem andern Nachbar für die Hälfte oder, wenn nur ein Teil des Aufbaues benutzt werden soll, für den entsprechenden Teil der Baukosten Ersatz geleistet wird. Ist der Bauwert geringer als der Betrag der Baukosten, so bestimmt sich der zu ersetzende Betrag nach dem Bauwert. Der Ersatz ist stets dem derzeitigen Eigentümer des Grundstücks, von dem aus die Erhöhung vorgenommen wurde, zu leisten, auch wenn dessen Besitzvorgänger den Aufbau ausgeführt hatte. Das Verbietungsrecht ist ein dem Eigentümer zustehendes dingliches Recht; er verliert es, wenn man ihn bezahlt[17]). Hat der Eigentümer des Grundstücks, von dem aus die Erhöhung vorgenommen wurde, die Mauer zum Zwecke der Erhöhung verstärken müssen[18]), so erhöht sich der von dem andern zu ersetzende Betrag um die

---

[14]) RheinArch. 97 I 58ff. (Köln), II 135ff. (RG).

[15]) Stranz-Gerhardt Bem. 11 zu Art. 23.

[16]) RheinArch. 102 I 268 (Köln) nimmt an, daß das aufgesetzte Mauerstück nach § 95 im Alleineigentum desjenigen steht, der es aufgesetzt hat. Danach bestünde die Mauer unten aus zwei Mauerteilen im getrennten Eigentum der beiden Nachbarn, oben aus einem Stück, das ganz im Alleineigentum steht.

[17]) Komm.-Ber. 358.

[18]) Dies ist nur dann der Fall, wenn die Verstärkung zum Zweck der Erhöhung notwendig, nicht nur nützlich war. Vgl. Begr. z. Bayer. AG 42; Becher, Mat. 1, 90.

Hälfte der Baukosten der Verstärkung und des entsprechenden Teiles des Wertes der zu der Verstärkung verwendeten Grundfläche. Verlangt[19]) der Eigentümer des Grundstückes, auf dem die Verstärkung angebracht worden ist, diese Ersatzleistung, so ist er nach Art. 23 § 3 PrAG und Art. 82 Abs. 3 HessAG verpflichtet, dem Eigentümer des andern Grundstückes das Eigentum an der zu der Mauer verwendeten Grundfläche soweit zu übertragen, daß die neue Grenzlinie durch die Mitte der verstärkten Mauer geht[20]); die Vorschriften über den Kauf finden entsprechende Anwendung[21]). Die Ersatzleistung kann auch durch Hinterlegung[22]) oder

---

[19]) Er kann sich natürlich auch mit der einfachen Kostenerstattung begnügen. Crusen-Müller Bem. II, 2a zu Art. 23 § 3.

[20]) Diese Bestimmung ist äußerst doktrinär und unpraktisch. Der Gesetzgeber ist zu ihr durch eine schiefe Auffassung des Wesens der Grenzeinrichtung gekommen. Er geht nämlich von der Voraussetzung aus, daß vermöge der Verstärkung eine Grenzverschiebung stattfinden wird, infolge deren die genaue Grenze durch die Mitte der verstärkten Mauer geht. Das ist nicht richtig. Eine von einem Angrenzer auf seinem Grund und Boden vorgenommene bauliche Änderung hat auf das Eigentum des unter der Mauer befindlichen Bodens gar keinen Einfluß. Es ist eine unrichtige Voraussetzung, daß die Grenze gerade durch die Mitte der Grenzeinrichtung gehen muß (vgl. dagegen M. 3, 275). Es ist sehr wohl möglich, daß eine Grenzmauer zu $1/4$ ihres Querschnittes auf dem Boden des A und zu $3/4$ auf dem Boden des B steht. Bei einer solchen Rechtslage würde sich aus der oben erwähnten Bestimmung eine geradezu absurde Folge ergeben, wie die nachstehende Skizze dartut.

a b c d stellt den Querschnitt der Grenzmauer dar; e f ist die Grenzlinie. g h a b ist der Querschnitt der Verstärkung, welche A angebracht hat. Nach Art. 23 § 3 PrAG muß nun die Mittellinie von g h c d festgelegt werden; sie wird durch i k dargestellt. A hat dann samt der Verstärkung noch lange nicht die Hälfte der verstärkten Mauer; durch eine von ihm betätigte Abtretung kann daher die Grenze unmöglich in die Mitte verlegt werden.

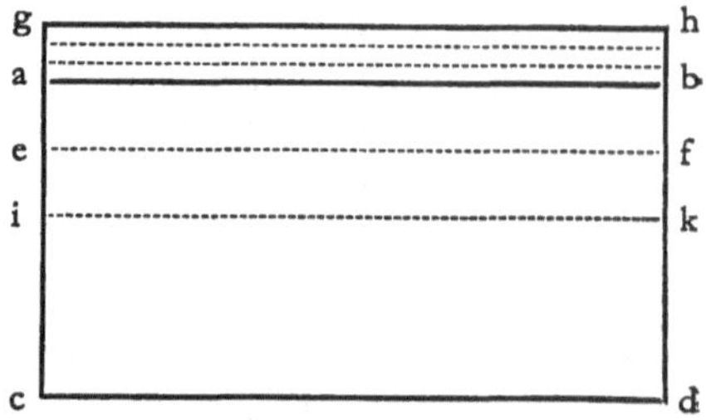

[21]) In Art. 23 § 3 PrAG und Art. 82 Abs. 3 HessAG heißt es: Verlangt der Eigentümer ... die Ersatzleistung, so ist er verpflichtet, ... das Eigentum zu übertragen; ... die Vorschriften des Kaufs finden Anwendung. — Das einseitige formlose Ersatzbegehren verpflichtet nach dem klaren Wortlaut des Gesetzes zur Eigentumsübertragung. Auf die Form des der Übereignung zugrunde liegenden Geschäftes kann sich die Verweisung auf die Kaufnormen daher nicht beziehen; sie setzt erst mit der Eigentumsübertragung ein. Die Formvorschrift des § 313 BGB findet daher nicht Anwendung; — so richtig Crusen-Müller Bem. III 2a zu Art. 23 § 2 gegen Stranz-Gerhardt Bem. 14 zu Art. 23.

[22]) Durch bloßes, wenn auch tatsächliches Anbieten der Ersatzleistung wird das Verbietungerecht noch nicht entzogen. Nimmt der Ersatzberechtigte nicht an, so muß vielmehr hinterlegt werden.

durch Aufrechnung erfolgen[23]). Es ist keineswegs in das Belieben des Nachbars, der den Aufbau ausgeführt hat, gestellt, sich durch Verweigerung der Annahme der Ersatzleistung sein Verbietungsrecht zu erhalten[24]). Andererseits kann der Nachbar, welcher den Maueraufbau errichtet hat, den andern Nachbar, sobald er den Maueraufbau ohne vorherige Ersatzleistung tatsächlich in Benutzung genommen hat, nach seiner Wahl auf Ersatz der Baukosten oder nach vorausgegangenem Verbot auf Unterlassung der Benützung belangen[25]).

Anlangend die Beweislast, so muß derjenige, der das Verbietungsrecht geltend macht, lediglich beweisen, daß von ihm oder seinem Besitzvorgänger der Aufbau ausgeführt wurde[26]). Sache des Gegners ist es dann, zu beweisen, daß er die Baukosten dem Eigentümer oder dessen Besitzvorgänger ersetzt hat. Auf das Verbietungsrecht kann der Erhöhende einseitig durch — empfangsbedürftige Willenserklärung — gegenüber dem

[23]) Das sprechen Art. 68 Abs. 2 des Bayer. AG und Art. 82 Abs. 2 HessAG ausdrücklich aus. Für das Recht anderer Länder liegt kein Anlaß vor, ein anderes anzunehmen. Hodler Bem. 3 zu Art. 23 § 2 PrAG.

[24]) Stranz-Gerhardt Bem. 12 zu Art. 23.

[25]) Aus dem Wortlaut des Art. 23 § 2 PrAG (entsprechendes gilt für Art. 8 Ziff. 2 BadAG-RegBl. 25, 283; § 24 Abs. 2 S. 2 BremAG; Art. 82 Abs. 2 HessAG) — („kann verbieten, bis ihm ... Ersatz geleistet wird") — schließen Stranz-Gerhardt Bem. 11 zu Art. 23; Crusen-Müller Bem. II, 1 b β zu Art. 23 § 2; Hodler Bem. 3 zu Art. 23 § 2; RheinArch. 102 I 268, 104 I 34 (Köln), daß das Kostenbegehren nur einredeweise gegen eine Geltendmachung des Benutzungsverlangens vorgeschützt, nicht aber aktiv geltend gemacht werden dürfe. Dem kann nicht beigetreten werden. Die Redaktion des Artikels ist ohnehin schwach; in § 3 heißt es sogar deutlich: „Verlangt der Eigentümer — die Ersatzleistung". Berufung auf den Wortlaut zieht also nicht. Zutreffend bemerkt das OLG Köln i. RheinArch. 105 I 48, daß nach der Absicht des Gesetzes durch Art. 23 die Art. 658 ff. C. c. dem Sinn nach aufrecht erhalten bleiben sollten; Art. 660 gewährt aber dem Erhöhenden ein Forderungsrecht. Auch der Kommissionsbericht spricht von einem Anspruch auf die entsprechenden Baukosten, der dinglicher Natur sei (S. 358). Vor allem spricht das praktische Bedürfnis und die Rechtslogik für die Zubilligung eines Anspruchs. Wäre die Einredetheorie richtig, so hätte der Erhöhende gegenüber dem loyalen Nachbar, der um Benutzung bittet bzw. sie im Rechtsweg fordert, ein Schutzrecht; baut der Nachbar heimlich an — der Erhöhende ist abwesend —, so kann er Ersatz nicht begehren; der illoyale Nachbar stände also besser als der ehrliche. Das ist undenkbar. Wie hier RheinArch. 105 I 48 (Köln). Der Streit besteht auch für den entsprechenden Art. 68 Bayer. AG wie im Text: SeuffBl. 70, 210 (München); Oertmann, Bayer. Landesprivatrecht S. 336f., gewährt einen klagbaren Anspruch auf Kostenerstattung von dem Augenblick an, wo der Nachbar durch tatsächliche Gebrauchsaneignung oder wörtliche Erklärung den Willen bekundet hat, sich die Vorteile der Mauererhöhung anzueignen.

[26]) Ob die Erhöhung für die Mauer schädlich war oder nicht, ist für das Verbieten der Benutzung gleichgültig. Auch wenn die Erhöhung auf Grund einer von dem andern Nachbar erteilten Erlaubnis ausgeführt wurde, kann ihm der Erbauer die Benutzung des Aufbaues bis zur Ersetzung der halben Baukosten verbieten.

Eigentümer des Nachbargrundstücks verzichten (vgl. Art. 8 Ziff. 4 S. 2 und 3 BadAG.-RegBl. 25, 283). Im Gegensatz hierzu schließt Art. 23 § 2 Abs. 2 PrAG einen solchen einseitigen Verzicht aus und läßt das Recht nur durch eine Einigung[27]) erlöschen; das ist eine einschneidende Ausnahme gegenüber dem Reichsrecht, wonach es zur vertraglichen Abänderung des gesetzlichen Eigentumsinhalts der Bestellung einer Grunddienstbarkeit bedarf[28]).

II. Beseitigung eines Aufbaus auf einer Kommunmauer

Hat ein Teilhaber die Kommunmauer erhöht, so darf er diese Erhöhung eigenmächtig jedenfalls dann nicht beseitigen, wenn er für die Erhöhung auch einen Teil der Kommunmauer benutzt hat, der auf dem Grund und Boden des Nachbars steht. Denn in diesem Fall ist auch der Maueraufbau als Grenzeinrichtung zu betrachten (vgl. oben § 7 V). Die zur Schaffung einer Grenzeinrichtung erforderliche Zustimmung des Nachbars, die ja auch als nachträgliche Genehmigung erfolgen kann, liegt hinsichtlich des Maueraufbaues letzten Endes in der Unterlassung eines Widerspruchs gegen den Aufbau.

Ist aber die Erhöhung nur auf dem Teil der Mauer vorgenommen worden, der auf dem Grund und Boden des Erhöhenden steht, so ist der Aufbau nicht als Grenzeinrichtung zu erachten. Daher darf derjenige, der erhöht hat, die Erhöhung trotz des Widerspruchs des anderen Teilhabers beseitigen und zwar auch dann, wenn auch dieser auf seiner Seite der Kommunmauer einen Aufbau ausgeführt hat. Dabei ist es für die Entscheidung dieser Frage ohne Bedeutung, ob man Miteigentum oder real abgeteiltes Alleineigentum an der Kommunmauer unterstellt. Denn da die Annahme des Miteigentums mit der Überwindung des § 94 durch § 93 BGB begründet wird (s. oben § 2 II), so steht das Miteigentum an der Kommunmauer der Annahme des Alleineigentums an dem Maueraufbau nicht entgegen; denn der aufgebaute Teil dient nur dem Haus dessen, der die Erhöhung vorgenommen hat, als Umfassungsmauer, steht also als

---

[27]) Die Bestimmung ist nicht recht klar. Nach Art. 23 § 2 Abs. 1 erlischt das Verbietungsrecht erst mit der Zahlung, soll Abs. 2 bedeuten, daß es schon mit der Zahlungsabrede hinfällig werde? Das wäre sinnlos. Abs. 2 kann nur als Ausnahme von Abs. 1 aufzufassen sein derart, daß, wenn ausdrücklich das Abkommen dahin ging, das Verbietungsrecht solle schon vor oder gar ohne Zahlung erlöschen, dies zulässig sein solle. Vgl. Stranz-Gerhardt Bem. 12 zu Art. 23; Crusen-Müller Bem. II 2 zu Art. 23 § 2.

[28]) Ähnliche Normen wie Art. 23 enthält das Frankfurter Recht. Vgl. für Brandmauern Kap. I § 14, für sonstige Scheidemauern Kap. IV §§ 4 und 5 des Baustatuts und dazu Neumann-Levi Bd. II S. 46f. bzw. S. 39 Nr. 3 und 4.

wesentlicher Teil dieses Hauses im Alleineigentum des Hauseigentümers Das Recht zur Beseitigung des Aufbaus ergibt sich aus § 903 BGB[29]).

§ 11. Grundstücksscheidungen diesseits der Grenze

Neben den Grenzanlagen, die von der gedachten Grenzlinie durchschnitten werden und daher auf den Grundstücken zweier Nachbarn stehen, gibt es Anlagen, die zwar unmittelbar an der Eigentumsgrenze, aber ganz auf dem Grundstück eines Eigentümers stehen. Solche Anlagen dienen der Grenzsicherung wie auch dem Zweck, das Grundstück gegen unberufenen Eintritt von Mensch und Tier zu schützen, es zu umfriedigen[1]); sie werden daher Scheidungen oder Umfriedigungen genannt.

An sich wäre gemäß §§ 903, 905 BGB jeder Grundstückseigentümer berechtigt, Scheidungen auf seinem Grund und Boden anzulegen, wie und wo es ihm beliebt, und zu beseitigen. Doch gibt es gesetzliche Vorschriften, die das freie Anlegungs- und Beseitigungsrecht abändern und einschränken, indem sie zugunsten des Grundstücksnachbars entweder eine Pflicht zur Anlage von Scheidungen festlegen oder den Eigentümer verpflichten, die einmal angelegten Scheidungen zu erhalten, und die auch Bestimmungen über Beschaffenheit und Anlageort aufstellen. Diese Vorschriften sind aufrecht erhalten (Art. 124 EG). Solche Eigentumsbeschränkungen erweitern auf der anderen Seite das Eigentum des Nachbars, dem es gestattet wird, Einwirkungen auf das Nachbargrundstück zu fordern, die er kraft Reichs-(Bundes-)rechts nicht verlangen könnte.

1. Preußisches Allg. Landrecht[2])

a) Arten von Scheidungen: Das ALR nennt folgende Scheidungen: Gemauerte Scheidungen, Zäune; und zwar werden hier wieder unterschieden Bretterzäune von Stabzäunen und Gittern; undurchsichtige Bretterzäune heißen im ALR Planken, durchsichtige Staketen; Wellerwände, d. h. Scheidungen, deren Lücken mit einem Fachwerk von Stroh und Lehm ausgefüllt ist; Hecken[3]).

---

[29]) Auf einer Kommunmauer, die mit ihrem breiteren Teil auf dem Grundstück des Beklagten steht, hat zunächst dieser, dann der Kläger eine Mauer je als Seitenwand einer Hausaufstockung errichtet. Jede der beiden Mauern hielt sich diesseits der Grundstücksgrenze. Beklagter hat sein Gebäude und damit auch seinen Maueraufbau, nicht aber die Kommunmauer abgerissen. Der Maueraufbau des Klägers war für sich allein zu schwach und mußte deshalb verstärkt werden. Kläger beanspruchte vom Beklagten Ersatz der Kosten der Verstärkung. Die Klage wurde mit Recht abgewiesen (Hess. Rspr. 1917, 189 Darmstadt). Ob der Beklagte beim Abbruch seiner Mauer die nötigen Vorsichtsmaßnahmen getroffen hatte (s. hierüber unten § 20 IV), stand nicht in Frage.

[1]) StriethA. 3, 82. Vgl. auch OTr. 74, 257.

[2]) Vorbild für die Bestimmungen des ALR waren die Berliner Bauobservanzen, die im folgenden mitangeführt werden.

[3]) Vgl. Grein, Baurecht 124f.

b) Pflicht zur Anlegung und Unterhaltung von Scheidungen[4])

Eine Pflicht zur Errichtung von Scheidungen besteht im allgemeinen nicht[5]). Nur für Kleve finden sich bestimmte Normen über die Pflicht zur sogenannten „Frechtung" (Umfriedung von Weide- und Ackerland[6]).

Scheidungen in der freien Feldflur brauchen nicht unterhalten zu werden; das gilt auch bei Scheidungen, die zwischen Haus- und Hofgrundstücken und der freien Feldflur errichtet sind[7]).

Scheidungen außerhalb der freien Feldflur, sei es auf städtischen, sei es auf ländlichen Grundstücken, müssen unterhalten werden. Die Unterhaltung umfaßt die Verpflichtung, schadhaft gewordene Scheidungen auszubessern und zerstörte wiederherzustellen[8]). Die Ausübung der Unterhaltungspflicht muß der Nachbar dem Pflichtigen dadurch erleichtern, daß er ihm gestattet, sein Grundstück zur Instandsetzung von Plankenzäunen zu betreten (§ 155 I 8 ALR)[9]). Bezüglich der Person des Unterhaltungspflichtigen gelten folgende Regeln:

Grundsätzlich ist unterhaltungspflichtig[10]) der Eigentümer der Anlage (§ 153 I 8 ALR). Eigentümer wird — abgesehen von den Fällen des § 95 BGB — regelmäßig der Grundstückseigentümer sein, da die Scheidungen, als mit dem Grundstück festverbunden, unter § 94 Abs. 1 BGB fallen.

Nicht immer wird der Eigentümer der Scheidung leicht zu ermitteln sein. Es wird sich nachweisen lassen, daß der Zaun von einem früheren Nießbraucher angelegt ist, so daß er gemäß § 95 BGB diesem gehörte; es wird aber dessen Rechtsnachfolger nicht zu finden sein, oder es ist zweifelhaft, ob die Grundstücksgrenze vor oder hinter der Scheidung läuft, ohne daß ein Bedürfnis besteht, das schwierige und zeitraubende Grenzermittlungsverfahren anzustrengen, so daß nicht feststeht, auf welchem der Nachbargrundstücke die Scheidung überhaupt steht. In solchen Fällen will das Gesetz die Eigentumsfrage nicht aufgerollt sehen und gibt, unabhängig vom Eigentum an der Scheidung, ergänzende Vorschriften für die Pflichten zur Unterhaltung der Scheidung[11]). Es sind dies

---

[4]) Unerörtert bleiben hier die Vorschriften, welche im Zusammenhang mit Gemeinheitsteilungs- bzw. Verkoppelungsordnungen über Einfriedungen erlassen sind, da diese Normen nur im Zusammenhang verständlich sind. Vgl. z. B. für Schleswig-Holstein Kähler 271ff.

[5]) OTr. 43, 1 (Plenarentsch,). 59, 43; 74, 254; 81, 155; StriethA 82, 254; Koch Bem. 58 zu § 149 I 8, Bem. 77 zu § 169; Heydemann 1, 446. Anders früher für städtische Grundstücke OTr. i. Präj. S. 1, 28. Die Fassung des Gesetzes, insbesondere der §§ 162 und 167 ist allerdings irreführend.

[6]) RevidEntw. i. ProvinzialR f. d. Herzogtum Cleve § 2 S. 2f.; Scotti, Provinzialgesetze für Cleve-Mark 2, 1139.

[7]) OTr. Präj. S. 1, 29; OTr. 59, 46; 74, 154; StriethA 2, 215; 82, 255; RG 2, 213; Koch a. a. O.; Foerster-Eccius 180.

[8]) ObTr. Präj. S. 1, 29; OTr. 59, 46; 74, 154; StriethA 2, 215; 82, 255; RG 2, 213; Koch a. a. O.; Foerster-Eccius 180.

[9]) Das ist der einzige Rest des sog. Hammerschlagsrechts im ALR. § 155 ist strikt auszulegen und gilt nur für den Fall, den er bespricht. OTr. 60, 24; RG JW 81, 51; Dernburg, Sachenrecht 297 N. 26. Vgl. das nähere unten § 28 I.

[10]) Soweit nicht abweichendes Ortsrecht besteht. OTr. 46, 74; Kayser in Gruchots-Beitr. 19, 70.

[11]) Es war streitig, ob die §§ 162ff. die Unterhaltspflicht absolut regeln oder ob sie gemäß § 153 nur subsidiär eingreifen, wenn der Eigentümer nicht ermittelt werden kann. Die Praxis schwankte. OTr. 43, 74 bejahte die zweite, OTr. 48, 32 die erste Alternative, während OTr. 74, 255 und StriethA 82, 256 sich wieder der zweiten Alternative nähern. In

die §§ 162ff. ALR I 8, die aber nur für die Scheidungen[12]) städtischer Grundstücke gelten[13]).

Es hat jeder Eigentümer den Zaun rechts vom Eintritt in den Haupteingang zu unterhalten, soweit nicht Ortsgebräuche es anders bestimmen[14]) (§ 162 ALR I 8; Kap. I §§ 2 und 6 Berl. BauObs.). Die Pflicht bleibt bestehen, auch wenn der Bau und damit der Haupteingang später verändert, ja ganz beseitigt wird (§ 163)[15]).

Wer ein auf der Grenze oder in vorschriftsmäßigem Abstand von der Grenze[16]) stehendes Gebäude beseitigt, welches das Halten einer Scheidung bislang entbehrlich machte[17]), ist verpflichtet, statt des Gebäudes einen Zaun an der Grenze anzulegen und zu unterhalten, gleichviel, ob das beseitigte Gebäude rechts vom Haupteingang lag oder

---

ihrem Sinn auch überwiegend die Rechtslehre Koch Bem. 68 zu § 162 und 75 zu § 167; Rehbein-Reincke Bem. 91 zu § 162; Foerster-Eccius 180; Turnau-Förster 361 Z. 9; Grein, Baurecht 134f.; Müller, Baurecht 95; Rehbein, Entsch. d. OTr. 1, 815 unterm Strich, der aber den § 165 I 8 für absolut gegenüber § 153 hält. Grundsätzlich abweichend im Sinn der ersten Alternative Kayser in GruchotsBeitr. 19, 705ff.; seine Beweisführung ist aber wenig zwingend. Zuzugeben ist freilich, daß die Anordnung des Gesetzes außerordentlich unglücklich ist. Immerhin spricht für die herrschende Meinung die Fassung des § 153, die Einschränkungen nicht enthält und besonders der — jetzt aufgehobene — § 168. Dort sind die §§ 154—165 ohne Unterscheidung als besondere Bestimmungen der Regel des § 153 entgegengestellt. Da nun §§ 154—161 Eigentumsvermutungen enthalten, die dem ermittelten Eigentum weichen müssen, wird auch für die §§ 162—165 das gleiche zu gelten haben. Das RG hat in der Entscheidung JW 02, 640 die Frage dahingestellt gelassen.

[12]) § 162 spricht zwar nur von Zäunen und Wellerwänden, doch ist er und die sich ihm anschließenden Vorschriften unbedenklich auch auf die anderen Scheidungen auszudehnen. Heydemann ALR 1, 448 N. 776; Kayser bei Gruchot 19, 717/7. Vgl. auch OTr. 48, 28.

[13]) OTr. 74, 253ff.; Koch Bem. 70 zu § 162. Wie steht es mit ländlichen Grundstücken? § 168 bestimmte, daß, wenn sich die Eigentümer nicht erweisen lassen, beide Nachbarn gemeinschaftlich unterhaltspflichtig sein sollten; eine durchaus zweckmäßige Regelung. § 168 ist durch Art. 89 PrAG aufgehoben, so daß es jetzt im ehemaligen Preußen für ländliche Grundstücke bei der strikten Pflicht des Eigentümers bewendet. Dem ländlichen Eigentümer ist also die schwierige Eigentumsermittlung aufgebürdet, die das ALR ersparen wollte und die durch §§ 162ff. auch heute städtischen Nachbarn erspart geblieben ist. Diese Regelung ist um so unverständlicher, als in § 167 eine gemeinschaftliche Unterhaltspflicht aufrecht erhalten worden ist.

[14]) Nur auf städtische Grundstücke beziehen sich die §§ 162ff. OTr. 74, 253ff.; Koch Bem. 70 zu § 162.

[15]) Selbst wenn das unterhaltspflichtige Grundstück öffentliche Straße geworden ist, OTr. 74, 189ff.

[16]) Das Gebäude muß, um als Ersatz der Scheidung im Sinne des § 164 dienen zu können, entweder direkt an der Grenze stehen oder die gesetzliche Entfernung des § 319 I 8 ALR (vgl. unten § 18 II) innehalten. Steht es in anderem Abstand von der Grenze, so ist es nicht als Scheidung im Sinn des § 164 anzusehen. Vgl. Müller 95.

[17]) Ob diese Voraussetzung gegeben ist, ist von Fall zu Fall zu prüfen. Hat der Nachbar des Gebäudeeigentümers seinen eigenen Scheidezaun ohne Not beseitigt, wurde nur dadurch das Gebäude zur Scheidung und beseitigt es später der Eigentümer, so kann nun derjenige, der den Zaun fortgenommen hat, nicht von seinem Nachbarn auf Grund der Beseitigung des Gebäudes einen Zaun verlangen. StriethA. 100, 158.

nicht (§ 164). Der Zaun ist stets hart an die Grenze zu setzen, auch wenn das Gebäude den vorschriftsmäßigen Grenzabstand innegehalten hatte[18]).

Baut ein Anlieger links an besiedelte Stellen neu[19]) an, so muß er den bereits vorhandenen Zaun seines Nachbars zur Unterhaltung übernehmen, sobald er sein Grundstück schließen will (§ 165 ALR, Kap. I, § 7 Berl. BObs.). Der Nachbarzaun ist für ihn ja der Zaun rechts vom Haupteingang und es wird damit der Kreis gemäß § 162 wieder geschlossen.

Quer- oder Rückzäune, d. h. die Zäune auf die man vom Haupteingang eintretend, in gerader Richtung stößt, müssen von beiden Nachbarn gemeinschaftlich unterhalten werden (§ 167 ALR I 8; Kap. I § 2 Berl. BObs.).

Die §§ 153ff. geben dem Eigentümer des an die Scheidung angrenzenden Grundstücks Befugnisse, die gegenüber § 903 eine Erweiterung darstellen, sie berechtigen ihn, vom Nachbarn gewisse Einwirkungen auf sein Eigentum zu fordern,die an sich seinem freien Belieben unterliegen würden. Diese Ansprüche (auf Erhaltung der Scheidungen) hat der Anlieger kraft seines Eigentums sogar gegen Dritte, die die Scheidung zerstören oder schädigen[20]).

Die vorstehenden Vorschriften sind entsprechend anzuwenden, wenn es sich nicht um selbständige Scheidungen handelt, sondern um Teile von Gebäuden (insbesondere Hausmauern), die den Grenzzug feststellen[21]).

In einigen Partikularrechten wird die Unterhaltung der Scheidungen beiden Nachbarn gemeinschaftlich auferlegt, doch ist nicht immer klar ersichtlich, ob es sich um Scheidungen oder Anlagen auf der Grenze handelt[22]). Die gemeinschaftliche Unterhaltungspflicht ist überall nur subsidiär hinter Vertrag und Ortsgewohnheiten.

c) Beschaffenheit der Scheidungen

Von den Vorschriften des ALR über die Beschaffenheit von Scheidungen sind folgende noch in Gültigkeit: Bei Zäunen muß die Abdachung der Stiele nach der Seite des Zaun. eigentümers verlaufen, damit der Tropfenabfall nicht auf das fremde Grundstück erfolgt- (§ 156 ALR I 8; vgl. Kap. I § 1 Berl. BObs.). Die Höhe der Scheidungen soll, wenn sie zwischen Höfen, d. h. bebautem Gebäude und dessen Zubehör stehen, mindestens 6 Fuß, wenn sie zwischen Gärten verlaufen, mindestens 5 Fuß betragen (§ 169)[23]). Hecken sollen 1½ Fuß Grenzabstand halten (§ 174)[24]). Zu der Umfriedung von Äckern und Gärten sollen tunlichst statt hölzerner Zäune Hecken verwendet werden, die überhaupt jederzeit die Zäune ersetzen können (§§ 170, 171)[25]).

2. Nach § 78 Braunschweig. Bauordg. vom 13. 3. 1899 (GVBl. Nr. 25) dürfen Befriedigungen zwischen Nachbargrundstücken innerhalb des Baugrundes (Ortslage: § 3 BauO) unmittelbar an der Grenze errichtet werden, jedoch muß die glatte Seite (Bundseite) dem Nachbargrundstück zugekehrt sein; auch darf diesem kein Wasser durch

[18]) OTr. 37, 64 und Präj. 1, 28.

[19]) Umbau ist nicht Neubau JW 02, 640 (RG).

[20]) RG 2, 213f.

[21]) JW 83, 188 (RG); Dernburg SR 291 N. 7.

[22]) Lübisches Recht III, 12 Art. 5; vgl. dazu Wilmowski, LübR in Pommern 56 Z. 3 und StatutarR der Städte des Herzogtums Alt-, Vor- und Hinterpommern § 29 S. 37. Stettiner BauO (Kosmann, StatutarR v. Alten Stettin S. 113) Tit. 8 § 1. Für Schleswig (Gewohnheitsrecht): Kähler S. 277.

[23]) Kap. I § 4 der Berl. BObs. bestimmt eine Höhe von 7—8 bzw. 5—6 Fuß. Vgl. auch noch § 5 a. a. O.

[24]) Näheres siehe § 22 Ziff. 1.

[25]) Diese Paragraphen sind praktisch wertlos. Vgl. Koch Bem. 78 und 79 zu § 170.

Traufenfall zugeführt werden. Außerhalb des Baugrundes müssen Befriedigungen zwischen landwirtschaftlich genutzten Grundstücken um soviel, als ihre halbe Höhe beträgt, mindestens jedoch 0,60 m, von der Grenze zurückbleiben; derselbe Abstand ist bei Grundstücken des Baugrundes für Befriedigungen auf der Grenze gegen landwirtschaftlich genutzte Grundstücke einzuhalten. Befriedigungen aus durchsichtigem Lattenwerk oder Drahtgeflecht bedürfen nur des Mindestabstandes.

3. Hamburg. Eine Pflicht zur Einfriedigung besteht nur gegenüber dem öffentlichen Grund (§ 78 II 2 Baupol.G). Ferner muß der vor der Baulinie liegende Teil des Privatgrundes grundsätzlich auch gegenüber dem Nachbargrund eingefriedigt werden. Die Einfriedigungen dürfen 1 m nicht übersteigen, es sei denn, daß es sich um lebende Hecken oder eiserne Gitter handelt (§ 6 Ges. vom 13. 7. 1898).

4. Kurhessen. Die Kurhessische Bauordnung von 1784 bestimmt in Art. 34, daß, wenn an Stelle eines Zaunes eine Hecke errichtet wird, diese gegen die Stelle, wo der Zaun gestanden, einen Fuß zurückzurücken ist (der Wurzeln und Zweige halber).

5. Für Frankfurt verordnet Art. 9 des Wichgesetzes von 1851, daß Weinberge von einander, — solange der Wich nicht aufgehoben ist — nur durch Kammerladen, von bereits umfriedigten Grundstücken auch durch Hecken, Planken oder Staketenwände mit einem höchstens 3 Fuß hohen Mauersockel geschieden werden müssen. Die Höhe der Scheidungen beträgt für den Geltungsbereich des Wichgesetzes 6 Fuß bei bestehendem, 8 Fuß bei aufgehobenem Wich, vom Boden des Nachbargrundstückes ab gerechnet (§ 10 des Wichgesetzes). Für die Dorfschaften beträgt das Höhenmaß höchstens ½ Viertel einer Feldrute = 1,334 m (Frankfurter Ref. IX 4 § 4)[26].

6. Im Gebiet des ehemaligen Herzogtums Geldern (jetzt Teil des Regierungsbezirks Düsseldorf) beträgt die Höhe der Scheidungen 8 Geldernsche Fuß[27].

7. Für Württemberg bestimmt Art. 196 Abs. 4 AG BGB (RegBl. 31, 545) für den außerhalb des geschlossenen Wohnbezirks oder Ortsbauplans Bauenden die Verpflichtung, sein Grundstück insoweit und in der Art einzufriedigen, als es zum Schutz des nachbarlichen Eigentums erforderlich ist.

Die Art der Einfriedigungen und der Pflanzenanlagen sowie ihre Abstände gegenüber der Grenze von Nachbargrundstücken, die außerhalb des geschlossenen Wohnbezirks und angelegter Ortsstraßen liegen, sind in den Art. 201 (tote Einfriedigung), 202 (Hecken), 203 (Spalieranlagen), 204 (Bäume und Sträucher), 205 (Weiden und ähnl. Pflanzungen), 206 (Rebstöcke), 207 (Hopfenanpflanzungen) im einzelnen normiert (Art. 200, 208). Die Abstände können durch Gemeindesatzung geändert werden (Art. 209).

Die Abstände der Einfriedigungen und Pflanzenanlagen gegenüber Grundstücken innerhalb des geschlossenen Wohnbezirks oder angelegter Ortsstraßen sind in Art. 210 geregelt.

§ 12. Grenzbaum[1])

Indem die Grenze die zusammenhängenden Bestandteile der Grundstücke (Erdboden, Gestein, Gebäude) durchschneidet, teilt sie auf beiden Seiten der Grenze liegende Stücke dem einen oder dem anderen Grundstücke zu. Durchschneidet die Grenzlinie den Stamm eines Baumes da,

[26]) Diese ursprünglich nur für gebundene Hecken gegebene Vorschrift gilt für alle Scheidungen. Bender, Frankfurter Privatrecht 318f., Neumann-Levi 2, 42.

[27]) RevidEntw. des Neurheinischen Provinzialrechts 3 § 9.

[1]) Vgl. auch Hodes HGBR. 56 N 12 (A 2): „Welche Vorschriften müssen bei der Anlage eines Gartens berücksichtigt werden?"

wo er aus der Erde heraustritt, so würde bei strenger Durchführung des § 94 der Baum, solange er steht, als körperlich geteilt zu erachten sein; das eine Stück würde dem einen, das andere dem anderen Grundeigentümer zum Alleineigentum gehören. Allein nach der hier vertretenen Ansicht (s. oben § 2 II) geht § 93 dem § 94 vor; ein körperlich geteiltes Eigentum an einer einheitlichen Sache ist wirtschaftlich und damit rechtlich unmöglich. Der Baum und andere Gewächse, die auf der Grenze stehen, sind im Miteigentum der beiden Nachbarn[1a]), auf welches die Vorschriften der §§ 741 ff. BGB über die Gemeinschaft anzuwenden sind.

Im Einklang mit § 749 BGB bestimmt § 923 BGB, daß jeder der Nachbarn die Beseitigung des Baumes verlangen kann.

Auf die Wurzelung kommt es nicht an. Der Baum, dessen Stamm von der Grenze nur gestreift, nicht geschnitten wird, steht mitsamt seinen in das Eigentum des Nachbars hinüberragenden Wurzeln und Zweigen im Alleineigentume desjenigen, auf dessen Grund und Boden der Stamm heraustritt[2]). Wird der Stamm erst weiter oben wegen schiefen Wachstums von der Grenze geschnitten, so ist nur § 1004, nicht aber § 910 anwendbar[3]). Auf keinen Fall hat aber der Nachbar das Recht, den Baum ohne Einwilligung des anderen zu fällen[4]). Der Anspruch auf Beseitigung des Grenzbaumes oder Grenzstrauches unterliegt nach § 924 BGB nicht der Verjährung. Der Anspruch auf Beseitigung ist aber dann ausgeschlossen, wenn der Baum als Grenzzeichen dient und den Umständen nach nicht durch ein anderes zweckmäßiges Grenzzeichen ersetzt werden kann[5]). Letztere Ausnahme wurde für notwendig gehalten wegen der in manchen Gegenden, insbesondere den Überschwemmungsgebieten größerer Flüsse, bestehenden Notwendigkeit, die Grenze durch Bäume (sog. Kopfbäume, gekappte Weiden) zu sichern, weil andere Grenzzeichen weggespült würden[6]). Dient eine Baumreihe oder eine Sträucherreihe (Hecke) als Grenzeinrichtung im Sinne des § 921, so besteht der Anspruch auf Beseitigung nicht, gemäß

[1a]) Übereinstimmend nur Crome 429; Luks bei Gruchot 60, 480. A. M. auf Grund M. 3, 278 (Mugdan 3, 153) die gemeine Meinung.

[2]) Vgl. BayOGH 8, 453; Staudinger Anm. 1 zu § 923.

[3]) Wolff, Sachenrecht, § 54 I 4; vgl. unten § 21 N. 17.

[4]) Staudinger Bem. zu § 923; RGKomm. Bem. 4 zu § 923.

[5]) Die Beweislast dafür, daß der Baum als Grenzzeichen dient, trägt derjenige, der den Baum erhalten will; sie wird erfüllt sein, wenn die Grenze nicht vermarkt ist und der Grenzbaum an einer Stelle steht, an welche bei vorzunehmender Vermarkung ein Grenzstein kommen müßte. Die Beweislast dafür, daß der Baum durch ein anderes zweckmäßiges Grenzzeichen ersetzt werden kann, trifft denjenigen, der die Beseitigung verlangt. Biermann, Staudinger, Planck zu § 923; a. M. Endemann 460 Anm. 35; Crome § 302 Anm. 27.

[6]) KommProt. 3550 (Mugdan 3, 585).

§ 922 BGB[7]). Im übrigen sind für die Verwaltung des Baumes (Strauches) die Vorschriften der §§ 744ff. BGB maßgebend.

Für andere Sachen, z. B. Steine, gelten die Vorschriften des § 923 selbstverständlich nicht. Der Nachbar ist befugt, den Stein bis zu seiner Grenze herauszubrechen, denn so weit gehört er ihm. Nimmt er den ganzen von der Grenze durchschnittenen Steinblock heraus, so handelt er rechtswidrig. An dem herausgenommenen Steinblock besteht Miteigentum nach Bruchteilen, welche von dem bisherigen Grenzschnitt nach Verhältnis des Realeigentums bestimmt werden[8]).

An und für sich müßte man annehmen, daß von dem Miteigentum an dem Baum jedem der Teilnehmer ein Bruchteil zuzuweisen sei, dessen Größe dem Verhältnis der räumlichen Erstreckung des Stammes in das eine oder andere Gebiet entspricht. Da aber § 923 BGB den gefällten Baum und die Früchte[9]) des stehenden Baumes den Teilhabern zu gleichen Teilen zuspricht[10]) und ebenso die Kosten der Beseitigung verteilt, so müssen (vgl. § 743 BGB) auch an dem stehenden Baume gleiche Anteilsrechte angenommen werden. Die Ermittlung eines anderen Quotenverhältnisses wäre mit ungebührlichen Schwierigkeiten verbunden.

Da die Beseitigung möglicherweise mehr Kosten verursacht als Gewinn verschafft, so erfordert die Billigkeit, daß der eine Nachbar dem anderen Nachbar, welcher die Beseitigung fordert, die Ausführung der Trennung auf eigene Kosten und zu eigenem Gewinn überlassen kann (§ 923 BGB). In diesem Falle erwirbt derjenige, der den Baum beseitigt, mit der Trennung des Baumes das Alleineigentum.

Besteht ein Nießbrauch am Grundstücke, so ist, da der Baum eine Frucht ist, nur der Nießbraucher zu der Trennung und zu der Verfügung über die getrennten Stücke des Baumes, welche sein Eigentum werden, berechtigt[11]). Der Pächter hat nur einen obligatorischen Anspruch darauf, daß ihm der Verpächter während der Pachtzeit die Aneignung der Früchte gestattet. Befindet sich der Pächter im Besitze des verpachteten Grund-

---

7) A. M. Scherer Anm. 2, II zu § 923 (3, 111).

8) Vgl. Staudinger Bem. 3 zu § 923 und dortige Nachweise.

9) Dazu gehört auch dürres Holz (Dernburg 290), Baumblätter, die als Streu dienen (OLG München in Strafs. 3, 380).

10) Die Bestimmung des § 923, wonach die Früchte den Nachbarn zu gleichen Teilen zustehen, ist mit der Annahme eines körperlich abgeteilten Eigentums unvereinbar. Denn bei körperlich abgeteilten Bäumen würde das Eigentum an den hängenden Früchten demjenigen zustehen, über dessen Grundstück sie hängen. — Die abgefallenen Früchte gelten aber auch bei einem auf der Grenze stehenden Baum als Früchte des Grundstücks, auf welches sie gefallen sind (§ 911 BGB).

11) M. 3, 279 (Mugdan 3, 154).

stückes, so erwirbt er zwar das Eigentum an den Früchten mit deren Trennung (§ 956 BGB), aber gemäß § 581 nur an den Früchten, die nach den Regeln einer ordnungsmäßigen Wirtschaft als Ertrag anzusehen sind. Ob der gefällte Grenzbaum zu diesen Früchten gehört, ist je nach der Gestaltung des einzelnen Falles verschieden zu beurteilen; deshalb ist der Pächter dem Nießbraucher nicht schlechtweg gleichzustellen[12]).

Sofern auf Grund eines besonderen Rechtsverhältnisses (z. B. Pacht) die Früchte einem anderen als dem Eigentümer gehören, gilt der andere als Nachbar im Sinne des § 923[13]).

Die landesgesetzlichen Vorschriften, welche die Rechte der Grundeigentümer in Ansehung der auf der Grenze stehenden Obstbäume abweichend von den Vorschriften des § 923 Abs. 2 BGB bestimmen, bleiben nach Art. 122 EG unberührt. Ebenso bleiben zugunsten eines Grundstückes, das am 1. 1. 1900 mit Wald bestanden ist, die landesgesetzlichen Vorschriften, welche die Rechte des Eigentümers eines Nachbargrundstückes in Ansehung der auf der Grenze stehenden Bäume und Sträucher abweichend von den Vorschriften des § 923 Abs. 2 und 3 bestimmen, bis zur nächsten Verjüngung des Waldes in Kraft (Art. 183 EG).

Die preußische Ausführungsgesetzgebung hat von diesem Vorbehalt weder nach der einen noch nach der anderen Richtung Gebrauch gemacht. Vorbehalte sind aber ergangen durch § 47 Braunschweig. AG; Art. 213—217 Württ. AG vom 29. 12. 1931 RegBl. 545).

---

12) Vgl. Goldmann-Lilienthal 67 Anm. 53 und dagegen Maenner 179.

13) Staudinger Bem. 1c zu § 923 und Nachweise.

II. Abschnitt
Gesetzliche Beschränkungen des Eigentums

A. Allgemeine Eigentumsbeschränkungen

§ 13. Schikanöse Rechtsausübung[1])

Aus dem Wesen des Rechtes folgt an sich, daß es im Belieben des Berechtigten steht, das Recht innerhalb der gezogenen Schranken auszuüben. Die Ausübung eines Rechtes ist nicht schon deswegen unerlaubt, weil dadurch ein anderer Schaden leidet[2]). Grundsätzlich gilt auch für das bürgerliche Recht der Satz: qui iure suo utitur, nemini facit iniuriam. Deshalb darf z. B. der Grundstückseigentümer dem Nachbar durch Errichtung eines Gebäudes das Licht verbauen[3]).

An sich besteht keine Verpflichtung des Grundeigentümers, positive Veranstaltungen auf seinem Eigentum zu treffen, um seinen Nachbar vor Nachteilen zu schützen[4]).

Eine grundsätzliche Einschränkung der Machtbefugnis des Eigentümers bewirkt § 226 BGB, der ein Gebot der Ethik in beschränktem Umfang als Rechtsgrundsatz aufstellt[5]). Wenn eine rechtliche Befugnis ohne eigenes Interesse des Berechtigten l e d i g l i c h zur Kränkung eines Dritten ausgeübt wird, dann verstößt dies gegen den Zweck des Gesetzes, das eine Berechtigung nur zur Förderung menschlicher Interessen, niemals aber zu deren Schädigung verleiht[6]). Soll einem solchen Mißbrauch des Rechtes ein Riegel vorgeschoben werden, so ist hierzu ein allgemeines gesetzliches Verbot erforderlich. In den Entwürfen zum Bürgerlichen Gesetzbuch hatte man von der Erlassung eines derartigen Verbotes abgesehen. Man hatte erwogen, es sei nicht rätlich, einem Streite über die Beschaffenheit eines Interesses, welches der Berechtigte an der Ausübung des Rechtes hat und dessen Vorhandensein er durch die Tatsache der Aus-

---

[1]) Vgl. Ramdohr bei Gruchot 46, 577ff. u. 806ff.

[2]) BayObLG 7, 237.

[3]) S. unten § 25.

[4]) Über die Durchbrechung dieses Grundsatzes durch die allgemeine Pflicht zu sozial sachgemäßer Rechtsausübung vgl. unten § 38 I 1 c.

[5]) RG 72, 254.

[6]) Ramdohr bei Gruchot 46, 589.

übung bekundet, die Türe zu öffnen; der Nachweis, daß die Rechtsausübung nur aus Schikane erfolge, sei schwer zu erbringen, während auf der anderen Seite ein solches Verbot vielfach mißbraucht werden und so im Ergebnis zu einer Schikane auf der anderen Seite führen könne[7]). Erst der Bundesrat hat nach dem Vorbild des preußischen Landrechtes (ALR I 8 § 28) dem damaligen § 887 den Zusatz gegeben: „Eine Ausübung des Eigentumes, die nur den Zweck haben kann, einem anderen Schaden zuzufügen, ist unzulässig". Der Reichstag hat diesen auf das Eigentum beschränkten Grundsatz zu einem allgemeingültigen erhoben. Hiernach ist die Ausübung eines Rechtes unzulässig, wenn sie nur den Zweck haben kann, einem anderen Schaden zuzufügen (§ 226 BGB).

Die Rechtsbefugnis selbst ist nicht entzogen, sondern nur die Ausübung in dem besonderen Fall[8]). Ist diese Ausübung im gegebenen Fall rechtskräftig als unzulässig erklärt, so steht die Rechtskraft des Urteils einer unter anderen Verhältnissen erfolgenden Ausübung nicht entgegen[9]).

Die Fassung des § 226 ist eine recht enge, so daß sich der Richter nicht allzuhäufig in der Lage finden wird, von dieser Gesetzesbestimmung Gebrauch zu machen; denn § 226 ist an die Voraussetzung gebunden, daß, objektiv betrachtet, die Rechtsausübung gar keinen anderen Zweck haben kann, als den der Schädigung[10]), wobei begrifflich nicht erforderlich ist, daß der Zweck bereits erreicht wurde[11]). Jeder andere Zweck muß ausgeschlossen sein[12]). Dabei kommt es nicht entscheidend auf die Absicht an; entscheidend ist vielmehr der Zweck des Handelns, wie er sich bei objektiver Betrachtung der gesamten Umstände des Handelns darstellt, wobei freilich auch die inneren Beweggründe des Handelnden

---

[7]) M. 1, 275 (Mugdan 1, 505).

[8]) Hirsch, ZZP 42, 48. A. M. Kipp bei Windscheid § 121; Endemann 422 Anm. 2, die das Recht selber durch das Verbot des § 226 beschränkt wissen wollen.

[9]) Staudinger Bem. 4a zu § 226; Ramdohr bei Gruchot 46, 809; SeuffA 35 Nr. 273; Palandt 2 zu § 226.

[10]) Ramdohr bei Gruchot 46, 819, der mit bes. Schärfe auf den Unterschied der Begriffe Zweck und Absicht hinweist. Zweck ist die Bestimmung, welche ein „Etwas" hat; er haftet dem Dinge oder Vorgang objektiv an. Die Ermittlung der Zweckbestimmung erfolgt von einem außerhalb der Person des Bestimmenden befindlichen, objektiven Standpunkt aus.

[11]) Ramdohr a. a. O. 825.

[12]) RG 98, 17. Dort wird die Anwendung des § 226 abgelehnt, weil die vor die Fenster des Nachbarhauses gestellte Bretterwand möglicherweise auch den Zweck haben könne, sich und die Familienmitglieder vor Belästigungen und Beleidigungen des Nachbars zu schützen. (Dabei hatten die vernommenen Zeugen nichts von Beleidigungen gehört). Es genügt die Möglichkeit, daß solche Beleidigungen vorgekommen sind. — (Die Abstellung auf die bloße Möglichkeit ist bedenklich.) Vgl. BayObLG 6, 148: Ein anderer Zweck der Rechtsausübung als die Zufügung von Schaden muß überhaupt undenkbar sein oder doch nur ganz nebenbei in Betracht kommen können.

von Bedeutung sein können[13]). In diesem Erfordernis eines objektiven Tatbestandes ruht das Schwergewicht der Bestimmung und hierdurch wird der Vorstoß, der mit § 226 gegen den Inhalt der Rechtsbefugnis, insbesondere in seiner Anwendung auf das Eigentum, geführt werden sollte, außerordentlich abgeschwächt. Zuweilen wird die Rechtsausübung, die auf Grund des § 226 nicht verboten werden kann, nach § 826 unzulässig sein[14]).

Die wichtigsten Fälle, in welchen schikanöse Rechtsausübung in Frage kommen könnte, sind durch Einzelbestimmungen in der Weise geregelt, daß die Rechtsbefugnis selbst entzogen wird, wenn für ihre Ausübung das Interesse fehlt. So § 905 BGB, wonach der Eigentümer Einwirkungen nicht verbieten kann, die in solcher Höhe oder Tiefe vorgenommen werden, daß er an der Ausschließung kein Interesse hat; § 906 BGB, wonach der Eigentümer eines Grundstückes die Zuführung von Gasen, Dämpfen, Gerüchen, Rauch, Ruß, Wärme, Geräusch, Erschütterungen und ähnliche von einem anderen Grundstück ausgehende Einwirkungen insoweit nicht verbieten kann, als die Einwirkung die Benutzung seines Grundstückes nicht oder nur unwesentlich beeinträchtigt; ferner § 910 Abs. 2 BGB, wonach der Grundstückseigentümer Wurzeln und Zweige, die in seinen Eigentumsbereich herübergedrungen sind, nicht beseitigen darf, wenn sie die Benützung des Grundstückes nicht beeinträchtigen. Auf alle diese Vorschriften bezieht sich das Schikaneverbot des § 226 nicht; denn diese Bestimmung setzt voraus, daß an sich ein Recht besteht, was in den Fällen dieser Einzelvorschriften nicht zutrifft.

Das erwähnte Erfordernis eines objektiven Tatbestandes führt bei der Anwendung des § 226 zu wichtigen Folgen. Es genügt nicht, daß die Rechtsausübung der Absicht einer Schädigung entspringt, ja nicht einmal, daß nachweisbar der einzige Zweck des Handelnden die Schadenzufügung gewesen ist[15]). Der Gesetzgeber will nicht haben, daß bei dem

---

[13]) RG 68, 424.

[14]) Vgl. darüber Maenner 158 Anm. 8; SeuffA 62 Nr. 151. (Verbauen der Aussicht). Vgl. RG 98, 17 (oben N. 12). Im dortigen Falle wurde die Anwendbarkeit des § 826 verneint, weil die von den Beklagten in ihrem berechtigten Interesse vorgenommene und an sich rechtlich erlaubte Errichtung der Bretterwand auch dann noch nicht sittenwidrig werde, wenn die Beklagten nebenbei die Absicht gehabt haben sollten, den Kläger zu schädigen (vgl. RG 71, 173). Selbst wenn man annehmen würde, daß sich die Beklagten eines anstößigen Mittels zur Erreichung ihrer Zwecke bedient hätten, so haben die Beklagten wenigstens geglaubt, sie dürften so verfahren, wie sie es getan haben (RG 79, 23). Dieser Aufwand von Scharfsinn zur Unterstützung der Bosheit ist bedauerlich und verfehlt.

[15]) Vgl. dagegen OLG 1, 439 (Kammergericht). Hier wurde der § 226 angewendet, weil nach Lage des Falles der wahre Zweck, den der Kläger verfolge, nicht der einer Sicherung seiner Mietforderung sein könne, sondern nur der, den Beklagten in seinem

Offenbleiben verschiedener Möglichkeiten die Absicht des Rechtsausübenden nachgeprüft werden soll; erforderlich ist vielmehr, daß nach Lage der Verhältnisse, objektiv betrachtet, gar kein anderer Zweck des Handelns gedacht werden kann, als der einer Schadenszufügung. Maßgebend ist der Zweck des Handelnden, wie er sich bei Betrachtung der gesamten objektiven Sachlage darstellt; auch die inneren Beweggründe sind dabei wesentlich, wenn sie sich in dem objektiven Tatbestand widerspiegeln[16]. Die Schädigungsabsicht rückt den Schädigungszweck erheblich näher[17].

Hieraus ergibt sich die wichtige Folge, daß die Beweislast für diese Voraussetzung des § 226, welche demjenigen obliegt, der seine Anwendung verlangt, nicht durch den Antrag auf Vernehmung des Beklagten über die subjektive Absicht der Schadenszufügung getragen werden kann; denn diese Absicht beweist für sich allein noch nichts. Es kann aber auch nicht über den objektiven Tatbestand (daß die Rechtsausübung nur einen schikanösen Zweck haben kann) die Vernehmung des Beklagten beantragt werden[18].

Interesse zu schädigen. Allein nicht darauf kommt es an, was der wahre Zweck ist sondern darauf, daß kein anderer Zweck vorliegen kann. Gegen diese Entscheidung wendet sich Ramdohr bei Gruchot 46, 590 u. 829. Nur wenn jeder andere Zweck als der einer Benachteiligung des anderen ausgeschlossen ist, kann die Anwendung des § 226 in Frage kommen. JW 05, 388; Staudinger Bem. 4b zu § 226. Läßt sich noch ein anderer Zweck des Handelns, namentlich also der des eigenen Vorteils, denken, mag selbst dieser Zweck augenscheinlich mit der Schädigung des anderen verknüpft und wegen der Wahl des benützten Mittels oder aus sonstigen Gründen von einem rechtlich Denkenden nicht zu billigen sein, also gegen die guten Sitten verstoßen, so ist für die Anwendung des § 226 kein Raum; es kann aber in solchem Fall § 826 in Frage kommen. SeuffA. 62 Nr. 151 (München), (Verbauen der Aussicht); BayObLG 3, 758 (Entziehung des Grundwassers). Über die Anwendbarkeit des § 826, der weiter geht als § 226, vgl. Maenner 158 Anm. 8; Oertmann, DJZ 03, 325 ff.; Staudinger Bem. 6 zu § 826; RG 58, 214; 60, 103. — Schneidler im Recht 06, 603 vertritt den Standpunkt, es sei zur Anwendung des § 226 weiter nichts erforderlich, als daß der Rechtsausübende subjektiv keinen anderen Zweck hat, als den der Schadenszufügung. Es sei gar nicht zu beweisen, daß objektiv kein anderer Zweck denkbar sei. Nach Zahn, Recht 06, 847, soll § 226 stets dann anwendbar sein, wenn als Zweck einer Rechtsausübung in so hervorragender Weise die Schadenfreude erscheint, daß daneben etwaige andere Motive für die moralisch-juristische Betrachtung gar nicht ins Gewicht fallen. Diesem Standpunkt steht nahe SeuffA 61, 92 (BayObLG).

Vgl. hierzu auch Planck Anm. zu § 226. SeuffBl. 63, 502.

Anders nach gemeinem Recht, vgl. Windscheid, Pand. 1 § 121 Anm. 3; Dernburg, Pand. 1 § 41; Vangerow, Pand. 1 § 297; BayOGH 10, 619; SeuffA 31 Nr. 118; 35 Nr. 273; 37 Nr. 292; 45 Nr. 167.

[16]) Vgl. RG 68, 424; Recht 11 Nr. 1269 (BayObLG). Dort wird den inneren Beweggründen eine etwas größere Bedeutung beigelegt.

[17]) BayObLG 12, 110; Palandt, Anm. 1 zu § 226.

[18]) Ramdohr bei Gruchot 46, 822; Staudinger Bem. 4c zu § 226; Maenner 159 Anm. 9. Ist der Tatbestand des § 226 dargetan, so ist die Widerrechtlichkeit der Rechtsausübung von Amts wegen zu berücksichtigen. Maenner 159 Anm. 9; Crome 1, 531; Endemann 1,

Bei dinglichen Rechtsverhältnissen muß zur Feststellung der schikanösen Rechtsausübung aus den örtlichen Verhältnissen der Nachweis erbracht werden, daß für die Rechtsausübung weder ein wirtschaftlicher noch ein persönlicher Zweck vorliegen kann; hieraus ist sodann die Schlußfolgerung zu ziehen, daß der Zweck eben nur auf eine Schädigung gerichtet sein kann. Der Richter wird sich seine Überzeugung wohl in erster Linie auf Grund eines Augenscheines an Ort und Stelle bilden.

Wer sein Grundstück mit einer Mauer umgibt und dadurch dem Nachbar das Licht entzieht, kann aus § 226 zur Beseitigung nicht schon deshalb angehalten werden, weil er nachweisbar (z. B. weil er es selbst dem Maurermeister gesagt hat oder sogar vor Gericht ausdrücklich zugestanden hat) die Mauer nur zu dem Zweck errichtet hat, um seinem Nachbar Licht und Aussicht zu nehmen; denn die Umfriedungen von Grundstücken können objektiv betrachtet auch dem wirtschaftlichen Zweck dienen, die Grundstücke zu sichern. Allemal dann, wenn nach den örtlichen Verhältnissen bei der konkreten Anlage ein wirtschaftlicher Zweck erkannt werden kann, ist die Anwendung des § 226 von vorneherein ausgeschlossen. (Es kann aber § 826 in Frage kommen; s. oben N. 15). Wenn freilich die Mauer zu einer derartigen Höhe geführt wurde, daß die Unwirtschaftlichkeit und objektive Unzweckmäßigkeit[19]) der Bauführung in die Augen springt, dann ist der Schluß gerechtfertigt, daß die Errichtung der Mauer, soweit dies der Fall ist, nur den Zweck einer Schädigung haben kann; dann kann der Nachbar zur Einlegung bis zu der Höhe angehalten werden, die einen wirtschaftlichen Zweck erkennen läßt. Wenn der Besitzer eines Grundstücks dieses nach drei Seiten mit einem durchsichtigen Lattenzaun umgibt und nur auf der Seite, welche den Fenstern des unmittelbar anstoßenden Nachbarhauses zugekehrt ist, eine dichte Bretterwand aufstellt, so ist ebenfalls regelmäßig die Anwendung des § 226 gerechtfertigt.

Auf Störungen durch einen in Ausübung eines Gewerbebetriebes erzeugten Lärm ist § 226 nicht anwendbar[20]).

Steht einem Grundstück die Grunddienstbarkeit zu, daß der daran anstoßende Hof nicht überbaut werden darf, so kann dem Anspruch auf Beseitigung des dennoch errichteten Baues nicht der Einwand der Schikane entgegengesetzt werden, weil durch den Bau dem herrschenden Grundstück weder Luft noch Licht entzogen werde[21]).

Unzweifelhaft liegt der Fall der Schikane vor, wenn der Eigentümer dem Nachbarn, dem die Grunddienstbarkeit zusteht, über den Hof des ersteren zu gehen, verwehrt, den Weg mit Sand zu bestreuen, um ihn trockenen Fußes passieren zu können; anders, wenn dies auf einem landwirtschaftlich benutzten Grundstück geschehen soll.

Es ist übrigens nicht an dem, daß nur ein wirtschaftliches Interesse die Anwendung des § 226 ausschließt, vielmehr genügt hierzu jegliches, auch nur rein persönliches oder ideales Interesse[22]). Auch zukünftiges Interesse kann genügend sein[23]).

---

§ 84a Z. 2; a. M. Staudinger Bem. 6 zu § 226; Planck Bem. zu § 226; Dernburg 1, 110. Ob eine Rechtsausübung im Sinne des § 226 unzulässig ist, ergibt sich für den Richter durch einen — der Nachprüfung des Revisionsgerichts unterworfenen — rechtlichen Schluß aus dem ihm vorliegenden Tatbestand (Ramdohr bei Gruchot 46, 822; a. M. RG 72, 255). [19]) Vgl. BayOGH 10, 619.

[20]) Vgl. Bolze 9 Nr. 39 (Störung des Gottesdienstes durch eine Böttcherei).

[21]) Vgl. Bolze 6 Nr. 84.

[22]) Vgl. RG 72, 251 (Interesse an dem Besuch der Grabstätte der Mutter); OLG 34,

Dient ein Gartengrundstück als Wirtschaftsgarten, so kann es seinem Eigentümer nicht verwehrt werden, eine Bretterwand an der Grenze vor den Fenstern des Nachbarhauses bis zu dessen 3. Stock emporzuführen; denn der Zweck dieser Bauführung kann auch darin bestehen, die Gäste vor neugierigen Blicken zu schützen; dieser Zweck ist auf den Schutz des eigenen Interesses gerichtet, wenn seine Erfüllung auch die Interessen des Nachbars schädigt[24]).

Auch eine Rechtsausübung, die keine besonderen Vorteile erstrebt, kann noch innerhalb der Befugnis liegen (RG JW 05, 388).

Hieraus ergibt sich, daß der Wortlaut des Gesetzes gegen den sog. Neidbau, an welchen der Gesetzgeber wohl in erster Linie gedacht hat, nur in seltenen Fällen einen Schutz gewährt. Der Nachbar, der boshaft genug ist, es sich etwas kosten zu lassen, um seinem Nachbar Schaden zuzufügen, braucht nur irgendeinen Bau (Scheune, Halle) auszuführen, welcher nach den örtlichen Verhältnissen eine wirtschaftliche Zweckbestimmung erkennen läßt. Mit § 226 kann dann dem geschädigten Nachbarn nicht geholfen werden[25]); dagegen kann unter besonderen Umständen durch § 826 BGB dem gekränkten Rechtsgefühl Genugtuung verschafft werden.

Der Eigentümer eines Hauses hat das Recht, eine Maschine zur Erzeugung elektrischen Lichtes aufzustellen; die hiermit verbundenen Belästigungen durch Ruß, Rauch, Geräusch und Erschütterung muß sich der Nachbar nach § 906 gefallen lassen, wenn diese Einwirkungen die Benutzung seines Grundstückes nicht oder nur unwesentlich beeinträchtigen oder durch eine Benützung des anderen Grundstückes herbeigeführt werden, die nach den örtlichen Verhältnissen bei Grundstücken dieser Lage gewöhnlich ist. Wenn nun jenes Haus gar nicht bewohnt wird und gleichwohl die Maschine zur Erzeugung des überhaupt nicht verwendeten Lichts in Betrieb gesetzt wird, so ist regelmäßig § 226 anwendbar[26]). Ausnahmen sind denkbar, so z. B. wenn die Maschine zeitweilig in Gang gesetzt werden muß, um im richtigen Stand gehalten zu werden, oder wenn nach den gegebenen Umständen mit der Möglichkeit zu rechnen ist, daß der Besitzer des Hauses durch Beleuchtung Mietslustige aufmerksam machen will.

Abwehr widerrechtlicher, wenn auch unschädlicher Einwirkung auf das Eigentum stellt keine Schikane dar[27]).

An der Einhaltung der Grenze hat der Grundeigentümer stets ein Interesse, auch wenn die Grenzüberschreitung derzeit irgendwelchen nachteiligen Einfluß auf die Benützung des Grundstückes nicht ausübt[28]).

172; BayObLG 6, 148. Die Entsch. d. RG 72, 251 wird bekämpft von Josef, WürttRZ. 23, 1. Die Anwendung des § 226 durch das RG ist allerdings bedenklich, man wird aber auf Grund des § 826 zu demselben Ergebnis kommen wie das RG. [23]) RG 54, 434.

[24]) Vgl. SeuffA 95, 225.

[25]) Vgl. Plattner i. Preuß. VerwBl. 22, 542. [26]) SeuffBl. 63, 503.

[27]) OLG 26, 72 (RG); R 11 Nr. 1268 (BayObLG); R 10 Nr. 3308 (RG); BayObLG 12, 86; vgl. Recht 08 Nr. 287, wo das RG darin, daß der Eigentümer das Legen weiterer Wasserleitungsröhren verbietet, Schikane nicht erblickte, obwohl dadurch eine weitere Belastung nicht entstehen würde.

[28]) BayObLG 12, 110. Auch ein kleiner Grenzstreifen ist für ein städtisches Grundstück, wenn auch nur als Zubehör, von nicht zu unterschätzender Bedeutung; daher kann die Geltendmachung des Eigentumsrechts daran gegenüber dem, der es überbaut, nicht als Schikane erachtet werden (BayObLG 14, 704).

Dem Anspruch des Eigentümers auf Beseitigung einer Anlage, mit welcher die Grenze überschritten ist, wird daher, sofern dieser Anspruch nach § 912ff. des BGB überhaupt gerechtfertigt ist, regelmäßig § 226 nicht entgegengehalten werden können. Auch wenn nachgewiesen wird, daß er die Beseitigung in der Absicht verlangt, den anderen zu schädigen und er derzeit von der Grenzüberschreitung keinerlei fühlbare Beeinträchtigungen erleidet, so kann, objektiv betrachtet, der Anspruch auf Beseitigung doch auch den Zweck haben, die Integrität der Grenze zu erhalten. Nur bei ganz geringfügigen Grenzüberschreitungen mag es vorkommen, daß der Eigentümer zeitweilig an deren Beseitigung gar kein Interesse haben kann.

Z. B. bei einer Ausbauchung der Mauer des Nachbarhauses, die in seinen Luftraum hineinragt. An sich könnte der Eigentümer nach § 1004 die Beseitigung dieser Beeinträchtigung verlangen, aber zumeist wird man vom objektiven Standpunkte aus sagen können, daß für die Ausübung dieses Anspruches auch nicht die Möglichkeit eines anderen Zweckes besteht als die der Schadenszufügung[29]). Wenn freilich der Grundstückseigentümer, in dessen Luftraum die Mauerausbauchung hineinragt, seinerseits senkrecht an der Grenze eine Mauer für seinen Neubau aufführen will, dann ist ein wirtschaftliches Interesse an der Beseitigung der Mauerausbauchung sofort erkennbar[30]): Der Eigentümer kann den Luftraum nicht bis zur Grenzlinie ausnützen, bzw. er müßte, wenn er dies doch will, seiner Wand eine fehlerhafte Struktur geben (vgl. unten § 24 VII 5).

Ähnlich verhält es sich, wenn die Fensterflügel des Nachbarhauses beim Öffnen durch den Luftraum des Grundeigentümers geführt werden. § 905 Abs. 2 ist hier nicht anzuwenden, denn diese Bestimmung hat eine solche Höhe im Auge, welche für die regelmäßige Benutzung von Grundstücken überhaupt nicht in Betracht kommt. Dagegen kann der Anspruch des Grundeigentümers auf Unterlassung dieser Einwirkung auf den Luftraum durch die Vorschrift des § 226 lahm gelegt werden. Die Gefahr einer Grenzverwischung besteht bei einer derartigen Beeinträchtigung nicht, ebensowenig besteht die Gefahr, daß der Hauseigentümer durch Zeitablauf ein Recht auf die Benutzung des nachbarlichen Luftraumes zum Aufschlagen der Fenster erwirkt; denn das Bürgerliche Gesetzbuch kennt keinen Erwerb von Grunddienstbarkeiten durch Ersitzung oder Verjährung[31]). Es läßt sich deshalb vielfach für den Anspruch auf Unterlassung einer solchen Benutzung des Luftraums gar keine Möglichkeit eines anderen Zweckes als der einer Schikane erkennen. Wenn freilich der Grundeigentümer das Recht hat, das Öffnen der Fenster überhaupt (auch wenn sein Luftraum nicht benutzt wird) zu verbieten[32]), so

---

[29]) Nach gemeinem Recht ist kein Rechtssatz nachweisbar, wonach eine Mauerausbauchung geduldet werden muß (s. unten § 24 VII 5).

Vgl. SeuffA 23 Nr. 210, 42 Nr. 192; RG 45, 287; BayZ 06, 227; Endemann 463 Anm. 11.

[30]) Vgl. RG 45, 287. Dort ist auch ausgeführt, daß das bloße Hineinragen eines schiefen Giebels in den fremden Luftraum für sich allein keinen zur Ersitzung geeigneten Rechtsbesitz darstellt, vgl. unten § 36 II 3 und § 36 N. 75. Vgl. aber andererseits wegen der Ersitzung OLG 5, 423.

[31]) Für die Übergangszeit war die Rechtslage eine andere. Denn gemäß Art. 189 EG erfolgte die Begründung eines Rechtes an einem Grundstück auch nach dem Inkrafttreten des Bürgerlichen Gesetzbuches nach den bisherigen Gesetzen bis zu dem Zeitpunkt, in welchem das Grundbuch als angelegt anzusehen ist. Vgl. unten § 36.

[32]) Siehe unten § 25.

kann er in der Ausübung des Rechtes durch die Vorschrift des § 226 nie gehindert werden.

Das Verlangen, einen rechtswidrigen Überbau zu beseitigen, ist nicht schon deswegen schikanös, weil der Überbau nur wenig über der Grenze steht[33]).

Sind die Voraussetzungen des § 226 BGB gegeben, so ist die Rechtsausübung unzulässig und daher widerrechtlich. Wenn der Richter aus dem ihm vorliegenden Sachverhalt die Überzeugung gewinnt, daß die Rechtsausübung nur den Zweck haben kann, einem anderen Schaden zuzufügen, so hat er die Unzulässigkeit der Rechtsausübung von Amts wegen seiner Entscheidung zugrunde zu legen[34]). Derjenige, dessen Eigentum durch die Rechtsausübung beeinträchtigt wird, kann die Beseitigung der Beeinträchtigungen verlangen; sind weitere Beeinträchtigungen zu besorgen, so kann der Eigentümer auf Unterlassung klagen[35]) (§ 1004 BGB)[36]); durch das ergehende Urteil auf Unterlassung wird das Recht als solches nicht berührt, so daß seine Ausübung unter anderen Umständen, d. h. wo Schikane ausgeschlossen ist, zulässig bleibt (Palandt, Anm. 2 zu § 226; vgl. oben N. 8 und 9). Daneben hat der Eigentümer auf Grund des § 823 Abs. 2 BGB sowie auf Grund des § 826 einen Anspruch auf Schadenersatz[37]).

§ 14. Notstandshandlung

I. Einleitung

Der eigenmächtige Eingriff in den Eigentumsbereich eines anderen ist rechtswidrig; auf das Motiv des Eingriffs kommt es im allgemeinen nicht an. Das Gemeinwohl, in dessen Dienst auch das Privateigentum von einer sittlichen Rechtsordnung gestellt werden muß, verlangt eine Ausnahme von diesem Grundsatz für den Fall, daß der Eingriff durch einen Notstand, das ist zum Zwecke der erforderlichen Abwehr einer gegenwärtigen Gefahr, veranlaßt wurde.

---

[33]) Vgl. R 16 Nr. 625. [34]) RGK Bem. 2 zu § 226.

[35]) RG 72, 251. [36]) RG 72, 254; Palandt Anm. 2 zu § 226.

[37]) Planck Anm. zu § 226 führt aus, daß sich § 826 mit dem § 226 deckt. Man müsse annehmen, daß der § 826 davon ausgehe, daß eine Handlung, welche in Ausübung eines Rechtes vorgenommen werde, nur dann gegen die guten Sitten verstoße, wenn die Ausübung des Rechtes unzulässig sei. Wann dies der Fall sei, werde in § 226 bestimmt. Dem ist nicht beizupflichten. § 826 verbietet schon das sittenwidrige, nicht bloß das vom Recht verbotene Handeln; jede nach § 226 unzulässige Rechtsausübung fällt auch unter § 826. Der Rechtsmißbrauch des § 226 hat jedoch viel weitergehende Folgen als das sittenwidrige Handeln nach § 826. Er löst das Recht der Notwehr aus und berechtigt zur Störungs- und Unterlassungsklage (Oertmann, DJZ 03, 325 ff., dem die jetzt herrschende Meinung folgt, vgl. Staudinger Bem. 6 zu § 826; RG 58, 214; 60, 103).

Diesem Gedanken trägt das geltende Recht in weitgehendem Maße Rechnung, indem es in § 904 BGB bestimmt, daß der Eigentümer[1]) einer Sache nicht berechtigt ist, die Einwirkung eines anderen auf die Sache zu verbieten, wenn die Einwirkung zur Abwendung einer gegenwärtigen Gefahr objektiv notwendig und der drohende Schaden gegenüber dem aus der Einwirkung dem Eigentümer entstehenden Schaden unverhältnismäßig groß ist. Diese Vorschrift ist eine Ergänzung der in § 228 BGB (Selbsthilfe) enthaltenen Bestimmung. § 228 erlaubt die verteidigende Notstandshandlung, bei welcher die Gefahr durch die fremde Sache selbst droht[2]), z. B. ich schieße den tollwutkranken, auf mich losgehenden fremden Hund nieder. Im Falle des § 904 BGB dagegen handelt es sich um eine angreifende Notstandshandlung: Der Eingriff erfolgt in eine Sache, welche an dem Notstand gänzlich unbeteiligt ist; die Gefahr kommt von einer anderen Seite und die fremde Sache wird als Mittel zur Abwendung dieser Gefahr benutzt.

Wenn bei einer Feuersbrunst ein Haus eingerissen wird, um die Weiterverbreitung des Feuers zu verhindern, so ist zu unterscheiden, ob das Haus bereits brennt oder nicht; ersterenfalls ist § 228 BGB, letzterenfalls § 904 BGB anzuwenden.

§ 904 enthält eine gesetzliche Einschränkung des Eigentumsinhalts, er ist als Ausnahme von § 903 gedacht, nimmt dem Eigentümer unter gewissen Voraussetzungen die dort festgelegte Ausschließungsbefugnis und legt ihm eine Duldungspflicht auf. Doch steht dem andern auf Grund des § 904 ein klagbarer Anspruch nicht zu[3]). Damit ist aber noch nicht entschieden, ob § 904 dem Eingreifenden ein, des Anspruchs bares, subjektives Recht, ein Notrecht, gewährt. Das muß bejaht werden[4]). Das Recht aus § 904 stellt sich als Gestaltungsrecht im Sinn Seckels[5]) dar, als eine Berechtigung, die, ohne einen Anspruch auf fremdes Tun oder Unterlassen zu enthalten, einer Person die Macht gewährt, ein konkretes Rechtsverhältnis durch einseitige Rechtshandlung zu gestalten. Der Einwirkungsberechtigte greift durch die den Bedingungen des § 904 entsprechende Handlung in fremdes Eigentum derart ein, daß er das gesetzliche Ausschliessungsrecht des Eigentümers seiner Notstandshandlung gegenüber aufhebt und die

---

[1]) Selbstverständlich gilt das gleiche für Inhaber anderer Rechte an der Sache, insbes. den Besitzer (Komm. Prot. 8522; Mugdan 1, 864; Maenner 159; RGKomm. Bem. 1 zu § 904), Nießbraucher (Palandt, Anm. 3a zu § 904).

[2]) Die Sache selbst muß unmittelbar die Gefahr erzeugen. Das trifft z. B. nicht zu, wenn der Eigentümer einen unterhalb seines Grundstücks befindlichen fremden Damm durchsticht, um dem sich oberhalb des Dammes auf seinem Grundstück anstauenden Wasser einen Ablauf zu verschaffen. Die Gefahr war hier unmittelbar durch die Wassermassen, dagegen nicht durch den Damm verursacht (RG 71, 240).

[3]) OLG 12, 121 (Hamm); RGK Bem. 3 zu § 904; Planck Bem. 3γ zu § 904; Dernburg 3, 268; vgl. RG 71, 241.

[4]) RG 71, 241; Planck Bem. 3aα zu § 904 S. 167; Titze, Notstandsrechte 99; Cosack I, 345; M. Rümelin, Gründe d. Schadenszurechnung 92; Oetker in Bernhöft u. Binders Beitr. Heft 4, 292; Bunsen, ebenda Heft 6, 420; Fabian, Die Notstandspflicht d. Eigentümers 27ff.; Fischer, Rechtswidrigkeit 237ff. A. M. vor allem Landsberg, BGB I, 284ff.; Fischer a. a. O. charakterisiert es des näheren als Persönlichkeitsrecht.

[5]) In d. Festgabe d. Juristischen Gesellschaft f. Koch 204ff.

Duldungspflicht auslöst. Gegen die Annahme eines wirklichen Rechts kann nicht wohl der Wortlaut des § 904 angezogen werden[6]); denn seine — recht anfechtbare und keineswegs für die rechtliche Auslegung maßgebende — systematische Einordnung in die Lehre vom Eigentum brachte es mit sich, daß die Passiv-, nicht die Aktivseite der Rechtserscheinung redaktionell in den Vordergrund gerückt wurde. Hingegen sprechen für die hier vertretene Ansicht allgemeinrechtliche Erwägungen und der Zweck der Gesetzesbestimmung selbst. Mit Recht hat man betont, daß es nur ein Recht sein konnte, demzuliebe dem Eigentumsrecht die wichtige Ausschließungsfunktion entzogen wurde, da „das subjektive Recht des Einzelnen nur vor der rechtmäßigen Handlung eines Dritten zurückweicht“[7]). Der ausnahmsweisen Duldungspflicht des Eigentümers muß auf der aktiven Seite entsprechen ein besonderes Recht, nicht lediglich eine neutrale, vom Recht nur nicht gemißbilligte Handlung[8]). Und vor allem: wer dem Einwirkenden kein Notrecht zubilligt, muß folgerichtig dem Eigentümer gegen den Eingriff Notwehr zubilligen; denn nur rechtmäßigem Angriff gegenüber ist Notwehr ausgeschlossen[9]). Damit würde aber der vom Gesetz gewollte Rechtserfolg vereitelt, ja verkehrt werden. Auf weitere Folgen der Annahme eines subjektiven Rechts ist später hinzuweisen.

II. Inhalt des Notstandsrechts

1. Einwirkungen auf Sachen. Die Vorschrift des § 904 BGB gilt für alle Arten von Einwirkungen auf die Sache (Gebrauch, Beschädigung, Wegnahme und selbst Zerstörung[10]). Nur eine Einwirkung auf Sachen, nicht auch auf andere Rechtsgüter, steht in Frage. Deshalb ist ein Eingriff in den Hausfrieden unter keinen Umständen erlaubt[11]).

2. Gefahr. Die Regel gilt für alle Arten von Gefahren. Es ist gleichgültig, ob die Gefahr Leben oder Gesundheit, Ehre oder Freiheit, oder das Vermögen betrifft. Jedes rechtlich anerkannte Interesse kann in Betracht

---

6) So Landsberg a. a. O. 285 Nr. 2.

7) Titze a. a. O. 99.

8) Nach Landsberg wird durch die Entziehung der Ausschließungsbefugnis des Eigentümers niemand berechtigt, vielmehr wird das Eingriffsobjekt zu einer neutralen Sache gleich der, die im Gemeingebrauch steht. Diese Parallele versagt aber; denn der Noteingriff hemmt ja das Ausschließungsrecht nicht zugunsten unbestimmt Vieler, sondern allein dem einen Einwirkenden gegenüber. Neutral ist aber eine Sache füglich dann nicht, wenn nur einer bestimmten Person die Einwirkung auf das Eigentum gestattet wird.

9) Titze a. a. O.; Fabian 28; auch Landsberg, von seinem Standpunkt aus inkonsequent.

10) Vgl. Weilinghaus R. 11 S. 66: In Anwendung des § 904 ist es auch gestattet, in Notfällen gesetzliche Verkaufsverbote zu brechen, um durch Veräußerung von Sachen Nothilfe i. S. dieser Norm zu gewähren.

11) Vgl. Maenner 160; Biermann zu § 904. Wenn man daher auch nicht mit Dernburg, Sachenrecht 269, annehmen kann, daß das Verbietungsrecht des Eigentümers nur dann ausgeschlossen ist, wenn sittliche Pflicht die Hilfe in der Not gebietet, so braucht man deswegen doch nicht gut zu heißen, daß hungernde und frierende Vagabunden, welche obdachlos zur Winterszeit herumstreifen, ungestraft, ja von Rechts wegen, in das Gehöfte des Gutsbesitzers eindringen, dort nächtigen und sich auf Kosten des Gutsbesitzers nähren können.

kommen. Es ist ohne Bedeutung, ob die Gefahr von dem Eingreifenden verschuldet ist[12]). Nur darf sie nicht vom Recht selbst herbeigeführt sein; der Sträfling, der ausbricht, kann sich auf § 904 nicht berufen[13]). Bedeutungslos ist es, ob durch die Gefahr die Interessen desjenigen, der die Einwirkung vornimmt, oder die Interessen eines Dritten bedroht werden (Nothilfe[14]).

Immer aber muß eine Gefahr, d. i. die Gefährdung eines Rechtsgutes vorliegen. Es wird also ein außergewöhnliches Ereignis vorausgesetzt, durch das die bestehenden Verhältnisse, mit denen man rechnen muß, derart verändert werden, daß eine sofortige Abhilfe notwendig wird[15]).

Dem Hauseigentümer steht daher kein Recht zu, zwecks Vornahme einer Reparatur an seiner Hausmauer auf dem Nachbargrundstücke ein Gerüst aufzuschlagen. Ein sogen. Hammerschlags- oder Leiterrecht (vgl. unten § 28 I) ist dem Hauseigentümer auch sonst nirgends eingeräumt[16]). Wenn dagegen ein Balkon herabzustürzen droht, kann die Anwendung des § 904 BGB gegeben sein. Nicht minder muß sich der Nachbar gefallen lassen, daß sein Haus zum Verspriеßen des Nachbargebäudes, an welchem eine Hauptreparatur vorgenommen wird, benutzt wird, sofern dies zur Verhütung des Einsturzes notwendig ist. Der Eigentümer eines Grundstücks ist regelmäßig nicht verpflichtet, das Betreten seines Grundstücks dem Nachbarn, der sein Grundstück vertieft, zwecks Vornahme der Befestigungsarbeiten zu gestatten. Auch auf § 226 kann dieser sich nicht berufen[17]). Der Luftschiffer, der Ballast abwirft und dadurch Schaden anrichtet, handelt rechtswidrig, wenn das Abwerfen von Ballast nicht zur Abwendung von Gefahr geboten war[18]). Er haftet übrigens stets nach dem Luftverkehrgesetz (Vgl. oben § 1 II 7).

---

[12]) JW 25, 1535 (Königsberg); Palandt, Anm. 2b zu § 904; Maenner 160; Dernburg, Sachenrecht 268; Planck, Staudinger zu § 904. A. M. Liszt, Deliktsobligationen 89, 93, 94; Endemann I § 88. [13]) Biermann Bem. 1 zu § 904 S. 100.

[14]) Endemann I § 88; Staudinger Bem. 3a zu § 904; Biermann zu § 904; Raitz v. Frentz, Nothilfe 1f.

[15]) RG 57, 191; Maenner 159 Anm. 11; OLG 12, 121; SeuffA 62 Nr. 13.

[16]) OLG 12, 121f. Die Fundamente der Giebelwand des dem Kläger gehörigen Hauses sind unmittelbar an das lehmige, dazu noch erheblich höhere Grundstück des Beklagten gesetzt. Infolgedessen bestand die Gefahr, daß in die Giebelwand Feuchtigkeit und Pilze eindringen und sich im Innenraum des Hauses verbreiten. Der Anspruch des Klägers, die zum Verputzen seiner Giebelwand erforderlichen Arbeiten auf dem Grundstück des Beklagten vorzunehmen, um sein Haus vor Zerstörung zu bewahren, findet in § 904 keine Rechtfertigung; es handelt sich nicht um eine außergewöhnliche, unerwartet, plötzlich hervortretende Gefahr, nicht um eine „gegenwärtige Gefahr" im Sinne des § 904. Auch mit § 226 ist nicht zu helfen. Der Anspruch des Klägers wurde deshalb abgewiesen (OLG 12, 122). Es hätte aber noch geprüft werden sollen, ob nicht mit § 826 zu helfen war. Diese Frage ist bei dem gegebenen Tatbestand zu bejahen. Es widerspricht dem Anstandsgefühl aller billig und gerecht Denkenden, daß das Haus bloß deshalb zugrunde gehen soll, weil der Nachbar auf sein Scheinrecht pocht und die Ausführung der für die Erhaltung des Hauses unerläßlichen, anders überhaupt nicht auszuführenden Arbeiten verbietet, obwohl ihm hierdurch keine erheblichen Ungelegenheiten bereitet werden. Für den Ersatz etwa möglicher Schäden müßte der Kläger Sicherheit leisten. — Vgl. auch unten § 38a II 2d u. III (Betreten von Trümmergrundstücken.) [17]) R. 04 Nr. 1164 (Köln).

[18]) Vgl. Kipp, JW 08, 643; vgl hierzu sowie über das Recht der Notlandung OLG 29, 334 und oben § 1 II 7b.

Die Gefahr muß eine gegenwärtige, d. h. unmittelbar bevorstehende sein[19]). Wenn der Schaden bereits eingetreten ist, dann ist diese Voraussetzung ebensowenig gegeben, wie bei einer zukünftigen Gefahr[20]).

Wer nachts auf dem Heimwege eine Latte von einem fremden Zaun herunterbricht, um für einen etwaigen Angriff gewappnet zu sein, handelt widerrechtlich; anders, wenn er die Latte erst dann wegnimmt, sobald er bemerkt, daß er verfolgt wird.

3. Schaden. Erfordernis ist aber, daß der drohende Schaden gegenüber dem durch die Einwirkung dem Eigentümer entstehenden Schaden unverhältnismäßig groß ist. Soll ein Vermögensschaden durch Zufügung eines Vermögensschadens abgewendet werden, so entscheidet das Verhältnis der in Betracht kommenden Vermögensverluste[21]). Handelt es sich um den Schutz immaterieller Interessen, so wird nach billigem Ermessen abzuwägen sein[22]). Der Schutz der körperlichen Integrität wird zumeist einen mit der Einwirkung verbundenen Vermögensschaden des Eigentümers überwiegen[23]).

4. Notwendigkeit. Die Einwirkung muß zur Abwendung der Gefahr notwendig sein, d. h. das Recht zum Eingriff ist ausgeschlossen, wenn zur Abwendung der Gefahr andere genügende Hilfsmittel zu Gebote standen[24]) oder der Eingriff ein zur Abwendung der Gefahr objektiv untaugliches Mittel[25]) war.

Die Notwendigkeit ist zwar im objektiven Sinne zu verstehen, doch darf nicht eine absolute Notwendigkeit erfordert werden. Es ist vielmehr zu prüfen, ob ein verständiger Mensch unter den gegebenen Umständen ein anderes Mittel zur Beseitigung der Gefahr finden konnte. Wenn das nicht der Fall war, ist der Begriff der Notwendigkeit, dem immer ein relatives Gepräge anhaftet, erschöpft.

Wenn ein Teil meines Hauses abzustürzen droht, so bin ich nicht berechtigt, ein Gerüst auf dem Gartengrundstück meines Nachbars zur Befestigung dieses Gebäudeteils aufzurichten, wenn sich diese Arbeit auch von dem Dache meines Hauses bewerkstelligen läßt. Wenn dagegen meiner Mauer der Einsturz droht, kann ich auf dem Grundstück meines Nachbars vorübergehend Stützbalken anbringen, auch wenn hierdurch dessen Gartenanlagen beschädigt werden.

Darauf, ob die Gefahr durch die Einwirkung tatsächlich abgewendet wird, kommt es nicht an, es genügt, wenn die Einwirkung nach den Umständen als geeignet betrachtet

---

[19]) Es genügt, daß die Gefahr droht, also schon unmittelbar bevorsteht, ohne sich gegenwärtig schon zu zeigen (vgl. RG 12, 137).

[20]) Vgl. die Rechtsprechung zum § 53 StGB (gegenwärtiger Angriff als Voraussetzung der Notwehr). Wenn die Gefahr, hier der Einsturz des Hauses, in der Zukunft liegt, kommt § 904 nicht zur Anwendung, R. 04 Nr. 1164 (Köln).

[21]) Vgl. JW 08, 611. [22]) Maenner 160.

[23]) Vgl. aber Planck Bem. 2c zu § 904; Enneccerus I, 600; Titze a. a. O. 106.

[24]) Staudinger Bem. 2b zu § 904; Planck Bem. 2b β zu § 904.

[25]) Endemann I § 88.

werden konnte, der Gefahr wirksam zu begegnen[26]). Es ist keine Voraussetzung des Notrechts, daß der Schaden mit Sicherheit eingetreten wäre, wenn die Nothandlung nicht erfolgt wäre[27]).

5. Wirkung des Verbietungsrechts. Die Entziehung des Verbietungsrechts, welche zunächst für den Eigentümer ausgesprochen wird, aber auch für alle anderen Rechte an Sachen und für den Besitz Geltung hat[28]), bewirkt, daß dem Eigentümer das Recht der Selbstverteidigung gegen den Eingriff genommen ist. Wehrt er sich, so hat der Urheber der Einwirkung das Recht der Selbsthilfe[29]); das ist die wichtigste und wesentlichste Funktion des Notrechts[30]). Ein Urteil auf Duldung der Einwirkung kann nicht verlangt werden[31]).

Die Anwendung des § 904 hängt nicht davon ab, daß dem Eigentümer die Voraussetzungen des Rechts zum Eingriffe nachgewiesen werden[32]).

Ein der Einwirkung von dem Eigentümer entgegengesetzter Widerstand ist eine unerlaubte Handlung, die zum Schadenersatz verpflichtet[33]), sofern dem Eigentümer Vorsatz oder Fahrlässigkeit zur Last fällt, er also das Recht des andern zur Einwirkung kannte oder erkennen mußte[34]).

6. Schadenersatzpflicht. Dagegen kann der Beschädigte (Eigentümer oder Besitzer: RG 156, 190) Ersatz des ihm durch die Einwirkung entstehenden Schadens verlangen. Als ersatzpflichtig kann grundsätzlich nur derjenige in Anspruch genommen werden, der den Eingriff vorgenommen hat[35]), selbst wenn er dabei im Interesse eines anderen oder im

---

26) Vgl. Planck Bem. 2 b β zu § 904.

27) Fischer, Rechtswidrigkeit 235 ff.

28) KommProt. 8522 (Mugdan I, 804).

29) OLG 12, 122; Endemann 1 § 88; RGK Bem. 3 zu § 904; Maenner 160; Biermann zu § 904; Kuhlenbeck Bem. 2 zu § 904. A. M. Landsberg 286, von seinem das Notrecht verneinenden Standpunkt aus; Cosack I, 273; II, 149. Nach Cosack darf das Recht zur Einwirkung auf die Sache nicht mittels Eigenmacht gegen den Besitzer der Sache ausgeübt werden. Wenn der Eigentümer den Eingriff verbiete, so handele er zwar rechtswidrig und werde schadenersatzpflichtig, aber der Gefährdete dürfe das Verbot nicht einfach unbeachtet lassen und den Eingriff eigenmächtig vornehmen.

30) Vgl. Oetker a. a. O. 292 f.; Fabian 29 ff. zieht zur Begründung des Selbsthilferechts den § 229 BGB heran, da allein aus § 904 noch keine Selbsthilfe erlaubt sei.

31) RG 72, 251.

32) Maenner 159.

33) Biermann Bem. 2 zu § 904; Meumann, Prolegomena § 27; Landsberg a. a. O., von seinem Standpunkt zu Unrecht; denn nur Rechtsverletzung macht ersatzpflichtig.

34) Planck Bem. 3 a β zu § 904.

35) Palandt, 3 b zu § 904; Cosack II, 151; Dernburg § 79; Kuhlenbeck Bem. 6 zu § 904; Staudinger Bem. 3 a zu § 904; Merkel, Kollision rechtmäßiger Interessen 184; Rümelin, Gründe der Schadenzurechnung 96; Kretzschmar, Sachenrecht Bem. 4 zu § 904; jetzt auch Maenner 160; RGK Bem. 8 zu § 904; Planck Bem. 3 b β zu § 904;

öffentlichen Interesse gehandelt hat; seine Haftung könnte nur entfallen, wenn er zu der Handlung von einem Dritten oder einer Behörde ausdrücklich beauftragt war[35a]) oder für ihn nach § 330c StGB eine Rechtspflicht zum Eingreifen bestanden hat[35b]).

Zwar beruht die Ersatzpflicht nicht auf einer deliktartigen Handlung, denn sie tritt ein ohne Rücksicht darauf, ob der Notstand und die dadurch bewirkte Einwirkung auf einem Verschulden beruht oder nicht[36]). Allein an und für sich hätte der Eigentümer das Recht, die Einwirkung auf seine Sache zu verbieten. Dieses Verbietungsrecht könnte selbstverständlich nur gegen den ausgeübt werden, der die Einwirkung vornehmen will. § 904 BGB entzieht dem Eigentümer das Verbietungsrecht und gibt ihm als Ersatz den Schadenersatzanspruch. Es ist in der Natur der Sache begründet, daß dieser Ersatzanspruch seine Richtung gegen eben denjenigen nehmen muß, gegen welchen die entzogene Rechtsbefugnis begründet wäre. Es ist nicht zu verkennen, daß diese Auffassung zu unpraktischen Ergebnissen führen mag, indem bei der Nothilfe häufig die Beteiligung des einzelnen und die Person des zu belangenden Helfers gar nicht mehr festzustellen ist, und ebenso häufig diese Leute nicht in der Lage sein werden, aus ihren Mitteln den Ersatz zu leisten. Auch mag eine derartige Haftung des Helfers in der Not nicht geeignet sein, zur Hilfeleistung in der Stunde der Gefahr anzuspornen. Allein andererseits würde es doch zu weit gehen, den Dritten lediglich deshalb, weil in seinem Interesse die Einwirkung erfolgte, direkhaftbar zu machen. Es fehlt an jedem Rechtsgrund für eine solche juristische Konstruktion. Die Enteignungsvorschriften[37]), die dem öffentlichen Recht angehören, können auf § 904 nicht einmal analoge Anwendung finden[38]).

Die Erwägung[39]), daß Rettung gegen Schadenersatz eine rechtliche Einheit bilde und man beides nicht trennen, noch unter verschiedene Voraussetzungen stellen dürfe, und daß das gerettete Gut ipso iure mit der Schadenersatzpflicht belastet werde, gibt keine Lösung; denn auf Grund welcher Gesetzesvorschrift soll diese Folge ipso iure eintreten? Wer sollte

LG Straßburg in PucheltsZ 36, 157ff. A. M. Endemann I § 88 Anm. 14; Biermann Anm. 3 zu § 904; Meumann, Prolegomena § 27; Fabian 38ff. Nach deren Ansicht würde den Schaden stets derjenige zu ersetzen haben, zu dessen Rettung die Sache beschädigt wurde. Vgl. aber auch unten N. 41.

[35a]) BGH LM 2 zu § 904 BGB.

[35b]) Westermann § 28 III 1.

[36]) Daher ist auch der Unzurechnungsfähige ersatzpflichtig. Ebenso Palandt, Anm. 3b zu § 904; Meumann, Prolegomena § 28.

[37]) Biermann Bem. 3 zu § 904.

[38]) Planck Bem. 3 b β zu § 904.

[39]) Endemann I § 88 Anm. 14.

übrigens für den Schaden aufkommen, wenn die Einwirkung zur Abwendung einer gemeinsamen Gefahr erfolgt? Es entsteht z. B. in einem Theater ein Gedränge; ein Vorübergehender zertrümmert die verschlossene Notausgangstür, um Luft zu schaffen. Ein billiger Ausgleich wird dadurch herbeigeführt, daß der Handelnde gegen den Dritten, zu dessen Gunsten er gehandelt hat, einen Ersatzanspruch wegen Geschäftsführung ohne Auftrag hat[40]).

Hat der Eingreifende auf Weisung eines Dritten gehandelt, zu dem er im Verhältnis eines Besitzdieners steht, so haftet der Dritte unmittelbar[41]).

Ersatzberechtigt ist der Geschädigte, mag es der Eigentümer oder ein Berechtigter sein[42]). Der Anspruch entfällt jedoch, wenn der Geschädigte die Notstandsmaßnahme schuldhaft selbst herbeigeführt oder eine für die Entstehung des Schadens wesentliche Handlung vorgenommen hat[42a]). Der Ersatzanspruch verjährt in drei Jahren (§ 852 BGB)[43]). Etwaige Ansprüche aus § 823ff. BGB bleiben unberührt (RG 88, 215).

Wenn die zerstörte Sache auch ohne die Einwirkung mit Sicherheit verloren gewesen wäre, so besteht zwischen der Notstandshandlung und dem eingetretenen Schaden nur dann kein ursächlicher Zusammenhang, wenn der Umstand, der bei Unterbleiben der Notstandshandlung den Schaden ebenfalls ganz oder teilweise herbeigeführt haben würde (Reserveursache), im Zeitpunkt des Eintritts des wirklichen Schadensereignisses, d. h. der Notstandshandlung, bereits vorgelegen hat[44]); ist dagegen das 2. ursächliche Ereignis erst nach Eintritt des Schadens ein-

[40]) Vgl. Staudinger Bem. 3a zu § 904; Endemann 1 § 88 erachtet dies zu Unrecht für sehr zweifelhaft; § 677 BGB u. insbes. § 680 BGB stellen diesen Ersatzanspruch außer allen Zweifel. Vgl. Raitz v. Frentz, Nothilfe 12ff.; BayVGH in VerwRechtspr. 1, 273.

[41]) RG 113, 303; Neumann Bem. 4b zu § 904. Vgl. auch oben N. 35a und 35b.

[42]) RG 156, 190; Maenner 160.

[42a]) BGHZ 6, 110.

[43]) Allerdings ist § 852 nicht unmittelbar anwendbar; denn da der Eingriff nicht rechtswidrig ist, liegt keine unerlaubte Handlung vor. Weil aber, wenn der Eingriff unberechtigt wäre, die Schadenersatzpflicht in drei Jahren verjähren würde, muß diese kurze Verjährungsfrist auch bei berechtigtem Eingriff gelten; denn die Haftung aus einer berechtigten Einwirkung kann nicht weiter reichen als die aus einer unberechtigten. Ebenso Palandt, Anm. 3b zu § 904; A. M. Meumann, Prolegomena § 28; RGK Bem. 8 zu § 904; Neumann Bem. 4c zu § 904.

[44]) Vgl. RG 144, 84; 147, 135; 156, 187; OLG Celle (NJW 49, 585); OLG Stuttgart (NJW 49, 585); BGH (JR 52, 71; NJW 56, 1027); Palandt Anm. 1 u. 5dff. zu § 249; Enneccerus-Lehmann 13. Aufl., § 15 Anm. 3; Lange ArchCivP 152, 153ff.; Neuner ArchCivP 133, 277ff.; Schmidt ArchCivP 152, 112ff.; Oetker in Bernhöfts Beitr., Heft 4, 48. — Zur Frage der Beweisführung bei überholender Kausalität siehe Neumann-Duesberg in NJW 52, 132. — Moors (NJW 54, 332) will auf die Fälle der hypothetischen Verursachung die Regeln über die Vorteilsausgleichung entsprechend anwenden.

getreten, so bleibt die Notstandshandlung ursächlich für den eingetretenen Schaden. Ebenso entfällt die Ersatzpflicht, wenn der Schaden nicht durch die Notstandshandlung, sondern nur anläßlich desselben durch eine zufällige Einwirkung auf das Eigentum entstanden ist, die der Eigentümer ohnehin nicht verbieten konnte; z. B. der bei einer Schaufensterreparatur ausgleitende Handwerker läßt, um sich festhalten zu können, seinen Hammer aus der Hand fallen; dieser zertrümmert die Schaufensterscheibe[45]).

§ 15. Verpflichtung zur Duldung von Telegrafen- und Telefonanlagen

Während bis zum 1. 1. 1900 die Benutzung fremder Grundstücke, auch öffentlicher Straßen, für die Telegrafenlinien an sich unzulässig war[1]) und, abgesehen von dem Rechte der Zwangsenteignung das Verbietungsrecht des Eigentümers nur durch den Mangel eines jeden Interesses an der Ausschließung beseitigt werden konnte[2]), ist durch das Telegrafenwege-

[45]) RG 113, 302; SeuffBl. 75, 83; OLG 20, 404. Vgl. aber andererseits OLG Köln im RheinArch. 102B, 232ff., eine bedenkliche Entscheidung.

[1]) Germershausen, Wegerecht I, 196ff., dort auch die provinzialrechtlichen Ausnahmen.

[2]) Vgl. die interessante Entsch. des RG 42, 205. Hier wurde ein indirektes Interesse an der Ausschließung angenommen für eine Stadtgemeinde, welche auf ihren Straßen die elektrische Straßenbahn betreiben will. Durch § 12 des RG über das Telegrafenwesen vom 7. 3. 1908 (RGBl. 79), der nach Änderung und Neufassung des Gesetzes als § 23 in das Ges. über Fernmeldeanlagen vom 14. 1. 1928 (RGBl. I 8ff.) übergegangen ist, ist nämlich dem Unternehmer einer Starkstromleitung die Verpflichtung auferlegt, beim Vorhandensein älterer Schwachstromleitungen der Gefahr einer Störung im Betriebe der letzteren dadurch vorzubeugen, daß er an seiner späteren elektrischen Anlage auf seine Kosten entsprechende Vorkehrungen treffen oder dulden muß. Dasselbe gilt, wenn durch eine später eintretende Änderung der bereits früher bestehenden elektrischen Anlage die Gefaht einer Störung der anderen Leitung veranlaßt wird. Auf diese Weise ist durch den Bestand der Fernsprech- und Telegrafenleitungen eine Beeinträchtigung der Freiheit des Privateigentums dargetan, an deren Ausschließung der Eigentümer ein Interesse hat. Vgl. RG 50, 83 über die Frage, inwieweit nach § 12 des Gesetzes über das Telegrafenwesen (-jetzt § 23 des Ges. über Fernmeldeanlagen) der Unternehmer der späteren elektrischen Anlage verpflichtet ist, die Kosten verbesserter Sicherungsmaßregeln dem Unternehmer der älteren elektrischen Anlage zu ersetzen. Die Vorschrift hat Anwendung zu finden, wenn da, wo eine störende Beeinflussung der einen Leitung durch die andere eingetreten oder zu befürchten ist, keine der beiden Leitungen oder nur eine derselben auf einem öffentlichen Verkehrswege sich befindet, ferner in allen Fällen, in welchen die staatliche Leitung nicht zu öffentlichen Zwecken dient. In den übrigen Fällen gelten die Bestimmungen der §§ 5 und 6 des Telegrafen-Wege-Gesetzes. Über die Kollision elektrischer Leitungen vgl. Ministerialerlaß vom 4. 2. 1904 (MBl. 67), 13. 2. 1901 (MBl. 76), 3. 4. 1904 (MBl. 120); Aron in den Annalen des Deutschen Reichs 04, 311ff.; Meisner JW 27, 82. Aus § 23 des FernmeldeAnlG, erwachsende Streitigkeiten sind von den Zivilgerichten zu entscheiden (§ 24 Ges.).

gesetz vom 18. 12. 1899[3]), welches zufolge seines § 19 am 1. 1. 1900 in Kraft getreten ist[4]), der Telegrafenverwaltung[5]) die Benutzung fremder Grundstücke für ihre Telegrafenlinien, unter welchen nach § 1 Abs. 2 des Gesetzes die Fernsprechlinien mitbegriffen sind, unter gewissen Voraussetzungen gestattet.

A. Recht der Benutzung von Verkehrswegen

Vor allem ist der Telegrafenverwaltung ein Recht der Benutzung eingeräumt an Verkehrswegen, als welche mit Einschluß des Luftraumes und des Erdkörpers die öffentlichen Wege, Plätze, Brücken und öffentliche Gewässer nebst deren dem Gemeingebrauche dienenden Ufer gelten (§§ 1—14 TelWegGes.). Soweit ein Verkehrsweg eingezogen wird, worüber die nach dem Landesrecht zuständigen Behörden zu entscheiden haben, erlischt die Befugnis der Telegrafenverwaltung zu seiner Benutzung (§ 3 Abs. 3 TelWegGes.).

I. Inhalt des Benutzungsrechtes an Verkehrswegen

Die Telegrafenverwaltung darf für ihre zu öffentlichen Zwecken dienenden Telegrafen- und Fernsprechlinien die Verkehrswege benutzen (§ 1 TelWegGes.).

Der Begriff der zu öffentlichen Zwecken dienenden Telegrafenlinien ist derselbe wie in § 317 StGB[6]). Damit sind nicht bloß die der Benutzung des Publikums offen stehenden Telegrafenanlagen gemeint, sondern alle jene, welche dem Interesse der Allgemeinheit dienen, also auch diejenigen, welche zur Benutzung in öffentlichen Angelegenheiten dienen, ohne dem Publikum geöffnet zu sein[7]), z. B. Feuerwehrtelegrafen. Auch die Haupt- und Nebenanschlüsse an die Fernsprechnetze oder Umschaltestellen ge-

---

[3]) RGBl. 99, 705. Die §§ 5 und 6 TelWegGes. wurden durch VO vom 13. 2. 1924 (RGBl. 118) geändert. Mit Wirkung vom 25. 10. 1924 ist jedoch die VO vom 13. 2. 1924 aufgehoben worden (VO vom 18. 10. 1924, RGBl. 715). Seitdem gilt das Telegrafenwegegesetz wieder in der Fassung vom 18. 12. 1899.

[4]) Die bereits vor dem 1. 1. 1900 für oder gegen die Telegrafenverwaltung, sei es auf Grund besonderer Verträge, sei es auf Grund des § 12 des Telegrafengesetzes vom 6. 4. 1892 (-jetzt § 23 des Ges. über Fernmeldeanlagen) erwachsenen Ansprüche sind nach bisherigem Recht zu beurteilen. Amtlich erläuterte Ausgabe des TelWegGes. Anm. I zu § 19. Im übrigen findet auf die vorhandenen zu öffentlichen Zwecken dienenden Linien der Telegrafenverwaltung das neue Gesetz Anwendung, soweit nicht entgegenstehende besondere Vereinbarungen (z. B. Vereinbarung einer Vergütung für die Benutzung des Verkehrsweges, Ermäßigung der Fernsprechgebühren) getroffen sind. Vgl. hierüber Amtl. erl. Ausg. TelWegGes. Anm. III zu § 19.

[5]) Das ist die Bundestelegrafenverwaltung (§ 16 TelWegGes.).

[6]) Kom.-Ber. z. TelWegGes. 5.

[7]) Vgl. Olshausen, StGB Anm. 3 zu § 317; Oppenhoff, StGB Anm. 2 zu § 317.

hören dazu[8]). Zu den Telegrafenlinien gehören auch die Funkanlagen. Das gesetzliche Recht zur Benutzung der Verkehrswege steht aber nur den Funkanlagen der Bundespost (z. B. deren Wirtschaftsrundspruchanlagen) zu[9]); private Funkanlagen (Unterhaltungsrundfunk) haben kein gesetzliches Recht zur Benutzung der Verkehrswege.

Der Begriff der öffentlichen Wege und öffentlichen Flüsse bestimmt sich nach dem Landesrecht.

1. Beschränkung des Gemeingebrauchs unzulässig. Die Benutzung der Verkehrswege für die Telegrafenanlagen ist jedoch unzulässig, soweit dadurch der Gemeingebrauch der Verkehrswege, d. i. der jedermann ohne besondere Genehmigung[10]) zustehende Gebrauch, dauernd beschränkt würde (§ 1 TelWegGes.).

Ergibt sich nach der Errichtung einer Telegrafenlinie, daß sie den Gemeingebrauch eines Verkehrsweges[11]), und zwar nicht nur vorübergehend, beschränkt oder die Vornahme der zu seiner Unterhaltung erforderlichen Arbeiten verhindert oder der Ausführung einer von dem Unterhaltspflichtigen beabsichtigten Änderung des Verkehrsweges entgegensteht, so ist die Telegrafenlinie, soweit erforderlich, abzuändern oder gänzlich zu beseitigen (§ 3 Abs. 1 TelWegGes.)[12]). Die gebotene Änderung oder Beseitigung hat die Telegrafenverwaltung auf ihre Kosten zu bewirken (§ 3 Abs. 2 TelWegGes.). Wegen einer nur vorübergehenden Erschwerung der Unterhaltung eines Verkehrsweges ist Ersatz zu leisten (§ 2 TelWegGes.). Der Ersatzanspruch verjährt in zwei Jahren von dem Schlusse des Jahres an, in welchem er entstanden ist (§ 13 TelWegGes.). Er wird von der Verwaltungsbehörde[13]) vorläufig festgesetzt; gegen deren Entscheidung steht binnen eines Monats nach der Zustellung die gerichtliche Klage zu (§ 13 TelWegGes.).

Entsteht Streit darüber, ob wegen nicht nur vorübergehender Behinderung des Gemeingebrauchs der Verkehrswege z. B. infolge einer

---

[8]) RGSt. 29, 244.

[9]) Neugebauer, Funkrecht S. 72. Entsch. des preuß. Handelsministers vom 8. 11. 1923 (ArchPostTel. 1924, 39). Auch die bei den Wirtschaftsrundspruchstellen angebrachten Antennendrähte und Antennenstützpunkte nebst ihren Abspannvorrichtungen gehören zu den Telegrafenlinien im Sinne des TelWegGes. (vgl. ArchPostTel. 1923, 140).

[10]) Daher fällt die Benutzung des Weges zu besonderen Anlagen (Straßenbahnen, Beleuchtungsanlagen usw.) nicht unter den Gemeingebrauch (Amtl. erl. Ausg. des TelWegGes. Bem. II zu § 1). Über Rechtsverhältnisse des Gemeingebrauches s. Kuhlenbeck, Von den Pandekten zum Bürgerlichen Gesetzbuch 2, 391 ff.

[11]) Das Verhältnis zu den auf dem Verkehrsweg eingerichteten „besonderen Anlagen" ist in § 5 und § 6 TelWegGes. geregelt (RG 80, 288).

[12]) Vgl. hierzu RG 102, 185.

[13]) Über die Zuständigkeit vgl. MBl. f. innere Vw. 1900, 46.

erheblichen Steigerung des Wagenverkehrs auf einer Straße, eine Änderung an der Telegrafenlinie notwendig ist, so ist dieser Streit mangels besonderer Zuständigkeitsbestimmungen im ordentlichen Rechtswege auszutragen[14]).

2. Schonen von Baumanlagen. Die Baumpflanzungen auf und an den Verkehrswegen sind nach Möglichkeit zu schonen, auf das Wachstum der Bäume ist tunlichst Rücksicht zu nehmen. Ausästungen können nur insoweit verlangt werden, als sie zur Herstellung der Telegrafenlinien oder zur Verhütung von Betriebsstörungen erforderlich sind; sie sind auf das unbedingt notwendige Maß zu beschränken (§ 4 Abs. 1 TelWegGes.). Nach den Ausführungsbestimmungen des Reichskanzlers vom 26. 1. 1900[15]) sind die Ausästungen in dem Maße zu bewirken, daß die Baumpflanzungen mindestens 60 cm nach allen Richtungen von den Leitungen entfernt sind. Ausästungen über die Entfernung von 1 m im Umkreis der Leitungen können nicht verlangt werden.

Die Telegrafenverwaltung hat dem Besitzer der Baumpflanzungen eine mit Rücksicht auf den Umfang der Arbeiten angemessene[16]) Frist zu setzen, innerhalb welcher er die Ausästung selbst vornehmen kann. Sind die Ausästungen innerhalb der Frist nicht oder nicht genügend vorgenommen, so bewirkt die Telegrafenverwaltung die Ausästungen. Dazu ist sie auch berechtigt, wenn es sich um dringliche Verhütung oder Beseitigung einer Störung handelt (§ 4 Abs. 2 TelWegGes.). Einer speziellen Aufforderung zur Ausästung bedarf es nur, wenn es sich um neue Telegrafenanlagen handelt. Bezüglich der regelmäßigen Ausästungen sind die Baumbesitzer nur zu befragen, ob sie diese selbst bewirken oder deren Vornahme der Telegrafenverwaltung überlassen wollen[17]).

Die Telegrafenverwaltung ersetzt den an den Baumpflanzungen verursachten Schaden und die Kosten der auf ihr Verlangen vorgenommenen Ausästungen (§ 4 Abs. 3 TelWegGes.). Diese Kosten sind nicht nur bei Neuanlagen, sondern auch bei den regelmäßigen Ausästungen an vorhandenen Linien von der Telegrafenverwaltung zu tragen[18]). Der Ersatzanspruch verjährt in zwei Jahren, von dem Schlusse des Jahres an, in welchem er entstanden ist (§ 13 TelWegGes.). Er wird von der Verwaltungsbehörde[19]) vorläufig festgesetzt; gegen deren Entscheidung steht binnen eines Monats nach der Zustellung die gerichtliche Klage zu (§ 13 TelWegGes.)[20]).

---

14) Vgl. Germershausen, Wegerecht I 204/5.
15) RGBl. 1900, 7. Vgl. Ministerialreskript PreußVerwBl. 24, 229 und 246.
16) Vgl. hierzu unten § 21 I. 17) Amtl. erl. Ausg. des TelWegGes. Anm. II zu § 4.
18) S. dagegen Amtl. erl. Ausg. des TelWegGes. a. a. O.
19) S. oben N. 13. 20) Vorher ist der Rechtsweg unzulässig JW 01, 86 (RG).

3. Einwirkung auf andere Anlagen. Die Rechtsverhältnisse rücksichtlich der besonderen Anlagen auf Verkehrswegen, d. i. aller jener Anlagen, welche auf den Verkehrswegen nur mit besonderer Bewilligung errichtet werden dürfen (der Wegeunterhaltung dienende Einrichtungen, Kanalisations-, Wasser-, Gasleitungen, Schienenbahnen, elektrische Anlagen, Leitungen und dergleichen), sind in den §§ 5 und 6 TelWegGes. behandelt[21]).

Die Vorschriften der §§ 5 und 6 TelWegGes. beziehen sich nur auf solche Fälle, in denen eine zu öffentlichen Zwecken dienende staatliche Telegrafenlinie und eine der in § 5 Abs. 1 bezeichneten besonderen Anlagen auf einem Verkehrswege zusammentreffen. In allen sonstigen Fällen des Zusammentreffens staatlicher öffentlicher Telegrafenlinien mit besonderen Anlagen — sei es, daß da, wo eine staatliche Telegrafen-(Telefon-)Anlage mit einer besonderen Anlage zusammentrifft, jede der beiden Anlagen oder auch nur eine derselben sich auf einem anderen Grundstücke als einem Verkehrswege befindet, oder daß das Zusammentreffen zwar auf einem Verkehrswege stattfindet, die staatliche Telegrafenanlage aber nicht öffentlichen Zwecken, sondern nur den Zwecken einer einzelnen oder einiger weniger Personen dient — sind die gegenseitigen Rechte und Pflichten der Telegrafenverwaltung und des Unternehmers der besonderen Anlage nach § 12 des Gesetzes über das Telegrafenwesen[22]) vom 6. 4. 1892 bzw. 7. 3. 1908 zu beurteilen.

a) Die Telegrafenlinien sind so auszuführen, daß sie vorhandene[23]) besondere Anlagen nicht störend beeinflussen. Die aus der Herstellung erforderlicher Schutzvorkehrungen erwachsenden Kosten hat die Telegrafenverwaltung zu tragen (§ 5 Abs. 1 TelWegGes.).

Die Verlegung oder Veränderung vorhandener besonderer Anlagen kann nur gegen Entschädigung und nur dann verlangt werden, wenn die Benutzung des Verkehrsweges für die Telegrafenlinie sonst unterbleiben müßte und die besondere Anlage anderweit ihrem Zwecke entsprechend untergebracht werden kann (§ 5 Abs. 2 TelWegGes.). Über Verjährung und Geltendmachung dieses Anspruchs s. oben Ziff. 2a E.

Auch beim Vorhandensein dieser Voraussetzungen hat die Benutzung der Verkehrswege für die Telegrafenlinie zu unterbleiben, wenn der aus der Verlegung oder Veränderung der besonderen Anlage entstehende Schaden gegenüber den Kosten, welche der Telegrafenverwaltung aus der Benutzung eines anderen ihr zur Verfügung stehenden Verkehrsweges erwachsen, unverhältnismäßig groß ist (§ 5 Abs. 3 TelWegGes.).

---

21) Vgl. Aron in den AnnDR 04, 311 ff.
22) Vgl. oben N. 2.
23) Vgl. RG 80, 289; vgl. im Text b.

b) Diese Vorschriften finden auf solche in der Vorbereitung befindliche besondere Anlagen, deren Herstellung im öffentlichen Interesse liegt, entsprechende Anwendung. Eine Entschädigung auf Grund des § 5 Abs. 2 TelWegGes.[24]) wird nur bis zu dem Betrage der Aufwendungen gewährt, die durch die Vorbereitung entstanden sind. In der Vorbereitung begriffen sind Anlagen, sobald sie auf Grund eines im einzelnen ausgearbeiteten Planes die Genehmigung des Auftraggebers und, soweit erforderlich, die Genehmigung der zuständigen Behörden und des Eigentümers oder des sonstigen Nutzungsberechtigten des in Anspruch genommenen Weges erhalten haben (§ 5 Abs. 4 TelWegGes.).

c) Spätere[25]) besondere Anlagen[26]), ebenso Veränderungen[27]) solcher Anlagen sind nach Möglichkeit[28]) so auszuführen, daß sie die vorhandenen Telegrafenlinien nicht störend beeinflussen (§ 6 Abs. 1 TelWegGes.). Soweit zu diesem Zwecke Maßnahmen zum Schutze von Telegrafenanlagen an der späteren Anlage[29]) oder an den Telegrafenanlagen[30]) zu treffen sind, hat der Unternehmer der besonderen Anlage die hierdurch erwachsenden Kosten zu tragen. Es muß also die spätere besondere Anlage mit allen Schutzvorkehrungen, die an ihr getroffen werden können, ohne ihren wirtschaftlichen Zweck zu gefährden[31]), versehen werden. Hierher gehören z. B. die Anbringung von Schutznetzen und Schutzdrähten, die Aufsattelung von Holzleisten auf die Arbeitsleitung elektrischer Bahnen, die Anwendung isolierter Leitungsdrähte, die Herstellung kurzer Kabelleitungen, welche die Kosten nicht unverhältnismäßig steigern. Soweit hiermit nicht ausreichend geholfen werden kann, sind die dann nötigen Schutzmaßregeln an der vorhandenen Telegrafenanlage anzu-

---

[24]) S. oben unter a).

[25]) Vgl. RG 80, 289.

[26]) Vgl. RG 90, 121 (Starkstromanlage einer Überlandzentrale); RG 78, 223 (Elektrische Überlandleitung zur Versorgung von Landgemeinden); RG 63, 88 (Elektrische Anlage einer Stadtgemeinde zur Beleuchtung von Straßen und zur Lieferung von Strom für gewerbliche Zwecke).

[27]) § 6 Abs. 6 TelWegGes.

[28]) Damit ist zum Ausdruck gebracht, daß die spätere Anlage ausgeführt werden darf, wenn auch die Störung einer vorhandenen Telegrafenlinie nicht zu vermeiden ist, während im Falle des § 5 Abs. 1 die neue Telegrafenlinie nicht angebracht werden darf, wenn die Störung der vorhandenen Anlage nicht zu vermeiden ist. Aron in den AnnDR 04, 312.

[29]) § 6 Abs. 1 TelWegGes.

[30]) § 6 Abs. 5 TelWegGes.; vgl. oben § 15 am Anfang.

[31]) „Nach Möglichkeit" § 6 Abs. 1 TelWegGes. Der Verband Deutscher Elektrotechniker hat „Allgemeine Vorschriften für die Ausführung und den Betrieb neuer elektrischer Starkstromanlagen (ausschließlich der elektrischen Bahnen) bei Kreuzungen und Näherungen von Telegrafen- und Fernsprechleitungen" aufgestellt (Elektrotechn. Zeitschr. 1908, 876).

bringen, z. B. durch Einschaltung von Schmelzsicherungen, Herstellung metallischer Rückleitungen, Umwandlung oberirdischer Linien in unterirdische, wo dies ohne Gefährdung des Betriebes möglich ist[32]). Läßt sich auch durch Schutzvorrichtungen eine Sicherstellung des Betriebes der vorhandenen Telegrafenanlage nicht erreichen, so hat die beabsichtigte spätere besondere Anlage zu unterbleiben[33]).

d) Für jene späteren Anlagen, welche aus Gründen des öffentlichen Interesses, insbesondere aus volkswirtschaftlichen oder Verkehrsrücksichten, von den Wegunterhaltungspflichtigen oder unter überwiegender Beteiligung eines oder mehrerer derselben zur Ausführung gebracht werden[34]), hat das Gesetz (§ 6 Abs. 2 und 3) besondere Vorteile zugestanden[35]):

α) Würden die durch die Anpassung der späteren besonderen Anlage an die vorhandenen Telegrafenanlagen erforderlichen Maßregeln, durch welche ein störender Einfluß der neuen besonderen Anlage auf die vorhandenen Telegrafenlinien nach Tunlichkeit hintangehalten werden soll[36]) (§ 6 Abs. 1 TelWegGes.), zu einer wesentlichen Erschwerung der Herstellung der Anlage führen oder deren Herstellung unmöglich machen, so muß die Telegrafenanlage der besonderen Anlage Platz machen und beim Verlangen des Wegeunterhaltungspflichtigen auf Kosten der Telegrafenverwaltung verlegt oder entsprechend verändert werden[37]) (§ 6 Abs. 2 TelWegGes.).

Die Verlegung einer nicht lediglich dem Orts-, Vororts- oder Nachbarortsverkehr dienenden Telegrafenlinie kann nur dann verlangt werden, wenn die Telegrafenlinie ohne Aufwendung unverhältnismäßig hoher Kosten[38]) anderweitig ihrem Zwecke entsprechend untergebracht werden kann (§ 6 Abs. 2 letzter Satz TelWegGes.).

---

[32]) Amtl. erl. Ausg. des TelWegGes. Anm. II zu § 6 (S. 15).

[33]) Amtl. erl. Ausg. des TelWegGes. Anm. IIb zu § 6 (S. 16).

[34]) S. hierüber RG 63, 88; 65, 311; 78, 225; 80, 289; 90, 119; 97, 71; 101, 280.

[35]) Berührt die von einem Wege-Unterhaltungspflichtigen errichtete besondere Anlage zum Teil öffentliche Verkehrswege, zum Teil anderes Gelände, so sind die Vergünstigungen des § 6 Abs. 2 u. 3 des TelWegGes. einem derartigen Unternehmen nur insoweit zuzugestehen, als es die öffentlichen Verkehrswege benutzt. Wo es diese verläßt, fällt der gesetzgeberische Grund seiner Bevorzugung gegenüber den Telegrafenlinien weg. Von diesem Punkt an unterliegt die Anlage dem Reichsgesetz über das Telegrafenwesen vom 7. 3. 1908 (RGBl. 79), insbes. dessen § 12 (RG 101, 280); s. hierzu oben N. 1.

[36]) Und deren Kosten auch in diesem Falle dem Unternehmer der besonderen Anlage zur Last fallen; vgl. Amtl. erl. Ausg. des TelWegGes. Anm. II Abs. 1 zu § 6.

[37]) Vgl. Amtl. erl. Ausg. des TelWegGes. Anm. IIa zu § 6.

[38]) Für den Begriff der „unverhältnismäßig hohen" Kosten kommt nicht das Verhältnis der Kosten der neuen Anlage zu den Kosten der Verlegung der Telegrafenlinien

β) Wenn diese Voraussetzung nicht gegeben ist, mithin die Telegrafenanlage bestehen bleiben darf, so hat die Telegrafenverwaltung die zum Schutze der Telegrafenlinie erforderlichen Vorrichtungen[39]) auf ihre Kosten zu treffen (§ 6 Abs. 3 TelWegGes.). Ein Ersatzanspruch verjährt in zwei Jahren von dem Schlusse des Jahres an, in welchem er entstanden ist. Er wird von der Verwaltungsbehörde[40]) vorläufig festgesetzt; gegen deren Entscheidung steht binnen eines Monats von der Zustellung die gerichtliche Klage zu (§ 13 TelWegGes.).

II. Verfahren vor Benutzung der Verkehrswege

Vor der Benutzung eines Verkehrsweges zur Ausführung neuer Telegrafenlinien oder wesentlicher Änderungen vorhandener Telegrafenlinien hat die Telegrafenverwaltung einen Plan[41]) über die in Aussicht genommene Anlage aufzustellen. Dieser Plan soll den besonders Beteiligten mitgeteilt und außerdem bei den Post- und Telegrafenämtern, soweit die Telegrafenlinie deren Bezirke berührt, auf die Dauer von vier Wochen öffentlich ausgelegt werden (§ 7 TelWegGes.). Die Telegrafenverwaltung ist zur Ausführung des Planes befugt, wenn nicht gegen diesen binnen vier Wochen von der Zustellung bzw. der öffentlichen Auslegung des Planes bei der Behörde, welche den Plan ausgelegt hat, Einspruch schriftlich oder zu Protokoll[42]) erhoben wird. Über den Einspruch entscheidet die höhere Verwaltungsbehörde[43]), gegen deren Entscheidung binnen einer Frist von zwei Wochen nach der Zustellung die Beschwerde an die Landeszentralbehörde[44]) stattfindet (§ 8 TelWegGes.).

B. Rechte der Telegrafenverwaltung zur Benutzung von Privatgrundstücken

Die Telegrafenverwaltung ist befugt, Telegrafenlinien durch den Luftraum[45]) über Grundstücke, die nicht Verkehrswege im Sinne des

---

in Betracht, sondern das Interesse der Telegrafenverwaltung wird für die Feststellung der Verhältnisziffern wesentlich maßgebend sein müssen. Aron in den AnnDR 1904, 315.

[39]) Dies umfaßt die Schutzvorkehrungen sowohl an der Telegrafenanlage selbst, wie auch an der späteren Anlage. (RG 57, 364.)

[40]) S. oben I 1.

[41]) Hierüber trifft die Ausführungsbestimmung des Reichskanzlers vom 26. 1. 1900 nähere Bestimmungen. RGBl. 1900, 7. Von dem Planverfahren kann aber abgesehen werden; auch genügt es, die Beteiligten nur mündlich zu hören: Ges. vom 24. 9. 1935 (RGBl. I 1177) und DVO vom 10. 10. 1935 (RGBl. I, 1236).

[42]) Ausführungsbestimmungen des Reichskanzlers vom 26. 1. 1900 Ziff. 5.

[43]) Regierungs-, in Berlin Polizeipräsident (MinVO 30. 12. 1899, MBl. f. innere Vw. 99, 46).

[44]) Min. d. Innern (MinVO 30. 12. 1899).

[45]) Ein Recht, Gestänge auf Gebäuden oder Grundstücken aufzustellen, ist dadurch nicht gegeben (Amtl. erl. Ausg. des TelWegGes. Anm. IV zu § 12). Ein solches Recht

Telegrafengesetzes sind, zu führen, soweit nicht dadurch die Benutzung des Grundstücks nach den zur Zeit der Herstellung der Anlage[46]) bestehenden Verhältnissen wesentlich beeinträchtigt wird. Wird erst durch eine später eintretende Änderung eine Beeinträchtigung der Benutzung verursacht, z. B. weil der Eigentümer sein von den Telegrafenleitungen überspanntes Gebäude erhöhen will, so muß die Telegrafenverwaltung die Leitung auf ihre Kosten beseitigen oder so verlegen, daß eine Beeinträchtigung des Grundstückseigentums völlig vermieden wird[47]) (§ 12 Abs. 1 TelWegGes.). Dies gilt insbesondere auch, wenn der Eigentümer auf seinem Grundstück besondere Anlagen (z. B. elektrische Beleuchtungsanlagen) errichtet, welche den Betrieb der durch den Luftraum geführten Telegrafenlinien beeinträchtigen. In diesem Falle finden die §§ 5 und 6 TelWegGes. keine Anwendung. Streitigkeiten über die Befugnis der Telegrafenverwaltung zur Benutzung fremder Grundstücke (z. B. der Anspruch auf Beseitigung einer Telefonleitung, § 1004 BGB) sind im Zivilrechtswege auszutragen.

Beeinträchtigungen in der Benutzung eines Grundstückes, welche ihrer Natur nach lediglich vorübergehend sind, stehen der Führung der Telegrafenlinien durch den Luftraum nicht entgegen, doch ist der entstehende Schaden zu ersetzen. Ebenso ist für Beschädigung des Grundstücks und seines Zubehörs, die infolge der Führung der Telegrafenlinien durch den Luftraum eintreten, Ersatz zu leisten (§ 12 Abs. 2 TelWegGes.)[48]).

Die Beamten und Beauftragten der Telegrafenverwaltung, welche sich als solche ausweisen, sind befugt, zur Vornahme notwendiger Arbeiten an Telegrafenlinien, insbesondere zur Verhütung und Beseitigung von Störungen, die Grundstücke nebst den darauf befindlichen Baulichkeiten und deren Dächer mit Ausnahme der abgeschlossenen Wohnräume während der Tagesstunden nach vorheriger schriftlicher Ankündigung zu betreten (§ 12 Abs. 3 TelWegGes.).

Der Ersatzanspruch des § 12 Abs. 2 und 3 TelWegGes. verjährt in zwei Jahren von dem Schlusse des Jahres an, in welchem er entstanden ist (§ 13 TelWegGes.).

---

ist auch aus keiner allgemeinen Bestimmung des BGB, insbes. nicht aus § 905 BGB abzuleiten. Vgl. Staudinger, Vorträge 323. Jedoch kann die Postverwaltung ein solches Recht für Telegrafen- und Funkanlagen durch Enteignung erwerben (§ 15 Reichspostfinanz-Gesetz).

[46]) Darin liegt der wesentliche Unterschied von Satz 2 des § 905 BGB.

[47]) Amtl. erl. Ausg. des TelWegGes. Anm. I zu § 12.

[48]) RG 126, 28.

B. Die gesetzlichen Eigentumsbeschränkungen des Nachbarrechtes

§ 16. Immissionen

I. Einleitung

Die rechtliche Abscheidung der Grundstücke würde mit den Bedürfnissen des Lebens in einen unversöhnlichen Widerspruch treten, wenn die zugunsten des Eigentümers bestehende Befugnis, die Einwirkung Dritter auszuschließen, derart streng durchgeführt würde, daß eine jede nicht erlaubte mechanische oder physikalische Hinüberwirkung als objektive Rechtswidrigkeit behandelt würde.

Vor allem läßt sich eine gewisse Art der Hinüberwirkung nicht in bestimmte Grenzen bannen. Die Schall- und Lichtwellen, die auf dem einen Grundstücke erzeugt werden, pflanzen sich mit physikalischer Notwendigkeit auf andere Grundstücke fort, und ebensowenig lassen sich die Gase (Gerüche) an der Scholle festhalten. Auch die Erschütterung, welche auf den Boden übertragen wird, läßt sich an den Grenzpfählen nicht Halt gebieten; kurz, es läßt sich eine ganze Reihe derartiger Immissionen auf fremdes Gebiet nach zwingenden Naturgesetzen und unvermeidlichen Folgen des menschlichen Beisammenlebens nicht aufhalten[1]). Andererseits würde der Inhalt des Eigentums in vielen Fällen zu stark eingeschränkt, wenn man jede derartige Immission, z. B. die Einwirkung eines noch so unerträglichen Geräusches, das Eindringen selbst gesundheitsschädlicher Gase usw. ohne Einschränkung zulassen würde. Das positive Herrschaftsrecht des einen Nachbarn und das negative Ausschließungsrecht des andern geraten auf diese Weise in Widerstreit, den die Rechtsordnung auszugleichen hat[2]). Dabei war die erste Kommission davon ausgegangen, daß jeder Grundeigentümer innerhalb seines Machtbereiches schalten und walten könne ohne Rücksicht darauf, daß seine Handlungen notwendig in den Machtbereich anderer Grundeigentümer hinüberwirken, so daß es sich für den Gesetzgeber nur darum handele, die natürliche Immissionsfreiheit jedes Grundeigentümers positiv auf ein für die anderen erträgliches Maß einzuschränken[3]). Die zweite Kommission ist von dem gegenteiligen Standpunkt ausgegangen, wonach jede Immission an sich verboten ist und die Zulässigkeit einer Immission durch eine besondere Ausnahmebestimmung begründet wird. Dieser grundsätzliche Standpunkt ist für die Auslegung des § 906 von wesentlicher Bedeutung. § 906 stellt die Ausnahmen von dem grundsätzlichen Recht dar, die Einwirkungen auf das Grundstück

[1]) KommProt. 3532 (Mugdan 3, 580). [2]) M. 3, 266 (Mugdan 3, 147).
[3]) Vgl. KommProt. 3532 (Mugdan 3, 580).

auszuschließen. Nur insoweit, als die Ausschließungsbefugnis des § 903 durch § 906 eingeschränkt ist, handelt der Einwirkende in Ausübung einer Befugnis, also rechtmäßig[4]). In Anlehnung an die bisherige Rechtsprechung[5]) stellt § 906 BGB den Grundsatz auf, daß der Eigentümer Einwirkungen, die das gewöhnliche Maß des Erträglichen nicht übersteigen, im Interesse des Zusammenlebens der Menschen zu dulden habe, daß ihm mithin nur gegen übermäßige Immissionen das durch § 903 BGB begründete Verbietungsrecht verbleibt.

§ 906 ist aber keine starre Norm, sondern nach den Fortschritten des Verkehrs und der Technik sowie der Denkweise der beteiligten Kreise Wandlungen unterworfen[6]).

II. Einwirkungen

1. Sinnliche Wahrnehmbarkeit. § 906 befaßt sich nur mit Einwirkungen, die durch sinnliche Wahrnehmung[7]) vermittelt werden; eine Einwirkung auf das Gefühlsleben fällt nicht darunter, wie überhaupt der Begriff der „ideellen“ oder „immateriellen“ Immission dem bürgerlichen Gesetzbuch fremd ist[8]).

Furcht vor Explosion oder vor abirrenden Kugeln, Grausen vor einem Leichenhaus, Verletzung des Schamgefühls durch ein Bordell oder eine Badeanstalt, Unlustgefühl infolge Verunstaltung des Landschaftsbildes (durch Reklametafeln) sind keine Einwirkungen im Sinne des § 906 (s. hierüber unten § 38 I 1 d).

Auch die sog. „negativen Einwirkungen“ (Entziehung der Aussicht, Abhalten von Licht und Luft, Entziehung des Grundwassers) gehören nicht zu den in § 906 geregelten Rechtsverhältnissen (s. hierüber unten § 38 I 1 e).

---

[4]) Monich in JhJahrbuch 38, 185; RGK Bem. 1 zu § 906.

[5]) Das grundsätzliche Immissionsverbot beherrscht das gemeine Recht (RG 6, 217), das ALR (Plenar-Entsch. Ob.-Tr. 23, 252; RG 7, 265), das Recht des code civil (RG 11, 343). Die bisherige Rechtsprechung hat daher durch Inkrafttreten des BGB ihre Bedeutung nicht verloren (vgl. JW 00, 890; Gruchot 45, 1014).

[6]) RG 162, 357; 154, 164; JW 36, 3454; OGHBrZ in NJW 49, 713; Habscheid in MDR 54, 260 (Nachbarrecht und Verkehrsfortschritt); Westermann § 63 I 4.

[7]) BGH in LM 1 und 2 zu § 903 BGB; RG 155, 157; 98, 17. Es kommt aber dabei nicht darauf an, ob die Einwirkungen für die menschlichen Sinnesorgane ohne weiteres unmittelbar wahrnehmbar sind, oder ob sie erst durch Hilfsapparate (z. B. durch Detektoren oder Empfangsröhren) akustisch oder optisch wahrnehmbar werden. Deshalb fallen die Einwirkungen durch elektrische Schwingungen auf die Empfangsanlagen des Rundfunks unter § 906 (vgl. Meisner JW 27, 82; List, Die Rundfunkstörung im DPrivatR, 32, 849; Westermann § 36 I 1 a; Reiche, Funkrecht 37; Staudinger Bem. I 5 a zu § 906; Schack in JW 32, 849; vgl. auch unten N. 30).

[8]) RG 50, 226; 57, 239; OLG 5, 386; R. 15 Nr. 1084 (RG).

2. Beispiele. Im einzelnen fällt unter § 906 die Zuführung von Gasen[9]), Dämpfen[10]), Gerüchen[11]), Rauch[12]), Ruß[13]), Wärme[14]), Geräusch[15]), Erschütterungen[16]) und ähnlichen von einem anderen Grund-

[9]) Gase. Vgl. SeuffA 3 Nr. 7; 15 Nr. 2 (Gasfabrik); JW 08, 11 (Brikettfabrik); JW 12, 752; RG 159, 69; NJW 49, 713 — OGHBrZ — (chemische Fabrik); RdL 55, 10 — BGH — RdL 55, 268 — OLG Braunschweig — (bes. schädl. Abgase); RG 63, 374 (Gas aus dem gebrochenen Rohr einer Gasanstalt; vgl. hierzu unten § 43 D III 1, d).

[10]) Dämpfe. Vgl. SeuffA 3 Nr. 7 (Gasfabrik); 8 Nr. 346 (Ziegelei); 11 Nr. 14 (Seifenfabrik); 32 Nr. 18 (Mittelbare Immission übelriechender Dämpfe durch Einleitung heißer Fabrikwässer in einen öffentlichen Fluß); Bolze 5 Nr. 106 (Dämpfe aus warmem Abwasser, infolge deren Holzwerk anfaulte und Pflanzen eingingen); JW 04, 203 (Hotelküche).

[11]) Gerüche (Miasmen, Ausdünstungen, vgl. unten N. 43). Vgl. Bolze 14 Nr. 175 (Schlachthaus); WarnE 15 Nr. 83 (Gänsemästerei); OLG 18, 122 (Straßenkanäle); SeuffA 46 Nr. 248 (Fabrik); 51 Nr. 11 (Käserei); RG 37, 173; Bolze 22 Nr. 56 (Fäkalien); R. 04, Nr. 1279; JW 04, 203 Nr. 15 (Dünste aus Hotelküche); 00, 639; SeuffA 71, 281; Warn. 15 Nr. 285; R. 15 Nr. 1081 (Düngerfabrik, Bedürfnisanstalt); RG 37, 172; SeuffA 53 Nr. 8; JW 04, 487 Nr. 12; WarnE 14 Nr. 189 (Knochenkocherei); R. 04, Nr. 1709 (Schmiede); OLG 34, 173 (Sauerkrautbereitung); RG 155, 318 (Abdeckerei); BB 55, 367 (Industriebetrieb); über Gas s. oben N. 9. Über Autorennen vgl. unten § 38 N. 51; App.-H Bern vom 9. 11. 1916 bei Waldis, Schweizer Nachbarrecht (die Dünste, die bei gewöhnlicher Entlüftung einer Hotelküche in einem Kurort entweichen, sind zu dulden, wenn sie nicht infolge unzulänglicher Einrichtungen das erträgliche Maß übersteigen).

[12]) Rauch. Vgl. Bolze 18 Nr. 43 (Brennerei); SeuffA 31 Nr. 312; 42 Nr. 100 (Dampfdreschmaschine); 46 Nr. 248 (Fabrik); 38 Nr. 8 (Ziegelfeldbrände); SeuffBl. 36, 392; R 08, Nr. 528; WarnE 15 Nr. 284 (Eisenbahnbetrieb); OLG 2, 506; SeuffBl. 73, 697 RG (schädliche Raucheinwirkung auf Waldungen); R 04, Nr. 1709 (Schmiede). RG 154, 161 (Industriebetrieb u. Landwirtschaft); OLG Köln in MDR 55, 359 (Industriebetrieb); OLG Braunschweig in RdL 55, 268 (für Landwirtschaft bes. schädl. Rauchschwaden); Schweizer Bundesgericht vom 28. 6. 1916: Unzulässig, in einem Dorf die Waschküche mit grünem Holz oder mit Holz, das einen anormalen Rauch verbreitet, zu heizen.

[13]) Ruß. SeuffA 11 Nr. 114 (Dampfmühle); 21 Nr. 208 (Bäckerei); Bolze 3 Nr. 90 (Schwärzung der Häuser durch Lokomotivruß); Mampel NJW 50, 115 (Haftung der Eisenbahn für Immissionsschäden); RG 154, 161 (Fabrik); MDR 55, 359 (Industriebetrieb).

[14]) Wärme. Vgl. JW 99, 757 Nr. 38 (Backofen); 05, 495 Nr. 21 (Dampfkesselraum neben Eiskeller). Über die Frage, ob der Besitzer eines Kellers Ansprüche erheben kann, wenn seinem Keller durch Abgraben von Erdreich Wärme zugeführt wird, s. oben § 4 V.

[15]) Geräusch. Vgl. SeuffA 52 Nr. 146 (Schriftgießerei); RG 6, 217; SeuffBl. 4 ErgBd 148 (Dampfdruckerei); BGH LM Nr. 4 zu § 903 BGB = Wertp. Mittlg. 55, 1675 (Zeitungsdruckerei); R. 05 Nr. 846 (RG); 03, Nr. 2789 (Jena); WarnE 15 Nr. 83; 17 Nr. 244 (Schnattern der Gänse); Bolze 16 Nr. 65 (Brüllen der Kühe in einer Molkerei); OLG 29, 337 (Pferdestall); Schweizer Bundesgericht 5. 2. 1914 (unzulässig der von Pfauen, Truthühnern, Perlhühnern ausgehende Nachtlärm eines Tierparks in einem Luftkurort); Schweizer Bundesgericht vom 30. 9. 1919 (unzulässig das Glockengeläute von Viehherden auf der Nachtweide bei einem Luftkurort); WarnE 3 Nr. 336; JW 10, 654 (Froschquaken in künstlichen Teichen); JW 93, 315 Nr. 32 (Geschäftsbetrieb im ganzen bei einer Molkerei); SeuffA 49 Nr. 236 und SeuffBl. 12 ErgBd 389 (Eisenbahnbetrieb); RG 57, 224 (Straßenbahnbetrieb, Wagenhalle einer Trambahn); WarnE 3 Nr. 118 (Rangierbahnhof einer Eisenbahn); SeuffA 59.

stücke ausgehenden Einwirkungen, deren Feststellungen der Praxis überlassen wurde.

Nr. 217 (Kirchenglocken, jedoch Rechtsweg unzulässig, vgl. unten § 38X); JW 04, 175; 05, 231; DJZ 04, 407 (Kegelbahn); SeuffA 57 Nr. 9; WarnE 16 Nr. 138; JW 04, 384 und 32, 399 (Wirtshauslärm; Schlafen bei offenen Fenstern); RdL 54, 15 (Knallscheuche); DJZ 8, 552 (nächtliches Klavierspielen in einem Restaurant); bezüglich des Lärms infolge eines Bordells s. unten § 38 I 1 d; R. 04, 386 Nr. 1709 (Hamburg); BadRspr. 07, 129 (Hundegebell), 06, 168 (Bäckerei); JW 94, 267 (Übungsschießen); 08, 682 und dagegen R 11 Nr. 2733 (Schießstand eines Schützenvereins); R 15 Nr. 1084 (Knall bei Schießübungen); BayOHG 14, 175 (Wasserwerksbetrieb); RG 26, 352 (Holzsägerei); R 16 Nr. 1507 (Sägewerk); SeuffA 45 Nr. 240 (Böttcherei); Bolze 8 Nr. 62 (Dampfpfeife einer Fabrik); JW 11, 387 (städt. Freibad); R 08 Nr. 3133 (Exhaustor); OLG 26, 125 (Benzinmotor); LZ 16, 1098 (Musikkaffee); BGH BB 54, 426 (Lärm von Bauarbeiten); Gruchot 58, 1024 (Kindergeschrei aus einem Säuglingsheim); RG 97, 27 (starke Geräusche durch die Flieger einer Fliegerschule, welche das Nachbargrundstück überfliegen), WarnE 09, 359 (Geräusche von Maschinen); HRR 40, 295 (Geräusche von Milchkannen); Obergericht Luzern vom 15. 10. 1918 bei Waldis, Schweizer Nachbarrecht (Betrieb eines holperigen Personenaufzugs bei Nacht). Bezüglich der Errichtung und Verlegung von Anlagen, von denen ein übermäßiger Lärm ausgeht, in Nähe von Kirchen, Schulen, öffentlichen Gebäuden, Krankenhäusern vgl. § 27 GewO. Wegen Kegelns vgl. unten N. 121. Über Lärm eines Automobilrennens siehe unten § 38 N. 51. Über Lärm von Lautsprecherwagen vgl. JW 37, 2918; BB 49, 502 und 50, 224 sowie Erl. d. BVerkehrsMin. vom 30. 12. 1949 — Verkehrsbl. 50, 50 —. Über Störungen, die von Tag und Nacht geöffneten Rasthäusern mit Tankstellen und Reparaturwerkstätten ausgehen, vgl. Habscheid in MDR 54, 260ff.

Inzwischen haben einzelne Länder Verordnungen zur Lärmbekämpfung erlassen; so NRW VO vom 10. 1. 1955 (NRW GVBl. 11) und HamburgVO vom 15. 11. 1955 (HamburgGVBl. 331). Hiernach dürfen Rundfunkgeräte und mechanische Musikinstrumente (in Hamburg auch Bandonien, Ziehharmoniken und Akkordeons) allgemein nur in einer den Nachbar nicht störenden Weise benutzt werden; auf öffentl. Verkehrsflächen, in öffentlichen Verkehrsanlagen, Verkehrsräumen und Verkehrsmitteln sowie in öffentl. Badeanstalten ist ihre Benutzung darüber hinaus grundsätzlich verboten; ausgenommen sind nur dem öffentl. Verkehr dienende Verkehrsmittel, soweit die Geräte im Freien nicht störend hörbar sind. Ebenso ist die Verwendung von Lautsprecherwagen oder Lautsprechern, die sich auf öffentl. Straßen oder Plätzen auswirken, bis auf wenige Ausnahmen (Polizei, Feuerwehr, öffentl. Verkehrsmittel; bei Wahlveranstaltungen, Ausstellungen, Sportfesten) verboten. Bei Benutzung oder Betrieb von Kraftfahrzeugen ist jedes vermeidbare Geräusch zu unterlassen. Feuerwerk muß bis 22 Uhr, im Juni und Juli bis 22,30 Uhr, beendet sein. Von 22 Uhr (in Hamburg von 20 Uhr) ab bis 7 Uhr morgens ist schlechthin jedes vermeidbare Geräusch zu unterlassen. Verstöße werden mit Zwangsgeld bzw. mit Geldbußen geahndet. Ähnliche Bestimmungen enthält für Frankfurt die PVO über die Aufrechterhaltung der Sicherheit und Ordnung auf und an den Straßen der Stadt Frankfurt a. M. vom 14. 7. 1954 — Mittlg. 1954 S. 189 — (§§ 28—30). — Bei diesen Verordnungen handelt es sich um Schutzgesetze im Sinne des § 823 Abs. 2 BGB, auf die daher ohne Nachweis der Voraussetzungen des § 906 BGB ohne weiteres die Unterlassungsklage wie auch ein Anspruch auf Schadensersatz gegründet werden kann.

[16]) Erschütterungen. Bolze 22 Nr. 71 (Kreis- und Hobelmaschine); BayOGH 9, 185 (Stanzmaschine); 14, 175 (Wasserwerksbetrieb); JW 90, 182 Nr. 18; Bolze 3 Nr. 89

Als weitere Anwendungsfälle ergeben sich aus der Praxis: das Eindringen von Staub[17]), Sand[18]), Steinsplittern[19]), Gas[20]), Asche[21]), Funken[22]), Feuchtigkeit[23]), Wasserstaub[24]), Zuführung starker Lichtreflexe[25]), von starker Kälte[26]), von Pilzkeimen[27]), Schnee[28]), Ge-

(Dampfhammer); RG 7, 265; ; 17, 103 (Eisenbahnbetrieb); OLG 2, 252 (elektrische Kraftanlage); 5, 151; RG 133, 346 (Omnibusse).

[17]) Staub. SeuffA 18 Nr. 11; 42 Nr. 100; 48 Nr. 247 (Dampfdrescherei); JW 08, 11 Nr. 12 (Kohlenstaub); R 16 Nr. 1507 (Holzstaub eines Sägewerks); JW 10, 654 (Zementfabrik); R 17 Nr. 1830 (Aufwirbeln von Staub durch Straßenbahn ist gemeinüblich); RG 154, 161 (Industriebetrieb). Vgl. auch unten N. 40.

[18]) Sand. RG 60, 140; SeuffA 61 Nr. 55 — RG — (von einem aufgeschütteten Sandhaufen, Sandkippe); Puchelt-Heinsheimer, Zeitschr. f. franz. Zivilr. 21, 441 (bei militärischen Übungen). Vgl. Bolze 10 Nr. 60. Dort wurde der Militärfiskus zur Entschädigung des Eigentümers eines an den Exerzierplatz angrenzenden Grundstückes verurteilt, weil dieses durch die aufgewirbelten Sandwehen, welche infolge des Zusammenfahrens des Kieses entstanden, allmählich versandet war.

[19]) 1. 8 § 5 D 8, 5 (Steinbruch); vgl. RG 6, 219; 76, 132; WarnE 18 Nr. 55; JW 11, 588.

[20]) RG 63, 374; DR 44, 410 (infolge eines Rohrbruchs); JW 12, 752 (chemische Fabrik). Über Schadenersatz wegen Ausströmens von Gas s. unten § 38 II 1 N. 72 u. § 43 D III 1 d.

[21]) Asche. RG 40, 182; JW 08, 11 Nr. 12; 10, 20; 12, 31; WarnE 19 Nr. 172.

[22]) Lokomotivfunken. RG 17, 103; SeuffA 13 Nr. 235; 14 Nr. 208; Gruchot 45, 1016; 46, 1009; JW 04, 360; 10, 20. Nach JW 10, 619 (RG) soll der Funkenauswurf wegen seiner Gefährlichkeit überhaupt nicht unter § 906 fallen. Diese Annahme ist unhaltbar; vgl. auch Mampel NJW 50, 115 (Haftung der Eisenbahn für Immissionsschäden). Die ersterwähnten Entscheidungen gewähren bei Schadenszufügung durch Funkenwurf Ersatzanspruch ohne Verschulden; s. unten § 43 D III 2 c, bb; Funken von Feuerwerkskörpern: JW 27, 45.

[23]) Feuchtigkeit. Vgl. Bolze 5 Nr. 86 (durch eine Brauerei). Über Feuchtigkeit, die in die Giebelwand des Nachbarn eindringt, siehe oben § 14 N. 16 und unten § 38a II 2 d u. III.

[24]) Z. B. von einem Springbrunnen. Vgl. auch unten N. 40 und oben § 12 N. 1.

[25]) JW 11, 587; RG 76, 132. Z. B. Scheinwerfer (Endemann 470 Anm. 37) oder Anstrich einer Mauer mit blendend weißer Lackfarbe. Die Beschattung (Entziehung von Licht) ist keine unzulässige Einwirkung, BayZ 08, 125 (RG); BGH in LM 2 zu § 903 BGB (vgl. hierzu unten § 25 A). Gegen Verunstaltung des Landschaftsbildes durch schreiende Reklametafeln besteht kein Unterlassungsanspruch. Vgl. aber unten § 38 N. 19. Auch in einzelnen Kantonen der Schweiz ist man gegen diesen Unfug mit Schutzvorschriften vorgegangen; vgl. Waldis, Schweizer. Nachbarrecht S. 64. — Wegen der Zulässigkeit der Verwendung der Hauswand zur Lichtreklame durch den Mieter vgl. Bull in „Der Markenartikel" 1956 S. 29.

[26]) Urteil des RG V 344/97, mitgeteilt von Turnau-Förster Anm. 2 zu § 906 (künstlich erzeugte Kälte); RG VI 77/01 in RGK Bem. 4 zu § 906.

[27]) StriethA 59, 1 (Pilze, welche sich auf Berberizensträuchern entwickeln und welche notorisch Rost in den Roggenfeldern herbeiführen). Vgl. hierzu unten § 38 Anm. 3; Endemann 461 Anm. 4. Cour d'appel Limoges, mitgeteilt von Scherer 3. Jahrg., 306 (Tuberkelbazillen infolge eines Asyls für im letzten Stadium befindliche Lungenkranke).

[28]) Schnee. Vgl. Bolze 21 Nr. 52 (beim Schneeschippen eines Weges).

schossen[29]), Einwirkung von elektrischen Strömen[30]), Herüberfliegen von Bienen[31]) und Tauben[32]). Ferner gehört hierher das Eindringen von Ratten und Mäusen[33]).

---

[29]) Geschosse. Vgl. Bolze 21 Nr. 54; Gruchot 45, 1016 (Haftung des Militärfiskus ohne Verschulden für das zufällige Herüberfliegen von Kugeln aus einem Militärschießstand); hierzu unten § 43 D III 2 c, aa. WarnE 11 Nr. 1330 lehnt die Anwendbarkeit des § 906 auf Kugeln ab; vgl. über Zulässigkeit des Rechtswegs unten § 38 X.

[30]) Endemann 470 Anm. 37; Staudinger Bem. II 3 zu § 906. Das Reichsgericht ist in den Urteilen (RG 52, 68; 81, 216) der Entscheidung der Frage, ob die Einwirkungen einer elektrischen Anlage auf eine andere (Induktionswirkungen oder Stromübergänge) und das Übertreten sog. vagabundierender Ströme aus einer Leitung in benachbarte Rohrstränge (Gasröhren) unter § 906 fallen, ausgewichen. In seiner Entscheidung RG 133, 346 hat es dann aber anerkannt, daß auch elektr. Ströme dem § 906 unterfallen, indem es dort unter Hinweis auf diese Vorschrift ausgeführt hat, daß die Bahnanlieger im Falle der Elektrifizierung der Bahnstrecke verpflichtet seien, die gewöhnlichen, bei der elektr. Anlage nicht zu vermeidenden Stromeinwirkungen zu erdulden. Tatsächlich wäre auch kein Grund ersichtlich, der es rechtfertigen könnte, die Einwirkungen durch elektr. Schwingungen grundsätzlich anders zu beurteilen als solche durch Lichtschwingungen; daß letztere z. B. bei Zuführung greller Lichtreflexe unter § 906 fallen, war bereits in RG JW 11, 587 entschieden worden. — Die Einwirkung neuer Stromleitungen auf bereits vorhandene andere Stromleitungen ist durch § 23 FernmeldeAnlGes. vom 14. 1. 1928 (RGBl. I 8 ff.) geregelt; vgl. hierzu oben § 15 N. 2. Über Funkrecht siehe oben N. 7 und unten § 16 IV.

[31]) Bienen. Vgl. hierzu unten § 16 II 3 u. VI. Nachdem das Reichsgericht zunächst (RG 76, 130; JW 11, 588; Gruchot 57, 694; WarnE 18 Nr. 55) den Bieneneinflug als eine Einwirkung im Sinne des § 906 nicht gelten ließ, hat es sich später (RG 141, 408) der entgegengesetzten herrschenden Meinung (OLG 26, 23 — Stuttgart —; HRR 32, 447 — München —; Meisner-Stern, 1. Aufl., S. 182 N. 7 und S. 184; Staudinger 9. Aufl., I 5 a zu § 906; Planck N. 3 a zu § 906) mit der Begründung angeschlossen, daß der Zweck des § 906, das im § 903 grundsätzlich anerkannte Ausschließungsrecht des Eigentümers mit den Bedürfnissen des Wirtschaftslebens in Einklang zu bringen, die Anwendung der Vorschrift auf Bienen erfordere, da anderenfalls eine sachgemäße Bienenzucht so gut wie ausgeschlossen sei. Die gleiche Ansicht wird auch vom BGH (NJW 55, 747) vertreten. — Vgl. auch Pritzl, SeuffBl. 66, 459; Endemann 469; Friedrichs, DJZ 04, 685; Kuhlenbeck im R 04, 309 gegen Strauß, DJZ 03, 367. Für den durch Bienen herbeigeführten Schaden (Bienenstich) haftet der Bienenzüchter nach § 833; Pritzl in SeuffBl. 66, 465; Oppermann, SächsRpfl. 16, 449. Durch das Gesetz vom 30. 5. 1908 betr. Änderung des § 833 ist die Haftung des Halters von Haustieren gemildert worden. Die Bienen werden vom römischen R (§ 14, 15 J. de rer. div.) zu den wilden Tieren, vom Sachsenrecht (Sächs. Weichbild Art. 120) zu den Gewürmen und von verschiedenen Provinzialrechten zu dem gezähmten Vieh gerechnet, insbes. dem Geflügel angereiht (Hagemann, Landwirtschaftsrecht 541). Nach jetzigem Recht ist die Biene kein Haustier RG 141, 406; R 21 Nr. 556 (Kiel). (Anders Oppermann a. a. O.) Ein Antrag, dem § 833 als Abs. 3 hinzuzufügen: „Die Bienen gelten als Haustiere" wurde abgelehnt (Nr. 538 der Drucks. d. RT 07/08, KommBer. S. 4, Reichstagsberatung S. 5142). Darin, daß der Nachbar seine Pferde in der Nähe der fremden Bienenstöcke weiden läßt, liegt kein konkurrierendes Verschulden (R 21 Nr. 556 — Kiel). Stiften die Bienen durch ihre körperlichen Ausscheidungen an fremden Sachen Schaden, so ist kein Fall von Tierhalterhaftung gegeben, denn diese setzt voraus, daß der Schaden durch die eigentliche Tier-

3. Feste und flüssige Körper

Nicht bei allen diesen Fällen ist es zweifelsfrei, daß sie unter § 906 fallen. Die herrschende Meinung klammert sich an die Ausdrucksweise der Motive, die von „Imponderabilien" sprechen und lehnt die Anwendbarkeit des § 906 auf feste und flüssige Körper ab[34]). Das bedeutet einen Bruch mit der bisherigen Rechtsprechung, zu welchem der Wortlaut des Gesetzes nicht zwingt. Der § 906 verdankt seine Entstehung der Tatsache, daß es eine Reihe von Einwirkungen gibt, die sich nicht in bestimmte Grenzen bannen lassen und deren strenge Ausschließung die Wirtschaft der einzelnen und der Gesamtheit erheblich schädigen würde. Das Gesetz führt eine Reihe von Beispielen auf und stellt ihnen „ähnliche Einwirkungen" gleich. Eine Abgrenzung von festen und nicht festen Stoffen würde dazu führen, daß auch Staub, Sand, Steinsplitter nicht unter § 906 fallen können. Das einzelne Sandkorn ist ein fester Körper[35]). Läßt man die Anwendbarkeit des § 906 auf diese Fälle nicht zu, so braucht die Einwirkung fester Körper vom Eigentümer nicht geduldet zu werden. Das ergibt sich aus dem vom Gesetz anerkannten Ausschließungsprinzip (s. oben § 16 I). Dadurch würde die Volkswirtschaft geschädigt. Ein solcher Wille kann dem Gesetzgeber ohne zwingende Not nicht unterstellt werden. Es liegt also kein hinreichender Grund vor, von den bewährten Grundsätzen der bisherigen Rechtsprechung abzugehen.

---

gefahr hervorgerufen sein muß, d. h. durch das von keinem vernünftigen Wollen geleitete willentliche Verhalten des Tieres, das sich gerade als Ausfluß der gefährlichen tierischen Natur darstellt (RG 141, 406; 80, 237; 69, 399). Über das Recht des Selbstschutzes gegen Bienen und die Schranken dieses Rechtes s. unten § 16 VI. Der Eigentumsfreiheitsklage wegen Eindringens von Bienen ist die Grundlage entzogen, wenn der Bienenschwarm infolge Ausziehens herrenlos geworden ist (§ 971). Endemann 469 Anm. 35.

In RG 160, 381 hat das Reichsgericht, mit ähnlichen Gründen wie in RG 141, 406 hinsichtlich der Bienen, auch das Eindringen von Fliegen von einer benachbarten Viehhaltung dem § 906 unterstellt.

[32]) Tauben. Vgl. JW 11, 588; BayOGH 6, 400; SeuffA 33 Nr. 5; SeuffBl. 42, 94. Vgl. dagegen Endemann 469 Anm. 35.

[33]) Mit manchen Gewerbebetrieben (z. B. Getreidelagern, Aufbereitung von Tierfellen) ist eine Ratten- und Mäuseplage verbunden, welche für die Nachbarn sehr lästig werden kann. Schadensersatzpflicht hier nur bei Verschulden, da § 833 nicht einschlägt.

[34]) RG 161, 66; RGK Bem. 5 zu § 906; Endemann 476; Planck Bem. 3a zu § 906; Biermann Bem. 1 zu § 906; Staudinger Bem. 5 a β zu § 906; Maenner 61; Turnau-Förster Bem. 1 zu § 906 u. a. Gegen die herrschende Meinung Mathias 37; Hörle, PrVerwArch. 10, 367; Hörig 10ff. Auch RG 76, 132 spricht von der Anwendbarkeit des § 906 auf „feste Körper, wie Bienen, Tauben, Steine aus Steinbrüchen". Dagegen verneint RG in LZ 18, 845 die Anwendung des § 906 bei festen Körpern — abgesehen von Kohlenstaub und Asche —; ebenso R 11 Nr. 2732 (RG), wo es sich um abgeirrte Kugeln eines Schießstandes handelt.

[35]) Vgl. R 11 Nr. 2732 (RG).

Beim Eindringen von Bienen und Tauben sowie von Ratten und Mäusen könnte man freilich bezweifeln, ob es sich auch hier um eine „ähnliche Einwirkung" handelt wie in den vom Gesetz aufgestellten Fällen. Doch dürfte dies zu bejahen sein; denn auch hier hat man es mit Körpern zu tun, welche von verhältnismäßig geringem Volumen sind und deren Abhaltung von den Nachbargrundstücken in Ansehung der Ratten und Mäuse geradezu unmöglich ist, in Ansehung der Bienen und Tauben zwar nicht gerade unmöglich, aber doch nach der Beschaffenheit der Tiere, denen eine rationelle Wirtschaft den Ausflug lassen muß, untunlich ist[36]). Dies trifft dagegen nicht zu bei Hühnern, Gänsen, Kaninchen, noch weniger bei Katzen, Hunden, Schafen, Rindern usw. Hier kann es sich zweifelsohne nicht um eine ähnliche Einwirkung handeln. Der Eigentümer eines Grundstücks kann daher das Eindringen solcher Tiere schlechtweg verbieten[37]).

Was speziell das Eindringen von Bienen (vgl. oben N. 31) anlangt, so ergibt sich bei Anwendung der Grundsätze des § 906 folgendes:

a) Das Verbietungsrecht besteht vor allem dann nicht, wenn durch das Hinüberfliegen der Bienen die Benutzung des Nachbargrundstückes nicht oder nicht wesentlich beeinträchtigt wird.

Ob eine wesentliche Beeinträchtigung vorliegt, wird einerseits nach der Menge der Bienen und der Zahl der Fälle, in welchen sie eindringen, andererseits nach der Art der Benutzung des betr. Grundstückes zu entscheiden sein.

Die Belästigung ist weit fühlbarer in einem Wirtschaftsgarten als auf einer Wiese. Aber auch für einen Wirtschaftsgarten wird das Eindringen von Bienen nur dann als wesentliche Beeinträchtigung angesprochen werden können, wenn die Bienen in größerer Menge auftreten.

b) Aber selbst wenn durch die fremden Bienen die Benutzung des Grundstücks wesentlich beeinträchtigt wird, kann dessen Eigentümer das Eindringen der Bienen dann nicht verbieten, wenn die Bienenzucht nach den örtlichen Verhältnissen bei Grundstücken der Lage wie die, von welchen die Bienen kommen, gewöhnlich ist. Auf dem Lande wird diese Voraussetzung eher zutreffen als in der Stadt[38]). Doch ist keineswegs ausgeschlossen, daß auch in der Stadt, namentlich in den mit Gartenanlagen reichlich versehenen Teilen, Bienenzucht getrieben wird. Wo dies in einer Vielzahl von Fällen,

---

[36]) Ebenso Reichsgericht in RG 141, 406 (gegen RG 76, 130); BGH NJW 55, 747; Staudinger, 9. Aufl., I 5 a zu § 906 (gegen frühere Aufl.). — Vgl. auch RG 160, 381 (Eindringen von Fliegen).

[37]) Dem Eigentümer ist der Anspruch aus § 1004 BGB gegeben: der Anspruch auf Beseitigung der Störung wird wohl kaum praktisch werden, wohl aber der Anspruch auf Unterlassung weiterer Beeinträchtigungen, wenn solche zu besorgen sind. Wenn ein Hund auf fremdem Gebiet einmal reviert, so ist diese Besorgnis nicht begründet; anders, wenn der Hund des Nachbars wiederholt in den Hofraum des Eigentümers läuft. Desgleichen ist der Anspruch auf Unterlassung begründet, wenn ein Ortseinwohner es wiederholt geschehen läßt, daß seine Gänse oder Hühner in fremde Gärten, Hofräume oder auf fremde Felder laufen. Die Klage ist gegen denjenigen, welcher die Tiere hält, zu richten; dieser muß dafür sorgen, daß die Gänse und Hühner nicht auf fremde Grundstücke laufen. Für den durch die Tiere angerichteten Schaden haftet er in Gemäßheit des § 833 Abs. 2 BGB. Vgl. hierzu auch die Feld- und Forstpolizeigesetze der Länder.

[38]) Vgl. Pritzl, SeuffBl. 66, 459.

so daß man von Ortsüblichkeit sprechen kann, vorkommt, kann der Inhaber eines Konzertgartens das Eindringen von Bienen nicht verbieten, auch wenn ihm hierdurch die Gäste vertrieben werden[39]).

4. Eindringen von Wasser. Das Eindringen von Wasser, welches nicht in der Luft suspendiert ist[40]), wird durch § 906 BGB nicht getroffen. Soweit Wasser, welches auf dem Boden oder von einer Dachtraufe läuft, in Betracht kommt, sind die landesgesetzlichen Vorschriften anzuwenden; denn gemäß Art. 65 EG bleiben die landesgesetzlichen Vorschriften, welche dem Wasserrecht angehören, durch das bürgerliche Gesetz unberührt. Vgl. hierzu vor allem die Vorschriften über den Ablauf des sog. wilden Wassers vom Grundtück des Oberliegers auf das des Unterliegers (§§ 41, 197ff. PrWG vom 7. 4. 1913; § 11 Bad. WG vom 12. 4. 1913 und 27. 8. 1936; §§ 88ff. Braunschw. WG vom 20. 6. 1876; Art. 6 Württemb. WG in der Fassung vom 30. 10. 1950 [RgBl. 146]); siehe auch unten § 38a II 2a.

Eine unzulässige Einwirkung im Sinne der §§ 906ff. BGB liegt nicht vor, wenn durch Anschüttungen auf einem Grundstück ein Steigen des Grundwasserspiegels und damit ein Eindringen von Grundwasser in das Mauerwerk des Nachbargebäudes verursacht wird, ohne daß eine Zuführung von einem Grundstück zum andern vorliegt; vielmehr sind auf solchen Tatbestand ebenso wie in den Fällen der Grundwasserentziehung und -verdrängung ausschließlich wasserrechtliche Vorschriften anwendbar (RG 155, 154; RG JW 32, 1406); vgl. auch Wüsthoff, Bd. I S. 64 Anm. 2.

III. Voraussetzungen des § 906

1. Einwirkung von einem anderen Grundstück. Voraussetzung des § 906 ist, daß die Einwirkung von einem anderen[41])

---

[39]) Recht des Selbstschutzes gegen eindringende Bienen (Vergiftung?) s. unten § 16 VI.

[40]) Das Eindringen von Wasserstaub infolge eines Springbrunnens fällt unter § 906, nicht aber das Eindringen des ganzen Wasserstrahles des Springbrunnens, auch nicht, wenn derselbe nur zeitweilig z. B. durch stärkeren Wind auf das Nachbargrundstück hinübergetrieben wird. — Ebenso sind Schäden, die durch Wasserzustrom infolge einer Anlage im Flußbett oder im Überschwemmungsgebiet entstehen, nicht nach §§ 906, 907 BGB, sondern ausschließlich nach Wasserrecht zu beurteilen (RG 122, 13).

[41]) § 906 ist daher nicht anwendbar, wenn mehrere gleichzeitig zur Benutzung von Anlagen berechtigt sind, die sich auf oder in demselben Grundstück befinden (so RG 81, 225 für den Fall, daß von der auf der öffentlichen Straße betriebenen Straßenbahn Stromeinwirkungen auf das in der gleichen Straße verlegte Gasrohrnetz ausgehen). — Die Rechtsgrundsätze des § 906, insbesondere auch die in dieser Vorschrift getroffene Regelung der Beweislast, sind aber auf das Verhältnis von Mietern verschiedener Stockwerke desselben Hauses zueinander entsprechend anwendbar (RG in HRR 31 Nr. 1219; JW 32, 2984; BGH in BB 54, 426; MDR 51, 726).

Grundstück ausgeht[42]); ob dieses Grundstück unmittelbar angrenzt oder weiter entfernt liegt, so daß die Einwirkung erst durch Vermittlung der dazwischen liegenden Grundstücke herübergelangt, ist gleichgültig[43]). Es ist unerheblich, ob der Dritte, dessen Grundstück die Immission vermittelt, dieselbe aufnehmen muß[44]). Es ist nicht notwendig, daß die Quelle der Einwirkungen sich in maschinellen oder sonstigen Einrichtungen verkörpert. Es ist nicht einmal erforderlich, daß die Einwirkung mit der wirtschaftlichen Benutzung des Grundstücks zusammenhängt[45]), sondern es handelt sich lediglich um räumliche Bezeichnung des Ursprungs der Einwirkung. Auch braucht derjenige, der die Einwirkung veranlaßt, zu dem Grundstücke, von welchem sie ausgeht, in keinem rechtlichen Verhältnis als Eigentümer, Mieter usw. zu stehen[46]).

Es ist daher nach § 906 zu beurteilen, wenn jemand auf der Straße eine Kanone abfeuert[47]).

---

[42]) Nach RG 57, 240; RGK Bem. 6 soll dieses Erfordernis nicht vorliegen, wenn auf dem Grundstück des Beklagten ein Gewerbe betrieben wird, das zu Ansammlungen und zum Lärmen des Publikums auf der Straße Anlaß gibt. In dieser Allgemeinheit ist das nicht richtig. Die Einwirkung geht von einem anderen Grundstück (der Straße) aus. Es fragt sich nur, ob der Inhaber des Gewerbes der Einwirkende ist. Das ist nach § 1004 zu beurteilen und beispielsweise bei einem Schaubudenbesitzer der Fall.

[43]) M 3, 265 (Mugdan 3, 146); Haidlen, Nachbarrecht 6. — Deshalb fällt auch die Immission der Fabrikabwässer in einen öffentlchen Fluß dann, aber auch nur dann unter § 906 BGB, wenn infolge dieser Einleitung aus dem Flusse übelriechende Gase oder Dämpfe usw. aufsteigen. Die Angrenzer des Flusses haben dann unter Umständen in Gemäßheit des § 906 einen Anspruch gegen den Fabrikanten. Hierbei ist jedoch zu beachten, daß § 906 nicht einschlägig ist insoweit, als durch die Fabrikabwässer der Gebrauch des Flußwassers beeinträchtigt wird. Diese Frage gehört dem Wasserrecht an. Vgl. hierzu RG 53, 43. — Zum Begriff des Nachbarn im öffentlichrechtl. Baurecht vgl. VGH Stuttgart NJW 55, 1811.

[44]) JW 87, 125 Nr. 42.

[45]) A. M. Goldmann-Lilienthal II § 10 Anm. 29 und 50, gebilligt von Staudinger Bem. I 4 zu § 906, die dem Inhaber einer Konditorei einen unbeschränkten Anspruch gegen die Rauchbelästigung eines Kastanienrösters gewähren. Diese Anschauung deckt sich weder mit den Bedürfnissen des Verkehrs noch mit dem Wortlaute des Gesetzes.

[46]) Vgl. JW 94, 30 Nr. 93.

[47]) Dies wird regelmäßig unzulässig sein. Eine andere Frage ist die, ob der Eigentümer des Grundstücks hierwegen eine Klage erheben kann. Die Beeinträchtigung ist mit dem Aufhören der Schallwirkung von selbst beseitigt. Die Gefahr der Wiederholung wird zur Zeit der Klageerhebung regelmäßig nicht mehr bestehen. Es ist deshalb auch kein Anspruch auf Beseitigung der Beeinträchtigung oder Unterlassung weiterer Beeinträchtigung (§ 1004 BGB) gegeben. Ist infolge des Schreckens (vgl. hierzu ROHG 21, 412), der durch den plötzlichen Knall verursacht wurde, die Gesundheit eines Hausbewohners geschädigt worden, so hat dieser einen Schadensersatzanspruch gem. § 823 BGB, weil das unerwartete Abfeuern einer Kanone in der Nähe bewohnter Häuser regelmäßig eine schuldhafte Handlung darstellt. Vgl. § 376 Nr. 8 StGB, worunter auch das blinde Schießen fällt (Stenglein 7, 217).

Deshalb ist auch gegen übermäßige Belästigungen durch fortgesetztes Klavierspielen unter Umständen ein Verbietungsrecht des Eigentümers begründet[48]).

2. Positives Tun nicht erforderlich. Die Zuführung[49])setzt kein positives Tun voraus, ein Nichthindern genügt. Wer zur Entstehung oder Verbreitung der Imponderabilien die Ursache liefert, muß es verantworten, daß diese ihren eigenen Weg nehmen [50]). Ist somit eine unmittelbare Tätigkeit nicht Voraussetzung des Begriffes „Zuführen", so erfordert er doch ein eigenes Verhalten des Nachbarn; ein solches eigenes Verhalten liegt z. B. nicht vor, wenn sich Ruß auf einem Grundstücke von selbst angesammelt hat und später wieder aufgewirbelt wird[51])

---

[48]) Vgl. DJZ 03, 552 (Braunschweig). Zum Teil a. M. Staudinger Anm. II 1 b zu § 906, weil gegen Belästigungen nach der rein persönlichen Seite der Schutz des BGB versage und dieser Schutz der polizeilichen und strafrechtlichen Regelung überlassen sei. Richtig ist, daß damit, daß ein Nervenkranker die Musik nicht vertragen kann, ein Verbietungsrecht nicht zu begründen ist. Wenn aber ein Haus als Wohnhaus benutzt wird und die drei Töchter des Nachbars von früh bis nachts die lärmendsten Weisen bei offenem Fenster herunterspielen, dann ist das Wohnen in den angrenzenden Wohnhäusern jedermann verleidet und daher nach objektivem Maßstabe die Benutzung dieser Häuser zum Wohnen wesentlich beeinträchtigt. Eine andere Frage ist die, ob das Verbietungsrecht des Eigentümers nicht deswegen ausgeschlossen ist, weil die Einwirkung durch eine Benutzung des anderen Grundstückes herbeigeführt wird, die nach den örtlichen Verhältnissen bei Grundstücken dieser Lage gewöhnlich ist (vgl. Cosack 2, 152). Gewiß ist es in Städten gewöhnlich, daß Klavier gespielt wird, aber es gibt hierfür doch eine Grenze, bei der das Außergewöhnliche anfängt. Es kann daher auch der Klavierteufel durch den Zivilrichter ausgetrieben werden. A. M. Staudinger, Vorträge 335, weil hier nur eine Beeinträchtigung nach Maßgabe rein subjektiver Empfindungen vorliege. Es gibt aber eine Klavierplage, die den Durchschnittsmenschen, nicht nur den Musikprofessor, zur Verzweiflung bringen kann.

[49]) Hörig 9f. weist darauf hin, daß unter den Begriff „Zuführung" zwei ganz verschiedene physikalische Vorgänge fallen: Gase, Gerüche, Rauch, Ruß, Dämpfe usw. dringen tatsächlich als Körper ein; Geräusche, Wärme und Erschütterung sind nichts anderes als eine von außen her durch Schwingung von Luftwellen bewirkte Bewegung der kleinsten Stoffteile im leidenden Grundstück selbst oder dem darüber befindlichen Luftraum. Der Ausdruck „Zuführung" ist daher ungenau.

[50]) M 3, 265 (Mugdan 3, 146); Maenner 161.

[51]) Crome 3, § 394 Anm. 23; Endemann 461 Anm. 4 und 470 Anm. 39. fordert als Voraussetzung der Unzulässigkeit einer Immission, daß ihre Ursache in einer Veranstaltung liegt, welche auf dem Nachbargrundstück durch menschliche Arbeit eingerichtet ist, im Gegensatz zu den von Natur vorhandenen schädlichen Zuständen, zu deren Beseitigung keine Pflicht bestehe. Das ist im Prinzip richtig, soweit die Eigentumsfreiheitsklage in Betracht kommt; denn Störer im Sinne des § 1004 BGB ist der, auf dessen Tätigkeit die schädliche Einwirkung entweder unmittelbar zurückzuführen ist oder dessen Verhalten, wenn auch nur mitwirkend, das Einwirken der Naturkräfte erst ermöglicht hat (RG 127, 34; 134, 231; 149, 210; Gruchot 54, 158; SeuffA 60, 55; RGKomm. Anm. 3 zu § 1004). Wegen der von Trümmergrundstücken ausgehenden Einwirkungen vgl. unten § 38a. In besonderen Fällen kann aber ausnahmsweise eine Ersatzpflicht begründet sein (s. hierüber unten § 38 I 1). Dernburg 273 unterstellt einen solchen Tatbestand schlechthin dem § 906.

Anders, wenn der Ruß aus den auf dem Grundstück selbst befindlichen Schlöten stammt. Ein eigenes Verhalten in dem erwähnten Sinne liegt nicht vor, wenn der Wind den in natura vorhandenen Kalkstaub auf das Nachbargrundstück trägt, anders dagegen, wenn der Staub durch die exerzierenden Truppen aufgewühlt wird[52]). Wer ein Häutelager hält, ist für die davon ausgehende Rattenplage verantwortlich. Ein eigenes Verhalten (Nichthindern) liegt auch vor, wenn die Zuführung durch eine auf dem Grundstück vorhandene besondere Leitung nicht unterbunden wird (vgl. unten IV und N. 56).

Die Unzulässigkeit einer Zuführung hat ein Verschulden des Immittenten nicht zur Voraussetzung[53]). Wenn der Wind den Funkenwurf 50 m weit fortträgt, kann nicht von höherer Gewalt gesprochen werden[54]).

IV. Besondere Leitung

Die Zuführung solcher Imponderabilien durch eine besondere Leitung[55]) ist unter allen Umständen unzulässig. Eine besondere Leitung im Sinne des § 906 liegt dann vor, wenn die auch nicht beabsichtigte Wirkung der Einrichtung gerade darin besteht, daß hierdurch die Imponderabilien (Rauch, Dampf, Gas) von dem Grundstück, auf dem sie entstehen, weg auf ein anderes Grundstück gebracht werden[56]). Es ist nicht notwendig, daß die Leitung bis an die Grenze geführt ist. Andererseits ist aber erforderlich, daß die Leitung geeignet ist, den oben erwähnten Zweck zu erfüllen. Ist das Rohr, durch welches der Dampf ausströmt, zwar gegen das Nachbargrundstück gerichtet, aber seine Mündung soweit von der Grenze entfernt, daß der Dampf die ihm durch das Rohr gegebene Richtung nicht bis zur Grenze beibehalten kann, so ist dies nicht der Fall. Auf die absolute Unzulässigkeit der Zuführung durch eine besondere Leitung kann sich nur der Eigentümer jenes Grundstückes berufen, auf welches durch die Leitung ein direkter Einfluß ausgeübt wird.

Läßt z. B. der Fabrikherr unter Zustimmung seines unmittelbaren Angrenzers das Rohr, durch welches er den Dampf abführt, hart an dessen Grenze ausmünden, so kann der weiter entfernte Grundnachbar aus dem Umstande allein, daß eine besondere Leitung vorliegt, sein Verbietungsrecht nur dann begründen, wenn diese Leitung noch direkt auf sein Grundstück wirkt. Derjenige, der die Unzulässigkeit der Leitung behauptet, hat die Beweislast, daß eine besondere Leitung im obigen Sinne vorliegt. Ist dies der Fall, so kann er die Beseitigung dieser Leitung verlangen, auch wenn sie die Benutzung

---

[52]) Vgl. die oben N. 18 angeführte Entscheidung.

[53]) Staudinger Bem. I 5 zu § 906; RG 51, 408. [54]) JW 10, 620.

[55]) Selbstverständlich unbefugte; der Fall, daß eine Dienstbarkeit oder eine sonstige Berechtigung vorliegt, gehört nicht hierher. Staudinger, Vorträge 335.

[56]) Es ist deshalb gleichgültig, ob die Anlage durch menschliches Tun oder durch Naturgewalt oder von Tieren (Gänge) bewirkt worden ist. Vgl. Hörle, Verwaltungsarchiv 10, 368.

seines Grundstückes nicht oder nur unwesentlich beeinträchtigt. Wird das Interesse des Eigentümers aber durch die Leitung überhaupt nicht berührt, so kann dem Verlangen auf Beseitigung unter Umständen § 226 BGB im Wege stehen.

Die Antennen des Störers des Rundfunkverkehrs bei Verwendung sog. schwingender Empfänger ist keine Leitung im Sinne des § 906; denn der Begriff der Leitung setzt voraus, daß eine Einwirkung — wenn auch nicht beabsichtigt — gerade einem bestimmten Ort unmittelbar zugeführt wird[57]).

V. Duldungspflicht

Liegt keine besondere Leitung vor, sondern wirken die Imponderabilien lediglich durch ihre natürliche Verbreitung über die Grenze hinüber[58]), so gelten folgende Grundsätze:

Der Eigentümer[58a]) kann die Zuführung derartiger Immissionen nicht verbieten:

1. bei unwesentlicher Beeinträchtigung, also soweit die Einwirkung die Benutzung seines Grundstückes nicht oder nur unwesentlich beeinträchtigt. Diese Frage ist eine Rechtsfrage[59]). Nur eine Einwirkung auf das Grundstück und den darüber befindlichen Luftraum gibt dem Eigentümer das Verbietungsrecht, nicht also eine Einwirkung auf die öffentliche Straße, sofern sie nicht von da auf das Grundstück weiterwirkt[60]). Einflüsse des gewöhnlichen Haushaltes oder des kleinen Gewerbebetriebs werden regelmäßig zu dulden sein[61]). Ob die Benutzung des Grundstückes wesentlich beeinträchtigt wird, ist nach einem rein objektiven Maßstabe zu beurteilen. Hierbei ist davon auszugehen, daß der Eigentümer das Recht hat, sein Grundstück beliebig zu benutzen.

---

[57]) Meisner, JW 27, 82; Reiche, Funkrecht 38; Staudinger Bem. II 1 a zu § 906.

[58]) M 3, 265 (Mugdan 3, 146). [58a]) Gleiches gilt für den Pächter oder Mieter da diese keine größeren Rechte haben können als der Eigentümer (BGH NJW 55, 19).

[59]) R 04, Nr. 2608 (BayObLG). Natürlich wird diese Rechtsfrage auf der Grundlage tatsächlicher Erwägungen entschieden. Es kann sich hierbei oft um Fragen handeln, die ganz besonders schwierig sind, bei deren Beantwortung der Richter immerhin nicht allzu ängstlich zu Werke gehen darf. Er wird sich mit demjenigen hohen Grade der Wahrscheinlichkeit begnügen dürfen und müssen, der dem Umfange der menschlichen Erkenntnis und den Erfahrungen entspricht, und Wahrheit ist für ihn das, was er nach dem Stande der Wissenschaft und auf Grund der bisherigen Erfahrungen für Wahrheit halten darf. (Unter Berufung auf RG 15, 338 angewendet auf den Beweis für die Schädlichkeit der Raucheinwirkung auf das Wachstum des Waldes von OLG 2, 506 [Dresden].)

[60]) Der Umstand, daß infolge des Knallens beim Schießen wiederholt Pferde auf dem Zugangsweg zum Nachbargrundstück scheu geworden sind und sich hierdurch ein im Wagen sitzender Mietlustiger abschrecken ließ, das Grundstück zu mieten, kann einen Anspruch aus § 1004 nicht begründen (R 15 Nr. 1085 — RG).

[61]) Staudinger Bem. II 4 zu § 906; Planck Bem. 4a zu § 906.

Auch eine für derartige Grundstücke außergewöhnliche Art der Benutzung darf daher vom Nachbar nicht wesentlich beeinträchtigt werden. Es entscheidet weder die gewöhnliche, regelmäßige noch die bisher geübte Benutzungsweise.

Beispielsweise wird dem Eigentümer einer Wiese, der sie als Bleiche benutzen will und deshalb durch den Rauch und Ruß der benachbarten Fabrik erheblich beeinträchtigt wird, der negatorische Anspruch nicht deshalb zu versagen sein, weil die Benutzung der Wiese als Bleiche in jener Gegend ganz außergewöhnlich ist[62]).

Eine wesentliche Beeinträchtigung kann darin erblickt werden, daß die Völker der auf dem Nachbargrundstücke gehaltenen Bienenstöcke durch das Knallen eines Scheibenstandes erheblich beunruhigt werden[63]).

Ob die Beeinträchtigung längere Zeit hindurch andauert oder ihrem Wesen nach vorübergehender Natur ist, ist nicht ausschlaggebend, kann aber sowohl für die Frage nach der Wesentlichkeit als für die Frage nach der Gemeinüblichkeit von Bedeutung werden[64]).

Die Stärke der Reize ist für den Grad ihrer Lästigkeit nicht allein entscheidend; es kommt vielmehr auch auf die Dauer und den Wechsel der Schall-, Licht- oder Geruchsreize an[65]). Die von einer Maschine ausgehenden verschiedenartigen Geräusche sind nicht lediglich jedes für sich allein, sondern auch in ihrer Gesamtwirkung zu prüfen[66]).

Wird auf dem bisher als Ackerland benutzten Grundstück ein Wohnhaus errichte , so steigert sich dadurch das Verbietungsrecht des Eigentümers gegen Immissionen. Der Eigentümer eines noch nicht bebauten, aber zur Bebauung geeigneten und bestimmten Grundstücks (Bauplatz) kann durch die Zuführung von Immissionen in der Verwendbarkeit als Bauplatz wesentlich beeinträchtigt werden[67]) (Erschwerung des Verkaufs). Dabei darf es sich freilich nicht um eine entfernte Möglichkeit handeln, sondern um eine schon jetzt vorhandene Bauplatzeigenschaft[68]). Der Fabrikherr kann sich nicht darauf berufen, daß seine Fabrik eher gestanden hat,

[62]) Prot. 3534 (Mugdan 3, 581). Vgl. R 08 Nr. 317 (Herstellung von Teigwaren).

[63]) Verneint auf Grund von Gutachten für Bienenstände, von denen der zunächst gelegene 30 m von der Zielscheibe entfernt ist, weil die Bienen gegen solchen Lärm, der übrigens durch den nahen Wald sehr stark gedämpft werde, unempfindlich seien (Obergericht Luzern 24. 9. 1920).

[64]) Die Aufführung eines Neubaus wird zumeist für den Nachbarn eine recht wesentliche Beeinträchtigung darstellen; gleichwohl muß er die damit verbundenen Belästigungen dulden, weil das Bauen gemeinüblich ist; dies gilt selbst für jene Lagen, in welchen weit und breit noch kein Haus steht. In solchem Fall muß eben der Kreis der in Betracht kommenden Grundstücke weit hinausgelegt werden. Vgl. Hörle, Verwaltungsarchiv 10, 368. Eine besondere Häufigkeit und Dauer der Einwirkungen ist an sich nicht erforderlich, unter Umständen aber für die Frage von Bedeutung, ob die Beeinträchtigung wesentlich ist (RG 57, 227). Vgl. auch BB 54, 426 (BGH).

[65]) JW 11, 236. [66]) R 08 Nr. 3132 (RG). [67]) JW 09, 219.

[68]) OLG 18, 125.

als das Wohnhaus[69]). Der Umstand, daß die Beeinträchtigung nur dadurch zu einer wesentlichen wird, daß das Nachbarhaus schlecht gebaut ist und deshalb die Erschütterung, welche einem gut gebauten Hause nicht schaden würde, nicht aushalten kann, genügt an und für sich nicht zur Begründung der Zulässigkeit dieser Einwirkung[70]). Die Beschränkung hat ihren Grund im Mangel eines wesentlichen Interesses. Weshalb aber ein solches vorliegt, ist im allgemeinen ohne Bedeutung, ebenso der Umstand, daß es in der Hand des Eigentümers liegt, ein solches Interesse in Wegfall zu bringen. Wenn aber der Eigentümer des Grundstücks, auf welches eingewirkt wird, durch ganz anomales oder verbotswidriges Handeln oder Unterlassen einen Zustand herbeiführt, infolgedessen eine an sich unwesentliche Beeinträchtigung wesentlich ist, kann er nicht verbieten[71]) (vgl. unten N. 82).

Bei Prüfung der Frage, ob eine Einwirkung übermäßig ist, ist das Gericht aber keineswegs an etwa hierüber erlassene polizeiliche Anordnungen gebunden[72]). Gewerbepolizeiliche Genehmigung eines Betriebs kann den Anspruch auf Unterlassung unter Umständen in einen solchen auf bloße Schadloshaltung umwandeln[73]).

Wenn seitens verschiedener Nachbarn unabhängig voneinander Immissionen zugeführt werden, und erst durch das Zusammenwirken aller Immissionen eine wesentliche Beeinträchtigung der Benutzung des Grundstückes herbeigeführt wird, ist gleichwohl diese Beeinträchtigung als durch jede einzelne Immission herbeigeführt zu erachten. Dies ergibt sich aus dem oben erwähnten Zweck der Vorschrift; es ist jede einzelne Einwirkung kausal für den durch alle herbeigeführten Erfolg[74]). Auch kann

---

[69]) S. darüber unten § 16 N. 116 u. 117. [70]) Vgl. BayOGH 17, 19; Bolze 10 Nr. 67.

[71]) Z. B. wenn er beim Bau seines Hauses die Trennungswand gegen die Schreinerei des Nachbars entgegen baupolizeilicher Vorschrift zu dünn aufgeführt hat. (Dernburg, Sachenrecht 274 Anm. 16; JW 12, 589; Gruchot 34, 476.) Vgl. unten N. 82, 118 und 127.

[72]) RG 133, 152; R 05, Nr. 846 (RG), vgl. unten N. 110 u. 148.

[73]) S. darüber unten § 39; sonstige polizeiliche Genehmigung übt keinen rechtlichen Einfluß; vgl. JW 04, 487 Nr. 12; RG 133, 152.

[74]) Vgl. RG HRR 39, 889; RG 21, 300; Riehl, Gruchot 51, 159 kommt praktisch zu demselben Ergebnis. Dem Immittenten liege der Nachweis ob, daß s e i n e Immissionen nicht über das Maß des Erlaubten hinausgehen. Da diesen Nachweis in solchen Fällen niemand zu erbringen vermöge, so falle die das Maß des Gemeinüblichen und Erlaubten überschreitende Gesamtwirkung allen zur Last. Diese Begründung ist bedenklich. Beizupflichten wird aber Riehls weiterer Ausführung sein, daß es bezüglich der Schadensersatzklage ex delicto und § 26 der Gewerbeordnung darauf ankomme, ob der Anteil des einzelnen an dem angerichteten Schaden feststellbar sei oder nicht; ersterenfalls habe ein jeder nur die auf ihn fallende Quote des Schadens zu ersetzen; letzterenfalls haften alle als Gesamtschuldner, das ergebe sich bei der Deliktsklage aus § 830, bei der Klage aus § 26 der Gewerbeordnung aus § 431 BGB. Vgl. JW 08, 119. (Es besteht kein Gesamtschuldverhältnis bei Schädigung durch Bergbau einer Gewerkschaft und durch Immission Dritter.)

von keinem der mehreren Immittenten eingewendet werden, daß die anderen neben oder vor ihm belangt werden müssen[75]).

Immer aber muß objektiv die Benutzung beeinträchtigt sein. Es muß daher regelmäßig das Empfinden eines normalen Durchschnittsmenschen zugrunde gelegt werden; auf persönliche Nervosität oder individuelle Eigentümlichkeit ist keine Rücksicht zu nehmen[76]). Entscheidend dafür, welche Lärmstörungen zu dulden sind, ist also nicht das subjektive Empfinden einer einzelnen besonders empfindlichen Person, sondern nur das normale Empfinden von Durchschnittsmenschen (RG JW 32, 399; München HRR 41, 29). Ist aber die Unzulässigkeit der Einwirkung rechtlich einwandfrei festgestellt, so hat der Störer die gesundheitsschädigenden Folgen solcher schuldhaft herbeigeführter Einwirkungen in der Regel auch dann zu vertreten, wenn von ihnen gesundheitlich schwache oder besonders empfindliche Personen betroffen werden, sofern nur zwischen beiden der Kausalzusammenhang feststellbar ist (RG HRR 32, 1578).

Der von der benachbarten Fabrik kommende Lärm beeinträchtigt die Benutzung wesentlich, weil das davon betroffene Grundstück eine Nervenheilanstalt ist, nicht aber, weil der derzeitige Eigentümer nervenkrank ist[77]). Die Raucheinwirkung einer Dampfmaschinenhalle beeinträchtigt das Nachbargrundstück infolge der dadurch herbeigeführten Erschwerung von Zielübungen, wenn es als Schießstand eines Schützenvereins dient, nicht aber, weil der derzeitige Besitzer nach einem Scheibenstand schießen will.

Zur Annahme einer wesentlichen Beeinträchtigung genügt es, wenn das Wohnen an Annehmlichkeit verliert und dadurch der Wert des Grundstücks herabgemindert wird[78]). Aber auch hier ist das Empfinden eines normalen Menschen zum Maßstab zu nehmen. Ist hiernach eine nur unwesentliche Beeinträchtigung anzunehmen, so verschlägt es nichts, wenn eine Erschwerung der Vermietbarkeit infolge der Geräusche erwiesen wird[79]), weil gerade ein Mietlustiger an den Geräuschen Anstoß genommen hat. In einem Badeort können für einzelne Wohnungsgebiete, welchen der Charakter einer besonders ruhigen Kurlage aufgedrückt ist, strengere

---

[75]) Vgl. Bolze 6 Nr. 134; RG HRR 39, 889.

[76]) Endemann 472 Anm. 45; R 03 Nr. 2789 (Jena), ebenda Nr. 2887 (Colmar); SeuffA 59 Nr. 125 (RG); JW 04, 384; JW 32, 400 (Tanzlokal, Schlafen bei offenem Fenster). R 09 Nr. 1500 (Öffnen der Fenster unter Tags). Es kann nicht als eine bloße Laune bezeichnet werden, wenn Kurgäste in einem Luftkurort während der Nacht die Fenster offen halten. Deshalb Verurteilung auf Unterlassung der Zuführung des von Pfauen, Truthähnen und Perlhühnern eines Tierparks verursachten Nachtlärms (Schweizer Bundesgericht 5. 2. 1914). In einem Badeplatz sind bezüglich Lärms, Rauches usw. strengere Anforderungen zu stellen als in einer anderen Stadt, auch wenn dies keine Fabrikstadt ist. Vgl. JW 04, 203 Nr. 15 (Küchengerüche in einem Badeort). Ähnlich für ein Villenviertel R 09 Nr. 1133. Vgl. ferner HRR 41, 29 (München).

[77]) Endemann 472 Anm. 45; Staudinger Anm. II, 1b zu § 906.

[78]) R 08 Nr. 1198 (Frankfurt); WarnE 36, 172 (Lärm von Autoreparaturwerkstätte).

[79]) R 09 Nr. 2114 (RG).

Anforderungen gestellt werden, durch welche das besondere Ruhebedürfnis der erholungsbedürftigen Kurgäste berücksichtigt wird. Für eine solche Lage ist eben das Empfinden der Kurgäste das normale[80]).

An der Wesentlichkeit der Beeinträchtigung ändert der Umstand nichts, daß sie nur infolge einer solchen Benutzung des von der Immission betroffenen Grundstückes herbeigeführt wird, welche ungewöhnlich ist. Auch kann sich der Immittent nicht darauf berufen, daß jener seine Schädigung selbst abwenden könne[81]).

Er braucht also nicht zur Abdämpfung des Lärms seine Fenster zu schließen oder seine Hauswand zu verstärken. Andrerseits muß er aber die Einrichtungen und Maßnahmen treffen, die allgemein gebräuchlich sind und die jeder billig denkende Nachbar unter gleichen Verhältnissen auf sich nehmen würde. Unterläßt er dies, so hat er es sich selbst zuzuschreiben, wenn sein Eigentum wesentlich beeinträchtigt wird. M. a. W. die wesentliche Beeinträchtigung wird nicht durch die Einwirkung herbeigeführt, sondern durch das eigene Verhalten des Betroffenen[82]). Nicht wesentlich ist eine Einwirkung, wenn das betroffene Grundstück schon durch andere Immissionen, welche es dulden muß, so sehr beeinträchtigt ist, daß weitere Einwirkungen den Gesamtzustand nicht ändern können[83]).

2. bei Ortsüblichkeit: Wird durch die Zuführung von Immissionen die Benutzung des benachbarten Grundstücks wesentlich beeinträchtigt, so kann dessen Eigentümer in der Regel die Zuführung dann nicht verbieten, wenn sie durch eine Benutzung des anderen Grundstücks herbeigeführt ist, die nach den örtlichen Verhältnissen bei Grundstücken dieser Lage gewöhnlich ist; werden in einer bestimmten Gegend („Lage") die Grundstücke so benutzt, daß andere Grundstücke dieser Gegend dadurch beeinträchtigt werden, so sollen alle Grundstücke gleich behandelt werden, und jeder Eingesessene dieser Gegend darf diese Benutzung beginnen oder weiterführen, wie andererseits der Eigentümer dieser Lage grundsätzlich verpflichtet ist, sich diese Störungen gefallen zu lassen. Eine Ausnahme hiervon ist nach dem vom Reichsgericht entwickelten und vom Bundesgerichtshof übernommenen Begriff des „nachbarlichen Gemeinschaftsverhältnisses" (vgl. unten § 38 I 1) nur dann anzunehmen, wenn die an sich ortsübliche Immission die Existenz des Nachbarn bedroht oder gefährdet; in solchem Falle muß der Schädiger als billigen

[80]) Vgl. N. 76.

[81]) WarnE 02 Nr. 359; 09 Nr. 359; 11 Nr. 187; 13 Nr. 227; JW 12, 589.

[82]) Vgl. JW 12, 589; WarnE 13 Nr. 227; Gruchot 34, 476. (Scheidewand unter der polizeilich vorgeschriebenen Stärke; Einrichtung eines empfindlichen Betriebs unmittelbar an der Nachbarwand ohne die üblichen Vorkehrungen.) Vgl. hierzu Hodes in NJW 54, 644 zu OLG Köln in NJW 53, 1592; ferner oben N. 71 und unten im Text zu N. 118 und N. 127.

[83]) Staudinger Bem. II 4 zu § 906; JW 10, 149 (RG).

Ausgleich einen Teil des Schadens übernehmen, wobei allerdings dem Geschädigten der Einwand des mitwirkenden Verschuldens nach § 254 BGB entgegengehalten werden kann, wenn dieser trotz vorhandener Möglichkeit es unterlassen hat, sich auf die vom immittierenden Grundstück ausgehenden Einwirkungen einzustellen bzw. sich ihnen anzupassen und so den Schaden zu vermindern[84]).

Bei Prüfung der Frage, ob die Benutzung gewöhnlich ist, ist regelmäßig die nächste Umgebung des in dieser Art benutzten Grundstückes maßgebend, weiter entfernte Ortschaften oder die Verhältnisse in anderen Städten sind regelmäßig nicht zu berücksichtigen[85]). Immerhin ist es zulässig, Ortsüblichkeit anzunehmen, wenn ein ähnlicher Betrieb nicht in demselben Dorfe, wohl aber allgemein in anderen Dörfern auf ähnlicher Grundlage üblich ist[86]). Dies gilt namentlich auch dann, wenn es sich um einen sehr großen, weit ausgedehnten Betrieb handelt. Es würde sonst ein industrielles Unternehmen um so schlechter gestellt sein, je bedeutender

---

[84]) So mit Recht RG 154, 165: Sind im Vergleichsraum Industriebetriebe einerseits und Landwirtschaft andererseits ortsüblich, so sind Einwirkungen des Industriewerks von solcher Art und solchem Maß, daß sie die Lebensbedingungen der Landwirtschaft zerstören müßten, nicht mehr rechtmäßig und führen zur Ausgleichspflicht; der Landwirt muß aber seinerseits die geringstempfindliche Bebauungsart wählen. Ferner RG 159, 140 und HRR 40, 294, wo allerdings der Begriff der Ortsüblichkeit verkannt ist; schließlich RG 162, 349 und 167, 14. (Abweichend früher RG R 08 Nr. 526 u. Nr. 317; ebenso OLG 5, 151 — Breslau —.) Unklar OGH BrZ in NJW 49, 713. Der BGH (MDR 51, 726; LM Nr. 2 zu § 903 BGB; NJW 55, 19) hat sich der reichsgerichtlichen Rechtsprechung angeschlossen. Vgl. auch Schulte in NJW 54, 495; Palandt Anm. 6 zu § 906; ferner unten § 38 I 1.

[85]) SeuffA 65 Nr. 242 (RG); R 03 Nr. 32 (RG); 08 Nr. 318 (RG). Vgl. auch R 03 Nr. 2263 (BayObLG Verlegung einer Brückenwage in eine andere Stadtgegend). Es ist für die Beobachtung, unter angemessener Berücksichtigung aller Umstände, ein Bezirk abzugrenzen (JW 08, 12 Nr. 12); BGH. NJW 55, 19.

[86]) Z. B. eine Schmiede; DJZ 06, 486 (RG). Ähnlich R 11 Nr. 2733 (RG) für Schützenhäuser im Kreise Teltow und Niederbarnim. Vgl. R 10 Nr. 705 (verschiedene Städte derselben Gegend). HRR 40, 295 (Lärm von Rampen für Milchkannen). Dagegen besteht keine Berechtigung, auch weit entfernt liegende einzelne Ortschaften, Großstädte usw. mit zu berücksichtigen (SeuffA 65 Nr. 242; RG). Verschiedene Stadtteile einer Großstadt können trotz räumlicher Trennung als zusammengehörig betrachtet werden, wenn sie durch die bes. Art ihrer Bebauung (Villenstil, herrschaftliche Miethäuser) ein einheitliches charakteristisches Gepräge haben, durch das sie sich in erkennbarer Weise von der anderen Stadtteilen unterscheiden (SeuffA 71, 281; — RG — Bedürfnisanstalten in Villenvierteln). Handelt es sich um eine städtische Schmiede, so genügt zur Annahme der Ortsüblichkeit die Feststellung, daß der betreffende Stadtteil der unruhigste der ganzen Stadt ist (R 07 Nr. 1036). Vgl. OLG 5, 151 (Breslau). Der mit dem Straßenbahnbetrieb verbundene Lärm gilt als ortsüblich (RG 57, 224). Desgleichen die gewöhnlichen vom Eisenbahnbetrieb ausgehenden Einwirkungen. Anders liegt dagegen die Sache, wenn eine ungewöhnliche Konzentration des Betriebes an einer Stelle stattfindet (vgl. RG 70, 154; BayZ 09, 148; RG SeuffA 65 Nr. 242; vgl. R 19 Nr. 2124 RG; [RG] JW 38, 2969 [Verschiebe- und Abstellbahnhof]).

und für den Ort bedeutsamer es ist. In solchen Fällen ist es gerechtfertigt, die Worte „in der Lage“ in einem weiteren Sinn aufzufassen und bei der Heranziehung von Vergleichsobjekten über den Ort des Unternehmens hinauszugehen und auf das Maß von Einwirkungen zu sehen, das von anderen Grundstücken auszugehen pflegt, die je nach der Eigenart und dem Umfang des Unternehmens in einem engeren oder weiteren Umkreis um seinen Sitz herumgelegen sind, und in gleicher oder gleichartiger Weise benutzt werden[87]). Es sind zunächst die Verhältnisse der ganzen Stadt ins Auge zu fassen. Nur dann darf die Beobachtung auf einen Teil der Stadt beschränkt werden, wenn dieser durch die Art seiner Bebauung oder des dortigen Wirtschaftslebens ein ihm eigentümliches, von anderen Stadtteilen in objektiv erkennbarer Weise unterschiedenes Gepräge trägt[88]). Dabei muß man sich jedoch bewußt bleiben, daß es sich bei der Ausscheidung einer bestimmten Lage aus dem gesamten Ortschaftsgebiete um einen Ausnahmefall handelt, mit dem man nicht ohne weiteres bei der Hand sein soll[89]). Die Feststellung, daß der fragliche Stadtbezirk keine Fabrikgegend sei, in der Geräusche und Qualm in dem erwiesenen Maße als ortsüblich zu bezeichnen seien, genügt deshalb nicht, wenn die betreffende Stadt eine Fabrikstadt ist; dann wäre vielmehr die weitere Feststellung erforderlich, daß das Stadtviertel, in welchem die Grundstücke der Parteien liegen, ein Villenviertel ist[90]). Ist der betreffende Stadtteil ganz überwiegend Wohnviertel, so ändert an diesem Charakter der Umstand nichts, daß vereinzelte Gewerbe mit kleinerem Maschinenbetrieb darin vorkommen[91]).

Das Vergleichsgebiet ist so zu umgrenzen, wie es sich infolge des dem betreffenden Umkreis eigentümlichen Gepräges (Charakters) als zusammengehörig dem Beobachter darstellt[92]), auch wenn die Teile des Vergleichsgebiets verschiedenen Ortsgemeinden oder Provinzen angehören[93]).

Um die Ortsüblichkeit annehmen zu können, ist eine gleichartige Übung bei einer Mehrheit[94]) von Grundstücken erforderlich[95]). Deshalb

---

[87]) JW 10, 942; vgl. RG 70, 154; DJZ 06, 485.

[88]) R 04 Nr. 1163; JW 04, 175 Nr. 18 (RG); 08, 11; 10, 149; 16, 149; 19, 312; vgl. RG 70, 311 (Villenkolonie Grunewald bei Berlin); RG 105, 217 (ein in eine Großstadt eingemeindetes früheres Dorf); 133, 152 (Omnibuslinie); 139, 29 (Kokerei und Brikettfabrik); 154, 161 (Industrie u. Landwirtschaft); 156, 315 (Flugkoks von Brauerei); SeuffA 71, 281.

[89]) JW 19, 312.

[90]) R 08, Nr. 530 (RG).

[91]) OLG 26, 125 (München).

[92]) RG 133, 152; vgl. R 23 Nr. 1239 (Hamburg), wo das ganze Gebiet des Hamburger Hafens mit seinen Werftanlagen zusammengefaßt wird.

[93]) Vgl. LZ 16, 1098 — RG — (Ortsüblichkeit eines Musikkaffees in einer Wohnstraße, wenn daselbst noch zwei gleiche Kaffees festgestellt sind).

[94]) LZ 16, 740; R 16 Nr. 1302 (RG).

[95]) JW 08, 12 Nr. 12 (RG). Vgl. aber auch OLG 5, 151. Eine Mehrheit von Grundstücken kann unter Umständen selbst dann angenommen werden, wenn die mehreren

genügt das zeitliche Nachfolgen eines einzigen neuen störenden Betriebes auf einen gänzlich beendeten störenden Betrieb nicht[96]). Es ist aber nicht erforderlich, daß die Betriebe, von welchen die Einwirkung ausgeht, ganz gleichartig sind[97]), es genügt, wenn die Einwirkungen im wesentlichen gleichartig sind[98]). Es stellt kein Erfordernis für den Begriff der Gemeinüblichkeit dar, daß die betreffende Benutzungsart während einer bestimmten längeren Zeit geübt worden ist[99]). Es kann deshalb diese Gemeinüblichkeit auch dadurch begründet werden, daß gleichzeitig eine größere Anzahl von Betrieben mit der gleichen Benutzungsart in eine bis dahin hiervon freie Lage verlegt wird.

Wenn der Wind die unausstehlichen Gerüche eines Fabrikbetriebes in das eine halbe Stunde entfernte Villenquartier trägt, müssen das die Villenbewohner ertragen, wenn in der Lage, in welcher die Gerüche aufsteigen, eine Benutzung, mit welcher die Erzeugung derartiger Gerüche verbunden ist, gewöhnlich ist[100]).

Der mit dem Dreschen verbundene Staub ist für denjenigen, der in einem Dorfe seine Sommervilla hat, so unangenehm wie für den Bewohner eines städtischen Hauses. Aber den örtlichen Verhältnissen auf dem Lande entspricht es, daß der Landmann sein Getreide mittels Dampfbetriebes ausdreschen läßt. Deshalb kann der Eigentümer der

---

Parzellen im Grundbuch zu einer rechtlichen Einheit oder wenn sie zu einer wirtschaftlichen Einheit (Vereinigung zu einem Gewerbebetrieb) zusammengefaßt sind (RG 70, 153). Bei einem solchen Großbetrieb können andererseits höhere Anforderungen hinsichtlich der Vermeidung ungünstiger Einwirkungen gestellt werden (R 15 Nr. 889 — RG).

[96]) R 04 Nr. 1280 (RG).

[97]) OLG 5, 151 (Breslau).

[98]) Das ist aber nicht schon deshalb der Fall, weil die verschiedenen Betriebe Rauch zuführen. Es macht einen wesentlichen Unterschied in der Art der Zuführung aus, ob die den Rauch entwickelnden Eisenbahnlokomotiven in der Höhe des oberen Stockes und in der Entfernung von nur 1 m vorüberfahren und den Rauch unmittelbar auf das Haus werfen, oder ob der aus hohen Fabrikschloten kommende Rauch erst nach der im Luftraum erfolgten Verteilung auf die Grundstücke herabkommt. R 08 Nr. 528 (RG). Ein Eisenwerk kann sich nicht darauf berufen, daß gleiche und noch stärkere Einwirkungen durch den benachbarten Straßenbahnverkehr und Eisenbahnbetrieb verursacht werden, weil hinsichtlich der Art, des Maßes und der Zeit der Einwirkungen wesentliche Verschiedenheiten bestehen. R 08 Nr. 1199 (RG). Miteinander vergleichbar sind nur gleichartige Verhältnisse (RG 57, 227). Wenn also als Grund des Anspruchs Lärm geltend gemacht wird, kann der Anspruch nicht damit abgewehrt werden, daß andere Betriebe jener Gegend üble Gerüche entwickeln (JW 10, 941; R 17 Nr. 2736 (RG). Ebensowenig kann von Gleichartigkeit bei Fabriklärm und Gewehrknall die Rede sein (R 11 Nr. 2736 RG). Dort ist jedoch mit Recht bemerkt, daß der anders geartete Lärm des Fabrikbetriebs für die Frage von Bedeutung sein kann, ob das Hinzukommen der Schießgeräusche überhaupt noch einen fühlbaren Eindruck macht (eine wesentliche Beeinträchtigung darstellt). — Andererseits ist nicht für jede einzelne Geräuschart (Pfeifen, Summen) selbständig zu untersuchen, ob sie ihr Gegenstück in einem gleichartigen Geräusch anderer Betriebe findet. Vielmehr ist, wenn mehrfache Geräusche herüberdringen, ihre Gesamtwirkung und das Maß der durch diese hervorgerufenen Belästigung ausschlaggebend für die Frage der Üblichkeit (JW 19, 50 RG).

[99]) Vgl. RG 21, 299. [100]) Cosack 2, 151.

Sommervilla die damit verbundene Belästigung nicht von sich abweisen[101]). Dem Eigentümer des städtischen Anwesens steht dagegen regelmäßig das Verbietungsrecht zu; denn in der Stadt ist der Dreschmaschinenbetrieb etwas außergewöhnliches (vgl. aber N. 86). Liegt das städtische Anwesen in einem Fabrikviertel, so wird sich jeder Eigentümer den mit dem Fabrikbetrieb verbundenen Rauch, Ruß und Lärm gefallen lassen müssen. Den Staub der Dampfdreschmaschine, der im Vergleich mit jenen Einwirkungen eine viel geringere Belästigung darstellen mag, braucht er dagegen nicht zu dulden; denn der landwirtschaftliche Betrieb wird für ein Fabrikviertel regelmäßig nicht als gewöhnliche Benutzungsart gelten können. Andererseits kann unter Umständen auch auf dem Lande die Dampfdrescherei zu einer außergewöhnlichen Art der Benutzung werden. Dann nämlich, wenn sie sich nicht darauf beschränkt, eigenes Getreide auszudreschen, sondern als ein selbständiger Gewerbebetrieb ausgeübt wird. Der Eigentümer der Sommervilla in einem Dorf kann daher die Zuführung des mit dem Dampfmaschinenbetrieb verbundenen Staubes, Lärmes und Rauches verbieten, wenn der Dampfdreschmaschinenbesitzer, von dem die Ortsangehörigen ihr sämtliches Getreide gegen Entgelt ausdreschen lassen, die Dreschmaschine auf der Ortsstraße oder in einem benachbarten Hofe als Standquartier aufstellt; denn ein derartiger Großbetrieb ist nach den örtlichen Verhältnissen außergewöhnlich[102]). Anders, wenn der Dampfdreschmaschinenbesitzer mit seiner Maschine von Hof zu Hof zieht.

Auf dem Lande muß man die Gerüche eines Misthaufens und eines einigermaßen reinlich gehaltenen Schweinestalls in Kauf nehmen.

Liegt ein Dampfhammer in einem Industrieviertel, so müssen solche Erschütterungen, welche das Schreiben und Zeichnen behindern, ertragen werden, da es dort infolge der verschiedenen Werke, der Eisenbahn usw. allenthalben zittert[103]). Der Lärm und Ruß, den eine Holzzerkleinerungsmaschine, die von Haus zu Haus gefahren wird, durch die Aufarbeitung des Holzes für den Hausgebrauch verursacht, muß geduldet werden.

Für die Frage, welche Benutzung in einer Gegend gewöhnlich ist, kommt es nicht nur auf die Art, sondern auch auf das Maß der Benutzung der anderen Grundstücke an. Eine besonders schädigende Benutzungsweise eines Grundstücks (Zuführung von besonders schädlichen Gasen) kann daher ungewöhnlich sein, obwohl in der Gegend ähnliche Fabrikbetriebe mit weniger schädigenden Ausströmungen von den Nachbarn geduldet werden müssen[103a]). Ebenso ist es nicht gestattet, einen Betrieb, mit dem ein gewisses Maß von Geräusch verbunden ist, das als gewöhnliche Benutzung des Grundstücks nicht verboten werden kann, rücksichtslos zu steigern, so daß nun die Störung, die bisher die Grenze, wo sie wesentlich wird, nur wenig überschritten hat, weit über diese Grenze hinausgeht[104]).

---

[101]) Vgl. SeuffA 42 Nr. 100.

[102]) Vgl. SeuffA 48 Nr. 247.

[103]) Bolze 3 Nr. 89.

[103a]) BGH in BB 54, 1010; BGHZ 15, 146; MDR 55, 28; NJW 55, 19; OLG Köln in MDR 55, 359.

[104]) JW 03 Beil. 103. Vgl. JW 00, 890; 03 Beil. 86; 02 Beil. 202 (Übergang zur Nachtarbeit); OLG 18, 125; R 03 Nr. 32 (Erweiterung des Fabrikbetriebs); OLG 5, 151 Breslau (Einführung eines neuen Verfahrens). RG bei WarnE 03 Nr. 386; HRR 40, 509 (Verstärkung eines in der Nähe eines Fremdenheims liegenden Steinbruchbetriebs).

Werden in einem Viertel die Grundstücke gewöhnlich in der Weise benutzt, daß auf ihnen die Elektrizität in eigenen Kraftanlagen erzeugt wird, so kommt es noch weiter darauf an, welches Maß von Geräusch und von Erschütterungen hierbei gewöhnlich erzeugt wird[105]). Denn für die Frage der Ortsüblichkeit ist nicht oder doch nicht stets allein entscheidend, ob die Anlage in gleicher oder in wesentlich ähnlicher Weise hergestellt und eingerichtet ist, wie Anlagen auf anderen Grundstücken dieser Lage. Vielmehr kommt es vornehmlich oder doch auch darauf an, ob im Hinblick auf die schädliche Wirkung die Art und das Maß dieser Benutzung gleich oder im wesentlichen gleich zu erachten ist der Art und dem Maß der Benutzung auf den anderen Grundstücken[106]).

Es kommt aber nicht darauf an, ob neben dem Grundstück des Klägers auch andere Grundstücke in demselben Maße leiden, sondern darauf, ob die beeinträchtigende Benutzung nach den örtlichen Verhältnissen bei Grundstücken der in Frage kommenden Lage gewöhnlich ist. Wird diese Frage bejaht, so ist es gleichgültig, daß das Grundstück des Klägers stärker belästigt wird als die Nachbargrundstücke[107]).

Der Begriff der Ortsüblichkeit ist im wesentlichen tatsächlicher Natur[108]). Hierfür ist die Anschauung und der zu vermutende Wille der Mehrheit der Bewohner der betreffenden Gegend in Betracht zu ziehen[109]); die Anschauung der Polizeibehörde kann höchstens im Sinne eines Spiegels der Auffassung der Bevölkerung verwertet werden[110]) (s. oben N. 72 und unten X.).

Die örtlichen Verhältnisse sind jeweils nach dem derzeitig bestehenden Zustande zu würdigen[111]). Auf Erscheinungen, die erst in Zukunft zu erwarten sind, ist keine Rücksicht zu nehmen[112]).

Die Ortsüblichkeit des § 906 ist ein „einigermaßen beweglicher Regulator, der sich mit den veränderten Verhältnissen selbst verändert"[113]). Mit der Fortentwicklung und Ausdehnung der Industrie ändert sich der Charakter einer Gegend und damit auch das Maß der ortsüblichen Beeinträchtigung von Nachbargrundstücken[114]). Neben der wirtschaftlichen Entwicklung kommt dem Verkehrsfortschritt maßgebliche Bedeutung zu:

---

[105]) OLG 2, 252.

[106]) SeuffA 71, 281 RG (Bedürfnisanstalt); vgl. Gruchot 47, 955.

[107]) R 09 Nr. 989 (Hamburg).

[108]) JW 03 Beil. 86; 05, 495 Nr. 21 (RG). RG 105, 217; 159, 140.

[109]) RG 64, 363; 105, 213.

[110]) Vgl. SeuffA 71, 280 (RG). Einem jahrelang bestehenden tatsächlichen Zustand wird übrigens durch Proteste der Angrenzer sein den Charakter der Stadtgegend als eines Fabrikviertels bestimmender Einfluß nicht genommen. (SeuffA 64 Nr. 213 RG).

[111]) Vgl. JW 93, 315 und 02 Beil. 202; OLG 6, 111. Mit der Änderung der örtlichen Verhältnisse kann gerade auch der Maßstab des Gemeinüblichen eine Änderung erfahren. R 09 Nr. 687 (RG). R 23 Nr. 1239; HansGZ 23 Bbl. 155; (Ausdehnung des Hamburger Hafens). Vgl. Westermann § 63 II 3c; Gruchot 46, 370; Staudinger Bem. IIIc zu § 906; JW 07, 17 Nr. 20.

[112]) R 11 Nr. 2735 (RG).

[113]) Mot. 3, 267; RG 154, 161; OGH BrZ in NJW 49, 713.

[114]) R 23 Nr. 1239; HansGZ 23 Bll. 155 (Hamburg).

Wächst der Verkehr sprunghaft an, so müssen die damit verbundenen Beeinträchtigungen grundsätzlich hingenommen werden[114a]). Ebenso muß sich der Straßenanlieger mit unerwarteten Änderungen abfinden, z. B. wenn durch die Entwicklung des Verkehrs oder durch Veränderungen im Straßennetz die Straße zur Ausfallstraße und damit zur Trägerin starken Verkehrs wird[114b]); jedoch brauchen deshalb noch nicht die Störungen geduldet zu werden, die von den im Zuge solcher Entwicklung notwendig entstehenden Rasthäusern mit Tankstellen und Reparaturwerkstätten ausgehen, die daher grundsätzlich nur außerhalb des eigentlichen Wohngebiets zulässig erscheinen[114c]).

Ist eine Molkerei seinerzeit auf unbebautem Areal errichtet worden, so ist, wenn inzwischen die Stadt an die Molkerei herangewachsen ist, nach städtischen Verhältnissen zu entscheiden, ob die Benutzung des Grundstücks zu einer Molkerei gewöhnlich ist[115]).

Ist andererseits durch das Anwachsen einer Stadt und durch die damit verbundene Steigerung des Bodenwertes aus einem früheren Fabrikviertel ein Wohnungsviertel geworden, indem nach und nach die Fabriken weiter hinausverlegt wurden, so darf der Fabrikherr, der allein seine Fabrik an der früheren Stelle weiterbetreibt, den Ruß und Rauch seines Betriebes den benachbarten Grundstücken nicht mehr in der gleichen Weise zuleiten wie früher.

Durch die Priorität (Prävention) wird eine Befugnis zur Fortsetzung der Immission nicht erworben[116]).

Der Fabrikherr kann sich daher nicht darauf berufen, daß seine Fabrik eher bestanden hat, als das Wohnhaus[117]).

Dies gilt auch für Entschädigungsansprüche wegen Immission selbst dann, wenn der Eigentümer des leidenden Grundstückes die nachteilige Einwirkung der auf dem Nachbargrundstücke befindlichen Anlagen auf die veränderte Benutzung seines Grundstückes (Wohnhausbau) voraussehen mußte; denn dann durfte er auch annehmen, daß der Nachbar Vorkehrungen treffen werde, die von da ab im Gegensatz zu früher als schädlich empfundene Einwirkung auf das zu ertragende Maß zurückzuführen[118]).

[114a]) RG 159, 137; Habscheid in MDR 54, 260.

[114b]) RG 133, 152; Habscheid a. a. O. Vgl. auch unten § 17 N. 11.

[114c]) So mit Recht Habscheid a. a. O.

[115]) Bolze 16 Nr. 65; JW 93, 315 Nr. 32.

[116]) JW 01, 19 Nr. 30; Gruchot 27, 905; RG 70, 152; 81, 225; 154, 165; 162/349; BGH NJW 55, 19; OLG Köln MDR 55, 359; R 01, 590 (Karlsruhe); JW 05, 495 Nr. 21 (Dampfkesselraum neben früher vorhandenem Eiskeller); Habscheid in MDR 54, 260; A. M. Westermann § 65 II 30, Hörle, Verwaltungsarchiv 10, 370 und zum Teil Endemann 473. Unzutreffend Scherer 3, 165: „Ein dreißigjähriger gleichmäßiger Betrieb begründet die Ortsüblichkeit im Sinne des § 906." Im Falle JW 90, 51 Nr. 17 wäre nach jetzigem Recht entgegengesetzt zu entscheiden.

[117]) SeuffA 46 Nr. 248.

[118]) RG 57, 232; Gruchot 45, 1015 (RG). Anders beim Bergbau s. Gruchot a. a. O.

Auch eine Verjährung des Anspruchs auf Gestattung der Zuführung der Immission ist nicht denkbar. Selbst wenn die Immission unter der Geltung des früheren Rechts 30 Jahre lang und länger unbeanstandet zugeführt wurde, so ist hierdurch kein Recht begründet worden, weil die Zuführung keine Rechtsausübung darstellt[119]).

Wenn ein Gärtner in einem Villenviertel seit 30 Jahren seinen Garten unbehelligt mit der Ausbeute seiner Senkgrube gedüngt hat, so darf der Nachbar die damit verbundene Einwirkung durch üble Gerüche gleichwohl verbieten. Denn weder die Rücksichtslosigkeit des einen, noch die Nachsicht des anderen hat einen Rechtszustand geschaffen[120]).

Entscheidend ist lediglich die tatsächliche allgemeine Übung, wobei keineswegs Voraussetzung ist, daß jedes Grundstück des ganzen Ortes in gleicher Weise benutzt wird. So ist es z. B. für die Ortsüblichkeit des Kegelns nicht erforderlich, daß etwa auf jedem Grundstück gekegelt wird[121]). Ist die Benutzung des Grundstückes nach Art und Maß bei Grundstücken dieser Lage nach den örtlichen Verhältnissen gewöhnlich, so kommt es nicht darauf an, ob die Einwirkung durch angemessene Maßregeln vermieden werden könnte.

Der Fabrikeigentümer ist nicht verpflichtet, schallsichere Fenster und Türen anzubringen, wenn dies auch sonst in jener Gegend nicht üblich ist. Er darf die Steinkohlen verwenden, die allgemein in der betreffenden Lage verfeuert werden, auch wenn sie besonders starken Qualm verursachen[122]). (Unter Umständen kann polizeilicher Schutz angerufen werden.) Dagegen muß der Fabrikant einen Rauchverzehrer auf seinem Kamin anbringen, wenn dies auch die anderen Fabrikanten seines Viertels tun.

Es kann sich für eine bestimmte Gegend eine Benutzungsweise des Eigentums als die dort gewöhnliche im Gegensatz zu dem herausbilden, was anderwärts, wo Menschen in geordneten Verhältnissen zusammenleben, gebräuchlich ist, und wo dies der Fall ist, muß diese Benutzungsweise geduldet werden[123]), mag auch die damit verbundene Beeinträchtigung für die Nachbargrundstücke noch so lästig und eine Abminderung dieser Belästigung noch so leicht möglich sein. Dabei kann es dann natürlich auch nicht von Bedeutung sein, daß nur ein einziges Grundstück im Verhältnis zu den anderen ungleich mehr belästigt wird[124]).

---

119) Vgl. RG 12, 173; 57, 229; 11 Nr. 51. Ähnlich, jedoch gegen Verallgemeinerung zurückhaltend, R 07 Nr. 1467 (RG).

120) Cosack 2, 152.

121) Gruchot 48, 605; DJZ 04, 407. Vgl. bez. des Kegelns JW 05, 231; danach soll das Kegeln in einer Stadt nur insoweit verboten werden können, als hierdurch ein übermäßiger, die Nachtruhe der Nachbarn störender Lärm in die Nachbarhäuser hinüberdringt. — Nach Gruchot 48, 604 wird andererseits der Begriff der Ortsüblichkeit noch nicht dadurch erfüllt, daß sich in einem Häuserblock mehrere Kegelbahnen befinden.

122) Vgl. Cosack 2, 152.

123) Vgl. RG 21, 299.

124) R 09 Nr. 989 (Hamburg).

Zur ortsüblichen Benutzung eines Grundstücks durch einen Betrieb gehört auch die ortsübliche Art der Einrichtung; so kann eine Schreinerei in einem festen Gebäude ortsüblich sein, dagegen ungewöhnlich sein, wenn sie in einem Bretterschuppen oder im Freien betrieben wird (HRR 36, 1357).

Ein Verzicht auf die Ansprüche wegen an sich unzulässiger Immissionen ist wirksam. Er kann auch stillschweigend erklärt werden; so z. B. kann in dem Verkauf der Teilfläche eines Grundstückes zur Errichtung einer Fabrik ein solcher Verzicht erblickt werden. Vgl. hierüber unten § 35 II u. § 38 III 2.

VI. Abwehrrecht

Während der Eigentümer gemäß § 903 BGB an sich jede Einwirkung Dritter ausschließen und zu diesem Behufe die negatorische Klage gegen den Störer erheben kann[125]), wird durch § 906 BGB eine Eigentumsbeschränkung auferlegt, wonach der Eigentümer gewisse Immissionen nicht verbieten, das heißt hierwegen den negatorischen Anspruch nicht erheben kann. Dagegen wird durch § 906 für den Eigentümer keine Duldungspflicht in dem Sinne begründet, daß es dem Eigentümer des beeinträchtigten Grundstückes verwehrt wäre, durch entsprechende Vorkehrungen die Immissionen tatsächlich abzuwehren[126]).

Er kann z. B. eine hohe Mauer zum Schutze gegen die Schallwellen des benachbarten Fabrikbetriebes errichten, auch wenn dadurch die Schallwellen für das Grundstück, auf welchem sie erzeugt werden, unerträglich werden sollten. Andererseits braucht der Eigentümer des beeinträchtigten Grundstückes solche Vorkehrungen in der Regel nicht zu treffen[127]). Hat aber sein Haus außergewöhnlich dünne Wände und könnte durch deren Verstärkung die Einwirkung der Schallwellen auf ein erträgliches Maß zurückgeführt werden, so wird man gegebenenfalls bei Anwendung der Grundsätze von Treu und Glauben das Verbietungsrecht versagen müssen, falls dem beeinträchtigten Grundeigentümer die Beseitigung des beeinträchtigenden Zustandes, z. B. durch Verstärkung der Wände, zuzumuten ist; zum mindesten aber wird man ihn für verpflichtet halten müssen, dem Nachbarn zu gestatten, daß dieser auf eigene Kosten die zumutbaren Abhilfemaßnahmen trifft[128]).

Die zur Abwehr berechtigende Vorschrift des § 903 BGB wird ergänzt durch § 228 (Selbsthilfe). Dieses Selbsthilferecht ist aber gegenüber den unter Naturschutz stehenden Singvögeln erheblich eingeschränkt; denn nur ausnahmsweise können die unteren Naturschutzbehörden zwecks Abwendung wesentlicher wirtschaftlicher Schäden Maßnahmen zum Bekämpfen von Dohlen, Staren, Grünlingen und Bluthänflingen gestatten

[125]) Vgl. hierüber unten § 16 VII.

[126]) M 3, 268 (Mugdan 3, 148); Prot. 3534 (Mugdan 3, 581).

[127]) Vgl. oben § 16 V 1 und N. 71, 82 und 118; ferner Turnau-Förster Anm. 9 zu § 906, JW 98, 447 Nr. 39.

[128]) SeuffA 45 Nr. 240; vgl. übrigens oben § 16 V 1.

(§ 22 I NaturschutzVO vom 15. 3. 1936 — RGBl. I 181 —); darüber hinaus können sie eine befristete Erlaubnis zur Tötung des Eisvogels nur geben, sofern dieser an künstlich angelegten Fischbrutteichen nachweislich wesentlichen wirtschaftlichen Schaden anrichtet (§ 22 II NaturschutzVO). Auch zugunsten der Singvögel gegenüber den ihnen nachstellenden Katzen ist die Anwendung des § 228 BGB eingeschränkt, denn nach § 16 NaturschutzVO ist jeder Grundstückseigentümer, Nutzungsberechtigte oder dessen Beauftragter nur berechtigt, fremde unbeaufsichtigte Katzen, die in der Zeit vom 15. 3. bis 18. 5. und, solange Schnee den Boden bedeckt, in Gärten, Obstgärten, Friedhöfen, Parken und ähnlichen Anlagen getroffen werden, einzufangen und in Verwahr zu nehmen: der Fang muß binnen 24 Stunden der Ortspolizeibehörde und dem etwaigen Eigentümer angezeigt werden. Das Tier töten darf nur die Ortspolizeibehörde, sofern die rechtzeitige Abholung unterbleibt[129]).

Auch das Eindringen von Bienen (s. hierüber oben § 16 II 3) kann der Nachbar durch entsprechende Vorkehrungen abwehren.

Wie weit geht aber dieses Recht zur Abwehr? Darf der Nachbar die Bienen, welche in sein Grundstück eingedrungen sind, töten? Sie stehen im Eigentum des Imkers und sind für den Nachbar fremde Sachen. Eine vorsätzliche oder fahrlässige Vernichtung der Bienen verpflichtet daher zum Schadenersatz, sofern die Vernichtung widerrechtlich ist (§ 823). Die Widerrechtlichkeit wird vor allem durch § 228 ausgeschlossen: Wer eine fremde Sache beschädigt oder zerstört, um eine durch sie drohende Gefahr von sich oder einem anderen abzuwenden, handelt nicht widerrechtlich, wenn die Beschädigung oder die Zerstörung zur Abwendung der Gefahr erforderlich ist und der Schaden nicht außer Verhältnis zu der Gefahr steht. Hat der Handelnde die Gefahr verschuldet, so ist er zum Schadenersatz verpflichtet. Daß diese Selbstverteidigung nach § 228 nur gegenüber einer einzelnen Biene, die mich belästigt, zulässig sein soll[130]), ist nicht einzusehen. Weshalb soll der Besitzer eines Konzertgartens, dem durch eine förmliche Bienenplage die Gäste vertrieben werden, nicht gegenüber dieser Gefahr, die sein Geschäft und vielleicht seine wirtschaftliche Stellung bedroht, das Recht des Selbstschutzes haben; es sind ja durch § 228 auch die reinen Vermögensinteressen geschützt[131]). Einer Überspannung des Rechtes auf Selbstschutz wird in der Praxis dadurch vorgebeugt werden, daß im Einzelfalle unter Berücksichtigung aller Umstände kritisch geprüft wird, ob denn wirklich die Vernichtung zur Abwendung erforderlich war und der Schaden nicht außer Verhältnis zu der Gefahr stand. Die Bienen müssen schon außergewöhnlich massenhaft in den Wirtschaftsgarten eingedrungen sein, wenn die Annahme gerechtfertigt sein soll, daß die Aufstellung von flüssigem Zucker, welchen die Bienen überreichlich mit der Folge des Verendens aufzunehmen pflegen, oder gar von Gift erforderlich war. Nur wenn dies der Fall war, entfällt die Rechtswidrigkeit. Bienen, die in bewohnte Räume eingedrungen sind, wird man regelmäßig mit allen Mitteln vernichten dürfen, gleichviel, ob sie nur vereinzelt oder zahlreich auftreten; in solchem Falle wird man sich regelmäßig

[129]) Die Entscheidung des Reichsmilitärgerichts in RMGE 12, 137 ist daher nicht mehr zutreffend.

[130]) So Kuhlenbeck im R 04 S. 309.

[131]) Staudinger Bem. 4a zu § 228.

nicht anders helfen können[132]). Natürlich darf das wiederum nicht dazu mißbraucht werden, um die Bienen anzulocken und die eigens angelockten Bienen zu töten. Es geht nicht an, die Rechtswidrigkeit grundsätzlich deshalb auszuschließen, weil das Aufstellen von flüssigem Zucker auf eigenem Grundstück nicht widerrechtlich sei (§ 903). An und für sich kann der Eigentümer freilich auf seinem Grundstücke tun, was er will, aber so wenig er ohne weiteres befugt ist, in seinem Garten einen giftigen Köder aufzustellen, um die fremden Katzen zu töten[133]), so wenig ist es ihm prinzipiell und unter allen Umständen erlaubt, einen zur Vernichtung der fremden Bienen bestimmten Stoff auszulegen. Ebenso ist es sicher, daß mir das Anlegen von Pflanzen auf meinem Grundstück nicht schon deshalb verboten werden kann, weil sie den Bienen schädlich sind; wenn aber die Anlegung dieser Bienenschädlinge gerade zu dem Zwecke geschieht, um die Bienen zu vernichten, kann dieses Mittel hinsichtlich der Zulässigkeit seiner Anwendung nicht anders beurteilt werden als das vorsätzliche Erschießen einer Katze[134]).

Der Bieneneigentümer hat gegen den Grundstückseigentümer keinen Anspruch auf Unterlassung von Maßnahmen, die den Bienen nachteilig werden könnten, wie dies z. B. für Baumspritzungen zur Schädlingsbekämpfung zutreffen kann. Denn die Verpflichtung zur Duldung des normalen Bienenflugs bedeutet schon eine Einschränkung der Rechte des Grundeigentümers; insoweit ist der Bieneneigentümer „Störer" am Grundeigentum, nicht aber kann umgekehrt der Grundeigentümer — im sachenrechtlichen Sinne — als Störer des Sacheigentums der Bienen angesehen werden. Für einen über die Duldung des normalen Bienenflugs hinausgehenden Abwehranspruch des Bieneneigentümers bietet das Gesetz keine Handhabe; daher steht dem Imker, dessen Bienen auf fremden Grundstücken durch zur Schädlingsbekämpfung verwendete Giftstoffe Schaden erlitten haben, in der Regel auch kein vom Nachweis eines Verschuldens unabhängiger Entschädigungs- oder Aufopferungsanspruch zu. Diesen vom BGH (NJW 55, 747; RdL 55, 213) entwickelten Grundsätzen ist zuzustimmen.

Honigraub, Raubbienen

Einer besonderen Untersuchung bedarf nun der Fall, daß in den Bienenstock eines

---

[132]) Dem Schokoladefabrikanten ist es unbenommen, sich gegen das Eindringen von Bienen in die Fabrikräume dadurch zu schützen, daß er an den Luft- und Lichtöffnungen flüssigen Zucker vermischt mit Salzsäure aufstellt.

[133]) S. oben im Text zu N. 129. Vgl. hierzu auch RGSt. 34, 296. So kann auch das Legen von Selbstgeschossen (Fußangeln) auf eigenem Grund und Boden rechtswidrig sein. Die Selbstgeschosse müssen so eingerichtet sein, daß sie erst gegenüber einem beginnenden Angriff in Tätigkeit treten; andernfalls kann der Veranstalter bei eintretenden Verletzungen Unschuldiger verantwortlich werden. Vgl. Olshausen, StGB 7. Aufl. Bem. 12c zu § 53; vgl. ferner § 367 Nr. 8 StGB.

[134]) Vgl. dagegen Friedrichs, DJZ 04, 688; Kuhlenbeck im Recht 04, 310; Kuhlenbeck will lediglich auf Grund des § 826 eine Haftung eintreten lassen. Strauß, DJZ 03, 367 versagt dem Grundeigentümer schlechtweg das Recht, auf seinem Grundstück Giftpflanzen zu halten oder Gift aufzustellen, um die vorüberfliegenden Bienen zu töten. BayZ 16, 91 (RG) läßt diese Frage dahingestellt.

Züchters fremde Bienen eindringen und daraus den Honig rauben[135]). Darf der Bienenzüchter zum Schutz gegen diese Beraubung seines Stockes die fremden Bienen durch Aufstellung von Gift töten?

Es steht fest, daß es eine besondere Raubbienenart nicht gibt, daß niemand imstande ist, seine Bienen auf Raub auszusenden, der Besitzer der beraubten Stöcke in 100 Fällen 99mal selbst die Schuld an der Räuberei trägt[136]), der der raubenden Bienen aber stets und unter allen Umständen schuldlos ist[137]); insbesondere rauben die Bienen nicht aus Hunger oder Honigmangel, sondern aus dem natürlichen Triebe, Honig zu suchen, wo er eben zu finden ist[138]). Es kann auch dem Züchter der raubenden Bienen nicht zugemutet werden, daß er seinerseits seine raubenden Bienen in den Keller stellt, weil er dabei den Verlust des Honigs und selbst des Bienenvolkes aufs Spiel setzt. Endlich gibt es viele anderweitige Mittel zur Abwehr der sog. Raubbienen, während von den Imkern in Theorie und Praxis einmütig als das verwerflichste Mittel der Selbsthilfe die Vergiftung der sog. Raubbienen angesehen wird[139]).

Daraus ergibt sich, daß der Imker nicht berechtigt ist, die fremden Raubbienen zu vergiften, da dies zur Abwendung der Gefahr nicht erforderlich ist; denn es stehen dem Imker genügend Mittel zu Gebote, um sich der Räubereien auf andere Weise als durch Tötung der Bienen zu erwehren. Das Vergiften der Raubbienen zum Schutz gegen die Räuberei verpflichtet deshalb zum Schadenersatz (§ 823). Aber selbst wenn die Widerrechtlichkeit durch § 228 ausgeschlossen wäre, würde in solchem Falle die Schadenersatzpflicht nach § 228 Abs. 2 bestehen, wenn der gefährdete Imker die Gefahr durch sein unsachgemäßes Handeln selbst verschuldet hat[140]).

Da fast ausnahmslos der Eigentümer der beraubten Stöcke schuld an der Räuberei ist, wird man dies im gegebenen Falle solange unterstellen dürfen, als nicht der Bienenzüchter den Entschuldungsbeweis erbringt.

Abgesehen von § 228 Abs. 2 kann hier übrigens unbedenklich § 826 angewendet werden, denn das Vergiften der Raubbienen gilt nach der Meinung aller anständigen Bienenzüchter als unanständig und unmoralisch.

Werden Bienen durch die giftigen Gase eines gewerblichen Betriebes, der nach § 16 GewO konzessioniert ist, in dem Luftraum über dem Grundstück des Gewerbebetriebes getötet, so haftet der Betriebsunternehmer nur dann auf Schadenersatz, wenn den bei der Konzession gemachten Auflagen, die als Schutzgesetz im Sinne des § 823 Abs. 2 zu erachten sind, zuwidergehandelt ist[141]).

VII. Eigentumsfreiheitsklage

(s. hierüber das Nähere unten § 38)

Soweit die Einwirkung durch Immissionen nach den Bestimmungen des § 906 nicht erlaubt ist, ist der Nachbar gemäß § 903 BGB zur Aus-

---

135) Nicht zu verwechseln mit dem Einfall eines Bienenschwarmes in eine fremde, besetzte Bienenwohnung (Not-, Hunger- oder Bettelschwarm). Die diesbezüglichen Rechtsverhältnisse sind in § 964 BGB geregelt.

136) Durch Verstöße gegen die Imkerkunst, insbes. durch Füttern bei Tage und bei offenen Fluglöchern. Berlepsch, Die Biene und die Bienenzucht (1860), 164; Huber, Die neue nützliche Bienenzucht (1905), 39.

137) Berlepsch a. a. O. 170; Huber a. a. O. 42; vgl. auch Bienenzeitung 98, 152.

138) Berlepsch a. a. O. 170; Huber a. a. O. 38 u. 42

139) Berlepsch und Huber a. a. O.

140) Urt. d. LG Würzburg vom 13. 2. 1907 R-Nr. 745/A II 1905.

141) RG 159, 69; BayZ 16, 91 (RG); JW 16, 38 (RG). Vgl. aber ferner RG DR 42, 1703 u. unten § 43 D III 2 c, ee.

schließung der Einwirkung berechtigt[142]). Die Klage, mit welcher diese unzulässige Einwirkung abgewehrt wird, ist die Eigentumsfreiheitsklage des § 1004 BGB. Sie geht auf Beseitigung der Beeinträchtigung und auf Unterlassung weiterer Beeinträchtigung.

Der Anspruch auf Beseitigung der Beeinträchtigung setzt das objektive Bestehen eines durch den Willen einer anderen Person aufrecht erhaltenen körperlichen Zustandes voraus; hier kommen solche Anlagen in Betracht, welche durch ihre Benutzung eine unzulässige Immission auf das Nachbargrundstück bewirken (§ 907), s. hierüber unten § 38 II 1.

Der Anspruch auf Unterlassung weiterer Beeinträchtigung setzt lediglich voraus, daß nach den Umständen weitere Beeinträchtigungen zu besorgen sind[143]) (s. darüber unten § 38 II 2). Der Klageanspruch geht in solchem Falle dahin: der Beklagte hat die Zuführung von Rauch und Ruß auf das Grundstück des Klägers insoweit zu unterlassen, als sie die Benutzung dieses Grundstückes wesentlich beeinträchtigt und durch eine Benutzung des Grundstücks des Beklagten herbeigeführt wird, welche nach den örtlichen Verhältnissen bei Grundstücken dieser Lage ungewöhnlich ist[144]). Der Kläger braucht nicht die Vorkehrung bestimmter Maßregeln, durch welche die unzulässige Beeinträchtigung hintangehalten werden soll, zu verlangen; er darf dies nicht einmal tun, ebensowenig als das Urteil hierüber Bestimmung zu treffen hat. All dies gehört in das Zwangsvollstreckungsverfahren (näheres hierüber s. unten § 38 II 2 und VIII).

Aktiv legitimiert zur Eigentumsfreiheitsklage ist der Eigentümer und der dinglich Berechtigte, nicht aber der Mieter und Pächter[145]) (s. darüber

---

[142]) Der Immittent kann sich in der Regel nicht darauf berufen, daß durch zu hohe Anforderungen hinsichtlich der Vermeidung schädlicher Einflüsse eine bestimmte Industrie vernichtet würde; R 08 Nr. 318 (RG); s. jedoch § 26 GewO (unten § 39).

[143]) Sind Kugeln von dem Schießstand bisher noch nicht herübergeflogen, so kann von der Besorgnis einer weiteren Beeinträchtigung nicht die Rede sein (R 11 Nr. 2732 RG).

[144]) Nach Staudinger Bem. IV 2 f β zu § 906; JW 08, 682 kann der Anspruch auf Unterlassung schlechtweg gerichtet werden; nur auf ausdrückliche Beanstandung des Beklagten sei der Urteilsformel die im Text angeführte Beschränkung beizufügen. Dem ist nicht beizupflichten. Dem Kläger steht nach dem Gesetz der Unterlassungsanspruch nur mit Einschränkung zu; der Richter kann daher nicht ohne Einschränkung verurteilen.

[145]) RG 59, 327. Der Mieter kann aber wegen Immissionen die Besitzstörungsklage erheben. Vgl. Endemann 474 Anm. 52 und 244 Anm. 9. Wegen des Verhältnisses von Mietern des gleichen Hauses zueinander vgl. oben N. 41. — Der Pächter einer Handelsgärtnerei kann wegen der Beeinträchtigung der von ihm gesetzten Pflanzen, die nach § 95 sein Eigentum sind, aus § 1004, im übrigen mit der Besitzstörungsklage vorgehen (RG 105, 213). Auch kann der Mieter den Vermieter aus § 536 dazu anhalten, daß er seinerseits gegen den Nachbar vorgeht. Vgl. OLG 17, 26 (Dresden). Der Mieter kann den Mietzins hinsichtlich solcher Immissionen mindern, die die Bewohnbarkeit der Mieträume in einem den Rahmen des § 906 überschreitenden Umfang beeinträchtigen (NJW 54, 111 — LG Braunschweig —). Eventuell kann der Mieter nach § 544 oder, wenn der

§ 38 IV 1); daher auch nicht der Imker gegenüber Beeinträchtigungen eines Grundstücks, das er mit seinen Bienenvölkern vorübergehend benutzt (RG 159, 68).

Passiv legitimiert zur Eigentumsfreiheitsklage ist der Störer (vgl. hierüber unten § 38 IV 2), ohne Rücksicht darauf, ob er Eigentümer des Grundstückes ist, von welchem die Störung ausgeht. Aber der letztere kann unter Umständen schon deswegen als Störer angesprochen werden, weil er den Zustand der Beeinträchtigung oder Gefährdung, der von seinem Grundstück aus für den Nachbarn herbeigeführt worden ist, nicht abstellt (z. B. als Vermieter bezüglich der von seinem Mieter begangenen Störung); s. darüber unten § 38 IV 2.

Eine besondere Gestaltung erleidet die Eigentumsfreiheitsklage gegenüber gewerblichen Anlagen durch § 26 der Gewerbeordnung (s. darüber unten § 39).

Die Eigentumfreiheitsklage selbst geht nicht auf Schadenersatz; hierfür ist Verschulden des Immittenten Voraussetzung (§ 823). Er mußte also voraussehen oder bei Anwendung der pflichtgemäßen Sorgfalt voraussehen können, daß von seinem Grundstücke aus eine unzulässige Einwirkung im Sinne des § 906 auf das Nachbargrundstück erfolgen werde (s. darüber unten § 43 A).

Nur in jenen Fällen, in welchen dem beeinträchtigten Eigentümer der Anspruch auf Beseitigung und Unterlassung der Immission durch Sondervorschrift entzogen ist, besteht nach der herrschenden, insbesondere auch vom Reichsgericht vertretenen Ansicht auch ohne Nachweis eines Verschuldens ein Schadenersatzanspruch (s. darüber unten § 43 D III 2).

VIII. Beweislast

Die Beweislast dafür, daß die Immission zulässig sei, trägt der Immittent. Der Eigentümer, welcher die Immission verbietet und den negatorischen Anspruch wegen der Immission erhebt, hat nur zu beweisen, daß eine Einwirkung vorliegt. Damit hat er zunächst seine Befugnis zur Abwehr dargetan; denn diese liegt an sich im Begriffe des Eigentums. Sache des Immittenten ist es, darzutun, daß diese Einwirkung erlaubt ist, daß also entweder durch die Einwirkung die Benutzung des Grundstücks nicht oder nur unwesentlich beeinträchtigt wird, oder aber die Einwirkung durch eine Benutzung des anderen Grundstückes herbeigeführt

---

Vermieter trotz Aufforderung nicht die erforderlichen Maßnahmen gegen den Nachbarn ergreift, aus § 538 ohne Kündigungsfrist aufkündigen. Hat aber der Mieter beim Abschluß des Mietvertrags gewußt, daß nebenan ein Hammerwerk betrieben werde, so stehen ihm gegenüber dem Vermieter diese Rechte nicht zu (§ 539), während sein Anspruch auf Besitzschutz gegen den Nachbarn von einer solchen Kenntnis nicht berührt wird.

wird, die nach den örtlichen Verhältnissen bei Grundstücken dieser Lage gewöhnlich ist[146]).

IX. Änderungen während des Prozesses

Wenn der Beklagte nach der Klageerhebung Abhilfe schafft, so wird hierdurch seine Verurteilung nur dann abgewendet, wenn er beweist, daß eine Wiederkehr der unzulässigen Einwirkung nach Lage der Sache als ausgeschlossen zu betrachten ist (s. hierüber unten § 38 II 2). Eine Steigerung der Einwirkung, die nach der Klageerhebung eintritt, ist natürlich bei der Entscheidung zu berücksichtigen[147]).

X. Öffentliches Recht

Selbstverständlich läßt § 906 alle im öffentlichen Rechte begründeten Vorschriften unberührt, andererseits wird eine nach § 906 unzulässige Immission durch polizeiliche Genehmigung nicht zulässig[148]). So kann der Eigentümer eines Grundstückes die nach § 906 nicht zulässige Zuführung des mit dem Fässerpichen verbundenen Rauches und Geruches auch dann verbieten, wenn das Fässerpichen[149]) auf dem von der Ortspolizeibehörde angewiesenen Platz stattfindet.

In Frage kommt neben reichsgesetzlichen Bestimmungen wie § 368 [6–8] StGB das örtlich sehr zersplitterte Polizeiverordnungsrecht[150]), dessen Erörterung über den Rahmen dieses Buchs hinausgeht.

§ 17. Verbotene Anlagen[1])

I. Abstand

Es gibt eine Menge von Anlagen, bei deren Errichtung sich der Eigentümer zwar streng innerhalb der Grenzen seines Eigentums hält, welche indessen im Laufe der Zeit, sei es, daß sie selbsttätig wirken, sei es,

[146]) RGK Bem. 8 zu § 906; Biermann Anm. zu § 906; Maenner 163; JW 01, 640 (RG); 02 Beil. 202 (RG); R 04 Nr. 1280 (RG); 09 Nr. 3133; JW 11, 326; RG 57, 224; 105, 217. A. M. Bunsen, Bernhöft und Binders Beitr. Heft 6, 419; Ortloff, Nachbarrecht 246f.; Leonhard, Beweislast 41, weil das Gesetz für den Regelfall das Verbietungsrecht ausschließe und den Anspruch nur ausnahmsweise gewähre.

[147]) RGK Bem. 13 zu § 906; JW 10, 654; R 11 Nr. 507; JW 11, 326 (RG).

[148]) Vgl. oben N. 72 u. 110. Anders bei gewerblich konzessionierten Anlagen nach § 26 GewO; s. hierüber unten § 39. — Über das Verhältnis des öffentl. Baurechts zum privaten Nachbarrecht vgl. ferner unten § 17 N. 58 u. 59, § 19 II 2f, § 25 N. 97, § 38 I 1 f und X. [149]) Vgl. BayVGH 19, 113 (Faßpichereien fallen nicht unter §§ 16, 26 GewO).

[150]) Vgl. Biermann, Polizei- u. Privatrecht in Pr. 36ff., 170ff.

[1]) Nach dem allgemeinen Grundsatz von der Abgrenzung der im Eigentum liegenden Machtverhältnisse der Grundstückseigentümer ist jeder auf seinem Grund und Boden in der Regel (vgl. aber § 38 I 1) unbeschränkt, er darf jedoch bei Ausübung seiner Be-

daß sie ihrem Zwecke gemäß oder zweckwidrig benutzt werden, zu unzulässigen Einwirkungen führen[2]). Sondervorschriften, welche von der besonderen Natur der einzelnen Anlagen ausgehend, die Einhaltung von Abständen gebieten und Vorsichtsmaßregeln auferlegen, hat man im Bürgerlichen Gesetzbuche[3]) mit Rücksicht auf die örtliche Verschiedenheit der Anschauungen nicht für angezeigt erachtet. Dies wurde durch den Vorbehalt des Art. 124 EG der Landesgesetzgebung überlassen (s. hierüber unten § 18).

II. Beseitigungsanspruch

Bei Anlagen, welche ihre Wirkung allmählich und unter kaum merklichen Fortschritten auf das Nachbargebiet erstrecken, wird die Lage beider Teile verschlimmert, wenn erst das Vorliegen einer grenzüberschreitenden Beeinträchtigung abgewartet werden muß, da die Erlangung des früheren Zustandes für den Beeinträchtigten erschwert und die Wiederherstellung für den anderen Teil mit Mühe und Kosten verbunden ist[4]). Aus diesem Grunde rechtfertigt sich ein grundsätzliches und allgemeines Präventivverbot, welches die von der Anlage ausgehenden Wirkungen, bevor sie die Grenzen überschreiten und fremdes Recht verletzen, zu verhüten sucht.

Demgemäß wird durch § 907 BGB dem Eigentümer eines Grundstückes die Befugnis verliehen, zu verlangen, daß auf dem Nachbargrundstück nicht Anlagen hergestellt oder gehalten werden, von denen mit

---

ugnisse nicht hinübergreifen in den Eigentumsbereich des Nachbarn. Solange daher eine von dem Eigentümer auf seinem Grundstück getroffene Einrichtung noch keine Einwirkung auf das Nachbargrundstück gezeitigt hat, hätte der Eigentümer des letzteren kein Recht, gegen den anderen einen Anspruch zu erheben, auch wenn mit Sicherheit oder doch Wahrscheinlichkeit in Zukunft unzulässige Einwirkungen von seiten der Nachbareinrichtungen hervortreten werden.

Dieser allgemeine Grundsatz wird aus wohlerwogenen Zweckmäßigkeitsgründen vom BGB durchbrochen. Es wäre unbillig, dem Nachbarn unter allen Umständen die Geltendmachung eines Anspruchs zu versagen, bis tatsächlich die unzulässige Einwirkung erfolgt und somit der Schaden eintritt. Die Vorschriften, welche dem Schutze des Eigentums bei bloßer Gefährdung desselben, also vor der tatsächlich erfolgten Einwirkung dienen, sind in den §§ 907—909 BGB enthalten (s. unten §§ 17—20).

[2]) M 3, 293 (Mugdan 3, 162).

[3]) Bei einer örtlichen Statutenkollision entscheidet über das Erfordernis des Grenzabstandes von Anlagen an sich das Recht desjenigen Gebietes, auf welchem sich die betreffende Anlage befindet. Müßte jedoch nach diesem Rechte ein Abstand eingehalten werden, nach dem Rechte des daran angrenzenden Grundstückes aber nicht oder nur in geringerem Maße, so ist nur diese Vorschrift zu berücksichtigen. Mit anderen Worten: bei Grundstücken, welche durch die Grenze verschiedener Rechtsgebiete geschieden sind, braucht für beide Grundstücke nur diejenige Rechtsvorschrift eingehalten zu werden, welche das Halten der Anlagen weniger erschwert. Vgl. Endemann 476 Anm. 60.

[4]) M 3, 294 (Mugdan 3, 163).

Sicherheit vorauszusehen ist, daß ihr Bestand oder ihre Benutzung eine unzulässige Einwirkung auf sein Grundstück zur Folge hat. Dieser Anspruch ist durch § 924 BGB der Verjährung entzogen.

Das Wesentliche bei § 907 ist somit, daß zur Begründung des Beseitigungsanspruches noch keine unzulässigen Einwirkungen auf das Nachbargrundstück stattgefunden zu haben brauchen[5]). § 907 setzt nicht voraus, daß die beiden in Betracht kommenden Grundstücke unmittelbar aneinander angrenzen[6]). Der Begriff der Nachbarschaft muß vielmehr soweit gefaßt werden, als der Einwirkungsradius der Anlage reicht.

Zwischen zwei Grundstücken befindet sich ein Gemeindeweg; auf der linken Seite des Weges steigt ein Rain empor, auf der rechten Seite des Weges fällt ein Rain ab. Der Eigentümer des höher gelegenen Grundstücks hat eine Auffahrt vom Gemeindeweg zu seinem Grundstück angelegt. Ein Teil dieser angeböschten Auffahrt liegt auf dem Gemeindeweg, so daß dieser hierdurch insoweit erhöht ist. Dadurch ist die Fahrbahn an dieser Stelle erhöht mit der Folge, daß die Fuhrwerke diese Erhöhung umfahren, da sie sonst umfallen könnten. Bei dieser Art der Benutzung des Feldwegs, die von dem Hersteller der Auffahrt bewirkt ist, ist mit Sicherheit zu erwarten, daß der Feldweg allmählich über seine Grenze auf das tiefer gelegene Grundstück herabgedrückt wird. Dessen Eigentümer kann gegen den Hersteller der Auffahrt, aber auch gegen die Gemeinde, weil diese das Halten der Auffahrt auf ihrem Eigentum duldet, den Anspruch aus § 907 BGB erheben.

1. Anlage. Unter Anlage[7]) ist ein Werk von gewisser Selbständigkeit und Beständigkeit[8]), ein Bau oder ein Bauteil u. dgl. zu verstehen. Beweg-

---

[5]) RG 50, 229; NJW 54, 513 — München —. Der Anspruch auf Unterlassung der Herstellung einer Anlage ist auf eine Leistung gerichtet. Es handelt sich also hierbei um keine Feststellungsklage. Aber auch für diesen vorbeugenden Unterlassungsanspruch ist Voraussetzung, daß der Beklagte zu der Klage Veranlassung gegeben hat. Nur handelt es sich dabei um eine materiellrechtliche, nicht um eine prozessuale Voraussetzung. Beim Mangel dieser Voraussetzung ist die Klage nicht als unzulässig, sondern als unbegründet abzuweisen. Der Beklagte hat zur Erhebung der Klage auf Unterlassung der Herstellung einer Anlage Veranlassung gegeben, wenn er entweder mit der Herstellung der Anlage schon begonnen oder doch seinen Willen zur Herstellung so ernsthaft kundgegeben hat (z. B. durch Einreichung eines Bauplanes), daß mit der alsbaldigen Verwirklichung dieses Willens zu rechnen ist.

[6]) Ebenso Dernburg 290 Anm. 2; Plathner, PrVerwBl. 22, 543; RG bei Gruchot 54, 1011; 66, 478; (RG); JW 23, 288 (RG); BayZ 22, 203. A. M. Staudinger Bem. I zu § 907; Goldmann-Lilienthal § 11 Anm. 4; Hörig 82; Müller 47, alle auf Grund er irrigen Ansicht, daß unter „benachbartem" Grundstück nur das unmittelbar angrenzende zu verstehen sei. (Dagegen vgl. RG 50, 322; 167, 24).

[7]) Hörle, VerwArch. 10, 393 führt beispielsweise als Anlagen im Sinne des § 907 auf: Dunggruben, Schlammgruben, Schmutzkanäle, Aborte, Brunnen, Gräben, Teiche, Häute- oder Knochenlager, Schweineställe, Fisch- und Geflügelschlächtereien, Schmieden, Backöfen, Rauchfänge, Heizungs- und Feuerungsanlagen, Brauereien, Wollwäschereien, Anstalten zur Bereitung künstlicher Mineralwässer, Salzmagazine, Gruben mit ätzenden Flüssigkeiten, sowie der Genehmigungspflicht nicht unterworfene Rauchwarenzubereitungsanstalten, Färbereien, Feldziegelöfen, Feldbrände, elektrische Leitungen. Über den Begriff der Anlage vgl. unten § 31 V.

[8]) JW 12, 752 (RG).

liche Sachen werden regelmäßig[9]) nicht als Anlagen im Sinne des § 907 zu betrachten sein. Wenn aber nach den Umständen anzunehmen ist, daß der Gegenstand für die Dauer aufgestellt ist, und wenn ihm eine gewisse wirtschaftliche Selbständigkeit beizumessen ist, kann der Begriff der Anlage gegeben sein. Man denke z. B. an einen Bienenkorb[10]). Es kann doch keinen Unterschied begründen, ob der Imker ein Bienenhaus oder mehrere Bienenkörbe aufstellt.

Eine bloße räumliche Veränderung, wie Erhöhung oder Tieferlegung der Oberfläche des Grundstückes, z. B. die bloße erhöhende Aufschüttung einer Straße oder deren Tieferlegung, mag auch dadurch der Zugang zu dem Nachbargrundstück erschwert oder ihm die Aussicht oder das Licht beeinträchtigt werden[11]), fällt nicht unter § 907, weil hierdurch keine

---

[9]) Vgl. JW 12, 752; RG 51, 253; Gruchot 46, 652.

[10]) Staudinger Bem. II 1 a zu § 907; Kuhlenbeck im R 04 S. 309. A. M. Strauß, DJZ 03, 367.

[11]) RG 51, 253; 62, 88, wonach gegen die Erhöhung einer öffentlichen städtischen Straße dem dadurch geschädigten Angrenzer nach dem BGB nur dann ein Verbietungsrecht oder ein Schadenersatzanspruch zusteht, wenn er ein besonders wohlerworbenes Dienstbarkeits- oder Vertragsrecht darauf nachzuweisen vermöge. Über Aufhebung und Änderung einer öffentlichen Straße vgl. die Abhandlung von Kober, SeuffBl. 61, 1 ff., der die Entschädigungspflicht aus einem obligatorischen Garantievertrage ableitet. Maenner 157 Anm. 6 läßt das bisherige Recht weiter gelten, soweit der Straßenbau und der Hausbau vor dem Inkrafttreten des BGB vor sich gingen, gleichviel ob es sich um ein dingliches Recht oder um ein Schuldverhältnis handle. Soweit hiernach das neue Recht anzuwenden sei, werde man zu dem gleichen Resultat gelangen können wie bisher, indem nur in jenen Gebieten, in welchen bisher die Verpflichtung des Straßeneigentümers anerkannt war, die Annahme einer stillschweigenden Begründung des Rechtsverhältnisses gerechtfertigt erscheine. Küster bei Gruchot 48, 745 möchte das einschlägige bisherige Recht auf Grund des Art. 113 EG aufrecht erhalten.

Dernburg 239 lehnt den stillschweigenden Vertrag ab und sucht das Recht der Straßengrundstücke auf die Verbindung mit der Straße aus der „Natur der Dinge" abzuleiten. — Von anderen wird ganz allgemein der Satz aufgestellt, daß für alle Schädigungen Privater, die durch Maßnahmen im öffentlichen Interesse hervorgerufen werden, das betreffende Gemeinwesen zu haften habe; so SeuffA 7 Nr. 184; 10 Nr. 166; 29 Nr. 244; Dernburg, Pand. 1 § 72; Gierke, Genossenschafts-Theorie 194; Regelsberger, Pand. 1 423 und dagegen SeuffA 37 Nr. 224; Kober, SeuffBl. 61, 17. Für das preußische Recht haben Obertribunal und Reichsgericht in ständiger Rechtsprechung einen servitutarischen Sonderrechtsanspruch des Straßenanliegers angenommen StriethA 57, 276; OTr. 72, 1; — RG 44, 284; JW 00, 167 Nr. 44; 02, 192 Nr. 45; 03, 275 Nr. 18; RG 56, 101; LZ 18, 45; ebenso für das rheinische Recht RG 10, 271; PuchZ 24, 74; JW 00, 85 Nr. 33 auf Grund eines stillschweigenden Vertragsverhältnisses. Schließlich hat das Reichsgericht unter Aufgabe seiner früheren Rechtsprechung (RG 21, 191; 51, 255; JW 89, 209; 02, 319; 03 Beil. 89; BayZ. 08, 123) die gleichen Rechtsgrundsätze auch im Gebiet des gemeinen Rechts für anwendbar erklärt (RG 145, 111) und dazu ausgeführt: Auf öffentlich-rechtlichem Gebiet könnten auch ohne privatrechtlichen Vertrag schuldrechtliche Verpflichtungen entstehen, die nach privatrechtlichen Grundsätzen zu behandeln seien; zu diesen gehöre die Pflicht, bei öffentlich-rechtlichen Verwaltungsmaß-

Beeinträchtigung (im Sinne des § 1004) des Nachbargrundstücks bewirkt wird. Dagegen ist § 907 einschlägig, wenn beim Ausbau einer Straße Wassergräben und Kanäle angelegt sind, welche dem Nachbargrundstück unzulässige Einwirkungen zuführen[12]), oder wenn dabei die Straße nicht nur höher gelegt wird, sondern vor dem angrenzenden Hause ein lichter Raum hergestellt, eine Futtermauer errichtet und der Wasserlauf verändert wird[13]) oder wenn infolge der Erhöhung die anliegenden Häuser durch Ansammlung von Sickerwasser Schaden (Ersatzpflicht nach § 367 Ziff. 14 StGB, § 823 Abs. 2 BGB) erleiden[14]). Desgleichen Schlamm- und Sandmassen, die beim Bau eines Kanals aufgeschüttet worden sind[15]). Des-

nahmen dem Schutz des davon Betroffenen Rechnung zu tragen (RG 130, 88). Auch sei die Gleichstellung aller vor dem Gesetz ein Gebot geläuterter Rechtsanschauung, weshalb es nicht angehe, einen Volksgenossen innerhalb desselben Landes um deswillen schlechter zu stellen, weil er den Schaden im Gebiet des gemeinen Rechts und nicht in dem des preuß. ALR oder des rhein. franz. Rechts erlitten habe. Schließlich müsse auch nach den für den „Aufopferungsanspruch" (vgl. unten § 43 D III 2) entwickelten Grundsätzen jedem, der als Einzelner im öffentlichen Interesse der Gesamtheit ein Vermögensopfer bringen müsse, gegen die Gemeinschaft ein Anspruch auf billige Entschädigung zugestanden werden (Vgl. auch Otto Mayer, Deutsches Verwaltungsrecht 131ff.; Gierke, Sachenrecht 28 Anm. 36; v. Blume in der Königsberger Festgabe für Schirmer 106).

Hiernach steht allgemein jedem Anlieger das Recht auf Erhaltung des Zugangs von und zu der Straße zu Fuß und zu Wagen und auf Erhaltung der Möglichkeit des Zutritts von Luft und Licht zu den an der Straße errichteten Gebäuden zu. Wird er durch eine nachträglich im öffentlichen Interesse vorgenommene Straßenänderung in seinen Anliegerrechten benachteiligt, so steht ihm ein aus § 75 EinlALR herzuleitender Entschädigungsanspruch zu (WarnE 11 Nr. 451; Gruchot 66, 597; vgl. unten § 43 D III 2). Er muß sich aber die Vorteile anrechnen lassen, die ihm aus der Straßenänderung erwachsen (Gruchot 66, 597). Nach der herrschenden Ansicht soll die Geltung des bisherigen Rechts bald durch Art. 109 und 111, bald durch Art. 124, zumeist durch Art. 113 verbürgt sein. In Wahrheit war das Straßenanliegerrecht des bisherigen Rechts eine Rechtsbildung der Rechtsprechung (RG Gruchot 53, 850).

Keinen Anspruch hat der Anlieger auf das Fortbestehen von Vorteilen, die über die grundsätzliche Gewährleistung der Zugänglichkeit seines Grundstücks zu Fuß und zu Wagen sowie des Luft- und Lichtzutritts hinausgehen (RG 145, 111; SeuffA 77 Nr. 27 — Hamburg —). Daher ist auch ein Entschädigungsanspruch nicht gegeben, wenn infolge einer Straßenverlegung der Verkehr sich nach dort verlagert und das kläg. Geschäft nun weniger Nutzen abwirft (RG 161, 369). Das Gleiche gilt, wenn es sich um Beschränkungen handelt, die angesichts des gesteigerten Straßenverkehrs üblich sind und mit deren möglichem Eintritt gerechnet werden muß und durch welche die Benutzbarkeit und Verwertbarkeit des Anliegerrechts nicht wesentlich berührt wird; so muß der Inhaber eines Geschäfts an einer verkehrsreichen Straßenecke es ersatzlos dulden, daß an dem Rande des Bürgersteigs Gitter angebracht werden, die seine Kunden zu einem kurzen Umweg zwingen (BGH NJW 53, 383).

Gegen eine bloße Steigerung des Verkehrs kann sich der Anlieger nicht wehren; jedoch müssen Rasthäuser mit Tankstellen und Reparaturanlagen außerhalb geschlossener Ortschaften erstellt werden: So Habscheid in MDR 54, 260. Vgl. auch oben § 16 V 2.

[12]) R 06 Nr. 2848 (Frankfurt).
[13]) OLG 18, 126; R 15 Nr. 539.
[14]) WarnE 15 Nr. 51.
[15]) RG 60, 138; JW 05, 201 Nr. 5.

gleichen ein Taubenschlag. Auch eine in einem öffentlichen Flusse errichtete Stauanlage, durch welche das Grundstück eines Anliegers beeinträchtigt wird, gehört hierher[16]).

Nur Anlagen, welche eine Einwirkung auf das Nachbargrundstück ausüben, können unter § 907 fallen, nicht dagegen solche Anlagen, die sich streng auf der Grundfläche ihres Eigentümers halten und nicht in das Gebiet eines anderen Grundstückes hinübergreifen, wenn sie dieses vielleicht auch durch Entziehung von Licht, Luft, Aussicht oder Bequemlichkeiten beeinträchtigen[17]); deshalb gehört eine Bretterwand nicht zu den Anlagen im Sinne des § 907[18]), noch weniger Fenster, für welche überhaupt die landesrechtlichen Vorschriften gelten[19]), dagegen sind Türen, welche bestimmungsgemäß nur den Zweck haben können, den Übertritt von einem Anwesen auf ein Nachbargrundstück zu ermöglichen, Anlagen im Sinne des § 907[20]), desgleichen der Straßenanschluß, durch welchen jemand eine auf seinem Grundstück angelegte Straße in den Weg eines anderen einmünden läßt[21]).

Ein unmittelbar vor dem Fenster des Nachbars aufgestellter Kandelaber ist keine unzulässige Anlage, wenn auch hierdurch die Gefahr des Einsteigens in das Nachbarhaus begründet wird. Denn der Eigentümer ist nach § 903 befugt, den Kandelaber aufzustellen, er übt damit keine Wirkung auf das Nachbargrundstück aus. Die Einwirkung einer unzulässigen Anlage von einem Grundstück auf ein benachbartes liegt ferner nicht vor, wenn durch Anschüttungen auf jenem ein Steigen des Grundwasserspiegels bewirkt wird, ohne daß eine Zuführung von dem einen auf das andere Grundstück stattfindet (RG 155, 154; Wüsthoff I S. 64 Anm. 3; vgl. auch § 20 V).

---

[16]) R 08 Nr. 1563 (RG); JW 08, 301 (RG). Anders für einen Teich, der nach landesgesetzlichem Wasserrecht zu beurteilen ist. JW 12, 392. Ein künstlicher Teich dagegen kann als Anlage gelten (Froschgequake WarnE 3 Nr. 336).

[17]) RG 51, 253; 98, 17; 155, 157; R 08 Nr. 531; JW 08, 142 (RG); 14, 196 (RG); s. hierüber unten § 38 I.

[18]) R 06 Nr. 2847 (Frankfurt); RG 98, 17.

[19]) JDR 5, 399 (LG Mainz).

[20]) Vgl. BayOGH 8, 284. Der Nachbar, auf dessen Eigentum der durch die Türe vermittelte Ausgang führt, braucht sich nicht damit zu begnügen, daß die Türe verschlossen gehalten wird, er kann Beseitigung, zum mindesten aber eine solche Einrichtung der Türe verlangen, daß sie nicht mehr geöffnet werden kann. Unterstellt man die Grenztüren dem § 907, so ist für die — durch Art. 89 PrAG ausdrücklich aufrechterhaltene landrechtliche Norm des § 148 I 8 ALR kein Raum. Nach § 148 I 8 dürfen „neue Türen, welche unmittelbar auf des Nachbars Grund und Boden führen, wider dessen Willen niemals angelegt werden". Gibt man den aus dieser Bestimmung folgenden Verbietungs- und Beseitigungsanspruch dem Nachbarn schon aus § 907 BGB, so ist die Heranziehung von § 148 I 8 ALR überflüssig und dem Reichsrecht gegenüber unzulässig.

[21]) OLG 2, 345 (Marienwerder).

2. Einwirkung. Man kann bei den Anlagen im Sinne des § 907 solche unterscheiden[22]), welche selbsttätig ohne Hinzutreten einer weiteren menschlichen Tätigkeit wirken (wie Gräben und Kanäle, welche übelriechendes Wasser enthalten[23]), oder Aufenthalt für schädliche Tiere bieten[24]), Dung- und Versitzgruben[25]), Aufschüttungen von Erd- und Sandmassen[26]), Schutthalden[27]) und solche Anlagen, welche nur, wenn sie in Betrieb gesetzt werden, einwirken (z. B. Backöfen, Rauchfänge, Viehställe[28]), Stauvorrichtung[29]) und gewerbliche Anlagen[30]). In beiden Fällen kommen nur Anlagen mit solchen Einwirkungen in Betracht, die durch sinnliche Wahrnehmung vermittelt werden, nicht dagegen mit bloßen Einwirkungen auf das Gefühlsleben; es fallen also Anlagen, von denen lediglich sog. ideelle oder immaterielle Immissionen (Erregung von Furcht, Grausen, Scham) ausgehen, nicht unter § 907 (vgl. bezüglich der Anlagen mit Explosionsgefahr [Pulvermagazin], bezüglich der Leichenhäuser und Bordelle unten § 38 I), wie überhaupt Anlagen, welche das Nachbargrundstück in anderer Weise als durch stoffliches Hinüberwirken, wie z. B. durch Werfen von Schatten oder Behinderung des Luftzutrittes beeinträchtigen, nicht unter § 907 fallen[31]). Die Höher- oder Tieferlegung einer Straße fällt nur dann

---

22) M 3, 294 (Mugdan 3, 163).

23) RG 51, 254.

24) JW 10, 654.

25) OLG 4, 59.

26) RG 60, 140. Vgl. auch RG 155, 154.

27) Die Schutthalden, die wir in voller Ruhe vor uns ausgebreitet sehen, stehen in Wirklichkeit niemals still. Nach Naturgesetz sucht alles, was gebunden oder ungebunden auf geneigter Unterlage ruht, dem Gesetz der Schwerkraft folgend, seinen Lagepunkt zu verändern und kann ihn infolge dieser ständig auftretenden Kraftwirkung nicht dauernd beibehalten. Man bezeichnet diese unablässige, wenn auch minimale Fortbewegung der Schuttmasse als Schuttkriechen (Dr. Christa, Vorstand des Mineralogisch-Geologischen Instituts an der Universität Würzburg, Gutachten vom 9. 4. 1925). Wenn nach den gegebenen Umständen mit Sicherheit vorherzusehen ist, daß der Schutt über kurz oder lang über die Grenze kriechen wird, so kann der Beseitigungsanspruch erhoben werden. Voraussetzung ist natürlich, daß es sich um eine Schuttmasse handelt, die durch menschliche Tätigkeit angesammelt wurde (vgl. Gruchot 54, 156 u. 158; BayZ 00, 28; SeuffA 60 Nr. 55; RG 51, 408 u. 411).

28) RG 51, 254.

29) JW 08, 301.

30) Turnau-Förster Anm. 1 zu § 907. Vgl. OLG 2, 345; JW 01, 52.

31) RG 155, 157; 98, 17; JW 14, 196; BayZ 08, 123 (RG). Dagegen gewährt das Landesrecht partikulär Schutz gegen Entziehung von Luftzug.

a) für gemeinrechtliche Gebiete (außer Kurhessen Heuser, Ann. 25, 237 u. 307; SeuffA Bd. 36 Nr. 107) hat sich die Vorschrift des 1 14 § 1 C. de. serv 3, 34 erhalten, wonach Neubauten der Tenne des Nachbars nicht den Luftzug nehmen dürfen. Vgl. Dernburg, Pand. 200 n[3], Windscheid § 169 Nr. 6; Habicht S. 389 N. 2; SeuffA 48 Nr. 246. Doch gilt dieser singuläre Satz nicht zum Schutz von Windmühlen (SeuffA 48 Nr. 246);

unter § 907, wenn sie direkt auf das Eigentum einwirkt. Das ist nicht schon dann der Fall, wenn durch die Änderung der Straße Licht und Aussicht genommen oder der Zugang zu der Straße erschwert wird[32]), wohl aber z. B. dann, wenn der Wasserlauf in schädlicher Weise geändert wird[33]). Nicht zu den Anlagen im Sinne des § 907 BGB gehören Bäume und Sträucher, die durch Abs. 2 des § 907 BGB ausdrücklich ausgenommen sind. Für diese ist § 910 BGB maßgebend[34]). Dagegen fällt es unter § 907 BGB, wenn jemand ein Haus mit so schlechter Fundamentierung baut, daß sich die dem Nachbar zugekehrten Wände notwendig über dessen Grundstücke neigen müssen[35]).

3. Sicherheit künftiger Einwirkung. Voraussetzung für die Anwendung des § 907 BGB ist der Nachweis, daß die Anlage von selbst oder bei ihrer Benutzung unzulässige Einwirkungen zur notwendigen, wenn auch nur allmählich hervortretenden Folge hat[35a]). Die auf die bloße Möglichkeit, ja selbst Wahrscheinlichkeit, sich gründende Besorgnis derartiger Einwirkungen genügt nicht[36]). So kann man beispielsweise nicht mit Sicherheit voraussehen, daß in einer Sprengstoffabrik früher oder später Explosionen eintreten werden[37]). Andrerseits ist eine mathematische Sicherheit nicht erforderlich; es genügt, wenn nach den Lebenserfahrungen ein ernsthafter Zweifel darüber, daß das Ereignis früher oder später einmal eintreten muß, nicht bestehen kann[38]). Wenn nach den besonderen Umständen die Gefahr so sehr gesteigert ist, daß man „mit einer der Gewißheit gleichkommenden Wahrscheinlichkeit" den Eintritt unzulässiger Einwirkungen voraussehen kann, dann

b) für das landrechtliche Gebiet gilt noch beschränktermaßen der § 247 II 15 ALR; danach durften auf dem Nachbargrundstück nicht zu hohe Anpflanzungen gehalten werden, die der Mühle den Wind entzogen. Dieser Satz wurde zwar durch das Mühlenedikt vom 18. 11. 1819 wieder aufgehoben, er gilt aber noch heute für die vor dem Edikt errichteten Windmühlen (RG 50, 319; vgl. JW 09, 161). Er ist streng auszulegen und auf Windentziehung durch Baulichkeiten nicht auszudehnen (ObTrib. 5, 67ff.). Vgl. Dernburg, PrPrR I, 555; BGB III § 86 Nr. 7; Turnau-Förster 353 N. 4.

[32]) RG 51, 253; OLG 18, 126. Vgl. auch oben N. 11.

[33]) OLG. 18, 126 [34]) S. unten § 21.

[35]) Cosack 2, 153. Vgl. hierzu unten § 19.

[35a]) JW 23, 289 (RG).

[36]) M 3, 295 (Mugdan 3, 163); JW 02 Beil. 203 (RG); R 04, Nr. 1281 (RG); R 07 Nr. 1157; JW 10, 20; SeuffA 65 Nr. 212 (RG). Es genügt also nicht der Beweis, daß, wenn auf dem Nachbargrundstücke Feuer entstehen sollte, mit Sicherheit die Flammen in das Grundstück des Klägers hinüberwirken würden, sondern es muß auch nachgewiesen werden, daß das Feuer mit Sicherheit vorauszusehen sei (RG 50, 226). Aus dem gleichen Grunde sind bei einem ordnungsgemäß angelegten Rohrnetz einer Gas- oder Wasserleitung die Voraussetzungen des § 907 nicht gegeben. Über die Haftung des Unternehmers für den durch Rohrbruch entstandenen Schaden vgl. unten § 43 D III 1 d.

[37]) S. darüber unten § 43 D III 2 u. N. 100; vgl. auch RG 134, 255.

[38]) Vgl. Gruchot 59, 476; JW 23, 289 (RG).

sind diese mit Sicherheit vorauszusehen[39]). Es ist also zur Anwendung des § 907 nicht erforderlich, daß der Eintritt der schädigenden Einwirkung mit unbedingter Gewißheit wie ein auf Grund von Naturgesetzen notwendig eintretendes Ereignis vorausgesagt werden kann. Vielmehr muß mit Rücksicht auf die Beschränktheit des menschlichen Erkenntnis- und Voraussetzungsvermögens, wie in anderen Fällen, namentlich bei der Feststellung des ursächlichen Zusammenhangs, so auch hier derjenige höchste Grad von Wahrscheinlichkeit genügen, auf Grund dessen nach der Lebenserfahrung im gewöhnlichen Lauf der Dinge von einer, wenn auch nur relativen Sicherheit des früheren oder späteren Eintritts der Einwirkung gesprochen werden kann[40]). Von einer Anlage ist eine unzulässige Einwirkung nur dann mit Sicherheit zu erwarten, wenn sie die Folge einer ordnungsmäßigen Benutzung der Anlage ist[41]). Denn andernfalls kann ja die Benutzung so gestaltet werden, daß unzulässige Störungen vermieden werden[42]). Wenn aber der Bestand der Anlage selbst ein ordnungswidriger ist, läßt sich derselbe Grundsatz nicht aufstellen. Ist eine dicht an der Grenze befindliche Dunggrube nicht zementiert, dann kann auf Beseitigung geklagt werden. Dagegen kann nicht auf Beseitigung geklagt werden, wenn die Dunggrube zementiert ist und nur der Zementverputz schadhaft ist; denn in diesem Falle liegt nur eine mangelhafte Unterhaltung desjenigen Zustandes vor, der an sich geeignet wäre, die Einwirkung auszuschließen[43]). Die zu gewärtigende Einwirkung muß eine unzulässige, d. h. eine solche sein, durch welche das Recht des Eigentümers im Sinne der §§ 903, 905, 906, 907 BGB verletzt würde[44]).

III. Anspruch auf Beseitigung

Während nun nach § 1004 BGB der Eigentümer gegenüber einer solchen Anlage erst vorgehen könnte, wenn bereits eine der nach §§ 903, 905, 906 BGB unzulässigen Einwirkungen auf sein Grundstück eingetreten wäre, und auch unter dieser Voraussetzung nur das Recht hätte, Beseitigung der Einwirkung zu verlangen und gegebenenfalls auf Unterlassung weiterer Einwirkungen zu klagen, gibt § 907 BGB dem Eigentümer das Recht, zu verlangen, daß auf den Nachbargrundstücken Anlagen der bezeichneten Art überhaupt gar nicht hergestellt oder gehalten werden. Vermöge dieses Anspruchs kann der Eigentümer sowohl die Herstellung

---

[39]) Gruchot 66, 476 (RG). [40]) JW 23, 289 (RG); SeuffA. 78, 83.

[41]) OLG 4, 60; Maenner 164 Anm. 38.

[42]) JW 02 Beil. 187 (RG). Hier kann der Anspruch auf Unterlassung (§ 1004) in Frage kommen. Hörig 83.

[43]) Vgl. OLG 4, 60; Maenner 164 Anm. 38.

[44]) Prot. 3603 (Mugdan 3, 602).

solcher Anlagen verhindern, als auch ihre Beseitigung herbeiführen[45]). Durch § 907 wird der Inhalt des Eigentums für den einen erweitert und demgemäß für den andern beschränkt. Durch die Schaffung eines Zustandes, der dem durch § 907 erweiterten Inhalt des Eigentums zuwiderläuft, wird das Eigentum beeinträchtigt. Diese Beeinträchtigung wird mit dem Anspruch aus § 1004 abgewehrt[46]).

Der Anspruch auf Beseitigung setzt nicht voraus, daß der Nachbar der Anlage widersprochen hat. Handelt es sich um gewerbliche Anlagen, welche nach § 16 der Gewerbeordnung einer gewerbepolizeilichen Genehmigung bedürfen, so können die Einwendungen aus §§ 906, 907 BGB in dem der Genehmigung vorausgehenden Verwaltungsverfahren geltend gemacht werden (§ 17 Gewerbeordnung). Dagegen besteht kein Klagerecht, durch welches die Errichtung einer solchen gewerblichen Anlage verhindert oder die Beseitigung der genehmigten Anlage verlangt werden könnte[47]). Ist die Anlage ohne Genehmigung errichtet, so kann unter den Voraussetzungen des § 907 auf Beseitigung geklagt werden.

Der Anspruch geht auf Unterlassung der Herstellung oder auf Beseitigung der Anlage. Ist der Zustand beseitigt, durch welchen die Unzulässigkeit der Anlage begründet wurde, so ist der Beseitigungsanspruch erfüllt[48]). Mit bloßer Unterlassung der Benutzung, durch welche allein die unzulässige Einwirkung herbeigeführt wird, braucht sich der Nachbar nicht zu begnügen[49]). Wenn freilich der Nachbar Einrichtungen an der Anlage getroffen hat, welche für die Zukunft die unzulässige Einwirkung auf das Nachbargrundstück ausschließen, dann muß sich der Nachbar hiermit zufrieden geben. Er kann aber, solange dies nicht geschehen ist, Klage auf Beseitigung der ganzen Anlage erheben und ist nicht etwa darauf beschränkt, die Klage auf Herstellung solcher Einrichtungen zu stellen. Trifft der Eigentümer der Anlage solche Einrichtungen vor Erhebung der Klage, so ist dadurch dem Anspruch auf Beseitigung der Anlage die Grundlage entzogen; die trotzdem erhobene Klage ist als unbegründet abzuweisen. Der Kläger, welcher die Klage aut Beseitigung stellt, muß also beweisen, daß zur Zeit der Klageerhebung oder später die Anlage eine

---

[45]) Denkschrift 123 (Mugdan 3, 972); JW 00, 640 (Beseitigung einer öffentlichen Bedürfnisanstalt); NJW 54, 513 — München —.

[46]) Ein Schadenersatzanspruch ist nur begründet, wenn dessen besondere Voraussetzungen erfüllt sind (RGK Bem. 1 zu § 907). S. unten § 43 A. Es ist aber zu beachten, daß § 907 ein Schutzgesetz (§ 823 Abs. 2) ist.

[47]) S. unten IV und unten § 39.

[48]) Vgl. BayZ 09, 375 (RG). Um jeden Zweifel hierüber auszuschließen, hat das RG den Urteilssatz wie folgt gefaßt: „Dem Beklagten wird untersagt, die Dunggrube als solche zu halten, bevor den polizeilichen Vorschriften genügt ist".

[49]) Vgl. Prot. 3603 (Mugdan 3, 602).

solche war, daß mit Sicherheit unzulässige[50]) Einwirkungen zu erwarten waren. War dies der Fall und hat der Beklagte erst nach Erhebung der Klage diejenigen Einrichtungen getroffen, welche bei ordnungsmäßiger Benutzung unzulässige Einwirkungen mit Sicherheit ausschließen, wofür der Beklagte beweispflichtig ist, so kann eine Verurteilung zur Beseitigung der Anlage nicht mehr eintreten, vielmehr ist die Hauptsache erledigt und der Kläger darf bei Gefahr der kostenpflichtigen Abweisung seines ursprünglichen Klageantrags diesen nicht mehr aufrechterhalten, sondern muß die Hauptsache für erledigt erklären (vgl. hierzu unten § 38 II 2; § 38 N. 109). War aber bei Klageerhebung oder später eine unzulässige Einwirkung bereits eingetreten und waren weitere unzulässige Einwirkungen für die Zukunft mit Sicherheit zu erwarten, so kann der Kläger, wenn der Beklagte inzwischen Einrichtungen getroffen hat, die für die Zukunft Einwirkungen ausschließen sollen, von der Klage auf Beseitigung der ganzen Anlage zum Anspruch auf Unterlassung weiterer Beeinträchtigungen (§ 1004 BGB) übergehen, wenn die Gefahr der Wiederholung der Beeinträchtigung trotz der getroffenen Maßnahmen nicht mit Sicherheit auszuschließen ist [51]).

IV. Eigentumsfreiheitsklage

§ 907 fügt dem Inhalt des Eigentums das Recht hinzu, das dort vorgesehene Verlangen zu stellen. Der diesem Recht entsprechende Anspruch ist in § 1004 gegeben. Die Aktiv- und Passivlegitimation unterliegt daher den allgemeinen Regeln des § 1004 (s. hierüber unten § 38 IV).

[50]) RGK Bem. 3 zu § 907; Planck Bem. 4 zu § 907; Endemann 198; Crome 284 Anm 52; Goldmann-Lilienthal 42; JW 10, 20 (RG); SeuffA 65 Nr. 212 verlangen vom Kläger lediglich den Nachweis, daß die Anlage des Beklagten Einwirkungen mit Sicherheit erwarten lasse; dann müsse Beklagter beweisen, daß die Einwirkungen zulässig seien. — Dieser Auffassung ist nicht beizutreten; sie entspricht allerdings dem Grundsatz, daß an sich jede Einwirkung verboten ist und die Zulässigkeit einer Einwirkung die besonders zu begründende Ausnahme bildet (s. oben § 16 I). Für den Unterlassungsanspruch ist daher die Beweislast so zu verteilen, daß der Kläger die Einwirkung, Beklagter ihre Zulässigkeit zu beweisen hat. § 907 enthält aber einen besonders gearteten Anspruch, der nur ausnahmsweise gegeben ist, nämlich dann, wenn seine besonderen Voraussetzungen gegeben sind. Daß diese Voraussetzungen, zu denen die Unzulässigkeit der Einwirkung gehört, gegeben sind, hat der Kläger zu behaupten und zu beweisen. (So auch Biermann, Kretzschmar, Turnau-Förster sämtlich zu § 907; Müller 47).

[51]) Vgl. RG 36, 178; JW 96, 210 Nr. 37; 98, 610 Nr. 41. Vgl. unten § 38 II 2. Nur dann, wenn weitere unzulässige Beeinträchtigungen überhaupt (nicht nur bei ordnungsgemäßer Benutzung) mit absoluter Sicherheit ausgeschlossen ist, ist der Kläger klaglos gestellt; das ist nicht schon dann ohne weiteres der Fall, wenn der Betrieb eingestellt wird oder Einrichtungen getroffen sind, die bei ordnungsgemäßer Instandhaltung und Benutzung die unzulässige Einwirkung auszuschließen geeignet sind. Nur mit dieser Beschränkung kann Staudinger Bem. I 1 b zu § 907 beigepflichtet werden. Vgl. unten § 38 II 2 und § 39 N. 42 und 42a.

Eine einstweilige Verfügung auf Unterlassung oder Einstellung des Baues ist zulässig (§ 940 ZPO)[52]).

Einer mit obrigkeitlicher Genehmigung errichteten gewerblichen Anlage gegenüber kann jedoch die Klage nicht auf Einstellung des Gewerbebetriebes, auch nicht auf Beseitigung der Anlage, sondern nur auf Herstellung von Einrichtungen, welche die benachteiligende Einwirkung ausschließen, oder wo solche Einrichtungen untunlich oder mit einem gehörigen Betriebe des Gewerbes unvereinbar sind, auf Schadloshaltung gerichtet werden (§ 26 der Gewerbeordnung[53]).

Ebenso sind nach den Gesetzen vom 13. 12. 1933 (RGBl. I 1058) und vom 18. 10. 1935 (RGBl. I 1847) die nachbarrechtlichen Ansprüche gegenüber solchen Betrieben beschränkt, die für die Volksertüchtigung oder die Volks. gesundheit von besonderer Bedeutung und als solche durch staatliche Genehmigung anerkannt sind; in diesen Fällen kann der Nachbar gegenüber auftretenden Beeinträchtigungen weder die Einstellung des Betriebs noch die Herstellung von Einrichtungen fordern, die eine nachteilige Einwirkung ausschließen oder mindern würden, er hat nur einen sogenannten Aufopferungsanspruch (vgl. hierzu unten § 43 D III, 2 c ee und N. 136 a. a. O.).

Bei Klagen auf Beseitigung öffentlicher Einrichtungen ist selbstverständlich die Zulässigkeit des Rechtswegs zu prüfen[54]).

V. Ausnahme

Eine Ausnahme von der Vorschrift des § 907 BGB wird durch Abs. 1 Satz 2 geschaffen für den Fall, daß bei der Herstellung oder Einrichtung der Anlage die landesgesetzlichen Vorschriften, die einen bestimmten Abstand von der Grenze oder sonstige Schutzmaßregeln vorschreiben (s. unten § 18), innegehalten sind.

Die ratio des Gesetzgebers war dabei folgende: Wird bei der Errichtung einer Anlage der vorgeschriebene Grenzabstand eingehalten und werden die notwendigen Schutzmaßregeln beachtet, so erscheint eine gewisse Gewähr dafür geboten, daß übermäßige Beeinträchtigungen künftig nicht eintreten werden; der Hersteller einer solchen vorschriftsmäßig errichteten Anlage soll daher von seinem Nachbarn zur Beseitigung der Anlage solange nicht gezwungen werden können, als Beeinträchtigungen

[52]) OLG 4, 61.

[53]) RG 50, 229; s. hierüber unten § 39. Diese Ansprüche bleiben dem Eigentümer auch, wenn er im Verwaltungsverfahren gegen die Genehmigung der Anlage keine Einwendung (§ 17 Gewerbeordnung) erhoben hat. Es steht zweifellos eine auf privatrechtlichem Titel beruhende Einwendung in Frage. Staudinger, Vorträge S. 338.

[54]) S. unten § 38 X. Für — wenigstens theoretisch — zulässig hat das RG die Anwendung des § 907 erachtet bei städtischen Bedürfnisanstalten (JW 00, 369), Gasanstalten (RG 63, 378), Kanalanlagen (JW. 11, 764). Vgl. JW. 01, 52; 00, 639.

tatsächlich nicht eingetreten sind[55]); es verbleibt also alsdann bei der Grundregel des § 1004 BGB. Dieser erst nach Eintreten einer übermäßigen Beeinträchtigung dem Nachbarn zustehende Anspruch kann durch die Landesgesetzgebung aber nicht, insbesondere nicht mit der Begründung, daß bei der Anlageerrichtung die landesgesetzlichen Vorschriften beachtet worden seien, ausgeschlossen werden[56]).

§ 907 Abs. 1 S. 2 BGB spricht ausdrücklich allerdings nur von einer bereits errichteten Anlage. Der dieser Vorschrift zugrunde liegende Zweckgedanke trifft aber in gleicher Weise zu, wenn eine solche Anlage entsprechend den landesgesetzlichen Vorschriften erst errichtet werden soll. Der Nachbar kann daher auch nicht auf Unterlassung der Herstellung einer Anlage klagen, sofern bei der Errichtung die landesgesetzlichen Vorschriften über Grenzabstand und Schutzmaßregeln beobachtet werden sollen[57]).

Im übrigen ist es gleichgültig, welcher Art diese landesgesetzlichen Vorschriften sind. Regelmäßig werden es polizeiliche Vorschriften sein[58]). Auch jene Bestimmungen, welche von den Behörden auf Grund einer Delegation erlassen worden sind, gehören hierher.

Ist sonach durch ortspolizeiliche Vorschrift bestimmt, daß Schweineställe mit Abzugsröhren zum Zwecke des Luftwechsels zu versehen sind, so kann der Nachbar, wenn trotz Vorhandenseins vorschriftsmäßiger Abzugsröhren mit Sicherheit eine unzulässige Einwirkung durch Gerüche zu erwarten ist, keinen Anspruch auf Beseitigung erheben, bevor nicht die unzulässige Einwirkung tatsächlich hervorgetreten ist.

Die von der Baubehörde erteilte Bauerlaubnis stellt keine Vorschrift im Sinne des § 907 Abs. 1 S. 2 BGB dar, denn sie enthält keine allgemeine und abstrakte Regelung für alle Fälle solcher Art, sondern bezieht sich nur auf den konkreten Einzelfall. Wird also einem Plan zur Errichtung einer ortsgebundenen Dreschhalle die baubehördliche Genehmigung erteilt, so ist es dem Nachbarn deshalb nicht verwehrt, gegen den beabsichtigten Bau nach § 907 I 1 BGB im Klageweg vorzugehen. Anders wäre es, wenn eine landesgesetzliche Vorschrift generelle Bestimmungen über Schutzvorkehrungen, insbesondere den einzuhaltenden Abstand usw., die bei dem Bau von Dreschhallen zu beachten wären, enthielte und

[55]) Prot. 3604 (Mugdan 3, 603). Dann aber kann die Beseitigung verlangt werden; der Eigentümer braucht sich nicht mit der bloßen Unterlassung der Beeinträchtigung zu begnügen.

[56]) Prot. 3605 (Mugdan 3, 603).

[57]) NJW 54, 513 — München.

[58]) NJW 54, 513 (München). Vgl. Staudinger Bem. IIIa zu § 907; die Ausführungen in der ersten Aufl. des bayr. Nachbarrechts S. 77 (2. Aufl. § 15 I) sind dort gründlich mißverstanden worden; es wird dort lediglich vertreten, daß eine polizeiliche Abstandsvorschrift kein privatrechtliches Klagerecht auf Einhaltung des Abstandes gewährt. Vgl. auch nachst. N. 59.

diese Anordnungen auch beachtet wären; in diesem Falle müßte der Nachbar abwarten, bis eine unzulässige Einwirkung sich gezeigt hätte[59]).

§ 18. Grenzabstand von Anlagen und Gebäuden

Während das BGB mit Rücksicht auf die örtliche Verschiedenheit der Anschauungen Vorschriften über den Grenzabstand von Anlagen nicht aufgestellt hat, sind auf Grund des Vorbehalts des Art. 124 EG die Vorschriften des bisherigen Rechts, die für gewisse Anlagen die Einhaltung eines Abstandes von der Grenze vorschreiben, in Geltung geblieben.

I. Schädliche Anlagen

1. Rhein. Recht. Art. 674 Code civil verweist für die Einhaltung des Abstandes schädlicher Anlagen von der — gemeinschaftlichen oder nichtgemeinschaftlichen — Mauer des Nachbarn auf die besonderen hierfür bestehenden Verordnungen und Gebräuche, d. h. auf örtliches Recht.

2. Gemeines Recht. Das Gemeine Recht enthält keine Besonderheiten; die Abstandsbestimmung der l. 13 D. fin. reg. X, 1, wonach man beim Graben einer Grube (scrobs) die gleiche Entfernung von der Grenze einhalten muß, wie die Grube tief ist, hat im Gemeinen Recht keine Aufnahme gefunden[1]), war aber mit dem übrigen Inhalt dieser Bestimmung in Hannover zunächst übernommen worden; später wurde dieser Rechtszustand durch preuß. Gesetz wieder beseitigt[2]).

3. Von deutschrechtlichen Partikularrechtssätzen hat sich erhalten:

a) im Geltungsgebiet des Gemeinen Sachsenrechts (Teile von Sachsen, der Lausitz, Westfalen und Holstein) die Bestimmung des Ssp.Buch 2 Art. 51, wonach Back-

[59]) Sind die landesgesetzlichen Vorschriften nicht eingehalten, so kann der Nachbar grundsätzlich nicht auf Einhaltung dieser Bestimmungen im Zivilrechtsweg klagen, sondern nur die vorbeugende Unterlassungsklage nach § 907 I 1 BGB erheben, sofern die hierfür erforderlichen Voraussetzungen erfüllt sind. Lediglich Art. 13 Bad. AG BGB (RegBl. 25, 283) gibt dem Anlieger des Bauherrn einen klagbaren Anspruch auf Einhaltung der polizeil. Vorschriften, soweit diese Abstände oder andere Schutzvorrichtungen gegenüber schadendrohenden Anlagen (Brunnen, Abtritts- und Düngergruben, Schornsteinen, Feuerherden, Schmieden, Backöfen oder anderen Öfen, Ställen, Niederlagen für Salz und ähnl. Ätzstoffe) regeln. Die Beachtung dieser Vorschriften kann im Klageweg durch den Nachbarn ohne Rücksicht darauf erzwungen werden, ob die Gefahr unzulässiger Einwirkungen sonst begründet wäre; der Beklagte kann also nicht einwenden, daß trotz der Nichtbeachtung des vorgeschriebenen Abstands erhebliche Beeinträchtigungen nicht zu erwarten seien, weil er z. B. den zu nahe an die Grenze herangebauten Schornstein mit einem Funkenfänger versehen habe.

In der verwaltungsgerichtlichen Rechtsprechung (vgl. dazu Pietzonka in NJW 54, 1181 und Köhler in JR 55, 135) scheint sich mehr und mehr die Auffassung durchzusetzen, daß dem Nachbarn ein öffentlich-rechtlicher Anspruch auf Einhaltung solcher baupolizeilicher Vorschriften zustehe, da diese nicht nur im allgemeinen, sondern zugleich im Individualinteresse des Nachbarn erlassen seien; für die Durchsetzung solcher Ansprüche stehe daher der Verwaltungsrechtsweg offen. Vgl. auch OVG Berlin in JR 56, 74. Siehe ferner oben § 16 X und unten § 19 II 2 f, § 25 N. 97 sowie § 38 I 1 f. und X.

[1]) Windscheid § 169 N. 4; Foerster-Eccius § 170 N. 21. [2]) S. unten zu II 1.

öfen, Schweineställe und heimliche Gemächer 3 Fuß Abstand von der Grenze halten und gegen den Nachbarn hin abgedichtet werden müssen[3]).

b) Art. 10 III 12 der revid. Lübischen Statuten, wonach Privata oder Heimlichkeiten 5 Fuß von Kirchhöfen und Straßen, 3 Fuß vom Nachbar Entfernung zu halten haben. Diese Bestimmung gilt noch in den lübischrechtlichen Teilen von Pommern und Holstein[4]).

c) Die Normen der für den Bezirk des OLG Kassel, das alte Kurhessen (außer Hanau), gültigen Kurhessischen Bauordnung vom 9. Januar 1784[5]).

Nach § 20 Abs. 2 und 3 haben Mist-, Loh- und Abtrittsgruben, die sich in anderen Gebäuden und einer fremden oder gemeinschaftlichen Mauer gegenüber befinden, gegen diese mindestens 2 Fuß Abstand zu halten. Bei nur 2 Fuß Abstand[5a]) ist die Grube mit einer Tonummauerung abzudecken.

Selbständige Abtrittsgebäude[6]) in der Stadt sind verboten, auf Dörfern müssen sie 4 Fuß Abstand von der Nachbargrenze halten (§ 31). Auf dem Lande, d. h. auf unbebautem Gebiet[7]), genügt ein Grenzabstand von 3 Fuß; doch muß die Abtrittsgrube gegen Austritt der Jauche hinreichend verwahrt werden (§ 30).

Selbständige Loh- und Mistgruben sind überall im Abstand von 4 Fuß von der Nachbargrenze zu errichten (§ 31).

Brunnen haben 3 Fuß (§ 24), Rinnen 1 Fuß Grenzabstand zu halten (§ 32).

d) Die Sonderbestimmungen der Rheinischen und Westfälischen Partikularrechte, von denen nur die wichtigeren angeführt werden sollen:

Mainz: Landesordnung Tit. 7 §§ 32, 33[8]). Abtritte haben 3 Fuß Grenzabstand zu halten; steht nah der Grenze auf dem Nachbargrundstück ein Brunnen, so sind sie mit 2 Fuß dicker Mauer abzugrenzen. Regen- und Wassergruben in Gärten sind 3 Fuß vom Nachbargebäude entfernt anzulegen.

Trier: Landrecht Tit. 22 § 10[9]). Abtritte sind mit Kalk abzudecken und haben 8 Fuß gegen des Nachbarn Keller, Brunnen und ähnliche Bauten zu wahren.

Minden: Stadtrecht §§ 5 und 15[10]). Privata haben gegen die Nachbargrenze 3 Fuß, gegen Kirchhöfe und Straßen 5 Fuß, Schweinekoben und Mistgruben gegen den Nachbarn 2 Fuß Abstand zu halten.

Münster: Polizeiverordnung v. 1592 cap. 20[11]). Abtritte an den Straßen sind ver-

---

[3]) Heimbach, Partic. PrivR § 189 N. 2 u. 203 N. 7; Hesse 609; Ipsen i. HolstAnz. 1857, 90; Falck V, 179; Kähler 278. Zur Auslegung vgl. HolstAnz. 1852, 220; 1855, 53.

[4]) Falck a. a. O.; Kähler 281; HolstAnz. 1855, 53; Wilmowski, Lübisches R in Pommern § 16 S. 42. Vgl. auch die singuläre Norm des Friedrichstädter Stadtrechts bei Kähler 279. (Eine Elle Grenzabstand für Abtritte, außer wenn sie dem Nachbar unschädlich sind.)

[5]) S. unten § 25 N. 97.

[5a]) So eingeschränkt in Heusers Annalen 10, 543.

[6]) Nur um sie handelt es sich in den §§ 30 u. 31, im Gegensatz zu § 20; Heusers Annalen 10, 544.

[7]) Dies der Unterschied zwischen § 30 einerseits und §§ 20 u. 31 andererseits. Heusers Annalen 1, 808; 10, 543.

[8]) v. d. Nahmer, Handbuch d. rhein. Partikularrechte II, 771; Ostrheinisches Provinzial- und Partikularrecht 6 und 7.

[9]) v. d. Nahmer II, 681; Ostrheinisches Prov. und Partikularrecht 6 und 7.

[10]) Provinzialrecht des Fürstentums Minden 1840, 5 ff.

[11]) Noch gültig gemäß dem Reskr. vom 23. Februar 1786 §§ 17 ff. Vgl. die bei Gierse u. Sutro, Provinzialrecht des Münsterlandes S. 3 abgedruckte Entscheidung von 1858 und v. Strombeck, Provinzialrechte I, 6, 143, 400.

boten; gegen Nachbargrundstücke ist 3 Fuß, gegen Keller 5 Fuß und gegen Brunnen 4 Fuß innezuhalten. Dieselben Abstandsnormen gelten für die Grafschaft Steinfurt[12]).

e) Das Frankfurter Privatrecht

Nach dem Gesetz, den Wich die Einfriedigungen, die Furchen und Nothwege in den Gemarkungen Frankfurt und Sachsenhausen betreffend, vom 1. 4. 1851 (abgedruckt in der Gesetz und Statutensammlung der freien Stadt Frankfurt, Band 7 11 S. 71 ff) war bei Dunggruben, Abtrittsgruben, Brunnenkammern, wenn deren Wände vorschriftsmäßig wasserdicht verwahrt sind, — einschließlich der Dicke der Umfassungsmauer — ein Wich von 4 Fuß $8^1/_4$ Zoll Werkmaß einzuhalten.

Lib. VIII Tit. 6 §§ 6 und 7 der Frankfurter Reformation[13]): Abtritte bleiben bestehen, wenn sie althergebracht sind; doch hat der Eigentümer die Pflicht zur Reinigung; neue Abtritte haben 3 Fuß Grenzabstand zu halten und sind, wenn auf dem Nachbargrundstück ein Brunnen nahe steht, in einer Dicke von 2 Fuß einzumauern.

Die vorerwähnten Vorschriften des Wichgesetzes wurden aber durch das Preuß. Ges. vom 28. 7. 1926 (GS 26, 236) mit der Maßgabe aufgehoben, daß ihnen Weitergeltung unter folgenden Umständen verschafft werden konnte: Soweit beide Grundstücke oder eines von ihnen vor Inkrafttreten des Gesetzes unter Einhaltung der früheren Vorschriften bebaut waren, konnte der Eigentümer — entsprechend auch der Erbbauberechtigte —, zu dessen Gunsten die Beschränkung bestand, die Eintragung der Beschränkung in ein von der Baupolizeibehörde geführtes Verzeichnis beantragen (§ 2 d. Ges.). Die Eintragung mußte erfolgen, sofern sie vom öffentlichen Interesse erfordert wurde (§ 3 III). Mit der Eintragung wurde die Beschränkung eine Bauvorschrift im Sinne des öffentl. Baurechts und eine öffentl. Last im Sinne der §§ 10 I 3, 156 I ZVG.

f) Für Hamburg bestimmt Art. 13 II 20 Hamb. Statut, daß Privets mindestens 2 Fuß von der Grenze entfernt sein müssen. Kloaken, Dünger-, Kalk- und ähnliche Gruben müssen in bestimmter Weise umschlossen und bedeckt und mindestens 80 cm (§ 81 BaupolizeiG von 1882) — früher nach § 68 BaupolizeiG von 1865 mindestens 3 Fuß — von der Nachbargrenze zurückbleiben.

4. Preuß. Allgemeines Landrecht[13a]). Einschlägig sind die §§ 125—128, 131 ALR I 8.

a) Schweineställe, Kloaken, Dünger- und Lohgruben und andere[14]) den Gebäuden schädliche Anlagen müssen wenigstens 3 Fuß von den benachbarten Gebäuden, Mauern, Scheunen und Bäumen[15]) des Nachbarn entfernt bleiben (§§ 125, 127).

Die Vorschrift ist streng auszulegen: die Abstandspflicht trifft nur zu gegenüber Gebäuden usw. und Bäumen[16]); bestehen solche nicht, so können die schädlichen Anlagen bis zur Grenze heranrücken[17]); es kann also das später entstehende Gebäude usw.

---

[12]) Partikularrecht der westfälischen Standesherrschaften 79.

[13]) Abgedruckt bei Kersting, Sonderrechte im Kurfürstentum Hessen 850. Sie gilt in Hanau und einigen Landgemeinden bei Frankfurt.

[13a]) Wegen des Bauabstandes bei Erhöhung des Grund und Bodens s. unten § 20 V 2.

[14]) Andere Anlagen sind nur ähnliche Anlagen. Koch. Bem. 84 zu § 125 I 8; Rehbein-Reinke Bem. 53 ebda.; StriethArch. 32, 172. A. M. Müller 51. Beispiele bei Koch u. Rehbein-Reinke a. a. O.

[15]) In § 125 ist die Entfernung mit 3 Fuß rheinländisch, in § 127 mit 3 Werkschuh bemessen. Die Maße sind identisch: 1 Fuß oder Werkschuh = 0,313 m. Koch Bem. 91 zu § 127.

[16]) Hecken gehören nicht hierher (Müller 51). Vgl. hierzu unten § 22 Ziff. 6.

[17]) Rehbein-Reinke Bem. 54 zu § 127 I 8; ObTrib. 30, 27; Strieth, Arch. 25, 291.

nicht verlangen, daß die älteren schädlichen Anlagen nachträglich zurückrücken müssen[18]). Bei der Messung der 3 Fuß wird die Einfassung der schädlichen Anlage mitgemessen. Endlich müssen die im § 125 I 8 genannten Anlagen, welchen Abstand sie auch vom Nachbarwerk haben, von Grund aus, d. h. mit der Sohle[19]), ausgemauert werden, es sei denn, daß sie einen Abstand haben, der jede schädliche Einwirkung ausschließt[20]) [21]).

b) Rinnen und Kanäle ober- und unterirdischer Leitung, zur Abführung des Wassers, bedürfen gegen die Wand des Nachbars eines Abstandes von mindestens einem Fuß (§ 128 I 8 ALR). Bei der Messung des Abstands rechnet auch hier die Umfassung mit [22]).

c) Neue Brunnen haben gegen die Nachbargrenze 3 Fuß Abstand zu wahren (§ 131 I 8 ALR).

5. Baden. Nach Art. 13 Bad.AG (RegBl. 25, 283) kann der Eigentümer eines Grundstücks verlangen, daß auf dem Nachbargrundstück schadendrohende Anlagen nicht hergestellt oder gehalten werden, ohne daß der Abstand, der nach polizeil. Vorschriften zwischen der Anlage und der Grenze belassen werden soll, gewahrt ist, oder die durch polizeil. Vorschriften vorgeschriebenen Schutzvorrichtungen getroffen sind; zu diesen Anlagen sind insbesondere Brunnen, Abtritts- und Düngergruben, Schornsteine, Feuerherde, Schmieden, Backöfen oder andere Öfen, Ställe sowie Niederlagen für Salz oder Ätzstoffe zu rechnen.

6. Braunschweig. Durch Wind bewegte Triebwerke müssen mindestens 136 m von Fahrwegen zurückbleiben; Bienenstände dürfen im Freien nicht näher als 90 m und in bewohnten Ortschaften nicht näher als 22 m an den Fahrweg herankommen (§ 3 Ziff. 13 PStrG vom 23. 3. 1899).

Frucht-, Stroh-, Heu- und Torfdiemen, Schober oder Mieten müssen mindestens 18 m von jedem nicht feuersicher gedeckten und mindestens 9 m von jedem andere Gebäude entfernt bleiben (§ 16 Z. 6 PStrG).

Abtritte, Düngerstätten, Jauchebehälter, Ställe, Brunnen, Wasserleitungen und ähnliche Anlagen dürfen nur in solcher Entfernung von des Nachbars Grenzen oder unter solchen Vorkehrungen angebracht werden, daß sie dem Nachbargrundstück keinen Schaden bringen, insbesondere auf Gebäude, Einfriedigungen und Brunnen keinen nachteiligen Einfluß ausüben (§ 75 BauO vom 13. 3. 1899); jedoch muß es sich der Grundeigentümer gefallen lassen, daß ihm dadurch, daß der Nachbar einen Brunnen oder eine Zisterne anlegt, das Quellwasser entzogen wird (§ 76 BauO).

Ausgüsse aus Küchen usw. und Abtritte dürfen nicht an der Front der Häuser und regelmäßig auch nicht an der Seite angebracht werden (§§ 37, 38 BauO vom 13. 3. 1899 — GVS Nr. 25).

Schließlich darf durch Feuerungsanlagen weder die Wand des Nachbars beschädigt noch die ordentliche Benutzung der Räume des Nachbargebäudes infolge der Wärmeverbreitung verhindert oder wesentlich erschwert werden (§ 75 Abs. 2 BauO).

7. Württemberg. Nach Art. 195 AGBGB (RegBl. 31, 545) dürfen Abtritte, Dungstätten, Jauchenbehälter, Ställe, Brunnen, Wasserleitungen und andere ähnliche Anlagen nur in solcher Entfernung von des Nachbars Grenze oder unter solchen Vorkehrungen

---

[18]) Rehbein-Reinke Bem. 54 zu § 127 I 8; ObTrib. 30, 27; Strieth, Arch. 25, 291.

[19]) StriethArch. 72, 223.

[20]) ObTrib. 75, 11; Koch Bem. 90 zu § 126.

[21]) § 126 I 8 ist eine im öffentlichen Interesse gegebene polizeiliche Vorschrift; die Rechte aus ihr sind daher unverzichtbar.

[22]) Handelt es sich um Straßenrinnen, die auf baupolizeiliche Anordnung hin angelegt sind, so kann diese Anordnung nicht im ordentlichen Rechtsweg angegriffen werden. (JMBl. 1861 S. 268; Müller 56.)

angebracht werden, daß sie dem Grundstück des Nachbars keinen Schaden bringen, insbesondere auf Gebäude, Einfriedigungen und Brunnen keinen nachteiligen Einfluß nehmen. Ferner müssen nach Art. 197 Aufschichtungen von Holz, Brettern, Faßdauben und dergleichen, Heu-, Frucht-, Stroh- und Komposthaufen und ähnliche Anlagen, die nicht über 2 m hoch sind, mindestens 0,50 m von der Grenze entfernt bleiben.

Die Eisenbahn kann verlangen, daß Anhäufungen leicht brennbarer Stoffe mindestens 15 m vom nächsten Schienengeleise entfernt bleiben (Art. 225 Ziff. 3 AG — RegBl 31, 545 ff.). Vgl. auch Art. 78 und Art. 1a Abs. 4 der Württ. Bauordnung in der Fassung vom 15. 12. 1933 (RegBl. 443).

II. Gebäude

1. Gemeines Recht

Allgemeingültige Vorschriften bestehen nicht[23]). Die einschlägige Stelle l 13 D. fin. reg. X 1, ist als rezipiert nicht nachweisbar. Eine Ausnahme galt für Hannover. Durch Präjudiz des ObAppGer. Celle vom 8. 1. 1845, das in die Gesetzsammlung aufgenommen und mit Gesetzeskraft ausgestattet war, wurde die Gültigkeit dieser angeblich der Salonischen Gesetzgebung angehörigen Digestenstelle für Hannover festgelegt[24]). Danach bestand für Gebäude eine Abstandspflicht von 2 Fuß von der Grenze. Diese Bestimmung wurde durch das Preuß. Gesetz vom 28. 7. 1926[25]) aufgehoben.

2. Lübisches Recht

Lib. III Tit. 10 Art. 7 der revid. Statuten bestimmt ganz allgemein, daß kein Neubau derart errichtet werden dürfe, daß er dem Nachbar zu nahe sei und zum Schaden gereiche. Diese Vorschrift erfährt verschiedenartige Auslegung: die holsteinische Praxis folgert aus ihr eine Abstandspflicht[26]), in Pommern hat sie das Bauen bis zur Grenze nicht ausgeschlossen[27]). Art. 13 desselben Titels verbietet die Anlage „neuer Gänge, Wohnungen oder Wohnkeller, Fenster, Türen, Scheuern, da vormals keine gewesen sind“. Dieses namentlich für das Fenster- und Lichtrecht wichtige[28]) Verbot ist eingeschränkt worden durch die Kgl. Reskripte vom 4. 11. 1748 und 26. 1. 1756[29]). Danach sind die Neubauten unbeschränkt zulässig auf Plätzen, wo ein nach Form und Einrichtung bekanntes Gebäude bisher nicht gestanden hatte, Umbauten und Neubauten an Stelle bekannter Baulichkeiten jedoch nur, wenn kein „Nachteil, Unbequemlichkeit oder Unlust“, „so klein die auch sein möchte“, daraus für den Nachbar erwachsen.

Doch bleibt auch der rechtswidrige Um- oder Neubau bestehen, wenn der Nachbar sein Widerspruchsrecht gem. I 8 Art. 2 d. LübR durch Verschweigung verloren hat[30]).

3. Preuß. Allgemeines Landrecht[30a])

Die §§ 139, 140 ALR bestimmen, daß mangels besonderer polizeilicher Bestimmungen neue Gebäude von solchen des Grenznachbars 3 Fuß, von dem unbebauten Nachbargrundstück anderthalb Fuß zurücktreten müssen.

---

[23]) Hesse 605 ff.; Roth, DPrR § 239 N. 2; Stobbe-Lehmann § 102 N. 25; SeuffA 5 Nr. 107: 7 Nr. 281.

[24]) SeuffA 5 Nr. 141; 34 Nr. 12; Linkelmann-Fleck 198.

[25]) PrGS 1926 S. 236.

[26]) Roth, DPrR § 239 N. 21; Falck V, 179; Kähler 280 ff. Diese Pflicht ist durch Eintragung einer Grunddienstbarkeit zu beseitigen; Schl.-HolstAnz. 1912, 211; vgl. eod. 09, 6 f.

[27]) Wilmowski, Lübisches R in Pommern § 15; ObTr. 10, 234 ff.

[28]) S. unten § 25 G. III.

[29]) Abgedruckt bei Kähler 284.

[30]) Kähler 286.

[30a]) Wegen des einzuhaltenden Abstandes bei Erhöhung des Grund und Bodens vgl. unten § 20 V 2.

Neubauten i. S. dieser Vorschriften sind nur solche, die auf bisher unbebautem Boden errichtet sind, mag nun am Bauort noch nie ein Gebäude gestanden haben oder aber nach Abbruch eines früheren Baues der Bauplatz anderer Bestimmung gewidmet gewesen sein; dagegen sind keine Neubauten Umbauten bestehender oder Ersatzbauten eben abgerissener Baulichkeiten[31]). Unter Gebäude ist „jedes nach den Regeln der Baukunst aufgeführte Werk zur Einschließung einer Grundstücksfläche[32]) zu verstehen. Die Entfernung wird derart gemessen, daß zwischen der wahren Eigentumsgrenze des Nachbars (nicht dem Gebäude)[33]), und der zu Tage tretenden Umfassungsmauer des Neubaus der Abstand gehalten sein muß; Dachausladungen, Vorsprünge einzelner Pfeiler bleiben unberücksichtigt[34]).

Die §§ 139, 140 beziehen sich nicht auf Abstände von der öffentlichen Straße; hier gelten die Vorschriften der § 66ff. I, 8 ALR[35]).

Die §§ 139ff. ALR sind Vorschriften des dispositiven Privatrechts und weichen als solche abweichender Parteivereinbarung. Anders die Baupolizeiverordnungen, die dem öffentlichen Recht angehören und der Parteidisposition entzogen sind. Tatsächlich sind namentlich in Städten die §§ 13 f. durch abweichende Polizeiverordnungen fast durchgängig außer Kraft gesetzt[36]).

Der Anspruch auf Einhaltung des Grenzabstands geht unter: durch ausdrücklichen Verzicht (StriethArch. 90, 248; 78, 223; 87, 188) oder durch stillschweigenden Verzicht, der anzunehmen ist, wenn der Grundeigentümer nicht ohne Verzug widerspricht, sobald er bemerkt, daß sein Nachbar mit einem neu errichteten Gebäude über die Grenze der §§ 139, 140 ALR vorgerückt ist (ObTr. StriethArch. 90, 248).

Nach den Berliner Bauobservanzen, die da, wo in Berlin kein Provinzialgesetz eingeführt ist, bestehen geblieben und durch Art. 124 EG aufrecht erhalten sind, schränken

---

31) Koch Bem. 23 zu § 139; ObTr. 13, 27: RG bei Gruchot 24, 921.

32) Dernburg, PrPrR § 221 Nr. 9. Planken oder Grenzmauern sind also keine Gebäude im Sinne der §§ 139, 140 ALR (ObTr. 23, 53; 35, 48; 48, 23; StriethArch. 48, 240; Rehbein-Ranke Anm. 75). Der Nachbar. der an der Grenze ein neues Gebäude errichten will, muß stets den Grenzabstand einhalten, also auch dann, wenn zwischen beiden Grundstücken bereits eine Grenzmauer bestanden hat (ObTr. StriethArch. 8, 138; v. Rönne Anm. 11a zu §§ 139, 140).

33) So Koch Bem. 27 zu § 139; Rehbein-Ranke Bem. 76 zu § 141; StriethArch. 23, 194. A. A. Müller 61, der im Fall des § 139 von Gebäude zu Gebäude messen will.

34) Koch Bem. 27 zu § 139.

35) Dernburg, PrPrR § 221 N. 9.

36) Einzelheiten können hier nicht gegeben werden. Für Berlin gilt übrigens ALR als subsidiäres Recht nur in den Stadtteilen, die nach dem 1. 1. 1794 erstanden sind, während für die älteren Teile die Berliner Bauobservanzen noch in Kraft sind. (PrVerwBl. 19, 94; Baltz, Baupolizeirecht 281 Nr. 11.) Für ganz Berlin gilt jetzt die Bauverordnung für die Stadt Berlin vom 9. 11. 1929. § 8 unterscheidet offene und geschlossene Bauweise. Bei ersterer müssen Gebäude von seitlichen Nachbargrenzen einen Abstand von mindestens 4 m einhalten; ist aber ein Gebäude schon an der Grenze errichtet, so darf unmittelbar angebaut werden. Umgekehrt muß im Gebiet der geschlossenen Bauweise von Grenze zu Grenze gebaut werden; hat aber ein Nachbar nach offener Bauweise gebaut, so muß nach dieser Seite ein Abstand von 4 m gelassen werden. Zwischen allen Bauten auf demselben Grundstück muß, wenn sie nicht unmittelbar aneinander gebaut sind, ein Abstand von 5 m bleiben; ist die gegenüberliegende Wand feuerbeständig und ohne Öffnungen ausgeführt, so genügt ein Abstand von 2,50 m. — Für den RegBez. Detmold ist durch PolVO vom 28. 7. 1938 vorgeschrieben, daß ein Abstand von mindestens 2,5 m von der Nachbargrenze eingehalten werden muß.

Fenster in der Wand des Nachbargrundstückes das Recht, hart an der Grenze zu bauen, selbst dann nicht ein, wenn durch den Bau Räumen des Nachbars Luft und Licht gänzlich entzogen wird, sofern der Eigentümer nicht ein besonderes Untersagungsrecht erworben hat[37]).

4. Braunschweig. Gebäude sollen regelmäßig 4 m von einander liegen, von Kern zu Kern gerechnet, doch sollen 2 m genügen, wenn eines der Gebäude eine feuersichere Wand hat oder wenn beide Gebäude auf demselben Grundstück stehen (§ 31 der Bauordg. vom 13. 3. 1899 (GVBl. Nr. 25)). Liegt zwischen beiden Gebäuden eine Eigentumsgrenze, so soll in der Regel jedes Gebäude die Hälfte des Gesamtabstandes einhalten (§ 31 Abs. 2 BauO).

Gebäude außerhalb des Baugrundes, d. h. der Ortslage (§ 3 BauO), müssen von land- oder gartenwirtschaftlich genutzten Nachbargrundstücken mindestens 2 m entfernt bleiben; sind sie höher als 4 m, so ist die einzuhaltende Entfernung gleich der Hälfte der lotrechten Wandhöhe, wobei die Giebelspitzhöhe nur zur Hälfte angesetzt wird und gewöhnlich schräge Dächer nicht rechnen (§ 71 BauO).

5. Frankfurter Privatrecht

Nach dem Gesetz, den Wich, die Einfriedigungen, die Furchen und Notwege in den Gemarkungen Frankfurt und Sachsenhausen betreffend, vom 1. 4. 1851 (abgedruckt in der Gesetz- und Statutensammlung der freien Stadt Frankfurt, Band 11 S. 71 ff.) ist bei Gebäuden ein Grenzabstand (Wich) von ¾ Feldrute oder 9 Fuß 4½ Zoll Werkmaß einzuhalten. Wegen der Aufhebung dieser Vorschriften und ihrer möglichen Weitergeltung vgl. oben § 18 I 3e.

S. auch die öffentl. rechtl. Vorschrift des § 8 der BaupolVO für die Stadt Frankfurt (Mittlg. der Stadt Frankfurt 1954 S. 5 ff.) über „Gebäudeabstände von den seitlichen Nachbargrenzen".

6. Württemberg. Nach Art. 196 AG (RegBl. 31, 545) ist bei der Errichtung neuer Gebäude außerhalb des geschlossenen Wohnbezirks oder des Ortsbauplans ein angemessener Abstand, der regelmäßig durch die Ortssatzung festgesetzt wird, einzuhalten.

7. Abstand nach der Reichsgaragenordnung. Eine gesetzliche Möglichkeit, von der Einhaltung des vorgeschriebenen Grenzabstandes abzusehen und dem hiervon betroffenen Nachbarn eine entsprechende Beschränkung seiner Rechte aufzuerlegen, ist durch die VO über Garagen und Einstellplätze (Reichsgaragenordnung) vom 17. 2. 1939 — RGBl. I S. 219 ff. — [38]) geschaffen worden. Nach § 13 Abs. 4 und 5 dieser VO kann nämlich die Bauaufsichtsbehörde auch gegen den Einspruch des Nachbarn oder trotz Verweigerung seiner Zustimmung die Errichtung von Kleingaragen und von Schutzdächern über Kleineinstellplätzen an der Nachbargrenze zulassen, wobei allerdings im Einzelfall oder allgemein das Höchstmaß für die Höhe der Garage oder des Schutzdachs vorgeschrieben werden kann.

---

[37]) OLG 26, 17 (KG).

[38]) Zur Frage der Weitergeltung der RGaragO, die allgemein bejaht wird, vgl. OVG Berlin in NJW 54, 164; BVG in JR 55, 395.

§ 19. Gefahr des Einsturzes von Gebäuden und sonstigen Bauwerken

Ein weiterer Fall, in welchem gegen künftige Einwirkung ein Schutz gewährt wird, ist in § 908 BGB enthalten. Während sich § 903 gegen rechtswidrige menschliche Handlungen wendet, fordert § 908 ein Eingreifen des Menschen zur Abwehr von Gefahren, welche von der toten, dem Naturgesetz der Schwerkraft unterworfenen Sache drohen[1]).

I. Bisheriges Recht

Das gemeine Recht gibt demjenigen, der sich durch eine baufällige Anlage bedroht fühlt, das Rechtsmittel der cautio damni infecti. Die Haftung auf Grund dieses Rechtsinstituts ist eine im hohen Grade objektive, indem sie von aller Schuld des Handelnden absieht. Seine Eigentümlichkeit liegt darin, daß die Haftung nur dann eintritt, wenn der Bedrohte seinerseits sich vor dem Eintritt des schädigenden Erfolgs gerührt und von dem Gegner gerichtliche Kautionsleistung verlangt hat. Nur dann wird von diesem Erfordernis abgesehen, wenn dem Bedrohten die Unterlassung des Kautionsbegehrens nicht als Nachlässigkeit ausgelegt werden kann, weil er wegen der Kürze der Zeit oder sonstiger triftiger Gründe die Kautionsstellung nicht hat fordern können[2]). Das preußische Recht legte den Eigentümern von Gebäuden, die an Straßen oder öffentliche Plätze stoßen, die Verpflichtung auf, dieselben im baulichen Zustand zu unterhalten, soweit es zur Erhaltung der Substanz und zur Verhütung alles Schadens und Nachteiles für das Publikum notwendig ist (ALR Tl. I, Tit. 8 § 37). Die Unterlassung dieser Pflicht hatte nach ALR. Tl. I, Tit. 6 § 26 für den Eigentümer Schadenersatzpflicht zur Folge[3]). Nach code civil Art. 1386 bestand eine Schadenersatzpflicht ohne jedes Verschulden, sofern der durch den Einsturz verursachte Schaden in mangelhafter Unterhaltung oder fehlerhafter Konstruktion seine Ursache hatte.

II. Recht des BGB

1. Voraussetzungen. Die einschlägige Vorschrift des Bürgerlichen Gesetzbuches ist in § 908 enthalten. Voraussetzung dieser Bestimmung ist, daß einem Grundstück die Gefahr droht, daß es durch den Einsturz eines Gebäudes oder eines anderen Werkes, das mit einem Nachbargrundstück verbunden ist, oder durch die Ablösung von Teilen des Gebäudes oder Werkes beschädigt wird:

a) Gebäude und Werk. Über den Begriff des Gebäudes s. unten § 24 I 1. Unter einem Werk[4]), das mit einem Grundstück verbunden ist, versteht man einen einem bestimmten Zwecke dienenden, nach gewissen Regeln der Kunst und der Erfahrung hergestellten unbeweglichen Gegenstand[5]); also einen

---

[1]) JDR 5, 396 (Colmar).

[2]) Delius, Über die Haftung für den Einsturz von Gebäuden und anderen Werken 16.

[3]) Vgl. ROHG 20, 171.

[4]) Als Gebäude oder Bauwerk im Sinne der §§ 908, 836 BGB gelten auch Trümmer-(Ruinen-)Grundstücke; vgl. hierzu unten § 19 III.

[5]) Eine Starkstromleitung ist als „Werk" anzusehen (RG SeuffA 79 Nr. 168; HRR 32, 444). Dagegen ist ein zusammengeschütteter Erdhaufen, gleichviel von welcher Höhe,

solchen, der in seiner Gesamtheit unbeschadet seiner Gestaltung und Verbindung nicht von einer Stelle zur anderen gebracht werden kann. Besonders hervorgehoben aus diesem weiteren Begriff sind von dem Gesetze die Gebäude[6]); zu den anderen mit einem Grundstück fest verbundenen Werken gehören Mauer, Senkgrube, Brunnen, Zaun, Denkmal, elektrische Leitungsstangen mitsamt den Leitungsdrähten[7]), Kanal, Damm, Turngerüste[8]). Dagegen gehört eine aus Balken und Brettern bestehende Hütte nicht hierher, sofern sie nicht mit dem Boden in eine feste Verbindung gebracht worden ist[9]). Wesentlich ist, daß das Werk von Menschenhand errichtet ist. Nicht in Betracht kommt daher der natürliche Zustand des Grundstückes, hätte er auch beseitigt werden können und müssen[10]).

---

kein Werk (RG 60, 139). Ein solcher wird zu einem Werk erst durch die Bearbeitung zu einem bestimmten Zweck, z. B. wenn eine Böschung hergestellt wird. Steile, durch bloße Abgrabungen entstandene, keinem bestimmten Zwecke dienende Erdwände eines Nachbargrundstückes sind kein mit diesem Grundstück verbundenes Werk. WürttJ 19, 277 (Stuttg.), wohl aber ein Steinbruch, vgl. Reger, Entsch. 6, 82.

[6]) Über den Begriff des Gebäudes s. unten § 24 I 1 und § 19 III (Ruinen). Gebäudeteile sind Dachziegel, Schornstein, Balkon, Haken von Gardinenstangen (KG JW 24, 1380), dagegen nicht die sich vom Hause lösenden Eisstücke (Palandt 3 zu § 836) und nicht der an der Wand aufgehängte und durch Klammern abgestützte schwere Spiegel (RG 107, 337). Weitere Gebäudeteile: Fahrstuhl (Warn 14, 334); hölzerne Fensterläden (RG 60, 421); Torflügel (JW 31, 3446); Nägel zum Befestigen eines Signalmastes (JW 13, 868); Riegel an Oberfenstern (JW 113, 286); eingelassene Schultafel (R 21, 1371); Brandmauer (NJW 47/48, 426).

[7]) OLG 18, 85; SeuffA 64 Nr. 30.

[8]) Vgl. Kuhlenbeck N. 1 zu § 836; Delius, Über die Haftung für den Einsturz von Gebäuden und anderen Werken 14. Vgl. HRR 30, 1104 (in den Deich eingebaute Schleuse); HRR 35, 730 (Rutschbahn im Neubau zur Beförderung von Dachdielen);J W 05, 370 Nr. 10 (Deichbruch), 387 Nr. 3 (Fensterladen); SeuffA 57, 62 (Torpfeiler); JW 06, 423 (Firmenschild); JW 16, 1019 (Verkaufsstand in Ausstellung) JW 08, 196 (Bahndamm); Gruchot 60, 132 (Fahrstuhl); JW 10, 653; SeuffA 76 Nr. 116 (Bauzaun); LG 21, 268; OLG 20, 37 (Drahtzaun); SeuffA 64 Nr. 92 (Kanal, Schleuse); JW 08, 196 (Brunnen, Wasserleitung); SeuffA 78 Nr. 128; RG 133, 6 (Abwasserleitung aus Betonrohren); RG 74, 22; JW 06, 554; DR 44, 410 (Gasrohrleitung); OLG 14, 43 (Mauer); WarnE. 12 Nr. 78 (Ruine, unfertig gelassener Rohbau); JW 10, 288 (Baugerüste auch dann, wenn die Tragstangen nicht in den Boden eingelassen sind. Unrichtig OLG 18, 86); RG 60, 140 (Böschung); RG 97, 112 (zur Aufstauung von Wasser bestimmter Damm); BayZ 24, 111 (Schneefänger); JW 13, 868; Gruchot 57, 972 (Signalmast); RG 147, 353; R 20 Nr. 902 (Draht einer elektrischen Leitung); RG HRR 32, 444; SeuffA 79 Nr. 168 (RG) (Starkstromleitung).

[9]) Was aber auch durch die eigene Schwere bewirkt werden kann. Vgl. oben § 2 N. 14.

[10]) Delius, Über die Haftung für den Einsturz von Gebäuden und anderen Werken 14. Wenn aber ein von Natur vorhandener Zustand infolge einer durch menschliche Tätigkeit bewirkten Umwandlung für das Nachbargrundstück gefahrdrohend wird, ist unter Umständen der Anspruch auf Abwendung der Gefahr selbst dann begründet, wenn

Wenn z. B. ein Felsblock auf ein benachbartes Haus herabzustürzen droht, ist die Voraussetzung des § 908 BGB nicht gegeben; ebensowenig, wenn ein altersschwacher Baum, der jenseits der Grenze steht, so morsch ist, daß er vom nächsten Sturmwind auf das Haus des Nachbars geworfen werden kann[11]).

b) Gefahr der Beschädigung. Dem Nachbargrundstück muß ferner die Gefahr einer Beschädigung durch Einsturz oder Ablösung[12]) von Teilen des Gebäudes oder Werkes drohen. Eine Gefahr droht nicht nur dann, wenn der künftige Eintritt der Beschädigung gewiß ist, sondern auch schon

man es nicht mit einem Werk im Sinne des § 908 zu tun hat. Der Anspruch kann sich aus § 907 ergeben, wenn mit Sicherheit vorauszusehen ist, daß der Bestand der Anlage eine unzulässige Einwirkung auf das Nachbargrundstück zur Folge haben wird. Vgl. SeuffA 61 Nr. 55 (RG). (Ablösung oder Hinüberfallen von Teilen) s. darüber oben § 17 II. Abgesehen hiervon kann sich die Verpflichtung des Eigentümers der gefahrdrohenden Anlage vermöge seiner Haftung aus der unerlaubten Handlung ergeben. Zwar liegt eine Verletzung des Eigentums im Sinne des § 823 Abs. 1 BGB solange nicht vor, als die Einwirkung bloß droht, also nicht eingetreten ist. Aber regelmäßig wird sich der Anspruch aus § 823 Abs. 2 ableiten lassen. Der Schaden ist schon dann gegeben, wenn durch den gefahrdrohenden Zustand die Benutzung des Nachbargrundstückes beeinträchtigt wird. Der Schadenersatzanspruch wird erfüllt durch Abwendung der Gefahr (§ 249 BGB). Als Schutzgesetze kommen hier die polizeilichen Vorschriften (auch die ortspolizeilichen) in Betracht. Ist eine Einwirkung schon eingetreten, so genügt die Gefahr weiterer Einwirkung, um den Anspruch aus § 1004 sicherzustellen.

[11]) Vgl. Cosack 2, 154. Auch § 907 BGB ist nicht anwendbar; denn weder der Felsblock, noch der Baum ist eine Anlage; bezüglich des Baums ist dies in Abs. 2 des § 907 ausdrücklich hervorgehoben. Der Hauseigentümer ist aber berechtigt, die Schutzmaßregeln zu treffen, welche die Gefahr aufheben; er darf zu diesem Zwecke das fremde Grundstück betreten und, soweit es notwendig ist, benutzen, z. B. um den Felsblock zu stützen (§ 904); ist zur Abwendung der Gefahr die Absprengung des dem Absturz drohenden Felsblockes erforderlich, so ist der Hauseigentümer hierzu in Gemäßheit des § 228 BGB berechtigt. Würde dadurch ein auf dem Felsblock stehendes Mauerwerk in Mitleidenschaft gezogen werden, so wäre abzumessen, ob der mit der Wegsprengung verbundene Schaden nicht außer Verhältnis zu der Gefahr steht. Selbst dann würde an sich der Hauseigentümer zur Wegsprengung des Felsblockes berechtigt sein, wenn er die durch den Felsblock verursachte Gefahr selbst herbeigeführt hat, indem er z. B. sein Grundstück vertieft und dadurch dem Felsblock die erforderliche Stütze im Erdreich entzogen hat. Jedoch würde der Hauseigentümer schadenersatzpflichtig sein (Satz 2 des § 228).

[12]) Das ist nicht bloß die vollständige Trennung des Teils vom Ganzen, sondern auch das Einstürzen oder Zerbrechen eines Teiles (RG 52, 236). Zum Begriff der Ablösung gehört die selbständige Trennung des Teils. Die Ursache der Ablösung muß in der Beschaffenheit des Werkes liegen, die Veranlassung zur Ablösung kann jedoch durch einen von außen kommenden Anstoß (auch durch menschliche Einwirkung) gegeben werden (vgl. Gruchot 57, 973; 58, 193; WarnE 19 Nr. 169). Es ist nicht erforderlich, daß die abgelösten Massen (eines Staudammes) unmittelbar durch ihren Druck oder Stoß die Beschädigung herbeiführen. Es genügt, daß die durch die Ablösung entstandene Bewegung in adäquater Weise (vgl. unten § 43 B), wenn auch durch Vermittlung dadurch in Bewegung gesetzter anderer Materien die Beschädigung verursacht (RG 97, 112) vgl. BayZ 24, 111 München (Bruch des Schneefängers und Beschädigung eines Glasdaches durch die infolge dieses Bruches herabgestürzten Schneemassen). Vgl. auch unten N. 33.

dann, wenn nach Lage der Verhältnisse die Möglichkeit zu gewärtigen ist. Es ist also nicht einmal eine Wahrscheinlichkeit erforderlich. Andererseits genügt auch nicht jede noch so entfernte Möglichkeit; die Möglichkeit muß vielmehr unter Zugrundelegung der vorliegenden Umstände und der normalen Verhältnisse gegeben sein. Die Gefahr muß infolge des allgemeinen Naturgesetzes bestehen, kraft dessen die Gebäude und sonstigen Werke, wie alle irdischen Dinge, mit der Zeit zugrunde gehen. Dabei ist auch die Benutzung des Hauses und deren normale Folgen in Betracht zu ziehen, nicht aber ein bei der Benutzung mögliches Unglück. Daher gehört der Fall, daß auf dem Nachbargrundstück eine Pulverfabrik betrieben wird und deshalb die Gefahr besteht, daß durch eine Explosion Teile der Fabrik herübergeschleudert werden, nicht unter § 908 BGB[13]). Für normale Verhältnisse kann man auch nicht heranziehen, daß ein Erdbeben, wohl aber, daß ein heftiger Sturmwind kommen kann. Ein Wirbelwind, der ein ganz außergewöhnliches Naturereignis ist, gehört hinwiederum nicht zu normalen Verhältnissen. Ein Hochwasser gehört dann zu den normalen Verhältnissen, wenn das Werk im Überschwemmungsgebiet liegt, andernfalls nicht. In Betracht ist zu ziehen die Erschütterung, welche durch die hart am Hause vorbeifahrenden Schnellzüge oder durch die Ausübung des in dem baufälligen Haus oder auf einem Nachbargrundstück betriebenen Gewerbes herbeigeführt wird.

Ob eine Gefahr besteht, muß nach objektivem Maßstab beurteilt werden. Es genügt nicht, wenn die Gefahr nur subjektiv als bevorstehend befürchtet wird[14]). Wenn die Besorgnis nur in der Einbildung des Grundeigentümers beruht, besteht eben keine wirkliche, sondern nur eine vermeintliche Gefahr.

In erster Linie ist also zu prüfen, ob die Gefahr eines Einsturzes des Werkes (Gebäudes) oder der Ablösung von Teilen desselben (Balken, Erker, Fenster, Dachziegel, Stuckverzierungen, Gesimse) besteht, wie überhaupt die Verursachung der Gefährdung gleichgültig ist[15]). Ob der Zustand des Werkes, durch welchen diese Gefahr bedingt ist, auf einem

---

[13]) S. RG 50, 226. Vgl. R 01, 562.

[14]) Anders für die cautio damni infecti des gemeinen Rechts; Burkhard, Die cautio damni infecti 128.

[15]) Ortloff, ArchBR 26, 347; vgl. JW 03 Beil. 115; 04, 487 (Gesimse); R 21 Nr. 2180 (RG); WarnE 16 Nr. 78 (Teile des Verputzes); JW 04, 91 (Dachaufsätze); WarnE 19 Nr. 169 (Dachziegel); RG 60, 421 (Fensterläden); OLG 5, 249 (Fensterscheiben); OLG 14, 53 (Torflügel); OLG 12, 277 (Fahnenstangen); OLG 5, 246 (Telegraphenstangen); OLG 18, 85; SeuffA 64 Nr. 30 (Draht einer elektrischen Leitung; vgl. jetzt § 1 a RHaftpflG — unten § 43 D III 1 d —); Gruchot 60, 132 (Tragseil eines Fahrstuhls); OLG 18, 86; RG 59, 8 (Treppe, Treppengeländer). Zum Begriff des Gebäudeteils vgl. ferner oben N. 6.

Verschulden des Eigentümers beruht, ist ohne Bedeutung. Selbst eine durch ein Erdbeben, durch einen Erdrutsch oder eine Feuersbrunst herbeigeführte Baufälligkeit gibt dem Nachbar den Anspruch aus § 908[16]).

Eine wesentliche Rolle für die Standsicherheit eines Bauwerks spielt der Baugrund. Die Widerstandskraft (Tragfähigkeit) des Baugrundes bestimmt die Erfordernisse für die Fundamentierung des Bauwerks. Sandboden oder aufgeschüttetes Erdreich erfordert ein stärkeres, namentlich tieferes Fundament als schwerer bzw. gewachsener Boden. Wird ein massives Gebäude auf aufgeschüttetem Boden errichtet, so müssen regelmäßig die Fundamente bis auf den gewachsenen Boden geführt oder es muß in anderer Weise die erforderliche Sicherung des Fundaments geschaffen werden. Andernfalls ist das Gebäude fehlerhaft errichtet. Wenn nun aber der Baugrund bei Errichtung des Gebäudes so beschaffen war, daß das eingebaute Fundament die Standsicherheit verbürgte, später aber an dem Baugrund (z. B. infolge des Grundwassers) Veränderungen mit der Folge eintreten, daß der Boden unter dem Druck des Fundaments nachgibt, und dadurch die Standsicherheit des Gebäudes beeinträchtigt wird, dann gehört es zur ordnungsgemäßen Unterhaltung des Gebäudes, die erforderlichen Vorkehrungen zu treffen. Bei lettigem, tonhaltigem Boden kommt es häufig vor, daß der Baugrund durch das eindringende Tagwasser, das in den tonigen Schichten keinen Durchlaß findet, aufgeweicht wird. Ein charakteristisches Merkmal der hierdurch begründeten Gefahr des Einsturzes ist es, wenn sich im Boden der Kellerräume konkave Wölbungen bilden.

Ist die Gefahr des Einsturzes darzutun, so ist weiter zu prüfen, ob die Gefahr besteht, daß durch den drohenden Einsturz des Werkes (oder die drohende Ablösung von Teilen) das Nachbargrundstück beschädigt wird. Keineswegs ist erforderlich, daß das Werk die Grenze überragt oder gar auf Teilen des Nachbargrundstückes (Mauer) aufliegt[17]). Ferner nicht, daß das Grundstück, auf welchem das Werk steht, an das gefährdete Grundstück unmittelbar anstößt; es genügt vielmehr, wenn die beiden Grundstücke in einer so nahen räumlichen Beziehung zueinander stehen, daß der Einsturz des Werkes oder die Ablösung von Teilen eine schädigende Einwirkung auf das andere Grundstück ausüben kann. Das kann selbst dann der Fall sein, wenn andere Grundstücke dazwischen liegen. Man denke nur an die Gefahr des Einsturzes eines Fabrikschornsteines. Wenn das baufällige Haus des A auf dem in ordnungsgemäßem Zustande befindlichen Hause des B aufliegt und infolgedessen die Gefahr besteht, daß durch den

---

[16]) Vgl. Cosack 2, 153; Ortloff 239; Maenner 165. Wegen der kriegsverursachten Trümmergrundstücke vgl. unten III.

[17]) Ortloff, ArchBR 26, 347.

Einsturz des dem A gehörigen Hauses das dem B gehörige Haus auf das an letzteres anstoßende Haus des C geworfen wird, so kann C nicht gegen B, wohl aber gegen A den Anspruch des § 908 BGB erheben.

Eine Beschädigung ist in jeder mechanischen Einwirkung auf den Körper des Grundstückes oder der darauf errichteten Anlagen zu erblicken. Sind die Ziegel des Nachbardaches gelockert, so kann auch der Eigentümer des daran anstoßenden Krautackers sich auf § 908 BGB berufen. Denn durch herabfallende Ziegel werden zwar keine Löcher in den Boden geschlagen, wohl aber die Pflanzen beschädigt. Man wird sogar soweit gehen müssen, entgegen dem strengen Wortlaut des Gesetzes eine Beschädigung des Grundstückes schon in einer Beeinträchtigung seiner Benutzung zu finden. Wenn ein Ziegel auf den gepflasterten Hofraum fällt, so ist dies der Fall.

2. Inhalt des Anspruchs. Der Anspruch aus § 908 BGB geht dahin, daß der für den gefahrdrohenden Zustand Verantwortliche die zur Abwendung der Gefahr erforderliche Vorkehrung trifft.

a) Aktivlegitimation. Der Anspruch steht nur dem Eigentümer[18]) des bedrohten Grundstückes zu, nicht auch dem Besitzer (Mieter, Pächter usw.)[19]).

b) Klageantrag. Der Anspruch richtet sich, und das ist die Besonderheit des § 908, nicht auf ein Dulden oder Unterlassen, sondern enthält einen Zwang zu direktem Handeln; er geht dahin, daß die zur Abwendung der Gefahr erforderliche Vorkehrung getroffen wird. Der Klageantrag wird daher z. B. lauten: „Der Beklagte ist schuldig, Vorkehrungen zu treffen, welche die Gefahr einer Beschädigung des Grundstücks des Klägers durch einen Einsturz des auf dem Anwesen Hs.-Nr. x befindlichen Schornsteines (oder durch Ablösung von Dachziegeln von dem zum Anwesen Hs.-Nr. x gehörigen Gebäude) abwenden." Es ist nicht Sache des Klägers, die erforderlichen Vorkehrungen bestimmt zu bezeichnen. Es ist dies nicht einmal zulässig. Dem Beklagten muß es vielmehr überlassen werden, durch welche Vorkehrungen er die Gefahr abwenden will[20]). Er kann das baufällige Gebäude einlegen; er kann ihm durch eiserne Klammern ein festes

---

[18]) Dem Miteigentümer (§ 1011 BGB), dem Erbbauberechtigten (§ 1017 Abs. 2 BGB), dem Dienstbarkeitsberechtigten (§§ 1027, 1090 Abs. 2 BGB) und dem Nießbraucher (§ 1065 BGB).

[19]) Abw. Westermann § 63 III 2; Wolff, Sachenrecht § 53 V gibt dem Besitzer zwar nicht den Anspruch aus § 908, wohl aber einen inhaltsgleichen Anspruch aus dem Rechtsgrund des Besitzschutzes. Es ist aber sehr fraglich, ob der Besitz schon durch die „Gefahr" des Absturzes gestört wird. Wollte man das annehmen, dann wäre der § 908 wohl überflüssig.

[20]) Vgl. hierzu RG 37, 174; 40, 184; 65, 76; Gruchot 44, 1097; JW 00 Beil. 1; SchlHA 51, 25 (LG Lübeck). Vgl. unten § 38 II 2 und VIII.

Gefüge geben; er kann es durch Balken stützen; er kann auf der Grenze eine genügend starke Mauer aufführen, welche auch für den Fall eines Einsturzes jede Einwirkung auf das Nachbargrundstück abhalten würde. Unter Umständen kann ein völliger Abbruch des Werkes nötig sein[21]). Die Anbringung einer Warnungstafel ist natürlich nicht genügend[22]). Hierbei ist zu betonen, daß der Grundeigentümer kein Interesse an der Verhinderung des Einsturzes, sondern nur an der Verhinderung der Beschädigung hat. Die erforderliche Vorkehrung im Sinne des § 908 ist daher schon dann getroffen, wenn verhindert wird, daß bei einem Einsturz des Werkes Teile auf das Nachbargrundstück fallen, z. B. durch Errichtung einer Schutzmauer. Im Zwangsvollstreckungsverfahren ist zu entscheiden, ob eine auf Grund einer Verurteilung betätigte Vorkehrung genügend ist[23]).

c) Passivlegitimation. Beklagter nach § 908 ist derjenige, der nach §§ 836 Abs. 1, 837, 838 für den eintretenden Schaden verantwortlich sein würde. Die herrschende Meinung[24]) nimmt an, daß die Verweisung auf diese Bestimmungen nicht nur die Person des Haftpflichtigen bestimme, sondern auch bedeute, daß die Voraussetzungen für seine Haftpflicht die gleichen seien wie in diesen Bestimmungen. Daher sei der Eigenbesitzer (§ 836 Abs. 1) oder der Berechtigte am Bau (§ 837) und der Unterhaltspflichtige (§ 838) zur Vorkehrung des § 908 nur verpflichtet, wenn die Gefahr des Einsturzes durch fehlerhafte Einrichtung oder mangelhafte Unterhaltung verursacht sei, und die Pflicht zur Vorkehrung entfalle, wenn der an sich Pflichtige zum Zwecke der Abwendung der Gefahr die im Verkehr erforderliche Sorgfalt beobachtet habe.

Der herrschenden Meinung ist jedoch nicht beizutreten: Der § 908 betrachtet die Gefahr des Einsturzes als eine Beeinträchtigung des Eigentums am Nachbargrundstück. Der Anspruch aus § 908 geht auf Beseitigung dieser Beeinträchtigung. Er steht zum Schadenersatzanspruch aus §§ 836ff. in demselben Verhältnis, wie der Anspruch auf Beseitigung aus § 1004 zum Schadenersatzanspruch aus § 823. Auch im Falle des § 908 ist lediglich die Beeinträchtigung Voraussetzung des Anspruchs auf Vorkehrung zur Abwendung der Gefahr; Verschulden des Beklagten im Sinne des § 823 ist keine Voraussetzung dieses Anspruchs.

Die Streitfrage hat übrigens keine erhebliche praktische Bedeutung. Denn wenn ein gefahrdrohender Zustand besteht — das ist die Voraus-

---

21) RG 65, 76.

22) A. M. Delius, Über die Haftung für den Einsturz von Gebäuden und anderen Werken 11.

23) Vgl. Gruchot 44, 1097.

24) RGK Bem. 6 zu § 908; RG 70, 206; Staudinger Bem. 1 zu § 908. A. M. nur Maenner 165, Müller 85, wohl auch Biermann zu § 908.

setzung des § 908 —, dann muß er, auch wenn er durch vis major herbeigeführt ist, ohne Verzug beseitigt werden. Geschieht das nicht, so wird mangelhaft unterhalten.

Im übrigen ergibt sich aus dem Zusammenhalt des § 908 mit den dort angezogenen §§ 836 Abs. 1, 837, 838, daß passiv legitimiert zunächst der Eigenbesitzer des Grundstücks ist, dagegen nicht der Eigentümer, auch nicht der frühere Besitzer; denn auf § 836 Abs. 2 ist in § 908 BGB nicht verwiesen (§ 908 in Verbindung mit § 836 Abs. 1 BGB). Besitzer ist derjenige, der das Grundstück als ihm gehörig besitzt, gleichviel, ob er sich im guten oder bösen Glauben befindet.

Wenn aber das gefahrdrohende Werk oder Gebäude nicht von dem Grundstücksbesitzer, sondern von einem anderen in Ausübung eines Rechtes besessen wird, so muß der Anspruch aus § 908 BGB gegen diesen letzteren gerichtet werden; der Besitzer des Grundstückes ist in diesem Falle nicht passiv legitimiert (§ 908 mit § 837 BGB). Der Fall des § 837 BGB kann vorkommen auf Grund eines Erbbaurechts, einer Grunddienstbarkeit, eines Nießbrauches oder einer beschränkten persönlichen Dienstbarkeit, ferner bei einem Überbau[25]). Auch jene Fälle gehören hierher, in denen auf Grund eines obligatorischen Rechtes, z. B. eines Miet- oder Pachtverhältnisses, eines Werkvertrags[26]), zu einem vorübergehenden Zweck ein Gebäude oder ein sonstiges Werk mit einem Grundstück verbunden ist (§ 95 Abs. 1 BGB) und sich im Eigenbesitz des obligatorisch Berechtigten befindet[27]). Hält der Nachbar unter dem fremden Grundstück einen Keller, ohne hierzu berechtigt zu sein, so ist er ersatzpflichtig für den Schaden, der dem Grundstückseigentümer durch Einsturz des mangelhaft unterhaltenen Kellergewölbes entsteht. Sein Einwand, daß ihm ja eine Grunddienstbarkeit nicht zustehe, wird durch die exceptio doli aus dem Feld geschlagen[28]).

Neben demjenigen, der nach den eben vorgetragenen Grundsätzen haftet, ist passiv legitimiert derjenige, der die Unterhaltung des Werkes für den Besitzer übernimmt (was beim Mieter, Pächter, Hausverwalter zutreffen kann, aber nicht zutreffen muß), oder das Werk vermöge eines ihm zustehenden Nutzungsrechtes zu unterhalten hat (ein Fall, der bei

---

[25]) Planck Bem. zu § 837.

[26]) Der Bauhandwerker, der auf einem fremden Grundstück ein Baugerüst zur Ausführung von Arbeiten an dem Grundstück (Malerarbeiten) errichtet, ist in Ausübung seines im Werkvertrag begründeten Vertragsrechts Besitzer des Gerüstes und daher im Rahmen des § 837 verantwortlich für das Gerüst (R 24 Nr. 637 RG).

[27]) Planck Bem. zu § 837; SeuffA 79 Nr. 168 (RG).

[28]) Derjenige, der den Keller unbefugt hergestellt hat, haftet natürlich schon auf Grund der unerlaubten Handlung; sein Sonderrechtsnachfolger kann aber nur im Rahmen der §§ 837, 836 in Anspruch genommen werden.

Grunddienstbarkeiten[29]), beim Nießbrauch[30]) und bei beschränkten persönlichen Dienstbarkeiten, insbesondere bei einem Wohnungsrecht[31]) vorkommen kann (§ 908 mit § 838 BGB). Die Verbindlichkeit aus § 908 BGB ist vom Eigenbesitzer und dem daneben haftbaren Unterhaltungspflichtigen gesamtschuldnerisch zu erfüllen.

d) Ausschluß der Verjährung. Der Anspruch aus § 908 BGB ist der Verjährung entzogen (§ 924 BGB).

e) Selbsthilferecht und polizeil. Schutzvorschriften. Vollständig unabhängig von den Vorschriften des § 908 BGB sind das Recht der Selbsthilfe nach § 228 BGB sowie die polizeilichen Schutzvorschriften[31a]). Nach § 367 Nr. 13 StGB ist strafbar, wer es trotz der polizeilichen Aufforderung unterläßt, Gebäude, welche einzustürzen drohen, auszubessern oder niederzureißen; Täter kann nicht nur der Eigentümer, sondern auch jeder andere Verfügungsberechtigte, insbesondere auch der Bevollmächtigte oder Beauftragte sein (Leipz.Komm. XIII 1 zu § 367 StGB).

f) Öffentl. Recht. Aufrechterhalten sind auch die im öffentlichen Interesse gegebenen Schutzvorschriften für Gebäude der §§ 36ff. ALR I 8, wonach die Polizei den Gebäudeeigentümer zur Instandhaltung von Gebäuden anhalten und äußerstenfalls den gerichtlichen Verkauf des Gebäudes unter den Formen der Zwangsversteigerung und mit der Auflage der Herstellungsverpflichtung beantragen kann[32]).

3. Schadenersatzpflicht. Die Haftung für den durch den Einsturz eines Gebäudes oder eines mit dem Grundstück verbundenen Werkes oder für den durch Ablösung[33]) von Teilen des Gebäudes oder Werks eingetretenen Schaden wird in den §§ 836ff. BGB behandelt. Diese enthalten den Anwendungsfall des allgemeinen Satzes, daß jeder für Beschädigungen durch seine Sachen insoweit aufzukommen hat, als er die Beschädigung bei billiger Rücksichtnahme auf die Interessen des anderen hätte verhüten müssen

---

29) §§ 1020, 1021, 1022 BGB.

30) § 1041 BGB. 31) §§ 1090, 1093 BGB.

31a) § 77 Hamburg. BaupolG von 1882 ergänzt die §§ 908, 909: Bei jedem Bau, Abbruch und bei jeder Hauptreparatur, welche die Nachbargrenze betreffen, sowie bei Abgrabung und Grundstückserhöhung an der Grenze hat der Eigentümer dem Nachbar mindestens 14 Tage vor Beginn der Arbeiten eine Anzeige zu machen und diese evtl. nach 3 Monaten zu wiederholen, damit die Baupolizei auf Antrag des Nachbars Sicherungsmaßnahmen für die Gebäude treffen kann.

32) Vgl. Baltz, Baupolizeirecht S. 89ff; ferner oben § 16 N. 148.

33) Einsturz ist Zusammenbruch des ganzen Gebäudes oder Werks. Ablösung liegt vor, wenn der Zusammenhang des Teils mit dem Ganzen gelockert oder getrennt wird, das übrige Werk aber unberührt bleibt (RG 133, 1); z. B. Herunterfallen von Steinen, Stuckbekleidung, Fahnenstangen. Vgl. auch oben N. 12.

(RG HRR 35, 730). Hiernach ist der Eigenbesitzer des Grundstückes verpflichtet, den Schaden zu ersetzen, sofern der Einsturz oder die Ablösung die Folge fehlerhafter Errichtung oder mangelhafter Unterhaltung ist. Die Ausdrücke fehlerhaft und mangelhaft sind durchaus objektiv zu nehmen; sie weisen nicht auf ein Verschulden hin. Es kann sein, daß der Baumeister sich der Fehlerhaftigkeit seiner Bauweise bewußt war und deswegen verantwortlich ist. Es kann aber auch sein, daß er vollständig den Regeln der Technik entsprechend gebaut hat; trotzdem ist ein Fehler da infolge von Umständen, die er nicht zu kennen brauchte. Ebenso ist die mangelhafte Unterhaltung nur der Gegensatz zur ordnungsgemäßen, und das ist diejenige, welche den schädigenden Erfolg verhütet hätte[34])[35]).

Die Ersatzpflicht tritt nicht ein, wenn der Besitzer zum Zwecke der Abwendung der Gefahr die im Verkehr erforderliche Sorgfalt beobachtet hat[36]).

Befindet sich in der Zinkabdeckung eines Hauses ein Riß, so erfordert die ordnungsgemäße Unterhaltung des Gebäudes die Beseitigung des Risses. Wurde durch das eindringende Wasser das Mauerwerk feucht und löste sich deshalb der Putz ab, so war die Ablösung die Folge mangelhafter Unterhaltung des Gebäudes. Ist insoweit vom Beschädigten der Beweis erbracht, so haftet der Besitzer, sofern er seinerseits nicht den Beweis erbringt, daß er zum Zwecke der Abwendung der Gefahr die im Verkehr erforderliche Sorgfalt beobachtet hat. War der Putz, wenn auch nur an einzelnen Stellen, schadhaft, konnten die Stücke, die herabzufallen drohten, Beschädigungen verursachen und konnte dies der Besitzer bei Anwendung der im Verkehr erforderlichen Sorgfalt erkennen, so ist dieser Entlastungsbeweis mißlungen[37]).

Ob der Einsturz äußerlich durch menschliche Tätigkeit oder durch ein Naturereignis v e r a n l a ß t ist, macht keinen Unterschied, es kommt auf

---

[34]) Delius, Haftung für den Einsturz 15.

[35]) Diese Haftung geht weiter als die nach § 831 BGB, da nicht schon die sorgfältige Auswahl genügt, sondern die zur Abwendung der Gefahr erforderliche Sorgfalt beachtet sein muß (RG JW 13, 867; BGH LM Nr. 4 zu § 836). Bei Ruinengrundstücken darf die Sorgfaltspflicht aber nicht überspannt werden (BGH in NJW 51, 229).

[36]) Dieser dem Besitzer obliegende Entlastungsbeweis ist erbracht, wenn er im allgemeinen während seiner Besitzzeit die zur Verhütung solcher Gefahren verkehrsüblichen Maßnahmen und von Zeit zu Zeit Revisionen vorgenommen hat, hierbei aber keine Schäden entdecken konnte. SeuffA 61 Nr. 6 (RG). Die gehörige Überwachung eines Hochkamins liegt nicht vor, wenn der Besitzer mehr als 4 Jahre lang sich darauf verläßt, der Schornsteinfeger werde ihn schon von allen Mängeln unterrichten: NJW 56, 506 (BGH). Eine jährlich einmalige Prüfung der Stromleitungsdrähte und Schutznetze genügt wenigstens an den Straßenkreuzungen nicht zum Entschuldungsbeweis (OLG 18, 85; SeuffA 64 Nr. 30); jetzt ist § 1a RHaftpflG einschlägig — vgl. unten § 43 D III 1d —. Wegen des lebhaften Personenverkehrs und der fortwährenden Erschütterungen sind Bahnhofgebäude besonders sorgfältig auf die Gefahr der Ablösung (z. B. des Verputzes) zu untersuchen (R 21 Nr. 2180, RG). Der Besitzer eines Baugerüstes hat die erforderliche Sorgfalt nicht angewendet, wenn die polizeilich geforderten Absperrmaßnahmen vor völliger Fertigstellung des Gerüstes, wenn auch nur für wenige Minuten fehlten (R 24 Nr. 637 Hamburg).

[37]) Gruchot 52, 129 (RG).

die Verursachung an[38]). Es genügt adäquater Kausalzusammenhang (vgl. unten § 43 B), insbesondere mittelbare Verursachung. Die Haftung besteht daher auch dann, wenn das infolge eines Dammbruchs einströmende Wasser den Schaden hervorruft; die abgelösten Massen brauchen also nicht unmittelbar durch Druck oder Stoß die Beschädigung herbeizuführen; es genügt und ist aber auch erforderlich, daß durch die infolge der Ablösung entstehende Bewegung die Beschädigung in adäquater Weise verursacht worden ist[38a]).

Wenn ein Erdbeben oder eine durch unterirdische Gewässer — RG 132, 56 — herbeigeführte Senkung des Bodens Risse in der Mauer verursacht hat, dann liegt es dem Verantwortlichen ob, alsbald geeignete Vorsichtsmaßregeln zu treffen. Tut er das nicht, so hat er seine Unterhaltungspflicht mangelhaft erfüllt. Stürzt in diesem Fall die Mauer zusammen, bevor der Besitzer in der Lage war, die erforderlichen Vorkehrungen zu treffen, so haftet er dagegen nicht für den Schaden; denn dann ist dieser keine Folge der mangelhaften Unterhaltung. Ebenso liegt der Fall, wenn der Baumeister durch fehlerhafte Konstruktion einen gefahrdrohenden Zustand verursacht hat. Auch hier ist es Sache des Besitzers, alsbald die nötigen Vorkehrungen zu treffen.

Das Wesentliche ist also: der Einsturz muß zurückzuführen sein auf Ursachen, die im Gebäude selbst liegen; der Einsturz muß objektiv die Folge einer fehlerhaften Einrichtung oder der mangelnden Unterhaltung sein; der Fehler braucht auf ein Verschulden irgendeiner Person nicht zurückführbar zu sein (BGH in LM Nr. 4 zu § 836). Die Haftung tritt nicht ein, wenn das Ereignis durch Vorgänge herbeigeführt ist, die ganz unabhängig vom Zustande des Gebäudes oder Werkes gewirkt haben, wie Erdbeben, Bergrutsch, Blitzschlag, Wolkenbruch (JW 08, 196) oder Überschwemmung, sofern sie den Einsturz oder die Ablösung unmittelbar bewirkt haben. Wenn sie nur einen schadhaften Zustand herbeigeführt haben, der aber wieder zu beheben war, dann tritt unter den sonstigen Voraussetzungen die Ersatzpflicht ein[39]).

Wird ein mangelhaft gebautes Haus durch einen Sturmwind zum Einsturz gebracht, so ist der Einsturz dann eine Folge des fehlerhaften Bauzustandes, wenn das Haus bei fehlerloser Beschaffenheit dem Sturmwinde widerstanden hätte. Vgl. auch unten III.

Ebensowenig tritt die Haftung aus § 836 BGB ein, wenn bei einer baulichen Änderung infolge der Bauarbeiten ein Einsturz oder eine Ablösung von Teilen (vgl. oben N. 12) erfolgt. In diesem Falle ist für die außervertragliche Haftung lediglich § 823 BGB maßgebend. Die Haftung aus § 836 besteht nicht, wenn der Zusammenhang zwischen dem herabgestürzten Zaunpfosten und dem mit dem Grundstück verbundenen Werk

---

[38]) Vgl. Planck Anm. 2c zu § 836.

[38a]) JW 05, 370; RG 97, 114; RG HRR 30, 1104; RG DR 40, 723; RG JW 38, 1254 (Beschädigung durch herunterhängenden elektr. Leitungsdraht).

[39]) Delius, Haftung für den Einsturz 15.

(Zaun) schon vor dem Unfall durch Menschenhand getrennt und nicht in baumäßiger Weise wieder hergestellt war; die bloße Anlehnung des Pfostens an den Zaun stellt z. B. keine baumäßige Verbindung dar[40]).

Übrigens kann schon aus dem Nichtstandhalten des Gebäudes gegenüber den voraussehbaren regelmäßigen Einwirkungen des Wetters ein Schluß auf fehlerhafte Einrichtung oder mangelhafte Unterhaltung gezogen werden. Für die Anwendung des § 836 genügt die Feststellung, daß entweder wetterfestes Material nicht verwendet oder der verwendete Stoff nicht sorgsam instand gehalten worden ist. Auch schwierige und kostspielige Maßnahmen sind erforderlich, wenn die gewöhnlichen Methoden zur Verhütung nicht ausreichen[41]). Die Anforderungen an den Entlastungsbeweis des Besitzers sind entsprechend der Entstehungsgeschichte des Gesetzes streng zu stellen[42]). Weitergehend als bei § 831 BGB ist der Nachweis fortdauernder Überwachung zu fordern[43]).

Neben dem Besitzer haftet nach § 836 Abs. 2 BGB für den entstandenen Schaden auch der frühere Eigenbesitzer, wenn der Einsturz innerhalb eines Jahres nach der Beendigung seines Besitzes eingetreten ist, es sei denn, daß er während seines Besitzes die im Verkehr erforderliche Sorgfalt beobachtet hat oder ein späterer Besitzer durch Beobachtung dieser Sorgfalt den Schaden hätte abwenden können. Diese Bestimmung ist so getroffen, daß eine Solidarhaftung des früheren und des späteren Besitzers vorkommen kann[44]). Im übrigen haften neben bzw. an Stelle des Besitzers diejenigen Personen, welche für den Anspruch aus § 908 BGB passiv legitimiert sind. (S. oben 2c) Die Haftung eines Dritten für Verschulden nach § 823 BGB, z. B. des Baumeisters, bleibt daneben bestehen. Mehrere Ersatzpflichtige haften solidarisch (§ 840 BGB).

Umfang des Schadenersatzes: Der Schaden ist in vollem Umfang zu ersetzen. Ist z. B. das Gewölbe eines Kellers, den ein Dritter unter einem fremden Grundstück hält, eingestürzt, so hat der ersatzpflichtige Dritte das darüber stehende Haus, das mit dem Keller in die Tiefe gegangen ist, wieder herzustellen. Der Geschädigte kann den hierfür erforderlichen Geldbetrag, aber auch seinen Ausfall an Mieten beanspruchen.

Der Draht einer Starkstromleitung hat sich infolge Durchschmelzens abgelöst und ist auf das darunterliegende Grundstück derart gefallen, daß der oben hängende Draht

[40]) SeuffA 76 Nr. 116 (RG).

[41]) LZ 21, 454; R 21 Nr. 2180, 2380, 2381.

[42]) BadRspr. 21, 64 (Karlsruhe); vgl. SeuffA 78 Nr. 128 (RG).

[43]) LZ 21, 454; R 21 Nr. 1371.

[44]) Palandt 7 zu § 836; Planck 2b zu § 836; Delius, Haftung für den Einsturz 17, ist dagegen der Ansicht, daß eine Solidarhaftung des früheren und des späteren Besitzers nicht vorkommen könne, da die Verbindlichkeit des einen die des anderen ausschließe.

mit seinem unteren Ende auf dem Boden auflag. Wenn nun ein Mensch durch Berührung dieses Drahtes getötet wird, so ist dieser Unfall mittelbar durch das Ablösen und Herunterfallen des durchgeschmolzenen Leitungsdrahtes verursacht, da hierdurch für den Verunglückten die Möglichkeit geschaffen wurde, mit dem auf dem Grundstück liegenden Draht in Berührung zu kommen[45]).

III. Haftung für Trümmer- (Ruinen-) Grundstücke[46]).

Der Haftung nach den §§ 836, 838 BGB unterfallen auch Trümmergrundstücke, selbst wenn von den zerstörten Gebäulichkeiten im wesentlichen nur die Mauern stehen geblieben sind[47]), denn Sinn und Zweck des § 836 BGB, der dem Schutz Dritter vor Gefährdungen dient, verlangen eine solche Auslegung des Begriffs „Gebäude", ganz abgesehen davon, daß diese Vorschrift die Haftung für ein mit dem Grundstück verbundenes Werk normiert, worunter u. U. auch eine Mauer oder sogar nur ein Zaun verstanden werden müssen[48]).

Ist daher von 2 zerbombten Häusern allein die Giebelmauer übrig geblieben, so sind die Miteigentümer verpflichtet, die von der Giebelmauer der öffentlichen Sicherheit und Ordnung drohende Einsturzgefahr durch Niederreißen der Mauer zu beseitigen. Geschieht dies durch den einen der Miteigentümer, so besorgt dieser ein im öffentlichen Interesse liegendes Geschäft des anderen, dessen Auslagen er daher anteilig erstattet verlangen kann (BGH NJW 55, 257).

Der Besitzer eines kriegszerstörten Gebäudes oder Bauwerks muß dieses ständig auf Einsturzgefahr überwachen. An diese Sorgfaltspflichten dürfen jedoch keine übertriebenen Anforderungen gestellt werden. Kennt der Besitzer aber durch einen Hinweis der Bauaufsichtsbehörde den gefahrdrohenden Zustand, so genügt er seiner Überwachungspflicht nicht, wenn er nur einen Sachverständigen mit der Überwachung der baulichen Unterhaltung betraut, er muß vielmehr die zur Abwendung der Gefahren erforderlichen Maßnahmen veranlassen[49]). Bei eigenem Unvermögen muß er seinerseits die Gemeindeverwaltung um Abhilfe ersuchen[50]).

---

[45]) SeuffA 79 Nr. 168 (RG). Jetzt ist § 1a RHaftpflG einschlägig; vgl. unten § 43 D III 1 d.

[46]) Über Einwirkungen von Trümmer- (Ruinen-) Grundstücken auf Nachbargrundstücke vgl. auch unten § 38a.

[47]) NJW 48, 428 (Frankfurt); HEZ 1, 153 und 2, 256 (Hamburg); HEZ 3, 22 (Hamm); MDR 49, 554 (Braunschweig); NJW 50, 262 (OGH BrZ); NJW 50, 704 (Frankfurt); JR 51, 151 (KG); NJW 51, 229 (BGH); VersR 52, 134 (Düsseldorf); LM 4 zu § 836 und NJW 55, 258 — (BGH). Anderer Meinung: LG Dortmund in Verkehrswirtschaft 1947, 64; LG Hannover in HannRpfl. 1946, 61; Müller HW 47, 242.

[48]) LM 4 zu § 836 BGB — BGH —.

[49]) NJW 51, 229 — BGH —.

[50]) LM 4 zu § 836 BGB — BGH —.

Andererseits ist auch die zuständige Baupolizeibehörde verpflichtet, im Falle der Gefährdung von Menschen und fremdem Eigentum durch den baulichen Zustand eines Mauerwerks den Besitzer zur rechtzeitigen Abhilfe anzuhalten[51]), und bei Gefährdung des Verkehrs durch drohenden Absturz von Teilen Absperrmaßnahmen zu treffen[52]). Bei Verletzung dieser Pflichten haftet die Stadtgemeinde aus § 839 BGB ebenso wie in dem Falle, daß nach baupolizeilicher Überprüfung ein Benutzer der Straße durch ein Mauerstück, das sich gelöst hat, verletzt worden ist[53]). Eine Amtspflichtverletzung der Gemeinde liegt aber nicht schon dann vor, wenn in einer Großstadt vor einem Trümmergebäude ein Parkplatz eingerichtet worden ist, sofern nach dem Gutachten zuverlässiger Fachleute eine Einsturzgefahr nicht bestanden hat: Schäden, die infolge des unvorhersehbaren Einsturzes von Gebäudeteilen eintreten, beruhen daher nicht auf einer Amtspflichtverletzung[54]).

Von dem, der ein Ruinengrundstück, insbesondere bei Sturm oder Tauwetter betritt oder an ihm vorbeigeht, muß erhöhte Sorgfalt gefordert werden[55]).

Zur Verminderung der seitens der Trümmergrundstücke drohenden Gefahren haben die Länder nach Kriegsende durch Trümmer- oder Enttrümmerungsgesetze die gesetzliche Handhabe dafür geschaffen, daß an Stelle der Eigentümer die Stadtverwaltungen ihrerseits enttrümmern können. Im einzelnen vergleiche hierzu:

für Baden: ABL 48, 455; 50, 27; 51, 494 und 49, 575 (DVO).
für Berlin: GVBl. 54, 654.
für Hamburg: GVBl. 48, 75 und 81; 50, 81.
für Hessen: GVBl. 50, 1.
für Niedersachsen: GVBl. 49, 64 und 89 und 96.
für Nordrhein/Westfalen: GVBl. 49, 109 und 279.
für Schleswig-Holstein: GVBl. 48, 209.
für Württemberg: RegBl. 48, 173; 50, 1; 51, 100; 49, 208 (DVO).

§ 20. Verbotenes Vertiefen des Erdbodens.

I. Unterlassungsanspruch

1. Vertiefung. Das römische Recht gab im Falle des gefährlichen Grabens in der Nähe der Grenze nur den Anspruch auf die cautio damni infecti.

Das BGB kennt keinen Zwang, bei Abgrabungen einen bestimmten Grenzabstand einzuhalten; das Landesrecht gibt nur vereinzelte und singu-

---

51) MDR 49, 555 — Braunschweig —.
52) HEZ 2, 256 — Hamburg —.
53) BB 50, 178 — OGHBrZ —.
54) NJW 51, 229 — BGH —.
55) BB 47, 261 — Celle —.

läre Bestimmungen[1]). Abgesehen von diesen Sondernormen ist der Grundeigentümer daher an sich berechtigt, senkrecht an der Grenze herunter zu graben. Jede, wenn auch minimale Grenzüberschreitung begründet den Anspruch aus § 1004 BGB, eventuell aus § 823 BGB. Aber solange die Grenze nicht überschritten wird, darf unmittelbar an ihr heruntergegraben werden, auch wenn dadurch dem Nachbargrundstück geschadet, z. B. bewirkt wird, daß diesem durch den Sonnenbrand die Feuchtigkeit entzogen wird, so daß längs der Abgrabung die Pflanzungen nicht mehr gedeihen können oder durch die Abgrabung die unterirdischen Wasserläufe verändert werden, so daß der Brunnen des Nachbars versiegt[2]). § 909 BGB bestimmt nun, daß ein Grundstück nicht in der Weise vertieft werden darf, daß der Boden des Nachbargrundstücks die erforderliche Stütze verliert; es sei denn, was Sache des Einredebeweises ist, daß für eine genügende anderweitige Befestigung gesorgt ist.

Unter Vertiefung eines Grundstückes versteht man jede Wegnahme[3]) von Bestandteilen des Bodens, gleichviel zu welchem Zweck dies geschieht: Unterkellerung eines Hauses[4]), Anlage eines Steinbruches, einer Senkgrube, eines Fundamentes[5]) für einen Neubau, eines Fischteiches, eines Bergwerks, Abbau von Lehm, Ton[5a]) usw.

---

[1]) Es sind dies die schon oben in § 18 I besprochenen Abstandsregeln, soweit sie Gruben, Brunnen usw. betreffen. Dagegen ist z. B. die allgemeine Vorschrift des § 187 ALR I 8 über Abstände von Vertiefungen gestrichen (Art. 89 Nr. 1 PrAG). — Vgl. auch oben § 12 N. 1.

[2]) Vgl. Wüsthoff I 67 N. 2; Turnau-Förster Bem. 3 zu § 909. Ausdrücklich war die Entziehung von Wasser durch Brunnenanlagen in § 130 ALR I 8 gestattet. Stranz-Gerhard PrAG 416 N 26 hält diese von Art. 89 PrAG aufrechterhaltene Vorschrift als Vorschrift über den Inhalt des Eigentums dem Reichs- (Bundes-)recht gegenüber für unwirksam. Materiell ist ihr Inhalt jedenfalls auch nach Reichs-(Bundes-)recht gültiges Recht. Auch § 76 Braunschw.BauO vom 13. 3. 1899 (GVS Nr. 25) bestimmt ausdrücklich, daß der Grundstückseigentümer nicht gehindert ist, Brunnen und Zisternen anzulegen, auch wenn hierdurch anderen Grundstücken das Wasser entzogen wird. Die Ortspolizeibehörde kann aber, falls durch die zufällige Eröffnung einer Quelle ein dringendes öffentliches Interesse beeinträchtigt wird, vorläufig die Anlegung untersagen oder die Quelle schließen, bis über den Enteignungsantrag entschieden ist (§ 76 Abs. 2 BauO). — Vgl. aber auch unten N. 18 und 19.

Scherer Bem. 182 zu § 909 stellt auf, daß der abgrabende Grundeigentümer einen genügenden Schutzstreifen, welcher die Austrocknung des Nachbargrundstücks verhindert und die Pflügung bis zur Grenze ermöglicht, liegen lassen muß. Diese Ansicht findet im Gesetze keine Stütze. Der Eigentümer ist Herr seines Grundstücks; er braucht auf den Nachbar im allgemeinen nicht weiter Rücksicht zu nehmen, als ihm durch das Gesetz zur Pflicht gemacht wird. Vgl. BayOGH 5, 218; 7, 403; SeuffA 47 Nr. 96. Anders wäre es natürlich, wenn dem Nachbargrundstück ein Anwenderecht zustehen würde. In diesem Falle hat der Nachbar einen Anspruch darauf, daß ein zum Wenden genügender Streifen Landes jenseits der Grenze liegengelassen wird. Vgl. unten § 28 III und IV.

[3]) Über Erhöhungen der Erdoberfläche vgl. unten V. [4]) Vgl. Bolze 16 Nr. 47.

[5]) Vgl. SeuffA 51 Nr. 8. [5a]) Vgl. Wahnschaffe, R 13, 492.

Die Abtragung eines Rains oder einer Böschung mit der Folge, daß diese steiler wird, ist als Vertiefung zu erachten[6]).

Daß der durch die Vertiefung bewirkte Zustand auf eine gewisse Dauer angelegt ist, ist nicht erforderlich; deshalb fällt auch das stückweise Ausheben eines Fundamentes behufs sofortiger Wiederauffüllung unter § 909[7]).

Der Boden bildet ein zusammenhängendes Ganzes. Ein Teil bedarf des anderen, um den Zusammenhang zu behalten. Durch eine Vertiefung des Grundstückes verliert das Nachbargrundstück die erforderliche Stütze, wenn seinem Boden infolge der Vertiefung der Halt entzogen wird, so daß die Gefahr des Einsturzes oder der Senkung besteht.

2. Boden mit Anlagen. § 909 spricht nur von dem Boden des Nachbargrundstückes[8]). Darunter hat man an sich den Erdkörper als solchen mit seinen natürlichen Bestandteilen zu verstehen. Wenn aber der Boden des Nachbargrundstückes durch darauf errichtete Anlagen beschwert ist, so erfordert die dadurch bewirkte Mehrung des Drucks eine stärkere Stütze zur Bewahrung des Zusammenhalts. Es fragt sich, ob die Vertiefung so ausgeführt werden muß, daß der Boden des Nachbargrundstücks mit den darauf errichteten Anlagen die erforderliche Stütze behält. Diese Frage ist an sich zu bejahen[9]). Es sind aber Fälle denkbar, bei denen eine andere Beurteilung eintreten muß.

Wenn der Erdkörper des Grundstücks gegenüber seiner bisherigen natürlichen Gestaltung erhöht worden ist, sei es durch einen natürlichen Vorgang (infolge eines Bergrutsches auf den höher gelegenen Nachbargrundstücken), sei es durch eine menschliche Veranstaltung (Erdaufschüttung, Halde), so erhebt sich die Frage, ob diese Erhöhung als Bestandteil des Bodens zu erachten ist, dergestalt, daß dieser erhöhte Teil nicht vertieft werden darf, wenn dadurch der Boden des Nachbargrundstückes die erforderliche Stütze verliert. Diese Frage ist nach den Umständen des einzelnen Falles zu beantworten. Entscheidend ist, ob die Erhöhung zu einem wesentlichen Bestandteil des Grund und Bodens geworden ist (vgl. hierzu oben § 2 III). Ist diese Frage zu bejahen, dann gehört der erhöhte Teil zum Boden des Grundstücks[10]). Siehe auch unten V.

---

[6]) Vgl. WarnE 2, Nr. 2 (Zweibrücken); SeuffA 64 Nr. 111 (Stuttgart, Böschung eines Straßenkörpers).

[7]) Westermann § 63 IV 1; RG 144, 171 (sogen. Straußsches Gründungsverfahren); 51, 179; SeuffA 58 Nr. 53; 64 Nr. 32 (Zweibrücken).

[8]) Unter Nachbargrundstück ist nicht nur ein unmittelbar angrenzendes Grundstück zu verstehen (JW 10, 150; 23, 288; RG 167, 21).

[9]) Vgl. SeuffA 51 Nr. 8; Bolze 14, 41; Marwitz in JW 16, 1179.

[10]) Vgl. dagegen OLG 31, 319 (Hamburg). Darnach sollen Aufschüttungen in der Regel nur dann zum Boden werden, wenn sie dazu gemacht werden, ihn zu den Zwecken tauglicher zu machen, zu denen er nach allgemeiner Anschauung bestimmt erscheint, wie

Hat der Nachbar auf seinem Grundstück eine Steinhalde sehr hoch aufgetürmt, so kann der dadurch ausgeübte Druck so stark sein, daß dem Angrenzer ein lohnender Abbau des auf seinem Grundstücke befindlichen Lehmes oder Tones unmöglich gemacht wird, wenn er für anderweitige Befestigung des Haldengrundstücks auf seine Kosten sorgen muß. Es will schwer einleuchten, daß er diesen Schaden tragen soll[11]).

Ein anderes besonders häufig vorkommendes Beispiel: Auf dem Grundstück steht ein schlecht fundamentiertes oder baulich schlecht unterhaltenes Haus, dessen Wände schief stehen und rissig sind. Das RG zieht daraus die Folgerung, daß der Angrenzer, der auf seinem Grundstück eine Vertiefung vornehmen will, zur Verhütung des Einsturzes des Nachbarhauses besonders sorgfältige, m. a. W. sehr kostspielige Vorkehrungen treffen müsse[12]). Dieses Ergebnis ist durchaus unbefriedigend. Es führt dazu, daß der Angrenzer auf seine Kosten dem Haus die ihm fehlende genügende Fundamentierung beschaffen oder die für die Ausnützung seines Grundstückes erforderliche Vertiefung unterlassen muß. Demgegenüber ist mit Westermann (§ 63 IV 1) zu sagen, daß der Eigentümer eines bebauten Grundstücks dessen Eigenart gegen sich gelten lassen muß; soweit der Konflikt sich aus der Verschiedenheit der herkömmlichen und der modernen Bauweise ergäbe, müßte ein Interessenausgleich gesucht werden (Westermann a. a. O.)[12a]).

Verliert infolge von Vertiefungen auf dem Grundstück A der Boden des Nachbargrundstücks B die erforderliche Stütze mit der Folge, daß das auf B stehende Gebäude einstürzt und dabei das baulich mit ihm verbundene, auf dem angrenzenden Grundstück C stehende Gebäude C beschädigt wird, ohne daß zugleich auch der Boden des Grundstücks C eine Veränderung erfahren hätte, so stehen dem Eigentümer C Ansprüche aus §§ 909, 823 II BGB nicht zu; anders wäre allerdings zu entscheiden, wenn die Grundstücke B und C dem gleichen Eigentümer gehörten und auch im Grundbuch als ein Grundstück eingetragen wären (BGH in NJW 54, 593). Dieses zunächst etwas befremdlich erscheinende Ergebnis wird durch die Erwägung gerechtfertigt, daß der Eigentümer C auch dann aus § 909 BGB Ansprüche nicht herleiten könnte, wenn auf dem Grund-

Erhöhung eines zu niedrigen Baugeländes, Ausgleichung unbequemer Bodensenkungen. Anders dann, wenn die Aufschüttung vorgenommen wurde, um das Grundstück nur zu dem besonderen Zwecke geeignet zu machen, den der jeweilige Eigentümer mit ihm verbindet, insbesondere zu der gewerblichen Anlage, die er auf dem Grundstück errichtet. Es erscheine dann die Aufschüttung als ein Teil der Anlage, die auf dem Boden errichtet ist. [11]) Vgl. hierzu unten N 13.

[12]) JW 10, 330; WarnE 10, 23; 12, 385. Vgl. auch Süß in JW 34, 2234 sowie unten I 3 und N. 13.

[12a]) Vgl. hierzu auch § 77 HamburgBaupolG: oben § 19 N. 31a.

stück B die Vertiefung vorgenommen und dadurch der Einsturz des Gebäudes B mit der Folge der Beschädigung des Hauses C verursacht worden wäre, sofern letztere auf die bauliche Verbindung mit dem Gebäude B, nicht auf eine Veränderung des Bodens C zurückzuführen wäre.

Der Zusammenhang der einzelnen Teile des Erdkörpers ist an sich kein völlig unveränderlicher. Auch ohne menschliche Einwirkung gehen im Innern des Erdkörpers Veränderungen vor sich, die auch unter normalen Verhältnissen gewisse, wenn auch im allgemeinen unerhebliche Verschiebungen und Senkungen herbeiführen. Es sei hier nur auf die Einwirkung der atmosphärischen Niederschläge und eine Änderung in den Grundwasserverhältnissen verwiesen. Auch die Benutzung der Erdoberfläche durch die menschliche Wirtschaft übt einen gewissen Einfluß auf den Zusammenhang und die Verlagerung der Erdkörperbestandteile aus. Man denke an die Erschütterungen durch einen benachbarten Fabrikbetrieb oder durch den Eisenbahnbetrieb. Mit solchen geringfügigen und für die normale menschliche Wirtschaft unerheblichen Veränderungen muß die Wirtschaft rechnen und auch der Gesetzgeber (vgl. z. B. § 906).

3. Erforderliche Stütze. § 909 behandelt die Vertiefung, die einen unmittelbaren und sinnfälligen Einfluß auf den Zusammenhalt der Erdkörperbestandteile ausübt und bestimmt, daß ein Grundstück nicht in der Weise vertieft werden darf, daß der Boden des Nachbargrundstücks die „erforderliche Stütze" verliert. Die erforderliche Stütze ist ein relativer Begriff, der nach objektiven Merkmalen zu bestimmen ist. Erforderlich ist die Stütze, die der Boden braucht, um den Zwecken zu genügen, zu welchen er von der menschlichen Wirtschaft benutzt wird. Eine durch die Vertiefung herbeigeführte Senkung, die so minimal ist, daß die wirtschaftliche Benutzung des Bodens hiervon nicht berührt wird, kommt für die Anwendung des Gesetzes nicht in Betracht. Es ist nicht eine solche Stütze erforderlich, daß das angrenzende Erdreich sich auch nicht um einen Millimeter in seiner Verlagerung ändert. Man denke z. B. an den Fall, daß auf einem Grundstück Präzisionsinstrumente in Tätigkeit sind. Hier kann vom Nachbar nicht verlangt werden, daß er bei einer Vertiefung so verfährt, daß diese Instrumente nicht im mindesten in Mitleidenschaft gezogen werden. Der Grund besteht darin, daß es sich bei der Aufstellung von Präzisionsinstrumenten um eine ganz außergewöhnliche Art von Benutzung handelt. Eine Stütze, die einer solchen ganz außergewöhnlichen Benutzungsart Rechnung trägt, ist im Sinne des § 909 eben nicht erforderlich. Ganz außergewöhnliche Verhältnisse der Bodenbenutzung sind nicht einzubeziehen. Aus diesem Grunde wird zum mindesten in dem Fall, in welchem die Vertiefung auf ein einiger-

maßen entsprechend gebautes Haus ohne jegliche Nachteile bleiben würde, nicht deshalb unzulässig, weil das ohne genügende Fundamente errichtete Haus oder das in seinem baulichen Zustand verwahrloste Haus des Nachbarn eine geringfügige und für die menschliche Wirtschaft im allgemeinen unerhebliche Senkung des Bodens nicht aushält[13]). Gewiß darf der Grundeigentümer sein Grundstück in jeder beliebigen Art benutzen. Ordnungsmäßig, wie z. B. im Sinne des § 917, braucht seine Benutzung nicht zu sein, um auf den Schutz des § 909 Anspruch zu haben. Aber eine so außergewöhnliche Benutzung, wie sie darin liegt, daß durch die Art der Bauausführung dem Boden an Tragfähigkeit mehr zugemutet wird, als er überhaupt aushalten kann, ist durch § 909 nicht geschützt. Wenn das RG[14]) der Frage, ob das Bauwerk ordnungsgemäß errichtet und unterhalten ist, grundsätzlich jede Berechtigung abspricht, so ist dem nicht beizupflichten.

Der Boden hat nur eine relative Standsicherheit und Tragfähigkeit. Auszugehen ist daher im Einzelfall von dem Grad der Standsicherheit und Tragfähigkeit, der durch die natürlichen Verhältnisse, vor allem durch die Beschaffenheit des Bodens gegeben ist. Von diesen natürlichen Bodenverhältnissen ist die Benutzbarkeit des Bodens für Bauwerke abhängig und danach hat sich die Benutzung zu richten. Dem Boden darf keine Belastung zugemutet werden, die er nicht tragen kann. Ist diesem elementaren Grundsatz der Baukunst zuwider ein Bauwerk errichtet, dessen Last — sei es infolge ihres übergroßen Gewichts, sei es infolge unsachgemäßer Ausführung des Bauwerks — der Boden nicht aushalten kann, dann ist dem Nachbar nicht zuzumuten, daß er bei Vornahme einer Vertiefung, die für den bestimmungsgemäßen Verbrauch seines Grundstücks erforderlich ist, dafür sorgt, daß das standunsichere Bauwerk standsicher wird.

Er hat seiner Verpflichtung aus § 909 genügt, wenn er die Vertiefung so ausführt, daß sie auf den Zusammenhalt des Bodens des Nachbargrundstückes ohne nachteiligen Einfluß sein würde, falls diesem Boden nur eine solche Belastung zugemutet wäre, für welche seine Tragkraft ausreicht; mit anderen Worten: „erforderlich" im Sinne des § 909 ist nicht eine stärkere Stütze, als sie durch den Zusammenhang des Bodens beider Grundstücke von Natur aus gegeben ist. Wird beispielsweise an einem Berghang

---

[13]) Ähnlich leitet Marwitz, (JW 16, 1179) aus §§ 1024, 1060 durch analoge Anwendung ab, daß unter der erforderlichen Stütze nur eine solche zu verstehen sei, die einem ordnungsgemäß gebauten und unterhaltenen Gebäude Halt gewährt. Genügt diese Stütze wegen mangelhafter Beschaffenheit des Nachbargrundstückes nicht, dann kann der vertiefende Eigentümer die weiteren Schutzmaßnahmen dem Nachbar überlassen. Zustimmend Schlesw.-Holst.-Anz. 23, 130 (Kiel); Staudinger Bem. 1 zu § 909. Ablehnend JW 25, 2239 (RG); Palandt, 2b zu § 909; vgl. auch im Text zu oben N. 12.

[14]) JW 10, 330; 25, 2238; WarnE 10 Nr. 23; 12 Nr. 385. Vgl. oben im Text zu N. 12.

ein Haus errichtet, dessen Fundament nicht durch die Verwitterungsschicht hindurch bis auf den gewachsenen Boden geführt und somit nicht von dem Bergschub isoliert ist, dann kann unter Umständen ein einfacher Abzugsgraben, den der Eigentümer des unterliegenden Grundstückes anlegt, die durch den Druck des Hauses gepreßten, im labilen Gleichgewicht stehenden Massen der Verwitterungsschicht in Bewegung bringen und so einen Bergsturz auslösen. Diese Verschiebung der Bodenbestandteile ist durch die vorgenommene Vertiefung wohl veranlaßt, aber nicht verursacht. Die Ursache liegt im Bauwerk selbst[15]). Der Boden des Grundstücks hat die erforderliche Stütze durch den Nachbarboden nicht „verloren", wenn die Stütze schon vor der Vertiefung nicht ausreichend war, um den Zusammenhalt des Bodens und des darauf befindlichen Bauwerks zu sichern. Es kann also für die Anwendung des § 909 entgegen dem Standpunkt des RG sehr wohl darauf ankommen, ob das auf dem Nachbargrundstück befindliche Bauwerk ordnungsgemäß errichtet und unterhalten ist. So wenig begründet der Satz wäre, daß bei Mangelhaftigkeit des Bauwerks auf dieses bei Vornahme einer Vertiefung auf dem Nachbargrundstück keine Rücksicht zu nehmen ist, so wenig läßt sich grundsätzlich aufstellen, daß die Mangelhaftigkeit des Gebäudes für die Anwendung des § 909 ohne Bedeutung ist. Bei Anwendung des § 909 ist in diesen Grenzen eine vernünftige Abwägung der beiderseitigen Interessen unter Berücksichtigung der gegebenen Umstände, vor allem der Tragfähigkeit des Bodens geboten. Dabei kommt es auch auf den Grad des Mangels und auf die Art der Vertiefung an. Nach beiden Richtungen kann unter Umständen der Außergewöhnlichkeit der Benutzung eine im Einzelfall entscheidende Bedeutung beizumessen sein.

Unter Stütze ist nicht nur der vertikale Halt zu verstehen, welchen die benachbarten Grundstücke einander gegenseitig durch das Erdreich (Gestein) gewähren, so daß das seitliche Abstürzen oder Nachstürzen nicht eintritt, sondern auch die horizontale Stütze, die ein Grundstück an seinen unteren Bodenschichten findet und durch welche ein Einbruch, ein Zusammenstürzen verhindert wird[16]).

Im übrigen fehlt die erforderliche Stütze nicht bloß dann, wenn der Zusammenhang selbst bereits verloren ist, sondern auch dann, wenn der Zusammenhang derart gelockert ist, daß früher oder später mit einem Einsturz oder einer Senkung zu rechnen ist[17]).

---

[15]) Schlesw.-Holst.-Anz. 23, 130 (Kiel).

[16]) RG 132, 52; 144, 171; Gruchot 58, 664 RG. (Der Moorboden war infolge Entziehung des Grundwassers zusammengesunken.)

[17]) Vgl. SeuffA 51, 8.

Hierzu kann unter Umständen schon eine an sich unerhebliche Vertiefung genügen.

An einem Berghang liegen übereinander zwei Weinberge. Längs der oberen Grenze des tiefer liegenden Grundstücks hebt dessen Eigentümer einen Graben aus; das von oben kommende Wasser nimmt das fruchtbare Erdreich des oben liegenden Weinbergs nach und nach mit, und der Tieferliegende fängt dieses Erdreich in seinem Graben auf. Eine solche Vertiefung ist unzulässig.

Die Entziehung der erforderlichen Stütze kann auch dadurch bewirkt werden, daß dem Boden durch die z. B. zwecks Anlegung von Brunnen, Kanalisation oder Baugruben vorgenommene Vertiefung das Grundwasser entzogen und dadurch das darüber liegende Erdreich gesenkt wird. Dadurch allein, daß infolge der Vertiefung der Grundwasserstand sinkt oder der Brunnen des Nachbars versiegt, wird § 909 freilich nicht anwendbar[18]); wenn aber die Festigkeit und Tragfähigkeit des Bodens des Nachbargrundstücks auf einem gewissen Stande des Grundwassers unter ihm beruht und wenn dem Boden durch die infolge der Vertiefung herbeigeführte Entziehung des Grundwassers die erforderliche Festigkeit entzogen wird, so daß das darauf befindliche Gebäude seine Stütze verliert, so findet § 909, nicht das durch Art. 65 EG der Landesgesetzgebung vorbehaltene Wasserrecht Anwendung[19]).

---

[18]) Wüsthoff I, 67 Anm. 2; OLG 42, 276 (BayObLG); JW 32, 1046; 13, 267 (RG). Die in letzterer Entscheidung des Reichsgerichts enthaltene Bemerkung, das Graben eines Brunnens bilde keine Vertiefung im Sinne des § 909 BGB, ist später in RG 155, 391 dahin richtiggestellt worden, daß eine „Vertiefung" sogar dann anzunehmen ist, wenn die eigentliche Vertiefung, z. B. die Anlegung eines Brunnens, dem Nachbargrundstück vielleicht erst nach Jahren dadurch schädlich wird, daß durch ständige Wasserentnahme aus dem hergestellten Brunnen der Grundwasserspiegel gesenkt und zugleich dem Nachbargrundstück der nötige Halt entzogen wird. In solchen Fällen steht nämlich die mit den früheren Arbeiten bezweckte und später die Beeinträchtigung unmittelbar veranlassende Wasserentnahme mit der Brunnenanlegung noch in einem so engen Zusammenhang, daß die Herstellung des Brunnens selbst nach § 909 BGB zu beurteilen ist. Anders wäre es, wenn nach der Herstellung des Brunnens nicht durch die Wasserentnahme, sondern durch ein nicht vorhersehbares und nicht beabsichtigtes Zufallsereignis (geologische Veränderung) dem Nachbargrundstück das zur Stützung des Bodens notwendige Grundwasser entzogen worden wäre. Gegen diese Entscheidung Eplinius (JW 37, 3228) und Wüsthoff I, 66 Anm. 1a.

[19]) Eine Vertiefung im Sinne des § 909 ist daher auch dann anzunehmen, wenn entweder aus angelegten Brunnen dem Boden laufend Wasser entzogen wird, so daß schließlich der Grundwasserspiegel absinkt, oder zur Ermöglichung von Tiefbauten der Grundwasserspiegel künstlich gesenkt wird und in beiden Fällen dadurch die Folge eintritt, daß der Pfahlrost, auf dem ein auf einem Nachbargrundstück stehendes Gebäude errichtet ist, in Fäulnis übergeht und dadurch dem Boden des Nachbargrundstücks die notwendige Stütze entzogen wird, sei es, daß die Festigkeit des Bodens gerade durch den Pfahlrost gewährleistet war, oder sei es, daß infolge der Grundwassersenkung der Boden in seiner Zusammensetzung sich so verändert hat, daß er seine Aufgabe, den Bau auf Pfählen zu tragen, nun nicht mehr erfüllen kann; dabei müssen im ersteren Falle die Brunnenanlage

Ob die Entziehung der erforderlichen Stütze infolge der Ausführung einer beabsichtigten Vertiefung eintreten wird, ist eine technische Frage. Es genügt für den Anspruch auf Unterlassung der Vertiefung, daß ihre Ausführung eine Gefahr[20]) des Einsturzes oder der Senkung begründen würde; eine Gewißheit braucht nicht dargetan zu werden.

Wenn eine steile Abgrabung vorgenommen ist, dann wird infolge der Witterungsverhältnisse (Wasser und Verwitterung) durch Abschwemmen und Abbröckeln allmählich eine Böschung gebildet, die sich solange fortentwickelt, bis die Standsicherheit erreicht ist. Dem Nachbargrundstück ist durch eine auf einem Grundstück vorgenommene Vertiefung nur dann die erforderliche Stütze nicht entzogen, wenn die Vertiefung soweit von der Grenze entfernt bleibt, daß der stehengebliebene Geländestreifen die allmähliche Einstellung einer standsicheren Böschung ermöglicht, ohne daß die Oberfläche des Nachbargrundstücks für die Grundfläche der Böschung mitverwendet wird.

Die Breite des für die Böschung erforderlichen Schutzstreifens richtet sich nach Gewicht, Reibung und Zusammenhalt der in Betracht kommenden Bodenarten, nach der Gleichartigkeit der Masse und der Lage und Beschaffenheit der Auflagenschicht; man spricht von einem natürlichen Böschungswinkel, wie ihn die besonderen Bodenarten und Verhältnisse erfordern. Unter Böschungswinkel ist der Winkel zu verstehen, welchen die schräge Abdachung mit der Horizontalebene bildet. Die Höhe der Böschung bezeichnet die lotrechte Linie von dem höchsten Punkt der Abdachung auf die durch den Fuß der Böschung gelegte Horizontalebene. Der Abstand dieser Lotlinie von dem Fuß der Böschung bezeichnet die „Anlage" der Böschung. Die Böschung von 45°, bei welcher Höhe und Anlage gleich groß sind, wird als Böschung mit ganzer Anlage bezeichnet, wogegen man unter Böschung von ¼ oder von dreifacher Anlage spricht, je nachdem die Anlage um ¼ kleiner oder um das Dreifache größer als die Höhe ist. Eine Böschung in gewachsener Lehmerde, die ohne Bekleidung standsicher sein soll, muß mindestens ganze Anlage haben. Nach dem „Handbuche der Ingenieurwissenschaften" ist in unserem Klima der natürliche Böschungswinkel für sandige Erdarten 1½ : 1, unter ungünstigen Verhältnissen bis 2 : 1 und nur ausnahmsweise flacher; in Kies und Gerölle pflegen sich die Böschungen bei einer Steigung von 1¼ : 1, in weichem Tagegestein u. dgl. bei einer Steigung von 1 : 1 und in festem Gestein je nach dem Grade der Wetterbeständigkeit in steiler Lage bis zur Senkrechten dauernd zu halten. Nach Loewe: Straßenbau, sind die erforderlichen Steigungsverhältnisse für Humus 1½ : 1, lehmige Erden 1¼ : 1 bis 1 : 1, wenn die Einschnittstiefen nicht mehr als 4—5 m betragen und die durchschnittenen Bodenarten trocken gelagert sind. Angenommen z. B., es wäre auf einem Grundstück eine 1 m tiefe Sandschicht (hierfür Böschungswinkel 2 : 1), darauffolgend eine 2 m tiefe kiesige Geröllschicht (hierfür Böschungswinkel 1¼ : 1); dann eine 2 m tiefe weiche Tagesgesteinsschicht (hierfür Böschungswinkel 1 : 1) vorhanden, worauf standsicheres Felsgestein folgen würde, so würde eine 6 m tiefe Abgrabung 6,5 m von der Grenze entfernt bleiben (oder für anderweitige Sicherung gesorgt werden) müssen, falls der Gleichgewichtszustand für das Nachbargrundstück erhalten bleiben soll

---

und die dauernde Wasserentnahme mit der schließlichen Grundwassersenkung und im anderen Falle die Tiefbauarbeiten und die künstliche Grundwassersenkung als einheitliche Handlung gewertet werden (RG 155, 391; 167, 20). Vgl. auch RG 132, 56; 62, 372; RG JW 10, 150 u. 11, 939; Gruchot 58, 664; OLG 26, 19 u. 20. — Ebenso ist § 909 gegeben, wenn durch Pumpen bei Anlage eines Brunnens die Flugsandschicht des Nachbargrundstücks abgehoben und diesem dadurch die Stütze entzogen wird.

[20]) S. oben § 19 II 1 b. Vgl. Bolze 14 Nr. 40.

nämlich für die 1 m tiefe Sandschicht 2 m, für die 2 m tiefe Geröllschicht 2½ m, für die 2 m tiefe weiche Tagesgesteinsschicht 2 m. Durch entsprechende Bekleidung (Faschinen, Sockelmauer, aufgesetzte Steinstützen u. a.) wird Standsicherheit bei viel steilerem Böschungswinkel hergestellt.

(Bodenfluß.)[21]) Die zusammenhängende Vegetationsdecke wird fast allenthalben von einer mehr oder weniger tiefgründigen Verwitterungsschicht unterlagert. Diese aus aufgelockerten Gesteinsfragmenten und sonstigen Verwitterungsprodukten zusammengesetzte Bodenschicht befindet sich nicht wie das in größerer Tiefe anstehende unversehrte Gestein in einer (relativ gedacht) starren Lage, sondern in einem durch die Schwerkraft bedingten, äußerlich kaum wahrnehmbaren Zustand der Beweglichkeit. Wird ein Abhang, etwa durch Abgrabung seiner Vegetationsdecke beraubt, so findet man unmittelbar unter der Humusschicht an Stelle des unversehrten Schichtverbandes, wie man ihn etwa an Steinbruchwänden zu sehen gewohnt ist, verrutschte, meistens nach abwärts verlagerte Schichtbruchstücke. Erreicht diese Verlagerung ein besonders starkes Abmaß, so spricht man von subkutanen Fließbewegungen des Bodens (Bergfluß). Der Grad der Beweglichkeit solcher Bodenbildungen scheint in unseren klimatischen Verhältnissen durch folgende Umstände besonders beeinflußt zu sein:

a) Unregelmäßige Wechsellagerungen besonders widerstandsfähiger und relativ mächtiger Gesteinsbänke mit mergeligen oder gar tonigen, jedenfalls leicht zerstörbaren Zwischenlagen.

b) Umgestaltung der Bodenoberfläche an einem Steilhang.

c) Tektonische Störungen (vgl. oben § 1 III 1), insbesondere Verwerfungen und Zerrüttungszonen.

d) Durchfeuchtungen irgendwelcher Art[22]).

Bei derartig beschaffenen, also für Rutschungen hochgradig disponierten Bergabhängen werden die zerstörenden Wirkungen der Bodenbewegung nicht nur durch ein Anschneiden der steilen Böschung knapp unterhalb der Basis, sondern auch durch unzweckmäßige Belastung verstärkt und beschleunigt. Wird zwecks Anlage eines Weges auf dem steil abfallenden Gehänge die Bodendecke angeschnitten, so kann dies auf einem mit Bergfluß behafteten Gelände ein Herausquellen des schweren, durch den Verwitterungsprozeß bereits aus dem Schichtverbande gelösten und beweglich gewordenen Gesteinsmaterials zur unmittelbaren Folge haben. Eine andere Frage aber ist, ob die in Betracht kommenden Geländeteile nicht schon an sich — also auch ohne die stattgehabte Anschürfung des Bodens — einer für die Standsicherheit der Oberfläche hinreichenden Stütze entbehrten[23]), m. a. W. ob der im unmittelbaren Anschluß an die Anschneidung des Hanges eingetretene Bergsturz binnen kurzer Frist nicht auch dann eingetreten wäre, wenn der Berg nicht angeschnitten worden wäre. Wird diese Frage von dem geologischen Sachverständigen bejaht, dann muß der Jurist hieraus die Folgerung ziehen, daß der Boden durch die Anschneidung die erforderliche Stütze nicht „verloren" (§ 909 BGB) hat; er hat sie ja schon vorher nicht gehabt. Die Anschneidung war nur die Veranlassung, nicht die Verursachung des Bergrutsches. Der Anspruch auf Beseitigung der Beeinträchtigung, der auf eine genügende anderweitige Befestigung geht, ist in einem solchen Fall nicht begründet.

Aber auch, wenn der Gutachter zu der Ansicht gelangt, daß durch die Anschneidung des Abhanges der Bergsturz auf dem in subkutaner Bodenbewegung befindlichen Gelände verursacht wurde, kann dem Anspruch auf Wiederherstellung deren Unmöglichkeit,

---

[21]) Über Bodenfluß vgl. oben § 1 III 1.

[22]) Dr. Christa, Vorstand des Mineralogisch-Geologischen Instituts an der Universität Würzburg, Gutachten vom 6. März 1924.

[23]) Dr. Christa, Gutachten vom 14. April 1924.

unter besonderen Umständen auch die Einrede der Sittenwidrigkeit entgegenstehen (s. hierüber unten § 38 II 1). Unter keinen Umständen kann die Herstellung eines höheren Grades von Standsicherheit beansprucht werden, als vor dem Eingriff bestanden hat. Der Kläger kann mit der actio negatoria nur Wiederherstellung des Zustandes verlangen, der bestehen würde, wenn die Wirkung des Eingriffs nicht mehr vorhanden wäre. Es ist Sache des Klägers, nachzuweisen, welchen Grad von Standsicherheit sein Grundstück vor dem Eingriff des Beklagten hatte. Denn der Beklagte muß die Stütze nur insoweit wieder herstellen, als sie infolge seines Eingriffes „verloren" ging. Das kann praktisch zur Abweisung des Wiederherstellungsanspruchs führen.

Wenn ein Eigentümer auf seinem Grundstück bereits eine Vertiefung vorgenommen (z. B. einen Keller ohne festes Mauerwerk ausgehoben) hat und sein Nachbar nimmt nun auf seinem Grundstück ebenfalls eine Vertiefung vor, wird natürlich auch das Erdreich jenes Grundstücks viel leichter zusammenfallen. Hier ist nach einem billigen Ausgleich und unter Zuteilung der gleichen Rechte an beide Nachbarn zu entscheiden, ob und inwieweit die neue Vertiefung unzulässig ist. Im allgemeinen muß davon ausgegangen werden, daß eine Vertiefung dann zulässig ist, wenn durch diese Vertiefung die Standsicherheit der benachbarten Grundstücke in ihrem derzeitigen Zustand nicht beeinträchtigt wird. Durch das Zusammenwirken menschlicher Eingriffe bei Benutzung des Bodens (Anlage von Kellern, Abbau von Bodenbestandteilen, Ausschachten von Fundamenten, Planierungen, Eisenbahneinschnitte), die am Fuße eines Berges vorgenommen werden und von denen jeder Eingriff für sich allein für die Standsicherheit bedeutungslos ist, kann im Laufe der Zeit die Bergmasse in eine labile Gleichgewichtslage gebracht werden, zu deren Störung und völliger Aufhebung es dann nur noch eines ganz geringfügigen menschlichen oder natürlichen Eingriffs bedarf. Der beabsichtigte Eingriff, von dem diese Wirkung vorauszusehen ist (Gefahr), muß alsdann unterbleiben, wenn er auch, für sich allein betrachtet, noch so geringfügig ist. War jedoch diese Wirkung nicht vorauszusehen, so besteht keine Haftung, wenn sie infolge des ausgeführten Eingriffs eintritt.

4. Anderweitige Befestigung. Nur dann darf das Grundstück in der Weise vertieft werden, daß der Boden des Nachbargrundstücks die erforderliche Stütze verliert, wenn für eine genügende anderweitige Befestigung gesorgt ist. Die Vorkehrungen und Einrichtungen, durch welche die anderweitige Befestigung bewirkt werden soll, müssen auf dem Grundstück vorgenommen werden, das vertieft werden soll (bzw. vertieft worden ist)[24]). Diese anderweitige Befestigung muß schon zur

[24]) RGK Bem. 5 zu § 909. Der Eigentümer eines Grundstückes ist regelmäßig (Notstand im Sinne des § 904 ausgenommen) nicht verpflichtet, das Betreten seines Grundstückes dem vertiefenden Nachbarn zwecks Vornahme der Befestigungsarbeiten zu gestatten. Diesem steht hierfür auch § 226 nicht zur Seite (R 04 Nr. 1164 [Köln]). Unter

Zeit der Vertiefung wirken, so daß jede Gefahr eines Einsturzes oder einer Senkung für das Nachbargrundstück und dessen Anlagen ausgeschlossen ist. Durch die Vertiefung darf also nicht einmal eine vorübergehende Gefahr begründet werden[25]). Welcher Art die anderweitige Befestigung ist, ist gleichgültig. Der Nachbar muß deshalb auch mit einem noch so unschönen Gerüst zufrieden sein. Er kann auch nicht eine solche Befestigung verlangen, die eine besondere Dauerhaftigkeit gewährleistet. Versprießung mit Holzbalken ist daher genügend. Wenn diese später morsch werden, muß der Besitzer des vertieften Grundstückes eben anderweitige Fürsorge treffen. Daß die anderweitige Befestigung genügend ist, hat er zu beweisen[26]).

Für eine genügende anderweitige Befestigung ist gesorgt, wenn derjenige, der sein Grundstück vertiefen will oder ein Dritter[27]) Schutzvorkehrungen getroffen hat, die ausreichen, um den Zusammenhang des Nachbarbodens mit den derzeit darauf stehenden Anlagen zu erhalten. Man wird aber noch weiter verlangen müssen, daß die Befestigung eine derartige sein muß, daß der Boden des Nachbargrundstückes auch eine Belastung durch weitere Anlagen verträgt, mit deren Errichtung unter Berücksichtigung aller Verhältnisse, namentlich der örtlichen Lage des Grundstücks, zu rechnen ist. Auch hier zeigt sich die Relativität des Begriffes „erforderliche Stütze". Handelt es sich um ein unbebautes, im freien Felde liegendes Nachbargrundstück, dann wird eine solche Befestigung, daß der Boden auch bei Errichtung eines Gebäudes in keiner Weise nachgibt, nicht erforderlich sein. Handelt es sich um einen Bauplatz, so ist eben eine anderweitige Befestigung erforderlich, die die bestimmungsgemäße Ausnützung des Bauplatzes durch Bebauung ins Auge faßt.

5. Klageanspruch. Ist durch eine Vertiefung des Grundstücks dem Nachbargrundstück die natürliche Stütze entzogen, so erwächst hierdurch dem Eigentümer die dauernde (auch auf den Sondernachfolger übergehende) Verpflichtung, für eine genügende anderweitige Befestigung

---

besonderen Ausnahmeverhältnissen (z. B. zur Vermeidung unerträglicher Mehrkosten) wird das Betreten des Nachbargrundstückes mit § 242 erzwungen werden können. (Vgl. auch unten § 38a II 2d.) Wenn nicht die Unterlassungsklage des § 909, sondern die Schadenersatzklage aus unerlaubter Handlung erhoben ist, dann kann dem Kläger unter Umständen der Einwand mitwirkenden Verschuldens (§ 254 Abs. 2) entgegengesetzt werden, wenn er das Betreten seines Grundstücks zwecks Vornahme der Befestigungsarbeiten verweigert hat (JW 10, 330; Gruchot 54, 1010).

[25]) Nur für die Sicherungsmaßregeln, die zur Zeit notwendig sind, und für erforderliche Vorbereitung künftig notwendiger Maßnahmen muß der den Bau beginnende Nachbar sorgen. WürttZ 14, 317 (Stuttgart).

[26]) Dernburg 3, 177; WürttZ 19, 278. A. M. Leonhard, Beweislast 413.

[27]) RGK Bem. 4 zu § 909.

zu sorgen; es muß also die Stützmauer in einem für ihren Zweck geeigneten Zustand unterhalten oder in anderer Weise für die Erhaltung der Standsicherheit gesorgt werden. In der Unterlassung der Erfüllung dieser Pflicht liegt der Wirkung nach eine unzulässige Vertiefung.

Wenn das Hügelgelände, wie es namentlich in Weinbaugebieten der Fall ist, in einzelne Terrassen abgeteilt ist, die durch Mauern (zumeist Trockenmauern) gestützt sind, dann obliegt dem einzelnen Weinbergsbesitzer gegenüber dem Oberlieger aus § 909 (und aus § 908 auch gegenüber dem Unterlieger) die Pflicht, die Stützmauer in einem für ihren Zweck geeigneten Zustand zu unterhalten. Diese Pflicht geht nicht so weit, daß eine solche Beschaffenheit der Mauer vorhanden sein muß, daß jegliches Abwandern des Erd- und Schuttgeländes ausgeschlossen ist. Es braucht keine höhere Standsicherheit hergestellt und erhalten zu werden, als bestehen würde, wenn der natürliche Zustand des Weinberges (die natürliche Böschung vom höchsten Teil des Weinberges bis zum Fuß der Mauer) erhalten wäre. Man wird unterstellen dürfen, daß die Trockenmauern, wie sie (nach Höhe, Dicke, Art der verwendeten Steine und ihrer Zusammenfügung) in der betreffenden Lage herkömmlich sind, der Erfahrung entsprechend die für normale Verhältnisse ausreichende Stütze bieten. In dieser Beschaffenheit muß die Mauer erhalten werden. Hat der Besitzer der Mauer dieser Verpflichtung genügt und wird dann gleichwohl infolge außergewöhnlich langandauernder Regengüsse oder eines Wolkenbruches oder infolge der Schmelze außergewöhnlicher Schneemassen die Mauer eingedrückt, so besteht keine Haftung für die dadurch bewirkte Beschädigung der Nachbargrundstücke. Dem Eigentümer der eingedrückten Mauer obliegt jedoch die Verpflichtung, die beschädigte Mauer alsbald nach Eintritt besserer Wetterverhältnisse wieder herzustellen.

Solange die Vertiefung noch nicht vorgenommen ist, ist der Klageantrag des Eigentümers[28]) nicht schlechtweg auf Unterlassung der Vertiefung zu richten; vielmehr hat der Antrag zu lauten: „Dem Beklagten wird verboten, sein Grundstück in der Weise zu vertiefen, daß der Boden des Grundstücks des Klägers die erforderliche Stütze verliert, es sei denn, daß für eine genügende anderweitige Befestigung gesorgt wird“ [29]). Ist die

[28]) §§ 1011, 1017, 1027, 1065, 1090, 1227 sind anzuwenden; vgl. Maenner 166.

[29]) Der Unterlassungsanspruch, der vor Ausführung der Vertiefung gestellt wird, ist auf eine Leistung gerichtet. Es handelt sich also hierbei um keine Feststellungsklage. Aber auch für diesen vorbeugenden Unterlassungsanspruch ist Voraussetzung, daß der Beklagte zu der Klage Veranlassung gegeben hat. Nur handelt es sich dabei um eine materiell-rechtliche, nicht um eine prozessuale Voraussetzung. Beim Mangel dieser Voraussetzung ist die Klage nicht als unzulässig, sondern als unbegründet abzuweisen. Der Beklagte hat zur Erhebung der Klage dann Veranlassung gegeben, wenn er entweder mit der Vertiefung begonnen hat, ohne rechtzeitig für die erforderliche anderweitige Befestigung zu sorgen, oder wenn sich aus den Umständen ergibt, daß er entschlossen war, die Vertiefung ohne die erforderlichen Vorkehrungen für eine anderweitige Stützung auszuführen. Der Kläger hat beispielsweise den Beklagten darauf aufmerksam gemacht, daß ohne Errichtung einer Stützmauer durch die Ausführung der beabsichtigten Vertiefung die Standsicherheit des Grundstücks des Klägers beeinträchtigt würde, und der Beklagte hat darauf erwidert, daß die (in der Tat erforderliche) Stützmauer nicht notwendig sei. Nur dann kann der Klageantrag auf Unterlassung der Vertiefung schlechtweg gerichtet werden, wenn eine genügende anderweitige Befestigung nachweisbar technisch

Vertiefung bereits vorgenommen und dadurch die Gefahr eines Einsturzes oder einer Senkung begründet, so hat der Nachbar einen Anspruch darauf, daß der frühere Zustand[30]) wieder hergestellt oder für eine genügende anderweitige Befestigung gesorgt wird[31]), mag das auch noch so kostspielig sein[32]).

§ 909 erweitert den Inhalt des Eigentums für den einen, indem er dem anderen Nachbar eine Handlung verbietet und dadurch dessen Eigentum dem Inhalt nach beschränkt. Durch die Vornahme der verbotenen Vertiefung ist ein Zustand geschaffen, der das Recht des Nachbars beeinträchtigt. § 1004 verleiht den Anspruch auf Beseitigung dieser Beeinträchtigung. Dieser negatorische Anspruch setzt kein Verschulden des Beklagten voraus[33]).

---

nicht möglich ist. Dies kann z. B. praktisch werden, wenn durch die Vertiefung dem Nachbargrundstück das Grundwasser und damit die erforderliche Stütze entzogen wird. Kann dies durch eine Spundwand nicht verhindert werden, so muß die Vertiefung unterbleiben. (Vgl. RG 62, 371; vgl. auch RG 167, 14.) Das gleiche gilt bei einem in Bergfluß (s. oben § 20 I 3 und N. 21) befindlichen Gelände.

Ist bereits eine unzulässige Vertiefung vorgenommen worden und besteht die Besorgnis weiterer unzulässiger Vertiefungen, so ist auch der Anspruch auf Unterlassung (§ 1004 BGB) gegeben (RG 103, 174; 132, 56). Eines weiteren Nachweises, daß der Beklagte zur Erhebung der Klage Veranlassung gegeben habe, bedarf es in diesem Falle nicht.

[30]) Die Zurückschaffung des infolge der Vertiefung abgestürzten Erdreichs kann mit der Eigentumsfreiheitsklage nicht verlangt werden, wohl aber mit dem Anspruch auf Schadenersatz, wenn dessen Voraussetzungen gegeben sind.

[31]) Die Vertiefung war unzulässig; allein es hat der Kläger nicht schlechtweg den Anspruch auf Ausfüllung der Vertiefung; er muß sich zufrieden geben, wenn der Beklagte für anderweitige Befestigung sorgt. Vgl. dagegen R 06 Nr. 2849 (Stuttgart), wonach der Nachbar nur auf Beseitigung d. i. Zufüllung der Vertiefung seinen Antrag zu richten habe. — Vgl. übrigens Turnau-Förster Anm. 2 zu § 909. — Der Klageantrag würde etwa lauten: „Der Beklagte ist schuldig, entweder den von ihm ausgehobenen Graben derart auszufüllen, daß der Boden des dem Kläger gehörigen Grundstücks Nr. x die erforderliche Stütze wieder erhält oder für eine genügende anderweitige Befestigung zu sorgen." Die Fassung des Antrags in der zweiten Alternative muß allgemein gehalten werden, weil es dem Beklagten überlassen werden muß, welche Art von genügender Befestigung er wählen will. Durch eine Verurteilung zur Aufführung einer Schutzmauer würde er in diesem Wahlrecht beschränkt (vgl. OLG 18, 130). Vgl. unten § 38 II 2 a und VIII.

[32]) Vgl. jedoch hierzu unten § 38 II 1.

[33]) RG 103, 176 (JW 22, 485); 132, 56; SeuffA 56 Nr. 200; OLG 4, 64; 5, 152. Der Anspruch aus § 909 besteht deshalb auch dann, wenn die Vertiefung unter Beobachtung der Grundsätze der Baukunst vorgenommen ist (JW 10, 330). Der Beklagte kann sich nicht darauf berufen, daß er die Vertiefungsarbeiten durch einen sachkundigen Baumeister ausführen ließ (R 09 Nr. 3368).

Aktivlegitimiert[34]) zur Erhebung des Anspruchs ist der derzeitige[35]) Eigentümer des benachbarten Grundstückes. Es wird anzunehmen sein, daß auch der nicht unmittelbar angrenzende Nachbar das Untersagungsrecht hat, sofern nur sein Grundstück durch die Vertiefung gefährdet wird[36]). Man denke nur an den Fall, daß am Hange eines Berges drei Äcker übereinanderliegen. Wenn der Eigentümer des untersten Ackers eine Vertiefung vornimmt, welche für das mittlere Grundstück eine Gefahr des Erdsturzes mit sich bringt, so besteht für das oberste Grundstück die Gefahr des Nachrutschens.

Passivlegitimiert[37]) für den Anspruch ist derjenige, welcher die Vertiefung vornimmt oder vornehmen läßt, und wenn die unzulässige Vertiefung ausgeführt ist, derjenige, welcher diesen Zustand aufrecht erhält. Der derzeitige Eigentümer ist daher regelmäßig der richtige Beklagte[38]), ebenso der Besitzer und Inhaber[39]). Anders wäre es, wenn jemand, dem der Eigentümer keinerlei Rechte an dem Grundstück eingeräumt hat, eine Vertiefung vornehmen will[40]). Hat derjenige, der die Vertiefung vorgenommen hat, das Grundstück vor Rechtshängigkeit veräußert, so kann er mit dem dinglichen Anspruch des § 909 nicht mehr belangt werden, da der Zustand der Beeinträchtigung nicht durch ihn aufrecht erhalten wird[41]). Auch wenn nur der Teil des Grundstücks, auf welchem die Vertiefung vorgenommen wurde, wegveräußert wurde, fehlt dem früheren Eigentümer dieses Teilstücks die Passivlegitimation[42]). Jedoch kann der frühere

[34]) Über Aktivlegitimation s. unten § 38 IV 1. Der Besitzer kann die Besitzstörungsklage erheben, wenn durch die Vertiefung sein Besitz beeinträchtigt wird; s. hierüber unten § 40.

[35]) Entscheidend ist der Zeitpunkt der Klageerhebung, nicht der Zeitpunkt in, welchem die Vertiefung vorgenommen wurde. Hat der Eigentümer des Grundstücks, das durch die Vertiefung beeinträchtigt ist, gegen Abfindung auf den negatorischen Anspruch formlos verzichtet und dann sein Grundstück weiter veräußert, so kann der Erwerber den negatorischen Anspruch erheben (vgl. hierüber unten § 38 III 2). Im Falle eines Vergleiches ist daher die Bestellung einer Grunddienstbarkeit zu empfehlen (der Eigentümer der Nr. 312 bestellt zugunsten der Nr. 314 eine Grunddienstbarkeit, inhaltlich deren die Beeinträchtigung des Eigentums der Nr. 312, welche durch die auf Flurstücks-Nr. 314 erfolgte Anschneidung des Berges bewirkt ist, zu dulden ist).

[36]) Gruchot 54, 1013; JW 10, 150 (RG); Gruchot 66, 478. A. M. Bl. f. Rechtspfl. 10. 109 (KG).

[37]) Über Passivlegitimation vgl. unten § 38 IV 2.

[38]) Zustimmend RG 103, 176 (JW 22, 486); ebenso SeuffA 56 Nr. 200; 64 Nr. 32; OLG 4, 62; 18, 138.

[39]) RG 103, 176 (JW 22, 486).

[40]) Hat er aber die unzulässige Vertiefung — wenn auch gegen den Willen des Eigentümers — vorgenommen, so muß dieser die Vertiefung beseitigen; denn er ist für den gesetzmäßigen Zustand seines Grundstücks verantwortlich, und ein Fall höherer Gewalt liegt nicht vor.

[41]) RG 103, 176 (JW 22, 486).

[42]) RG 103, 176 (JW 22, 486) läßt dies merkwürdigerweise dahingestellt.

Eigentümer im Fall des Verschuldens aus §§ 823, 249 auf Wiederherstellung des früheren Zustandes belangt werden[43]).

6. Beweislast. Der Kläger muß beweisen, daß der Boden seines Grundstückes die erforderliche Stütze verliert, während dann dem Beklagten der Beweis obliegt, daß für eine genügende anderweitige Befestigung gesorgt ist[44]).

II. Schadenersatzpflicht

Die vorsätzliche oder fahrlässige Übertretung des gesetzlichen Verbotes ist ein gegen den Eigentümer sich richtendes Delikt mit den allgemeinen Folgen einer unerlaubten Handlung nach § 823 Abs. 2 BGB[45]). Der eingetretene Erfolg kann aber dem Täter nur dann zugerechnet werden, wenn er ihn voraussehen konnte[46]). Eine Ersatzpflicht für den Einsturz des Hauses trifft ihn daher nur dann, wenn er bei sorgfältiger Prüfung hätte voraussehen können, daß durch die Vertiefung das Nachbargrundstück die erforderliche Stütze verlieren würde. Hierbei ist auf die Bodenbeschaffenheit beider Grundstücke und auf die Entfernung der Vertiefung von der Grenze entscheidendes Gewicht zu legen[47]). Die Ersatzpflicht ist nicht an die Voraussetzung gebunden, daß gegen ein Verbot des Nachbars vertieft wurde. Man kann dem Nachbar die Unterlassung eines Verbotes auch nicht als mitwirkendes Verschulden anrechnen; denn er kann sich ruhig darauf verlassen, daß der vertiefende Eigentümer die Tragweite der Vertiefung pflichtgemäß geprüft

---

[43]) Noest, JW 22, 485 Anm. 7. Der Eigentümer und der ersatzpflichtige Dritte haften, soweit sich des letzteren Schadenersatzpflicht (§§ 823, 249) auf Wiederherstellung (Befestigung) mit der Verpflichtung des Eigentümers aus § 909 deckt, als Gesamtschuldner (vgl. Reichel, Grundstücks-Archiv 09, 83).

[44]) RGK Bem. 4 zu § 909.

[45]) Vgl. SeuffA 53 Nr. 150; Bolze 23 Nr. 49 u. 50; HRR 42, 343 (Königsberg). Immer aber ist ein Verschulden Voraussetzung der Ersatzpflicht. RG 132, 57; R 04 Nr. 1165 (Köln); Gruchot 50, 680 (RG); SeuffA 61 Nr. 34 (RG); JW 11, 467; R 11 Nr. 3187; RG EisenbE 26, 34. Vgl. auch unten § 43 D II u. III. § 909 ist zwar ein den Schutz des anderen bezweckendes Gesetz im Sinne des § 823 Abs. 2 BGB: RG 54, 177; 62, 371; SeuffA 58 Nr. 53 (RG). Es ist aber zweifellos, daß bei § 909 ein Verstoß gegen das Gesetz auch ohne Verschulden möglich ist (SeuffA 61 Nr. 34 RG). Nimmt ein Nachbar Ausschachtungen auf seinem Grundstücke vor, ohne die erforderlichen Sicherungsmaßregeln trotz der Erkennbarkeit ihrer Notwendigkeit zu treffen, so liegt hierin ein Verschulden. Vgl. Samml. d. Entsch. d. Bayer. Gerichtsh. für Kompetenzkonflikte 1, 32, woselbst für den Ersatzanspruch gegen eine pfälzische Distriktsgemeinde wegen Beschädigung eines Hauses durch plangemäße Ausführung des obrigkeitlich genehmigten Baues einer Distriktsstraße die Zuständigkeit der Gerichte angenommen wurde. Infolge Abgrabung des Bodens war eine Scheune eingestürzt.

[46]) Vgl. RG 144, 172; BayOGH 17, 16; R 14 Nr. 628.

[47]) Vgl. Turnau-Förster Anm. 2 zu § 909.

hat. Zur pflichtmäßigen Prüfung für den Eigentümer, der die Vertiefung ausführen will, wird unter Umständen auch die Einholung eines technischen Gutachtens erforderlich sein, z. B. über die Frage, ob die beabsichtigte Vertiefung dem Nachbarhause nicht Schaden bringen werde[48]). Erhebungen über die Fundamentierung des fremden Hauses können je nach der Art der beabsichtigten Vertiefung geboten sein. Deshalb wird sich der Vertiefende regelmäßig nicht damit entlasten können, daß die Fundamentierung des Nachbarhauses zu schwach gewesen sei; denn wenn das Fundament ohne Vertiefung genügend tragkräftig war, wird regelmäßig anzunehmen sein, daß eine eingetretene Mauersenkung die Folge der Vertiefung war.

Immerhin kann die mangelhafte Fundamentierung eines Hauses oder die mangelhafte Ableitung des Bergwassers unter Umständen dem Geschädigten als mitwirkendes Verschulden (§ 254 BGB) angerechnet werden. Das gilt namentlich für Häuser an Berghängen[49]) und namentlich dann, wenn es sich um eine Vertiefung nicht gerade außergewöhnlicher Art handelt.

---

[48]) Bedient sich der Eigentümer bei Vertiefungsarbeiten der Tätigkeit eines Architekten oder Baumeisters, so haftet er nicht bloß aus § 831, sondern hat an sich auch die Pflicht der Überwachung (vgl. R 09 Nr. 3368); es kann aber in dieser Richtung von einem Laien nur verlangt werden, daß er Fehler und Mängel wahrnimmt, die so auffällig und augenscheinlich zutage treten, daß sie jedem auch nicht sachkundigen Beobachter ohne weiteres als Mängel oder doch als gefahrdrohende Maßnahmen erkennbar sind. R. 08 Nr. 2826 (Augsburg). Im übrigen kommt es auf den Einzelfall an: RG 132, 51; vgl. auch Selten (JW 31, 2628); BGH in NJW 54, 593. — Im Gegensatz hierzu wollen Westermann (§ 63 IV 2) und ihm folgend Erman (1 zu § 909) den § 278 BGB mindestens entsprechend anwenden mit der Begründung, das nachbarliche Gemeinschaftsverhältnis (vgl. hierzu unten § 38 I 1) gebe spätestens mit dem Beginn der Vertiefung die Grundlage ab für die Annahme eines einem Schuldverhältnis ähnlichen Verhältnisses, das durch den Architekten oder den Baumeister (als Erfüllungsgehilfen) erfüllt werden könne. Gegenüber dieser Ansicht, die Palandt (3b zu § 909) als beachtlich bezeichnet, hat Schultz (MDR 55, 260) zutreffend darauf hingewiesen, daß der Eigentümer bei Verletzung seiner Pflichten aus § 909 nach § 823 BGB haftbar sei, daß aber bei einer Haftung aus unerl. Handlung § 278 nicht in Betracht kommen könne; auch stelle das nachbarliche Gemeinschaftsverhältnis, das nur eine allgemeine Rechtspflicht, jedoch nicht eine bestimmte Vertragsverbindlichkeit in sich schließe, keine vertragsähnliche Beziehung dar, auf die § 278 BGB anwendbar sei.

Wegen der selbständigen Haftung des Bauunternehmers im Rahmen der Verkehrssicherungsflicht für die Zufahrtswege zur Baustelle vgl. OLG Hamburg VRS 55, 408. Vgl. ferner unten § 24 I 5 (Haftung beim Überbau).

[49]) Am Abhang stehende Gebäude sind gegen Bodenbewegung nur dann gesichert, wenn die Fundamente durch die Schiebungsschicht hindurch auf dem anstehenden Gestein (dem „gewachsenen Boden") aufgesetzt sind und das Gebäude von der bergwärts anstehenden „Schiebungsschicht" durch einen Zwischenraum getrennt ist. Am Abhang stehende Gebäude, die diese Bedingungen nicht erfüllen, sind nach den einfachsten Gesetzen der Mechanik den zerstörenden Wirkungen eines dort auftretenden

Zeigt sich die Gefahr des Nachsturzes erst später und war sie bei Anlegung der Vertiefung auch bei sorgfältiger Prüfung nicht vorauszusehen, so kann nur das spätere Unterlassen der Fürsorge für eine genügende Befestigung den Charakter einer unerlaubten Handlung annehmen[50]). Der Besitznachfolger desjenigen, der die Vertiefung vorgenommen hat, haftet für denjenigen Schaden, der hätte vermieden werden können, wenn er alsbald die nötigen Vorkehrungen getroffen hätte[51]). Der Vertiefende kann seine Pflicht nicht auf den Nachbar abwälzen durch die Aufforderung zur Vornahme von Vorkehrungen, er hat selbst die nötigen Vorkehrungen zu treffen[52]). Dagegen kann seine Schadenersatzpflicht entfallen, wenn sich der Nachbar weigert, die erforderlichen Sicherungsarbeiten auf seinem Grundstück vornehmen zu lassen, obwohl dessen Benutzung hierdurch nicht wesentlich beeinträchtigt würde[53]).

Ist die Vertiefung schon vor dem Inkrafttreten des Bürgerlichen Gesetzbuches vorgenommen worden, so kommt es darauf an, ob sie nach früherem Recht zulässig war oder nicht. Nach gemeinem Recht konnte der Nachbar sich die cautio damni infecti bestellen lassen. Hatte er dies übersehen, so war die Vertiefung zulässig. Bei strenger Durchführung des Instituts der cautio damni infecti müßte man annehmen, daß eine Schadenersatzpflicht für den durch die Vertiefung dem Nachbar zugefügten Schaden dann nicht besteht, wenn der letztere es unterlassen hat, sich die cautio damni infecti bestellen zu lassen. Allein die Praxis hatte jenen starren Rechtsstandpunkt schon längst verlassen und die aquilische Klage gleichwohl gewährt[54]).

III. Ausschluß der Verjährung

Der Anspruch auf Unterlassung der Vertiefung wie auch auf Beseitigung einer unzulässigen Vertiefung unterliegt nicht der Verjährung (§ 924).

Sind Bestandteile des Grundstücks infolge einer Vertiefung des Nachbargrundstücks auf dieses gelangt, so behalten sie ihr bisheriges Eigentumsrecht, bis sie wesentlicher Bestandteil des anderen Grundstückes geworden sind (s. hierüber oben § 2 II). Daraus folgt, daß der Grundeigentümer die ausgewanderten Bestandteile solange zurückholen kann, als er ihr Eigentümer ist[55]). Dies gilt auch dann, wenn die Vertiefung

---

stärkeren Bodenflusses rettungslos verfallen. (Gutachten des Dr. Christa, Vorstand des Mineralogisch-Geologischen Instituts an der Universität Würzburg vom 9. April 1925). Ein wegen unzulässiger Vertiefung etwa begründeter Anspruch auf Ersatz des Schadens für den Einsturz des Hauses muß für die Höhe des Ersatzanspruchs davon ausgehen, daß ein solches Haus minderwertig ist.

[50]) Vgl. M 3, 296 (Mugdan 3, 164).

[51]) Vgl. Bolze 6 Nr. 85.

[52]) R 11 Nr. 405 (RG).

[53]) Gruchot 54, 1016; RG JW 10, 330.

[54]) Vgl. SeuffA 53 Nr. 150.

[55]) Eignet sich der andere die Bestandteile an, so ist er nach § 823 wie auch nach § 812 zum Ersatz verpflichtet. Sind die ausgewanderten Bestandteile zu Bestandteilen des

in zulässiger Weise ausgeführt ist. War die Vertiefung unzulässig, so kann der Eigentümer die Rückschaffung durch den Nachbar nicht mit der Eigentumsfreiheitsklage verlangen, diese geht nur darauf, daß der Zustand der unzulässigen Vertiefung beseitigt wird. Soweit ein Anspruch auf Schadenersatz besteht, ist dieser nach §§ 249ff. zu leisten. Somit hat der Ersatzpflichtige grundsätzlich die abgewanderten Bestandteile an ihren alten Standort zurückzubringen (§ 249). Es steht ihm aber frei, statt dessen in Geld zu entschädigen, wenn dies nur mit unverhältnismäßigen Aufwendungen möglich ist (§ 251 Abs. 2).

IV. Wegreißen von Gebäuden

§ 909 BGB bezieht sich nicht auf den Fall, daß ein Gebäude abgerissen wird und dadurch das Nachbarhaus den Halt verliert[56]). Auch sonst ist keine gesetzliche Bestimmung vorhanden, welche dem Eigentümer des Hauses, welches weggerissen werden soll, die Verpflichtung auferlegt, dafür zu sorgen, daß dem Nachbarhaus ein anderweitiger genügender Halt gegeben wird[57]). Wenn kein besonderes Rechtsverhältnis, wie z. B. servitus oneris ferendi vorliegt[58]), so kann der Eigentümer sein Haus wegreißen, auch wenn dadurch dem Hause des Nachbars der Halt verloren geht. Doch muß er dabei mit aller Vorsicht verfahren[59]), widrigenfalls er in Gemäßheit des § 367 Nr. 14 StGB in Verbindung mit § 823 Abs. 2 BGB ersatzpflichtig werden kann[60]). Durch § 367

anderen Grundstücks geworden, so steht der Bereicherungsanspruch zu (§ 951; s. hierüber oben § 2 III).

[56]) R 09 Nr. 841; vgl. Endemann 2, 479; RG 70, 206; Palandt 1 zu § 909. — Nach § 79 BraunschwBauO vom 13. 3. 1899 (GVBl. Nr. 25) kann aber der Grundeigentümer den Abbruch eines unmittelbar benachbarten Hauses zeitweilig verhindern, wenn ihm von dem Abbruch nicht 14 Tage vorher — Eilfälle ausgenommen — Mitteilung gemacht worden ist. — Auch § 77 HamburgBauPolG von 1882 normiert eine vorherige Mitteilungspflicht; vgl. hierzu oben § 19 N. 31 a.

[57]) Das gilt auch für den Fall, daß auf einer Kommunmauer, die mit ihrem breiteren Teil auf dem Grundstück des Beklagten steht, zunächst dieser, dann der Kläger eine Mauer je als Seitenwand eines Hausaufbaus dergestalt errichtet hat, daß sich die beiden Mauern diesseits der Grundstücksgrenzen hielten. Beklagter ist berechtigt, die von ihm errichtete Mauer zu beseitigen, auch wenn dadurch der Seitenwand des Klägers die erforderliche Stütze entzogen wird (HessRspr. 1917, 189 [Darmstadt]); s. hierüber oben § 10 II).

[58]) Eine solche Servitut ist nicht schon dadurch erworben, daß tatsächlich während rechtsverjährter Zeit das Nachbarhaus seine Stütze an dem anderen Haus gefunden hat; denn dies stellt für sich allein noch keinen Rechtsbesitz dar. (BayOGH 5, 458.) Wenn jedoch die Konstruktion des angebauten Hauses derart ist, daß nicht nur eine Anlehnung an das andere Haus gegeben ist, sondern Teile dieses Hauses zum Tragen benutzt werden oder wenn gar Balken aufgelegt sind, dann liegt natürlich ein Rechtsbesitz vor.

[59]) Vgl. BayOGH 5, 443; SeuffA 56 Nr. 25; OLG 4, 281. Vgl. auch oben N. 56.

[60]) JW 02 Beil. 231. Vgl. RG 38, 183; 70, 206.

Nr. 14 StGB soll aber nur verhütet werden, daß durch den Abbruch eines Bauwerkes und im unmittelbaren Anschluß daran Leben und Gesundheit von Personen und fremdes Eigentum gefährdet und geschädigt wird; keinesfalls darf aber diese Vorschrift darauf erstreckt werden, daß der Abbrechende Vorsichtsmaßregeln zu treffen habe, die darauf abzielen, den Unfällen dauernd vorzubeugen, die nach erfolgtem Abbruch, etwa infolge davon, daß hierdurch dem Nachbarhause eine Stütze entzogen wurde, eintreten. Ist der Abbruch ohne Schädigung des Nachbarhauses ausgeführt, so ist es Sache seines Eigentümers dafür zu sorgen, daß sein Haus in den Stand gesetzt wird, ohne die frühere Stütze fortzubestehen[61]). Zu diesem Behufe muß ihm der Eigentümer des Nachbargrundstücks, wenn dies nach § 904 notwendig erscheint, die Benutzung seines Eigentums gestatten. Kommt der Hauseigentümer dieser seiner Verpflichtung nicht nach, so finden die Vorschriften des § 908 BGB gegen ihn Anwendung (S. oben § 19).

V. Erhöhung der Erdoberfläche.

1. Rechtsverhältnis zwischen den Nachbarn. An dieser Stelle ist darauf einzugehen, wie sich das Rechtsverhältnis zwischen den Nachbarn bei einer Erhöhung der Erdoberfläche stellt[61a]). Man denke an den Fall, daß eine im Eigentum des Eisenbahnfiskus stehende Wiese zu dem daran anstoßenden, höher gelegenen Eisenbahnterrain gezogen und deshalb entsprechend erhöht wird[62]). Es besteht keine gesetzliche Vorschrift des BGB, welche den Eigentümer verhindern könnte, eine solche Erhöhung vorzunehmen[63]). Fügt er dadurch dem Nachbar Schaden zu, so hat er denselben im allgemeinen nicht zu ersetzen. So kann z. B. der Nachbar nicht den Ersatz des Schadens verlangen, der durch Entziehung des Lichtes und der Luft herbeigeführt wird. Wenn sich der Untergrund infolge des Drucks, welchen das aufgeschüttete Erdmaterial ausübt, senkt und hierdurch dem Nachbargrundstück die erforderliche Stütze entzogen wird, so liegt der Fall des § 909 BGB vor; denn durch den Druck wird eine Vertiefung herbeigeführt und die Erdaufschüttung würde im gegebenen Falle sich nicht als genügende anderweitige Befestigung erwiesen haben[64]).

[61]) Gruchot 45, 1053 (RG). Dort wird auch darauf hingewiesen, daß eine Ersatzpflicht durch Zuwiderhandeln gegen § 367 Nr. 15 StGB begründet werden kann. Vgl. hierzu Gruchot 46, 975 (RG).

[61a]) Vgl. oben § 12 N. 1.

[62]) SeuffA 51 Nr. 7.

[63]) OLG 26, 21. Über ALR s. weiter unten im Text. Vgl. ferner über die vorherige Mitteilungsflicht nach § 77 HamburgBauPolG oben § 19 N. 31 a.

[64]) Vgl. JW 21, 252 (Dresden). So hat das OLG Oldenburg (OldenbZ 32, 83) einen Grundstückseigentümer zum Schadenersatz verurteilt, der durch das Höherbauen seines

Soweit durch die Erhöhung der natürliche Wasserlauf geändert wird, indem das Wasser nicht wie bisher von dem Nachbaranwesen auf die Wiese ablaufen kann oder das Wasser von dem erhöhten Grundstück in vermehrtem Maße auf das Nachbargrundstück abströmt, kommen die Wassergesetze in Anwendung. Nach deren Bestimmungen ist eine schädliche Änderung des natürlichen Wasserlaufes unzulässig (vgl. §§ 37, 41, 198 PrWG; § 11 BadWG; §§ 88ff. BraunschwWG; Art. 6 Württ.-WG). Wenn durch den vermehrten Druck eine Veränderung in den unterirdischen Wasserläufen oder dem Grundwasser herbeigeführt wird (z. B. es steigt das Grundwasser im Nachbarkeller), so kann deswegen der Nachbar weder einen Anspruch auf Unterlassung der Erhöhung noch auf Schadenersatz erheben (RG 132, 51; 155, 160)[64a]). Immerhin muß angenommen werden, daß bei Ausführung der Erhöhung nach allen Regeln der Technik und mit allen Vorsichtsmaßregeln verfahren werden muß, welche eine derartige benachteiligende Einwirkung auf das Nachbargrundstück hintanzuhalten geeignet sind. Denn auch ein Recht darf nicht in brutaler Weise so ausgeübt werden, daß die Ausübung einem anderen Schaden bringt; vgl. unten V 2b (Art. 198, 199 WürttAG) und § 38 I 1.

Wird durch die Erderhöhung eine durch sinnliche Wahrnehmung vermittelte Immission auf das Nachbargrundstück bewirkt, so ist nach Maßgabe der §§ 906 und 907 über die Zulässigkeit der Immission und der ganzen Anlage zu entscheiden (vgl. über den Fall der Aufschüttung von Sandhaufen [Sandkippe] und dadurch bewirkten Sandzuführung oben § 16 N. 18).

Droht die Gefahr des Abrutsches von Teilen einer Erderhöhung (Böschung, Halde), so kann der Anspruch aus § 908 in Frage kommen (s. oben § 19).

2. Landesrechtliche Sondernormen:

a) Preuß. Allgemeines Landrecht. Eine landesrechtliche Sondernorm enthalten die §§ 185ff. ALR I 8. Nach Art. 185 muß, wer seinen Grund und Boden erhöhen[65]) will,

---

Hauses und die dadurch bewirkte Belastung des Bodens das Senken des Nachbarhauses bewirkt hat, weil er diese schädliche Einwirkung durch geeignete Maßregeln (Schlagen einer Spundwand) hätte verhüten können. Voraussetzung der Schadenersatzpflicht ist natürlich Vorhersehbarkeit der Einwirkung.

[64a]) Ebenso Wüsthoff I, 67 N. 4; Westermann § 63 IV 1.

[65]) Die Ansicht (Müller, Bau- und Nachbarrecht 79), daß von einer Erhöhung im Sinne dieser Vorschrift keine Rede sein könne, wenn es sich nur um eine Planierung des eigenen Grundstücks handle, d. h. wenn das Material zum Erhöhen tiefer liegender Stellen aus der Abtragung höher liegender Stellen desselben Grundstücks ohne Benutzung fremder Erde gewonnen werde, findet im Gesetz keine Stütze (SeuffA 78 Nr. 134 Hamm).

Dagegen bestimmt § 1 Tit. II der Berliner Bauobservanzen (über deren fortdauernde Geltung OLG 26, 17 KG): „Wenn jemand seinen Fundum mit fremder Erde erhöht, muß er entweder 3 Fuß breit von des Nachbars Zaun das Terrain in statu quo lassen. Hingegen kann jedermann seinen von Natur unebenen Platz wohl planieren, und wenn dadurch drei Fuß vom Zaun, der Mauer[66]) oder der Planke des Nachbars zurückbleiben. Der Nachbar hat also gegen eine näher herantretende Erhöhung ein Verbietungsrecht, einen Schadenersatzanspruch allerdings nur nach den oben entwickelten Grundsätzen, vor allem gemäß §§ 823, 826 BGB. Nun verordnet des weiteren § 186 ALR I 8: „Daraus, daß der Nachbar die Erhöhung in einer größeren Nähe ohne ausdrücklichen Widerspruch geschehen läßt, folgt noch nicht, daß er dem Ersatz des daraus in der Folge erwachsenden Schadens entsagt habe." Nach der Entscheidung des Obertribunals (OTr 43, 78) wird allgemein der § 186 dahin ausgelegt, daß er ein Erlöschen des Beseitigungsrechts mangels Widerspruchs eintreten läßt und nur den Schadenersatzanspruch aufrecht erhält[67]).

Infolge dieses seines Inhalts ist die Geltung des § 186 für das Recht nach 1900 trotz seiner ausdrücklichen Aufrechterhaltung in Art. 89 PrAG bestritten. Nach Turnau-Förster[68]) und Müller[69]) ist der § 186 hinfällig, weil § 43 ALR I 22 aufgehoben sei, auf dem seine Geltung und Auslegung beruhe. Diese Ansicht verkennt die grundlegende obengenannte Obertribunalentscheidung, in der der Verlust des Untersagungsrechts nicht aus § 43 I 22, sondern gerade nur aus der Stellung der §§ 185 und 186 I 8 zueinander gefolgert wird. Stranz-Gerhard[70]) halten den § 186 dem Reichsrecht gegenüber für unwirksam, weil er eine Vorschrift über den Eigentumsinhalt enthalte und dieser sich gemäß Art. 181 EG nach neuem Recht regle. Damit dürfte aber die Vorschrift des § 186 I 8 mißverstanden sein, sie enthält weniger eine Regelung des Eigentumsinhalts, d. h. des Inhalts des durch den § 185 I 8 beschränkten Eigentums, als vielmehr, wie Goldmann-Lilienthal richtig ausführen[71]), eine Vorschrift über das Erlöschen des Beseitigungsrechts des durch § 185 begünstigten Nachbars. Allerdings wollen Goldmann-Lilienthal dieses Erlöschen nach BGB geordnet wissen und halten daher den § 186 für unwirksam. Dem ist aber nicht beizutreten. Die Abstandvorschrift des § 185 ist eine dem BGB fremde, gemäß Art. 124 EG aufrecht erhaltene, also unabhängig vom Reichsrecht wirksame Eigentumsbeschränkung[71a]). Die Voraussetzungen und Wirkungen solcher landesrechtlichen Sondernormen kann das Landesrecht abweichend vom BGB regeln[72]). Es ist daher durchaus zulässig, wenn im § 186 I 8 der Beseitigungsanspruch an die Voraussetzung eines ausdrücklichen Widerspruchs des berechtigten Nachbarn geknüpft wird; es ist dies eben ein Tatbestandsmerkmal mehr für den negatorischen Anspruch gegen diese besondere landesrechtliche Eigentumsbeschränkung. Die Beweislast ist dann so verteilt, daß der Kläger den zu geringen Abstand der Erhöhung, der Beklagte aber beweisen muß, daß der Kläger der Erhöhung in dem gesetzwidrigen Abstand nicht widersprochen habe. Gelingt der Beweis, so ist die actio negatoria abzuweisen[73]).

---

mehr Erde an des Nachbars Zaun kommt, darf er diesem dafür nicht gerecht werden, sondern der Nachbar muß selbst Mittel vorkehren, den etwaigen Schaden abzustellen."

[66]) Streitig ist, ob es sich hier nur um freistehende Grenzmauern oder auch um Grundmauern handelt, die auf der Grenze zweier Grundstücke ein Gebäude tragen. Für das letztere Dernburg, PrPrR § 86 Nr. 10; Müller 79, dessen Beweisführung beizutreten ist. Vgl. RG 6, 261. Wie hier BGH in LM 1 zu Art. 124 EGBGB.

[67]) Herrschende Meinung: Foerster-Eccius 181 Nr. 52; Koch, Bem. 88 zu § 186 I 8.

[68]) § 362 Nr. 11.

[69]) S. 80.

[70]) Kommentar z. PrAG S. 417 Nr. 37 und 26.

[71]) S. 45 N 35.

[71a]) Ebenso BGH in LM 1 zu Art. 124 EGBGB.

[72]) Staudinger Bem. 2 D zu Art. 124 EG.

[73]) Für die Fortdauer der Geltung des § 186 im alten Sinne sprechen sich aus: Dernburg, SachenR § 86 N 11; Crusen-Müller, AusfGes 847 N 17; Weißler, Pr Landesprivatrecht 1 S. 215 zu § 186 I 8 ALR.

b) Württemberg. Nach Art. 198, 199 WürttAG — RegBl. 31, 545ff. — muß im Falle der Auffüllung eines Grundstücks über die Oberfläche des Nachbargrundstücks hinaus ein solcher Abstand eingehalten oder müssen solche Vorkehrungen getroffen und unterhalten werden, daß eine Schädigung des Nachbargrundstücks durch Absturz oder Pressung des Bodens ausgeschlossen ist. — Vgl. auch oben V 1.

§ 21. Überhängen von Zweigen. Eindringen von Wurzeln

Die Grenzen, durch welche die Grundstücke verschiedener Eigentümer getrennt sind, setzen dem Machtbereich des Eigentümers ein räumliches Ziel. Innerhalb der räumlichen Grenzen seines Grundstücks darf er die ihm durch das Gesetz verliehenen Machtbefugnisse ausüben; ein Übergreifen auf die jenseits der Grenze liegenden Grundstücke ist ihm nicht gestattet. Eine Ausnahme von diesem Grundsatze ist durch das gegenseitige nachbarliche Interesse für die Eigentümer von Bäumen begründet.

Das Eigentum am Baum steht demjenigen zu, auf dessen Grundstück der Stamm aus dem Boden heraustritt. Auf die Lage der Wurzeln kommt es nicht an; sie sind wesentliche Bestandteile des Baumes und stehen daher im Eigentum desjenigen, aus dessen Boden der Stamm heraustritt. Bäume, die nicht weit von der Grenze stehen, ragen mit ihren Wurzeln und Zweigen über die Grenze hinüber und greifen daher in den Machtbereich des Nachbars ein. Gegen diesen Eingriff in sein Eigentum ist dem Nachbar ein besonderer Rechtsbehelf gegeben.

I. Selbsthilferecht

§ 910 BGB verleiht ein Selbsthilferecht gegen Wurzeln eines Baumes oder Strauches, die von einem Nachbargrundstück eingedrungen sind und gegen Zweige[1]), welche von einem Baum oder Strauch herüberragen. Es darf nämlich der Grundstückseigentümer, und nur dieser[2]), die eingedrungenen Wurzeln und herüberragenden Zweige abschneiden und behalten. Die Wurzeln ohne weiteres[3]), die Zweige jedoch erst dann, wenn er dem Besitzer des Baumes oder Strauches[4]) eine ange-

[1]) Nicht dieselben Grundsätze gelten, wenn der Stamm, der jenseits der Grenze aus dem Boden heraustritt, infolge eines schiefen Wachstums über die Grenze herüberragt. — Vgl. Cosack 2, 196 VI. In diesem Fall hat der Nachbar kein Selbsthilferecht; er kann nur auf Beseitigung klagen; Staudinger Bem. 4 zu § 910. — Vgl. dagegen SeuffA 43 Nr. 6.

[2]) Nicht auch diejenigen, welche bezüglich des Anspruchs aus § 1004 dem Eigentümer gleichgestellt sind. Biermann Bem. 1; Planck Bem. 2 zu § 910; RGK Bem. 1 zu § 910. A. M. Maenner 167 Anm. 60; Dernburg 279.

[3]) Ortloff im ArchBürgR 17, 277 hält auch vor der Beseitigung der Wurzeln die Bestimmung einer angemessenen Frist für notwendig.

[4]) Fällt Baum- und Grundstückseigentum auseinander (§ 95 BGB), so ist die Frist dem Baum-, nicht dem Grundstückseigentümer zu setzen; denn nur jener kann Abhilfe schaffen. Prot. III 142 und herrschende Meinung; a. M. Goldmann-Lilienthal 48 Anm. 4.

messene Frist zur Beseitigung bestimmt hat und die Beseitigung nicht innerhalb der Frist erfolgt. Für die Angemessenheit dieser Frist kommt in Betracht, daß die Beseitigung der Äste in der Periode des Wachstums des Baumes schädlich ist[5]). Bei einem großen Wald muß insbesondere auch der Umfang der Arbeit in Betracht gezogen werden. Wenn der Grundstückseigentümer vor der Beseitigung der Zweige keine oder doch keine angemessene Frist gesetzt hat, so ist die Beseitigung widerrechtlich[6]). Dies hat vor allem zur Folge, daß der Nachbar, welcher die Zweige beseitigt hat, das hierdurch angefallene Holz nicht behalten darf. Er muß es herausgeben oder den Wert ersetzen[7]). Im Falle des Verschuldens ist er schadenersatzpflichtig, z. B. wenn er bei dem Ausästen von Obstbäumen nicht sorgfältig zu Werke gegangen ist[8]). Entfernt der Nachbar im Rahmen des § 910 Wurzeln und Zweige, so geschieht dies auf Gefahr des Baumeigentümers, dem kein Schadenersatzanspruch zusteht[9]).

Die in zulässiger Ausübung des Selbsthilferechts abgeschnittenen Wurzeln und Zweige darf der Nachbar behalten. Hängen an den Zweigen Früchte, so gehören ihm auch diese[10]). Hat der Baumeigentümer der an ihn ergangenen Aufforderung Folge geleistet und die Zweige beseitigt, so verbleiben ihm dieselben selbstverständlich. Hat der Baumeigentümer auf Verlangen des Nachbars oder doch mit dessen Zustimmung die Wurzeln

---

[5]) Prot. 3570 (Mugdan 3, 594). Bei Beurteilung der Angemessenheit der Frist ist nicht allein auf ihre absolute Dauer, sondern auch auf die Jahreszeit und eine sachgemäße Bewirtschaftung Rücksicht zu nehmen; insbesondere bei Obstbäumen kann in der Zeit, in welcher sie im Wachstum oder in vollem Safte stehen, die Beseitigung von Ästen nicht verlangt werden. Fromherz, R 06, 1070.

[6]) War die Frist nicht angemessen, so gilt die zur Angemessenheit verlängerte Frist. Der Nachbar braucht nicht nochmals eine angemessene Frist zu setzen, vgl. RG 56, 234; 62, 68; RGK Bem. 2 zu § 250; Staudinger Bem. 5 b zu § 250 mit Nachweisen, jetzt auch Planck Bem. 2 zu § 250; Staudinger Bem. 2 b γ zu § 910. Wenn der Nachbar nach dem Fristablauf und im ganzen eine angemessene Frist gewartet hat, so darf er das Abschneiden der Zweige vornehmen.

[7]) Kretzschmar im SächsArch 12, 413.

[8]) Turnau-Förster Bem. I 1 zu § 910. Die Beseitigung der Äste darf nicht in einer Zeit vorgenommen werden, in welcher sie für die Bäume schädlich ist (etwa weil diese im vollen Safte stehen). Fromherz im R 06, 1070. Ausnahmen sind denkbar. Wenn z. B. der Nachbar einen Bau ausführen will und aus diesem Grunde die Beseitigung der überragenden Äste nicht aufgeschoben werden kann, liegt kein Verschulden vor.

[9]) Es sei denn, daß die Beseitigung so heimlich und schnell erfolgt, daß der Baumeigentümer sein Interesse nicht wahren kann. Ein Außerachtlassen der durch Treu und Glauben gebotenen nachbarlichen Rücksicht kann unter Umständen Ersatzansprüche nach §§ 823, 826 begründen. OLG 39, 215.

[10]) A. M. Fromherz im R 06, 1069. Dagegen ist dessen Ansicht beizupflichten, daß die Beseitigung der Äste während der Zeit, in welcher ein Obstbaum noch mit Früchten behangen ist, regelmäßig nicht verlangt werden kann; dies ist bei Bemessung der „angemessenen Frist“ zu berücksichtigen.

selbst beseitigt, so gehört ihm das Holz, weil er der Eigentümer des Baumes und somit auch der Wurzeln ist[11]). Die rechtmäßig abgeschnittenen Teile darf er auch vom Nachbargrundstück abholen[12]).

Dem Eigentümer des Nachbargrundstückes steht das durch § 910 BGB eingeräumte Selbsthilferecht nicht zu, wenn und soweit die Wurzeln oder die Zweige die Benutzung seines Grundstückes nicht beeinträchtigen (§ 910 Abs.. 2 BGB). Daß die Voraussetzungen dieser Ausnahmebestimmung gegeben sind, hat der Baumeigentümer zu erweisen[13]). Eine Beeinträchtigung der Benutzung ist immer dann gegeben, wenn die wirtschaftliche Verwertung des Grundstücks infolge der Wurzeln[14]) oder Zweige nach irgendwelcher Richtung verhindert oder erschwert wird. Hierfür sind nicht nur die bisherigen Verhältnisse, sondern auch ein unmittelbar bevorstehender Wechsel maßgebend, nicht aber die entfernte Möglichkeit späterer Wirtschaftsänderung[15]).

Die Benutzung einer Wiese wird durch eingedrungene Wurzeln meist nicht beeinträchtigt. Der Grundstückseigentümer kann aber regelmäßig die Wurzeln beseitigen, wenn er die Wiese in ein Ackergrundstück umwandeln will; denn das Ackern wird regelmäßig durch die Wurzeln erschwert werden. Ein Weg wird durch die aus dem Boden herausragenden Wurzeln beeinträchtigt.

Befinden sich überragende Zweige auf dem Dache des Nachbarhauses, so kann der Nachbar deren Beseitigung verlangen, da die atmosphärischen Niederschläge infolge des Vorhandenseins der überragenden Zweige das Dach in erhöhtem Maße angreifen und auch die Feuchtigkeit festhalten.

Will der Nachbar auf seinem Grundstück einen Bau errichten, so können ihm die Wurzeln, von deren Vorhandensein er früher gar nichts wußte, sehr hinderlich werden.

Weil nur die jeweilige Art der Benutzung in Berücksichtigung gezogen wird, so steht dem Nachbar auch nicht die Einrede der rechtskräftig entschiedenen Sache entgegen, wenn er nach Änderung der Benutzung wieder klagt[16]).

Es ist sehr gut möglich, daß nur ein Teil der Wurzeln oder Zweige die Benutzung des Nachbargrundstückes beeinträchtigt. Bei den Wurzeln wird dies sogar regelmäßig der Fall sein. In solchen Fällen darf der Nachbar nur jene Wurzeln und Zweige beseitigen, welche die Benutzung beeinträchtigen[17]).

---

[11]) Es fehlt also die diesen Fall regelnde gesetzliche Bestimmung keineswegs, wie Ortloff im ArchBürgR 17, 277 annimmt.

[12]) Staudinger Bem. 7 zu § 910; Palandt 3 zu § 910. [13]) Prot. 3567 (Mugdan 3, 593).

[14]) Der Umstand, daß durch einen auf dem Nachbargrundstück stehenden Baum dem Grundstück die Sonne entzogen wird, verleiht nicht das Recht, die Wurzeln zu beseitigen, um dadurch den Baum zum Absterben zu bringen, da ja der Nachteil der Beschattung nicht durch die Wurzeln verursacht wird.

[15]) Staudinger Bem. 1 zu § 910. [16]) Kretzschmar im SächsArch 12, 413.

[17]) Vgl. SeuffA 43 Nr. 6. Dort ist das Recht auf Beseitigung der Zweige, nicht aber jenes auf Beseitigung des herübergewachsenen schiefen Stammes zugesprochen, weil

Eine Beeinträchtigung der Benutzung liegt nicht schon darin, daß die Wurzeln dem Boden unter allen Umständen Nahrung entziehen und insofern, objektiv betrachtet, nachteilig auf das Grundstück einwirken. Es ist vielmehr eine nachteilige Wirkung auf die Benützung zu verlangen. Eine solche ist dann gegeben, wenn durch die Wurzeln dem Boden derartig viel Nahrung[18]) entzogen wird, daß die Fruchtgewinnung verkürzt wird, oder wenn durch die Wurzeln die Bestellung erschwert wird. Die Beschränkung des Selbsthilferechts wurde von der Kommission aufgenommen, um der Möglichkeit einer Schikane vorzubeugen. Sie deckt sich nicht mit dem allgemeinen Schikaneverbot, wonach bloß jene Rechtsausübung unzulässig ist, welche nur den Zweck haben kann, einem anderen Schaden zuzufügen. § 226 BGB wäre z. B. dann nicht anwendbar, wenn der Grundeigentümer irrtümlicherweise annehmen würde, daß durch die Zweige oder Wurzeln die Benutzung seines Grundstückes beeinträchtigt wird. Wohl aber tritt in diesem Falle die Beschränkung des § 910 BGB in Wirksamkeit[19]).

II. Klagerecht neben Selbsthilferecht?

Ob der Eigentümer neben dem Recht zur Selbsthilfe ein Klagerecht auf Beseitigung der eingedrungenen Wurzeln und Zweige habe, ist bestritten. Die bisher herrschende Meinung verneinte dies, indem sie sich den in den Gesetzgebungsarbeiten gemachten Ausführungen anschloß[20]). Entwurf I § 861 hatte einen solchen Anspruch auf Beseitigung ausdrücklich vorgesehen. Die Meinungen in der zweiten Kommission waren geteilt. Ein Antrag auf Abänderung des § 861 enthielt u. a. folgende Bestimmung: „Ein Anspruch darauf, daß der Besitzer die Beseitigung vornehme, steht ihm (dem Nachbar) nicht zu.“ Die Kommission billigte diesen Satz mit folgender Begründung[21]):

letzterer nicht schade. Nach heutigem Recht braucht übrigens der Stamm überhaupt nicht geduldet werden, da sich die Vorschrift des § 910 BGB auf den herübergewachsenen Stamm nicht bezieht; § 1004 BGB ist anwendbar.

[18]) Vgl. Prot. 3571 (Mugdan 3, 594).

[19]) Die Beschränkung des § 910 schließt sich an deutschrechtliche Grundsätze an. Vgl. Sachsenspiegel II Art. 52 § 2: Siner bome telge ne solm over den tun ok nicht gan, sine nakebare to scaden; und die Glosse hierzu: Dis alles vernimm doch, sofern die Zweige dir als den nachbauern schaden theten; denn so solches nicht wäre, darf man ihn nicht abhauen. Vgl. Gierke 429ff.

[20]) Prot. 3568 (Mugdan 3, 593); Denkschrift 124 (Mugdan 3, 973); Maenner 166; Turnau-Förster Anm. 1 zu § 910; Leske, Vgl. Darstellung des BGB usw. 274; Planck Bem. 2 zu § 910; OLG 2, 141; Kretzschmar im SächsArch. 12, 414; RGK Bem. 1 zu § 910; Müller 85; Crome 285; LG Köln RdL 54, 100. Die Vertreter der Gegenmeinung s. unten N. 23.

[21]) KomProt. 3568 (Mugdan 3, 593).

Der Gedanke, dem Eigentümer einen Anspruch auf Beseitigung zu geben, sei unpraktisch. Der Eigentümer müsse dann, wenn etwa der Nachbar sich weigere, ein Urteil erwirken, und selbst dieses sei nicht direkt vollstreckbar. Der Anspruch auf Beseitigung erscheine aber überhaupt nicht genügend gerechtfertigt. Es handle sich nicht um einen bewußt widerrechtlichen Eingriff in das Eigentum. Man könne nicht wohl sagen, daß der Nachbar durch sein Verschulden die Störung herbeigeführt habe; denn der Baum wachse einfach aus natürlichen Gründen.

Diese Erwägungen führten dazu, daß die Bestimmung des Entwurfes I § 851, durch welche ausdrücklich ein Anspruch auf Beseitigung eingeräumt war, gestrichen wurde. Dagegen unterließ man es bei der Redaktion, den grundsätzlich durchaus gebilligten Satz des oben erwähnten Antrags ausdrücklich aufzunehmen, daß dem Nachbar ein Anspruch auf Beseitigung nicht zustehe. Man hielt dies für überflüssig.

Demgegenüber ist folgendes zu bemerken:

Auszugehen ist von dem allgemeinen Grundsatz des § 903 BGB., wonach der Eigentümer andere von jeder Einwirkung ausschließen kann, soweit nicht das Gesetz oder Rechte Dritter entgegenstehen. Nirgends im Gesetze ist gesagt, daß der andere ein Recht hat, die Wurzeln und Zweige seiner Bäume in den Machtbereich seines Nachbars eindringen zu lassen; insbesondere ist dies im § 910 BGB nicht bestimmt. Hier ist dem Nachbar nur ein besonderes Selbsthilferecht gegen die Einwirkung eingeräumt. Der Eigentümer, auf dessen Grundstück eingewirkt wird, hat durch die Bestimmung des § 910 BGB etwas erhalten und nichts verloren. Steht daher auf Grund der allgemeinen gesetzlichen Vorschriften dem Eigentümer ein Anspruch auf Beseitigung zu, so ist er ihm durch § 910 BGB nicht entzogen[22]). Dieser Anspruch auf Beseitigung ist durch § 1004 BGB gegeben. Derjenige, welcher Bäume in der Nähe der Grenze anlegt oder hält, hat auch das Bewußtsein davon, daß er das Eigentum des Nachbars beeinträchtigt.

Ein weiterer Behelf für die hier vertretene Ansicht[23]) ist aus folgendem abzuleiten. Das Selbsthilferecht des § 910 ist nur dem Eigentümer gegeben, nicht auch denjenigen, welche bezüglich des Anspruchs aus § 1004 dem

---

[22]) Die irrige Meinung des Gesetzgebers, daß dies geschehen sei, kann für sich allein eine andere Gesetzesnorm nicht zur Aufhebung bringen. Übereinstimmend Ortloff, ArchBürgR 17, 274ff.; Gierke 431; Goldmann-Lilienthal 47 Anm. 22; Wolff 158. Die beiden letzteren wenden sich zutreffend gegen den hauptsächlichen Grund der bisher herrschenden Meinung, daß § 1004 sich nur auf störende Menschenhandlung beziehe. Kipp-Windscheid 1, 868 will nur einen Anspruch auf Duldung der Beseitigung durch den Gestörten geben. Der Anspruch auf Beseitigung (§ 1004) ist bei Bäumen gegeben, die der Eigentümer gepflanzt hat (im Gegensatz zu wild gewachsenen Bäumen); denn bei jenen beruht das Eindringen auf dem Willen des Eigentümers.

[23]) Ebenso Staudinger 10. Aufl. Anm. 4 zu § 910 (gegen frühere Auflagen); Ermann Anm. 2 zu § 910; Palandt 1 zu § 910 (gegen frühere Aufl.) dann, wenn bes. Rechtsschutzbedürfnis gegeben, insbes. eigene Beseitigung nicht zumutbar ist; Langer in RdL 51, 12; LG Tübingen in RdL 54, 44; LG Detmold in RdL 54, 1450; LG Frankfurt a. M. in RdL 51, 12; LG Hamburg in MDR 55, 478.

Eigentümer gleichgestellt sind (s. oben § 21 N. 2). Entweder gewährt man diesen den Anspruch auf Beseitigung aus § 1004, der dem Eigentümer selbst nicht zusteht, oder aber man muß ihnen die Pflicht zur Duldung auferlegen, wofür im Gesetz gar kein Anhaltspunkt gegeben ist. Im Gebiete des gemeinen Rechts wurde mit Recht neben dem interdictum de arboribus caedendis die actio negatoria zugelassen[24]).

Die notwendige Folgerung, die hieraus gezogen werden muß, ist die, daß der Anspruch nach § 1004 BGB. an und für sich auch dann gegeben ist, wenn die Wurzeln oder Zweige die Benutzung des Nachbargrundstückes nicht beeinträchtigen und daher das Selbsthilferecht des § 910 BGB durch dessen Abs. 2 ausgeschlossen ist[25]). Allein § 226 BGB wird wohl in den meisten Fällen zur Ausschließung des Klagerechts führen. Ausnahmen sind allerdings denkbar.

Dem Eigentümer eines Wiesengrundes, dessen Wiesenkultur durch die eingedrungenen Wurzeln der vom Nachbar gepflanzten Bäume einer Baumreihe nicht beeinträchtigt wird, kann man, wenn er die Beseitigung der Wurzeln verlangt, wohl kaum entgegenhalten, daß die Ausübung dieses Anspruchs nur den Zweck haben kann, dem Baumbesitzer zu schaden; denn tatsächlich werden dem Grundstück durch die Wurzeln Nährstoffe entzogen, an deren Erhaltung der Eigentümer ein Interesse haben mag, auch wenn die derzeitige Benutzung des Grundstücks hierdurch nicht beeinträchtigt wird.

Es ist möglich, daß durch die eingedrungenen Wurzeln ein Schaden verursacht wird, es wird z. B. die Fundamentmauer eines Hauses auseinander getrieben. Durch das Eindringen der Wurzeln wird, sofern hierdurch die Benutzung des Nachbargrundstückes beeinträchtigt wird, ein objektiv rechtswidriger Zustand bewirkt. Solange aber der Nachbar weder die Beseitigung der Wurzeln verlangt, noch sein Selbsthilferecht ausübt, wird sein Einverständnis damit, daß der Baum an der Grenze steht und somit mit seinen Wurzeln herübergreift, angenommen werden können. Er hat deshalb keinen Ersatzanspruch für die Beschädigung seiner Hausmauer. Selbst wenn man seine Zustimmung nicht aus den Umständen ableiten könnte, würde man zu demselben Ergebnis auf Grund des § 254 BGB gelangen können. Denn wenn man ein Verschulden des Baumeigentümers annehmen könnte, so wäre das des Gebäudeeigentümers sicher das überwiegende.

Ein Pferd, das im eingezäunten Sprunggarten gehalten wird, frißt von den überhängenden Zweigen einer auf dem Nachbargrundstück stehenden Eibe und geht infolgedessen ein. Der Nachbar ist aus den erwähnten Gründen nicht ersatz flichtig.

---

[24]) Vgl. SeuffA 11 Nr. 115; 17 Nr 7; Windscheid, Pand. § 169 N 10; Wächter, Pand. § 119.

[25]) A. M. Ortloff a. a. O., der die Beschränkung des Selbsthilferechts (wonach nicht mehr vom Überhang beseitigt werden soll, als zur Abwendung der Beeinträchtigung notwendig ist) auch für die klageweise Geltendmachung des Anspruchs aus § 1004 gelten läßt.

III. Zeitliche Statutenkollision

Die Vorschriften des § 910 finden auch auf die zur Zeit des Inkrafttretens des BGB schon vorhandenen Bäume Anwendung[26]).

Art. 183 EG zum BGB bestimmt: „Zugunsten eines Grundstücks, das zur Zeit des Inkrafttretens des BGB mit Wald bestanden ist, bleiben die landesgesetzlichen Vorschriften, welche die Rechte des Eigentümers eines Nachbargrundstücks in Ansehung der ... auf dem Waldgrundstück stehenden Bäume und Sträucher abweichend von den Vorschriften des § 910 BGB bestimmen, bis zur nächsten Verjüngung des Waldes in Kraft."

Diese Übergangsbestimmung gilt also nur für am 1. 1. 1900 bereits bestehende Wälder und nur bis zu deren nächster Verjüngung, also nicht für Wälder, die nach 1900 erst angelegt oder nach einem nach 1900 erfolgten Kahlhieb wieder aufgeforstet werden. Abweichendes Landesrecht ist auch nur „zugunsten" des Waldbestandes, also nur insoweit aufrecht erhalten, als es dem Waldbestand günstiger ist als § 910 BGB oder § 923 Abs. 2 u. 3 BGB, indem es die Rechte des Eigentümers des mit dem Wald zusammenstoßenden Grundstücks hinsichtlich der auf der Grenze oder auf dem Waldgrundstück stehenden Bäume weiter als nach BGB beschränkt. Das folgt aus Wortlaut und Geschichte des Art. 183[27]).

1. Ehemaliges Preußen und Gebiet des Rhein. Rechts. Damit sind im ehemaligen Preußen die §§ 287ff. I 9 ALR (hinsichtlich Wurzeln und Zweigen) und im Gebiet des rheinischen Rechts Art. 672 Abs. 3 CC. (hinsichtlich Wurzeln) unanwendbar[28]) geworden, weil sie dem Nachbarn die Beseitigung schlechthin gestatten, auch wenn die Grundstücksnutzung nicht beeinträchtigt wird.

Ein Streit kann sonach nur da aufkommen, wo früheres Recht dem Bestand des Waldes günstiger war als § 910. Dahin gehört die gemeinrechtliche Vorschrift, die den Nachbarn zur Duldung von Zweigen verpflichtete, welche in größerer Höhe als 15 Fuß über dem Boden das Nachbargrundstück überragten[29]) und die Regel des rheinisch-französischen Rechts, die nur gegen Zweigüberhang Schutz bot und auch da nur die Klage nicht Selbsthilfe gewährte (CC Art. 672 Abs. 2). Aber es müssen auch diese Vorschriften für aufgehoben gelten. Nicht zwar, weil Art. 89 des PrAG zum BGB sie streicht; denn diese Aufhebung steht der Anwendung beseitigter Normen in der Übergangszeit nicht entgegen; wohl aber aus folgender Erwägung: Nach Art. 183 sollen für die Übergangszeit aufrecht erhalten sein die abweichenden Normen „in Ansehung der auf dem Waldgrundstück stehenden Bäume und Sträucher". Der Artikel betrifft also nur Sondernormen für das Überhangsrecht bei Waldgrundstücken, nicht die allgemeinen Überhangsbestimmungen, angewendet auf Waldbäume und -sträucher. Wo das — alte oder neue — Landesrecht für Waldgrundstücke keine von dem allgemeinen Überhangsrecht abweichende Regeln gibt, ist der Vorbehalt des Art. 183 überhaupt nicht anzuwenden. Da in Preußen solche Sondervorschriften nicht bestanden oder bestehen, ist Art. 183 für Preußen nicht praktisch[30]).

---

26) Turnau-Förster Anm. I 1 zu § 910.

27) Staudinger Bem. 2 c zu Art. 183; Affolter, Intertemporales Privatrecht II, 380.

28) Aufrecht erhalten werden die §§ 287ff. ALR. I von Planck Bem. 2 zu Art. 183; Wolff 159 N 7; Oberneck 1, 29 N 53; Endemann 464 N 14; Habicht 387 N 2; Staudinger Bem. 4 zu Art. 183 EG.

29) Windscheidt-Kipp § 169 Nr. 4.

30) Ebenso Turnau-Förster Bem. II zu § 910; Kipp bei Windscheid 868; Müller 86. A. M. bes. Habicht a. a. O.

2. Andere Länder. Ausführungsvorschriften zu Art. 183 EG haben erlassen:

a) Braunschweig: § 47 AG

b) Hessen: Art. 88 AG; diese Vorschrift ist allerdings am 1. 4. 1955 insoweit außer Kraft getreten, als sie den Bestimmungen des Hess. Forstgesetzes vom 10. 11. 1954 (GVBl. 211 ff.) widerspricht (§§ 71 Ziff. 6, 13 Abs. 3 u. 4 HessForstG).

c) Württemberg: Art. 217 AG in der Fassung vom 29. 12. 1931 (RegBl. 545).

Entsprechend ist Art. 122 EG auszulegen, der landesrechtliche Sonderschutzbestimmungen für Obstbäume, auch soweit sie von § 910 abweichen, aufrechterhält. Es liegt auch hier so, daß nicht abweichende, für Bäume aller Art gegebene Schutzvorschriften aufrecht erhalten werden, sobald Obstbäume in Frage kommen, sondern die landesgesetzlichen Vorschriften müssen gerade sich auf den Schutz von Obstbäumen beziehen[31]). Vgl. hierzu für Hessen Art. 88 AG (Vgl. Wolf, Hess.LPrivR § 88 III); wegen des Außerkrafttretens dieser Vorschrift vgl. vorstehend zu 2 b. Für Württemberg vgl. Art. 213 bis 217 AG in der Fassung vom 29. 12. 1931 (RegBl. 545), wo Sondervorschriften erlassen sind für Obstbäume und ferner alle Bäume, die auf benachbarten öffentlichen Wegen und deren Zubehörden oder längs der öffentlichen Wege sowie auf öffentlichen Plätzen und Anlagen gepflanzt sind.

§ 22. Grenzabstand von Pflanzen[1])

Es ist an sich kein Eingriff in das Recht des Nachbars, wenn jemand auf seinem Grundstück Bäume hält; das ist des Eigentümers gutes Recht. Jedermann hat das Recht, auf seinem Grundstück beliebig hohe und dichte Bäume über der Oberfläche seines Grundstücks zu haben, selbst wenn dadurch dem Nachbargrundstück Licht und Luft entzogen wird[2]). Soweit dies unmittelbare Einwirkungen in den Eigentumsbereich des Nachbars im Gefolge hat (Eindringen von Wurzeln und Zweigen), kann sich der Nachbar in Gemäßheit des § 910 BGB schützen[3]). Allein dieser Schutz ist nicht ausreichend. Die Wurzeln und Zweige greifen naturgemäß immer von neuem über; die von den Bäumen ausgehende Beschattung beeinträchtigt die Ertragsfähigkeit des unmittelbar angrenzenden Grundstücks; die Bäume halten die Feuchtigkeit im Boden fest und sind eine Brutstätte

---

[31]) Staudinger Bem. 2 zu Art. 122; Kretzschmar Bem. 5 zu § 910. Abw. z. B. Kähler, Schlesw.-Holst. Landespr. R 278, der die Vorschriften des Sachsenspiegels II 52, die nach Schlesw.-Holst. Anz. 1887, 257 für alle Bäume zur Anwendung gelangt, für Obstbäume aufrecht erhält.

[1]) Bei einer örtlichen Statutenkollision entscheidet über das Erfordernis des Grenzabstandes das Recht desjenigen Gebietes, auf welchem sich die betreffende Pflanze befindet. Müßte nach diesem Recht ein Abstand eingehalten werden, nach dem Recht des daran angrenzenden Grundstücks aber nicht oder nur in geringerem Maße, so ist nur die letztere Vorschrift zu berücksichtigen. Mit anderen Worten: Bei Grundstücken, welche durch die Grenze verschiedener Rechtsgebiete geschieden sind, braucht für beide Grundstücke nur derjenigen Rechtsvorschrift entsprochen zu werden, welche das Halten der Pflanze weniger erschwert. Vgl. Endemann 476 Anm. 60.

[2]) Preuß. OVG im R 02 Nr. 2336.

[3]) S. oben § 21.

für Insekten und andere kleine Tiere. Aus diesem Gesichtspunkt heraus hatten im Anschluß an altdeutsche Normen[4]) viele Partikulargesetze dem Grundeigentümer das Gebot auferlegt, mit den Pflanzungen einen bestimmten Grenzabstand innezuhalten. Diese landesrechtlichen Vorschriften sind durch Art. 124 EG aufrecht erhalten worden.

Hiernach sind folgende Sondernormen zu unterscheiden:

1. Gemeines Recht.

Das gemeine Recht kannte Beschränkungen solcher Art nicht[5]).

2. Preuß. Allg. Landrecht

§ 174 I 8 ALR bestimmt, daß bei der Anlegung lebender Hecken ein Grenzabstand von 1½ Fuß einzuhalten ist; ist die Grenze ein Rain, so ist die Entfernung von dessen äußerer Grenzlinie zu berechnen[6]).

Nach dieser Vorschrift ist der Eigentümer der Hecke nicht verpflichtet, zu verhindern, daß der Auswuchs der Hecke bis an die Grenze heranreicht; er braucht deshalb auch nicht seine Hecke nach dem Nachbarn zu zu beschneiden, soweit die Grenze nicht überschritten wird. Gegen den die Grenze überschreitenden Auswuchs sowie gegen die herübergreifenden Wurzeln steht dem Nachbarn die Unterlassungsklage nach § 1004 BGB zu, da § 910 BGB nur auf Bäume und Sträucher anwendbar ist.

Auch nach dem Gesetz zum Schutz landwirtschaftl. Kulturpflanzen (RGBl. 37 I 271) kann das Heranwachsen der im ordnungsmäßigen Abstand angelegten Hecke nicht verhindert werden, auch nicht mit dem Hinweis, daß damit die Gefahr des Verunkrautens des Grenzstreifens beiderseits begründet werde. Denn der Grundstückseigentümer ist nicht gehalten, seine Grenze gegenüber dem pflanzlich genutzten Nachbargrundstück von Unkraut freizuhalten, damit dieses nicht hinüberwachsen kann; diese Ansicht wird durch die Erwägung bestätigt, daß sonst auch der Eigentümer eines brachliegenden Grundstücks zu solchen Maßnahmen gezwungen werden könnte, was sicher nicht richtig ist.

3. Code civil.

Einschlägig sind die Art. 671, 672 I C. C., die gemäß Art. 89 PrAG BGB auch für Rheinpreußen Gültigkeit behalten haben.

Hiernach bestimmt sich für Bäume und lebendige Hecken der einzuhaltende Grenzabstand in erster Linie nach den bestehenden Sondervorschriften und anerkannten örtlichen Gebräuchen. Fehlen diese, so ist mit hochstämmigen Bäumen ein Abstand von 2 m, mit anderen Bäumen und lebendigen Hecken ein solcher von ½ m einzuhalten. Pflanzungen, die dieser Abstandvorschrift zuwider angelegt sind, müssen auf Verlangen des Nachbars beseitigt werden[7]). Die Vorschriften des Art. 671 beziehen sich nicht auf Sträucher; denn das den Artikel abändernde französische Gesetz vom 20. 8. 1881, das auch Sträucher in die Vorschrift einbezieht und den Art. 671 auch sonst abänderte, ist für Rheinpreußen nicht einschlägig. Für Bäume gilt die Abstandsregel, gleich ob sie von Menschenhand gepflanzt oder wild gewachsen sind[8]).

---

4) Stobbe-Lehmann III § 102 N. 27; Gierke 425 N. 27. 5) Hesse 580ff.

6) OTr.-Rechtsfälle 3, 98; Koch Bem. 81 zu § 174 I 8.

7) Über einen interessanten Fall, in welchem die Befreiung von dieser Abstandsregel durch Grunddienstbarkeit kraft destination erworben wird: RheinA 107, 137.

8) Zachariae-Crome § 175 N 2; Sirey u. Gilbert Code civil annoté Bem. 12 zu Art. 671.

Was unter hochstämmigen Bäumen zu verstehen ist, ist streitig für den Fall, daß von Natur hochstämmige Bäume im Einzelfall gekappt gehalten werden; entscheidet dann die Natur des Baumes oder die tatsächliche Höhe der einzelnen Anpflanzung[9])? Letzterer Ansicht dürfte der Vorzug zu geben sein; denn der gesetzliche Grund, daß hohe Bäume wegen der dem Nachbargrundstück lästigeren Einwirkungen eines größeren Grenzabstandes bedürfen, kommt für beschnittene und gekappte Pflanzungen in Wegfall. Der Grenzabstand wird gemessen von der Mittelachse des Baumes an zur Grenze[10]).

Der Abstand ist schlechthin innezuhalten, auch wenn größere Nähe dem Nachbargrundstück nicht schädlich sein würde[11]). Die Vorschrift des Art. 671 gilt für städtische und ländliche Grundstücke[12]), bezieht sich aber nur auf das Aneinandergrenzen von Privatgrundstücken, nicht auf den Fall, daß ein Privatgrundstück an die öffentliche Straße stößt[13]).

4. Rhein. und Westfäl. Recht

Nach rheinischem und westfälischem Recht müssen alle Bäume 20 Schuh Abstand halten. Im übrigen haben Nußbäume 1 Rute (16 Fuß), andere Bäume ½ Rute (8 Fuß) Grenzabstandspflicht[14]).

Laut einer noch gültigen Bestimmung des § 6 der Dorfordnung für das Fürstentum Minden, die Grafschaften Tecklenburg, Ravensberg und Lingen vom 7. 2. 1755 haben im Bereich des ehemaligen Fürstentums Minden und der Grafschaften Tecklenburg und Lingen lebende Hecken von Hainbuchen gegen das Nachbargrundstück 1 Fuß, solche von Weißdorn 1½ Fuß Grenzabstand zu halten[15]).

Soest: Die Grenzhecke hat, falls sie eine Feldhecke ist, 5 Fuß, als Gartenhecke 2 Fuß Grenzabstand zu wahren[16]).

Lippstadt: Bäume und Hecken gegen Weiden-, Wiesen- oder Gartengrundstück: Ist das Grundstück umfriedigt, 3 Fuß, sonst 1½ Fuß[17]).

Herzogtum Berg: Lebendige Hecken haben, falls sie unter 3 Fuß hoch und gegen den Nachbar alljährlich geschoren sind, 1½ Fuß, höhere Hecken und Bäume 6 Fuß Grenzabstand zu halten[18]).

5. Baden. Nach Art. 10 BadAG (RegBl. 25, 283) kann der Eigentümer eines Grundstücks verlangen, daß hochstämmige Bäume 1,80 m, andere Bäume und Sträucher 45 cm von der Grenze seines Grundstücks entfernt gehalten werden; diese Vorschrift gilt nicht für Bäume und Sträucher, die an Spalieren oder Gegenspalieren befestigt sind, sofern sie sich hinter einer Mauer befinden und diese nicht überragen.

---

[9]) Erstere Ansicht vertritt gegen die Meinung von Untergerichten der französische Kassationshof; vgl. Zachariae-Crome § 175 N 6; für die zweite Meinung z. B. Fuzier-Hermann Code civil Bem. 15 Art. 671.

[10]) Fuzier-Hermann a. a. O. Bem. 9 zu Art. 671; Sirey u. Gilbert a. a. O. Bem. 27.

[11]) Fuzier-Hermann a. a. O. Bem. 8. [12]) Zachariae-Crome § 175 N 5.

[13]) Fuzier-Hermann a. a. O. Supplement Bem. 4 zu Art. 671; Sirey u. Gilbert a. a. O. Bem. 8.

[14]) Zusammenstellung der in den ostrheinischen Teilen des Regierungsbezirks Koblenz noch geltenden Provinzial- und Partikularrechte 12ff., wo noch weitere Einzelheiten. RevEntw des Westrheinischen Provinzialrechts §§ 10 und 11.

[15]) Schlüter, Westfälisches Provinzialrecht 2, 5 und 161; Wigand, Provinzialrecht des Fürstentums Minden usw. 7, Revid-Entwurf des Provinzialrechts für Minden, 1; Motive dazu 5.

[16]) Revid-Entwurf des Provinzialrechts der Grafschaft Mark usw. § 66.

[17]) Ebenda § 84 und S. 71.

[18]) Revid-Entw. d. Provinzialrechts des Herzogtums Berg §§ 25 f.

Wald darf grundsätzlich nur in einer Entfernung von 3 m vom Nachbargrundstück neu angelegt werden; erwächst aber durch die Aufforstung dem Nachbargrundstück kein erheblicher Schaden, so genügt ein Abstand von 1,80 m. Für Wald, der an Wald oder Ödland angrenzt, gelten überhaupt keine Abstandsvorschriften (Art. 11 Abs. 1—3 BadAG).

6. Hessen und Frankfurt.

a. Hessen. Nach Art. 85 HessAG müssen vorbehaltlich anderslautender örtl. polizeil. Verordnungen Bäume und Sträucher mit einer Höhe von weniger als 2 m einen Abstand von ½ m, mit einer Höhe von 2 m und mehr dagegen einen solchen von 2 m halten. Vgl. auch Art. 87 und 89 (Bäume und Sträucher auf und neben Straßen, öff. Wegen und Eisenbahnen).

Nach § 71 Ziff. 6 des Hess. ForstG. vom 10. 11. 1954 ((GVBl. 211ff.) sind aber die §§ 85—89, 95 HessAG. zum 1. 4. 1955 insoweit außer Kraft getreten, als sie den Vorschriften des HessForstG., insbesondere seinen §§ 13, 14, widersprechen. Bei Verjüngung oder Neubegründung eines Waldes darf hiernach der Waldbesitzer an der Eigentumsgrenze Baumpflanzungen nur im Abstand von 3 m anbauen, wenn die Nachbargrundstücke landwirtschaftlich oder gärtnerisch genutzt werden. Bei Wegen oder Wald muß der Abstand 1 m, bei Rebgelände 6 m betragen; freigelassene Streifen können bis zu 1 m Abstand von der Grenze mit Sträuchern oder Bäumen bis zu einer Höhe von 2 m bepflanzt werden. Die obere Forstbehörde kann Ausnahmen zulassen. Bundesautobahn sowie Bundesstraßen I. u. II. Ordnung gelten nicht als Wege im Sinne der vorerwähnten Bestimmungen (§ 13 Abs. 3 und 4 HessForstG.).

Die kurhessische Bauordnung von 1784[19]) bestimmt in § 33, daß Bäume gegen eine auf der Grenze stehende Wand, in der der Nachbar berechtigterweise Fenster hat[20]), 3 bis 6 Fuß zurücktreten müssen, daß der Abstand sich aber auf 3 bis 4 Fuß beschränkt, wenn die fensterberechtigte Wand des Traufrechts wegen[21]) schon 2 Fuß von der Grenze zurückgerückt ist. Diese Abstandsregeln, die offenbar zum Schutz des nachbarlichen Fensterrechts erteilt sind, fallen fort, wo auf oder jenseits der Grenze überhaupt keine Wand errichtet ist oder die errichtete Wand rechtlich geschützte Fenster nicht enthält.

b. Frankfurt

aa) In den Gemarkungen Alt-Frankfurt und Sachsenhausen gelten nach § 4 des Frankfurter Wichgesetzes (vgl. oben § 18 I 3 e) ohne Rücksicht darauf, ob auf dem Nachbargrundstück Gebäude stehen, folgende Abstände:

Unfruchtbare Bäume in Feldern, Äckern, Gärten und Weingärten: 1 Feldrute (12½ Fuß rheinisch), fruchtbare Bäume: ¾ Feldrute;

Weidenstämme, Ulmen und Pappeln in Wiesen und gegen Wiesen: ½ Feldrute;

Gesträuch unter 6 Fuß Höhe: ⅜ einer Feldrute; Sträucher über 6 Fuß Höhe haben, falls sie nicht bis auf 6 Fuß Höhe gekappt werden, den Wich der Bäume einzuhalten.

Maßgebend für die Bemessung des Abstandes ist hier einmal die Art des Landes, auf dem die Pflanzen stehen, andererseits die Ausdehnung der Wurzeln, die bei Bäumen größer ist als bei Sträuchern und bei wilden (unfruchtbaren) Bäumen größer als bei Obstbäumen.

bb) Für die Gemarkungen Berkersheim, Bonames, Bockenheim, Bornheim, Eschersheim, Eckenheim, Fechenheim, Ginnheim, Hausen, Niederrad, Oberrad, Praunheim, Preungesheim, Seckbach und im ehemaligen frankfurterischen Gebiet der Gemarkung Niederursel ist die PolVO vom 23. 10. 1933 (AnzBl. 33 S. 558) ergangen. Hiernach sind gegen alle Feldwege die Bäume bis zur Höhe von 3,50 m aufzuschneiden. Ferner müssen

[19]) S. oben § 18 I 3 c und unten § 25 N. 97. [20]) Hierüber vgl. unten § 25.
[21]) Vgl. unten § 26.

alljährlich bis zum 28. 10. Zweige und Äste von Hecken, die in den Weg hineinragen, abgeräumt werden (§ 1). Ferner ist gemäß § 2 auf Antrag des Nachbarn einzuhalten[21a]):

beim Anpflanzen von sog. unfruchtbaren Bäumen (Eschen, Erlen u. dgl.) in Wiesen ein Abstand von 1,8 m, in Äckern und Gärten ein solcher von 3,5 m,

beim Anpflanzen von sog. fruchtbaren Bäumen (Apfel, Birne, Steinobst) ein Abstand von 3 m,

beim Anpflanzen von Hecken, die nur 1,35 hoch gehalten werden dürfen, ein Abstand von 1,20 m,

bei der Errichtung von durchsichtigen Einfriedigungen auf Feldgrundstücken ein Abstand von 0,75 m, von undurchsichtigen Einfriedigungen ein solcher von 1,20 m.

7. Württemberg. Gegenüber Nachbargrundstücken, die außerhalb des geschlossenen Wohnbezirks oder angelegter Ortsstraßen liegen, sind im einzelnen genaue Abstände vorgeschrieben für Hecken, Spalieranlagen, Bäume und Sträucher, Weiden und ähnliche Pflanzungen, Rebstöcke, Hopfenpflanzungen (Art. 202—207 WürttAG — RegBl. 31, 545 ff. —). Gegenüber Nachbargrundstücken, die innerhalb des geschlossenen Wohnbezirks oder angelegter Ortsstraßen liegen, sind die in Art. 202 bis Art. 207 vorgeschriebenen Abstände nur zur Hälfte einzuhalten (Art. 210). Durch Gemeindesatzung können alle Abstände geändert werden (Art. 211, 223); das gleiche gilt hinsichtlich der Abstände von Waldungen, die durch Art. 12 geregelt sind.

Sämtliche vorgenannten Vorschriften gelten nicht für das nachbarliche Verhältnis der öffentlichen Wege und öffentlichen Gewässer einerseits und der an sie angrenzenden Grundstücke andererseits (Art. 219); daher können Bäume und sonstige Pflanzenanlagen, wenn Grundstücke an einen öffentlichen Weg oder an öffentliche Gewässer stoßen, gegenseitig bis an die Grenze gesetzt werden.

Auf die Einhaltung sämtlicher Abstände kann verzichtet werden; der Anspruch auf Einhaltung verjährt in 5 Jahren (Art. 220).

Nicht hierher gehören die polizeilichen Vorschriften, die im Interesse der Feld- und Forstpolizei gewisse Abstände für Anpflanzungen vorschreiben[22]); sie gehören ins öffentliche Recht.

§ 23. Überfall von Baumfrüchten[1])

Trägt ein überhängender Baum oder Strauch, d. h. ein solcher, von welchem Teile über die Grenze in den Luftraum des Nachbars hinüber-

---

[21a]) Gegen die Gültigkeit des § 2 PolVO bestehen durchgreifende Bedenken, da der Erlaß solcher Vorschriften nicht mehr im Rahmen des polizeilichen Aufgabengebiets liegt.

[22]) Vgl. Nassauische Feldfrevelordnung v. 1863 (Bertram, Nass. Privatrecht 79 Anm.).

[1]) Der Überfall von Baumfrüchten war durch das gemeine Recht dahin geregelt, daß dem Eigentümer eines überhängenden Fruchtbaumes gestattet war, einen Tag um den andern das Nachbargrundstück zum Zweck der Abholung der daraufgefallenen Früchte zu betreten. Im älteren sächsischen Recht galt der Satz, daß dem Baumeigentümer an überhängenden Früchten so viel gehöre, als er erlangen könne, alles übrige aber dem Nachbar zu Eigentum zufalle. Dort wie hier war die Voraussetzung, daß der Nachbar, der sich den Überhang gefallen lasse, im Überfall eine Ausgleichung des ihm etwa durch den Überhang zugehenden Nachteils finden soll. Das preußische Landrecht (ALR Tl. 1

ragen, Früchte[2]), so stehen diese, solange sie hängen, im Eigentum desjenigen, aus dessen Grund und Boden der Stamm heraustritt; er darf auch die Früchte abernten[3]). Geht die Grenzlinie durch den Stamm, so gehören alle Früchte des stehenden Baumes den Nachbarn zu gleichen Teilen (Gemeinschaft nach Bruchteilen).

Fallen aber Früchte auf das Nachbargrundstück, so gelten sie als Früchte dieses Grundstückes, als ob sie auf diesem gewachsen wären (§ 911 BGB). Dies gilt gleichmäßig von Bäumen und Sträuchern, die auf der Grenze oder jenseits derselben stehen[4]). Das Eigentum an diesen hinübergefallenen Früchten fällt daher regelmäßig (§ 953 BGB) dem Grundstückseigentümer zu oder dem Nießbrauchberechtigten (§ 954 BGB) oder dem Pächter, der im Besitze des Grundstückes ist (§ 956 BGB)[5]).

Es ist gleichgültig, wodurch veranlaßt wurde, daß die Früchte hinübergefallen sind und ob sie jenseits der Grenze gehangen haben. § 911 BGB gilt auch bei einem durch Sturm verursachten größeren Obstfall. Selbst wenn das Fallen der Früchte durch Schütteln veranlaßt wurde, gelangen sie in das Eigentum desjenigen, welchem das Grundstück gehört, auf welches sie gefallen sind. Hat dieser selbst geschüttelt, so hat er unbefugt gehandelt und ist deshalb obligatorisch verpflichtet, die Früchte zurückzugeben oder ihren Wert zu erstatten: §§ 823, 812 BGB[6]). Einen Diebstahl begeht er aber durch Aneignung nicht, denn im Zeitpunkt der Inbesitznahme ist die Sache für ihn keine fremde; § 911 BGB bestimmt, daß diese Früchte als Früchte jenes Grundstückes gelten, auf welches sie gefallen sind. An Früchten des Grundstückes erwirbt aber der Berech-

---

Tit. 9 § 289) spricht dem Nachbar nicht nur den Überfall zu, sondern auch das Recht, die in seinem Luftraum am Baume hängenden Früchte abzubrechen, soweit sie der Eigentümer nicht erreichen kann, ohne des Nachbars Grund zu betreten. Das sächsische bürgerliche Gesetzbuch (§ 363) räumt dem Stammeigentümer das Recht ein, die hängenden Früchte sich insoweit anzueignen, als er sie ohne Betreten des fremden Grundstücks erlangen kann, wogegen die herabgefallenen Früchte dem Nachbar gehören. Vgl. Ortloff, Nachbarrecht 254f.

[2]) Früchte im natürlichen Sinne, also Kirschen, Äpfel, Eicheln, nicht aber Früchte im Sinne des § 99 BGB, also z. B. nicht Äste. Palandt 1 zu § 911; Dernburg 280, wohl aber Baumblätter, die als Düngermittel dienen können. OLG München in Strafs. 3, 380.

[3]) A. M. Cosack 2, 198. [4]) Cosack a. a. O. [5]) Eignet sich der Eigentümer des Baumes die auf das Nachbargrundstück gefallenen Früchte an, so handelt er objektiv rechtswidrig.

[6]) Vgl. Palandt 1 zu § 911; Endemann 465 Anm. 18; Müller 86; Crome § 394 N. 72; Cosack 2, 198; RGKomm. Bem. 3; Planck Bem. 1b z. § 911; a. M. Staudinger Bem. 1 zu § 911; Ortloff, Nachbarrecht 256; Biermann, Turnau-Förster Bem. zu § 911. Am weitesten geht Endemann a. a. O., der in Anwendung des Satzes: „Wer den bösen Tropfen hat, genießt auch den guten" dem Eigentümer des Grundstücks, über welchem sich der Überhang befindet, nicht nur das Schütteln, sondern auch das Abbrechen gestattet. Das widerspricht dem klaren Wortlaut des Gesetzes, das nur den Überfall im Auge hat.

tigte mit der Trennung von selbst[7]) das Eigentum (§§ 953 ff. BGB). Möglicherweise kann aber derjenige, welcher unbefugt geschüttelt hat, wegen Sachbeschädigung strafbar sein[8]).

Als gefallen sind nur jene Früchte zu betrachten, welche unmittelbar nach ihrer Loslösung von dem Baume auf das Nachbargrundstück gefallen sind, wenn sie auch zunächst auf dem Boden des Baumeigentümers aufgeschlagen und dann erst über die Grenze gerollt sind. Dagegen sind solche Früchte, die schon ruhig auf dem Grundstück des Baumeigentümers gelegen sind, und dann von einem Sturmwind über die Grenze geschleudert wurden, nicht hierher zu rechnen[9]). Doch kann man dem Nachbar, auf dessen Grundstück die Früchte tatsächlich liegen, nicht den Beweis aufbürden, daß sie hinübergefallen sind und nicht erst nachträglich durch den Wind hinübergeschleudert wurden. Letzteres nachzuweisen, liegt vielmehr dem Baumeigentümer ob.

Der Baumeigentümer ist nicht berechtigt, die hinübergefallenen Früchte zu holen und setzt sich einer Bestrafung wegen Diebstahls aus, wenn er dies doch tut. Dagegen ist es ihm nicht verwehrt, die an dem Baume hängenden Früchte zu brechen, auch wenn sie in dem Luftraum des Nachbargrundstückes hängen[10]), er kann sich hierzu auch eines Obstbrechers bedienen; er hat aber kein Recht, dabei das Nachbargrundstück zu betreten.

Die Vorschrift des § 911 Satz 1 BGB findet nach Satz 2 keine Anwendung, wenn das Nachbargrundstück dem öffentlichen Gebrauche dient. Hierher gehören öffentliche Straßen und Plätze[11]), öffentliche Flüsse und Seen[12]). In diesen Fällen verbleiben die Früchte demjenigen, welchem die übrigen Früchte des Baumes gehören, also regelmäßig dem Eigentümer des Grundstückes, auf welchem der Baum steht[13]). Dieser kann die Früchte an sich nehmen, auch wenn sie auf dem Nachbargrundstück, welches dem öffentlichen Gebrauche dient, liegen. Diese liegenden Früchte bleiben solange im Eigenbesitz des Baumeigentümers, bis ein Preisgeben nach den Umständen anzunehmen ist[14]) und damit die übergefallenen Früchte als herrenlos im Sinne der §§ 958 und 959 BGB zu gelten haben. Solange dies nicht der Fall ist, ist die Aneignung der Früchte seitens Dritter objektiv rechtswidrig und setzt sich derjenige, welcher die Früchte wegnimmt, der Gefahr einer Bestrafung wegen Diebstahls, eventuell wegen Mundraubes,

---

[7]) Vgl. Affolter, Fruchtrecht 142 II. A. M. Kuhlenbeck, Bem. 1 zu § 911.

[8]) Vgl. dagegen Endemann 465 Anm. 18.

[9]) Z. B. das aus einem Wald auf die Wiese gewehte dürre Laub (Laubstreu) OLG München in Strafs. 3, 380.

[10]) Vgl. Scherer, Anm. 186 zu § 911.

[11]) Über den Begriff der öffentlichen Wege und Plätze entscheidet das Landesrecht.

[12]) Der Begriff der öffentlichen Gewässer ist nach Wasserrecht zu bestimmen.

[13]) Vgl. §§ 953 ff. BGB.

[14]) Ortloff, Nachbarrecht 257.

aus. Regelmäßig wird aber das Bewußtsein der Rechtswidrigkeit fehlen. Manche Früchte, z. B. wilde Kastanien, Haselnüsse, Tannenzapfen dürfen nach allgemeiner Auffassung ohne weiteres als preisgegeben erachtet werden, so daß ihre Aneignung auf öffentlich zugänglichem Gebiete nicht rechtswidrig ist, solange nicht ein ausdrückliches Verbot und dessen Kenntnis das Bewußtsein der Rechtswidrigkeit begründet[15]). Aber auch bezüglich anderer Früchte sind die Volksanschauungen lockere, indem vielfach angenommen wird, daß dann, wenn der Berechtigte nicht sofort die auf öffentliches Gebiet übergefallenen Früchte aufnehmen läßt oder ein Verbot gegen das Auflesen erläßt, ein Verzicht auf das Eigentum angenommen werden dürfe[16]).

§ 24. Überbau

Wer bei Errichtung eines Gebäudes die Grenze seines Eigentums[1]) überschreitet, begeht einen Eingriff in das Eigentum des Nachbars. Bei folgerichtiger Durchführung des Eigentumsschutzes könnte der betroffene Nachbar die Beseitigung des Bauwerkes verlangen, soweit es über die Grenze gebaut ist[2]). Der hiermit für den Eigentümer des Bauwerkes verbundene Schaden würde oft außer allem Verhältnis zu der dem Eigentümer der überbauten Fläche zugefügten Beeinträchtigung stehen[3]). Die Durchführung des Eigentumsschutzes wäre daher namentlich dann eine unbillige Härte gegenüber dem Gebäudeeigentümer, wenn dieser im besten Glauben, auf eigenem Grund und Boden zu bauen, den Überbau ausgeführt hat. Das BGB hat durch die §§ 912 bis 916 einen billigen Ausgleich zwischen den widerstreitenden Interessen des Gebäudeeigentümers und des beeinträchtigten Grundnachbars herbeigeführt[4]). Dieser Aus-

[15]) Vgl. Staudinger, Bem. 2; Kuhlenbeck, Bem. 2 zu § 911.

[16]) Ortloff, Nachbarrecht 257.

[1]) Über analoge Anwendung der §§ 912ff. s. unten VII.

[2]) Standpunkt des gemeinen Rechts (vgl. JW 80, 93).

[3]) Der Gesetzgeber ließ sich bei den Überbauvorschriften von dem volkswirtschaftlichen Gedanken leiten, daß die Erhaltung stehender Gebäude wichtiger ist als die schroffe Durchsetzung des Eigentumsrechts (vgl. Mot. 3, 283, Prot. 3, 135; R 24 N. 456 (RG). Dadurch ist der Rechtsprechung eine analoge Anwendung des § 912 auf verwandte Tatbestände nahegelegt. Auch das Reichsgericht, das sich zunächst lange Zeit jeglicher sinngemäßen Anwendung der §§ 912ff. widersetzte (RG 47, 359; 65, 361; 72, 269; 130, 264; 137, 44; Warn. 10 Nr. 325), hat diese schließlich für den Fall des sogenannten Eigengrenzüberbaues ebenfalls bejaht (RG 160, 166; 167, 178); s. darüber unten VII.

[4]) Schon ALR Tl. 1 Tit. 9 §§ 340 und 341 bestimmten, daß derjenige, welcher auf der Grenze einen Bau aufführen will, dies dem Nachbar mit der Angabe, wie weit er ihn vorzurücken beabsichtige, anzuzeigen habe und daß dann, wenn gegen die angegebenen Baufluchtlinien von dem Nachbar kein Einwand erhoben und das Gebäude durch einen Zufall oder ein geringes Versehen über die angegebene Linie vorgerückt worden sei, der

gleich verschafft dem Gebäudeeigentümer erhebliche Vorteile, ohne den anderen Teil in unerträglicher Weise zu belästigen.

Dem beeinträchtigten Nachbar wird nämlich durch § 912 in gewissen Fällen das Recht entzogen, die Beseitigung des Überbaues zu verlangen; er muß vielmehr den Überbau dulden und sich hierfür mit einer Geldentschädigung abfinden lassen.

Die §§ 912ff. wollen aber nicht nur den Gebäudeeigentümer vor unbilligen Härten schützen, ihnen liegt vielmehr außerdem ein wichtiger volkswirtschaftlicher Zweck zugrunde, den das Reichsgericht (RG 160, 166ff.) unter Hinweis auf die Motive zutreffend dahin umschrieben hat, daß der Gesetzgeber zur Verhütung „wirtschaftlich schädlicher Auseinanderreißungen wesentlicher Bestandteile" vermöge des „jus tollendi" sich zu der „Modifikation der regelmäßigen Eigentumskonsequenz" entschlossen habe. Gerade dieser Zweckgedanke rechtfertigt auch die analoge Anwendung der Überbauvorschriften in den ähnlich gelagerten Fällen, in denen ein gleiches Ergebnis von einer gesunden wirtschaftlichen Einstellung gefordert wird, wie z. B. beim Eigengrenzüberbau (vgl. hierzu unten VII).

I. Voraussetzungen der Duldungspflicht (§ 912).

1. Gebäude.

Zu dulden ist der Überbau nur bei einem Gebäude, nicht bei jedem sonstigen Bauwerk[5]). Der Begriff des Bauwerkes ist der weitere[6]); man versteht darunter jedes von Menschenhand hergestellte Werk, das sich als ein selbständiges Ganzes darstellt und mit dem Erdboden verbunden ist[7]).

Unter einem Gebäude versteht man ein Bauwerk, welches nach der Art seiner Anlage[8]) geeignet ist, Personen, Tieren oder Sachen durch seine räumliche Umfriedung[9]) Schutz gegen äußere Einflüsse zu gewähren[10]).

Bauherr dem Nachbar nur den Grund und Boden nach einer billigen Taxe zu vergüten brauche. — Die württembergische Bauordnung vom 6. 10. 1872 Art. 72 ließ das Eigentum des überbauten Grundes, wenn der Bauende im guten Glauben bei Ausführung des Baues ohne Widerspruch des Nachbars die Grenze seines Eigentums überschritten hatte, gegen volle Entschädigung des Nachbars auf den Bauenden übergehen. Vgl. M 3, 283 (Mugdan 3, 156); Westermann § 64 I.

[5]) Mot. 3, 470 u. 482. [6]) M 3, 470 (Mugdan 3, 262); Wolff, Grenzüberbau 88.

[7]) Wolff, Grenzüberbau 88.

[8]) Nicht notwendig „nach seiner Zweckbestimmung"; Wolff, Grenzüberbau 89.

[9]) Wolff, Grenzüberbau 89; deshalb gehören Schleusen und Dämme nicht zu den Gebäuden. Unrichtig Westermann § 64 II 1.

[10]) Vgl. RGSt. 3, 411. Zu den Gebäuden gehören demnach jene Bauwerke nicht, welche nur der Umfriedung des Raumes zu dienen geeignet sind, z. B. Mauern. Vgl.

Erforderlich ist aber, daß das Bauwerk seinem Umfange nach den Zutritt von Menschen gestattet[11]). Zum Unterschied von Hütten wird daneben eine gewisse Dauerhaftigkeit und Festigkeit des verwendeten Baumaterials erfordert[12]) und außerdem eine feste Verbindung mit dem Erdboden. Das Bauwerk muß unbeweglich sein, also in seiner Gesamtheit unbeschadet seiner Gestalt und Verbindung nicht von einer Stelle zur andern gebracht werden können[13]).

Für den Begriff des Gebäudes ist nicht erforderlich, daß das Bauwerk die Eigenschaft eines umschlossenen Raumes hat[14]), wenn es nur nach der Seite oder nach oben umfriedet ist. Deshalb ist eine für den Wirtschaftsbetrieb bestimmte Gartenhalle als Gebäude zu betrachten[15]); auch eine Bedachung ist nicht unbedingt erforderlich[16]). Nicht erforderlich ist, daß das Bauwerk verschließbar ist[17]).

Auf dem Lande findet man häufig freistehende Backöfen, die solid gebaut sind und den Zutritt von Menschen gestatten. Solche Backöfen[18]) gehören zu den Gebäuden. Ebenso gehören Brunnenstuben, die auf dem Lande vielfach in einem steinernen Aufbau mit Überdachung bestehen, zu den Gebäuden.

Eine mit Steinen massiv ausgemauerte und zementierte Senkgrube (Mistgrube) ist kein Gebäude[19]); dagegen ist ein mit soliden Mauern versehener Keller ein Gebäude[20]), da es für den Begriff des Gebäudes gleichgültig ist, ob das Werk oberhalb oder unterhalb des Erdbodens errichtet ist.

Palandt 2a zu § 912; Turnau-Förster Bem. 2 zu § 912; ebensowenig eine Brücke, ein Tor, ein Denkmal; Wolff, Grenzüberbau 92.

[11]) Wolff, Grenzüberbau 89; RGSt. 10, 103; deshalb ist ein Taubenschlag kein Gebäude, RGSt. 7, 262; Olshausen, KommStGB Anm. 13 zu § 243.

[12]) RGSt. 10, 103. A. M. für das BGB. Wolff, Grenzüberbau 90, der hierfür einen anderen Maßstab anwenden will als für das Strafrecht. Aber der Zweck der Vorschriften über den Überbau weist naturgemäß auf das Erfordernis der Dauerhaftigkeit hin. Es müßte sonst auch eine aus Lehm zusammengeklebte Unterkunftshütte im Walde den Gebäuden zugerechnet werden. Ein leichter Schuppen ist kein Gebäude im Sinne des § 912 (R 19 Nr. 1290, Stuttgart).

[13]) RGSt. 4, 164; Wolff, Grenzüberbau 90; Olshausen, KommStGB Anm. 11 zu § 243; a. M. Oppenhoff, KommStGB Anm. 14 zu § 243; Rüdorff-Stenglein, KommStGB Anm. 10 zu § 243.

[14]) RGSt. 10, 403; Wolff, Grenzüberbau 89; a. M. StriethArch. 97, 91.

[15]) BayOGH 17, 43f.

[16]) Wolff, Grenzüberbau 89; a. M. Olshausen, KommStGB Anm. 12b zu § 243; mit Recht wird daher der ungedeckte Rohbau zu den Gebäuden gerechnet. Ein nach römischer Art gebauter Zirkus ist ein Gebäude.

[17]) BayOLGSt. 3, 591.

[18]) Rüdorff-Stenglein, KommStGB Anm. 10 zu § 243. Vgl. dagegen Wolff, Grenzüberbau 89; Olshausen, KommStGB Anm. 13 zu § 243; Oppenhoff, KommStGB Anm. 13 zu § 243. RGK Bem. 4 zu § 912; Palandt 2a zu § 912.

[19]) StriethArch. 48, 240.

[20]) RGSt. 3, 411; Liszt, Strafrecht 444.

Die Vorschriften über den Überbau gelten auch für die sogenannten Zeitbauten des § 95 Abs. 1 Satz 1, die nur zu einem vorübergehenden Zweck bestimmt sind, da die ratio legis (Erhaltung wirtschaftlicher Werte) auch auf sie zutrifft und die Zeitbauten in § 912 nicht ausgenommen sind[21]).

Nicht erforderlich zur Anwendung der Vorschriften über den Überbau ist, daß das Gebäude bereits vollständig fertiggestellt ist; es genügt, wenn mit der Errichtung des Gebäudes begonnen und der Bau so weit vorgeschritten ist, daß der Teil des Gebäudes, mit welchem überbaut ist, bereits aus dem Boden hervorgetreten ist und mit demselben in fester Verbindung steht[22]).

2. Über die Grenze bauen.

Weitere Voraussetzung, ist, daß über die Grenze gebaut ist (§ 912 BGB). Welcher Art das überbaute Grundstück ist, insbesondere welchem Zweck es dient, kommt im allgemeinen nicht in Betracht.

Einer besonderen Erwähnung bedarf der Fall der Überbauung einer öffentlichen Straße. Auch in diesem Falle ist die Anwendung der §§ 912ff. nicht grundsätzlich ausgeschlossen; allein tatsächlich wird es meistens an der Voraussetzung des § 912 BGB fehlen, daß dem Überbauenden weder Vorsatz noch grobe Fahrlässigkeit zur Last fällt.

Doch lassen sich Ausnahmen denken: so z. B. bei einem freien Platz vor dem Hause, der zwar in Wirklichkeit zu der Straße gehört, aber von dem Hauseigentümer als ihm gehörig betrachtet wird, oder wenn auf Grund eines unrichtigen Bescheides der Baupolizeibehörde gebaut oder die privatrechtliche Erlaubnis zur Überbauung erteilt wurde. Jedenfalls sind bei einer Überbauung einer öffentlichen Straße auch die privatrechtlichen Rechte und Pflichten des Straßeneigentümers in Betracht zu ziehen[23]). Zwar wird das öffentliche Recht durch das bürgerliche Recht nicht berührt (Art. 111 EG). Die Bestimmungen des öffentlichen Rechts über den Überbau auf öffentlichen Straßen haben daher fortdauernde Gültigkeit. Sie nehmen aber nur Rücksicht auf das öffentliche Interesse; daneben steht das privatrechtliche Interesse des Straßeneigentümers[24]).

---

[21]) Wolff, Überbau 90; Staudinger Bem. I 1a zu § 912; Goldmann-Lilienthal 50 Anm. 5; Oberneck 1, 641; dagegen A. M. Turnau-Förster, Bem. II 2; RGK Bem. 4; Biermann Bem. 1a zu § 912. — Nimmt man die Anwendbarkeit der §§ 912ff. an, so wird es allerdings nicht angängig sein, den Inhaber eines Zeitbaues von der Pflicht zur Grundabnahme zu entbinden, wie dies Wolff und Oberneck a. a. O. tun. Wenn ihm sein Zeitbau nicht so viel wert ist, mag er ihn beseitigen.

[22]) Vgl. oben N 16.

[23]) Vgl. Gruchot 54, 918 (RG); SeuffA 65, 454; OLG 18, 211; RheinA 106, 41. A. M. Wolff, Grenzüberbau 101; Crome 292; Biermann Bem. 4; Staudinger Bem. I 1h zu § 912, weil das öffentliche Recht in erschöpfender Weise das Maß normiere, in welchem die öffentliche Straße verengt werden dürfe.

[24]) Vgl. SeuffA 55 Nr. 132. Hier hat das Reichsgericht der Negatorienklage der Stadtgemeinde als Eigentümerin einer Straße gegen eine polizeilich genehmigte Benutzung des Bürgersteigs zum Wirtschaftsbetriebe stattgegeben.

Über die Grenze[25]) ist dann gebaut, wenn das Gebäude selbst oder irgendein festgefügter Teil[26]) des Gebäudes (Erker, Balkon, Keller, Giebel[27]), Mauerausbauchung[28])), in das Erdreich oder den Luftraum des Nachbargrundstückes hinübergreift. Es ist belanglos, ob sich der hinübergebaute Gebäudeteil oberhalb oder unterhalb der Erdoberfläche (z. B. ein Weinkeller) befindet[29]). Um wieviel die Grenze überschritten wird, ist gleichgültig; auch wenn das Gebäude zum weitaus größten Teile auf dem Nachbargrundstück steht[30]) und selbst wenn sich der fremde Bau über das ganze Nachbargrundstück erstreckt[31]), liegt ein Überbau vor. Doch darf der Überbau kein selbständiges Gebäude darstellen; er muß

---

[25]) Der Nachweis der Grenze liegt demjenigen ob, der die Beseitigung verlangt. S. über Grenzstreitigkeiten insbes. die Beweiskraft der Vermarkung und des Katasterplans oben § 5 III u. § 6 III 2. Über analoge Anwendung des § 912 auf den Fall, daß nicht die Grenze, sondern der durch Gesetz oder Grunddienstbarkeit vorgeschriebene Abstand nicht eingehalten ist, s. unten VII 2. Über den Fall, daß der Bauende die Grenze eines anderen, ihm ebenfalls gehörenden Grundstücks überbaut, s. unten VII 1.

[26]) Festgefügt, nicht bloß eingefügt muß der Gebäudeteil sein, derart, daß er von dem Gebäude nicht getrennt werden kann, ohne daß das Gebäude oder der Teil zerstört oder in seinem Wesen verändert würde. Die Notwendigkeit dieser Einschränkung ergibt sich aus dem Zweck des Gesetzes im Zusammenhalt mit dessen Wortlaut „über die Grenze gebaut". Wenn lediglich die an dem Gebäude angebrachten Läden, Jalousien in das Nachbargrundstück überragen oder die Läden und Fenster beim Aufschlagen in den Luftraum des Nachbars übergreifen, liegt kein Überbau im Sinne der §§ 912ff. BGB vor. Der Grundnachbar kann daher die Beseitigung der überragenden Läden und Jalousien verlangen (§ 907 BGB) bzw. das Aufschlagen der Fenster und Läden durch seinen Luftraum verbieten. Wenn die Ausübung dieses Rechtes nur den Zweck haben kann, dem Inhaber des Gebäudes zu schaden, ist sie nach § 226 BGB unzulässig; s. oben § 13.

[27]) Der überragende Gebäudeteil braucht nicht auf dem fremden Boden zu stehen; es genügt ein Hineinragen in den fremden Luftraum. Dernburg 282; Biermann Anm. 1 zu § 912; RG 88, 41; Staudinger Bem. I 1 d zu § 912; jetzt auch Goldmann-Lilienthal 50 Anm. 5; ferner Wolff, Grenzüberbau 94. Mit letzterem wird man auch § 915 BGB für anwendbar erachten müssen. — Man wird aber gegen Wolff a. a. O. annehmen müssen, daß auch dann, wenn die Störung nur eine geringfügige ist, z. B. der herüberragende Dachgiebel nur durch den Tropfenfall lästig wird, der Nachbar gemäß § 915 BGB von dem Hauseigentümer den Erwerb der überbauten Fläche verlangen kann. Derjenige, welcher objektiv rechtswidrig in fremdes Eigentum eingreift, kann sich nicht beschwert fühlen, wenn hieraus die rechtlichen Folgerungen gezogen werden. Der Kaufpreis wird entsprechend niedrig sein. Zweifelnd dagegen Endemann 481 Anm. 8; „Begrifflich könnte auch ein übergreifender Erker, Dachvorsprung, Keller als Überbau angesprochen werden; aber die Rechtsfolge des § 912 scheint mir hierauf nicht zu passen; ich kann, insbesondere wenn ich selber bauen will, die Beseitigung dieser übergreifenden Bauteile verlangen". Vgl. auch Förster, DJZ 6, 244.

[28]) R 11 Nr. 943 (Naumburg), s. hierüber unten VII 5.

[29]) RGK Bem. 5 zu § 912; RG 88, 41.

[30]) Wolff, Grenzüberbau 93; vgl. JW 14, 38; s. dagegen Schmitt, BayZ 14, 60.

[31]) RG 52, 15; 83, 146; Palandt 2b zu § 912.

mit dem auf dem Boden des Bauherrn stehenden Bauwerk ein einheitliches Gebäude darstellen[32]).

Ein Grenzüberbau im Sinne der §§ 912 ff. liegt auch dann vor, wenn bei der Erweiterung eines bereits vorhandenen Gebäudes dergestalt über die Grenze gebaut wird, daß das erweiterte Gebäude nunmehr auf 2 Grundstücken steht (RG 167, 178). Ein Zwischenbau zwischen zwei auf verschiedenen Grundstücken errichteten Häusern ist kein Überbau im Rechtssinne, wenn dieser lediglich dazu dient, eine Lücke zwischen 2 auf verschiedenen Grundstücken stehenden Gebäuden auszufüllen, und er als weder allein zu dem einen, noch allein zu dem anderen gehörig anzusehen ist, auch wenn er Teilflächen beider Grundstücke in Anspruch nimmt (RG 167, 178). Schließlich sind die §§ 912 ff. nicht anwendbar, wenn an einen bereits vorhandenen Überbau auf dem überbauten Grundstück ein Anbau so vorgenommen wird, daß dieser mit dem alten Überbau ein einheitliches untrennbares Ganzes bildet, denn einerseits wird in solchem Falle der vorhandene Überbau nicht vom eigenen Grundstück aus erweitert, und zum anderen wird kein neues selbständiges Gebäude errichtet, sondern nur der bereits vorhandene Überbau verändert (RG 160, 183).

Wegen der sinngemäßen Anwendung der Überbauvorschriften vgl. unten VII.

Wenn das ganze Gebäude auf fremdem Boden steht, so können die §§ 912 ff. BGB nicht in Anwendung kommen: in solchem Falle kommen §§ 94 u. 93 BGB, eventuell die Vorschriften der Erbbau RVO, in Betracht[33]).

3. Ausführung durch den Eigentümer.

Der Überbau muß von dem Eigentümer[34]) ausgeführt sein; dem Eigentümer steht der Erbbauberechtigte gleich (§ 11 Erbbau RVO), auch der Fideikommißbesitzer wird ihm gleichzustellen sein[35]), dagegen erzeugt der Überbau des Pächters, Nießbrauchers die Duldungspflicht des Nachbars nicht[36]). In einem solchen Falle liegt ein Überbau im Sinne des § 912 BGB oder ein Überbau im Rechtssinne nicht vor. Erklärt sich aber der Grund-

---

[32]) Westermann § 64 II 2; Wolff, Grenzüberbau 93. Es können auch zwei unter einem Dache stehende Häuser sich als verschiedene Gebäude darstellen, vgl. oben § 8 I 1 und RGSt. 8, 102. Das Vorder- und Hinterhaus wird als ein Gebäude anzusehen sein, aber nicht das Vorderhaus und das Gartenhaus. Wolff a. a. O. Anm. 1.

[33]) Staudinger Bem. 1a, RGK Bem. 5 zu § 912, vgl. RG 52, 17; Palandt 2b zu § 912.

[34]) Die Anwendung der §§ 912 ff. auf einen von einem Vorbesitzer, der nicht Eigentümer war, aufgeführten Bau ist nicht ausgeschlossen. Turnau-Förster Bem. II 1 zu § 912. A. M. Goldmann-Lilienthal 51 Anm. 8.

[35]) Wolff, Grenzüberbau 108.

[36]) Ebenso BGH in NJW 55, 177; Palandt 2a zu § 912; Ermann 1b zu § 912; Staudinger, 10. Aufl., N. 12, 13 zu § 912; Planck 5. Aufl., N. 1b zu § 912. A. M. nur Dernburg 282.

eigentümer von vorneherein oder nachträglich damit einverstanden, so ist der Überbau ihm selbst zuzurechnen mit der Wirkung, daß der Überbau rechtlich als ein solcher des Eigentümers selbst im Sinne des § 912 BGB angesehen wird[36a]), und zwar unter entsprechender Anwendung der §§ 184, 185 BGB[37]). Die sinngemäße Anwendung dieser Vorschriften rechtfertigt sich aus der Erwägung, daß der Grenzüberbau zwar keine Verfügung ist, ihr aber aus dem Grunde sehr nahe steht, weil sie ohne weiteres die Belastung des Stammgrundstücks herbeiführt[37a]).

Dem Überbau des Eigentümers ist ferner derjenige des fälschlich eingetragenen Bucheigentümers dann gleichzustellen, wenn die Voraussetzungen des § 185 BGB gegeben sind[38]).

4. Bei Errichtung des Gebäudes.

Bei der Errichtung des Gebäudes muß die Grenzüberschreitung erfolgt sein[39]). Eine nach Errichtung des Gebäudes betätigte Ansetzung eines Balkons oder Erkers muß auf Verlangen des Nachbars beseitigt werden[40]); anders dagegen, wenn bei der Erweiterung eines bereits vorhandenen Gebäudes dergestalt über die Grenze gebaut wird, daß das erweiterte Gebäude nunmehr auf 2 Grundstücken steht (RG 167, 178); dies gilt wiederum nicht, wenn der Erweiterungsbau an einen bereits vorhandenen Überbau auf dem Grundstück so vorgenommen wird, daß er mit dem alten Überbau ein untrennbares Ganzes bildet (RG 160, 183; siehe oben I 2).

36a) Diese Rechtswirkung ist eine so vollständige, daß dem Pächter, der mit Zustimmung des Verpächters auf sein eigenes benachbartes Grundstück übergebaut hat, jedenfalls nach Ende der Pachtzeit mangels einer anderen Absprache die Überbaurente zuerkannt wird: BGH NJW 55, 177.

37) BGH in NJW 55, 177; Wolff, Grenzüberbau 111. RGK Bem. 2 zu § 912; Crome 287 Anm. 6. Da die Genehmigung mit rückwirkender Kraft ausgestattet ist (§ 184 BGB), so gilt der Nachbar schon von der Grenzüberschreitung, nicht erst von der Erteilung der Genehmigung an als zur Duldung verpflichtet. Der Zeitpunkt der Grenzüberschreitung ist daher maßgebend für den Widerspruch des Nachbars und für dessen Anspruch auf die Rente.

37a) BGH in NJW 55, 177.

38) Wolff, Grenzüberbau 112; dagegen A. M. Endemann 2, 481 Anm. 7 und Staudinger Bem. I 2a zu § 912.

39) Über analoge Anwendung bei Mauerausbauchung oder Verschiebung d s Gebäudes s. unten VII 5.

40) Wolff, Grenzüberbau 92; Palandt 2a zu § 912. (A. M. R 13, 1291 [Stuttgart], da eine Veranda ein selbständiges Gebäude sei.) Die Regeln der §§ 912ff. BGB gelten insbesondere auch dann nicht, wenn ein Gebäude nur ausgebessert wird. Biermann Anm. 1 zu § 912; OLG 4, 65; Kretzschmar im SächsArch. 12, 418; dagegen will Turnau-Förster Bem. 2 zu § 912 in Ansehung des Reparaturbaues die Entscheidung nach Lage des Einzelf alles gefällt wissen.

5. Vorsatz oder grobe Fahrlässigkeit.

Das Überschreiten der Grenze darf nicht auf Vorsatz oder grober Fahrlässigkeit beruhen (§ 912 Abs. 1 BGB). Vorsatz liegt vor, wenn der Bauende weiß, daß er die Grenze überschreitet, ohne ein Recht zu haben. Fahrlässigkeit liegt vor, wenn er dies hätte wissen müssen[41]). Eine Begriffsbestimmung der groben Fahrlässigkeit gibt das BGB nicht. Es ist nach den Umständen zu entscheiden, ob eine besonders schwere Verletzung der im Verkehr erforderlichen Sorgfalt anzunehmen ist[42]). Vorsatz und Fahrlässigkeit sind dann zu verneinen, wenn der Bauende zu der Annahme berechtigt war, daß er über die Grenze bauen dürfe[43]). Nicht unter allen Umständen ist die grobe Fahrlässigkeit schon deshalb zu verneinen, weil der Überbauende im guten Glauben war, daß der Nachbar mit dem Überbau einverstanden sei; es kommt eben darauf an, ob dieser gute Glaube, wenn irrig, auf grober Fahrlässigkeit beruht[44]).

Wird der Bau nicht vom Grundeigentümer persönlich, sondern mit seiner vorherigen Einwilligung oder seiner nachträglichen Genehmigung oder aber in seinem Auftrag und auf seine Anweisung von einem Dritten errichtet und wird dabei über die Grenze gebaut, so ist die Frage nach Vorsatz oder grober Fahrlässigkeit in entsprechender Anwendung des § 166 BGB zu beantworten. Soweit hiernach der Dritte nach eigenem Plan vorgegangen ist, wie im allgemeinen z. B. der Pächter oder Nießbraucher, kommt es auf dessen Kenntnis oder Kennenmüssen, nicht auf Kenntnis und Kennenmüssen des Grundstückseigentümers an. Ist der Bau aber auf Anweisung oder nach dem Plan des Grundstückseigentümers errichtet

---

[41]) Das Kennen oder Kennenmüssen der Grenzüberschreitung genügt nicht; der zu vertretende Umstand ist die objektiv rechtswidrige Grenzüberschreitung. Wolff, Grenzüberbau 113. A. M. Bungard, Kommunmauer 6. Vgl. auch OLG 15, 348 (Hamburg).

[42]) Turnau-Förster Anm. 3 zu § 912; JW 01, 52.

[43]) RG 52, 17. Eine solche Annahme kann unter besonderen Umständen ihre Berechtigung in einem obligatorischen Vertrage finden, durch welchen sich der Eigentümer zur Überlassung des Eigentums an der hinterher überbauten Fläche verpflichtet hat. RG a. a. O.; vgl. auch RG 74, 87 und dazu unten III 1. Auch wer ohne grobe Fahrlässigkeit an ein Erbbaurecht am Nachbargrundstück glaubt, ist durch § 912 geschützt (Westermann § 64 II 3). Hat ein Grundeigentümer die Mauer seines Gebäudes auf Grund einer mit dem Nachbarn getroffenen formlosen Vereinbarung über die gemeinsame Errichtung der Mauer zum Teil jenseits der Grenze errichtet, so ist eine Grenzeinrichtung geschaffen; § 912 ist hierauf nicht anwendbar, s. oben § 8 II 3 a.

[44]) Vgl. dagegen OLG 15, 348 (Hamburg). Der Umstand, daß den vom Überbau betroffenen Nachbar ein mitwirkendes Verschulden trifft (er hat z. B. als Verkäufer die Grenze dem Käufer unrichtig angegeben), wird regelmäßig eine grobe Fahrlässigkeit bei der Grenzüberschreitung ausschließen. Wo dies aber ausnahmsweise nicht zutrifft, kann nicht etwa § 254 Anwendung finden. A. M. Endemann 482 Anm. 13. Über den Ausschluß der Anwendung des § 254 bei nicht grobfahrlässigem Überbau vgl. Wolff 141 und RG 74, 90; s. unten N. 92.

worden, wie regelmäßig beim Bau durch den Architekten oder den Bauunternehmer, so kommt es auf die Kenntnis oder das Kennenmüssen des Vertretenen d. h. des Grundstückseigentümers an[45]). Entgegen Westermann (§ 64 II 3) kann somit auch hier nicht (vgl. oben § 20 N. 48) § 278 BGB herangezogen werden.

Maßgebender Zeitpunkt für den Vorsatz und die grobe Fahrlässigkeit ist der Zeitpunkt der Grenzüberschreitung[46]). Die Grenze ist überschritten, sobald der Zustand eingetreten ist, in welchem das fremde Grundstück überbaut ist; eine Vollendung des Baues ist hierzu nicht erforderlich. Dies muß auch für den Fall gelten, daß der Pächter oder Nießbraucher ohne vorherige Einwilligung des Grundstückseigentümers gebaut und dabei überbaut, der Eigentümer aber den Überbau nachträglich genehmigt hat (vgl. oben I 3 und N. 37); denn die Genehmigung wirkt auf den Zeitpunkt der Grenzüberschreitung zurück und macht diese rückwirkend zum Überbau im Rechtssinne.

Die Beweislast für die Abwesenheit von Vorsatz und grobem Verschulden trifft den Gebäudeeigentümer[47]). Der Beweis muß durch Darlegung der tatsächlichen Verhältnisse geführt werden. Wird die Grenzüberschreitung erst nach längerer Zeit entdeckt, so wird gerade das längere Unbekanntgebliebensein der richtigen Grenze für den entschuldbaren Irrtum sprechen[48]).

Dem Bauenden ist keine Pflicht zur Anzeige seines Bauvorhabens an den Nachbarn auferlegt. Gerade wenn der Bauende im besten Glauben über den Zug der Grenze ist, wird er die Anzeige unterlassen[49]). Überdies läßt eine bloße Anzeige, wenn die Grenze nicht an Ort und Stelle begangen wird, leicht Raum zu Mißverständnissen, welche den Nachbarn zu einer ihm nachteiligen Unterlassung des Widerspruchs veranlassen können[50]).

[45]) Wolff, Grenzüberbau 114. Der einzelne Bauarbeiter ist niemals Vertreter in diesem Sinne.

[46]) Wolff, Grenzüberbau 115; Staudinger I 2b zu § 912.

[47]) Wolff, Grenzüberbau 115; RG 47, 117; JW 01, 52; Neumann Bem. 1 zu § 912.

[48]) M 3, 284 (Mugdan 3, 157); Kohler, ArchZivPr. 87, 287.

[49]) M 3, 284 (Mugdan 3, 157); Ostermeyer, Sachenrecht 142; RG 83, 146.

[50]) Es geht deshalb auch zu weit, wenn Schmidt in der BayNotZ 07, 49 annimmt, daß die seitens des Nachbars erfolgte Unterzeichnung des Bauplanes, aus welchem er die Grenzüberschreitung ersehen konnte, den Bauherrn zur Annahme des Einverständnisses mit der Grenzüberschreitung berechtige, so daß Vorsatz und grobe Fahrlässigkeit zu verneinen seien. In dieser Allgemeinheit ist dem nicht beizupflichten; es wird immer auf die näheren Umstände des Einzelfalles ankommen; u. a. wird hierbei die Geschäftsgewandtheit des Nachbars, die Art der Grenzüberschreitung, deren Offensichtlichkeit im Bauplan eine Rolle spielen. Im Zweifel wird man eher gegen den Bauherrn entscheiden müssen; denn wenn er mit Vorbedacht fremdes Eigentum in rechtswidriger Weise an sich ziehen will, ist er nach Anstand und Rechtsgefühl verpflichtet, sich über das Einverständnis des Nachbars zweifelsfrei zu vergewissern.

6. Objektive Rechtswidrigkeit des Überbaus

Der Überbau muß objektiv rechtswidrig sein. Diese Voraussetzung ist dann gegeben, wenn der Eingriff in das Eigentum an sich unzulässig wäre, so daß der Nachbar die Beseitigung der Beeinträchtigung verlangen könnte, wenn nicht eben die §§ 912ff. BGB entgegenständen[51]). Hier ist zu prüfen, ob und inwieweit durch eine Erlaubnis des Nachbars, den Neubau über die Grenze zu rücken, die objektive Rechtswidrigkeit des Überbaus ausgeschlossen ist.

Soll die Erlaubnis nicht nur obligatorische Wirkung haben, so bedarf es der formgültigen Bestellung einer Grunddienstbarkeit[52]). Nur bei einer halbscheidig auf die Grenze gesetzten Giebelwand bewirkt die formlose Zustimmung des Nachbars zu diesem Überbau das dinglich wirkende Recht des § 922 mit § 95, weil in diesem Falle eine Grenzeinrichtung im Sinne des § 921 gegeben ist[53]). In den übrigen Fällen wird durch eine formlose Zustimmung zum Überbau ein vertragliches dingliches Recht am Grundstück nicht begründet.

Ist die Erlaubnis nicht durch einen formgültigen dinglichen Vertrag erteilt, so sind verschiedene Fälle zu unterscheiden:

a) Im Verhältnis zwischen den Vetragschließenden und ihren allgemeinen Rechtsnachfolgern[54]) treten die schuldrechtlichen Wirkungen der Vereinbarung ein, die der erteilten Erlaubnis zugrunde liegt[55]).

b) Der Sondernachfolger im Eigentum des überbauten Grundeigentümers ist grundsätzlich an die Abrede nicht gebunden. Er kann daher, falls der Überbau noch nicht ausgeführt ist, wirksam widersprechen. Dieses Widerspruchsrecht ist aber ausgeschlossen, wenn bereits vor dem Eigentumswechsel die Grenze überschritten worden ist, da der überbauende Nachbar hierzu auf Grund der Abrede mit dem Rechtsvorgänger des anderen Teils befugt war, womit zugleich feststeht, daß ersterem Vorsatz oder grobe Fahrlässigkeit nicht vorgeworfen werden können; der Überbau muß also geduldet werden[55a]). Das Gleiche gilt, wenn der Überbau zwar erst nach dem Eigentumswechsel vorgenommen und der Widerspruch

---

[51]) Wolff, Grenzüberbau 96. Wegen des Eigengrenzüberbaues vgl. unten VII.

[52]) Die Bedingungen für den Überbau, insbesondere ob und welche Entschädigung dafür zu zahlen ist, richten sich ausschließlich nach dem dinglichen Vertrag. Mit einer Heranziehung des § 912 für die Willensauslegung (Wolff 97) wird man vorsichtig sein müssen, weil deren immerhin künstliche Konstruktion dem Willen der Beteiligten regelmäßig fernliegen dürfte.

[53]) S. hierüber oben § 8 II 1.

[54]) Über stillschweigenden Eintritt des Sondernachfolgers in den Vertrag s. oben § 8 IV 3 und unten § 38 III 2.

[55]) Vgl. RG 83, 146; R 24 Nr. 456 (RG).

[55a]) BGH in LM 1 zu § 912; Wolff 113; Planck 1d zu § 912; Palandt 2c zu § 912; Staudinger 20 zu § 912.

16
nicht sofort nach der Grenzüberschreitung erhoben worden ist, sofern der Überbauende sich zum Überbau für befugt hielt und, ohne daß ihm deswegen Vorsatz oder grobe Fahrlässigkeit vorgeworfen werden können, auch für befugt halten konnte.

c) Ist die schuldrechtliche Vereinbarung aus irgendeinem Grunde nicht wirksam oder wird sie später aus irgendeinem Grunde hinfällig[56]), so kann derjenige, der auf Grund einer solchen, auch schuldrechtlich ungültigen Erlaubnis gebaut hat, sich auch seinem Vertragsgegner gegenüber nicht darauf berufen, daß er ein vertragsmäßiges Recht auf Beibehaltung des Überbaus habe. Es ist dann auch im Verhältnis zwischen den Vertragsschließenden zu untersuchen, ob der an sich rechtswidrige Überbau auf Grund des § 912 vom Nachbar geduldet werden muß. Aber auch in diesem Falle sind die §§ 912ff. anzuwenden, wenn dem Bauherrn mit Rücksicht auf die erteilte Erlaubnis Vorsatz nicht zur Last fällt, weil er sich zur Grenzüberschreitung für berechtigt halten konnte[57]). Es läßt sich nicht etwa die Auffassung vertreten, daß der Überbauer mit Rücksicht auf die Nichtigkeit des Vertrags, auf Grund dessen überbaut wurde, nach den Grundsätzen der ungerechtfertigten Bereicherung (§ 812 BGB) zur

[56]) Vgl. RG 74, 87. Im dortigen Fall hatte Kläger dem Beklagten die Grenzüberschreitung ohne Entschädigung erlaubt, da eine allgemeine Neueinteilung der Grundstücke in Aussicht stand, bei der die Beteiligten das zu überbauende Stück gegen ein anderes Stück zu vertauschen gedachten. Der Überbau wurde ausgeführt. Zur Neueinteilung und zum Austausch kam es nicht. Vgl. Gruchot 54, 918 (RG). Hier hatte die klagende Gemeinde dem Beklagten die Überbauung der Straße gegen Entschädigung gestattet; da der Beklagte sich weigerte, die vereinbarte Entschädigung zu zahlen, trat sie nach Errichtung des Überbaus vom Vertrag zurück. Im Fall RG 74, 87 hat das RG die Anwendbarkeit des § 912 bejaht, da der Beklagte durch die Erlaubnis gedeckt, die Grenze ohne grobe Fahrlässigkeit überschritten hat. Im Fall Gruchot 54, 918 dagegen hat das RG die Anwendung des § 912 abgelehnt, da in der Erlaubnis gegen Entschädigung ein Widerspruch gegen das Bauen ohne Entschädigung zu erblicken sei. Das ist gekünstelt. Die Ablehnung der Anwendung des § 912 wäre in einem solchen Fall zu rechtfertigen, wenn der Überbauende schon bei Ausführung des Baus die Absicht hatte, nach dem Bau die Entschädigung zu verweigern. Denn dann wußte er trotz der Erlaubnis, daß die Gemeinde unter diesen Umständen mit der Grenzüberschreitung trotz der erteilten Erlaubnis nicht einverstanden sei. Liegt aber solche Arglist nicht vor, dann kann die Gemeinde unter dem Erbieten, dem Beklagten eine Grunddienstbarkeit auf dauernde Duldung des Überbaus zu bestellen, die vereinbarte Entschädigung beanspruchen. Zur Bestellung der Grunddienstbarkeit muß sich die Gemeinde erbieten, weil nach dem Vertragswillen der Beklagte durch die Zahlung ein dauerndes Recht zur Belassung des Überbaus erhalten sollte. Die Gemeinde kann Frist setzen nach § 326 und nach Ablauf der Frist zurücktreten. Dann erst ist das Vertragsverhältnis erledigt und von da ab nach § 912 zu beurteilen, so daß die Gemeinde nunmehr Überbaurente und Grundabnahme verlangen kann.

[57]) Wolff 97. Auch der Sondernachfolger des überbauten Grundstücks muß den Überbau dulden. Er kann aber auch dann Überbaurente verlangen, wenn sein Vorbesitzer für die seinerzeitige Grenzüberschreitung entschädigt wurde.

Herausgabe des von ihm in Besitz genommenen und überbauten Grundstückstreifens verpflichtet ist. Denn durch die ohne Widerspruch gebliebene Überbauung hat der Überbauer, dem ja Vorsatz und grobe Fahrlässigkeit nicht zur Last fällt[58]), ein Recht auf Duldung des Überbaus (§ 912) erworben. Er hat deshalb den Besitz der Fläche nicht ohne rechtlichen Grund erlangt und ist zur Räumung der Fläche und zur Beseitigung des Bauwerks nicht verpflichtet[59]).

7. Widerspruch des Nachbarn. Der Überbau darf nicht gegen den Widerspruch[59a]) des Nachbars ausgeführt sein. Der Nachbar braucht den Überbau dann nicht zu dulden, wenn er vor oder sofort nach der Grenzüberschreitung Widerspruch erhoben hat (§ 912 Abs. 1 BGB). Widerspruchs berechtigt ist aber nach § 916 BGB ferner derjenige, dessen Erbbau- oder Dienstbarkeitsrecht durch den Überbau beeinträchtigt wird. Hat von den mehreren Widerspruchsberechtigten der eine widersprochen, der andere nicht, so kann ersterer die Beseitigung des Überbaues verlangen, während letzterer ihn dulden muß[60]). Der Widerspruch kann auf einen Teil der Überbaus beschränkt werden[61]). Durch die zeitliche Beschränkung, welche für die Wirksamkeit des Widerspruchs bestimmt ist, soll eine Zerstörung des Gebäudes vermieden werden. Es kommt daher für die Frage der Rechtzeitigkeit des Widerspruchs — anders als bei dem Ausdruck „unverzüglich" in § 121 — nicht darauf an, ob dem Widerspruchsberechtigten ein schuldhaftes Zögern zur Last fällt; vielmehr ist allein ausschlaggebend, ob nach der Sachlage im Einzelfall der Widerspruch zeitig genug erfolgt ist, um eine irgend erhebliche Zerstörung zu vermeiden[62]). Dabei ist zu berücksichtigen, daß der Widerspruch empfangsbedürftig ist[63]). Der Widerspruch kann also nicht schlechthin solange mit Wirksamkeit erfolgen, als das Gebäude noch nicht fertig ist, sondern muß sofort erfolgen, sobald die erste sichtbare, tatsächliche Grenzüberschreitung (z. B. Aufmauerung des Fundaments) erfolgt ist. Hierzu ist erforderlich, daß schon ein Teil des

[58]) Weil er das Einverständnis des Nachbars zur Überbauung im guten Glauben annehmen konnte.

[59]) R 24 Nr. 456 (RG).

[59a]) Vgl. oben § 8 N. 49 (— rechtsunwirksame — Rücknahme des Widerspruchs).

[60]) Das folgt aus der rechtlichen Natur des Widerspruchs. Er soll die Folgen des „Verschweigens" abwenden. Die „Verschweigung" bewirkt als objektiv eintretendes Tatbestandsmoment den Rechtsverlust, nicht etwa als unterstellte Genehmigung. Der Widerspruch ist daher kein Rechtsgeschäft, das Schweigen keine konkludente Willenserklärung, vgl. Wolff 130 u. 116; Turnau-Förster Bem. II 4; Planck Bem. 1 e; Biermann Bem. 1 c zu § 912; Oberneck 643. — Dagegen geben dem Widerspruch des einen Wirkung für alle Staudinger Bem. I 2 c zu § 912; Goldmann-Lilienthal 51.

[61]) Wolff 120, RG 109, 110.

[62]) RG 109, 109.

[63]) Wolff 122.

Gebäudes selbst errichtet ist[64]); denn nur um eine Grenzüberschreitung durch einen Überbau handelt es sich. Deshalb genügt die Aufgrabung des fremden Erdbodens noch nicht, noch weniger die Aufstellung des Baugerüstes, wenn auch aus dessen Aufstellung erhellt, daß das Gebäude über die Grenze gerückt werden soll.

Darauf, ob überhaupt oder wann der Nachbar von der Grenzüberschreitung Kenntnis erhielt, kommt gar nichts an[65]). Ebenso wenig darauf, ob der Nachbar von dem wirklichen Verlauf der Grenze Kenntnis hatte oder nicht[66]). Auch wenn der Nachbar gar nicht in der Lage war, Kenntnis davon zu nehmen, ist er mit einem späteren Widerspruch ausgeschlossen[67]); das Gesetz geht von dem Standpunkte aus, daß es Sache des Grundeigentümers ist, sich um sein Eigentum umzutun und die Grenzschau zu halten; sonst „verschweigt" er sich.

Der Widerspruch kann formlos, auch durch konkludente Handlungen, z. B. Niederreißen des Baues[68]), zum Ausdruck gebracht werden. Immer aber muß er sich gegen die konkrete Grenzüberschreitung richten; das ist wichtig, besonders für einen vor der Grenzüberschreitung erfolgten Widerspruch. Ein genereller Widerspruch ist wirkungslos.

Der Grund des Widerspruchs ist gleichgültig. Auch wenn der Nachbar, welcher den Irrtum über die Grenze teilte, nur widersprochen hat, weil er ungerechtfertigterweise ein Lichtrecht zu haben glaubte, muß ein Widerspruch im Sinne des § 912 BGB angenommen werden. Berechtigt zur Erhebung des Widerspruchs ist der Eigentümer oder Miteigentümer (§ 1011 BGB) des Bodens; der Mieter ist nicht berechtigt, das Widerspruchsrecht für den Eigentümer auszuüben[69]). Tut er dies gleichwohl, so handelt

---

[64]) Ebenso Müller 99. RG 109, 109. A. M. Wolff, Grenzüberbau 121. Vgl. Kretzschmar im SächsArch. 12, 419; „Der Widerspruch muß spätestens unmittelbar nach der Grenzüberschreitung erklärt werden". Der Widerspruch kann aber schon vor der Grenzüberschreitung wirksam erhoben werden, nur muß eine bestimmte Überschreitung bereits drohen. Wolff, Grenzüberbau 122.

[65]) Turnau-Förster Anm. 4 zu § 912; Wolff, Grenzüberbau 123; RG 83, 147; BGH in NJW 55, 177.

[66]) RG 109, 110.

[67]) Eine Anfechtung des „Verschweigens" wegen Betrugs, Zwangs oder Irrtums findet nicht statt, weil das Schweigen keine Willenserklärung ist. Wolff 123; RGKomm. Bem. 11; Planck Bem. 1e; Kretzschmar Bem. 3c; Biermann Bem. 1c zu § 912; Endemann 462; OLG 15, 530 (Posen). Dagegen A. M. Turnau-Förster Bem. II 4a zu § 912; Crome § 288 N. 13.

[68]) Wolff, Grenzüberbau 120. BayObLG 14, 704 (der Widerspruch ist eine Rechtsverwahrung, er bedarf keiner Begründung und kann auch stillschweigend erfolgen).

[69]) Lehmann-Enneccerus 2, 118; Goldmann-Lilienthal 51 Anm. 14; Kretzschmar Bem. 3b zu § 912 halten den Widerspruch des bloßen Besitzers für bedeutungslos. Ebenso KGBl. 11, 8 (LG Neuruppin). — Nach Wolff, Grenzüberbau 118; Biermann Bem. 1c; Staudinger Bem. I 2c; Crome 288 Anm. 11 und Dernburg 283 ist der Widerspruch des

er als Geschäftsführer ohne Auftrag für den Vermieter; daher ist der Widerspruch gültig, wenn ihn der Bauende nicht wegen Mangels der Vertretungsmacht zurückweist (§ 180 BGB). Der Hypothekengläubiger und der Vorkaufsberechtigte sind zum Widerspruch nicht berechtigt[70]). Gegner ist der Überbauende[71]) oder dessen Vertreter; ein gegenüber dem Bauarbeiter erfolgter Widerspruch genügt nicht; macht der Arbeiter dem Bauherrn noch rechtzeitig Mitteilung, so kann er als Bote des Widersprechenden gelten. Der von dem Bauherrn bestellte Baumeister oder dessen Bauleiter darf als ermächtigt gelten, alle auf den Bau bezüglichen Mitteilungen für den Bauherrn entgegenzunehmen[72]).

Der Nachbar, welcher die Beseitigung des Überbaues verlangt, hat die Beweislast dafür, daß er rechtzeitig gegen die Grenzüberschreitung Widerspruch erhoben hat[73]).

II. Inhalt der Duldungspflicht

Sind die unter I. aufgeführten Voraussetzungen gegeben, so hat der Nachbar[74]) den Überbau zu dulden (§ 912 BGB). Diese Verpflichtung enthält eine gesetzliche Eigentumsbeschränkung[74a]). Sie tritt von Rechts wegen, nicht erst auf Verlangen des Überbauenden, ein. Sie ist auch nicht davon abhängig, daß der Berechtigte die dem Verpflichteten nach § 912 Abs. 2 BGB zustehende Rente bezahlt hat. § 273 BGB steht nicht entgegen, weil sich aus dem Rechtsverhältnisse des Überbaues ein anderes ergibt[75]).

Besitzers wirksam. Der Pächter wird regelmäßig als stillschweigend bevollmächtigt zu erachten sein, alle dringlichen Handlungen zur Wahrung des Eigentumsrechts vorzunehmen; unter besonderen Umständen kann dies auch beim Mieter angenommen werden.

[70]) Wolff, Grenzüberbau 120. Vgl. R 02, 258 (RG).

[71]) Wird der Bau von mehreren errichtet, so ist der Widerspruch allen gegenüber zu erklären; Turnau-Förster zu § 912 und die dort zitierte RGEntsch; doch wird vielfach der eine als von den übrigen stillschweigend bevollmächtigt erachtet werden dürfen, z. B. wenn er den Bau leitet; evtl. kann er als Bote gelten; vgl. Biermann Bem. 1c zu § 912; Wolff, Grenzüberbau 120; Oberneck 643 Anm. 16; abweichend Staudinger Bem. I 2c zu § 912; Goldmann-Lilienthal 51 Anm. 15.

[72]) Oberneck 643; Westermann § 64 II 4. Es ist hierzu nicht erforderlich, daß der Bauherr ortsabwesend ist. In diesem Punkte anscheinend a. M. Wolff, Grenzüberbau 120.

[73]) Vgl. M 3, 284 (Mugdan 3, 157).

[74]) § 916 bestimmt: „Wird durch den Überbau ein Erbbaurecht oder eine Dienstbarkeit an dem Nachbargrundstück beeinträchtigt, so finden zugunsten des Berechtigten die Vorschriften der §§ 912—914 entsprechende Anwendung.“ Für die Duldungspflicht des Berechtigten kommt es darauf an, ob er rechtzeitig Widerspruch erhoben hat. § 916 ist auf den Dauerwohnberechtigten antsprechend anwendbar (§§ 31ff. WEG), so mit Recht Palandt 1 zu § 916.

[74a]) Die Duldungspflicht ist also nicht Ausfluß einer „gesetzlichen Dienstbarkeit“; ebenso ist das Recht auf den Überbau kein selbständiges, subjektiv dingliches Recht (Westermann § 64 III 1; Wolff § 55 II 1).

[75]) Wolff, Grenzüberbau 127; Turnau-Förster Anm. 4 zu § 912.

Die Duldungspflicht bedarf zu ihrer Entstehung nicht der Eintragung in das Grundbuch, ist überhaupt nicht eintragungsfähig [76]).

Das Eigentumsrecht an der überbauten Fläche erleidet keine Änderung [77]).

Dem Überbauenden steht das Eigentum an dem Überbau zu; denn dieser wird nicht Bestandteil des Grundstückes, auf welchem er steht, weil es ein Sondereigentum an Gebäudeteilen nicht gibt (§ 93) [78]) und abgesehen hiervon der Überbau, wenn er nach § 912 zu dulden ist, in Ausübung eines Rechtes an dem fremden Grundstück auf diesem steht (§ 95 Abs. 1) [79]).

---

[76]) S. darüber unten VI.

[77]) Anders früher nach ALR I 9 § 341 und nach Art. 72 württ. BO.

[78]) Boethke bei Gruchot 45, 722; Staudinger Bem. 7 zu § 94, wo mit Recht dargetan wird, daß Gebäudeteile nach § 93 nicht Gegenstand besonderer Rechte sein können, so daß der Grundsatz des § 94 (superficies solo cedit) dem stärkeren Grundsatz der rechtlichen Untrennbarkeit der Bestandteile (§ 93) weichen muß. Diese Frage ist oben § 2 II ausführlich behandelt. — Ist der Überbau der wirtschaftlich nebensächliche Teil, so folgt er dem Recht des Hauptteils und dieser dem rechtlichen Schicksal des Grundstücks (§ 94), auf dem er steht (so auch JW 14, 40 RG). Ist der Überbau wirtschaftlich der Hauptteil des Gebäudes, dann zieht dieser den Nebenteil an sich (Schmitt, BayZ 14, 60). Der Erbauer des Gebäudes (bzw. sein Rechtsnachfolger) wird nach den Grundsätzen der Bereicherung zu entschädigen sein. Die Gebäudeteile können daher rechtlich nicht auseinanderfallen, auch dann nicht, wenn der Überbau nach § 912 nicht zu dulden ist. (A. M. das RG s. oben § 8 II 3 c.)

[79]) Herrschende Meinung, so insbes. RG 160, 177; 83, 147; 72, 272; RheinArch. 108, 367 u. 373; JW 14, 70; Staudinger Bem. II 2 zu § 912; Wolff 134; Dernburg 282 Anm. 3; Oberneck 643 Anm. 20; Kretzschmar Vorbem. 1 vor § 912. Darnach steht das Eigentum an dem Überbau dem Gebäudeeigentümer nur dann zu, wenn der Überbau nach § 912 zu dulden ist, weil im Falle des § 912 ein Sonderfall des § 95 gegeben ist, wonach das Akzessionsprinzip der §§ 94, 946 dadurch aufgehoben ist, daß der übergebaute Teil in Ausübung eines Rechts mit dem Nachbargrundstück verbunden ist. Gegen die herrschende Meinung sind Bedenken geltend gemacht worden (vgl. RheinArch. 109, 277, Düsseldorf; SächsAnn. 31, 60, Dresden; Bungard 9).

Zunächst wird eingewendet, daß § 912 den Inhalt des Eigentums des einen erweitere, des anderen beschränke, somit die Befugnis, den Überbau auf dem fremden Grundstück zu halten, zum gesetzlichen Inhalt des Eigentums des Grundstücks gehöre, von dem aus der Überbau errichtet sei. Das ist richtig; unrichtig dagegen ist die daraus gezogene Folgerung, daß somit die Befugnis zum Halten des Baus ein „Recht an einem fremden Grundstück" im Sinne des § 95 nicht darstelle. § 912 gewährt die Befugnis, den Überbau auf dem fremden Grundstück dauernd zu halten, und wenn diese Befugnis auch zum Inhalt des Eigentums am eigenen Grundstück gehört, so wirkt die Befugnis doch dinglich und ebenso wie ein nicht zum Eigentumsinhalt gehörendes Recht an einer fremden Sache. Die ratio legis des § 95 trifft also auch auf eine zum Inhalt des Eigentums gehörende dinglich wirkende Befugnis durchaus zu (vgl. RG 83, 147).

Sodann wird mit noch größerem Nachdruck geltend gemacht, daß die Voraussetzung des § 95 für einen Überbau nicht gegeben sei. Denn nach § 95 Abs. 1 Satz 2 sei Voraussetzung, daß die Verbindung des Werkes in Ausübung eines Rechtes an dem fremden Grundstück vorgenommen sei, während beim Überbau zur Vornahme der Verbindung kein Recht bestehe, vielmehr die Befugnis zur Beibehaltung des Überbaus erst durch die erfolgte Verbindung — also nachher — zur Entstehung gelange. All dies

Der Überbau muß, so lange er steht, geduldet werden. Es ist dem Gebäudeeigentümer nicht verwehrt, Veränderungen an dem Überbau vorzunehmen, sofern dadurch nur nicht die Grenzüberschreitung rücksichtlich der fremden Grundfläche vergrößert wird. Der Gebäudeeigentümer darf daher den Überbau beliebig erhöhen[80]). Berührt der Überbau den Boden des überbauten Grundstückes nicht (z. B. Balkon, Erker), so darf er wohl erhöht, nicht aber nach unten fortgesetzt werden; denn dadurch würde eine größere Beeinträchtigung des Nachbargrundstückes herbeigeführt. Die aus dem Überbau sich ergebenden Rechte und Pflichten bleiben stetig. Es kann deshalb auch ein späterer Erwerber des Grundstückes, auf welches übergebaut ist, den Abbruch des Gebäudes nicht verlangen, auch wenn er von dem Überbau nichts wußte[81]).

Die Pflicht zur Duldung des Überbaues erlischt, sobald der Überbau tatsächlich beseitigt ist[82]). Um eine Beseitigung des Überbaues annehmen zu können, ist nicht immer erforderlich, daß von ihm gar nichts mehr auf fremdem Grunde übrig geblieben ist. Eine Beseitigung des auf fremdem Grund stehenden Überbaues ist vielmehr schon dann als eingetreten zu erachten, wenn seine Überbleibsel nach den Umständen keine selbständige wirtschaftliche Bedeutung mehr haben. Bei einem mit festen Grundmauern versehenen Gebäude wird eine Beseitigung des Überbaues regelmäßig solange nicht angenommen werden können, als das Fundament noch im Boden steckt. Wenn aber der Bauherr seinen Neubau weiter zurücksetzt, hat das Fundament keine selbständige wirtschaftliche Bedeutung mehr; der Überbau ist als beseitigt zu erachten. Dasselbe gilt, wenn der Bauherr geraume Zeit überhaupt keine Anstalten zum Wiederaufbau trifft und infolge der Länge der Zeit die Oberfläche des Grundstücks mit dem Fundament sich gewissermaßen verwachsen hat. In solchen und ähnlichen Fällen kann man vom wirtschaftlichen Standpunkte aus einen Überbau im Sinne des Gesetzes als vorhanden nicht mehr annehmen; der wirtschaftliche Standpunkt ist aber hier der entscheidende; denn die §§ 912ff. haben nur den Zweck, einer unwirtschaftlichen Zerstörung vorzubeugen[83]). Wenn

ist durchaus logisch und streng genommen richtig. Gleichwohl muß § 95 Abs. 1 Satz 2 auch auf den Tatbestand des zu duldenden Überbaus angewendet werden; denn der Gesetzgeber (§ 912) will gerade, daß die Verbindung, zu deren Vornahme objektiv betrachtet kein Recht bestand, nach ihrer Ausführung, soweit das Halten des Überbaus auf dem fremden Grund in Frage kommt, als zu Recht bestehend anerkannt wird, gerade so, als ob die Verbindung mit Recht vorgenommen wäre (ähnlich de Boor 43ff.).

[80]) Wolff, Grenzüberbau 137.

[81]) Maenner 171.

[82]) Westermann § 64 III 1; Wolff 160; Turnau-Förster Bem. 2 zu § 914; Crome 289 Anm. 20.

[83]) Wie gestaltet sich das rechtliche Schicksal der Überbleibsel (des Fundamentes)? Sobald ein Überbau im Sinne des Gesetzes nicht mehr vorliegt, ist die Beeinträchtigung

nur ein Teil des überbauten Grundes von dem Überbau befreit wird, so erlischt die Duldungspflicht eben nur teilweise[84]).

Der Grund der Beseitigung des Überbaues ist gleichgültig. Die Duldungspflicht erlischt, gleichviel ob der Überbau durch Naturgewalt oder freiwillige Handlung des Bauherrn oder eines Dritten beseitigt wurde, ja selbst wenn der zur Duldung Verpflichtete den Überbau rechtswidrig beseitigt hat; doch ist dieser zum Schadenersatz verpflichtet und muß daher den Zustand wieder herstellen, welcher bestehen würde, wenn die schuldhafte Beseitigung des Überbaues nicht eingetreten wäre[85]). Dies kann aber nur durch Bestellung einer Grunddienstbarkeit, welcher ein dem gesetzlichen Inhalt des Überbaurechtes entsprechender vertragsmäßiger Inhalt zu geben ist, geschehen; denn für den durch den Nachbar selbst ausgeführten Bau fehlt es an den gesetzlichen Voraussetzungen des § 912[86]).

des Eigentums durch die Überbleibsel unzulässig; der Grundstückseigentümer kann die actio negatoria (§ 1004 BGB) auf Beseitigung anstellen. Aus demselben Grunde muß der Eigentümer des Überbaues die übrigen Beeinträchtigungen des überbauten Grundstücks beseitigen, welche nach der Beseitigung des Überbaus noch vorhanden sind; so z. B. wenn durch Aufsaugung chemischer Abwässer der in dem Überbau betriebenen Fabrik der Boden für Ackerbau und Anpflanzungen unbrauchbar geworden ist, muß der ordnungsgemäße Zustand wieder hergestellt werden; dagegen besteht eine Schadenersatzpflicht nicht. Wolff, Grenzüberbau 160 gewährt dagegen einen Schadenersatzanspruch; der Überbauende dürfe wohl ein schädliches Gewerbe betreiben, müsse aber für den durch den Betrieb verursachten Schaden einstehen; nur mit dieser durch Treu und Glauben gebotenen Begrenzung dürfe sein Recht auf Duldung des Überbaues verstanden werden. Diese Begründung dürfte unzulänglich sein. Der Schadenersatzanspruch setzt ein Verschulden voraus. Wer den Überbau wie ein Eigentümer benutzt, handelt aber nicht schuldhaft, weil er hierzu, solange die Voraussetzungen des Überbaus gegeben sind, berechtigt ist. Vgl. Müller 100.

[84]) Wolff, Grenzüberbau 158. Hier wird zutreffend hervorgehoben, daß der Fall, in welchem nur ein Stockwerk des Überbaues abgetragen worden ist, auf die Duldungspflicht gar keinen Einfluß ausübt. Das Stockwerk kann wieder aufgesetzt und noch ein weiteres dazugefügt werden. Wenn der Besitzer eines Gebäudes, dessen Dachvorsprung in den Luftraum des Nachbars hinüberragt, seinem Haus ein Stockwerk aufsetzt, so muß der Nachbar den Dachvorsprung des höher gesetzten Daches dulden. Zwar könnte man sagen, daß mit der Beseitigung des ursprünglichen Dachvorsprungs der Überbau vollständig beseitigt und damit die Duldungspflicht endgültig erloschen sei. Allein diese Annahme widerspricht der ratio legis, die auf Erhaltung wirtschaftlicher Werte gerichtet ist. Das Haus, dessen Traufwand dicht an der Grenze steht, kann ohne Ausladung des Daches in den Luftraum des Nachbars nicht bestehen. Der Hauseigentümer ist deshalb berechtigt, den Dachvorsprung an der alten Stelle wieder zu überbauen; dann darf er dies aber auch ein Stockwerk höher tun, weil hierdurch der Nachbar sogar noch weniger belästigt wird (§§ 905, 226). Eine andere Frage ist die, ob nicht durch den höheren Tropfenfall eine größere Belästigung des Nachbars verursacht wird. Die sich hieraus ergebenden Folgen sind nach Wasserrecht zu beurteilen.

[85]) Wolff, Grenzüberbau 158. Diese Verpflichtung ist eine persönliche, geht also auf den Sonderrechtsnachfolger nicht über. Wolff 159.

[86]) S. oben I 3.

Wird das überbaute Grundstück im Wege der Zwangsversteigerung veräußert, so muß der Überbau von dem Ansteigerer auch dann weiter geduldet werden, wenn die Überbaupflicht im Zwangsversteigerungsverfahren nicht angemeldet ist; denn die Überbaulast ist eine gesetzliche Eigentumsbeschränkung[87]).

Verpflichtet sich der Berechtigte zur Beseitigung des Überbaues, so wird hierdurch nur eine persönliche Verpflichtung begründet[88]). Soll durch Rechtsgeschäft die dingliche Befreiung von der Pflicht zur Duldung des Überbaues, die eine gesetzliche Eigentumsbeschränkung darstellt, begründet werden, so ist die Bestellung einer Grunddienstbarkeit erforderlich[89]). Trotz eines (formlosen) Versprechens des Berechtigten, den Überbau zu beseitigen, besteht also die dingliche Duldungspflicht des Nachbars bis zur Beseitigung weiter. Wenn also der Versprechende vor Beseitigung des Überbaues sein Haus verkauft, kann der Käufer die Duldung des Überbaues beanspruchen.

III. Entschädigung des Grundeigentümers

1. Inhalt des Rentenanspruchs. Der Nachbar, welcher den Überbau zu dulden hat, ist durch eine Rente zu entschädigen (§ 912 Abs. 2 BGB). Ist durch das Überbauen der Tatbestand einer unerlaubten Handlung nach § 823 Abs. 1 erfüllt, so steht dem Nachbar neben dem Rentenanspruch Anspruch auf Ersatz des durch die Rentenpflicht nicht ausgeglichenen Schadens zu[90]).

Die Rente hat die Natur einer gesetzlichen, allen anderen, auch den älteren Lasten vorgehenden Belastung (§ 914 Abs. 1 BGB). Die Rentenpflicht ist Eigentumsbeschränkung des Gebäudegrundstücks, das Rentenrecht Eigentumsinhalt des überbauten Grundstücks[91]). Die Rente ist nicht als Schadenersatz für die Grenzüberschreitung, überhaupt nicht als Schadenersatz, sondern als Wertersatz für die Entziehung der überbauten

[87]) Vgl. RGK Bem. 10 zu § 912.

[88]) Hat der Versprechende das Versprechen der Beseitigung deshalb gegeben, weil er sich irrtümlicherweise zur Beseitigung für verpflichtet hielt, so kann ihm unter Umständen mit § 812 geholfen werden.

[89]) Ebenso Westermann § 64 III 1. Schuldrechtliche Vereinbarungen zwischen den Beteiligten sind formlos gültig; RG 160, 173 stellt aber scharfe Anforderungen an den Vertragsschluß durch schlüssige Handlungen. S. unten § 30 II.

[90]) RG 65, 73. Das kann praktisch werden, wenn die Grenze zwar nicht grobfahrlässig, aber doch fahrlässig überschritten wurde. Der Schadenersatzanspruch kann aber natürlich nicht auf Wiederherstellung des früheren Zustandes (Beseitigung) gehen, da dies durch § 912 ausgeschlossen ist.

[91]) Das Rentenrecht ist also Bestandteil des überbauten Grundstücks (RG 160, 182). S. unten § 24 VI.

Fläche anzusehen[92]). Bei der Zwangsversteigerung bleibt die Rente auch dann bestehen, wenn sie bei der Feststellung des geringsten Gebots nicht berücksichtigt wurde (§ 52 Abs. 2 ZVG)[93]).

Voraussetzung des Rentenanspruches ist, daß der Eigentümer des überbauten Grundstücks verpflichtet ist, den Überbau zu dulden[94]). Das ist insbesondere dann nicht der Fall, wenn er gegen die Grenzüberschreitung rechtzeitig Widerspruch erhoben hat. Doch kann in der Einforderung der Rente ein Verzicht auf den Beseitigungsanspruch je nach den Umständen für Zeit oder für immer gefunden werden. Ein solcher Verzicht ist obligatorisch, nicht aber dinglich, auch ohne Form wirksam[95]). Wird die Überschreitung der Grenze erst nachträglich entdeckt, so kann die Rente doch von dem Zeitpunkt der Grenzüberschreitung an gefordert werden[96]).

2. Gläubiger der Rente. Der Anspruch auf Rente steht demjenigen zu, dessen Rechte durch den Überbau beeinträchtigt werden; das ist der jeweilige Eigentümer des überbauten Grundstücks (§ 913 BGB). Entsprechende Rechte räumt § 916 BGB demjenigen ein, dessen Erbbaurecht oder Dienstbarkeit an dem Nachbargrundstück durch den Überbau beeinträchtigt ist. Weitere Realberechtigte kommen nicht in Betracht, da für diese, insbesondere für die Pfandgläubiger, die durch den Überbau herbeigeführte Beeinträchtigung durch die mit der Duldungspflicht verbundene Rente, welche ihnen an Stelle der überbauten Fläche haftet, ausgeglichen wird (§§ 96, 1107, 1126, 1192, 1200 BGB)[97]).

---

[92]) RG 74, 90. Da die Rente kein Schadenersatz ist, kann der Rentenpflichtige sich auf § 254 (konkurrierendes Verschulden des Eigentümers des überbauten Grundstücks) nicht berufen.

[93]) Der Rentenberechtigte kann wegen der laufenden und der aus den letzten zwei Jahren rückständigen Rente in der vierten Klasse an erster Stelle Befriedigung verlangen, wegen älterer Rückstände in der achten Klasse an erster Stelle (§ 10 ZVG mit § 914 Abs. 1 BGB), Dernburg 284 Anm. 12. Wegen der Zwangsvollstreckung in das rentenberechtigte Grundstück s. § 148 Abs. 1 ZVG.

[94]) Der Anspruch auf Rente entfällt, wenn die Duldung freiwillig, vertraglich übernommen ist (Wolff 138; R 10 Nr. 3925, dagegen Cosack 2, 157 Anm. 2), vorausgesetzt natürlich, daß für den Eigentümer des überbauten Grundstücks dieser Vertrag bindend ist. Ist aber die Erlaubnis zum Überbau an eine Bedingung oder Voraussetzung geknüpft, so besteht das Rentenrecht, wenn die Bedingung oder Voraussetzung nicht eintritt (RG 74, 87), s. oben N 56.

[95]) Wolff, Grenzüberbau 139. Anders bei Kommunmauern s. oben I 6.

[96]) Maenner 170.

[97]) Die Hypothekengläubiger beider Grundstücke aber haben ein Interesse an der Feststellung der gesetzlichen Rentenhöhe; es ist ihnen deshalb ein Klagerecht auf diese Feststellung einzuräumen (Turnau-Förster Bem. 2; RGKomm. Bem. 2 zu § 913; vgl. Mot. 3, 286; Prot. 3, 136).

Das Rentenrecht selbst kann nicht von dem Eigentum an dem überbauten Grundstück getrennt werden, da es zum Inhalt dieses Eigentums gehört (§ 914 Abs. 3 mit § 1110 BGB). Dies steht jedoch einer Abtretung oder Pfändung des Anspruchs auf die einzelne Rente nicht entgegen.

Der Miteigentümer kann die Ansprüche aus dem Rentenrechte in Ansehung der ganzen Sache geltend machen, den auf Befriedigung nur in Gemäßheit des § 432 BGB[98]). Auf das Rentenrecht und die Rentenpflicht finden, obwohl es sich nicht um ein selbständiges Recht bzw. eine selbständige Last handelt, die Vorschriften Anwendung, die für eine zugunsten des jeweiligen Eigentümers eines Grundstücks bestehende Reallast gelten (§ 914 Abs. 3).

Wird das Grundstück, auf welchem der Überbau steht, geteilt, so ist nur der Eigentümer jenes Teiles rentenberechtigt, auf welchem sich der Überbau befindet[99]) (§ 1109 Abs. 3 BGB).

Der Rentenanspruch steht dem Berechtigten auch dann zu, wenn er den Widerspruch gegen die Grenzüberschreitung absichtlich unterließ[100]).

3. Schuldner der Rente. Schuldner der Rente ist der Eigentümer des Überbaues. Er haftet für die während der Dauer seines Eigentums fälligen Leistungen auch persönlich (§ 914 Abs. 3 mit § 1108 BGB). Dre Besitznachfolger haftet für die Rückstände des Vorbesitzers dinglich (§ 914 Abs. 3 mit §§ 1107, 1113ff. BGB).

Wird das Grundstück, zu welchem der Überbau gehört, geteilt, so bleiben nach § 914 Abs. 3, § 1108 Abs. 2 alle Teileigentümer für die Entrichtung der Rente als Gesamtschuldner verhaftet. Der ausdrücklichen Anordnung des Gesetzgebers muß sich die Auslegung um so mehr fügen, als auch die Realgläubiger des rentenberechtigten Grundstücks ein Anrecht auf die Haftung des ganzen Grundstücks für die Rente haben[101]).

4. Höhe der Rente. Für die Höhe der Rente ist die Zeit der Grenzüberschreitung[102]) maßgebend (§ 912 Abs. 2 BGB). Eine spätere Veränderung der Umstände, insbesondere ein Steigen oder Sinken des Grundwertes oder Geldwertes hat deshalb auf die Höhe der Rente keinen Einfluß. Für die

---

98) Wolff, Grenzüberbau 139.

99) Unbestritten, vgl. Staudinger Bem. 4, RGK Bem. 6 zu § 914

100) Wolff, Grenzüberbau 141.

101) RGK Bem. 6; Planck Bem. 4 zu § 914; Turnau-Förster Bem. IV zu § 912; Goldmann-Lilienthal 53 Anm. 24; Güthe 1777. A. M. dagegen (nur für Rentenpflicht des überbauten Teils) Staudinger; Kretzschmar Bem. 5; Obernneck 644; Fuchs 205d; Biermann Bem. zu § 914; Maenner 171; Wolff, Grenzüberbau 141; Kretzschmar im SächsArch. 12, 426.

102) M 3, 286 (Mugdan 3, 158); R 13 Nr. 1289 (Stuttgart); Westermann § 64 III 3.

Festsetzung der Rentenhöhe ist die Größe des durch den Überbau herbeigeführten Nachteils (also nicht bloß des Vermögenschadens) maßgebend. Hierfür ist auch damit zu rechnen, daß der Überbau jederzeit erhöht werden kann. Die Höhe des Entschädigungsanspruches ist beim Vorhandensein mehrerer Berechtigter für jeden einzelnen Berechtigten nach Maßgabe der widerfahrenen Beeinträchtigung selbständig festzusetzen. Die mehreren Rentenberechtigten (vgl. § 916 BGB) werden in Ansehung der Höhe des Entschädigungsanspruches weder durch die von anderer Seite abgeschlossenen Rechtsgeschäfte noch durch die unter anderen Personen ergehenden Urteile gebunden und können für die künftige Duldung die Festsetzung eines angemessenen Betrages verlangen[103]).

Die Feststellung der Höhe ist zunächst der Vereinbarung der Beteiligten anheimgestellt. Eine solche Vereinbarung erzeugt, wenn formlos abgeschlossen, eine nur obligatorische Wirkung zwischen den Beteiligten. Dasselbe gilt von einer Vereinbarung über einen Erlaß der Rente. Dagegen wird zu einer vertragsmäßigen Feststellung der Rentenhöhe mit dinglicher Wirkung und ebenso zu einem Verzicht auf die Rente mit dinglicher Wirkung Eintragung im Grundbuch erfordert (§ 914 Abs. 2 BGB). Über die grundbuchrechtlichen Fragen s. unten VI.

Kommt es zu keiner vertraglichen Einigung über die Höhe der Rente, so muß die gesetzliche Höhe durch Urteil festgestellt werden. Diese richterliche Feststellung hat natürlich die Wirkung eines rechtskräftigen Urteils (§§ 325, 265, 266 ZPO), wirkt also nur zwischen den Parteien, ihren allgemeinen Rechtsnachfolgern und den bösgläubigen Sondernachfolgern.

5. Verfallzeit der Rente. Die Rente verfällt jährlich (§ 913 Abs. 2 BGB). Das Jahr ist vom Zeitpunkte der Grenzüberschreitung[104]) an zu rechnen[105]).

Die Rente ist im voraus zu entrichten (§ 913 BGB). Verzug in der Zahlung der Rente hat nicht zur Folge, daß der Rentenberechtigte die Beseitigung des Überbaues verlangen kann[106]).

Verzugszinsen können nicht beansprucht werden (§ 914 Abs. 3 mit §§ 1107, 289 BGB).

Ansprüche auf Rückstände verjähren in vier Jahren (§ 197 BGB) vom Schlusse des Kalenderjahres ab, in welchem der Anspruch fällig geworden ist (§ 201 BGB[107]).

[103]) Wird die Grenzüberschreitung erst später entdeckt, so kann der Rentenanspruch auch für die Zeit vor der Entdeckung geltend gemacht werden (Wolff, Grenzüberbau 144), soweit er nicht verjährt ist.

[104]) S. oben I 5 und N 46.

[105]) Dernburg 284.

[106]) S. oben II. [107]) R 13 Nr. 1292 (Stuttgart).

6. Erlöschen des Anspruchs. Das Rentenrecht erlischt mit der Beseitigung[108]) des Überbaues.

Die Rente wird nicht in das Grundbuch eingetragen (§ 914 Abs. 2 BGB)[109]).

Das Recht auf die Rente bleibt auch bestehen, wenn es bei der Festsetzung des geringsten Gebotes im Zwangsversteigerungsverfahren nicht berücksicht worden ist (§ 52 Abs. 2 ZVG), das Recht auf die rückständigen Renten jedoch nur mit der Beschränkung des § 10 Nr. 4 ZVG[110]). Bei Konkurrenz mehrerer Überbaurenten oder einer Notwegrente mit einer Überbaurente geht die ältere der jüngeren vor[111]). Da das Rentenrecht zum Inhalt des Eigentums gehört, ist es begrifflich unverjährbar[112]).

IV. Recht auf Kapitalabfindung gegen Abtretung der überbauten Fläche

Der rentenberechtigte Grundeigentümer[113]) kann jederzeit verlangen, daß ihm der Rentenpflichtige gegen Übertragung des Eigentums an dem überbauten Teil des Grundstücks den Wert ersetzt, den dieser Teil zur Zeit der Grenzüberschreitung gehabt hat (§ 915 BGB)[113a]), sofern es der Eigentümer des Überbaues nicht vorzieht, den Überbau zu beseitigen[114]). Nur dem Rentenberechtigten ist dieses Recht eingeräumt; dem Rentenpflichtigen steht die Befugnis nicht zu, seinerseits die Übereignung der überbauten Grundfläche zu verlangen.

---

[108]) S. oben II.

[109]) Abgesehen von einer vertragsmäßigen Feststellung der Rente; s. oben III 4 und unten VI.

[110]) Turnau-Förster zu § 916.

[111]) Herrsch. Meinung. Staudinger Bem. 1 c; Planck Bem. 1; RGK Bem. 1 zu § 914. A. M. nur noch Wolff 145 und Kretzschmar Bem. 1 zu § 914.

[112]) Ebenso Staudinger, 10. Aufl., N 25 zu § 912. Die herrsch. Meinung schließt die Verjährung deshalb aus, weil der Rentenanspruch stets neu entsteht. Dagegen wird von Goldmann-Lilienthal 55 Anm. 36 mit Recht darauf hingewiesen, daß diese Begründung auf alle Ansprüche aus dinglichen Rechten passe und doch auch diese grundsätzlich der Verjährung unterliegen.

[113]) Und nur der Eigentümer, nicht etwa auch der Erbbau- oder Dienstbarkeitsberechtigte. Wolff, Grenzüberbau 165. Jeder Miteigentümer kann das Recht aus § 915 allein geltend machen. Wolff, Grenzüberbau 166.

[113a]) Der Rechtsgedanke des § 915 BGB ist in RG 133, 293 auf den Fall für entsprechend anwendbar erklärt, daß jemand zwei nebeneinander liegende Grundstücke gekauft und mit einem Fabrikgebäude bebaut und daß sich dann herausgestellt hat, daß der Kaufvertrag über das eine Grundstück nichtig war. Der Erbauer kann die Übereignung des Grundstücks gegen Wertersatz, also Abschluß eines rechtswirksamen Kaufvertrags fordern; dem Herausgabeverlangen des Grundeigentümers steht die Einrede der allg. Arglist entgegen, da das Grundstück mit seinem Wissen und Wollen bebaut worden ist.

[114]) S. dagegen Wolff, Grenzüberbau 166 u. 168.

Für die Höhe des Wertersatzes ist der Kapitalstock der Rente, welche sich nach Maßgabe der oben (III, 4) vorgetragenen Grundsätze ergibt, zu berechnen, wobei der zur Zeit der Grenzüberschreitung landesübliche Zinsfuß zugrunde zu legen ist. Die bezahlten Rentenbeträge kommen für die Kapitalabfindung nicht in Anrechnung. Selbstverständlich können aber neben den bezogenen Renten nicht noch Zinsen von dem Übernahmekapital gefordert werden[115]).

Die Geltendmachung des Rechts erfolgt durch eine empfangsbedürftige[116]) Willenserklärung des Berechtigten. Sie kann bedingt und befristet erfolgen. Es ist nicht erforderlich, daß sich hierbei der Berechtigte ausdrücklich zur Übereignung der Grundfläche erbietet. Es genügt, wenn sich diese Willensmeinung aus den Umständen ergibt.

Das Verlangen auf Grundabnahme ist nicht etwa als Antrag zum Abschluß eines Kaufvertrags anzusehen, den der Rentenpflichtige anzunehmen gezwungen sei[117]). Vielmehr tritt an Stelle der vertraglichen Einigung das einseitige Grundabnahmebegehren des Rentenberechtigten als (unselbständiges) Gestaltungsrecht[118]). Mit der Ausübung dieses Rechts ist der Zustand geschaffen, der vorläge, wenn die Nachbarn einen Kaufvertrag über die überbaute Fläche geschlossen hätten. Zur Erfüllung dienen dann, wie nach einem gemäß § 313 BGB abgeschlossenen Kauf, Auflassung und Eintragung[119]). Der Berechtigte hat das Eigentum frei von Lasten zu übertragen (§§ 433, 434 BGB)[120]) und kann nur Zug um Zug gegen eine solche Überlassung Zahlung der Kapitalabfindung verlangen. Für die Zeit bis zur Übertragung des Eigentums ist die Rente fortzuentrichten (§ 915 Abs. 2 BGB), sofern nicht der Wertersatz bezahlt ist[121]). § 439 BGB, wonach der Verkäufer einen Mangel im Rechte nicht zu vertreten hat, wenn der Käufer den Mangel beim Abschlusse des Kaufes kennt, kann nicht angewendet werden, weil § 439 BGB voraussetzt, daß der Käufer in der Lage war, beim

[115]) Turnau-Förster Bem. zu § 915.

[116]) Daher ist § 130 BGB anzuwenden. Gegner der Willenserklärung ist der Rentenpflichtige. Ist ein solcher zur Zeit nicht vorhanden, so muß ein Grundstücksvertreter nach §§ 58, 787 ZPO bestellt werden. Wolff, Grenzüberbau 167.

[117]) Planck Bem. 3; RGK Bem. 3; Kretzschmar Bem. 2 zu § 915; Crome 291, und vor allem Wolff, Sachenrecht 163 Z 3 und Grenzüberbau 169. Es ist daher unrichtig, von einem Kontrahierungszwang zu sprechen, wie dies mehr oder minder bestimmt geschieht von Staudinger Bem. 2b zu § 915; Biermann Bem. zu § 915; Müller 102; Fuchs 204.

[118]) Wolff, Sachenrecht a. a. O.

[119]) Man kann daher nicht, wie Biermann Bem. zu § 915 von einer besonderen Verpflichtung zur Entgegennahme der Auflassung sprechen. Diese Verpflichtung besteht ebenso und nicht anders wie nach jedem obligatorischen Kaufgeschäft.

[120]) Vgl. Art. 120 EG über die Ausstellung der sog. Unschädlichkeitsatteste.

[121]) Wolff, Grenzüberbau 186; Palandt 1 zu § 915 BGB.

Abschlusse des Kaufes die Beseitigung des ihm bekannten Mangels auszubedingen, was hier nicht zutrifft[122]).

Der Anspruch auf die Kapitalabfindung ist der Verjährung entzogen (§ 924 BGB); der Anspruch auf Leistung der festgestellten Kapitalabfindung unterliegt der Verjährung.

V. Zeitliche Statutenkollision

Die Frage, ob die Bestimmungen des BGB über den Überbau auch dann gelten, wenn der Überbau schon vor dem 1. Januar 1900 ausgeführt worden ist, ist bestritten. Nach der einen Meinung ist das schlechtweg ausgeschlossen[123]), nach einer anderen Meinung treten diese Bestimmungen erst dann in Kraft, wenn und sobald das Grundbuch als angelegt anzusehen ist[124]), nach einer dritten Meinung sind diese Vorschriften ohne weiteres sofort mit dem Inkrafttreten des BGB anzuwenden, auch wenn der Überbau schon vorher errichtet wurde[125]). Der letzten, herrschenden Meinung ist der Vorzug zu geben. Ausschlaggebend ist, daß die §§ 912ff. BGB dem Eigentümer kein Recht verleihen, über die Grenze zu bauen, sondern nur den Nachbar verpflichten, den Überbau zu dulden, obwohl er einen rechtswidrigen Zustand darstellt. Es handelt sich also um eine Beschränkung des Eigentums; darüber, was der Eigentümer auf Grund seines Eigentums jetzt tun oder lassen muß, können nur die jetzt geltenden Vorschriften entscheiden. Da einzelne Bestimmungen über das Überbaurecht erst durchzuführen waren, wenn das Grundbuch als angelegt anzusehen war, konnten diese Vorschriften, welche nur den Vollzug, nicht die Voraussetzungen des Überbaurechts regeln, früher nicht angewendet werden[126]).

Es stellt keine Ausnahme von diesem Grundsatze dar, daß in jenen Fällen das neue Recht keine Anwendung findet, in welchen der Überbauende durch den Überbau schon vor dem 1. 1. 1900 auf Grund des bisherigen Rechts das Eigentum an der überbauten Fläche erlangt hatte[127]). Denn hier fehlt es an der ersten Voraussetzung der §§ 912ff. BGB, daß das Eigentum an der überbauten Fläche dem Gebäudeeigentümer nicht zusteht[128]).

Für die Bemessung der Überbaurente ist nicht die Zeit der Grenzüberschreitung, sondern die des Inkrafttretens des BGB maßgebend, weil erst mit diesem Zeitpunkt die Duldungspflicht und somit der Rentenanspruch entstanden ist[129]). Daraus folgt auch, daß für die Zeit vor dem 1. 1. 1900 unter keinen Umständen die Rente des § 915 Abs. 2 BGB beansprucht werden kann.

---

122) Wolff, Grenzüberbau 179.

123) Gruchot 44, 21.

124) Maenner 1. Aufl. 126, während es in der 2. Aufl. 168 dahingestellt bleibt, und dagegen Wolff, Grenzüberbau 192.

125) Habicht, Einwirkung 379; Wolff, Grenzüberbau 189; Palandt 1 c zu § 912; Niedner, Anm. 3 b α zu Art. 181; JW 00, 561 u. 891; JW 00 Beil 16; RG 46, 143; 47, 115; 52, 16; OLG 1, 233 (KG). Selbst dann gilt das neue Recht, wenn ein rechtskräftiges Urteil auf Beseitigung des Überbaues vorliegt. Gegen ein solches Urteil kann die Vollstreckungsgegenklage (§ 767 ZPO) erhoben werden. Wolff, Grenzüberbau 191; Habicht, Einwirkung 379. Vgl. auch RG 169, 177.

126) Wolff, Grenzüberbau 192.

127) Vgl. ALR I 9 § 341; Württemb. BauO Art. 72.

128) RG 46, 143; 47, 115; 52, 16.

129) Wolff, Grenzüberbau 191.

VI. Konstruktion und grundbuchliche Behandlung der Rechte aus dem Überbau

Die im volkswirtschaftlichen Interesse dem Eigentümer des überbauten Grundstückes auferlegte Duldungspflicht ist gesetzlich eine Eigentumsbeschränkung; der Inhalt des Eigentums am duldenden Grundstück wird dadurch eingeengt, daß dem Eigentümer die Ausschließungsbefugnis gegenüber dem Bau genommen und das „ nach Belieben Verfahren" mit dem überbauten Teil seiner Grundfläche beschränkt ist. Entsprechend ist der Eigentumsinhalt am Baugrundstück dahin erweitert, daß ihm gewisse Herrschaftsrechte aus dem Kreis des Nachbareigentums hinzugefügt sind. Es hat also im Interesse des nachbarlichen Ausgleichs eine von § 903 abweichende Verteilung des Eigentumsinhalts stattgefunden, das Kennzeichen echter Eigentumsbeschränkung[130]).

Andererseits hat das Gesetz dem Duldungspflichtigen als Ersatz für den Verlust der actio negatoria das Rentenbezugsrecht gewährt; dieses ist Inhalt des Eigentums, wie es die Ausschließungsbefugnis sein würde, es bildet den gesetzlichen Ersatz für die Duldungspflicht. Dementsprechend ist das — zunächst um das Einwirkungsrecht auf dem nachbarlichen Baugrund erweiterte — Eigentum des Überbauenden dahin eingeengt, daß ihm zugleich mit diesem Einwirkungsrecht eine Rentenpflicht zufällt. Kurz gesagt, das Eigentum des Überbauers ist inhaltlich erweitert um das Recht zum Halten des Baues und zugleich eingeschränkt durch die Rentenpflicht, das Eigentum des Überbaubelasteten ist inhaltlich beschränkt durch die Duldungspflicht und zugleich erweitert um das Rentenbezugsrecht.

Daß es sich um echte Eigentumsbeschränkungen handelt, zeigt außer der Einfügung des § 912 in die Vorschriften über den Eigentumsinhalt vor allem die sonst unerklärliche Tatsache, daß die Überbaurente der Grundbucheintragung entzogen ist. Hätte man sich die Duldungspflicht als Grunddienstbarkeit, die Rentenpflicht als Reallast gedacht, so hätte man entsprechende Rechte mit gesetzlichem Tatbestand geschaffen und schaffen müssen. Weil die Überbaurentenpflicht nicht als „gesetzliche Reallast" gedacht wurde, war es nötig, in § 914 Abs. 3 die Anwendung der Vorschriften über Reallasten anzuordnen. Das hatte nur Sinn, wenn die Rentenpflicht eine Reallast an sich nicht ist. Die Heranziehung dieser Vorschriften hat nun aber zur Anwendung von Gedanken aus dem Bereich der — dem BGB fremden — Legalservitut verleitet. Bei der Überbaubelastung sprechen die Motive von einer gesetzlichen Duldungspflicht[131]), der als Kehrseite „ein grunddienstbarkeitartiges Recht" des Nachbarn entspreche[132]). Zweifellos würde sich der Inhalt der Duldungspflicht an sich auch als Inhalt einer

---

[130]) Gierke 418. [131]) Mot. 3, 283. [132]) Mot. 3, 285.

Grunddienstbarkeit eignen; das ist aber bei allen nachbarlichen Eigentumsbeschränkungen auf Duldung oder Unterlassung der Fall und verdiente keine besondere Hervorhebung. Indes ist diese immerhin nebensächliche Bemerkung der Motive Angelpunkt einer für die Ausgestaltung des Überbaurechtes schiefen Auffassung der Rechtslehre und Rechtsprechung geworden[133]). Das „Grunddienstbarkeitsartige" der Duldungspflicht wurde so stark betont, daß geradezu Normen aus dem Bereich der Belastungen auf sie angewandt wurden. Auf diese Weise wurde sie in eine echte Legalservitut und die Rentenpflicht in eine gesetzliche Reallast umgewandelt.

Im Gegensatz hierzu ist das folgerichtige Festhalten an den hier festgelegten konstruktiven Grundlagen wichtig, einmal für die analoge Anwendung der Überbaunormen[134]) und dann für ihre grundbuchliche Behandlung. Hier gibt es eine Fülle von Ansichten. Zwar, daß die Rentenpflicht nicht eintragungsfähig ist, sagt das Gesetz mit klaren Worten (§ 914 Abs. 2 S. 1) und darüber herrscht denn auch füglich kein Streit[135]). Auch daß die Duldungspflicht als gesetzliche Eigentumsbeschränkung keine Eintragung verträgt, darf als herrschende Ansicht bezeichnet werden[136]).

[133]) Eigenartig hat sich die Rechtsprechung des RG entwickelt. Zunächst ist das Wesen der Duldungspflicht als Inhalt des Eigentums richtig betont in den oben N. 125 genannten Entscheidungen, die die zeitliche Geltung der §§ 912ff. regeln. Dann folgt die unten zu VII noch näher zu erörternde Entscheidung 65, 361ff., in der die Duldungspflicht als „grunddienstbarkeitsartiges Rechtsverhältnis" erklärt wird und durch welche der § 912 als „Ausnahme von der Regel des § 873 Abs. 1 betr. die Belastung (!) von Grundstücken" hingestellt wird. Dieser Entscheidung schließt sich noch RG 72, 272 an und der größte Teil der Rechtslehre (RGK Bem. 10; Biermann Bem. 2 zu § 912; Güthe 1776; Goldmann-Lilienthal 52 Nr. 3a; Planck Vorbem. 3 vor § 912, vgl. aber Bem. 2b zu § 912; Dernburg 283 Nr. 2). Von einer gesetzlichen Grunddienstbarkeit hatte Wolff, Grenzüberbau 132 Anm. 8 gesprochen (ebenso Boethke bei Gruchot 45, 722); er hat diese Ansicht aber in seinem Sachenrecht 162 N. 12 ausdrücklich aufgegeben. Müller 97 spricht von einer „notwendigen Servitut"; Oberneck 643 c hält die Duldungspflicht für ein Grunddienstbarkeitsverhältnis, 645 für eine gesetzliche Eigentumsbeschränkung. Die richtige Ansicht vertreten Gierke 435; Endemann 480; Wolff, Sachenrecht 262; OLG 10, 109 (Celle); Staudinger, 10. Aufl., N 1 zu § 914 (gegen frühere Aufl.).

Die Rentenpflicht erklären als gesetzliche Reallast: Turnau-Förster Bem. 3 zu § 914; Goldmann-Lilienthal 53e; Crome 289d; von „reallastähnlichem Recht" sprechen Planck Bem. § 914, Oberneck 644 und Boethke a. a. O. 724. Richtig („Korrelat der Eigentumsbeschränkung"): Gierke 436; Wolff, Sachenrecht 165 Nr. 18, 149 Nr. 10.

[134]) Hierüber unten VII.

[135]) Vgl. z. B. Güthe 1777; Fuchs 204 IIa; Henle-Schmitt Anm. 2 I 1b zu § 18 GBO.

[136]) Staudinger Bem. II A 1; Turnau-Förster Bem. 1; RGK Bem. 10; Kretzschmar Bem. II zu § 912; Planck Bem. 2b zu § 912; Crome 289 Anm. 19; Fuchs 204, 1b; Güthe II, 1776; I Bem. 21 vor § 13; Predari 72A; A. M. nur Dernburg 283g; Oberneck 643 Anm. 19; Goldmann-Lilienthal 52 Anm. 20, die die Eintragung für zulässig halten, vgl. auch Wolff, Sachenrecht 162 II 1. Die Eintragung als Grunddienstbarkeit ist allerdings nur ausgeschlossen, wenn es sich lediglich um die Eintragung der gesetzlich normierten

Dagegen weichen die Meinungen stark untereinander ab über Art und Ort der Grundbucheintragung bei den Rechtsvorgängen, die das Gesetz als eintragungsfähig und -pflichtig bezeichnet hat: vertragliche Abänderung der gesetzlichen Rentenhöhe und Verzicht auf das Rentenrecht.

Hierbei ist folgendes zu erwägen: Die Rentenpflicht in gesetzlicher Höhe (z. B. 1000 DM) ist Inhalt des Eigentums am Grundstück des Überbauenden. Ändern nun die Parteien die gesetzliche Höhe ab, so bedeutet die Herabsetzung der Rente (auf 500 DM), daß auf dem rentenberechtigten Grundstück die Ausübung des gesetzlichen Rentenrechts (in Höhe von 1000 DM) ausgeschlossen ist; es wird also auf dem rentenberechtigten Grundstück zugunsten des Rentenpflichtigen eine Grunddienstbarkeit bestellt (§ 1018 Fall 3). Die Erhöhung der Rente (auf 1500 DM) schließt zwar auch die Ausübung des gesetzlichen Rentenrechts (i. H. von 1000 DM) aus; das bedeutet aber für das rentenpflichtige Grundstück keine Grunddienstbarkeit — servitus fundo utilis esse debet (§ 1019 BGB) —, da es nur höher beschwert wird. Vielmehr stellt sich die vertragliche Erhöhung der Rente als Bestellung einer Reallast (Grunddienstbarkeit ist ausgeschlossen: servitus in faciendo consistere nequit) zugunsten des rentenberechtigten Grundstücks dar. Der Verzicht auf das Rentenrecht endlich — der Ausdruck ist vom Gesetz schlecht gewählt und bedeutet einen Rückfall in die Lehre von der Legalservitut — ist keine Aufgabe eines besonderen Rechtes am Grundstück gemäß § 875 BGB, sondern der vertragsmäßige Ausschluß eines gesetzlichen Nachbarrechts (§ 1018 Fall 3); er enthält also die Bestellung einer Grunddienstbarkeit am überbauten Grundstück[137]).

Hieraus folgt für die Eintragung im Grundbuch: Die Herabsetzung der gesetzlichen Rente erfolgt durch Bestellung einer Grunddienstbarkeit, die in Abt. II Sp. 1—3 des rentenberechtigten Grundstücks eingetragen wird („Die gesetzliche Überbaurente ist durch Vertrag auf 500 DM herabgesetzt") A. M. KG in JFG 4, 388. Die Zustimmung der Realberechtigten des rentenberechtigten Grundstückes ist gemäß § 876 BGB erforderlich, da der Gegenstand der Haftung verringert wird[138]). Die Ein-

---

Duldungspflicht handelt. Eine von dieser gesetzlichen Normierung abweichende Vereinbarung sowie eine solche, die der Beseitigung von Zweifeln dienen soll, die hinsichtlich des Umfangs und Inhalts der gesetzlichen Verpflichtung entstanden sind, können daher eingetragen werden (KG JFG 3, 330).

[137]) Daß umgekehrt die nachbarliche Duldungspflicht durch Bestellung einer Grunddienstbarkeit am Grundstück des Überbauenden ausgeschlossen werden kann, ist selbstverständlich: Wolff, Sachenrecht a. a. O.

[138]) Fuchs 204; Güthe 1777; Goldmann-Lilienthal 54d; RGK Bem. 5 zu § 914. Die Zustimmung der Realberechtigten beider Grundstücke erfordern Turnau-Förster Bem. 3; Kretzschmar Bem. 4b zu § 914.

tragung auf dem rentenpflichtigen Grundstück ist gemäß § 8 GBO in Nr. II des Bestandverzeichnisses zulässig und wegen § 21 GBO empfehlenswert.

Die Erhöhung der Rente ist als Reallast in Abt. II Sp. 1—3 des rentenpflichtigen Grundstücks (eventuell gemäß § 8 GBO auch auf dem rentenberechtigten Grundstück) einzutragen („Eine vertraglich auf 1500 DM festgesetzte Überbaurente"). Der Zustimmung der Realberechtigten des belasteten Grundstücks bedarf es nur, wenn dem die gesetzliche Rentenhöhe übersteigenden Betrag der dieser zustehende Vorrang vor allen Rechten eingeräumt werden soll[139]) (§ 880).

Praktisch wird die Handhabung dieser Regeln[140]) im Einzelfall für den Grundbuchrichter schier unmöglich sein; denn ihm wird die sachliche Prüfung[141]) der Frage zugemutet, ob die vertragliche Rentenfestsetzung eine Erhöhung oder Verringerung der gesetzlichen Rente enthält; je nach dem Ausfall dieser Prüfung wird die Eintragsbewilligung bald vom Eigentümer des rentenberechtigten, bald von dem des rentenpflichtigen Grundstücks einzuholen sein, wird ferner die Zustimmung der Realgläubiger des berechtigten Grundstücks erforderlich werden und, wenn der Vorrang für die Rente in ganzer Höhe verlangt wird, auch die der Realberechtigten des rentenpflichtigen Grundstücks. Der Grundbuchrichter kann der Schwierigkeit der Prüfung ausweichen, indem er in jedem Fall die vereinbarte Rentenhöhe auf beiden Grundstücken einträgt, wobei er bei der Eintragung auf dem berechtigten Grundstück eine Verringerung der gesetzlichen Rentenhöhe bei der Eintragung auf dem belasteten Grundstücke eine Erhöhung der gesetzlichen Rentenhöhe stillschweigend als möglich unterstellt. Im Eintrag schreibt er weder „Erhöhung" noch „Ermäßigung", sondern „Festsetzung".

---

[139]) Fuchs a. a. O.; RGK a. a. O.; Goldmann-Lilienthal 54 Anm. 34; Güthe 1777; A. M. Crome 291 Anm. 34, der diese Zustimmung überhaupt nicht erfordert.

[140]) Die preußische allg. Verfügung des Justizministers vom 20. 11. 1899 ordnet in § 11 Nr. 4 richtig die Eintragung in die zur Aufnahme neuer Lasten dienende Spalte „Eintragungen" (1—3) der Abt. II an, sagt aber nicht, auf welchem Grundbuchblatt sie erfolgen soll, Turnau-Förster (Bem. 3 zu § 914) legen sie dahin aus, daß die Eintragung auf dem berechtigten Grundstück zu erfolgen habe. Das Schrifttum nimmt übereinstimmend ohne die im Text gemachte Unterscheidung Eintragung auf dem rentenpflichtigen Grundstück an, eine Folge der irrigen Auffassung der Rente als besondere Belastung des überbauenden Grundstücks. Es soll die Rente eingetragen werden: in Sp. 1—3 nach Fuchs a. a. O.; Güthe 1593 Bem. 5; in Sp. 5: Oberneck I, 106 (anders Sp. 1—3 I, 639). Vgl. auch Predari Bem. 2 zu § 8; RGK Bem. 5 zu § 914.

[141]) Diese Prüfung der gesetzlichen Rentenhöhe hat übrigens der Grundbuchrichter auch nach der in der vorigen Note dargelegten herrschenden Lehre für die beiden letzten im Text besprochenen Fälle (Zustimmung der Realberechtigten) vorzunehmen, während sie sich für die Frage, auf welchem Grundbuchblatt einzutragen ist, erübrigt.

Der Verzicht auf die Rente ist als Begründung einer Grunddienstbarkeit aus § 1018 Fall 3 am rentenberechtigten Grundstück dort in der Abt. II einzutragen[142]), die Zustimmung der Realberechtigten dieses Grundstückes ist erforderlich[143]). Die Eintragung in Nr. II des Bestandverzeichnisses des von der Rente frei gewordenen Grundstücks ist gemäß § 8 GBO zulässig[144]).

VII. Analoge Anwendung der Überbauvorschriften

Die §§ 912ff. beschränken zum Zweck der Erhaltung wirtschaftlicher Werte[145]) das Eigentum des vom Überbau betroffenen Grundstücks: diesem Eigentum wird die an sich zustehende Ausschließungsbefugnis entzogen und in einen Anspruch auf Ersatz umgewandelt. Dem Gedanken, daß die volle Auswirkung des Eigentumsrechts nicht zur Zerstörung wirtschaftlicher Werte führen darf und deshalb gegen Schadloshaltung zu beschränken ist, hat der Gesetzgeber wiederholt Rechnung getragen. § 904 BGB und der weitgreifende § 26 GewO sind bekannte Ausflüsse dieses wohltätigen Rechtsgedankens.

Diese Überlegungen müssen dazu führen, auf ähnlich gelagerte Tatbestände, bei denen ebenfalls die Erhaltung oder Zerstörung erheblicher wirtschaftlicher Werte in Frage steht, die Überbauvorschriften mit der aus diesen sich ergebenden Duldungspflicht gegenüber dem tatsächlich geschaffenen Zustand ausdehnend oder sinngemäß anzuwenden.

Das Reichsgericht, das sich der analogen Anwendung der §§ 912ff. BGB zunächst lange Zeit strikt widersetzt hatte[146]), hat, nachdem es zwischendurch in seiner Entscheidung RG 87, 371 die Erstreckung der Überbauvorschriften auf rechtsähnliche Tatbestände für möglich erklärt hatte, schließlich seine frühere Ansicht dem Grundsatz nach aufgegeben und

[142]) Ebenso: Fuchs 205; Güthe II, 1593 Bem. 5; Fischer-Henle Bem. 3 zu § 914. Dagegen verlangt die herrschende Meinung Eintragung auf dem von der Rentenpflicht befreiten Grundstück, vgl. Planck Bem. 3b; RGK Bem. 4 zu § 914; Predari Bem. 2 zu § 8. Die Eintragung auf beiden Grundbuchblättern soll nötig sein nach Goldmann-Lilienthal 53 Anm. 29.

[143]) Herrschende Meinung: RGK Bem. 4; Planck Bem. 3b; Turnau-Förster Bem. 5; Kretzschmar Bem. 4a zu § 914; Fuchs a. a. O.; Goldmann-Lilienthal 54 Anm. 32.

[144]) Umgekehrt wird von Turnau-Förster Bem. 5 zu § 914 Eintragung auf dem berechtigten Grundstück in Nr. II des Bestandverzeichnisses, auf dem befreiten in Abt. II verlangt. Da Turnau-Förster selbst richtig nur die Eintragung auf dem berechtigten Grundstück für wesentlich und rechtserzeugend halten, so durften sie nie die Eintragung im Bestandsverzeichnis Nr. II vorschreiben, das nicht für konstitutive Eintragungen bestimmt ist.

[145]) S. oben vor I und N 3.

[146]) RG 47, 359; 65, 361; 72, 269; 130, 264; Warn. 10 Nr. 325. Ebenso KG. OLGRspr. 26, 25; OLG Braunschweig in Braunschw. Z. 18, 46; Planck 1b; Turnau-Förster II 2; Fischer-Henle 2 zu § 912.

sich der die analoge Anwendbarkeit der §§ 912ff. bejahenden Auffassung angeschlossen[147]).

1. Abveräußerung eines von mehreren, in einer Hand vereinigten Grundstücken (Eigengrenzüberbau). Der 1. Fall für eine sinngemäße Anwendung ist der des Eigengrenzüberbaues. Dieser liegt vor, wenn das Grundstück, auf dem der Bau errichtet ist, und das daran angrenzende übergebaute Grundstück zur Zeit der Ausführung des Baues in der Hand eines Eigentümers vereinigt waren und dann in getrenntes Eigentum (z. B. im Wege der Zwangsversteigerung) gelangt sind. Die Entscheidung der hieraus sich ergebenden Rechtsfragen ist auf sachenrechtlichem Gebiet zu suchen; es empfielt sich jedoch zunächst die rein schuldrechtlichen Wirkungen eines Eigentumswechsels auf den Überbau zu erörtern.

Wird eines der beiden anstoßenden Grundstücke durch Rechtsgeschäft veräußert, so ist vor allem zu prüfen, ob nicht in dem Veräußerungsgeschäft der stillschweigend erklärte Vertragswille der Vertragsteile eingeschlossen ist, daß der Überbau ohne Entschädigung geduldet werden muß. Das ist anzunehmen, wenn von dem Eigentümer der beiden Grundstücke dasjenige Grundstück veräußert wird, auf welchem der wirtschaftlich ausschlaggebende Teil des Gebäudes steht. Aber auch wenn das Grundstück wegveräußert wird, auf welchem der wirtschaftlich nebensächliche Teil des Gebäudes steht, wird man regelmäßig annehmen dürfen, daß der Erwerber, dem das Vorhandensein des Gebäudes beim Kauf bekannt war, die Duldung des Überbaues ohne Entschädigung stillschweigend auf sich genommen hat. Denn auch in diesem Falle werden die beiden Vertragsteile einig darüber gewesen sein, daß dem Gebäudeeigentümer die volle Herrschaft über das ganze Gebäude mit allen seinen Teilen verbleiben soll, und das gilt als ihr Vertragswille selbst dann, wenn sich die Vertragsteile nicht darüber klar waren, daß ein Teil des Gebäudes auf dem wegveräußerten Grundstück steht. In beiden Fällen ist jedoch im Auge zu behalten, daß es sich hier nur um eine schuldrechtliche Verpflichtung

[147]) RG 160, 166 (für den Fall des Eigengrenzüberbaues); ebenso 167, 178. Für allg. Zulassung der Analogie: Krückmann ArchZivPr. 101, 41 Nr. 34; v. Thur in IheringsJ. 46, 45ff., 54; Wolff, Sachenrecht 162 Nr. 5. Für analoge Anwendung im Falle des Eigengrenzüberbaus: Wolff, Grenzüberbau 102ff. u. Sachenrecht 162; Kretzschmar, Bem. 1d zu § 912; Oberneck 641 Anm. 8; Waller in JW 09, 945; OLG 10, 108; Tücking in R 12, 411 (mit Einschränkung); vgl. auch Breit in Fischers Z 33, 319; Schmidt-Rimpler, Eigentümerdienstbarkeit 178ff. meint, die Duldungspflicht des § 914 setze auch beim Überbau auf eigenem Boden voraus, daß die Grenzüberschreitung weder auf Vorsatz noch auf grober Fahrlässigkeit beruhe; er übersieht, daß der Eigentümer berechtigt ist, so zu bauen, also nicht rechtswidrig handelt, so daß die Frage nach dem Verschulden dahingestellt bleiben kann.

zur Duldung des Überbaues handelt[148]), die auf einen Sondernachfolger nur dann übergeht, wenn er in das Schuldverhältnis eingetreten ist, was auch stillschweigend geschehen kann (vgl. hierzu unten § 38 III 2). Ohne einen solchen Eintritt in das Schuldverhältnis ist dem Sondernachfolger gegenüber der Überbau objektiv rechtswidrig.

Beim Zuschlag in der Zwangsversteigerung ist für die stillschweigende Übernahme der Pflicht, den Überbau zu dulden, kein Raum, weil über die mit dem Zuschlag erworbenen Rechte und übernommenen Pflichten ausschließlich der Zuschlag selbst entscheidet. Da hier mit stillschweigender Willenserklärung nicht geholfen werden kann, muß die Frage sachenrechtlich ausgetragen werden.

Im Falle RG 65, 361 hatten die beiden Parteien durch Zuschlag je eines von zwei aneinandergrenzenden, bis dahin in einer Hand vereinigten Grundstücke erworben, die mit einem Haus überbaut waren. Die auf Duldung des Überbaues gerichtete Klage des Nachbars, auf dessen Grundstück der hauptsächliche Teil des Hauses stand, hat das RG abgewiesen, indem es die analoge Anwendung des § 912 mit der Begründung ablehnte, daß beim Überbau ein „grunddienstbarkeitsartiges", „ein servitutarisches Rechtsverhältnis" vorliege: Ein solches Rechtsverhältnis sei bei Grundstücken desselben Eigentümers begrifflich unmöglich gemäß dem Rechtsgrundsatz: „nemini res sua servit", es könne nur durch rechtsgeschäftliche Bestellung aus § 873 BGB nach der Trennung der Eigentumsgemeinschaft begründet werden; eine analoge Anwendung der §§ 912ff. sei „um so weniger gerechtfertigt, als es sich in der Tat um Ausnahmevorschriften handle, um Ausnahmevorschriften insofern, als sie eine Ausnahme von der Regel des § 873 Abs. 1 betr. die Belastung von Grundstücken begründen". In RG 137, 44 hatte das Reichsgericht seine abweichende Ansicht weiter damit begründet, der § 912 setze, wie sein klarer Wortlaut ergebe, ein nachbarliches Verhältnis voraus. Ferner könne von einer Duldungspflicht begrifflich nur gesprochen werden, wenn der Berechtigte und der zur Duldung Verpflichtete verschiedene Personen seien. Wirtschaftliche Erwägungen und Billigkeitsgründe könnten jedenfalls eine sinngemäße Anwendung der §§ 912ff. nicht begründen.

Diese Ausführungen konnten nicht überzeugen[149]). Sie übersahen, daß

[148]) Davon gibt es eine einzige Ausnahme für die Grenzeinrichtung (§ 921). Bei einer halbscheidig auf die Grenze gesetzten Giebelwand bewirkt die formlose (auch die nur stillschweigende) Zustimmung des Nachbars zu diesem Überbau die Schaffung einer Grenzeinrichtung und damit die dinglich wirkende Befugnis des § 922 mit § 95, den übergebauten Teil auf dem fremden Grund zu halten (s. oben § 7 I 1). Der Überbau ist nicht rechtswidrig (auch dem Sondernachfolger gegenüber nicht), so daß die Anwendung der §§ 912ff. auf diesen Fall ausgeschlossen ist.

[149]) Anschaulich schildert die Mißstände dieser Lehre Höniger i. ArchBürgR 35,

das BGB selbst bei echten Belastungen zuweilen den Grundsatz „nemini res sua servit" preisgegeben hat (§ 889 BGB)[150]. Ferner beruhten sie auf der unrichtigen[151]) Auffassung, daß § 912 Grundstücksbelastungen normiere, obwohl es sich hier um Eigentumsbeschränkungen handelt, die kraft Gesetzes entstehen — also ohne § 873 —; § 912 ist m. a. W. keine Ausnahme vom Eintragungsgrundsatz des § 873, weil durch jene Vorschrift keine besonders abgegrenzte Legalservitut begründet wird, sondern das Eigentum aus dem volkswirtschaftlichen Grunde der Erhaltung wirtschaftlicher Werte eingeschränkt wird.

In seiner späteren Entscheidung RG 160, 166 ist dann das Reichsgericht selbst von seiner vorstehenden Ansicht endgültig abgegangen. Dazu hat es ausgeführt: Es treffe nicht zu, daß das grunddienstbarkeitsähnliche Verhältnis aus widerspruchslosem Überbau begrifflich nur zwischen Nachbargrundstücken verschiedener Eigentümer entstehen könne; denn das BGB lasse nicht nur die Möglichkeit des Bestehens beschränkter Rechte an eigener Sache zu (§ 889), sondern regele außerdem Fälle, in denen von vorneherein ein beschränktes Recht an eigener Sache entstehe (§§ 1196, 1009); der Grundsatz „nemini res sua servit" gelte also im heutigen bürgerlichen Recht, insbesondere dem der Dienstbarkeiten, nicht mehr. Hinzu komme, daß schon nach bisheriger Rechtsprechung[152]) kein Zweifel daran bestanden habe, daß an den durch einen sogenannten rechtmäßigen Überbau — in Ansehung des Gebäudes — geschaffenen Rechtsverhältnissen, insbesondere an der Eigenschaft des Gebäudes als eines wesentlichen Bestandteils des Grundstücks, von dem aus übergebaut wurde, nichts geändert wird, wenn der Bauende demnächst das Nachbargrundstück hinzu erwirbt; in solchem Falle bleibe also das entstandene Recht auf Duldung des übergebauten Gebäudeteils gegenüber dem jeweiligen Eigentümer des überbauten Grundstücks bestehen, obwohl sich Recht und Pflicht zur Duldung inzwischen in einer Person vereinigt haben. Ferner sei das Bedenken, daß die Entstehung eines begrenzten Rechtes am Grundstück regelmäßig die Einigung nach § 873, also einen zweiseitigen Akt, erfordere, gegenstandslos, nachdem in RG 142, 231 anerkannt worden sei, daß für die Bestellung einer Eigentümergrunddienstbarkeit an die Stelle der Einigung die einseitige Erklärung des Eigentümers trete. Schließlich aber sei es nicht

---

282ff. Für ihn scheitert die analoge Anwendung der Überbaunormen am Fehlen eines herrschenden und dienenden Grundstücks. Wenn er die §§ 921f. entsprechend anwendet, so liegt doch diese Analogie erheblich ferner. Gebäude sind im allgemeinen keine Grenzeinrichtungen, da sie nicht dem Vorteil beider Grundstücke dienen (RG 70, 205).

[150]) So auch Waller JW 09, 745; Schmidt-Rimpler, Eigentümerdienstbarkeit 179.

[151]) S. oben VI.

[152]) RG 83, 148; JW 14, 38.

angängig, daß die strenge Durchführung der Eigentumsfolgen zu einer Trennung von Sachverbindungen führe, an deren Aufrechterhaltung die Allgemeinheit aus volkswirtschaftlichen Gründen ein hohes Interesse habe. Diese Erwägung treffe zwar auf den Eigengrenzüberbau nicht unmittelbar zu; sie werde aber sofort praktisch, sobald die Grundstücke in die Hände verschiedener Eigentümer übergingen und eine vertragliche Regelung der künftigen Rechtsverhältnisse an dem übergebauten Teil nicht getroffen sei bzw. im Falle der Zwangsversteigerung nicht habe getroffen werden können.

Hiernach finden auf den Eigengrenzüberbau die §§ 912ff. entsprechende Anwendung. Bis zum Übergang der Grundstücke in verschiedene Hände ruhen Duldungspflicht und Rentenrecht; Duldungsrecht (des „Überbauenden") und Rentenrecht (des „Überbauten") entstehen nämlich bereits im Zeitpunkt der Errichtung des Überbaues als subjektiv dingliche Rechte und gehen daher als wesentliche Bestandteile des Grundstücks (§ 96), zu dem sie gehören, durch den Übereignungsakt mit dem Eigentum an dem betreffenden Grundstück auf den Erwerber über und entziehen so den Bestand des Überbaues der Willkür des Nachbarn (RG 160, 166ff.).

Ebenso wie der Eigentümer den während seiner Herrschaft entstehenden fremden Überbau dulden muß, muß also auch der Überbau geduldet werden, der z. Zt. der Eigentumsgemeinschaft entstanden ist[153]). Hierbei gilt als Überbau der wirtschaftlich nebensächliche Gebäudeteil, der notwendigerweise (§ 93) im Eigentum dessen steht, der den Hauptbestand des Hauses besitzt[154]). Sind beide Teile wirtschaftlich annähernd gleich, so wird eine Rechtsgemeinschaft beider Nachbarn am Haus unter Kompensation der Renten anzunehmen sein, die man als Miteigentum[155]) oder auch nur als Verwaltungs- und Nutzungsgemeinschaft[156]) bezeichnen mag; wesentliche Unterschiede in der Behandlung ergeben sich aus der Konstruktionsverschiedenheit nicht. Unter Umständen kann auch stillschweigende Verpflichtung zur Bestellung einer Grunddienstbarkeit auf Halten des Überbaus angenommen werden[157]).

2. Überschreitung der vereinbarten Bebauungsgrenze. Einen weiteren Fall analoger Anwendung bietet die Überschreitung der

[153]) Wenn die früher herrschende Meinung die Anwendung des § 912 deshalb ablehnte, weil ein Nachbarverhältnis fehle (RGK Bem. 9 zu § 912), so ist dagegen zu sagen: Über die Grenze eines Grundstücks ist auch dann gebaut, wenn die beiden überbauten Grundstücke in einer Hand sind. Nach § 912 hat der „Nachbar" den Überbau zu dulden. Das Nachbarverhältnis ist aber eingetreten, sobald die beiden Grundstücke in das Eigentum verschiedener Personen gelangt sind.

[154]) S. oben zu II.

[155]) Waller a. a. O.

[156]) Wolff, Grenzüberbau 105; Höniger a. a. O.

[157]) Vgl. hierüber unten § 35 II.

abgesprochenen Bebauungsgrenze, wobei es gleichgültig ist, ob diese Vereinbarung formlos getroffen worden ist und daher rein schuldrechtlichen Charakter hat oder ob sie in Form einer Grunddienstbarkeit begründet worden ist. Denn der schuldrechtlich oder auf Grund der Dienstbarkeit Berechtigte kann nicht besser stehen als der Eigentümer des überbauten Grundstücks[157a]).

Hat also A mit B formlos vereinbart oder hat A auf dem Grundstück des B eine Grunddienstbarkeit, wonach der Eigentümer B Gebäude überhaupt nicht oder nicht über einen festumgrenzten Teil des Grundstückes hinaus (nur in einem bestimmten Abstand von der Grenze) errichten darf, und verletzt B die Abrede bzw. die Grunddienstbarkeit des A ohne Vorsatz und grobe Fahrlässigkeit[158]), so muß A den Bau bzw. den Überbau gemäß § 912 dulden. Denn die Verschiedenheit des Tatbestandes gegenüber § 912 wird von dem gemeinsamen Rechtsgedanken des Gebäudeschutzes überwunden, der oben besprochen ist; versagt das Gesetz dem durch Überbau verletzten Eigentum den negatorischen Schutz, so kann ihn die bloße Vertrags- oder Dienstbarkeitsverletzung erst recht nicht beanspruchen, da doch das obligatorische bzw. das dingliche Recht am Grundstück dem Eigentum gegenüber ein Minus ist[159]).

Dem OLG Hamm (JMBl. NRW 50, 149) ist daher zuzustimmen, wenn es die §§ 912ff. auch auf den Fall für entsprechend anwendbar erklärt, daß der Eigentümer eines mit einem Wegerecht belasteten Grundstücks auf diesem ein Gebäude derart errichtet, daß es auf den Grenzstreifen übergreift, der bei der Ausübung des Wegerechts allein benutzt worden ist, wobei es unerheblich ist, ob der für die Ausübung des Wegerechts allein in Betracht kommende Grundstücksteil eine Flurstücksnummer trägt oder nicht, falls er nur äußerlich ausreichend erkennbar ist.

3. Überschreitung des landesgesetzlichen Bauabstandes. Dieselben Erwägungen treffen für den Fall zu, daß jemand auf seinem Grundstück über den landesgesetzlich vorgesehenen Bauabstand[160])

[157a]) Dem nur schuldrechtlich Berechtigten will Wolff, § 55 Anm. 8, mit § 251 II BGB helfen. Für analoge Anwendung der §§ 912ff. auch v. Thur in JheringsJ. 46, 44 u. Westermann, § 64 II 2.

[158]) Das wird allerdings im ersten der im Text erwähnten Fälle (servitus non aedificandi) schlechthin selten der Fall sein. So mit Recht Krückmann in ArchZivPr. 101, 41 N 34.

[159]) Rosenberg JW 32, 1047; v. Thur a. a. O.; Westermann § 64 II 2; Staudinger 10. Aufl. N 6 zu § 912 (gegen früher Aufl.); Wolff, Sachenrecht 162 N 5; Krückmann a. a. O.; vgl. auch Cosack 2, 157 Anm. 5 und OLG Hamburg i. SeuffA 57, 13ff. A. M. dagegen Turnau-Förster Bem. II 2 zu § 912 und Bem. 2 zu § 916; Neumann Bem. 2; RGK 2; Biermann zu § 916; Dernburg 283 zu N 7; Oberneck 642; Gierke 435 N 73; RG 47, 360ff. (Fall 2 des Textes); 48, 265 (Fall 1 des Textes); RG JW 32, 1047.

[160]) Vgl. oben § 18. II.

hinausbaut. Auch hier steht die Erhaltung des Gebäudes höher als die Wahrung des Nachbarrechts, und der in die Abstandszone eingerückte Bauteil muß gemäß § 912 geduldet werden[161]).

4. Verschiebung eines Gebäudes durch Erdbewegung. Der Gesetzgeber behandelt den Erdkörper als unbeweglich. In Wahrheit ist er in seinen ihn bildenden Bestandteilen nicht unverrückbar. So ist z. B. im Jahre 1903 im Stadtgebiet Essen festgestellt worden[162]), daß in den 30 vorhergegangenen Jahren infolge der durch den Bergbau herbeigeführten Seitwärtsbewegung von Erdmassen nach und nach Häuser zum Teil über die Grenze geschoben wurden. Solche Verschiebungen von Häusern wurden in der Altstadt bis zu 30 cm, in den neuen Stadtteilen bis zu 72 cm beobachtet. Am Schlacht- und Viehhof war schon damals ein ganzer Hausblock von 320 m Länge und 70 m Tiefe derart verschoben, daß einzelne Anlieger 72 cm von der ursprünglichen Bautiefe ihres Grundstücks eingebüßt hatten.

Nach der ratio legis ist die entsprechende Anwendung des § 912 auf diesen Tatbestand zulässig und geboten. Wenn der Gesetzgeber in § 912 anordnet, daß ein Gebäude trotz der durch menschliche Tätigkeit bei seiner Errichtung bewirkten rechtswidrigen Grenzüberschreitung erhalten werden soll, so würde man den Willen des Gesetzgebers gröblich mißverstehen, wenn man darin nicht zugleich auch die Anordnung finden wollte, daß dies erst recht für den Fall gelten muß, daß ein unter ordnungsgemäßer Einhaltung der Grenzen errichtetes Gebäude ohne Zutun seines Eigentümers über die Grenze geschoben worden ist. Der durch den Überbau geschädigte Nachbar ist durch Überbaurente zu entschädigen. Auf diese Weise kommt auch dieser zu seinem Recht. Ohne entsprechende Anwendung des §912 bestünde, falls man das Beseitigungsrecht aus irgend einem anderen Grunde als undurchführbar erklären würde, keine Möglichkeit, ihn schadlos zu halten; insbesondere wäre ihm mit dem Bereicherungsanspruch nicht genügend zu helfen, da ja der unter dem Überbau befindliche Grund und Boden sein Eigentum bleibt, mithin insoweit kein Rechtsverlust eintritt. Die entsprechende Anwendung des § 912 bildet den einzig möglichen, mit dem Grundsatz der Erhaltung wirtschaftlicher Werte und dem Erfordernis eines billigen Interessenausgleichs im Einklang stehenden Ausweg.

---

[161]) So schon Prot. III, 378; Gierke 435 N 73; Dernburg 282 1 d; Wolff, Überbau 99 und Sachenrecht 162 N 6; v. Thur a. a. O.; Palandt § 912 Anm. 1 b. A. M. dagegen: Staudinger Bem. I 1f,; Turnau-Förster Bem. V; Biermann Bem. 4; RGK Bem. 5 zu § 912; Goldmann-Lilienthal 51 N 7; Endemann 482 N 11; vgl. RG 87, 373; OLG Hamm 5 U 212/51.

[162]) Vgl. Köndgen in der Z. f. Vermessungswesen 03, 233 ff.; vgl. oben § 1 III 1.

Für die Bemessung der Rente ist der Zeitpunkt der Grenzüberschreitung maßgebend. Da sich diese infolge der allmählichen Verschiebung in einer langen Reihe von Jahren vollzieht, muß der Richter unter verständiger Berücksichtigung aller Umstände einen einheitlichen Zeitpunkt wählen, der dem zeitlichen Ende der bisher eingetretenen Verschiebungen weit näher liegen wird, als dem Anfang. Auf einen Widerspruch des Nachbars gegen die Grenzüberschreitung kommt es nach keiner Richtung an, da ein solcher Widerspruch naturgemäß unbeachtlich wäre.

5. Mauerausbauchung. Sofern nicht durch das Landesrecht[163]) die Pflicht zur Duldung einer Mauerausbauchung begründet wird, ist gemäß § 903 BGB die in der Ausbauchung liegende Grenzüberschreitung objektiv rechtswidrig. Weil § 912 voraussetzt, daß die Grenze „bei Errichtung eines Gebäudes" überschritten ist, nimmt die herrschende Meinung an, daß eine Mauerausbauchung nur dann unter § 912 falle, wenn sie schon beim Bauen entstanden ist[164]). Wenn also durch ungenaues Aufrichten des Mauerwerks oder ein zu schwaches Fundament Mauerteile noch während des Baues aus dem Lot gekommen und infolgedessen seitlich ausgewichen sind, so ist auch vom Standpunkt der herrschenden Meinung aus diese Grenzüberschreitung als Überbau im Sinne des § 912 zu behandeln[165]). Eine nachträgliche, das ist nach Vollendung des Baues entstandene Mauerausbauchung würde dagegen nach diesem Standpunkt nicht unter § 912 fallen, weil hier nicht über die Grenze gebaut ist. Allein wenn das Mauerwerk ungenau aufgerichtet oder zu stark belastet oder ungenügend fundamentiert ist, so ist die Ursache für die Mauerausbauchung schon bei Errichtung des Baues gesetzt, auch wenn die Teile der Mauer erst nach Vollendung des Baues über die Grenzlinie hinübergedrückt werden. In einem solchen Falle läßt sich daher aufstellen, daß über die Grenze gebaut ist. Sind dagegen beim Bauen alle Voraussetzungen für die lotrechte Standsicherheit der Mauer erfüllt worden, so kann eine Mauerausbauchung nachträglich entstehen durch eine Änderung der Grundwasserverhältnisse oder überhaupt durch unterirdische Vorgänge im Erdkörper (s. oben VII 4),

---

[163]) Nach gemeinem Recht ist ein Rechtssatz, wonach eine Mauerausbauchung bis zur Breite von einem halben Fuß (wie Windscheid Pand. § 169 Ziff. 2 aufstellt) oder doch wenigstens bis zu einem der Billigkeit im Einzelfall zu entnehmenden Maßstab (wie Dernburg Pand. § 199 Anm. 5 meint) geduldet werden müsse, nicht nachweisbar. Die l. 17 pr D 8, 5 (auf welche sich diese Schriftsteller berufen), handelt nur von einem proiectum, also von etwas Erbautem in einer gemeinschaftlichen Wand, zu der jeder Nachbar einen halben Schuh beitrug, nicht aber von einer paries qui se inclinavit, die von l 14 D 8, 5 ohne Erwähnung einer halbschuhigen Zulässigkeit für unstatthaft erklärt wird (SeuffA 23 Nr. 210; vgl. 42 Nr. 192).

[164]) R 11 Nr. 373 Naumburg; RG Gruchot 50, 939 (dahingestellt gelassen).

[165]) RG 88, 39; JW 06, 302.

durch Ausschachtung von Kellern oder Gruben in der Umgebung des Gebäudes, durch Verwitterung des Gesteins, aus dem die Mauer zusammengesetzt ist, oder durch Verwitterung des Erdkörpers, auf dem sie steht, durch Erschütterungen infolge eines benachbarten Betriebes oder des Eisenbahnverkehrs.

Die Gründe, welche oben unter VII 4 für die Erhaltung eines zum Teil über die Grenze geschobenen Gebäudes angeführt sind, lassen sich teils unmittelbar, teils entsprechend auf diese nachträglich eingetretene Mauerausbauchung anwenden. Sie ist also nach § 912 zu beurteilen[165a]). Die Frage des Vorsatzes wird hier ausscheiden, während die Frage grober Fahrlässigkeit wohl in Betracht kommen kann[166]). Eine Mauerausbauchung, deren Beseitigung an sich verlangt werden könnte, wird mit Rücksicht auf § 226 BGB dann zu dulden sein, wenn hierdurch die Benutzung des Nachbargrundstückes nicht beeinträchtigt wird[167]).

6. Verschiebung der Grenze durch Katasterraub. Wenn auf Grund des öffentlichen Grundbuchglaubens (§ 892 BGB) der bisherige Eigentümer einen Teil seines Grundstücks verliert (vgl. oben § 6 III 3 d), so kann es sich begeben, daß die neue Grenze einen Teil des auf dem Grundstück stehenden Gebäudes durchschneidet. Der jenseits der Grenze liegende Teil des Gebäudes bleibt gemäß § 93 BGB gleichwohl im Eigentum des Gebäudeeigentümers (s. oben § 2 II). Auf diesen jenseits der Grenze stehenden Gebäudeteil sind die Grundsätze des § 912 analog anzuwenden.

§ 25. Fenster- und Lichtrecht

Zu den Anlagen, deren Bestehen an oder nahe der Grenze das Nachbargrundstück zu belästigen und zu gefährden geeignet sind, werden seit

165a) Ebenso Westermann § 64 II 2.

166) Vgl. Gruchot 50, 940 (RG).

167) Vgl. Staudinger Bem. 1 zu § 912; vgl. oben § 13 N. 29, Monich, JheringsJ. 38, 179 will die Mauerausbauchung nach Analogie des § 910 behandeln. Wolff 92 Anm. 24 pflichtet dem hinsichtlich des Abs. 2 des § 910 bei, nicht aber bezüglich des Abs. 1. Eine analoge Anwendung des § 910 verbietet sich überhaupt, da es sich dort um eine Vorschrift handelt, welche nur mit Rücksicht auf das natürliche Wachstum der Bäume gegeben ist. Turnau-Förster Bem. 2 zu § 912 unterstellten die Mauerausbauchung dem § 905 oder § 908. § 905 kann nur dann in Frage kommen, wenn sich die Ausbauchung in besonders großer Höhe befindet (vgl. oben § 1 II 3). § 908 ist natürlich einschlägig, wenn infolge des Zustandes der Mauer ihr Einsturz oder die Loslösung von Teilen zu besorgen ist. Besteht die Mauerausbauchung lediglich darin, daß sich der Verputz losgelöst hat mit der Folge eines Hohlraumes zwischen den Mauersteinen, dann kann natürlich von der Anwendung der Überbauvorschriften nicht die Rede sein, weil ja dieser Zustand auf eine mangelhafte Unterhaltung (grobe Fahrlässigkeit) zurückzuführen ist.

alters her auch die Fenster gerechnet. Die Möglichkeit, durch sie auf das Nachbargrundstück zu sehen, in das Nachbargrundstück einzusteigen oder Immissionen jeglicher Art dahin gelangen zu lassen, stellt sie in mancher Beziehung den in § 907 BGB behandelten und den pflanzlichen Anlagen nahe. Gilt es daher einerseits, den Nachbar gegen das belästigende Ausnutzen der Fenster zu schützen, so ist doch auch auf der anderen Seite der Baufreiheit und der Ausnutzung des Eigentums durch den Fensterinhaber Rechnung zu tragen.

Die verschiedenen Landesrechte haben die Berechtigung des Grundstückseigentümers, Fenster anzulegen, sehr verschieden geregelt, indem sie entweder sein Interesse (Eigentumsnutzung und Baufreiheit) an sich geschützt und den Nachbar nur auf gewisse Abwehrmaßregeln verwiesen, oder aber das Abwehrrecht des Nachbars in erster Linie festgelegt und die Anlage von Fenstern grundsätzlich verboten haben. Auch die Beschränkungen der Fensteranlage selbst sind in den verschiedenen Rechtsgebieten verschieden gestaltet, je nachdem ein bestimmter mit dem Halten der Fenster verbundener Nachteil (Aussicht, Immissionen) besonders hintangehalten werden sollte.

Die Gesamtheit der Normen über die Anlage und Ausgestaltung der Fenster durch den Eigentümer wird Fensterrecht genannt. Wohl zu unterscheiden davon ist die Frage nach dem Schutz der einmal angelegten Fenster gegen nachbarliche Eingriffe, insbesondere gegen Verbauung. Die Normen hierüber, d. h. über die Rechte der Fenstereigentümer gegen den Nachbar und dessen Pflichten gegen den Fensterinhaber bilden den Inhalt des Lichtrechts[1]).

Nicht selten ist die Ausgestaltung des Lichtrechts von der des Fensterrechts abhängig.

A. Reichs-(Bundes-)recht

Das Fenster- und Lichtrecht ist reichs-(bundes-)rechtlich nicht geregelt[2]). Da nach § 903 die Herrschaftsbefugnis des Eigentümers über sein

[1]) Die Benennungsweise in Rechtslehre und Rechtsprechung schwankt. Vgl. Kahn-Fensterrecht 157. Er selbst nennt das oben sogenannte Lichtrecht positives, das Fenster recht negatives Fensterrecht. Diese Begriffsbestimmung hat neben der größeren Länge den Nachteil, daß sie nicht erkennen läßt, von welcher Seite, der des Fensterinhabers oder der des Nachbars, der positive bzw. negative Standpunkt eingenommen wird. Kahn scheidet dann in beiden Gruppen noch das Licht- vom Aussichtsrecht, d. h. die Normen, die das Fensterrecht als Träger des Licht- bzw. Aussichtsgenusses ins Auge fassen. Dazu liegt z. B. für das ALR, das lübische Recht und die kleineren Partikularrechte kein Anlaß vor; ihnen fehlt die Scheidung, die nur der C. c. und seine Tochterrechte enthalten.

[2]) Vgl. aber die VO über Beleuchtung und Belüftung von Stallungen landwirtschaftlicher Betriebe vom 19. 1. 1938 (RGBl. I 37) und die Ausführungsbestimmungen hierzu vom 31. 5. 1938 (RGBl. I 618).

Grundstück in den gesetzlichen Grenzen grundsätzlich unbeschränkt ist, steht keinem Grundbesitzer ein Hindernis entgegen, auf jeder Stelle seines Grundstückes bis hart an die Grenze Fenster anzulegen[3]). Ebenso darf der Nachbar bis an seine Grenze sein Grundstück bebauen, ohne auf etwaige nachbarliche Fenster Rücksicht zu nehmen. Aus dem Eigentum entspringt also nach BGB kein Lichtrecht[4]).

Wohl aber kann, worauf der BGH (LM 2 zu § 903 BGB) zutreffend hingewiesen hat, die aus dem nachbarlichen Gemeinschaftsverhältnis entspringende Pflicht zur gegenseitigen Rücksichtnahme (vgl. unten § 38 I 1) zu einem anderen Ergebnis führen. In dem entschiedenen, im Geltungsbereich des Gemeinen Rechts spielenden Falle ist demgemäß dargelegt, daß der Nachbar zwar kein Fensterrecht ersessen habe, da sich die etwa begonnene Ersitzung nach 1900 nicht mehr habe vollenden können, daß aber trotzdem dem Trümmergrundstückseigentümer das Recht, seinen Neubau hart an der Grenze zu errichten, abgesprochen werden müsse, falls der Nachbar infolge des völligen Verbauens der einen Fensterfront seines Hauses dieses nicht mehr werde halten können und auf der anderen Seite der Trümmergrundstückseigentümer — in Übereinstimmung mit den Vorschriften der Baubehörde über die geschlossene Wohnbauweise — seinen Wohnraum sich schaffen könne, ohne deshalb bis an die Grenze bauen zu müssen.

Aus § 907 können Fensteranlagen als gefahrdrohende Anlagen nicht bekämpft werden; denn die Fenster dienen bestimmungsgemäß nicht zur Übermittlung von Geräuschen, Gerüchen usw., sondern sie sollen Licht und Luft hereinlassen[5]). (Anders Türen an der Grenze oben § 17 II 1 u. § 17 N. 20). Die Störung, welche durch den Einblick vermittelt wird, ist keine Einwirkung auf das Eigentum im Sinne der §§ 1004, 905, 906 BGB[6]).

Auf dem Gebiet des Fenster- und Lichtrechts besteht eine außerordentliche Rechtszersplitterung. Während gemeines Recht und allgemeines Landrecht, und in geringerem Maße auch der Code civil, von der grundsätzlichen Unbeschränktheit des Eigentums ausgehend, die Anlage von Fenstern grundsätzlich gar nicht oder nur in Einzelheiten einengen, stehen die deutschen Partikular- und Lokalrechte der Anlage von Fenstern auf oder nahe der Grenze ablehnend gegenüber.

B. Gemeines Recht

Das Gemeine Recht kannte nach der herrschenden Ansicht Beschränkungen weder für die Anlage von Fenstern noch für die Bautätigkeit des Nachbars gegenüber Fenster-

[3]) Wolff 172; SeuffA 59, 225.

[4]) Kahn 62.

[5]) OLG 26, 17 N 1 (KG); SeuffA 59, 225.

[6]) Es kann daher ein Anspruch nicht etwa deshalb erhoben werden, weil die städtische Hochbahn in gleicher Höhe mit den Fenstern in deren unmittelbarer Nähe vor-

und sonstigen Lichtöffnungen[7]); beide Nachbarn handelten dabei nur in Ausübung ihres Eigentums; die L 12 C de aed. priv. 8, 10, welche für Fensteranlagen einen Abstand von 12 Fuß zwischen den Häusern vorsah, ist nicht glossiert und vom gemeinen Recht nicht rezipiert[8]).

Auch das gemeine Sachsenrecht enthält keinerlei Einschränkungen für Fensteranlagen oder Gegenbauten[9]).

Zum Erwerb eines Lichtrechts erfordert daher das gemeine Recht stets die Erlangung eines besonderen Rechts, einer servitus ne luminibus officiatur (s. unten § 30 IIb und § 36 II). Hervorzuheben ist, daß es zur Ersitzung nicht genügt, daß während der Ersitzungszeit oder seit unvordenklicher Zeit Fenster unverbaut bestanden haben; denn die bloße Innehabung von Fenstern ist als res merae facultatis nicht geeignet, Ersitzungsbesitz zu begründen. Es bedarf vielmehr der sogenannten qualifizierten Verjährung; der Fensterinhaber muß dem Nachbar das Verbauen verboten, der Nachbar muß sich bei diesem Verbot beruhigt und dieser Zustand muß die Ersitzungszeit überdauert haben[10]). Dies galt selbst dann, wenn das Fenster in seiner Einrichtung den gesetzlichen Vorschriften nicht entsprach. Wenn aber durch Vertrag das dingliche Recht eingeräumt wurde, ein Fenster zu halten, das nach Gesetz unzulässig war, so wurde angenommen, daß eine solche Servitut dem Lichtbedürfnis des herrschenden Grundstücks dienen und daher im Zweifel das Recht mit umfassen sollte, daß das Fenster nicht verbaut werden dürfe[11]).

Nach gemeinem Recht ist zu unterscheiden zwischen der servitus altius non tollendi und der servitus ne luminibus officiatur[12]). Die servitus altius non tollendi steht nur dem Höherbauen entgegen, nicht aber Anpflanzungen oder Aufstapelungen von Materialien, welche Licht und Aussicht benehmen[13]). Daher liegt in der Übernahme der Verpflichtung, eine Grenzmauer nicht zu erhöhen und auf einem Grundstück nicht zu bauen, für den Andern noch nicht das Recht, dem Nachbar zu verbieten, Bäume auf seinem Grundstück zu halten, welche den Fenstern das Licht nehmen[14]).

---

beifährt mit der Folge, daß die Fahrgäste der Eisenbahn in die Zimmer hineinsehen können (vgl. Bolze 2 Nr. 155).

7) Hesse 610ff.; Pfeiffer, Praktische Ausführungen 4, 1ff., 7, 333ff.; Gierke 426 zu N 32; Foerster-Eccius 175 N 13; Kahn 36ff.; RG bei Gruchot 6, 293 und in SeuffA 35 Nr. 273 und 59 Nr. 124; RG 31, 343; vgl. auch 5, 230. A. M. Fahne, Fenster- und Lichtrecht 6ff. u. 19f.; Stölzel, Arch. ziv. Pr. 52, 206ff,; bes. 222ff. Gegen ihre Auslegung der Quellen vgl. Hesse u. Pfeiffer a. a. O. Ihre Grundauffassung besagt, daß schon das bloße Bestehen der Fenster ein Eingriff in des Nachbars Eigentum ist, da Fenster auf oder bei der Grenze Licht und Luft vom Nachbargrundstück an sich ziehen und dadurch das nachbarliche Eigentum verletzen. Diese Ansicht, die auch vereinzelt in der landrechtlichen Rechtsprechung auftrat (StriethArch. 48, 155), dürfte durch die Entscheidung des Reichsgerichts 44, 317ff. hinreichend widerlegt sein. Daß sie auf Grund einer besonderen Entwicklung des Gemeinen Rechts für das kurhessische Recht bedeutungsvoll geblieben ist, darüber vgl. unten zu G. I.

8) Windscheid § 211a N. 8; Kahn 49. Anders für das kurhessische Recht vgl. unten G I.

9) Emminghaus, Pandekten des gem. Sächs. PrivR 471; Kähler 279c; Holsteinische Anz. 1847, 60ff

10) Windscheid § 138 N 4; SeuffA 78 N 190 (RG); RG 44, 316; Kahn, Fensterrecht 40; SeuffA 6 N 15; 14 N 13.

11) SeuffA 78 Nr. 190 (RG).

12) Vgl. SeuffBl. 60, 195. Über servitus prospectus vgl. SeuffA 32 Nr. 305.

13) Vgl. Dernburg, Pand. 1, 244 Z 3.

14) BayOGH 15, 518.

C. Preuß. Allgemeines Landrecht

I. Fensterrecht. Auch für das ALR stand der Grundsatz der freien Ausnutzung des Hauses zur Anlage von Fenstern und Öffnungen durch den Eigentümer fest[15]).

§ 137 I 8 ALR spricht das aus mit dem ausdrücklichen Zusatz, daß das Anbringen von Fenstern selbst dadurch nicht ausgeschlossen wird, daß sie freie Aussicht auf die Nachbargrundstücke ermöglichen[16]). Doch beschränkt § 138 diese Anlagefreiheit: Sollen die Öffnungen in einer gerade auf der Grenze stehenden Wand neu angebracht werden, die an des Nachbars Hof oder Garten stößt, so müssen sie unter allen Umständen mit eisernen, nur zwei Zoll voneinanderstehenden Stäben oder mit einem Drahtgitter verwahrt sein und, wo die Umstände es gestatten, sechs Fuß vom Fußboden erhöht werden. Diese Beschränkung gilt für Fenster und Öffnungen jeder Art, gleich zu welchem Zweck sie angebracht sind[17]), doch nicht für Öffnungen in gemeinschaftlichen Mauern der Nachbarn[18]).

1. Voraussetzung der Beschränkung aus § 138

a) Die Fenster und Öffnungen müssen neue Anlagen darstellen. Hauptgrundsatz ist daß die Veränderung des bisherigen Zustandes den Nachbar nicht mehr benachteiligen darf als die frühere Anlage, auf die dem Fenstereigentümer aus irgend welchen Gründen ein Recht zustand[19]). Ob dies der Fall ist, ist Tatfrage. Eine Benachteiligung liegt nicht vor, wenn die Fenster in dem an Stelle eines alten Gebäudes errichteten Neubau an derselben Stelle und in gleichem oder unerheblich verändertem Umfang wieder angelegt werden, oder wenn in einem bestehenden Gebäude z. B. aus zwei Fenstern eins gemacht wird. Ohne weiteres gilt als Benachteiligung eine Vermehrung der Fensterzahl oder eine wesentliche Vergrößerung des Fensterumfanges. Auch dadurch kann eine Benachteiligung des Nachbars entstehen, daß der Raum, der hinter den Fenstern liegt, aus einem unbewohnbaren Verschlage zu einem Wohnraum umgestaltet wird[20]).

b) Die fenstertragende Wand muß unmittelbar auf der Eigentumsgrenze stehen. Jeder, auch noch so geringfügige Zwischenraum zwischen Mauer und Grenze bringt die

---

[15]) Vgl. z. B. StriethArch. 92, 168; RG 44, 317; Stölzel a. a. O. meint dagegen, daß trotz des in § 137 I 8 ALR ausgesprochenen Grundsatzes die Fensterfreiheit durch die Beschränkungen des § 138 und die Abstandsvorschrift des § 139 in Wahrheit ins Gegenteil verkehrt wird. Dagegen ist einmal zu bemerken, daß wieder die Abstandsvorschrift des § 139 als ergänzende Norm durch die örtlichen Bauordnungen fast überall außer Kraft gesetzt ist (so auch Kahn 80), und daß dann bei unmittelbarem Aneinanderstehen von Häusern § 138 seine Anwendung findet. Ferner beschränkt § 138 nicht die Anlage der Fenster als solche, sondern nur ihre Einrichtung unter bestimmten Voraussetzungen (RG 44, 317).

[16]) OTr. 19, 104ff. bes. 110. § 137 ist durch Art. 89 PrAG aufrecht erhalten, obwohl er dem § 903 BGB gegenüber überflüssig ist; doch ist er als Einleitung zu § 138 des Zusammenhangs halber als fortbestehend anzusehen. Vgl. Weißler I 212 zu I 8 § 137.

[17]) OTr. 19, 104ff. bes. 110; StrArch. 24, 33; 41, 300; 58, 335ff.; 78, 153; Dernburg, Pr. PrR 1, 554 N 12 Z. 2; Koch, Anm. 12 u. 13 zu § 137; Abw. Kahn 83, der auf Luftlöcher § 138 nicht anwenden will. Das widerspricht der preußischen Rechtsprechung. Ein „Fenster" ist nur eine besonders wichtige Unterart von „Öffnungen". Darüber siehe noch unten.

[18]) Müller 68g.

[19]) StrArch. 41, 301.

[20]) Vgl. Koch Bem. 21 zu § 138; Müller 64a; StriethA 25, 300; 41, 298ff., 44, 237; 58, 338; 65, 309.

Beschränkung in Wegfall[21]). Allerdings genügt es, wenn der untere Teil, die Basis der Fensterwand, auf der Grenze ruht; der obere, die Fenster selbst enthaltende Teil aber zurücksteht[22]).

c) Das nachbarliche Gebiet, an das die fenstertragende Wand stößt, muß ein „Hof oder Garten" sein. Unter Hof versteht die landesrechtliche Rechtsprechung einen zu einem Hause bzw. zu Gebäuden gehörigen, nach oben offenen Raum (Hofraum)[23]). Ausgeschlossen sind damit Gebäude selbst, so daß jedes Fenster, das über einem Gebäude oder Gebäudeteil des Nachbars angelegt ist, den Beschränkungen des § 138 nicht unterliegt[24]).

Als Hof im Sinne des § 138 gilt auch nicht ein freier Raum, der zu einem Gebäude überhaupt keine Beziehung hat (Wiese, Acker)[25]), vor allem aber nicht eine Fläche, die dem freien Betreten des Publikums offensteht, insbesondere öffentliche Straßen und Plätze[26]).

2. Inhalt der Beschränkung

Der § 138 beschränkt die Fensteranlagen in doppelter Weise; er ordnet eine bestimmte Verwahrung der Öffnungen an und fordert für sie eine gewisse Erhöhung.

a) Unter allen Umständen besteht die Pflicht zur Verstäbung oder Vergitterung; sie ist eine absolute Pflicht und kann unter keinen Umständen wegfallen[27]). Das Fenster muß entweder mit eisernen nur zwei Zoll entfernten Stäben oder mit einem Drahtgitter verwahrt sein[28]).

b) Nur relativ ist das Gebot der Fenstererhöhung. „Wo die Umstände es gestatten", muß das Fenster sechs Fuß[29]) vom Boden aus erhöht sein. „Die Umstände gestatten" die Erhöhung nur, wenn trotz ihrer das Zimmer oder Behältnis, in dem es liegt, noch ausreichend beleuchtet ist[30]). Das Maß des Beleuchtungsbedarfs richtet sich nach dem besonderen Zweck des Zimmers (ein Gastzimmer bedarf besseren Lichts als eine Boden-

---

[21]) Plenarpräjudiz d. OTr. PräjS I 26 Nr. 975 b; OTr. 68, 357; StriethA 61, 29.

[22]) OTr. 68, 357; StriethA 58ff.; RG bei Gruchot 32, 939; Kahn 82; A. M. BayOGH 15, 608.

[23]) So StriethA 92, 169; ähnlich schon 23, 162; ferner 94, 206f. Ebenso RG bei Gruchot 25, 429; vgl. Dernburg, Sachenrecht 296 N. 21.

[24]) PräjS I 26, 975 a; StriethA 92, 164.

[25]) StriethA 44, 168; 94, 207; Gruchot 7, 381 (App. G. Hamm).

[26]) Müller 65 c; StriethA 18, 159; 69, 313; 24, 32 (Grundstück, mit Eisenbahnschienen belegt); 94, 206 (Kirchhof, obwohl im Privateigentum der Kirchengemeinde stehend).

[27]) StriethA 64, 108ff.; Gruchot 26, 939. Wie wenn ausdrücklich vertragsmäßig freie Aussicht für den Fenstereigentümer ausbedungen ist? Turnau-Förster I 355, 7 a α und Koch Bem. 20 zu § 138 auferlegen auch dann dem Aussichtberechtigten die Vergitterungspflicht, letzterer mit dem Bemerken, daß die Vergitterung keine Beschränkung der freien Aussicht sei. Das dürfte wohl kaum zutreffen; wer sich freie Aussicht ausbedingt, will unbehindert nicht nur geradeaus, sondern auch nach den Seiten aussehen können; eine Vergitterung hindert ihn aber am Herausbeugen aus dem Fenster, das erst die freie Aussicht nach rechts und links ermöglicht. Daher wird Dernburg beizupflichten sein, der die Vergitterungspflicht durch das Recht auf freie Aussicht für aufgehoben erachtet (PrPrR 1, 555 N 12 und SR 296 N 21).

[28]) Vgl. Müller 66 d.

[29]) Das Fensterfutter (Zarge) ist bei der Messung nicht mitzurechnen, wohl aber der Fensterrahmen. StriethA 10, 309.

[30] StriethA 23, 146f,; 55, 214ff.; RG 5, 229.

kammer); die Bestimmung des Bauherrn ist dabei mit in Betracht zu ziehen[31]). Ist eine Erhöhung von sechs Fuß untunlich, so ist das Fenster in einer Höhe anzulegen, die ausreichende Beleuchtung gewährleistet[32]).

Verletzt der Fenstereigentümer den § 138, so steht dem Nachbar die negatorische Klage (§ 1004) zu. Hat ein Bauherr, dem zwei Nachbargrundstücke gehörten, auf dem einen Grundstück ein Haus mit gesetzwidrigen Fenstern errichtet und veräußert er später das angrenzende Grundstück, so erwirbt dies der Käufer ohne das Abwehrrecht aus § 138 I 8, da es naturgemäß, solange die Grundstücke in einer Hand waren, sich nicht bilden und durch den bloßen Eigentumswechsel nicht entstehen konnte; der Erwerber muß sich daher die vorschriftswidrigen Fenster gefallen lassen[33]).

Der die Verletzung des § 138 angreifende Nachbar braucht nur die vorschriftswidrige Anlage der Fenster darzutun, der Fensterinhaber muß sein besonderes Recht zur Benutzung der gesetzwidrigen Anlagen beweisen[34]).

II. Lichtrecht. Wie das ALR auf dem Standpunkt stand, daß die Anlage der Fenster grundsätzlich frei sei — nur die Einrichtung von Grenzfenstern unterliegt den oben zu I dargestellten Einschränkungen der §§ 138ff. ALR[35]) — so tut das Vorhandensein von Fenstern der nachbarlichen Baufreiheit zunächst keinen Abbruch. Mangels entgegenstehender Abreden kann also der Nachbar den Fenstern durch Einrichtung von Gegenbauten das Licht völlig entziehen, soweit nicht die Abstandsvorschrift des § 139 ALR I 8 eingreift[36]). Wenn jedoch die Fenster[37]) eines Gebäudes schon seit 10 Jahren bestehen[38]) und der durch sie belichtete innere Raum der Zimmer oder sonstigen Behältnisse[39]) nur durch diese Fenster, also von keiner anderen Seite[40]) her, Licht empfängt[41]), muß der

---

31) So RG 5, 229 mit Recht gegen frühere Entscheidungen des Obertribunals, das (vgl. StriethA 65, 318) die konkrete Zweckbestimmung für unbeachtlich hielt, da es sonst der Bauherr in der Hand habe, den Zimmern eine Bestimmung zu geben, die die Erhöhung ausschließen und den Zweck des § 137 vereiteln würde. Zustimmend auch Kahn 86/7.

32) StriethA 99, 166.

33) OTr. 47, 89; StriethA 44, 238.

34) StriethA 66, 212f.

35) RG 44, 312.

36) ALR § 144 I 8; vgl. OTr. 45, 69; 64, 32; Gruchot 24, 436.

37) Zu beachten ist, daß die §§ 142 und 143 nur von Fenster sprechen und daher nur diese ein Lichtrecht haben, während die Einrichtungsbeschränkungen des § 138 alle Öffnungen in dem Mauerwerk betreffen. Alle Öffnungen sind geeignet dazu, Licht einzulassen. Fenster sind geeignet und haben daneben den Zweck, sind dazu bestimmt, den Raum eines Gebäudes, in dessen Wand sie sich befinden, behufs Förderung der Brauchbarkeit zu erhellen. (RG im R 13, 378); Glasziegel können daher als Fenster angesehen werden. OLG 26, 14 (Marienwerder). Luken, Luftlöcher usw. haben kein Lichtrecht; Koch Bem. 35 zu § 142; Foerster-Eccius 177 N 34; Müller 69a; RG a. a. O. und bei Gruchot 40, 641ff., ebensowenig Fenster in einer mit dem Nachbar gemeinschaftlichen Wand. Turnau-Förster 369; OTr. 49, 99ff.

38) Nicht notwendig müssen die Grundstücke, das lichtberechtigte und das lichtverpflichtete, 10 Jahre lang verschiedenen Eigentümern gehören R 14, S. 398 (Posen).

39) Die Vorschrift bezieht sich nicht nur auf eigentliche Zimmer, sondern auch auf alle anderen Innenräume, wie Treppenflure, Korridore usw. Dernburg PrPrR 1, 553/4 N 11; Müller 69b; BGH NJW 54, 1363; RG in JW 86, 77; 97, 258; bei Gruchot 30, 939 und im R 13, S. 378 AA.

40) Hierzu genügt nicht schon das Vorhandensein irgendeiner noch so unbedeutenden Lichtquelle, vielmehr wird erfordert, daß aus dieser Nebenlichtquelle dem Behältnisse genügendes Licht zufließt (Koch Bem. 41 zu § 142; Müller 71c; StriethA 87, 21; RG

Nachbar[42]) mit einem Neubau[43]) soweit von der Grenze zurückbleiben[44]), daß man in normaler Stellung[45]) aus den ungeöffneten Fenstern des Erdgeschosses[46]) in vertikaler

---

44, 335); dies kann auch bei einem Oberlicht der Fall sein (Bolze 21 Nr. 53; RG 36, 220). Das Licht kommt von einer anderen Seite auch dann, wenn es nur mittelbar (z. B. durch die Glastüre eines Nebenzimmers) zugeführt wird (RG 2, 196; JW 97, 585 Nr. 67). Unter den Begriff „einer anderen Seite" fällt die dem Bau zugekehrte Seite nicht; wenn daher von mehreren Fenstern, welche sich auf derselben Seite befinden, nur eines verbaut wird, ist § 142 anzuwenden (RG 2, 199; 32, 193; 36, 217; JW 00, 303 Nr. 25; A. M. Gruchot 30, 939). § 143 ist auch anzuwenden, wenn das Behältnis außer von der Bauseite von mehreren, nicht nur von einer anderen Seite her Licht empfängt. RG 32, 193))

41) Die bloße Möglichkeit, auch auf einer anderen Seite Fenster anzubringen, steht dem Vorhandensein einer anderen Lichtquelle nicht gleich, auch dann nicht, wenn sich der Bauende erbietet, eine andere Lichtquelle auf seine Kosten zu schaffen. (OTr. 80, 267; RG 35, 181; JW 95, 231 Nr. 27; 97, 585 Nr. 67). Vgl. Kahn 103; abw. Dernburg PrPrR 1, 554 Nr. 11 Z. 4 u. Paris, Kritik 11. Ihnen ist zuzugeben, daß die herrschende Ansicht zu Härten führt, wenn die Kosten der Baurückziehung mit denen der Neubelichtung in keinem Verhältnis stehen; der Wortlaut des Gesetzes ist hier aber zwingend.

42) Diese Bestimmungen über den Schutz der Fenster vor Verdunkelung kommen nur dann zur Anwendung, wenn der Neubau auf einem Grundstück errichtet wird, welches unmittelbar an das Gebäudegrundstück anstößt. Deshalb kommen diese Vorschriften für ein an einer öffentlichen Straße stehendes Gebäude gegenüber einem an der Jenseite derselben Straße zu errichtenden Neubau nicht in Betracht, selbst dann nicht, wenn das Straßenterrain demselben Eigentümer wie der Neubau gehört. RG 45, 295; JW 00, 303; Müller 69; Koch Bem. 32 zu § 103 I 8; Turnau-Förster 357.

43) Unter Neubau ist nicht nur ein Bau auf bisher unbebauter Stelle, sondern auch ein Umbau, z. B. das Aufstocken oder das Höherführen eines bestehenden Gebäudes zu verstehen (BGH NJW 54, 1363; OTr. 13, 28; 46, 71; StriethA 92, 166; 95, 331; JMBl. 1880, 230; RG 2, 196 und R 13, 378; Kahn 94). Wird ein abgebranntes oder abgebrochenes Gebäude wieder hergestellt, dann können, soweit die Dimensionen dieselben sind wie beim alten Gebäude, von dem Fensterinhaber Rechte aus §§ 142, 143 nicht hergeleitet werden (Turnau-Förster S. 357). Nur gegen Neubauten, nicht auch gegen die Auflagerung von Holz ist der Fensterinhaber durch §§ 142, 143 geschützt, weil diese Vorschriften singulärer Natur sind und daher nicht ausdehnend ausgelegt werden können (StriethA 88, 74; 95, 366; OTr. 45, 63). Er hat jedoch dagegen die allgemeine Negatorienklage; Koch Bem. 50 zu § 143; Foerster-Eccius 178 N 35 a. E.; Dernburg PrPrR 1, 554 N 11 Z 7.

44) Der Gegenbau braucht nur insoweit zurücktreten, als er dem lichtberechtigten Fenster gegenüberliegt. (Koch Bem. 45 zu § 143; Müller 72f.). Die Anbringung eines Lichtschachtes genügt daher (OTr. 78, 16; RG i. JW 97, 258).

45) So gegen die Rechtsprechung des Obertribunals (OTr. 5, 166; StriethA 21, 44 und 80, 200), die jede mögliche Stellung genügen ließ, die neuere Rechtsprechung: RG 32, 194; 36, 217 und bei Gruchot 31, 928. Es ist aufrechte Haltung eines Mannes von mittlerer Größe maßgebend (RG 32, 194; JW 97, 585 Nr. 67; BayObG 2, 818; RG. i. R 18, S. 121/2). Über analoge Anwendung des Lichtschutzes in einem Fall, wo das Fenster unterhalb der Augenhöhe eines mittelgroßen Menschen liegt, vgl. RG 64, 299; hier ist allerdings der Urteilstenor so kompliziert, daß die Zwangsvollstreckung recht schwierig und eine Quelle neuen Streits geworden sein dürfte. Weit vorzuziehen ist die bestimmte Maßangabe, wieweit zurückgzugehen ist. Vgl. noch RG 32, 200.

46) OTr. 64, 32; StriethA 55, 358. Ein Raum, dessen Fußboden erheblich unter der Erdoberfläche liegt, kann nicht als unterstes Stockwerk angesehen werden (RG 47, 264;

Richtung[47]) den Himmel sehen kann[48]) (§ 142 I 8 ALR). Erhält jedoch der fenstertragende innere Raum[49]) noch von anderer Seite Licht, so genügt es, daß man in derselben Weise aus den ungeöffneten Fenstern des ersten Stockes den Himmel erblicken kann.

Der Lichtrechtschutz der §§ 142 und 143 gebührt auch solchen Fenstern, die (unter Innehaltung der gesetzlichen Voraussetzungen dieser Paragraphen) gegen die baupolizeilichen Normen und die Einrichtungsvorschriften des § 138 verstoßen[50]), wie andererseits das Lichtrecht als solches den Nachbar nicht hindert, die Befolgung jener Einrichtungsvorschriften zu verlangen[51]).

Berühmt war für das preußische Recht vor 1900 die Streitfrage nach der rechtlichen Natur des Lichtrechts aus §§ 142 ff. Die herrschende Meinung faßte mit dem Obertribunal das Lichtrecht als eine Servitut, die zehnjährige Frist des § 142 als Ersitzungszeit auf[52]). Entgegen dieser schon von einigen für das preußische Recht bekämpften Lehre[53]) hat das Reichsgericht in grundlegender Entscheidung überzeugend festgestellt, daß das Lichtrecht eine gesetzliche Eigentumsbeschränkung ist, die vom positiven Recht an den Ablauf einer zehnjährigen Frist geknüpft ist und deren Eintritt der Nachbar nur dadurch hindern

---

Gruchot 45, 611). Bei der Frage, ob das Hochparterre oder Souterrain als unteres Stockwerk anzusehen ist, entscheidet der Umstand, welches der beiden Gelasse mit seinem Fußboden der ebenen Erde näher gelegen ist. Vgl. Turnau-Förster 357. Wenn das Erdgeschoß überhaupt kein Fenster hat, sich dagegen im Obergeschoß Fenster befinden, so genügt es, wenn der Ausblick auf den Himmel aus dem hierauf zunächst folgenden Geschosse möglich ist (StriethA 79, 113; Turnau-Förster 358; RG 64, 301); das Gleiche muß gelten, wenn den vorhandenen Fenstern des Erdgeschosses das Licht durch den Bau des Nachbarn befugt entzogen ist (BGH NJW 54, 1363; RG 67, 83). Es kommt also das unterste Stockwerk in Frage, das Fenster hat, RG i. R 18 S. 121/2: als „unterstes Stockwerk" ist das erste von der Erde aus aufsteigende Stockwerk anzusehen, das nach allgemeinem Sprachgebrauch im Vergleich mit anderen Stockwerken desselben Gebäudes als Erdgeschoß bezeichnet wird, unter dem „zweiten Stockwerk" i. S. des § 143 das darüber gelegene Geschoß, die sog. Bel-Etage zu verstehen; ebenso BGH NJW 54, 1363.

[47]) Es genügt nicht, daß der Himmel seitwärts erblickt werden kann (StriethA 65, 256; 79, 113).

[48]) Wird dies nur durch außergewöhnliche Beschaffenheit (z. B. Erker, Balkone) der Wand, in welcher sich die Fenster befinden, unmöglich gemacht, so kann dieser Umstand dem Bauenden nicht zur Last gelegt werden (JW 95, 304 Nr. 42; Gruchot 39, 935). Es genügt, daß der Nachbar durch irgendeine Scheibe den Himmel sehen kann und ist also nicht erforderlich, daß dies durch alle Scheiben möglich ist. Müller 72.

[49]) Sowohl in § 142 wie in § 143 kommt es auf die Belichtung des fenstertragenden Behältnisses an (Koch Bem. 46 u. 49 zu § 143; Turnau-Förster 357; Föerster-Eccius 177 N 94; RG 2, 196 u. 32, 188). Abweichend Paris, Kritik 8 und Gruchot 24, 70; er legt den § 143 dahin aus, daß auch hier das Verhältnis selbst nur von der Bauseite, das Gebäude auch von einer anderen Seite Licht empfängt. Diese Ansicht ist allseitig abgelehnt; vgl. treffend dagegen auch Kahn 100f.

[50]) RG 35, 181; 36, 218; JW 95, 232; RG i. R 13, 70 und 378. Vgl. RG i. R 11, 418; Kahn 93.

[51]) RG i. R 13, 70.

[52]) OTr. 51, 75; 80, 270; StriethA 42, 234; Dernburg, PrPrR 1, 553 N 11. Die Konstruktion von Koch (Bem. 38 zu § 142), daß es sich um ein durch Verschweigen des Nachbars und fingierten Verzicht entstandenes Recht handelt, hat allseitige Ablehnung gefunden. Vgl. RG 44, 321 ff.

[53]) Paris bei Gruchot 24, 80ff.; Foerster-Eccius 3, 178f. N 37.

kann, daß er bis zum Ablauf dieser Frist das Fenster verbaut[54]). Dieser Ansicht folgt auch das Preuß. AG, indem es in Art. 89 die §§ 142ff. I 8 ALR aufrecht erhält: da unter der Herrschaft des BGB eine Servitutenersitzung unmöglich ist, kann der Gesetzgeber, um die gedachten Normen in das neue Recht hinüberzunehmen, sich nur der reichsgerichtlichen Auslegung angeschlossen haben[55]).

Aus der rechtlichen Natur des Lichtrechts als einer gesetzlichen Eigentumsbeschränkung folgt, daß es nicht eintragungsfähig ist[56]); wohl aber kann das Recht des Nachbars, die Fenster auch nach Ablauf der Zehnjahrfrist zu verbauen, als Dienstbarkeit im Grundbuch Platz finden[57]).

Dieses Lichtrecht nach ALR konnte nach 1900 und kann noch heute unter den gleichen Umständen und Voraussetzungen wie vor dem Inkrafttreten des BGB entstehen, also insbesondere auch für Häuser, die erst nach 1900 erbaut wurden oder künftig erbaut werden. Sind also 10 Jahre nach Eröffnung eines Fensters verstrichen, ohne daß es verbaut worden ist, so darf das Fenster beibehalten und nicht mehr verbaut werden, ohne Rücksicht darauf, in welchem Jahre außerhalb der vergangenen 10 Jahre die Fensteröffnung erfolgt ist. Die damit eingetretene Eigentumsbeschränkung des Nachbarn bleibt auch dann bestehen, wenn das Gebäude, in welchem sich das Fenster befand oder befindet, untergeht oder abgerissen wird, weil es durch einen Neubau ersetzt werden soll. Denn das einmal erworbene Lichtrecht wird durch die nur vorübergehende Nichtausübung nicht beseitigt, so wenig wie dies entsprechend bei der Grunddienstbarkeit der Fall ist; ein Wegfall des Rechts tritt somit durch den Untergang des herrschenden Gebäudes nicht ein, wohl aber dann, wenn aus irgendwelchen Gründen, z. B. städtebaulicher Art, ein Wiederaufbau endgültig ausgeschlossen ist. Das in dem Neu- oder Wiederaufbau anzubringende Fenster darf jedoch den Nachbar nicht mehr beeinträchtigen als das frühere Fenster. Dieses kann aber z. B. durch ein Lichtband ersetzt werden. Unzulässig dagegen eine Vermehrung der Fensterzahl oder eine erhebliche Vergrößerung des Fensterumfangs. Entspricht hiernach das für den Neubau geplante Fenster dem erworbenen Lichtrecht, so ist die Baubehörde nicht berechtigt, die Erteilung der Baugenehmigung von der Zustimmung des Nachbarn abhängig zu machen (vgl. auch oben § 25 A).

Prozessual ist zu bemerken, daß außer dem Eigentümer des lichtberechtigten Grundstücks auch der dinglich Berechtigte klagen kann[58]) und daß passiv legitimiert der Eigentümer des Gegenbaus, nicht der Bauende ist[59]).

Der Antrag soll nach reichsgerichtlichem Erfordern nicht auf bestimmte Maßregeln gehen; „es genügt, wenn er in Anlehnung an die Worte des Gesetzes dem Beklagten aufgibt, was er zu tun hat[60])". Das ist theoretisch gewiß zu billigen, wird aber in der Vollstreckung oft zu Schwierigkeiten führen müssen.

---

[54]) RG 46, 271; 44, 312ff.; früher zweifelnd RG 35, 182; ferner JW 00, 571; OLG 24, 317 (Marienwerder); 26, 15 (KG) R 14, 308 (Posen); Gruch. 24, 67; ebenso Müller 70d; Kahn 107. Noch für die alte Auffassung Dernburg SR 294ff.; Endemann 466 N 22.

[55]) Habicht 392ff. Abw. Affolter, Intertemporales ProvR 381, der Ersitzung von Grundstücken auch nach 1900 zuläßt.

[56]) Vgl. oben § 24 VI. Abw. Endemann 466 N. 22.

[57]) Turnau-Förster 358; doch ist zu beachten, daß die Eintragung ausdrücklich die Ausdehnung des Baurechts über die Zehnjahrsfrist hinaus enthalten muß; bis zum Ablauf derselben folgt das Baurecht aus dem Eigentum, ist also nicht eintragungsfähig.

[58]) Turnau-Förster 358; Müller 73i will zu Unrecht den Nießbraucher ausschließen.

[59]) RG JW 98, 620; Müller 73i; OLG 26, 15 (Marienwerder).

[60]) RG JW 97, 586.

D. Code civil (Rheinisches Recht)

I. Fensterrecht. Der Code civil unterscheidet für das Fensterrecht zunächst zwischen Fenstern in gemeinschaftlichen Mauern und Fenstern in Mauern, die im Alleineigentum des Fensterinhabers stehen.

1. Fenster in gemeinschaftlichen Mauern (Cc. Art. 675).

Der Code verbietet die Anlage von Fenstern in gemeinschaftlichen Mauern ohne Erlaubnis des Miteigentümers. Art. 89 Nr. 2 PrAG hält den Art. 675 ausdrücklich aufrecht; dennoch ist es zweifellos dem Reichsrecht gegenüber als ungültig anzusehen. Wie oben[61]) dargelegt, unterfallen gemeinschaftliche Grenzmauern des Code zunächst den Vorschriften der §§ 921 ff. BGB. Nach § 922, der die gemeinschaftliche Benutzung der Grenzeinrichtungen näher regelt, darf keine derartige Einrichtung ohne des Nachbars Zustimmung geändert werden, solange einer der Nachbarn an dem Fortbestehen — d. h. am unveränderten Fortbestehen — ein Interesse hat, und jeder Nachbar darf sie für sich nur insoweit benutzen, als nicht des andern Mitbenutzung beeinträchtigt wird. Danach kann also der Nachbar der Anlage von Fenstern in der Mauer solange — und nur solange — widersprechen, als es sein Interesse mit Rücksicht auf sein Mitbenutzungsrecht erheischt. Dieser die Schikane des Nachbars ausschließenden Regelung des Benutzungsrechts gegenüber ist das absolute Verbot des Art. 675 eine Verschärfung, zum mindesten — wenn man die Grenze des nachbarlichen Interesses auch für das Recht des Code gelten läßt —, eine Wiederholung; es muß daher (gem. Art. 124 EG) die landesrechtliche Norm den reichsrechtlichen Vorschriften des § 922 BGB weichen. Art. 675 Cc. ist daher trotz der Aufrechterhaltung im Preußischen Ausführungsgesetz nicht mehr gültig[62]).

2. Fenster in nicht gemeinschaftlichen Mauern.

Das Recht auf Anlegung von Fenstern in einer Mauer, die im Alleineigentum des Fenstereigentümers steht, ist in C. c. eigenartig geregelt. Grundsätzlich entscheidend für die Bedeutung einer Öffnung ist, ob sie Aussicht auf das Nachbargrundstück gewährt oder nicht. Die Aussichtsfenster (vues) dürfen nur in bestimmtem Grenzabstand angelegt werden; Fenster, die eine Aussicht nicht ermöglichen, bloße Lichtöffnungen (jours), darf man unmittelbar auf der Grenze anlegen. Doch unterliegt ihre Einrichtung gewissen Beschränkungen. Die Beschränkungen in der Anlage und Einrichtung von Fenstern gelten auch für das Recht des C. c. als gesetzliche Einengung des an sich unbegrenzten Eigentumsinhalts, als wahre Eigentumsbeschränkung, nicht als Servitut[63]). Die Beschränkungen finden gleichermaßen Anwendung auf Stadt- und Landgrundstücke, umfriedete oder offene Güter, Fenster in Gebäuden, tragende und bloße Scheidemauern[64]).

a) Lichtfenster (jours) Art. 676 und 677 C. c. Unter Lichtfenstern i. S. Art. 676f. C. c. versteht man Öffnungen, die lediglich dazu angelegt sind, Licht in die hinter ihnen belegenen Räumlichkeiten zu bringen[65]). Sie dürfen weder der Luftzufuhr, noch der Aussicht oder der Vermittlung von Immissionen auf das Nachbargrundstück dienen[66]). Dem-

---

[61]) S. oben § 7 V.

[62]) A. M. RG 162, 212; Kahn 121 N 3.

[63]) Carpentier Bd. 36 sub „vues" N 13; Demolombe Bd. 11 N 8, 12 N 540; Aubry-Rau Bd. 2 § 194 Text und N 1; Baudry-Lacantinerie N 1028 und 1033. RG 31, 342.

[64]) Carpentier a. a. O. N 12; Zachariae-Crome 1, 521 N 5; Fuzier-Hermann Bem. 4 und 5 zu Art. 676 C. c. Doch muß es sich stets um eine Öffnung in einem Behältnis handeln, das überhaupt menschlicher Benutzung unterliegt; unanwendbar sind daher die §§ 676ff., z. B. auf Öffnungen in Grabkapellen (OLG Köln in Puchelts Z. 25, 109).

[65]) Unerheblich ist, ob das Licht durch eine Glasscheibe oder durch andere lichtdurchlässige Stoffe (Hohlziegel) einströmt (Köln i. RheinA 101, 121).

[66]) Carpentier N 5; Baudry-Lacantinerie N 1024.

entsprechend müssen sie eingerichtet sein. Sie müssen gemäß § 676 Zufenster sein, d. h. in unöffenbarem Rahmen sitzen (chassis à verre dormant)[67]). Sie müssen ferner mit einem eisernen Gitter (à fer maillé) versehen sein, dessen einzelne Stäbe höchstens 10 cm voneinander entfernt sind[68]). Endlich müssen sie in einer bestimmten Höhe über dem Boden des zu erleuchtenden Raumes angelegt werden, nämlich 2,60 m, wenn der Raum auf ebener Erde, 1,90 m, wenn er in einem höheren Stockwerk liegt[69]). Die Bemessung muß von der Seite des Fensterinhabers erfolgen; haben die beiden benachbarten Grundstücke verschiedenes Niveau, so kommt nur der Boden desjenigen Grundstücks in Frage, auf dem der Bau mit dem Fenster steht[70]).

Über den Umfang der Fenster schweigt das Gesetz; er kann also beliebig groß sein[71]).

b) Aussichtsfenster (vues) Art. 678—680). Als Aussichtsfenster bezeichnet die französische Lehre und Rechtsprechung Öffnungen, die einen „regard pénétrativ", d. h. einen in das Nachbargrundstück eindringenden Ausblick gestatten und die Möglichkeit gewähren, Luft einzulassen[72]). Von anderer Grundauffassung scheint das Reichsgericht für das rheinische Recht auszugehen: es definiert die Zweckbestimmung der vues als „Aussicht, nicht Einsicht in das Nachbargut[73])". Diese Abweichung ist z. B. von Bedeutung für die Entscheidung der Frage, ob „vues" i. S. des Art. 678ff. vorliegen, wenn die Fenster lediglich auf eine höhere lückenlose Mauer oder auf ein Dach des Nachbars gehen. Das Reichsgericht bejaht die Frage von seiner Auffassung aus, daß jeder Anblick fremden Eigentums schon Aussicht i. S. des Art. 678ff. ist[74]), während die herrschende Meinung für das französische Recht zur gegenteiligen Entscheidung kommt, meist auf Grund des Satzes, daß der Nachbar an Beschränkung solcher „Aussichts"fenster kein Interesse habe[75]).

Aussichtsfenster müssen gemäß Art. 678 einen bestimmten Abstand von der Nachbargrenze einhalten. Fenster mit gradliniger Aussicht (vues droites) müssen 1,90 m, Fenster mit schräggerichteter Aussicht (vues obliques) müssen 60 cm Grenzabstand halten.

---

[67]) Man hat „verre dormant" als blinde (undurchsichtige) Fenster übersetzt (Kretzschmar, Rhein. Zivilrecht Art. 676). Dagegen mit der französischen Rechtslehre auch OLG Köln im RheinArch. 101 I 141; RG ebd. 93 II 45. Nicht aber brauchen die unbeweglichen Rahmen mit Kalk oder Gips vermauert zu werden (Baudry-Lacantinerie N 1029).

[68]) Müller, Baurecht 38.

[69]) Von Kellerfenstern ist in dem Gesetz nicht die Rede; sie unterliegen den Beschränkungen des Art. 676ff. nicht. Demolombe Bd. 12 N 534; Carpentier N 54; Baudry-Lacantinerie N 1029; Fuzier-Hermann Bem. 7 zu Art. 676.

[70]) Carpentier N 30; Fuzier-Hermann Bem. 2 zu Art. 677; Baudry-Lacantinerie N 1029 S. 734. Handelt es sich um Fenster zur Beleuchtung einer an der Grenzwand entlanglaufenden Treppe, so ist die Höhe von jeder dem Fenster entsprechenden Stufe zu bemessen; liegen mehrere Stufen darunter, so läuft das Höhenmaß von der obersten Stufe ab. Vgl. Demolombe Bd. 12 N 535; Baudry-Lacantinerie a. a. O.; Carpentier N 32.

[71]) Zachariae-Crome 1, 521 N 7; Carpentier N 26; Fuzier-Hermann Bem. 1 zu Art. 677.

[72]) Coutûme d'Orleans Art. 229; Demolombe Bd. 12 N 528; Fuzier-Hermann Bem. 2 zu Art. 678. [73]) RG 15, 329.

[74]) RG 15, 328ff.; ebenso Zachariae-Crome 1, 522 N 12b; Kahn 117.

[75]) Pardessus 1 N 204; Demolombe 12 N 569; zweifelnd Baudry-Lacantinerie N 1038; Stand des Streites bei Fuzier-Hermann Bem. 17 und 20 zu Art. 678. Der Nachteil der französischen Lehre, die an sich dem Rechtsgefühl mehr entspricht, zeigt sich aber darin, daß, wenn der Nachbar Mauer oder Dach niederlegt und dadurch die Aussicht frei wird, die Fenster fallen oder die Entfernung der Art. 678f. einhalten müssen. Vgl. Carpentier N 111.

Der Unterschied zwischen gerad- und schräggerichteter Aussicht ist streitig. Eine ältere Lehre stellte darauf ab, ob die fenstertragende Mauer sich parallel der Grundstücksgrenze oder im Winkel dazu erstrecke[76]). Diese Ansicht lehnt die herrschende Meinung mit Recht ab[77]), und versteht unter geradgerichteter Aussicht eine solche, bei der man das Nachbargrundstück sieht, ohne sich aus dem Fenster hinauszubeugen oder den Kopf zu drehen, derart, daß die Fenster, in der Richtung ihrer Achse verlängert, das Nachbargrundstück treffen müssen, während schräggerichtete Aussicht ein Fenster dann gewährt, wenn man sich dazu in einer von der Fensterachse abweichenden Richtung aufstellen muß[78]).

Den gleichen Abstand wie die Aussichtsfenster müssen gemäß Art. 678 wahren Balkons und andere Gebäudevorsprünge[79]). Der für Aussichtsfenster geforderte Grenzabstand berechnet sich von der äußeren Seite der fenstertragenden Mauer bzw. von der äußeren Linie des Balkons, Erkers usw. an bis zur Grundstücksgrenze (Art. 680). Art. 680 ist ungeschickt abgefaßt; denn seinem Wortlaut nach paßt er nur für die dem Nachbargrundstück gegenübergelegenen „vues droites", bei der auf der Außenseite der Mauer jeder Punkt gleich weiten Abstand von der Grenzlinie hat. Unanwendbar ist die Messungsnorm des Art. 680 für schräggerichtete Aussichtsfenster, Balkons usw. Hier muß der dem Nachbargrundstück nächstgelegene Punkt der Außenseite oder -linie als Ausgangspunkt der Berechnung zur Grundstücksgrenze hin genommen werden[80]). Die Frage der Berechnung ist Tatfrage und als solche der Revision nicht unterworfen. Verurteilt der Richter den Fensterinhaber zur Einhaltung eines gewissen Abstandes, so ist der Abstand jetzt in Metern, nicht mehr in der im Art. 678 und 679 enthaltenen Bemessung in Fuß und Zoll anzugeben[81]).

c) Sehr oft wird es zweifelhaft sein, ob Fenster und andere Öffnungen als Lichtöffnungen (1) oder Aussichtsfenster (2) zu behandeln sind. Die Frage ist von größter Wichtigkeit für die unten zu behandelnde Frage des Lichtrechts, d. h. für die Frage, ob und inwieweit die Öffnungen in Mauern vom Nachbar verbaut werden dürfen oder nicht. Dabei genießen dann Aussichtsfenster, wenn überhaupt, einen weiteren Schutz als bloße

[76]) Pardessus 1 N 204; Demolombe 12 N 528.

[77]) Nach ihr böte ein Fenster in einer Mauer auch dann vue droite, wenn die Mauer zwar der Grenze parallel, aber die das Fenster enthaltende Stelle schon meterweit hinter dem Punkte läge, wo gegenüber das fragliche Nachbargrundstück sein Ende hat; ein offensichtliches Unding.

[78]) Carpentier N 6; Fuzier-Hermann Bem. 2 zu Art. 678; Bem. 8 zu Art. 679; Aubry-Rau 2, 196 Text und N; Baudry-Lacantinerie N 1031; Zachariae-Crome 1, 519 N 1a; RG in Puchelts Z 35, 409. Unrichtig Kahn 117, der beide Theorien vermengt.

[79]) Ebendahin gehören künstlich aufgeschüttete Terrassen, glatte Aussichtsdächer, Belvedères usw., nicht aber natürliche Bodenerhöhungen. Vgl. RG JW 05, 192; Zachariae-Crome 1, 520 Nr. 3; Carpentier Nr. 78ff.; Baudry-Lacantinierè N 1032 S. 739 bes. Anm. 3. Türen sind verschieden zu behandeln; Glastüren dürften stets unter Art. 678f. fallen, Türen mit voller Füllung nicht, selbst wenn sie unmittelbaren Zugang zum Nachbargrundstück gewähren (auf die Möglichkeit vorübergehender Aussicht beim Türöffnen kommt es nicht an); bei Gittertüren wird die Art der Anlage entscheiden. Dachluken (lucarnes), die, im Dach angebracht, nur Aussicht senkrecht gen Himmel gewähren, unterfallen den Abstandsvorschriften nicht. Bei Aufschüttungen und vorübergehenden Anlagen, die an sich eine Aussichtsmöglichkeit gewähren, entscheidet die Zweckbestimmung. Vgl. Fuzier-Hermann Bem. 12 zu Art. 678.

[80]) Baudry-Lacantinerie N 1032; näheres über die Berechnungsart bei Carpentier N 67ff.; Fuzier-Hermann zu Art. 680, vor allem RG in Puchelts Z 35, 409. Vgl. auch Zachariae-Crome 1, 522 N 11.

[81]) RG in Puchelts Z 26, 624.

Lichtöffnungen. Welche von den beiden Öffnungen vorliegen, ist reine Tatfrage und dem Ermessen des Richters überlassen[82]). Entscheidend ist der Ort der Errichtung, die Unbequemlichkeit für den Nachbar, die Größe und Einrichtung der Öffnungen, vor allem aber ihre Höhe über dem Fußboden.

d) Müssen die Abstandvorschriften des Art. 678f. auch innegehalten werden, wenn ein Grundstück zwischen beiden Nachbargrundstücken liegt?

α) Gehört das dazwischenliegende Grundstück einem Dritten, so entbindet seine Einwilligung den Fensterinhaber nicht, dem Nachbar gegenüber den gesetzlichen Abstand zu wahren[83]).

β) Ist das Zwischengrundstück öffentliche Straße (oder öffentliches Gewässer[84])), so ist kein Abstand einzuhalten, auch wenn die Straße usw. schmaler ist als die Entfernungen der Art. 678 und 679[85]).

γ) Streitig ist, wie zu verfahren ist, wenn das Zwischengrundstück beiden Nachbarn gemeinsam gehört[86]). Herrschende Meinung ist, daß der Zweck des Zwischenraums entscheidet; ist er nur als Durchgang oder Aufnahmeplatz für die Dachtraufe gedacht, so greifen die Art. 678f. ein; soll er der Erhellung oder Lüftung beider Grundstücke dienen, so sind Abstände nicht innezuhalten[87]).

e) Verstoßen Fenster gegen die Vorschriften der Art. 676ff., so hat der Nachbar die negatorische Beseitigungsklage. Der Fensterinhaber vermeidet die Beseitigung seiner Anlage, indem er sie auf die gesetzlichen Vorschriften zurückführt[88]).

II. Lichtrecht. Ein das Eigentum beschränkendes aus dem Gesetz folgendes Lichtrecht nach Art des ALR ist dem Code civil nicht bekannt. Das Lichtrecht des rheinischen Rechts muß stets durch besondere Rechtsverhältnisse, insbesondere durch eine Dienstbarkeit erworben werden; Entstehungsgründe der Dienstbarkeit sind rechtsgeschäftliche Bestellung, Widmung (destination du père de famille Art. 692f. C. c.[89])) und Ersitzung mittels dreißigjährigen, offenkundigen, ununterbrochenen[90]) Besitzes; der Besitz darf nicht auf widerruflicher Gestattung des Nachbars (acte de tolérance) beruhen[91]) und muß dem gesetzlich vorgeschriebenen Zustand des Fensters widersprechen[92]).

---

[82]) Carpentier N 33; Fuzier-Hermann Bem. 10; Supplément Bem. 4 zu Art. 676; Bd. 8 N 60; Baudry-Lacantinerie N 1033 S. 744; OLG Köln RheinArch. 79 I 24.

[83]) Carpentier N 133; Domolombe Bd. 12 N 564.

[84]) Nicht etwa Privateigentum einer öffentlichrechtlichen juristischen Person.

[85]) Zachariae-Crome 1, 521 N 9; OLG Köln RheinArch. 80 I 53; Pardessus Bd. 1 N 204; Demolombe Bd. 12 N 566; Frz. Cassationshof in Puchelts Z. 38, 369.

[86]) Vgl. Fuzier-Hermann Bem. 35ff. zu Art. 678.

[87]) Baudry-Lacantinerie N 1041; Demolombe Bd. 12 N 565; Fuzier-Hermann Bem. 39 zu Art. 678. Im einzelnen ist manches streitig. Vgl. Puchelts Z. 28, 5.

[88]) Fuzier-Hermann Bem. 45 und Supplément Bem. 1 zu Art. 676; Baudry-Lacantinerie N. 1030 S. 736 Fußnote 2.

[89]) Carpentier N 140; Pardessus 1 N 292; RG 13, 304.

[90]) Vorhanden sein muß eine Anlage, die jederzeit die Ausübumg der Dienstbarkeit ermöglicht. OLG Köln RheinArch. 92 I 109; ebenda 93 II 45.

[91]) Ob wirklicher Besitz cum animo iuris oder acte de tolérance vorliegt, ist Tatfrage. Vgl. Laurent Bd. 8 Nr. 60; Baudry-Lacantinerie N 1034; Fuzier-Hermann Bem. 59 zu Art. 678; Carpentier N 151ff. mit zahlreichen Beispielen.

[92]) Aubry-Rau Bd. 2 § 196 N 16 und 19; Zachariae-Crome 1, 520 N 4; Demolombe Bd. 12 N 540 und 542.

Ob nun der so ausgeübte dreißigjährige Besitz einer regelwidrigen Fensteranlage außer dem Recht, die Fenster beizubehalten, auch ein echtes Lichtrecht, d. h. einen Anspruch auf Unterlassung von Gegenbauten gibt, ist seit langem streitig, wird aber in der neueren rheinpreußischen Rechtsprechung bejaht[93]). Wieweit der Nachbar zurückweichen muß, bestimmt der Richter unter Zugrundelegung des Satzes „quantum possessum tantum praescriptum" nach freiem Ermessen[94]). Gibt der Besitz keinen Maßstab, so ist bei Lichtfenstern (jours) eine für die Lichtaufnahme genügende Entfernung zu bestimmen[95]), gegen vues droites muß der Nachbar 1,90 m, gegen vues obliques 60 cm abrücken[96]).

E. Provinzial- und Partikularrechte

I. Kurhessen

a) Fensterrecht

Quelle des kurhessischen Fensterrechts (im wesentlichen der Bezirk des OLG Kassel) ist die kurhessische Bauordnung von 1784[97]), die auf Grund eines konkreten Rechtsfalls erlassen wurde und die für Kurhessen als gemeinrechtlich angenommene Vorschrift der L. 12 C. de aed. priv. VIII 10 (lex Zenoniana) ablöste, nach welcher im allgemeinen offene Fenster nur im Abstand von 12 Fuß gegen das Nachbargebiet errichtet werden durften[97a]). Die Bauordnung enthält eine ausdrückliche Vorschrift über die Anlage von Fenstern, d. h. über das Fensterrecht im engeren Sinne, nur für einen ganz bestimmten Fall: es verordnet nämlich § 28 Abs. 2 der Bauordnung, daß es dem Erbauer eines neuen Gebäudes, das in Nachbarschaft eines älteren, schon mit dem Lichtrecht ausgestatteten[98]) Gebäudes errichtet wird, dann gestattet sein soll, offene Fenster anzulegen, wenn 1. der Neubau mindestens 4 Fuß vom Nachbargebäude und dabei 2 Fuß von der Grenze entfernt liegt und wenn 2. die neuen Fenster nicht gerade gegenüber den bereits mit dem Lichtrecht versehenen älteren Fenstern liegen. Die Voraussetzung der Fensteranlage gegenüber den mit Lichtrecht ausgestatteten Fenstern ist daher eine dreifache: einmal muß der Abstand von 4 Fuß innegehalten werden; ferner müssen von den 4 Fuß zwei dem Neubauenden gehören (so daß ein gemeinschaftlicher Winkel zwischen den Häusern entsteht)[99]), und endlich dürfen die neuen Fenster nur schräg gegen die alten privilegierten Fenster angelegt werden.

---

[93]) Die ältere Praxis des OLG und ObApp. Köln gewährte lediglich die Beibehaltung der normwidrigen Fenster auf Grund der usucapio libertatis (Rhein Arch. 57, 135; 62, 54ff. usw.). Seit ROHG 18, 249 ändert sich die Praxis, wie im Text angegeben; RG 13, 304; 20, 349; 31, 343. Ebenso die herrschende französische, badische und hessische Lehre und Judikatur; vgl. z. B. Puchelts Z. 26, 39 (OLG Karlsruhe), HessRspr. 8, 70 und 10; 107. Für die ältere Ansicht mit Pardessus Bd. 2 N 312; Toullier Bd. 3 N 534ff., die belgische und bayerische Praxis. Vgl. hierzu die treffende Darstellung bei Kahn 123ff.

[94]) RheinArch. 90 I 107 (Köln); 91 III 17 (RG); Aubry-Rau Bd. 2 § 196 N 36 und Text.

[95]) RheinArch. 93 II 46 (RG) in Abänderung v. 92 I 110 (Köln).

[96]) Zachariae-Crome 1, 523/4 N 14; Carpentier N 180ff.; Baudry-Lacantinerie N. 1035.

[97]) Nach RG in Heusers Ann. 25, 307 hat die Kurh. Bauordnung von 1784 seinerzeit das subsidiär geltende römische Recht beseitigt und daher das gesamte öffentlichrechtliche und nachbarrechtliche Baurecht ausschließlich geregelt.

[97a]) Vgl. zur Entstehungsgeschichte der Bauordnung, die für ihre Auslegung von großer Bedeutung ist; Pfeiffer, Prakt. Ausf. 4, 8ff.; Stölzel, KurhMitt. 2, 291f.; vor allem ObAppG Kassel in Heusers Ann. 3, 268ff.

[98]) Über die Voraussetzungen des Lichtrechts s. unten zu b.

[99]) Vgl. oben § 7 IV.

In Analogie und Weiterbildung dieser Einzelvorschrift und fußend auf der historischen Entwicklung des Baurechts hat nun die Praxis folgende Sätze für die Anlage von Fenstern festgelegt. Wie dem bebauten und lichtberechtigten Grundstück gegenüber ist die Anlage offener Fenster im Abstand von 2 Fuß von der Grenze auch gestattet, wenn auf dem Nachbargrundstück ein Gebäude ohne Lichtrecht steht und wenn es unbebaut ist[100]. Die grundsätzliche Anordnung einer Abstandsvorschrift für die Fensteranlagen folgt aus der eigenartigen Sonderbildung, die in Kurhessen das gemeine Recht auf Grund der lex Zenoniana angenommen hatte. Die Innehaltung der Abstandsnorm ist eine Eigentumsbeschränkung; zu ihrer Beseitigung mit dinglicher Wirkung bedarf es daher der Bestellung einer Dienstbarkeit.

Der Abstand von 2 Fuß wird gemessen von der Grenze bis zur fenstertragenden Wand; wie tief das Fenster in die Wand eingebaut ist, ist unerheblich[101].

Unerwähnt bleiben in der Bauordnung geschlossene Fenster, d. h. solche, die Einrichtungen zum Öffnen nicht haben[102]; sie können beliebig angelegt werden[103]. Gegen verbotswidrig angelegte Fenster kann der Nachbar mit der Besitz- und Eigentumsklage vorgehen und verlangen, daß sie auf 2 Fuß zurückgerückt oder zugemauert werden; doch genügt der Beklagte der Klagbitte, wenn er die offenen Fenster in Zufenster umwandelt[104]. Das Verbotsrecht ist als bloßer Inhalt des Grundeigentums, als gesetzliche Eigentumsbeschränkung nicht eintragungsfähig[105].

Das Recht der Bauordnung gilt übrigens nicht für die rheinische Grafschaft Hanau und gewisse ehemals Kurmainzische Orte; hier sind einschlägig die Vorschriften der Frankfurter Reformation[106], die des Zusammenhangs wegen mit dem Frankfurter Recht zusammen erörtert werden sollen[107].

b) Lichtrecht

Ob es ein Lichtrecht als gesetzliche Eigentumsbeschränkung gibt, ist Gegenstand lebhaften Streites. Unstreitig wird das Lichtrecht erworben durch Bestellung einer Servitut oder Ersitzung auf Grund gutgläubigen zehnjährigen Besitzes[108]. Nach Pfeiffer kann aber außerdem das Lichtrecht ex lege entstehen in dem oben zu a besprochenen Fall des § 28 Abs. 2 der BO.

Pfeiffer lehrt, daß Fenster in Neubauten, die 4 Fuß von lichtberechtigten Nachbargebäuden und 2 Fuß von der Grenze schräg gegen die Nachbarfenster angelegt werden, auch ihrerseits Lichtrecht haben[109]; noch weiter geht Fritze, der allen 2 Fuß von der Grenze entfernten Fenstern mit der Anlage kraft Gesetzes schon Lichtrecht gewährt[110]. Beide Autoren fassen das so erworbene Lichtrecht als dem Nachbargrundstück auferlegte

---

[100]) Jetzt herrschende Ansicht. Vgl. Fritze in d. KurhMitt. 2, 112ff. § 4; Stölzel ebenda 315; Pfeiffer, Ausf. 7, Nr. 75 S. 309, Nr. 77 S. 373; Heuser Ann. 10, 181f.; 14, 512, 15, 439. [101]) Heuser Ann. 10, 182ff.

[102]) Vgl. Fritze a. a. O. S. 111; Heuser Ann. 8, 724 und die anderen bei Fritze zit. Entscheidungen.

[103]) Pfeiffer 4 Nr. 5, Nr. 8 S. 47, Nr. 9 S. 49; Heuser Ann. 3, 282.

[104]) Heuser Ann. 14, 438.

[105]) Vgl. oben § 24 VI. A. M. noch KG in d. KurhMitt. 1, 187.

[106]) Vgl. Heuser Ann. 6, 29ff.; 16, 227. [107]) Unten II.

[108]) Näheres über den Erwerb, Inhalt und Untergang d. Servitut bei Fritze, KurhMitt. 2, 116ff.; vgl. auch Stölzel ebenda 329ff., der das Erfordernis des guten Glaubens leugnet. Vgl. jedoch Heuser Ann. 14, 512ff.

[109]) Sog. Lichtrecht „aus der Lage der Gebäude". Pfeiffer 4, 28ff.; 7, 345.

[110]) a. a. O. § 13 S. 134ff.

Eigentumsbeschränkung auf. Dem kann nicht beigetreten werden; vielmehr spricht die besondere geschichtliche Entwicklung des Hessischen Fensterrechts, die Rechtsprechung und das praktische Bedürfnis für die von Stölzel eingehend und überzeugend begründete Ansicht, daß das Lichtrecht nur als Servitut aufzufassen und zu erwerben ist[111]).

Der Inhalt der Lichtrechtservitut oder wie es, dem Sinne nach gleich, in § 28 Abs. 2 BO heißt, des Rechts der offenen Fenster[112]) ist erstens positiv der, daß der Berechtigte die Fenster haben und behalten kann, negativ der, daß störende Anlagen im bestimmten Maßstab verboten sind. Der Inhalt des Lichtrechts kann den Nachbar zwingen, mit jedem Neubau vier Fuß zurückzuweichen und zwar ganz gleich, zu welchem Eigentum die Fuß gehören[113]); liegt der lichtberechtigte Bau ½ Fuß von der Grenze, so muß der Nachbar dreieinhalb Fuß seines Bodens freilassen. Der Abstand von vier Fuß ist innezuhalten, gleich, ob es sich um einen vollständigen Neubau handelt oder aber um einen bloßen Umbau (Erhöhung des Hauses)[114]). Die Entfernung ist so zu bemessen, daß der Neubau an keinem einzigen Punkt weniger als vier Werkschuhe von dem ihm zunächst gelegenen Teil des Fensters entfernt ist[115]). Ob das Lichtrecht dem Berechtigten die Freiheit gibt, seine Fenster beliebig zu vermehren, ist Frage der Auslegung des Servituteninhalts, im einzelnen hat die Praxis verschiedene Erfordernisse hierfür aufgestellt. Herrschend ist jetzt wohl die Ansicht, daß gemäß dem Grundstück „quantum possessum tantum praescriptum" das Lichtrecht stets nur Befugnis zur Beibehaltung der einzelnen mit dem Recht ausgestatteten Fenster gibt, und daß bei Neuanlagen der Fensterinhaber beweisen muß, daß die Vermehrung keine Beschwerung des dienenden Grundstücks enthält[116]).

Fenster ohne Lichtrecht können beliebig verbaut werden, auch wenn der Nachbar ihre Beseitigung wegen Innehaltung des Abstandes von 2 Fuß nicht verlangen kann[117]).

Offene Fenster genießen, auch wenn sie im gesetzlichen Abstand angelegt sind, vor Ablauf der Ersitzungszeit keinen Besitzschutz[118]).

II. Frankfurt

a) Fensterrecht

Das Frankfurter Recht steht bezüglich der Fenster auf dem grundsätzlichen Standpunkt der Unzulässigkeit neuer Fensteranlagen. Die Frankfurter Reformation, die noch

---

111) Stölzel a. a. O. 275 ff. und vorher i. ArchZivPr. 52, 215ff., 231 ff.

112) Über die Identität beider Ausdrücke vgl. Stölzel a. a. O. S. 295.

113) Heuser Ann. 15, 22.

114) § 39 BO gestattet jeden Umbau unter Innehaltung des bisherigen Winkelrechts, soweit nicht eine besonders zustehende rechtliche „Servitut" des Nachbars dagegen steht. Im Anschluß an Pfeiffer 4, 31 f. hatte eine Zeitlang die Judikatur angenommen, das Lichtrecht sei eine solche Servitut nicht und verlangte zur Ersitzung der „besonderen rechtlichen Servitut" des § 39 sogenannte qualifizierte Verjährung, d. h. Widerspruch des Nachbars und Beruhigung des Bauenden in der Ersitzungszeit. Danach konnte also ein erworbenes Lichtrecht die völlige Verdunkelung der Fenster durch bloßes Höherbauen nicht verhindern. Mit dieser ungesunden Ansicht brach das ObAppGer. Kassel in der Entscheidung Heuser Ann. 3, 281 ff. und erkannte die Lichtrechtservitut als „besondere rechtliche Servitut" im Sinne des § 39 an, fähig, den an sich gestatteten Um- und Höherbau zu verhindern. Vgl. Fritze a. a. O. 124f.

115) OLG Kassel i. KurhMitt. 1, 131 ff. Über frühere Ansichten vgl. Fritze a. a. O. 126f.

116) Heuser Ann. 11, 305 ff.; 18, 186. Vgl. Fritze § 8 S. 19ff.

117) Vgl. Stölzel 314f. und ArchZivPr. 52, 235ff.

118) Stölzel a. a. O. 281 ff., 327ff. Dagegen Fritze § 12 S. 13ff.

heute in Hanau[119]) und, teilweise durch die Verordnung vom 3. 6. 1749 geändert[120]), in anderen Ortschaften der Provinz Hessen-Nassau[121]) gilt, gestattet nur die Anlage von Luftlöchern[122]) und, unter bestimmten Beschränkungen, von Dachluken (Gaupen[123])), verbietet dagegen die Anlage neuer Fenster ohne Zustimmung des Nachbars[124]). Erst dreißigjähriger unangefochtener Besitz gibt dem Inhaber das Recht, seine Fenster zu behalten[125]). Doch kann selbst dann der Nachbar Vergitterung verlangen[126]), „damit der Nachbar durch das verdrießliche Einsehen, auch etwa Ausschütten und Auswerfen nicht beschwert werde". Das Frankfurter Baustatut von 1809, das in Frankfurt selbst die fensterrechtlichen Vorschriften der Reformation abgelöst hat, hält dies Verbot mit einigen Milderungen[127]) aufrecht. Die Fensteranlegung ist von der Zustimmung des Nachbars nicht mehr abhängig, wenn der Fensterinhaber 9 Fuß vom Eigentum seines Nachbars nach der ganzen Länge des Baus zurückweicht[128]); vor allem aber wird jetzt dem das Fensterrecht bestreitenden Nachbar der Beweis auferlegt, daß die angegriffenen Fenster „aus bloßer Vergünstigung" bestanden; die Vermutung spricht für das Fensterrecht[129]); wo nicht ausdrückliche Abmachung[130]) davon entbindet, ist der Fensterinhaber verpflichtet, bei Neu- oder Umbauten das Fenster 8 Fuß über dem Boden ebenerdiger, 6 Fuß über dem in höheren Stockwerken belegener Zimmer anzulegen und sie in bestimmter Art und Weise zu vergittern[131])[132]).

b) Lichtrecht

Das Lichtrecht wird in beiden genannten Rechtsquellen als Servitut behandelt, die außer durch Rechtsgeschäft durch dreißigjährige Ersitzung erworben werden kann. Die Wirksamkeit beider Erwerbsarten ist aber verschieden[133]). Beruht das Lichtrecht auf Bestellung, so entscheidet über seinen Umfang nur der Erwerbsakt, nach dem Recht des Baustatuts allerdings mit der Einschränkung, daß der Nachbar mit seinen Bauten nie mehr als 9 Fuß zurückzuweichen braucht[134]). Das ersesseneLichtrecht dagegen beseitigt die Baufreiheit des Nachbars an sich nicht; nur muß schon nach dem Recht der Reformation der Nachbar dem Fenster das notdürftige Licht belassen[135]). Genauer

---

119) Kersting, Sonderrechte i. Kurf. Hessen 850ff.; Heuser Ann. 16, 29ff.

120) Frankfurter Rechtsquellen 67.

121) Heuser Ann. 16, 227.

122) Heuser Ann. 19, 401. Vgl. Neumann-Levi, Frankf. PrivR Nachträge 19.

123) Frankf. Ref. VIII 7 § 3.

124) a. a. O. § 2; Fenster nach der Gasse sind frei § 7.

125) a. a. O. § 6 und 5. Vgl. Heuser Ann. 6, 36ff.

126) a. a. O. § 4; hiervon wird der Fensterinhaber nur durch usucapio libertatis befreit.

127) Verboten ist die Anlage von Fenstern in Brandmauern, selbst alte sind zu schließen Baustatut I 24 und VI 10.

128) a. a. O. § 8.

129) a. a. O. § 6.

130) usucapio libertatis ist ausgeschlossen. Bender 236 zu N 4.

131) a. a. O. § 7.

132) Diese Vorschrift gilt nur für schon bestehende, abweichend angelegte Fenster. Bender 236 zu N 3; Römer, Entsch. d. ObAppGer. Lübeck 1, 34ff.

133) Vgl. hierüber Heuser Ann. 6, 36ff. und anschließend 26, 480; 28, 392.

134) Ref. VIII 7 § 5; Baustatut VII § 3.

135) Ref. VIII, 7 § 5 und die Entscheidung in N 5. Wird durch den Neubau an sich zwar das notdürftige Licht geschmälert, erhält der Fensterinhaber aber von anderer Seite Licht genug, so braucht der Bauende nicht zurückzuweichen. Heuser Ann. 26, 480f. Der Urteilstenor legt dem Nachbar nur auf, soweit mit dem Neubau zurückzuweichen, als erforderlich ist, um dem klägerischen Fenster das notdürftige Licht zu verschaffen genaue Maßangaben sind zu vermeiden. Heuser Ann. 6, 49f., abw. Ann. 28, 393f.

fordert das Baustatut, daß, wenn der Lichtrechtinhaber sich anders Licht nicht verschaffen kann, der Nachbar soweit zurückweichen muß, daß man aus dem nur von der Nachbarseite belichteten ungeöffneten Fenster im 2. Stock den Himmel erblicken kann[136]). Mindestens aber hat in jedem Fall der Nachbar 5 Fuß von dem Fenster[137]), höchstens braucht er 9 Fuß zurückzuweichen[138]). Den Anspruch auf 3 Fuß Bauabstand hat sogar der Inhaber eines noch nicht lichtberechtigten Fensters, bis ihm der Nachbar nachweist, daß es nur prekaristisch „aus bloßer Vergünstigung" bestanden hat[139]). Das Lichtrecht versagt gegen die Anlegung von Brandmauern, der Erbauer der Mauer darf das Lichtrecht mit Geld ablösen; nur wenn selbst notdürftiges Licht von keiner Seite gewonnen werden kann, muß die Mauer 3 Fuß vom Fenster Abstand halten[140]).

III. Lübisches Recht

Im Geltungsgebiet des Lübischen Rechts, das in vielen Städten Pommerns[141]) und Schleswig-Holsteins[142]) gilt, ist grundsätzlich die Neuanlegung von Fenstern[143]) ohne Einwilligung des Nachbars[144]) verboten[145]), wenn sie dem Nachbar zum Schaden oder Nachteil gereichen[146]). Ein Korrelat zu dieser weitgehenden Eigentumsbeschränkung

---

[136]) Baustatut VII § 5. [137]) OLG Frankfurt i. Frankf. Rundschau 12, 232ff.

[138]) OLG Frankfurt a. a. O. 1871, 157; 1912, 233. [139]) Baustatut VII § 6.

[140]) a. a. O. VII § 10 und I § 24.

[141]) Geltungsgebiet vgl. OTr. 13, 384; StriethArch. 17, 158. Für die Anwendbarkeit lüb. Rechts spricht in den damit bewidmeten pommerschen Städten die Vermutung; entgegenstehende Normen sind zu beweisen. OTr. 10, 234.

[142]) Geltungsgebiet Kaehler 287f; Ipsen i. Holst. Anz. 1857, 98f.; Schl.-HolstAnz. 08, 161 und 33, 97.

[143]) Luken stehen den Fenstern gleich HolstAnz. 1849, 78f.

[144]) Nachbarschaft besteht nicht, wenn zwischen den Parteien eine öffentliche Straße oder das Eigentum eines Dritten liegt. HolstAnz. 1844, 72; Kaehler 285. Doch braucht das fenstertragende Gebäude nicht auf der Grenze zu stehen, um vom Verbot des Art. 13 III 12 getroffen zu werden. SchleswHolstAnz. 1872, 27; 1880, 125 (RG); Kaehler a. a. O.; Ipsen a. a. O. 107.

[145]) Lüb. Stadt R. III 12 Art. 13. Die pommersche Praxis verlangt ausdrückliche Einwilligung, wendet aber das Verbot nicht an, wenn in Neubauten an alter Stelle und im alten Umfang Fenster wieder angelegt werden. Wilmowski, Lüb. Recht i. Pommern 46; OTr. 37, 58 und i. Preuß. Ann. 1864, 128.

[146]) Die Einschränkung des Verbots beruht in Pommern auf Gewohnheitsrecht OTr. Präj. S. 1, 279; StriethArch. 39, 183; Preuß. Ann. Z. 1864, 120; Wilmowski 44. Für Teile Schleswig-Holsteins, den sog. königlichen Anteil — siehe SchleswHolstAnz. 16, 57 — sind die mit Gesetzeskraft ausgestatteten eine authentische Interpretation enthaltenden Kgl. Reskripte vom 7. 11. 1748 und 26. 1. 1756 maßgebend, wonach der Gegenbau nur verboten ist, wenn er dem Nachbarn einen neuen oder größeren Nachteil, Unbequemlichkeit oder Verlust verursachen würde, „so klein er auch sein möchte". Vgl. Kaehler 282; Ipsen a. a. O. 113ff. (mit Anwendungsfällen). Während aber die pommersche Praxis dem beklagten Fensterinhaber den Beweis für die der ursprünglichen Norm entgegenstehende Behauptung der Unschädlichkeit der Fenster auferlegt — Preuß. Ann. Z. 1864, 120 — gehört für Schleswig-Holstein, wo die genannten Reskripte gelten, — anders außerhalb des Geltungsbereichs (LG Kiel, SchleswHolstAnz. 16, 71), — die Behauptung der Unbequemlichkeit der Fenster zum Tatbestand der schlüssigen Klage (HolstAnz. 49, 76); doch genügt jede noch so kleine Belästigung zum Verbot der Fenster, so daß es fast stets durchdringt. Vgl. SchleswHolstAnz. 02, 273; 16, 57ff., 71ff.; OLG Kiel).

bildet die dem lübischen Recht eigentümliche Verschweigungsfrist von Jahr und Tag (1 Jahr und 1 Tag)[147]), derzufolge das Widerspruchsrecht des Nachbars gegen die Fenster erlischt, wenn sie die Verschweigungsfrist hindurch unangefochten, d. h. ohne gerichtliche Geltendmachung des Widerspruchsrechts bestanden haben. Die Praxis hat dann weitergehend den so mit Fensterrecht ausgestatteten Fenstern auch ein Lichtrecht zugebilligt, das den Fensterinhaber berechtigt, das Rücktreten von Gegenbauten[148]) zu fordern[149]).

IV. Rheinische Partikularrechte

1. Die Nassau-Katzenellenbogische Landesordnung[150]) bestimmt, daß Fenster neu nicht angelegt und nur ersessene (hergebrachte) beibehalten werden dürfen; doch gibt es auch für diese kein Lichtrecht.

---

[147]) Lübisches Recht R I 8 Art. 2: „Wann über Jahr und Tag ein Gebäude unangefochten gestanden, das kann nach Jahr und Tag nicht mehr angesprochen werden". Diese Bestimmung regelt die zeitliche Begrenzung des nachbarlichen Widerspruchsrechts, ist also, wie dieses selbst, eine Vorschrift über Eigentumsbeschränkung und durch Art. 124 EG aufrechterhalten. Ebenso Kahn 199; Wittmaack in den SchleswHolstAnz. 07, 337; OLG Kiel SchleswHolstAnz. 16, 58 und LG Kiel ebenda 08, 161ff. mit allerdings theoretisch recht anfechtbarer Begründung. Abw. anscheinend SchleswHolstAnz. 06, 2 (OLG Kiel).

[148]) Nach einer Entscheidung des ObGerichts Glückstadt (HolstAnz. 1840, 83), der sich Kaehler 286k anschließt, soll sich das Lichtrecht zwar gegen Gebäude, nicht aber gegen andere Hemmnisse wie Holzhaufen usw. richten. Der Unterschied ist gewiß ungerechtfertigt, es sei denn, daß es sich um offenbar ganz vorübergehende Einrichtungen handelt.

[149]) Wie das Lichtrecht zu konstruieren sei, ist durchaus streitig. Die Annahme einer mit dem Verlust des Widerspruchsrechts gleichzeitigen Erwerbung bzw. Ersitzung eines Gegenrechts ist nach dem Wortlaut des Art. 8 I 2 schwer zu rechtfertigen; dieser Artikel vernichtet nur das Widerspruchsrecht des Nachbars, ohne dem „unangefochtenen" Fenster ein aggressives Schutzrecht zu verleihen. OTr. 17, 388 und 41, 379; HolstAnz. 1887, 377. Dennoch ist diese Auffassung bis in die neueste Zeit herrschend. Vgl. Bornemann, Rechtsfälle 37ff. (ObAppGer. Greifswald); StriethArch. 36, 112ff.; Wilmowski 50f., 66 und 71; SchleswHolstAnz. 1880, 250; 1889, 265; 1906, 293; Ipsen a. a. O. 114. Auch Art. 7 III 12 d. Lüb. Rechts ist häufig herangezogen worden. Vgl. HolstAnz. 1848 92; 1854, 54; Wittmaack, SchleswHolstAnz. 07, 337; Brandt ebenda 244. Für das Recht des BGB sind diese Erklärungen jedenfalls unbrauchbar. Dagegen mit Grund auch LG Kiel in SchleswHolstAnz. 1912, 293. Wenn aber diese Entscheidung das Lichtrecht nicht als Ausfluß des Eigentums auffassen will, so ist das doch recht bedenklich. Mit dem Erlöschen des nachbarlichen Widerspruchsrechts wird der vom Gesetz vorgesehene Eigentumsinhalt von Gesetzeswegen geändert, das zwischen den Nachbarn verteilte Eigentum wird nun abändernd so verteilt, daß dem Fensterinhaber das zuwächst, was dem Nachbar durch Verschweigung verloren gegangen ist; sein Eigentum ist derart erweitert, daß ihm die Fensteranlegung jetzt freisteht. Daraus aber ist eine noch weitergehende negatorische Klage des Fensterinhabers, die in das nachbarliche Eigentum hinüberreicht und in die grundsätzlich gewährleistete nachbarliche Baufreiheit eingreift, schwer zu rechtfertigen; sie ist eben nur gewohnheitsrechtlich zu erklären und weiter aufrecht zu erhalten.

[150]) Teil V Cap. 3 §§ 1 und 2 bei v. d. Nahmer, Rhein. Partikular-R 1, 312f. Es gilt noch in der Grafschaft Neuwied (vgl. Ostrheinisches Provinzialrecht 10 und Vorwort III).

2. Die Kurmainzer Landesordnung von 1755[151]) verbietet ebenfalls die Anlage neuer Fenster und läßt nur ersessene (hergebrachte[152])) stehen; außerdem sind diese zu vergittern.

V. Schleswig-Holsteinische Partikularrechte

1. Das Friedrichstadter Stadtrecht[153]) verbietet die Anlage von Fenstern gegen den Willen des Nachbarn; auch zurecht angelegte Fenster genießen kein Lichtrecht.

2. Nach gemeinem Sachsenrecht ist die Anlage von Fenstern nicht beschränkt, jedoch haben die Fenster, soweit nicht besondere Rechtsverhältnisse eingreifen, kein Lichtrecht[154]).

3. Für das Gebiet des Jutish Low bestehen keine Besonderheiten[155]).

VI. Stadtrechte

Es können nur einige Stadtrechte kurz erörtert werden.

1. Berlin

Rechtsquelle sind die Bauordnung von 1641, das Gutachten der Kriegs- und Domänenkammer vom 3. 7., bestätigt am 6. 8. 1763 und die Spezialbauobservanzen[156]). Fenster auf der Grenze dürfen weder bei Um- noch bei Neubauten angelegt werden (Obs. IV § 1); nur wenn der Nachbar sich von keiner andern Seite her notdürftig Licht und Luft verschaffen kann, darf er ein, aber nur ein Fenster gegen den Nachbarn hin anlegen; doch muß er dies, falls es nach der Zimmerhöhe tunlich ist (§ 2), in bestimmter Art und Weise vergittern[157]). Fenster auf der Grenze haben kein Lichtrecht, es sei denn durch besondere Dienstbarkeit erworben (Obs. IV §§ 1, 3 und 6[158])). Doch kann auch eine Lichtservitut den Nachbar nie mehr als 8 Fuß von dem fensterumgebenden Gebäude zurückdrängen; sie befreit den Fensterinhaber nicht von der Vergitterungspflicht und versagt bei den nach der Straße belegenen Seitenwand- und Giebelfenstern ganz, wenn es sich darum handelt, eine wüste Stelle neu zu bebauen; das private muß dem öffentlichen Interesse weichen (Obs. IV §§ 3, 4 u. 6). Schlechthin verboten sind Luftlöcher in Brau- und Darrhäusern, in Branntweinbrennereien und Pferdeställen (Obs. IV §§ 7 u. 9).

2. Breslau[159])

Nach der Bauordnung von 1688 können Fenster unbeschränkt nur 3 Ellen von der Grenze angelegt werden. Fensteranlagen in geringerer Entfernung bedürfen schriftlicher

---

[151]) Teil VII § 34 bei v. d. Nahmer 2, 772. Es ist noch gültig für ehemals kurmainzische Ortschaften des Reg-Bez. Wiesbaden (FkfRdsch. 1893, 200ff.) und für Wetzlar (Ostrheinisches Provinzialrecht 10 § 26 und Vorwort XXXVIff.).

[152]) Hergebrachte Fenster bedeuten in den Quellen stets ersessene Fenster. Dagegen FkfRdsch 1893 S. 203 mit recht verschwommener Definition.

[153]) Teil II sect. 2 Tit. 18 Art. 9 in Corpus Stat. Slev. III, 395.

[154]) SchleswHolstAnz. 14, 193; Kaehler 279 (OLG Kiel).

[155]) Kaehler 280 Nr. 3.

[156]) Abgedruckt bei Grein, Baurecht Anh. 15. Ihre Fortgeltung ist unbestritten; StriethA 42; 16; KG i. R 13, 140 u. Rspr. 26, 17. Doch gelten sie nur für die Teile Berlins, die zur Zeit des Inkrafttretens des ALR schon eingemeindet waren, nicht z. B. für Moabit JW 97, 585. Sie finden Anwendung nur für bebaute städtische Grundstücke oder solche, die mit diesen in wirtschaftlichem Zusammenhang stehen (Haus, Hof, Garten) StriethA 69, 310.

[157]) Grein, Baurecht 100f.; StriethA 12, 317; Bl. f. Rpfl. 98, 71 (LG I Berlin).

[158]) OTr. 45, 81; Bl. f. Rpfl. 98, 71; 03, 115f. (LG I u. KG Berlin); RG i. R 11, 308; OLG 26, 17 mit N 1.

[159]) Vgl. OTr. 48, 35.

Genehmigung des Nachbarn. Eine Ersitzung verbotswidriger Fenster ist nur unter der dreifachen Voraussetzung möglich, daß die Fenster schon bei Aufbau des Gebäudes angelegt waren, in gewisser baulicher Form „geraume Zeit" bestanden haben und eng vergittert sind.

3. Hannover

Nach dem Baustatut für Hannover[160]) müssen die Fenster, Stall- und Luftlöcher mindestens 6 Fuß hoch angelegt werden, so daß man nur mittels einer Leiter zum Nachbar hinübersehen kann; die Fenster müssen ferner „stehend", d. h. in festem, unöffenbarem Rahmen belegen sein; die Luftlöcher bedürfen der Vergitterung.

4. Stettin

Nach der Bauordnung der Stadt Alten-Stettin[161]) ist die Fensteranlegung nur 1½ Fuß von der Mauer des Nachbars freigegeben und ferner dann, wenn ein Gebäude das Recht des freien Tropfenfalls ersessen hat. Dreißigjähriger Besitz der Fenster gibt dem Inhaber auch bei geringerem Grenzabstand das Recht, die Fenster zu behalten, aber er muß sie vergittern.

Ein Lichtrecht ist gewährt uneingeschränkt gegen verbauendes Plankenwerk, Holz usw.; gegen Bauten aber nur, wenn sie den Bauabstand von 1½ Fuß nicht einhalten. Ist der Abstand gewahrt, so gibt auch dreißigjähriger Fensterbesitz kein Recht gegen diese nachbarlichen Gegenbauten, mögen sie die Fenster noch so sehr verdunkeln; das Lichtrecht kann dann nur durch besondere Dienstbarkeit erworben werden[162]).

F. Baden

Nach Art. 14 BadAG (RegBl. 25, 283) kann der Eigentümer eines Grundstücks verlangen, daß in der Mauer eines Nachbargrundstücks angebrachte Öffnungen, welche eine Aussicht auf sein Grundstück gewähren (Aussichtsfenster), sowie an einer solchen Mauer angebrachte Balkone, Erker, Galerien, ferner sonstige eine Aussicht auf sein Grundstück gewährende Anlagen im Falle einer geraden Aussicht mindestens 1,80 m, einer schrägen Aussicht mindestens 0,60 m von der Grenze entfernt sind. Die Entfernung wird bei gerader Aussicht von der Außenseite der Mauer, worin das Fenster sich befindet, oder von der äußersten Linie des Vorsprungs, bei schräger Aussicht von der nach der Aussichtsseite gelegenen äußersten Kante des Fensters oder Vorsprungs gemessen (Art. 14 Abs. 2).

Sind die vorerwähnten Abstände nicht eingehalten, so kann verlangt werden, daß die Fenster im Erdgeschoß mindestens 2,40 m, in den Stockwerken mindestens 1,80 m über dem Fußboden des zu erhellenden Raumes angebracht und verschlossen werden, so daß sie nicht geöffnet werden können (Art. 15 Abs. 1). Unter dieser Höhe dürfen Anlagen, welche das Licht durchlassen, angebracht werden, wenn das Öffnen und Durchblicken nicht möglich und die das Licht durchlassende Substanz mindestens 2 cm dick ist (Art. 15 Abs. 2).

Lichtöffnungen, Aussichtsfenster und andere eine Aussicht gewährende Anlagen unterliegen den vorgenannten Beschränkungen dann nicht, wenn sie auf einen öffentlichen Weg oder einen öffentlichen Platz gehen (Art. 16 Abs. 1). Verliert der Weg oder Platz später die Eigenschaft der Öffentlichkeit, so behalten die Eigentümer der angrenzenden Grundstücke das Recht auf Fortbestand von vorhandenen Anlagen der in Art. 14 bezeichneten Art, und der Eigentümer des Weges oder Platzes muß bei seinen Anlagen die in Art. 14 vorgeschriebene Entfernung beobachten (Art. 16 Abs. 2).

---

[160]) Linkelmann-Fleck 202.

[161]) Bei Koßmann, Statutarrecht der Stadt Alt-Stettin S. 106ff. Tit. 2.

[162]) BauO Titel II §§ 1—4, 6—10.

Hat vor 1900 der Eigentümer eines Gebäudes durch Zeitablauf das Recht erlangt, daß zum Schutze seiner Fenster auf einem Nachbargrundstück Anlagen einen bestimmten Abstand einhalten müssen, so gilt dieses Recht als Grunddienstbarkeit (Art. 17).

Die Ansprüche aus Art. 14 u. 15 sind unverjährbar (Art. 18).

G. Braunschweig[163])

Nach § 73 BraunschwBauO vom 13. 3. 1899 (GVBl. Nr. 25) sind die Lichtöffnungen in den nicht wenigstens 0,6 m von der Grenze zurückstehenden Umfassungswänden eines Gebäudes mindestens 1,70 m über dem Fußboden anzulegen und mit Gittern zu verwahren. Dasselbe gilt für bedeckte Altane, Erker oder Galerien, während unbedeckte Gebäudeteile dieser Art mit einer wenigstens 1,70 m hohen, undurchsichtigen Befriedigung versehen werden müssen.

H. Hamburg

Für die bis 1882 errichteten Gebäude gilt nach Art. 8 II 20 Hamburg. Statut und § 65 des Ges. von 1865 der Satz, daß in einer Wand, die näher als 2 Fuß von der Nachbargrenze entfernt war, Fenster-, Licht- und Luftlöcher überhaupt nicht angebracht werden durften, es sei denn, daß die Nachbarschaft durch einen Zwischenplatz, z. B. durch einen öffentl. Weg, getrennt war. Für die nach 1882 errichteten Gebäude muß nach § 78 des BaupolizeiG von 1882 unterschieden werden zwischen Wänden, die parallel oder in spitzem Winkel und solchen, die recht- oder stumpfwinkelig zueinander stehen. Im ersteren Falle muß die Mauer, die Fenster, Türen oder Luftöffnungen enthält, mindestens 1 m, im anderen Falle mindestens 30 cm von der Grenze entfernt bleiben.

Gegenüber diesen Einschränkungen konnte allerdings eine Dienstbarkeit auf Duldung entstehen, die aber schon nach altem Recht Eintragung im Grundbuch erforderte (Nöldeke § 80 II 1c; § 98 II 1).

I. Württemberg

Nach Art. 194 AG (RegBl. 31, 545) müssen in einer Umfassungswand befindliche Lichtöffnungen, wenn erstere nicht wenigstens 0,60 m von der Grenze zurücksteht, mit fest eingelassenen eisernen Gitterstäben oder mit starkem, unbeweglich angebrachtem Metallgeflecht verwahrt werden. Die Gitter dürfen nicht über 100 qcm, das Geflecht nicht über 10 qcm weite Öffnungen haben. Diese Vorschriften gelten auch für bedeckte Altane, Erker oder Galerien, wenn deren äußerster Vorsprung nicht wenigstens 0,60 m von der Grenze zurücksteht.

Nach Art. 44 der Württ.Bauordnung vom 28. 7. 1910 muß ferner jeder Bau so angelegt werden, daß der für den Zutritt von Licht und Luft erforderliche Raum gesichert ist und die notwendige Zugänglichkeit besteht; in Art. 45—56 BauOrdg. sind hierzu eingehende baupolizeiliche Vorschriften, insbesondere auch über Bauabstände, erlassen.

K. Besondere Rechtsverhältnisse

Jederzeit war und ist es möglich, den für Fenster- und Lichtrecht gesetzlich bestehenden Zustand durch Begründung eines besonderen Rechtsverhältnisses abzuändern. Das kann eine obligatorische Abrede sein; in der Regel handelt es sich um eine Dienstbarkeit[164]). Wo das Gesetz die

[163]) Zum alten Fensterrecht vgl. Hampe S. 243 N 20 u. 21.

[164]) Nach Art. 17 BadAG — RegBl. 25, 284 — gilt das vor 1900 durch Zeitablauf erworbene Recht des Eigentümers eines Gebäudes, daß zum Schutze seiner Fenster

Anlage von Fenstern verbietet oder ihre Einrichtung besonderen Einengungen unterwirft, kann diese gesetzliche Eigentumsbeschränkung durch eine Dienstbarkeit, die den Fensterinhaber vom Anlageverbot oder den Einrichtungsschranken entbinden, beseitigt werden. Wo das Gesetz ein Lichtrecht für Fenster vorsieht, kann es durch eine Servitut aufgehoben werden, wo das Gesetz das Verbauen gestattet, ist eine bauverbietende Servitut möglich.

Näher über die Dienstbarkeiten ist unten zu handeln (§§ 30ff.).

Der praktisch für das bisherige Recht wichtigste Fall der Dienstbarkeitsbegründung, die Ersitzung, ist dem BGB unbekannt; doch läuft sie nicht für die Übergangszeit bis zur Anlegung des Grundbuchs (Art. 189 Abs. 1 EG, s. hierüber unten § 36 II).

Bemerkt mag schon an dieser Stelle werden, daß für die Ersitzung einer Dienstbarkeit stets Voraussetzung ist das Vorhandensein eines Zustandes, der mit dem gesetzlich vorgesehenen Tatbestand in Widerspruch steht (z. B. Besitz eines unvergitterten Fensters nach ALR entgegen I, 8 § 138, Anlage eines Aussichtsfensters auf der Grenze entgegen C. c. Art. 678).

§ 26. Traufrecht

I. Begriff und geschichtliche Entwicklung

Das sog. Traufrecht (Trüpfe) ist der Hauptsache nach kein Recht an einer fremden Sache; es ist also nicht zu verwechseln mit der römischrechtlichen servitus stillicidii. Diese ist eine Grunddienstbarkeit mit dem Inhalt, daß der Eigentümer des Hauses das von der Dachtraufe fließende Wasser auf das Grundstück des Nachbars fallen lassen darf[1]). Das Traufrecht im deutsch-rechtlichen Sinne dagegen beruht auf der den Gegenbeweis nicht ausschließenden Vermutung, daß bei Erbauung eines Hauses in der Breite des Trüpfraumes von der Grenze des eigenen Grundes zurückgeblieben worden sei, mithin die Traufe noch auf diesen falle[2]).

Anlagen auf einem Nachbargrundstück einen bestimmten Abstand haben müssen, als Grunddienstbarkeit nach BGB.

[1]) Vgl. SeuffBl. 43, 38; 45, 282; BayOGH 8, 397; ALR I 22 § 59; s. unten § 30 N. 39.

[2]) Vgl. Weiske, Skeptisch-praktische Behandlung einiger zivilrechtlicher Gegenstände (1829) 95 Anm. 2; Elvers, Servitutenlehre 434; Holzschuher, Theorie und Kasuistik 2, 400; SeuffBl. 43, 37; 44, 104; Weiske a. a. O. kennt ein Traufrecht nur bei der Vorderseite der Gebäude, nach Gassen und Plätzen hin. Dort ist das sächsische Recht zugrunde gelegt; s. dagegen Hesse, Nachbarrecht 503, der mit Recht nicht einsehen kann, warum die Vermutung des Eigentums nur gegen die Straße hin gelten soll und nicht gegen des Nachbars Hof. Man möchte im Gegenteil veranlaßt sein, sie gerade im letzten Fall gelten zu lassen, weil hier (SächsLR II 49) die Vorschrift bestehe, daß kein Hausbesitzer dem anderen die Dachtraufe zuweisen könne.

Nur insoweit schließt das Traufrecht ein Recht an fremder Sache in sich, als der Boden des Nachbars in Betracht kommt, der an den unter der Traufe liegenden Boden angrenzt. Das Traufrecht berechtigt nämlich den Gebäudeeigentümer, das Wasser von der Traufe ablaufen zu lassen, ohne hierbei auf das Nachbargrundstück weiter Rücksicht zu nehmen. Wenn das Wasser von der Traufe auf das Grundstück des Nachbars abläuft (obwohl der natürliche Wasserlauf nicht dahin gehen würde), so muß es dieser aufnehmen. Das war wenigstens der Grundsatz der alten Statutarrechte. Diese Seite des Traufrechts, welche ein Recht zur Benutzung einer fremden Sache darstellt, ist weder vom Preußischen Landrecht noch vom Rheinischen Recht anerkannt; im Gegenteil, die §§ 123 und 189 I, 8 z. ALR verboten es ausdrücklich, ebenso kennt das Rheinische Recht (Code civil Art. 681) kein nachbarliches Recht auf Aufnahme des Traufwassers[3]). Für gemeines Recht hat das Reichsgericht in einer nach 1900 gefällten Entscheidung die Frage offen gelassen[4]). Heute verbieten die Wassergesetze allgemein die Zuleitung von Wasser auf das Nachbargrundstück[5]).

Die andere Seite des Traufrechts, nämlich die gesetzliche Vermutung des Eigentums an dem unter der Dachtraufe liegenden Grund und Boden, galt nach einigen Stadtbauordnungen z. B. Berlin[6]) und Hannover[7]).

Seine Wurzel hat das Traufrecht in dem gemeinrechtlichen Verbot, Flüssigkeiten auf das Grundstück des Nachbars abzuleiten[8]), sofern kein besonderes Recht hierzu (Grunddienstbarkeit) bestand. Dadurch wurde der Grundeigentümer genötigt, bei Errichtung eines Gebäudes mit der Umfassungsmauer so weit von der Grenze zurückzubleiben, daß das darübergelegte Dach das Regenwasser noch auf seinen eigenen Grund und Boden gelangen ließ. Da eine servitus stillicidii nicht zu vermuten ist, hat man aus dem bloßen Vorhandensein der Dachtraufe einen Rückschluß darauf gezogen, daß der Erbauer des Gebäudes seinerzeit von der Grenze um den Raum zurückgeblieben sei, der von dem Dachtraufenfall betroffen wird. So führt das Vorhandensein der Dachtraufe zu einer Vermutung für

---

[3]) Fuzier-Hermann, Repertoire 19, 593 Bem. 11; Zachariae-Crome I 516 Nr. 3. Läuft aber das Wasser vom Grundstück des Traufinhabers infolge seines natürlichen Verlaufs auf das Nachbargrundstück, so muß es der Nachbar aufnehmen (Fuzier-Hermann ebd. Bem. 14; Pardessus Servitudes I N 213).

[4]) SchleswHolstAnz. 63, 280. Anders für gemeines Sachsenrecht (kein Abflußrecht) Emminghaus, Pand. d. gem. SächsR 202 Nr. 45 und 46.

[5]) Vgl. § 197 PrWG; § 11 BadWG; §§ 88ff. BraunschwWG; Art. 6 WürttWG. S. auch unten § 38a II 2a.

[6]) Berl. Bauobserv. III 3.

[7]) HannBauOZ 3 (bei Linkelmann-Fleck 303).

[8]) § 1 J 2, 3; l. 17 § 3, l. 20 §§ 2 und 3 D 8, 2. Vgl. Windscheid, Pand. § 211 Anm. 1; ebenso ALR I 8 § 189 u. C. c. Art. 681.

das Eigentum an dem darunter liegenden Boden. Diese Vermutung ist zunächst nur eine tatsächliche und dabei hatte es im Gebiete des gemeinen Rechts wie im Gebiete des preußischen und rheinischen Rechts sein Bewenden[9]). Einzelne Statuten aber haben diese tatsächliche Vermutung zu einer gesetzlichen ausgewertet[10]). Die Vermutung konnte durch Gegenbeweis entkräftet werden. Das Traufrecht setzt ein Gebäude[11]) voraus; deshalb besteht für eine freistehende Mauer, auch wenn deren Abdecksteine dem Nachbar zugekehrt sind, so daß der Tropfenfall nach dessen Seite gelenkt wird, die Eigentumsvermutung nicht[12]).

Während in den Gebieten des gemeinen und rheinischen[13]) Rechts die rein tatsächliche Vermutung nur auf den Raum sich erstreckt, welcher durch den Tropfenfall direkt betroffen wird, haben einzelne Statutarrechte bestimmte Abstandsmaße gegeben, deren Einhaltung vermutet wird. Dieser Abstand beträgt 1½ Schuh[14]) oder 3[15]) Werkschuh[16]).

Hierbei kommt es nicht darauf an, ob das Traufdach tatsächlich in voller Breite des gesetzlich bestimmten Abstandes vorspringt. Wenn z. B. das Dach nur soweit überladen ist, daß die abfallenden Tropfen in einer Entfernung von 20 cm vom Sockel der Wand niederfallen, so gilt das Traufrecht (gesetzliche Vermutung des Eigentums) gleichwohl für die vollen 1½ (bzw. 3) Werkschuh.

Es entsteht häufig Streit darüber, wie weit die Grenze bebauter Anwesen geht, namentlich für den Raum der Erdoberfläche, welcher vor der Grenzmauer eines Gebäudes unter der Dachtraufe liegt. Kann von keinem Teile das Eigentum an diesem unter der Trüpfe gelegenen Raum bewiesen werden, so wird zunächst der Besitzstand entscheiden[17]). Im allgemeinen läßt sich sagen, daß durch den Tropfenfall ein Besitzstand ausgeübt wird. Besitzhandlungen sind auch darin zu erblicken, daß sich nach außen schla-

---

[9]) So für das gemeine Recht auch Hesse, Nachbarrecht 508: „Da es Rechtssatz ist, daß der Hausbesitzer seine Dachtraufe nicht dem Nachbar zuweisen darf, so spricht eine faktische Vermutung dafür, daß der Streifen Landes, so weit meine Dachtraufe reicht, mein Eigentum sei ... Diese Vermutung kann als Beweishilfe benutzt werden." Für rheinisches Recht: Zachariae-Crome I 5, 18 N 1; RheinA 7 I 118, 32 I 116 (wo der Gegenbeweis durchschlägt); Fuzier-Hermann, Repertoire 19, 595 N 26ff.; Raschdorff, Baurecht 225/6.

[10]) S. oben Anm. 6 u. 7.

[11]) Über den Begriff des Gebäudes s. oben § 24 I 1.

[12]) SeuffBl. 43, 38.

[13]) Raschdorff, Baurecht in d. preuß. Rheinprovinz a. a. O. Fuzier-Hermann ebda. N 24; Laurent, Principes du droit civil 8 N 76.

[14]) Berl. Bauobserv. III 1; BerlBauO 1641 § 19; Hannoversches Baustat. Nr. 3.

[15]) ALR I 8 § 139; BerlBauO § 24.

[16]) Ein Werkschuh oder ein Duodezimal-Fuß ist gleich 0,31 385 m.

[17]) Vgl. oben § 6 IV 2a.

gende Fenster oder Läden in dem Gebäude befinden; ja selbst in der Innehabung von Fenstern in dem Gebäude, welche nach den jeweils geltenden Vorschriften in dieser Gestalt nicht bestehen dürften, wenn der Nachbar Eigentümer des unter der Trüpfe belegenen Raumes wäre, kann eine Besitzhandlung gefunden werden, die in Verbindung mit dem Tropfenfall einen hinreichenden Besitzstand darstellt.

Andererseits wird dadurch, daß der Nachbar hie und da unter den an seinen Hofraum angrenzenden Trüpfraum Handwerksgeräte usw. an das Nachbarhaus angelehnt hat, ein Besitzstand nicht ausgeübt. Es fehlt derartigen Handlungen, an deren Unterlassung der Gebäudeeigentümer nicht das mindeste Interesse hat, der Charakter der Rechtsausübung.

Wenn freilich die Dachtraufe in einen von dem Gebäude und dem Nachbargebäude gebildeten Winkel einfällt, so wird dieser Besitzstand regelmäßig nicht maßgebend sein[18]).

Zuweilen ist an dem Sockel der Traufwand ein schräger Stein angebracht; derselbe dient bestimmungsgemäß dem Nachweis, daß der Dachtraufraum nicht verbaut wurde; durch das Vorhandensein eines solchen Steines wahrt sich der Gebäudeeigentümer zwar nicht den Besitzstand an dem Trüpfraum, aber er schließt den guten Glauben des Angrenzers aus; überdies bildet der schräge Stein ein Beweismittel für sein Eigentum an dem Trüpfraum.

Es fragt sich, ob das Traufrecht im Sinne einer Eigentumsvermutung auch dann in Betracht kommen kann, wenn die Dachtraufe mit einer Rinne verbunden ist. Läßt sich nachweisen, daß die Dachtraufe früher nicht mit einer Rinne versehen war, so ist der Fall für den Beweis des Eigentums nicht anders zu entscheiden, als wenn auch jetzt noch keine Rinne vorhanden wäre. Läßt sich aber dieser Nachweis von dem hierfür beweispflichtigen Gebäudeeigentümer nicht erbringen, so kommt es darauf an, ob das Rohr, mit welchem das in die Rinne eingelaufene Wasser zum Erdboden geführt wird, in den 1½ (bzw. 2 oder 3) Schuh breiten Raum einmündet. Ist dies der Fall, dann muß man das Eigentum des Gebäudeeigentümers an den 1½ (bzw. 2 oder 3) Werkschuh selbst dann annehmen, wenn das aus dem Rohr kommende Wasser den jenseits dieser 1½ Schuh liegenden Raum nicht überschreitet, vielmehr diesseits abfließt. Wenn aber die Mündung des Rohres von dem unter der Traufe liegenden Raum weg nach der anderen Seite des Hauses gerichtet ist, dann spricht die Vermutung für das Gegenteil. Immerhin aber muß man annehmen, daß das Eigentum bis zu jener Linie reicht, welche durch das Ende des Dachvorsprunges gebildet wird.

[18]) Vgl. oben § 6 IV 2c.

Die Giebelmauern haben keine Traufe und daher auch kein Traufrecht. Giebelmauern sind jene Mauern, bei welchen die Wand bis zum First des Daches geführt ist. Die obere Fläche der Wand bildet regelmäßig ein Dreieck, dessen obere Spitze durch den Dachfirst gebildet wird. Es kann aber auch vorkommen, daß die obere Fläche der Wand kein Dreieck bildet; dann nämlich, wenn das Haus nur ein einziges Pultdach hat, dessen obere Grenzlinie direkt auf der Hausmauer aufliegt. Die Wand, welche in ihrer oberen Grenzlinie den Dachfirst bildet, ist eine Giebelwand. Ein solches Haus hat dann regelmäßig drei Giebelwände. Es kann aber sein, daß die an die vorbeschriebene Giebelmauer anstoßenden beiden Wände mit den daranstoßenden Kanten nicht bis an den Giebel reichen, sondern unter dem Dache stehen; dann hat das Haus nur eine Giebelwand.

II. Weitergeltung unter BGB?

Es ist nun zu prüfen, ob das Traufrecht auch noch unter der Herrschaft des BGB gilt:

a) Bezüglich derjenigen Dachtraufen, welche bereits vor dem 1. 1. 1900 bestanden haben, kommt folgendes in Betracht. Das BGB[19]) enthält keine Vorschrift über das Traufrecht. Damit entfällt auch die gesetzliche Geltung dieser Vermutung. Gleichwohl wird man sie in den Gebieten des bisherigen Rechts, in welchem sie bis zum 1. 1. 1900 als gesetzliche Vermutung gegolten hat, für die Gebäude, welche am 1. 1. 1900 bereits mit der Traufe bestanden haben, als einen in den Tatsachen begründeten Satz' der Erfahrung in Anwendung zu bringen haben. Denn wenn nach den zur Zeit der Erbauung geltenden Rechtsvorschriften der Erbauer eines Gebäudes, welcher auf der dem Nachbar zugekehrten Seite ein Abfalldach für das Regenwasser einrichtete, gehalten war, mit seiner Mauer einen gewissen Abstand von der Grenze einzuhalten, so kann man auch annehmen, daß dies geschehen ist. Derselbe Gedankengang, welcher die Gesetzgeber

---

[19]) Soweit einzelne Ausführungsgesetze zum BGB Bestimmungen über das Traufrecht enthalten, normieren sie damit nur die Verpflichtung für den Gebäudeeigentümer, die Bedachung so einzurichten, daß die Dachtraufe auf das eigene Grundstück oder auf einen öffentlichen Weg fällt oder abgeleitet wird (so Art. 19 BadAG — RegBl. 25, 284) —, oder mit den Kanten der Bedachung, von der der Regen abfällt, wenigstens 50 cm von der Grenze zurückzubleiben oder die Dachtraufe in einer Rinne abzufangen und ohne Beeinträchtigung des Nachbargrundstücks abzuleiten (so § 77 Braunschweig. BauO vom 13. 3. 1899 — GVBl. Nr. 25 —; § 79 Hamburg. BaupolizeiG vom 23. 6. 1882; Art. 191 WürttAG — RegBl. 31, 545 ff.); nach Art. 192 WürttAG darf der Eigentümer, der — auf Grund einer persönlichen Vereinbarung oder einer Grunddienstbarkeit — verpflichtet ist, das Dachwasser des Nachbarn durch eine Rinne abzuführen, sein Gebäude nur so erhöhen, daß der Berechtigte nicht gehindert ist, — auf Kosten des Verpflichteten — eine eigene Dachrinne anzulegen. — Vgl. auch oben N. 5.

der Statuten zur Aufstellung einer gesetzlichen Vermutung veranlaßt hat, führt nun dazu, diese Vermutung als eine tatsächliche beizubehalten; dies um so mehr, als erfahrungsgemäß die Vorschrift der Statuten über das Eigentum an dem unter der Traufe befindlichen Boden allgemein bekannt war und daher anzunehmen ist, daß der Nachbar einem etwaigen Übergriff widersprochen haben würde. Deshalb wird man die Vermutung für jene Breite (1½ Schuh) anwenden dürfen, auf welche sich nach der bisherigen Rechtsvorschrift das Traufrecht bezog[20]).

b) Bezüglich jener Gebäude, die nach dem Inkrafttreten des BGB entstanden sind, kann von einem Traufrecht im eigentlichen Sinne nicht gesprochen werden; denn weder das BGB noch die Ausführungsgesetze[21]) enthalten eine einschlägige Vorschrift.

Aus der allgemeinen Vorschrift des § 903 BGB ergibt sich, daß der Eigentümer sein Dach nicht in der Weise überladen darf, daß es in den Luftraum des Nachbarn reicht; er muß seinen Bau so einrichten, daß er mit keinem Teile desselben (Vordach, Dachrinne) die Grenze überschreitet. Bringt er an seinem Dache keine Rinne an, sondern läßt er das Wasser von der Dachtraufe abfallen, so dürfen die Tropfen nicht unmittelbar auf den Boden des Nachbars auffallen. Ob der Nachbar das von der Traufe auf das Grundstück des Traufeninhabers abgefallene und von da abfließende Wasser aufnehmen muß, richtet sich danach, ob dieses Wasser seinen natürlichen Abfluß auf das Nachbargrundstück hat[22]). Ist dies nicht der Fall, so kann sich der Nachbar nicht nur gegen das Dachtraufwasser schützen, sondern auch dessen Zuführung verbieten (§ 903 BGB). Er kann sogar die Beseitigung der Dachtraufe verlangen, wenn sie so eingerichtet ist, daß sie den Tropfenfall dem Nachbargrundstücke zuweist (§ 907 BGB).

Aus dieser Rechtsvorschrift wird man auch für die erst nach dem 1. 1. 1900 erbauten Häuser die rein tatsächliche Vermutung ableiten dürfen, daß die von der Dachtraufe betroffene Fläche noch zum Gebäude gehört[23]). Diese Vermutung kann durch andere Umstände beseitigt werden und erstreckt sich keinesfalls weiter als der überladene Raum, also nicht etwa ohne weiteres auf eine Breite von 1½ (bzw. 2 oder 3) Schuh.

---

[20]) Vgl. Oertmann, BayLandesprivatrecht 335; „Die Vermutung gilt zwar an sich nur für die Zeit vor dem 1. Januar 1900, da aber das einmal erworbene Eigentum, weil ein ‚ewiges Recht', als bis zum Eintritt eines besonderen Verlustgrundes fortbestehend zu erachten ist, kann sie auch später noch verwertet werden."

[21]) Vgl. oben N. 19.

[22]) Vgl. oben § 16 II 4 und unten § 38a II 2a.

[23]) Zustimmend Oertmann, BayLandesprivatrecht 335.

§ 27. Notweg

Für den Eigentümer eines Grundstücks besteht ein Notstand, wenn die erforderliche Verbindung zwischen dem öffentlichen Wegnetz und seinem Grundstück fehlt. Die gemeinrechtliche Praxis[1]) hat in ausdehnender Auslegung der einen Ausnahmefall behandelnden l. 12 D 11, 7 dem Richter die Befugnis zuerkannt, im Notfall den Nachbar zur Bestellung einer Wegegerechtigkeit gegen Entschädigung zu verurteilen. Viel weiter geht das preußische Recht: ALR I Tit. 22 §§ 3—10 legt jedem Eigentümer eines Grundstücks diejenigen Einschränkungen seines Eigentums auf, ohne welche ein anderes Grundstück ganz oder zum Teil völlig unbrauchbar sein würde, und es wird dortselbst andererseits auch zum Zwecke einer Verbesserung das Recht einer Notservitut eingeräumt. Code civil Art. 682—685 gewährt unter der Voraussetzung des Notstandes ein Notwegrecht gegen die Eigentümer benachbarter Grundstücke[2]).

Das BGB verleiht in §§ 917 und 918 den Anspruch auf einen Notweg. Weitere Fälle sog. Notservituten kennt das BGB nicht[3]). Über landesrechtliche Reste vgl. den folgenden § 28.

I. Voraussetzungen des Notwegrechtes

§ 917 BGB macht den Anspruch auf den Notweg davon abhängig, daß einem Grundstück die zur ordnungsmäßigen Benutzung notwendige Verbindung mit einem öffentlichen Wege fehlt.

1. Nur für Grundstücke[4]). Nur für Grundstücke, gleichviel ob städtische oder ländliche, kann die Einräumung des Notwegs verlangt werden; der Schäfereiberechtigte kann deshalb auf Grund des § 917 BGB die Einräumung eines Notweges auch dann nicht verlangen, wenn er mangels eines Weges das ihm zustehende Weiderecht teilweise nicht ausüben kann[5]). Dies gilt auch für den Fall, daß die Schäfereiberechtigung mit einem Grundstücke derart verbunden ist, daß sie dem jeweiligen Eigentümer zusteht.

2. Mangelnde Verbindung mit öffentlichem Weg. Die Verbindung mit einem öffentlichen Wege — wegen des Notwegs von einem Grundstück zu einer Wasserstraße oder einer Eisenbahn vgl.

---

[1]) Vgl. SeuffA 1 Nr. 177; 6 Nr. 156; 13 Nr. 211; 14 Nr. 114; BayOGH 8, 68; 10, 607.

[2]) Die Notwegsgerechtigkeit konnte nach französ. Recht durch Ersitzung nicht erworben werden. Preuß in Puchelts Zeitschr. 33, 627ff.

[3]) Über die Anwendbarkeit des § 917 auf unterirdische Leitungen s. unten II. und N. 59.

[4]) Nur selbständig gebuchte Grundstücke: LG Düsseldorf in NJW 54, 681. Auch ein See ist als Grundstück zu betrachten; vgl. StriethA 77, 202; Rüdenberg, Notwegrecht 13. Nach Westermann § 65 II 1 soll es für den Begriff des Grundstücks im Sinne des § 917 BGB nicht auf die Eintragung im Grundbuch ankommen; maßgebend sei vielmehr, ob ihm als einheitlich genutztem Wirtschaftsgrundstück der Zugang fehle, da nur so der wirtschaftliche Zweck des § 917 erreicht werde (ähnlich Reinicke MDR 49, 359 in der Anm. zu einer Entscheidung des LG Dortmund, die den Notweg für einen Teil eines Grundstücks ablehnt).

[5]) Vgl. Hesse, Nachbarrecht 548; Holzschuher, Theorie und Kasuistik 2, 149.

Art. 123 EG BGB — muß fehlen. Der Begriff des öffentlichen Weges richtet sich nach Landesrecht. Hiernach ist derjenige Weg ein öffentlicher, welcher nach der ihm ausdrücklich oder stillschweigend[6]) von allen rechtlich Beteiligten, d. i. dem Eigentümer, der Wegepolizeibehörde und dem Straßenbaulastpflichtigen gegebenen Bestimmung dem allgemeinen Verkehr dient[7]). Unerheblich ist für die Frage der Öffentlichkeit, in wessen Eigentum der Weg steht[8]), und ob er schon jahrelang allgemein benutzt wird[9]). Ob ein Weg öffentlich ist, ist an sich nicht vom ordentlichen Richter, sondern im Verwaltungswege zu entscheiden; wenn aber die Frage für privatrechtliche Ansprüche oder Einwendungen grundlegend wird, kann auch der ordentliche Richter darüber befinden[10]).

Man unterscheidet Bundesfernstraßen, Landstraßen I. und II. Ordnung sowie Gemeindewege. Bundesfernstraßen sind öffentliche Straßen, die ein zusammenhängendes Verkehrsnetz bilden und einem weiträumigen Verkehr zu dienen bestimmt sind; sie gliedern sich in die Bundesautobahnen und die Bundesstraßen mit Ortsdurchfahrten. Eine Straße erhält die Eigenschaft einer Bundesfernstraße durch Widmung der obersten Landesstraßenbaubehörde[11]). Die Bundesfernstraßen stehen im Eigentum des Bundes, der auch Träger der Straßenbaulast ist[12]). Die Verwaltung und Unterhaltung der Landstraßen ist Aufgabe der Länder[13]). Gemeindewege dienen dem öffentlichen Verkehr innerhalb der Gemeinden[14]).

---

[6]) Vgl. RG i. JMBl. 1896, 162; JW 00, 170 u. 585; Gruchot 42, 725.

[7]) Germershausen, Das Wegrecht und die Wegeverwaltung in Preußen 4ff.; Dernburg, SachenR § 141. — Bei alten Wegegerechtigkeiten genügt für die Annahme der Öffentlichkeit die allgemeine Feststellung, daß bereits in alter Zeit eine Widmung für den öffentlichen Verkehr seitens aller Rechtsbeteiligter stattgefunden hat, ohne daß im einzelnen der Nachweis geführt wird, wie, wo und von wem die Widmung vorgenommen ist; diese Feststellung muß aber stets die Widmung auch durch die Wegepolizeibehörde in sich schließen (OLG Hamm NJW 53, 1519). Eine Widmung des Privatwegs durch den Eigentümer zum Gemeingebrauch, dem allg. Verkehr oder einer bestimmten Art desselben ist aber nicht anzunehmen, wenn der Eigentümer die Benutzung des Wegs der Allgemeinheit nur duldungsweise gestattet hat (OLG München NJW 54, 1452).

[8]) JW 00, 170.

[9]) RG bei Gruchot 43, 1101.

[10]) Diese Feststellung darf sich aber nur in den Urteilsgründen, nicht im Urteilstenor befinden, der in Rechtskraft übergehen könnte: RG JW 00, 451. Vgl. RG JW 06, 233; JW 14, 263 ff.

[11]) §§ 1, 2 des BundesfernstraßenGes. vom 6. 8. 1953 (BGBl. I 903), das durch GVBl. Berlin 1953 S. 1289 auch für Berlin übernommen ist.

[12]) §§ 1, 2, 6 des Ges. über die vermögensrechtl. Verhältnisse der Bundesautobahnen und sonstigen Bundesstraßen des Fernverkehrs vom 2. 3. 1951 (BGBl. 51 I 157).

[13]) §§ 1, 6ff. des Ges. über die einstw. Neuregelung des Straßenwesens und der Straßenverwaltung vom 26. 3. 1934 (RGBl. 34 I 243).

[14]) Dernburg a. a. O. 480 Nr. 2.

Die Verbindung mit einem schiffbaren Flusse schließt den Anspruch nicht aus, auch wenn ein Leinpfad vorhanden ist[15]), wenigstens wenn und soweit er — was der Regel entspricht — zu anderen Zwecken als zu jenen der Schiffahrt nicht benutzt werden darf.

Ein Fluß oder See kommt als Verbindung nicht in Betracht, auch wenn er befahrbar ist und die erforderlichen Transportmittel vorhanden sind[16]). Es kann jedoch hierdurch die Notwendigkeit einer Landverbindung ausgeschlossen werden.

Nicht nur die Verbindung, sondern auch der öffentliche Weg, zu dem sie führt, muß den Anforderungen für eine ordnungsgemäße Benutzung genügen[17]).

Ist das Grundstück durch ein demselben Eigentümer gehöriges Grundstück vom öffentlichen Wege getrennt, so kann regelmäßig ein Notweganspruch gegen einen Dritten nicht erhoben werden, solange die beiden Grundstücke in einer Hand vereinigt sind. Nur dann, wenn das demselben Eigentümer gehörige Grundstück durchaus nicht geeignet ist, eine entsprechende Verbindung für das andere herzustellen, kann ein Notweg auf einem anderen Grundstück verlangt werden[18]).

Derselbe Grundsatz muß entsprechend gelten, wenn nur ein Teil eines Grundstücks vom öffentlichen Weg aus ordnungsmäßig benutzt werden kann, ein anderer — nicht unwesentlicher — Grundstücksteil dagegen nicht[18a]).

Der Anspruch auf Einräumung des Notwegs besteht aber nicht, wenn dem Grundeigentümer bereits ein ausreichendes Recht gegen einen Dritten auf Bestellung eines Wegerechts zusteht[19]) oder wenn die bisherige

---

15) Dernburg a. a. O. 286. Vgl. RG 6, 323; Bolze 8 Nr. 82.

16) Vgl. dagegen Rüdenberg 13.

17) Vgl. unten N. 37.

18) Vgl. SeuffA 27 Nr. 8. Ebenso Rüdenberg 13: „Mehrere aneinanderstoßende Grundstücke desselben Eigentümers sind einem einzelnen Grundstück gleichzuachten." Deshalb erlischt auch der Notwegsanspruch, sobald der Eigentümer des berechtigten Grundstücks ein daran angrenzendes Grundstück erwirbt, welches die Verbindung mit dem öffentlichen Wege hat und auch als Verbindung für das erste Grundstück dienen kann, auch wenn damit ein ziemlicher Umweg verbunden wäre. OLG 2, 506 (Karlsruhe). Vgl. aber unten N. 24.

18a) BGH NJW 54, 1321; zutreffend Reinicke (MDR 48, 359) gegen LG Dortmund (MDR 48, 358).

19) Vgl. Maenner 172. Mit Recht führt Rüdenberg 22 aus, daß der Notweganspruch selbst dann nicht besteht, wenn eine ausreichende Verbindung tatsächlich, wenn auch ohne rechtliche Grundlage (z. B. precarium), vorhanden ist, sofern sich nur die Ungewißheit über das künftige Weiterbestehen der Verbindung mit der ordnungsgemäßen Benutzung des Grundstückes vertrage. Vgl. hierzu SeuffA 1 Nr. 177; Hesse, Nachbarrecht 549. So hat z. B. der franz. Kassationshof (Sirey, Recueil général 1895 2, 168) das Bedürfnis für einen Notweg verneint, weil die Forstverwaltung die Benutzung eines ihr gehörigen, nicht öffentlichen Weges, der zu einem öffentlichen Wege führt, nicht beanstande. Vgl. aber auch Endemann 484 Anm. 28.

Verbindung des Grundstücks mit dem öffentlichen Wege durch eine willkürliche Handlung des Eigentümers aufgehoben ist (s. unten I 3).

Beweispflichtig dafür, daß die erforderliche Verbindung mit dem öffentlichen Weg fehlt, ist derjenige, der den Notweg beansprucht. Beruft sich der Beklagte darauf, daß dem Kläger eine ausreichende Wegegerechtigkeit gegen einen anderen Nachbarn zusteht, so muß deshalb der Kläger nachweisen, daß ein solches Wegerecht nicht besteht. Bestreitet der als wegepflichtig bezeichnete andere Nachbar das Wegerecht, so wird dieser Nachweis regelmäßig als erbracht anzusehen sein, und es wird Sache des Beklagten sein, darzulegen, daß trotz dieses Bestreitens zum mindesten eine Wahrscheinlichkeit für das Bestehen dieser Wegegerechtigkeit gegeben ist[20]). Der Notwegberechtigte kann auch auf eine schuldrechtliche Gebrauchsbefugnis (z. B. aus einem Mietverhältnis) verwiesen werden, wenn er durch den schuldrechtlichen Vertrag ebenso ausreichend wie durch ein dingliches Recht gesichert ist (RG 157, 308).

3. Notwendigkeit der Verbindung. Die Verbindung mit dem öffentlichen Weg muß für die ordnungsmäßige Benutzung des Grundstücks notwendig sein. Der Notweganspruch besteht also nicht nur dann, wenn die Verbindung zu einem öffentlichen Weg überhaupt fehlt, sondern schon dann, wenn die vorhandene Verbindung zur ordnungsmäßigen Benutzung nicht oder nicht mehr genügt[20a]).

Unter Benutzung ist der Gebrauch und die Ausbeute des Grundstückes zu verstehen (§§ 99, 100)[21]). Der Begriff der Notwendigkeit ist objektiv und nach den Bedürfnissen einer praktischen Wirtschaft zu beurteilen. Er ist gegeben, wenn ohne die Verbindung die ordnungsmäßige Benutzung des Grundstücks überhaupt nicht möglich ist oder sich nur durch kostspielige Veranstaltungen — z. B. durch den Bau einer Brücke RG 157, 308 — ermöglichen läßt, welche zu dem Ertrage der Benutzung in keinem wirtschaftlichen Verhältnisse stehen[22]). Die bloße Schwierig-

---

[20]) Vgl. JW 25, 475 (RG): Auch wenn die Wegegerechtigkeit zu Unrecht von dem Nachbar bestritten wird, kann eine den Notweganspruch begründende Zugangsnot bestehen, wenn das Grundstück nicht so lange unbewirtschaftet gelassen werden kann, bis der Rechtsstreit mit dem Nachbarn ausgetragen ist. Freilich wird zu erwägen sein, ob nicht gegen diesen eine einstweilige Verfügung zu erlangen wäre. Wieweit auf ein streitiges Wegerecht verwiesen werden darf, richtet sich also nach dem jeweiligen Einzelfall.

[20a]) BGH NJW 54, 1321; RG 79, 120ff.; Warn. 14 Nr. 290; JW 25, 474 (mit zust. Anm. von Hallermann); OLG SA 71 Nr. 90; Westermann § 65 II 1; Planck 1d; RG-Komm., 10. Aufl., 4; Staudinger-Kober, 9. Aufl., II 3; Palandt 2 zu § 917; Meisner-Ring, 4. Aufl., 350/51.

[21]) Rüdenberg 15.

[22]) Vgl. Hesse, Nachbarrecht 547; Dernburg 286; R 01, 121 (Dresden); Staudinger

keit oder Unbequemlichkeit der Benutzung rechtfertigt den Notweganspruch nicht[23]). Deshalb kann der Notweg wegen bloßen Gewinnes durch Wegabschneidung nicht verlangt werden[24]); wie es überhaupt ohne Bedeutung ist, ob die Benutzung der vorhandenen Verbindung etwas kostspieliger ist als eine andere, während eine unverhältnismäßige Schmälerung des Ertrags den Anspruch auf den Notweg begründet[25]).

In Villenvororten der Großstädte und in Kur- und Badeorten befinden sich Landhäuser mit Garten in Berglage, die lediglich durch einen Fußweg mit dem öffentlichen Weg Verbindung haben. Unter solchen Umständen wird regelmäßig eine Zufahrt nicht beansprucht werden können, da diese nach der maßgebenden Verkehrsauffassung nicht notwendig ist. Die Schwierigkeiten der Beibringung von Brennmaterial und Lebensmittel sind nicht größer als in den Stadtwohnungen für die höheren Stockwerke[26]).

Für die Ordnungsmäßigkeit der Benutzung kommt es nicht nur auf die bisherige Benutzung an, sondern auch darauf, ob überhaupt eine ordnungsmäßige Benutzung den Notweg erforderlich erscheinen läßt[27]).

Ausschlaggebend ist, ob die geplante Benutzung den wirtschaftlichen Bedürfnissen mit Rücksicht auf die Beschaffenheit des Grundstücks entspricht[28]). Nicht jede spekulative Änderung in der Benutzung genügt, um den Anspruch auf den Notweg zu begründen, sondern es muß das Grund-

---

Bem. IIIg zu § 917; Crome 293 Anm. 65. Abweichend RGK Bem. 4; Planck Bem. 1 zu § 917.

[23]) Vgl. Hesse, Nachbarrecht 548; R 01, 311 (LG Metz); Gierke 438 Anm 93; RGK Bem. 4; Staudinger Bem. II 2b zu § 917. Selbst erhebliche Unbequemlichkeit: SächsArch. 14, 236 (Dresden); R 04, Nr. 2107 (Dresden); OLG 26, 30. Deshalb besteht ein Notweganspruch nicht etwa nur deshalb, weil das deutsche Grundstück nur eine Verbindung mit einem französischen öffentlichen Wege hat und sein Eigentümer durch „les mesures politiques et douanières par la France" „geniert" wird. So Rüdenberg 15 unter Berufung auf ein Urteil des franz. Kassationshofes (Sirey, Recueil général 1890, 1, 392). Dabei wird aber doch wohl die Einschränkung zu machen sein, daß infolge dieser mesures die ordnungsgemäße Benutzung des Grundstücks nicht ungebührlich erschwert sein darf. Denn die Verbindung muß immerhin derartig sein, daß sie den Bedürfnissen für eine ordnungsgemäße Benutzung des Grundstücks wenigstens notdürftig genügt. Puchelt, Zeitschr. 05, 152 (Zweibrücken).

[24]) Vgl. SeuffA 13 N 210; OLG 2, 506; BayZ 25, 169 (Augsburg). Keine bloße Unbequemlichkeit, sondern ein wirtschaftlicher, zur Begründung des Notweganspruchs ausreichender Notstand ist dann gegeben, wenn der zur Verfügung stehende Weg so weit außen herumführt, daß dadurch die Ausnutzung des Grundstücks erheblich geschmälert wird (vgl. BayZ 25, 169; JW 25, 474), z. B. wenn mit den ordnungsgemäß vorhandenen Transportmitteln die Ernte nicht in angemessener Zeit eingebracht werden kann.

[25]) Rüdenberg 15.

[26]) LG Würzburg 27. 9. 1921 F. 83/21.

[27]) Prot. 3588 (Mugdan 3, 598); BayZ 14, 191 (RG). Anders Entw. I § 863 und für das gemeine Recht SeuffA 50 Nr. 79.

[28]) BayZ 14, 191 (RG).

stück seiner Natur nach zu einer der Änderung entsprechenden Benutzungsart bestimmt sein. Ordnungsgemäß ist eine Benutzung, die nach ihrer Art der Natur (d. i. der Bodenbeschaffenheit, Größe und klimatischen Lage) und der Umgebung des Grundstückes angemessen und deren Ausübungsweise rationell ist[29]). So kann die Umwandlung eines bisher landwirtschaftlich benutzten Grundstückes in einen Steinbruch eine ordnungsgemäße Benutzung sein[30]). Wenn der Eigentümer aus persönlichen Gründen[31]) irgendeine neue Benutzung, welche nicht als ordnungswidrig bezeichnet werden kann, der bisherigen vorzuziehen geneigt ist, so kann er hierfür nicht ohne weiteres einen Notweg beanspruchen[32]). Wenn der Eigentümer den Fortschritten und Anforderungen der Zeit und der örtlichen Verhältnisse Rechnung trägt und deshalb eine Änderung der Benutzung eintreten läßt, so handelt er wirtschaftlich[33]).

Ist die Stadt an ein bisher landwirtschaftlich benutztes Grundstück herangewachsen, so wird die Erbauung von Wohnhäusern der Natur des Grundstücks entsprechen. Ist für diese Benutzung der bisherige Zugang nicht mehr genügend, so kann der Notweg verlangt werden, nicht aber gleich für ein Hotel.

Soll auf einem Grundstück der dort vorhandene Steinbruch ausgebeutet werden, so ist dies eine ordnungsmäßige Benutzung, die einen Fahrweg erforderlich macht.

Will der Eigentümer auf seinem Grundstück eine Fabrik errichten, so kommt es auf die Lage des Grundstücks an. In einem Industrieviertel ist dies eine ordnungsmäßige Benutzung. Auf dem platten Lande dagegen liegt diese Voraussetzung regelmäßig nicht vor; denn hier wird zumeist die Änderung der Benutzung nicht auf die durch die objektive Beschaffenheit des Grundstücks bedingten wirtschaftlichen Bedürfnisse, sondern auf die subjektive Willensrichtung des Eigentümers zurückzuführen sein. Wenn sich aber auf dem Grundstück oder in seiner Nähe wertvolle Tonlager befinden, so wird die Errichtung einer Tonwarenfabrik der rationellen Ausbeutung dieses Tonlagers entsprechen und daher eine ordnungsmäßige Benutzung im Sinne des Gesetzes darstellen.

Die Einrichtung einer Mühle auf einem an einem Triebgewässer liegenden Grundstück ist ebenfalls eine ordnungsmäßige Benutzung, da das Grundstück infolge seiner Lage zu dieser Art der Benutzung bestimmt ist.

Es entspricht regelmäßig nicht der Lage, somit nicht der Natur eines eingeschlossenen Grundstücks, darauf einen stark besuchten Schuppen zu stellen, der im Laufe der täglichen

---

[29]) Rüdenberg 15—18. Nach RG 157, 309 ist die Bewirtschaftung nicht ordnungsgemäß, wenn der Eigentümer auf seinem Grundstück ein Unternehmen beginnt, das nicht ohne umfangreiche Inanspruchnahme benachbarter Grundstücke durchführbar ist.

[30]) Puchelts Zeitschr. 05, 152 (Zweibrücken).

[31]) Wenn RG 79, 117 die Abgabe der Bewirtschaftung eines Grundstücks an mehrere Teilpächter hierher rechnet, so mag das im allgemeinen richtig sein. Wenn aber die Zerteilung in Einzelbewirtschaftung eine rationellere Ausnutzung des Bodens gewährleistet, so entspricht sie der Beschaffenheit des Grundstücks. Abweichend Westermann § 65 II 2.

[32]) Prot. 3591 (Mugdan 3, 599). Für jetziges Recht würde die den Notweganspruch einschränkende Entscheidung in JW 94, 437 Nr. 49 nicht mehr zutreffen. Vgl. OLG 12. 124.

[33]) Zustimmend BayZ 26, 45 (Augsburg); Scherer, Bem. 198 zu §§ 917 und 918 (3, 105). Ein Nachweis der Rentabilität der Neuanlage kann nicht gefordert werden. Endemann 484 Anm. 29.

Arbeit vielfach benutzt werden muß. Diese Benutzungsweise ist zwar nicht ordnungswidrig, aber auch nicht naturgemäß[34]). Anders, wenn in der Umgebung des Grundstücks sich mehrfach solche Schuppen befinden.

Das Bedürfnis unserer Volkswirtschaft erheischt die stärkste Ausnutzung des Bodens. Wenn man früher die Umwandlung eines mageren Weidegrundstücks in Ackerland als unwirtschaftlich betrachtet hat, so ist hierin jetzt ein Wandel der Anschauung eingetreten. Heute hätte der Richter für eine solche Änderung der Benutzung den Notweg zuzusprechen.

Das Bedürfnis nach einem Notweg kann ein nur vorübergehendes sein[35]); dann kann der Notweg nur solange beansprucht werden, als das Bedürfnis besteht.

Wenn infolge der Baufälligkeit eines Hauses Baumaterialien zu seiner Instandsetzung beigefahren werden müssen, muss zu diesem Zwecke ein Notweg eingeräumt werden.

Auf der anderen Seite wird der Notweganspruch nicht dadurch ausgeschlossen, daß das Bedürfnis nach einem Notweg durch eine Veränderung der Kulturart, z. B. durch Aufforstung, in Wegfall oder doch in engere Grenzen gebracht werden könnte[36]). Dies gilt selbst dann, wenn bisher das Grundstück mit Holz bestanden war und erst als Ackerland urbar gemacht wurde.

Wie die Verbindung, so muß auch der öffentliche Weg, zu dem sie führt, den Anforderungen einer ordnungsgemäßen Benutzung genügen[37]).

---

[34]) OLG 12, 124.

[35]) Rüdenberg 21; Staudinger Bem. II 1d; Wolff, Sachenrecht 165; Westermann § 65 II 1 (Behinderung in der Straßenbenutzung durch Ausbesserungsarbeiten oder infolge Schneewehen).

[36]) Vgl. StriethA 31, 14; Dernburg 286.

[37]) Rüdenberg 20; Zeiler, SeuffBl. 78, 99; BraunschwZ 10, 180 (Braunschweig); Wolff, Sachenrecht 164 Anm. 5. A. M. dagegen Endemann in der Festgabe für Gierke 951 ff.; Josef im R 11, 649 ff.; Staudinger Bem. II 2a zu § 917; Stölzle und OLG Augsburg in BayZ 12, 15 und 25, 169. — Diese gegenteilige Meinung beruft sich auf die Entstehungsgeschichte und den Wortlaut des Gesetzes. Die für die ordnungsmäßige Ausnutzung des Grundstücks erforderliche Verbindung mit einem öffentlichen Weg ist nicht schon dann vorhanden, wenn das Grundstück Anschluß an eine als öffentlicher Weg bezeichnete Bodenfläche hat, sondern diese Bodenfläche muß auch in der Tat die Eigenschaft eines Weges haben. Unter einem Weg versteht man eine Bodenfläche, die bestimmt und geeignet ist, dem Verkehr zu dienen. Deshalb steht der Wortlaut des Gesetzes der hier vertretenen Auslegung nicht zwingend entgegen. Das gleiche gilt von der Entstehungsgeschichte, wie sie sich aus M 3, 291 (s. unten N. 40) ergibt. Ausschlaggebend ist der Zweck des Gesetzes. Das Gesetz will aus wirtschaftlichen Gründen die ordnungsmäßige Ausnutzung des Grundstücks ermöglichen. Der Gesetzgeber hätte diesen Zweck nicht erreicht, wenn die an sich vorhandene Verbindung mit einem öffentlichen Weg den Notweganspruch auch dann ausschließen würde, wenn dieser Weg unbrauchbar oder doch für das ordnungsmäßige Bedürfnis des Grundstücks ungeeignet ist. Wenn Endemann betont, daß eine übermäßige Belastung des Nachbareigen-

Deshalb fehlt die zur ordnungsmäßigen Benutzung notwendige Verbindung mit einem öffentlichen Weg nicht nur dann, wenn das notleidende Grundstück von der Verbindung mit dem öffentlichen Wege durch zwischenliegende, einer Wegeservitut nicht unterworfene Ländereien absolut ausgeschlossen ist; es kann vielmehr der Notweganspruch auch dann erhoben werden, wenn der vorhandene Zugang eine ordnungsgemäße Bewirtschaftung nicht ermöglicht[38]), wenn also z. B. zwar ein Fußweg, nicht aber der erforderliche Fahrweg vorhanden[39]) ist oder wenn der vorhandene Fahrweg zu schmal oder für schwere Fuhrwerke nicht fahrbar ist[40]).

Die erforderliche Verbindung mit einem öffentlichen Weg ist dann gegeben, wenn der Grundstückseigentümer eine dem Bedürfnis entsprechende Zugangs- bzw. Zufahrtsmöglichkeit[41]) zu einem dem gemeinen Gebrauch unterstellten Wege hat.

Unter Umständen können für die ordnungsmäßige Benutzung zwei Wege notwendig sein[42]); dies kann namentlich bei einem größeren Komplex zusammengehöriger Grundstücke der Fall sein.

Das BGB verlangt von dem Eigentümer des notleidenden Grundstückes nicht den Nachweis, daß die Notlage ohne sein Verschulden eingetreten sei, wohl aber gestattet es dem in Anspruch genommenen Nachbar, die Duldung des Notweges zu verweigern, wenn die bisherige Verbindung des Grundstückes mit dem öffentlichen Weg durch eine willkürliche Handlung des Eigentümers aufgehoben wurde (§ 918 Abs. 1 BGB). Beweispflichtig hierfür ist der in Anspruch genommene Nachbar[43]).

Dieser Umstand steht auch dem späteren Erwerber des Grundstücks entgegen, selbst wenn er nicht Gesamtrechtsnachfolger desjenigen ist, welcher die willkürliche Handlung vorgenommen hat[44]).

---

tums nicht zuzulassen sei, so ist darauf zu verweisen, daß ein strenger Maßstab für das Erfordernis eines ordnungsmäßigen Bedürfnisses und eine entsprechende Festsetzung der zu zahlenden Rente dem Richter die Möglichkeit zu einem gerechten Ausgleich bietet.

[38]) Vgl. oben N. 20a.

[39]) BayZ 12, 16 (Augsburg).

[40]) M 3, 291 (Mugdan 3, 161). Die Verbindung mit einem öffentlichen Feldweg genügt deshalb nicht, wenn er bei feuchtem Wetter für schwere Fuhrwerke unbenutzbar ist (A. M. SächsRpflA 20, 209 Dresden, vgl. oben Anm. 1). Freilich muß dabei vorausgesetzt werden, daß die ordnungsgemäße Benutzung ein Befahren mit schweren Fuhrwerken auch bei feuchtem Weg erheischt.

[41]) Dem steht aber nicht der Fall gleich, daß sich der eingeschlossene Grundstückseigentümer durch Kauf einen Weg erwerben könnte. Puchelts Zeitschr. 05, 152 (Zweibrücken). Vgl. auch oben N. 20a. Ein Wegerecht oder ein schuldrechtl. Anspruch, ein anderes Grundstück als Weg zu benutzen, schließt das Notwegrecht aus; das gilt aber nur für sichere Rechte (RG JW 25, 475); Westermann § 65 II 1.

[42]) Rüdenberg 87.

[43]) Maenner 172; Planck Anm. 1 zu § 918.

[44]) Dernburg 287 Anm. 9; Rüdenberg 33.

Der Ausdruck „willkürliche Handlung" ist lediglich in objektivem Sinne auszulegen, er stellt keineswegs einen Fall des Vorsatzes dar[45]); er ist nicht gleichbedeutend mit schuldhaft[46]). Willkürlich ist eine Handlung dann, wenn sie weder durch die ordnungsgemäße Benutzung noch durch eine zwingende andere Veranlassung gerechtfertigt ist[47]). Als willkürliche Handlungen können sonach unter Umständen[48]) in Betracht kommen der Abbruch einer den Zugang vermittelnden Brücke, die Überbauung der bisherigen Verbindungsfläche[49]), Verschüttung der bisherigen Verbindung durch Anlage einer Halde[50]), Verzicht auf eine Wegedienstbarkeit. Ordnungswidriges Unterlassen ist dem Handeln gleich zu achten[51]). Die Zustimmung des Wegebedürftigen zur Verlegung des bisher bestandenen öffentlichen Weges (ebenso die Unterlassung eines Widerspruchs gegen die Verlegung) schließt den Notweganspruch dann aus, wenn anzunehmen ist, daß gegen den Widerspruch die Verlegung des öffentlichen Weges nicht erfolgt wäre[52]). Wenn der Notstand nur dadurch herbeigeführt wurde, daß das Grundstück verpachtet wurde und deshalb nach einer ganz anderen Richtung gravitiert, ist § 918 Abs. 1 anzuwenden.

Die bisherige Verbindung des Grundstücks mit dem öffentlichen Weg ist nur dann aufgehoben, wenn die bisherigen Zugangsverhältnisse in tat-

[45]) Weyl, Verschuldensbegriffe 410.

[46]) Rüdenberg 28; Staudinger Bem. I 1a zu § 918.

[47]) Nach Rüdenberg 33 ist eine Handlung des Eigentümers dann nicht willkürlich, wenn er erstens zu ihrer Vornahme von der Rechtsordnung oder durch widerrechtliche Drohung oder arglistige Täuschung eines Dritten bestimmt wird oder zweitens er sie kraft öffentlichen oder privaten Rechts vornimmt, insbesondere kraft des Rechts zur (schikanefreien) ordnungsgemäßen Benutzung seines Grundstücks. Alle anderen Handlungen des Eigentümers, durch welche die bisherige Verbindung aufgehoben wird, werden von Rüdenberg als willkürlich erachtet. Wolff, Sachenrecht 165, spricht im Anschluß an Zitelmann von dem „Vorsatz gegen sich selbst"; es müsse eine „wirtschaftswidrige" Verletzung des eigenen Interesses vorliegen. Ähnlich Westermann § 65 II 3, der Willkür bejaht, wenn der Eigentümer ohne verständige Berücksichtigung der objektiven Beschaffenheit seines Grundstücks gehandelt hat (Abreißen einer Brücke; Aufgabe eines Wegs).

[48]) Nicht immer; man denke z. B. an die Zerstörung einer Brücke auf Anordnung der Behörde oder auf Drohung des Feindes. Vgl. Rüdenberg 29. Erfolgt die behördliche Anordnung zum Abbruch der Brücke wegen Baufälligkeit, so kann die willkürliche Handlung in der Unterlassung der baulichen Unterhaltung bestehen.

[49]) Dernburg 287 wendet den § 918 Abs. 1 entsprechend an, wenn der Eigentümer sich willkürlich durch Veränderung in der Hauptbestimmung, z. B. durch Errichtung eines Mietshauses auf einem früheren Kornfeld, in die Notlage versetzt hat. Jedenfalls müßte aber hier die Einschränkung gemacht werden, daß der Neubau nicht durch die ordnungsgemäße Benutzung veranlaßt war.

[50]) JW 21, 252 (Dresden); SeuffA 76 Nr. 160 (Dresden).

[51]) Rüdenberg 26. Vgl. oben N. 48.

[52]) Vgl. Bolze 8 Nr. 82.

sächlicher Beziehung geändert werden[52a]). Durch eine Veräußerung des Grundstückes wird eine solche Änderung dann nicht bewirkt, wenn auch für den Erwerber die Möglichkeit bestehen bleibt, die bisherige Verbindung weiter zu benutzen. Es kann sich aber dabei ergeben, daß die für den bisherigen Besitzer ausreichende Verbindung für die ordnungsgemäße Benutzung des neuen Erwerbers deshalb ungenügend ist, weil das erworbene Grundstück nunmehr von einem in ganz anderer Richtung gelegenen Anwesen aus bewirtschaftet werden muß und deshalb die bisherige Verbindung einen wirtschaftlich untragbaren Umweg in sich schließt. Der neue Erwerber kann den Notweg beanspruchen; die Einrede aus § 918 Abs. 1 kann ihm nicht entgegengesetzt werden. Denn wenn auch der Verkauf des Grundstücks als willkürliche Handlung zu erachten ist, so ist durch diese Handlung keineswegs die frühere Verbindung mit dem öffentlichen Weg aufgehoben worden und das verlangt § 918 Abs. 1; es ist dadurch nur bewirkt worden, daß diese völlig unveränderte Verbindung nunmehr für die ordnungsgemäße Benutzung des Grundstücks nicht mehr genügt[53]).

Ob die willkürliche Handlung, durch welche der Notstand geschaffen wurde, vor oder nach dem Inkrafttreten des BGB vorgenommen wurde, ist belanglos, da das Gesetz keinen Unterschied macht[54]).

II. Inhalt des Notweganspruches[55])

Sind diese Voraussetzungen gegeben, so hat der Nachbar auf Verlangen des Eigentümers die Benutzung seines Grundstückes zur Herstellung der erforderlichen Verbindung zu dulden (§ 917 Abs. 1 BGB). Diese Verpflichtung enthält eine gesetzliche Eigentumsbeschränkung[56]), kraft welcher der Nachbar einen Weg dulden muß; in bergigem Gelände kann

[52a]) Einzelne Landesrechte verbieten ausdrücklich die Teilung landwirtschaftlicher Grundstücke in der Weise, daß hierdurch einzelne Teile ihre ständige Zufahrt verlieren (Art. 94 Abs. 3 HessAG; Art. 236 WürttAG — RegBl. 31, 585 ff.).

[53]) JW 1925, 474.

[54]) Nicht um eine rückwirkende Kraft des § 918 handelt es sich, sondern darum, unter welchen Voraussetzungen das geltende Recht den Notweganspruch einräumt. Dagegen meint Höchtle, SeuffBl. 11, 465, der Einwand, daß der Notstand durch eine willkürliche Handlung geschaffen sei, könne dann nicht gebracht werden, wenn die Handlung vor 1900 vorgenommen wurde, weil der § 918 Abs. 1 in gewissem Sinne (!) eine Strafvorschrift für ziviles Unrecht sei und deshalb keine rückwirkende Kraft haben könne.

[55]) Über grundbuchrechtliche Fragen s. Roettgen in JDR 14 zu § 917, 279; ferner KG in JFG 3, 330 und § 24 VI.

[56]) Gierke 438; Wolff, Sachenrecht 164; Staudinger Bem. 2; Planck Bem. 2a zu § 917; Palandt N 1 zu § 917; RG 87, 425. Vgl. M 3, 291 (Mugdan 3, 161). Dort werden die Gründe dargelegt, aus denen der Gesetzgeber die Konstruktion einer Enteignung ebenso wie die einer gestzlichen Obligation abgelehnt hat.

dieser auch oberhalb oder unterhalb des Erdbodens verlaufen (RG 157, 309). Es kann auf Grund des § 917 BGB nicht die Duldung einer durch den Luftraum des Nachbargrundstückes geführten Drahtseilbahn zur Bei- oder Fortbeschaffung von Material usw. verlangt werden[57]). Unter Umständen kann der Nachbar die Führung einer solchen Drahtseilbahn durch seinen Luftraum auf Grund des § 905 BGB nicht verbieten[58]). Dagegen ist es mit Wortlaut und Sinn des § 917 wohl vereinbar, nicht nur die Benutzung des Nachbargrundstückes für einen eigentlichen Weg, sondern auch die Benutzung zu Geleisen oder zur unterirdischen Legung einer Röhrenleitung oder eines Lichtkabels unter § 917 fallen zu lassen[59]).

Davon abgesehen erschöpft sich § 917 in einem Wegerecht, d. i. in der Befugnis, über die Nachbargrundstücke zu fahren (auch mit Kraftwagen), zu reiten und zu gehen[60]), oder Fässer zu rollen und Baumstämme zu schleifen[61]).

Der Notweg ist von dem Berechtigten auf seine Kosten anzulegen und zu unterhalten[62]). Ob der Verpflichtete den Notweg neben dem Berechtigten oder ob ihn dieser allein benutzen darf, entscheidet sich danach, ob bei der Mitbenutzung durch den Eigentümer die für die ordnungsgemäße Benutzung des herrschenden Grundstücks erforderliche Verbindung entfällt[63]).

1. Nur auf Verlangen. Die Verpflichtung zur Duldung des Notweges tritt nur auf Verlangen[64]) des Eigentümers des notleidenden Grundstückes ein. Das Verlangen ist eine empfangsbedürftige Willenserklärung; sie setzt Geschäftsfähigkeit des Verlangenden voraus und wird wirksam, sobald sie dem Gegner zugeht (§ 130 BGB). Das Verlangen kann formlos geschehen. Immer aber ist erforderlich, daß in dieser Erklärung zum Ausdruck ge-

---

[57]) SeuffA 62 Nr. 41 (ObLG); BayObLG 7, 234.

[58]) S. oben § 1 II 4 und § 1 N 53 u. 55.

[59]) Palandt Anm. 3 d zu § 917; Staudinger Anm. 34 zu § 917; Rüdenberg 14; LZ 14, 1768 (RG); JW 32, 1069 (Köln); SeuffA 79 Nr. 33 (Hamm); ebenso Westermann § 65 II 1; a. M. Planck 2 zu § 917; Meisner-Ring, 4. Aufl. zum BayrNachbarrecht, § 25 II.

[60]) RheinArch 100 I 134 (Köln); Staudinger Bem. III zu § 917.

[61]) Auch hierbei handelt es sich um die Benutzung eines Grundstücks zum Transport von Sachen, und diese Art des Transportes ist (z. B. bei Brauereien) üblich und für die Waldnutzung unter Umständen die allein mögliche. Unrichtig daher für das Schleifen von Baumstämmen JDR 8, 388 (Colmar).

[62]) Der Nachbar kann dies der Duldungsklage gegenüber im Wege der Widerklage geltend machen. Soergel, Rechtsprechung 03, 169; R 03, Nr. 2791 (Posen).

[63]) Rüdenberg 86; zu weit geht in der Annahme des Mitbenutzungsrechts Süßheim, BlAdmPr. 52, 365. Wenn der Notwegberechtigte und der Eigentümer den Weg gemeinsam benutzen, so tragen sie die Kosten der Unterhaltung nach den Grundsätzen der Gemeinschaft zusammen. Rüdenberg 90.

[64]) Das Verlangen ist Tatbestandsmerkmal, und zwar Voraussetzung der Duldungspflicht (Müller 103; Güthe 1740; Staudinger Bem. zu § 917).

bracht wird, daß der Wegbedürftige die Duldungspflicht als einen Notweganspruch geltend macht. Dies ist z. B. dann nicht der Fall, wenn der Eigentümer des wegbedürftigen Grundstückes eine Wegegerechtigkeit behauptet und deswegen die Duldung verlangt. Es muß dies aus dem Unterschiede der Fassung des § 917 BGB mit jener des § 912 BGB gefolgert werden. § 912 BGB besagt einfach: „So hat der Nachbar den Überbau zu dulden". § 917 BGB dagegen bestimmt: „So kann der Eigentümer von den Nachbarn verlangen, daß sie . . . dulden". Hat der Eigentümer gegen die Anmaßung des als Grunddienstbarkeit beanspruchten Weges die actio negatoria erhoben, so kann der Beklagte, solange er eine Grunddienstbarkeit behauptet, nicht hilfsweise den Notweganspruch einwenden, denn, solange er ohne Entschädigung zu fahren beansprucht, hat er in Wahrheit nicht die Einräumung eines Notweges verlangt[65]).

Aktiv legitimiert zur Stellung des Verlangens wie zur Erhebung des Anspruchs auf Duldung[66]) ist der Eigentümer des wegebedürftigen Grundstücks (§ 917 BGB). Ein einzelner Miteigentümer ist zum Verlangen und zur Klage auf Einräumung des Notweges nicht legitimiert (trotz § 1011 BGB)[67]). Dem Nießbraucher steht der Notweganspruch so wenig zu[68]) wie dem Besitzer und Pächter[69]), wohl aber dem Erbbauberechtigten (§ 11 Erbbau RVO).

Die Duldungspflicht trifft die Eigentümer aller jener Grundstücke, welche der Verbindung mit dem öffentlichen Wege entgegenstehen, unter Umständen also auch die mittelbaren Nachbargrundstücke[70]).

---

[65]) Im übrigen kann der Notweganspruch einredeweise gegen die Negatorienklage geltend gemacht werden. Biermann zu § 917, vgl. Puchelts Zeitschr. 05, 152 (Zweibrücken).

[66]) Für die Klage ist der dingliche Gerichtsstand des § 24 ZPO begründet, weil es sich um einen Anspruch aus dem Eigentum am notleidenden Grundstück handelt, und sie gegen den Eigentümer des Nachbargrundstücks als solchen zu richten ist. Dernburg 288 Anm. 15.

[67]) Turnau-Förster Bem. 1 zu § 917 BGB, weil der Anspruch auf Einräumung des Notweges von einer Gegenleistung abhängig ist. RGKomm. Bem. 6 zu § 917; Palandt 3a zu § 917; a. M. Staudinger Anm. 3 zu § 917; Maenner 173; Biermann Bem. 2 zu § 917; Planck Bem. 2a β; Goldmann-Lilienthal 58; Müller 103.

[68]) Herrschende Meinung. A. M. Rüdenberg 81, der dem Nießbraucher das Notwegrecht grundsätzlich zuspricht, jedoch mit der weittragenden Einschränkung, daß er die „Bestimmung des Notweges" nicht vornehmen dürfe.

[69]) Rüdenberg 82; Süßheim, BlAdmPr. 52, 365; JDR 6, 375 (Jena): „Der Pächter kann als solcher einen Notweg nicht beanspruchen. Indes wird man eine Erweiterung des Notwegrechts zugunsten des Jagdberechtigten nicht schlechthin ausschließen dürfen." Vgl. R 20 Nr. 2406; RG 79, 118 (der Pächter kann einen Notweg über andere Grundstücke des Verpächters nur nach Auslegung des Pachtvertrages, nicht nach § 917 beanspruchen); Palandt Anm. 3a zu § 917.

[70]) Denkschrift 126 (Mugdan 3, 974). Das Verlangen kann sich nur gegen denjenigen

Hat ein Grundstück eine Fahrtgerechtigkeit über das daranstoßende Grundstück des A, nicht aber über das an lezteres angrenzende Grundstück B, welches an einem öffentlichen Wege liegt, so richtet sich der Anspruch auf Einräumung des Notweges gegen B.

Die mehreren Miteigentümer des belasteten Grundstückes müssen gemeinsam belangt werden[71]). Das Verlangen zur Duldung ist daher an sämtliche Miteigentümer zu richten. Die Zuziehung der Erbbau- und Dienstbarkeitsberechtigten ist nicht erforderlich[72]). Gegen nur dinglich Berechtigte oder gegen den bloßen Besitzer ist die Klage nicht zulässig[73]).

2. Richtung des Notweges. Es führen viele Wege nach Rom; welches von den in Betracht kommenden Grundstücken ist im Einzelfall belastet? Die Duldungspflicht liegt kraft Gesetzes allen Nachbarn ob, nicht nur dem Eigentümer desjenigen Grundstücks, welches durch den Weg am wenigsten belästigt wird[74]).

Der Notwegberechtigte hat keinen Ansgruch auf einen bestimmten Weg (RG 160, 185). Kommen mehrere Grundstücke für den Notweg in Betracht, so kann der Eigentümer nicht wählen, welches Grundstück er benutzen will. Er kann zwar gegen alle klagen, trägt aber die Kosten, soweit das Gericht den Weg nur über einzelne Grundstücke legt (so Westermann § 65 III 2).

Es ist nicht erforderlich, daß der Eigentümer des notleidenden Grundstücks gerade die kürzeste Verbindung in Anspruch nimmt[75]). Der Einwand, daß der Notweg für ein anderes Grundstück weniger lästig wäre, ist daher unzulässig[76]). Immerhin muß angenommen werden, daß der Wegebedürftige nicht nach reiner Willkür irgendeine Verbindungslinie herausgreifen kann, sondern daß nur jene Grundstücke mit der gesetzlichen

---

richten, dessen Eigentum beschränkt ist, das ist also gegen den Eigentümer, nicht etwa gegen den bloßen Besitzer, Nießbraucher u. dgl. (SeuffA 56 Nr. 150; Staudinger Bem. I 3 zu § 917).

[71]) RGK Bem. 7; Staudinger Bem. I 3; JW 06, 233 (RG). Die Klage ist gegen alle Eigentümer des Grundstücks zu richten, auch gegen solche, welche die Verpflichtung nicht bestreiten (notwendige Streitgenossenschaft). Wenn es sich dagegen um die Eigentümer verschiedener in Betracht kommender Grundstücke handelt, ist § 60 ZPO anzuwenden (Kraft, RheinZ 2, 341).

[72]) RGK Bem. 7; Oberneck 647 Anm. 38; Dernburg 288; A. M. dagegen Goldmann-Lilienthal 58 Anm. 58.

[73]) SeuffA 56 Nr. 150. — Wird durch den Notweg ein Erbbaurecht oder eine Dienstbarkeit beeinträchtigt, so ist das Verlangen auf Duldung des Notwegs nicht nur an den Eigentümer, sondern auch an den Berechtigten zu stellen (vgl. § 916).

[74]) Vgl. dagegen SeuffA 16 Nr. 12, 27 Nr. 8.

[75]) SeuffA 62 Nr. 41 (ObLG).

[76]) Dernburg 287; Staudinger Bem. IV; Fischer-Henle Bem. 7. Vgl. dagegen Hesse, Nachbarrecht 549; SeuffA 4 Nr. 204, 16 Nr. 12.

sonstigen örtlichen Verhältnissen naturgemäß für eine Verbindung in Betracht kommen[77]).

Wenn in Frage steht, ob die Verbindung mit dem öffentlichen Wegenetz über eine kultivierte Wiese oder eine Ödung genommen wird, so kann der in Anspruch genommene Wieseneigentümer nicht geltend machen, daß der Weg über die Ödung für dessen Eigentümer nicht so lästig falle wie für ihn. Wenn aber der Weg über die Ödung nicht wesentlich länger und unbequemer ist, so kann man annehmen, daß die natürliche Verbindung über diese Ödung geht und daher die Wiese der gesetzlichen Beschränkung nicht unterworfen ist.

Wenn das eingeschlossene Grundstück eine entsprechende Verbindung über ein als Hausgarten dienendes Grundstück und ein als Ackerland benutztes Grundstück erhalten kann, so läßt sich unter Umständen annehmen, daß mit Rücksicht auf diese Verhältnisse der Hausgarten von der gesetzlichen Eigentumsbeschränkung nicht betroffen wird.

In Feldlagen kommen als besonders geeignet für den Notweg in erster Linie etwa vorhandene Häupter von Ackergrundstücken in Betracht.

Festungsanlagen und der dem Eisenbahnbetrieb dienende Boden kommen für den Notweganspruch als belastet nicht in Betracht[78]).

3. Wegfall der Verbindung durch Veräußerung. Eine Einschränkung erfährt der Kreis der Pflichtigen in den Fällen, in welchen infolge der Veräußerung eines Grundstücksteiles der veräußerte oder zurückbehaltene Teil von der Verbindung mit dem öffentlichen Wegenetz abgeschnitten ist. Hier wird ein Anspruch gegen die bisherigen Nachbarn dem Eigentümer des abgeschnittenen Grundstückes nicht gewährt, da durch seinen eigenen Willen die vorhandene Verbindung aufgehoben ist[79]). Jedoch darf in solchem Falle der Eigentümer, der versäumt hat, sich eine Wegegerechtigkeit bestellen zu lassen, nicht ohne Schutz bleiben. § 918 BGB legt deshalb dem Eigentümer desjenigen Teiles, über welchen bisher die Verbindung stattgefunden hat, die Pflicht zur Duldung des Notweges auf[80]). Auch in diesem Falle besteht Entschädigungspflicht[81]).
Eigentumsbeschränkung belastet sind, welche nach den Gelände- und

[77]) Vgl. Dernburg 287: „Wohl aber kann sich Beklagter darauf berufen, daß die leichtere Gewährung durch den Nachbar so offenbar sei, daß die Inanspruchnahme des Beklagten als Schikane erscheine." Ähnlich Rüdenburg 83: Der Berechtigte braucht bei seiner Wahl unter mehreren Nachbarn nur das Schikaneverbot zu beachten. — Er kann nicht gerade immer (vgl. Kraft, RheinZ 2, 341) die kürzeste Verbindung beanspruchen BayObLG 7, 230.

[78]) Rüdenberg 83. Vgl. Eger, Entsch. 18, 154 (RG).

[79]) § 918 Abs. 2 ist also ein Unterfall und zugleich eine Ausnahme von § 918 Abs. 1; vgl. hierzu aber oben § 27 I 3.

[80]) Das bedeutet aber nicht, daß das Notwegrecht sich stets auf den bisher benutzten Weg beschränken müßte, der Notweg also nur so verlangt und gewährt werden könnte, wie der bisherige Eigentümer den Weg nach der öffentlichen Straße tatsächlich genommen hatte. Vielmehr ist vom Richter der nach den allgemeinen Grundsätzen geeignete Notweg zu bestimmen, auch wenn dieser von der Richtung des bisher gewählten Weges abweicht: RG 160, 185.

[81]) Süßheim, BlAdmPr. 52, 357.

In entsprechender Weise wird für den Fall Vorsorge getroffen, daß durch die Veräußerung eines von mehreren demselben Eigentümer gehörenden Grundstücken das veräußerte oder zurückbehaltene Grundstück von der Verbindung mit dem öffentlichen Wege abgeschnitten ist[82]).

Ergibt sich durch Auslegung des zwischen dem Eigentümer und dem Erwerber eines Grundstückes geschlossenen Vertrages, daß derjenige von beiden, welchem nach der Lage der Grundstücke ein Anspruch auf einen Notweg gegen den andern zustehen würde, hierauf habe verzichten wollen, so fragt es sich, welche Wirkung ein solcher Verzicht hat. Die Verpflichtung zur Duldung des Notwegs ist eine gesetzliche Eigentumsbeschränkung des damit belasteten Grundstückes. Die Befreiung von dieser Last kann nur durch Begründung einer Grunddienstbarkeit herbeigeführt werden. Es ist im Wege der Auslegung aus den begleitenden Umständen abzuleiten, ob die Beteiligten durch den stillschweigenden Verzicht und dessen Annahme die Begründung einer solchen Dienstbarkeit herbeiführen wollten. Ist dies der Fall, so kann der Eigentümer des von der Duldungspflicht befreiten Grundstückes die formgültige Bestellung der Grunddienstbarkeit verlangen[83]). Derjenige, welchem nach der Lage der Grundstücke ein Anspruch auf einen Notweg zustehen würde, kann ungeachtet eines Verzichtes, welcher der dinglichen Wirkung entbehrt, die Duldung des Notweges von dem Sonderrechtsnachfolger desjenigen, demgegenüber der obligatorische Verzicht erklärt wurde, verlangen[84]). Liegt ein Verzicht mit dinglicher Wirkung vor, so ist der Anspruch auf Einräumung eines Notweges überhaupt verscherzt, auch gegenüber den anderen in Betracht kommenden Nachbarn, weil im Verhältnis zu diesen der Interessent die Notlage durch eine willkürliche Handlung herbeigeführt hat[85]). Andererseits kann bei einem Vertrag, durch welchen ein Eigentümer einen Teil seines Grundstückes oder eines der ihm gehörigen mehreren aneinandergrenzenden Grundstücke veräußert hat, durch Erforschung des wahren Willens der Parteien das Ergebnis gewonnen werden, daß die Verpflichtung zur Bestellung einer Wegegrunddienstbarkeit für das infolge der Ver-

[82]) Denkschrift 126 (Mugdan 3, 974). § 918 Abs. 2 bezieht sich nicht nur auf die Verhältnisse unmittelbar nach der Veräußerung des Grundstücksteils; auch die künftigen Eigentümer der beiden Grundstücke sind gebunden. Die Vorschrift ist nicht analog anzuwenden, wenn das Grundstück in mehr als zwei Teile geteilt wird und eine der abgeteilten Parzellen durch alle übrigen von der Verbindung mit dem öffentlichen Wege abgeschnitten wird. Rüdenberg 130f.

[83]) Vgl. Prot. 3593 (Mugdan 3, 600).

[84]) Vgl. übrigens auch KommProt. 3593 (Mugdan 3, 600).

[85]) Vgl. Prot. 3588 u. 3593 (Mugdan 3, 598 u. 600).

äußerung vom öffentlichen Wege abgeschnittene Grundstück stillschweigend vereinbart ist[86]).

4. Bestimmung durch richterliches Urteil. Das Recht des Wegebedürftigen kann, wenn sich die Beteiligten nicht über die Art seiner Verwirklichung einigen, seinen Inhalt nur dadurch erhalten, daß die Richtung des Notweges und der Umfang[87]) des Benutzungsrechtes durch Urteil bestimmt wird (§ 917 Abs. 1 BGB). Das richterliche Urteil hat nur deklaratorische, nicht konstitutive Bedeutung[88]). Das Benutzungsrecht selbst und die ihm entsprechende Duldungspflicht sind vom Gesetz geschaffen. Nur die Feststellung des konkreten Inhalts dieses Rechts, wie er von den Parteien behauptet wird, bleibt dem Richter überlassen[89]). Das Recht selbst besteht aber mit dem Vorliegen seiner gesetzlichen Voraussetzungen und wird nicht erst durch einen Richterspruch begründet. Hieraus ergibt sich die notwendige Folgerung, daß die Ausübung des Notwegerechts durch den Berechtigten schon vor Erlassung des Urteils zulässig ist[90]). Der Eigentümer des belasteten Grundstückes handelt rechtswidrig, wenn er die Benutzung seines Grundstückes für den Notweg verwehrt. Freilich darf der Berechtigte nur jene Richtung des Notweges und jenen Umfang des Benutzungsrechtes beanspruchen, die zur Herstellung der Verbindung erforderlich sind. Ist er bei seinem Verlangen darüber hinausgegangen, so hat er objektiv rechtswidrig gehandelt. Ob dies der Fall war, wird durch das richterliche Urteil im Streitfalle festgestellt. Der Anspruch kann auf jede Weise geltend gemacht werden, nicht nur durch Klage und Widerklage, sondern auch mittels Einrede[91]). Die Bezeichnung des Wegs nach seiner Richtung gehört zur Substanti-

[86]) Vgl. M 3, 293 (Mugdan 3, 162). Vgl. BayOHG 8, 409; 9, 679; JW 1891, 213 Nr. 49; RG 42, 158. Dingliche Wirkung erhält diese Vereinbarung erst nach Eintragung im Grundbuch. Über stillschweigende Servitutenbestellung s. unten § 35 II und für bisheriges Recht § 36 I 4, 35 II.

[87]) Es darf z. B. der Weg nur zu bestimmten Jahres- oder Tageszeiten oder zu bestimmten Zwecken verwendet werden. Es ist sehr wohl möglich, daß ein Bedürfnis für Fahrten mit Steinfuhrwerken besteht, während für Fahrten mit Fabrikfuhrwerken ein Bedürfnis in dem oben erwähnten objektiven Sinne (vgl. oben I 3) nicht vorhanden ist.

[88]) Zustimmend ObLG NF. 7, 294; SeuffA 61 Nr. 205 (ObLG); ebenso Süßheim, BlAdmPr. 52, 370; Staudinger Bem. VI 2b; RGK Bem. 8; Planck Bem. 2a; Dernburg 288 Anm. 5 A. M. Rüdenberg 107; Endemann 484 Anm. 33; Cosack 2, 158; Hellwig, Zivilprozeßrecht 1, 238; Kraft, RheinZ 2, 342; Wolff 167.

[89]) M 3, 292 (Mugdan 3, 161); Maenner 173.

[90]) Zustimmend BayZ 26, 45 (Augsburg). A. M. Rüdenberg 106.

[91]) Zustimmend SeuffA 61 Nr. 205; BayObLG 7, 294. Erhebt der Nachbar die Negatorienklage, so kann der Eigentümer des eingeschlossenen Grundstücks unter der Darlegung, daß die Notwegsvoraussetzungen gegeben sind, die Abweisung des dem Kläger nicht zustehenden Eigentumsanspruchs erwirken. Maenner 173; vgl. aber oben § 27 II 1 und N. 65.

ierung der Klage[92]), auch ist der Umfang des behaupteten Benutzungsrechts anzugeben, weil die Duldungspflicht nur auf Verlangen eintritt[93]). Das Anerbieten eines bestimmten Betrages für die dem Nachbar zu gewährende Entschädigung wäre an sich nicht erforderlich[94]), doch kann der Verpflichtete die Duldung des Notweges solange verweigern, als der Berechtigte mit der Rentenzahlung in Rückstand ist (s. unten III 6).

Die Zwangsvollstreckung aus dem Urteil erfolgt nach den §§ 890, 892 ZPO.

5. Bestimmung der Richtung durch Vereinbarung. Die Richtung des Notwegs ist durch einen billigen Ausgleich zwischen den widerstreitenden Interessen der Beteiligten zu bestimmen. In erster Linie entscheidet das Interesse des Eigentümers des belasteten Grundstücks. Deshalb kann der Berechtigte nicht gerade die kürzeste Wegrichtung verlangen[95]), wenn die Richtung besonders beschwerlich für den Eigentümer wäre. Andererseits kann dem Berechtigten nicht ein ganz unverhältnismäßiger Umweg zugemutet werden. Bei wesentlicher Änderung der Verhältnisse kann eine Änderung der rechtsgeschäftlich oder richterlich festgesetzten Richtung und Benutzungsart des Notwegs gefordert werden[96]).

Eine Vereinbarung über die Richtung des Notweges und den Umfang des Benutzungsrechtes hat nur dann eine dingliche Wirkung, wenn die Vereinbarung die für die Bestellung einer Grunddienstbarkeit aufgestellten Voraussetzungen erfüllt; denn eine Erschwerung oder Erleichterung der gesetzlichen Eigentumsbeschränkung läuft auf die Bestellung einer Grunddienstbarkeit für das gesetzlich berechtigte bzw. gesetzlich belastete Grundstück hinaus. Zur Bestellung einer Grunddienstbarkeit ist Eintragung im Grundbuch erforderlich.

6. Erlöschen des Notwegrechts. Der Notweganspruch erlischt, sobald die gesetzlichen Voraussetzungen in Wegfall kommen[97]). Das ist z. B. der Fall, wenn durch eine Flurbereinigung ein öffentlicher Weg an

---

[92]) Dies folgt aus der nur deklaratorischen Natur des Urteils (M 3, 292), vgl. dagegen Staudinger Bem. VI 2b; RGK Bem. 8; Planck, Bem. 2a zu § 917; Dernburg 288; Rüdenberg 105 und andererseits 98.

[93]) Vgl. dagegen Dernburg 288.

[94]) Dernburg 288 Anm. 13. Vgl. OTr. 30, 99.

[95]) SeuffA 62 Nr. 41 (ObLG).

[96]) Puchelts Zeitschr. 05, 60 (Köln). In analoger Anwendung des § 1023 kann der verpflichtete Nachbar die Verlegung des bereits bestimmten Notwegs verlangen. Rüdenberg 89.

[97]) Maenner 173; RGK Bem. 9; Staudinger Bem. I 8 zu § 917. Der Hebung des Mangels steht es gleich, wenn der Eigentümer die Beseitigung des Mangels absichtlich hindert. Süßheim, BlAdmPr. 52, 356.

das berechtigte Grundstück gelegt wird oder wenn das Bedürfnis ganz oder teilweise wegfällt; z. B. der für die Ausbeutung eines Steinbruches notwendige Fahrweg wird überflüssig, weil der Steinbruch erschöpft ist.

Der Anspruch auf Duldung des Notweges ist nach § 924 BGB der Verjährung entzogen.

7. Eigentumsfreiheitsklage. Der Notwegberechtigte hat gegen jeden Störer in der Ausübung des Notwegs die Eigentumsfreiheitsklage des § 1004; denn ihm steht der Notweg an dem fremden Grundstück auf Grund des Eigentums an seinem eigenen Grundstück zu[97a]).

III. Entschädigung des Grundeigentümers

Wie im Falle des Überbaues steht der Verpflichtung zur Duldung des Notweges ein Anspruch auf Entschädigung durch eine Rente gegenüber. Hinsichtlich dieses Anspruches finden die für den Überbau geltenden Vorschriften des § 912 Abs. 2 Satz 2 und der §§ 913, 914, 916 BGB entsprechende Anwendung (§ 917 Abs. 2 BGB[98]).

1. Rentenrecht und Rentenpflicht. Das Rentenrecht ist Eigentumsinhalt des duldungspflichtigen, die Rentenpflicht Eigentumsinhalt des anderen Grundstückes. Die Rente wird behandelt wie eine gesetzliche, allen anderen Lasten, auch den älteren, vorgehende Belastung (§ 914 Abs. 1 BGB[99]). Bei der Zwangsversteigerung bleibt diese Last auch dann bestehen, wenn sie bei der Feststellung des geringsten Gebotes nicht berücksichtigt wurde (§ 52 Abs. 2 ZwVG).

2. Gläubiger der Rente. Der Anspruch auf die Rente tritt ipso iure ein und steht demjenigen zu, dessen Rechte durch den Notweg beeinträchtigt werden, d. i. der jeweilige Eigentümer des Grundstückes, über welches der Notweg führt (§ 913 BGB). Entsprechende Rechte räumt § 916 BGB demjenigen ein, dessen Erbbaurecht oder Dienstbarkeit durch den Notweg beeinträchtigt wird. Weitere Realberechtigte kommen nicht in Betracht, da für diese, insbesondere für die Pfandgläubiger, die durch den Notweg herbeigeführte Beeinträchtigung durch die mit der Duldungspflicht verbundene Rente ausgeglichen wird (§§ 96, 1126, 1192, 1200 BGB).

Das Rentenrecht selbst kann nicht von dem Eigentum an dem belasteten Grundstücke getrennt werden (§ 914 Abs. 3 mit § 1110 BGB).

[97a]) Westermann (§ 65 III 2) will § 1029 BGB entsprechend anwenden, da der Notwegberechtigte in der Regel Besitz oder Mitbesitz am Notweg habe.

[98]) Vgl. oben § 24 III. Auf die entsprechende Darstellung wird Bezug genommen.

[99]) Deshalb kann das kraft Gesetzes entstandene Recht auf die Rente und die durch ein Urteil festgesetzte Höhe der Rente im Grundbuch nicht eingetragen werden; nur der Verzicht auf die Rente und die vertragsmäßige Festsetzung der Rente werden eingetragen.

Dies steht jedoch einer Abtretung oder Pfändung des Anspruchs auf die einzelne Rente nicht entgegen.

Der Miteigentümer kann die Ansprüche aus dem Rentenrecht in Ansehung der ganzen Sache geltend machen, aber auf Befriedigung nur in Gemäßheit des § 432 BGB. Wird das Grundstück, über welches der Notweg führt, geteilt, so ist nur der Eigentümer jenes Teiles rentenberechtigt, auf welchem sich der Notweg befindet (§ 1109 Abs. 3 BGB).

3. Schuldner der Rente. Schuldner der Rente ist der Eigentümer des Grundstücks, welchem der Notweg dient. Der Eigentümer haftet für die während der Dauer seines Eigentums fälligen Leistungen auch persönlich (§ 914 Abs. 3 mit § 1108 BGB). Der Besitznachfolger haftet für die Rückstände des Vorbesitzers dinglich (§ 914 Abs. 3 mit §§ 1107, 1113 ff. BGB). Wird das Grundstück, welchem der Notweg dient, geteilt, so haften für die Rente die Eigentümer der einzelnen Teile als Gesamtschuldner (§ 914 Abs. 3 mit § 1108 BGB).

4. Höhe der Rente. Für die Höhe der Rente ist maßgebend der Zeitpunkt, in welchem der Wegebedürftige den Notweg in rechtmäßiger Weise in Anspruch nimmt[100]); denn die Duldungspflicht tritt nur ein auf Verlangen des Berechtigten. § 917 Abs. 2 BGB bestimmt, daß die für den Überbau geltende Vorschrift des § 912 Abs. 2 Satz 2 BGB entsprechend anzuwenden ist. Dort ist bestimmt, daß für die Höhe der Rente die Zeit der Grenzüberschreitung maßgebend ist. Dies muß dahin führen, daß hier der maßgebende Zeitpunkt jener ist, in welchem der Notweg in rechtmäßiger Weise in Anspruch genommen wird, da es in beiden Fällen auf den Zeitpunkt ankommt, in welchem der Nachteil aus der dem Nachbar auferlegten Duldungspflicht entsteht[101]). Ist das Grundstück schon tatsächlich benutzt worden, bevor eine Anerkennung des Notwegrechts verlangt wurde, so ist der Zeitpunkt maßgebend, in welchem der Notweg erstmals als solcher, d. i. als Recht, beansprucht wurde. Beweispflichtig für diesen Zeitpunkt ist derjenige, der ihn als weiter zurückliegend behauptet.

---

[100]) Prot. 3599 (Mugdan 3, 601); Planck Bem. 2 b α zu § 917 und Rüdenberg 117 betrachten als maßgebend den Zeitpunkt der Bestimmung des Notweges. Nicht maßgebend ist der Eintritt der Zugangsnot, wie M 3, 291 annehmen. Prot. 3599 (Mugdan 3, 601) betrachten als maßgebend den Zeitpunkt, in welchem der Wegebedürftige den Notweg in Anspruch nimmt; das ist nur für den Fall zutreffend, daß der in Anspruch genommene Weg auch der rechtlich zustehende ist. Vgl. JW 16, 404; BayZ 16, 92, RG (der Lauf des Notwegrechts beginnt zugleich mit der Duldungspflicht, nicht erst mit der tatsächlichen Benutzung des Notwegs); ebenso Palandt 4 zu § 917. Wenn aber der Verpflichtete die Benutzung des Notwegs verhindert hat, kann er natürlich solange auch die Rente nicht beanspruchen.

[101]) So auch Turnau-Förster Bem. 2 zu § 917; Maenner 713.

Eine spätere Veränderung der Umstände, insbesondere ein Steigen oder Sinken des Grundwertes, hat deshalb auf die Höhe der Rente keinen Einfluß. Wohl aber kann bei einer Steigerung oder Minderung des Wegebedürfnisses Erhöhung oder Herabsetzung der Jahresrente verlangt werden[102]). Für die Festsetzung der Rentenhöhe ist die Größe des durch den Notweg für die Benutzung des Grundstückes herbeigeführten Schadens maßgebend[103]). Die Höhe des Entschädigungsanspruches ist bei dem Vorhandensein mehrerer Berechtigter nach Maßgabe der jedem einzelnen widerfahrenden Beeinträchtigung selbständig festzusetzen. Die mehreren Rentenberechtigten (§ 916 BGB) werden in Ansehung der Höhe des Entschädigungsanspruches weder durch die von anderer Seite abgeschlossenen Rechtsgeschäfte noch durch die unter anderen Personen ergehenden Urteile gebunden und können für die künftige Duldung die Festsetzung eines angemessenen Betrages verlangen[104]). Die Feststellung der Höhe ist zunächst der Vereinbarung der Beteiligten anheimgestellt. Eine solche Vereinbarung erzeugt, wenn formlos abgeschlossen, eine nur obligatorische Wirkung zwischen den Beteiligten. Dasselbe gilt von einer Vereinbarung über einen Erlaß der Rente. Dagegen ist zu einer vertragsmäßigen Feststellung der Rentenhöhe mit dinglicher Wirkung die Eintragung im Grundbuch erforderlich. Eine Vereinbarung über die Höhe oder den Erlaß der Rente mit dinglicher Wirkung kann nur mit Zustimmung der an den beteiligten Grundstücken dinglich Berechtigten geschlossen werden[105]) (§§ 876, 877 BGB).

5. Verfallzeit der Rente. Die Rente verfällt jährlich (§ 913 BGB). Das Jahr ist von dem Zeitpunkt an zu rechnen, in welchem das Verlangen auf Duldung des Notweges gestellt wurde. Die Rente ist im voraus zu entrichten (§ 913 BGB). Verzugszinsen können nicht beansprucht werden (§ 914 Abs. 3 mit §§ 1107, 289 BGB). Ansprüche auf Rückstände verjähren in vier Jahren (§ 197 BGB) vom Schluß des Kalenderjahres ab, in welchem der Anspruch fällig geworden ist (§ 201 BGB). Das Rentenrecht erlischt, sobald die Voraussetzungen für die Duldung des Notweges in Wegfall gekommen sind. Die Rente wird, abgesehen von dem Fall einer vertragsmäßigen Feststellung, nicht in das Grundbuch eingetragen (§ 914

---

[102]) Maenner 173; Planck und Biermann zu § 917.

[103]) Süßheim, BlAdmPr. 52, 360 will daneben auch den Vorteil des Berechtigten in Betracht ziehen. Dem ist nicht beizutreten. Wohl aber ist bei der Festsetzung der Höhe der Umstand in Betracht zu ziehen, daß ein mit einem Wegerecht belastetes Grundstück erfahrungsgemäß in seinem Wert erheblich herabgesetzt wird.

[104]) M 3, 286 (Mugdan 3, 158).

[105]) Prot. 3557 (Mugdan 3, 590). Nachträgliche Änderung der dinglich festgestellten Rente nach § 323 ZPO ist unzulässig, sofern nicht eine Änderung im Notwege selbst eingetreten ist. Süßheim, BlAdmPr. 52, 361f.

Abs. 2 BGB). Das Rentenrecht selbst ist der Verjährung entzogen, weil der Rentenanspruch stets neu entsteht, solange die Duldungspflicht besteht.

6. Gegenseitiges Leistungsverweigerungsrecht. Notwegerecht und Entschädigungspflicht beruhen auf „demselben rechtlichen Verhältnis" im Sinne des § 273 BGB. Es kann also der Notwegberechtigte die Zahlung verweigern, wenn der Nachbar die Ausübung des Notwegrechts hindert[106]); in gleicher Weise kann aber der Eigentümer die Duldung des Notwegs verweigern, wenn der Berechtigte mit der Rentenzahlung im Rückstand ist[107]).

IV. Kein Anspruch auf Kapitalabfindung

Der Eigentümer des mit dem Notwege belasteten Grundstückes hat keinen Anspruch darauf, daß er gegen Abtretung der zum Notweg benutzten Fläche eine Kapitalabfindung erhält; denn im § 917 Abs. 2 BGB ist auf § 915 BGB nicht verwiesen.

Ebensowenig hat der Rentenpflichtige Anspruch darauf, daß der Rentenberechtigte sein Rentenbezugsrecht durch eine Kapitalabfindung beseitigen läßt.

§ 28. Hammerschlagsrecht, Schaufelschlagsrecht, Anwenderecht, Schwengel- und Trepprecht, Grundstücksbenutzungsrecht des Waldbesitzers

Wer zur Duldung des Notwegs gehalten ist, muß leiden, daß der Nachbar sein Grundstück begehe, um von seinem eigenen Grund und Boden auf den öffentlichen Weg zu gelangen. Neben dieser reichsrechtlich geregelten Eigentumsbeschränkung bestehen vereinzelt noch andere Beschränkungen, die ebenfalls einen Grundeigentümer zu dulden verpflichten, daß der Nachbar sein Grundstück vorübergehend betrete und benutze, um dadurch seinem eignen Grundstück zu nützen. Das Ausschließungsrecht des Eigentümers ist zugunsten des Nachbars gehemmt und sein Eigentumsausnützungsrecht dem Nachbar in bestimmten Punkten zuerteilt.

---

106) Rüdenberg 118.

107) A. M. Rüdenberg 118, da sich aus dem Verhältnis ein anderes — § 273 BGB — mit Rücksicht darauf ergebe, daß der Rentenberechtigte durch die Verdinglichung und durch den Vorrang seines Rentenanspruchs Sicherheit genug habe. Das trifft wohl für die Duldung des Überbaus zu, die einen körperlichen Zustand voraussetzt, mit dessen Beseitigung die Duldungspflicht endgültig, nicht bloß vorübergehend, aufgehoben wäre; für die Notwegduldung besteht diese Besonderheit nicht und es verbleibt deshalb bei der Regel des § 273. Vgl. Dernburg 288 Anm. 13: „Zur Klage auf Einräumung des Notwegs ist das Anerbieten eines bestimmten Betrages der Entschädigung nicht erforderlich", hierzu vgl. oben II 4 und N 94.

I. Hammerschlags- und Leiterrecht

Dem nachbarlichen Grenzrecht gehören das Hammerschlags- und Leiterrecht an.

Hat jemand auf oder unmittelbar an der Grenze ein Bauwerk oder eine Grenzumfriedung errichtet, so ist es ihm oft nicht möglich, an der dem Nachbar zugekehrten Seite des Baues oder Scheidewerkes Arbeiten und Ausbesserungen vorzunehmen, ohne das fremde Grundstück zu betreten. Das Hammerschlagsrecht gibt ihm die Befugnis, zu dem genannten Zweck das Nachbargrundstück zu betreten und dort entsprechend tätig zu sein, das Leiterrecht gestattet ihm weiterhin, dort zu gleichem Zweck Gerüste, Leitern und anderes Arbeitsgerät aufzustellen[1]).

In keinem der drei großen Rechtsgebiete haben sich Hammerschlags- und Leiterrecht zu einer gemeinrechtlichen Bedeutung durchsetzen können. Im Gebiet des Gemeinen Rechts wurde zwar vereinzelt in der Praxis die allgemeine Geltung des Hammerschlags- und Leiterrechts behauptet[2]), doch sind beide Institute von der herrschenden Meinung nicht als gemeinrechtlich anerkannt worden[3]). Dagegen kann im Herzogtum Schleswig trotz einigen Schwankens der Praxis von einer Aufnahme des Hammerschlagsrechts gesprochen werden[4]). Ob im Gebiet des ehemaligen Herzogtums Berg (Rheinprovinz) von einer Gemeingültigkeit des Hammerschlagsrechts gesprochen werden kann, erscheint trotz der Aufnahme in dem Provinzialrechtsentwurf zweifelhaft[5]).

Das ALR gewährt im § 155 I 8 dem Grundeigentümer, der eine die Grenzscheide bildende Planke zu unterhalten hat, das Recht, das Nachbargrundstück zu notwendigen Bau- und Ausbesserungsarbeiten an der Planke zu betreten. Ob dieser Fall einer Eigentumsbeschränkung zugunsten nachbarlicher Grenzarbeiten als singuläre Rechtsvorschrift oder als Ausfluß eines vom Gesetz allgemein anerkannten Hammerschlagsrechts anzusehen ist, war lange streitig. Während man früher der letzteren Ansicht zuneigte[6]), hat das Obertribunal die einschränkende Auslegung zur Herrschaft erhoben[7]), so daß von einer allgemeinen Geltung des Hammerschlags- und Leiterrechts im Landrechtsgebiet nicht die Rede sein kann. Das Obertribunal half mit der Gewährung einer notwendigen Servitut gemäß § 3 I 22 ALR[8]), d. h. es verpflichtete den Eigentümer, dem Nachbar das Betreten des Grundstücks zu Bauarbeiten usw. als Dienstbarkeit zu gestatten, wenn ohne Einräumung solcher Dienstbarkeit das Nachbargrundstück „ganz oder zum Teil völlig

---

1) OTr. 60, 25. Nach einigen Autoren sind auch Hammerschlags- und Leiterrecht identisch. (Baruch, Das Hammerschlagsrecht. Gießener Diss. 1910 S. 2).

2) OLG Darmstadt im Archiv f. praktische Rechtswissenschaft. NF. Bd. 12 S. 187.

3) Hesse 553ff.; Stobbe-Lehmann 2, § 101 Nr. 15; Dernburg SR 297 Nr. 8; Baruch 5ff. Vgl. auch Emminghaus 485 Nr. 9.

4) HolstAnz. 1845, 258; SeuffA 5, 128; Ipsen, HolstAnz. 1857, 82; RG i. HolstAnz. 1880, 110; Kaehler 276f. Abweichend dagegen SchleswHolstAnz. 1865, 192.

5) § 28 des Entwurfs sieht ein Hammerschlags- und Leiterrecht gegen Entschädigung vor, in der Kritik des Entwurfs wurde jedoch die Richtigkeit dieser Norm angezweifelt. (Erörterung der bei der Beratung des Entwurfs usw. angeregten Bedenken S. 18).

6) Heydemann, Einleitung I 448a; Koch, Bem. 63 zu § 155 und im SchlesArch. 4, 195ff.; OLG Ratibor ebenda.

7) OTr. 60, 24ff.; Foerster-Eccius 3, 183 Nr. 2; Dernburg, PrPrR 1, 555 Nr. 5.

8) OTr. 51, 223. StriethA 97, 24.

unbrauchbar sein würde". Ähnlich wird nach BGB unter Umständen ein Betreten des Nachbargrundstücks nach § 904 gerechtfertigt sein können[9]).

In der Berliner Bauordnung von 1624 ist ein Leiterrecht vorgesehen: Steht der zwischen zwei Häusern liegende Traufgang im alleinigen Eigentum eines Nachbarn, weil er den Eingang zu ihm hat, so muß dieser Eigentümer des Traufgangs dem Nachbarn darin die Aufstellung von Geräten usw. zu Reparaturen gestatten (BO § 9).

Der Code civil hat ein Hammerschlags- und Leiterrecht nicht aufgenommen, wiewohl es sich in einzelnen coutûmes als droit de tour d'échelle gefunden hatte[10]). Weitere partikularrechtliche Erscheinungsformen des Hammerschlagsrechts sind im ehemaligen Preußen nicht nachweisbar[11]).

Nach § 80 Braunschweig. Bauordnung vom 13. 3. 1899 (GVBl. Nr. 25) muß es sich der Grundstückseigentümer gefallen lassen, daß sein Grundstück nötigenfalls von dem Nachbarn nicht nur zur Ausbesserung, sondern auch zur Errichtung eines Bauwerks vorübergehend durch Betreten, Aufstellen von Gerüsten, Latten usw. benutzt wird.

Nach Art. 83 Hess. AG kann der Eigentümer eines Gebäudes, dessen Ausbesserung oder Wiederherstellung nicht erfolgen kann, ohne daß das Nachbargrundstück betreten oder auf diesem ein Baugerüst errichtet wird oder die zu den Bauarbeiten erforderlichen Gegenstände über das Grundstück gebracht oder dort niedergelegt werden, verlangen, daß der Eigentümer des Nachbargrundstücks dessen Benutzung zu diesen Zwecken duldet, es sei denn, daß die mit der Duldung für das Nachbargrundstück verbundenen Nachteile und Belästigungen außer Verhältnis zu dem dadurch erreichten Vorteil stehen. Der Eigentümer des Nachbargrundstücks kann Ersatz des ihm entstehenden Schadens verlangen und, sofern nicht mit dem Aufschub Gefahr verbunden ist, die Benutzung des Grundstücks verweigern, bis ihm für den zu besorgenden Schaden Sicherheit geleistet ist.

Entsprechend bestimmt Art. 45a Württ. Bauordnung in der Fassung vom 27. 6. 1935 (RegBl. 181), daß die Eigentümer von Grundstücken gegen Ersatz des ihnen etwa entstehenden Schadens nach näherer Anordnung der Baupolizeibehörde verpflichtet sind, ihre Grundstücke betreten und dort die erforderlichen Gerüste aufstellen zu lassen, soweit dies für die Errichtung, Änderung oder Unterhaltung von Grenzbauten auf den Nachbargrundstücken unumgänglich notwendig ist.

II. Schaufelschlagsrecht

Das Schaufelschlagsrecht gibt dem Eigentümer einer Wasserleitung (Mühlgraben, Polierwerk usw.) das Recht, diese zu reinigen und dabei den

---

9) Vgl. § 14 N 16; § 38a II 2 d u. III.

10) Zachariae-Crome I, 544 N 8. Sirey, Rec. général 1889, 377. (Kassationshof). Fuzier-Hermann Rép. gén. 19, 477ff. Nr. 4 u. Nr. 11.

11) Baruch S. 11, 19 u. 20 benennt noch folgende Stellen als Quellen eines Hammerschlagsrechts: a) Kurtriersches Landrecht Tit. 22 § 5 (v. d. Nahmer II 680). Hier handelt es sich aber nach dem ganzen Zusammenhang (der bei Baruch nicht wiedergegeben ist) um das aus einer Mauergemeinschaft fließende Recht, die gemeinschaftliche Mauer zu Ausbesserungsarbeiten auf dem eigenen Grundstück zu benutzen. Das ist kein Fall von Benutzung fremden Gutes. b) Frankfurter Reformation Teil VIII Tit. 1 § 13. Hier liegt ein offenbares Mißverständnis vor, denn in diesem, wie in dem vor- und nachstehenden Paragraphen handelt es sich um die Pflicht des Nachbars, demjenigen, der eine neue Brandmauer oder Scheidewand herstellen will oder muß, in gewissen Fällen vom eigenen Grundstück 2 Fuß als Bauland zur Verfügung zu stellen. Ein offensichtlich anderer Tatbestand! Vgl. Adlerflycht, Frankf. PrR II § 151.

Schlamm und Sand usw. auf das angrenzende Grundstück zu werfen. Es ist scharf zu scheiden, ob das Recht ausgeübt wird von dem Eigentümer des Grabens oder von dem, der das Dienstbarkeitsrecht hat, durch fremden Graben eine Wasserleitung zu führen. Letzterenfalls gehört das Recht auf Auswurf des Grabenschlamms als „adminiculum servitutis" zur Ausübung des Dienstbarkeitsrechts[12]), nur im ersteren Fall liegt für den Nachbar des Grabens eine Eigentumsbeschränkung vor[13]). Das Institut kann als gemeinrechtlich nicht angesehen werden, wenn es auch im Gebiet des gemeinen Sachsenrechts als vorkommend erwähnt wird[14]).

III. Anwenderecht

Grenzen zwei Äcker unmittelbar aneinander, so bringt es das Durcheggen oder -pflügen des Ackers bis zur Grenze mit sich, daß das Eggen- oder Pfluggespann den Nachbaracker betreten und zur Rückkehr auf das eigne Grundstück dort umdrehen muß. Das Recht, den Pflug auf das Nachbargrundstück zu leiten und dort zu wenden, ist der Inhalt des Anwende- (Pflug-Kehr-)rechts, das für den Eigentümer des Nachbarackers eine entsprechende Eigentumsbeschränkung mit sich bringt.

Dabei ist zu beachten, daß hier nur die Rede ist von der Anwende auf dem im Alleineigentum des Nachbars stehenden Grundstück. Häufig werden Grenzraine zur Anwende freigelassen, die im gemeinschaftlichen Eigentum der Nachbarn stehen oder doch als Grenzeinrichtungen (s. oben § 7) zu betrachten sind. Das Anwenderecht ist dann nur Ausfluß des Gemeinschaftsrechts und keine Eigentumsbeschränkung[15]).

Das Anwenderecht ist nur spärlich bezeugt. Außer im Gebiet des alten Bistums Fulda[16]) ist es noch in neuerer Zeit für das nassauische Gebiet anerkannt[17]), vor allem aber im Eichsfeld. Es können dort eigens für die Pflugkehren Grundstücksstreifen freigehalten werden, sogenannte Anwenden[18]); fehlen diese, so darf die Wende auf dem dem Nachbar gehörenden Grenzrain in der observanzmäßigen Zeit (nicht während der Bestellung) ausgeführt werden[19]); grenzen die Äcker ohne Rain aneinander, so liegt das Anwenderecht auf dem Nachbargrundstück selbst[20]).

Weitere, insbesondere gemeinrechtliche Geltung hat das Anwenderecht nicht erlangt; das Pflugrecht nach § 118 I 8 ALR ist durch Art. 89 PrAG aufgehoben.

---

12) Hesse 558; SeuffA 6, 173ff.; 17, 14ff., 29, 344. 13) SeuffA 2, 188.

14) Hesse a. a. O. 15) Emminghaus 196 Nr. 24.

16) So das Pflugrecht des § 118 I 8 ALR, jetzt aufgehoben durch PrAG Art. 89, weil ersetzt durch § 922 BGB.

16) Thomas, System aller Fuldischer Privatrechte I 259.

17) Bertram § 284 S. 87; NassArch. 5, 116f. Das Recht ist keine Servitut, sondern wird ausdrücklich als Eigentumsbeschränkung bezeichnet und kann daher nicht ins Stockbuch eingetragen werden.

18) Revidierter Entwurf des Provinzialrechts für das Fürstentum Eichsfeld 186.

19) Entwurf § 145. Vgl. S. 186f. 20) Entwurf § 146.

IV. Schwengelrecht und Trepprecht

Im Gebiet der ehemaligen Fürstentümer Waldeck und Pyrmont gilt als lokales Gewohnheitsrecht, das im Einzelfalle als existent nachgewiesen werden muß[21]), vielfach noch das Schwengelrecht, d. h. das Recht, an der Grenze eines Ackers so zu pflügen, daß das Ackerpferd das Nachbargrundstück betritt.

Das WürttNachbarrecht kennt das sogenannte Trepprecht. Hierunter versteht man das Recht, beim Pflügen und Eggen mit dem Spannvieh auf dem Grundstück des Nachbarn umwenden zu dürfen (Art. 234 Württ.-AG — RegBl. 31, 545 —); der Pflug darf im Gegensatz zum Anwenderecht auf dem Nachbargrundstück nicht angesetzt werden (Art. 240). Das Trepprecht kann — ebenso wie das unständige Überfahrtsrecht über ein landwirtschaftliches Grundstück — als Grunddienstbarkeit nur mit Zustimmung des Oberamts (Landrats) rechtswirksam bestellt werden; letzterer darf die Zustimmung nur in besonders dringenden Fällen und erst nach Anhörung des Kulturbauamts und nach Einholung der Zustimmung des Gemeinderats erteilen (Art. 235 Abs. 2). Gegenseitige Trepprechte können jederzeit entschädigungslos aufgehoben werden; einseitige Trepprechte sind jederzeit gegen Entschädigung ablösbar (Art. 239).

Schwengel- und Trepprecht dürfen nicht durch die Errichtung von Einfriedigungen auf der Grenze oder in unmittelbarer Nähe davon behindert werden.

V. Grundstücksbenutzungsrecht des Waldbesitzers

In Hessen ist dem Waldbesitzer nach § 14 des am 1. 4. 1955 in Kraft getretenen HessForstGes. vom 10. 11. 1954 (GVBl. 211 ff.) das Recht zugestanden, fremde Grundstücke zu benutzen, falls sonst die forstliche Bewirtschaftung einer Waldfläche, insbesondere die Holzfällung und die Abfuhr von Walderzeugnissen, nicht oder nur mit unverhältnismäßig großem Nachteil möglich wäre. Der Waldbesitzer ist zum Ersatz des dadurch entstehenden Schadens verpflichtet. Bei Streit über Art und Umfang der Duldungspflicht oder über die Höhe des Schadensersatzes entscheidet die obere Forstbehörde, gegen deren Entscheidung die Klage beim ordentlichen Gericht zugelassen ist.

---

[21]) Lange S. 80. Im Verhältnis zweier dem gleichen Grundstückseigentümer gehörender Grundstücke erscheint die gewohnheitsrechtliche Entwicklung eines Schwengelrechts auch dann ausgeschlossen, wenn diese — z. B. der Gemeinde gehörende — Grundstücke dauernd an verschiedene Personen verpachtet waren und sind.

§ 29. Eigentumsbeschränkungen auf Grund örtlichen Gewohnheitsrechts

Neben dem Gesetzesrecht ist auf dem Gebiet des Landesrechts[1]) Gewohnheitsrecht in verhältnismäßig großer Ausdehnung in Geltung geblieben.

I. Ehemaliges Preußen

Das ALR beseitigte freilich das gemeine Landesgewohnheitsrecht; seine Versuche, auch das örtliche Gewohnheitsrecht auf die Fälle zu beschränken, in denen das Gesetz selbst darauf Bezug nahm, es im übrigen aber in die Provinzialkodifikation zu verweisen, scheiterte daran, daß nur das ost- und westpreußische Provinzialrecht fertiggestellt wurde. Für diese beiden Provinzen verblieb es denn auch dabei, daß außerhalb des Provinzialgesetzbuchs örtliches Gewohnheitsrecht nur da beachtet werden konnte, wo das Provinzialrecht eine Lücke ließ oder darauf verwies[2]). Für die Provinzen ohne Provinzialgesetz hat die Rechtslehre und Rechtsprechung auf Grund der §§ 7 u. 4 Einl. ALR und Art VII Publ. Pat. folgende Grundsätze aufgestellt:

1. Gewohnheitsrecht gegen das Gesetz ist in Geltung,

a) wo es bei Inkrafttreten des ALR bestand[3]),

b) wo das Gesetz auf örtliches Gewohnheitsrecht ausdrücklich verweist[4]).

2. Gewohnheitsrecht neben dem Gesetz kann sich auch neu unbeschränkt bilden[5]). Solche Rechtsbildung neben dem Gesetz greift Platz, nur wo eine Lücke im Gesetz offensteht[6]) oder wenn die Gesetzesbestimmung dispositives Recht enthält[7]).

II. Rhein. Rechtsgebiet

Für das rheinische Rechtsgebiet ist durch die napoleonische Gesetzgebung die Aufrechterhaltung bereits bestehender sowie die Neubildung gewohnheitsrechtlicher Vorschriften nur insoweit gestattet,

1. als das Gesetz selbst darauf verweist[8]). Dies ist im Code gerade bei einzelnen nachbarrechtlichen Vorschriften geschehen. Vgl. Art. 663 (Höhe

---

[1]) Reichs-(Bundes-)gewohnheitsrecht kann sich selbstverständlich ebenfalls bilden. Ein wichtiger Anwendungsfall für das Nachbarrecht ist die Schadenersatzpflicht bei Gefährdungshaftung (vgl. unten § 43 D III). [2]) OVG 8, 355. [3]) OVG 37, 219.

[4]) OVG 36, 231 — dies wird scheinbar geleugnet i. OVG 37, 219.

[5]) Foerster-Eccius I 80, Dernburg, PrPrR I 40; Bornemann I 30; Rehbein OTr. 1, 22 ff., 43 ff.; OTr. in ständiger Rechtsprechung, besonders ausführlich OTr. 65, 196 mit zahlreichen Belegen. OVG 20, 184; 63, 353.

[6]) OTr. 89, 59; StriethA 97, 299; Koch Bem. 15 zu PblPat.

[7]) Rehbein OTr. I 49; Dernburg a. a. O. I 40 N 3.

[8]) Ges. v. 30 Ventose XIII; Zachariae-Crome I 90; Fuzier-Hermann XV 472 § 32 ff.; RheinArch. 23, 121.

der Scheidemauern), Art. 671 u. 674 (Grenzabstand von Bäumen und schädlichen Anlagen[9]),

2. als der betreffende Tatbestand keine gesetzliche Regelung gefunden hat, also zur Ausfüllung einer Lücke im Gesetz[10]).

III. Observanz und Herkommen

Das ALR hat eine besondere Begriffsbestimmung des Gewohnheitsrechts nicht gegeben; es finden daher die gemeinrechtlichen Normen Anwendung.

Das örtliche Gewohnheitsrecht, gemeinhin Observanz genannt[11]), ist wie das örtliche partikuläre Gesetzesrecht (Statut) objektives Recht. Observanz ist die Rechtsnorm, welche in einem bestimmten Bereich alle Rechtsverhältnisse der betreffenden Art beherrscht und hervorgegangen ist aus einer auf Grund innerer Überzeugung gepflogenen fortdauernden Übung[12]).

Als Norm des objektiven Rechts unterscheidet sich die Observanz scharf von dem sogen. Herkommen. Herkommen ist eine Übung, die nur ein besonderes dauerndes Rechtsverhältnis zwischen zwei Beteiligten regelt und in dieser beständigen Übung durch gegenseitige Anerkennung eine vertragsmäßige Abmachung ersetzt[13]). Herkommen ist also ein Auslegungsmittel zur Erforschung des Parteiwillens[14]), dazu geeignet und bestimmt, subjektive Rechte und entsprechende Pflichten im Verhältnisse zweier Personen zueinander zu schaffen.

Dagegen bildet die unvordenkliche Verjährung (vgl. hierüber unten § 36 III) einen direkten Erwerbsgrund für subjektive Rechte durch Zeitablauf über Menschengedenken heraus, stellt also einen Erwerbstitel i. S. des preußischen Rechtes dar[15]).

Die Observanz als Quelle objektiven Rechts erfordert nach der obigen Begriffsbestimmung:

---

9) Siehe oben § 18. 10) Fuzier-Hermann XV 472 § 36.

11) Die Bezeichnungen Observanz, Herkommen, Gewohnheit fließen in früheren Entscheidungen hin und wieder durcheinander. Vgl. z. B. RG 17, 123; 41, 392. Die oben gewählte Begriffsabgrenzung hat sich aber jetzt in der Rechtslehre und Rechtsprechung durchgesetzt. Vgl. mit besonderer Schärfe RG 102, 12. Vgl. RG 12, 292; 25, 317; 26, 288; 40, 241; 52, 422; 76, 113 — OTr. 2, 238 usf. in ständiger Rechtsprechung, bes. 65, 203 in umfassender Darstellung. OVG in ständiger Rechtsprechung 12, 260; 15, 184; 24, 102; usw., zuletzt 76, 382. KG (Strafsenat) in ständiger Rechtsprechung z. B. KGJ 28, 58; 37, 40; 49, 347; Windscheid I § 16; Dernburg, Pandekten I 59; PrPrR I 42; Foerster-Eccius I 80; Rehbein, OTr. I 43; Gierke, PrPrR I § 20; Zitelmann, Gewohnheitsrecht und Irrtum, ArchPr. 66, 328. 12) RG 102, 12.

13) RG 11, 213; 102, 12; OTr. 49, 68; 65, 203; 80, 103; StriethA 7, 9; OVG 5, 231; 8, 231; 12, 275; 31, 196; 68, 270. 14) Rehbein, OTr. I 43.

15) RG 17, 123; 24, 165; OTr. 49, 63; 80, 161; Rehbein I 43.

1. Einen bestimmt abgegrenzten Geltungsbereich, in dem sie sich entwickelt und wirksam wird. Die Observanz, ursprünglich eigentlich Recht der Genossenschaft, verlangt heute lediglich irgendeine „Gemeinsamkeit tatsächlicher und rechtlicher Verhältnisse“[16]), es genügt „eine gewisse Gemeinsamkeit tatsächlicher Verhältnisse unter den Bewohnern eines gewissen Umkreises oder bei gewissen Klassen derselben“[17]). Für das Nachbarrecht kommt natürlich vor allem die Gemeinsamkeit kraft örtlicher Lage[18]) in Frage, während im öffentlichen Recht auch geschichtliche und rechtliche Zusammenhänge eine große Rolle spielen.

2. Die Schöpferin des örtlichen Gewohnheitsrechts ist die Überzeugung von der rechtsverbindlichen Kraft der befolgten Norm (opinio necessitatis)[19]). Die Annahme gemeinsamer Rechtsüberzeugung wird dadurch nicht schlechtweg ausgeschlossen, daß einzelne von der Norm betroffene Personen die Übung für eine unrechtmäßige gehalten oder erklärt haben[20]). Wohl aber soll nach weitverbreiteter Meinung eine Rechtsüberzeugung sich nicht bilden können bei vorliegendem Rechtsirrtum über den Grund der Verpflichtung, insbesondere, wenn die Rechtsgenossen „unter dem Druck gesetzlicher oder behördlicher Verpflichtung“ handeln, d. h. wenn sie — irrtümlicherweise — glauben, damit ein Gesetz zu befolgen; ferner wenn die Übung sich bildet in irriger Auslegung eines Satzes des geschriebenen Rechts. So urteilt das Reichsgericht[21]) und auch das preußische Oberverwaltungsgericht[22]), dieses allerdings mit der Einschränkung, daß der Rechtsirrtum unerheblich sei, wenn er sich nicht als das einzig maßgebende Motiv für die Bildung der Rechtsüberzeugung darstelle[23]) und mit der Maßgabe, daß auch eine ursprünglich vom Gesetz abgeleitete Übung durch langjährige Beibehaltung selbständige Wirksamkeit erhalten könne[24]).

Diese Lehre, die jede Bildung einer Observanz contra legem fast unmöglich macht, beruht auf der heute von der Rechtslehre einmütig verworfenen Ansicht, daß das Gewohnheitsrecht nicht sowohl begründet ist in der schöpferischen Kraft der Rechtsüberzeugung der Volksgenossen, sondern beruht auf „stillschweigender Zustimmung der gesetzgebenden

---

[16]) OVG 12, 260 u. 275. [17]) OTr. 65, 204; vgl. OVG 31, 196.

[18]) Eine in einer Gemeinde gebildete Observanz ergreift auch die Bewohner von Stadtgegenden, die später angelegt werden. KGJ 27, C 59.

[19]) Vgl. die oben N 7 angeführten Nachweise, ferner RG i. PrVwBl. 5, 134; BayVGH 13, 131; SeuffBl. 41, 106; 70, 705; BayOGH 1, 425; 5, 806; 9, 11.

[20]) SeuffA 7 Nr. 279; RG 76, 113; KGJ 49, 347; Gierke DPrR I 166.

[21]) RG 2, 185; 12, 292.

[22]) OVG 13, 252 u. 283; 15, 185 und 259; 20, 185; 34, 252; 53, 211; 54, 268; 76, 382; PrVwBl. 42, 606. [23]) OVG 76, 382; 15, 229.

[24]) OVG 15, 229; 34, 252. Ähnlich auch Dernburg, Pandekten I 59 u. PrPrR I 43 N 6.

Gewalten"[25]). Die Rechtsentwicklung in Deutschland aber beweist, wie insbesondere von Zitelmann und Gierke dargelegt ist[26]), das Gegenteil, und Gierke kann mit Recht darauf hinweisen[27]), daß die gesamte Rezeption des Römischen Rechtes in Deutschland auf der irrigen Annahme der Fortgeltung des alten Kaiserrechts beruht und sonach die Gültigkeit des Gemeinen Rechtes in vielen Gegenden Deutschlands angezweifelt werden könne. Mit Recht hat denn auch mit dem größten Teil der Rechtslehre[28]) die Zivil-[29]) und die Strafrechtsprechung[30]) den Rechtsirrtum bei der Bildung der Rechtsüberzeugung für unerheblich erachtet.

3. Die Überzeugung von der rechtlichen Verbindlichkeit der Norm muß in dauernder tatsächlicher Übung Ausdruck gefunden haben[31]). Ob die Zeit der festgestellten Übung zur Entwicklung der Observanz genügt, ist von Fall zu Fall nach freiem richterlichem Ermessen zu entscheiden[32]); Innehaltung der Verjährungsfrist ist nicht erforderlich[33]).

4. Zum Beweis der Observanz ist jedes Beweismittel zulässig[34]), die langjährige Übung wird vor allem durch Zeugen belegt werden, aber auch Urkunden kommen als wichtiges Beweismittel, namentlich für die Entstehungsvorgänge, in Betracht[35]).

IV. Heutiges Recht

Gerade für das Nachbarrecht ist dem Walten örtlicher Observanz noch erheblicher Spielraum offen geblieben. Das örtliche Recht ist bei den einzelnen Rechtsvorschriften jeweils mitbehandelt, und es sei hier nur besonders verwiesen auf die Vorschriften über Grundstücksscheidungen (§ 11 II), den Grenzabstand von Anlagen (§ 18), und Pflanzen (§ 22), das Fenster- und Lichtrecht (§ 25), das Traufrecht (§ 26), das Hammerschlags- und Schaufelschlagsrecht (§ 28 I und II), die Wege-, Weide- und Forstrechte (§§ 32, 33 und 34).

Auch das preußische Wassergesetz hat z. B. für die Frage der Unterhaltspflicht an Flüssen 2. Ordnung das örtliche Gewohnheitsrecht aufrecht erhalten (§ 115 PrWG mit § 7 des Privatflußges. von 1843[36])).

25) OVG 15, 184; 24, 102; vgl. Gierke DPrR I 162.
26) Vgl. oben N 11. 27) I 167ff.
28) Gierke, Zitelmann a. a. O.; Kipp bei Windscheid Anm. 3 zu § 16; Rehbein OTr I 48.
29) OTr. 35, 143; StriethA 27, 80.
30) KGJ 49, 347 unter Preisgabe der früheren Rechtsauffassung. Vgl. KGJ 37 C 40, noch der Rechtsprechung d. OVG entgegenkommend.
31) RG 20, 304; SeuffA 47 N 89.
32) SeuffA 3 Nr. 291; RG 52, 426; OVG 5, 159; 7, 146; 13, 297; 16, 282; 67, 246; Rehbein I 46 mit Belegen; Koch, Bem. 17 z. PblPat.
33) Foerster-Eccius a. a. O.; Abw. Dernburg, PrPrR I 43 Nr. 4; ähnlich auch OTr. 17, 372. 34) OTr. 13, 101; KGJ 49, 349; Koch, Bem. 16 z. PblPat.
35) OVG 13, 296; RG LeipzZ. 21, 23.
36) Holtz-Kreutz-Schlegelberger, PrWG Bem. 6 zu § 115.

III. Abschnitt

Grunddienstbarkeiten

§ 30. Begriff und Wesen der Grunddienstbarkeiten

I. Dingliche Belastung

Die Grunddienstbarkeiten sind dingliche Rechte auf Benutzung eines Grundstückes zugunsten eines anderen Grundstückes[1]), mit welchem sie verbunden sind[2]). Die Grunddienstbarkeit ist Bestandteil des herrschenden Grundstücks (§ 96) und kann von diesem nicht getrennt werden; sie kann daher auch nur zusammen mit dem herrschenden Grundstück übertragen werden[3]). Die Grunddienstbarkeiten unterscheiden sich von den

[1]) Grunddienstbarkeiten sind auch zugunsten von Erbbaurechten (§ 11 Erbbau RVO) und von Bergwerken zulässig. Vgl. StriethA 56, 44 (über ein mit einer selbständigen Fleischbankgerechtigkeit verbundenes Hütungsrecht) vgl. unten N 6.

[2]) Dernburg 553. In der Regel wird anzunehmen sein, daß derjenige, der ein beschränktes dingliches Recht an seinem Grundstücke bestellt, die übernommene Verpflichtung in der Belastung des Grundstückes erschöpfen und sich nicht auch noch persönlich (obligatorisch) zur Erfüllung der Verpflichtung verbinden will; jedoch ist die Übernahme der persönlichen Verpflichtung neben der dinglichen keineswegs ausgeschlossen (R 07, Nr. 2558; Gruchot 52, 1206 (RG).

[3]) Vgl. KGJ 43, 132; OLG 34, 194; RG 83, 200; 93, 73; vgl. hierzu unten § 30 III. 3. Dieser Grundsatz galt schon nach bisherigem Recht (vgl. Dernburg, Pand. I § 238 Anm. 7). Er kann namentlich bei Servituten, deren Entstehung weit zurückliegt, von Bedeutung werden. Es ist nicht selten vorgekommen, daß Berechtigungen, die nachweisbar für ein praedium dominans zustanden (z. B. Weide- oder Forstrechte), von dessen Eigentümer wegverkauft und seitdem von dem Käufer und seinen Erben ausgeübt wurden. Eine solche Veräußerung hat keine dingliche Wirkung. Im Streitfall fehlt dem Käufer die Aktivlegitimation zur Geltendmachung der Servitut. — Es ist jedoch zu beachten, daß nach gemeinem Recht Servituten zugunsten territorialer (Gemeinde) und persönlicher (Fischerzunft) Kreise anerkannt wurden. Endlich wird zu prüfen sein, ob man es nicht mit einem deutschrechtlichen Nutzungsrechte zu tun hat, das in vereinzelten Fällen ohne Verbindung mit bestimmten Anwesen als selbständige, frei veräußerliche und vererbliche Berechtigung vorkommt (Art. 196 EG, Art. 40 PrAG BGB; Art. 22 PrAG z. GBO; ALR I 20 § 395; §§ 25, 26 des Ges. vom 19. 8. 1895 betr. das Grundbuchwesen in Frankfurt a. M. (Vgl. Spoldt, BayZ 1907, 205, und dortige Nachweise). Über veräußerliche Weiderechte s. SeuffA 42 Nr. 18. Im Gebiete des ALR ist die Übertragung eines subjektiv-dinglichen Rechtes, das durch seinen materiellen Inhalt mit dem berechtigten Grundstücke nicht in notwendigem Zusammenhange steht, anerkannt. Eine mit dem Inhalt des Rechts notwendig vorausgesetzte Verbindung mit dem herrschenden Grundstück ist grundsätzlich nur bei Grunddienstbarkeiten angenommen worden, nicht aber bei subjektiv-dinglichen Reallasten (SeuffA 78 Nr. 189 RG; vgl. RG 67, 221; Gruchot 62, 417).

beschränkten persönlichen Dienstbarkeiten dadurch, daß erstere subjektiv-dingliche Rechte (Träger des Rechts ist das Grundstück), diese subjektiv-persönliche Rechte (Träger des Rechts ist die Person) sind[4]).

Gegenstand einer Grunddienstbarkeit kann nur ein Grundstück (natürlich auch mehrere Grundstücke)[5]) sein oder ein Recht, auf welches die Vorschriften über Grundstücke Anwendung finden. Das ergibt sich aus dem Wortlaut des § 1018: „Ein Grundstück kann belastet werden." Von den im BGB geregelten Rechten kommt nur das Erbbaurecht (§ 11 Erbbau RVO.) in Betracht[6]). Dazu kommen nach Landesrecht die in Art. 63, 68, 196 EG bezeichneten Rechte mit Grundstücksnatur[7]). An einer Grunddienstbarkeit (z. B. einem Wasserbezugsrecht) kann somit eine Grunddienstbarkeit nicht bestellt werden. Servitus servitutis esse non potest[8]). Die Gewässer (auch öffentliche Flüsse) sind als Grundstücke zu erachten[9]). Über den Begriff des Grundstücks s. oben § 1.

Der dingliche Charakter der Grunddienstbarkeit besteht darin, daß sie den Berechtigten in ein Verhältnis nicht zum Besteller des Rechtes, sondern zu der Sache selbst setzt[10]), so daß die Berechtigung jedem gegenüber geltend gemacht werden kann, also nicht nur gegenüber dem Besteller und seinem Erben[11]). Häufig kann es zweifelhaft sein, ob eine vertragliche Abmachung auf Begründung einer bloß obligatorischen Verpflichtung oder auf Begründung einer dinglichen Belastung gerichtet ist. Im Zweifel ist eine bloß obligatorische Verpflichtung als das geringere anzunehmen[12]).

---

[4]) Eine Grunddienstbarkeit und eine persönliche Dienstbarkeit gleichen Inhalts können nebeneinander eingetragen werden (OLG 15, 359).

[5]) Über die Behandlung der ganzen Gemeindeflur als ein einheitliches Grundstück bei altrechtlichen Weiderechten s. unten N 110. — Ein Auszug (persönl. Dienstbarkeit) kann zur Gesamthaft auf solche Grundstücke nicht eingetragen werden, auf denen sich keine für die Benutzung in Frage kommende Einrichtung oder Flächen (Gebäude oder Wege) befinden — KG JW 37, 2606 —.

[6]) Vgl. R 21, 571 und oben N 1.

[7]) Art. 63 EG (Erbpachtrecht mit Einschluß des Bündnerrechts und des Häuslerrechts). Art. 68 EG (Vererbliches und veräußerliches Recht zur Gewinnung eines den bergrechtlichen Vorschriften nicht unterliegenden Minerals). Art. 196 EG, (Vererbliches und übertragbares Nutzungsrecht an einem Grundstück: Art. 40 PrAG BGB, Art. 22 PrAG GBO; § 32 Bad. AG GBO (GVBl. 25, 300); §§ 43, 44 BraunschwAG BGB; §§ 64, 65 HambAG BGB; Art. 154 HessAG BGB; Art. 232 WürttAG BGB (RegBl. 31, 545).

[8]) Von diesem gemeinrechtlichen Satz bestand nur die eine Ausnahme, daß ein Usus fructus an einer Servitut möglich war. (Windscheid, Pand. § 200 Anm. 5. Unrichtig Dernburg Pand. § 236 Anm. 14).

[9]) Mot. 3, 48 und 54.

[10]) Dernburg, Pand. I § 236 Anm. 2.

[11]) Vgl. WarnE 09 Nr. 69.

[12]) Dernburg a. a. O.; Bolze 5 Nr. 103; vgl. SeuffA 32 Nr. 21 (Recht zum Steinbrechen); WarnE 1909, 67 (Verbot der Anbringung von Firmenschildern, Schaukästen usw.); SeuffBl. 37, 161 (Recht zum Torfstich). — SeuffBl. 29, 237 behandelt das Recht

Wenn aber der durch Übernahme der Beschränkung erfolgte Vertragszweck nur durch eine dauernde, vom Wechsel des Besitzers unabhängige Belastung erreicht werden kann, streitet die Vermutung dafür, daß die Herbeiführung einer dinglichen Rechtsänderung gewollt ist (pactum intuitu fundi initum[13])). Dies gilt namentlich dann, wenn durch die Verabredung das nachbarliche Verhältnis der Grundstücke geregelt und hinsichtlich ihrer Benutzung eine bleibende Einrichtung getroffen wird[14]).

Wenn eine regelmäßig, z. B. jährlich wiederkehrende Leistung für die Einräumung des Gebrauchsrechtes bedungen ist, wird man es regelmäßig (vgl. jedoch unten § 30 III 7) mit einem Mietvertrag[15]) oder Pachtvertrag[16]) zu tun haben, so z. B. wenn der Grundeigentümer dem Besitzer eines Elektrizitätswerkes die Aufstellung eines Mastes gegen eine jährliche Entschädigung von 3 DM gestattet. Wäre dagegen eine einmalige Zahlung

---

zum Torfstich als Grunddienstbarkeit; ich würde im dortigen Fall für heutiges Recht ein obligatorisches Rechtsverhältnis annehmen, wohl aber Grunddienstbarkeit im Fall SeuffBl. 39, 263. Vgl. ObLG 10, 280 (Recht auf Bohrungen nach Erdöl gegen fortlaufende Vergütung, Pachtvertrag). Auch als Kauf kann ein Tonausbeuterecht aufgefaßt werden, wenn die Ausbeute zeitlich unbegrenzt übertragen wird und die Zahlung eines einmaligen Preises bedungen ist (BayObLG 21, 105). Der Anspruch auf dingliche Bestellung einer Dienstbarkeit, der durch eine solche Verpflichtung obligatorisch begründet ist, kann durch Vormerkung im Grundbuch gesichert werden (RGK Bem. 5 zu § 1018; vgl. KGJ 40, 27).

[13]) SeuffA 17 Nr. 118, vgl. 9 Nr. 10. Wird jemand „als Eigentümer" eines Grundstücks ein Fahrtrecht eingeräumt, so handelt es sich um eine Grunddienstbarkeit (BayZ 1919, 290; R 1919 Nr. 1789 RG). Ist der Vertragswille auf Verpflichtung zur Bestellung einer Grunddienstbarkeit gerichtet, so ist damit zugleich auch die obligatorische Verpflichtung begründet, die Beeinträchtigung auf dem Grundstück zu dulden. Darüber hinaus wird allerdings in der Regel nicht anzunehmen sein, daß eine schuldrechtliche Leistungspflicht übernommen ist. Die Übernahme einer solchen persönlichen Verpflichtung neben der dinglichen Belastung ist zwar nicht ausgeschlossen, aber nicht ohne weiteres zu unterstellen (R 07 Nr. 2558); Gruchot 52, 1206 (RG).

[14]) Vgl. SeuffA 26 Nr. 222, 67 Nr. 81; Bolze 4 Nr. 102.

[15]) Vgl. hierzu Staudinger Bem. B I, 1, a zu § 535. (Auch bloße Teile einer unbeweglichen Sache können vermietet werden). Bei der Miete und Leihe ist für die Dauer des Gebrauchsrechtes zunächst die Bestimmung des Vertrags maßgebend (§§ 564, 604 Abs. 1 BGB). Beim Mietvertrag, der für längere Zeit als ein Jahr geschlossen ist, kommt das Erfordernis der Schriftlichkeit in Betracht (§ 566 BGB), während die obligatorische Verpflichtung zur Bestellung einer Grunddienstbarkeit formlos begründet werden kann (s. unten § 35 I 1). Ist eine Zeit nicht bestimmt, so kommen bei der Miete §§ 564 Abs. 2, 565 BGB, bei der Leihe § 604 Abs. 2 und 3 BGB zur Anwendung. Die Verpflichtung aus der Miete geht auf den Erwerber des vermieteten Grundstückes nach Maßgabe des § 571 BGB über, die Leihe verpflichtet den Erwerber des verliehenen Grundstückes nicht.
Über den Einfluß des Konkurses auf die Miete s. §§ 19, 20, 21 KO; der Ersteher in einer Zwangsversteigerung kann die Miete aufkündigen § 52 ZwVG. Bezüglich des Einflusses der Zwangsversteigerung auf die Dienstbarkeit s. §§ 45, 91, 92 ZwVG.

[16]) Vgl. SeuffA 67 Nr. 220.

bedungen, so würde die Vermutung dafür streiten, daß die Verpflichtung zur Bestellung einer Grunddienstbarkeit begründet werden sollte. Wenn aber freilich die Verpflichtung nur für eine bestimmte Zeit von Jahren eingegangen wird, so wird dies wieder mehr auf einen Mietvertrag hinweisen; denn wenn auch die Bestellung einer Grunddienstbarkeit für Zeit möglich ist (s. hierüber unten § 30 III 8), so ist dies doch außergewöhnlich. Wird die Benutzung des Grundstückes unentgeltlich eingeräumt, so wird im Zweifel Leihe (§ 598 BGB) anzunehmen sein; die schenkungsweise übernommene Verpflichtung zur Bestellung einer Grunddienstbarkeit hätte übrigens der Formvorschrift des § 518 BGB zu genügen.

Eine Grunddienstbarkeit kann unter einer Bedingung (§ 158) oder Befristung (§ 163) bestellt werden. Die Bedingung darf jedoch nicht einen derartigen Inhalt haben, daß sie dem Begriff der Grunddienstbarkeit zuwiderläuft[17]).

II. Gesetzliche Begriffsbestimmung

Die gesetzliche Begriffbestimmung der Grunddienstbarkeit gibt § 1018 BGB. Hiernach sind die Unterscheidungsmerkmale der bisherigen Rechtsquellen nach Feld- und Gebäudeservituten (servitutes rusticae und urbanae), nach ständigen und nichtständigen (continuae und discontinuae), nach offensichtlichen und nichtoffensichtlichen (apparentes und non apparentes) bedeutungslos[18]).

§ 1018 BGB bestimmt, daß ein Grundstück zugunsten des jeweiligen Eigentümers eines anderen Grundstückes[19]) in der Weise dinglich belastet werden kann,

1. daß dieser das Grundstück in einzelnen Beziehungen[20]) benutzen darf; z. B. zum Gehen, Fahren[21]), Pflugwenden[22]), Viehtreiben[23]),

---

[17]) ObLG 13, 145; 31, 334; KGJ 44 A 356; RGK Bem. 5 zu § 1018.

[18]) M. 3, 480 (Mugdan 3, 267). Für die Übergangszeit behalten jedoch diese Unterschiede fortdauernde Geltung bezüglich der am 1. 1. 1900 bereits begründeten Grunddienstbarkeiten, die nach Art. 184 EG mit dem sich aus den bisherigen Gesetzen ergebenden Inhalt (es gelten jedoch die §§ 1020 bis 1028 BGB) bestehen bleiben: sie waren ferner bis zum Inkrafttreten der Grundbuchverfassung für den Erwerb der Servituten von Bedeutung (Art. 189 EG); s. darüber unten § 36.

[19]) Vgl. unten III 3.

[20]) Unzulässig ist die Bestellung einer Grunddienstbarkeit, wonach die Befugnis zu jeder in Betracht kommenden Art von Benutzung eingeräumt wird (Nießbrauch). Vgl. OLG 15, 359; KGJ 39, 215; RG 67, 376. Die Beschränkung auf die Benutzung „in einzelnen Beziehungen" steht der Bestellung einer Wegegerechtigkeit auf der ganzen Fläche des dienenden Grundstückes nicht im Wege. R 07, 1536 Nr. 3819 (RG). Übrigens gilt der Grundsatz der Unteilbarkeit der Grunddienstbarkeit auch für das neue Recht. Deshalb ist eine Grunddienstbarkeit, deren Bestand sich nur auf einen Teil des Grundstückes erstrecken soll, unzulässig, wohl aber kann die Ausübung auf einen Teil beschränkt sein. OLG 2, 513; 18, 145. Das Recht, auf einem Grundstück ein Bauwerk zu haben, kann nur dann den Gegenstand einer Grunddienstbarkeit bilden, wenn die dem

Viehweiden[24]), Befahren eines Gewässers[25]), zum Halten einer Stauanlage in einem Fluß[26]), Ausbeuten von Bodenbestandteilen[27]), zur Fischerei[28]), zum Wasserschöpfen[29]) oder Wasserbezug[30]), Viehtränken[31]), zum Halten eines Bauwerkes[32]) oder einer sonstigen Anlage[33]), zum Wohnen[34]), zu einer Rohrleitung[35]), zu einer Stauanlage[36]), zum Halten eines Feldbahn-

---

Berechtigten gestattete bauliche Ausnutzung des Grundstücks nicht derart umfassend ist, daß sie jede andere Benutzung des Grundstücks ausschließt. Das Recht, ein Grundstück zum Bau einer Kirche zu benutzen, kann hiernach nicht Gegenstand einer Grunddienstbarkeit sein (KGJ 39 A 215). Bleibt aber trotz des fremden Rechts auf Beibehaltung eines Bauwerks eine Benutzung des Grundstücks durch den Eigentümer möglich, so eignet sich dieses Recht zum Inhalt einer Grunddienstbarkeit. Ist es jedoch selbständig veräußerlich, so hat man es mit einem Erbbaurecht zu tun (vgl. OLG 15, 360; SeuffA 29 Nr. 11). [21]) S. über Wegegerechtigkeiten unten § 32.

[22]) Vgl. oben § 28 III.

[23]) Vgl. SeuffA 2 Nr. 140; 17 Nr. 213 (servitus actus) s. darüber unten § 32.

[24]) S. unten § 33.

[25]) Servitus navigandi 1. 23 § 1 D 8, 3. [26]) Vgl. JW 1912, 361.

[27]) Vgl. SeuffA 32 Nr. 21 (Steinbrechen); 5 Nr. 142; Gruchot 50, 102 (Graben von Ziegelerde); BayOGH 4, 491 (Ton- und Porzellanerde); 9, 216 (Mitbenutzungsrecht des Eigentümers); KGJ 24, 118; OLG 15, 360 (Sand, Ton, Ziegel); JW 1905, 393; OLG 15, 359; 31, 337. Das Recht zur Ausbeutung von Bodenbestandteilen kann auch mit rein obligatorischer Wirkung eingeräumt werden. BayZfR 1, 200; vgl oben N. 12 u. unten § 31 N. 8. Die regelmäßige Rechtsform zur Schaffung eines dinglichen, auf Gewinnung und Ausbeutung von Bodenbestandteilen gerichteten Rechts ist die beschränkte persönliche Dienstbarkeit nach § 1090 BGB (R 23 Nr. 1014 KG); Recht zur Gewinnung von Kali als beschränkte persönliche Dienstbarkeit (OLG 43, 8 AG); vgl. hierzu oben N. 12.

[28]) Vgl. Bolze 2 Nr. 185; BayOGH 1, 1; 5, 400; 9, 98; 11, 315; WarnE 19 Nr. 197.

[29]) Servitus aquae haustus oder aquae hauriendae, vgl. Windscheid, Pand. § 211 Anm. 7 und dortige Quellen.

[30]) OLG 31, 337 (München).

[31]) Servitus pecoris ad aquam appulsus, vgl. Windscheid, Pand. § 211 Anm. 8 und dortige Quellen; BayrObLG 12, 217.

[32]) Vgl. SeuffA 29 Nr. 11; KGJ 25, 141. Über Überbauservitut im Rheinischen Rechtsgebiet s. RG 72, 269. Über das Recht, auf dem fremden Grundstücke einen Keller zu haben, s. oben § 4. Über den Unterschied der Grunddienstbarkeit von der superficies und dem Erbbaurecht s. oben § 4 N 9 u. 10 und III 4. Eine Bauwerksservitut, durch deren Bestand die Möglichkeit anderweitiger Benutzung des ganzen Grundstückes ausgeschlossen ist, ist unzulässig (s. oben N 20).

[33]) Servitus protigendi, proiciendi. BayOGH 6, 775 (Dachvorsprung); SeuffA 46 Nr. 170 (Ladenrecht; dieses schließt nicht notwendig ein Lichtrecht in sich); SeuffA 36 Nr. 110; JW 1891, 23 Nr. 53 (Recht, die Fensterflügel in den Luftraum des Nachbarn aufzuschlagen); BayOGH 6, 773 (Begräbnisstätte), 2, 12 (Dungstätte). R 13 Nr. 516 (Grenzzaun).

[34]) Es wird beispielsweise dem Eigentümer eines als Hotel eingerichteten Grundstücks die Befugnis eingeräumt, im Notfall zwei Zimmer eines benachbarten Gebäudes zur Unterbringung von Gästen zu benutzen.

[35]) Vgl. EntschFG 5, 205; BayOGH 4, 413; JDR 4, 343 (Kammergericht); RG 79, 377.

[36]) JW 12, 361.

geleises[37]), oder Führung einer Drahtseilbahn durch den Luftraum[38]), zur Aufnahme des Tropfenfalls aus der Dachtraufe[39]), der Abwässer[40]), zum Betreten[41]) und Aufstellen von Leitern oder Gerüsten zwecks baulicher Reparaturen[42]), zur Auflagerung von Gegenständen[43]), zur Benutzung der Nachbarwand als eigener Wand[44]), zum Stützen eines Bauwerkes oder eines Teiles desselben (Balken, Mauer) auf das Bauwerk des Nachbars[45]).

---

[37]) WarnE 1913 Nr. 188; JW 1912, 851.

[38]) JW 1900, 676 Nr. 46 (RG).

[39]) Servitus stillicidii, vgl. oben § 26; vgl. OGH 7, 847 (durch ein Traufrecht wird die Aufführung eines niedrigen Gebäudes an der Abfallstelle nicht ausgeschlossen). SeuffA 4 Nr. 209, 32 Nr. 113, 34 Nr. 281, 35 Nr. 276; SeuffBl. 45, 282. Wenn der Nachbar das in einem Strahle oder einer Rinne gesammelte Wasser aufnehmen muß, spricht man von der servitus fluminis immittendi.

[40]) Servitus cloacae (mittendae) l. 7, D 8, l. 1 § 4, 6 D 43, 23; vgl. SeuffBl. 41, 269; SeuffA 4 Nr. 209; 21 Nr. 214, 32 Nr. 307; RG 79, 77. Zum Unterschied von der servitus latrinae ist der Berechtigte bei der servitus cloacae nicht berechtigt, Urin (Mistsudel) und andere übelriechende Dinge, sondern nur Spül- und Waschwasser durch den Kanal abzuführen. Beim Ersitzungsbeweis wird derjenige, welcher ein Recht behauptet, seine Mistsudel abzuführen, diese spezielle Art der Benutzung des Kanals während der Ersitzungszeit nachzuweisen haben. Vgl. Holzschuher, Theor. und Kas. 2, 400. Über Servitut zur Ableitung von Abwässern in einen Fluß Bolze 1 Nr. 180.

[41]) Behufs Besichtigung (KGJ 36, 221).

[42]) Leiterrecht, Hammerschlagsrecht, s. hierzu oben § 28 I, vgl. BayOGH 3, 159; 4, 410; JW 1880, 13; SeuffBl. 38, 109; 39, 185.

[43]) Vgl. BayOGH 2, 12 (Ablagerung des Düngers in der Dungstätte des Nachbarn). SeuffBl. 44, 202 (Grunddienstbarkeit, eine Düngerstätte an des Nachbarn Mauer anzulegen. Abwendung ihres schädlichen Einflusses). Das Recht, auf fremdem Grundstück eine Dungstätte zu haben, gibt die Befugnis, dort allen Dünger zu lagern, welcher von dem im herrschenden Grundstück gehaltenen Vieh anfällt (BayOGH 2, 10). Natürlich braucht eine Steigerung gegenüber der Zeit der Begründung dann nicht geduldet zu werden, wenn sie durch eine „Änderung im Charakter der Benutzungsart herbeigeführt ist“ (vgl. unten § 31 II).

[44]) Vgl. SeuffA 53 Nr. 9.

[45]) Servitus tigni immittendi, tignum immissum habendi (Tramrecht). Sind die Balken schadhaft, so kann sie der Berechtigte durch neue ersetzen. Mit dieser Servitut ist nach gemeinem Recht nicht ohne weiteres eine Pflicht des Nachbarn, das tragende Bauwerk in gutem Stand zu erhalten, verbunden. Dazu wäre besondere Bestimmung bei der Bestellung oder bei der Ersitzung der Nachweis erforderlich, daß der Nachbar im Interesse des Servitutenberechtigten eine Unterhaltungspflicht durch positive Handlung betätigt hat und von da an die Ersitzungszeit abgelaufen ist, ohne daß der Servitutberechtigte selbst das tragende Bauwerk erhalten hat; vgl. Windscheid, Pand. § 211a Anm. 3; SeuffA 42 Nr. 193. In solchem Falle spricht man von der servitus oneris ferendi. Vgl. ArchZivPr. 87, 200. Die Stützung des getragenen (dem Servitutsberechtigten gehörigen) Gebäudes während der Reparatur der tragenden Mauer ist Sache des Berechtigten (so schon l. 8 pr. D 8, 2). Nach ausdrücklicher Bestimmung des l. 6 § 4 D 8, 5 kann der Inhaber der servitus oneris ferendi an einer mehreren gemeinschaftlichen Mauer deren Eigentümer nicht solidarisch, sondern nur pro rata auf die nötigen Reparaturen belangen. Dies entspricht auch dem bürgerlichen Rechte, sofern nicht § 427 BGB einschlägt (§ 1022 mit § 1108 BGB); Turnau-Förster Bem. 2 zu § 1108. Für preußisches Recht hat OTr. 72, 125 Solidarhaftung der mehreren Miteigentümer angenommen.

Unter „Benutzen eines Grundstückes in einzelnen Beziehungen" ist ein fortgesetztes oder doch mehr oder weniger häufig und regelmäßig wiederkehrendes Gebrauchmachen von dem Grundstücke zu bestimmten Zwecken zu verstehen[46]). Die Berechtigung oder Verpflichtung zur Vornahme einer einmaligen Handlung (z. B. zur Beseitigung eines Bauwerkes, zur Abholzung eines Waldes) kann deshalb den Inhalt einer Dienstbarkeit nicht bilden[47]), ebensowenig die Verpflichtung, bei einem späteren Neubau einen Geländestreifen zum Straßenbau an die Gemeinde abzutreten[48]).

Die Eintragung von Benutzungsbefugnissen, die schon durch das Gesetz eingeräumt sind, ist unzulässig; immerhin sind Fälle denkbar, in denen das Gesetz Zweifel über die Zulässigkeit gewisser Einwirkungen übrig läßt. In solchen Fällen ist die Eintragung zuzulassen[49]).

Die Jagdberechtigung auf fremdem Grund und Boden bleibt aufgehoben und darf in Zukunft nicht wieder als Grundgerechtigkeit bestellt werden[50]). Über unzulässige Forst- und Weidedienstbarkeiten s. unten §§ 33 und 34.

Auf Grund öffentlichen Rechts bestehende Befugnisse können nicht Gegenstand einer Grunddienstbarkeit sein (RG 130, 354; KG HRR 41, 147), also nicht ein Fischereirecht kraft Regals (OLG Kassel in Rspr. 25, 293) oder der Gemeingebrauch am Fluß (HRR 32, 134).

---

[46]) OLG 21, 100; vgl. KGJ 26, 275; 39, 215.

[47]) RG 60, 320; KG 26, 274; 39, 315; BayObLG 21, 100; BayZ 21, 101 (Berechtigung, ein Gebäude abzubrechen und sich das Abbruchmaterial anzueignen). Doch wäre es zulässig, eine Grunddienstbarkeit zu bestellen, wonach der Eigentümer des Grundstücks, auf welchem jetzt das Gebäude steht, von dem Zeitpunkt an, zu welchem der andere baut, kein Gebäude halten darf. — BayObLG 3, 129 (Verpflichtung, ein Gebäude abzubrechen); OLG 1, 426; 18, 146 (Verpflichtung, einen Überbau, der nach § 912 geduldet werden muß, zu beseitigen). In diesem Falle kann der erstrebte wirtschaftliche Zweck auf folgende Weise erreicht werden. Die Pflicht, den Überbau zu dulden, ist eine gesetzliche Beschränkung des Eigentums am überbauten Grundstück. Es kann (§ 1018 dritter Fall) eine Grunddienstbarkeit bestellt werden, durch deren Inhalt die Eigentumsbeschränkung beseitigt wird; also kann der Eigentümer des Überbaus dem überbauten Grundstück eine Grunddienstbarkeit des Inhalts bestellen, daß dieser den Überbau nicht zu dulden oder nicht mehr zu dulden braucht, sobald er auf seinem Grundstück einen Neubau errichtet.

In Fällen, bei denen nur eine einmalige Handlung in Frage steht, liegt auch keine Reallast vor (OLG 1, 426; BayObLG 3, 129). Dagegen steht mit dem Begriff der Reallast nicht in Widerspruch, daß neben den wiederkehrenden Leistungen auch eine einmalige bedungen ist (JW 1926, 626 RG). Soweit die Verpflichtung zu einer Handlung den wesentlichen Inhalt der dem anderen zustehenden Berechtigung bilden soll, steht der Grundsatz „servitus in faciendo consistere nequit" entgegen (s. unten § 30 III 6).

[48]) KGJ 25 A 147.

[49]) Wolff, 348 Anm. 11; RG 130, 154; vgl. unten N 53 und oben § 24 N 136.

[50]) § 3 I 3 BJagdGes. vom 29. 11. 1952 — BGBl. I S. 780 —. Zum früheren Recht vgl. OLG 15, 372 u. R 23 Nr. 653 (KG).

2. Verbot bestimmter Handlungen. Der zweite Fall, den § 1018 für die Grunddienstbarkeitsbelastung vorsieht, besteht darin, daß auf dem Grundstücke bestimmte[51]) Handlungen, die eine Benutzung des Grundstücks darstellen, nicht vorgenommen werden dürfen. Unter diese Gattung fallen nur Beschränkungen in der tatsächlichen Herrschaft über das Grundstück, nicht Beschränkungen in der rechtlichen Verfügungsmacht über das Grundstück[52]). Hier können nur solche Handlungen in Betracht kommen, die nicht schon ohnedies durch Gesetz (z. B. die nachbarlichen Vorschriften) verboten sind[53]). Wenn die Auffassung vertreten wird[54]), es könne sich die Dienstbarkeit nur auf das Verbot von Handlungen beziehen, die aus dem Eigentum am Grundstück fließen, nicht etwa aus der persönlichen Freiheit oder Gewerbefreiheit, so wird dabei übersehen, daß solche Handlungen (z. B. Ausschank von Bier) sich auch dann auf das Eigentum stützen können, wenn sie durch andere Rechtsbeziehungen mitgestützt werden[55]). Unter § 1018 fällt z. B. die Belastung, daß auf dem Nachbargrundstücke kein Gebäude[56]) oder doch keines über eine bestimmte Höhe[57]) oder unter einem bestimmten

[51]) Das Verbot, das belastete Grundstück nicht anders zu benutzen, als zum landwirtschaftlichen oder Brauereibetrieb, kann nicht Gegenstand einer Grunddienstbarkeit sein. Der Kreis der verbotenen Handlungen ist so groß, daß dadurch der Grundsatz der Bestimmtheit der Belastung verletzt wird; auch ist nicht erkennbar, ob jede der gebotenen Unterlassungen dem herrschenden Grundstücke Vorteile bietet (KGJ 53, 152).

[52]) Unzulässig als Inhalt einer Grunddienstbarkeit ist daher das Verbot, über das Grundstück eine Verfügung zu treffen, insbesondere es zu veräußern (Rspr. 21, 407 — Rostock —) oder es in Teilstücke zu zerlegen (SeuffA 65 Nr. 169; 66 Nr. 210) oder es zu verpachten oder zu vermieten (KGJ 45, 229; 51, 297). Vgl. auch Schmitt, BayNotZ. 1916, 133.

[53]) Nicht eintragungsfähig als Grunddienstbarkeit ist also die bereits durch Gesetz oder Gemeingebrauch festgelegte Duldungs- oder Unterlassungspflicht (HRR 32, 134; RG 130, 354; KG HRR 41, 447); es sei denn, daß über die Tragweite des Gesetzes begründete Zweifel bestehen (vgl. KG JFG 3, 331). Örtliche Bauordnungen stehen Gesetzen nicht gleich (KG JFG 22, 188; vgl. aber auch KG DR 39, 463; RG 159, 197) — S. ferner OLG 1, 380; Staudinger Bem. II 1 b zu § 1018. RGK 8 zu § 1018; Guethe 2, 1692; Planck 2 zu § 1018; Crome 486 N. 3; Maenner 272 N. 3. — Vgl. auch oben N. 49.

[54]) Gierke 640 n 1; Staudinger Bem. II 1 b; RGK Bem. 8; Turnau-Förster Bem. 1 b zu § 1018; Guethe 2, 1691; ebenso die ältere Rspr. des KG (OLG 5, 155; 15, 371; RZA 3, 148). Wer der letzteren Ansicht folgt, verneint insbesondere die Eintragbarkeit der Bierbezugspflicht.

[55]) Vgl. Wolff 348 n. 12; Planck Bem. 2b; Biermann Bem. 26 zu § 1018; OLG 18, 228 (Darmstadt) und die Rspr. des KG (KGJ 36, 216; OLG 41, 168).

[56]) SeuffBl. 63, 370; RG 47, 356.

[57]) Servitus non altius tollendi, servitus ne luminibus officiatur, Lichtgerechtigkeit, SeuffBl. 60, 195; SeuffA 18 Nr. 19, 31 Nr. 313; Windscheid, Pand. 1 § 211a Anm. 7 u. 8 und dortige Quellen; s. oben § 25. Hierher gehört auch die servitus ne prospectui officiatur sive prospiciendi, wonach dem herrschenden Grundstücke die Aussicht nicht beeinträchtigt werden darf. Vgl. SeuffA 31 Nr. 313, 32 Nr. 305; Windscheid, Pand. 1 § 211a Anm. 9 und dortige Quellen; ferner Holzschuher, Theorie und Kas. 2, 398f.

Abstand von der Grenze[58]) oder kein Gebäude bestimmter Art[59]) oder nur ein Gebäude im Villenstil[60]) oder kein Bauwerk irgendwelcher Art[61]) errichtet werden dürfe; daß einer Windmühle der Mahlwind nicht entzogen werden dürfe[62]), daß auf einem Grundstücke ein gewisses Gewerbe nicht betrieben werde[63]), oder daß jeder lästige Gewerbebetrieb unterbleibe[64]), oder daß ein Haus nicht bewohnt oder von nicht mehr als einer bestimmten Zahl von Personen bewohnt werden dürfe[65]), oder daß der Eigentümer des belasteten Wegegrundstücks den Weg zu bestimmten Zwecken nicht benutzen dürfe[66]), oder daß der Wald zur Wahrung des Landschaftsbildes für das berechtigte Schloß oder als Windschutz erhalten werden müsse (nicht beseitigt werden dürfe)[67]) oder daß der Eigentümer des belasteten Grundstücks die Gartenmauer nicht beseitigen dürfe[68]) oder daß Steine nicht gebrochen[69]) oder keine Keller angelegt[70]) werden dürfen oder daß auf dem belasteten Grundstück (Schankwirtschaft) nur Bier aus der (berechtigten) Brauerei ausgeschenkt werden dürfe[71]). Eine Grund-

[58]) JW 1900, 900; KGJ 47, 186.

[59]) Z. B. keine öffentlichen Vergnügungs- und Schanklokale, OLG 5, 316; 15, 372 (Kammergericht); keine Gast- und Speisewirtschaft (KGJ 36, 221); keine Fabriken und ähnliche gewerbliche Betriebe, keine Ställe (OLG 5, 316); Bolze 19 Nr. 74; vgl. BayObLG 3, 133 (Dienstbarkeit, daß ein Grundstück, soweit es über die Baulinie hinausragt, nicht überbaut werden darf). Bolze 15 Nr. 43 (Beschränkung, kein Gebäude zu halten, es sei denn ein solches mit sauber gestrichener Wand, s. hierzu unten N 101. Der Inhalt einer Dienstbarkeit kann auch darin bestehen, daß auf dem Grundstücke solche Anlagen nicht errichtet und solche Gegenstände nicht aufgestellt werden dürfen, die einen landschaftlich unschönen Anblick gewähren. Es ist nicht zu fordern, daß alle in Betracht kommenden Einzelanlagen im voraus bestimmt sein müssen. Es genügt die objektive Bestimmbarkeit auf Grund der angegebenen allgemeinen Merkmale. Im Streitfalle entscheidet der Richter. KGBl. 1907, 11f.; Bolze 12 Nr. 65.

[60]) Vgl. Kohler, ArchZivPr. 87, 187; Über den Begriff Villa s. a. a. O. 165.

[61]) RG 47, 356; RJA 12, 69; KGJ 47, 186.

[62]) Zur Begründung einer solchen Servitut (servitus ne ventus excludatur) durch Ersitzung war nach gemeinem Recht ein Widerspruch des Müllers gegen eine windentziehende Anlage und Stillesetzen des Nachbars während der hierauf folgenden Ersitzungszeit erforderlich. Holzschuher, Theorie u. Kas. 2, 403. Für das Gebiet des preußischen Rechtes war die Begründung einer derartigen Grunddienstbarkeit verboten (ALR 247 II 15 VO 18. 11. 1819; JW 1912, 923).

[63]) SeuffA 45 Nr. 168, 15 Nr. 204 (Recht, die Errichtung einer Mahlmühle zu verbieten). Voraussetzung ist in allen derartigen Fällen, daß die Beschränkung für die Benutzung des herrschenden Grundstückes Vorteil bietet und die Benutzung des dienenden Grundstückes betrifft, s. darüber unten § 30 III 1.

[64]) R 1918 Nr. 375 (RG).

[65]) KGJ 36 A, 220; vgl. OLG 18, 229.

[66]) JW 09, 688.

[67]) Vgl. KGJ 26 A, 277; RJA 11, 133; OLG 26, 83.

[68]) Vgl. KGJ 26 A, 277.

[69]) Vgl. BayOGH 13, 592.

[70]) HansGZ 11, 118.

[71]) SeuffA 45 Nr. 168; Turnau-Förster Bem. 1 1b zu § 1018; Maenner 273; Recht 03 Nr. 2160 (ObLG). A. M. dagegen Kohler, ArchZPr. 87, 174; OLG 15, 317 (KG); RGK Bem. 8 zu § 1018, weil es sich nicht um Unterlassung der Benutzung eines Grundstücks handle.

dienstbarkeit, die den Eigentümer verpflichtet, das ihm zustehende Jagdrecht nicht oder nur mit besonderen Beschränkungen auszuüben, ist inhaltlich unzulässig[72]). Das Verbot beschränkt sich auf Maßnahmen tatsächlicher Art, eine Grunddienstbarkeit, gerichtet auf Unterlassung von Rechtshandlungen, ist unzulässig[73]).

3. Ausschluß der Ausübung eines Rechts. Der dritte Fall, den § 1018 für die Grunddienstbarkeitsbelastung vorsieht, besteht darin, daß die Ausübung eines Rechtes ausgeschlossen ist, das sich aus dem Eigentum an dem anderen Grundstücke[74]) auf Grund der nachbarrechtlichen[75]) Vorschriften ergibt[76]). Hierher gehört z. B. der Verzicht auf den Bauabstand[77]), die Verpflichtung, sich Eingriffe in das Eigentum, insbesondere die Belästigung durch Funkenauswürfe aus den Lokomotiven[78]) oder durch Fabrikrauch[79]) oder durch Dämpfe[80]) gefallen zu lassen[81]); aber auch die Duldungspflicht von Fenstern[82]) oder Zäunen[83]), die nach dem Gesetze unzulässig wären und umgekehrt der Verzicht auf ein an sich zulässiges Fenster[84]). Ein Verzicht auf künftige Entschädigungsansprüche wegen Beschädigung des Grundeigentums kann als zulässiger Inhalt einer Grunddienstbarkeit nicht erachtet werden[85]). Unter der Geltung des bis-

---

[72]) OLG 15, 372 (Kammergericht).

[73]) Wolff 349; RGK Bem. 8 zu § 1018; SeuffA 66 N 120 (KG); KGJ 51, 297; OLG 21, 408. Ein vertragliches Teilungsverbot ist nicht eintragungsfähig. SeuffA 66 N 210 (KG). Vgl. oben N 52 und unten N 75.

[74]) Hierunter fällt nicht ein Verzicht auf ein mit dem Eigentum am Grundstück verbundenes dingliches Recht (Reallast, Grunddienstbarkeit). KGJ 23, 226; 25, 142; OLG 3, 292.

[75]) Der Ausschluß der Befugnis, das Grundstück in Teilgrundstücke zu zerlegen, eignet sich nicht zum Inhalt einer Grunddienstbarkeit, ist gemäß § 137 auch nicht als Verfügungsbeschränkung eintragungsfähig (SeuffA 65 Nr. 169, Rostock). Vgl. oben N 52 u. 73.

[76]) Vgl. JW 1892, 153 Nr. 17; RG 119, 211.

[77]) OLG 15, 365.

[78]) Vgl. Gruchot 39, 974; 40, 1007; DNotZ 1882, 155.

[79]) Vgl. SeuffA 28 Nr. 201, 36 Nr. 265.

[80]) Vgl. SeuffA 36 Nr. 264.

[81]) l. 8 § 5, 7 D, 8, 5. In solchen Fällen wird für die Ersitzung das Erfordernis der Rechtsüberzeugung besonders zu berücksichtigen sein, s. unten § 36 II.

[82]) S. oben § 25. Servitus luminum, vgl. SeuffA 2 Nr. 139, 6 Nr. 15, 14 Nr. 13; ArchZivPr. 52, 206. Vielfach wird die servitus luminum als das Recht aufgefaßt, in einer fremden oder gemeinschaftlichen Wand Fenster zu haben. Vgl. Windscheid, Pand. § 211a Anm. 8; Holzschuher, Theor. und Kas. 2, 399; SeuffA 10 Nr. 16. Der Inhaber eines Fensterrechts (ohne Lichtrecht) kann dem Nachbar die Errichtung eines Baues in einer Höhe verbieten, welche die Polizei zum Verbot des Fensters veranlassen würde (Bolze 18 Nr. 59).

[83]) R. 13 N 518 (BayObLG).

[84]) SchleswHolstAnz. 09, 49.

[85]) Vgl. Staudinger Bem. II 1c zu § 1018. RG 119, 213; OLG 3, 96; 4, 268; KGJ 21, 310; 22, 152; 49, 197. Doch ist eine Auslegung eines solchen Vertrages dahin zulässig, daß die Duldungspflicht und mit ihr die Folge des Wegfalls des Entschädigungsanspruchs begründet und eingetragen werden sollte. OLG 3, 291; BayObLG 10, 439; BayZ 09, 475. JW 21, 584 (KG).Ferner ist der Verzicht auf Schadensersatzansprüche dann eintragungs-

herigen Rechts haben sich vielfach Grunddienstbarkeiten entwickelt, deren Inhalt eine Befreiung von einer nach bisherigem Recht (namentlich nach Lokalbaustatuten) geltenden Eigentumsbeschränkung darstellt[86]). Soweit die neue Gesetzgebung diese Eigentumsbeschränkungen aufgehoben hat, ruhen diese Servituten; sie gehen nicht etwa unter, so daß sie bei einer Gesetzesänderung ohne weiteres wieder aufleben würden.

III. Erfordernisse

1. Vorteil für Grundstück. Allen diesen Fällen ist jedoch gemeinsam, daß die Grunddienstbarkeit nur in einer Belastung bestehen kann, die für die Benutzung des Grundstücks des Berechtigten Vorteil bietet (§ 1019 BGB)[87]), wenn auch erst in der Zukunft[88]); servitus fundo utilis esse debet. Begrifflich wäre keine Voraussetzung, daß der Vorteil in Geldeswert umzusetzen sei; weil aber Belastungen, die nur den rein persönlichen Bedürfnissen oder Vorteilen eines bestimmten Grundeigentümers dienen[89]), keine Grunddienstbarkeiten im Sinne des BGB darstellen, so wird im praktischen Ergebnis der Vorteil, welcher für die Benutzung des Grundstücks objektiv wirkt, regelmäßig auch ein geldwerter sein. So wird z. B. durch das Recht, einen fremden Garten zu benützen, das Bewohnen des Hauses, mit welchem dieses Recht verknüpft ist, für jedermann annehmlicher und diese Annehmlichkeit stellt einen Geldwert dar[90]). Der Eigentümer eines Grundstücks kann eine Wegegerechtigkeit über ein fremdes Grundstück erwerben, um zu einem Pachtacker zu gelangen, wenn letzterer zum Vorteil des ersteren bewirtschaftet wird. Dieses ist das herrschende Grundstück[91]). Stets aber

---

fähig, wenn der Unterlassungsanspruch gesetzlich durch einen Schadensersatzanspruch ersetzt ist, wie in den Fällen des § 26 GewO (vgl. unten § 39), des § 148 AllgPrBergGes. (RG 130, 351; KG HRR 34, 262), der §§ 152ff. PrWasserGes. (KG JFG 18, 214); ebenso Palandt 4 zu § 1018; Westermann § 63 V 1.

[86]) So z. B. Dienstbarkeiten auf das Recht zum Höherbauen oder zum Bauen unmittelbar an der Grenze, zum Verbauen der Aussicht; auf Befreiung von der Pflicht, den Tropfenfall aufzunehmen. Servitus altius tollendi, officiendi luminibus vicini, stillicidii non avertendi; vgl. hierzu Windscheid, Pand. 1 § 211a Anm. 10 und 11, aber auch Holzschuher, Theorie und Kas. 2, 400.

[87]) § 1019 enthält zwingendes Recht, SeuffBl. 66, 7. RGK Bem. 1 zu § 1019; OLG 5, 120.

[88]) Ein bei regelmäßigem Verlauf erst künftig eintretender Vorteil genügt (KG in HRR 33, 1587); Grunddienstbarkeit, die einem in der Zukunft zu errichtenden Gebäude zugute kommt (SeuffA 47 Nr. 10); vgl. RGK Bem. 3 zu § 1019.

[89]) In diesem Falle fehlt eben die wesentliche Voraussetzung, daß der Vorteil in der Beschaffenheit des herrschenden Grundstücks eine objektive Grundlage hat. Maenner 273; Turnau-Förster Bem. I 2 zu § 1019; vgl. Kohler, ArchZivPr. 87, 160 u. 170.

[90]) Vgl. RG 61, 341; LZ 17, 730; Maenner 273 gegen Kohler, ArchZivPr. 87, 170.

[91]) StriethA 30, 153.

muß der Vorteil ein wirtschaftlicher sein; er muß sich beziehen auf ein Interesse, wie es Schutz und rechtliche Regelung im Privatrecht findet[92]).

Ein ästhetisches Interesse kann einen solchen Vorteil für das Grundstück bieten. Man denke an den Fall, daß für ein Schloßgebäude eine Grunddienstbarkeit des Inhalts bestellt wird, daß ein gegenüberliegender Hügel bewaldet sein muß oder daß für ein altertümliches Haus die Grunddienstbarkeit bestellt wird, daß das daneben liegende Haus seinen altertümlichen Charakter behalten muß; denn dadurch wird die Ansehnlichkeit des berechtigten Hauses gefördert[92a].

Die Beschränkung eines Gewerbebetriebs[93]) auf einem anderen Grundstück bietet den geforderten Vorteil für die Benutzung des Grundstücks des Berechtigten, sofern der Vorteil in der Beschaffenheit des herrschenden Grundstücks eine objektive Grundlage hat; es muß also das herrschende Grundstück zu dem Gewerbebetrieb, dessen Ausübung gefördert oder erleichtert werden soll, besonders eingerichtet oder doch diese Einrichtung in Aussicht genommen[94]) sein; so ist z. B. für die Benutzung eines Grundstücks, das für den Betrieb einer Brauerei eingerichtet ist[95]), von Vorteil,

[92]) Dagegen kann für den Rechtsinhalt einer beschränkten persönlichen Dienstbarkeit das Erfordernis eines wirtschaftlichen Vorteils oder eines privatrechtlichen Interesses nicht aufgestellt werden. So RG 111, 392 gegen RG 61, 318. Deshalb kann namentlich für öffentliche Körperschaften (Staat, Gemeinde) eine beschränkt persönliche Dienstbarkeit zur Förderung der öffentlichen Aufgaben der Körperschaften bestellt werden. Vgl. Gierke 647; Wolff 350 III; KGJ 22, 229; 45, 229; R 14 N 777 (RG); Dernburg 556; Kohler, ArchZivPr. 87, 188, z. B. daß die Häuser am Kölner Domplatz im gotischen Stile gebaut werden. Vgl. LG Mosbach bei Warneyer 1908, 204 (die Verpflichtung, ohne Genehmigung der Unterrichtsverwaltung an einem geschichtlich merkwürdigen Baudenkmal keine Änderung vorzunehmen, ist als volkswirtschaftlicher Vorteil zugunsten der Unterrichtsverwaltung anzusehen). Auch sozialen Zwecken kann die persönliche Dienstbarkeit dienen (Bewohnen des Hauses nur durch Arbeiterfamilien KGJ 36 A 216; Bewohnen nur durch deutschstämmige Landarbeiter RG 111, 384).

[92a]) KGJ 45, 229 (Erhaltung eines bestimmten Charakters der Gegend).

[93]) Die Gewerbeordnung steht nicht entgegen (BayObLG 4, 476. Es darf auf dem belasteten Grundstück ein bestimmtes Gewerbe nicht betrieben werden; BayObLG 15, 339; SeuffBl. 60, 103. Es darf auf dem belasteten Grundstück solange keine Gastwirtschaft betrieben werden, als auf dem herrschenden Grundstück eine Gastwirtschaft besteht).

[94]) Vgl. M 3, 482; Mugdan 3, 268; JW 1900, 676 Nr. 46; OLG 15, 360; 41, 168; R 24 N 394; BayObLG 15, 89; Maenner 274, die zeitweilige Einstellung des Gewerbebetriebes (Abbrennen der Fabrik) entzieht der Grunddienstbarkeit noch nicht die Grundlage (vgl. BGH in LM 1 zu § 1020 BGB; BayObLGStr. 10, 207); dazu wäre die dauernde Unmöglichkeit ihrer Ausübung erforderlich; das wäre z. B. der Fall, wenn mit Rücksicht auf den Schutz einer Heilquelle das Graben nach Lehm dauernd unzulässig wäre. Eine besondere Einrichtung des Grundstücks zum Gewerbebetrieb ist nicht schlechthin erforderlich (Dernburg 557; Wolff 351 u. 11).

[95]) Dem steht es nicht gleich, wenn das herrschende Grundstück eine Gastwirtschaft ist und sein Eigentümer auf einem anderen Grundstück auch eine Brauerei betreibt (KGJ 24 A 241).

wenn auf einem zum Betrieb einer Schankwirtschaft eingerichteten Grundstück nur Bier dieser Brauerei ausgeschenkt werden darf[96]); ebenso hat man es mit einer Grunddienstbarkeit zu tun, wenn zugunsten des Eigentümers eines Grundstücks, das zu einem bestimmten Gewerbebetrieb eingerichtet ist oder eingerichtet werden soll, dem Nachbar die Beschränkung auferlegt ist, auf seinem Grundstück kein Konkurrenzgeschäft zu betreiben[97]). Auch die Berechtigung, auf einem Nachbargrundstück Lehm für eine auf dem Grundstück der Berechtigten befindliche oder in Aussicht genommene Ziegelei zu graben, eignet sich demnach als Inhalt einer Grunddienstbarkeit[98]).

Wenn es für den Vorteil, den die Berechtigung bringt, an einer objektiven, in der Beschaffenheit des herrschenden Grundstücks gelegenen Grundlage fehlt, kommt keine Grunddienstbarkeit, möglicherweise aber eine persönliche Dienstbarkeit in Frage[99]). Die Bestellung eines Bauverbots in der Weise, daß es dauern soll, solange das herrschende Grundstück der Familie des gegenwärtigen Eigentümers gehört, ist als Inhalt einer Grunddienstbarkeit geeignet. Denn die Familienmitglieder haben den Vorteil nicht als solche, sondern nur weil und solange sie Eigentümer sind. Das Bauverbot dient also dem Grundstück unmittelbar, wenn auch nicht für immer[100]). Im Grunde genommen handelt es sich um eine Befristung (s. unten § 30 III 8).

Zum Wesen der Grunddienstbarkeit gehört aber, daß das ihren Inhalt bildende Recht für die Benutzung des herrschenden Grundstücks nach dessen Natur und Zweckbestimmung, wenn auch nur mittelbar, einen wirtschaftlichen Vorteil bietet oder bieten kann[101]). Deshalb ist ein außerhalb des Privatrechts liegendes Interesse nicht ausreichend, um ein Recht, welches zu seiner Befriedigung dienen soll, als Dienstbarkeit

[96]) Vgl. oben N 93.

[97]) Maenner 273; Gierke 648 n. 38; 351; KG 41, 168 und dortige Nachweise.

[98]) Vgl. JW 05, 393 Nr. 12 (RG); ebenso schon für das preußische Recht RG 8, 207; s. unten § 31 N 8. Dagegen kann die Berechtigung auf fremdem Grundstück Lehm zu graben, um ihn im Urzustand zu verkaufen, den Inhalt einer beschränkten persönlichen Dienstbarkeit bilden.

[99]) Vgl. OLG 26, 81; RG 73, 197; Recht 09 Nr. 2266; Recht 07 Nr. 2558, RG. (Einer Eisenbahngesellschaft ist das Recht eingeräumt, auf einem fremden Grundstück ein Gleis zu halten.) JW 09, 146 (zugunsten des Militärfiskus übernommene, im Interesse der Landesverteidigung gelegene Verpflichtung, ein Grundstück nicht aufzuforsten).

[100]) BayObLG 13, 145; RJA 12, 69.

[101]) Es ist z. B. nicht zulässig, daß ein Hauseigentümer, der eine Idiosynkrasie gegen die blaue Farbe hat, sich eine Dienstbarkeit bestellen läßt, wonach das Nachbarhaus nicht blau angestrichen werden darf (Kohler, ArchZivPr. 87, 180); wohl aber könnte eine Dienstbarkeit bestellt werden, daß das mit seiner Sonnenseite zugekehrte Haus auf dieser Seite keinen blendenden Anstrich erhalten darf; denn hierdurch wird das Wohnen für jedermann annehmlicher.

gelten zu lassen. Dies gilt auch für die beschränkte persönliche Dienstbarkeit. Es kann z. B. zugunsten einer Gemeinde oder zugunsten des Fiskus nicht eine Dienstbarkeit des Inhalts bestellt werden, daß ein Grundeigentümer sich gewissen baupolizeilichen oder gesundheitspolizeilichen Beschränkungen unterwirft[102]). Damit steht nicht im Widerspruch, daß die Begründung einer Dienstbarkeit von an sich öffentlich-rechtlichem Inhalt durch privatrechtlichen Begründungsakt möglich ist mit der Folge, daß dem Berechtigten hieraus ein Privatrecht erwächst[103]). Voraussetzung ist hierbei aber, daß dieses Recht dem Berechtigten einen wirtschaftlichen Vorteil bietet.

Gewährt infolge einer bei Begründung der Grunddienstbarkeit nicht vorauszusehenden Entwicklung dieses Rechts, vom Standpunkt vernünftiger Wirtschaft aus gesehen, keinen Vorteil mehr für das herrschende Grundstück, und haben sich zugleich die Nachteile für das dienende Grundstück so stark vermehrt, daß nunmehr der Nutzen außer Verhältnis zu dem Schaden steht, so muß, sofern die Veränderung nicht nur zeitweilig ist und ihr auch nicht durch die bloße Einschränkung der Ausübung Rechnung getragen werden kann, dem Belasteten in aller Regel in Ausdehnung der Bestimmung des § 1020 S. 1 BGB und in entsprechender Anwendung des Rechtsgedankens, welcher der für die Hypothek aufgestellten Vorschrift des § 1169 BGB zugrunde liegt, die Befugnis zugebilligt werden, der Weiterausübung des alten Rechts zu widersprechen und von dem Berechtigten den Verzicht auf sein Recht zu verlangen; das ist ein besonderer Fall des sich auf § 242 BGB gründenden Einwands unzulässiger Rechtsausübung (RG 169, 183 hinsichtlich eines Wegerechts).

2. Nachbarschaft nicht erforderlich. Vizinität (Nachbarschaft) des herrschenden und dienenden Grundstücks ist begrifflich nicht erforderlich[104]), ebensowenig, daß das belastete Grundstück den Vorteil dauernd

102) JW 05, 692 Nr. 16 (RG); Recht 07 Nr. 2743 (RG); 09, 146; DJZ 06, 1170; HansGZ Beibl. 17, 139; OLG 34, 285; KGJ 36, 216; 47, 185.

103) JDR 6, 398 (RG); R 14 Nr. 777; RG 61, 342; Heß. Rspr. 16, 163 (Darmstadt); KGJ 40, 247; 47, 185. — Es ist aber unzulässig, in der Eintragung auf eine Polizeivorschrift Bezug zu nehmen KGJ 46, 221; OLG 34, 226.

104) M 3, 482; Mugdan 3, 269. Es müssen aber natürlich solche räumliche Verhältnisse bestehen, daß die Gewährung des Vorteils möglich ist. (Weiter reichte übrigens auch die Tragweite des gemeinrechtlichen Satzes nicht: „praedia debent esse vicina" vgl. SeuffA 37 Nr. 296; RG 26, 169; 27, 164; vgl. BayObLG 18, 315 [Recht zum Halten eines Felsenkellers mit Kegelbahn für eine Brauerei], vgl. über Vizinität Kohler, ArchZivPr. 87, 185.) Es entfällt z. B. die Grunddienstbarkeit, wenn der öffentliche Weg, durch dessen Benutzung die Ausübung der Viehtrift ermöglicht wird, für immer aufgelassen wird. Endemann 633 Anm. 23; vgl. aber auch Kohler, ArchZivPr. 87, 183 ff. — So erlischt die Grunddienstbarkeit, welche nur zum Aufschlagen der Fensterflügel durch den Luftraum berechtigt, nicht aber zugleich ein Lichtrecht in sich schließt, durch Verbauen der

gewähre (causa perpetua[105])). Es ist deshalb auch eine Grunddienstbarkeit möglich, deren Vorteil nicht in der natürlichen Beschaffenheit des dienenden Grundstücks liegt, sondern künstliche Anlagen eines anderen voraussetzt[106]).

3. Bindung an das herrschende Grundstück. Nur zugunsten des jeweiligen Eigentümers eines Grundstücks[107]) kann die Belastung mit einer Grunddienstbarkeit erfolgen; es ist also die Grunddienstbarkeit begrifflich an ein bestimmtes (herrschendes) Grundstück gebunden[108]); selbstverständlich kann die gleiche Grunddienstbarkeit (z. B.

Fenster. Der Nachbar braucht in seinem Gebäude keine Ausschachtung vorzunehmen, um dem Fensterinhaber das alsdann für sein Grundstück wertlose Öffnen der Fenster zu ermöglichen. Die Grunddienstbarkeit selbst ist wegen Wegfalls des Vorteils erloschen (SeuffBl. 39, 185); es ist nicht nötig, auf § 226 BGB zurückzugreifen.

[105]) Palandt 2b zu § 1019 BGB; M 3, 482; Mugdan 3, 269; RJA 12, 70 (BayObLG). Über causa perpetua vgl. Kohler, ArchZivPr. 87, 190 und 213. Weil eine causa perpetua (vgl. BayOGH 8, 155 über Regenwasser; SeuffA 43 Nr. 7) nicht erforderlich ist, kann an sich eine Grunddienstbarkeit mit zeitlicher Beschränkung bestellt werden. Weil die Grunddienstbarkeit nur in einer Belastung bestehen kann, die für die Benützung des Grundstücks des Berechtigten Vorteil bietet, erlischt die Grunddienstbarkeit, sobald die den Vorteil ermöglichenden tatsächlichen Unterlagen dauernd aufgehoben sind. Eine Grunddienstbarkeit auf Ausbeutung eines Steinbruchs erlischt daher, wenn der Steinbruch erschöpft ist. Vgl. Staudinger Bem. 1e zu § 1019; RG 26, 167, ebenso eine Wassergerechtigkeit, wenn die Quelle dauernd versiegt ist, während eine vorübergehende Austrocknung die Grunddienstbarkeit unberührt läßt. Wenn das herrschende Gebäude abbrennt, geht die Grunddienstbarkeit auf das neu errichtete Gebäude über. Endemann 632 Anm. 22. Ebenso bleibt eine auf Unterlassung gerichtete Grunddienstbarkeit, welche im Interesse eines auf dem herrschenden Grundstück unterhaltenen Gewerbebetriebs bestellt ist, auch dann uneingeschränkt zulässig, wenn der Gewerbebetrieb — z. B. infolge Zerstörung des Gewerbebetriebs — vorübergehend eingestellt ist; in solchem Falle liegt eine nur zeitweise Verhinderung nicht vor, weil die Dienstbarkeit auf eine Unterlassung geht und daher ihre Ausübung ausschließlich vom Willen des Beklagten abhängt und somit jederzeit möglich ist (BGH in LM 1 zu § 1020 BGB). Voraussetzung ist, daß keine stärkere Belastung eintritt, vgl. hierüber unten § 37 A 8 und B 6. Anders, wenn das mit einem dinglichen Wohnrecht im Sinne des § 1093 BGB belastete Gebäude untergeht; dann erlischt die Dienstbarkeit auf dem Gebäudegrundstück: BGH HW 54, 12, DNotZ 54, 483 und LM 1 u. 2 zu § 1093 BGB; s. hierzu auch § 3 N 14.

[106]) Dernburg 556; vgl. StriethA 42, 240 (Servitut zum Walken von Fellen auf der Mühlenwalke eines anderen).

[107]) Vgl. oben § 30 I. Über Erbbaurecht, Erbpachtrecht, vererbliches und übertragbares Nutzungsrecht an einem Grundstück s. oben § 30 I. Die Gewässer (auch die öffentlichen Flüsse) sind als Grundstücke zu erachten (Mot. 3, 48 und 54).

[108]) Daraus folgt, daß die Grunddienstbarkeit nicht ohne das herrschende Grundstück, als dessen Bestandteil sie nach § 96 BGB gilt, veräußert werden kann (OLG 34, 193 KG s. hierüber oben § 30 I) und daß sie auf jeden neuen Eigentümer mit dem Erwerbe des Eigentums des Grundstücks von selbst übergeht (so schon nach gemeinem Recht l. 11 § 3 D 20, 1, l. 44 D. 19, 2). In der Gebundenheit an ein bestimmtes herrschendes Grundstück liegt das entscheidende Unterscheidungsmerkmal von der superficies und dem Erbbaurecht (vgl. oben § 4 I 4), aber auch von der persönlichen Dienstbarkeit (vgl. Recht 07 Nr. 2558; JW 09, 146). Bei der persönlichen Dienstbarkeit kann der Berechtigte

Wasserleitung) zugunsten oder zu Lasten mehrerer Grundstücke[109]) bestellt werden; aber nur für jedes Grundstück als selbständige Berechtigung bzw. Belastung[110]), also nicht zugunsten oder zu Lasten einer ganzen Gemeindegemarkung als solcher, die ja keine zivilrechtliche Einheit bildet[111]).

Ein ideeller Anteil an einem Grundstück kann weder herrschendes noch dienendes Grundstück sein; wohl aber kann eine real abgeteilte Fläche eines Grundstücks (z. B. eine von mehreren zu einem Grundstück vereinigten Parzellen) dienendes oder herrschendes Grundstück sein (vgl. hierüber oben § 2 I). Nicht zu verwechseln mit der Belastung eines realen Teils ist die Bestellung einer Grunddienstbarkeit auf dem ganzen Grundstück mit der Bestimmung, daß sie nur auf einem bestimmten Teil ausgeübt werden darf (vgl. hierzu unten § 31 VI). Der Unterschied zeigt sich bei der Zwangsversteigerung; der Ersatzanspruch ergreift im ersten Fall nur den dem belasteten Teil entsprechenden Teil des Versteigerungserlöses, im zweiten Fall den Gesamterlös[112]).

Da die Grunddienstbarkeit an ein herrschendes Grundstück gebunden ist, kann sie nicht für eine Gemeinde oder die einzelnen Mitglieder einer

nur eine bestimmte natürliche oder juristische Person sein, nicht dagegen der jeweilige Eigentümer eines Grundstücks. (OLG 43, 3.)

[109]) Das herrschende Grundstück kann aus mehreren Flurstücksnummern bestehen; unter der Bezeichnung „Hofraithe" versteht man Wohnhaus, Hofraum und die dazugehörigen Nebengebäude, nicht aber einen daran anstoßenden Garten. SeuffA 22 Nr. 214. Vgl. oben im Text zu § 30 N 5.

[110]) Es kann deshalb für alle Grundstücke eines bestimmten Bezirkes die dingliche Beschränkung, wonach nur Villenbau zulässig sein soll, durch Bestellung gegenseitiger Grunddienstbarkeiten rücksichtlich aller einzelnen Grundstücke durchgeführt werden; vgl. Kohler ArchZivPr. 87, 187. Nach bisherigem Recht wurde jedoch bei der Belastung der ganzen Gemeindegemarkung mit einer Grunddienstbarkeit angenommen, daß nicht so viel einzelne Servituten vorhanden seien, als die Gemarkung in einzelne Grundstücke abgeteilt sei, sondern daß eine derartige Servitut (z. B. Weiderechte) unteilbar auf dem ganzen Flächenraum, der die Gemeindegemarkung bildet, lastet, m. a. W., daß nur eine Dienstbarkeit und nur ein dienendes Gut vorhanden ist. Die Gemeinde ist aktiv und passiv legitimiert für einen Streit über Inhalt und Umfang eines solchen Weiderechts auf ihrer Gemarkung (Oberhofgericht Mannheim 7. 2. 1843 bei Matthiae, Contr. Lex. 2, 141; OLG Jena von 1833 bei Matthiae, Contr. Lex. 2, 145; vgl. SeuffBl. 7, 254; 9, 224; 10, 326; 11, 334). Die Zusammenfassung aller Grundstücke der Gemeindegemarkung zu einem einzigen dienenden Grundstück rechtfertigt dann auch die Ansicht, daß bei Belastung der ganzen Gemeindegemarkung mit einem Weiderecht die den Eigentümern der einzelnen belasteten Grundstücke ex jure dominii zustehende Mithut durch die Gemeinde mittels einer Gemeindeschäferei ausgeübt werden kann und deshalb der Servitutberechtigte nicht verlangen kann, jeden einzelnen Eigentümer auf die Mithut auf seinem Grundstück zu beschränken (Seuffert und Oberhofgericht Mannheim bei Matthiae, Contr. Lex. 2, 142). Diese Rechtsverhältnisse sind nach Art. 184 EG aufrecht erhalten.

[111]) Endemann 629.

[112]) Wolff 347; RGK Bem. 2 zu § 1018. Planck Vorbem. 2 vor § 1018. OLG 4, 76; 21, 42; 36, 161. A. M. OLG 2, 51; 8, 301.

Gemeinde bestellt werden, wohl aber zugunsten der jeweiligen Grundeigentümer des Gemeindebezirks[113]).

Nach gemeinem Recht[114]) konnte eine derartige Gemeindeservitut zugunsten eines ganzen territorialen oder personalen Kreises erworben werden, sofern die ihr zugrundeliegende Berechtigung zur Befriedigung eines konkret begrenzten Bedürfnisses[115]) diente und den Charakter der Dauer an sich trug[116]). War ein solches Recht zur Zeit des Inkrafttretens des BGB bereits begründet, so bleibt es mit dem Inhalt bestehen, der sich aus dem bisherigen Recht ergibt, und zwar als Grunddienstbarkeit (Art. 184 Satz 2 EG)[117]).

---

[113]) Vgl. KGJ 24 A 119; RG 54, 246.

[114]) Nach preußischem Recht (RG 54, 246; Gruchot 67, 87), konnte eine Grunddienstbarkeit ohne Beziehung zu einem bestimmten herrschenden Grundstück nicht begründet werden. Wohl aber konnte für eine Korporation ein Verjährungsbesitz nicht nur durch die Repräsentanten, sondern auch durch ihre Mitglieder erworben und fortgesetzt werden (Gruchot 67, 87), vgl. unten § 36 II 3.

[115]) Dabei ist es nicht erforderlich, daß die Gemeinde selbst von dem ihr zustehenden Gebrauchsrechte einen wirtschaftlichen Vorteil hat (RG 111, 394).

[116]) RG 4, 232; 7, 167; 30, 207; 44, 146; 111, 394; Gruchot 52, 1204. Für das preußische Recht ist durch § 12 I 22 als unbedingtes Erfordernis aufgestellt, daß sie zugunsten eines bestimmten Grundstücks bestehen müsse (Gruchot 52, 453 u. 1204). Über Ersitzung einer Gemeindeservitut s. unten § 36 II 3.

[117]) Vgl. RG 14, 214; SeuffA 41 Nr. 173 (Servitut einer Gemeinde auf den Besuch von Parkanlagen seitens des Publikums); 59 Nr. 6 (Weg zum Bahnhof); vgl. RG 7, 164 (Servitut einer Fischereigenossenschaft zum Aufstellen ihrer Boote auf einer Wiese); BayOGH 13, 578 (Fischereirecht der Gemeinde); SeuffBl. 59, 405 (Wasserbezugsrecht einer Gemeinde nach gemeinem Recht und nach BayWG); PucheltsZ 5, 324 (Bauholzbezugsrecht der Gemeinde zugunsten ihrer Angehörigen); BayObLG 6, 685 (dadurch, daß einzelne Gemeindeglieder zeitweise von der für die Gemeinde bestehenden Dienstbarkeit keinen Gebrauch gemacht haben, wird das Recht der Gemeinde nicht berührt); JW 11, 115 (Fischereirecht der Gemeinde zugunsten ihrer den Fischfang gewerblich ausübenden Mitglieder). Über Kalibohrverträge als irreg. Personalservituten vgl. Recht 21 Nr. 2436, 2445. In einem Falle, in welchem die Gemeinde als solcher die Grunddienstbarkeit zusteht, sind die einzelnen Gemeindeangehörigen nicht aktiv legitimiert (RG 44, 146; SeuffA 55 Nr. 63; JW 95, 19; SeuffA 52 Nr. 142). Das einzelne Mitglied der Gemeinde ist nicht Träger einer solchen Gemeindeservitut. Er ist aber nicht aktiv legitimiert zum Anspruch aus § 1027 (vgl. SeuffA 2 Nr. 294). Wohl aber wird man ihm unter Umständen ein rechtliches Interesse an einer Klage auf Feststellung des der Gemeinde zustehenden Rechts gegen den Eigentümer des dienenden Grundstücks zusprechen können. Man denke z. B. an den Fall, daß ein Anlieger auf den Weg angewiesen ist, die Gemeinde aber die Kosten eines Rechtsstreits nicht aufs Spiel setzen oder aus persönlichen Rücksichten nicht vorgehen will. Vgl. ferner Dernburg 554 (vgl. aber dagegen SeuffBl. 42, 71). Die Gemeinde haftet für mißbräuchliche Ausübung durch einzelne Ortseinwohner (R 1, 336). Nach Art. 184 Satz 2 EG finden auf Grunddienstbarkeiten, welche vor dem 1. 1. 1900 bestehen, die §§ 1018, 1019, welche den Begriff und Inhalt der Grunddienstbarkeit nach bürgerlichem Recht bestimmen, keine Anwendung (Endemann 625), wohl aber § 1020 Satz 1 (Recht 19 Nr. 1791 RG). Über die Frage, ob Verlust einer Gemeindeservitut durch Eingemeindung herbeigeführt wird, s. JDR 15, 289; 17, 332.

Nach dem Inkrafttreten des BGB kann aber zugunsten einer Gemeinde eine solche Grunddienstbarkeit nicht mehr begründet werden; zwar richtete sich die Begründung der Grunddienstbarkeit gemäß Art. 189 EG bis zur Anlegung des Grundbuchs nach bisherigem Recht; allein ein Recht, welches einen nach dem BGB unzulässigen Inhalt hat, kann nach dem 1. 1. 1900 nicht mehr begründet werden. Dagegen kann auch unter der Geltung des BGB eine Gemeindedienstbarkeit als beschränkte persönliche Dienstbarkeit gemäß § 1090 BGB bestellt werden[118]).

4. An öffentlichen Grundstücken. Auch an Grundstücken, die dem gemeinen Gebrauch zu dienen bestimmt sind, ist eine Grunddienstbarkeit möglich[119]), jedoch nur insoweit, als sie mit deren öffentlich-rechtlicher Bestimmung vereinbar ist[120]). Nach preußischem, rheinischem und gemeinem Recht ist das Recht der Straßenanlieger servitutenähnlich (s. oben § 17 N. 11), aber nicht eintragbar[121]).

5. Nemini res sua servit. Die Grunddienstbarkeit ist an und für sich ein Recht an einem fremden (anderen) Grundstück: nemini res sua servit[122]). Zulässig ist aber nach § 1009 Abs. 2 die Belastung eines gemeinschaftlichen Grundstücks zugunsten eines im Alleineigentum eines der Miteigentümer stehenden Grundstücks[123]). Auch schließt der Satz: nemini res sua servit gegenseitige Grunddienstbarkeiten[124]) nicht aus, wie sie namentlich bei Weidegerechtigkeiten, aber auch bei Anwende- und Wegegerechtigkeiten

---

[118]) SeuffA 59 Nr. 6 (RG); Endemann 668; BayObLG 3, 126; vgl. Gruchot 52, 453 und 1204 (Recht einer Eisenbahngesellschaft zur Haltung eines Anschlußgleises).

[119]) Maenner 272 Anm. 2. Für gemeines Recht s. Kahr, BayGemO 1, 358; JW 97, 356; RG 53, 100; OLG 25, 393; SeuffA 27 Nr. 285; BayObLGStr. 9, 20; für preuß. Recht s. SeuffA 42 Nr. 194; OGH 17, 360; BayObLGStr. 9, 20; StriethA 81, 331. — Nach rheinischem Recht ist die Begründung eines unentziehbaren (servitutarischen) Rechts an öffentlichem Staatseigentum unzulässig (Pfälzische Rechtspraxis 2, 57).

[120]) RG 84, 118; BayObLG 6, 65 und dortige Nachweise; OLG 15, 363; JW 95, 362 Nr. 9; 97, 48 Nr. 1. Über Grunddienstbarkeit an einer öffentlichen Brücke s. EntschBayKompKGH 1, 293; über das Recht auf das Abfallwasser aus einem gemeindlichen Brunnen s. BayZ 11, 49; an öffentlichen Flüssen s. RG 53, 98; HRR 32, 134. Über das Recht, Wagen auf einer öffentlichen Straße aufzustellen, und die opinio iuris bei der Ersitzung eines solchen Rechts s. SeuffA 42 Nr. 194 (RG); vgl. unten § 36 II 3.

[121]) RG 70, 77.

[122]) Vgl. SeuffA 56 Nr. 151; OLG 1, 427; RG 47, 202; A. M. Wolff 357 I 1b; vgl. übrigens Regelsberger in JheringsJ 58, 157ff. Über Begründung einer Dienstbarkeit durch Destination du père de famille im franz. Recht vgl. RG 79, 269 und unten § 36 I 4c.

[123]) Hier kommen namentlich gemeinschaftliche Einfahrten, Höfe usw. in Betracht, die zugunsten des jeweiligen Eigentümers eines jeden der im Alleineigentum stehenden Grundstücke mit einer Grunddienstbarkeit belastet sind, s. darüber oben § 7 I 4.

[124]) Vgl. OLG 12, 128. Kohler, ArchZivPr. 87, 162. Über gegenseitige Grunddienstbarkeit des ausschließlichen gemeinschaftlichen Benutzungsrechts an einer Einfahrt s. BayZ 5. Jahrg. 471; JW 09, 688.

vorkommen; hier übt jeder auf seinem Grundstück das Eigentum, auf dem Nachbargrundstück die Grunddienstbarkeit aus[125]). Im Zweifel ist nicht anzunehmen, daß bei gegenseitigen Grunddienstbarkeiten das Recht zur Benutzung des fremden Grundstücks davon abhängig ist, daß der andere Nachbar seinerseits die Berechtigung ausübt; es liegt also nicht in dessen Macht, durch einseitigen Verzicht auf die gegenseitige Grunddienstbarkeit dem Nachbar die Befugnis zu entziehen.

Gehören zwei Grundstücke dem gleichen Eigentümer, so kann dieser durch einseitige Erklärung auf dem einen Grundstück zugunsten des anderen eine Grunddienstbarkeit bestellen[126]). Auch geht eine bestehende und im Grundbuch eingetragene Grunddienstbarkeit durch Vereinigung des herrschenden und dienenden Grundstücks nach bürgerlichem Recht nicht unter (s. hierüber unten § 37). Dagegen erlöschen nicht eingetragene Grunddienstbarkeiten, die nach den Vorschriften des bisherigen Rechts entstanden sind, durch Konsolidation (Konfusion) sowohl vor als nach dem Zeitpunkt, zu welchem das Grundbuch als angelegt anzusehen ist[127]) (s. unten § 37).

6. Servitus in faciendo consistere nequit[128]). Die fortdauernde Geltung dieses Satzes ergibt sich aus dem in § 1018 bestimmten Begriff der Grunddienstbarkeit. Gerade hierin besteht der begriffliche Unterschied der Grunddienstbarkeit von der Reallast[129]). Ebensowenig wie ein bloßes Unterlassen den Inhalt einer Reallast bilden kann, ist ein positives Handeln als wesentlicher Inhalt einer Grunddienstbarkeit zulässig[130]).

---

[125]) Maenner 275 Anm. 15.

[126]) RG 142, 234 unter Aufgabe von RG 47, 202; nach Gierke 641 n. 6 soll zwar nicht die Bestellung, wohl aber die Eintragung einer Eigentümerdienstbarkeit mit der Maßgabe zulässig sein, daß sie erst zur Entstehung gelangt, wenn das Eigentum an beiden Grundstücken auseinanderfällt.

[127]) WarnE 16 Nr. 19.

[128]) Windscheid, Pand. 1 § 201; SeuffA 21 Nr. 214; JDR 4, 343; KGJ 20, 95; OLG 18, 147.

[129]) Über die Reallast der gemeindlichen Zuchtstierhaltung s. SeuffA 52 Nr. 89 (BayObLG). Über die Verpflichtung, eine Schmiedewerkstätte zu errichten, dauernd zu betreiben und alle Schmiedearbeiten für die Gemeindeglieder gegen Bezahlung auszuführen, s. Bl. f. Rechtspfl. 20, 52.

[130]) Sind positive und negative Verpflichtungen zugleich ausbedungen, so entscheidet für den Gesamtcharakter des Rechts, welche Pflichten überwiegen. RG 58, 264 verneint das Vorliegen einer Grunddienstbarkeit in einem Fall, in welchem sich eine Eisenbahngesellschaft zur Anlegung und Unterhaltung eines Anschlußgleises auf ihrem Grundstück verpflichtet hatte. Die Pflicht, den Anschluß herzustellen und zu unterhalten, ist als Hauptsache, die Duldung der Gleisbenutzung als Nebenverpflichtung erachtet. — SchleswHolstAnz. 22, 25 (Kiel) spricht dem Recht auf ein Anschlußgleis an einer Staatsbahnstrecke den Charakter der Grunddienstbarkeit schlechtweg ab; der Berechtigte wolle nicht den Grund und Boden nutzen, sondern auf dem Gleis Güter an die Hauptstrecke heranschaffen. Ein derartiges Rechtsverhältnis unterliege den Regeln des öffentlichen

Deshalb braucht der Eigentümer des mit einem Fahrtrecht belasteten Grundstücks dieses Grundstück nicht in einem für die Fahrtausübung geeigneten Zustand zu erhalten. Andererseits darf er keine Handlungen vornehmen, durch welche die Ausübung der Grunddienstbarkeit in dem zustehenden Maß und Umfang beeinträchtigt wird (s. hierüber unten § 31 III), und er muß dem Berechtigten die Instandhaltung des Grundstücks gestatten[131]).

Wenn der wesentliche Inhalt der Belastung nach § 1018 zulässig ist, dann wird an dem so begründeten Charakter der Grunddienstbarkeit dadurch nichts geändert, daß damit eine Nebenverpflichtung des Eigentümers des dienenden Grundstücks zu positivem Handeln verknüpft ist[132]).

Zum wesentlichen Inhalr einer Grunddienstbarkeit ist nicht geeignet: Die Verpflichtung zur Herstellung eines Gebäudes oder eines Werkes (Zaun[133])) oder zur Bebauung eines Grundstücks[134]) oder zur Beseitigung eines Gebäudes oder Überbaus (überragendes Gesimse[135])), oder zur Abtretung von Land zum Straßenbau[136]) oder zur Anlegung eines Anschlußgleises[137]) oder zur Bebauung eines Grundstücks[138]) oder zur Zahlung der halben Kosten der Giebelmauer im Falle des Anbaus[139]).

Eisenbahnrechts. Diesem letzten Satz ist beizupflichten. Nur anscheinend im Gegensatz zu RG 58, 264, das sich nach JW 11, 467 nur auf öffentliche Bahnanlagen bezieht, ist in RG 60, 87 die Verpflichtung zur Unterhaltung und Erneuerung einer Stauschleuse als Grunddienstbarkeit aufgefaßt, weil die Pflicht, die Schleuse zu dulden und den freien Abfluß des eigenen Wassers zu unterlassen, mit Recht als Hauptverpflichtung erachtet wurde. Ähnlich RG 79, 375; JW 12, 223. Schon das preußische Recht stellte auf die gleiche Unterscheidung ab (RG 11, 313; 79, 375; KGJ 42, 228).

131) Vgl. §§ 37, 38 ALR I 22.

132) KGJ 41, 228; RJA 11, 133 (Pflicht, einen als Windschutz dienenden Waldstreifen nicht zu beseitigen und im Falle seiner Abholzung wieder aufzuholzen); OLG 26, 81 (Verpflichtung, einer Windmühle nicht durch Bäume den Wind zu nehmen und nötigenfalls Bäume zu kappen). SeuffA 1 N. 183 (Pflicht, den Weg zu unterhalten bei einer Wegegerechtigkeit); SeuffA 14 N. 117; 17 N. 8; 21 N. 24; 34 N. 16; 39 N. 107 (Pflicht, den Graben zu reinigen bei einer Wasserleitungsgerechtigkeit). — RG 111, 90 (Pflicht des Eigentümers eines Wasserlaufs zweiter Ordnung zur Unterhaltung der Ufer eines Mühlgrabens und der Wehranlage ist eine Nebenverpflichtung zu der Hauptverpflichtung, die Wehranlagen und das Bestehen des Mühlgrabens zwecks Zuführung des erforderlichen Wassers zu der Mühle zu dulden. Also Grunddienstbarkeit, nicht Reallast).

133) OLG 26, 82; vgl. übrigens BayZ 13, 93, BayObLG).

134) OLG 34, 192; OLG 1, 426; ähnlich 18, 146; 26, 81.

135) KGJ 20, 95; (KG).

136) KGJ 25 A 147. Vgl. oben im Text zu N. 48.

137) RG 58, 264, vgl. oben N. 130.

138) OLG 34, 192.

139) OLG 3, 292. Doch läßt sich diese Zahlungspflicht als Nebenleistung mit einem gegenseitigen An- und Aufbaurecht, das als Grunddienstbarkeit ausgestaltet wird, verbinden (vgl. BayZ 12, 445 und oben § 8 IV 1).

Ob die Verpflichtung zu einem Tun den wesentlichen Inhalt der Berechtigung bildet oder nur mit einer anderen, zum Inhalt einer Grunddienstbarkeit geeigneten Berechtigung als deren Auswirkung verknüpft ist, muß nach Lage des Einzelfalls unter Erforschung des wirtschaftlichen Zwecks, den die Beteiligten verfolgen, klargestellt werden. Eine vernünftige Rechtsanwendung muß weniger auf die Form, als auf den Inhalt sehen[140]). Wird so verfahren, so könnte in vielen Fällen, in welchen die Rechtsprechung die Eintragung einer Grunddienstbarkeit ablehnt, der Wille der Beteiligten durch eine ihrem wahren Willen entsprechende Formulierung des Eintrags zum Vollzug kommen[141]).

a) Unterhaltung der Anlagen[142]).

§ 1020 Satz 2 bestimmt, daß der Berechtigte eine Anlage, welche er zur Ausübung der Dienstbarkeit auf dem dienenden Grundstück hält[143]), in ordnungsmäßigem Zustand zu erhalten hat, soweit es das Interesse des Eigentümers fordert[144]).

140) BayZ 13, 93 (BayObLG).

141) So kann die Verpflichtung zur Beseitigung eines Überbaus, der nach § 912 zu dulden ist, durch Bestellung einer Grunddienstbarkeit verdinglicht werden, deren Inhalt auf eine bedingte Befreiung von der gesetzlichen Eigentumsbeschränkung (Pflicht zur Duldung des Überbaus) hinausläuft (s. oben § 30 N. 47). — Soll die Pflicht zur Beseitigung eines Überbaus, der mangels der Voraussetzungen des § 912 nicht geduldet werden muß, begründet werden, so gelangt man durch Vertauschung der Rollen des herrschenden und dienenden Grundstücks zum Ziel. Der Eigentümer des überbauten Grundstücks übernimmt die Verpflichtung zur Duldung des Überbaus (§ 1018 erster Fall) mit der Maßgabe, daß diese Duldungspflicht endigt, sobald er einen Neubau errichtet. Dieser Eintrag wird dann gemäß § 3 GBO auf dem Blatt des überbauberechtigten Grundstücks vermerkt (OLG 18, 146); vgl. BayObLG 13, 727; die Verpflichtung, das Grundstück „durch Zaun abzugrenzen“, kann als Begründung einer Unterhaltungspflicht aufgefaßt werden). Vgl. Bolze 15 Nr. 43, wo die Verpflichtung, die Giebelwand eines auf der Grenze zu errichtenden Gebäudes zu verputzen und zu streichen sowie in diesem Zustand zu erhalten, als Grunddienstbarkeit aufgefaßt wurde. Wenn der Eigentümer nach Gesetz berechtigt sei, sein Grundstück bis an die Grenze zu bebauen, so läßt sich der Vertrag so auslegen, daß dieses Recht des Eigentümers dahin beschränkt sein solle, daß er kein Gebäude hart an der Grenze haben dürfe, es sei denn ein solches mit verputzter und gestrichener Giebelwand. In SeuffA 79 N. 35 (RG) wird eine Grunddienstbarkeit des Inhalts, daß das Grundstück nur mit einer durchbrochenen, der Gegend zur Zierde gereichenden Einfriedigung versehen werden darf, mit Recht für zulässig erklärt.

142) RG HRR 34, 1027 (Anlage als bes. Einrichtung). Die §§ 1020—1022 finden auch auf die beim Inkrafttreten des BGB bestehenden Grunddienstbarkeiten Anwendung (Art. 184 EG). War die Pflicht zur Unterhaltung von Anlagen unter der Geltung des bisherigen Rechts anders geregelt, so hat eine solche Regelung nur insoweit fortdauernde Wirksamkeit, als sie mit den Vorschriften der §§ 1020 bis 1022 in Einklang gebracht werden kann (vgl. RG 56, 378; RGK Bem. 5 zu § 1021).

143) Die Anlage braucht nicht Eigentum des Berechtigten zu sein, wohl aber muß er nach dem Inhalt der Grunddienstbarkeit ein Recht auf ihren Bestand haben (Planck Bem. 3; RGK Bem. 2 zu § 1020, A. M. Staudinger Bem. 3b zu § 1020).

144) Vgl. SeuffA 51 Nr. 12; BayObLG 18, 249 und unten § 31 V.

Hiervon bestehen jedoch folgende Ausnahmen[145]):

α) Es kann (bei oder nach der Begründung[146]) der Dienstbarkeit) bestimmt werden, daß der Eigentümer des belasteten Grundstücks die Anlage zu unterhalten hat, soweit das Interesse des Berechtigten es erfordert. Steht dem Eigentümer das Recht zur Mitbenutzung der Anlage zu, so kann bestimmt werden, daß der Berechtigte die Anlage zu unterhalten hat[147]), soweit es für das Benutzungsrecht des Eigentümers erforderlich ist (§ 1021 Abs. 1 BGB). Der Berechtigte darf gleichwohl die Instandsetzung der Anlage selbst ausführen[148]). Auf eine solche Unterhaltungspflicht finden die Vorschriften über die Reallasten entsprechende Anwendung (§ 1021 Abs. 2 BGB).

β) Besteht die Grunddienstbarkeit in dem Recht, auf einer baulichen Anlage des belasteten Grundstücks eine bauliche Anlage zu halten (servitus oneris ferendi)[149]), so hat, wenn nicht ein anderes bestimmt ist, der Eigentümer des belasteten Grundstücks seine Anlage zu unterhalten, soweit das Interesse des Berechtigten es erfordert. Auf diese Unterhaltungspflicht finden die Vorschriften über die Reallasten[150]) entsprechende Anwendung (§ 1022 BGB).

In diesen beiden Fällen[151]), in welchen hiernach dem Eigentümer der dienenden Sache die Verpflichtung zu einem Tun (Unterhaltung der Anlage) obliegt, ist diese Verpflichtung als akzessorisches Rechtsverhältnis mit der Grunddienstbarkeit verknüpft; durch diese Verknüpfung unterscheidet sich diese Unterhaltungslast von der Reallast, die eine für sich selbständige Bedeutung hat[152]).

Die in § 1020 als Regel gesetzte Unterhaltspflicht des Berechtigten ist gesetzlicher Inhalt der Grunddienstbarkeit und als solche nicht selbständig eintragbar[153]). Das gleiche gilt, wenn bei einer baulichen Anlage die gesetzliche Regelung des § 1022 von den Parteien beibehalten wird. Nur Verein-

---

[145]) Die §§ 1020—1022 gelten auch für die vor dem 1. 1. 1900 begründeten Grund dienstbarkeiten. Vgl. RG 56, 378; 79, 380; OLG 4, 293.

[146]) RGK Bem. 1 zu § 1021.

[147]) Diese Verpflichtung ist nicht als eine neben der Dienstbarkeit selbständig bestehende Reallast, sondern als eine Erweiterung der Dienstbarkeit anzusehen. BayObLG 4, 313; vgl. RG 56, 382. Über die Eintragung der Verpflichtung des Berechtigten, die Anlage ausschließlich zu unterhalten, im Grundbuch s. Clarus, BayZ 08, 173; OLG 4, 294; RGK Bem. 1 zu § 1021 und Bem. 5 zu § 1018.

[148]) SeuffA 21 Nr. 214.

[149]) Vgl. oben § 30 N. 45.

[150]) Gemeint sind die Vorschriften über den Inhalt (nicht über die Begründung) der Reallast.

[151]) Vgl. Kohler, ArchZivPr. 87, 199.

[152]) Vgl. BayObLG 4, 313; RG 58, 272; OLG 8, 126; 26, 82.

[153]) SchleswHolstAnz. 20, 129 (Kiel).

barungen, die von der gesetzlichen Regelung der §§ 1020, 1022 abweichen, sind eintragbar und zur Wirksamkeit gegen Dritte eintragungsbedürftig[154]).

b) Aus den Vorschriften der §§ 1020ff. hat die neue Rechtslehre und Rechtsprechung den allgemeinen Grundsatz abgeleitet, daß eine Tätigkeit des Eigentümers des dienenden Grundstücks insofern ein Nebenbestandteil einer Grunddienstbarkeit sein kann, als diese Tätigkeit zur Erhaltung des Grundstücks in dem der Dienstbarkeit entsprechenden Zustand dient. So kann der Eigentümer eines Waldgrundstücks gehalten sein, zum Vorteil einer Windschutzgerechtigkeit des Nachbargrundstücks den Schutzstreifen zu erhalten und aufzuforsten, zugunsten einer Aussichtsgerechtigkeit hindernde Bäume zu kappen usw.[155]).

c) Der Grundsatz: „servitus in faciendo consistere nequit" leidet keine Anwendung auf eine solche dem Eigentümer des dienenden Grundstücks obliegende Mitwirkung bei der Ausübung des Rechts, welches vorzugsweise den Zweck hat, den Eigentümer gegen eine mißbräuchliche oder unwirtschaftliche Ausnutzung des Dienstbarkeitsrechts zu schützen; hierher gehört die Verpflichtung des Eigentümers zur Anweisung des Rechtholzes, ja sogar zum Zurichten und Aufsetzen oder gar zum Abfahren des Rechtholzes[156]), sofern diese Mitwirkung nur zur Sicherstellung des Eigentümers vor mißbräuchlicher Ausübung des Rechts dienen soll.

d) Dagegen kommt der Grundsatz, daß der Eigentümer des dienenden Grundstücks zu keinem positiven Handeln verpflichtet ist, wiederum zur

---

[154]) Hierüber herrscht Einigkeit. Streitig ist aber, wo die Eintragung zu erfolgen hat Wird abweichend vom § 1020 und gemäß § 1021 Abs. 1 Satz 1 vereinbart, daß der Eigentümer des dienenden Grundstücks allein unterhaltungspflichtig ist, so wird diese Abrede. auf dem dienenden Grundstück in Abt. II einzutragen sein (Güthe, Bem. 2a zu § 11 Abt. V). Abw. wohl OLG 4, 319 (BayObLG). Wenn in Abweichung von § 1022 und gemäß § 1021 Abs. 1 Satz 2 der Berechtigte die Anlage allein zu halten hat, so ist die Unterhaltungsabrede, die als Nebenverpflichtung von der Hauptverpflichtung (der Grunddienstbarkeit selbst) nicht zu trennen ist, gleichfalls in Abt. II des dienenden Grundstücks einzutragen (BayObLG 18, 249; RGK Bem. 1 zu § 1021; Wolff 353 n. 40; Gierke 650 n. 47. Dagegen Güthe a. a. O., Planck Bem. 4 zu § 1021 und das KG in KGJ 51, 247 = OLG 39, 234, mit der nicht durchschlagenden Begründung, daß die Eintragung in Abt. II des herrschenden Grundstücks zur Erhaltung der Übersichtlichkeit des Grundbuchs nötig sei.

[155]) So vor allem KGJ 41, 231 = RJA 11, 133 = OLG 26, 83; R 13 N. 5161 (BayObLG); RGK Bem. 4 zu § 1018; Planck Vorbem. 3 vor § 1018; Güthe 1640; Wolff 354; Endemann 636 n. 13. A. M. OLG 26, 82 (Colmar). — Ganz allgemein bestimmte ALR I 22 § 35: Hat der Berechtigte die Grunddienstbarkeit durch einen lästigen Vertrag erworben, so ist der Verpflichtete schuldig, sein Grundstück auf eigene Kosten in der Verfassung zu erhalten, daß der Berechtigte seine Befugnis daran ausüben könne. Hierbei handelt es sich um eine Verpflichtung aus dem Vertrag, der dingliche Wirkung nur dann zukommt, wenn sie im Grundbuch eingetragen ist.

[156]) Dernburg 559.

vollen Geltung insofern, als dem Eigentümer nicht zugemutet werden kann, dem Berechtigten durch irgendwelche positiven Handlungen gegenüber Dritten die Möglichkeit zur Ausübung der Grunddienstbarkeit zu erhalten. Deshalb ist der Eigentümer dem Berechtigten gegenüber nicht verpflichtet, Einwirkungen Dritter, durch welche die Ausübung der Grunddienstbarkeit beeinträchtigt wird, zu verbieten oder zu hindern[157]). Es bleibt vielmehr dem Berechtigten selbst überlassen, Beeinträchtigungen seines Rechts durch Dritte abzuwehren, und sich hierzu der ihm nach § 1027 zustehenden Störungsklage des § 1004 zu bedienen. Wenn aber der Eigentümer des belasteten Grundstücks störende Veranstaltungen auf dem belasteten Grundstück wissentlich duldet, dann beruht der Zustand der Beeinträchtigung auf seinem Willen und er kann mit der Störungsklage des § 1027 belangt werden[158]).

7. Gegenleistungen. Die Verknüpfung von Gegenleistungen mit einer Grunddienstbarkeit galt nach römischen Recht als unzulässig; sie vertrage sich nicht mit dem Wesen der Servitut als eines dinglichen Rechts, weil die selbständige, unmittelbare Sachherrschaft fehle, wenn das Recht zur Ausübung von einer Gegenleistung abhängig sei[159]). Die deutschrechtliche Entwicklung hat sich über dieses Bedenken hinweggesetzt und die Verknüpfung der Dienstbarkeit mit Gegenleistungen zugelassen[160]). Dieser Standpunkt ist auch für das neue Recht zutreffend[161]). Freilich kann dem Berechtigten eine Pflicht zur Gegenleistung nicht in dem Sinn auferlegt sein, daß der Eigentümer des belasteten Grundstücks hierauf auch dann Anspruch erheben kann, wenn der Servitutberechtigte von seiner Dienstbarkeit keinen Gebrauch machen will[162]). Denn damit wäre ein selbständiges, von der Ausübung der Grunddienstbarkeit unabhängiges Recht auf Leistung eingeräumt[163]). Andererseits steht nichts im Wege, den Inhalt der Dienstbarkeit so zu gestalten, daß der Berechtigte die einzelne Ausübungshandlung nur Zug um Zug gegen die bedungene Gegenleistung, ja sogar erst nach

---

[157]) R 03, 340 Nr. 1839 (BayObLG); vgl. OLG 15, 361.

[158]) Vgl. RG 47, 162; JW 00, 840; 02 Beil. 187.

[159]) Vgl. Endemann 631.

[160]) Roth, BayZivilr. § 162 Anm. 29; BayObLG 12, 148 (Recht auf die alljährlich anfallende Eichelernte gegen Zahlung der forstamtlich festgesetzten Preise); SeuffBl. 13, 286; 31, 269; StriethA 42, 240 (Recht, Felle auf der dienenden Mühle gegen Vergütung zu walken).

[161]) Vgl. Staudinger Bem. II 2 zu § 1018 und dagegen M 3, 481 (Mugdan 3, 268); Turnau-Förster Bem. VII zu § 1018; Endemann 631; Biermann Bem. 4 zu § 1018. JDR 5, 414; OLG 8, 126.

[162]) Vgl. RG Bem. 4 zu § 1018.

[163]) Vgl. RG 79, 379; JW 12, 923.

vorausgegangener Gegenleistung vornehmen darf[164]). Wie es zulässig ist, die Grunddienstbarkeit selbst von einer Bedingung abhängig zu machen, so kann auch die Befugnis zu jeder einzelnen Ausübungshandlung von einer Bedingung abhängig gemacht werden[165]). Sobald die Bedingung erfüllt ist, besteht die unmittelbare Sachherrschaft über die dienende Sache; es handelt sich also nur um eine Beschränkung des Inhalts der Grunddienstbarkeit[166]). Die Verpflichtung zur Gegenleistung ist als eine Einschränkung der Berechtigung von dem rechtlichen Bestehen der Grunddienstbarkeit abhängig. Erlischt die Grunddienstbarkeit, so hört auch die Verpflichtung zur Gegenleistung auf[167]). Wird die Grunddienstbarkeit nicht ausgeübt, so kann die Gegenleistung nicht gefordert werden. Der Eigentümer des dienenden Grundstücks kann also den Anspruch auf die Gegenleistung nicht damit begründen, daß er sich zur Duldung erbietet, er kann dem Dienstbarkeitsberechtigten die Ausübung der Dienstbarkeit ohne vorgängige oder gleichzeitige Zahlung nur dann verbieten, wenn durch den Inhalt der Grunddienstbarkeit Vorleistung oder Zug- um Zugleistung bestimmt ist.

Darnach ist die Bestellung einer Grunddienstbarkeit unter der Bedingung[168]), daß sie nur nach einer Gegenleistung ausgeübt werden darf, durchaus zulässig und wirksam[169]).

Ebenso kann eine Grunddienstbarkeit auch unter der auflösenden Bedingung bestellt werden, daß das herrschende Grundstück Eigentum bestimmter Personen wird (BayObLG KGJ 44, 357).

8. Zeitliche Befristung. Die Grunddienstbarkeit kann auch mit zeitlicher Befristung bestellt werden. Es ist somit auch zulässig, eine Grunddienstbarkeit (z. B. das Recht des Torfstichs) auf 15 Jahre mit der Bestimmung zu bestellen, daß die Dienstbarkeit beim Eintritt des Endtermins jeweils auf weitere je 5 Jahre in Kraft bleibt, wenn sie nicht ein Jahr vorher gekündigt wird[170]).

---

[164]) RG 79, 379; RGK Bem. 4 zu § 1018; Planck, Vorbem. 3 vor § 1018; BayZ 07, 335 (Nürnberg).

[165]) Ein Durchgangsrecht, dessen Zugang sich nur gegen den jeweiligen Einwurf eines Geldstücks öffnet, kann als Dienstbarkeit bestellt werden. A. M. Endemann 631 Anm. 15.

[166]) Vgl. RGK Bem. 4 zu § 1018.

[167]) Vgl. RG 79, 379.

[168]) Über Bedingungen bei Grunddienstbarkeiten s. OLG 18, 147; 31, 334; KGJ 44, 356.

[169]) BayZ 07, 335 (Nürnberg); Turnau-Förster Bem. VII zu § 1018; vgl. über das Recht zum Anbau an eine Kommunmauer gegen Ersatz der halben Baukosten oben § 8 IV 1 und Staudinger Bem. IV zu § 921. Über bisheriges Recht vgl. unten § 36.

[170]) OLG 43, 225 (RG).

§ 31. Inhalt und Ausübung der Grunddienstbarkeit

I. Beschränkte Anwendung des neuen Rechts auf altrechtliche Grunddienstbarkeiten.

Durch Art. 184 EG sind die zur Zeit des Inkrafttretens des BGB bestehenden Grunddienstbarkeiten mit dem sich aus den bisherigen Gesetzen ergebenden Rang und Inhalt aufrecht erhalten, jedoch mit der Maßgabe, daß die Vorschriften der §§ 1020 bis 1028 BGB auch für diese Grunddienstbarkeiten sofort gelten. Hierdurch ist grundsätzlich bezüglich der Ausübung[1]) für alle Grunddienstbarkeiten, gleichviel, ob sie vor oder nach Inkrafttreten des BGB entstanden sind, einheitliches Recht geschaffen worden.

Andererseits gelten nach Art. 115 EG neben dem Reichsrecht und, soweit sie nicht mit ihm in Widerspruch stehen, diejenigen Vorschriften, des Landesrechts weiter, welche Inhalt und Maß dieser Grunddienstbarkeiten bestimmen[2]). Die landesrechtlichen Normen gelten aber hinsichtlich der Ausübung der Grunddienstbarkeiten nur noch insoweit, als sie Lücken ausfüllen, welche die §§ 1020ff. BGB gelassen haben. (Vgl. unten im Text zu N. 76ff.)

Der Inhalt der Grunddienstbarkeit, also die Frage, in welchen Beziehungen der Berechtigte zur Benutzung des fremden Grundstücks berechtigt ist (§ 1018 BGB), richtet sich bezüglich derjenigen Grunddienstbarkeiten, die am 1. 1. 1900 bereits bestanden haben, nach bisherigem[3]) Recht (Art. 184 EG). Da aber Art. 189 EG die Begründung einer Grunddienstbarkeit noch bis zu dem Zeitpunkt, in welchem das Grundbuch als angelegt anzusehen ist, nach bisherigem Recht erfolgen ließ, ergibt sich die unabweisbare Folge, daß das bisherige Recht auch darüber entscheidet, welchen Inhalt eine zwischen dem 1. 1. 1900 und dem Eintritt der Grundbuchverfassung erworbene Grunddienstbarkeit hat. Indem Art. 189 EG vorschreibt, daß sich der Erwerb der Grunddienstbarkeit nach bisherigem Recht bestimmt, setzt es das bisherige Recht als maßgebende Norm auch dafür fest, welche Befugnisse als Inhalt dieses Rechts der Berechtigte erwirbt. Nur eine Einschränkung ist zu machen, in welcher die unterschiedliche Behandlung der am 1. 1. 1900 bereits bestehenden und der von da ab bis

---

[1]) Vgl. unten § 31 III.

[2]) RG 63, 131.

[3]) Bei Grunddienstbarkeiten, die am 1. 1. 1900 schon bestanden, ist nicht schlechtweg das Recht anzuwenden, welches unmittelbar vor Inkrafttreten des BGB gegolten hat. So ist z. B. auf ein Weiderecht der bis zum 1. 1. 1900 in dem betreffenden Gebiet geltende Code civil nur dann anzuwenden, wenn das Weiderecht nach Inkrafttreten des Code civil entstanden ist. Ist sie vorher entstanden, so ist für ihren Inhalt in Ermangelung etwaiger besonderer Vorschrift des Partikularrechts das gemeine Recht maßgebend (RG 104, 149).

zum Eintritt der Grundbuchverfassung entstehenden Grunddienstbarkeiten hervortritt. Nach dem 1. 1. 1900 kann eine Grunddienstbarkeit, die einen anderen als den in §§ 1018, 1019 BGB vorgesehenen Inhalt hat, nicht mehr entstehen[4])[5]), während eine zu diesem Zeitpunkt bereits bestehende Grunddienstbarkeit mit ihrem sich aus dem bisherigen Recht ergebenden Inhalt selbst dann bestehen bleibt, wenn dieser Inhalt nach §§ 1018, 1019 BGB unzulässig ist (Art. 184 EG).

Teilweise sind durch Landesgesetz bestehen gebliebene dingliche Rechte dem BGB angepaßt worden. Vgl. hierzu für Bremen § 25 BremAG; für Hessen Art. 150—152, 154, 214, 223 HessAG und LG Darmstadt in HessRspr. 31, 218; für die Rheinpfalz Art. 46 BayÜbergangsGes., Art. 19 LiegenschGes. für die Pfalz.

Eine nach bisherigem Recht entstandene Grunddienstbarkeit bedarf zur Erhaltung ihrer Wirksamkeit auch nicht der Eintragung in das Grundbuch; ist sie im Grundbuch eingetragen, so ist der Eintrag über den Inhalt der Grunddienstbarkeit lediglich als Beweismittel zu erachten; maßgebend ist der Begründungsakt[6]). Eintragung und Begründungsakt unterliegen natürlich der Auslegung auf Grund des Sprachgebrauchs zur Zeit ihrer Abfassung[7]).

II. Das Bedürfnis und seine Steigerung

Das Bedürfnis des herrschenden Grundstücks setzt dem Inhalt der Grunddienstbarkeit eine unüberschreitbare Grenze. Über dieses Bedürfnis hinaus kann der Inhalt der Grunddienstbarkeit niemals gehen[8]). Das

---

[4]) Art. 189 I 3 EG.

[5]) Deshalb kann eine irreguläre Personenservitut (s. oben § 30 N. 117) nach dem 1. 1. 1900 nicht mehr entstehen.

[6]) RG 93, 63.

[7]) Vgl. HansGZ Beibl. 17, 86 (Hamburg); JW 30, 3851 — RG.

[8]) Dies bezieht sich auf Begriff und Wesen der Grunddienstbarkeit (vgl. hierüber oben § 30 III). Die Berechtigung, unbestimmte Quantitäten Holz, Torf oder Steine zur beliebigen Verwendung, also auch zum Verkauf, aus einem fremden Grundstück zu entnehmen, ist nach bürgerlichem Recht nicht den Grunddienstbarkeiten beizuzählen; sie kann aber eine beschränkte persönliche Dienstbarkeit sein (vgl. RG 8, 210). Befindet sich auf dem herrschenden Grundstück eine Ziegelei, so kann zu ihren Gunsten auf einem fremden Grundstück die Grunddienstbarkeit bestellt werden, dort den für die Ziegelei erforderlichen Lehm zu graben (Gruchot 50, 102 RG; BayOGH 9, 216; Kohler, ArchZivPr. 87, 181; vgl. Maenner 274 Anm. 11; aber auch Dernburg 557). (Vgl. oben § 30 N. 27.) In solchem Fall steht dem Eigentümer das Recht zu, seinerseits ebenfalls Lehm zu holen, sofern nicht der Servitutberechtigte die Ausschließlichkeit seines Rechts besonders nachweist. BayOGH 9, 216; vgl. unten § 31 III. Eine Fischereigerechtigkeit, vermöge deren der Berechtigte nicht nur für seinen Hausbedarf, sondern auch zum Verkauf Fische fangen kann, ist nach römisch-rechtlicher Auffassung (wie auch jetzt nach dem Recht des BGB) keine Grunddienstbarkeit. JW 95, 53 Nr. 47; RG 53, 101; Kohler, ArchZivPr. 87, 183 erachtet eine solche Servitut nicht einmal bei Beschränkung auf den Hausbedarf für zulässig, da hiermit nicht den Zwecken des Grundstücks gedient

ist zwingende Rechtsvorschrift (§ 1019)[9]). Innerhalb dieses Rahmens ist der Umfang der den Inhalt der Grunddienstbarkeit bildenden Befugnisse nach den Umständen des einzelnen Falles festzustellen[10]). Das Bedürfnis des herrschenden Grundstücks, nicht persönlicher Vorteil, ist auch maßgebend für die Frage, ob die Ausübung im Einzelfall Dritten überlassen werden darf. Liegt eine solche Überlassung im Interesse des Grundstücks, so kann, falls der Bestellungsakt nichts anderes ergibt, die Grunddienstbarkeit nicht nur vom Mieter und Pächter, sondern auch von seinen Hausgenossen, Besuchern und Kunden ausgeübt werden[11]).

Auszugehen ist von der grundsätzlichen Freiheit des Eigentums, so daß die Beschränkung nach Inhalt und Maß von demjenigen nachgewiesen werden muß, der sie behauptet. Hierfür ist das Bedürfnis des herrschenden Grundstücks zur Zeit der Begründung der Dienstbarkeit von ausschlaggebender Bedeutung[12]). Das war allgemein anerkannter Grundsatz des deutschen Privatrechts[13]) und gilt in gleicher Weise nach BGB. Die Grunddienstbarkeit darf nur für Zwecke des konkreten Bedürfnisses, dem sie nach ihrem Inhalt zu dienen bestimmt ist, ausgeübt werden.

Der Umfang der Ausübung richtet sich, sofern nichts anderes vereinbart oder eingetragen ist, regelmäßig nach der Zeit der Bestellung. Jedoch sind voraussehbare Veränderungen wirtschaftlicher Verhältnisse je nach dem Zweck der Grunddienstbarkeit zugunsten des herrschenden Grund-

---

werde. Natürlich verträgt es sich mit dem Begriff der Grunddienstbarkeit, daß die Fische in der auf dem herrschenden Grundstück befindlichen Wirtschaft an die Gäste zum sofortigen Genuß verkauft werden. Bei irregulären Personalservituten, bei denen ja das herrschende Grundstück fehlt (s. oben § 30 N. 117), die nach gemeinem Recht gleichwohl als Servituten galten, ist der Berechtigte auch zum Fang von Fischen, die zum Verkauf bestimmt sind, befugt. Ein altrechtliches Torfstichrecht gewährte nach gemeinem Recht nur ein Ausnutzungsrecht, das nicht über den Bedarf des herrschenden Grundstücks hinaus geht; als irreguläre Personalservitut dagegen gewährt sie ein unbeschränktes Ausnutzungsrecht. Derselbe Unterschied besteht nach BGB zwischen Grunddienstbarkeit und beschränkter persönlicher Dienstbarkeit.

[9]) RG 60, 319. — „Servitus quia nihil interest, non valet" (l. 25 pr. D. 18, 1; ALR I, 22 § 25). Eine über das gesetzliche Maß hinausgehende Grunddienstbarkeit ist insoweit nichtig; der Eigentümer des belasteten Grundstücks hat Anspruch auf Grundbuchberichtigung (vgl. RGK Bem. 6 zu § 1019).

[10]) Vgl. R 15 N. 432 (RG) im Gegensatz zu SeuffA 73 N. 136. — Ob das Recht, einen Stall zu halten, auch das Recht umfaßt, den Raum als Autogarage zu benutzen, hängt von den Umständen ab. (Vgl. HansGZ 17 Beibl. 86).

[11]) Vgl. StriethA 25, 276; R 11 N. 417 (RG); Planck Bem. 5, Biermann Bem. 5 zu § 1019; Goldmann-Lilienthal 2, 385 n. 9.

[12]) HansGZ Beibl. 18, 133 (Hamburg); BayObLG 22, 71; vgl. RG 89, 220. Es kann aber für ein Grundstück, auf dem noch keine Fabrik steht, eine Grunddienstbarkeit zum Vorteil einer künftig zu errichtenden Fabrik bestellt werden (RGK Bem. 3 zu § 1019).

[13]) BayObLG 22, 71.

stücks zu berücksichtigen (RG JW 30, 3852). In widerspruchloser Duldung verstärkter Ausübung kann zudem eine nachträgliche Einigung gesehen werden (RG 126, 373). Im übrigen aber wird bei nachträglicher Steigerung des Bedürfnisses regelmäßig ,d. h. soweit sich aus dem Begründungsakt nicht etwas anderes ergibt[14]), anzunehmen sein, daß die Grunddienstbarkeit nicht auf das im Augenblick der Bestellung gerade bestehende Bedürfnis beschränkt sein sollte, sondern daß sie für den durch die Verkehrsauffassung bestimmten und äußerlich sich ausprägenden bisherigen Charakter des Grundstücks bestellt ist und sich einem im Rahmen dieses Charakters wechselnden Bedürfnis zu fügen hat[15]). Es wird also das dienende Grundstück auch für ein erweitertes, z. B. durch technische Verbesserungen gesteigertes Bedürfnis herangezogen werden können, sofern es sich nur um eine Steigerung der der Art nach gleichbleibenden Benutzung handelt, die in der naturgemäßen Fortentwicklung der Verhältnisse begründet ist; regelmäßig umfaßt daher ein als Grunddienstbarkeit ohne Beschränkung eingetragenes Wegerecht auch solche Erschwerungen, die durch die Entwicklung des Verkehrs oder die Erweiterungen des auf dem herrschenden Grundstück betriebenen Unternehmens verursacht sind[16]). Dieser Grundsatz, daß bei Bemessung des Umfangs der Ausübung von Grunddienstbarkeiten im Zweifel den durch den Wandel der wirtschaftlichen Verhältnisse und durch die Veränderung der Umstände gesteigerten Bedürfnissen Rechnung zu tragen ist, erleidet aber eine Ausnahme nicht nur dann, wenn die Benutzungsart des herrschenden Grundstücks in einer von Anfang an nicht voraussehbaren Weise geändert wird, sondern allgemein auch dann, wenn die Steigerung der Bedürfnisse in veränderten Umständen ihren Grund hat, die bei Begründung des Rechts nicht voraussehbar waren; so kann zwar an Stelle der bei Begründung eines Fahrrechts verwendeten Handkarren oder Pferdefuhrwerke die Benutzung von Kraftwagen an sich nicht zu beanstanden sein, trotzdem aber in der mit der Benutzung von Kraftwagen verbundenen Vermehrung des Geräuschs durch Hupen in der

---

[14]) Unveränderlich ist z. B. die Zweckbestimmung, die in einem Separationsprozeß für Wegerechte festgelegt ist; sie stellt nicht das Mindestmaß, sondern das ausschließliche Maß dar (StriethA 11, 23; 98, 54; Gruchot 42, 1020; RG 76, 326).

[15]) Gruchot 57, 1159; R 13 N. 54 u. 1744 (RG); SeuffA 52 Nr. 75, 55 Nr. 68, 73 Nr. 136; Wolff 351; JDR 5, 414 (Braunschweig). Ähnlich Kohler, ArchZivPr. 87, 217ff. Mit Recht hebt Kohler a. a. O. S. 221 hervor, daß der Charakter des Grundstücks in bezug auf die Servitutenbenutzung entscheidend ist und eine Änderung regelmäßig nicht in Betracht kommt, wenn sie nicht eine Charakteränderung in dieser Beziehung in sich schließt. Das gleiche galt nach deutschem Privatrecht. Bei einer Veränderung des Betriebs des herrschenden Grundstücks hatte sich die Dienstbarkeit nur dann dem veränderten Betrieb ohne weiteres anzuschmiegen, wenn solche Änderung von Anfang an vorauszusehen war (BayObLG 22, 71).

[16]) HEZ 1, 155 (Celle); vgl. auch StriethA 25, 246.

Vibration der Gebäude und in dem Benzingeruch gegebenenfalls eine unzulässige Erschwerung zu finden sein[17]). Zu beachten ist, daß zugunsten des gutgläubigen Erwerbers des herrschenden Grundstücks die Art der Benutzung zur Zeit des Erwerbs als die der Grunddienstbarkeit entsprechende gilt (HEZ 1, 155 — Celle).

Ein im Jahre 1905 bestelltes Fahrrecht über ein Grundstück kann hiernach die Befugnis zum Verkehr mit Kraftfahrzeugen in sich schließen, aber nicht in der Weise, daß dort auch die Kraftwagen dritter Personen, an die der Wegeberechtigte auf seinem Grundstück errichtete Garagen vermietet hat, fahren dürften[18]).

Sind bewaldete Teile des wegeberechtigten Landgutes in Ackerland umgewandelt worden, so muß die Benutzung des Weges zu dem hierdurch gesteigerten Verkehr geduldet werden[19]). Wenn aber die Wegegerechtigkeit einem Waldgrundstück als solchem zusteht, so braucht die durch seine Umwandlung in Ackerland herbeigeführte Mehrung der Belästigung nicht geduldet zu werden. Wird auf dem wegeberechtigten Acker ein Steinbruch angelegt, so kann die Wegegerechtigkeit für die Steinfuhren nicht in Anspruch genommen werden[20]), ebensowenig erstreckt sich die einer Wiese zustehende Fahrtgerechtigkeit auf den später angelegten Torfstich[21]) oder eine darauf errichtete Scheune[22]). Eine Wegegerechtigkeit, die einem bisher landwirtschaftlich benutzten Grundstück zusteht, kann nicht für die Zwecke einer darauf errichteten Fabrik[23]), Ziegelei[24]), Handelsgärtnerei[25]), eines Bleich- und Trockenplatzes[26]) oder einer auf der Wiese angelegten Eisbahn[27]) benutzt werden. Wird ein bäuerlicher Hof in ein Kurhaus mit Hotelbetrieb umgewandelt, so hat sich die Wegegerechtigkeit der hierdurch herbeigeführten Steigerung der Bedürfnisse nicht zu fügen[28]).

---

17) JW 30, 3851 (RG); HRR 42, 347 und 842 (München); Warn. 00 Nr. 349; 13 Nr. 154; R 13 Nr. 1744; Maenner 274; Dernburg 565; Endemann 641. Vgl. auch die vom ALR Teil I Tit. 22 §§ 8, 71, 288ff. aufgestellten Auslegungsregeln, von denen die beiden letzteren Bestimmungen aufrechterhalten sind (Art. 115 EG). S. ferner RG 63, 131; Gruchot 45, 917.

18) HRR 37, 1442 (Königsberg).

19) OTr. 68, 231; StriethA 95, 158.

20) Endemann 2, 641 Anm. 12. SeuffA 62 Nr. 10.

21) Gruchot 24, 882.

22) Sirey, Recueil général 50 II, 179.

23) JW 85, 337 Nr. 26 (RG); Bolze 2 Nr. 188; R 12 Nr. 3086; 13 Nr. 1744.

24) Gruchot 39, 962; JW 95, 210 Nr. 44 (RG).

25) Gruchot 45, 918 (RG).

26) JW 95, 154 Nr. 32 (RG).

27) Bolze 16 Nr. 57.

28) SeuffA 52 Nr. 75 (BayObLG).

Ein Wegerecht für ein Wohnhaus kann nicht für die Zwecke einer Fabrik[29]), einer Wirtschaft beansprucht werden[30]); besteht ein Wegerecht für einen Garten, so ist es eine unzulässige Erschwerung, wenn der Berechtigte diesen Weg als Durchgang von und zu seinem danebenliegenden Hause benutzt[31]); dasselbe gilt, wenn der einem Privathause zustehende Weg für ein dort eingerichtetes Bordell benutzt werden soll[32]).

Eine Wasserleitungsservitut für einen Fischteich kann nicht für die Bewässerung einer an Stelle des Fischteichs angelegten Wiese beansprucht werden[33]).

Ist die Grunddienstbarkeit zugunsten eines Gewerbetriebs bestellt, so wird regelmäßig der Berechtigte zu einem anderen, die Benutzung nicht erschwerenden Industriezweig übergehen dürfen[34]), es ist aber im Einzelfall sehr wohl möglich, daß der Begründungsakt derart auszulegen ist, daß die Dienstbarkeit nur für einen streng bestimmten Gewerbebetrieb eingeräumt werden sollte[35]). So kann z. B. die für ein Bergwerk bestellte Abwässergerechtigkeit nicht für eine Papierfabrik beansprucht werden[36]). Steht einem Gut, auf dem Rübenbau betrieben wird, eine sog. Rübenbahngerechtigkeit zu, so dürfen andere Produkte oder Güter nicht befördert werden[37]).

Eine Aussichtsgerechtigkeit bleibt von der Umwandlung einer Villa in ein Hotel unberührt; ja sogar, wenn an Stelle der Villa ein vielstöckiges, räumlich ausgedehnteres Hotel errichtet wird, bleibt die Aussichtsgerechtigkeit in demselben Umfang bestehen, in welchem sie der Villa zustand[38]).

Wird dem zur Zeit der Bestellung bereits als Wohnhaus benützten Gebäude ein weiteres Stockwerk aufgesetzt[39]) oder neben dem herrschenden Wohnhaus ein Herrschaftsstall mit Kutscherwohnung errichtet[40]), so ist

---

29) R 19 Nr. 67 (RG).
30) Sirey, Recueil général 68 I, 395.
31) Sirey a. a. 334.
32) Kohler im ArchZivPr. 87, 220 gegen Sirey, Recueil général 57 II, 66.
33) Sirey, Recueil général 68, I 247.
34) Kohler, ArchZivPr. 87, 221.
35) Kohler a. a. O. und die von ihm angeführten Entscheidungen des französischen Kassationshofes. Für die Auslegung des Begründungsaktes kann die Erwägung von Bedeutung sein, daß im Zweifel nicht anzunehmen sein wird, daß der Besteller der Grunddienstbarkeit einem anderen eine Erleichterung der Konkurrenz habe verschaffen wollen. So wurde angenommen, daß die Servitut des Wasserlaufes nicht weiter gelte, wenn an Stelle der berechtigten Gerbermühle eine Ölmühle (Sirey, Recueil général 34 I, 491) oder an Stelle der berechtigten Walkmühle eine Getreidemühle errichtet wird (Sirey a. a. O. 39 I, 918).
36) R 13 Nr. 1604 (RG).
37) Gruchot 57, 1159 (RG).
38) Kohler, ArchZivPr. 87, 222.
39) Sirey, Recueil général 46 II, 472.
40) R 17 Nr. 58 (RG).

das dienende Grundstück der hierdurch herbeigeführten Steigerung des Bedürfnisses regelmäßig unterworfen.

Ebenso kann der für ein Wohnhaus bestellte Weg auch zum Besuch eines dort angelegten Weinkellers benutzt werden, sofern nur durch die Anlage des Kellers der Charakter des Gebäudes nicht geändert wird[41]); eine solche Veränderung müßte z. B. angenommen werden, wenn ein großer Lagerkeller für eine Brauerei oder Weinhandlung in dem bisherigen Privathause angelegt worden ist.

Wird der bisherige Nebenausgang eines Hauses, der bisher nur in einer Stalltür und einer Souterraintür bestanden hat, durch Umbau des herrschenden Grundstücks derart geändert, daß die Souterraintür in den Haupteingang des ganzen Hauses umgewandelt ist, so braucht das belastete Grundstück diese Erweiterung der Benutzung nicht in Kauf zu nehmen[42]).

Eine Änderung der landwirtschaftlichen Kultur läßt an und für sich den Charakter des Grundstücks als eines landwirtschaftlich benutzten unverändert[43]). Wohl aber liegt eine solche Änderung des Charakters vor, wenn der bisherige Gemüsegarten in eine Handelsgärtnerei mit Zutritt der Kunden umgewandelt wird.

Steht einem Hause die Grunddienstbarkeit zu, zum Zwecke seiner Beleuchtung die Gasleitung in einem fremden Grundstück zu haben, so kann bei einer notwendig gewordenen Auswechselung der Leitungsröhren an deren Stelle auch eine elektrische Beleuchtungsleitung gelegt werden, sofern nach Raum und Gefährdung die Anlage so ausgeführt wird, daß hiermit keine größere Belästigung des dienenden Grundstücks verbunden ist; dagegen braucht die Auswechselung von Wasserleitungsröhren gegen Gasröhren nicht geduldet werden, weil hier das Bedürfnis, dessen Befriedigung die Grunddienstbarkeit dient, von einer ganz anderen Art ist (vgl. unten IV).

Steht einem bäuerlichen Anwesen ein Holzbezugsrecht[44]) zu, so hat sich die Servitut unter der Voraussetzung eines als vernünftig anzusehenden und mit dem ursprünglichen Charakter des Anwesens im Einklang stehenden Wirtschaftsbetriebes einer Vergrößerung der Wohn- und Wirtschaftsgebäude zu fügen; willkürliche Veränderungen, z. B. die Aufsetzung eines Stockes zur Vermietung an Sommerfrischler, können die Belastung nicht vermehren[45]).

---

[41]) StriethA 98, 55.

[42]) SeuffA 55 Nr. 68.

[43]) Vgl. Sirey, Recueil général 92 I 310; OTr. 68, 231.

[44]) Nach § 9 der VO zur Förderung der Nutzholzgewinnung (RGBl. I 37 S. 876) dürfen Holznutzungsrechte weder neubestellt noch erweitert werden.

[45]) Vgl. BlAdmPr. 14, 257.

Bei städtischen Grundstücken, welche im allgemeinen dazu bestimmt sind, daß in ihnen ein bürgerliches Gewerbe betrieben wird, kann in Ermangelung besonderer Umstände angenommen werden, daß eine einem solchen Grundstück zustehende Grunddienstbarkeit auch für einen bisher nicht ausgeübten Kleingewerbebetrieb in Anspruch genommen werden darf[46]).

Immer kann die Grunddienstbarkeit nur für dasjenige Grundstück beansprucht werden, für das sie bestellt ist, also nicht für ein anderes Grundstück des Berechtigten, insbesondere nicht für Grundstücke, die der Berechtigte später dazu erworben hat[47]), wenn sie auch in räumlichem Zusammenhang mit dem herrschenden Grundstück stehen[48]). Deshalb kann eine Gehgerechtigkeit nicht mehr ausgeübt werden, wenn der Eigentümer das Gebäude, welchem das Gehrecht zustand, weggerissen und auf der Abbruchstelle und dem daran angrenzenden Grundstück ein einheitliches Gebäude errichtet hat[49]). Dabei ist vorauszusetzen, daß der Bau mit einem wesentlichen Teil, nicht mit einem bloßen Nebenraum, über das herrschende Grundstück hinausreicht. Im anderen Falle wäre die Ausübung für den auf dem herrschenden Grundstück stehenden Teil des einheitlichen Neubaus dann möglich, wenn und soweit mit dieser Benutzung des Weges nicht auch zugleich ein Vorteil für den Gebäudeteil verbunden wäre, der auf dem nicht berechtigten Grundstück steht, wenn z. B. dessen Räume einen eigenen Zugang hätten und von dem anderen Gebäudeteil aus nicht zugänglich wären[50]).

Wenn aber die Grunddienstbarkeit einem Anwesen, z. B. einem Bauernhof, zusteht, dann kann die Grunddienstbarkeit in dem Sinne bestellt oder auch ersessen sein, daß z. B. die Fahrtberechtigung ihrem Inhalt und Umfang nach nicht auf solche Fahrten beschränkt ist, welche zum Vorteil des Anwesens in seinem Bestande zur Zeit des Erwerbes der Dienstbarkeit dienen, daß vielmehr das dem Anwesen als solchem dienende Fahrtrecht für die jeweils mit diesem Anwesen wirtschaftlich verbundenen

[46]) SeuffA 41 Nr. 174; 33 Nr. 290.

[47]) RG 1, 329; 8, 212; JW 00, 677. R 19 Nr. 66 (RG); BayZ 19, 212. Auch nicht für eine dem herrschenden Grundstück zugeschriebene Fläche (RG 27, 164).

[48]) Kohler, ArchZivPr. 87, 224. Recht 19 Nr. 66 (RG). Das gilt auch für später dem herrschenden Grundstück zugeschriebene Flächen (RG 27, 164). Anders nach OTr. 69, 167.

[49]) RG 27, 166.

[50]) Kohler, ArchZivPr. 87, 225. Wenn eine Ziegelei, der die Grunddienstbarkeit zum Bezug des Lehmbedarfs zusteht, eine räumliche Ausdehnung auf ein anderes Grundstück erfährt, so darf die Dienstbarkeit überhaupt nicht mehr ausgeübt werden. Vorausgesetzt wird jedoch hierbei, daß Teile, welche für die Produktion der Ziegel wesentlich sind, auf dem dritten Grundstück stehen und der Betrieb eine Ausscheidung des verwendeten Materials nicht ermöglicht, vgl. Kohler, ArchZivPr. a. a. O.

Grundstücke ausgeübt werden kann. Nicht diesen letzteren Grundstücken, welche, abgesehen von der wirtschaftlichen Verbindung mit dem berechtigten Anwesen, eines Fahrtrechts über das dem Anwesen benachbarte fremde Eigentum gar nicht bedurften, gereicht in diesem Fall das Fahrtrecht zum Vorteil, sondern vielmehr dem Anwesen selbst, für welches das Bedürfnis besteht, zur Bewirtschaftung der zu ihm gehörigen Grundstücke die Fahrt von und zu dem Anwesen über das dazwischenliegende fremde Eigentum zu nehmen. In solchem Fall erstreckt sich das Fahrtrecht auch auf die nach seiner Begründung zu dem Anwesen hinzugekauften Grundstücke, wobei freilich die Einschränkung zu machen ist, daß hierdurch nicht der Betrieb des landwirtschaftlichen Anwesens der Art nach eine Umgestaltung erfahren (z. B. aus einem Kleinbetrieb ein Großbetrieb werden) darf[51]).

Steht einer Schneidemühle ein Wegerecht zum Transport der in der Mühle verarbeiteten Hölzer zu, so handelt es sich nur um eine erweiterte Ausdehnung des Schneidemühlenbetriebes, wenn ein hinzugekauftes Grundstück als Stapelplatz für die von und zu der Mühle transportierten Hölzer eingerichtet wird. Auch wenn das hinzuerworbene Grundstück mit der Schneidemühle nicht im örtlichen Zusammenhang steht, kann der für das Mühlengrundstück eingeräumte Weg zum Ab- und Zufahren der Hölzer benutzt werden, weil das neue Grundstück den Zwecken des Mühlengrundstücks dient und somit die für dessen Zweck in Anspruch genommene Benutzung des streitigen Fahrtrechts dem Interesse des Mühlengrundstücks selbst zugute kommt[52]). Steht einem für Wohn- und Geschäftszwecke benutzten Haus ein Fahrtrecht zu, so kann dieses Fahrtrecht ausgeübt werden, um auf eine daran angrenzende hinzugekaufte Parzelle zu gelangen, auf welcher der Hauseigentümer einen Stall oder eine Garage errichtet hat, sofern der Stall (die Garage) ausschließlich den Zwecken des Hauses dient. Die hinzuerworbene Parzelle wird dadurch nicht zum herrschenden Grundstück.

Ähnliche Grundsätze sind auf eine anderweitige Veränderung des herrschenden Grundstücks anzuwenden. Nur eine solche Veränderung übt auf den Bestand der Grunddienstbarkeit einen Einfluß aus, die nicht auf einer natürlichen Weiterentwicklung der Verhältnisse beruht und die eine größere Belastung des dienenden Grundstücks mit sich bringt. Wird an Stelle des berechtigten Gebäudes ein anderes Gebäude unter denselben Verhältnissen und in der gleichen Eigenschaft errichtet, so dauert die Grunddienstbarkeit (z. B. Aussichtsgerechtigkeit oder Beholzungsrecht) für diesen Neubau fort, sofern nicht mit diesem Änderungen verbunden sind, welche die Last

---

[51]) Vgl. SeuffA 20 Nr. 16, 33 Nr. 290; 35 Nr. 277; OTr. 69, 167.
[52]) JW 00, 677 Nr. 48 (RG).

des dienenden Grundstücks erschweren[53]). Deshalb erlischt durch Niederlegung und Wiederaufbau des servitutberechtigten Hauses dessen Tropfenfallsrecht nur, wenn der Nachbar dadurch mehr wie vorher beschwert wird[54]). Weil der Servitutberechtigte die Lage des dienenden Grundstücks erleichtern darf, wird die servitus stillicidii (Traufrecht) aufrecht erhalten, wenn das herrschende Gebäude von der Grenze zurückgerückt wird, so daß der Tropfenfall nicht mehr unmittelbar auf das dienende Grundstück fällt, sondern auf das herrschende und das sich so sammelnde Wasser auf diese Weise nur mittelbar auf das dienende Grundstück gelangt[55]). Selbstverständlich kann die einem Grundstück zustehende Grunddienstbarkeit nicht dadurch auf ein anderes Grundstück verlegt werden, daß das herrschende Gebäude abgebrochen und auf einem anderen Grundstück desselben Eigentümers wieder aufgebaut wird, selbst dann nicht, wenn hiermit für das dienende Grundstück keine größere Belastung verbunden wäre[56]).

Wenn unter Anwendung der voraufgeführten Grundsätze das dienende Grundstück von Gesetzes wegen einer Erweiterung des Bedürfnisses sich nicht zu fügen hat, wird noch zu prüfen sein, ob dies nicht doch auf Grund vertraglicher Abmachungen der Fall ist. Dabei ist zu beachten, daß solche Abmachungen, die unter der Herrschaft des BGB geschlossen sind, keine dingliche, sondern nur obligatorische Wirkung haben, wenn sie nicht in das Grundbuch übernommen sind (§ 873 BGB).

In der Übergangszeit — vom Inkrafttreten des BGB bis zur Anlegung des Grundbuchs — war nach preußischem Recht für Verträge und Erklärungen über Grundgerechtigkeiten die Schriftform erforderlich (ALR I 5 § 135); Eintragung im Grundbuch war für die Entstehung nicht notwendig. Es konnte also eine nach dem Gesetz unzulässige Erweiterung des Bedürfnisses durch schriftliche Erklärung des Eigentümers des belasteten Grundstücks mit dinglicher Wirksamkeit begründet werden (vgl. unten § 36 I 3).

III. Mitbenutzungsrecht des Eigentümers Schonende Ausübung der Grunddienstbarkeit

Die Grunddienstbarkeit geht grundsätzlich dem Recht des Eigentümers vor[57]). Das Recht des Eigentümers geht eben nur so weit, als es nicht durch die Grunddienstbarkeit eingeschränkt ist; deshalb ist es insoweit ausge-

---

[53]) Vgl. hierüber unten § 37 B 6. — Ist das bauholzberechtigte Anwesen abgebrannt oder wird der holzkohlenberechtigte Eisenhammer nicht mehr betrieben, so kann der Berechtigte Holz und Kohle nicht verlangen, bis das ursprüngliche Bedürfnis durch Wiederaufbau des Hauses oder Wiedereröffnung des Betriebes wieder hergestellt ist. Vgl. Ganghofer N. 2 zu Art. 28, N. 12 zu Art. 27 BayForstges.; BayOGH vom 12. 3. 1858; ferner SeuffA 17 Nr. 214 und 21 Nr. 104. —

[54]) Fenner u. Mecke, Prax. d. RG 3, 81.

[55]) BayOGH 8, 396.

[56]) Gruchot 32, 1011.

[57]) BayZ 06, 272 (RG). Endemann 689. RG 105, 191.

schlossen, als hierdurch die Ausübung der Grunddienstbarkeit beeinträchtigt werden würde. Der Eigentümer muß auf dem dienenden Grundstück alle Handlungen und Einrichtungen unterlassen, durch welche die Ausübung der Dienstbarkeit ungebührlich[58]) beeinträchtigt wird. Deshalb darf z. B. der Eigentümer eines mit einem Pferdeweiderecht belasteten Grundstücks auf diesem Grundstück[59]) keine aus Eiben bestehende Hecke anlegen, weil das Abfressen von Eiben für Pferde lebensgefährlich ist. Ebenso darf der Eigentümer eines Quellengrundstücks, das mit einem Wasserbezugsrecht belastet ist, die Quelle nicht auf dem belasteten Grundstück selbst abgraben, wohl aber auf einem anderen mit der Servitut nicht belasteten Grundstück[60]). Der Eigentümer muß mit der Mitbenutzung zurückstehen, wenn und soweit ihre Ausübung mit dem Benutzungsrecht des Grunddienstbarkeitsberechtigten nicht verträglich ist[61]). Bei einem Widerstreit des Eigentums mit der Grunddienstbarkeit muß immer erst der Inhalt und Umfang des Grunddienstbarkeitsrechts festgestellt werden. Die Beweislast für den von ihm behaupteten größeren Umfang der Grunddienstbarkeit trägt der Servitutberechtigte[62]). Im Wesen des Eigentums als der begrifflich unumschränkten Herrschaft liegt auch die Befugnis zu jedweder Benutzung. Dadurch allein, daß dem Grunddienstbarkeitsberechtigten die Befugnis zu einer Benutzung in einer bestimmten Beziehung zusteht, ist dem Eigentümer die Befugnis zur Benutzung seines Eigentums in der gleichen Beziehung nicht ohne weiteres entzogen. Die Ausschließlichkeit des Benutzungsrechts muß vom Servitutberechtigten besonders nachgewiesen werden[63]), sei es, daß er die Einräumung der Ausschließlichkeit durch den Bestellungsakt nachweist oder daß er, soweit Ersitzung oder unvordenkliche Verjährung in Betracht kommt, den Besitz des Verbietungsrechts während rechtsverjährender Zeit dartut[64]). Der bloße Nicht-

---

[58]) Gewisse Einschränkungen muß sich der Berechtigte nach dem Grundsatz „civiliter uti" gefallen lassen.

[59]) Dagegen würde an sich die Anlage von Eiben auf einem anderen, an das dienende Grundstück anstoßenden Grundstück desselben Eigentümers mit der Klage aus § 1027 nicht bekämpft werden können. Es kann aber unter besonderen Umständen der Rechtsbehelf des § 826 BGB gegeben sein (vgl. oben § 21 II am Ende).

[60]) Stobbe, II 2 S. 5 Anm. 11.

[61]) Vgl. Staudinger Bem. 2 zu § 1020; Maenner 280; Endemann 639.

[62]) BayOGH 9, 217. SeuffA 34 N. 243.

[63]) Grunddienstbarkeiten, welche den Eigentümer des dienenden Grundstücks von der gleichen Benutzungsart völlig ausschließen, sind zulässig (SeuffA 45 Nr. 169 RG). Vgl. Sirey, Recueil général 40 Abt. 1, 509; SeuffA 45 Nr. 169 (Fahrtrecht unter Ausschließung der Fahrtbenutzung durch den Eigentümer). Bei einer Fischereigerechtigkeit ist mangels eines gegenteiligen Nachweises der Eigentümer des Flusses neben dem Berechtigten zum Fischen befugt (BayObLG 10, 129).

[64]) Der Besitz des Verbietungsrechts wird dadurch erworben, daß sich der Berechtigte

gebrauch des Eigentümers stellt noch keinen Besitz des Verbietungsrechts für den Servitutberechtigten dar, so daß also hierdurch allein das Mitbenutzungsrecht des Eigentümers keinesfalls verloren geht[65]). Vermag der Berechtigte die Ausschließlichkeit seines Rechts nicht darzutun[66]), so darf der Eigentümer neben dem Berechtigten Wasser schöpfen, Vieh hüten[67]), fahren, Steine brechen[68]), auch wenn hierdurch dem Berechtigten die Ausübung der Grunddienstbarkeit wesentlich erschwert wird; sein Recht wird hierdurch nicht beeinträchtigt, denn es geht eben nicht auf eine ungeschmälerte Benutzung, es sei denn, daß er die Ausschließlichkeit seines Benutzungsrechts nachweisen kann. Auf Grund einer Hutgerechtsame, die nur während der sog. offenen Zeit zusteht, kann der Eigentümer nicht gehindert werden, während der offenen Zeit dasjenige vorzunehmen, was zur gewöhnlichen Benutzung seines Eigentums nach landwirtschaftlichen Grundsätzen erforderlich ist. Ist hiernach die Bewässerung der mit dem Weiderecht belasteten Wiese Bedürfnis, so muß sie der Berechtigte selbst dann dulden, wenn durch die Bewässerung die Wiese zur Behütung unbrauchbar gemacht wird[69]). Der Eigentümer des dienenden Grundstücks darf zum Zweck der Verbesserung des Wegs des Fahrtberechtigten, an dem ihm das Mitbenutzungsrecht zusteht, Geröll und Schotter auf den Weg schütten, mag dadurch auch das Fahren vorübergehend erschwert sein[70]). In gleichem Umfang wie dem Eigentümer selbst das Mitbenutzungsrecht zusteht, kann er es auch Dritten übertragen, auch durch Belastung mit einer weiteren auf die gleiche Benutzung gerichteten Grunddienstbarkeit[71]). Soweit aber der Berechtigte den Nachweis der Ausschließlichkeit erbringen kann, geht seine Befugnis dem Eigentumsrecht vor. Der Eigentümer muß dann die Mitbenutzung insoweit unterlassen, als sie sich mit der ordnungsgemäßen Ausübung der Grunddienstbarkeit nicht verträgt[72]).

der Mitbenutzung durch den Eigentümer widersetzt und infolgedessen der Eigentümer die Mitbenutzung unterläßt. Vgl. Holzschuher, Theor. u. Kas. 2, 387.

[65]) BayOGH 9, 218. SeuffA 22 Nr. 20 (Weiderecht).

[66]) Vgl. SeuffA 7 Nr. 10.

[67]) Windscheid Pand § 209 Anm. 13; SeuffA 22 Nr. 20. Der Eigentümer kann auch dritten Personen die Mithut gestatten. SeuffA 1 Nr. 11.

[68]) BayOGH 9, 218.

[69]) SeuffA 11 Nr. 122.

[70]) LG Würzburg 10. 6. 1921 F 147/20. Über die Frage, ob dies auch der Berechtigte tun darf, s. unten § 32 VI.

[71]) Maenner 280. Über vereinbarte Ausschließlichkeit des Benutzungsrechts s. BayZ 09, 471 (RG). Besteht eine Grunddienstbarkeit zum Befahren eines langen Ganges, der so schmal ist, daß sich zwei Fuhrwerke nicht ausweichen können, so kann der Eigentümer natürlich nicht gleich der ganzen Gemeinde das Fahrtrecht einräumen; denn dadurch würde die Ausübung der zuerst bestehenden Fahrtgerechtigkeit in einer ihrem Inhalt zuwiderlaufenden Weise erschwert.

[72]) Schärfer prägte das rheinische Recht auf Grund des Art. 701 C. c. den Rechtssatz, daß bei einem Widerstreit zwischen Grundeigentum und Dienstbarkeit die letztere un-

Während der Inhalt und Umfang des Mitbenutzungsrechts durch den Begründungsakt bestimmt wird, gibt § 1020 BGB die Norm, in welcher Weise dieses Recht auszuüben ist. Der § 1020 BGB bestimmt also nicht, was der Berechtigte tun darf, sondern er schreibt nur vor, wie der Berechtigte das, wozu er kraft seiner Grunddienstbarkeit berechtigt ist, tun darf, mit anderen Worten, in welcher Weise er die ihm als Inhalt seines Rechts zustehenden Befugnisse auszuüben hat[73]). Deshalb ist die Vorschrift des § 1020 Satz 1 auch für die vor 1900 begründeten Grunddienstbarkeiten maßgebend[74]). § 1020 gibt eine Vorschrift über die Ordnungsmäßigkeit der Benutzung; sie lautet: Bei der Ausübung einer Grunddienstbarkeit hat der Berechtigte das Interesse des Eigentümers des belasteten Grundstücks tunlichst zu schonen. Gerade bei einem Widerstreit zwischen Eigentum und Grunddienstbarkeit ist die Entscheidung nach § 1020 BGB zu treffen. Der § 1024 BGB kann in solchem Fall nie angewendet werden[75]).

Besteht z. B. die Grunddienstbarkeit in dem Recht, Wagen und Pflüge in dem Hof des Nachbarn aufzustellen, so muß der hierfür erforderliche und geeignete Raum vom Eigentümer für die zuständige Zeit freigehalten werden. Würde der Nachbar vorübergehend den Platz zur Ausführung eines Neubaus nicht entbehren können, so könnte unter Umständen nach § 1020 BGB der Berechtigte angehalten werden, auf dieses unabweisbare Bedürfnis des Eigentümers tunlichst Rücksicht zu nehmen. Besteht die Grunddienstbarkeit in dem Recht, mit Schubkarren durch einen engen Gang zu fahren, so ist auch der Eigentümer berechtigt, den Gang in gleicher Weise zu benutzen; ist der Gang so schmal, daß zwei Schubkarren nicht aneinander vorbeifahren können, so führt der Grundsatz, daß die Grunddienstbarkeit dem Rechte des Eigentümers vorgeht, nicht etwa dazu, daß der den Gang mit einem Schubkarren befahrende Eigentümer umkehren und dem Berechtigten Platz machen muß, sobald dieser mit seinem Schubkarren daherkommt. Der Grunddienstbarkeitberechtigte wird sich vielmehr in Anwendung des § 1020 BGB gefallen lassen müssen, daß der Eigentümer, der zuerst hineingefahren ist, den Gang passiert. Hat der Eigentümer eines Steinbruchs mit dem Ausbrechen von Steinen begonnen, so wird derjenige, dem die nicht ausschließliche Grunddienstbarkeit zum Brechen von Steinen in diesem Bruche zusteht, nicht etwa seinerseits an der vom Eigentümer aufgebrochenen Stelle weiter brechen dürfen, wenn nach den Umständen anzunehmen ist, daß der Eigentümer dort demnächst weiterbrechen will. Würden freilich an einer anderen Stelle geeignete Steine nicht zu finden sein, dann könnte der Berechtigte an derselben Stelle weiter brechen. Das könnte sogar dazu führen, daß der Eigentümer zeitweilig zurückstehen muß.

Hier kommt wieder der Satz zur Geltung, daß die Grunddienstbarkeit dem Eigentumsrechte vorangeht, so daß dann, wenn die Kräfte der dienen-

---

bedingt vorgeht. (Zachariae-Crome 1, 673 Z 2; RG 30, 30; 104, 147). Art. 701 C. c. ist durch Art. 89 PrAG aufgehoben, gilt aber noch für die altrechtlichen Servituten.

[73]) Ausübung und Inhalt der Grunddienstbarkeit darf nicht verwechselt werden. Die Pflicht aus § 1020 darf nicht zu einer inhaltlichen Verengung des Rechts führen (DJZ 07, 103; OLG 18, 148).

[74]) R 19 Nr. 1791 (RG).

[75]) BayZ 06, 273 (RG); unrichtig Dernburg 564; Biermann zu § 1022.

den Sache zur Befriedigung der Bedürfnisse des Eigentümers und des Grunddienstbarkeitsberechtigten nicht ausreichen, der Eigentümer zurückstehen muß und nicht etwa eine Teilung nach Maßgabe des § 1024 BGB Platz greift[76]).

Die Vorschrift des § 1024 findet in den aufrechterhaltenen Normen des Landesrechts ihre Ergänzung:

Für das Triftrecht bestimmt § 71 I 22 ALR, daß der Berechtigte beim Viehauftrieb das Übertreten des Viehs vermeiden müsse, mag nun der Belastete Schutzzäune unterhalten oder nicht, ja selbst, wenn ein bisher vorhandener Schutzzaun vom Eigentümer weggenommen ist, ist das Übertreten des Viehs verboten[77]). Andrerseits darf nach ALR auch der Inhaber des Triftrechts den Triftweg einzäunen[78]).

Für das Verhältnis zwischen Inhaber einer Hütungsgerechtigkeit und dem Eigentümer des belasteten Grundstücks bestimmt das ALR folgendes:

Grundsätzlich darf das Recht nur salva substantia ausgeübt werden, auch muß dem Eigentümer die landesübliche Kulturart freistehen, selbst wenn die Dienstbarkeit dadurch erschwert[79]), wenn nur nicht gänzlich verhindert[80]) wird (§ 80 I 22). Eine andere als die übliche Nutzungsart hat hinter dem Hütungsrecht zurückzutreten (§ 81 I 22). In jedem Fall aber geht, wenn das dienende Grundstück ein Waldgrundstück ist, das Recht des Eigentümers zur ordnungsmäßigen Forstkultur dem Hutrecht vor (§ 82 I 22)[81]). Durch das Hütungsrecht wird das Recht des Eigentümers nicht ausgeschlossen, auch seinerseits Vieh aufzutreiben (§ 89 I 22, Mithut)[82]). Mindert sich ohne Verschulden der Ertrag des dienenden Grundstücks, so ist zu unterscheiden, ob sich der Berechtigte ausbedungen hat, eine bestimmte oder eine ungemessene Zahl Vieh aufzutreiben; im ersten Fall tritt bis zur vollen Befriedigung des Hutrechts der Eigentümer zurück, im letzteren Fall tritt eine gemeinsame anteilige Minderung des Viehauftriebs ein (§§ 103, 105 I 22)[83]).

Ganz entsprechend ist die Regelung bei Holzungsrechten, je nachdem ein bemessenes oder ungemessenes Holzungsrecht vorliegt[84]) (§§ 226ff. I 22).

Der § 1020 BGB legt dem Berechtigten überhaupt die Verpflichtung auf, den Zweck der ihm zustehenden Befugnis in derjenigen Weise zu verfolgen, die das Interesse des Eigentümers am wenigsten beeinträchtigt. Nicht nur das unmittelbare Interesse des Eigentümers selbst ist zu berück-

---

[76]) Im Gemeinen Recht ist dies die Ansicht von Windscheid (§ 209 N. 13), während Dernburg (I, 568) Verteilung der Befugnisse zwischen Eigentümer und Berechtigten annimmt. [77]) OTr. 47, 228. [78]) OTr. 39, 169; StriethA 48, 194.

[79]) StriethA 23, 31; OTr. 27, 361. Umwandlung von Wild- bzw. Weide- in Ackerland muß der Berechtigte dulden, obwohl er nunmehr nur noch nach der Ernte hüten kann. Vgl. auch StriethA 58, 149 u. 62, 39 (GemR).

[80]) StriethA 56, 40. Der Eigentümer, der das belastete Grundstück bislang nach den Regeln der Dreifelderwirtschaft bewirtschaftet hatte, war zum System der Fruchtfolge übergegangen. Das braucht der Berechtigte nicht zu dulden, weil hierdurch die Möglichkeit, die Hut auszuüben, ganz ausgeschlossen wird.

[81]) StriethA 5, 180. Ebenso für Gemeines und Rheinisches Recht RG 104, 149.

[82]) Diese Bestimmung ist als singulär, analoger Ausdehnung auf andere Grunddienstbarkeiten nicht fähig, OTr. 33, 392.

[83]) OTr. 14, 191. § 105 I 22 ALR greift nicht Platz, es tritt vielmehr auch bei bestimmter Viehzahl anteilige Ermäßigung ein, wenn die Weide nicht erst nachträglich unzureichend wird, sondern von vornherein nicht voll ausreicht. OTr. 58, 240.

[84]) OTr. 39, 172; 83, 42.

sichtigen, sondern auch das mittelbare Interesse, welches der Eigentümer daran hat, daß die von ihm abgeleiteten Rechte Dritter, z. B. des Pächters, zur Geltung kommen[85]). Im übrigen ist jedwedes Interesse des Eigentümers, auch das nicht vermögensrechtliche, geschützt[86]).

Bei der Ausübung der Grunddienstbarkeit, mag sie inhaltlich dem alten oder dem neuen Recht unterstehen, muß der Eigentümer des dienenden Grundstücks alle Beeinträchtigungen dulden, ohne welche die Dienstbarkeit nicht ausgeübt werden kann. Andrerseits darf der Eigentümer in seinem Eigentum nicht weiter beschränkt werden, als für die Ausübung der Dienstbarkeit unbedingt notwendig ist. Bei der gesetzlich vorgeschriebenen Ausgleichung der beiderseitigen Interessen ist nach den Umständen des Falls zu verfahren. Unerhebliche Erschwerungen muß sich der Berechtigte dann gefallen lassen, wenn der Verpflichtete daran ein berechtigtes Interesse hat[87]).

Je empfindlicher der Eigentümer des dienenden Grundstücks von den mit der Ausübung der Grunddienstbarkeit verbundenen Nachteilen betroffen wird, um so mehr darf er verlangen, daß auf seine Interessen billige Rücksicht genommen wird und einer Veränderung des bestehenden Zustandes, die den Berechtigten immer noch zu seinem Rechte kommen läßt, kein Hindernis bereitet werden kann[88]).

Der Dienstbarkeitsberechtigte ist verpflichtet, den Fortschritten der Technik und Landeskultur bei der Ausübung der Dienstbarkeit Rechnung zu tragen. Deshalb muß z. B. der Torfstichberechtigte die oberste verwitterte Moorschicht (Bunkerde) vor dem Torfstich abräumen, zurückhalten und zur Bedeckung der neuen Oberfläche verwenden[89]).

Nach § 1020 BGB ist ordnungsgemäß auch eine für den Eigentümer noch so erschwerende Ausübung der Grunddienstbarkeit, wenn der Zweck der den Inhalt der Grunddienstbarkeit bildenden Befugnis ohne diese Belästigung nicht zum Vollzug gebracht werden kann. Denn es handelt sich nicht mehr um eine schonende Art der Ausübung, wenn dem Berechtigten Beschränkungen auferlegt werden sollen, die auf einen teilweisen Verzicht auf sein Recht hinauslaufen würden. Das kann ihm nicht angesonnen werden[90]). Die Regeln und Bedürfnisse einer ordnungsgemäßen Wirtschaft sind im Streitfalle von ausschlaggebender Bedeutung. Ein Grundstück

[85]) Biermann Bem. 2a zu § 1020; Dernburg 562.
[86]) Biermann Bem. 1a zu § 1020; Dernburg 562.
[87]) BayObLG 24, 117.
[88]) SeuffA 64 Nr. 152 (RG).
[89]) SchleswHolstAnz. 22, 121 (Kiel).
[90]) Gruchot 48, 954 (RG); Warneyer 19 Nr. 107. DJZ 07, 129 (RG); R 19 Nr. 1790 (RG).

darf aus der ihm zustehenden Wasserleitung nicht mehr Wasser beziehen, als es bedarf[91]); einer nutzlosen Wasservergeudung kann auf Grund des § 1020 BGB entgegengetreten werden. Derjenige, dem ein Fahrtrecht von nicht bestimmter Richtung über einen fremden Acker zusteht, darf nicht gerade da fahren, wo er den meisten Schaden anrichtet, er muß einen mäßigen Umweg in Kauf nehmen. Er kann dem Eigentümer nicht verwehren, Gegenstände auf dem Grundstück zu lagern, wenn er dadurch an der Fahrt nicht wesentlich behindert wird[92]). Der Inhaber einer Aussichtsgerechtigkeit (s. oben § 25) muß sich die mit einem Umbau verbundene, nur vorübergehende Anhäufung von Baumaterial gefallen lassen[93]).

Wer das Recht hat, durch einen fremden Hofraum zu gehen, wird sich regelmäßig[94]) die Anbringung eines verschließbaren Tores gefallen lassen müssen, falls ihm die Öffnung des Tores nicht unbillig erschwert wird[95]) und durch das Tor die Fahrt nicht in lästiger Weise eingeengt wird[96]). Hat der Eigentümer des dienenden Grundstücks früher auch noch so lange Zeit hindurch seinen Hofraum nicht durch ein Tor gesichert, so kann er dies doch jederzeit tun; die Voraussetzung, daß er hieran ein Interesse hat, wird regelmäßig gegeben sein[97]). Anders wäre natürlich zu entscheiden, wenn nach dem Inhalt der Grunddienstbarkeit die Anbringung eines Tores besonders ausgeschlossen wäre, sei es durch den Bestellungsakt[98]), sei es bei einer ersessenen Dienstbarkeit dadurch, daß der Eigentümer des dienenden Grundstücks auf Widerspruch des Berechtigten die beabsichtigte An-

---

[91]) Annalen d. OLG Dresden 13, 424.

[92]) R 19 Nr. 67 u. 68 (RG). Man wird sogar dem Verpflichteten das Recht zugestehen müssen, einen Teil des belasteten Grundstücks zu überbauen, wenn dadurch die Fahrtausübung nicht beschwert wird.

[93]) SeuffA 14 Nr. 210. [94]) Vgl. R 10 Nr. 2368.

[95]) Vgl. SeuffA 12 Nr. 7. R 02, 434, Jena. Bei Gruchot 45, 1019 hat das RG als einen Fall nicht schonender Ausübung im Sinne des § 1020 die Anbringung einer Tafel durch den Wegberechtigten betrachtet, welche beim Publikum den Glauben erweckte, es handle sich um einen öffentlichen Weg. Allein in der Anbringung der Tafel liegt überhaupt keine Ausübung des Wegrechts. Die Entscheidung ist im Ergebnis zutreffend. Nach § 1004 richtet sich die Eigentumsfreiheitsklage gegen den Störer. Wer neben einem fremden Grundstück eine Tafel anbringt, durch welche das Publikum veranlaßt wird, den Weg als öffentlichen anzusehen und deshalb zu begehen, hat die in diesem Begehen durch das Publikum liegende Störung verursacht und ist deshalb passiv legitimiert für die Störungsklage.

[96]) R 10 Nr. 2368. Wenn die Fahrt eine Breite von 3,90 m und bei geöffneten Torflügeln immer noch eine ausnutzbare Breite von 3,65 m, also die doppelte Breite eines Wagens hat, liegt keine wesentliche Erschwerung des Rechts vor (BayObLG 24, 120).

[97]) BayObLG 24, 118.

[98]) Gruchot 48, 952. (In jenem Fall war durch den Bestellungsvertrag freier Fahrweg „wie auf einer öffentlichen Straße" eingeräumt.)

bringung eines Tores unterlassen oder das angebrachte Tor beseitigt und sich dabei während der Ersitzungszeit beruhigt hat. Wo aber durch den besonderen Inhalt der Grunddienstbarkeit die Anbringung eines verschließbaren Tores nicht verboten ist, ist die Zulässigkeit eines solchen auch für altrechtliche Dienstbarkeiten ausschließlich nach § 1020 BGB zu beurteilen[99]). Ob das Tor bei Tag offen gehalten werden muß und nur bei Nacht verschlossen gehalten werden darf, ob der Berechtigte die Aushändigung eines Schlüssels (unter Umständen mehrerer Schlüssel) verlangen kann, oder sich damit begnügen muß, daß ihm auf Anruf jederzeit geöffnet wird, oder ob er das verlangen kann, sind Fragen, die nach Lage des Einzelfalls und nach dem Maßstab eines billigen Ausgleichs der Interessen verschieden zu beurteilen sind.

Für ländliche Verhältnisse wird es entsprechend sein, das Tor während des Tages unverschlossen zu halten und dem Berechtigten einen, unter Umständen auch mehrere Schlüssel, zu liefern[100]). Für städtische Verhältnisse können je nach Lage des Falls noch weitere Vorkehrungen erforderlich sein. So können nach dem Bedürfnis des herrschenden Grundstücks von dem Eigentümer des belasteten Grundstückes Vorkehrungen verlangt werden, daß das Tor jeweilig ohne Verzug geöffnet wird, so oft es das Bedürfnis des Berechtigten und seiner Besucher erfordert; daß ihm Schlüssel zur Verfügung gestellt oder ein elektrischer Klingelapparat von der Tür nach dessen Wohnung eingerichtet wird, kann unter Umständen dem Bedürfnis nicht ausreichend Genüge leisten[101]).

Zur pfleglichen Ausübung einer Wegegerechtigkeit gehört auch, daß der Wegeberechtigte das vorhandene Tor nach jedem Gebrauche schließt[102]), daß er Verunreinigungen durch seine Zugtiere beseitigt[103]).

---

[99]) A. M. anscheinend BayObLG 24, 118, wo dargelegt ist, daß die Beurteilung nach bisherigem Recht zu demselben Ergebnis führt, unter Hinweis auf Recht 10 Nr. 520; StriethA. 46, 243; 51, 131; R 02 Nr. 2005 (preuß. Recht); R 08 Nr. 2184 (rheinisches Recht); SeuffA 63 Nr. 66 (gemeines Recht).

[100]) SeuffA 63 Nr. 66. Vgl. 12 Nr. 7, 18 Nr. 211.

[101]) Tatfrage (R 10 Nr. 520); vgl. Bolze 2 Nr. 186; 1 Nr. 173; Schärfer R 08 Nr. 2184; Gruchot 48, 952 (RG).

[102]) JW 1881, 27.

[103]) OLG 18, 147 (Hamm). Dazu ist der Berechtigte verpflichtet, nicht aber zur Einebnung der von ihm eingefahrenen tiefen Wagenspuren (Geleise). Das dienende Grundstück muß alle Einwirkungen dulden, die sich aus der Ausübung der Dienstbarkeit nach wirtschaftlicher Auffassung ergeben. Es ist zwar nicht üblich, daß derjenige, der mit Spannvieh fährt, die Entleerungen dieser Tiere sofort aufliest. Aber ebenso wie der Eigentümer von Zeit zu Zeit seinen Hofraum reinigt, muß der Berechtigte die durch seinen Gebrauch verunreinigte Wegstrecke wieder in ordnungsgemäßen Zustand bringen. Über Zeit und Art entscheidet die Verkehrsauffassung. Auch der Gehberechtigte ist mit dieser Einschränkung verpflichtet, Abfälle und Schmutz, die er beim Tragen von Lasten zurückgelassen hat, zu beseitigen (LG Würzburg 27. 4. 1920 F 91/19). Das gilt aber nur bei

Unter Umständen, namentlich wenn dies für die Ausnutzung des belasteten Grundstückes wirtschaftlich notwendig ist, kann die zustehende, bisher offene Einfahrt in einen überbauten Torweg umgewandelt werden, wenn die Einfahrt hierdurch nicht fühlbar erschwert, insbesondere auch für entsprechende Lichtzuführung gesorgt ist[104]). Dagegen verbietet ALR § 76 I, 22 ausdrücklich, daß ein Durchfahrtsweg gegen den Willen des Berechtigten eingeengt oder erniedrigt wird[105]).

IV. Recht des Berechtigten zu Verbesserungen

Der Grunddienstbarkeitsberechtigte ist zu einer besseren und bequemeren Ausübung der Grunddienstbarkeit insoweit befugt, als hierdurch eine größere Belästigung für das dienende Grundstück nicht herbeigeführt wird, und es ist ihm unter dieser Voraussetzung insbesondere die Anlegung und Instandhaltung der deshalb notwendigen Einrichtungen erlaubt[106]). Es ist dies eine Auswirkung des Grundsatzes, daß die Grunddienstbarkeit auch einer Erweiterung der Bedürfnisse zu dienen hat (s. oben § 31 II). Wenn aber die Veränderung eine Erschwerung der Belastung mit sich bringt, so ist sie unzulässig[107]).

Gehrechten über städtische Grundstücke, Hofräume, nicht bei Gehrechten über Äcker. Die Verkehrsauffassung über das, was bei ordnungsgemäßem Verhalten der Eigentümer des dienenden Grundstücks nach der Verunreinigung selbst tun würde, gibt die Richtschnur. Ist der Boden des dienenden Grundstücks (Wiese) aufgeweicht, so wird der Eigentümer des dienenden Grundstücks verlangen können, daß der Berechtigte tunlichst trocknere Stellen zum Fahren benutzt und dabei einen mäßigen Umweg (auf dem dienenden Grundstück) in Kauf nimmt. Dagegen ist der Berechtigte nicht befugt, von der ihm zustehenden bestimmten Stelle der Fahrt eigenmächtig zum Zweck des bequemeren Fahrens abzuweichen; hat er sich vorher nicht mit dem Eigentümer des dienenden Grundstücks ins Benehmen gesetzt, so kann er mit der Behauptung, er sei nur deshalb an einer anderen Stelle gefahren, um die Wiese zu schonen, regelmäßig nicht gehört werden. Andrerseits kann der Eigentümer dem Berechtigten daraus, daß dieser die ihm als Weg zustehende nasse Stelle gefahren ist, dann keine Ungelegenheiten bereiten, wenn er dem Berechtigten seinen Wunsch zur Benutzung einer anderen Stelle nicht kundgetan hat.

[104]) BayZ 09, 188 (RG); vgl. aber auch OLG 18, 148 (Kammergericht).

[105]) OLG 18, 148; Foerster-Eccius 410 n. 31; Dernburg PrPrR II 769 n. 11; vgl. auch RG 126, 373.

[106]) StriethA 18, 264 (Anlegung einer Brücke über einen den Weg kreuzenden Graben); BayOGH 4, 64; vgl. § 35 I 3 über Verbesserung einer Wasserleitungsanlage; vgl. SeuffA 29 Nr. 221 (Befugnis des Berechtigten zur Anlegung einer neuen Brunnenkammer).

[107]) So die von Kohler, ArchZivPr. 87, 205 mitgeteilte Entscheidung des Kassationshofes Palermo vom 29. 12. 1894: Dort handelte es sich um eine Wasserleitung in einem natürlichen Rinnsal; der Servitutenberechtigte wollte sie in ein Gemäuer fassen; dies wurde als Erschwerung untersagt, weil das Wasser in der bisherigen natürlichen Rinne dem Grundstück durch Eindringen in den Boden und Bewässerung der Bäume und Sträucher Vorteil brachte.

V. Verpflichtung zur Unterhaltung der Anlagen

Hält der Berechtigte zur Ausübung der Dienstbarkeit auf dem belasteten Grundstücke eine Anlage, so hat er sie im ordnungsgemäßen Zustande zu erhalten, soweit das Interesse des Eigentümers es erfordert[108]) (§ 1020 Abs 2 BGB). Hiervon ist durch § 1022 BGB für die servitus oneris ferendi eine Ausnahme gesetzt; ebenso kann durch Vertrag die anderweitige Regelung der Unterhaltungspflicht getroffen werden (§ 1021)[109]), s. hierüber oben § 30 III 6 a.

Die Anlage hält der Berechtigte nicht nur dann, wenn sie in seinem Eigentum steht, sondern auch, wenn er ein Recht hat, die Anlage zu benutzen und dieses Recht ausübt[110]). Die Anlage muß sich auf dem dienenden, nicht auf dem herrschenden Grundstück befinden[111]). Die Pflicht zur Erhaltung schließt das Recht hierzu in sich; der Dienstbarkeitsberechtigte ist daher befugt, das dienende Grundstück zu diesem Zwecke zu betreten[112]).

Anlage ist der weiteste Begriff für eine der Ausübung der Grunddienstbarkeit dienende Einrichtung, durch welche ein Zustand geschaffen ist. Handelt es sich bei der Anlage um ein Gebäude oder ein Werk, das in Ausübung des Grunddienstbarkeitsrechtes von dem Berechtigten mit dem dienenden Grundstück verbunden ist, so ist der Berechtigte der Eigentümer dieses Gebäudes oder Werkes (§ 95 BGB). Für den Begriff des Haltens einer Anlage ist aber nicht erforderlich, daß der Berechtigte Eigentümer der Anlage ist. Der Berechtigte hält die Anlage auch dann, wenn ihm die Anlage nicht gehört, ihm aber das ausschließliche Recht zusteht, die Anlage zu benutzen, und er dieses Recht auch in der Tat ausübt. Steht dem Berechtigten nicht das ausschließliche Recht zur Benutzung der Anlage zu, so daß also auch der Eigentümer des dienenden Grundstücks die ihm gehörige Anlage mitbenutzen kann, so wird diese Anlage von beiden gehalten. Der Fall des § 1020 Satz 2 ist dann nicht gegeben.

§ 1020 Satz 2 BGB bestimmt lediglich, daß der Dienstbarkeitsberechtigte, der die Anlage hält, verpflichtet ist, sie in ordnungsgemäßem

---

[108]) Vgl. SeuffA 51 Nr. 12 (Unterhaltung einer Wasserleitung). BayObLG 18, 249.

[109]) Regelmäßig wird dadurch dem Berechtigten nicht die Befugnis entzogen, die Reparaturen seinerseits vorzunehmen und zu diesem Zwecke das dienende Grundstück zu betreten. SeuffA 21 Nr. 214.

[110]) In Betracht kommen beispielsweise: ein Treppenweg für ein Gehrecht (RG 56, 378); Stauschleuse (RG 60, 90); Kanal (RG 79, 377); Schlammfanganlage für die Ableitung von Abwässern (KGJ 51, 242); Leitungsröhren, Maste für Drahtleitungen; gewölbte Keller.

[111]) Gruchot 58, 1003 (Lichtschacht); RGK Bem. 3 zu § 1020. (Überragen eines Balkons oder Erkers in den Luftraum.)

[112]) RGK Bem. 4 zu § 1020.

Zustand zu erhalten, soweit es das Interesse des Eigentümers erfordert, nicht aber, daß er verpflichtet ist, die Anlage zu halten. Diese Verpflichtung ist auch durch anderweitige gesetzliche Vorschriften nicht begründet. Hört der Berechtigte auf, die Anlage zu halten, so erlischt auch seine Verpflichtung zu ihrer Erhaltung. Das Halten der Anlage ist nicht schon dann aufgegeben, wenn der Berechtigte die Anlage eine Zeitlang nicht mehr benutzt, sofern nur nach den objektiv gegebenen Umständen damit gerechnet werden kann, daß die Benutzung über kurz oder lang wieder aufgenommen wird.

Wenn beispielsweise der Wasserableitung über ein fremdes Grundstück ein auf diesem befindlicher Abzugsgraben dient, so hat der Berechtigte mit dem Halten dieser Anlage nicht schon dann aufgehört, wenn er eine Zeitlang das Wasser von diesem Abzugsgraben weg seinem Gartengrundstück zuführt. Wenn er aber eine gepflasterte Kandel anlegt, durch welche das Wasser von jenem Abzugsgraben ferngehalten und auf die Straße geleitet wird, so ist damit regelmäßig der Wille, den Abzugsgraben nicht weiter zu halten, verwirklicht.

Solange der Berechtigte nicht unzweideutig zu erkennen gegeben hat, daß er das Halten der Anlage aufgegeben hat, muß er sie nach § 1020 Satz 2 erhalten. Den hierdurch begründeten Anspruch auf Beseitigung eines schadhaften Zustandes kann er nicht durch die Erklärung hinfällig machen, daß er die Anlage nicht mehr halte, das befreit ihn von der Verpflichtung zur Erhaltung nur insoweit, als die Schadhaftigkeit nach diesem Zeitpunkt eintritt. Eine andere Frage ist die, ob der Eigentümer auch dann noch ein Interesse an der Beseitigung der Schadhaftigkeit der Anlage hat, wenn sie von den Berechtigten nicht mehr benutzt wird.

Wenn die Anlage im Eigentum des Dienstbarkeitsberechtigten steht (§ 95 BGB), so gilt sie als bewegliche Sache. Der Besitz des Berechtigten an der Anlage wird dadurch beendigt, daß er die tatsächliche Gewalt über die Sache aufgibt (§ 856 BGB). Tut er dies in der Absicht, auf das Eigentum zu verzichten, so verliert er auch das Eigentum (§ 959). Das Kellergewölbe wird übrigens trotz § 959 nicht herrenlos, sondern wächst ohne weiteres dem Eigentum des Grundstückes zu (§ 94). Bei dieser Preisgabe des Eigentums handelt es sich nicht um eine empfangsbedürftige Willenserklärung. Die Kenntnis des Eigentümers des Grundstücks, auf welchem sich die Anlage befindet, ist also nicht erforderlich.

Einem Brauereianwesen steht ein Kellerrecht unter einem fremden Grundstück als Grunddienstbarkeit zu. Der Berechtigte hat das unter dem fremden Grundstück befindliche Kellergewölbe in Ausübung seines Rechts gebaut. Über dem Kellergewölbe steht das Haus des Eigentümers des dienenden Grundstücks. Der Brauereibetrieb ist eingestellt, so daß der Keller zwecklos ist. Der Bierbrauer hat vor Jahren den auf seinem eigenen Grundstück befindlichen Zugang zu dem unter dem fremden Grundstück befindlichen Keller zugemauert und dadurch die tatsächliche Gewalt über diesen Keller mit der Absicht aufgegeben, auf sein Eigentum am Keller zu verzichten. Der Eigentümer des dienenden

Grundstücks hat davon nichts erfahren. Da seit dem Zumauern des Kellereingangs dem Keller die Entlüftung fehlte, und naturgemäß auch für Instandhaltung des Kellergewölbes nichts mehr geschehen ist, so hat die eingesperrte Feuchtigkeit das Kellergewölbe angegriffen mit der Folge, daß mit ihm das darüber stehende Haus einstürzte. Ein Schadenersatzanspruch des Eigentümers gegen den früheren Bierbrauer kann in § 1020 (mit § 823 Abs. 2) keine Stütze finden. Auch § 837 kann nicht angewendet werden, da der Besitz an dem Keller schon seit mehr als Jahresfrist (§ 836 Abs. 2) aufgegeben ist. Dagegen haftet der frühere Bierbrauer aus § 823 Abs. 1 BGB: Seine Fahrlässigkeit liegt darin, daß er den Eigentümer des dienenden Grundstücks nicht von dem Vermauern des Kellers in Kenntnis gesetzt und dadurch abgehalten hat, selbst für die Erhaltung (Entlüftung und Instandhaltung des Gewölbes) zu sorgen.

Hält jemand auf einem fremden Grundstück eine Anlage, z. B. einen Keller, steht ihm aber eine Dienstbarkeit (Kellerrecht) nicht zu, z. B. wegen eines die Ersitzung hindernden Besitzfehlers, so muß er gleichwohl die Anlage erhalten, solange er sie hält. Sein Einwand, daß § 1020 nicht einschlage, weil ihm ja in Wahrheit eine Grunddienstbarkeit nicht zusteht, würde mit der exceptio doli aus dem Felde geschlagen.

Wenn also z. B. der Sondervorgänger des Beklagten unbefugt (z. B. heimlich) unten dem Grundstück des Klägers einen Keller anlegt und später das Grundstück, von dem aus der Keller benutzt wird, an den gutgläubigen Beklagten veräußert hat, so ist der Beklagte verpflichtet, das schadhaft gewordene Kellergewölbe wieder instand zu setzen. Stürzt das Kellergewölbe ein, so ist er auf Grund des § 837 BGB, aber auch auf Grund des § 1020 mit § 823 Abs. 2 BGB ersatzpflichtig für den Einsturz des über dem Keller gestandenen Hauses.

VI. Verlegung der Grunddienstbarkeit

Der örtliche Bereich für die Ausübung der Grunddienstbarkeit wird durch den Begründungsakt bestimmt. Bei ersessenen Grunddienstbarkeiten gilt der Rechtssatz: „tantum praescriptum quantum possessum"[113]. Der Dienstbarkeitsberechtigte hat keinen Anspruch auf Verlegung der örtlichen Ausübung.

Dagegen kann der Eigentümer des belasteten Grundstücks, falls sich die jeweilige Ausübung einer Grunddienstbarkeit auf einen Teil des belasteten Grundstücks beschränkt, die Verlegung der Ausübung auf eine andere für den Berechtigten ebenso geeignete Stelle verlangen, sofern die Ausübung an der bisherigen Stelle für ihn besonders beschwerlich ist (§ 1023 Abs. 1 BGB). Diese Vorschrift ist eine gesetzliche Folgerung, aus der durch § 1020 vorgeschriebenen Pflicht zur schonenden Ausübung der Grunddienstbarkeit. Sie gilt auch für altrechtliche Grunddienstbarkeiten. Sie gilt auch dann, wenn der Grundstücksteil, auf den die Ausübung beschränkt ist, durch Rechtsgeschäft bestimmt ist. Dieses Verlegungsrecht kann durch Rechtsgeschäft nicht ausgeschlossen oder beschränkt werden (§ 1023 Abs. 2 BGB). Anwendungsfälle des § 1023 sind beispiels-

[113]) S. unten § 36 II 4.

weise Verlegung eines Weges[114]), eines Dachtraufenrohres, einer Wasserleitung, eines Kabels.

Voraussetzung des Verlegungsanspruchs ist, daß sich die jeweilige Ausübung der Grunddienstbarkeit auf einen Teil des belasteten Grundstücks beschränkt, sei es, daß die Ausübung nach der Natur des Rechts an eine bestimmte Teilfläche gebunden ist (z. B. Recht zum Halten einer Röhrenleitung), sei es, daß durch den Begründungsakt (Bestellung oder Ersitzung) die Ausübung auf eine bestimmte Teilfläche beschränkt ist (z. B. Einhaltung eines bestimmten Weges). Wo eine solche örtliche Beschränkung des Rechts nicht besteht, vielmehr nach dem Inhalt der Grunddienstbarkeit das Recht an jedem beliebigen Ort des belasteten Grundstücks ausgeübt werden kann[115]), kommt eine Verlegung im Sinne des §1023 nicht in Frage. Daraus folgt aber keineswegs, daß in diesem Falle eine örtliche Beschränkung des Berechtigten nicht erfolgen könne. Die Pflicht zu einer solchen Einschränkung kann nach den Umständen des einzelnen Falls aus § 1020 BGB (civiliter uti) abgeleitet werden.

Ruht die Grunddienstbarkeit als solche, also nicht nur bezüglich ihrer Ausübung auf einem realen Teile des Grundstücks (auf einem von mehreren zu einem Grundstück vereinigten Flurstücken)[116]), so muß dieses Flurstück hinsichtlich der Verlegung der Ausübung wie ein selbständiges Grundstück behandelt werden, so daß also, wenn sich die Ausübung auf einen Teil dieses Flurstücks beschränkt, ein Verlegungsrecht nur innerhalb dieses Flurstücks in Frage kommt[117]).

Nur der Eigentümer des belasteten Grundstücks kann nach § 1023 BGB eine Verlegung der Ausübung verlangen, also nicht der Eigentümer des berechtigten Grundstücks. Nur die Verlegung auf eine andere, für den Berechtigten ebenso geeignete Stelle des belasteten Grundstücks kann verlangt werden, also nicht etwa die Verlegung auf ein anderes, demselben Eigentümer gehöriges Grundstück[118]). Denn darin würde nicht eine Verlegung der Ausübung der nach wie vor auf dem belasteten Grundstück ruhenden Grunddienstbarkeit liegen, sondern eine Befreiung dieses Grundstücks von der Grunddienstbarkeit und die Neubegründung einer Grunddienstbarkeit auf einem anderen Grundstück.

Im Einzelfall kann aber namentlich bei ersessenen oder vor langer Zeit bestellten Grunddienstbarkeiten zweifelhaft sein, welches Grundstück von

---

[114]) SeuffA 2 Nr. 140.

[115]) Sei es, daß dies bei der Bestellung der Grunddienstbarkeit bedungen (Prot. 3, 315), oder während der Ersitzungszeit so geübt wurde.

[116]) S. oben § 30 N. 112.

[117]) RGK Bem. 1 zu § 1023; Gruchot 48, 107.

[118]) JW 04, 294; RG SeuffA 58 Nr. 188; Gruchot 48, 107; RG 50, 32.

mehreren aneinander grenzenden und in einer Hand befindlichen Grundstücken mit der Grunddienstbarkeit belastet ist. Man denke an den Fall, daß an einer Wiese, die von alters her aus mehreren Parzellen bestand und immer als ein zusammengehöriges Ganzes einheitlich bewirtschaftet wurde, ein Wegerecht mit einem fest bestimmten Zug des Weges ersessen wurde. In einem solchen Falle hatten die Beteiligten die wirtschaftliche Einheit im Auge. Die Ersitzungshandlungen waren auf ein Wegerecht gerichtet, welches auf der ganzen Wiese ruht, dessen Ausübung aber auf einen Teil dieser Wirtschaftseinheit beschränkt ist, nämlich auf den immer eingehaltenen Zug des Weges. In einem solchen Falle kann die Verlegung der Ausübung auf eine andere Parzelle derselben Wiese verlangt werden. Das gleiche gilt, wenn in einer alten Bestellungsurkunde ein Wegerecht an der Wiese im Grund eingeräumt wurde, die schon damals aus mehreren Parzellen bestand, oder wenn das Recht der Ableitung eines Abfallrohres in den aus mehreren Parzellen bestehenden Hofraum eingeräumt wurde.

Unter Umständen kann freilich der Eigentümer des belasteten Grundstücks verlangen, daß die Grunddienstbarkeit auf ein anderes Grundstück als das belastete Grundstück verlegt wird[119]). Nur muß man sich darüber klar sein, daß dieses Verlangen nicht auf eine Verlegung der Ausübung der Grunddienstbarkeit, sondern auf den Verzicht auf die bestehende Grunddienstbarkeit gegen formgültige Bestellung einer neuen Grunddienstbarkeit auf einem anderen Grundstück gerichtet ist und daher unter keinen Umständen aus § 1023 BGB abgeleitet werden kann. Ein solches Verlangen kann aber mit §§ 226, 826 BGB dann gerechtfertigt werden, wenn eine solche Verlegung, die nicht nur die Ausübung, sondern das Recht als solches erfaßt, die Interessen des Eigentümers weder jetzt noch in der Zukunft auch nur im geringsten berühren kann. Man denke z. B. an ein Ausgußrohr, dessen Verlegung unter Umständen für das herrschende Grundstück völlig bedeutungslos sein kann. Dabei wird aber auch zu prüfen sein, ob der Berechtigte nicht infolge der Belastung des Grundstücks, auf welches sein Recht übertragen wird, einer größeren Gefahr des Ausfalls bei der Zwangsvollstreckung[120]) ausgesetzt ist[121]).

Die Stelle, auf welche die Ausübung nach § 1023 verlegt werden soll, muß für den Berechtigten ebenso geeignet sein; das ist nur dann der Fall, wenn die Ausübung an dieser Stelle keine Erschwerung zur Folge hat. Unerhebliche Unbequemlichkeiten muß der Berechtigte allerdings in Kauf nehmen[122]). Aber es ist nicht angängig, daß der Maßstab der zu duldenden Unbequemlichkeit schlechtweg nach dem Grundsatz civiliter uti angelegt

---

119) Endemann 640; Kohler, ArchZivPr. 87, 235; Wolff 356 Anm. 8.
120) Prot. 3, 346. 121) Vgl. Breme DNotZ 14, 69.
122) Gruchot 48, 107 und 954; JW 04, 294.

wird. Wer ein nur einigermaßen beachtliches wirtschaftliches Interesse daran hat, daß er sein Recht gerade an der ihm zustehenden Stelle ausübt, braucht sich nicht auf eine andere verweisen zu lassen[123]). Auch wenn der Berechtigte in die Verlegung des Weges eingewilligt hat, kann aus dieser Einwilligung ein darüber hinausgehender Wille, auch eine mit der Verlegung verbundene Erschwerung seines Rechtes hinzunehmen, nicht ohne weiteres abgeleitet werden. Regelmäßig wird der Berechtigte voraussetzen dürfen, daß der Verpflichtete diejenigen Vorkehrungen treffen werde, welche die dem früheren Zustand entsprechende Ausübung der Grunddienstbarkeit ermöglichen[124]).

Voraussetzung des Verlangens auf Verlegung ist endlich, daß die Ausübung an der bisherigen Stelle für den Eigentümer des belasteten Grundstückes besonders beschwerlich ist. Daß diese besondere Beschwerlichkeit vorliegt, muß der Eigentümer beweisen. Eine bloße Unbequemlichkeit genügt nicht, es muß im Vergleich zur neuen Stelle eine erheblich größere Erschwerung vorliegen. Dagegen ist gleichgültig, aus welchem Grunde sich die besondere Beschwerlichkeit ergibt, sofern sie nur mit der Benutzung des dienenden Grundstückes zusammenhängt. Unter dieser Voraussetzung kann auch wegen einer willkürlich (Anlage eines Hausgartens, Errichtung eines Neubaus) ja sogar fahrlässig[125]) herbeigeführten Erschwerung die Verlegung beansprucht werden.

Die Kosten der Verlegung hat der Eigentümer des belasteten Grundstücks zu tragen und vorzuschießen (§ 1023). Solange dies nicht geschehen ist, kann der Berechtigte das Recht noch an der bisherigen Stelle ausüben. Unter den Kosten der Verlegung sind die Aufwendungen zu verstehen, welche erforderlich sind, um die Ausübung an der neuen Stelle zu ermöglichen und die neue Stelle ebenso geeignet für die Ausübung zu machen (z. B. Planieren der neuen Wegfläche wie die bisherige).

Sind die Voraussetzungen des § 1023 BGB gegeben, so kann der Eigentümer die „Verlegung“ der Ausübung „verlangen“. Aus dieser Fassung des Gesetzes könnte abgeleitet werden, daß dieses Verlangen vom Gesetz als eine der Zustimmung des Berechtigten bedürftige Erklärung aufgefaßt wird. Daraus wäre dann zu folgern, daß der Eigentümer des belasteten Grundstücks die Ausübung an der bisherigen Stelle solange dulden muß, bis der Berechtigte dem Verlangen auf Verlegung zugestimmt hat, bzw.

[123]) BayObLG 07, 536.

[124]) OLG 18, 149 (Kiel); entsprechende Regulierung des Wasserlaufs.

[125]) Wenn z. B. der Eigentümer des dienenden Grundstücks durch eine Vertiefung des Bodens den Einsturz der dem Weg dienenden Fläche verursacht hat, so daß er zur Wiederherstellung des Wegs kostspielige Aufwendungen machen müßte. Wenn freilich die Erschwerung vorsätzlich von ihm herbeigeführt wurde, kann sich der Eigentümer nicht darauf berufen. Es steht ihm die exceptio doli entgegen.

zur Zustimmung in Gemäßheit des § 894 ZPO verurteilt ist. Allein durch eine Verlegung der Ausübung wird der Inhalt der Dienstbarkeit selbst nicht geändert; denn § 1023 setzt ja gerade voraus, daß die Belastung als solche nicht eine bestimmte, genau festgelegte Fläche, sondern an sich das ganze Grundstück ergreift. Es handelt sich im Grunde genommen bei dem Verlegungsrecht des § 1023 nur um einen besonderen Anwendungsfall des durch § 1020 aufgestellten Grundsatzes, daß der Berechtigte bei Ausübung einer Grunddienstbarkeit, das Interesse des Eigentümers des belasteten Grundstücks tunlichst zu schonen hat. Durch die Verlegung der Ausübung wird also lediglich die Art und Weise der Ausübung der hierdurch in ihrem Inhalt durchaus nicht veränderten Grunddienstbarkeit geregelt. Gewiß ist das Verlangen auf Verlegung eine empfangsbedürftige Willenserklärung. Das Verlangen kann, wie jede andere Willenserklärung, auch stillschweigend gestellt werden. Kommt der Berechtigte dem Verlangen auf Ausübung der Grunddienstbarkeit an der vom Eigentümer angewiesenen anderen Stelle nicht nach, sondern übt er trotzdem die Dienstbarkeit an der bisherigen Stelle weiter aus, so übt er die Grunddienstbarkeit in unzulässiger Weise aus, und darin liegt eine widerrechtliche Beeinträchtigung des Eigentums, auf deren Unterlassung der Eigentümer gemäß § 1004 BGB klagen kann[126]).

Aus denselben Gründen kann die Verlegung der Ausübung im Grundbuch nicht eingetragen werden; denn das Grundbuch hat nur den Inhalt des Rechts anzugeben, nicht aber Aufschluß darüber zu erteilen, in welcher Art und Weise das Recht tatsächlich auszuüben ist[127]).

Erteilt der Berechtigte zu dem Verlangen auf Verlegung der Ausübung ausdrücklich oder stillschweigend seine Zustimmung, so wird dadurch der Inhalt des Rechts der Grunddienstbarkeit selbst nicht geändert. Je nach den Umständen des Falls wird unterstellt werden können, daß durch diese Zustimmung eine vertragsmäßige Einigung hergestellt ist. Dingliche Wirkung

---

[126]) RGK Bem. 4 zu § 1023; vgl. Wolff 356; Güthe 169 und andrerseits Planck Bem. 4 zu § 1023; OLG 8, 301 (KG); 21, 42 (KG); Predari 29f.; Breme DNotZ. 14, 80. Ein Bedenken gegen die hier vertretene Ansicht kann auch nicht daraus abgeleitet werden, daß die Grunddienstbarkeit Besitzschutz genießt. (S. hierüber unten § 42.) Denn es wird hierbei kein Besitz des Berechtigten an der Sache, sondern nur ein Besitz an dem Recht (quasi possessio) unterstellt. Dieser Rechtsbesitz bleibt gewahrt, wenn der Berechtigte nur überhaupt in der Lage bleibt, sein Recht an dem dienenden Grundstück auszuüben, wenn auch an einer anderen Stelle als bisher. Anders liegt der Fall bei einer Grunddienstbarkeit, die in einer Anlage auf dem dienenden Grundstück verkörpert ist. Hier ist wahrer Sachbesitz des Berechtigten an der Anlage gegeben. Der Eigentümer des dienenden Grundstücks begeht verbotene Eigenmacht, wenn er ohne Zustimmung des Berechtigten diese Anlage auf eine andere Stelle verlegt.

[127]) RGK Bem. 4 zu § 1023; Wolff 356; Güthe 169; A. M. Planck Bem. 4 zu § 1023; OLG 8, 301 (KG); 21, 42 (KG); Predari 29f.; Breme DNotZ. 14, 80.

kommt einer solchen Vereinbarung nicht zu. Der Sondernachfolger ist daher an eine solche Vereinbarung nicht gebunden.

VII. Widerstreit mit anderen dinglichen[128]) Rechten an demselben Grundstück

Trifft eine Grunddienstbarkeit mit einer anderen Grunddienstbarkeit oder einem sonstigen Nutzungsrechte[129]) an dem Grundstücke dergestalt zusammen, daß die Rechte nebeneinander nicht oder nicht vollständig ausgeübt werden können und haben die Rechte gleichen Rang, so kann nach § 1024 BGB jeder Berechtigte eine den Interessen aller Berechtigten nach billigem Ermessen entsprechende Regelung der Ausübung verlangen. Für Mehrheitsbeschlüsse nach Art der Gemeinschaft ist hier kein Raum[130]). Die Vorschrift des § 1024 gilt auch für die bei Inkrafttreten des BGB bereits bestehenden Grunddienstbarkeiten. § 1024 BGB bezieht sich aber nicht auf einen Widerstreit der Grunddienstbarkeit mit dem Eigentum, für welchen § 1020 BGB anzuwenden ist (s. oben III).

Wer eine Regelung nach § 1024 verlangt, hat einen bestimmten Antrag zu stellen; im Streitfalle hat der Richter zu entscheiden. Das Urteil wirkt nicht konstitutiv, sondern nur deklatorisch[131]). Die Regelung kann durch eine räumliche oder zeitliche Abgrenzung der Benutzungsrechte erfolgen.

Ob der Antrag auf Einwilligung des Mitberechtigten in die vom Kläger gewünschte bestimmte Benutzungsregelung zu lauten hat[132]) oder auf Unterlassung der diese Regelung überschreitenden Rechtsausübung[133]), ist Zweckmäßigkeitsfrage; rechtliche Bedenken bestehen gegen keinen der Anträge. Unzulässig ist jedoch auch hier (wie im Fall des § 1023, oben VI) die Eintragung der festgelegten Regelung im Grundbuch, da nicht der Inhalt der Rechte, sondern nur ihre Ausübung geändert wird[134]).

VIII. Teilung des herrschenden oder dienenden Grundstücks

Mit der Teilung eines Grundstücks braucht nicht notwendig ein Eigentumswechsel bezüglich der Teile verbunden zu sein; auch dadurch kann

[128]) Das Zusammentreffen der Grunddienstbarkeit mit Miete und Pacht ist durch § 577 BGB geregelt.

[129]) Das Zusammentreffen der Grunddienstbarkeit mit Reallasten, Hypotheken und Grundschulden ist durch §§ 10ff., 44ff., 52 und 91 ZwVG geregelt.

[130]) Staudinger Bem. 1b zu § 1024; Dernburg 564.

[131]) Vgl. Staudinger Bem. 1 und 2 zu § 1024.

[132]) Planck Bem. 4 zu § 1024.

[133]) RGK Bem. 4 zu § 1024.

[134]) RGK a. a. O.; Gierke 652 N. 55; Turnau-Förster Bem. 2 zu § 1024; Staudinger 4 zu § 1024; Güthe 1693 Z 6. Für Eintragung: KG HRR 34, 169; Planck Bem. 4, Biermann Bem. 1 zu § 1024; Predari S. 30.

der Eigentümer eine Teilung seines Grundstücks herbeiführen, daß er einen Grundstücksteil — sei es mit, sei es ohne Übertragung auf ein neues Grundbuchblatt — grundbuchlich verselbständigt[135]).

1. Teilung des herrschenden Grundstücks. Wird das herrschende Grundstück naturaliter geteilt, so besteht die Grunddienstbarkeit kraft des Grundsatzes der Unteilbarkeit für die einzelnen Teile fort[136]); jedem der Grundstücksteile verbleibt das durch die Grunddienstbarkeit gesicherte Untersagungs- bzw. Nutzungsrecht, die Ausübung ist jedoch im Zweifel nur in der Weise zulässig, daß sie für den Eigentümer des belasteten Grundstücks nicht beschwerlicher wird[137]) (§ 1025).

Nur im Zweifel gilt diese Regel. Es kann im Sinne des Begründungsaktes liegen, daß nicht das zur Zeit der Bestellung vorhandene Bedürfnis des herrschenden Grundstücks, sondern das jeweilige Bedürfnis für den Umfang der Belastung maßgebend sein soll[138]). — So kann z. B. die zugunsten eines Baugeländes eingeräumte Geh- und Fahrtgerechtigkeit von vorneherein für den Fall der Parzellierung des Grundstücks bestellt sein.

Stand einem Wohnhaus eine ungemessene Brennholzgerechtigkeit zu und werden aus dem Wohnhaus mittels einer Scheidemauer zwei Wohnungen gebildet, so darf für die beiden Wohnungen an jedem Holztage der Holzbedarf geholt werden[139]). Denn es wird in Anwendung der oben (§ 31 II) ausgeführten Grundsätze regelmäßig anzunehmen sein, daß hier nur eine zulässige Erweiterung des Bedürfnisses vorliegt. Wird von einem zwei Wohnhäuser enthaltenden bäuerlichen Anwesen, mit welchem in seinem ganzen Bestande ein Holzbezugsrecht verbunden ist, das eine Wohnhaus zur Bildung einer selbständigen bäuerlichen Wirtschaft abgetrennt, so bleibt das Forstrecht bei jedem der getrennten Anwesen, soweit es ihm zum Vorteil gereicht, aber das Forstrecht, wonach für das ursprüngliche Anwesen der gesamte Wirtschaftsbedarf an Nutzholz beansprucht werden konnte, erfährt keine Erweiterung, sondern es ist für den Holzbezug der

---

[135]) Planck Bem. 1 zu § 1025, Breme DNotZ 14, 70.

[136]) Wird durch die Teilung des Grundstücks auch die Grunddienstbarkeit in mehrere Teile zerlegt oder ergreift das Recht als einheitliches die Teile nach Art der Gesamthypothek? Man wird im Zweifel letzteres anzunehmen haben, da an sich das Prinzip der Unteilbarkeit der Grunddienstbarkeit besteht und der Wille der Teilenden gemeinhin nur auf Zerlegung des Grundstücks geht. Daß eine Gesamtdienstbarkeit grundsätzlich anerkannt wird, darüber vgl. KGJ 44, 358 (Jena) und KG JW 37, 2606.

[137]) Überschreitet einer der Berechtigten dem Eigentümer gegenüber das ertragbare Maß, so steht demselben die Eigentumsstörungsklage aus § 1004 zu, Planck Bem. 1d, RGK Bem. 3 zu § 1024.

[138]) Staudinger Bem. 1a zu § 1025; vgl. oben § 31 II.

[139]) Dernburg 566 und die dort mitgeteilte Entscheidung.

Bedarf maßgebend, der sich ergeben würde, wenn das Anwesen vereinigt geblieben wäre[140]). Hat die Grunddienstbarkeit ein bestimmtes Maß, wie z. B. das einem ganzen Gutskomplex zustehende Weiderecht mit einer bestimmten Anzahl von Schafen, so erhält jedes Teilstück ein dem Größenverhältnis der Parzellen entsprechendes Teilrecht[141]). Das Verhältnis der Berechtigten untereinander regelt sich nach den Grundsätzen der Gemeinschaft (§ 745 BGB)[142]).

Gereicht die Dienstbarkeit nur einem der Teile zum Vorteile, so erlischt sie für die übrigen Teile (§ 1025 Satz 2)[143]). Dies gilt namentlich für den Fall, daß die Grunddienstbarkeit gewisse Eigenschaften des herrschenden Grundstückes deshalb voraussetzt, weil bei deren Mangel der für den Begriff der Grunddienstbarkeit erforderliche Vorteil (servitus fundo utilis esse debet s. oben § 30 III 1) fehlt. Die Grunddienstbarkeit kann nur solchen Trennstücken zukommen, welchen diese Eigenschaft innewohnt[144]). Besteht die Grunddienstbarkeit in dem Recht, ein Gebäude oder einen Gebäudeteil auf dem belasteten Grundstück zu haben und wird das herrschende Grundstück geteilt, so geht die Grunddienstbarkeit mit dem Teil, auf welchem das Gebäude (der Gebäudeteil) steht[145]). Wenn einem Bauernhof eine Brennholzberechtigung zusteht und es wird von dem berechtigten Grundstück, das sich aus der Behausung und dem Wirtschaftshof zusammensetzt, der Hofraum abgetrennt, so wird regelmäßig die Dienstbarkeit auf dem Hofraum erlöschen[146]). Dasselbe gilt für ein Streurecht; es verbleibt bei einer Teilung des herrschenden Gutes bei dem Teile, auf welchem sich der Stall befindet[147]). Besteht für ein Ziegeleianwesen die Grunddienstbarkeit, Lehm zu entnehmen, und es wird die Teilfläche, auf welcher die Ziegelhütte steht, wegverkauft, so geht die Grunddienstbarkeit mit dieser Teilfläche. Eine Vereinbarung zwischen dem Veräußerer und dem Erwerber der Teilfläche, daß die Grunddienstbarkeit bei dem

---

[140]) BayObLG 7, 562.

[141]) Vgl. SeuffA 38 Nr. 108; 52 Nr. 76.

[142]) Planck Bem. 1c zu § 1025; Predari Bem. 1f zu § 48. Dagegen nehmen Gierke 652 n. 59; Wolff 361 I 1; Biermann Bem. 3 zu § 1025 an, daß § 1024 anzuwenden sei, da mehrere selbständige Grunddienstbarkeiten gegeben seien.

[143]) Vgl. OTr. 79, 176; RG 112, 272. Anderweitige Vereinbarung ist unter Umständen zulässig (s. unten VIII 5).

[144]) Dernburg 566; BayOGH 16, 191.

[145]) KGJ 25, 141.

[146]) Dernburg 566. — Vgl. BayOGH 5, 813. Zwei brennholzberechtigte Häuser, die in einer Hand vereinigt waren, wurden niedergerissen und an ihrer Stelle ein einheitliches Anwesen errichtet. Auf der Stelle, an welcher früher das eine der beiden Häuser stand, wurde eine zum Anwesen gehörige Scheune errichtet. Dem Besitzer des Anwesens wurde das gemessene Brennholzrecht in dem für beide Häuser bestandenen Umfang zugebilligt.

[147]) BayOGH 4, 407.

nicht veräußerten Teil des Anwesens verbleiben soll, ist regelmäßig[148]) wirkungslos[149]).

Für die Frage, ob die Grunddienstbarkeit nur einem der Teile zum Vorteil gereicht, kommt es an sich nicht bloß auf die Beschaffenheit zur Zeit der Teilung an, sondern es ist auch die Möglichkeit einer Änderung der gegebenen Benutzungsart in Betracht zu ziehen[150]). Dabei ist aber vermöge des Grundsatzes „servitus fundo utilis esse debet" eine Einschränkung zu machen. Es kann nur eine solche Änderung der Benutzungsart in Betracht gezogen werden, die der Natur und Zweckbestimmung des Grundstücks entspricht[151]). Dafür, ob eine Änderung der Benutzungsart dem im Wesen vergegenständlichten Zweck der Teilfläche entspricht, ist ausschließlich die Beschaffenheit zur Zeit der Trennung maßgebend.

Wenn von einem weideberechtigten Bauerngut ein Teil der Felder wegverkauft wird, so ist zunächst einmal zu prüfen, ob die Weidegerechtigkeit dem ganzen Gutskomplex als solchem, oder nicht etwa nur dem Gutshof, auf welchem sich die Schafstallungen befinden, zusteht. Ersterenfalls erlischt das Weiderecht für die wegverkauften Felder nicht[152]). Wenn aber nicht etwa Felder, sondern eine Waldparzelle wegverkauft wird, dann erlischt das Weiderecht für diesen abgetrennten Teil, weil nach seinem im Wesen des Waldes vergegenständlichten Zweck diese Waldparzelle zur Bestellung mit Feldfrüchten nicht bestimmt ist[153]).

Eine für den Hausbedarf bestehende Fischereiservitut erlischt bei der Abtrennung des Hofes von der Behausung für ersteren; denn wenn auch auf dem Hof jederzeit ein Wohnhaus errichtet werden kann, so ist der Hofraum nach seiner objektiven Beschaffenheit hierzu nicht bestimmt[154]).

Wenn ein Brauereianwesen nach Aufgabe des Brauereibetriebs parzelliert wird, so verbleibt die dem Brauereianwesen zustehende Servitut auf Halten eines Kellers unter einem fremden Grundstück lediglich der Grundfläche, auf welcher das frühere Brauhaus steht. Besteht das Brauhaus aus mehreren Gebäulichkeiten und kommen diese Gebäulichkeiten an verschiedene Eigentümer, so besteht die Grunddienstbarkeit für sämtliche Teilflächen fort, auf denen diese Gebäulichkeiten stehen; es müßte denn sein, daß der Keller nur von einem der mehreren Teilflächen aus zugänglich ist, denn dann gereicht das Kellerrecht nur diesem Grundstück zum Vorteil.

148) S. dagegen unten VIII 5.
149) Vgl. BayOGH 16, 191.
150) Vgl. unten im Text zu N. 155.
151) Vgl. oben § 30 III 1.
152) An einer Sommerweide kann ein Trennstück nur teilnehmen, wenn es imstande ist, mit seinen Futtermitteln wenigstens ein Stück Vieh zu überwintern (Dernburg 567).
153) Im Ergebnis zutreffend BayOGH 16, 191; SeuffA 52 Nr. 76.
154) Im Ergebnis zutreffend JW 82, 262 (RG).

Soweit eine Änderung der Benutzungsart in den Rahmen des Zwecks des Grundstücks fällt und somit an sich für die Frage, ob die Dienstbarkeit dem abgetrennten Teil zum Vorteil gereicht, in Betracht zu ziehen ist, muß weiter geprüft werden, ob sich das dienende Grundstück einem durch eine solche Änderung vermehrten Bedürfnis zu fügen hätte. Ist diese Frage zu verneinen, so erlischt die Dienstbarkeit für den abgetretenen Teil[155]).

Nach früherem preuß. Recht verblieb ein Fischereirecht, das mit dem Eigentum an einem Grundstück verbunden war, bei dessen Teilung, wenn nichts anderes in der Form des § 19 FischGes. vereinbart war, der ältesten Hofstelle, und, wenn eine solche nicht vorhanden war, dem größten Teilgrundstück, bei einer Teilung in gleiche Teile dem Teilgrundstück, das die Fischereibehörde bestimmt (§ 23 FischGes. vom 11. 5. 1916 GS 55). Für Teilungen vor Inkrafttreten des Fischereigesetzes galt der Grundsatz, daß eine Grundgerechtigkeit, welche nur einem bestimmten Teile des Grundstücks von Nutzen war, diesem Teil verblieb. Eine Fischereigerechtigkeit ist regelmäßig zum Nutzen der Hofstelle bestimmt, weil sie entweder seinen Nahrungsstand oder (wenn sie nicht auf den Tischbedarf des Eigentümers des berechtigten Grundstücks beschränkt ist), seinem Einkommen zugute kommt[156]).

2. Teilung des dienenden Grundstücks. Wird das dienende Grundstück geteilt, so werden, wenn die Ausübung der Grunddienstbarkeit auf einen bestimmten Teil des belasteten Grundstücks beschränkt ist (vgl. oben VI), die Teile, welche außerhalb des Bereichs der Ausübung liegen[157]), von der Dienstbarkeit frei[158]) (§ 1026). Anwendungsfälle sind z. B. Aussichtsrechte[159]), die servitus oneris ferendi, das Verbot, aus dem Fenster eines auf dem belasteten Grundstück stehenden Gebäudes Wasser zu schütten[160]), das Recht, von einer bestimmten Grube Ton zu entnehmen[161]), ein Wegerecht, für das ein bestimmter Weg einzuhalten ist.

3. Grundbuchberichtigung. Erlischt nach § 1025 die Grunddienstbarkeit für einen Teil des herrschenden Grundstücks, so kann der Eigentümer des dienenden Grundstücks die Berichtigung des ipso iure unrichtig gewordenen Grundbuchs verlangen und zwar sowohl auf seinem Grundbuchblatt, wie im Bestandsverzeichnis II des freigewordenen Teils, wenn die Dienstbarkeit dorthin mitübertragen worden ist (§ 8 Abs. 2 GBO). Entsprechend hat bei § 1026 der Eigentümer des freigewordenen Grund-

155) Das ist ein weiterer Grund für das Erlöschen in dem bei der vorhergehenden N. behandelten Fall.

156) RG 112, 272.

157) Unerheblich ist, wie oben dargelegt, der Stand der Ausübung zur Zeit der Teilung. Das Freiwerden der Teile erfolgt nur, wenn es tatsächlich oder kraft rechtlicher Bindung auch in Zukunft ausgeschlossen ist, daß auf ihnen die Grunddienstbarkeit ausgeübt werden kann. KGJ 31, 312; OLG 36, 161; vgl. JW 95, 362; Breme DNotZ 14, 70; Güthe Bem. 14 zu § 47.

158) KGJ 24, 118; OLG 36, 161. — Das kann zu erheblicher Benachteiligung des Berechtigten im Fall der Zwangsversteigerung führen.

159) OLG 36, 161.

160) KGJ 4, 167.

161) KGJ 24, 118.

stückteils den Berichtigungsanspruch. Kann die Unrichtigkeit in grundbuchmäßiger Form nachgewiesen werden[162]), so erfolgt die Löschung auf Antrag des Eigentümers, andernfalls ist zur Löschung die Einwilligung des Berechtigten erforderlich.

4. Statutenkollision. Die §§ 1025, 1026 BGB gelten gemäß Art. 184 Satz 2 EG auch für altrechtliche Grunddienstbarkeiten.

Maßgebend für die rechtlichen Wirkungen einer Teilung des berechtigten oder dienenden Grundstücks ist das Recht, welches zur Zeit der Teilung gegolten hat[163]). Die Vorschriften des gemeinen Rechts über den Einfluß der Teilung des berechtigten Grundstücks führen zu demselben Ergebnis wie die Vorschriften des BGB[164]). Das gleiche gilt für preußisches Recht[165]). Nach gemeinem wie nach preußischem Recht konnten übrigens die Beteiligten unter Umständen rechtwirksame Vereinbarungen darüber schließen, welchem Teilstück nach der Teilung die Grunddienstbarkeit zustehen solle. Das gleiche gilt nach dem Recht des BGB (s. unten Ziff. 5).

Für die Teilung des belasteten Grundstücks fehlte im Gebiet des ALR eine dem § 1026 BGB entsprechende Vorschrift. Ist also Teilung vor dem 1. 1. 1900 erfolgt, so blieb bislang die Grunddienstbarkeit auf allen Teilstücken bestehen. Mit Inkrafttreten des BGB griff aber § 1026 BGB ein und damit wurden die nicht betroffenen Grundstücksteile kraft Gesetzes frei[166]).

5. Vereinbarungen im Falle der Teilung. Vereinbarungen darüber, welchem Teilstück nach der Teilung die Grunddienstbarkeit zustehen soll, sind unter Umständen rechtswirksam. Wenn es bei oder nach der Teilung des berechtigten Grundstücks zweifelhaft ist, ob die Dienstbarkeit nur einem Teile zum Vorteil gereicht oder welcher Teil des ganzen Grundstücks dies ist und wie sich das Grunddienstbarkeitsverhältnis infolge der Zerlegung des Grundstücks gestaltet, so können die Beteiligten bei der Teilung oder nach der Teilung — ebenso wie sie eine richterliche Entscheidung im Prozeßwege herbeiführen können — sich gütlich darüber einigen und kraft einer solchen Vereinbarung den künftig berechtigten Teil bestimmen[167]). Eine Zustimmung des Eigentümers des dienenden Grundstücks zu einer solchen Vereinbarung ist jedenfalls dann nicht erforderlich, wenn infolge dieser Vereinbarung die Ausübung der Dienstbarkeit für das dienende Grundstück nicht beschwerlicher wird. Denn wenn man darüber streiten kann, ob die Dienstbarkeit lediglich dem Teil a) oder dem Teil b) zum Vorteil gereicht, dann sind die Eigentümer der beiden Teile zur Entscheidung dieser Frage zuständig und befugt.

---

162) Güthe Bem. 16 zu § 47; Predari Bem. 14a 3 § 22; 7 zu 47.

163) Gruchot 67, 324 RG.

164) Vgl. Dernburg Pand. § 241; Wächter Pand. § 251; BayOGH 6, 91; 7, 695; 14, 806; SeuffA 18 Nr. 18.

165) Gruchot 67, 324 RG; vgl. Dernburg PrPrR I § 294; OTr. 30, 227; 45, 259.

166) KGJ 4, 167; Breme DNotZ 14, 75; Planck Bem. 5 zu § 1026; vgl. dagegen KGJ 31, 309 und ZBlFG 4, 266.

167) Gruchot 67, 324 (RG); SeuffA 58 Nr. 108 (Braunschweig).

In dem vom RG (Gruchot 67, 322) entschiedenen Fall war das Grundstück, dem die Holzgerechtigkeit zustand, im Jahre 1898 geteilt worden. Das alte Wohnhaus war schon vorher im Jahre 1897 abgebrannt. Nach der Teilung wurde auf der Baustelle des abgebrannten Hauses ein neues Haus errichtet, während der Eigentümer des anderen Teils gleichfalls ein Haus baute. Auf den Teilen des ursprünglichen Gesamtgrundstücks standen also zwei, verschiedenen Eigentümern gehörige Häuser; jedem von ihnen konnte die durch das Abbrennen des alten Hauses (nach ALR) nicht erloschene Holzgerechtigkeit objektiv zum Vorteil gereichen, so daß der im § 1025 Satz 2 vorgesehene Fall, daß die Dienstbarkeit nur einem Teil zum Vorteil gereicht, nicht einschlägig ist. Auf der anderen Seite durfte der Umfang der Holzgerechtigkeit nicht dadurch zum Nachteil des verpflichteten Grundstücks ausgedehnt werden, daß für jedes neue Haus eine besondere Dienstbarkeit ausgeübt wurde. Für diesen Fall fehlt eine unzweideutige zwingende gesetzliche Regelung, so daß einer Vereinbarung der beteiligten Eigentümer des herrschenden Grundstücks kein gesetzliches Hindernis im Wege steht.

Wenn es sich um ein dem ganzen Gutskomplex zustehendes Weiderecht handelt, so kann man darüber im Zweifel sein, ob dieses Weiderecht dem ganzen Gutskomplex zum Vorteil gereicht, oder nur dem Teil des Landgutes, auf welchem sich die Stallungen befinden. In einem solchen Fall wird eine Vereinbarung wirksam sein, wonach bei der Teilung das Weiderecht dem Teil, auf welchem sich die Stallung befindet, vorbehalten wird.

IX. Bindung der Grunddienstbarkeit an das herrschende Grundstück

Die Grunddienstbarkeit ist an das herrschende Grundstück gebunden (s. oben § 30 III 3) dergestalt, daß sie nicht auf ein anderes Grundstück, auch wenn es demselben Eigentümer gehört, übertragen werden kann[168]). Dies gilt selbst für Gerechtigkeiten, welche einen bestimmt bemessenen Inhalt haben, z. B. das Recht, eine genau bestimmte Zahl von Klaftern Holz zu fällen[169]). Auch eine selbständige Belastung der Grunddienstbarkeit ist ausgeschlossen[170]).

§ 32. Wegegerechtigkeiten

I. Einleitung

Die nachstehenden Ausführungen befassen sich nur mit Wegegerechtigkeiten im Sinne von Grunddienstbarkeiten. Es gehört also der Fall nicht hierher, daß sich eine ganze Wegestrecke im Miteigentum mehrerer Personen, namentlich im Miteigentum der jeweiligen Eigentümer der Grundstücke befindet, deren Bewirtschaftung der Weg dient (vgl. oben § 7 I 4).

Schon oben (§ 31 VI) ist angedeutet worden, daß mit dem Wegerecht entweder das Grundstück in seiner grundbuchlichen Gesamtheit belastet wird, wobei nur die Ausübung des Rechts auf einen bestimmten Wegezug beschränkt ist, oder aber, daß eben nur dieser Wegezug, also ein realer

168) OLG 41, 168; Wolff 361 III. 169) Dernburg 568. 170) Wolff 361 IV.

Grundstücksteil mit der Grunddienstbarkeit belastet ist[1]). Außer für die Fragen der Verlegung von Grunddienstbarkeiten und der Grundstücksteilung (§§ 1023, 1026, s. oben § 31 VI und VIII) hat der Unterschied natürlich seine Bedeutung bei der Zwangsversteigerung. Im ersten Fall haftet für ein nicht übernommenes Wegerecht der Versteigerungserlös des ganzen Grundstücks, im letzteren Fall nur der dem Wegezug entsprechende Anteil des Erlöses.

Für die Wegegerechtigkeit gilt an sich keine Besonderheit, so daß die allgemeinen Grundsätze über Inhalt und Ausübung der Grunddienstbarkeit anzuwenden, daneben übrigens auch die gemäß Art. 115 EG aufrechterhaltenen landesrechtlichen Sondernormen über Wegerechte zu beachten sind. Da in der Praxis Streitigkeiten häufig vorkommen, sollen hier folgende Einzelheiten im Zusammenhang hervorgehoben werden.

II. Wegegerechtigkeit an öffentlichen Wegen

Eine Wegegerechtigkeit ist auch an öffentlichen Straßen möglich[2]) (s. oben § 30 III 4). Für die Entstehung eines solchen Rechts durch Ersitzung ist jedoch zu berücksichtigen, daß durch die auch noch so lange Ausübung von allgemeinen Gebrauchsbefugnissen, welche aus der Öffentlichkeit des Weges folgen, ein Sonderrecht noch nicht dargetan werden kann[3]) (s. oben § 30 III 4).

Nach §§ 63, 64 I 22 ALR ist die Benutzung von Wegen auf offenen Feldern frei; sperrt aber der Eigentümer den Weg durch Gräben, Zäune usw., so steht er nur den ausdrücklich Berechtigten zur Verfügung. Nach rheinischem Recht standen die sog. Kultur- und Exploitionswege, Wege zur Benutzung nachbarlich zusammenliegender landwirtschaftlicher Grundstücke im Miteigentum der Wegeberechtigten[4]). Die rheinische Rechtsprechung hat auch die Wegerechte als Grunddienstbarkeiten angesehen, die, soweit vor 1900 begründet, der Eintragung entzogen sind[5]).

III. Bindung an ein herrschendes Grundstück

Da die Grunddienstbarkeit an ein herrschendes Grundstück gebunden ist, kann sie im Gegensatz zum bisherigen Recht nicht mehr für einen ganzen Territorial- oder Personenkreis erworben werden (s. hierüber, insbesondere die sog. Gemeindeservituten, oben § 30 III 3 u. N. 113).

---

1) Vgl. insbesondere Güthe II 1693 Z. 2, Planck Vorbem. 2 vor § 1018; Predari, Bem. IIa zu § 6; Breme DNotZ 14, 65, Abschreibung im Grundbuch ist nur nötig, wenn Verwirrung zu besorgen ist (§ 6 Abs. 2 GBO).

2) JW 97, 356; 94, 185. Öffentlicher Weg nach Rheinischem Recht RheinA 76, 187.

3) OTr. 13, 107; 32, 36. Koch, Bem. 68 zu § 63 I 22. OLG 15, 363, 365; SeuffA 64 Nr. 215.

4) Zachariae-Crome I, 537 N. 22, 467 N. 14; RG 15, 83.

5) RheinA 98, 117 (Köln).

IV. Arten von Wegerechten

In Anlehnung an das römische Recht unterscheidet man Geh-, Fahrt- und Trieb-(Trift)gerechtigkeiten. Für den Umfang und die Richtung des Wegerechtes ist zunächst die Bestimmung[6]) bei der Bestellung maßgebend. ALR § 70 I, 22 verbietet ausdrücklich eine Abweichung von dem festgelegten Weg. Ist ein Weg ohne Bestimmung des Gebrauchszweckes eingeräumt, so ist im Zweifel anzunehmen, daß er zu jedem Gebrauch hat eingeräumt werden sollen, zu welchem Wege benutzt zu werden pflegen, also nicht bloß zum Gehen, sondern auch zum Reiten, Fahren und Viehtreiben[7]). Beim Mangel eines Bedürfnisses wird insoweit anders zu entscheiden sein[8]). Maßgebend ist das Bedürfnis zur Zeit der Bestellung des Wegerechtes[9]). Ein Fahrtrecht schließt nicht notwendig das Recht zum Gehen ohne Gespann in sich[10]); die römischen Quellenstellen, wonach ein Fahrtrecht von selbst ein Triftrecht in sich schloß, waren schon für das gemeine Recht nicht anwendbar[11]), namentlich nicht auf ersessene Fahrtrechte[12]); noch weniger gewährte nach gemeinem Recht eine Gehgerechtigkeit von selbst die Befugnis zum Fahren mit Schiebkarren[13]). Andrerseits steht nichts im Wege, daß der Gehberechtigte beim Gehen Lasten trägt[14]).

Über Fahrrechte im Hinblick auf den Kraftwagenverkehr s. oben § 31 II und § 31 N. 16—18.

---

[6]) StriethA 63, 31. Eventuell muß Auslegung hinzutreten. Das Recht, aus einem Festsaal einen Notausgang in einen Garten zu benutzen, begreift das Recht in sich, durch den Garten bis zur Straße zu gehen (R 19 Nr. 1788 RG). Wird ein „Zugangsrecht" zu einem Grundstück eingeräumt, so schließt das die Befugnis, über das Grundstück zu fahren, in sich (OLG 12, 128).

[7]) Windscheid, Pand. § 211 Anm. 3; nicht aber zur Anlage einer Rohrleitung (OLG 29, 346). Vgl. oben § 27 N. 60 u. § 31 II.

[8]) Vgl. SeuffA 4 Nr. 113.

[9]) S. oben § 31 II.

[10]) Das Römische Recht unterschied zwischen iter und via. Der iter gab das Recht zum Gehen, Reiten und sich tragen zu lassen. Die via gab das Recht zu fahren, zu reiten, zu gehen, auch angebundenes (jedoch nicht ungekoppeltes) Vieh zu treiben. Für den iter war keine Breite des Weges vorgesehen. Gemeinrechtlich sind diese Bestimmungen nicht geworden; doch schließt nach gemeinem Recht (Warneyer 08 N. 479; Dernburg Pand. 1, 578; SeuffA 79 N. 117 RG) und ALR (StriethA 70, 15) ein Fahrtrecht von selbst die Befugnis zum Gehen (ohne Gespann) in sich. Für ein neurechtliches Fahrtrecht gilt das nicht. (SeuffA 79 N. 117. Unrichtig RGK Bem. 6 zu § 1018; SeuffA 77 Nr. 58, Rostock.) Das Triftrecht (actus) verleiht die Befugnis zum Durchtreiben (nicht auch zum Verweilen) von (ungekoppeltem) Vieh. Daneben schloß der actus die via in sich, was bei einem gemeinrechtlichen Triftrecht nicht der Fall ist.

[11]) SeuffA 4 Nr. 13; 12 Nr. 127; 31 Nr. 206.

[12]) SeuffA 17 Nr. 213; 18 Nr. 121.

[13]) SeuffA 5 Nr. 5.

[14]) SeuffA 10 Nr. 136. Ebenso für ALR: StriethA 18, 264.

Das Triftrecht schloß nach gemeinem Recht das Fahrtrecht ein[15]). Da in dem Triftrecht ein Recht zum Weiden nicht inbegriffen war, so war der Berechtigte zum Ersatz des durch Abfressen der Früchte entstandenen Schadens verpflichtet[16]), wenigstens insoweit, als die Frucht außerhalb der für das Triebrecht zustehenden Breite abgefressen war, und in diesem Fall auch dann, wenn sich der Verpflichtete nicht durch Umzäunung gesichert hatte[17]). Die Breite des zustehenden Wegs wird, wenn sie nicht anderweitig nachgewiesen werden kann, durch Sachverständige nach der zustehenden Größe der zu treibenden Herde zu bestimmen sein[18]).

ALR I 22 § 65 bestimmt ausdrücklich: Wer das Recht hat, über das Grundstück des anderen zu gehen, darf sich dessen weder zum Reiten, noch zum Fahren, auch nicht mit einräderigen Karren, bedienen. Dagegen darf nach ALR I 22 § 66, wer das Recht hat, auf einem Wege zu fahren, darauf auch reiten, gehen, mit Karren fahren und Vieh an Stricken, nicht aber ungekoppelt (ALR I 22 § 67), darüber treiben. Aus einem Triftrecht folgt keine Befugnis zum Fahren (ALR I 22 § 68).

Ist ein Gehrecht für die Bewohner eines Hauses bestellt, so wird im Zweifel anzunehmen sein, daß ein Zweirad zum mindesten darüber geschoben werden darf[19]). Ob man dies auch für einen Kinderwagen oder einen Krankenstuhl annehmen darf, ist zweifelhaft, aber doch wohl zu bejahen.

Bei ersessenen Servituten kommt es auf die bisherige Art der Benutzung an (Tantum praescriptum quantum possessum s. unten § 36 II 4 u. § 36 N. 82). Ist hiernach eine bestimmte Richtung des Weges nicht einzuhalten[20]), so ist das dienende Grundstück an und für sich in allen Teilen belastet[21]). Aus der durch § 1020 BGB begründeten Verpflichtung zur schonenden Ausübung der Grunddienstbarkeit folgt aber, daß der Berechtigte genötigt werden kann, unter Berücksichtigung der Interessen des Verpflichteten eine für die Benutzung seines Weges geeignete bestimmte Strecke zu benutzen[22]).

---

15) SeuffA 1 Nr. 180, 10 Nr. 233.

16) Gerber DPrR § 146.

17) Anders, wenn eine solche Umzäunung mit der Verpflichtung, sie zu unterhalten, besteht (Gerber § 146 Anm. 2); der Umstand allein, daß bisher eine Umzäunung bestanden hat, gibt dem Triebberechtigten noch nicht das Recht auf ihren Fortbestand. Dazu wäre, wenn dieser Anspruch nicht durch den Bestellungsakt nachgewiesen werden kann, erforderlich, daß der Berechtigte die Wegnahme der Umzäunung mit Erfolg verlangt hat und daraufhin während rechtsverjährender Zeit die Umzäunung bestanden hat.

18) StriethA 70, 15.

19) Vgl. Endemann 637 Anm. 15 und andererseits Oertmann 472.

20) Besitzstand einer Fahrtrechtsausübung bei verschiedenen Richtungen vgl. BayOGH 6, 765. Ausübung eines Fahrtrechts auf Bitte des Berechtigten in einer anderen als der zustehenden Richtung. Wahrung des Besitzstandes in der zustehenden Richtung (BayOGH 9, 483).

21) Gruchot 24, 481

22) JW 80, 175; Dernburg, Pand. 1 § 242; RG 2, 159; ALR I 22 § 29; vgl. BayOGH 6, 687 u. 765. Das Recht „über" ein Grundstück zu gehen, betrifft regelmäßig nur einen

Ist über die Breite des Weges bei der Bestellung nichts bestimmt, so ist sie unter Berücksichtigung der Umstände, namentlich des Bedürfnisses festzusetzen. Die römischen Quellenstellen, wonach für einen Fahrtweg (via) in Ermangelung einer anderweitigen Festsetzung eine Breite von 8 Fuß in der geraden Linie und von 16 Fuß in der Wendung zugestanden wird, gilt schon für das gemeine Recht als veraltet. Immerhin wird eine solche Breite für landwirtschaftliche Verhältnisse regelmäßig den Umständen und namentlich dem Bedürfnis entsprechen. Bei Festsetzung der für eine ordnungsgemäße Ausübung erforderlichen Breite ist dem Umstande Rechnung zu tragen, daß bei landwirtschaftlichen Fuhren mit Rücksicht auf Bespannung, Fahrzeug und Bodenverhältnisse die gerade Linie und die Wendung nicht so genau einzuhalten sind.

Nach ausdrücklicher Vorschrift des ALR I 22 § 78f. ist in Ermangelung einer vertragsmäßigen Bestimmung die Breite eines Fußsteiges auf 3 Fuß, und, wenn darauf geritten oder mit Karren gefahren werden darf, auf 4 Fuß einzuräumen. Auf Wege zum Fahren ist eine Breite von 8 Fuß in der geraden Linie und von 12 Fuß in der Biegung, auf Viehtriften hingegen die doppelte Breite eines Weges zu rechnen. Diese Vorschriften gelten jedoch nach ALR I 22 § 28 nicht für Grunddienstbarkeiten, die durch Verjährung erworben worden sind, weil sich dieselben nur so weit erstrecken, als der Besitz während der Verjährungszeit gegangen ist[23]).

V. Inhalt der Wegegerechtigkeit

Die Wegegerechtigkeiten können dem Zweck und der Zeit nach beschränkt sein. Ist eine Wegerechtigkeit ohne ausdrückliche Beschränkung bestellt, so ist gleichwohl anzunehmen, daß sie nur für den durch die Verkehrsauffassung bestimmten und durch äußere Merkmale sich ausprägenden

---

räumlich beschränkten Teil des belasteten Grundstücks, nämlich den Teil, der über schritten werden muß, um zu einem bestimmten anderen Grundstück zu gelangen und gestattet regelmäßig kein Verweilen auf dem belasteten Grundstück. Dagegen umfaßt das Recht „auf" ein Grundstück zu gehen, wenn nicht ein bestimmter Zweck damit erreicht werden soll, was jeweils Tatfrage ist, das dienende Grundstück in allen seinen Teilen und zugleich das Recht zum Verweilen auf dem Grundstück. Der erforderliche Vorteil für die Bewohner des herrschenden Grundstücks kann auch in der Erhöhung persönlicher Annehmlichkeiten liegen (LG Würzburg 15. 3. 1913 F. II 202/12). Dort hat es sich um Bestellung eines Gehrechts für das Haus des Corps Moenania auf einem Grundstück gehandelt, auf welchem zur Zeit der Bestellung eine Gartenwirtschaft betrieben wurde. Es war eine besondere Zugangstüre vorhanden. Der Wirtschaftsbetrieb wurde eingestellt. Das LG Würzburg sprach gleichwohl das Gehrecht (ohne Beschränkung auf den Besuch der Wirtschaft) zu; dem ist nicht beizupflichten, da das Wandeln auf dem Grundstück (das nicht etwa parkmäßig angelegt ist und auch sonst keinen Reiz bietet) nicht den für die Servitut erforderlichen Vorteil bietet.

[23]) OTr. 21, 37. BayObLG 22, 71. Die Vorschrift des § 71 I 22 ALR ist für die Auslegung einer unter seiner Geltung erfolgten Dienstbarkeitsbestellung, ebenso für den Umfang einer ersessenen Wegegerechtigkeit auch jetzt noch von Bedeutung (BayObLG 22, 71).

bisherigen Charakter des Grundstücks bestellt ist und deshalb über den Rahmen dieses Bedürfnisses hinaus nicht ausgeübt werden darf[24]).

§ 71 I 22 ALR bestimmt ausdrücklich, daß der den Gegenstand der Grunddienstbarkeit bildende Weg nicht für „neue Anlagen" auf dem herrschenden Grundstück benutzt werden darf. Als derartige „neue Anlagen" betrachtet die preußische Rechtsprechung auf Grund des § 8 I 22 Veränderungen in der Gestalt, Hauptbestimmung oder Nutzungsart des herrschenden Grundstücks[25]).

Ein Wegerecht, das für ein mit Schlagholz bestandenes Grundstück bestellt wurde, kann auch für das in einen Acker umgewandelte Grundstück ausgeübt werden, weil hier nur eine Änderung der landwirtschaftlichen Nutzungsart vorliegt[26]); ebenso für Umwandlung eines Wohnhauses in eine Wirtschaft[27]). Ein für einen Acker bestellter Weg darf deshalb nicht zur Ausbeutung eines später darauf erschlossenen Steinbruchs[28]) oder einer Torfgrube[29]), ein für Forstland bestelltes Wegerecht nicht zugunsten einer Ziegelei[30]) benutzt werden (s. oben § 31 II). Für ersessene Grunddienstbarkeiten kommt der Grundsatz „Tantum praescriptum quantum possessum" zur Anwendung. Sie haben sich jedoch ebenso wie bestellte Grunddienstbarkeiten auch einer Erweiterung des Bedürfnisses zu fügen, sofern nur der Charakter der Benutzungsart gewahrt bleibt[31]) (s. oben § 31 II).

Ist ein „Wegerecht" oder ein „Fahrweg" eingeräumt[32]), so ist — von besonderen Umständen abgesehen — anzunehmen, daß der Weg mit jeder Art von Fahrzeugen, also auch mit Kraftwagen, befahren werden darf. Daß dies bei einem erst in letzter Zeit bestellten Fahrtrecht angenommen werden

---

[24]) Besonders strenge Anwendung dieses Grundsatzes bei Wegerechten auf Grund von Rezessen (StriethA 14, 23).

[25]) StriethA 98, 54; Gruchot 42, 10, 70 (RG).

[26]) OTr. 68, 231.

[27]) StriethA 9, 35.

[28]) SeuffA 62 Nr. 110.

[29]) Gruchot 24, 881.

[30]) Gruchot 39, 982.

[31]) Vgl. hierzu bes. StriethA 69, 168.

[32]) Auch wenn die Bestellung der Grunddienstbarkeit auf eine bestimmte Bespannungsart beschränkt ist, kann im Wege der ergänzenden Vertragsauslegung die Befugnis zum Befahren mit Kraftfahrzeugen abgeleitet werden. Heißt es z. B. im Bestellungsakt vom Jahre 1890, daß der Berechtigte mit „herrschaftlichem Pferdegespann" über das dienende Grundstück fahren darf, so ist jetzt dadurch die Befugnis begründet, auch mit einem Personenkraftwagen zu fahren. Denn nach der inzwischen eingetretenen Entwicklung und Verkehrsauffassung (§ 157 BGB) ist der Personenkraftwagen an die Stelle des Pferdegespannes getreten. Ist die Bestellung des Fahrtrechts in gleicher Weise erst im Jahre 1925 erfolgt, dann wird regelmäßig unterstellt werden müssen, daß die Beteiligten durch diese Fassung das Befahren mit Personenkraftwagen ausschließen wollten. Im übrigen vgl. zu diesen Fragen oben § 31 II und § 31 N. 16, 17 u. 18.

muß, leuchtet ohne weiteres ein. Das Gleiche gilt aber auch für Fahrtrechte, die zu einer Zeit bestellt wurden, zu welcher die Beteiligten an ein Befahren mit Kraftwagen, die man damals noch gar nicht kannte, oder die wenigstens noch nicht allgemein eingeführt waren, nicht gedacht haben. Erforderlich ist lediglich, daß der Zweck, zu welchem mit dem Kraftwagen gefahren wird, in den Rahmen des Bedürfnisses fällt, für welches die Grunddienstbarkeit bestellt ist. Es handelt sich nicht um eine Änderung des Bedürfnisses, sondern nur um eine Änderung des dem Bedürfnis dienenden Mittels, wenn der nach dem Inhalt der Grunddienstbarkeit zuständige Zweck des Fahrens nicht mit der Zugkraft der Tiere, sondern mit der bewegenden Kraft des Motors erreicht wird. Eine vernünftige Rechtsanwendung muß dem Fortschritt der Technik und der dadurch bedingten naturgemäßen Entwicklung der Verhältnisse Rechnung tragen. (Vgl. oben § 31 II und § 31 N. 16, 17, 18.)

Für ersessene Fahrtrechte gilt das gleiche. Es kann nicht etwa aus dem Grundsatz „Tantum praescriptum, quantum possessum" abgeleitet werden, daß der Berechtigte, weil er während der Ersitzungszeit nur mit einem Pferdefuhrwerk gefahren ist, auch nur das Recht erworben habe, gerade nur mit Pferdefuhrwerk, nicht auch mit Kraftwagen zu fahren. Das Wesen des Fahrtrechts besteht in der Bewegung des Fuhrwerks (Wagens) auf dem dienenden Grundstück; das Gespann ist lediglich das Mittel der Bewegung[33].

Natürlich darf mit dem Kraftwagen nur die nach dem Inhalt der Grunddienstbarkeit zuständige Breite des Weges beansprucht werden. Dabei ist zu berücksichtigen, daß bei ersessenen Fahrtrechten die zuständige Breite durch den tatsächlichen Besitzstand während der Ersitzungszeit bestimmt wird. Hierfür ist aber die Breite der hierbei benutzten Fahrzeuge nicht schlechthin maßgebend; es kommt darauf an, in welcher Breite der Boden des dienenden Grundstücks beansprucht wurde. Das macht mehr aus, als die Breite des Fuhrwerks, da ja mit einem Pferdegespann, namentlich wenn es sich um ein Lastfuhrwerk handelt, nicht so genau nach der Schnur gefahren werden kann. Ein Kraftwagen ist schwerer als ein anderes Fahrzeug. Daraus kann der Eigentümer des dienenden Grundstücks nur dann ein Recht zum Verbot des Kraftwagens ableiten, wenn es sich in der Tat um eine ungebührliche Mehrung der grunddienstbarlichen Belastung handelt. Daß der Kraftwagen bei der Fahrt über das dienende Grundstück so langsam fahren muß, daß die Mitbenutzung des Eigentümers nicht in ungebührlicher oder gar gefährlicher Weise erschwert wird, folgt schon aus der Pflicht civiliter uti. (Vgl. § 31 N. 17.)

---

[33]) Zustimmend LG Nürnberg vom 27. 5. 1926 I A 191/24.

Weil die ersessene Grunddienstbarkeit nicht weiter geht als der Umfang des Besitzstandes während der Ersitzungszeit, muß der Berechtigte im Streitfalle nachweisen, daß er während der Verjährungszeit nicht nur zu gewissen Zeiten oder unter gewissen Umständen gefahren ist[34]). In diesem Sinne hat die Befügnis über ein bestelltes Grundstück fahren zu dürfen, die Vermutung gegen sich[35]). Das ist aber nicht so zu verstehen, daß derjenige, welcher nur Fahrten über das unbestellte Grundstück nachzuweisen vermag, von dem bestellten Grundstück unter allen Umständen wegbleiben muß. War während der Ersitzungszeit im Frühjahr oder Herbst das belastete Grundstück offen und hat dann der Berechtigte regelmäßig die Fahrt ausgeübt, so wird im Zweifel anzunehmen sein, daß der Eigentümer gehalten ist, entweder sein Grundstück zu den Zeiten, zu welchen bisher der Berechtigte die Fahrt ausgeübt hat, von Früchten freizuhalten oder die Fahrt über das während dieser Zeiten bestellte Grundstück zu dulden hat. Ist z. B. das belastete Grundstück mit Pflanzen bestellt, welche nicht in jedem Herbst eingeerntet werden, sondern mehrere Jahre hindurch stehen bleiben, so darf der Berechtigte seinen Weg über das Grundstück wenigstens zu der Zeit nehmen, zu welcher das Grundstück bei normaler Fruchtart offen wäre[36]). Will der Eigentümer sein Grundstück während der Zeit, zu welcher es sonst offen war und die Fahrt ausgeübt wurde, bestellen und dann die Fahrt verbieten, so würde ihn die Beweislast dafür treffen, daß während der Ersitzungszeit die Fahrt trotz des dazu bestehenden Bedürfnisses mit Rücksicht auf eine solche Bestellung unterlassen wurde. Soweit und solange ein solcher Beweis erbracht ist, fehlt der Besitzstand für das Fahrtrecht gegenüber dem bestellten Grundstück.

Vielfach hängt im Einzelfall das Fahrtrecht mit der Dreifelderwirtschaft zusammen. Da, wo das Fahrtrecht zu einer Zeit entstanden ist, wo die Grundstücke nach den Grundsätzen der Dreifelderwirtschaft bestellt wurden, steht der Umfang des Fahrtrechts häufig mit den Grundsätzen der Dreifelderwirtschaft im Einklang. Da hiernach die Grundstücke einer Flurmarkung in einem genau bestimmten Turnus bestellt wurden, bestand für das Fahrtrecht nur zu einer Zeit ein Bedürfnis, zu welcher das belastete Grundstück nicht bestellt war. Man nennt dies die offene Zeit[37]) im Gegensatz zu der geschlossenen Zeit, in welcher die Grundstücke bestellt sind. Während der geschlossenen Zeit besteht, solange sich alle Beteiligten bei der Bestellung ihrer Grundstücke nach der Flurordnung richten, kein Bedürfnis zum Fahren. Deshalb konnten, solange die Dreifelderwirtschaft

[34]) Andrerseits geht der Besitz des Wegerechts nach ALR nicht schon durch jeweilige Nichtausübung des Rechts verloren. StriethA 37, 40.

[35]) SeuffA 9 Nr. 269. Dies erst recht nach § 1020 BGB. Vgl. Biermann Bem. zu § 1020

[36]) SeuffA 5 Nr. 256.

[37]) Vgl. SeuffBl. 8. Erg.-Bd. S. 133, 21 S. 431.

bestand, zur geschlossenen Zeit Fahrtausübungen nicht vorkommen. Die schon nach bisherigem Recht bestehende Verpflichtung zur schonenden Ausübung der Grunddienstbarkeit hat im Gefolge, daß der Eigentümer des herrschenden Grundstücks mit seiner Fahrtausübung warten mußte, bis das dienende Grundstück abgeerntet war, wobei allerdings dem Eigentümer die Verpflichtung oblag, dies nach Eintritt der Reife zu tun. In diesem Umfang ist dann das Fahrtrecht ersessen. Dabei hat es sein Bewenden. Zwar kann von keinem Grundeigentümer verlangt werden, daß er die Flurordnung (Zelchen-Ordnung) einhält, er kann vielmehr, weil er Herr seines Eigentums ist, von der Flurordnung abgehen. Aber einerseits darf der Eigentümer des herrschenden Grundstücks nicht während der nach den Grundsätzen der Dreifelderwirtschaft geschlossenen Zeit das Grundstück befahren und andererseits muß sich der Eigentümer des dienenden Grundstücks, wenn infolge der Verunzelchung sein Grundstück zu einer Zeit bestellt ist, in welcher es bei Einhaltung der Zelchen-Ordnung offen wäre, gefallen lassen, daß auch über sein bestelltes Grundstück gefahren wird.

VI. Unterhaltung des Weges

Die Unterhaltung des Weges in einer für die Benutzung geeigneten Beschaffenheit ist Sache des Berechtigten (servitus in faciendo consistere nequit; s. oben § 30 III 6).

Eine Verpflichtung gegenüber dem Eigentümer liegt ihm jedoch regelmäßig nicht ob. Der Eigentümer kann deshalb eine Einebnung der tiefen Geleise, welche durch die Fahrtausübung bei feuchtem Wetter verursacht wurden, vom Berechtigten nicht verlangen. Dagegen kann bei städtischen Grundstücken — nicht bei Äckern — für den Fahrtberechtigten aus § 1020 BGB die Verpflichtung abgeleitet werden, die durch das Spannvieh bei Ausübung der Fahrt verursachte Verunreinigung des Weges zu beseitigen[38]). Hat der Berechtigte den Weg gepflastert[39]), so trifft ihn regelmäßig (Ausnahme § 1021 BGB) die Verpflichtung, das Pflaster in gutem Zustande zu er-

[38]) OLG 18, 147 (Hamm). S. oben § 31 N. 103.

[39]) Ein Recht des Servitutberechtigten, gegen den Willen des Eigentümers den ihm zustehenden Weg zu pflastern, ist regelmäßig nicht gegeben. Er muß sich mit dem gegebenen Zustande des dienenden Grundstücks abfinden und hat kein Recht, eine Änderung desselben vorzunehmen. Ausnahmsweise kann man bei vertragsmäßig eingeräumten Grunddienstbarkeiten durch Auslegung des Vertragswillens zu einem anderen Ergebnis gelangen. Hat z. B. der Eigentümer eines Baugeländes bei dessen Parzellierung dem Käufer einer Parzelle ein Wegerecht über eine räumlich bestimmte Fläche eingeräumt und ist nach den gegebenen Verhältnissen dem beim Vertrag vorausgesetzten Bedürfnis des Käufers nur durch einen gepflasterten Weg genügt (z. B. weil der eingeräumte Weg über eine nasse Wiese führt), so wird man dem Vertragswillen durch die Unterstellung keinen Zwang antun, daß dem Käufer die Herstellung eines dem Bedürfnis entsprechenden Weges, also dessen Pflasterung eingeräumt werden sollte.

halten, soweit es das Interesse des Eigentümers des dienenden Grundstücks erfordert (§ 1020 BGB). Das Bestehen eines Fahrtrechts auf einer Wiese hindert die Umwandlung der belasteten Wiese in einen Acker nicht, sofern hierdurch die Ausübung der Dienstbarkeit nicht wesentlich erschwert wird. Unter der gleichen Voraussetzung darf der Eigentümer zur Abführung des Tagewassers eine gepflasterte Kandel quer über die Fahrt legen. Eine damit verbundene Unannehmlichkeit muß der Berechtigte nach § 1020 BGB in Kauf nehmen[40]). Diese Bestimmung, wonach der Berechtigte bei Ausübung der Grunddienstbarkeit das Interesse des Eigentümers des belasteten Grundstücks tunlichst zu schonen hat, ist namentlich von Bedeutung für das Recht des Eigentümers, sein Grundstück trotz bestehender Wegegerechtigkeit zu umzäunen und mit verschließbaren Türen zu versehen (s. oben § 31 N. 94ff.).

VII. Belastung des ganzen Grundstücks

Auch das Wegerecht kann derart bestellt werden, daß nur der Wegzug selbst als belastetes Grundstück erscheint. Das ist aber nicht zu vermuten, vielmehr anzunehmen, daß die Grunddienstbarkeit das ganze Grundstück ergreift und nur die Ausübung auf einen Teil desselben, den Wegzug beschränkt ist[41]). Bei der grundbuchlichen Eintragung muß der Grundbuchvermerk oder die gemäß § 874 inbezug genommene Eintragungsbewilligung den Grundstücksteil, auf dem der Weg verläuft, so deutlich bezeichnen — sei es durch Beibringung einer Karte[42]), sei es durch parzellenmäßige Angaben[43]) —, daß der Wegzug eindeutig bestimmbar ist[44]).

§ 33. Weiderechte in den ehemals preußischen Gebieten

I. Rechtliche Natur der Weiderechte
Abgrenzung von den öffentlich-rechtlichen Nutzungsrechten

In den Rahmen dieser Abhandlung fallen nur die dinglichen Rechte mit privatrechtlichem Charakter[1]). Wenn Nutzungsrechte an dem ungeteilten Gemeindevermögen[2]) in Frage stehen, kann es zweifelhaft sein, ob diese

[40]) Vgl. Dernburg 591.
[41]) OLG 21, 42 (KG).
[42]) a. a. O.
[43]) RJA 8, 139 (KG).
[44]) Vgl. auch ZBlFG 7, 841 Nr. 788.

[1]) Über öffentlichrechtliche Nutzungsrechte vgl. vor allem ALR II, 7 §§ 23ff.
[2]) Hier ist Voraussetzung, daß die belasteten Gründe auch wirklich der Gemeinde gehören. Die Nutzungen, welche aus einem sogen. Körperschaftswalde gezogen werden,

Nutzungsrechte im Gemeindeverbande (das ist in den öffentlich-rechtlichen Beziehungen der Gemeindemitglieder zu der Gemeinde) wurzeln, oder ob sie völlig unabhängig von dem Verhältnis der Gemeindezugehörigkeit lediglich ein privatrechtliches Rechtsverhältnis zwischen dem Berechtigten und der Gemeinde als der Eigentümerin des belasteten Grundstücks darstellen[3]).

Die Lösung dieses Zweifels muß stets nach der besonderen rechtlichen Gestaltung des Einzelfalles erfolgen; allgemeine Regeln lassen sich nicht aufstellen. Durch Verjährung und Herkommen können auch im Bereich des öffentlichen Rechts Rechte erworben werden[4]). Auf die privatrechtliche Natur von Gemeindenutzungsrechten weist weder der Umstand allein hin, daß sie auf den früheren Bestand einer Markgenossenschaft zurückzuführen sind[5]), noch die Ungleichheit der Beteiligung an den Nutzungsrechten[6]), noch die Verbindung der Rechte mit einem Haus oder Grundstück[7]), die erfolgte Eintragung der Rechte in das Grundsteuerkataster

---

stehen den einzelnen Berechtigten auf Grund ihres Eigentums, also als Privatrecht, zu. Besteht Streit darüber, ob Eigentum der Gemeinde oder Privateigentum der Berechtigten gegeben ist, so spricht nicht etwa eine Rechtsvermutung für das Eigentum der Gemeinde. — In früherer Zeit hat sich ein Teil des von den Bewohnern eines Bezirks benutzten Grund und Bodens (Wohnstätte, Acker- und Wiesland) im Sondereigentum der einzelnen Familie befunden, neben welchem dann anderes Areal (namentlich Waldungen und Weideland) der gemeinschaftlichen Benutzung der sich zu einem genossenschaftlichen Ganzen vereinigenden Sondergutsbesitzer vorbehalten war, die sogen. Almende. Die geschichtliche Entwicklung hat nun einen verschiedenen Gang genommen, wobei sich mit Gierke DPrR I § 72 (vgl. auch die lehrreichen Darlegungen des OLG Kassel in Heusers Annalen 13, 592 Anm.) zwei Hauptkategorien unterscheiden lassen: a) die alte Mark im engeren Sinne, Almende, stellt sich heute als gemeinschaftliches Privateigentum bestimmter Berechtigter dar, so zwar, daß deren Nutzungsrecht einen Ausfluß dieses Eigentums und damit ein Recht an eigener Sache bildet; b) das ursprünglich markgenossenschaftliche Nutzungsobjekt ist in das Eigentum der politischen Gemeinde übergegangen. In welche der beiden Kategorien das konkrete Verhältnis einzureihen sei, ist quaestio facti, wobei keineswegs eine Vermutung dafür spricht, daß die Almende in das Eigentum der Gemeinde übergegangen ist. Dekl. vom 26. 7. 1947 GS 327 § 2; Dernburg PrPrR I 119 N. 11 Dagegen ist vermutetes Gemeindeeigentum SeuffA 2; Nr. 259; 20 Nr. 199; 21 Nr. 203; SeuffBl. 61, 33 ff.

[3]) S. über diese Frage die ausführlichen Erörterungen von Gierke I 604 ff.

[4]) StriethA 7, 9; OTr. 55, 104. Bei dem Verjährungsbeweis muß der, der Ersitzung behauptet, nachweisen, daß er das Recht in der Absicht, ein Privatrecht auszuüben, ausgeübt habe. OTr. 53, 199; StriethA 36, 360; KG i. ZPLKG 37, 258; BayObLG 7, 17.

[5]) BayObLG 7, 3; BayVGH 14, 256.

[6]) StriethA 59, 56.

[7]) Insbesondere die Zugehörigkeit zur sogen. Realgemeinde, der Gemeinschaft der Inhaber gewisser altberechtigter Anwesen. Nach PrRecht ist mangels besonderer privatrechtlicher Titel auch ihr Nutzungsrecht ein öffentlichrechtliches. StriethA 77, 212; 36, 356; BayZ 11, 245 (BayObLG).

oder als Zubehör von Anwesen in das Hypothekenbuch[8]), noch die Zusammenlegung mehrerer Rechte bei einem Anwesen oder deren Übertragung auf andere Anwesen, noch der Umstand, daß die Rechte auch gegenüber dem eigenen Bedarf der Gemeinde bevorzugt sind[9]). Auch der Umstand ist kein entscheidendes Kennzeichen für die privatrechtliche Natur, daß das Recht durch privatrechtlichen Vertrag (Verkauf) veräußert wurde[10]); ferner nicht der Umstand, daß eine Kürzung der Bezugsrechte unterlassen wurde, obwohl die Erträgnisse des Gemeindevermögens zur Befriedigung der Gemeindebedürfnisse nicht ausreichten oder daß zur Kürzung der Bezugsrechte die Zustimmung der Berechtigten eingeholt wurde[11]). Auch das ist nicht entscheidend, daß in der Gemeinde Häuser ohne Gemeinderecht (sogen. Leerhäuser) vorhanden sind[12]).

Dagegen ist als ausschlaggebendes Merkmal für den privatrechtlichen Charakter des Rechtsverhältnisses eine derartige Verbindung des Nutzungsrechts mit einem bestimmten Anwesen anerkannt, daß es unter Ausschluß jeder gemeindlichen Einwirkung ohne weiteres auf jeden Besitzer unabhängig von seinem persönlichen Verhältnis zur Gemeinde überging[13]).

Die preußische Rechtsprechung hat seit der Deklaration vom 26. 7. 1847[14]) eine Vermutung für den öffentlich-rechtlichen Charakter der Nutzungsrechte aufgestellt; wer ein Privatrecht behauptet, muß den vollen Beweis dafür liefern[15]).

Streitigkeiten über den privat- oder öffentlich-rechtlichen Charakter der Grundstücke oder Nutzungsrechte gehören zur Rechtsprechung der Verwaltungsgerichte[16]).

II. Beschränkung der Begründung von Weiderechten[16a])

Die preußischen Gemeinheitsteilungsordnungen haben die Ablösung der privatrechtlichen[17]) Weiderechte gegen Abfindung in Land[18]) oder Geld (Rente oder Kapital)[19]) auf

---

[8]) BayOGH 5, 628; 10, 505; BayObLG 7, 3; BayZ 11, 245 (BayObLG).

[9]) StriethA 57, 198; 59, 176. Vgl. bes. OLGK i. ZPLKG 37, 258ff.; BayObLG 7,3.

[10]) BayOGH 5, 628; 12, 376; BayObLG 7, 3.

[11]) BayObLG 1, 1; 7, 3.

[12]) SeuffBl. 43, 121.

[13]) Dernburg, PrPrR III 119 N. 11. Ausnahmsweiser Übergang der bevorrechtigten Anwesen an Nichtbürger reicht jedoch nicht aus, ein Privatrecht nachzuweisen, StriethA 57, 205.

[14]) Für die Zeit vorher vgl. OTr. 11, 74; JMVfg. vom 12. 2. 1845 (JMBl. S. 38). Die Deklaration ist durch § 68 Landgemeinde O von 1891 ausdrücklich aufrechterhalten.

[15]) OTr. 53, 193; 55, 109; StriethA 36, 356; 57, 198; 77, 212. RG i. JW 88, 144; OLGK i. ZPLKG 37, 255.

[16]) OVG 5, 160.

[16a]) Auch in den übrigen Ländern ist die Begründung neuer Weideberechtigungen beschränkt. Vgl. für: a) Baden: Art. 25 AG — GVBl. 25, 283ff. —, das Edikt über die

Antrag der Beteiligten zugelassen[20]); ferner können im Weg der Gemeinheitsteilung auf Antrag ungemessene in gemessene Weiderechte umgewandelt[21]), Weiderechte auf andere Teile von Grundstücken verlegt[22]) und einzelne Mitberechtigte mit ihren Grundstücken aus der Gemeinschaft des gegenseitigen Weiderechts ausgeschieden werden[23]). Der Ablösung unterliegen ferner ganz allgemein alle Grunddienstbarkeiten, welche mit dem durch die Auseinandersetzung bezweckten Wirtschaftszustand in Widerspruch stehen[24]).

Seit der Geltung der GTO ist die Neubegründung von Weiderechten durch Ersitzung ausgeschlossen[25]). Die rechtsgeschäftliche Neubegründung kann höchstens auf zehn Jahre hinaus erfolgen, sie bedarf schriftlicher, in manchen Rechtsgebieten gerichtlicher oder notarieller Beurkundung[26]).

Besonders beschränkt ist die Begründung von Weiderechten an „befriedeten Sachen", wie an Deichen[27]).

III. Natur der privatrechtlichen Weiderechte

Daß die Weidebefugnis auf den der Gemeinde als solcher zu eigen gehörigen Gemeindegründen (Almende) regelmäßig öffentlich-rechtlichen Charakters ist, wurde oben unter I dargelegt. Steht dagegen die Almende nicht mehr im Eigentum der Gemeinde, sondern im privatrechtlichen Mit-

---

Schafweidegerechtigkeiten vom 12. 5. 1818 sowie das Ablösungsgesetz vom 5. 10. 1820, ferner das Gesetz, die Ablösung der Weiderechte betr. vom 31. 7. 1848 (RegBl. 303); b) die früher bayr. Pfalz: Art. 86 BayAG; c) Hessen: Art. 93 Abs. 1 und Art. 280 HessAG und das durch letztere Vorschrift geänderte Gesetz vom 7. 5. 1849, den Umfang von Weideberechtigungen auf landwirtschaftlichem Boden und deren Aufhebung durch Auflösung von Gemeinschaften betreffend; e) Lippe: Ges. vom 17. 1. 1850 über die Ablösung von Hudeberechtigungen, geändert durch Gesetz vom 30. 7. 1917 (GS 1004); f) Württemberg: Art. 243 WürttAG (RegBl. 31, 545 ff.).

[17]) Die öffentlichrechtl. Nutzungen gehören zum sog. Gemeindeglieder- (in Städten Bürger-) vermögen; sie unterliegen der Gemeinheitsteilung nicht. (Dekl. v. 1847, § 1.)

[18]) Landabfindung ist die Regel ZPLKG 40, 175. §§ 66, 75, 73 GTO 21. Das Abfindungsland tritt in die Gemeinde des berechtigten Grundstücks ein. ZPLKG 38, 237.

[19]) Die Geldabfindung tritt als privatrechtliche Last an Stelle des Rechts mit dessen Rang. GTO v. 1821 z. § 76; GTO für die Rheinprovinz (RhGTO) v. 19. 5. 1851 (GS 371) § 20; für RegBez. Wiesbaden (WGTO) v. 5. 4. 1869 (GS 357) § 21; für RegBez. Kassel (KGTO) v. 13. 5. 1867 (GS 716) § 26, für Schleswig-Holstein (SchlGTO) v. 17. 8. 1876 (GS 377) § 26.

[20]) GTO 21 § 2 mit ErgGes. v. 2. 3. 1850 (GS 139) Art. 1.

[21]) GTO § 166 ff.

[22]) GTO § 174/5.

[23]) GTO § 177.

[24]) GTO § 142; RhGTO § 4; WGTO § 4; KGTO § 6; SchlGTO § 5; OLKG i. ZPLKG 31, 281.

[25]) Dekl. v. 31. 3. 1841 §§ 1—3. Ist die Ausübung des Weiderechts nach Inkrafttreten der GTO von 1821 bis zur Deklaration von 1841 fortgelaufen, so wird vermutet, daß die Ersitzung bei Inkrafttreten d. GTO von 1821 vollendet war.

[26]) § 164 GTO und Art. 12 ErgGes. 50; RhGTO § 27; WGTO § 25; KGTO § 31; SchlGTO § 30.

[27]) Kähler SchleswHolstPrR 406.

eigentum der Gemeindeglieder, so wird das Weiderecht auf Grund des Eigentumsrechts, also als privates Recht ausgeübt (compascuum ex iure dominii ALR § 134 I 22). Die Rechte der einzelnen Nutzungsberechtigten untereinander bestimmen sich nach den Grundsätzen des Gemeinschaftsrechts.

Grundsätzlich hiervon verschieden ist das einem einzelnen oder mehreren an einem oder mehreren Grundstücken eingeräumte Weidedienstbarkeitsrecht, wie die Hütungsgerechtigkeit des ALR[28]) (I 22 §§ 80ff.) und das Weiderecht des Art. 688 C. c. (pascage)[29]).

Haben mehrere ein Hütungsrecht auf dem Grundstück eines Dritten, so spricht man von einem ius compascui. Hier handelt es sich um eine gemeinschaftliche Grunddienstbarkeit, die Anteilsrechte der einzelnen Berechtigten regeln sich nach den Vorschriften der Gemeinschaft (§ 133 ALR I 22).

Unter Koppelhut — ius compasculationis reciprocum — endlich versteht man die gegenseitige Hütung mehrerer Grundstückseigentümer auf dem gemeinschaftlichen Grundbesitz (§§ 135ff. ALR I 22). Hier ist jedes Grundstück zugleich herrschend und dienend, es liegt eine wechselseitige Grunddienstbarkeit vor[30]). Wird streitig, ob die wechselseitige Beweidung eine wirkliche Dienstbarkeit oder nur eine prekaristische Vergünstigung sei, so spricht, wenn die Hut eine dauernde und örtlich ständige war, eine Vermutung für die Dienstbarkeit; anderenfalls wird precarium angenommen[31]).

Auf die Koppelhutgerechtigkeit finden die Grundsätze über einseitige Weidegerechtigkeiten entsprechende Anwendung, so namentlich der gemeinrechtliche Satz, daß sich die nicht fest bestimmte Zahl des zuständigen Viehs nach dem Durchwinterungsfuß richtet[32]).

Wer behauptet, daß ihm ein Weiderecht in einer der genannten Rechts-

---

[28]) Über GemeinesR Windscheid-Kipp § 211. Hier sind die Weiderechte bedeutungslos. Das Weiderecht kann nach ProvR auch als Personalservitut begründet werden (RheinA 51 I 82; 58 I 179 — Hzgt. Berg).

[29]) Diese umfaßt nicht das Recht der Grasnutzung, StriethA 99, 356.

[30]) Koch Bem. 25 zu § 137 I 22; Foerster-Eccius 3, 411; Dernburg PrPrR 1, 771. Nach französischem (rheinischen) Recht gab es neben dieser Koppelweide das Recht der sogen. Stoppelweide (vaine pâture). Danach können die Berechtigten nach völliger Aberntung des Weidelandes das Vieh auf die Weide treiben. Dies Recht ist nach rheinischer Rechtsprechung eine Gemeinschaft (RheinArch 13 I 58; 15 I 165; 40 II 153; 54 I 54), keine Gemeindedienstbarkeit (RheinArch. 20 I 141). Das servitutarische Weiderecht heißt fette Weide oder grasse pâture; RheinArch. 15 I 165, 22 I 246.

[31]) ALR I 22 §§ 135—137; Dernburg PrPrR 1, 171, Koch Bem. 24 u. 25 zu § 136 I 22. Daß ein gemeinsamer Hirt vorhanden sein muß, wird für die Dienstbarkeit nicht gefordert, OTr. 28, 134.

[32]) Münter, Weiderecht 157; Hagemann 575.

formen zusteht, muß dafür den Beweis führen, irgendwelche Vermutungen zugunsten einer Rechtsform kennt das Preußische Landesrecht nicht[33]).

Wenn die Mitglieder einer Gemeinde oder einzelne Klassen derselben auf den Grundstücken eines Dritten, z. B. des Fiskus, ein gemeinschaftliches Hütungsrecht auszuüben befugt sind, so erscheinen im Zweifel diejenigen, welche das Recht nutzen (ihr Vieh auf dem belasteten Grundstück weiden lassen), auch als die Besitzer des Rechts, welches als eine gemeinschaftliche Dienstbarkeit zu erachten ist. Es liegt so lange kein Grund vor, diejenigen, welche das Recht ausüben und welchen die Nutzungen zugute kommen, nicht auch für die Eigentümer oder wenigstens für die vollständigen Besitzer der Berechtigung anzusehen, als nicht erhellt, daß sie das Recht nicht als ihr eigenes, sondern nur in ihrer Eigenschaft als die zur Ausübung des Rechts eines anderen (der Gemeinde) Berufenen ausgeübt haben. Hierfür müßten besondere Nachweise geliefert werden[34]).

IV. Die Schäfereigerechtigkeit

Sie ist eine in verschiedenen wichtigen Punkten abweichende Unterart der gewöhnlichen Hütungsgerechtigkeit. Kraft der Schäfereigerechtigkeit ist der Berechtigte befugt, Schafe — und zwar im Gegensatz zur Hütungsgerechtigkeit grundsätzlich in ungemessener Zahl[35]) (vgl. unten VII 2) — auf der ganzen Feldmark[36]) zu hüten[37]). Dieses Recht entsprang ursprünglich dem gutsherrlichen Herrschaftsrecht, und die Redaktoren des ALR konnten in § 146 I 22 mit Recht feststellen, daß es zur Zeit des Inkrafttretens des ALR tatsächlich in den meisten Gegenden ein gutsherrliches Vorrecht war[38]), womit eine Vermutung für das Bestehen des Rechts geschaffen werden sollte[39]). Nach der Ablösungsgesetzgebung und der Aufhebung des Obereigentums des Grundherren blieb diesem die Schäfereigerechtigkeit als gewöhnliche Servitut, in welcher Rechtsform sie ohnehin schon früher begründet werden konnte[40]). Über besondere Ablösungsbestim-

[33]) OTr 28, 134; 58, 236.

[34]) OTr. 28, 134; JW 88, 144; vgl. SeuffA 15 Nr. 205 und dagegen 9 Nr. 256.

[35]) Hieraus folgert die Rechtsprechung, daß diese Servitut im Gegensatz zur gewöhnlichen Hütungsgerechtigkeit (vgl. OTr. 30, 227), auch bei Abveräußerung von Teilen des herrschenden Grundstücks unteilbar war (ZPLKG 17, 231, OTr. 6, 212). Provinzialrechte kennen bemessene Schäfereigerechtigkeiten.

[36]) Dörflichen und städtischen (ZPLKG 12, 211). Nichtausübung des Rechts auf einzelnen Grundstücken ist unschädlich, OTr. 74, 15.

[37]) Daneben tritt mitunter das im übrigen selbständige Recht, die Schafe auf bestimmten Grundstücken auch außerhalb gewöhnlicher Hütungszeit zu waschen (StriethA 26, 116).

[38]) Vor allem in der Mark und Schlesien; SchlesProvR 44; StriethA 6, 126; ZPLKG 2, 344; 17, 231, anders als in Westpreußen (PrR § 15), Westfalen (StriethA 31, 74); [vgl. aber Paderborn § 55]; Sachsen (ProvR § 579) und Teilen des Rheinlandes (Bergisches ProvR § 128).

[39]) OTr. 27, 367, abw. ZPLKG 2, 344, woselbst diese Vermutung geleugnet wird. Die Inhaber der belasteten Grundstücke können, solange die Gutsherrschaft selbst das Vorrecht nicht beansprucht, sich auf § 146 I 22 nicht berufen, OTr. 27, 367.

[40]) Vgl. auch PräjS I Nr. 1059 u. 1810 und dazu Koch Bem. 30 zu § 146 I 22.

mungen vgl. § 39 GTO. Das preußische Recht kennt als Annex der Schäfereigerechtigkeit auch das sogen. Schäferstabrecht, eine besondere Rechtsbildung, vermöge deren ein wechselseitiger Anspruch besteht, daß die Schafe mehrerer Schafhalter dem Stabführer zur Obhut übergeben und von diesem übernommen werden[41]). Dieses Recht hat sich örtlich sehr verschieden gestaltet. Der Inhalt des Rechtsverhältnisses wird durch das bisherige Herkommen bestimmt[42]). Dieses ist maßgebend für die Zeit, während welcher die Schafhalter ihre Schafe unter den Hirtenstab zu bringen haben. Zumeist hat der Stabführende das Recht zu verlangen, daß von Seite der Zutreibenden jedes Alleinhüten unterbleibt, sobald sein Hirte die Hut eröffnet hat. Doch bleibt es dem einzelnen Schafbesitzer mangels eines entgegenstehenden Herkommens unbenommen, seine Schafe von der Gemeindeherde zurückzuhalten und im Stall zu füttern oder auf den ihm gehörigen, der Gemeindehut nicht unterworfenen Äcker hüten und hürden zu lassen[43]). Der Stabberechtigte hat die Verpflichtung zur sorgfältigen Obhut der Schafe; er darf die ihm zugetriebenen Schafe nicht zugunsten seiner eigenen zurücksetzen[44]). Wenn ihm auch die Abteilung der unter seinen Stab gehörigen Schafe in einzelne Herden frei steht, so darf er doch nicht ohne dringende, dem allseitigen Interesse entnommene Veranlassung willkürlich gleichartige Schafe überhaupt, also auch nicht seine Mutterschafe und die Mutterschafe der Stabpflichtigen trennen und auf der gemeinschaftlichen Weide besonders hüten lassen, da dies der Natur der Verbindung der Schafe unter einem Stabe, d. h. unter demselben Hirten, widerstreitet, aber auch dem völlig gleichmäßigen und gleichzeitigen Mithütungsrecht der Stabpflichtigen. Denn nur durch das Beisammenlassen der gleichartigen Schafe wird die gleichmäßige Behandlung der fremden und der eigenen Schafe gewährleistet[45]). Regelmäßig fließen dem Stabberechtigten die mit der Beweidung verbundenen Vorteile, z. B. das Pferchgeld, zu, während er andererseits die erforderlichen Zuchtböcke halten und auch die Hunde, Hürden und Schäferkarren stellen muß[46]).

Das ALR regelt das Stabrecht in den §§ 154/5 I 22. Hiernach hat der Schäfereiberechtigte[47]) das Recht zu verlangen, daß — vorausgesetzt, daß ein Mithütungsrecht der übrigen Einwohner überhaupt besteht — diese Einwohner ihre Schafe unter seinen Stab bringen. Übt es dies Verlangen nicht aus, so müssen die Schafe aller übrigen Einwohner gestabt, d. h. in einer einzigen Herde gehütet werden[48]). Der Schäfer erhält als Entlohnung des öfteren einen bestimmten Anteil an der gehüteten Herde. Die früheren Bestimmungen, die diesen sogen. Anteilsschäfer zwangen, bei Austritt aus dem Dienst an Stelle des Viehs Barentschädigung zu nehmen, sind durch Gesetz vom 17. 5. 1882 (GS 305) aufgehoben.

V. Hordenschlag- und Pferchrecht; Weidegeld

Mit dem Weiderecht steht im Zusammenhang das Hordenschlagrecht, eine Dienstbarkeit, vermöge deren dem Weideberechtigten die Befugnis zusteht, das fremde Grund-

[41]) Vgl. Scholz, Dritte Schäfergerechtigkeit, 54ff.

[42]) Vgl. SeuffA 16 Nr. 196 und 197; Strombeck Halberstädter ProvR §§ 36ff.; Paderborn § 56.

[43]) AppGer. Wolfenbüttel in Matthiae Kontr. Lex. 458; SeuffA 16 Nr. 197; Hagemann, Landwirtschaftsrecht §§ 310, 311, 316.

[44]) Holzschuher, Theor. u. Kas. 2, 394.

[45]) SeuffA 16 Nr. 197.

[46]) Holzschuher, Theor. u. Kas. 2, 394.

[47]) Das ALR spricht nur von „Gutsherrschaft"; darunter sind aber alle Schäfereiberechtigten zu verstehen. (ZPLKG 17, 236; OTr. 70, 326.) Für die gewöhnliche Hütungsgerechtigkeit gilt das Stabrecht nicht (StriethA 17, 117).

[48]) Kein Stabrecht, wenn die Schäfereigerechtigkeit der Gemeinde selbst zusteht (OTr. 7, 287).

stück für sein Weidevieh nicht nur zum Weiden, sondern auch als Aufenthaltsort, insbesondere während der Nacht, zu benutzen, es dort einzupferchen[49]). Wer das Hordenschlagrecht besitzt, hat regelmäßig auch die Befugnis, seine Schäferhütte oder den Schafkarren auf des anderen Grund und Boden zu stellen[50]). Wohl hiervon zu unterscheiden ist das Pferchrecht[51]), welches eine Belastung des Weideberechtigten darstellt. Es verleiht dem Besitzer des weidedienenden Grundstücks einen Anspruch darauf, daß der Weideberechtigte das Weidevieh, namentlich Schafe, während der Mittagszeit oder während der Nacht auf dem beweideten Grundstücke lassen muß, so daß dem Grundstück der während dieser Zeit anfallende Dünger zugute kommt[52]) (ius faldagii). In solchem Falle darf der Weideberechtigte den Dünger nicht fortnehmen, wozu er sonst berechtigt wäre. Das Pferchrecht ist regelmäßig[53]) keine selbständige Berechtigung, sondern ist mit der Weidebefugnis als eine damit zusammenhängende Gegenleistung des Berechtigten verknüpft[54]). Auf diese Gegenleistungspflicht finden die Grundsätze über Reallasten Anwendung[55]). Übt der Weideberechtigte sein Weiderecht nicht aus, so braucht er natürlich auch nicht zu pferchen. Die Pferchpflicht des Weideberechtigten fällt regelmäßig mit einer ihm zustehenden Pferchbefugnis im Sinne eines Hordenschlagrechts zusammen. Will der Eigentümer des für die Weide dienenden Grundstücks behaupten, daß der Weideberechtigte nicht nur das Recht hat zu pferchen (Hordenschlagrecht), sondern die Pflicht, so muß er einen besonderen Nachweis für die Begründung dieser Verpflichtung erbringen. Hierzu genügt noch nicht die Tatsache, daß während rechtsverjährender Zeit der Weideberechtigte tatsächlich gepfercht hat, sondern es müssen Anhaltspunkte dafür geliefert werden, daß dies in Anerkennung einer Rechtspflicht geschehen ist[56]). Solche Anhaltspunkte würde z. B. das Pferchen auf Anfordern des Berechtigten bieten, aber auch ein genau eingehaltener Turnus in der Aufstellung des Pferches auf den einzelnen Grundstücken. Das Hordenschlagsrecht ist ohne, das Pferchrecht mit Entschädigung ablösbar (§§ 144, 145 GTO).

---

[49]) Üblich ist Hordenschlag z. B. in Halberstadt (Strombeck § 49); Magdeburg (§ 163); Ostpreußen (Schrötter, OstprProvR Zusatz 86).

[50]) Holzschuher, Theor. u. Kas. 2, 385. In Berg bedarf es besonderen Erwerbes (ProvR § 130).

[51]) Zuweilen wird „Pferchrecht" gleichbedeutend mit Hordenschlagrecht gebraucht. Vgl. Holzschuher, Theor. u. Kas. 2, 385; Fuldaer Landrecht; Weber, BayProvinzialr. 3, 1002.

[52]) ALR I 22 § 157.

[53]) Eine selbständige Berechtigung liegt vor, wenn dem Eigentümer eines Grundstücks, das nicht weidepflichtig ist, ein Pferchrecht zusteht. Vgl. SeuffBl. 24, 186.

[54]) SeuffA 20 Nr. 109; SeuffBl. 31, 366; Stobbe § 133 II A 6; Heuser Ann. 15, 209 (Kurhessen), OstrheinProvR § 398 (Wied). Die Verpflichtung des Weideberechtigten, die Schafe auf der beweideten Flur Mittagsruhe halten zu lassen, steht in untrennbarem Zusammenhang mit dem Schäfereirecht und ist ein Ausfluß desselben. Es betrifft den modus exercendi des Weiderechts; es darf nur so ausgeübt werden, daß, so oft geweidet wird, die Mittagsruhe der Schafe auf derselben Flur gehalten werden muß. Der auf Einhaltung dieser Mittagsruhe gerichtete Anspruch ist mit der actio negatoria zu verfolgen. Vgl. übrigens SeuffA 32 Nr. 8; dort ist als möglich anerkannt, daß ein Pferchnutzungsrecht, welches auf einem dem öffentlichen Recht angehörenden Kommunalschafweiderecht ruht, dem Privatrecht angehören kann.

[55]) Kohler, ArchZivPr. 87, 192 betrachtet das Pferchrecht als Servitut auf den Dünger der auf dem Grundstück befindlichen Tiere.

[56]) SeuffA 1 Nr. 4 u. Nr. 181.

VI. Mithut des Eigentümers

Der Eigentümer des mit dem Weiderecht eines Dritten belasteten Grundstücks ist neben[57]) diesem zur Mithut[58]) berechtigt[59]), sofern nicht der Berechtigte die Ausschließlichkeit seines Rechts nachweisen kann[60]).

Für das Mitbenutzungsrecht des Eigentümers besteht gemeinrechtlich nach herrschender Ansicht[61]) die Beschränkung, daß hierdurch die Ausübung des vollen Rechts des Berechtigten nicht unmöglich gemacht werden darf. Reicht also die Weide auch bei einem gegenseitigen Ineinanderschicken des Berechtigten und des Eigentümers nicht aus, um neben dem des Eigentümers das für die Weideberechtigung zustehende Vieh[62]) zu erhalten, so muß der Eigentümer so weit zurückstehen, daß der Berechtigte sein Recht voll ausüben kann[63]).

[57]) Dem Eigentümer ist es unbenommen, während der Zeit, zu welcher der Berechtigte sein Weiderecht nicht ausüben darf (geschlossene Zeit), seine Wiese zu behüten, obwohl weit weniger Futter zurückbleibt, wenn das Futter nicht mit der Sense, sondern durch Schafe abgebracht wird (SeuffA 7 Nr. 271).

[58]) Vgl. SeuffA 1 Nr. 181. Der Eigentümer eines Grundstücks, auf welchem eine Rindviehhutservitut lastet, ist nicht berechtigt, dieses Grundstück mit einer Schafherde zu beweiden, weil das Rindvieh da nicht gerne frißt, wo die Schafe gegrast haben, vgl. SeuffBl. 17, 232.

[59]) Vgl. ALR I 22 § 89; SeuffA 7 Nr. 10. — Der Eigentümer ist an sich nicht auf das Vieh beschränkt, welches er durchwintern kann und darf auch Dritten die Mithut gestatten. Stobbe § 133 Anm. 27; SeuffA 1 Nr. 11; StriethA 17, 115.

[60]) S. hierüber oben § 31 III; SeuffBl. 21, 210; SeuffA 2 Nr. 9ff.; 7 Nr. 10; 22 Nr. 20 (Vertreibung des Schäfers des dienenden Grundstücks von der Mithut ohne Wissen seines Eigentümers). In der bloßen Tatsache, daß seit unvordenklicher Zeit der Weideberechtigte allein, der Eigentümer dagegen nicht gehütet hat, kann ein die Mithut des Eigentümers ausschließender Besitzstand nicht gefunden werden. Dazu wäre erforderlich, daß entweder der Eigentümer die Mithut versuchte und auf Widerspruch davon abstand oder daß er das Hüten nachweisbar deshalb unterlassen hat, weil er sich bewußt war, daß er wegen eines inmitte liegenden besonderen Verhältnisses dazu nicht berechtigt sei (SeuffA 1 Nr. 4; 6 Nr. 158). Wenn aber der Berechtigte ein bestimmtes Maß von Berechtigung (300 Schafe) durch Verjährung erworben hat und der Ertrag des dienenden Gutes zur Ernährung dieser 300 Schafe nicht ausreicht, wenn der Eigentümer mithütet, so muß der Eigentümer zurückstehen (SeuffA 1 Nr. 10). Ist das Schäfereirecht dadurch entstanden, daß es bei der Übertragung des Eigentums von Grundstücken auf diesen vorbehalten wurde, so ist damit im Zweifel noch keine Ausschließlichkeit des Hütungsrechts dargetan (SeuffA 1 Nr. 12).

[61]) Windscheid I, § 947 Nr. 13; Dernburg, Pand. I, 567.

[62]) Die zuständige Zahl der Weidetiere ist nicht bestimmt, sondern nur nach oben begrenzt, wenn das Weiderecht mit so viel Schafen zuständig ist, als auf dem herrschenden Gut überwintert (s. unten VII 3) werden können. Vgl. Holzschuher, Theor. u. Kas. 2, 388. Die Haltung einer bestimmten Zahl von Schafen kann übrigens ebensogut zufällig, wie in der Absicht geschehen sein, um durch diese bestimmte Zahl den Eigentümer von der Mithut auszuschließen. Diese Absicht ist dann erkennbar, wenn der Eigentümer einmal die Mithut ausüben wollte, der Weideberechtigte aber sich dagegen auf die hergebrachterweise bestimmte Stückzahl berief und hierauf der Eigentümer von der Mithut Abstand nahm (SeuffA 1 Nr. 407).

[63]) SeuffA 1 Nr. 10; Stobbe § 133 II, A 4. — Dies gilt insbesondere auch im Falle der Verminderung der Weide. — Mit Recht führt Holzschuher, Theor. u. Kas. 2, 388 aus, daß der Grundsatz, wonach Servituten schonend auszuüben sind, nicht zu einer Schmä-

Anders ist die Rechtslage nach ALR. Hier findet, wenn nachträglich die Weide unzureichend wird, eine verhältnismäßige Herabsetzung des Viehbestandes sowohl des Berechtigten wie auch des Eigentümers statt (§ 103 I 22, GTO § 51), es sei denn, daß das Unzulänglichwerden auf besondere nachträgliche Einrichtungen des Eigentümers selbst zurückzuführen ist (§ 106 eod.). Nur dann geht der Berechtigte dem Eigentümer bei nachträglichem[64]) Unzulänglichwerden der Weide bis zur vollen Bedriedigung vor, wenn sein Hütungsrecht eine bestimmte Anzahl Vieh umfaßt (§ 105 I 22). Wird nach vorstehendem die Viehzahl des Berechtigten anteilig herabgesetzt, so mindert sich in entsprechendem Verhältnis ein von ihm an den Eigentümer zu zahlendes Weidegeld (§ 104 I 22).

VII. Art und Zahl des Weideviehs

1. Fremdes Vieh. Nach ALR I 22 § 91 darf der Berechtigte bei unbestimmten Weidegerechtigkeiten gemietetes Vieh nicht auftreiben, bei festbestimmten ist die Weide fremden Viehs dagegen zulässig[65]).

Nach gemeinem Recht ist auch bei unbestimmten Weiderechten das Weiden mit dem sogen. Meng- und Setzvieh als zulässig zu erachten, weil es auf dem herrschenden Gut durchgewintert wird und für einen verständigen Schäfereibetrieb geradezu notwendig ist[66]). Dagegen kann eine Weidegrunddienstbarkeit nicht auch für solche fremden Schafe ausgeübt werden, welche auf dem herrschenden Gut überhaupt nicht gehalten werden, sondern von dritten Personen, welche den Vorteil der Haltung dieser Schafe ziehen, für die Weide in Kost gegeben werden (Kostschafe)[67]). Andererseits kann der Grunddienstbarkeitsberechtigte auch ihm eigentümlich gehörendes Vieh dann nicht mehr auf die Weide treiben, wenn dieses Vieh nicht zur Bewirtschaftung des herrschenden Gutes, sondern für einen anderweitigen Gewerbebetrieb gehalten wird oder wenn Handelsvieh in Betracht kommt[68]).

---

lerung des zustehenden Rechts führen kann. Erstreckt sich die rechtliche Grenze der Servitut bis auf den vollen Bedarf des herrschenden Gutes, dann kann der Berechtigte durch die Rücksicht auf die Interessen des Eigentümers nicht verbunden sein, etwas aufzugeben, um den Verpflichteten die rechtlich begründete Last zu erleichtern.

[64]) Nicht aber, wenn die Weide von vornherein für die bestimmte Zahl nicht ausreicht. Hier findet der Regel gemäß verhältnismäßige Herabsetzung statt (ZPLKG 3, 419; 8, 414; 10, 311 in Abweichung von 1, 188; OTr. 58, 240 in Abweichung von OTr. 14, 290; 23, 321. Vgl. Koch, Bem. 6 zu § 105).

[65]) StriethA 70, 311; 82, 188.

[66]) Holzschuher, Theor. u. Kas. 2, 383. Der oder die Weideberechtigten sind darauf angewiesen, die Weideschafe der Obhut eines Schäfers anzuvertrauen, von dessen Sorgfalt das Gedeihen der Schafzucht abhängig ist. Es ist für die Schafzucht sehr nützlich, ja geradezu notwendig, den Schäfer in das Interesse des Weideberechtigten zu ziehen und dies geschieht vielfach durch den sog. Setz- oder Mengekontrakt. Dabei ist zu unterscheiden, ob der Schäfer einen Stamm Schafe in Natur einbringt und sie unter die Schafherde des Herrn einmengt, so daß dieses sog. Knechtvieh an der Stallung, Weide, Fütterung wie überhaupt an dem Schicksal der ganzen Herde teilnimmt. Die andere Form des Setzkontraktes besteht darin, daß der Schäfer eine Quote der Herde, z. B. $^1/_{10}$, zu ideellem Miteigentum erwirbt. Der Schäfer teilt dann nach Verhältnis seines Anteils den Gewinn und Verlust, bezieht also jährlich seinen Anteil an der Wolle und dem Jungvieh (vgl. hierüber Weiske, Handb. d. Allgem. Deutsch. Landw.-Rechts §§ 187 u. 188).

[67]) Holzschuher, Theor. u. Kas. 2, 382; SeuffA 21 Nr. 20; vgl. SeuffBl. 37, 80.

[68]) Holzschuher, Theor. u. Kas. 2, 380.

Auf persönliche Dienstbarkeiten (irreguläre Servituten) können jedoch derartige Beschränkungen nicht ohne weiteres angewendet werden. Das ALR gestattet in diesem Fall die Haltung von Vieh zu Bedürfnissen des Gewerbes, nicht von Handelsvieh (§§ 96, 97 I 22).

2. Art des Weideviehs. Wenn die Hutgerechtigkeit durch Verjährung erworben ist, darf sie nur mit den Vieharten ausgeübt werden, welche seit rechtsverjährter Zeit auf die Weide gebracht worden sind: Tantum praescriptum, quantum possessum (s. unten § 36 II 4). Dasselbe gilt gemeinrechtlich, wenn die Viehart bei der Bestellung besonders bedungen ist[69]). Hiervon wird jedoch durch ALR I 22 § 101 für den Fall eine Ausnahme gemacht, daß der Berechtigte durch Zufall oder vis major eine Zeitlang genötigt war, eine andere statt der bisherigen Viehart zu halten. Wenn die Gattung nicht bestimmt ist, so kann nach gemeinem Recht[70]) jede Gattung geweidet werden, während nach preußischem Landrecht[71]) eine Hütungsgerechtigkeit, die ohne Bestimmung einer gewissen Art des Viehs bestellt ist, alles Zug-, Rind- und Schafvieh unter sich begreift. Aus der Vorschrift des § 1020 BGB über schonende Ausübung der Grunddienstbarkeit (s. oben § 31 III), folgt der auch nach bisherigem Recht[72]) bereits anerkannte Satz, daß der Weideberechtigte krankes Vieh nicht auf die Weide treiben darf.

3. Zahl des Weideviehs. Wo die Weidegerechtigkeit nicht für eine Person und deren Bedürfnis bestellt oder die Zahl des aufzutreibenden Viehs nicht bestimmt ist, darf gemeinrechtlich der Berechtigte soviel Stück Vieh auftreiben, als er mit dem auf dem herrschenden Gut gewonnenen Futter durchwintern kann (Durchwinterungsfuß)[73]).

---

[69]) Roth, BayerZR § 163 Anm. 34.

[70]) Roth, BayerZR § 163 Anm. 32; Eichhorn, DPR § 178.

[71]) ALR I 22 §§ 99 u. 100.

[72]) ALR I 22 §§ 87, 88.

[73]) SeuffBl. 32, 213; 54, 157; SeuffA 6 Nr. 14; 21 Nr. 20; Kohler, ArchZivPr. 87, 182; ALR I 22 § 90. Entscheidend ist nicht, wie viel Stück der Berechtigte durchwintert hat, sondern wie viel er durchwintern kann. SeuffA 24 Nr. 15. — Es ist Sache des Schäfereiberechtigten, im Prozeß die einschlägigen Verhältnisse des Guts darzutun; dazu gehört die genaue Beschreibung des herrschenden Guts, die Angabe der Zubehörungen und der sonstigen ökonomischen Beschaffenheit. Dabei ist auch das Bedürfnis des Gutes an anderem darauf zu haltenden Vieh zu berücksichtigen (LG Wolfenbüttel 22. 2. 1838 bei Matthiae, Controversen-Lexikon 454). Wenn jedoch ein spezieller Erwerbstitel vorliegt, so ist in erster Linie dessen Inhalt maßgebend, und der Grundsatz des Durchwinterungsfußes kommt nur insoweit zur Anwendung, als sich aus dem Erwerbstitel nichts anderes ergibt. Aber auch beim Mangel eines speziellen Erwerbstitels ist der Durchwinterungsfuß dann nicht maßgebend, wenn der Berechtigte keinen hinlänglichen Wiesenwuchs besaß und im Besitze der Weide nicht gestört wurde, obwohl er die Futtermittel dazu kaufte (Hagemann, Landwirtschaftsrecht 363 Anm. 1). Für die Feststellung des Durchwinterungsfußes kommt es nicht auf jedes einzelne Jahr für sich an, sondern es ist im allgemeinen und ohne Berücksichtigung einer einzelnen Mißernte festzustellen, wie viel Stück Schafe das Gut nach seiner Beschaffenheit und den für das Gut gegebenen Verhältnissen durchschnittlich durchzuwintern vermag. Futtermittel von Pachtgrundstücken dürfen bei Ausmittlung des Durchwinterungsfußes nicht eingerechnet werden (Hagemann 366). Wenn durch intensivere Bewirtschaftung des herrschenden Gutes die Zahl der Schafe, welche durchgewintert werden können, eine Steigerung erfährt, hat das dienende Gut auch diesem gesteigerten Bedürfnis zu dienen (Münter, Weiderecht § 80). Dagegen hat sich die Grunddienstbarkeit der Mehrung des Bedürfnisses dann nicht zu fügen, wenn sie durch eine Änderung des Charakters des Grundstücks herbeigeführt ist (s. hierüber oben § 31 II). Dies wäre beispielsweise der Fall, wenn ein bisher als Ackergut bewirt-

Bei den öffentlichen Weiderechten, welche den Gemeindegliedern an den gemeinen Dorf- oder Stadtweiden zusteht, findet der Durchwinterungsfuß vorbehaltlich eines besonderen Herkommens keine Anwendung[74]).

Nach preußischem Landrecht kommt bei nicht bestimmter Zahl des aufzutreibenden Viehs als Maßstab zunächst der Besitzstand in den letzten zehn Jahren vor Fixierung oder Auseinandersetzung in Betracht (§§ 32, 33 GTO). Nur wenn dieser Besitzstand nicht zu ermitteln ist, oder wenn eine tatsächliche Ausübung des Rechts in der Frist nicht oder in nicht ausreichendem Umfang erfolgt ist (§ 34 GTO), ist als Maßstab der Durchwinterungsfuß anzunehmen[75]), d. h. der Berechtigte darf soviel Vieh für sein Recht in Anspruch nehmen, als er mit dem auf dem herrschenden Gut[76]) gewonnenen Futter durch-

---

schaftetes Gut in eine reine Schafzucht und deshalb die Äcker in Wiesen umgewandelt werden, um auf diesen das Winterfutter zu gewinnen. Wenn das herrschende Gut zur Zeit der Begründung der Gerechtigkeit für eine Brauerei als Nebenbetrieb eingerichtet war, so gereichte die Verwertung der Treber durch Viehfütterung dem Gut zum Vorteil. Der Anfall von Treber kann für den Durchwinterungsfuß eingerechnet werden.

Bezüglich der Mehrung des Bedürfnisses sind ähnliche Grundsätze auch auf eine unbestimmte persönliche Dienstbarkeit anzuwenden. Wenn der Gemeinde das ausschließliche Weiderecht als Personalservitut zusteht, muß das dienende Grundstück eine Mehrung sowohl der Ausübungsberechtigten, als auch des einzutreibenden Viehs dulden (Hagemann 555). Wenn z. B. die zur Hut mit ihren Stichschafen berechtigte Metzgerzunft einer Stadt infolge des Bevölkerungszuwachses die doppelte Anzahl von Schafen zur Weide bringt, so muß dies der Eigentümer des dienenden Grundstücks hinnehmen. Doch hat dies seine Grenzen. Man wird sich auf den Standpunkt stellen müssen, daß eine Veränderung der Umstände, welche zweifelsohne bei der Bestellung der Dienstbarkeit nicht in den Bereich der Erwägungen einbezogen werden konnte und die dadurch herbeigeführte Steigerung des Bedürfnisses die Belastung insoweit nicht steigert. Vgl. Holzschuher, Theor. u. Kas. 2, 385; oben § 31 II.

[74]) Die Bürger einer Stadtgemeinde haben gewöhnlich kein futtertragendes Land; sie haben gleichwohl Anteil an der gemeinen Stadtweide. An der gemeinen Dorfweide ist vorbehaltlich anderweitigen Herkommens der Kleingütler ebenso berechtigt wie der Großgrundbesitzer. Der Durchwinterungsfuß gilt nur für Grunddienstbarkeiten. Das Hüterecht der Bürger ist keine Grunddienstbarkeit, sondern ein auf der Gemeindezugehörigkeit beruhendes Gebrauchsrecht (Bülow u. Hagemann, Prakt. Erörterungen 4, 280). Mangels eines besonderen Herkommens ist die Anzahl des auf die gemeine Weide zu treibenden Viehs nach den Haushaltsbedürfnissen der verschiedenen Gemeindemitglieder zu bestimmen. Jeder Berechtigte darf nur dasjenige Vieh auftreiben, welches er für seinen Haushalt in dem Dorfe hält, zu welchem die gemeine Weide gehört (also kein Handelsvieh). Wenn nun die ganze Summe der Bedürfnisse aller Mitberechtigten ausfindig gemacht ist und sich dabei ergibt, daß die gemeine Weide zur Deckung dieses Gesamtbedürfnisses nicht ausreicht, so muß sich jeder Berechtigte eine verhältnismäßige Kürzung gefallen lassen (Bülow u. Hagemann 4, 282—285). Für die Befugnis zum Beweiden der Gemeindegründe ist es ohne Bedeutung, ob das Vieh den Berechtigten eigentümlich gehört oder von ihm gemietet ist (Bülow u. Hagemann 4, 292).

[75]) Präjudiz d. OTr. PräjS I 338 Nr. 1389. Beide Grundsätze sollen nach OTr 6, 375 nebeneinander angewandt werden können. Das widerspricht dem klaren Wortlaut von § 34 GTO.

[76]) Im allgemeinen gehören hierzu nur Ländereien in der Feldmark des berechtigten Guts. Vgl. aber die Ausnahmen des § 35 GTO. Vorwerke gehören nicht zum Gut (ZPLKG 29, 270, RG).

wintern kann[77]). (§ 90 I 22 ALR.) Für ersessene Weiderechte gilt auch bezüglich der Zahl der Satz „tantum possessum, quantum praescriptum“[78]), nicht aber über das Bedürfnis des herrschenden Grundstücks hinaus[79]).

Ist die Zahl des aufzutreibenden Viehs bestimmt, so wird nach gemeinem Recht[80]) wie nach ALR I 22 § 98 das saugende Jungvieh nicht mitgerechnet.

VIII. Einschränkung der Weiderechte

1. Für die Ausübung auch altrechtlicher Weiderechte kommen gemäß Art. 184 EG die Vorschriften des BGB zur Anwendung, insbesondere die §§ 1020—1023. Neben der Pflicht zur Unterhaltung von Anlagen (§§ 1020 Abs. 2, 1021, 1022; vgl. oben § 31 V) und dem Recht des Grundeigentümers auf Verlegung der Dienstbarkeit (§ 1023; s. oben § 32 VI) — so auch schon §§ 81 I 22 ALR, 175 ff. GTO) schlägt vor allem der Grundsatz des § 1020 „civiliter uti“ ein, der nur ausspricht, was vor 1900 schon Rechtens war (vgl. z. B. § 80 I 22 ALR). Die diesbezüglichen Einzelvorschriften des Landes- und Provinzialrechts werden bei der Auslegung des § 1020 mit heranzuziehen sein. Selbstverständlich ist für den Umfang der Weidebefugnis in erster Linie der Begründungsakt, bei Verjährung der erworbene Besitzstand maßgebend. Wenn in der Bestellungsurkunde die Befugnis zur „notwendigen“ oder „unentbehrlichen“ Weide zugesprochen ist, so darf das nicht so verstanden werden, als ob der aufzutreibende Viehbestand gerade nur vor dem Hunger zu sichern sei; vielmehr sind diese Ausdrücke so auszulegen, daß das Vieh zu seinem notwendigen Gedeihen und Nutzen volle Nahrung erhält[81]).

2. Der Weideberechtigte hat bei der Ausübung seiner Dienstbarkeit das Interesse des Eigentümers des belasteten Grundstücks tunlichst zu schonen; er ist deshalb verpflichtet, das Vieh nur unter Aufsicht eines Hirten weiden zu lassen[82]), sofern das unbeaufsichtigte Weiden zur Schä-

---

[77]) Über den Umfang des Durchwinterungsfußes vgl. §§ 91 ff. I 22 ALR, 35—38 GTO; OTr. 16, 18; StriethA 10, 152; 30, 257. Bei Abveräußerungen von Teilen des herrschenden Grundstücks erlischt das Hütungsrecht, sofern auf der abveräußerten Parzelle keine Durchwinterung möglich ist (ZPLKG 7, 104; ProvR Herzogtum Westfalen §§ 41 ff.; Minden § 42; Oberlausitz § 80).

[78]) OTr. 66, 11; StriethA 25, 64; ZPLKG 31, 271 (RG).

[79]) StriethA 4, 83.

[80]) Hagemann, LandwR 564; Glück, Pand. 10, 180. Voraussetzung ist, daß die Jungtiere von der berechtigten Stückzahl selbst gefallen sind (Hagemann 564). Die Absetzung der Lämmer tritt zwischen Pfingsten und Johannis ein. Holzschuher, Theor. u. Kas. 43, 82; Ebenso Märkisches ProvR § 71.

[81]) Hagemann 338 Anm. 1.

[82]) Provinzialrechte: Minden § 40; Eichsfeld § 154. Nur auf Privatweiden, nicht auf der gemeinen Weide besteht Hirtenpflicht in Recklinghausen § 10. Keine Hirtenpflichten in Schleswig-Holstein (Anz. 23, 179 — Kiel).

digung des Grundeigentümers führen würde (ALR § 85 I 22). Beim Übertritt von Weidevieh auf Stellen, an denen die Ausübung des Weiderechts unzulässig ist, kommt das Feld- und Forstpolizeigesetz zur Anwendung[83]. Krankes Vieh darf nicht auf die Weide gebracht werden, weil hierdurch die Gefahr der Ansteckung für das eigene Vieh des Grundeigentümers begründet wird. — (Vgl. ALR § 87/8 I 22). Für den Auftrieb von Ziegen bestehen gleichfalls gewisse Schonvorschriften zugunsten von Bäumen, Hecken usw. (§ 130 ALR, Rescr. vom 24. 11. 1794, Koch hinter § 130)[84].

Selbstverständlich darf der Weideberechtigte das Gras nicht abmähen lassen, auch wenn er es zum Füttern des weideberechtigten Viehs verwenden will.

Jede lästige Neuerung bei Ausübung einer Dienstbarkeit ist unzulässig. Der Weideberechtigte ist deshalb nicht befugt, von der früheren Ausübung der Weidegerechtsame abweichend, die Herde in einzelne Haufen abzuteilen, z. B. die Hut mit zwei Herden auszuüben[85]. Das gilt zum mindesten für ein Hutrecht, welches auf Grund der Ersitzung oder unvordenklichen Verjährung beansprucht wird[86].

Wie nach früherem Recht kann der Berechtigte auch heute um des Weiderechts willen den Eigentümer des beweideten Grundstücks nicht daran hindern, mit der Benutzungsart seines Grundstücks zu wechseln, von Acker- zum Wiesenbau überzugehen und umgekehrt, sofern dadurch der Weidebedarf nicht etwa unverhältnismäßig geschmälert wird[87].

Zur schonenden Ausübung gehört auch, daß der Eigentümer berechtigt ist, den beweideten Wald zu Zwecken der Forstaufsicht zu bebauen (§ 82 I 22)[88], ferner einen angemessenen Teil der Feldflur zur Bestellung einzuhegen (§§ 119ff. ALR I 22)[89]; ob die früheren Bestimmungen des preußischen Landeskulturedikts (§ 11ff., vgl. auch § 181ff. GTO), wonach ein Drittel des Weidelandes dem Eigentümer freigelassen werden mußten (sog. „hutfreies Drittel"), noch formell in Gültigkeit sind, erscheint zweifelhaft — materiell sollten auch sie als Auslegungsnormen herangezogen werden. Das gleiche gilt für die sog. „Hegeweiden" des Preußischen Rechts (§§ 125ff. ALR I 22, GTO §§ 171—173).

Über die Reihenfolge des Auftriebs von Weidevieh bestimmt das Herkommen[90], ergänzende gesetzliche Vorschriften gibt ALR I 22 §§ 128/9.

---

[83]) Über die Pflicht, die Weide einzuzäunen („Wer Vieh weidet, muß Vieh hüten") in Schlewig-Holstein vgl. SchleswHolst. Anz. 20, 149 gegen 21, 75.

[84]) Provinzialrechte: Pommern § 252f., Paderborn § 57, Recklinghausen § 12, Lingen § 20, Oberlausitz § 82, Eichsfeld § 147, Magdeburg § 169.

[85]) Vgl. dagegen SeuffA 4 Nr. 14; 16 Nr. 197.

[86]) Vgl. SeuffA 16 Nr. 196.

[87]) ALR I 22 §§ 80, 81; OTr. 27, 361, wo ausgeführt ist, daß bei Wechsel der Kulturart auch diejenigen Vorschriften für die neue Kulturart Platz greifen, die den Berechtigten gegen die frühere Kulturart vorteilhafter stellen (längere Weidezeit usw.); StriethA 23, 31; 47, 18; 58, 149. Ebensowenig kann der Inhaber des Weiderechts den Belasteten zu Kulturveränderungen zwingen, § 115 I 22 ALR.

[88]) StriethA 6, 180.

[89]) StriethA 11, 97; Scholz-Hermensdorff 191 Z. 1; ProvR Eichsfeld § 151.

[90]) Märkisches ProvR § 74, Bender, Frankfurter PrR 241, Magdeburg § 161.

Die wichtigste Schonvorschrift ist das Verbot unzeitigen Hütens. Die Zeit der Hütung bestimmt das örtliche Herkommen (§ 117 I 22 ALR)[91]), für die Schäfereigerechtigkeit (s. oben IV) geben §§ 164ff. ergänzende Vorschriften. Hiernach besteht ein Verbot der Saathütung vor Weihnachten schlechthin, nach Weihnachten ist sie nur bei hartem und trockenem Frost gestattet und ist bei Tauwetter einzustellen. Auf bestellten Gärten und Ackerstücken ist die Hut untersagt (§ 161 I 22)[92]).

Bezüglich der Wiesenhütung verbietet das Landrecht wie auch das gemeine Recht die Hütung bei „geschlossener Zeit", deren Beginn und Dauer dem Ortsgebrauch unterliegt (§§ 109f. I 22)[93]). Schlechthin verboten ist die Behütung nasser, durchbrüchiger Wiesen (§ 112 ebd., § 21f. Landeskulturedikt von 1811)[94]). Für Wiesen, die zwischen Äckern liegen (Feldwiesen) gilt die gleiche Schonzeit wie für die Äcker selbst (§ 113).

Die Umwandlung ein- oder zweischüriger in mehrschürige Wiesen[95]) ist nach § 111 I 22 und Landeskulturedikt § 23 dem Eigentümer gestattet, jedoch hat er für die damit verbundene Minderung des Weiderechts den Berechtigten angemessen zu entschädigen.

Besonderes gilt für Hut im Walde. Hier bestimmt in Erweiterung der §§ 170ff. I 22 das Landeskulturedikt in den §§ 27ff., daß die Waldweide dem Bedürfnis der Forstkultur nachzustehen habe, das insbesondere Waldschonungen von der Hut freizustellen sind. Nur für ganz unentbehrliche Waldweiden können die Auseinandersetzungsbehörden einen billigen Ausgleich schaffen. Die Provinzialrechte geben Einzelbestimmungen; meist wird die Weide so lange verboten, als das Vieh „die Spitzen des jungen Aufschlags mit den Mäulern erreichen kann"[96]).

§ 34. Forstberechtigungen in den ehemals preußischen Gebieten[1])

I. Begriff; Abgrenzung von den öffentlichen Nutzungsrechten

Unter Forstberechtigungen im weiteren Sinne versteht man alle auf einer Waldung als dienendem Grundstück ruhenden dinglichen Lasten; dazu würden dann auch Fahrtrechte oder Wasserleitungsrechte, mit denen ein Wald belastet ist, gehören. Im engeren und eigentlichen, auch den nachstehenden Ausführungen zugrunde gelegten Sinn hat man jedoch unter Forstberechtigung nur dingliche Rechte zu verstehen, welche ein Recht

[91]) Provinzialrechte: Theobald, Kurhess. Zivilr. 151, Herzogtum Westfalen §§ 50ff., Siegen § 15, Sachsen § 572f.; Magdeburg § 158, Wernigerode § 4.

[92]) ProvR: Märk. ProvR § 75, Scholz-Hermensdorff 191 Z. 2, Minden § 44, Recklinghausen § 24, Lingen § 15, Oberlausitz § 84, Schlesien § 46, Eichsfeld § 162, Magdeburg § 164ff.

[93]) ZPLKG 29, 150; Märk. ProvR § 72, Scholz-Hermensdorff 190, Z. 1 (Mark); Theobald a.a.O. 151 (Kurhessen); Bertram, Nassauisches PrR § 256; Strombeck, Halberstädter ProvR § 42; Siegen §§ 9ff.; Ostrheinische ProvR §§ 97, 98.

[94]) Zwingendes Recht, keine Ersitzung dagegen PräjS I 132; StriethA 12, 254. Vgl. ZPLKG 10, 161. Bei der Ablösung wird die Behütung solcher Wiesen nicht mitgerechnet, ZPLKG 29, 147.

[95]) Vgl. ZB Platner, Sachenrecht 253.

[96]) So Pommersches ProvR § 475. Ähnlich Oberlausitz §§ 85ff., Ostrhein. PartR § 399 (Trier); Sachsen § 584, vgl. auch Eichsfeld §§ 163ff., Berg §§ 766ff.; Rhein. Recht: RheinA 38 I 196.

[1]) Dickel, Forstzivilrecht 917ff., 1018ff.

auf den Bezug von Waldnutzungen gewähren[2]). Dabei sind je nach der von der Berechtigung erfaßten Nutzung drei Gruppen zu unterscheiden: das Recht zum Bezug von Holz, von Streu und zur Waldweide.

Vielfach stehen die Waldungen im Eigentum der Gemeinden[3]). Soweit Nutzungsrechte an Waldungen, die zum unverteilten Gemeindevermögen gehören, in Frage stehen, kann es zweifelhaft sein, ob diese Nutzungsrechte im Gemeindeverband wurzeln, oder ob sie völlig unabhängig von dem Verhältnis der Gemeindezugehörigkeit lediglich ein privatrechtliches Rechtsverhältnis zwischen dem Berechtigten und der Gemeinde als der Eigentümerin des belasteten Waldes darstellen. Die Unterscheidungsmerkmale sind oben § 33 I dargelegt. Die nachstehenden Ausführungen beziehen sich nur auf die privatrechtlichen Forstnutzungsrechte.

Die Holznutzungsdienstbarkeit ist durch die im folgenden zu besprechenden Bestimmungen begrenzt; wenn der Nutzungsberechtigte die ungeschränkte Ausnutzung des Holzbestandes besaß, hielt ihn das ALR im Zweifel für den Waldeigentümer. Diese im § 197 niedergelegte Rechtsvermutung kann heute nur noch als tatsächliches Indiz verwertet werden.

II. Beschränkung der Begründung neuer Forstberechtigungen[3a])

Hier gelten die gleichen Bestimmungen der Gemeinheitsteilungen, der Deklaration vom 31. 3. 1841 und des Abänderungsgesetzes vom 2. 3. 1850, welche für die Weiderechte oben (§ 33 II) dargelegt worden sind. Es kann auf diese Ausführungen verwiesen werden

III. Rechtliche Natur der Forstberechtigungen

Die dem Privatrecht zugehörigen dinglichen Forstberechtigungen sind in der Regel Dienstbarkeiten, und zwar Grunddienstbarkeiten, wenn sie mit einem herrschenden Grundstück verbunden sind[4]), im anderen Fall

---

[2]) GTO § 2. Vgl. BlAdmPr. 56, 161. Eine Aufzählung der Waldnutzungen findet sich z. B. im Oberlausitzer ProvR § 76.

[3]) Die Nutzung der im Eigentum der Gemeinden und öffentlichen Anstalten stehenden Waldungen ist im ehemaligen Preußen durch das Gesetz vom 14. 8. 1876 staatlicher Aufsicht unterstellt. Das Gesetz gilt nur für die sechs östlichen Provinzen; für Rheinland und Westfalen VO vom 24. 12. 1876. Über Schutzwaldungen vgl. Gesetz vom 6. 7. 1875.

[3a]) Im übrigen vgl. für a) Baden: Art. 25 BadAG — RegBl. 25, 283 ff. — sowie das Forstgesetz vom 15. 11. 1833 mit zahlreichen späteren Änderungen; b) die frühere bay. Pfalz: Art. 86 BayAG; c) Hessen: Art. 93 Abs. 1 HessAG und Ablösungsgesetz vom 2. 3. 1850 sowie Gesetz betr. Ausübung der Stockholzberechtigungen vom 15. 7. 1911; d) Lippe: Gesetz vom 14. 11. 1900 über Ablösung der Holz- und Streuberechtigungen (LV 37, 177) und Gesetz vom 30. 7. 1917 (GS 1003); e) Württemberg: Art. 243 WürttAG — RegBl.. 31, 545 ff. — und Gesetz vom 14. 4. 1848 über die Beseitigung der auf dem Grund und Boden ruhenden Lasten.

[4]) SeuffBl. 21, 228 (Vizinität nicht erforderlich).

persönliche Dienstbarkeiten (vgl. § 20 I 22 ALR)[5]). Daneben kommt die Forstberechtigung auch als Reallast vor; die Grenze zwischen Grunddienstbarkeit und Reallast wird durch den Grundsatz: „servitus in faciendo consistere nequit" (s. oben § 30 III 6) gezogen. In jenen Fällen, in welchen der Eigentümer des zu dienenden Grundstücks nicht zu einem bloßen Dulden, sondern zu einem selbständigen Handeln verpflichtet ist, hat man es mit einer Reallast zu tun[6]). Der Grundsatz „servitus in faciendo consistere nequit" leidet jedoch keine Anwendung auf eine solche dem Eigentümer des dienenden Grundstücks obliegende Mitwirkung bei der Ausübung des Rechts, welche vorzugsweise den Zweck hat, den Eigentümer gegen eine mißbräuchliche oder unwirtschaftliche Ausübung des Rechts zu schützen[7]), hierher gehört bei den Forstrechten die Verpflichtung des Eigentümers zur Anweisung des Rechtholzes, auch zum Fällen[8]), sofern diese Mitwirkung nachweislich nur zur Sicherstellung des Eigentümers vor mißbräuchlicher Ausübung des Rechts dienen soll. Bewirkt der Eigentümer außerdem noch das Auf- und Abladen sowie die Anfuhr, so liegt Reallast vor[9]). Streit

---

[5]) Es ist aber zu beachten, daß das bisherige Recht Grunddienstbarkeiten kannte, die nicht mit einem herrschenden Grundstück verbunden waren, sondern der Gemeinde als solcher zustanden. S. darüber oben § 30 III 3. Wenn es sich um ein Rechtsverhältnis handelt, welches auf dem Gemeindeverband ruht (wie die den Gemeindemitgliedern auf einer Nachbarflur zustehende Weide oder das von den Gemeindegliedern auszuübende Holzrecht im Wald der Gutsherrschaft), so erweckt es äußerlich den Anschein, als ob nur die einzelnen Gemeindeglieder Träger des Rechts seien. Näher betrachtet, hat jedoch ein solches Rechtsverhältnis eine doppelte Natur. Ihrem Grundgedanken und ihrer geschichtlichen Entstehung nach ist die Gemeinde als solche Trägerin der Gerechtsame; die einzelnen Bezugsrechte stehen aber den einzelnen Gemeindegliedern zu, die dieserhalb klagen und verklagt werden können. Unabhängig davon ist aber auch die Gemeinde aktiv und passiv legitimiert, wo es sich um die Gerechtsame als solche (um die Bezugsrechte aller) handelt (OAG Jena 1833 bei Matthiae, ContrLex. 2, 145). Für den Anspruch auf Schadenersatz wegen vorenthaltener Nutzungen ist die Gemeinde in einem solchen Fall nicht aktiv legitimiert (SeuffA 6 Nr. 136 u. Nr. 309). Die von einer Gemeinde durch Verjährung erworbene Grunddienstbarkeit auf den Bezug von Holz oder Streu, deren Nutzung den einzelnen Gemeindemitgliedern zusteht, erstreckt sich auch auf den Bedarf der erst nach dem Beginn oder nach der Vollendung der Verjährung hinzukommenden Mitglieder, falls nicht besondere Gründe für eine Beschränkung auf eine bestimmte Zahl oder Klasse von Mitgliedern vorhanden sind. Anders verhält es sich aber, wenn das Holzungsrecht auf einer Verleihung beruht, da Rechte aus Verleihungen der striktesten Auslegung unterliegen und daher anzunehmen ist, daß bei einer verliehenen Holzgerechtsame nicht die Zahl der Gegenwart, sondern die Stellenzahl zur Zeit der Verleihung über den Umfang der gebührenden Holzbezüge entscheidet (SeuffA 3 Nr. 300).

[6]) SeuffA 5 Nr. 6; vgl. BayZ 07, 205; StriethA 20, 54. (Darreichung bestimmter Holzmengen durch den Forsteigentümer als Ersatz für die Holzungsgerechtigkeit.) Foerster-Eccius III 414, ZPLKG 39, 17.

[7]) OTr 42, 196; 68, 125; Bolze 7 Nr. 73; Dernburg SR 559; A. M. Maenner 275.

[8]) SeuffBl. 21, 230; StriethA 57, 192.

[9]) StriethA 26, 302; And. Ans. RG i. JW 88, 314. Wenn der Waldeigentümer dem

bestand in der preußischen Rechtsprechung darüber, ob die auf Antrag der Berechtigten aus einer ungemessenen in eine gemessene umgewandelte — „fixierte" — Brennholzberechtigung (s. unten IV) eine Reallast sei oder nicht. Auch hier hat die Praxis schließlich auf die Natur des einzelnen Falles abgestellt[10]).

Der Umstand, daß die Ausübung der Forstberechtigung von einer Gegenleistung abhängig ist (vgl. § 30 III 7), verträgt sich nach der Auffassung des bisherigen und des jetzigen Rechts mit einer Grunddienstbarkeit. So wird insbesondere im Gebiet des gemeinen Rechts und des ALR das Recht zum Bezug von Holz gegen ein an den Eigentümer des Waldes zu entrichtendes Anweisgeld als Dienstbarkeit aufgefaßt[11]); ebenso eine Berechtigung, Holz um den laufenden Preis oder um die Forsttaxe aus einem fremden Wald zu beziehen[12]).

IV. Gemessene und ungemessene Forstberechtigungen

Der Umfang ungemessener Berechtigungen richtet sich nach dem Bedürfnis des berechtigten Grundstücks (§ 203 I 22 ALR — vgl. oben § 31 II). Dahin rechnen die Bedürfnisse des Eigentümers nur, wenn er auf dem berechtigten Grundstück wohnt (§ 205 ebd.), ferner sind einbegriffen die persönlichen Bedürfnisse der auf dem Gute wohnenden Pächter und Wirtschaftsbeamten, sowie der Altsitzer des Gutes (§ 206 ebd.)[13]). Es kann aber jeweils nur das dem Bedürfnis e i n e s Jahres entsprechende Holz gefordert werden (§ 204); Nachforderungen für verabsäumte Geltendmachung sind unzulässig[14]), wohl aber kann der Berechtigte vom Eigentümer für verweigerte Nutzungen Entschädigung gemäß § 812, § 823 Abs. 2 BGB in Verbindung mit §§ 201, 204 fordern[15]). Verkauf des zum Bedürfnis des herrschenden Grundstücks bezogenen Holzes verpflichtet zum Schadenersatz an den Eigentümer (§ 237 — Ausnahme § 238f. — und ist strafbar). Anders liegt es mit dem auf Grund einer bemessenen Berechtigung Bezogenen, das vom Berechtigten beliebig verwertet, auch verkauft werden kann[16]).

Wird das herrschende Grundstück geteilt, so geht nach § 1025 BGB die Grunddienstbarkeit anteilig auf die Teilgrundstücke über, es sei denn, daß sie nur einem der Teile zum Vorteil gereicht, dem sie dann allein verbleibt. Die Ausübung nach der Teilung darf jedoch den Belasteten nicht stärker beschweren. Hier schied die preußische Rechtsprechung zwischen Brenn- und Bauholzgerechtigkeit. Erstere haftete unteilbar an der Feuerstelle, für die sie begründet war, eine Vermehrung der Feuerstellen durch Abveräußerung vermochte das Waldgrundstück nicht stärker zu belasten. Die Bauholzgerechtigkeit haftete an den Gebäuden des herrschenden Grund-

---

Berechtigten jährlich bestimmte Mengen g e s c h l a g e n e n Holzes zu liefern hat, so hat man es nach ALR mit einer Reallast zu tun. (SeuffA 78 Nr. 189 RG.)

[10]) Vgl. Koch Bem. 11 zu § 235 I 22.

[11]) Sog. Stammgeld OTr. 25, 77; StriethA 11, 193; SeuffBl. 31, 269 und 368.

[12]) SeuffBl. 13, 286; 31, 269. [13]) OTr. 71, 166. [14]) Koch Bem. 68 zu § 204

[15]) Schon OTr. 71, 166 gewährte einen persönlichen Ersatzanspruch.

[16]) Koch Bem. 11 zu § 235 I 22; Dernburg SR 598 Anm. 9.

stücks, die bei Erwerb des Rechts vorhanden waren; sie folgte ihrem rechtlichen Schicksal und ging anteilig auf die abveräußerten Grundstücke über[17]). Die vorstehend geschilderten Rechtsgedanken passen auch heute noch für die Auslegung des § 1025 (s. oben § 31 VIII 1).

Dies führt zu der Frage, inwieweit ein vermehrtes Bedürfnis des herrschenden Grundstücks zu berücksichtigen ist (vgl. hierzu oben § 31 II). Bei der Bauholzgerechtigkeit hat die Rechtsprechung des Obertribunals[18]) auf Grund der §§ 208 ff. I 22 sich dahin ausgesprochen, daß die Gerechtigkeit das Wachstum des Bedürfnisses bis zur Gegenwart deckt, aber nur bezüglich derjenigen Gebäude, die bei Erwerb des Rechts vorhanden waren. Diese Gebäude dürfen gemäß den Bedürfnissen der Gegenwart erweitert, auch verlegt, selbstverständlich bei Zerstörung wiederhergestellt werden. Erfordert das Bedürfnis der Gegenwart, besonders auch eine vom Berechtigten herbeigeführte Kulturänderung[19]) neue Anlagen, so erstreckt sich die Bauholzgerechtigkeit hierauf nicht; ebensowenig deckt das Recht die Erweiterung des Gutsbestandes, die durch ein agrarrechtliches Auseinandersetzungs- oder Ablösungsverfahren herbeigeführt wurde[20]).

Eine wichtige Frage entsteht für die Gemeindeservituten. Deckt das Holzungsrecht auch das Bedürfnis derjenigen Grundbesitzer, die nach Erwerb des Rechts zum Gemeindebestand hinzugetreten waren? Das Rheinische Recht verneint die Frage. Das Gemeine und Preußische verneinen sie nur für durch Rechtsgeschäft erworbene Forstrechte[21]), für ersessene Rechte ist der Gemeindebestand bei Vollendung der Verjährung maßgebend, umfaßt also auch die zwischenzeitlich hinzugetretenen Mitglieder[22]).

Bei einer Brennholzgerechtigkeit kann der Berechtigte jederzeit die Umwandlung der ungemessenen in eine bemessene Last verlangen, bei anderen Forstrechten ist Vertrag notwendig (§ 235, 236 I 22; § 168 GTO). Durch die Begründung einer Forstgerechtigkeit wird die Mitbenutzung des Eigentümers grundsätzlich nicht ausgeschlossen (§ 226 I 22), es sei denn, daß bei dem Umfang des Rechts, insbesondere nach seiner vertraglich bestimmten Ausdehnung, eine Mitbenutzung des Eigentümers tatsächlich nicht in Frage kommen kann[23]). Wird der Wald unzulänglich, so hat bei festbestimmtem Nutzungsrecht der Eigentümer bis zur vollen Deckung des Berechtigten zurückzutreten[24]), bei unbemessenen Rechten tritt anteilige Ermäßigung ein (§ 227 I 22). Beruht dagegen die Un-

---

17) OTr 25, 258 (Brennholz); OTr. 67, 68 (Bauholz).

18) StriethA 1, 307; 6, 65 u. 137; 19, 148.

19) OTr. 36, 221 (Einführung des Tabakbaus).

20) StriethA 1, 307; OTr. 16, 219; 45, 182.

21) RheinArch. 32 I 274; 38 II A 3; 41 I 20. Ausn., wenn der Inhalt des Rechts „alle" Windbrüche des belasteten Waldgrundstücks umfaßt (RheinArch. 35 I 3).

22) OTr. 16, 18; 18, 274. Aktivlegitimation einzelner Gemeindeglieder OTr. 48, 259; 57, 311.

23) OTr. 39, 172; 33, 388; 83, 36.

24) Präj. 1499; PräjS I 133.

zulänglichkeit auf Verschulden des Eigentümers, so hat er zurückzutreten und ist dem Berechtigten ersatzpflichtig (§ 229)[25].

Der Eigentümer ist nicht berechtigt, durch willkürliche Änderung der Kultur des dienenden Grundstücks das Forstrecht hinfällig zu machen[26].

V. Einschränkung der Forstberechtigungen[27]

Der Berechtigte hat bei Ausübung seiner Berechtigung der allgemeinen Vorschrift des § 1020 BGB zufolge das Interesse des Eigentümers des belasteten Grundstücks tunlichst zu schonen. Daneben ist er aber auch bei Ausübung seiner Berechtigung an die genaue Befolgung der forstpolizeilichen Bestimmungen des Forstgesetzes gebunden (§ 215 I 22). Als forstpolizeiliche Vorschriften sind alle diejenigen Gebote und Verbote zu erachten, welche mit Rücksicht auf das öffentliche Interesse an der Erhaltung der Waldungen zu ihrem Schutz erlassen worden sind. Hierher gehören die Vorschriften der §§ 213 I 22 ALR; danach ist verboten, Holz ohne Wissen des Waldaufsehers zu fällen und abzuführen, an anderen als den vorgeschriebenen Holztagen Raff- und Leseholz zu sammeln (§ 218 I 22, § 26 Landeskult. Ed.), bei der Ausübung der Raff- und Leseholzgerechtigkeit Äxte, Beile usw. bei sich zu führen (§ 219 I 22).

Von großer Bedeutung sind auch die im Interesse der allgemeinen Forstkultur erlassenen Vorschriften des Gesetzes betr. die Verwaltung der den Gemeinden usw. gehörigen Holzungen vom 14. 8. 1876 und des Gesetzes vom 6. 7. 1875 über die Schutzwaldungen[28]. Hierzu kommen zahlreiche provinziale Normen[29].

VI. Arten der Forstberechtigungen

1. Das Beholzungsrecht (ius lignandi) kann auf Brennholz[30] oder Bauholz[31] gerichtet sein; es kann sich auf das Stockholz oder auf das Fallholz (Raff- und Leseholz)[32],

---

[25]) OTr. 20, 229; StriethA 61, 262.

[26]) Rehbein, Entsch. III 1058 Anm. 4;—RheinArch. 32 I 274; 41 I 20.

[27]) Durch Art. 113 EG sind die Vorschriften des Landesrechts über die Einschränkung der Dienstbarkeiten aufrecht erhalten. Unter diesen Vorbehalt fallen auch die forstpolizeilichen Vorschriften. BayZ 08, 114. Über die Frage, ob der Waldeigentümer Teilflächen des Waldes ohne Zustimmung der Forstberechtigten veräußern darf, s. Krieger, BayZ 13, 451.

[28]) DernburgSR § 74.

[29]) Vgl. die „Bondenholzberechtigung" in Schleswig-Holstein. SchleswHolstAnz. 03; 106; Kähler 506; Dickel-Forstzivilrecht 1032.

[30]) Begriff OTr. 9, 36. Wer Recht auf Brennholz hat, braucht sich nicht auf Raff- und Leseholz verweisen lassen, er kann selbst schlagen. OTr. 9, 36; 79, 212. Nach der Rechtsprechung der Auseinandersetzungsgerichte begreift dieselbe alles zum Bau, Unterhaltung und Wiederherstellung erforderliche Holz, gleich ob es sich um Zimmer- oder Tischlerarbeiten handelt. ZPLKG 11, 81 Nr. 299.

[31]) Bauholzberechtigung einer Mühle umfaßt das Schirrholz. Koch Bem. 63 zu § 201.

[32]) Begriff: ALR I 22 § 215; OTr. 79, 212; StriethA 92, 117; vgl. Pommersches ProvR § 262. Gemeinrechtlich versteht man unter „Raffholz" oder „Leseholz" das ab-

Spechtholz[33]), Pollsoorenholz[34]), Windfallholz[35]) oder auf das von den gefällten Bäumen zurückgelassene Reisig (Abraum) beschränken[36]). In einem solchen Recht auf das Raff- und Leseholz ist das Recht auf das Lagerholz (infolge Alters umgefallene Bäume) so wenig enthalten wie auf Windbrüche[37]) oder auf stehendes abgestandenes Holz[38]), vgl. ALR I 22 §§ 214 bis 217, 224 LandkultEd. § 26. Die Berechtigten müssen sich zuweilen die Anweisung bestimmter Reviere und bestimmter Holztage gefallen lassen (ALR I 22 § 218)[39]). Wenn einem Anwesen die Holzungsgerechtigkeit ohne nähere Bestimmung eingeräumt ist, dann kommt es auf die Auslegung des Begründungsaktes an; einen wichtigen Auslegungsbehelf bietet die bisherige Übung; im Zweifel wird man darunter nach Gemeinem Recht nur die Berechtigung zum Bezuge des Brennholzbedarfes, nicht auch zum Bezuge des Bauholzes zu verstehen haben[40]), während ALR I 22 § 201 beide Rechte umfaßt. Ist eine Bauholz- und Brennholzberechtigung nebeneinander zuständig, so bestehen zwei rechtlich voneinander unabhängige Dienstbarkeiten, von denen die eine selbständig abgelöst werden[41]) oder durch Nichtgebrauch untergehen kann, während sich die andere erhält[42]).

Ist das Holzbezugsrecht auf eine Holzart beschränkt, so ruht das Recht, solange die betreffende Holzart in dem Walde nicht mehr anzutreffen ist, doch hat der Berechtigte den Anspruch auf Wiederanpflanzung. Eine Pflicht des Eigentümers zur Schadloshaltung, und zwar in der Regel durch Zuweisung anderen Holzes, besteht dann, wenn der Mangel der Holzart von dem Eigentümer selbst herbeigeführt ist (ALR I 22 §§ 231—234).

Bei ungemessenen Berechtigungen bemißt sich der Umfang des Rechts nach dem Bedürfnis (s. oben IV).

---

gefallene Holz, welches so beschaffen ist, daß es ohne Axt und Schneideinstrument gesammelt, in Trachten zerknickt und auf den Schultern nach Hause gebracht werden kann (Hagemann 268).

33) Unter „Spechtholz" wollen die Holzberechtigten meistens alle kranken Bäume begreifen, welche der Specht besucht, um die unter ihrer Rinde befindlichen Würmer herauszuholen. In der Regel wird man aber darunter nur die dürren Äste zu verstehen haben, die noch nicht abgefallen sind (Hagemann 268 Anm. 4).

34) Unter Pollsoorenholz sind wipfeldürre Bäume zu verstehen (Poll bedeutet Wipfel). Hagemann 268 Anm. 7.

35) Wenn gesunde oder grüne Bäume von der Gewalt des Windes so umgeworfen sind, daß sie mit ihren Wurzeln aus der Erde gehoben sind, so nennt man diese Bäume Windfall. Hat dagegen der Wind den Stamm gebrochen, so daß die Wurzeln noch im Boden stecken, so heißen sie Windbrüche oder Windbranken. Steht die Berechtigung zu einer Gattung des Windfalls zu, so ist darin nicht ohne weiteres das Recht auf die andere Gattung eingeschlossen (Hagemann 349).

36) Vgl. SeuffA 11 Nr. 124; 24 Nr. 14; 38 Nr. 10; RheinArch. 41 I 23. Über Abraum vgl. StriethA 92, 117.

37) Wer das Recht auf Windbruchholz hat, hat noch nicht das Recht auf Schnellbruchholz (ZPLKG 11, 79 Nr. 287).

38) OTr. 19, 484; 20, 442; 21, 122. Dernburg SR 597; BayOGHSt. 4, 46. Provinzialrecht: Paderborn § 54, Oberlausitz § 109.

39) Provinzialrechte: Pommern § 263; Oberlausitz § 105; Eichsfeld § 137; Sachsen §§ 600ff.; Berg § 743, 750. Ostrhein. PartikR §§ 409ff. (Trier). Rheinisches Recht: RheinArch. 42 I 49; 25 I 227; 35 I 3; 38 I 92.

40) Holzschuher, Theor. u. Kas. 2, 166.

41) SeuffBl. 27, 377.

42) Dernburg, Sachenrecht 597.

2. Die Streugerechtigkeit oder Waldstreuberechtigung besteht in der Befugnis, abgefallenes Laub, Nadeln, Moos usw. zum Unterstreuen unter das Vieh zwecks Dungbereitung zu beziehen (§ 1 Vorläuf. VO vom 5. 3. 1843, GS 105[43]). Der Streuberechtigte darf die Streu nur mit besonderer Legitimation des Eigentümers holen, widrigenfalls er der Strafe des § 40 Z. 2 FuFPG verfällt. Das Recht ist nur im Winterhalbjahr und an festgesetzten Tagen ausübbar (§§ 3 ff. VO). Provinzialrechte verbieten es teilweise ganz[44]). Die Anwendung eiserner Rechen ist verboten (§ 4e VO).

3. Das Mastungsrecht ist die Befugnis, Schweine in den Wald eines anderen zu treiben, um sie von den darin befindlichen Mastfrüchten, insbesondere Eicheln und Bucheckern, Haselnüssen (Baummast oder Obermast) zu nähren[45]). Sie begreift aber außer der Baummast der Regel nach auch die Erdmast oder Untermast (Wurzeln, Kräuter, Schwämme, Gewürm) in sich[46]). Ist die Zahl der Schweine ungemessen, so ist das Bedürfnis des herrschenden Guts maßgebend. Es folgt daraus regelmäßig, daß der Berechtigte nicht mehr Schweine in den Wald treiben darf, als er zu seinem Hausgebrauch benötigt[47]). Verschiedene gemeinrechtliche Rechtslehren wollen die Mastgerechtigkeit, wenn deren Umfang unbestimmt ist, nur bei voller, nicht auch bei halber Mast zur Ausübung zulassen[48]). Indes ist richtiger Ansicht nach in diesem Fall die Ausübung auch bei halber Mast zulässig, nicht jedoch bei Spreng-, Fasel- oder Nachmast, sofern nicht durch Vertrag oder Herkommen eine solche Ausdehnung begründet ist[49]). Wenn bestimmt bloß die volle Mast verliehen ist, so besteht kein Anspruch auf die halbe Mast[50]).

Die Weideberechtigung begreift das Mastungsrecht nicht in sich. Solange volle, dreiviertel, halbe oder viertel Mast ist, darf der Weideberechtigte sein Vieh nicht in das Mastholz treiben (vgl. § 187 I 22 ALR); während der Spreng- oder Faselmast und während der Nachmast darf dies geschehen; aber der Weideberechtigte kann den Waldeigentümer bzw. den Mastungsberechtigten nicht hindern, während dieser Zeit seine Schweine an die Stellen, wo sich die Mast befindet, zu treiben[51]).

Der zur Mast Berechtigte darf nur die großen, fehmfähigen Schweine (Mastschweine) und nicht die Ferkel oder die zur Zucht bestimmten Schweine in die Mast bringen[52]), sofern der Berechtigte nicht dieses Recht besonders nachweist. Ist die Zahl der Schweine nicht bestimmt, so darf der Mastungsberechtigte keine fremden Schweine auftreiben[53]).

Der Waldeigentümer wird durch die Mastgerechtigkeit eines Dritten regelmäßig nicht gehindert, seine Schweine ebenfalls in die Mast zu treiben; nur darf er weder die Bäume schütteln, noch die Eicheln auflesen lassen[54]).

Findet sich in alten Urkunden der Ausdruck: „Wenn Gott Mast bescheert", oder „wenn Mast vorhanden", so hat man darunter im Zweifel die volle Mast zu verstehen, so daß, wenn unter dieser Voraussetzung 20 Schweine zum Eintrieb zuständing sind, bei halber Mast auch nur die halbe Zahl von Schweinen eingetrieben werden darf[55]).

---

43) RheinArch. 14 I 50; 39 I 46; 35 I 49.
44) Recklinghausen § 22.
45) Dernburg 600; Holzschuher a. a. O. 167.
46) Hagemann 347.
47) Holzschuher a. a. O. 167; Strube, Rechtl. Bedenken 1, 299.
48) Hertel „De eo quod iustum est circa ius glandis legendae" (Jena 1742) § 37; Schröter, JurAbh. 1, 423.
49) Hagemann 346; Strube a. a. O. 1, 298.
50) Strube a. a. O. 1, 298.
51) Hagemann 346.
52) Hagemann 347.
53) Strube 1, 299.
54) Hagemann 348 Anm.
55) Hagemann 348.

Die Mastzeit ist nach dem Begründungsakt und dem Herkommen verschieden. Zumeist dauert sie von Michaelis bis Nikolai (6. Dezember), wo alsdann die Nachmast anfängt, die mit der vollen Aufzehrung des Mastrechts endigt[56]).

Gemeinrechtlich ist in dem Mastungsrecht die Befugnis zum Eichellesen nicht ohne weiteres enthalten (vgl. dagegen ALR §§ 187ff. I 22).

Das Recht des Mastungsberechtigten ist teils überhaupt, teils dem Umfang nach davon abhängig, in welcher Menge Mastfrüchte vorhanden sind. Vielfach ist die Ausübung nur bei sog. „voller Mast" und zu bestimmten Jahreszeiten zulässig, bei Sprengmast ist nach § 194 I 22 ALR das Recht auf das Lesen der Früchte beschränkt.

Bei der Zahl nach ungemessenem Mastungsrecht ist durch Sachverständige zu ermitteln, wann volle, dreiviertel, halbe oder Viertelmast stattfindet (§ 191 I 22 ALR), ferner wieviel Mastschweine bei voller Mast eingetrieben werden können; hiernach richtet sich, wieviel bei dreiviertel, halber oder Viertelmast eingetrieben werden dürfen. Volle Mast nimmt man an, wenn die Eicheln, namentlich auf den Sommereichen, recht reif, voll und zahlreich sind. Wenn bloß Buckeckern geraten sind oder wenn zwar die meisten Eichen Mast haben, aber nicht recht vollsitzen, so wird der Vorrat die halbe Mast genannt. Sitzen die Eichen nur an einigen Orten des Reviers voll, so spricht man von ⅓, und wenn nur die Wipfel mit Früchten besetzt sind, von ¼-Mast. Sind im ganzen Forst nur einzelne wenige Bäume mit einigen Früchten versehen, so spricht man von Fasel, Spreng- oder Laufmast. Die volle Mast dauert gewöhnlich 10—12 Wochen; in 18 Wochen pflegt die Vor- und Nachmast beendigt zu sein. Faselmast nennt man, was für Faselvieh oder Faselschweine, d. h. zur Zucht bestimmte oder magere Schweine ausreicht. Fehmschweine ist gleichbedeutend mit Mastschweinen[57]). „Einfehmen" bedeutet die Schweine in die Mast nehmen; „ausfehmen" bedeutet, sie wieder herausnehmen. Das Fehmgeld ist der Betrag, der dem Waldherrn für die Überlassung der Mast bezahlt wird.

VII. Ablösung der Forstrechte

Hierüber geben die Gemeinheitsteilungen und Ablösungsgesetze genaue Vorschriften (§§ 118ff. GTO, ErgänzgsGes. 2. 3. 1850 § 4 usw.). Zu bemerken ist, daß bei der Ablösung der Brennholzgerechtigkeit das auf dem herrschenden Grundstück vorhandene Material mitveranschlagt und in Abzug gebracht wird, so weit das Gegenteil nicht ausdrücklich ausbedungen ist (Dekl. v. 29. 5. 1816 Art. 96).

§ 35. Erwerb der Grunddienstbarkeiten nach dem geltenden Recht

Bis zu dem Zeitpunkt, in welchem das Grundbuch als angelegt anzusehen war, erfolgte die Begründung der Grunddienstbarkeiten nach den bisherigen Gesetzen (Art. 189 EG; s. hierüber unten § 36), von da ab natürlich nach dem Recht des BGB[1]).

---

[56]) Hagemann 346.

[57]) Hagemann, Landwirtschaftsrecht 344. Provinzialrechte: Pommern § 256; Eichsfeld §§ 169ff,; Ostrhein. PartR (§§ 404ff., Trier).

[1]) Soweit nicht etwa Landesrecht aufrecht erhalten ist, z. B. für das Agrarrecht nach Art. 113 EG, für Bestellung von Grunddienstbarkeiten im Wege öffentlichen Rechts nach Art. 111 EG.

I. Dinglicher Vertrag und Eintragung

Von dem Zeitpunkt an, in welchem das Grundbuch als angelegt anzusehen ist, kann eine Grunddienstbarkeit nur durch dinglichen Vertrag in Verbindung mit der Eintragung auf dem belasteten Grundstück entstehen.

Einen anderen Entstehungsgrund als den der rechtsgeschäftlichen Begründung oder Bestellung läßt das BGB, abgesehen von der praktisch bedeutungslosen Tabularersitzung des § 900 Abs. 2, nicht zu. Eine (nicht im Grundbuch eingetragene) Grunddienstbarkeit kann also von dem Zeitpunkt an, in welchem das Grundbuch als angelegt anzusehen ist, durch Ersitzung nicht mehr erworben werden[2]). Dies gilt auch für die buchungsfreien[3]) und im Grundbuch nicht eingetragenen Grundstücke.

Bei jeder rechtsgeschäftlichen Begründung von Grunddienstbarkeiten sind drei verschiedene Vorgänge auseinander zu halten:

1. Das formlose obligatorische Grundgeschäft (Kausalgeschäft), durch welches die obligatorische Verpflichtung zur Bewirkung der Rechtsänderung (hier zur Bestellung der Grunddienstbarkeit) eingegangen wird. Ein solcher auf Begründung einer Grunddienstbarkeit gerichteter Vertrag erzeugt für sich allein keine dingliche Wirkung. Der Sondernachfolger desjenigen, welcher diese Verpflichtung zur Bestellung eingegangen hat, ist also hieran nicht gebunden, wohl aber der letztere selbst mit der Wirkung, daß sein Vertragsgegner Erfüllung des Vertrages verlangen und im Klageweg erzwingen kann[4]). Der Vertrag wird erfüllt durch Bewirkung der dinglichen Rechtsänderung, d. i. durch Bestellung der Grunddienstbarkeit (s. unter 2).

Dabei besteht nun gegenüber den Formvorschriften bisheriger Rechtsquellen (namentlich des ALR) ein weittragender Unterschied. Alle diese Formvorschriften des bisherigen Rechts sind für das Kausalgeschäft mit dem 1. 1. 1900 gefallen; von da ab, nicht etwa erst von dem Zeitpunkt, in welchem das Grundbuch als angelegt anzusehen ist, ist ein solcher Vertrag ohne jede Form, also auch bei bloßer Mündlichkeit obligato-

---

[2]) HansGZ 18 Beibl. 132 (Hamburg).

[3]) Nach Art. 128 EG sind die landesgesetzlichen Vorschriften über die Begründung und Aufhebung einer Dienstbarkeit an einem Grundstück, das im Grundbuch nicht eingetragen ist und nach den Vorschriften der GBO nicht eingetragen zu werden braucht, unberührt geblieben. Von diesem Vorbehalt haben nur Braunschweig (§ 51 AG); Hamburg (§ 43 AG); Lippe (§ 31 AG); Württemberg (Art. 233 AG — RegBl. 31, 545) Gebrauch gemacht.

[4]) Während nach gemeinem und französischem Recht auch eine Bestellung dinglicher Rechte durch Vertrag zugunsten Dritter zulässig war (RG 47, 356), ist das jetzt nicht mehr möglich. Der Dritte (Begünstigte) muß bei der Einigung (s. im Text unter Z. 2) selbst mitwirken; die Vorschriften der §§ 328ff. sind auf den dinglichen Vertrag nicht anzuwenden (Wolff 99, RG 66, 99; KGJ 43, 229).

risch wirksam[5]). Geht der erklärte Vertragswille der Nachbarn dahin, eine Grunddienstbarkeit in dinglicher Weise zu begründen, ist aber dieser Wille mangels der erforderlichen Form nicht dinglich wirksam, so kann ein solcher dinglich unwirksamer Vertrag doch die obligatorische Bindung zur formgültigen Bestellung einer Grunddienstbarkeit in sich schließen[6]).

Über Fälle, in welchen es zweifelhaft ist, ob der Vertrag lediglich auf Begründung einer obligatorischen Verpflichtung oder auf die Verpflichtung zur Herbeiführung einer dinglichen Rechtsänderung gerichtet ist, s. oben § 30 I.

Über stillschweigende Bestellung von Grunddienstbarkeiten s. unten II.

2. Der dingliche Vertrag[7]). Das eigentliche Leistungsgeschäft (dinglicher Vertrag), durch welches der obligatorische Vertrag erfüllt wird, indem die dingliche Rechtsänderung herbeigeführt, im gegebenen Fall also die Grunddienstbarkeit bestellt wird. Diese Bestellung erfolgt durch einen abstrakten, von dem obligatorischen Vorvertrag (dem Kausalgeschäft) rechtlich losgelösten[8]), lediglich auf die dingliche Änderung gerichteten Vertrag (die sog. Einigung) und die auf Grund dieser Einigung zu vollziehende Eintragung im Grundbuch. Das BGB versteht unter Einigung im Sinne des § 873 BGB nur dieses abstrakte Leistungsgeschäft, d. h. die Erklärung des Eigentümers des einen Grundstücks, daß er für ein anderes Grundstück eine Grunddienstbarkeit bestelle und die Annahme dieser Erklärung durch den Eigentümer des anderen Grundstücks. Die Grunddienstbarkeit ist bestellt, d. h. mit dinglicher Wirkung begründet, wenn auf Grund dieser Einigung die Eintragung im Grundbuch erfolgt ist (§ 873 BGB).

Während sich also der Eigentümer durch das obligatorische Grundgeschäft verpflichtet, diejenigen Handlungen vorzunehmen, welche die Entstehung der Grunddienstbarkeit herbeiführen, erfüllt er diese seine Verpflichtung durch die Leistung des Versprochenen; das ist eben seine Mitwirkung zu dem dinglichen Vertrag, der darin besteht, daß der Eigentümer des einen Grundstücks erklärt, für ein anderes Grundstück die Grunddienstbarkeit zu bestellen und daß der Eigentümer des anderen Grundstücks diese Erklärung annimmt. § 873 Abs. 2 BGB bestimmt, daß

---

[5]) Staudinger B, I 1 a zu § 873 und IV 2 zu § 1018; Jacibezky in SeuffBl. 68, 449ff.; RG 48, 133; 54, 146; vgl. auch 86, 33; Habicht, Einwirkung 436; BayObLG 4, 737 und dortige Nachweise. Recht 15 Nr. 195 (RG). SeuffA 78 Nr. 26 (Hamm) stillschweigend übernommene Verpflichtung zur Bestellung einer Grunddienstbarkeit.

[6]) Zu formalistisch OLG 15, 367.

[7]) Staudinger Bem. B I 2 zu § 873.

[8]) RG 52, 114; 66, 99; 89, 371. Es ist deshalb für die Entstehung der Grunddienstbarkeit bedeutungslos, ob die Einigung mit dem Kausalgeschäft übereinstimmt oder nicht. RG a. a. O., vgl. auch JW 02, Beil. 195. Selbstverständlich kann das obligatorische Kausalgeschäft und die dingliche Einigung zeitlich und inhaltlich zusammenfallen.

vor der Eintragung der Grunddienstbarkeit im Grundbuch die Beteiligten an die Einigung nur gebunden sein sollen, wenn die Erklärungen gerichtlich oder notariell beurkundet oder vor dem Grundbuchamt abgegeben oder bei diesem eingereicht sind oder wenn der zur Bestellung der Grunddienstbarkeit Berechtigte dem anderen Teil eine den Vorschriften der Grundbuchordnung entsprechende Eintragungsbewilligung ausgehändigt hat. Das will besagen: Vor Eintritt einer der Voraussetzungen, die § 873 Abs. 2 BGB aufstellt, ist der abstrakte Einigungsvertrag noch nicht bindend. Die Parteien können ihre Erklärungen noch widerrufen. Diese Bestimmung bezieht sich ausschließlich auf die dingliche Einigung und läßt also die Wirksamkeit der obligatorischen Verpflichtung durchaus unberührt. § 873 Abs. 2 BGB ist also nicht etwa so zu verstehen, daß der vor dem Eintritt der Bindung im Sinne des § 873 Abs. 2 zurücktretende Eigentümer des Grundstücks, welches mit der Grunddienstbarkeit belastet werden soll, von seiner obligatorischen Verpflichtung frei wäre. Diese muß er erfüllen, er hat durch seinen Rücktritt vom dinglichen Vertrag nur bewirkt, daß das Grundstück als solches (dinglich) nicht erfaßt wurde, aber seine Person bleibt nach wie vor in der Verpflichtung, wenn und soweit eine solche durch das vollständig formfreie Kausalgeschäft (s. oben unter 1) begründet wurde[9]).

3. Die Eintragung im Grundbuch. Als letzter Vorgang kommt hinzu die Eintragung in das Grundbuch, durch welche die von der Bestellung bezweckte Wirkung vollzogen und die Grunddienstbarkeit zur Entstehung gebracht wird. Voraussetzung der Eintragung ist die dingliche Einigung; dem Grundbuchamt gegenüber genügt die Eintragsbewilligung des Eigentümers des dienenden Grundstücks (§ 19 GBO)[10]); dem Grundbuchamt braucht also das Einverständnis des anderen Teils nicht nachgewiesen zu werden.

Die Eintragung erfolgt im ehemaligen Preußen in Abt. II des Grundbuchs des belasteten Grundstücks; auf Antrag kann gemäß § 6 die Eintragung auch im Grundbuch des herrschenden Grundstücks vermerkt werden; dies geschieht im Bestandsverzeichnis II (Verzeichnis der mit dem

[9]) Vgl. JW 02, Beil. 195; 15, 136; SeuffA 67, 326; SeuffBl. 03, 73. Recht 14 Nr. 626; OLG 26, 37. Der Anspruch aus einer obligatorischen Verpflichtung zur Bestellung einer Grunddienstbarkeit kann durch Vormerkung gesichert werden (RGK Bem. 5 zu § 1018). Die obligatorische Verpflichtung zur Bestellung einer Grunddienstbarkeit kann wie jede Willenserkärung auch stillschweigend eingegangen werden (SeuffA 78 Nr. 26). Eine solche stillschweigende Verpflichtung kann im Wege der Auslegung aus einem Veräußerungsvertrage abgeleitet werden, wenn der Eigentümer eines von zwei ihm gehörigen Grundstücken veräußert, von denen das in seiner Hand verbliebene dem anderen in dauernder Weise dienstbar war (vgl. hierüber unten § 35 II).

[10]) BayObLG 5, 165.

Eigentum verbundenen Rechte). Zur näheren Bezeichnung des Inhalts der Grunddienstbarkeit kann auf die Eintragungsbewilligung Bezug genommen werden (§ 874); doch müssen aus dem Grundbucheintrag zum mindesten die zur rechtlichen Klarstellung der Grunddienstbarkeit notwendigen Merkmale ersichtlich sein, also insbesondere die Art des Rechts (Wegerecht, Weiderecht, Aussichtsrecht, Dampfzufuhrrecht), die Bezeichnung des herrschenden und dienenden Grundstücks, etwaige Befristungen und Bedingungen usw.[11]).

Was nun den Inhalt und Umfang der Grunddienstbarkeit[12]) anlangt, so ist hierfür in erster Linie die Eintragung im Grundbuch[13]) maßgebend. Es ist aber keineswegs unzulässig, auch außerhalb des Grundbucheintrags liegende Auslegungsbehelfe behufs Ermittlung des Inhalts des die Begründung der Grunddienstbarkeit enthaltenden, aus dem Grundbuch ersichtlichen Rechtsgeschäfts zu benutzen[14]). Einen wertvollen Auslegungsbehelf für die Feststellung des Inhalts der Grunddienstbarkeit bieten die besonderen Verhältnisse, unter denen die Dienstbarkeit entstanden ist, namentlich das zu dieser Zeit bestandene Bedürfnis[15]). Maßgebend ist das wesentliche und dauernde Bedürfnis des Grundstücks nach dem ihm bestimmungsgemäß innewohnenden Zweck, wie er sich in seiner wirtschaftlichen Beschaffenheit darstellt[16]) (vgl. oben § 31 II).

Weil bei der Bestellung eines dinglichen Rechts die späteren, an diesem Rechtsgeschäft nicht beteiligten Grundstückseigentümer gebunden werden sollen, die den Inhalt ihrer Berechtigung und Verpflichtung nur aus der darüber errichteten Urkunde entnehmen können, muß bei einem solchen Vertrag der Inhalt des dinglichen Vertrags ohne Rücksicht auf das, was die Vertragschließenden gemeint und gewollt haben, streng nach dem Wortlaut der Urkunde so ausgelegt werden, wie ihn jeder der dinglich Berechtigten und Verpflichteten aus der die Grundlage des Rechts und der Verpflichtung bildenden Urkunde entnehmen muß[17]).

---

[11]) Vgl. insbes. RG 89, 152ff., 158; Güthe Bem. 19 zu § 45; Bem. 8—10 zu § 50.

[12]) Das bezieht sich nur auf Grunddienstbarkeiten, die unter der Geltung des BGB entstanden sind; für altrechtliche Grunddienstbarkeiten ist der Eintrag im Grundbuch nicht unbedingt maßgebend.

[13]) Bei einer Verschiedenheit der Eintragungen auf herrschendem und dienendem Grundstück entscheidet die letztere; denn nur sie hat rechtserzeugende Wirkung. Sind altrechtliche Dienstbarkeiten eingetragen, bei denen die Eintragung nur deklaratorische Kraft hat, so sind bei einem Zwiespalt beider Eintragungen beide gegeneinander abzuwägen; die Eintragung auf dem belasteten Grundstück ist nicht allein maßgebend (R 18 Nr. 1166 [RG]).

[14]) M 3, 748 (Mugdan 3, 267).

[15]) BayObLG 7, 539 (Fahrtrecht); vgl. oben § 31 N. 16—18.

[16]) SeuffA 55 Nr. 68.

[17]) LZ 17, 917 (RG); SeuffA 79 Nr. 117 (RG).

II. Stillschweigende Bestellung

Eine stillschweigende Bestellung von Grunddienstbarkeiten in dem Sinne, daß das dingliche Recht von selbst (ipso facto) durch die Trennung der bisher in einer Hand vereinigten Grundstücke entsteht, ist daher jetzt nicht mehr möglich[18]).

Indes kann die Verpflichtung zur Bestellung einer Dienstbarkeit (zur Bewirkung der Entstehung des dinglichen Rechts) formlos und somit auch stillschweigend begründet werden[18]). Eine stillschweigende Willenserklärung darf nur in einem solchen Verhalten gefunden werden, das nach Lage der Sache gar keine andere Deutung zuläßt, als eben die, daß dadurch dem andern ein bestimmter Wille kundgegeben werden soll[19]). Es genügt, wenn die schlüssigen Handlungen zwar unmittelbar auf andere Zwecke gerichtet sind, aber zugleich mit Gewißheit und jede andere Deutung ausschließend den Willen erkennbar zum Ausdruck bringen, daß auch ein anderer Zweck mitumfaßt werden soll[20]). Hierfür sind neben den besonderen Umständen die Vorschriften der §§ 133, 157 BGB zu beachten. Darnach muß jeder seine Erklärungen, auch die stillschweigenden Erklärungen, in dem Sinn gegen sich gelten lassen, in dem sie von dem andern nach Treu und Glauben und nach der Auffassung des Verkehrs zu verstehen sind[21]). Ein innerer Vorbehalt ist ohne Bedeutung[22]).

Nach diesen Grundsätzen ist zu entscheiden, ob bei der Veräußerung eines von mehreren in einer Hand vereinigten Grundstücken, von denen bislang das eine zum Vorteil des anderen tatsächlich benutzt wurde, durch stillschweigenden Vertrag[23]) die Verpflichtung zur Bestellung einer Grunddienstbarkeit begründet wurde. Ist das der Fall, so kann aus dieser zunächst nur obligatorisch wirksamen Verpflichtung auf Bewirkung der dinglichen Rechtsveränderung (Bewilligung der Eintragung der Grunddienstbarkeit im Grundbuch) geklagt werden.

Die für das bisherige Recht durch die Praxis entwickelten Grundsätze (s. hierüber unten § 36 I 4) können bei Erforschung des Willens der Vertragsteile zwar nicht als gesetzlicher, wohl aber als tatsächlicher Auslegungsbehelf verwertet werden. Nur muß man dabei im Auge behalten, daß es sich hierbei nicht um die Anwendung einer gesetzlichen Vermutung oder

[18]) RG 65, 363; JW 07, 300 (2).
[19]) Vgl. RGK Vorbem. vor § 116.
[20]) WarnE 19 Nr. 132.
[21]) RG 67, 433; JW 10, 573.
[22]) RG 68, 128; JW 15, 19.
[23]) Der Erwerb durch Zuschlag in der Zwangsversteigerung läßt naturgemäß keinen Raum für die Unterstellung einer stillschweigenden Vereinbarung (RG 65, 363; JW 07, 300).

gar gesetzlichen Vertragsergänzung handelt, sondern um die tatsächliche Feststellung, daß die Vertragsteile den auf Herbeiführung einer Grunddienstbarkeit gerichteten Willen in der Tat, wenn auch nur stillschweigend erklärt haben. Diese Erklärung des Willens, nicht der Wille selbst ist in letzter Linie entscheidend. Ist nach den gegebenen Umständen unter Berücksichtigung von Treu und Glauben das Verhalten einer Vertragspartei nicht anders denn als die stillschweigende Erklärung aufzufassen, daß eine Grunddienstbarkeit bestellt werden soll, so wird die Vertragspartei nicht mit der nachweisbaren Behauptung gehört, daß sie in Wahrheit diesen Willen nicht hatte; nicht was gedacht wurde (innerer Vorbehalt) ist maßgebend, sondern das, was durch Reden, Handeln und Schweigen erklärt wurde.

Für die Annahme einer stillschweigenden Verpflichtung zur Bestellung einer Grunddienstbarkeit ist die Kenntnis von der bisherigen Benutzung, zum mindesten auf Seite desjenigen unerläßlich, der nach der Trennung der beiden Grundstücke Eigentümer des dienenden Grundstücks bleibt oder wird. Von besonderer Bedeutung, aber nicht unerläßlich ist die Erkennbarkeit des dienenden Zustandes, namentlich das Vorhandensein einer dem Gebrauch dienenden besonderen Einrichtung. Unentbehrlichkeit der fortdauernden Benutzung ist nicht zu fordern, wohl aber wird regelmäßig zu verlangen sein, daß die bisherige Benutzung nicht nur infolge des zufälligen Umstandes erfolgte, daß bislang die beiden Grundstücke unter einem Besitzer vereinigt waren, sondern wegen eines wesentlichen Bedürfnisses des Grundstücks, zu dessen Vorteil die Benutzung des anderen stattfand. Auch durch die tatsächliche, mit Kenntnis des anderen Vertragsteils erfolgte ungestörte Fortsetzung des Gebrauchs nach der Veräußerung kann im Zusammenhalt mit der Veräußerung der beiderseitige Vertragswille zum Ausdruck gebracht sein, daß das Gebrauchsverhältnis mit rechtlichem Zwang fortbestehen soll.

Die Verpflichtung zur Herbeiführung einer Grunddienstbarkeit kann bei einer Abveräußerung auch dann stillschweigend begründet werden, wenn bis zur Veräußerung ein tatsächliches Dienstbarkeitsverhältnis noch nicht bestand. Hat der Eigentümer das an sein Wohnhaus angrenzende Grundstück zu dem ihm bekannten Zweck einer gewerblichen Anlage wegverkauft, so hat er damit stillschweigend seine Zustimmung zur Duldung aller jener Einwirkungen erklärt, welche mit einem derartigen Betrieb für ihn erkennbar verbunden zu sein pflegen[24]). Handelt es sich um einen dau-

---

[24]) Vgl. BayOGH 17, 215; RG 29, 268; JW 90, 182; 95, 172 u. 173; 05, 493; 07, 387; DJZ 06, 486. — SeuffA 58 Nr. 142 wendet diesen Grundsatz mit Recht selbst auf den Fall an, daß die Schädlichkeit der Einwirkung erst später erkannt worden ist (Raucheinwirkung auf das Wachstum des Waldes); vgl. hierzu SeuffBl. 73, 697; JW 09, 725.

ernden Betrieb, so wird man in diesem Fall eine obligatorische Verpflichtung zur Bestellung einer Grunddienstbarkeit anzunehmen haben. Aber auch ohne daß es zur Eintragung der entsprechenden Grunddienstbarkeit kommt, ist der Verkäufer auch einem Sondernachfolger des Käufers obligatorisch zur Duldung und Bestellung der Grunddienstbarkeit verpflichtet, da der von dem Vorbesitzer abgeschlossene (stillschweigende) Vertrag als zugunsten seines Sondernachfolgers abgeschlossen gilt (§ 328 BGB)[25]). Der Sonderrechtsnachfolger des Verkäufers ist dagegen nicht gebunden[26]). Die gleichen Grundsätze werden regelmäßig anzuwenden sein, wenn der Käufer eine Teilfläche des Grundstücks erworben hat, auf dessen anderer Teilfläche bereits zur Zeit des Kaufs ein beeinträchtigender Betrieb stattfand[27]). In jedem Fall müssen nur diejenigen Einwirkungen geduldet werden, welche dem zur Zeit des Verkaufs schon bestehenden (oder in Aussicht stehenden) Betrieb entsprechen; die durch eine Betriebserweiterung herbeigeführte Steigerung der Beeinträchtigung braucht nicht geduldet zu werden[28]).

Eine Besonderheit gilt in den Gebieten, in welchen ehemals das rheinische Recht gegolten hat. Hier gelangt auch unter der vollen Herrschaft des BGB eine Grunddienstbarkeit von selbst durch die Trennung zweier Grundflächen (mit dinglicher Wirksamkeit) zur Entstehung, wenn der Eigentümer der beiden in seiner Hand vereinigten Grundflächen noch unter der Herrschaft des rheinischen Rechts die eine Grundfläche der anderen tatsächlich dienstbar gemacht hat und der durch diese Widmung in einer offensichtlichen Anlage vergegenständlichte Zustand bei der (unter Herrschaft des BGB erfolgten) Trennung der Grundfläche noch bestanden hat (siehe hierüber unten § 36 I 4).

III. Begründung im Baulandbeschaffungsverfahren

Das Baulandbeschaffungsgesetz vom 3. 8. 1953 (BGBl. I S. 720) hat die Möglichkeit eröffnet, zur Förderung des Wohnungsbaus und zur Verbindung breiter Volksschichten mit dem Grund und Boden — unter bestimmten Voraussetzungen in einem besonders geregelten Enteignungsverfahren — Eigentum an unbebauten, geringfügig bebauten oder an Grundstücken, auf denen die früher vorhandenen Gebäude zerstört oder beschädigt sind, oder an Grundstücksteilen zu belasten (§§ 1 II, 3 I Bau-

---

[25]) RG 66, 128; JW 07, 388; Westermann § 63 V 2.

[26]) JW 07, 388. Es steht nämlich nichts im Wege, daß der Verpflichtete beim Verkauf des Grundstücks mit dem Käufer ausdrücklich oder stillschweigend vereinbart, daß er in dessen Verpflichtung eintritt. Der zum Verlangen der Duldung gegenüber dem Veräußerer berechtigte Nachbar erwirbt dadurch unmittelbar das Recht, die Duldung von dem Erwerber zu fordern, da dieser durch die Schuldübernahme an die Stelle des bisherigen Schuldners getreten ist (§ 414 BGB).

[27]) S. dagegen DJZ 06, 486.

[28]) Vgl. hierzu BayObLG 6, 679; 7, 539; RG 4, 345. Die oben § 31 II aufgestellten Grundsätze können entsprechend angewendet werden.

landbeschG). Hiernach kann das Eigentum oder das — zunächst zu schaffende — Erbbaurecht z. B. mit beschränkten dinglichen Rechten für Nebenanlagen (Versorgungsleitungsanlagen), mit Wegerechten usw. in Form von Grunddienstbarkeiten belastet werden[29]).

§ 36. Erwerb der Grunddienstbarkeiten nach bisherigem Recht

Gemäß Art. 189 EG erfolgte die Begründung von Grunddienstbarkeiten, desgleichen die Änderung des Inhalts[1]) einer Grunddienstbarkeit bis zu dem Zeitpunkt, in welchem das Grundbuch als angelegt anzusehen war[2]), nach den bisherigen Gesetzen; dies gilt in gleicher Weise für die rechtsgeschäftliche Begründung (s. unten I) wie für die Entstehung durch Ersitzung (s. unten II) und durch unvordenkliche Verjährung (s. unten III).

Soweit nun nach dem 1. 1. 1900 eine Grunddienstbarkeit nach den Vorschriften des bisherigen Rechts erhoben wurde, ist sie, abgesehen von einer während der Übergangszeit erfolgten Aufhebung, nach jeder Hinsicht dem Recht des BGB unterworfen; es richtet sich also auch hier der Begriff, der zulässige Inhalt und der Besitzschutz nach neuem Recht; somit konnte auch in der Übergangszeit eine Grunddienstbarkeit nicht in einem größeren Umfang erworben werden, als dies § 1019 BGB zuläßt. Andererseits konnte sich der Erwerb in der Übergangszeit nur unter den Voraussetzungen vollziehen, unter welchen er nach den bisherigem Recht zulässig war. Während z. B. nach dem Recht des BGB der Eigentümer eines Grundstücks für dieses eine Grunddienstbarkeit an einem in seinem Miteigentum stehenden Grundstück erwerben kann (§ 1009 Abs. 2 BGB), war dies nach gemeinem Recht[3]) nicht zulässig und dabei hatte es während der Übergangszeit sein Bewenden.

I. Die rechtsgeschäftliche Begründung

1. Während der Übergangszeit, das ist also vom 1. 1. 1900 bis zu dem Zeitpunkt, in welchem das Grundbuch angelegt war, kam für die obligatorische Verpflichtung zur Begründung einer Grunddienstbarkeit ausschließlich das Recht des BGB zur Anwendung, während die dingliche Rechtsänderung (die Entstehung der Grunddienstbarkeit selbst) nach bisherigem Recht zu beurteilen war.

2. Kein Eintragungszwang für altrechtliche Grunddienstbarkeiten. Im Gegensatz zum Recht des BGB war nach preußischem, gemeinem, und rhei-

---

[29]) Dittus-Zinkahn Anm. 8 b und c zu § 1.

[1]) RG 111, 94. [2]) S. oben § 35.

[3]) BayOGH 7, 236; JW 86, 20 Nr. 41. In letzterer Entscheidung ist übrigens zutreffend hervorgehoben, daß eine bestehende Servitut nicht dadurch untergeht, daß der Eigentümer des herrschenden Grundstücks das Miteigentum an dem dienenden Grundstück erwirbt. Vgl. auch SeuffA 44 Nr. 7 (Zulässigkeit einer Servitut zugunsten des Grundstücks einer offenen Handelsgesellschaft an dem Grundstück eines Teilhabers).

nischem Recht zur Begründung der Grunddienstbarkeit (zur Entstehung dieses dinglichen Rechts) die Eintragung im Grundbuch nicht erforderlich[4]). Sie konnte nach § 12 des Eigentumserwerbsgesetzes zwar verlangt werden, wirkte aber nur rechtserklärend, nicht rechtserzeugend[5]). Die spätere Praxis hat allerdings den § 12 EEG wie schon vorher den entsprechenden Anhang zu § 58 ALR I 22 streng ausgelegt und nur die Prädialservituten im Sinne des gemeinen Rechts für nicht eintragungspflichtig erklärt, dagegen gewerbliche Bodenausbeutungsrechte, die über das Bedürfnis des herrschenden Grundstücks hinausgehen, nicht als Grundgerechtigkeiten des allgemeinen Landrechts und daher als buchungspflichtig erachtet[6]).

Auch nach Inkrafttreten der Grundbuchverfassung bedarf gemäß Art. 187 EG eine altrechtliche Grunddienstbarkeit zur Erhaltung ihrer Wirksamkeit gegenüber dem öffentlichen Glauben des Grundbuchs nicht der Eintragung, da nur Hamburg von dem Vorbehalt des Art. 187 Abs. 2 EG Gebrauch gemacht hat (vgl. §§ 44—46 HambAG).

3. Der Bestellungsakt. Nach ALR war zur Errichtung einer Grunddienstbarkeit unter Lebenden[7]) schriftlicher Vertrag erforderlich und genügend (§§ 13 I 22; 135 I 9)[8]). Doch hat, nicht ohne Widerspruch der Rechtslehre[9]) und nach anfänglichem Schwanken die Praxis des Obertribunals auch der mündlich bestellten Grunddienstbarkeit unter gewissen Voraussetzungen Wirksamkeit verliehen. In Anwendung der §§ 155 ff. I 9 ALR gab sie zwar dem Besteller der mündlich errichteten Grunddienstbarkeit selbst ebenso wie seinem Vertragsgegner (und ihren Erben) das Recht, die Bestellung zu widerrufen, wenn der Widerrufende bereit und imstande war, den alten Zustand der Grundstücke wiederherzustellen und die für Errichtung der Grunddienstbarkeit gewährte Gegenleistung zurückzuerstatten. Dieses Widerrufsrecht erlosch aber, sobald das herrschende oder dienende Grundstück veräußert war, vorausgesetzt, daß bei dem Besitzwechsel die Grunddienstbarkeit durch Ausübung oder Errichtung der ihr dienenden Anlage tatsächlich bestand[10]) und der Vertrag vom Berechtigten durch Hingabe der zugesagten Gegenleistung wenigstens teilweise erfüllt war[11]). Unbedingt bewendete es bei der schriftlichen

---

[4]) Ausnahme: a) Im Gebiet des ehemaligen Kurfürstentums Hessen war zur dinglichen Wirksamkeit der Gdbkt. Eintragung im Grundbuch erforderlich (§ 3 Abs. 2 des Ges. vom 29. 5. 1873, GesS 273. b) Im Gebiet des Herzogtums Nassau entstand die Grunddienstbarkeit erst mit der Eintragung in das Stockbuch. Bertram, Nass. ProvR § 250, Sayn, Nass. ProvR S. 121. Das Stockbuchrecht gilt nur noch in ganz wenigen Gemeinden.

[5]) Für den Inhalt einer altrechtlichen Grunddienstbarkeit ist nicht die Eintragung im Grundbuch, sondern der Inhalt des Begründungsaktes selbst maßgebend (RG 28, 326; Foerster-Eccius 3, 395 Anm. 54).

[6]) RG 8, 267; Rehbein 3, 491; Foerster-Eccius 3, 385 Anm. 13; Dernburg PrPrR 3, 745 Anm. 14; 756 Anm. 16.

[7]) Eine Grunddienstbarkeit konnte auch durch letztwillige Verfügung errichtet werden.

[8]) Hierfür war nicht eine förmliche, zum Zwecke des Beweises aufgenommene Urkunde erforderlich, es wurde vielmehr nur eine Schrift verlangt, die den Inhalt des Geschäfts darlegt; bloßer Briefwechsel genügte (BayObLG 22, 73).

[9]) So besonders Foerster-Eccius 3, 389 N. 32.

[10]) War die Grunddienstbarkeit in diesem Zeitpunkt noch nicht ausgeübt, so hatte auch der Rechtsnachfolger das Widerrufsrecht (StriethA 98, 125).

[11]) OTr. 40, 22; 47, 221; 51, 53; 72, 154. StriethA 31, 298; 78, 206; 90, 312; Dernburg, PrPrR 1, 754 Nr. 4; Rehbein 3, 974, Rehbein-Reinke N. 15 zu § 13 I 22; Koch, Anm. 47 zu § 135 I 9. Die Praxis des Reichsgerichts hat sich angeschlossen. RG bei Gruchot 32, 111; 34, 998.

Form, wenn es sich um die Bestellung der durch die Ablösungsgesetzgebung für ablösbar erklärten Dienstbarkeiten handelte[12]).

Nach gemeinem Recht[13]) erfolgte die Bestellung einer Grunddienstbarkeit durch formlosen Vertrag[14]).

Auch nach rhein. Recht wurden gemäß Art. 690 Code civil alle Arten von Grunddienstbarkeiten durch formlosen Vertrag erworben[15]), sie behalten auch gegen Dritte ohne Eintragung Gültigkeit. Das französische Transkriptionssystem des Gesetzes vom 23. 3. 1855 gilt in Rheinpreußen nicht[16]). Dagegen ist das PreußEEG von 1877 durch die Gesetze vom 12. 4. 1888 und 14. 6. 1893 auch in Rheinpreußen eingeführt, insbesondere also auch Art. 12, der die dingliche Wirksamkeit nicht eingetragener Grunddienstbarkeiten aufrecht erhält. Der Bestellungsakt kann bei nicht ständigen Grunddienstbarkeiten ersetzt werden durch das Anerkenntnis der Grunddienstbarkeit durch den Eigentümer des belasteten Grundstücks (Art. 695 Code civ.). Mündliche, selbst stillschweigende Anerkennung genügt[17]). Es kann aber nur dann von einem titre récognitif qui renferme la reconnaissance gesprochen werden, wenn die Dienstbarkeit zwar begründet wurde, der für den Nachweis der Begründung erforderliche ursprüngliche Titel aber fehlt[18]). Es kann aber auch bei Dienstbarkeiten, welche durch Verjährung begründet wurden, der fehlende ursprüngliche Titel durch Anerkenntnis ersetzt werden[19]).

In Hessen war zur Bestellung einer Grunddienstbarkeit in der Zeit bis zur Anlegung des Grundbuchs die Einigung des Eigentümers und des Berechtigten, die vom Ortsgericht oder dem Gericht beurkundet sein mußte, erforderlich (Art. 162 HessAG).

4. Stillschweigende Bestellung von Grunddienstbarkeiten[20]). Die Begründung einer Grunddienstbarkeit durch Veräußerung eines von mehreren in einer Hand vereinigten Grundstücke, von denen bis zur Veräußerung das eine zum Vorteil des anderen

---

[12]) Gemeinheitsteilungsordnung vom 7. 6. 1821 §§ 164, 27; Ergänzungsgesetz hierzu vom 2. 3. 1850 (GesS S. 139) Art. 12 u. 1. OTr. 72, 151; StriethA 92, 149. Die Bestellung dieser in den § 2 GemTO und Art. 1 Ges. 2. 3. 1850 aufgeführten Grunddienstbarkeiten ist nur auf 10 Jahre und unter den Beschränkungen des § 27 GemTO zulässig.

[13]) Über die provinzialrechtlichen Ausnahmen für Kurhessen und Nassau s. oben N. 4.

[14]) Windscheid-Kipp § 212; BayOGH 8, 206; auch durch Vertrag zugunsten Dritter (RG 47, 356; SeuffA 24 Nr. 217); vgl. oben § 35 N. 5.

[15]) Zachariae-Crome 1, 660; Kretzschmar, RheinZR Anm. zu Art. 690; RheinArch. 73 I 29. Die vertragliche Begründung einer Servitut, welche das Rechtsverhältnis der Gemeinschaft (droit du mitoyenneté) abweichend von den gesetzlichen Bestimmungen (Art. 661 Code civil) regelt, ist zulässig (RheinArch. 105 II 242 RG).

[16]) Zachariae-Crome 342 Anm. 21.

[17]) RG 20, 350; BayObLG 11, 518; 24, 205. Eine Anerkennung durch konkludente Handlungen des Eigentümers des dienenden Grundstücks liegt aber nur vor, wenn er weiß oder annehmen muß, daß der Nachbar mit den Ausübungshandlungen ein Recht in Anspruch nimmt (RheinArch. 105 I 15 Düsseldorf), und zwar, wie beigefügt werden kann, ein dauerndes dingliches Recht (vgl. BayObLG 11, 518).

[18]) BayObLG 11, 301.

[19]) RG 39, 381.

[20]) Davon ist für ALR wohl zu unterscheiden der Fall, daß ein mit einer Grunddienstbarkeit belastetes Grundstück und das herrschende Grundstück zunächst in eine Hand gelangen, dann aber wieder verschiedenen Eigentümern zufallen. Hier lebt nach der Trennung die Grunddienstbarkeit von selbst wieder auf, sofern die Grunddienstbarkeit durch eine Anlage auf dem dienenden Grundstück gekennzeichnet ist und diese aufrecht erhalten wurde, da durch die Vereinigung die Grunddienstbarkeit nicht zum Erlöschen kam, sondern lediglich ihr einstweiliges Ruhen bewirkt wurde. (ALR I 22 § 54.) Anders

tatsächlich benutzt wurde, ist von der Rechtsübung des gemeinen Rechts[21]), des preußischen Landrechts[22]) und vom Rheinischen Recht[23]) mit der Wirkung anerkannt, daß sich durch die Veräußerung das vorher rein tatsächliche Verhältnis in ein rechtliches verwandelt. Der Gebrauch, der bisher auf Grund des Eigentums an beiden Grundstücken gemacht wurde, steht vom Zeitpunkt der Veräußerung an als Recht an fremder Sache (Grunddienstbarkeit) zu[24]).

Dabei macht es keinen Unterschied, ob der Eigentümer der in einer Hand vereinigten Grundflächen nur einen Teil dieses Besitzes an einen Erwerber oder ob er seinen ganzen Besitz oder einen Teil hiervon gleichzeitig an zwei verschiedene Erwerber veräußert[25]). Ebensowenig ist es von grundsätzlicher Bedeutung, ob das wegveräußerte Grundstück als herrschendes oder dienendes in Betracht kommt[26]).

Auf dem Gebiet des Gemeinen Rechts und des Preußischen Landrechts bestand allerdings über die rechtliche Natur des Vorgangs der Dienstbarkeitsentstehung und über ihre Voraussetzungen mannigfacher Streit.

Als Voraussetzungen für die Entstehung einer Grunddienstbarkeit durch stillschweigende Bestellung wurden nach diesen Rechten ursprünglich erachtet[27]):

a) Daß die beiden Grundflächen schon im Besitz des gleichen Eigentümers verschiedene Grundstücke waren;

b) daß das eine Grundstück zum Vorteil des anderen benutzt wurde, und zwar nicht nur zufolge des zufälligen Umstandes, daß hierbei beide unter einem Besitzer vereinigt waren, sondern wegen eines wesentlichen Bedürfnisses[28]) des Grundstücks, zu dessen Vorteil die Benutzung des anderen stattfand[29]);

---

nach gemeinem und rheinischem Recht. — Im Falle des ALR I 22 § 54 lebt die Grunddienstbarkeit auch dann wieder auf, wenn die neuerliche Trennung der beiden Grundstücke erst nach Inkrafttreten der Grundbuchverfassung erfolgt.

[21]) Vgl. Windscheid-Kipp, Pand. § 212 Anm. 13; Dernburg, Pand. § 251 Anm. 13; Seuffert, Pand. § 147 Anm. 7; SeuffA 31 Nr. 119; 53 Nr. 10; RG 13, 249; 42, 158; BayOGH 8, 206; 9, 679; 17, 215; BayObLG 6, 678; 11, 467; 23, 176; BayZ 23, 196 (RG).

[22]) OTr. 79, 277; StriethA 1, 159 u. 228; 26, 100; JW 84, 16; 88, 190; Bolze 11 Nr. 57; RG 13, 249; 38, 287; 49, 238; R 17, 293; BayObLG 11, 467; Koch Anm. 19 zu § 13 I 22; Dernburg, PrPrR 1, 775; Foerster-Eccius 3, 390.

[23]) RG 2, 360; 4, 346; 13, 304; 49, 238; 72, 273; JW 10, 60 (1); Bolze 5 Nr. 100 u. 102; 7 Nr. 72; 12 Nr. 67; 15 Nr. 38 u. 39; 17 Nr. 59; Zachariae-Crome 667 Anm. 4.

[24]) RG 13, 252.

[25]) BayZ 06, 326 (gem. R); OTr. 79, 283; StriethA 7, 228 (ALR).

[26]) BayOGH 7, 696 (gem. R); RG 38, 286 (ALR).

[27]) Das ist in klaren und eingehenden Ausführungen des BayObLG 11, 467 (für gemeines und preußisches Recht) dargelegt. [28]) Unentbehrlichkeit ist nicht zu fordern.

[29]) Es genügt also nicht, daß bis zur Veräußerung das eine Grundstück ohne ein solches Bedürfnis zugunsten des anderen benutzt wurde (BayOGH 9, 682). Doch kann in einem solchen Fall auf Grund besonderer Umstände durch Auslegung des Vertragswillens eine (wahre) stillschweigende Vereinbarung der Bestellung einer Grunddienstbarkeit angenommen werden (vgl. hierzu oben § 35 II). Doch handelt es sich in solchen Fällen nicht um die Anwendung einer gesetzlichen Vermutung, sondern um die tatsächliche Feststellung, daß die Vertragsteile diesen Vertragswillen, wenn auch nur stillschweigend, erklärt haben (vgl. BayOGH 17, 216). Die Rechtswirksamkeit eines solchen stillschweigenden Vertrags scheiterte aber in Gebieten, in welchen für die vertragsmäßige Bestellung von Grunddienstbarkeiten zwingende Formvorschriften (z. B. I 22 § 13; I 5 135 ALR; Art. 14 BayNotGes. von 1861 bestanden (BayObLG 11, 468).

c) daß der dienende Zustand des einen Grundstücks und der Grund dieses Dienens erkennbar war.

Die Rechtsentwicklung des Gemeinen und des Preußischen Rechts hat aber schließlich nur an dem zweiten Erfordernis festgehalten[30]).

Anlangend die rechtliche Natur des Vorgangs der Dienstbarkeitsentstehung, wurde ursprünglich die Entstehung aus dem stillschweigend erklärten Willen der beiden Vertragsteile abgeleitet. Im weiteren Verlauf hat sich aber die Rechtsentwicklung in allen Rechtsgebieten von dieser Auffassung endgültig abgewendet und die sogenannte stillschweigende Begründung der Dienstbarkeit durch einen ergänzenden Rechtssatz erklärt, der das Verhältnis, über das die Beteiligten keine (oder doch wegen Formmangels keine rechtsgültige) Bestimmung getroffen haben, so ordnet, wie es vernünftige Beteiligte in einem Fall solcher Art gewöhnlich ordnen würden, wenn sie veranlaßt würden, darüber eine (rechtsgültige) Bestimmung zu treffen[31]). Es handelt sich also um eine gesetzliche Ergänzung des Vertragswillens und der von der früheren Rechtsauffassung übernommene und beibehaltene Ausdruck „stillschweigende Servitutenbestellung" trifft nicht das Wesen der Sache. Die Grunddienstbarkeit entsteht ipso facto, also nicht auf Grund einer stillschweigenden Vereinbarung[32]). Wenn festgestellt ist, daß die tatsächlichen Voraussetzungen gegeben sind, aus welchen das Gesetz die Vermutung für den auf Fortbestand der Benutzung gerichteten Willen — gleichviel ob er stillschweigend erklärt ist oder nicht — ableitet, dann wird dieser Wille vom Gesetz unterstellt[33]) und zum Vollzug gebracht. Es kommt nicht darauf an, ob die Beteiligten diesen Willen auch wirklich hatten[34]). Daher ist auch die Kenntnis des tatsächlichen Dienstbarkeitsverhältnisses auf Seiten des Erwerbers nicht unerläßlich[35]). Andrerseits ist für die Anwendung des den Vertragswillen ergänzenden Rechtssatzes dann kein Raum, wenn die Vertragsteile ausdrücklich oder stillschweigend vereinbart haben, daß die Dienstbarkeit nicht entstehen solle[36]). Hierfür ist aber der Nachweis, daß die Beteiligten an die Begründung einer Dienstbarkeit nicht gedacht haben, nicht genügend, sondern der Nachweis erforderlich, daß die Vertragsteile übereinstimmend einen der Entstehung der Dienstbarkeit widersprechenden Willen gehabt und, wenn auch nur stillschweigend, erklärt haben[37]).

Da der Vertragswille durch gesetzliche Vorschrift ergänzt wird, stehen Rechtsvorschriften, welche für die vertragsmäßige Bestellung von Grunddienstbarkeiten eine bestimmte Form vorschreiben (z. B. I 22 § 13; I 5 § 135 ALR; Art. 14 bayer NotG von 1861), dem Erwerb der Grunddienstbarkeit durch sogen. stillschweigende Bestellung nicht entgegen[38]).

30) Vgl. BayObLG 11, 467.

31) BayObLG 6, 678; 7, 540 und mit besonderem Nachdruck und überzeugender Begründung die preußisch-rechtliche Entscheidung. BayObLG 11, 469. — RG 13, 252 bezeichnet den Vorgang als einen Übergang des früheren tatsächlichen Verhältnisses in ein rechtliches und unter Hinweis auf dieses Urteil spricht das RG in BayZ 23, 196 von einer „gesetzlichen Vermutung" des gemeinen Rechts und fügt bei, daß diese Auffassung auch dem Standpunkt des preußischen und rheinischen Rechts entspreche.

32) Es handelt sich nicht um eine Auslegungsregel, wie Koch Anm. 20 zu § 15 ALR I 22 und Foerster-Eccius 3, 391 Anm. 35 annehmen, sondern um eine gesetzliche Vertragsergänzung.

33) BayZ 23, 196 (RG gem. R); BayObLG 11, 469 (preußisches und gem. Recht).

34) BayObLG 6, 678 (gem. u. preuß. R); RG 13, 252; 49, 240; BayZ 23, 196 (RG gem. R); Bolze 15 Nr. 38 u. 39 (RheinR).

35) RG 13, 252; 49, 240; BayObLG 11, 469.

36) Vgl. RG 4, 346 (rhein. R); BayZ 23, 196 (gem. R RG); SeuffA 35, 405 (gem. R).

37) BayZ 23, 196 (RG).

38) JW 95, 173; BayObLG 11, 468; vgl. BayOGH 7, 696; 17, 215.

Weil es sich dabei aber immerhin um eine, wenn auch gesetzliche Ergänzung des Vertragswillens handelt, so kann diese nur bei einer vertragsmäßigen Veräußerung, nicht aber im Fall der Zwangsversteigerung in Frage kommen. Nach Gemeinem Recht wurde diese Folgerung gezogen[39]); dagegen hat das RG für das Gebiet des preußischen Rechts stillschweigende Servitutbestellung auch im Fall der Zwangsversteigerung unbedenklich zugelassen[40]). Nach rheinischem Recht, das der Widmung durch den Eigentümer rechtserzeugende Kraft beimißt, ist diese Zulassung zweifellos begründet[41]).

Das Rheinische Recht regelt die Entstehung der Dienstbarkeit durch sogenannte Widmung (zum tatsächlichen Gebrauch) durch positive gesetzliche Vorschriften. Nach Art. 690 C. c. kann eine Grundgerechtigkeit immerwährender und durch äußere Anlagen offensichtlicher Natur durch Destination de père de famille erworben werden. Den für den Erwerb maßgebenden Titel (Art. 690 C. c.) bildet diese Widmung (Art. 692 C. c.).

Der Erwerb der Grunddienstbarkeit vollzieht sich allerdings erst in dem Augenblick, indem die Trennung der beiden Grundstücke eintritt (Art. 693 f. C. c.). Es handelt sich aber dabei nur um eine den Rechtserwerb hinausschiebende Bedingung und Befristung, bei der es auf den Willen der Beteiligten nicht mehr ankommt (Art. 694 C. c.). Tritt die Bedingung ein, so wird das bedingt begründete Recht wirksam. Die Servitut dauert, wie Art. 694 C. c. sich ausdrückt, fort. Ob die Trennung der Grundstücke durch freiwillige Veräußerung oder Zwangsversteigerung erfolgt, ist also, da es auf den Willen der Beteiligten nicht ankommt, gleichgültig[42]). Entscheidend ist die tatsächliche Widmung zum Gebrauch. Dieser Widmung verleiht der Gesetzgeber die für die Entstehung der Grunddienstbarkeit rechtserzeugende Kraft. Er fühlte sich lediglich durch den Rechtssatz „nemini res sua servit" gehindert, die Grunddienstbarkeit sofort mit der Widmung zur Entstehung gelangen zu lassen. Sobald durch die Trennung dieses rechtliche Hindernis in Wegfall kommt, gelangt die Bestimmung des Eigentümers ipso facto zum rechtlichen Vollzug[43]).

Während aber nach gemeinem und preußischem Recht jegliche Art von Servituten durch sogen. stillschweigende Bestellung begründet werden kann, ist durch Art. 690 C. c. der Kreis der hierfür in Betracht kommenden Grunddienstbarkeiten eingeschränkt. Nur servitutes continues (Art. 688 Abs. 2 C. c.) et apparentes können durch Widmung erworben werden. Offensichtlich (apparentes) sind diejenigen Servituten, die sich durch äußere Anlagen z. B. durch eine Tür, ein Fenster, eine Wasserleitung bemerkbar machen. Ein Graben ist als genügendes Merkmal anzusehen[44]). Offensichtlichkeit der Anlage kann gegeben sein, obwohl sie vom Eigentümer des dienenden Grundstücks übersehen wurde[45]). Die Praxis fordert ein unzweideutiges, äußeres Merkmal eines Dienstbarkeitsverhältnisses[46]). Es genügt nicht, wenn die vorhandenen sichtbaren Zeichen auf den dienenden Zustand mit Wahrscheinlichkeit schließen lassen. Es ist Gewißheit erforderlich[47]), deshalb genügen Türen, welche sich auf dem als dienend beanspruchten Grundstück befinden, dann nicht, wenn sie nach ihrer Einrichtung auch dazu dienen können, um zugunsten des angeblich zu dienenden Grundstücks den Durchgang auszuüben[48]).

---

[39]) RG 42, 160; SeuffA 37 Nr. 10. Ebenso für die stillschweigend übernommene (obligatorische) Verpflichtung zur Bestellung einer Grunddienstbarkeit nach dem Recht des BGB; RG 65, 363.

[40]) RG 13, 249; 49, 240.

[41]) S. die folgende Anm.

[42]) RG 13, 252; 49, 238; 72, 273; JW 10, 60 (1); RheinArch. 84 I 141.

[43]) RG 72, 273. [44]) Bolze 6 Nr. 76.

[45]) Bolze 17 Nr. 59.

[46]) RG 2, 360; 19, 387; Bolze 7 Nr. 72.

[47]) Vgl. RG 20, 350. [48]) Bolze 5 Nr. 102; RG 19, 388; vgl. Bolze 19 Nr. 65.

Weil nach der Auffassung des rheinischen Rechts durch die in der Beschaffenheit des Grundstücks vergegenständlichte Bestimmung (Widmung) die Grunddienstbarkeit erzeugt, wenn auch noch nicht geboren ist, so vollzieht sich der Erwerb der Grunddienstbarkeit auch dann, wenn die Trennung der Grundstücke erst nach dem Inkrafttreten der Grundbuchverfassung eintritt[49]). Voraussetzung ist natürlich, daß der durch die Widmung vergegenständlichte Zustand in diesem Zeitpunkt noch und schon vorhanden war.

Der Inhalt einer stillschweigend begründeten Dienstbarkeit richtet sich nicht nach dem jeweiligen Bedürfnis des Berechtigten, sondern nach den tatsächlichen Verhältnissen, die zur Zeit der Entstehung der Dienstbarkeit bestanden. Allerdings ist nicht die Art, wie der frühere Eigentümer der beiden Grundstücke das eine zum Vorteil des anderen benutzte, für sich allein maßgebend für die Feststellung des Inhalts der Dienstbarkeit, sondern das wesentliche Bedürfnis des herrschenden Grundstücks. Was aber wesentliches Bedürfnis ist, bemißt sich bei der vertragsmäßig bestellten Dienstbarkeit grundsätzlich nach der Art und der Zeit ihrer Entstehung. Bei der Dienstbarkeit, die bei der Veräußerung des einen von zwei Grundstücken zum Vorteile des anderen stillschweigend begründet wurde, handelt es sich um eine vertragsmäßige Bestellung, die vom Gesetzgeber durch eine Ergänzung des Vertragswillens herbeigeführt wird; es kommt hier auf den tatsächlichen Zustand an, dessen Fortbestand durch die Entstehung der Dienstbarkeit gewährleistet werden soll, so daß das dienende Grundstück nicht im weiteren Umfang belastet ist, als es den bisherigen Benutzungsverhältnissen entsprach[50]).

II. Die Ersitzung

1. Beschränkung durch BGB. Nach bisherigem Recht (vgl. nachsteh. Ziff. 2 ff) bis 1900 zuverlässiger Weise ersessene Servituten sind im vollen Umfang bestehen geblieben; allerdings finden auf sie die §§ 1020—1028 BGB Anwendung (Art. 184 S. 2 EG)[51]). Nach 1900 konnte sich auf der Grundlage der bisherigen Rechtsvorschriften eine zuvor begonnene Ersitzung nur bis zum Inkrafttreten der Grundbuchverfassung[52]) d. h. bis zur Grundbuchanlegung vollenden, jedoch mit der Einschränkung, daß nur eine Grunddienstbarkeit mit dem nach §§ 1018, 1019 BGB zulässigen Inhalt ersessen werden konnte; im gegebenen Falle muß daher ein solcher zulässiger Inhalt aus dem Gesamtkomplex herauskristallisiet werden.

2. Zulässigkeit der Ersitzung. Die Ersitzung von Grunddienstbarkeiten ist vom Gemeinen[52a]), vom Preußischen Landrecht und vom Rheinischen Recht anerkannt.

---

[49]) RG 72, 273; JW 10, 60.

[50]) BayObLG 6, 679; 7, 539; 23, 174 (gem. Recht); RG 4, 345 (rhein. Recht).

[51]) BayObLG 19, 266.

[52]) Dagegen richtet sich die Begründung einer dem wasserrechtlichen Gebiet angehörenden Grunddienstbarkeit auch nach dem Inkrafttreten der Grundbuchverfassung bis zum Inkrafttreten der Wassergesetze nach den allgemeinen Vorschriften des bisherigen Rechts (RG 111, 90).

[52a]) Haben im Gebiet des Gemeinen Rechts die Bewohner eines bestimmten Ortsteils einer Gemeinde vor 1900 private Grundstücke ständig zur Überwegung als Kirch- und Schulweg benutzt, so kann grundsätzlich — wenn überhaupt — durch Ersitzung ein dingliches Wegerecht (als Dienstbarkeit der betroffenen Grundstücke) nur für die Gemeinde selbst begründet worden sein; es kann daher grundsätzlich auch nur von der Gemeinde — nicht auch von den einzelnen Gemeindemitgliedern — klageweise geltend gemacht werden: OLG Oldenburg in RdL 55, 307.

Jedoch sind nach Rheinischem Recht nur „fortwährende und ins Auge fallende" Servituten ersitzbar (Art. 690 C. c.)[53]). Nach der preußischen Deklaration vom 31. 3. 1841 und dem Ergänzungsgesetz zur Gemeinheitsteilungsordnung vom 2. 3. 1850 können die in § 2 GTO von 1821 und Art. 1 ErgGes. von 1850 für ablösbar erklärten Grunddienstbarkeiten nicht mehr durch Ersitzung erworben werden; die bei Inkrafttreten der GTO schon vollendete Ersitzung blieb in Wirksamkeit[54]).

In Nassau war gewohnheitsrechtlich die Ersitzung nicht ständiger Grunddienstbarkeiten verboten[55]).

3. Besitzstand. Nach bisherigem Recht wird zur Ersitzung ein ununterbrochener[56]), fehlerloser[57]) Besitzstand[58]) während der gesetzlich bestimmten Ersitzungszeit[59]) gefordert.

---

[53]) Rhein, BGB Art. 690; Zachariae-Crome I § 221; StriethA 15, 171. Über Erkennbarkeit der Anlagen zur Ausübung der Servitut s. RG 20, 350. Offensichtlichkeit der Anlage kann gegeben sein, obwohl sie vom Eigentümer des dienenden Grundstücks übersehen wurde, Bolze 17 Nr. 59. Keine Ersitzung der Benutzung von Quellwasser, wenn die Dohlen von dem Grundeigentümer zu seinem Vorteil angelegt wurden und wenn der Müller zufolge danach anzunehmender Vergünstigung diese Dohlenanlage vervollständigt hat. Bolze 19 Nr. 65. Dienstbarkeit der Mühle an einem Graben kann ersessen werden. Bolze 6 Nr. 82. Über Ersitzung eines Fischereirechtes vgl. Bolze 2 Nr. 177. Über Ersitzung gegenüber einem Miteigentümer vgl. Bolze 2 Nr. 89 und Nr. 1351.

[54]) Rehbein 3, 1019 N. 2. Für Schleswig-Holstein Ges. vom 17. 8. 1876 (GS 377), § 30. Für Hannover Ges. vom 8. 6. 1873 (GS 353) § 11, vom 13. 6. 1873 (GS 357) § 20; 13. 4. 1885 (GS 109) § 12. Für Kurhessen VO vom 13. 5. 1867 (GS 716) § 31; für Nassau Ges. vom 5. 4. 1869 (GS 527) § 35.

[55]) Bertram, Nass. PrR 90 Anm. 9; Sayn, Nass. PrR 124.

[56]) Bei nicht ständigen Servituten (z. B. Geh- und Weiderechten) ist es nach gemeinem Recht kein Erfordernis, daß wenigstens in jedem Jahre einmal Ausübungshandlungen vorgenommen wurden. Es kann deshalb z. B. die Zeit, während welcher eine Weideausübung wegen Mangels an Vieh oder Weidenahrung unterblieb, in die Ersitzungszeit eingerechnet werden. BayOGH 3, 161. Ob aus einer länger andauernden Nichtausübung ein, wenn auch nur vorübergehendes Aufgeben des Besitzwillens zu folgern ist, ist Tatfrage. BayOGH 15, 279. Wenn der Kläger bald über das als dienend beanspruchte Grundstück, bald auf einem anderen Weg zu seinem Grundstück gefahren ist, so kann gleichwohl ununterbrochener Besitzstand angenommen werden, sofern das dienende Grundstück nicht nur vereinzelt benutzt wurde und namentlich dann, wenn ein vernünftiger Grund vorlag, den anderen Weg zu nehmen, z. B. weil die dienende Wiese zeitweilig naß war. Wird aber ohne erkennbaren Grund häufig ein Umweg gemacht, so kann daraus unter Umständen auf den Mangel der Rechtsüberzeugung geschlossen werden. Das ALR I 9 §§ 596 bis 598 fordert für die ordentliche Ersitzung nicht ständiger Servituten, daß die Ausübung des Rechts jährlich wenigstens einmal erfolgt sein muß, sonst ruht die Verjährung. Jahre, in denen sie geruht hat, werden nicht gerechnet. In Hannover wird gleichfalls für unständige Servituten jährlich mindestens einmalige Ausübung gefordert. Linkelmann-Fleck 781. Über Unterbrechung und Ruhen der Ersitzung vgl. Gemeines Recht: Windscheid §§ 180ff.; für ALR § 601 I 9 ALR: Rehbein 3, 987 Anm. 3; Foerster-Eccius 3, 246, 397 Anm. 62; OTr. 75, 52; für Rheinisches Recht: Zachariae-Crome 359ff., 404.

[57]) S. hierüber unten II 5.

[58]) S. unten im Text zu N. 61ff.

[59]) S. hierüber unten II 6.

Das ALR (nicht auch das Gemeine Recht) erfordert, wenigstens für die ordentliche Ersitzung einen Titel. Unter dem Titel wird ein Ereignis verstanden, welches an sich geeignet ist, die Grunddienstbarkeit zu begründen. Dies jedoch — wegen Unzulänglichkeit des Rechts des Bestellenden — nicht bewirkt hat, z. B. weil der Verfügende nicht verfügungsberechtigt war[60]).

Der Besitzstand erfordert einen auf dem Willen des Berechtigten[61]) beruhenden Zustand, sei es, daß er in Handlungen des Berechtigten oder in Unterlassungen des Verpflichteten zum Ausdruck kommt. Dadurch allein, daß der Eigentümer eines Grundstücks einen Zustand aufrecht erhält, der einem anderen Grundstück zum Vorteil gereicht und der Eigentümer dieses Grundstücks den Vorteil genießt, übt dieser einen Besitzstand noch nicht aus. So liegt darin allein, daß der Nachbar den Fenstern eines Hauses das Licht, oder der Mahlmühle den Wind nicht entzieht, oder mit seinem Gebäude einen gewissen Abstand einhält, noch kein Besitzstand hinsichtlich des Genusses von Licht, Wind oder Aussicht. Dazu wäre erforderlich, daß der Eigentümer des Gebäudes (Mühle) dem Nachbar eine Verbauung des Lichts oder des Luftzugs oder der Aussicht verbietet. Unterläßt daraufhin der Nachbar die ihm verbotene Handlung, dann ist die Aufrechterhaltung des einer Lichtgerechtigkeit (Luftzuggerechtigkeit, Aussichtsgerechtigkeit) entsprechenden Zustandes auf den Willen dessen zurückzuführen, der hiervon den Vorteil hat. Dieser übt also den Besitzstand aus[62]).

Für eine Korporation (Gemeinde) kann ein Verjährungsbesitz an Servituten, deren Nutzungen den einzelnen Mitgliedern der Korporation zugute kommen, nicht nur durch die gesetzlichen Vertreter oder Beamten, sondern auch durch ihre Mitglieder erworben und fortgesetzt werden[63]). Dabei ist es kein unbedingtes Erfordernis, daß die Mehrzahl

---

[60]) Streitig ist, ob ein sog. „translativer Titel" ausreichend ist, d. h. ob es genügt, daß der Eigentümer des herrschenden Grundstücks dasselbe als mit der Grunddienstbarkeit verbunden, erworben hat, oder ob der Titel vom Eigentümer des belasteten Grundstücks ausgehen muß (konstitutiver Titel). Für „translativen Titel" Koch zu § 579 I 9, Dernburg, PrPrR I 430 N. 10, vor allem RG 16, 218. Abw. Foerster-Eccius 3, 399, Rehbein 3, 999 Nr. 5. Streitig ist ferner, ob es genüge, daß der Berechtigte in unentschuldbarem Irrtum geglaubt habe, die Dienstbarkeit rechtsgültig erworben zu haben. Für die Zulässigkeit dieses „Putativtitels" Dernburg, PrPrR I 430, dagegen OTr. in StriethA 52, 216, Foerster-Eccius 3, 242/3, Koch Anm. 61 zu § 579 I 9.

Ein formell ungültiger Vertrag ist auch nicht als Ersitzungstitel wirksam (BayOGH 6, 57; 7, 680; Bolze 11 Nr. 33). Wer beim Erwerb Zweifel an der Gültigkeit des Titels hat, muß diese aufmerksam prüfen. Unterläßt er das oder irrt er in tatsächlicher Beziehung, so wird er einem unredlichen Besitzer gleichgeachtet und kann die Ersitzung nicht beginnen ALR I 7 § 15; I 20 § 91. Um die Verjährung durch hinzutretenden bösen Glauben zu unterbrechen, genügen nicht Zweifel, sondern der Besitzer muß von der Unrechtmäßigkeit des Erwerbs „überführt" werden, ALR I 9 § 611; I 7 §§ 16, 17, 222; Bolze 3 Nr. 97).

[61]) Über Besitz durch Stellvertreter s. unten N. 76.

[62]) SeuffA 36 Nr. 110; JW 91, 23; Holzschuher, Theorie und Kasuistik 2, 403.

[63]) OTr. 8, 8; 16, 22; 53, 78; JW 82, 133; 87, 103; 00, 514; Gruchot 67, 86. Dabei war nach preuß. Recht ein die Mitglieder ermächtigender Beschluß der gesetzlichen Vertreter nicht erforderlich, wenn der Besitz von den Mitgliedern nicht für sich persönlich, sondern in ihrer Eigenschaft als Mitglieder der Korporation ergriffen und ausgeübt worden war, d. h. in der Überzeugung, daß das geübte Recht der Gemeinde oder der Korporation zukomme und von ihnen als deren Mitglieder zu nutzen sei (OTr. 16, 26; 53, 19; JW 82, 133; Gruchot 67, 86). Dies galt auch für eine evangelische Kirchengemeinde, die nach § 25 II 6, § 17 II 11 ALR die Rechte einer Korporation hatte (RG 17, 195; Gruchot 67, 86).

der Mitglieder an den Ausübungshandlungen teilnimmt. Wenn es sich um ein Recht handelt, das nur einem Teil der Mitglieder zugute kommt, muß es zum Erwerb durch Ersitzung, jedenfalls dann als ausreichend erachtet werden, wenn zu der Ausübung des Rechts durch einen Teil der Mitglieder hinzukam, daß den übrigen Mitgliedern die Rechtsausübung bekannt war und sie stillschweigend damit einverstanden waren[64]).

Die Servitut muß in gutem Glauben[65]) und in der Überzeugung, ein Recht auszuüben[66]), ausgeübt worden sein. Das Bewußtsein von der rechtlichen Natur dieses Rechts ist nicht erforderlich[67]); es genügen daher auch solche Einwirkungen auf eine fremde Sache, welche in der Meinung vorgenommen wurden, ihr Eigentümer zu sein[68]). Dagegen ist nach Rheinischem Recht guter Glaube nicht erforderlich.

---

[64]) Gruchot 67, 87 (preuß. Recht) für einen Abkürzungsweg zur Kirche, der nur von den Bewohnern jener Anwesen benutzt wurde, die östlich von der Kirche lagen.

[65]) BayOGH 14, 88; BayObLG 10, 128. Hierfür ist mehr nicht erforderlich, als daß der Erwerber die redliche Überzeugung gehabt hat, mit den Besitzhandlungen kein materielles Unrecht zu begehen, Foerster-Eccius 3, 238 (ALR), BayOGH 8, 155 (GR). Für den guten Glauben streitet die Vermutung. Das gilt nach gemeinem Recht (Seuffert, Pand. § 136 Anm. 11) und ALR I 7 § 18 (BayObLG 10, 119).

[66]) BayOGH 1, 421, und zwar ein Privatrecht (BayOGH 3, 5; 7, 391 [gemeines Recht]; SeuffBl. 8, 331 [preußisches Recht]). Ein besonderer Nachweis des Willens, ein Privatrecht auszuüben, darf dann nicht gefordert werden, wenn die Ausübungshandlungen an sich geeignet sind, die Ausübung eines solchen Rechtes darzustellen (JW 11, 115). Die Benutzung eines Weges in der Meinung, dieser Weg sei ein öffentlicher, kann einen Besitzstand für den einzelnen nicht begründen (BayOGH 3, 5; 8, 627; 10, 201; SeuffA 64, 448; Bolze 2 Nr. 193; OTr. 13, 167; LG Würzburg vom 27. 7. 1913 F 158/12; SeuffBl. 33, 23; SeuffA 8 Nr. 220, 236, 292; 59 Nr. 71; BayZ 06, 326). — War die Fischerei in einem öffentlichen Fluß frei und wurde sie von den ausübenden Fischern für frei gehalten, dann liegt in der Ausübung der Fischerei keine Rechtsausübung (JW 11, 115 RG). Wohl aber kann durch die Benutzung eines Grundstücks als Weg durch die Mitglieder einer Gemeinde für die Gemeinde eine Dienstbarkeit ersessen werden (Bolze 2 Nr. 193), und zwar auch dann, wenn die Gemeindemitglieder den Weg für einen öffentlichen (also nicht bloß für die Gemeindeangehörigen, sondern jedermann zugänglichen Weg) gehalten haben (BayObLG 10, 199). Für einen Streit darüber, ob ein Grundstück mit einer Servitut eines öffentlichen Wegerechts belastet ist, sind die Gerichte zuständig (BayVGH 5, 15 u. 236). Das einzelne Gemeindemitglied ist zur Klage aus § 1027 nicht aktiv legitimiert (s. hierüber oben § 30 N 117), kann sich aber gegenüber der negatoria des Eigentümers auf das Recht der Gemeinde berufen. Über Gemeindeservituten vgl. oben § 30 III 3. — Liegen Rechtsausübungshandlungen vor, so kann kein besonderer Nachweis dafür verlangt werden, wessen Recht die Ausübenden eigentlich ihrerseits auszuüben geglaubt haben. Der Richter muß aus der gesamten Sachlage entnehmen, wessen Rechte ausgeübt wurden. Haben die Fischer einer Gemeinde, denen eine besondere zum Erwerb von Rechten geeignete Organisation fehlte, von jeher mit Rechtsüberzeugung gefischt, so kann als die Trägerin des Fischereirechts nur die Gemeinde angesehen werden, jedoch in der Weise, daß ihr das Recht zum Vorteil ihrer den Fischfang gewerblich ausübenden Gemeindemitglieder zusteht. Die Gemeinde ist daher zur gerichtlichen Geltendmachung des Rechts befugt (JW 11, 115 RG). Bloße Besitzdiener brauchen die Rechtsüberzeugung nicht zu haben; auf den animus domini kommt es an (BayOGH 5, 796).

[67]) SeuffA 47 Nr 188; BayObLG 10, 199.

[68]) RG 4, 135; 7, 144; 12, 175 (gem. Recht); OTr. 28, 116; 47, 15; 83, 36; Bolze 3 Nr. 96; RG 16, 216 (preuß. Recht); vgl. RG 56, 204; SeuffBl. 33, 23; 42, 250.

Der gute Glaube ist ein Begriff, dessen Inhalt durch das negative Merkmal des Mangels des Bewußtseins gekennzeichnet wird, daß die Handlung dem Rechte eines andern zuwiderläuft. Liegt dagegen dieses Bewußtsein vor, so ist der böse Glaube (mala fides) gegeben. Dolus eventualis steht dem Wissen gleich. Wenn die Rechtsüberzeugung bzw. der gute Glaube auf einem Irrtum beruht, so muß der Irrtum entschuldbar sein. Der Rechtsirrtum steht dem tatsächlichen Irrtum gleich. Auch er kann unter Umständen entschuldbar sein[69]). Auf das Wissen desjenigen kommt es an, der durch die Ausübungshandlungen die quasi possessio an der Dienstbarkeit erlangt. Der gute oder böse Glaube eines Besitzdieners kann weder nützen noch schaden. War aber z. B. der Pächter bösgläubig, der Verpächter gutgläubig, dann schadet der böse Glaube des Pächters, der ja unmittelbar den Besitz ausübt, dem Verpächter; nicht dagegen schadet der böse Glaube des Dienstboten dem Dienstherrn.

Für die Überzeugung ein Recht auszuüben, streitet die Vermutung[70]), da der Ausübende annehmen darf, daß sich niemand längere Zeit hindurch nachteilige oder sein Eigentum beeinträchtigende Handlungen ohne zwingenden Grund gefallen lassen wird[71]). Eine Ausnahme muß indes diese Rechtsregel dann erleiden, wenn Besitzhandlungen in Frage stehen, welche nicht von demjenigen, der das streitige Recht für sich in Anspruch nimmt, selbst unmittelbar vorgenommen werden, sondern durch einen Stellvertreter stattfinden. Durch einen negotiorum gestor wird einem Dritten der Besitz nur dann erworben, wenn auch er selbst die Besitzerwerbung gewollt, also entweder schon vorgängig den Auftrag dazu oder doch nachträglich seine Genehmigung erteilt hat. Dies gilt dem Grundsatz nach auch für den Besitzerwerb durch den Pächter und Mieter[72]).

---

[69]) SeuffA 28 Nr. 9; 34 Nr. 96; Windscheid Pand. § 178 Anm. 2.

[70]) Sofern Handlungen vorliegen, die nach ihrer äußeren Aufmachung auf die Rechtsausübung schließen lassen (BayOGH 12, 96; BayObLG 12, 208; JW 11, 115 RG).

[71]) SeuffA 24 Nr. 219; BayOGH 7, 240. Bei der Benutzung eines Richtweges (Weg, der bloß der Abschneidung dient) wird ein strengerer Maßstab angelegt von SeuffA 22 Nr. 219, 25 Nr. 219, 25 Nr. 9, 49 Nr. 10. Nach SeuffA 36 Nr. 264 spricht die Tatsache, daß wegen der durch die Besitzhandlungen verursachten Schäden zeitweilig Entschädigung geleistet wurde, zwar regelmäßig, aber nicht unter allen Umständen, gegen die Absicht der Rechtsausübung. — Auch nach preußischem Recht braucht der Erwerber die Negative, daß er das streitige Recht nicht vermöge einer bloßen Vergünstigung ausgeübt hat, nicht zu beweisen. Aus den Umständen des Falles ist zu beurteilen, ob ein Besitzstand oder ein Precarium vorlag (OTr. 4, 169; 52, 42; Gruchot 24, 869; Dernburg 576 und dortige Nachweise). Über Absicht der Rechtsausübung beim Aufstellen von Wagen auf einer öffentlichen Straße s. SeuffA 42 Nr. 194 (RG); OTr. 37, 170.

Periodische Gegenleistungen, z. B. Zahlung eines jährlichen Weidegeldes, schließen die Absicht der Rechtsausübung nicht aus (vgl. oben § 30 III 7). Namentlich spricht Unveränderlichkeit und ungewöhnlich niedriger Betrag der Gegenleistung für ein Recht, wobei jedoch nicht ausgeschlossen ist, daß der Gegenleistung der Charakter einer Anerkennungsgebühr zukommen kann. Im Falle einer willkürlich erhöhbaren Gegenleistung stellt sich das Verhältnis als bloße Vergünstigung dar. So für preußisches Recht Dernburg PrPrR 1, 760; Rehbein 3, 980. —

[72]) BayOGH 7, 241. Indes wird bei einem Pachtverhältnis regelmäßig unterstellt werden können, daß durch den Pachtvertrag der Pächter generell bevollmächtigt ist, den Verpächter als Eigentümer der Pachtobjekte insoweit zu vertreten, als es sich um die Wahrung seines Eigentums gegenüber Dritten handelt. Der Eigentümer wird insoweit durch den Pächter repräsentiert. Das gleiche gilt bei der Vermietung eines ganzen

Die Immission von Rauch, Ruß usw. kann nicht ohne weiteres als eine Handlung aufgefaßt werden, welche in der Absicht erfolgt, ein Recht gegen das hiervon betroffene Grundstück zu erwerben[73]), ebensowenig das Ausschwärmenlassen von Bienen[74]).

Desgleichen stellen eine bloße Mauerausbauchung oder das bloße Hineinragen eines schief gewordenen Giebels für sich allein keinen zur Ersitzung geeigneten Rechtsbesitz dar[75]).

Als Besitzhandlungen kommen nicht nur Handlungen des Eigentümers selbst, sondern auch Handlungen Dritter, welche in einem Repräsentationsverhältnis zum Erwerber stehen, in Betracht[76]). Dabei ist Wissen des Geschäftsherrn nicht erforderlich[77]).

Der Rechtsbesitzstand wird nicht ohne weiteres dadurch verloren, daß der Eigentümer des herrschenden Grundstücks das dienende pachtet[78]).

Nach preußischen Recht können nur solche Besitzhandlungen zur Ersitzung führen, die in Kenntnis des Ersitzungsgegners vorgenommen sind[79]).

Auch an Sachen, welche dem öffentlichen Gebrauch gewidmet sind, ist eine Servitutenersitzung nicht ausgeschlossen, sofern nur diese Rechte mit der Zweckbestimmung der öffentlichen Sache vereinbar sind; dabei ist zu berücksichtigen, daß durch die auch noch so lange Ausübung von allgemeinen Gebrauchsbefugnissen, welche aus der Öffentlichkeit des Weges folgen, nie ein Sonderrecht abgeleitet werden kann[80]).

Auch an einem Fideikommißgut konnte eine Servitut ersessen werden[81]).

Hauses. Nehmen die Mieter im guten Glauben und in Rechtsüberzeugung den Weg über ein Nachbargrundstück, so gelten sie insoweit als bevollmächtigte Vertreter des Vermieters. Dann ist nicht einmal dessen eigene Kenntnis von der Besitzausübung notwendig. Überdies würde eine stillschweigende Genehmigung der Wegeausübung durch den Vermieter anzunehmen sein, wenn er von der Wegeausübung Kenntnis erhält und keinen Widerspruch dagegen erhebt.

[73]) Bolze 2 Nr. 191, 5 Nr. 97, 11 Nr. 51; RG 12, 175; SeuffA 46 Nr. 171.

[74]) Vgl. JW 84, 281 Nr. 39.

[75]) RG 45, 287; vgl. dagegen OLG 5, 423.

[76]) Vgl. oben N 72; vgl. ferner SeuffA 47 Nr. 188, BayOGH 5, 795 (Ausübungshandlungen durch Dienstboten). Durch Dritte, welche in keinem Repräsentations- oder Besitzdienerverhältnis zum Eigentümer stehen (z. B. colonus, mercenarius, hospes, medicus, fructuarius) kann nach gemeinem Recht die possessio einer Servitut zwar erhalten, nicht aber erworben werden. Angewendet auf die Käufer von Holz, die das gekaufte Holz aus dem Forst über andere Grundstücke abgefahren haben. SeuffA 47 Nr. 188; vgl. dagegen SeuffA 2 Nr. 11; 3 Nr. 10 und 11. Über Besitzhandlungen des Pächters vgl. oben N 72. Über guten Glauben des Besitzdieners s. oben N 66.

[77]) SeuffA 4 Nr. 205 (Gutsschäfer als Repräsentant des Fiskus).

[78]) RG 22, 188; vgl. für ALR RG 31, 331.

[79]) Das wird aus § 84 I 7 ALR abgeleitet (OTr. 47, 15). Anders nach gemeinem Recht (Bolze 12 Nr. 62; RG 22, 188; 24, 163).

[80]) Kahr, Gemeindeordnung 35, 9; vgl. BlAdmPr. 20, 340 u. 397; BayOGH 8, 625; 9, 81; 10, 200; 15, 433; SeuffA 42 Nr. 194 (RG); BayObLG 11, 455 (preuß. Recht für Rechte am Eisenbahnkörper); 11, 689 (öffentlicher Brunnen) und dagegen BayOGH 12, 178; vgl. oben N 66. An einem im Eigentum des Staates stehenden öffentlichen Brunnen (Heilquelle) ist der Rechtsbesitz eines Wasserschöpfrechtes einer bestimmten Gemeinde z. B. dann gegeben, wenn die Angehörigen dieser Gemeinde im Gegensatz zu den Angehörigen anderer Gemeinden hinsichtlich des Wasserschöpfens eine bevorzugte Stellung innehatten.

[81]) SeuffA 26 Nr. 225.

4. Umfang. Der Umfang der durch Verjährung erworbenen Dienstbarkeit bestimmt sich nach dem Umfange des Besitzstandes während der Verjährungszeit tantum praescriptum quantum possessum[82]). Aber diese Rechtsregel ist nicht so zu verstehen, als ob im gegebenen Falle für alle denkbaren Möglichkeiten der Wirtschaftsbetriebsweise auf dem herrschenden Grundstücke Ausübungshandlungen vorliegen müßten. Sie soll vielmehr nur aussprechen, daß durch Ersitzung nicht ein Recht von größerem als durch die Ausübungshandlungen kundgegebenen Willen erworben werden kann[83]). Wenn der zur Zeit der Ersitzung bestehende Betrieb nicht nur erweitert, sondern seiner Art nach geändert wurde, braucht eine hierdurch herbeigeführte Erschwerung der Belastung nicht geduldet zu werden[84]).

Abweichungen in der Richtung des benutzten Weges schließen die Ersitzung nicht aus, wenn die Hauptrichtung die gleiche ist[85]).

5. Besitzfehler. Der Besitzstand ist fehlerhaft[86]), wenn er gewaltsam (vi), heimlich (clam) oder bittweise (precario) ausgeübt wird. Zur Gewalt genügt schon

---

[82]) So nach gem. Recht BayOGH 10, 121; RG 1, 101 (Recht auf Heu- und Grummetfahrten, kein Recht auf Dungführen). ALR § 28 I 22. Vgl. Rehbein-Reinke Anm. 28 hierzu; Rehbein 3, 1009; OTr. 16, 18; OTr. 21, 374 (Ersitzung eines Weges nur in der benutzten Breite); StriethA 3, 38 (Recht, die Jauche frei über das belastete Grundstück laufen zu lassen, gibt nicht das R auf einen Abzugskanal); StriethA 63, 330 (Wegegerechtigkeit nur für die Zeit des Jahres, in der der beanspruchte Weg nicht mit Gras bewachsen ist); StriethA 76, 232 (Lehmentnahme für ein Kruggrundstück ist nicht auszudehnen auf zum Krug gehörige, erst nach Ablauf der Ersitzungszeit errichtete Gebäude). Rheinisches R: RheinArch. 69 I 87 (Besitz von Schlagläden in der Ersitzungszeit gibt nicht das R, einen Grenzabstand zu fordern, der die Breite der aufgeklappten Läden übersteigt). RG 4, 345.

[83]) JW 80, 132 (RG); BayOGH 2, 11 (obwohl nur Dünger von Ziegen während der Ersitzungszeit auf der fremden Dungstätte abgelagert wurden, wird Recht zur Ablagerung von Kuhdünger zugesprochen, weil der Wille auf die Ausübung einer den gesamten Düngeranfall umfassenden Dienstbarkeit gerichtet war); vgl. RG 1, 335. — Wie bei einer bestellten Dienstbarkeit anzunehmen ist, daß sie nicht auf das im Augenblick der Bestellung gerade bestehende Bedürfnis beschränkt ist, sondern daß sie für den durch die Verkehrsauffassung bestimmten und äußerlich sich ausprägenden bisherigen Charakter des Grundstückes bestellt ist und sich einem im Rahmen dieses Charakters wechselnden Bedürfnisse zu fügen hat (s. oben § 31 II), so darf man sich auch bei einer durch Ersitzung entstandenen Dienstbarkeit trotz des Grundsatzes: „tantum praescriptum, quantum possessum" nicht ängstlich an nebensächliche Einzelheiten klammern, sondern man muß auch hier das Charakteristische der Ausübungshandlungen herausgreifen und danach Gruppen (z. B. hauswirtschaftliche, hausgewerbliche, landwirtschaftliche) bilden. BraunschwZ 06, 169 (Braunschweig); vgl. die ausführlichen beachtenswerten Ausführungen in OTr. 16, 18.

[84]) Vgl. SeuffA 52 Nr. 75 (Umwandlung eines bäuerlichen Anwesens in ein Kurhaus mit Hotelbetrieb), vgl. SeuffA 42 Nr. 286; JW 95, 210 Nr. 44; 00, 627 Nr. 16; vgl. oben § 31 II.

[85]) BayObLG 15, 454 (gem. Recht); SeuffBl. 21, 352; RG 31, 328 (für ALR).

[86]) Die Fehlerhaftigkeit muß in der Person des Berechtigten liegen. Hat der Dienstknecht des Berechtigten gefragt, weil er das Fahrtrecht nicht kannte, so liegt nur in den hierauf vorgenommenen Besitzhandlungen des Knechtes selbst eine fehlerhafte Besitzhandlung. Handelt es sich um eine der Gemeinde zustehende Grunddienstbarkeit, so begründet das Fragen eines vereinzelten Gemeindemitglieds keinen fehlerhaften Besitz-

Handeln gegen Verbot; das Verbot kann wörtlich oder tatsächlich eingelegt sein[87]); jede Handlung, welche darauf gerichtet ist, den Unternehmer von dem Beginn oder der Fortsetzung der Ausübung abzuhalten, gilt als Verbot[88]). Heimlichkeit liegt vor, wenn die Ausübung des Besitzstandes hinter dem Rücken des Eigentümers vorgenommen wird; dies ist nicht schon dann der Fall, wenn die Besitzausübung, sei es aus Mangel an einer Anzeige[89]) oder aus Unachtsamkeit des Eigentümers, nicht zur Kenntnis des letzteren gekommen ist, sofern nicht aus den Umständen gefolgert werden kann, die Besitzausübung habe verheimlicht werden wollen[90]). Bittweise ist der Besitzstand, wenn er nach den Umständen auf einer Gefälligkeit des Eigentümers beruht, worauf insbesondere die Einholung der Erlaubnis schließen läßt[91]). Wenn aber beispielsweise der Fahrtberechtigte vor der Ausübung der Fahrt den Eigentümer bittet, er möge sein Feld durch Abräumung der Frucht für die Fahrt freimachen und mit dem Fahren zuwartet, bis der andere abgeräumt hat, so wird darin regelmäßig nur eine in anständige Form gekleidete Rücksichtnahme (§ 1020) zu erblicken sein[92]). Ebensowenig wird daraus allein, daß sich der Fahrtberechtigte vom Eigentümer den Schlüssel zur Durchfahrt geben läßt und sein Verlangen nach dem Schlüssel in die höfliche Form einer Bitte kleidet, noch nicht auf ein precarium zu schließen sein[93]). Andererseits kann daraus allein, daß der Eigentümer des als dienend in Anspruch genommenen Grundstücks an den Nachbar öfter das Ersuchen gestellt hat, den Wasserlauf einige Zeit unbenützt zu lassen oder doch erst zur Abendzeit zu benützen, noch nicht gefolgert werden, daß ein precarium nicht vorlag, weil die Form der Bitte auch mit Rücksichten nachbarlicher Freundlichkeit ihre Erklärung finden kann[94]).

Was die Beweislast angeht, so braucht nicht der Ersitzende die Abwesenheit der genannten Besitzfehler, sondern es muß der Eigentümer des in Anspruch genommenen

---

stand für die Gemeinde, anders, wenn das Fragen überhaupt an der Tagesordnung ist; vgl. auch JW 96, 16.

[87]) Vgl. RG 12, 175.

[88]) Z. B. Anbringung einer Verbotstafel (eines Strohwisches) oder Ziehung eines Grabens, Errichtung eines Schlagbaumes als gewolltes Hindernis gegen die beanspruchte Fahrt. Vgl. SeuffA 10 Nr. 235; BayOGH 1, 166; 5, 796; RG 1, 101. — Ein bloßes Schimpfen kann auch als Zeichen des Unmutes über eine für den Schimpfenden lästige Berechtigung eines anderen aufzufassen sein (LG Würzburg 4. 2. 1902; PrR Nr. 87/00). Ist eine Ausübungshandlung gegen Verbot ausgeübt worden, so klebt dieser Besitzfehler nicht notwendig allen späteren Ausübungshandlungen an (SeuffA 26 Nr. 223).

[89]) Eine Anzeige ist nach gemeinem Recht nur ausnahmsweise erforderlich, wenn sich der Besitzer sagen muß, daß der Eigentümer von der Einwirkung sicher keine Kenntnis hat und sie bei Kenntnis nicht dulden würde. JW,90, 118 Nr. 26 (RG); RG 25, 145.

[90]) RG 22, 190; 25, 147; BayOGH 5, 56; 11, 727.

[91]) Vgl. Glück, Pandektenkomm. 9, 134; ALR I 22 §§ 14f. (vgl. JW 80, 156). Wenn die Besitzhandlungen erstmals ausgeübt wurden, als die beteiligten Grundstücke nahen Verwandten gehörten, spricht die Vermutung dafür, daß dies solange nur aus Gefälligkeit geduldet wird. — Es ist nicht undenkbar, unter besonderen Umständen Vergünstigung anzunehmen, obwohl der Eigentümer die Ausübung verboten und der andere dessen ungeachtet die Ausübung fortgesetzt hat. Es ist möglich, daß es der Eigentümer aus Vergünstigung unterlassen hat, mit dem Verbote Ernst zu machen. Bolze 5 Nr. 95.

[92]) Ist es während der Ersitzungszeit immer so gehalten worden, so wird allerdings (tantum praescriptum, quantum possessum) nur ein Recht, über das unbestellte Grundstück zu fahren, erworben sein.

[93]) Vgl. SeuffBl. 6, 353; Holzschuher, Theor. u. Kas. 2, 33.

[94]) SeuffA 6 Nr. 155.

Grundstückes ihr Vorhandensein beweisen[95]). Erforderlich ist lediglich, daß die Besitzhandlungen während der Ersitzungszeit fehlerlos waren. Ein ursprünglich fehlerhafter Besitzstand kann in seinem späteren Verlaufe fehlerfrei sein. Denn die Ersitzung setzt nicht wie die unvordenkliche Verjährung einen unbekannten Anfang des Zustandes voraus, um eine Rechtmäßigkeit des Zustandes zu schaffen, sondern begründet das Recht selbst dann, wenn ein vor Beginn der Ersitzungszeit liegender rechtswidriger Ursprung festgestellt ist. Allerdings kann der Nachweis eines fehlerhaften Ursprungs indirekt von Bedeutung werden, nicht weil die spätere Übung bloß als eine Fortsetzung der früheren, fehlerhaften erscheint, sondern nur darum und insofern als (subjektiv) die Erinnerung an den fehlerhaften Beginn auch später das Bewußtsein einer berechtigten Übung in dem Ausübenden ausschließen kann[96]).

6. Zeit der Ersitzung. Nach gemeinem Recht wie nach ALR gilt der Grundsatz der accessio possessionis (der Sondernachfolger darf sich die Besitzzeit seines Vorgängers anrechnen[97]).

a) Nach gemeinem Rechte beträgt die Ersitzungszeit für alle Arten von Servituten[98]) 10 Jahre unter Anwesenden, 20 Jahre unter Abwesenden[99]). Ein Titel ist nicht

[95]) So für gemeines Recht RG 1, 103; SeuffBl. 60, 369; für preuß. Recht: StriethA 62, 341; 64, 245; 65, 71; 87, 139; OTr. 32, 42; Bolze 10 Nr. 72. R 08, 864 (RG).

[96]) Bolze 10 Nr. 72.

[97]) Schiedermair, BayZ 15, 207. Dernburg, Pand. 1, 515; Windscheid, Pand. § 181. Der Satz des gemeinen Rechtes, daß der Rechtsnachfolger (auch der Sondernachfolger) die Ersitzung überhaupt gar nicht beginnen könne, wenn er die Sache aus den Händen eines mala fidei possessor erlangt habe (Seuffert, Pand. § 134, 2c, § 138), ist nicht etwa dahin anzuwenden, daß der Rechtsnachfolger trotz seines guten Glaubens die Ersitzung einer Grunddienstbarkeit dann nicht beginnen könne, wenn sein Besitzvorgänger den Besitz der Grunddienstbarkeit im bösen Glauben erlangt hat. — Aber selbstverständlich kann sich der Rechtsnachfolger die Besitzzeit seines bösgläubigen Vorgängers nicht anrechnen. — Nach ALR I, 9 § 614 schadet dem Nachfolger der böse Glaube seines Vorgängers nicht. Natürlich wird die Besitzzeit des bösgläubigen Rechtsvorgängers nicht eingerechnet (vgl. Schiedermair, BayZ 15, 207).

[98]) Auch für servitutes discontinuae, BayOGH 15, 278; RG 3, 210. Im Gegensatz zum ALR erfordert das gemeine Recht für die Ersitzung von Servituten, welche nur bei vereinzelten Gelegenheiten ausgeübt werden können (z. B. Bauholzberechtigung), nicht den Beweis der Ausübung in drei Fällen; es bleibt dem richterlichen Ermessen im Einzelfall überlassen, ob aus der Zahl der nachgewiesenen Fälle eine dauernde Rechtsausübung gefolgert werden kann. JW 94, 325 Nr. 47. Ebensowenig besteht für die sonstigen servitutes discontinuae (z. B. Geh- und Fahrtrechte) das Erfordernis, daß die einzelnen den Gegenstand der Servitut bildenden Handlungen wenigstens einmal in jedem Jahre vorgenommen worden seien. Auch hier ist es Tatfrage des Einzelfalls, ob etwa eine Unterbrechung der Besitzhandlungen anzunehmen ist. BayOGH 15, 279.

[99]) Anwesend ist derjenige, der seinen Wohnsitz im Bezirke desjenigen Oberlandesgerichts hat, in welchem das angeblich dienende Grundstück liegt. Dies gilt für gemeines und preußisches Recht. Nach ALR I 9 § 622 ist maßgebend der Aufenthalt in einer anderen Provinz. Die Praxis hat an die Stelle der Provinz den Bezirk des Oberlandesgerichts gesetzt (Schiedermair, BayZ 15, 208). Ist der abwesende Eigentümer durch einen Gutsverwalter vertreten, so ist gleichwohl die zwanzigjährige Ersitzungszeit erforderlich. SeuffA 6 Nr. 312; 10 Nr. 137, 12 Nr. 250. Ist der Eigentümer des dienenden Grundstücks während der Ersitzungszeit teils anwesend, teils abwesend, so wird die Dauer der Abwesenheit nach gemeinem Recht nur halb gerechnet (Schiedermair, BayZ 15, 208). Nach ALR wird eine kürzere als eine einjährige Abwesenheit nicht berücksichtigt und auch

erforderlich. Auch für eine Ersitzung gegenüber den Dorf- und Stadtgemeinden besteht keine Ausnahme[100]); dagegen beträgt die Ersitzungszeit gegenüber dem Fiskus 40 Jahre[101]). Scientia et patientia des Eigentümers des dienenden Grundstücks ist nicht erforderlich[102]).

b) Nach preußischem Landrecht beträgt die Ersitzungszeit[103]) mit Titel[104]) 10 Jahre unter Anwesenden, 20 Jahre unter Abwesenden[105]) und gegen nicht privilegierte Korporationen, ohne Titel 30 Jahre[106]). Solche Dienstbarkeiten, deren alljährliche oder gewöhnliche Ausübung nicht von der Willkür des Berechtigten abhängig ist, deren Ausübung vielmehr nur bei gewissen durch andere Umstände herbeigeführten Gelegenheiten möglich ist, deren Eintreten abgewartet werden muß, werden, gleichviel ob mit oder ohne Titel, in 40 Jahren ersessen[107]). Bei dieser außerordentlichen Ersitzung von 40 Jahren ist für solche unständige Servituten, die nur bei besonderen Gelegenheiten, deren Eintritt nicht von der Willkür des Berechtigten abhängt, sondern von diesem abgewartet werden muß[108]), ausgeübt werden können, eine mindestens dreimalige Ausübung erforderlich, wobei zwischen dem ersten und dritten Falle mindestens der Zeitraum von 40 Jahren liegen muß[109]).

Gegenüber dem Fiskus, den Kirchen und gleichberechtigten Korporationen findet in allen Fällen nur die ungewöhnliche Ersitzung von 44 Jahren statt[110]). Die Stadt- und Dorfgemeinden sind aber nicht als gleichberechtigte Korporationen anerkannt; für sie verbleibt es daher bei der gewöhnlichen Ersitzungszeit[111]). Nur soweit an sich die zehnjährige Ersitzungszeit genügen würde, wird diese durch ALR I 9 § 624 gegenüber Stadtgemeinden (ALR II 8 § 108) verdoppelt[112]).

Ausnahmslos ist nach ALR I 9 § 660 50jährige Verjährung erforderlich, wenn die Grenzen eines Rechtes durch Verträge oder rechtskräftige Erkenntnisse klar bestimmt sind. Voraussetzung dieses § 660 ist nicht nur, daß der Umfang und die Art des Rechts klar bestimmt sind, sondern es muß sich auch das Recht selbst, d. h. dessen Begründung,

---

bei längerer Dauer der Abwesenheit werden nur die vollen Jahre, nicht ein Jahresbruchteil der Berechnung der Abwesenheitsdauer zugrunde gelegt (ALR I 9 §§ 621—623).

[100]) BayObLG 4, 897.

[101]) RG 6, 202; 24, 193; 25, 190. Über Berechnung der Ersitzungszeit, wenn wegen Besitzwechsels im dienenden Grundstücke teils ordentliche, teils außerordentliche Ersitzung stattfindet, s. RG 25, 189.

[102]) RG 22, 188; 24, 163.

[103]) Feststellung des Besitzes zu Anfang und Ende der Verjährungszeit genügt, Fortdauer während der Zwischenzeit ist zu vermuten. ARL I 9 § 599, Bolze Nr. 173.

[104]) Vor dem 1. 1. 1900 war der mündliche Vertrag kein ausreichender Titel, Bolze 11, Nr. 33; seit Inkrafttreten des BGB gilt das Gegenteil; vgl. oben § 35 I u. § 36 I. Über die Gültigkeit eines „translativen Titels" vgl. oben N 60; ebenda über den sogenannten „Putativtitel".

[105]) ALR I 9 §§ 620—624, vgl. oben N 99. Über verhältnismäßige Berechnung der Abwesenheit s. ALR I 9 §§ 621, 623.

[106]) ALR I 9 § 625.

[107]) ALR I 9 § 649; JW 81, 51.

[108]) Vgl. JW 81, 51.

[109]) ALR I 9 § 649; vgl. JW 81, 51; 94, 325 Nr. 47.

[110]) ALR I 9 §§ 629, 630; vgl. SeuffBl. 15, 252. Dies gilt auch gegenüber dem Eisenbahnfiskus (BayObLG 11, 455).

[111]) JW 98, 581 Nr. 33 und 582 Nr. 34.

[112]) JW 98, 581 Nr. 33.

aus dem betreffenden Vertrag oder Urteil zweifelsfrei ergeben[113]). Hat sich jedoch der Ersitzungsgegner im vorliegenden Fall nach anfänglichem Widerspruch beruhigt, so greift dreißigjährige Ersitzung Platz[114]).

Endlich galt im Gebiet des preußischen Rechtes der Satz, daß derjenige, der die Inhabung eines Rechts im sogenannten Normaljahr[115]) nachweist, gegen Ansprüche des Fiskus, nicht aber gegen solche von Privatpersonen geschützt ist. Dem Nachweis des Rechts im Normaljahr stand es gleich, wenn bewiesen wurde, daß der Fiskus das Recht im Normaljahr anerkannt hatte[116]).

c) Für die nach rheinischem Recht zur Ersitzung zugelassenen Grunddienstbarkeiten — s. oben § 36 II — galt dreißigjährige Ersitzungszeit. Wie im Landrechtsgebiet galt die Vermutung: olim et hodie possessor, semper possessor (Rhein. BGB Art. 2234).

d) In Teilen von Schleswig-Holstein galt Gemeines Sachsenrecht; die Zeit betrug hier 31 Jahre 6 Wochen und 3 Tage[117]).

Das Recht auf Retnutzung konnte nach Jütischem Low durch dreißig Jahre währenden unangefochten bestehenden Besitz mit dem Willen der Rechtsausübung ersessen werden; aber nur bis zum Jahre 1876 (§ 30 Ges. betr. Ablösung der Servituten für Schleswig-Holstein vom 17. 8. 1876 GS 377). Auch eine unvordenkliche Verjährung hätte damals vollendet sein müssen[118]).

e) Lübisches Recht galt in Teilen von Schleswig-Holstein und Pommern[119]). Die Ersitzungszeit war die deutschrechtliche von Jahr und Tag, die hier aber wörtlich mit 1 Jahr und 1 Tag ausgelegt wurde (Lüb. Recht Buch I Kap. 8). Diese Frist lief gegen Abwesende erst von deren Kenntnis ab, ohne Rücksicht auf ihre Kenntnis aber stets bei Gebäudedienstbarkeiten[120]).

Andere partikuläre Ersitzungsfristen haben in Schleswig-Holstein[121]) und Nassau[122]) Geltung gehabt. Einige Besonderheiten provinzieller Natur galten für die außerordentliche Ersitzung gegen den Fiskus und die Kirchen[123]).

Die Ersitzung von Servituten auf Helgoland war möglich[124]).

III. Unvordenkliche Verjährung

Das ALR[125]) und der Code civil[126]) erkennen die unvordenkliche Verjährung nicht an[127]).

---

113) JW 98, 582 Nr. 34. 114) § 662 ALR I, 9.

115) Für Altpreußen das Jahr 1740, für Westpreußen 1797, für die Rheinprovinz 1. 1. 1815.

116) §§ 641ff. ALR I, 9.

117) Kähler, SchleswHolst. PrivR S. 158ff.

118) SchleswHolstAnz. 24, 39 (Kiel).

119) Für Pommern ist bezüglich der Ersitzung die Geltung lübischen Rechts streitig. Vgl. Wilmowski, Lübisches Recht in Pommern.

120) Wilmowski §§ 26ff.

121) Kähler S. 161ff. 122) Sayn, Nassauisches PrR.

123) Koch Bem. 28, 29 zu § 628 I 9 ALR u. Nachweise.

124) S. hierüber SchlHolstAnz. 20, 200 (Kiel).

125) Dernburg, PrPrR 1, 439; JW 89, 238.

126) Rhein. BGB Art. 691; RheinArch. 102 I 144.

127) Wenn aber in einem Gebietsteil schon vor Einführung des ALR oder des Code civil nach dem dort vorher geltenden gemeinen Recht die Voraussetzungen der unvordenklichen Verjährung erfüllt waren, dann ist der Nachweis über das Bestehen dieses Rechtes erbracht und es ist Sache des Gegenbeweises, das Erlöschen des Rechtes darzutun (BayObLG 21, 129).

Nach gemeinem Recht begründet die Unvordenklichkeit des Besitzes eine Rechtsvermutung dafür, daß ein rechtlicher Zustand, welcher seit Menschengedenken fortdauert, in einer nicht mehr festzustellenden Zeit in rechtsförmlicher und rechtswirksamer Weise begründet worden ist[128]). Die unvordenkliche Verjährung bildet also nicht etwa einen Erwerbsgrund für ein Recht, sondern nur einen Beweisgrund für sein Bestehen[129]). Die Unvordenklichkeit bewirkt, daß ein Rechtszustand, der ununterbrochen so lange gedauert hat, daß sein Anfang nicht ermittelt werden kann, der Anfechtung entrückt ist[130]).

Für Nassau mußte der Erwerb durch unvordenkliche Verjährung bis zum Inkrafttreten der Stockbuchverfassung (Juli 1854) beendigt sein[131]).

Nur solche Zustände, welche sich als Ausübung von Rechten äußerlich darstellen, erhalten durch die Unvordenklichkeit gesicherten Bestand[132]). Es genügt jedoch, wenn die Ausübungshandlungen an sich geeignet sind, eine Rechtsausübung darzustellen, nicht aber ist erforderlich, daß zu der über Menschengedenken hinaus fortgesetzten Übung noch besondere Merkmale hinzukommen müssen, welche in der Übung eine Rechtsausübung hervortreten lassen. Man hat im Gegenteil davon auszugehen, daß bei Handlungen, welche an sich zur Darstellung einer Rechtsausübung geeignet sind, in der während der unvordenklichen Zeit fortgesetzten Übung die Absicht, ein Recht auszuüben, genügend in die Erscheinung tritt und es also Aufgabe des Gegenbeweises ist, besondere Umstände darzulegen, welche eine andere Annahme rechtfertigen[133]).

Das Gesetz verlangt, daß der betreffende Zustand ununterbrochen so lange bestanden habe, als das Gedenken der jetzt lebenden Generation reicht; dieses Gedenken schließt nicht bloß die eigene Wahrnehmung, sondern auch das von der früheren Generation Erfahrene in sich. Aus diesem Grunde hat der Beweis der unvordenklichen Verjährung ein doppeltes — positives und negatives — Ziel zu verfolgen, indem nachgewiesen werden muß einerseits, daß der betreffende Zustand innerhalb derjenigen Zeit bestanden hat[134]), welche die eigene Wahrnehmung der jetzt lebenden Generation umfaßt und andererseits, daß die jetzt lebende Generation auch durch Mitteilung ihrer Vorfahren[135]) weder von dem Nichtbestehen dieses Zustandes noch von dem Anfange desselben eine Kunde habe[136]).

---

128) Windscheid § 113; Dernburg, Pand. § 150.

129) JW 96, 157; BayObLG 21, 136.

130) BayObLG 21, 135.

131) Vgl. Bertram § 269; Sayn 124 Anm. 1; Flach, Entsch. OAG Wiesbaden 251.

132) Deshalb bildet die bloße Tatsache, daß bisher das Wasser durch einen Graben auf das niedriger gelegene Grundstück abfloß und von dessen Eigentümer bisher benutzt wurde, keine für die unvordenkliche Verjährung genügende Rechtsausübung, da diese Tatsache auch die bloße Ausnützung eines tatsächlich vorhandenen Vorteils darstellen kann. Rechtsausübung wäre dagegen anzunehmen, wenn der Oberlieger auf Anfordern des Unterliegers den Graben ausgeräumt hätte. RG 17, 123. Ebenso SeuffA 32 Nr. 299 (für die Wasserbenutzung eines Anliegers an einem Privatflusse).

133) RG 24, 165. BayOGH 12, 98; RheinArch. 94 I 184. Vgl. übrigens SeuffA 36 Nr. 182.

134) BayOGH 8, 200. Die Praxis legt dafür einen Zeitraum von 40 Jahren zugrunde (Dernburg, Pand. 1, 372).

135) Der urkundliche Nachweis der Entstehung des Zustandes schließt die Anwendung der unvordenklichen Zeit dann nicht aus, wenn der hierdurch nachgewiesene Anfang der Zeit nach immerhin noch über den von der unvordenklichen Verjährung umfaßten Zeitraum hinausfällt; denn die unvordenkliche Verjährung wird nicht schon dadurch ausgeschlossen, daß die Zeit der Entstehung des Zustandes an sich nachge-

Besteht der Rechtszustand während dieser Zeit ohne Unterbrechung, so ist die rechtliche Vermutung des anderweit eingetretenen gesetzmäßigen Zustandes begründet[137]). Der Gegenbeweis ist jedoch zulässig. Er hat sich darauf zu richten, daß der Zustand zu einer innerhalb der letzten zwei Menschenalter liegenden Zeit nicht bestanden habe, oder daß er vor dieser Zeit unrechtmäßig entstanden sei und daß diese unrechtmäßige Entstehung mit dem späteren Zustand in fortgehendem, ununterbrochenem Zusammenhang stehe[138]).

Die unvordenkliche Verjährung wird nach gemeinem Recht durch ein erfolgloses Verbot, ja selbst durch Klageerhebung oder durch einzelne rasch überwundene Störungen nicht unterbrochen[139]). Es ist deshalb der Beweis einer Grunddienstbarkeit durch unvordenkliche Verjährung selbst dann möglich, wenn der Eigentümer gegen die Rechtsausübung fortwährend Widerspruch erhoben hat[140]), sofern sich nur der Ausübende hierdurch in seiner Rechtsausübung nicht hat beirren lassen. Somit ist denkbar, daß die rechtmäßige Begründung einer Grunddienstbarkeit auf Grund unvordenklicher Verjährung anzuerkennen ist, obwohl der Ersitzungsbeweis wegen des Besitzfehlers der Gewalt versagen würde. Daraus ist jedoch keineswegs abzuleiten, daß die Fehlerhaftigkeit des Besitzes für die unvordenkliche Verjährung unter allen Umständen belanglos ist. Von einer Rechtsausübung, wie sie die unvordenkliche Verjährung erfordert[141]), kann bei einer Heimlichkeit im Sinne der gewollten Verheimlichung der Ausübung begriffgemäß überhaupt nicht gesprochen werden[142]); das gleiche gilt, wenn die Ausübung nur precario modo erfolgt[143]). Andererseits ist guter Glaube nach gemeinem Recht nicht erforderlich[144]).

---

wiesen wird, sondern nur dadurch, daß zugleich die Unrechtmäßigkeit der Entstehung festgestellt wird. BayVGH 13, 7; BayOGH 8, 237. Vgl. SeuffBl. 31, 234.

136) Es wird also hier eine bestätigende Überlieferung nicht verlangt, vielmehr genügt, daß nichts Gegenteiliges überliefert ist. JW 92, 42 Nr. 15; BayOGH 8, 200; SeuffA 80 Nr. 62 (RG). Unzutreffend hat im Falle BayObLG 4, 191 die dort bestätigte Entscheidung des OLG Bamberg aufgestellt, daß zum Nachweise der unvordenklichen Verjährung dargetan werden müsse, daß der behauptete Zustand ununterbrochen zwei Menschenalter hindurch bestanden habe. Andererseits greift die unvordenkliche Verjährung nicht durch, wenn der bestehende Zustand seit Menschengedenken, also innerhalb zweier Menschenalter — während eines Zeitraums von 80 Jahren — eine Unterbrechung erfahren hat (vgl. SeuffA 20 Nr. 12; 80 Nr. 62 RG). Wer sich auf unvordenkliche Verjährung beruft, muß positiv beweisen, daß innerhalb 40 Jahren der Rechtszustand ununterbrochen bestanden hat, er muß weiter beweisen, daß innerhalb des weiteren zurückliegenden Zeitraums von nochmals 40 Jahren nichts Gegenteiliges überliefert ist. Dem Gegner steht dann der Gegenbeweis offen, daß innerhalb dieses letztgenannten Zeitraumes der Zustand eine wirkliche Unterbrechung (SeuffA 80 Nr. 62 RG) erfahren hat.

137) SeuffA 1 Nr. 169; 17 Nr. 5; 80 Nr. 62 (RG).

138) Windscheid, Pand. (9. Aufl.) 1, 583; Dernburg, Pand. (3. Aufl.) 1, 373; SeuffA 80 Nr 62 (RG).

139) RG 22, 189; 24, 168; BayOGH 8, 201; Seuffert, Pand. § 118 Anm. 12; SeuffBl. 26, 78.

140) Opinio juris auf Seite des Eigentümers des belasteten Grundstücks ist nicht erforderlich. Bolze 3 Nr. 54. Vgl. aber auch SeuffA 36 Nr. 182.

141) Seuffert, Pand. § 118 Anm. 3; SeuffA 1 Nr. 4. SeuffBl. 3, 63.

142) Vgl. BayOGH 3, 371.

143) Vgl. Bolze 9 Nr. 24; 17 Nr. 60; 19 Nr. 64; SeuffBl. 3, 631. — Vgl. ferner Bolze 10 Nr. 28 (spätere Ausübung im Zusammenhang mit früherer prekaristischer).

144) Seuffert, Pand. § 118 Anm. 5. BayOGH 7, 383; Schiedermair, BayZ 15, 234.

Wenn zu dem Zeitpunkt, in welchem das Grundbuch als angelegt anzusehen ist, die Voraussetzungen der unvordenklichen Verjährung erfüllt waren, so bleibt die dadurch begründete Rechtswirkung der Unanfechtbarkeit des Rechtszustandes erhalten[145]). Es muß aber der Beweis geführt werden, daß der Rechtszustand innerhalb der Zeit der Wahrnehmung der zu jenem Zeitpunkt lebenden Generation bestanden hat und daß die damals lebende Generation von dem Nichtbestehen dieses Zustandes auch durch Mitteilungen ihrer Vorfahren keine Kunde hatte[146]).

Darüber hinaus behält aber die unvordenkliche Verjährung ihre bisherige Rechtswirksamkeit für diejenigen Rechtsgebiete, die der Landesgesetzgebung vorbehalten sind. Darunter fällt nach Art. 65 EG das Wasserrecht. Für dieses Rechtsgebiet ist daher im Bereich des Gemeinen Rechts die unvordenkliche Verjährung auch noch nach der Übergangszeit als rechtlicher Erwerbsgrund anzuerkennen mit der Folge, daß auch nach diesem Zeitpunkt ein Rechtserwerb durch unvordenkliche Verjährung nicht nur vollendet, sondern sogar noch begonnen werden kann[147]).

IV. Observanz im Sinn eines örtlichen Gewohnheitsrechtes[148])

Auf einem ganz anderen Gebiete als die Grunddienstbarkeit, die eine Sonderberechtigung darstellt, liegt die Benutzung fremden Eigentums auf Grund eines örtlichen Gewohnheitsrechtes. Hier handelt es sich um die gleichförmige Beobachtung einer Rechtsnorm, welche innerhalb eines bestimmten Bereichs alle Rechtsverhältnisse der betreffenden Art beherrscht[149]). Auf dem Gebiete des Nachbarrechtes kommen z. B. Leiter- und Hammerschlagsrechte, Schaufelschlagsrechte, Fahrtbefugnisse, Pflugwenderecht und Treppenrecht in Betracht. So findet sich in Gegenden, in welchen die Dreifelderwirtschaft üblich ist, häufig das Herkommen, daß alle Grundbesitzer der Gemarkung zum Zwecke der Bestellung und Aberntung der Felder über alle in der Gemarkung belegenen Felder, und zwar zumeist über deren Häupter zu der nach der Flurordnung offenen Zeit fahren dürfen.

Diese örtlichen Gewohnheitsrechte haben fortdauernde Geltung.

---

[145]) Bolze 4 Nr. 35; SeuffA 80 Nr. 62 (RG).

[146]) Vgl. Hess. Rspr. 11, 33 (Kassel). Dieselben Grundsätze sind angewendet vom BayObLG 21, 129 für den Nachweis einer unvordenklichen Verjährung, die schon im Jahre 1795 in den bayrischen Gebietsteilen begründet war, welche damals dem preußischen Landrecht unterworfen wurden, welches die unvordenkliche Verjährung nicht anerkennt. — Mit Recht verlangt Schiedermair, BayZ 15, 234: „Die mit jedem Jahre zunehmende Schwierigkeit der Beweisführung erfordert, daß der Richter, der dem wirklichen Recht zum Siege verhelfen will, mit Entschlußfähigkeit den Grundsatz der freien Beweiswürdigung handhabt". Die prozeßrechtlichen Bestimmungen über den Nachweis der unvordenklichen Verjährung sind durch § 14 Ziff. 2 EG ZPO außer Kraft gesetzt.

[147]) SeuffA 80 Nr. 62 (RG); Habicht (3. Aufl.) 445 f.; Hodler AG 374.

[148]) S. hierüber oben § 29

[149]) Die jetzige Begriffsabgrenzung gebraucht den Ausdruck „Herkommen" lediglich für eine ständige Rechtsübung zwischen zwei Beteiligten, durch welche eine vertragsmäßige Anerkennung ersetzt wird (vgl. hierzu oben § 29 III sowie N 11 u. 13 daselbst). In der älteren Rechtssprache wird das Wort „Herkommen" teilweise in dem vorerwähnten Sinne gebraucht, teilweise aber wird darunter auch örtliches Gewohnheitsrech verstanden. In der letzteren Bedeutung ist es anscheinend noch in Art. 1 II BayrAG verwendet (vgl. hierzu Meisner-Ring, BayNachbarrecht, § 32 IV; Staudinger § 55 EG Anm. 9).

§ 37. Verlust der Grunddienstbarkeiten

Hinsichtlich der Aufhebung der Grunddienstbarkeit ist ebenso wie für die Begründung zu unterscheiden zwischen der dinglichen Rechtsänderung (der Aufhebung, dem Erlöschen der Grunddienstbarkeit) und der obligatorischen Verpflichtung zur Herbeiführung dieser dinglichen Rechtsänderung (vgl. hierüber oben § 35 I). Dieses obligatorische Kausalgeschäft, durch welches die Verpflichtung zur Herbeiführung der dinglichen Aufhebung begründet wird, ist seit Inkrafttreten des BGB für alle Arten von Grunddienstbarkeiten, gleichviel ob sie vor oder nach diesem Zeitpunkt entstanden sind[1]), formfrei gültig.

Die nachstehenden Ausführungen befassen sich lediglich mit der Beendigung im dinglichen Sinn.

Diese ist durch das BGB nur für den Fall besonders geregelt, daß die Grunddienstbarkeit im Grundbuch eingetragen ist. Im anderen Falle bemißt sich die Beendigung teils nach Bundesrecht, teils nach bisherigem Recht (s. unter B).

A. Eingetragene Grunddienstbarkeiten[2])

Wenn die Grunddienstbarkeit im Grundbuch eingetragen ist, entscheiden über ihre Beendigung die Vorschriften des BGB, gleichviel ob die Grunddienstbarkeit vor oder nach Inkrafttreten des BGB oder der Grundbuchverfassung zur Entstehung gelangt ist[3]).

1. Vertragsmäßige Aufhebung. Zur Aufhebung einer Grunddienstbarkeit ist nach § 875 BGB die Erklärung des Berechtigten, daß er das Recht aufgebe und die Löschung des Rechts im Grundbuch erforderlich[4]). Die Erklärung ist im Grundbuchamt oder demjenigen gegenüber abzugeben, zu dessen Gunsten sie erfolgt[5]).

---

[1]) JW 04, 7.

[2]) Es sei nochmals darauf hingewiesen, daß unter der Herrschaft des BGB zur Begründung einer Grunddienstbarkeit auch auf buchungsfreien Grundstücken Eintragung erforderlich ist — vgl. § 35 I.

[3]) Hiervon besteht aber eine wichtige Ausnahme. Ist die Grunddienstbarkeit, die eingetragen, aber nicht eintragungsbedürftig war, unter früherem Recht zu Unrecht gelöscht, so besteht sie auch dem gutgläubigen Erwerber des belasteten Grundstücks gegenüber fort; denn die Vorschriften der §§ 891, 892 über den öffentlichen Glauben des Grundbuchs gelten nur für diejenigen Rechte, die zu ihrer Wirksamkeit der Eintragung im Grundbuch bedürfen (RG 62, 100).

[4]) Vgl. aber auch § 21 GBO.

[5]) Es genügt, wenn die Erklärung einem der mehreren Miteigentümer des belasteten Grundstücks gegenüber abgegeben wird, während andererseits eine Erklärung sämtlicher Miteigentümer des herrschenden Grundstücks erforderlich ist (Maenner 285).

Vor der Löschung ist der Berechtigte an seine Erklärung nur gebunden[6]), wenn er sie dem Grundbuchamt gegenüber abgegeben oder demjenigen, zu dessen Gunsten sie erfolgt, eine den Vorschriften der Grundbuchordnung entsprechende Löschungsbewilligung ausgehändigt hat (§ 875 Abs. 2 BGB).

Ist das Grundstück, dem die Grunddienstbarkeit zusteht, mit dem Rechte eines Dritten (z. B. einer Hypothek belastet), so ist nach § 876 BGB die Zustimmung des Dritten erforderlich, es sei denn, daß dessen Recht durch die Aufhebung nicht berührt wird. Die Zustimmung ist dem Grundbuchamt oder demjenigen gegenüber zu erklären, zu dessen Gunsten sie erfolgt; sie ist unwiderruflich.

2. Keine Verjährung. Der Verjährung unterliegen die eingetragenen Grunddienstbarkeiten nicht (§ 902 BGB). Wenn eine Grunddienstbarkeit im Grundbuch mit Unrecht gelöscht ist, so erlischt sie, wenn der Anspruch[7]) des Berechtigten gegen den Eigentümer verjährt ist (§ 901 BGB). Die Verjährung beginnt mit der Entstehung des Anspruchs, das ist mit der Entstehung eines Zustandes, welcher der in der Grunddienstbarkeit bestehenden Belastung entgegensteht (§ 198 BGB).

Solange die Grunddienstbarkeit im Grundbuch eingetragen ist, kann sie grundsätzlich nicht zum Erlöschen gelangen, sie bleibt also bestehen, auch wenn sie während noch so langer Zeit nicht ausgeübt wurde. Hiervon wird nur eine einzige Ausnahme durch § 1028 BGB gesetzt: Ist auf dem belasteten Grundstücke eine Anlage, durch welche die Grunddienstbarkeit beeinträchtigt wird, errichtet worden, so unterliegt der Anspruch des Berechtigten auf Beseitigung der Beeinträchtigung der Verjährung, auch wenn die Grunddienstbarkeit im Grundbuch eingetragen ist. Mit der Verjährung des Anspruchs erlischt die Dienstbarkeit, soweit der Bestand der Anlage mit ihr im Widerspruch steht (§ 1028 Abs. 1). Dem entsprechend kann der Eigentümer des belasteten Grundstückes die Berichtigung des Grundbuchs verlangen (§ 894 BGB). Die Vorschriften des § 892 BGB über den Schutz des öffentlichen Glaubens des Grundbuchs finden keine Anwendung (§ 1028 Abs. 2 BGB), d. h. ist die Grunddienstbarkeit nach § 1028 „versessen", aber noch nicht gelöscht, so erwirbt sie auch der gutgläubige Erwerber nicht, der auf die Eintragung im Grundbuch vertraut[8]).

---

[6]) Gemeint ist dingliche Gebundenheit, vgl. § 35 I 2.

[7]) Das ist nicht etwa der Berichtigungsanspruch, denn dieser verjährt nicht, sondern die actio confessoria gegen den, der den der Grunddienstbarkeit entgegengesetzten Zustand zu vertreten hat, z. B. den Weg sperrt, die Aussicht verbaut.

[8]) Nach Gierke 655 Nr. 72 soll der öffentliche Glaube des Grundbuchs — nicht die Grunddienstbarkeit an sich — wieder aufleben, wenn die hindernde Anlage beseitigt ist. Ebenso Wolff 140, 2c. Diese de lege ferenda beachtliche Einschränkung des § 1028 Abs. 2 hält Planck Bem. 4 zu § 1018 mit Recht für unvereinbar mit dem Wortlaut des Gesetzes.

3. Durch Eintritt der auflösenden Bedingung oder des Endtermins[9]).

4. Durch Zuschlag in der Zwangsversteigerung, wenn die Grunddienstbarkeit nicht in das geringste Gebot aufgenommen ist (ZVG §§ 52, 91).

5. Kein Erlöschen durch Konfusion. Durch Konfusion (Vereinigung des Eigentums am berechtigten und belasteten Grundstück) erlischt eine im Grundbuch eingetragene Dienstbarkeit nicht, sie ruht nur während der Dauer der Vereinigung[10]).

6. Vereinigung des herrschenden und dienenden Grundstücks. Durch Zuschreibung des belasteten Grundstücks zum Bestandteil an das berechtigte (oder umgekehrt) gemäß § 890 Abs. 2.

Da bei der Zuschreibung zum Bestandteil nur ein Grundstück im Rechtssinn hergestellt wird, also die für das Wesen der Grunddienstbarkeit notwendige Zweiheit der Grundstücke zu bestehen aufhört, fällt auch das Dienstbarkeitsverhältnis in sich zusammen[11]).

7. Einfluß der Teilung. Teilung des berechtigten oder belasteten Grundstückes (s. oben § 31 VIII).

Wird das Grundstück des Berechtigten geteilt, so besteht die Grunddienstbarkeit für die einzelnen Teile fort; die Ausübung ist jedoch im Zweifel nur in der Weise zulässig, daß sie für den Eigentümer des belasteten Grundstückes nicht beschwerlicher wird. Gereicht die Dienstbarkeit nur einem der Teile zum Vorteile, so erlischt sie für die übrigen Teile (§ 1025 BGB).

Wird das belastete Grundstück geteilt, so werden, wenn die Ausübung der Grunddienstbarkeit auf einen bestimmten Teil des Grundstückes beschränkt ist, die Teile, welche außerhalb des Bereiches der Ausübung liegen, von der Dienstbarkeit frei (§ 1026 BGB)[12]).

8. Wegfall einer Entstehungsvoraussetzung. Die Grunddienstbarkeit erlischt nicht durch den Wegfall einer der Voraussetzungen, ohne welche sie nicht hätte entstehen können (vgl. unten B 6). Dagegen erlischt sie, wenn die Ausübung dauernd unmöglich geworden[13]) ist

---

[9]) R 12 Nr. 1618 (BayObLG).

[10]) RG 47, 209. Das gleiche galt schon im Gebiet des ALR auch für die altrechtlichen, nicht eintragungsbedürftigen, aber eingetragenen Grunddienstbarkeiten ALR §§ 53, 54 I 22; Dernburg, PrPrR 1, 764.

[11]) So KGJ 51, 261; RGK N 5 zu § 1018. Abw. Wolff 360 Ziff. 3, Planck N 3 c zu § 1019. — Vgl. über Zuschreibung und Vereinigung oben § 2 I.

[12]) KGJ 24, 118.

[13]) Dem steht der Fall nicht gleich, daß der Eigentümer des herrschenden Grundstücks den Plan aufgibt, auf diesem die zur Ausbeutung erforderliche Anlage (Ziegelfabrik) zu errichten. Ob der Plan nur vorübergehend aufgegeben wird (vgl. R 24 Nr. 394)

(z. B. durch dauernde Überschwemmung des dienenden Grundstückes) oder der Vorteil (§ 1019) für das herrschende Grundstück dauernd in Wegfall gekommen ist)[14]. Ein dauernder Wegfall liegt nicht in dem Untergang des herrschenden Gebäudes, da dieses wieder aufgebaut werden kann, oder in der vorübergehenden Einstellung des Gewerbebetriebs des herrschenden Grundstücks, zu dessen Gunsten eine auf Unterlassung gerichtete Grunddienstbarkeit bestellt ist (BGH in LM 1 zu § 1020 BGB), wohl aber in der Erschöpfung des Steinbruchs, aus dem der Berechtigte Steine brechen darf (vgl. auch oben § 30 N. 105).

9. Aufhebung im Baulandbeschaffungsverfahren. Nach §§ 1 II, 3 I des Baulandbeschaffungsgesetzes vom 3. 8. 1953 (BGBl. I S. 720) können zu Zwecken der Baulandbeschaffung dingliche Rechte an unbebauten, geringfügig bebauten oder solchen Grundstücken, auf denen die früher vorhandenen Gebäude zerstört oder beschädigt sind, oder an Grundstücksteilen in dem vorgeschriebenen Enteignungsverfahren entzogen werden. Damit können auch Grunddienstbarkeiten, die einer Bebauung hinderlich wären, gegen Entschädigung aufgehoben werden[14a]).

B. Nichteingetragene Grunddienstbarkeiten

Die Aufhebung der im Grundbuch nicht eingetragenen Grunddienstbarkeiten erfolgt nach bisherigem Recht (Art. 189 Abs. 3 EG)[15].

Zu beachten ist jedoch, daß der § 1028 BGB (oben A 2) auch auf nicht eingetragene Grunddienstbarkeiten Anwendung findet (Art. 184 S. 2 EG BGB). Auch die vorstehend für eingetragene Grunddienstbarkeiten genannten Aufhebungsgründe: der Eintritt der Bedingung[16], der Zuschlag, die Zuschreibung zum Bestandteil, die Teilung und — soweit ein solcher überhaupt denkbar — der Untergang eines der Grundstücke[17] (oben A 3,

---

oder dauernd, macht keinen Unterschied, wenn nur objektiv die Möglichkeit zur Errichtung der erforderlichen Anlage besteht. Vgl. hierzu BGH in LM 1 zu § 1020 BGB. — Ist das ganze Grundstück belastet, wurde aber seitens des Berechtigten ein bestimmter Weg eingehalten und wird dessen Einhaltung ohne Verschulden des Berechtigten unmöglich, so geht dadurch die Dienstbarkeit nicht verloren (RG 2, 161).

[14]) Eine Baubeschränkung zugunsten eines Villenterrains dahin, daß die belasteten Grundstücke nur im Landhausstil errichtet werden dürfen, erlischt, wenn das Viertel, in dem die betreffenden Grundstücke liegen, sich aus einem Villen- in ein Geschäftsviertel umwandelt (OLG 31, 336; KG).

[14a]) Dittus-Zinkahn, Anm. 8 d, e, g zu § 1.

[15]) RG bei WarnE 07 Nr. 7. Also z. B. keine Anwendung der §§ 875, 876 BGB (R 25 Nr. 2219).

[16]) SeuffA 48 Nr. 7; StriethA 40, 54.

[17]) Windscheid § 215 Z 1 u. 2; Dernburg, Pand. I § 254a u. b, Koch Anm. 19 Abs. 4 zu § 243 I 22; Dernburg PrPrR I, 765 Z. 4, StriethA 40, 91.

4, 6, 7 und 9) gelten für nicht eingetragene ebenso wie für eingetragene Grunddienstbarkeiten.

Besondere Regelung erfuhren für nicht eingetragene Grunddienstbarkeiten folgende Erlöschungsgründe:

1. Verzicht. Ob der Verzicht nach Gemeinem Recht als Vertrag anzusehen oder ob einseitige Aufgabeerklärung (Dereliktion) wirksam war, ist streitig[18]), das Reichs gericht folgte der ersteren Lehre: es sah auch in der Zulassung von Veranstaltungen aus dem dienenden Grundstück, welche die Ausübung der Dienstbarkeit dauernd unmöglich machen, im Rechtsgebiet des Gemeinen Rechts nicht einen stillschweigenden Verzicht auf die Grunddienstbarkeit[19]).

Von sehr weittragender Bedeutung ist jedoch die Bedeutung des stillschweigenden Verzichts im Gebiet des ALR. Ausdrücklicher Verzicht erfordert schriftlichen Vertrag (ALR § 135 I 5)[20]); gerichtlich beurkundete Verzichtserklärung ersetzt die Annahme (ALR § 392 I 16)[21]). Dagegen erlöschen die Grunddienstbarkeiten[22]) durch stillschweigende Einwilligung des Berechtigten, wenn er wissentlich geschehen läßt[23]), daß auf dem belasteten Grundstücke dessen Eigentümer[24]), Anstalten und Einrichtungen[25]) trifft[26]), welche die Ausübung der Grunddienstbarkeit geradezu unmöglich machen (ALR I 22 § 43)[27]). Sobald der Berechtigte von der Ausführung einer solchen Anlage

---

[18]) Für Vertragsnatur des Verzichts Windscheid I § 215 Nr. 11; dagegen Dernburg Pand. I § 254 Z 2.

[19]) RG SeuffA 33 Nr. 202, vor allem aber RG 48, 262.

[20]) SeuffA 78 Nr. 137 RG (§ 134 I 5 ALR, wonach be iVerträgen unter 150 Mark die Schriftform entbehrlich ist, gilt hier nicht).

[21]) Dernburg PrPrR. I, 761.

[22]) Das OTr. hatte in der Entscheidung OTr. 21, 401 (Fall eines servitutarischen Verbots, Fenster anzulegen) ausgesprochen, daß die §§ 43 ff. I, 22 sich auf Untersagungs rechte nicht bezögen. Diese Ansicht, schon von vornherein nicht ohne Widerspruch (z. B. StriethA 6, 98), wurde später vom Obertribunal und Reichsgericht immer mehr eingeengt und schließlich nur noch für den zufälligen Rechtstatbestand der Entscheidung OTr. 21, 401, das Verbot von Fenstern, beibehalten (JMBl. 81, 31; RG bei Gruchot 44, 963; JW 79, 402; — weiter ging RG 6, 255). Wie Foerster-Eccius 3, 401 Nr. 78 richtig hervorhebt, ist ein Grund für die singuläre Behandlung des Fensterverbots nicht einzusehen; ebenso Dernburg, PrPrR 1, 763 Z 6.

[23]) Z. B. zustimmt (StriethA 87, 188), oder gar an der Errichtung der hindernden Anlage mitwirkt (StriethA 98, 94). Das „Wissen-Müssen" steht dem „Wissen" nicht gleich. Doch kann aus dem „Wissen-Müssen" die tatsächliche Folgerung des „Wissens" gezogen werden. Daraus, daß der Berechtigte, wenn er aus den Fenstern seiner Wohnung herausblickte, den Bau sehen konnte und mußte, folgt nicht, daß er damals aus den Fenstern herausgesehen hat (Gruchot 42, 994 RG). Hat der Berechtigte erst nach Errichtung des Baues, wenn auch alsbald nachher, Kenntnis erlangt, so ist, auch wenn er sich lange Zeit hierbei beruhigt hat, der § 43 nicht zur Anwendung zu bringen (JW 96, 717; Gruchot 42, 994 RG).

[24]) Kein dinglich Berechtigter oder Dritter OTr. 64, 142.

[25]) Unter „Anlagen" versteht die preußische Praxis neue Anlagen, also positive, die Ausübung der Dienstbarkeit verdrängende Einrichtungen, nicht z. B. eine Beseitigung der Wegstrecke und ihren Ersatz durch eine andere.

[26]) Guter Glaube des Störers ist nicht erforderlich (StriethA 12, 101).

[27]) Die §§ 43 ff. I, 22 sind zwar durch Art. 89 PrAG aufgehoben, sie gelten aber für die Übergangszeit fort (RG 63, 129).

und davon, daß sie die Ausübung seiner Grunddienstbarkeit völlig[28]) unmöglich macht (ALR I 22 § 44), auf irgendeine Weise[29]) Kenntnis erlangt hat, muß er gegen die Ausführung der Anlage Widerspruch erheben[30]). Unterläßt er diesen sofortigen[31]) Wider spruch, so erlischt die Grunddienstbarkeit; dem Berechtigten ist der Einwand, daß er in Wahrheit den Verzichtswillen nicht gehabt habe, versagt[32]). Trotz eines solchen Widerspruchs kann nach den Umständen des einzelnen Falls ein stillschweigender Verzicht daraus abgeleitet werden, daß der Berechtigte seinen Widerspruch nicht weiter verfolgt[33]). Wenn der Berechtigte erst nach der Fertigstellung der Anlage von dieser oder[34]) von ihren seine Grunddienstbarkeit beeinträchtigenden Folgen Kenntnis erhält, so kann die Vorschrift des ALR I 22 § 43 nicht angewendet werden, so daß also dem Berechtigten die Grunddienstbarkeit ungeschmälert erhalten bleibt[35]).

[28]) Ob „absolute Unmöglichkeit" vorliegen muß oder ob es genügt, daß die Anlage die Ausübung des Rechts „hindert oder beschränkt", darüber ist das Obertribunal nicht zu einheitlicher Rechtsprechung gelangt. Die mildere Ansicht findet sich in OTr. 21, 401 u. 41, 178; absolute Unmöglichkeit fordern StriethA 96, 20 und besonders schroff StriethA 73, 57 (Versperren des Weges durch einen Zaun mache die Ausübung der Wegegerechtigkeit nicht „völlig unmöglich"; Übersteigen des Zauns oder Durchkriechen möglich — sicher eine Überspannung des Erfordernisses „völliger Unmöglichkeit"). Vgl. Rehbein 3, 1073 Anm. 3.

[29]) StriethA 68, 304.

[30]) StriethA 90, 251. RG in Gruchot Beitr. 36, 965. Das Obertribunal in OTr. 41, 179 hielt mündlichen Widerspruch nicht für ausreichend: die Entscheidung ist aber ohne Nachfolge geblieben; die Rechtslehre und Rechtsprechung hat je nach den Umständen des Falls formlosen Widerspruch für ausreichend erachtet oder aber im Anschluß an den Widerspruch die konfessorische Klage erfordert (persönliche Vertragsklage ist keinesfalls ausreichend RG 52, 79). Vgl. hierzu Koch Bem. 48 zu § 43 I 23; Dernburg, PrPrR 1, 763 N 6; RG bei Bolze 20 Nr. 60; JW 01, 857. Jedenfalls muß der Widerspruch unzweideutig sein; Redensarten wie „Was machen Sie da? Sie kommen mit Ihrem Bau zu nah!" sind nicht als Widerspruch zu werten (StriethA 55, 79).

[31]) Vgl. Koch Bem. 48 zu § 43 I 22. Zu dem Begriff der Rechtzeitigkeit des Widerspruchs ist reiche Rechtsprechung vorhanden. Im allgemeinen wird ein mäßiger Zeitraum bewilligt, um die Bedeutung der Anlage für die Grunddienstbarkeit abzuwägen StriethA 53, 206; 69, 10; Bolze 15 Nr. 45. Vgl. Bolze 2 Nr. 196. Der Nachbar braucht nicht schon zu widersprechen, wenn aus der Anlage eine Gefährdung der Dienstbarkeit hervorgeht, er darf abwarten, ob durch sie die Ausübung unmöglich gemacht wird. Bolze 13 Nr. 66; JW 98, 401. Nur bei der Verletzung des Bau- oder Grenzabstandes durch Anlage eines Baus im verbotenen Raum wird in ständiger Praxis gefordert, daß sofort bei Überschreiten der Bau- oder Grenzlinie Widerspruch erhoben werde. OTr. 9, 1; 50, 87; StriethA 69, 1; 78, 224; 90, 248. Auch die Art der Erkenntnis der Gefährlichkeit einer Anlage wirkt auf die Rechtzeitigkeit ein. Teilt der Nachbar selbst mit, er wolle die Aussicht verbauen, so muß sofort bei Beginn des Baus widersprochen werden; wird das Unmöglichwerden der Dienstbarkeit erst aus der Anlage des Baus ersichtlich, so hat der Widerspruch erst zu erfolgen, wenn die Wirkung sich geltend macht. StriethA 68, 304. Widerspruch vor Errichtung der Anlage genügt nicht. RG bei Gruchot 29, 823.

[32]) Turnau-Förster 533. RG 52, 80. Vgl. Bolze 20 Nr. 60. Leipz. Z. 24, 265 (RG).

[33]) StriethA 55, 79; RG 32, 188; 52, 79; Gruchot Beitr. 24, 483; 29, 823.

[34]) Bolze 13 Nr. 68; OTr. 47, 225. RG bei Gruchot 24, 483; 30, 398; Tritt der schädigende Erfolg erst später ein, so ist der Widerspruch erst dann zu erheben. — Ob aus dem Verhalten zu schließen ist, daß der Widerspruch nicht weiter verfolgt werden wolle, ist Tatfrage (Leipz. Z. 24, 473 RG).

[35]) StriethA 35, 37; 45, 206; JW 96, 716; 98, 401.

In einer den §§ 43 und 44 entsprechenden Weise ist durch ALR I 22 § 45 geregelt, inwiefern daraus, daß der Berechtigte Anstalten auf dem belasteten Grundstücke, welche die Ausübung seiner Grunddienstbarkeit hindern oder erschweren, wissentlich hat treffen lassen, seine stillschweigende Einwilligung in eine solche Beeinträchtigung seiner Grunddienstbarkeit zu erblicken ist.

Ablösbare Grunddienstbarkeiten i. S. der Gemeinheitsteilungsordnung, die bei dem Abschluß des Rezesses von den zugezogenen[36]) Beteiligten nicht vorbehalten werden, erlöschen (§ 170 Kgl. VO 20. 6. 1817[37]).

Nach Art. 162 HessAG konnte in der Zeit bis zur Anlegung des Grundbuchs eine nicht eingetragene Grunddienstbarkeit nur durch vertragliche Einigung, die ortsgerichtlich oder gerichtlich beurkundet sein mußte, aufgehoben werden; von der Anlegung des Grundbuchs ab kann auf nicht eingetragene Grunddienstbarkeiten durch einseitige Erklärung des Berechtigten gegenüber dem Eigentümer — allerdings nur in öffentlich beglaubigter Form — wirksam verzichtet werden.

§ 51 BraunschwAG läßt ohne Rücksicht auf den Zeitpunkt der Anlegung des Grundbuchs eine nicht eingetragene Grunddienstbarkeit erlöschen, wenn die einseitige Verzichtserklärung in öffentlich beglaubigter Form gegenüber dem Eigentümer abgegeben wird.

2. Ablösung. Gewisse kulturschädliche Grunddienstbarkeiten können im ehemaligen Preußen[38]) auf Antrag des Belasteten — auch außerhalb des Rezeßverfahrens; vgl. hierzu Ziff. 1 a. E. — gegen volle Entschädigung abgelöst werden. Die altpreußische Ablösungsgesetzgebung (VO 20. 6. 1817; GemTO 7. 6. 1821; Ablösungsgesetz 2. 3. 1850) ist auf die neuen Provinzen entsprechend ausgedehnt worden. Die Grunddienstbarkeiten, bezüglich deren die Ablösung beantragt werden kann, sind in § 2 GemTO und Art. 1 AblGes. einzeln aufgeführt, ihr Kreis ist damit geschlossen. Die nähere Darlegung des Ablösungsverfahrens liegt außerhalb des Rahmens dieser Darstellung.

Vgl. auch für Hessen Art. 93 HessAG und für Württemberg Art. 243 Württ.-AG (RegBl. 31, 545 ff.).

3. Konfusion (Konsolidation)[39]). Die Grunddienstbarkeiten erlöschen nach gemeinem Recht[40]), ALR I 21 § 184, I 22 § 52[41]) und Rheinischem BGB Art. 705 durch Konfusion, d. i. durch die Vereinigung des Eigentums am herrschenden und dienenden Grundstück in der Hand eines Eigentümers[42]); bei späterer Trennung der Grundstücke lebt die einmal erloschene Dienstbarkeit nach Gemeinem Recht und in der Regel[43]) auch nach ALR und Rheinischem Recht nicht wieder auf; doch wird zu prüfen

---

[36]) Die Grunddienstbarkeit der nicht zugezogenen Interessenten besteht fort. OTr. 55, 47.

[37]) OTr. 28, 414; 41, 80 u. 98; StriethA 45, 298 u. 71, 192. RG 31, 328.

[38]) Vgl. Foerster-Eccius 3, 403, Dernburg, PrPrR 1, 765.

[39]) § 889 BGB gilt nicht für nichteingetragene altrechtliche Grunddienstbarkeiten RG; (JW 16, 121).

[40]) Dernburg Pand. § 254 Z. 1; Windscheid § 215 Z. 3, der jedoch die Dienstbarkeit zugunsten der dinglich Berechtigten fortbestehen lassen will (streitig!).

[41]) OTr. 75, 52.

[42]) Pacht eines der Grundstücke bewirkt natürlich keine Konfusion BayObLG 5, 114.

[43]) Ausnahmen: 1. ALR I 22 § 54: Wird die Grunddienstbarkeit durch eine Anlage auf dem dienenden Grundstück gekennzeichnet und diese, während beide Grundstücke in einer Hand sind, aufrecht erhalten, so lebt die Grunddienstbarkeit wieder auf, wenn Eigentum an herrschendem und dienendem Grundstück auseinanderfallen (vgl. Foerster-Eccius § 184 Z. 4; StriethA 98, 29). 2. Rhein. BGB 694: Der der Widmung — siehe oben § 36 I 4c. — entsprechende Tatbestand (vgl. Zachariae-Crome I, 669 N 9, RG 19, 387).

sein, ob nicht in dem Veräußerungsvertrag die Grunddienstbarkeit stillschweigend bestellt ist[44]).

Eine gleiche Regelung enthält Art. 145 HessAG.

4. Verjährung. Endlich gehen die Grunddienstbarkeiten durch Nichtgebrauch — non usus — unter, wobei die Nichtausübung des Rechtsvorgängers eingerechnet wird. Zu dieser Verjährung durch Nichtgebrauch wird nach Gemeinem Recht erfordert, daß die ganze Verjährungszeit hindurch die Ausübung unterlassen wurde[45]); der Grund der Unterlassung ist gleichgültig; das Erlöschen tritt jedoch dann nicht ein, wenn Hindernisse eintreten, welche die Ausübung der Grunddienstbarkeit zeitweise unmöglich machen, z. B. wenn der servitutpflichtige Weg durch Elementarereignisse oder der Brunnen infolge Versiegens des Wassers nicht benutzt werden kann. Ein derartiges Hindernis ist jedoch da nicht als vorhanden anzunehmen, wo der Servitutberechtigte durch seine eigene Tätigkeit einen Zustand herbeigeführt hat, zufolge dessen er keinen Anlaß hat, von der Servitut Gebrauch zu machen, wenn er z. B. das Halten von Spannvieh aufgegeben und infolgedessen die Fahrt nicht mehr ausgeübt hat[46]). Die Servitut erlischt auch dann, wenn der Eigentümer des dienenden Grundstücks ihre Ausübung verhindert; ein guter Glaube auf dessen Seite ist nicht erforderlich[47]). Die Ausübung erfordert dann keinerlei Tätigkeit, wenn ein dem Inhalt der Grunddienstbarkeit entsprechender Zustand vorhanden ist (z. B. Aufliegen der Mauer, Zufluß des Wassers in der Wasserleitung). Ist der Zustand, in welchem sich die Grunddienstbarkeit verkörpert, aufrecht erhalten, oder die Handlung, zu welcher die Grunddienstbarkeit die Befugnis gewährt, vorgenommen worden, so bleibt die Grunddienstbarkeit erhalten, ohne Rücksicht darauf, ob dies geschehen ist in der Absicht, von einem Servitutenrechte Gebrauch zu machen. Deshalb wird die Grunddienstbarkeit auch erhalten, wenn der Eigentümer des dienenden Grundstückes als Pächter des herrschenden zu dessen Vorteil die Fahrt ausgeübt hat[48]).

Es genügt Ausübung durch den Pächter, die Familie, das Gesinde des Berechtigten, wenn sie nur zum Vorteil des Grundstückes geschah.

Teilweise Ausübung genügt zur Erhaltung des vollen Rechtes, wenn der Berechtigte dieses und nicht etwa bloß ein vermeintliches anderes Recht ausüben wollte[49]).

Wenn z. B. ein Fahrtrecht während des ganzen Jahres und zu jedem beliebigen Zweck zusteht und der Berechtigte das Fahrtrecht während eines zehnjährigen Zeitraums nur im Herbst und nur zu einem bestimmten Zwecke ausgeübt hat, so wird das Fahrtrecht gleichwohl in vollem Umfang erhalten. Ist der zum Fahren Berechtigte nur gegangen, so erlischt das Fahrtrecht selbst dann nicht, wenn die Ausübung des Fahrtrechts während rechtsverjährender Zeit tatsächlich unmöglich war (z. B. infolge eingeschlagener Pflöcke). Das folgt aus dem Grundsatz der Unteilbarkeit der Servituten[50]) und dem Rechtssatz, daß das Fahrtrecht (actus) von selbst das Gehrecht (iter) auch ohne Spannvieh in sich begreift (l 1 D 8, 3). Es ist eben rechtlich ausgeschlossen, daß eine Servitut teilweise verloren wird und teilweise erhalten bleibt.

---

[44]) S. hierüber oben § 36 I 4 u. § 35 II.

[45]) Seuffert, Pand. § 180 zu Anm. 5. Ausübungshandlungen, die nicht mit der Absicht der Rechtsausübung vorgenommen wurden, kommen nicht in Betracht (Seuffert, Pand. § 180 Anm. 6). Jedoch obliegt dem Eigentümer des dienenden Grundstückes der Nachweis, daß die Absicht der Rechtsausübung gefehlt hat.

[46]) BayOGH 5, 115 (BayLR und gem. Recht).

[47]) Schelhaß, Nachbarrecht 69.

[48]) Vgl. BayOGH. 5, 114.

[49]) Dernburg, Pand. § 254 Anm. 20.

[50]) Seuffert, Pand. § 162; Schelhaß 71.

Auch wenn eine Grundgerechtigkeit in einer dem Begründungsvertrag nicht überall entsprechenden Art und Weise ausgeübt, insbesondere die im Vertrage gesetzte Begrenzung der Benutzung des fremden Grundstückes nach der einen oder anderen Richtung überschritten wird, liegt doch in der Regel eine tatsächliche Ausübung des im Vertrage begründeten Benutzungsrechtes vor. Nur dann, wenn die erfolgte Benutzung von dem im Vertrage begründeten Benutzungsrecht derartig verschieden ist, daß sie den Inhalt eines ganz anders gearteten Benutzungsrechts enthält, kann angenommen werden, daß trotz der Benutzung das vertragsmäßige Recht überhaupt nicht ausgeübt worden sei. Wesentlich ist in dieser Hinsicht der Hauptinhalt des Rechtes[51]). Verlust durch Nichtgebrauch tritt z. B. ein, wenn jemand, der ein Wasserbezugsrecht bei Nachtzeit und nicht bei Tage hatte, Wasser nur bei Tag und nicht bei Nacht bezogen hat oder wenn der Berechtigte nur zu anderen Stunden, als er berechtigt ist, Wasser bezogen hat (l 10 D 8, 6). In einem solchen Fall kann aber durch Ersitzung, solange sie zulässig ist, eine andere Servitut begründet worden sein.

Eine Weideservitut für Rinder wird durch Weiden mit Schafen nicht erhalten[52]).

Zur Beendigung der Gebäudeservituten[53]) genügt nach gemeinem Recht der bloße Nichtgebrauch der Servitut nicht, es muß vielmehr noch die usucapio libertatis hinzukommen[54]); man versteht darunter, daß sich der Besitzer des dienenden Grundstückes während der Verjährungszeit in dem Besitze des dem Inhalte der Grunddienstbarkeit zuwiderlaufenden Zustandes befunden hat.

Die usucapio libertatis besteht bei negativen Servituten, deren Inhalt dem Eigentümer einer Sache eine Handlung verbietet, darin, daß dieser eine mit der Servitut im Widerspruch stehende Handlung vorgenommen und sich der Berechtigte dabei während der Verjährungszeit beruhigt hat. Bei affirmativen Servituten, deren Inhalt dem Eigentümer einer Sache ein Dulden auferlegt, besteht die usucapio libertatis darin, daß der Zustand, dessen Duldung den Inhalt der Grunddienstbarkeit bildet, während der Verjährungszeit aufgehoben ist. Dem entspricht[55]) ALR I, Tit. 22 §§ 50, 51, wonach für jene Grunddienstbarkeiten, die durch besondere Anstalten und Anlagen ihr Dasein bekunden, erst mit der Wegnahme derselben die Verjährung durch Nichtgebrauch beginnt.

Das Rheinische Recht (Rhein. BGB Art. 707) unterscheidet für die Verjährung durch Nichtgebrauch zwischen servitutes continuae und discontinuae und hält nur bei ersteren ein factum contrarium für erforderlich, dagegen bei servitutes discontinuae den bloßen Nichtgebrauch als genügend[56]); die gemeinrechtliche verschiedene Behandlung der servitutes rusticae und urbanae ist also für das Rheinische Recht für die Verjährung durch Nichtgebrauch bedeutungslos.

---

[51]) SeuffA 64 Nr. 216 (RG). [52]) SeuffBl. 42, 279.

[53]) Man versteht darunter solche Dienstbarkeiten, bei welchen das herrschende oder dienende Grundstück oder jedes ein Gebäude ist. Schelhaß 93. Seuffert, Pand. § 161 Ziff. 4. — Die Quellenstellen I 6, 7, 32 D 8, 2; I 13 C 3, 34 verlangen die usucapio libertatis für das Erlöschen der Servituten durch Nichtgebrauch bei den servitutes praediorum urbanorum. Darunter sind zu verstehen Servituten, deren Inhalt in dem Recht auf einen dauernden Zustand der herrschenden oder dienenden Sache besteht (also servitus habendi oder prohibendi). Dieser Inhalt setzt regelmäßig (nicht ausnahmslos) ein Gebäude voraus (Holtzendorff, Rechtslexikon 1, 581).

[54]) Dernburg Pand. § 254 Anm. 24. Anders Windscheid § 216, der wie im Rheinischen Recht die usucapio libertatis bei servitutes continuae für erforderlich erklärt.

[55]) Es liegt aber non usus, keine usucapio libertatis vor (Foerster-Eccius 3, 402 Anm. 81; OTr. 44, 137). [56]) Zachariae-Crome 1, 677ff.

Das teilweise Erlöschen einer Grunddienstbarkeit durch usucapio libertatis ist möglich. Insbesondere kann die Servitut, wonach der Nachbar sein Grundstück nicht überbauen darf, dadurch teilweise erlöschen, daß auf einem Teile des belasteten Grundstückes während der Verjährungszeit ein Bauwerk steht. Das Erlöschen des ganzen Dienstbarkeitsrechtes könnte nur dann in Frage kommen, wenn das dienende Grundstück durchweg überbaut oder in dasselbe ein Gebäude gestellt worden wäre, neben welchem der unüberbaute Teil des Grundstückes seine Bedeutung für das dienende Grundstück verloren hätte[57]). Was hier von der teilweisen Überbauung der Grundfläche gesagt ist, hat auch für eine teilweise Verbauung der Höhe analoge Geltung. Wenn z. B. ein Gebäude errichtet ist, durch welches die Fenster des ersten Stockes verbaut werden, bleibt die Lichtgerechtigkeit für die Fenster des zweiten Stocks erhalten.

Für die usucapio libertatis ist weder guter Glaube noch Titel erforderlich, selbst Gewalt und Heimlichkeit steht ihr nicht entgegen[58]). Denn entscheidend ist nur die Duldung des der Servitut entgegenstehenden Zustandes durch den Berechtigten. Wenn aber der Berechtigte dem anderen diesen entgegenstehenden Zustand nur vergünstigungsweise gestattet, dann kann man von einem Nichtgebrauch seines Rechtes solange nicht sprechen[59]), als der andere den entgegengesetzten Zustand auf Grund und im Bewußtsein dieser Vergünstigung beibehält, weil hierdurch das Recht des Berechtigten eine tatsächliche Anerkennung findet.

Die Verjährung durch non usus erfordert nach Gemeinem Recht 10 Jahre unter Anwesenden und 20 Jahre unter Abwesenden[60]).

Steht die Grunddienstbarkeit einer Person zu, gegen welche nur die außerordentliche Eigentumsersitzung zulässig ist (vgl. oben § 36 II 6b), so ist der für diese außerordentliche Ersitzung vorgeschriebene Zeitraum nach Gemeinem Recht auch für das Erlöschen durch Nichtgebrauch erforderlich[61]). Dasselbe gilt für das Preußische Recht[62]).

Nach Preußischem und Rheinischem Recht ist für das Erlöschen der Grunddienstbarkeiten durch Nichtgebrauch stets ein 30jähriger Zeitraum erforderlich; für jene Servituten, deren alljährliche oder gewöhnliche Ausübung nicht von der Willkür des Berechtigten abhängig ist, deren Ausübung vielmehr nur bei gewissen, durch andere Umstände herbeigeführten Gelegenheiten möglich ist, fängt die Verjährung erst von der Zeit an, da sich eine solche Gelegenheit ereignet hat; auch müssen, wenn solche Rechte durch den bloßen Nichtgebrauch erlöschen sollen, seit dem Anfang der Verjährung wenigstens noch zwei Gelegenheiten, wo die Ausübung des Rechtes hätte stattfinden können, vorgekommen sein (ALR I, 9 §§ 543, 544)[63]). Ebenso nach Rheinischem Recht.

Nach Art. 144 HessAG genügt schon die 10jährige Nichtausübung, um die nicht eingetragene Grunddienstbarkeit zum Erlöschen zu bringen.

5. Aufgebot. Die Art. 146ff. HessAG bieten dem Grundeigentümer die Möglichkeit, im Wege des Aufgebotsverfahrens sich endgültige Klarheit über das Bestehen von Grunddienstbarkeiten zu verschaffen. Nach Art. 146 ist er nämlich befugt, wenn ihm nichteingetragene Grunddienstbarkeiten unbekannt sind, die Berechtigten mit ihrem

---

57) RG 14, 212.

58) SeuffBl. 17, 377; Dernburg, Pand § 254, 3; BayLR II, 7 § 8 Nr. 4 (BayOGH 4, 398; SeuffBl. 42, 279). A. M. Windscheid, Pand. § 216 Anm. 9; Seuffert, Pand. § 180 Anm. 26.

59) Dernburg und Windscheid a. a. O.

60) Über den Begriff praesentes, absentes s. oben § 36 N 99.

61) Roth, BayZR § 154 Anm. 41; Schelhaß 69.

62) SeuffBl. Ergänz. zu Bd. 31 und 32, 27.

63) Vgl. SeuffBl. Ergänz. zu Bd. 31 und 32, 27. Die dritte verpaßte Gelegenheit braucht jedoch nicht mit dem Ende der Verjährungszeit zusammenzufallen (OTr. 20, 113).

Recht im Wege des Aufgebotsverfahrens ausschließen zu lassen. Das Aufgebot erstreckt sich selbstverständlich nicht auf Grunddienstbarkeiten, mit denen das Halten einer Anlage verbunden ist, solange die Anlage noch besteht (Art. 146 Abs. 2), und ferner nicht auf solche, die in den öffentlichen Büchern eingetragen, zur Eintragung angemeldet oder in dem Verfahren zur Anlegung des Grundbuchs angemeldet worden sind (Art. 149). Zuständig für das Aufgebotsverfahren ist das Gericht, in dessen Bezirk das belastete Grundstück liegt. Antragsberechtigt ist der Eigentümer des belasteten Grundstücks. Er hat die ihm bekannten Grunddienstbarkeiten anzugeben und einen beglaubigten Plan seines Grundstückes vorzulegen, aus dem die angrenzenden Grundstücke ersichtlich sind. Das Aufgebot wird öffentlich bekannt gemacht und außerdem den Eigentümern oder bekannten Erben der eingetragenen Eigentümer der angrenzenden Grundstücke von Amts wegen zugestellt, weil diese in erster Linie als Inhaber von Grunddienstbarkeiten in Betracht kommen. Wird in Ansehung eines Grundstücks, für das ein Ausschlußurteil ergangen ist, von einem anderen Antragsberechtigten neuerdings das Aufgebot beantragt, so gelten die in dem früheren Verfahren von dem Antragsteller angegebenen oder von dem Berechtigten angemeldeten Grunddienstbarkeiten als dem Antragsteller bekannt (Art. 148).

6. Wegfall einer Entstehungsvoraussetzung. Nach Gemeinem Recht besteht keine Bestimmung, wonach eine Servitut durch den Wegfall einer derjenigen Voraussetzungen untergeht, ohne welche sie nicht hätte entstehen können[64]).

So erlischt z. B. das einer Wiese zustehende Bewässerungsrecht nicht dadurch, daß die Wiese in einen Park umgewandelt wird[65]).

Eine Gebäudeservitut erlischt nicht schlechtweg mit dem Untergang des Gebäudes, zu dessen Gunsten sie begründet ist[66]), sie dauert vielmehr nach dem Untergang des früher herrschenden Gebäudes für ein unter denselben Verhältnissen und in der gleichen Eigenschaft errichtetes Gebäude fort[67]), nur dürfen mit diesem Neubau nicht Änderungen verbunden sein, welche die Last des dienenden Grundstückes erschweren[68]).

Die Grunddienstbarkeit, daß auf einem Nachbargrundstück ein bestimmtes Konkurrenzgeschäft nicht betrieben werden darf, erlischt nicht schon mit der Einstellung des geschützten Gewerbebetriebes auf dem herrschenden Grundstück[69]).

Andererseits erlischt eine Grunddienstbarkeit, sobald die Benutzung des dienenden Grundstückes dauernd unmöglich geworden ist; es ist z. B. der Steinbruch erschöpft oder die Quelle dauernd versiegt (vgl. oben § 37 A 8 und § 30 N. 105).

---

[64]) RG 26, 168; 27, 166; SeuffA 40 Nr. 1.

[65]) Bolze 7 Nr. 74.

[66]) Bolze 3 Nr. 108 (die servitus altius non tollendi bleibt für den Neubau erhalten); vgl. ferner RG 27, 166. Hier hatte der Eigentümer das Gebäude, welchem ein Gehrecht zustand, weggerissen und auf der Abbruchstelle und einem daran angrenzenden nichtberechtigten Grundstück ein einheitliches Gebäude errichtet. Das RG hat entschieden, daß hierdurch zwar die Grunddienstbarkeit nicht erloschen sei, aber das Recht zur Ausübung einstweilen ruhe. Praktisch führt dies allerdings nach Ablauf der Verjährungszeit zur Erlöschung durch non usus. — Vgl. auch § 30 N. 105.

[67]) BayOGH 13, 201.

[68]) JW 81, 171; Bolze 2 Nr. 188. Ist die Grunddienstbarkeit eingeräumt, das Gebälk in der durch den Vertrag bestimmten Weise in die Mauer des Nachbarhauses einzulegen (sogen. Tramrecht), so können nicht an Stelle des vorhandenen Gebälkes bei einem Neubau eiserne Unterzüge und zwar unter wesentlicher Veränderung der örtlichen Lage, die infolge der Erhöhung der einzelnen Stockwerke bedingt war, in der dienenden Mauer angebracht werden. SeuffBl. 68, 166 (BayObLG).

[69]) S. oben § 30 N. 94.

IV. Abschnitt

Ansprüche wegen Beeinträchtigung von Eigentum, Besitz und dinglichen Rechten

§ 38. Die Eigentumsfreiheitsklage

I. Voraussetzungen des Anspruchs

1. Beeinträchtigung. Im Wesen des Eigentums liegt es, daß der Eigentümer einer Sache, soweit nicht das Gesetz oder Rechte Dritter entgegenstehen, andere von jeder Einwirkung ausschließen kann (§ 903 BGB). Die rechtswidrige Einwirkung eines Dritten enthält daher eine Störung des Eigentumsrechts, zu deren Abwehr dem Eigentümer die Eigentumsklagen gegeben sind.

Bei gänzlicher Verletzung des Eigentums, nämlich bei Entziehung oder Vorenthaltung des Besitzes, geht der Anspruch auf Herausgabe der Sache (§ 985 BGB, Eigentumsklage im engeren Sinn, rei vindicatio).

a) Begriff. Wird das Eigentum nur teilweise, d. i. eben in anderer Weise als durch Entziehung oder Vorenthaltung des Besitzes, beeinträchtigt, so steht dem Eigentümer die Eigentumsfreiheitsklage zu (§ 1004 BGB, actio negatoria). Ob eine solche Beeinträchtigung des Eigentums vorliegt, ist nach den über den Inhalt des Eigentums gegebenen Vorschriften des Bundes- und Landeszivilrechts zu entscheiden.

Die nachbarrechtlichen Eigentumsbeschränkungen haben für den Inhalt des Eigentums eine doppelte Bedeutung: auf der einen Seite nehmen sie dem Inhalt des Eigentums eine Befugnis, auf der Seite des Nachbars fügen sie zu dem Inhalt des Eigentums eine Befugnis hinzu. So wird die dem einen auferlegte Eigentumsbeschränkung für den anderen zur Eigentumsverstärkung. Der Grundeigentümer, welcher mäßige Schallwellen auf das Nachbargrundstück eindringen läßt oder die Einräumung eines Notweges verlangt, macht kein dingliches Recht an dem Nachbargrundstücke, sondern das Eigentum an seinem Grundstücke geltend. Gerade im Nachbarrecht findet daher die Eigentumsfreiheitsklage ihre häufigste Anwendung.

Eine Beeinträchtigung des Eigentums (factum turbativum) liegt in der Verhinderung des Eigentümers, mit der Sache innerhalb des durch das

Gesetz gesteckten Rahmens nach Belieben zu verfahren und andere von jeder Einwirkung auszuschließen (§ 903 BGB). Ein Vermögensschaden ist nicht Voraussetzung der Beeinträchtigung[1]).

b) Schädigung ist noch nicht Beeinträchtigung. Andrerseits ist eine Beeinträchtigung des Eigentums nicht schon deshalb gegeben, weil der Eigentümer geschädigt wird. Es kommt darauf an, ob die Schädigung des Eigentums durch einen andern in Ausübung eines diesem zustehenden Rechts erfolgt. Grundsätzlich gilt auch für das Recht des BGB der Rechtssatz: qui iure suo utit, nemini facit iniuriam. Deshalb darf z. B. der Grundstückseigentümer dem Nachbarn durch Errichtung eines Gebäudes das Licht verbauen[2]).

c) Soziale Ausübung des Eigentums. An sich besteht keine Verpflichtung des Grundeigentümers, positive Veranstaltungen auf seinem Eigentum zu treffen, um seinen Nachbarn vor Nachteilen zu schützen[3]).

So ist der Eigentümer eines Grundstückes, von dem sich ein Felsblock abzulösen droht, nicht verpflichtet, ihn zu stützen[4]); und ebensowenig kann der Nachbar von dem Eigentümer eines von Natur bestehenden Teiches verlangen, daß er den Teich unter allen Umständen so einrichte,

---

[1]) JW 11, 587 (RG).

[2]) S. oben § 16 II 1; § 17 N. 17 und § 25 A und C.

[3]) Vgl. Endemann 461, der beispielsweise anführt, daß der Eigentümer nicht verpflichtet sei, die Berberizen, von denen Pilze ausgehen, welche die Übertragung des Getreiderostes auf die Roggenfelder des Nachbars herbeiführen, zu beseitigen, da er diese Pflanzen nicht halte und daher von ihm die schädigende Einwirkung nicht verursacht werde. Dem wird nicht durchweg beizupflichten sein. Die von jedermann zu erfordernde Rücksicht auf fremde Interessen kann unter Umständen eine Rechtspflicht begründen, deren Verabsäumung nach § 823 und § 826 ersatzpflichtig machen kann. So wird in einer Getreidegegend gefordert werden können, daß der Grundeigentümer die Berberizensträuche, welche eine Gefahr für den Getreidebau der ganzen Gegend bilden, dem Anlieger die Ausrottung gestattet. Verweigert er das, so handelt er gegen die guten Sitten (öffentliches Interesse an Produktionssteigerung), auch § 226 BGB kann einschlägig sein. Ähnliches gilt bei den weiteren Beispielen Endemanns, daß der Eigentümer die Wespennester in seinem Garten (vgl. § 368 Abs. 2 RStGB) und den Schwamm in seinem Keller nicht zu beseitigen brauche. Vgl. auch unten N. 9 und N. 28.

Anders ist die Rechtslage im Falle einer Anlage. Wer eine „Anlage" — dazu gehört ein künstlicher Teich — hält, muß die von ihr ausgehenden Einwirkungen vertreten. Deshalb sind Einwirkungen, die von einem künstlich geschaffenen Teich ausgehen, anders zu beurteilen als bei einem von Natur vorhandenen Teich. Mit der vorbeugenden Unterlassungsklage aus § 823 Abs. 2 BGB kann geholfen werden, wenn der Nachbar es unterläßt, in seinen Obstbäumen die Raupennester zu entfernen oder die Mäuse- oder Reblausplage zu bekämpfen (JW 24, 776), denn das Gesetz zum Schutze der landwirtschaftl. Kulturpflanzen vom 5. 3. 1937 (RGBl. I 271) und die hierauf gegründeten Anordnungen zur Bekämpfung von Schädlingen sowie das Gesetz zur Bekämpfung der Reblaus sind Schutzgesetze im Sinne des § 823 Ab. 2 (RGK 9. Aufl. Vorbem. III vor § 823).

[4]) Vgl. oben § 19 II 1a.

daß Gerüche oder Geräusche nicht in erheblichem Grade auf das Nachbargrundstück gelangen[5]).

Aber in allen diesen Fällen kann nach Lage der besonderen Verhältnisse doch eine Verpflichtung zum Schutz des fremden Eigentums und zum Schadenersatze bestehen; denn nach geltendem Gesetze ist die Ausübung des eigenen Rechtes, wenn sie zur erheblichen Verletzung anderer Interessen führt, nicht immer zulässig. Die starren Eigentumsgrundsätze des römischen Rechts sind dem neueren Rechtsempfinden fremd und dieses neuere Rechtsempfinden hat im Gesetz Ausdruck gefunden. Das Eigentum berechtigt nicht nur, sondern verpflichtet ebenso den Eigentümer[6]). Art. 153 Abs. 3 der Reichsverfassung vom 11. 8. 1919 stellte ganz allgemein den Rechtsgrundsatz auf: „Eigentum verpflichtet"[7]). Das war die gesetzliche Anerkennung eines Rechtsbewußtseins, das schon lange vorher in der Rechtsprechung sich durchgesetzt hatte[8]). So hat das RG den Grundsatz aufgestellt, daß ein jeder für Beschädigung durch seine Sache soweit aufkommen müsse, als er sie bei billiger Rücksichtnahme auf die Belange des andern hätte verhüten müssen[9]). Der Ausübung eines jeden Rechts, insbesondere des Eigentums, sind eben durch die soziale Pflicht gewisse Grenzen gezogen[10]).

---

[5]) Vgl. oben N. 3 und § 16 III 2.

[6]) Vgl. hierzu nachstehende N. 9 und N. 28.

[7]) Mit Unrecht wurde dieser Satz von Metzger BayZ 20, 38 als leere Phrase hingestellt. Es handelte sich vielmehr um Aufstellung einer Rechtspflicht (Martin Wolff „Reichsverfassung und Eigentum, Tübingen 1923; vgl. Staudinger I b γ zu § 903), durch welche die zum gleichen Ergebnis gekommene Rechtsprechung gesetzliche Bestätigung gefunden hatte.

[8]) Vgl. beispielsweise RG 52, 379; 81, 223; 89, 121; 93, 362. S. auch nachstehende N. 9 und N. 28.

[9]) Die Entscheidung in RG 52, 375 wurde vielfach so verstanden, als ob damit habe gesagt sein sollen, daß in Verallgemeinerung des in § 836 BGB enthaltenen Rechtsgedankens jeder Grundstückseigentümer ganz allgemein verpflichtet sei, einen Schaden zu verhüten, der von seinem Grundstück dem Nachbarn drohe, soweit dies bei billiger Rücksichtnahme auf die Interessen des anderen erwartet werden könne. Dieser Auslegung ist aber das Reichsgericht selbst mit Recht entgegengetreten (RG 134, 231; 149, 210) und hat dazu ausdrücklich festgestellt, daß aus dem bloßen Eigentum allein eine Rechtspflicht zur Schadenverhütung nicht zu folgern sei; unterlasse es also der Eigentümer, bei einem von Natur gegebenen Zustand seines Grundstücks die Einwirkung von Naturkräften auf das Grundstück und die sich hieraus ergebenden Beeinträchtigungen des Nachbarn zu verhindern, so könne hieraus allein ein Haftungsgrund nicht hergeleitet werden. AM KG HW 51, 349 und Urteil vom 17. 11. 1953 — 9 U 1516/53 (zitiert bei Clausnitzer HW 54, 28). Diese Ansicht des Kammergerichts würde zu einer praktisch nicht durchführbaren, allgemeinen Verpflichtung zur Beistandschaft oder zur allgemeinen Hilfeleistung führen. Wie KG auch Palandt 2 a zu § 1004. — Vgl. hierzu auch unten N. 28 und § 38a II 2c (Einwirkungen von Trümmergrundstücken).

[10]) Vgl. Meisner, JW 1927, 82 (Rücksicht auf den Rundfunkverkehr).

In seiner Entscheidung RG 132, 56 (Risse im klägerischen Haus infolge Grundwassersenkung auf dem Nachbargrundstück) hat das Reichsgericht den Begriff des nachbarlichen Gemeinschaftsverhältnisses entwickelt und dazu ausgeführt, aus der Tatsache, daß jeder Eigentümer grundsätzlich die unbeschränkte Herrschaft über die in seinem Eigentum stehende Sache habe und Einwirkungen des anderen verbieten könne, ergebe sich für Grundstücke, die in räumlichen Beziehungen zueinander stehen, die Notwendigkeit, zwecks Ermöglichung eines angemessenen Zusammenlebens ihrer Eigentümer einen Ausgleich ihrer Belange herbeizuführen. Dieser Begriff des nachbarlichen Gemeinschaftsverhältnisses wurde in RG 154, 161 (Verhältnis von Landwirtschaft und Industrie zueinander) zur Klärung der Frage nach der ortsüblichen Grundstücksbenutzung im Sinne des § 906 BGB herangezogen. Weiterhin hat das Reichsgericht in RG 155, 154 (Ansteigen des Grundwasserspiegels auf dem klägerischen Grundstück als Folge von Anschüttungen auf dem Nachbargrundstück) die Überlegung angestellt, ob das von ihm gefundene Ergebnis etwa mit dem Gedanken nachbarlichen Gemeinschaftsverhältnisses unvereinbar sei und ob alsdann — unter Anwendung des § 242 BGB auch auf dem Gebiet des Sachenrechts — eine andere Gesetzesauslegung Platz greifen könnte oder müßte. In Fortentwicklung dieser Gedanken hat das Reichsgericht (DR 41, 1788 = RG 167, 14) zutreffend festgestellt, daß die Grundsätze über die aus dem nachbarlichen Gemeinschaftsverhältnis entspringende Rechtspflicht zur gegenseitigen Rücksichtnahme zwecks Ausgleichs widerstreitender Interessen, die die Ausübung eines bestehenden Rechts u. U. als unzulässig erscheinen lassen können, lediglich die Anwendung der Regeln von Treu und Glauben auf den besonderen Fall des nachbarlichen Zusammenlebens bedeuten. Diese Grundsätze müssen auch auf solche Unternehmen angewendet werden, die öffentliche oder hoheitsrechtliche Aufgaben erfüllen, da auch sie mit ihrem Grundbesitz im Bereich des privatrechtlichen Eigentums und damit — ebenso wie z. B. die Eisenbahn und Post — in der nachbarlichen Gemeinschaft stehen (RG 159, 129 für Immissionsschäden seitens des Unternehmens „Reichsautobahn").

Die soziale Bindung des Eigentums anerkennt auch Art. 14 Abs. 2 Satz 1 GG, der unmittelbar anwendbares Recht enthält (Art. 1 Abs. 3 GG). Der Bundesgerichtshof, der die Zulässigkeit des Verbauens von Fenstern in der Giebelmauer durch einen Neubau des Nachbars zu prüfen hatte, hat in dieser Entscheidung[11]) unter Übernahme der reichsgerichtlichen Rechtsprechung, der sich Rechtslehre und Rechtsprechung allgemein an-

[11]) BGH in MDR 51, 726.

geschlossen haben[11a]), zutreffend ausgeführt, daß die Vorschrift des Art. 14 Abs. 2 Satz 1 GG „Eigentum verpflichtet“, soweit sie den privaten Rechtsverkehr betrifft, nur das in anderer Form ausspricht, was nach der neuzeitlichen Auslegung des § 242 BGB in seiner Anwendung auf das Sachenrecht weitgehend ohnedies Rechtens ist; denn die aus dem nachbarlichen Gemeinschaftsverhältnis entspringende Rechtspflicht zu gegenseitiger Rücksichtnahme zum Ausgleich widerstreitender Interessen bedeutet nur die Anwendung der Regeln von Treu und Glauben auf den besonderen Fall des nachbarlichen Zusammenlebens; bei dieser Anwendung der Grundsätze von Treu und Glauben auf die nachbarlichen Rechtsbeziehungen muß aber stets beachtet werden, daß der Ausgleich der Interessen in erster Linie durch die nachbarlichen Bestimmungen des BGB und das in Geltung gebliebene Landesrecht[11b]) erfolgen und deshalb die Beschränkung an sich bestehender Eigentumsrechte aus dem nachbarlichen Gemeinschaftsverhältnis eine durch zwingende Gründe erforderte Ausnahme bleiben muß[11c]).

d) Ideelle Einwirkungen. Nur solche Einwirkungen stellen eine Beeinträchtigung dar, die durch sinnliche Wahrnehmungen vermittelt werden; eine Einwirkung auf das Gefühlsleben fällt nicht darunter (sog. ideelle oder immaterielle Einwirkungen)[12]), mag hierdurch auch der Wert des Grundstücks in noch so hohem Maße beeinträchtigt werden[13]). Deshalb kann eine Fabrik explodierender Stoffe, ein Pulvermagazin nicht deshalb verboten (§ 907 BGB) werden, weil durch die damit verbundene Explosionsgefahr

---

[11a]) Klausing JW 37, 68 und 38, 1681; Eiser ZAkDR 38, 85; Paul DR 39, 743; Schiffer ZAkDR 39, 311; Westermann § 63 I 2; OLG Düsseldorf NJW 53, 1394; OLG Köln MDR 55, 359; ferner BGH BB 54, 426 = HW 55, 33.

[11b]) Vgl. hierzu § 13 Abs. 1 u. 2 sowie § 14 Hess.ForstG v. 10. 11. 1954 (GVBl. 211 ff.); die erstere Vorschrift schreibt dem Waldbesitzer Rücksichtnahme auf die angrenzenden Grundstücke vor, während die letztere dem Waldbesitzer unter gewissen Umständen ein Benutzungsrecht gegenüber den Nachbargrundstücken einräumt (vgl. zu letzterem oben § 28 V).

[11c]) Einen lehrreichen Anwendungsfall aus dem Gebiet des Fenster- und Lichtrechts bietet die BGH-Entscheidung (LM Nr. 2 zu § 903 BGB); vgl. hierzu oben § 25 A. Siehe auch Westermann § 63 I 2.

[12]) BGH in LM Nr. 1 n. 2 zu § 903 BGB; RG 50, 226; 57, 239; OLG 5, 386; R 15 Nr. 1084 (RG).

[13]) Es müßte dann der Tatbestand der §§ 226, 826 BGB gegeben sein (JW 02 Beil 211). Wenn infolge eines gefährlichen Betriebes die Nachbarn durch eine polizeiliche Anordnung in der Bebauung ihrer Grundstücke beeinträchtigt werden, kann aus diesem besonderen Rechtsgrund eine Entschädigungspflicht in Frage kommen (SeuffA 75 Nr. 191); s. unten § 43 D III 2.

[14]) RG 50, 225 (Petroleumraffinerie); 63, 374 (Gasfabrik) OLG 4, 55. — Solche gefährliche Betriebe (wie Schießpulverfabriken, Anlagen zu Feuerwerkereien, zur Bereitung von Zündstoffen, Gasbereitungsanstalten) bedürfen nach § 16 GewO einer gewerbepolizeilichen Genehmigung. Die Verwaltungsbehörde hat die Anlage nur unter Bedingungen zu gestatten, welche für die Sicherheit Dritter hinreichende Gewähr

Furcht erregt wird[14]). Der Anspruch auf Unterlassung von Schießübungen kann mit der bloßen Besorgnis einer Verletzung durch abirrende Kugeln nicht begründet werden[15]), ebensowenig liegt eine Beeinträchtigung des Eigentums darin, daß durch ein Leichenhaus Schauder und Grausen erregt[16]), durch ein Bordell[17]) oder durch ein Freibad[18]) wegen des Anblicks nackter Badegäste das Schamgefühl verletzt oder durch die Verunstaltung des Landschaftsbildes mit Reklametafeln Unlust erregt wird[19]). Dagegen handelt es sich um eine Einwirkung, wenn von dem Leichenhaus üble Gerüche ausgehen oder Insekten herüberfliegen. Die Beeinträchtigung wird wegen der Gefahr der Infektion durch Insektenstiche als erheblich (§ 906) zu

---

leisten (vgl. die Zusammenstellung bei Brauchitsch, Preuß. Verwaltungsges. V Nr. IV und V 523, 596). Über den Einfluß der gewerbepolizeilichen Genehmigung solcher Anlagen auf den Eigentumfreiheitsanspruch und die Schadenersatzpflicht s. unten § 39.

[15]) Aber eine solche Angst kann das Schießgeräusch mittelbar insofern lästiger machen (Wesentlichkeit der Beeinträchtigung, § 906), als man bei dem Knall unwillkürlich, also nicht infolge der bewußten Vorstellung einer Gefahr zusammenschreckt (R 15 Nr. 1084 RG).

[16]) OLG 4, 61.

[17]) RG 57, 239; JW 04, 291; BadRspr. 05, 198; R 04; Nr. 1642. Abw.: Westermann § 36 I 1a.

[18]) JW 11, 587; RG 76, 130; SeuffA 66 Nr. 238.

[19]) Unter ganz besonderen Umständen z. B. wenn die häßlichen Reklametafeln vor der Veranda eines Hotels in einem Luftkurort aufgestellt sind mit der Wirkung, daß dadurch das Panorama verhunzt und das Geschäft des Hoteliers verdorben wird, kann mit § 826 geholfen werden. — Durch die preußischen Verunstaltungsgesetze vom 2. 6. 1902 (GS S. 159) und 15. 7. 1907 (GS S. 260) und den Ausf. Erlaß vom 3. 7. 1930 (MBliV S. 633) wurde die rechtliche Möglichkeit geschaffen, Bauten oder Bautenänderungen durch die Baupolizeibehörde zu verbieten, sofern durch diese das Landschaftsbild gröblich verunstaltet würde. Ferner kann hiernach hinsichtlich Straßen und Plätzen von geschichtlicher oder künstlerischer Bedeutung durch Ortsstatut vorgeschrieben werden, daß Baugenehmigungen versagt werden müssen, falls durch geplante Bauten die Eigenart des Orts oder des Straßenbildes beeinträchtigt würde. Auch kann für die Anbringung von Reklameschildern, Schaukästen und dgl. die Genehmigung durch die Baupolizeibehörde vorgeschrieben werden. Schließlich können für die Bebauung bestimmter Flächen wie Landhausviertel, Badeorte, Prachtstraßen besondere Anforderungen gestellt werden. Ähnliche Vorschriften haben getroffen: Berlin durch das Ortsgesetz zum Schutze der Stadt Berlin gegen Verunstaltung vom 25. 10. 1923 (GemeindeBl. Nr. 43); Braunschweig durch das Gesetz gegen Verunstaltung von Stadt und Land vom 1. 2. 1911 (GVS Nr. 27) sowie die entsprechende Satzung für die Stadt Braunschweig vom 10. 10. 1921 (GVS Nr. 81); Bremen durch das Ges. vom 21. 7. 1915 betr. Reklameeinrichtungen (GBl. 159); Lippe durch das Heimatschutzgesetz vom 17. 1. 1920 (GS 15); Oldenburg durch das Ges. vom 11. 1. 1910 gegen Verunstaltungen usw. (GBl. Bd. 37 S. 402). — Die Frage, ob der Mieter berechtigt ist, die Außenwand der von ihm gemieteten Geschäftsräume zu Lichtreklamezwecken zu verwenden, ist keine solche des Nachbarrechts, sondern beantwortet sich nach dem geschlossenen Mietvertrag. Vgl. hierzu OLG Köln NJW 55, 1072; Bull. in „Der Markenartikel“ 1956, 29.

erachten sein[20]). Auch von einem Bordell können natürlich durch sinnliche Wahrnehmung vermittelte Einwirkungen ausgehen (Benehmen der Dirnen, insbes. Belästigung der Passanten, fortwährendes Anfahren von Kraftwagen in der Nacht, Singen und Klavierspielen)[21]). Im übrigen kann der Bordellbetrieb unter Umständen aus § 826 verboten[22]) oder doch Schadenersatz beansprucht werden[23]).

Die Störung, welche durch den Einblick in die Fenster verursacht wird, ist keine Einwirkung. Es kann also ein Anspruch nicht etwa deshalb erhoben werden, weil die städtische Hochbahn in gleicher Höhe mit den Fenstern in deren unmittelbarer Nähe mit der Folge vorüberfährt, daß die Fahrgäste in die Zimmer hineinsehen können[24]).

e) Negative Einwirkungen. Auch die sog. „negativen Einwirkungen" stellen eine Beeinträchtigung des Eigentums nicht dar. Man spricht von negativen Einwirkungen, wenn die Benutzung eines Grundstücks sich zwar ausschließlich innerhalb seiner Grenzen auswirkt, jedoch mit der Folge, daß das Nachbargrundstück, in dessen Bereich keinerlei unmittelbare Einwirkung erfolgt, mittelbar gewisse Vorteile verliert. Darin liegt keine Beeinträchtigung des Eigentums[25]). Es kann daher nach dem Rechte des BGB[26]) beispielsweise die Eigentumfreiheitsklage nicht lediglich deshalb erhoben werden, weil der Nachbar einem Haus die Aussicht oder das Licht verbaut[27]),

---

[20]) OLG 4, 61; Puchelt Z. 33, 94.

[21]) RG 57, 239; JW 04, 291; OLG 5, 386; SeuffA 60, 18. Der Umstand, daß die Prostitution von der Polizei auf die betreffende Straße konsigniert wurde, steht dem Unterlassungsanspruch nicht entgegen. Gerade dann sind weitere Beeinträchtigungen zu besorgen (vgl. R 08 Nr. 1386). Eine andere Frage ist die, ob es sich nicht um eine Benutzung handelt, die nach der örtlichen Lage (Bordellviertel) üblich ist (§ 906). Diese Frage wäre an sich zu bejahen. Allein da es sich trotz polizeilicher Erlaubnis um eine sittenwidrige und strafbare Benutzung handelt, kann sie als zulässig nicht anerkant werden, selbst wenn man derartige Einrichtungen zur Verhütung noch größerer Gefahren im öffentlichen Interesse für unentbehrlich halten wollte.

[22]) SeuffA 56 Nr. 199; OLG 2, 457; JW 04, 291; BayZ 08, 183.

[23]) RG 38, 380; 50, 227; 57, 239

[24]) Vgl. Bolze 2 Nr. 155. Auch die Vorschriften über den Abstand und die Einrichtung von Gebäudefenstern, die in nächster Nähe der Grenze gehalten werden. können auf die Fenster eines Eisenbahnzuges nicht übertragen werden.

[25]) BGH in MDR 51, 726; RG 155, 159; HRR 31, 939; RG 51, 252; JW 08, 142; RGRK § 906 N 1; Staudinger Art. 124 EG N. 5a; Planck § 906 N. 3. A. M. Kober in Staudinger 10. Aufl. § 906 N. 12 u. Palandt § 906 N. 2b und § 903 N. 3, die auf die Entziehung von Licht, Luft und Wasser den § 906 entsprechend anwenden wollen.

[26]) Soweit das Landesrecht gegen Entziehung des Luftzutritts Schutz gewährt (vgl. dazu oben § 17 II 2 u. § 17 N. 31), stellt natürlich die hiernach unzulässige Entziehung eine Beeinträchtigung des Eigentums dar.

[27]) Vgl. oben N. 25.

einem Schornstein die Zugluft[28]), einer Windmühle den Mahlwind[29]), einem Grundstück das Grundwasser[30]) mit der Folge des Versiegens des Brunnens entzieht.

In der photographischen Abbildung eines Grundstücks liegt keine Einwirkung auf das Eigentum, so daß die Eigentumsfreiheitsklage nicht in Frage kommt[31]).

f) Verletzung obligatorischer Rechte und Nichteinhaltung polizeil. Vorschriften. Jede Beeinträchtigung des Eigentums mit Aus-

---

[28]) OVG 51, 386. Die rechtliche Machtlosigkeit des Eigentümers gegen die Entziehung der Zugluft kann zu recht mißlichen Folgen führen. Zwei zweistöckige Nachbarhäuser haben aneinanderstoßende Giebel. In beiden Giebeln laufen die Schornsteine in die Höhe. Der eine Nachbar setzt auf sein Haus zwei weitere Stöcke. Dadurch wird den Schornsteinen des anderen Hauses die Zugluft genommen, so daß bei der am meisten vorherrschenden Windrichtung die Öfen derart rauchen, daß die Zimmer unbewohnbar sind; der dadurch schwer geschädigte Hauseigentümer kann hieraus gegen den Nachbar keinerlei Ansprüche ableiten. Auch aus § 826 kann ein Anspruch nicht abgeleitet werden; denn die Entziehung von Luft und Licht verstößt nicht gegen die guten Sitten, wenn sie in erlaubtem Interesse, nicht in Schädigungsabsicht erfolgt (RG 98, 15; RGK Bem. 5i zu § 826). Immerhin wird man dem Eigentümer des aufgestockten Hauses wohl zumuten können, daß er dem Nachbar, der sich nur durch entsprechende Erhöhung der Schornsteine helfen kann, gestattet, die aufgesetzten Teile der Schornsteine an der Giebelwand des aufgestockten Hauses zu befestigen, sofern diesen andernfalls der unentbehrliche Halt fehlen würde und sofern die Befestigung in einer Weise geschieht, daß die Giebelwand keinerlei Gefährdung (z. B. durch die Gefahr des Eindringens von Feuchtigkeit an den aufgesetzten Kanten der Schornsteine) ausgesetzt ist und auch sonst keinerlei Interessen des Hauseigentümers beeinträchtigt werden. Zwar kann dieses Recht zur Befestigung nicht auf Grund des gesetzlichen Nachbarrechts beansprucht werden. Aber sie muß gleichwohl geduldet werden; wenn nicht auf Grund des § 226, so doch auf Grund des § 826. Denn es muß als gegen die guten Sitten verstoßend erachtet werden, wenn ein Nachbar, der durch eine von ihm getroffene Einrichtung den anderen in eine unerträgliche Notlage versetzt hat, die für ihn gar nicht fühlbare Benutzung seines Eigentums verwehrt, obwohl dabei jegliche Gefährdung seiner Interessen ausgeschlossen ist und sich der andere auf andere Weise gar nicht helfen kann. Sittenwidrig ist also nicht die Entziehung der Zugluft, sondern das unter den gegebenen Umständen verwerfliche Verhalten nach der Entziehung. Für die Frage der Sittenwidrigkeit fällt auch die jetzige Wohnungsnot ins Gewicht. — Über Vorschriften des Landesrechts, durch welches die Entziehung der Luft verboten ist, s. oben § 17 N 31.

[29]) SeuffA 64, 225; JW 09, 161 u. 174. R 21 Nr. 2802; RG 86, 16; Gruchot 57, 92.

[30]) Vgl. JW 13, 267 (RG). Wenn durch die Entziehung des Grundwassers dem Boden des Nachbargrundstücks die erforderliche Stütze entzogen wird, ist § 909 BGB einschlägig (s. oben § 20 I 1 u. 3 und N. 2, 18 u. 19 daselbst).

[31]) RGK Bem. 1 zu § 1004. Unrichtig OLG 20, 402 (KG), das den Anspruch aus § 1004 dann zubilligt, wenn das Verbietungsrecht durch ein besonderes wirtschaftliches Interesse gerechtfertigt wird. Es kann aber ein Anspruch auf Unterlassung der photographischen Aufnahme oder ihrer Verbreitung aus § 823 Abs. 1 in Verbindung mit § 1004 (Schutz eines eingerichteten Gewerbebetriebs), ferner aus § 826 BGB, § 1 Unl. Wettbew. Gesetz je nach den besonderen Umständen des Falles begründet sein.

[32]) Hiergegen hilft die rei vindicatio (§ 985).

nahme der Vorenthaltung des Besitzes[32]) kann Veranlassung zu der Eigentumsfreiheitsklage des § 1004 BGB sein. Doch muß das Eigentum als solches beeinträchtigt sein, nicht bloß der derzeitige Eigentümer. Daher kann zur Geltendmachung eines bloßen obligatorischen Rechts der negatorische Anspruch nicht erhoben werden[33]). § 1004 setzt eine Beeinträchtigung der im Eigentum gelegenen privatrechtlichen Befugnisse voraus; deshalb kann wegen Nichteinhaltung einer Polizeiverordnung der dadurch beeinträchtigte Nachbar den Anspruch aus § 1004 nicht erheben, da durch eine solche Polizeiverordnung ein Privatrecht auf deren Beobachtung regelmäßig[34]) nicht begründet wird[35]).

2. Naturereignisse. Die Beeinträchtigung kann durch ein positive Tätigkeit oder eine rechtswidrige Unterlassung herbeigeführt sein; durch eine Unterlassung dann, wenn sie im Widerspruch steht zu einem der Ansprüche, zu denen jemand in Ansehung seiner Sache auf Grund seines Eigentums berechtigt werden kann[36]). Soll jemand für die Beeinträchtigung verantwortlich ge-

[33]) Biermann Bem. 1 zu § 1004.

[34]) Unter Umständen kann eine Polizeiverordnung auch einen privatrechtlichen Anspruch auf ihre Einhaltung gewähren (vgl. JW 08, 142); das ist aber nicht zu vermuten. Vgl. auch oben § 16 N. 148 mit weiteren Verweisungen.

[35]) Zwar ist eine Polizeivorschrift, wonach z. B. mit einem Neubau ein Abstand von 5 m von der Grenze einzuhalten ist, ein Gesetz im Sinne des § 903. Aber dieses Gesetz bezweckt nur den Schutz der öffentlichen Interessen [vgl. JW 08, 142 (RG)]; Schade, AÖffR 25, 286; NJW 53, 388 (OLG Celle). Ob auf dem Umweg über § 823 Abs. 2 ein Gesetz für den nicht gegebenen Anspruch des § 1004 geschaffen werden kann, hängt von der Frage ab, ob die Polizeiverordnung neben dem Schutz der Allgemeinheit auch einen Schutz des einzelnen Grundeigentümers bezweckt (RG 63, 324; 73, 32). Der Kreis derjenigen, die durch ein Schutzgesetz geschützt sein sollen, ist durch Auslegung des Schutzgesetzes selbst festzustellen (RG Sörgel Rspr. 13 zu § 823 Nr. 147); s. darüber unten § 43 D II 2. Vgl. auch oben § 16 N. 148 mit weiteren Verweisungen. Wegen der Ausnahme nach Art. 13 Bad. AG BGB (RegBl. 25, 283) vgl. oben § 17 N. 59.

Wegen der Tendenz in der verwaltungsgerichtlichen Rechtsprechung, dem Nachbarn einen öffentlich-rechtlichen Anspruch auf Einhaltung baupolizeilicher Vorschriften mit der Begründung zuzuerkennen, daß jene Bestimmungen nicht nur im allgemeinen Interesse, sondern zugleich im Individualinteresse des Nachbarn erlassen seien, vgl. Pietzonka in NJW 54, 1181 u. Köhler in JR 55, 135, ferner OVG Berlin in JR 56, 74.

Siehe auch oben § 16 N. 148, § 17 N. 59 u. 58, § 19 II 2 f und unten § 38 X.

[36]) Vgl. oben § 16 III 2; Kuhlenbeck, Von den Pandekten zum BGB 2, 564. Die Störung setzt nicht notwendig ein Handeln voraus; sie ist auch bei einem das Eigentum beeinträchtigenden Zustand gegeben, det auf den maßgeblichen Willen des Beklagten zurückzuführen ist oder doch mit dessen Willen fortbesteht (RheinArch. 110, 171 Köln). Ein Beispiel bildet die durch Unterlassung der notwendigen Unterhaltung herbeigeführte Baufälligkeit des Nachbarhauses; s. oben § 19 II. Ist durch Veranstaltungen (Anlagen) eines Eigentümers auf seinem Grundstück das Herunterfallen von Schnee auf das Nachbargrundstück wesentlich gefördert, so kann dessen Eigentümer den Anspruch aus § 1004 erheben. Dem Unterlassungsanspruch wird durch Anbringen eines Schneefängers die Grundlage entzogen.

macht werden, so ist jedenfalls erforderlich, daß ihm der Vorgang zuzurechnen, auf seine Handlung oder pflichtwidrige Unterlassung zurückzuführen ist[37]). Zwischen dem Verhalten des Störers und der Beeinträchtigung muß der adäquate Kausalzusammenhang vorliegen (vgl. hierzu unten § 38 a II 1 und § 43 B). Es kann deshalb in einer durch Naturgewalt herbeigeführten schädlichen Einwirkung von einem Grundstück auf ein anderes ein von dem Eigentümer des ersten Grundstückes oder sonst jemand zu vertretender Eingriff in fremdes Eigentum nicht gefunden werden[38]), wohl aber dann, wenn menschliche Tätigkeit erst die schädliche Wirkung der Naturereignisse ermöglicht oder gefördert hat[39]), wie z. B. die Anschüttung großer Sandmassen oder Auflagerung von Halden, die bei langandauernden Regengüssen abgeschwemmt oder zum Einsturz gebracht werden[40]) oder das Halten eines durch Menschenhand geschaffenen Teiches, mit dem die Ansiedelung von Fröschen und deren Gequake als vorhersehbare Folge verbunden ist[41]), oder das Zuführen von Schnee[42]).

Dagegen liegt eine Beeinträchtigung nicht vor, wenn die Einwirkung auf das Grundstück die natürliche und unvermeidliche Folge einer gesetzlich und polizeilich erlaubten Benutzung des Nachbargrundstückes ist, wenn z. B. durch ein hohes Gebäude der Regen und Wind zurückgeworfen und auf das Nachbargrundstück gelenkt wird[43]) oder wenn durch Anschüttungen auf einem Grundstück ein Steigen des Grundwasserspiegels auf dem Nachbargrundstück bewirkt wird, ohne daß eine Zuführung von dem einen auf das andere Grundstück stattfindet (RG 155, 154; vgl. oben § 20 V).

Liegt zwischen den Grundstücken des A und B ein öffentlicher Weg, so beeinträchtigt B das Eigentum des A, wenn er auf den Weg herauspflügt und dadurch das Publikum veranlaßt, über das Grundstück des A zu gehen[44]).

---

[37]) Dem Taubenhalter ist es zuzurechnen, wenn er nicht verhindert, daß seine Tauben auf das Dach des Nachbarhauses fliegen (BayOGH 6, 400)

[38]) SeuffA 60 Nr. 55 (RG); BayZ 00, 28 (RG); Gruchot 54, 156; vgl. oben N. 3 und 9 sowie oben § 16 III 2.

[39]) RG 127, 34; 134, 231; 149, 210; SeuffA 60 Nr. 55 und BayZ 00, 28; Gruchot 54, 158 und 1007. Vgl. hierzu z. B. über Absturz eines Felsblocks, Ausströmung von Miasmen aus einem Sumpf oben § 16 III 2 und N. 51 daselbst. S. auch oben § 38 N. 9 und unten § 38 a II 2 c.

[40]) Gruchot 54, 156 und 158; BayZ 00, 28; SeuffA 60 Nr. 55; RG 51, 408 und 411.

[41]) JW 10, 654 (RG); SeuffA 66 Nr. 50. Vgl. oben § 16 N. 15.

[42]) S. oben N. 36 sowie oben § 16 II 2 und N. 28 daselbst..

[43]) BayZ 14, 170 (RG).

[44]) Vgl. BayOGH 12, 260; Dernburg, Pand. § 229 Anm. 7; Dernburg, Sachenrecht 300 Anm. 15.

3. Gefahr künftiger Beeinträchtigung. Sie ersetzt den in § 1104 als schon vorhanden erforderten Zustand der Beeinträchtigung nicht. Deshalb stellt eine Gefährdung durch einen benachbarten Betrieb (Gefahr der Explosion einer Sprengstoffabrik) keine Beeinträchtigung dar[45]). Bloße Vorbereitungshandlungen zu in Aussicht genommener Beeinträchtigung genügen gleichfalls nicht[46]). Die Einreichung eines Bauplans für einen Bau, durch dessen Ausführung das Eigentum beeinträchtigt werden würde, stellt noch keine vorhandene Beeinträchtigung dar[47]). Hat die Verwaltungsbehörde an den Nachbarn eines Steinbruchs ein Verbot erlassen, sein Grundstück zu gewissen Zeiten zu betreten, während welcher im Steinbruch gesprengt werden soll, so ist die Beeinträchtigung gegeben[48]), aber erst mit Eintritt der ersten Sprengzeit; vorher kann nur Feststellungsklage erhoben werden.

Dagegen genügt ein einfaches Bestreiten einer dem Eigentümer als solchem zustehenden Befugnis für sich allein nicht zur Begründung des negatorischen Anspruchs[49]). Wohl aber kann in solchen Fällen eine Feststellungsklage gegeben sein, wenn deren prozessuale Voraussetzungen vorliegen. Gemäß § 256 ZPO kann auf Feststellung des Bestehens einer im Eigentum gelegenen Befugnis bzw. auf Feststellung des Nichtbestehens einer das Eigentum beschwerenden Befugnis eines Dritten Klage erhoben werden, ehe ein Zustand der Beeinträchtigung eingetreten ist, sofern der Eigentümer nur ein rechtliches Interesse[50]) an der alsbaldigen Feststellung dartun kann[51]).

---

[45]) JW 10, 645 (RG); vgl. unten § 43 D III 2b und § 43 N. 98 u. 100.

[46]) S. dagegen RGK Bem. 1 zu § 1004. Anlagen, die bei ordnungsmäßigem Gebrauch mit Sicherheit zu einer Störung führen müssen, können allerdings schon vor ihrer Benutzung verboten werden, aber nur aus § 907. S. oben § 17.

[47]) LZ 18, 389; vgl. abw. DJZ 25, 341 (RG). Dagegen wird das Feststellungsinteresse vom RG mit Recht angenommen.

[48]) R 18 Nr. 714 (RG).

[49]) OLG 12, 128 (Jena).

[50]) M 3, 423 (Mugdan 3, 236); JW 02, 68; Maenner 244; Cosack 2, 80. Die Entscheidung, ob ein solches rechtliches Interesse vorliegt, ist dem richterlichen Ermessen überlassen (M 3, 423; Mugdan 3, 236). Die Einreichung eines Bauplans durch den Nachbar wird regelmäßig das Feststellungsinteresse begründen (LZ 18, 389 RG).

[51]) Das Interesse für eine Feststellungklage des Eigentümers kann beispielsweise gegen die beabsichtigte Veranstaltung eines Automobilrennens auf der an seinem Hause vorbeiführenden Straße begründet sein. Das Interesse an alsbaldiger Feststellung ist gerade dadurch begründet, daß der Eigentümer, wenn er erst die Ausführung des Rennens abwarten wollte, mit seiner Klage zu spät kommen würde. Die Klage ist gegen den veranstaltenden Automobilklub zu richten und geht auf die Feststellung, daß der Kläger nicht verpflichtet ist, die mit der Abhaltung eines Automobilrennens auf der an seinem Anwesen vorüberführenden Straße verbundenen Einwirkungen durch Lärm, Rauch und Geruch zu dulden, soweit hierdurch die Benutzung des klägerischen Anwesens wesent-

Wenn das wörtliche Bestreiten mit Drohungen verbunden ist, so kann darin eine Beeinträchtigung liegen, sofern hierdurch der Eigentümer in der Ausübung seines Eigentumsrechts gestört wird, indem ihm z. B. die Drohungen zur Aufstellung eines Wächters Veranlassung geben, oder der Eigentümer aus Furcht vor der Verwirklichung der Drohungen sich scheut, die Bäume anzupflanzen, deren Beseitigung für den Fall der Anpflanzung angedroht ist. Bloße Verbote werden nur ausnahmsweise eine Beeinträchtigung bewirken, da sie ja nicht beachtet zu werden brauchen[52]).

4. Verschulden keine Voraussetzung. Der negatorische Anspruch setzt kein Verschulden desjenigen voraus, welcher für die Beeinträchtigung verantwortlich ist[53]). Daß sich dieser ein Recht zu seinem Verhalten

lich beeinträchtigt wird. Materiell ist eine solche Feststellungsklage dann begründet, wenn als sicher anzunehmen ist, daß die dem vorliegenden Projekt entsprechende Ausführung des Rennens Einwirkungen auf das Anwesen des Klägers im Gefolge haben würde, welche nach § 906 BGB unzulässig wären. In dieser Richtung muß in Betracht gezogen werden, daß dem Hauseigentümer gegen die Behinderung des Verkehrs auf der Straße und des Zugangs von dieser zu seinem Grundstück kein privatrechtliches Verbietungsrecht zusteht; die öffentlichrechtliche Seite untersteht lediglich der Würdigung der Straßenpolizei. Es kann also nur wegen der Einwirkungen auf sein eigenes Grundstück ein Verbietungsrecht des Straßenangrenzers in Frage kommen. Das Automobilfahren auf Straßen ist wohl eine übliche Art der Straßenbenutzung, aber es kommt nicht nur auf die Art, sondern auch auf das Maß der Benutzung an (vgl. oben § 16 V 2); das Automobilrennen ist keine für Straßen übliche Benutzung. Die damit verbundene Einwirkung auf die an die Straße angrenzenden Grundstücke ist daher unzulässig, wenn sie die Benutzung dieser Grundstücke wesentlich beeinträchtigt. Mit einem Automobilrennen können derartige unzulässige Einwirkungen verbunden sein, notwendig ist es nicht. Wenn die in Betracht kommende Straßenfläche von dem Rennen nur verhältnismäßig kurze Zeit in Anspruch genommen wird, wird regelmäßig keine wesentliche Beeinträchtigung angenommen werden können; eine Ausnahme wäre z. B. bei einer Heilanstalt für Nervenkranke anzunehmen.

[52]) Vgl. Palandt 2b zu § 1004; Westermann § 36 I 1 a; Cosack 2, 176; RG JW 08, 274; 31, 1192; 32, 399; SeuffA 57 Nr. 122; OLG 4, 290. RGK Bem. 1 zu § 1004 erblickt in Verboten und Drohungen nur eine Besitzstörung (§ 862), keine Eigentumsstörung. Wenn aber die Drohungen derart sind, daß sich der Eigentümer fürchtet, sein Eigentum zu benutzen, so ist das Eigentum beeinträchtigt. Bloße Verbote dagegen stellen regelmäßig auch keine Besitzstörung dar. Anders z. B. wenn sich das Verbot an die Angestellten des Eigentümers richtet und auf diese Eindruck gemacht hat. — Es kommt hier eben alles auf die Umstände an. Dasselbe Wort kann im Munde des einen sich auf die Herbeiführung einer bloßen Rechtsunsicherheit beschränken, im Munde des anderen aber die Vertreibung des Besitzers bewirken, weil dieser sonst Gewaltanwendung zu gewärtigen hat (OLG 20, 395). Unter Umständen können auch Eingaben an Behörden als Beeinträchtigung betrachtet werden (vgl. R 19 Nr. 1475 RG); Störung der Ausübung einer Grunddienstbarkeit (§ 1029) s. unten § 42 D.

[53]) M 3, 426 (Mugdan 3, 238); R 04 Nr. 764 RG; 06 Nr. 2851 (Frankfurt). DJZ 15, 313; OLG 31, 327 (Rostock). Vgl. RG 60, 6; Gruchot 46, 650 (RG). Deshalb ist die Klage auf Beseitigung wie auf Unterlassung auch gegen einen Unzurechnungsfähigen zulässig. Eltzbacher, Unterlassungsklage 175. Vgl. Planck Bem. 1 c zu § 227, Crome 1, 536; Endemann 1, 434; Palandt, 2a zu § 1004.

zuschreibt, ist ebensowenig Voraussetzung des Anspruchs[54]); der Beklagte braucht nicht einmal zu behaupten, aus eigenem Rechte zu dem Eingriff berechtigt zu sein[55]). Der Anspruch kann daher selbst dann gegeben sein, wenn der Störer ausdrücklich erklärt, daß er kein Recht zu der Störung habe[56]).

Wenn auch die Störung keineswegs auf Vorsatz oder Fahrlässigkeit zu beruhen braucht[57]), so erzeugt doch nicht jeder rein zufällige Eingriff (z.B. eine Explosion) die Klage[58]). Jedoch ist der negatorische Anspruch immer dann gegeben, wenn die Handlungen, durch welche die Störung verursacht ist, mit dem Bewußtsein vorgenommen werden, daß sie nach den Regeln der Erfahrung zufällige Einwirkungen in den fremden Rechtsbereich herbeizuführen pflegen.

5. Klageantrag. Zur Begründung der Eigentumsfreiheitsklage gehört die bestimmte Angabe des Grundes des erhobenen Anspruchs (§ 253 ZPO). Hierfür genügt nicht die Behauptung, daß der Beklagte das Eigentum des Klägers beeinträchtigt habe, sondern es sind die Tatsachen anzuführen, in welchen diese Beeinträchtigung erblickt wird, und bei der Unterlassungsklage auch die Tatsachen, aus denen die Besorgnis der weiteren Beeinträchtigung abgeleitet wird. Das Vorbringen neuer Eigentumsstörungen, die in der Klage selbst noch nicht enthalten waren, stellt nur dann keine Klageänderung dar, wenn die neuen Störungen und die in der Klage vorgebrachten gleichartig sind. Fallen jedoch die neuen Tatsachen aus dem Rahmen des ursprünglichen Klagevortrags, so liegt Klageänderung vor[59]).

II. Das Ziel der Eigentumfreiheitsklage

Das Ziel der Eigentumfreiheitsklage (zu der auf § 1004 BGB gestützten einstw. Verfügung vgl. unten § 38 VIII) ist die Abwehr der

---

[54]) Gruchot 44, 1095 (RG); R 02 Nr. 1854 und 835. OLG 4, 313.

[55]) Daher kann auch derjenige, welcher behauptet, nur deshalb über ein fremdes Grundstück zu gehen, weil über dasselbe ein öffentlicher Weg führe, mit der Eigentumfreiheitsklage belangt werden. BayOGH 6, 556; SeuffA 33 Nr. 203; s. Nachschr. des Herausgebers in SeuffBl. 43, 123 gegen die dort mitgeteilte oberstrichterliche Entscheidung. Unrichtig auch BayOGH 7, 233. Vgl. unten IV 2.

[56]) Gruchot 44, 1095.

[57]) RG 51, 411; JW 02 Beil. 187. OLG 4, 313. Dort wurde die Beklagte verurteilt, welche anläßlich der Eisengewinnung eine Abraumhalde angelegt und mit taubem Gestein verstürzt hatte. Die Gesteinsmassen übten auf das Nachbargrundstück einen Druck aus und gerieten zugleich ins Rutschen, so daß dasselbe mit Gestein überschüttet wurde; vgl. SeuffBl. 8. ErgBd. 153 (Hinaustreten des Viehs über einen zum Trieb zustehenden Raum).

[58]) Vgl. BayOGH 8, 66; RG 10, 142 (Explosion); vgl. aber RG 101, 105. (Vgl. unten § 43 N. 98 u. 100.)

[59]) RG 99, 177; 108, 169. Bei der Fassung des § 264 ZPO, der nach der Streichung des § 527 ZPO auch in der Berufungsinstanz ohne Einschränkung gilt, ist der Einwand

Beeinträchtigung. Es ist klar, daß sie da nicht angestellt werden kann, wo sie nicht mehr notwendig ist, weil keine Beeinträchtigung mehr vorliegt. Deshalb kann man sagen, daß die Eigentumfreiheitsklage einen Zustand der Beeinträchtigung voraussetzt[60]). Dieser Zustand kann in einem körperlichen Verhältnis[61]) bestehen, in welchem die Sache des anderen zu dem Grundstücke des Eigentümers sich befindet, oder aber in einem Zustand der Gefährdung durch Wiederholung der Eingriffe[62]).

Aus dieser Verschiedenheit der Veranlassung ergibt sich eine doppelte Gestaltung des Anspruchs:

1. Der Anspruch auf Beseitigung der Beeinträchtigung geht auf Wiederaufhebung einer fortbestehenden Beeinträchtigung des Eigentums. Der Fortbestand und die Wiederaufhebbarkeit der Beeinträchtigung setzen ein körperliches Verhältnis voraus[63]). Eine vorübergehende Einwirkung kann daher diesen Anspruch nicht erzeugen (z. B. das einmalige Abfeuern einer Kanone auf dem Nachbargrundstück, einmaliges Betreten fremden Bodens durch einen Spaziergänger)[64]). Voraussetzung des Anspruchs auf Beseitigung der Beeinträchtigung ist demnach das gegenwärtige objektive Bestehen eines durch den Willen einer anderen Person aufrechterhaltenen körperlichen Zustandes[65]).

Hauptsächlich kommt das Halten von Anlagen in Betracht, welche selbst einen unberechtigten Eingriff in das Eigentum des Nachbars darstellen (z. B. Überbau, Fenster in unerlaubter Nähe an der Grenze) oder durch ihre Benutzung eine unzulässige Einwirkung auf das Eigentum des Nachbars ausüben (z. B. Immissionen). Nach § 907 BGB kann der Eigentümer dem Nachbarn das Halten solcher Anlagen verbieten (vgl. oben § 17). Die Anlage selbst stellt die Beeinträchtigung dar; daher kann die Beseitigung der Anlage verlangt werden[66]). § 907 BGB ist unzweifelhaft

---

der Klageänderung praktisch bedeutungslos, da in beiden Tatsacheninstanzen das Gericht jede Klageänderung zulassen kann, wenn es sie für sachdienlich erachtet.

[60]) M 3, 423 (Mugdan 3, 236).

[61]) M 3, 424 (Mugdan 3, 237).

[62]) M 3, 426 (Mugdan 3, 238).

[63]) M 3, 424 (Mugdan 3, 237).

[64]) Ein Automobilrennen auf öffentlicher Straße zieht eine Mehrheit von Einwirkungen nach sich (Lärm-, Staub- und Geruchzuführung durch jedes vorbeifahrende Automobil), vgl. oben N. 51.

[65]) M 3, 423 (Mugdan 3, 236). Vgl. Bolze 12 Nr. 68. Der Anspruch des Grundeigentümers auf Beseitigung der schädlichen Anlage besteht auch dann, wenn er selbst auf seinem Grundstück Änderungen vorgenommen hat, welche die erste Ursache für die Schädlichkeit der Einwirkungen gewesen sind. R 03 Nr. 3088 (Dresden).

[66]) Vgl. JW 00 Beil. 26. Hier ist eine Klage gegen die Stadtgemeinde auf gänzliche Entfernung einer öffentlichen Bedürfnisanstalt zugelassen worden; vgl. ferner BayOGH 16, 330 und SeuffA 53 Nr. 8 (Beseitigung eines Knochenlagers).

auch auf gewerbliche Anlagen anzuwenden[67]), sofern nur bei der Beschaffenheit der Anlage mit Sicherheit vorauszusehen ist, daß der Betrieb eine (insbesondere in Gemäßheit des § 906 BGB) unzulässige Einwirkung auf das Nachbargrundstück zur Folge hat. (Hier greift jedoch zugunsten gewerblich konzessionierter Anlagen § 26 GewO ein; s. darüber unten § 39.) Aber auch solche Anlagen gehören hierher, welche einer diesseitigen erlaubten Hinüberwirkung über die Grenzen, z. B. dem natürlichen Wasserablauf, hindernd entgegenstehen[68]). Der Anspruch geht auf ein Tun, nicht etwa auf ein bloßes Unterlassen. Es ist nicht ganz genau, zu sagen, daß der Beklagte verpflichtet sei, die Naturalrestitution zu bewirken[69]); jedenfalls darf man dies nicht dahin verstehen, daß der Verpflichtete den Zustand herzustellen habe, der bestehen würde, wenn die Beeinträchtigung überhaupt nicht eingetreten, also nie vorhanden gewesen wäre. Denn damit würde man einen Anspruch auf Schadenersatz einräumen (§ 249 BGB)[70]), der nicht ohne weiteres wegen einer Eigentumsbeeinträchtigung gegeben ist[71]). Der Anspruch auf Beseitigung der Beeinträchtigung geht vielmehr nur dahin, daß der Zustand hergestellt wird, der bestehen würde, wenn die Beeinträchtigung nicht mehr vorhanden wäre[72]).

Hieraus ergibt sich: Ist die Beseitigung der Beeinträchtigung unmöglich und im Wege des unmittelbar auf ihre Herbeiführung gerichteten

---

[67]) Vgl. Turnau-Förster Bem. 1 zu § 907; RG 101, 105; 104, 81; s. im übrigen unten § 39.

[68]) M 3, 423 (Mugdan 3, 237).

[69]) M 3, 425 (Mugdan 3, 237).

[70]) Der Schadenersatzanspruch setzt Verschulden voraus, vgl. unten § 43 A u. D II. Nur dann, wenn dem Grundeigentümer im einzelnen Fall sein Abwehrrecht durch Sondergesetz entzogen ist, wird ihm nach der Rechtsprechung des RG eine vom Nachweis des Verschuldens befreite Schadenersatzklage gewährt. S. hierüber § 43 D III 2.

[71]) Nur der Zustand der Beeinträchtigung ist zu beseitigen, nicht aber die durch die Beeinträchtigung herbeigeführte Wirkung, sofern diese Wirkung nicht selbst wieder einen Widerspruch gegen den Eigentumsinhalt darstellt. Das Beschädigtwerden der Sache durch einen Dritten widerspricht dem Inhalt des Eigentums, das Beschädigtsein der Sache widerspricht ihm an dieser nun einmal beschädigten Sache gewiß nicht (Zitelmann Luftschiffahrtsrecht 36; Niemeyer, Verh. d. XXXI. D. J.-Tages 2, 42).

[72]) Ist ein Gasrohr gebrochen, so wird der negatorische Anspruch auf Beseitigung der Beeinträchtigung durch Auswechselung des schadhaften Rohres bewerkstelligt. Er umfaßt also nicht den Ersatz des Schadens, der durch Ausströmen des Gases verursacht worden ist. RG 63, 375; DR 44, 410; vgl. unten § 43 D III 1 d. Ist durch Platzen eines Wasserleitungsrohrs Wasser in einen Keller eingedrungen, so umfaßt der negatorische Anspruch nur die Auswechselung des Rohres, nicht auch den Ersatz für die Waren, welche durch das eingedrungene Wasser beschädigt wurden. Werner, R 04, 330. Auch nicht den Ersatz für den durch das Wasser verursachten Hausschwamm oder für die durch das Wasser weggeschwemmte Humuserde. Wenn sich aber der Pflichtige mit der Beseitigung der Beeinträchtigung im Verzug befindet, ist er nach § 286 zum Ersatz des durch den Verzug entstehenden Schadens verpflichtet, s. unten § 43 D I.

Zwanges nicht durchzusetzen, so kann die Verpflichtung zur Leistung des Interesses nur aus einem besonderen Verpflichtungsgrunde hergeleitet werden[73]). § 249 Satz 2, wonach der Schadensersatzberechtigte statt der Herstellung den dazu erforderlichen Geldbetrag verlangen kann, ist für den negatorischen Herstellungsanspruch nicht anwendbar[74]).

Die Beeinträchtigung ist, soweit dies möglich ist, vollständig zu beseitigen. Jedoch braucht nicht derselbe Zustand herbeigeführt zu werden, der früher bestanden hat; es genügt, wenn nur überhaupt ein Zustand hergestellt wird, bei welchem die Beeinträchtigung nicht mehr wirksam ist[75]).

Wenn der Beklagte die Mauer des Klägers weggerissen und dann ein neues Mauerwerk aufgeführt hat, so umfaßt die Beseitigung nur die Wegnahme der störenden Anlage, nicht auch die Wiederherstellung des früheren oder eines gleichwertigen Zustandes, also nur die Fortschaffung des vom Beklagten aufgeführten Mauerwerks, nicht auch die Wiederaufführung der früher bestandenen Mauer).

Die Verurteilung zur Beseitigung der Beeinträchtigung kann der Beklagte durch eine Geldentschädigung selbst dann nicht abwenden, wenn die Wiederherstellung des früheren Zustandes unverhältnismäßig hohe Kosten verursacht; denn es handelt sich bei der actio negatoria nicht um eine Schadenersatzleistung; nur für diese gilt aber § 251[77]). Unmöglichkeit

---

[73]) M 3, 425 (Mugdan 3, 237); vgl. R 19 Nr. 427 (Stuttg.). Wenn der Inhalt eines Petroleumfasses (ohne Verschulden eines Dritten) in ein fremdes Grundstück eingedrungen ist mit der Folge, daß der hierauf befindliche Brunnen für lange Zeit unbrauchbar ist, so stellt die Durchsetzung des fremden Erdreichs einen durch den Willen einer anderen Person aufrecht erhaltenen Zustand der Beeinträchtigung nicht dar. Der Zustand der Beeinträchtigung des Eigentums im Sinne des § 1004 bestand nur so lange, als das Petroleumfaß ausgelaufen ist. Die Durchsetzung des Erdreichs mit Petroleum ist eine Wirkung dieser Beeinträchtigung. Die Beseitigung dieser Wirkung oder, im Falle der Unmöglichkeit dieser Beseitigung, die Leistung des Interesses kann deshalb nicht mit der Eigentumsfreiheitsklage, sondern nur mit dem Schadenersatzanspruch des § 823, wenn seine Voraussetzungen gegeben sind, beansprucht werden. Vgl. dagegen R 19 Nr. 426 (Stuttgart), wo zunächst zutreffend ausgeführt wird, daß bei unverschuldetem Rohrbruch die Zuführung von Wasser auf den Willen des Inhabers der Wasserleitungsanlage insofern zurückzuführen ist, als der Wille dessen, der die ganze Anlage hält, auch für die Wasserzuführung infolge Rohrbruchs mit ursächlich ist. Dieser ist also Störer, er kann auf Unterlassung der weiteren Zuführung von Wasser (Abdichten des Rohrs) mit dem Anspruch aus § 1004 belangt werden; aber zu Unrecht folgert das OLG Stuttgart daraus eine Haftung wegen Beschädigung des Grundstücks. (Es war die Humuserde weggeschwemmt worden).

[74]) Schmidt, Der negatorische Beseitigungsanspruch (1924) 102.

[75]) M 3, 425 (Mugdan 3, 237). Staudinger Bem. 5a zu § 1004. R 19 Nr. 428.

[76]) Unrichtig OLG 4, 65. Die Wiederaufführung der früheren Mauer kann mit dem Schadenersatzanspruch (§ 823) verlangt werden, der in einem solchen Fall wohl stets begründet ist.

[77]) M 3, 423 (Mugdan 3, 237). OLG 4, 313. SeuffA 58 Nr. 55 (RG), 75 Nr. 160 (Dresden). RG 51, 408; 93, 101; JW 10, 754; 21, 252; RG HRR 39, 489 (Beeinträch-

der Beseitigung schließt den Anspruch auf Beseitigung aus[78]). Aber Unmöglichkeit liegt dann nicht vor, wenn die (volle oder annähernde) Herstellung des gesetzmäßigen Zustandes überhaupt im Bereiche physischer Ausführbarkeit liegt[79]).

Das zur Beseitigung der Beeinträchtigung Erforderliche hat der Verpflichtete auf seine Kosten vorzunehmen, gleichviel ob der Beeinträchtigungszustand auf ein Verschulden zurückzuführen ist oder nicht[80]). Ist die Passivlegitimation für die actio negatoria gegeben, so steht damit auch die Verpflichtung des Beklagten fest, die Kosten der Beseitigung der Beeinträchtigung zu tragen. Deshalb muß angenommen werden, daß der Vermieter, soweit er die von seinem Mieter verursachte Beeinträchtigung zu vertreten hat[81]), auch verurteilt werden muß, die Beeinträchtigung auf

---

tigung Fischereiberechtigter durch Wassersportverein). S. unten § 43 C II. A. M. Schmidt, Negatorischer Beseitigungsanspruch (1924) 103; Westermann § 36 III 1.

[78]) In diesem Fall kann auch Geldersatz nicht beansprucht werden (Schmidt, Der negatorische Beseitigungsanspruch [1924] S. 100ff). Doch kann ein Schadenersatzanspruch in Frage kommen, s. unten § 43.

[79]) JW 10, 754 (RG). RG 51, 411; 66, 99; 93, 105. Es kann einem Mißbrauch des Beseitigungsanspruchs unter Umständen mit § 826 wirksam begegnet werden. Man setze den Fall, daß ein Grundstück durch unzulässige Vertiefung des Nachbargrundstücks die Standsicherheit verloren hat. Der hierfür Verantwortliche muß die Standsicherheit herstellen. Die erforderlichen Einrichtungen würden einen Aufwand von beispielsweise 150000 DM verursachen, während das beeinträchtigte Grundstück einen Wert von 1000 DM hat. Erbietet sich der Verantwortliche zum vollen Schadenersatz (Wert des Grundstücks, einschließlich eines sog. Affektionswerts, Ersatz aller sonstigen Nachteile, die aus der Unbenutzbarkeit des Grundstücks für die Benutzung des übrigen Grundbesitzes entstehen), so verstößt es gegen die guten Sitten, wenn der Eigentümer des beeinträchtigten Grundstücks gleichwohl auf Naturalherstellung besteht, deren Kosten außer jedem Verhältnis zu seinem noch so weit abgesteckten Interesse stehen. Man muß sich aber wohl vor Augen halten, daß auf diesem Wege nicht etwa eine Art von Zwangsenteignung eingeführt werden darf. Für die Sittenwidrigkeit des Verlangens auf Wiederherstellung muß daher auch in Betracht gezogen werden, ob der Verantwortliche die Beeinträchtigung etwa vorsätzlich herbeigeführt hat. Denn dann wird dieser wohl regelmäßig nicht von Sittenwidrigkeit sprechen können, wenn der Eigentümer auf Naturalherstellung besteht. Und in anderen Fällen müssen die Kosten der Wiederherstellung schon um ein vielfaches höher sein als das Interesse des Geschädigten, wenn § 826 angewendet werden soll. Endlich muß die angebotene Entschädigung sehr reichlich bemessen sein, so daß die Annahme ausgeschlossen ist, daß dem Geschädigten von seinem Standpunkt aus (der natürlich nicht sinnwidrig sein darf) die Naturalherstellung immer noch wertvoller sein kann als die gebotene Entschädigung.

[80]) M 3, 424 (Mugdan 3, 237); OGHBrZ in NJW 49, 623 (Im Hafen durch Kriegseinwirkung gesunkenes Wrack muß vom früheren Eigentümer beseitigt werden, auch wenn inzwischen das Eigentum aufgegeben worden ist). Vgl. hierzu auch BGH in NJW 56, 382 (Trümmer einer kriegszerstörten Brücke im Flußbett und auf benachbarten Grundstücken).

[81]) S. unten N 182.

seine Kosten zu beseitigen[82]). Erfüllt der verurteilte Beklagte diese Verpflichtung nicht, so darf der Eigentümer die Wiederherstellung auf Kosten des Beklagten nach richterlicher Ermächtigung selbst vornehmen (§ 887 ZPO).

2. Der Anspruch auf Unterlassung weiterer Beeinträchtigung setzt eine zuständliche körperliche Beeinträchtigung nicht voraus, dabei findet jedoch eine Angleichung an die unter 1 erörterte Gestaltung des Anspruchs insofern statt, als auch hier der Anspruch die Aufhebung eines Zustandes, nur nicht eines körperlichen Zustandes, zum Ziel und daher einen solchen Zustand auch zur Voraussetzung hat. Der Anspruch auf Unterlassung weiterer Beeinträchtigung setzt als erforderlich voraus, daß eine Beeinträchtigung tatsächlich schon vorausgegangen ist[83]). Bestreiten und Behaupten stellt regelmäßig noch keine Beeinträchtigung dar[84]). Wenn das Zuwiderhandeln gegen die aus dem Inhalte des Eigentums für die anderen Personen sich ergebenden Pflichten die zuständliche, bis in die Gegenwart fortdauernde Folge hervorgebracht hat, daß weitere Beeinträchtigungen nach den Umständen zu besorgen[85]) sind, so ist dem Eigentümer der Anspruch auf Unterlassung weiterer Beeinträchtigung gegeben[86]) (§ 1004 BGB). Die Befürchtung weiterer Gefährdungen braucht sich durchaus nicht auf ein schuldvolles Verhalten des Gegners zu gründen; vielleicht ist dieser in ganz entschuldbarer Weise im Irrtum über sein Recht, und ist gerade wegen seines guten Glaubens die Fortsetzung der früheren rechtsverletzenden Handlungsweise zu erwarten[87]). Im übrigen ist die Frage, ob eine weitere Beeinträchtigung zu besorgen ist, nach den Umständen und der Lebenserfahrung zu beurteilen. Keineswegs braucht eine Gewißheit vorzuliegen, daß eine weitere Beeinträchtigung erfolgen wird; es genügt schon, wenn man nach Lage der Verhältnisse mit der Möglichkeit einer Wiederholung rechnen muß[88]). Daß der Beklagte

[82]) Vgl. dagegen JW 00, 384 Nr. 34 und andererseits JW 01, 51.

[83]) RGK Bem. 1 und 5 zu § 1004; RG Warn. 11 Nr. 330.

[84]) SeuffA 58 Nr. 35 (BayObLG); s. oben § 38 I 3 und N 52.

[85]) S. unten N 88.

[86]) M 3, 427 (Mugdan 3, 238); vgl. SeuffBl. 66, 220 (LG Würzburg).

[87]) M 3, 427 (Mugdan 3, 238).

[88]) Eine solche Besorgnis erfordert aber mehr als die abstrakte Möglichkeit, daß ein schadenbringendes Ereignis sich wiederholen könne. RG 63, 379. Eine mehr oder minder große Wahrscheinlichkeit genügt (vgl. RG 98, 269). Wiederholungsgefahr wurde angenommen bei Steinflügen, die bei regelmäßigen Sprengungen wiederkehren (LZ 18, 845 RG). Vgl. Gruchot 44, 868: Die Klage auf Unterlassung des Eingriffs wird dann zu versagen sein, wenn bei Erhebung der Klage der Eingriff bereits unterlassen ist und der Eigentümer nach den Umständen des Falls auch mit Sicherheit annehmen kann, daß eine Wiederholung nicht eintreten wird (vgl. Bolze 12 Nr. 68). Wenn der Störer vor Klageerhebung erklärt hat, daß er von künftiger Wiederholung absehen werde, so wird die

ein Recht behauptet, ist nicht Voraussetzung. Wenn freilich der Beklagte ein Recht behauptet, so ist regelmäßig[89]) die Besorgnis der Wiederholung gegeben; hat jedoch das Verhalten des Beklagten zu der Annahme, daß er ein Recht beanspruche, keine Veranlassung gegeben, so wird zumeist eine öftere Wiederholung erforderlich sein. Eine besondere Häufigkeit und Dauer der Störungen setzt der Anspruch nicht voraus[90]). Nach vorausgegangener Beeinträchtigung ist aber in der Regel die Besorgnis der Wiederholung zu vermuten; diese Vermutung ist vom Beklagten zu widerlegen (RG 125, 393). Bei dem Schäfer, dessen Herde beim Treiben zum Markt übergrast hat, wird die Gefahr der Wiederholung weniger in Betracht kommen als bei dem Schäfer, der regelmäßig an einem Grundstücke vorübertreibt. Läuft ein Spaziergänger einmal über eine fremde Wiese, so ist das etwas ganz anderes, als wenn der Briefträger bei seinem Botengang den Weg über die Wiese zur Abkürzung nimmt.

Es ist regelmäßig genügend, daß die Besorgnis zur Zeit der letzten Tatverhandlung vorhanden ist[91]). Ist in diesem Zeitpunkt eine vorher — schon zur Zeit der Klageerhebung oder später eingetretene — Wiederholungsgefahr bereits wieder weggefallen, so liegt Erledigung der Hauptsache vor[92]). Hat dagegen in keinem Zeitpunkt eine Wiederholungsgefahr bestanden, so war die Klage stets unbegründet.

Der Erhebung der Unterlassungsklage braucht an sich kein Verbot weiterer Beeinträchtigungen vorauszugehen; jedoch läuft der Kläger, der

---

Besorgnis regelmäßig wegfallen, es müßte denn sein, daß diese Erklärung infolge besonderer Umstände nicht als vertrauenswürdig zu erachten ist. Eine Besorgnis der Wiederholung wird von vornherein nicht bestehen, wenn bei Erhebung der Klage die Eigentumsstörung zwar noch fortdauert, der Eigentümer aber mit Sicherheit erkennen kann, es handle sich um einen einmaligen, kurzen, vorübergehenden Eingriff, der sich gar nicht gegen sein Eigentum als solches richtet und auf dessen Unterlassung der Störer selbst bedacht ist. Vgl. auch JW 94, 30 Nr. 93, woselbst als Beispiel erwähnt ist, daß das Einwerfen eines Fensters durch einen Vorübergehenden die negatorische Klage nicht begründet. Ist der früher zugeführte Lärm infolge gerichtlicher einstweiliger Verfügung seit Monaten unterblieben, so ist möglicherweise kein Anlaß mehr zur Unterlassungsklage gegeben; alsdann kann sie nur dann Erfolg haben, wenn es sich etwa um eine Anlage im Sinne des § 907 handelt oder sonstwie eine Besorgnis der Wiederholung des Lärms festgestellt werden kann (R 02, 149 RG).

[89]) Nicht unter allen Umständen; vgl. R 14 Nr. 775 (BayObLG). Vgl. hierzu BGH in NJW 54, 1682 (Aufrechterhalten des Klageabweisungsantrags durch den Liquidator des auf Unterlassung in Anspruch genommenen Verlagsunternehmens, das während des Rechtsstreits in Liquidation gegangen ist).

[90]) JW 11, 587; RG 57, 227. — Doch kann dies von Bedeutung für die Frage sein, ob die Beeinträchtigung wesentlich im Sinn von § 906 ist.

[91]) Werden rechtsverletzende Tatsachen geltend gemacht, die sich erst im Laufe des Rechtsstreits ereignet haben, so liegt keine Klageänderung vor (RG 99, 172).

[92]) Über die Erledigung der Hauptsache und ihre Rechtswirkungen vgl. Hodes in ZZP 66, 387.

ohne ein solches Verbot klagt, Gefahr, gemäß § 93 ZPO die Kosten des Rechtsstreits auferlegt zu bekommen, wenn der Beklagte den Anspruch sofort anerkennt.

Auch auf Grund nur einer einzigen Verletzung kann die Gefahr künftiger Verletzung als bestehend angenommen werden[93]).

a) Inhalt des Anspruchs. Der Kläger braucht nicht die Vorkehrung bestimmter Maßregeln, durch welche die unzulässige Beeinträchtigung hintangehalten werden soll, zu verlangen; ja er darf dies nicht einmal tun, ebensowenig wie das Urteil hierüber Bestimmung treffen darf. Es muß vielmehr dem Beklagten überlassen bleiben, wie er es anstellen will, um für die Zukunft eine unzulässige Beeinträchtigung zu verhüten[94]). Man muß sogar so weit gehen, zu sagen, daß nicht einmal ganz allgemein auf Herstellung von Einrichtungen, welche die benachteiligende Einwirkung ausschließen, geklagt werden kann[95]); noch weniger kann auf Be-

---

[93]) Eltzbacher, Unterlassungsklage 187; Crome 3, 424; Planck Bem. 2b zu § 1004.

[94]) BayZ 18, 50 RG, LZ 25, 546 RG. — Vgl. SeuffA 46 Nr. 248; 51 Nr. 11; RG 37 172; 40, 182; JW 96, 343 Nr. 57; 97, 636 Nr. 16; Gruchot 46, 1001 (RG); Turnau-Förster Bem. 5 zu § 906. Vgl. R 25 S. 102 Nr. 3 (RG). Es ist Sache des Beklagten, wie er seiner Unterlassungspflicht genügen will. Er kann Vorkehrungen treffen, er kann den Betrieb einstellen. Eine bestimmte Maßnahme kann ihm nicht aufgezwungen werden. Dem Gläubiger wird auch vielfach die Kenntnis der Betriebseinrichtung des Beklagten, vielleicht auch die nötige Sachkunde fehlen, so daß er gar nicht beurteilen kann, welche Maßnahme erforderlich und genügend, sowie welche von mehreren möglichen Vorkehrungen die zweckmäßigste ist (vgl. SeuffA 75 Nr. 54 [Hamm]; Kress in JW 09, 5ff.; Gruchot 43, 861; 51, 141). Wird der Kläger als Eigentümer des Grundstücks durch das Musizieren in einer Gastwirtschaft des Nachbargrundstücks beeinträchtigt, so muß der Antrag lauten, dem Beklagten zu untersagen, auf seinem Grundstück in einer Weise musizieren zu lassen, die die Benutzung des kläg. Grundstücks wesentlich beeinträchtigt (RG JW 30, 2935). Wenn jedoch der Klageantrag auf Vornahme einer bestimmten Maßnahme gerichtet ist und der Beklagte nicht geltend macht, daß er dadurch in der Auswahl der Schutzvorrichtungen in unzulässiger Weise beschränkt werde, so ist eine Verurteilung zur Vornahme der bestimmten Schutzvorrichtung regelmäßig nicht zu beanstanden. (R 25 S. 102 Nr. 3 RG). Vgl. hierzu auch unten VIII. Über die Frage, ob bei der Zwangsvollstreckung aus einem Urteil auf Unterlassung die einzelnen Vorkehrungen bestimmt anzugeben sind, s. unten N 114.

[95]) Vgl. Gruchot 44, 1096; 46, 1001. Anders, wenn die Anlage selbst, von welcher die Beeinträchtigung ausgeht, eine unzulässige Beeinträchtigung darstellt und in Gemäßheit des § 907 BGB Beseitigung der Anlage verlangt werden könnte. Der Antrag auf Herstellung von Einrichtungen, welche die benachteiligende Einwirkung ausschließen, stellt sich gegenüber dem Anspruch auf Beseitigung der ganzen Anlage als das minus dar. Vgl. Gruchot 44, 1096. So kann z. B. der Eigentümer eines Grundstücks, in welches aus der Dunggrube des Nachbars auf unterirdischem Wege Mistjauche eindringt, den negatorischen Anspruch darauf erheben, daß der Nachbar die Wandungen der Dunggrube in einen für Flüssigkeiten undurchlässigen Zustand versetzt. Er kann aber auch Beseitigung der Dunggrube verlangen.

triebseinstellung geklagt werden, wenn die Beeinträchtigung von einem Betrieb ausgeht[96]).

Da es also grundsätzlich dem Störer überlassen bleiben muß, welche Maßnahmen er zur Beseitigung unzulässiger Beeinträchtigungen ergreifen will, bestehen gegen eine Verurteilung zu bestimmten Maßnahmen dann keine Bedenken, wenn das Wahlrecht des Störers tatsächlich nicht beeinträchtigt wird. Ein solcher Fall kann vorliegen, wenn der Beklagte gegenüber einem auf Anordnung bestimmter Maßnahmen gerichteten Antrag nicht geltend macht, daß er dadurch in der Auswahl seiner Schutzvorrichtungen in unzulässiger Weise beschränkt werde [96a]),oder wenn er sich mit einer solchen Maßnahme ausdrücklich einverstanden erklärt hat[96b]), oder wenn zur Abwehr nur eine ganz bestimmte Einzelmaßnahme in Betracht kommt, wie z. B. das Verbot der Nachtarbeit oder das Verbot der Errichtung einer Anlage — z. B. eines Leichenhauses —[96c]). In Fällen dieser Art können solche bestimmte Anordnungen auch im Eilverfahren durch einstw. Vfg. ergehen[96d]).

Die Unterlassungsklage ist eine Leistungsklage, keine Feststellungsklage, da sie nicht darauf geht, daß der Richter die Verpflichtung des Beklagten zu einem Unterlassen feststellt, sondern darauf, daß der Beklagte unterläßt und ihm der Richter dies gebietet. Für die Unterlassungsklage ist daher kein besonderes Interesse an der alsbaldigen Feststellung (§ 256 ZPO) des vielleicht nie bestrittenen Anspruchs erforderlich[97]).

---

[96]) Vgl. RG 37, 173. Im Ergebnis kann allerdings die Durchführung des Anspruchs auf Unterlassung zur Einstellung des Betriebs führen; dann nämlich, wenn die Ausschließung der unzulässigen Einwirkung durch keinerlei Vorkehrungen bewirkt werden kann, wird sich der Betriebsunternehmer nicht anders helfen können, als daß er den Betrieb einstellt; aber unmittelbar zur Einstellung des Betriebes kann er nicht verurteilt werden; es kann ja morgen eine Erfindung gemacht werden, vermöge welcher bei dem Betrieb jede unzulässige Einwirkung auf das Nachbargrundstück vermieden werden kann. Dagegen hat das RG (R 09 Nr. 688; JW 08, 692) eine Verurteilung gebilligt, wonach dem Beklagten der Betrieb der Anlage untersagt wurde, solange er nicht die Anlage derart ändere, daß der Betrieb für den Kläger unschädlich und erträglich sei. — In ähnlicher Weise hat das RG (R 08 Nr. 3423) eine Verurteilung zur Unterlassung von Scheibenschießen gebilligt, weil der Beklagte selbst nicht geltend gemacht habe und auch aus der Sachlage nicht von selbst hervorgehe, daß die Benutzung eines Scheibenstandes in einer dem § 906 entsprechenden Weise eingeschränkt werden könne (vgl. JW 00, 640; 08, 682; s. unten N 98).

[96a]) RG R 25, 102. Vgl. auch oben N 94.

[96b]) Hodes in NJW 54, 644; OLG Köln in NJW 53, 1592, das für den Fall der einstw. Vfg. zu Unrecht glaubt, insoweit mit der herrsch. Lehre in Widerspruch zu stehen.

[96c]) Rspr. 4, 62 (OLG Zweibrücken).

[96d]) Vgl. unten § 38 VIII.

[97]) Eltzbacher, Unterlassungsklage 212. Vgl. Hellmann, JheringsJ 31, 123; Stein-Jonas-Schönke II 1 vor § 253; Seuffert 2a zu § 253 ZPO.

Liegt die Beeinträchtigung in einer unzulässigen Immission (vgl. § 906 BGB), so geht der Anspruch dahin: „Der Beklagte hat die Zuführung von Rauch und Ruß auf das Grundstück des Klägers insoweit zu unterlassen, als dieselbe die Benutzung dieses Grundstücks wesentlich beeinträchtigt und durch eine Benutzung des Grundstücks des Beklagten herbeigeführt wird, welche nach den örtlichen Verhältnissen bei Grundstücken dieser Lage ungewöhnlich ist“[98]).

Dem Beklagten ist völlige Freiheit zu belassen, wie er die Ursache der Immission beseitigen will. Damit wird zugleich die übliche Einwendung des Beklagten ausgeschaltet, daß die begehrte Art der Beseitigung nicht geeignet sei, den beabsichtigten Erfolg herbeizuführen[99]). (Vgl. oben N 96a—c.)

Es ist zuzugeben, daß in einer solch allgemeinen Verurteilung eine gewisse Unbestimmtheit liegt. Es ist jedoch nicht möglich, diese Unbestimmtheit im Urteil zu beseitigen; denn sie liegt nicht allein darin, daß je nach dem Zusammenwohnen der Menschen und den in den verschiedenen Ortschaften herrschenden Beschäftigungen das Maß der nach Billigkeit zu ertragenden und andererseits der übermäßigen Belästigungen ein verschiedenes sein wird, sondern durch Worte ist im voraus eine feste Begrenzung in der Urteilsformel überhaupt nicht zu geben; vielmehr wird stets nur in den in Zukunft etwa eintretenden einzelnen Fällen, also bei der Zwangsvollstreckung, geprüft und entschieden werden können, ob die vorliegende Beeinträchtigung als eine wesentliche anzusehen ist[100]).

Ist einmal eine Störung des Eigentums eingetreten, welche die Besorgnis weiterer Beeinträchtigung begründet, so kann der in seinem Eigentum Beeinträchtigte den Anspruch auf Unterlassung einer künftigen Störung

---

[98]) Das RG (Gruchot 44, 1096) hat auch eine Verurteilung gebilligt, welche dahin ging, „die Erschütterungen und Geräusche, welche durch den Betrieb der Steindruckerei-Immobile, Langenstraße 123, in dem Hause des Klägers, Langenstraße 122, gegenwärtig entstehen, soweit sie das erträgliche Maß überschreiten, abzustellen.“ Die Unerträglichkeit einer Einwirkung stellt jedoch keinen gesetzlichen Tatbestand dar. Nach § 906 BGB kann überdies eine unerträgliche Einwirkung erlaubt sein, weil durch eine Benutzung herbeigeführt, die in jener Gegend gemeinüblich ist. Überhaupt ist der Begriff des Unerträglichen nicht nur unbestimmt, sondern auch unbestimmbar. Für die Vollstreckung eines Urteils ist aber notwendige Voraussetzung, daß der Inhalt der Verurteilung, mag dieselbe auch unbestimmt sein, aus sich selbst heraus bestimmt werden kann. Vgl. auch Bolze 10, Nr. 66.

Eine Verurteilung zur Unterlassung, „soweit nicht § 906 BGB die Zuführung gestattet“, welche von Riehl bei Gruchot 51, 144 Anm. 9 empfohlen wird, genügt zwar diesem Erfordernis; die Anführung des gesetzlichen Wortlauts ist jedoch sachgemäßer. BayZ 08, 288 (RG).

[99]) Endemann 474 Anm. 54.

[100]) SeuffA 53 Nr. 180; JW 02 Beil. 203.

nicht nur gleicher Art, sondern jeder dem Zweck seines Eigentumsrechts zuwiderlaufenden Art erheben[101]). Der Anspruch kann sich aber in der Hauptsache erledigen[102]), wenn der Beklagte glaubhaft versichert, er werde Maßnahmen treffen, daß die Beeinträchtigungen künftig unterbleiben. Hat der Beklagte diese Erklärung schon vor der Klageerhebung abgegeben, so kann damit unter Umständen die Besorgnis weiterer Beeinträchtigung entfallen und dem Unterlassungsanspruch selbst die Grundlage entzogen sein[103]). Ist der unzulässige Eingriff von einer Anlage auf dem Nachbargrundstück ausgegangen, so wird der Anspruch auf Unterlassung erledigt, wenn im Laufe des Prozesses Einrichtungen an der Anlage getroffen worden sind, welche die benachteiligende Wirkung nach menschlichem Ermessen[104]) ausschließen. Dabei muß jedoch vorausgesetzt werden, daß nach Lage der Sache auch die Gewähr einer ordnungsgemäßen Anwendung und Erhaltung dieser Einrichtungen besteht[105]). Ist diese Gewähr nicht geboten, bleibt der Unterlassungsanspruch bestehen; denn dem beeinträchtigten Eigentümer wird der fortbestehenden Anlage gegenüber der richterliche Schutz nur dadurch dauernd gewährt, daß er auf Grund des Urteils gegen den Beklagten jederzeit im Zwangsvollstreckungsverfahren vorgehen kann, wenn die getroffenen Einrichtungen beseitigt werden oder in der Folge sich doch nicht als zureichend erweisen[106]). Wird also der Fabrikbetrieb eingestellt, so entfällt die Wiederholungsgefahr, wenn nach den tatsächlichen Umständen des Einzelfalls mit der Möglichkeit der Wiederaufnahme des Betriebs nicht zu rechnen ist[107]); denn Voraussetzung für die Verurteilung zur Unterlassung ist die konkrete Wiederholungsgefahr, die nicht auf Grund allgemeiner Erwägungen, sondern nur nach Lage des gegebenen Falls festgestellt werden kann[108]).

[101]) Gruchot 44, 1098.

[102]) Über die Erledigung der Hauptsache und ihre Rechtswirkungen vgl. Hodes in ZZP 66, 386.

[103]) S. oben N 88. [104]) Vgl. SeuffA 66 Nr. 53 (RG).

[105]) Mit der Gefahr eines Versagens einer erprobten maschinellen Einrichtung ist dabei ebensowenig zu rechnen wie damit, daß es dem Beklagten ohne denkbares Motiv einfallen könne, die Einrichtung wieder auszuschalten (vgl. Gruchot 54, 1010; auch in JW 10, 654 [RG] hinsichtlich einer Entstaubungsanlage für eine Zementfabrik). SeuffA 66 Nr. 53. Anders liegt der Fall, wenn die Erträglichkeit der Geräusche und Gerüche nur dann gewährleistet wird, wenn während des Betriebs die Türen und Fenster geschlossen gehalten werden. Nachlässigkeiten und Pflichtwidrigkeiten seiner Leute kann erfahrungsgemäß der Betriebsleiter auch mit strengsten Anordnungen nicht ausschließen (R 09 Nr. 1132 RG). — Vgl. auch unten § 39 II 1 und N 42a daselbst.

[106]) RG 36, 180; JW 98, 610 Nr. 41; Gruchot 44, 869; SeuffA 57 Nr. 37. Vgl. unten § 39 II 1 und N 42 daselbst.

[107]) Vgl. Gruchot 54, 1010; SeuffA 66 Nr. 53 (RG); JW 06, 556; 10, 654 (RG).

[108]) Gruchot 54, 1010 (RG). Wenn der Geflügelzüchter, dessen Hühner das Eigentum des Nachbars beeinträchtigt haben, mit seinem Hühnerhof in eine entfernte Gegend

Ist danach zur Zeit der letzten mündlichen Verhandlung die Wiederholungsgefahr nicht mehr gegeben, so ist die Hauptsache erledigt[109]), und es kann eine Verurteilung zur Unterlassung nicht mehr stattfinden; dies ist der Fall, wenn der Nachbar die Fabrik, von der die störende Wirkung ausgeht, nicht nur stillgelegt, sondern abgebrochen hat[110]), oder wenn nach den gegebenen Umständen an eine Wiedereröffnung des Betriebs nicht zu denken ist[111]). Das gleiche muß gelten, wenn der Störer infolge Veräußerung seines Grundstücks zu weiterer Beeinträchtigung nicht mehr in die Lage kommen kann[112]). Jedenfalls muß die Besorgnis der Wiederholung — noch oder spätestens — im Zeitpunkt der letzten Tatverhandlung vor dem Urteil gegeben sein[113]).

b) Zwangsvollstreckung. Die Zwangsvollstreckung aus einem Urteil auf Unterlassung weiterer Störung erfolgt in Gemäßheit des § 890 ZPO[114]). Hiernach ist der Beklagte, wenn er der Verpflichtung, eine Handlung

zieht, so ist der Zustand der Beeinträchtigung entfallen. Vgl. R 17 Nr. 2006 (Noch keine Klaglosstellung, wenn der Eigentümer dem neuen Mieter die Vertragspflicht auferlegt hat, Störungen zu vermeiden). — Wenn die Verwaltungsbehörde die nach dem Wassergesetz erforderliche Erlaubnis zur Einleitung von Abwässern in Gewässer zurücknimmt, so wird dadurch der vorher entstandene Anspruch auf Unterlassung der Zuführung unerträglicher Gerüche nicht hinfällig. Die Erlaubnis kann jederzeit wieder erteilt, und es kann trotz Fehlens der Erlaubnis eingeleitet werden.

109) Über die Erledigung der Hauptsache und ihre Rechtswirkungen vgl. Hodes in ZZP 66, 387. 110) Vgl. SeuffA 57 Nr. 37 (RG).

111) Gruchot 54, 1010 (RG).

112) Eltzbacher a. a. O 192. Hält der Erwerber die Beeinträchtigung aufrecht, so kann dieser verklagt werden.

113) Deshalb darf eine nach Beendigung des Beweisverfahrens vom Kläger unter Beweis gestellte Mehrung der Beeinträchtigung, durch welche sie von einer bisher unwesentlichen zu einer wesentlichen geworden sei, nicht übergangen werden (JW 11, 326 [RG]).

114) Gruchot 44, 1098; JW 00 Beil. 1; RGK Bem. 5 zu § 1004; vgl. OLG 29, 257 u. 254. Wenn lediglich zur Unterlassung verurteilt ist, hat die Zwangsvollstreckung zweifellos nach § 890 ZPO zu erfolgen. Häufig lauten jedoch die Urteile auf Vornahme bestimmter Vorkehrungen, welche die unzulässige Einwirkung ausschließen, sei es, daß es sich um eine unkorrekte Fassung des Urteilssatzes (s. oben II 2a und oben N 96a—c) handelt, sei es, daß eine solche Verurteilung ausnahmsweise (vgl. unten § 39 II 1) zulässig ist. In diesen Fällen erfolgt die Zwangsvollstreckung nach Maßgabe des § 888, unter Umständen auch nach der Maßgabe des § 887 ZPO, wobei dann in der Zwangsvollstreckungsinstanz die erforderlichen Maßregeln im einzelnen angegeben werden müssen (RG 60, 120; Gruchot 43, 683; RGK Bem. 13 zu § 906. Unrichtig SeuffA 75 Nr. 54). Lautet aber das Urteil auf Unterlassung, so kann dem Gläubiger auch in der Zwangsvollstreckungsinstanz nicht angesonnen werden, daß er bestimmte Vorkehrungen angibt, durch welche der Schuldner seiner Unterlassungspflicht genügen soll, ja es dürfen dem Schuldner solche bestimmte Vorkehrungen nicht auferlegt werden. Er kann ja auch dadurch unterlassen, daß er seinen Betrieb einstellt. A. M.RG 60, 120; JW 11, 325; SeuffA 66 Nr. 177 (OLG München).

zu unterlassen, zuwiderhandelt[115]), wegen einer jeden Zuwiderhandlung auf Antrag des Gläubigers von dem Prozeßgericht erster Instanz zu Geld- oder Haftstrafe zu verurteilen[116]). Das Maß der Gesamtstrafe darf 2 Jahre Haft nicht überschreiten. Der Verurteilung muß eine Strafandrohung vorausgehen, welche, wenn sie in dem die Verpflichtung aussprechenden Urteil nicht enthalten ist, auf Antrag vor dem Prozeßgericht erster Instanz erlassen wird. Auch kann der Schuldner auf Antrag des Gläubigers zur Bestellung einer Sicherheit für den durch fernere Zuwiderhandlung entstehenden Schaden auf bestimmte Zeit verurteilt werden (§ 890 ZPO).

Für die Frage der Unzulässigkeit einer Einwirkung muß unterschieden werden zwischen der Zeit des Immissionsprozesses und der des Zwangsvollstreckungsverfahrens. Im letzteren ist nur zu prüfen, ob sich die konkrete Einwirkung als eine übermäßige im Sinne des Urteils erweist[117]).

c) Einer mit obrigkeitlicher Genehmigung errichteten gewerblichen Anlage (§ 26 GewO)[118]) gegenüber kann niemals auf Einstellung des Betriebs, sondern nur auf Herstellung von Einrichtungen, welche die benachteiligenden Einwirkungen ausschließen oder, wo solche Einrichtungen nicht tunlich sind, auf Schadloshaltung geklagt werden (s. hierüber das Nähere unten § 39).

Außerdem greift der allgemein anerkannte Rechtsgrundsatz in die Eigentumfreiheitsklage ein, wonach gegenüber der Ausübung staatlicher Hoheitsrechte und speziell gegenüber polizeilichen Anordnungen der Rechtsweg nicht zulässig ist und nicht auf Unterlassung geklagt werden kann[119]); vgl. hierzu unten § 38 X und N 123; über den Aufopferungsanspruch s. § 43 D III 2.

---

[115]) Die Strafe wird durch schuldhaftes Zuwiderhandeln gegen das Unterlassungsverbot verwirkt. RG 36, 417; JW 98, 172; OLG 29, 255; 35, 139; 35, 140 (Haftung für Verschulden eines Dritten?).

[116]) Die Strafe kann auch gegen eine Körperschaft erkannt werden. RG 43, 405. Wird eine juristische Person zur Unterlassung verurteilt und demnächst wegen Zuwiderhandlung gegen das auferlegte Ge- oder Verbot mit einer Geldstrafe belegt, so trifft diese das Vermögen der jurist. Person, nicht das des gesetzlichen Vertreters; ist aber eine Haftstrafe ausgesprochen, so muß diese der gesetzliche Vertreter als Träger des Willens der Schuldnerin verbüßen (Stein-Jonas-Schönke Anm. V zu § 890).

[117]) Hörle im VerwA 10, 368f.

[118]) Ebenso kann gegen die Postverwaltung nicht auf Einstellung des Rohrpostbetriebs geklagt werden. RG 73, 271 gewährt auf Grund § 75 Einl. ALR Entschädigung. (Vgl. § 43 D III 2.)

[119]) R 08, 331 Nr. 1974 (RG); JW 94, 267 Nr. 25 erkennt einen solchen allgemeinen Rechtsgrundsatz nicht an. Dort wird der Rechtsweg nur dann ausgeschlossen, wenn nach Landesrecht die Gerichte nicht befugt sind, die Zulässigkeit des Eingriffs (Lärm infolge Schießens auf dem Kasernenhof) zu prüfen. Vgl. Gruchot 24, 93 (Der Ortsschulze hatte auf Befehl des Amtsvorstehers im feuerpolizeilichen Interesse einen Zaun beseitigt; Besitzklage unzulässig).

III. Einwendungen des Beklagten

1. Rechtmäßigkeit des Eingriffs. Der Anspruch ist ausgeschlossen, wenn der Eigentümer zur Duldung der Beeinträchtigung verpflichtet ist[120]) (§ 1004 Abs. 2 BGB). Voraussetzung ist also Rechtswidrigkeit der Einwirkung (RG 131, 336; 163, 210).

Durch diese Bestimmung wird dem Beklagten eine Einwendung, keine bloße Einrede gewährt[121]). Der Richter hat daher die Klage von Amts wegen dann abzuweisen, wenn aus dem Vorbringen des Klägers seine Verpflichtung zur Duldung erhellt.

Die Verpflichtung zur Duldung kann durch Gesetz, durch Rechtsgeschäft oder durch ein anderes besonderes Rechtsverhältnis auferlegt sein[122]); sie kann auch durch eine das Verhalten rechtfertigende einstw. Verfügung begründet sein[122a]). Ferner kann sie nicht nur in privaten Rechtsbeziehungen, sondern auch auf polizeilicher oder auf einer sonstigen, aus Gründen des Gemeinwohls oder öffentlichen Interesses getroffenen obrigkeitlichen Anordnung beruhen[123]). Wenn der Eigentümer den Zustand der

---

[120]) Dabei ist jedoch zu beachten, daß hierher nicht jene gesetzlichen Vorschriften gehören, welche dem Inhalt des Eigentums eine konkrete Einschränkung geben. Denn in diesen Fällen (z. B. §§ 905, 906, 910 Abs. 2 BGB) fehlt es an einer Beeinträchtigung des Eigentums, da durch jene Vorschriften die Rechtsbefugnis zur Ausschließung entzogen ist. Dagegen ist z. B. einschlägig § 226 BGB.

[121]) Ebenso Palandt Anm. 7: a. A. die herrschende Meinung, die eine Einrede annimmt (RG 114, 271; Planck 2 vor § 985). Die Bedeutung der Streitfrage ist allerdings gering, weil der Störer die Rechtmäßigkeit seines Tuns immer beweisen muß.

[122]) Eine Stadtgemeinde hat als Eigentümerin des Friedhofs gegen einen Gärtner, der von Angehörigen der Begrabenen mit der Bepflanzung und Ausschmückung von Grabstellen beauftragt war, Klage auf Unterlassung der gärtnerischen Arbeiten erhoben. Die Klage wurde abgewiesen, weil das zwischen der Gemeinde und den Angehörigen vorliegende Vertragsverhältnis nach Sitte und Herkommen sowie nach dem Zweck des Friedhofs (Pflege des Andenkens) dahin ausgelegt wurde, daß die Angehörigen (von Mißbrauch abgesehen) die Gräber nach ihrem Geschmack pflegen dürfen (R 24 Nr. 1234 RG). Der Friedhofseigentümer ist aber, wenn ein gegenteiliges Herkommen nicht besteht, befugt, gewerbliche Bestattungsunternehmer auf die Verbringung der Leichen in die Leichenhalle zu beschränken, ihnen weitere Bestattungshandlungen zu verbieten und diese selbst ausschließlich vorzunehmen (BGH in NJW 54, 1483).

Ist mit Wissen und Wollen des beklagten Eigentümers, wenn auch auf Grund eines nichtigen Vertrags, auf dem Grundstück des Beklagten durch die Klägerin ein Gebäude errichtet worden,so ist die Rechtswidrigkeit der Beeinträchtigung ausgeschlossen und der aus § 1004 Abs. 1 abgeleitete Einwand des Beklagten gegen den Bereicherungsanspruch der Klägerin nicht begründet (RG 131, 336); vgl. oben § 24 N 113a.

[122a]) BGH LM 1 zu § 926 ZPO.

[123]) Beruht der Eingriff auf einer behördlichen Anordnung, dann ist der Rechtsweg unzulässig, das Gericht kann also nicht aussprechen, daß die Negatoria auf Grund eines öffentlichrechtlichen Störungsrechts und der daraus abgeleiteten Einwendung des Beklagten unbegründet ist. So mit Recht RGK Bem. 6 zu § 1004 gegen JW 08, 334 (RG) = SeuffA 63 Nr. 159. Geschieht der abzuwehrende Eingriff in Erfüllung einer öffentlich-

Beeinträchtigung mitverursacht hat, dann ist nach den Grundsätzen des adäquaten Kausalzusammenhangs zu prüfen, ob und inwieweit der Zustand der Beeinträchtigung durch den Störer verursacht ist. Nur soweit dies der Fall ist, geht seine Pflicht zur Beseitigung. Beweispflichtig dafür, daß der Zustand der Beeinträchtigung durch den Störer verursacht wurde, ist der Eigentümer. Im übrigen ist § 254 BGB anzuwenden.

Ein obligatorisches Recht ist nur dann zur Begründung der Einwendung geeignet, wenn es gerade dem jetzigen Eigentümer gegenüber besteht[124]). Deshalb fällt der Unterlassungsanspruch nicht schon deswegen fort, weil der frühere Eigentümer den Eingriff gestattet hat.

2. Die Einwilligung des Grundstückseigentümers in die Beeinträchtigung seines Eigentums. Die Verpflichtung zur Duldung (§ 1004 Abs. 2 BGB) von Beeinträchtigungen, insbesondere von Einwirkungen, die nach dem Gesetz (§ 903, vgl. §§ 907, 909 BGB) unzulässig sind oder über das nach dem Gesetz (vgl. § 906 BGB) zulässige Maß hinausgehen, kann insbesondere auch durch Vertrag begründet werden. Dingliche Wirkung kommt einem solchen Vertrag nur dann zu, wenn er auf Bestellung einer Dienstbarkeit gerichtet ist und die Dienstbarkeit im Grundbuch eingetragen ist[125]).

Die obligatorische Verpflichtung zur Bestellung einer Dienstbarkeit kann formlos begründet werden[126]).

---

rechtlichen, der gerichtlichen Entscheidung nicht unterliegenden Aufgabe (z. B. durch die Errichtung einer städt. Siel-[Klär-]Anlage), so ist der ordentliche Rechtsweg ausgeschlossen, denn die Gerichte dürfen nicht in das insoweit waltende Ermessen der öffentlichrechtlichen Stelle bestimmend eingreifen (RG 170, 42; 158, 267; 75, 397; RGK 9, Aufl. 6c zu § 1004). Eine in Ausübung öffentlicher Gewalt und Fürsorge vorgenommene Handlung bleibt auch dann Amtshandlung, wenn sie im Einzelfall ohne Recht in fremdes Eigentum eingreift (RG 93, 261); unwesentlich ist dabei, ob die Maßnahme, der entgegengetreten werden soll, polizeilich genehmigt ist oder nicht. In solchen Fällen besteht aber volle Schadensersatzpflicht für die Folgen schuldhafter Versehen; ferner steht ein vom Verschulden unabhängiger Aufopferungsanspruch zu (RG 167, 25); hierzu vgl. § 43 D III 2.

124) Kuhlenbeck, Von den Pandekten zum BGB 2, 566. Dem Eigentümer steht derjenige gleich, der seine Befugnis vom Eigentümer ableitet. Vgl. RG 81, 216. Dort wurde der Schadenersatzanspruch einer Gasanstalt gegen eine Straßenbahngesellschaft abgewiesen; die Gasanstalt verlangte Ersatz für Beschädigung der Gasrohre, die durch sogen. vagabundierende elektrische Ströme der Straßenbahn herbeigeführt war. Die Stadt als Eigentümerin der Straße hatte zunächst einen Vertrag mit der Straßenbahn abgeschlossen, wonach die Straßenbahn das Recht (Miete) erwarb, die Straße zum elektrischen Bahnbetrieb mit Schienenrückleitung zu benutzen. Nach Errichtung der Straßenbahn räumte die Stadt der Gasanstalt vertragsmäßig das Recht ein, die Gasleitungsröhren in den Straßenkörper zu verlegen. Der Gasanstalt können nicht mehr Rechte gegenüber der Straßenbahn zustehen, wie der Stadt als Eigentümerin.

125) JW 12, 361 und 851.

126) RGK Bem. 5 zu § 1018, BayObLG 4, 737, R 15 Nr. 195 (RG), SeuffA 78 Nr. 26.

Aus einer solch formlos gültigen Verpflichtung kann auf Bewirkung der dinglichen Rechtsänderung geklagt werden. Wenn es im Einzelfall zweifelhaft ist, ob eine Vertragsabmachung auf Begründung einer bloß obligatorischen Verpflichtung oder auf Begründung einer dinglichen Belastung gerichtet ist[127]), streitet die Vermutung für das Erstere als das Geringere[128]). Wenn aber der Vertragszweck nur durch eine dauernde, vom Wechsel des Eigentümers unabhängige Belastung erreicht werden kann, so ist im Zweifel anzunehmen, daß die Vertragsteile die Herbeiführung einer dinglichen Rechtsänderung gewollt haben (pactum intuitu fundi initum)[129]). Dies gilt namentlich dann, wenn auf Grund der Verabredung eine bleibende Einrichtung getroffen werden soll[130]).

Wenn z. B. der Eigentümer einem Elektrizitätswerk gestattet, auf seinem Grundstück Masten aufzustellen, so liegt ein Leihvertrag vor, wenn hierfür kein Entgelt vereinbart ist (§ 598 BGB), dagegen ein Mietvertrag, wenn fortlaufende Leistungen bedungen sind (§ 535 BGB); ist nur einmalige Entschädigung bedungen, so wird regelmäßig die Verpflichtung zur Bestellung einer Grunddienstbarkeit anzunehmen sein.

Eine auf Verpflichtung zur Duldung von Beeinträchtigungen gerichtete Vereinbarung kann auch stillschweigend erfolgen. Eine stillschweigende Willenserklärung darf nur in einem solchen Verhalten gefunden werden, das nach Lage der Sache gar keine andere Deutung zuläßt, als eben die, daß dadurch dem anderen Teil ein bestimmter Wille kundgegeben werden soll[131]). Ganz stillschweigend kann sich ein rechtsgeschäftlicher Akt nicht vollziehen. Irgendwie muß der Wille immerhin zum Ausdruck gebracht sein[132]). Für die Annahme einer stillschweigenden Zustimmung ist daher mehr zu erfordern als ein rein untätiges Verhalten. Die bloße Tatsache, daß der Abwehranspruch gegen eine Beeinträchtigung nicht ausgeübt wurde, reicht nicht aus[133]). Aber es genügt, wenn die schlüssigen Handlungen zwar unmittelbar auf andere Zwecke gerichtet sind, aber zugleich mit Gewißheit und jede andere Deutung ausschließend den Willen erkennbar zum Ausdruck bringen, daß auch ein anderer Zweck mitumfaßt werden soll[134]). Hierfür sind neben den besonderen Umständen die Vorschriften der §§ 133, 157 BGB von Bedeutung. Danach muß jeder seine Erklärungen, auch die stillschweigenden Erklärungen, in dem Sinn gegen sich gelten lassen, in

---

[127]) S. hierüber oben § 30 I und N 12 daselbst.
[128]) Vgl. Dernburg, Pand. § 236 Anm. 2, Bolze 5 Nr. 103, vgl. SeuffA 32 Nr. 21; SeuffBl. 37, 161; BayObLG 10, 280. Vgl. N 127.
[129]) SeuffA 17 Nr. 118; vgl. 9 Nr. 10 und R 19 Nr. 1789.
[130]) Vgl. SeuffA 26 Nr. 222; Bolze 4 Nr. 102.
[131]) Vgl. RGK Vorbemerkung vor § 116; Warneyer 19 Nr. 132.
[132]) RG 96, 138.
[133]) JW 10, 941; SeuffA 56 Nr. 104.
[134]) Warneyer 19 Nr. 132.

dem sie von dem anderen nach Treu und Glauben und nach der Auffassung des Verkehrs zu verstehen sind[135]). Ein innerer Vorbehalt ist ohne Bedeutung[136]).

So kann insbesondere bei der Veräußerung eines Grundstückteiles oder eines von mehreren in einer Hand befindlichen Grundstücken[137]) zum Zwecke der Errichtung einer Fabrik ein stillschweigender Verzicht auf Untersagung der vorausse baren Einwirkungen (§ 906) dieses Fabrikbetriebes unterstellt werden. Desgleichen ist ein stillschweigender Verzicht desjenigen anzunehmen, der eine Teilparzelle eines Fabrikanwesens käuflich erwirbt[138]). Dagegen kann einem beeinträchtigten Eigentümer nicht entgegengehalten werden, daß er das Grundstück in Kenntnis der üblen Einwirkungen von einem Dritten erworben hat[139]). Ebensowenig kann der wegen unzulässiger Vertiefung (§ 909 BGB) belangte Nachbar einwenden, daß der Kläger, der sein Grundstück von einem Dritten gekauft hat, beim Erwerb von der schon vorher vorgenommenen Vertiefung und ihrer schädlichen Wirkung Kenntnis gehabt hat[140]). Ferner kann aus der Unterzeichnung des Bauplans für sich allein der Wille auf Abwehransprüche, die sich aus der planmäßigen Ausführung des Baues ergeben können, zu verzichten, nicht abgeleitet werden, weil der Bauplan und dessen Unterzeichnung durch den Nachbar nur öffentlichrechtliche Bedeutung hat und bestimmungsgemäß nicht auf Erzeugung privatrechtlicher Wirkungen gerichtet ist[141]).

Erteilt ein Eigentümer seinem Nachbar die Erlaubnis zur Vornahme einer Einrichtung auf dem Grundstück des Nachbars, so liegt hierin ein Verzicht auf den Abwehranspruch hinsichtlich derjenigen Einwirkungen der Einrichtung, die der Erklärende vorausgesehen hat. Dabei macht es begrifflich keinen Unterschied, ob diese Erlaubnis gegen eine Gegenleistung oder unentgeltlich erteilt wurde.

Hat z. B. der Eigentümer seine Zustimmung zur Vornahme einer Vertiefung auf dem Nachbargrundstück erteilt und dabei vorausgesehen, daß die sich infolge der Vertiefung bildende Böschung auch sein Grundstück in Mitleidenschaft ziehen werde, so kann er die actio negatoria nicht deshalb erheben, weil von seinem Grundstück bei Bildung der Böschung einiges Erdreich abstürzt. Geht aber der Erdrutsch über den

---

135) RG 67, 433; JW 10, 573.

136) RG 68, 128, JW 15, 19.

137) Anders wird der Fall zu beurteilen sein, wenn der Eigentümer ein Areal gleichzeitig parzellenweise an verschiedene Erwerber veräußert. Weiß freilich auch der eine Erwerber beim Erwerb, daß der andere Erwerber eine Fabrik auf seiner Parzelle errichten will, dann ist der Vertrag zwischen ersteren und dem Veräußerer so auszulegen, daß zwischen beiden zugunsten des anderen die Pflicht zur Duldung vereinbart ist (§ 328 BGB, vgl. oben § 35 N 24 u. 25).

138) RG 29, 268; 66, 126. SeuffA 58 Nr. 142; 66 Nr. 185 (RG); JW 95, 172 und 173; 96, 214, 09, 725.

139) JW 04, 487 (RG).

140) Anders, wenn der Erwerber gewußt hat, daß der Verkäufer von dem verantwortlichen Nachbar wegen der schädlichen Vertiefung entschädigt wurde, denn dann wird eine stillschweigende Vereinbarung anzunehmen sein, daß der Erwerber, der die vom Verkäufer gezogene Entschädigung bei der Preisbemessung auswerten wird, in die dem Verkäufer gegenüber dem Nachbarn obliegende Duldungspflicht eintritt.

141) Vgl. BayOGH 3, 371; 13, 201; SeuffBl 56, 173.

von ihm vorausgesehenen Böschungswinkel hinaus, dann ist die Negatoria insoweit zulässig, als sich der Eigentümer diesen schädlichen Erfolg nicht vorgestellt hat. Hinsichtlich des Schadenersatzanspruches ist allerdings in Betracht zu ziehen, ob nicht ein mitwirkendes Verschulden (§ 254 BGB) anzunehmen ist[142]), wenn der Geschädigte die im höheren Maße als erwartet eingetretenen Schäden hätte voraussehen können. Aber auf die Negatoria ist nur insoweit verzichtet, als in der Tat die Vorstellung von den nachteiligen Einwirkungen gereicht hat[143]).

Eine nachträglich erteilte Genehmigung steht der vorher erteilten Erlaubnis gleich.

Der Verzicht auf den negatorischen Anspruch bedarf zu seiner Wirksamkeit dann nicht der Annahme durch denjenigen, dem der Verzicht zugute kommt, wenn der negatorische Anspruch (§ 1004 setzt Störung voraus) noch nicht entstanden ist. Denn erst infolge der Störung entsteht ein Schuldverhältnis. Es handelt sich also bei einem Verzicht vor der Störung nicht um einen Erlaßvertrag (§ 397 BGB), der ein schon begründetes Schuldverhältnis voraussetzt, während ein Verzicht außerhalb des Gebiets der Schuldverhältnisse ein zweiseitiges Rechtsgeschäft begrifflich nicht erfordert[144]).

Die erteilte Erlaubnis kann einseitig nicht zurückgenommen werden, wenn sie als eine unwiderrufliche erklärt ist, was nach den Umständen des einzelnen Falls zu beurteilen ist[145]). Das gilt schon vor der Ausführung der Einrichtung, zu welcher die Erlaubnis erteilt ist. Ist eine solche Erlaubnis (Verzicht auf den Abwehranspruch) unentgeltlich erteilt und angenommen, so hat man es nicht etwa mit einem Schenkungsversprechen (das der notariellen Form bedürfte), sondern mit einer bereits vollzogenen Schenkung zu tun, die der Form nicht bedarf[146]). Der Verzicht kann aber wegen groben Undanks widerrufen werden (§ 530 BGB).

---

142) Im Fall einer ohne Gegenleistung erteilten Erlaubnis wird man zugunsten des durch seine Gefälligkeit Geschädigten nur schwer an die Anwendung des § 254 herangehen dürfen. 143) Vgl. RGK Bem. 1 zu § 397.

144) Vgl. RG 66, 344; RGK Bem. 1 zu § 392. Anders liegt der Fall, wenn der Eigentumsfreiheitsanspruch schon entstanden (actio nata) ist. Dann handelt es sich um einen Erlaßvertrag im Sinne des § 397 BGB; die Annahme des Verzichts ist zu seiner Wirksamkeit erforderlich (vgl. RG 72, 171). Bei schon bestehendem Anspruch auf Beseitigung und Unterlassung handelt es sich nicht um dingliche Rechte, sondern darum, daß eine Person (der Eigentümer) von einer anderen (dem Störer) eine Leistung (Beseitigung oder Unterlassung) fordern darf, also um ein Schuldverhältnis (vgl. RGK Bem. 2 vor § 241 und Bem. 1 zu § 241).

145) Wird die Erlaubnis zu einer dauernden Einrichtung erteilt, deren Ausführung wesentliche Aufwendungen verursacht, so wird, von besonderen Umständen abgesehen, die Erlaubnis auf die Dauer abgestellt sein. Das ist natürlich nicht der Fall, wenn eine fortlaufende Anerkennungsgebühr bedungen ist. Wird die Erlaubnis zu wiederholten Benutzungshandlungen (z. B. zum Fahren) erteilt, so liegt regelmäßig und jedenfalls bei Unentgeltlichkeit ein jederzeit widerrufliches precarium vor.

146) RG 43, 298; 80, 138, RGK Bem. 1 zu § 397.

Der entgeltliche oder unentgeltliche Verzicht kann wie jede Willenserklärung wegen Irrtums (§ 119), Zwangs oder Betrugs (§ 123) angefochten werden. Dringt die Anfechtung durch, so ist der Verzicht hinfällig (§ 812 BGB).[146a])

Besonderheiten bietet die Erlaubnis zur Schaffung einer Grenzeinrichtung. Hier bewirkt die formlose Zustimmung des Nachbars zur Mitbenutzung seines Eigentums für die Grenzeinrichtung (z. B. zur Errichtung einer halbscheidigen Giebelmauer) — aber erst nach Herstellung der Einrichtung — das dinglich wirkende Recht des § 922 mit § 95 BGB[147]). In den anderen Fällen eines Überbaus wird durch eine formlose Zustimmung zum Überbau ein vertragliches dingliches Recht am Grundstück nicht begründet. Der Überbau ist also trotz der erteilten (formlosen) Erlaubnis objektiv rechtswidrig[148]).

Ein obligatorisches Recht ist nur dann zur Begründung der Einwendung aus § 1004 Abs. 2 BGB geeignet, wenn es dem jetzigen Eigentümer gegenüber besteht[149]).

Eine ausdrücklich oder stillschweigend auf Übernahme der Duldungspflicht gerichtete Vereinbarung (Verzicht auf den Abwehranspruch) kann auch ausdrücklich oder stillschweigend zugunsten des Sondernachfolgers desjenigen, der die Duldung zu fordern hat (dem der Verzicht zugute kommt), getroffen werden (§§ 328 ff. BGB)[150]). Dagegen wird der Sondernachfolger des aus einer solchen Vereinbarung zur Duldung Verpflichteten hierdurch nicht gebunden. Hierfür wäre die Bestellung einer Dienstbarkeit erforderlich[151]). Andererseits steht natürlich nichts im Wege, daß der Sondernachfolger des Verpflichteten beim Erwerb des Grundstücks mit dem Verpflichteten ausdrücklich oder stillschweigend vereinbart, daß er in dessen Verpflichtung eintritt[152]). Der zum Verlangen der Duldung gegen-

---

[146a]) Dies gilt auch dann, wenn das erteilte Einverständnis sich später als von Anfang an nichtig herausstellt: RG JW 29, 744. AM Westermann (§ 36 I 2), der zu Unrecht die in RG 131, 335 und 133, 296 für den Sonderfall des Überbaues entwickelten Grundsätze verallgemeinert; vgl. hierzu oben § 24 N 113 a.

[147]) Siehe oben § 7 I 1 und § 8 II 1.

[148]) Siehe oben § 24 I 6.

[149]) Siehe oben N 124.

[150]) Hat der Verkäufer eine Teilparzelle zum Zweck der Errichtung einer Fabrik verkauft, die das Restgrundstück beeinträchtigen muß, so kommt der darin (stillschweigend) eingeschlossene Verzicht auf die Abwehrklage auch dem Sondernachfolger des Käufers zu statten (RG 66, 126; SeuffA 63 Nr. 185 RG). Hat dagegen der Verkäufer der Teilparzelle später auch seinen Restgrundbesitz veräußert, so ist eine Pflicht seines Sondernachfolgers, in diesem Restgrundbesitz die Einwirkungen des Fabrikbetriebs zu dulden, nicht ohne weiteres anzuerkennen (SeuffA 63 Nr. 185 RG).

[151]) RG 66, 128; JW 09, 725 RG; RGK Bem. 1 zu § 906; Westermann § 36 I 2.

[152]) JW 09, 725 (RG).

über dem Veräußerer berechtigte Nachbar erwirbt dadurch unmittelbar das Recht, die Duldung von dem Erwerber zu fordern, da dieser durch die Schuldübernahme an die Stelle des bisherigen Schuldners getreten ist (§ 414 BGB)[153].

Eine ganz andere Frage ist die, ob der Eigentümer, dessen Sonderrechtsvorgänger während seiner Besitzzeit auf dem Grundstück die Schaffung eines eine Beeinträchtigung darstellenden Zustands dem Nachbar in unwiderruflich gemeinter Weise bewilligt hat, gegen diesen den Anspruch auf Beseitigung dieser Beeinträchtigung erheben kann. Diese Frage ist zu verneinen; denn in diesem Fall ist dieser Zustand mit Willen des verfügungsberechtigten Eigentümers geschaffen worden, und das ist nicht anders zu beurteilen, als wenn dieser selbst den Zustand geschaffen hätte[154]. Der jetzige Eigentümer kann daher gegen den Nachbar den Anspruch auf Beseitigung nicht erheben, wohl aber darf er den Zustand der Beeinträchtigung auf seine eigenen Kosten beseitigen; denn eine Duldungspflicht obliegt ihm als Sondernachfolger nicht[155]. Beruft sich der Störer auf eine Grunddienstbarkeit, so müssen die erforderlichen Formvorschriften beobachtet sein. Andererseits ist erforderlich, daß das einredeweise geltend gemachte Recht gerade dem Beklagten oder dessen Gewährsmann zusteht. Wird daher die Einwendung auf eine Grunddienstbarkeit gegründet, so muß der Beklagte berechtigt sein, sie auszuüben, sei es als Eigentümer oder als Nutzungsberechtigter des herrschenden Grundstücks.

Beruht der Eingriff in das Eigentum auf der Anordnung einer öffentlichen Behörde, so ist für die gegen den Eingriff erhobene Eigentumsfreiheitsklage der Rechtsweg ausgeschlossen (s. hierüber unten § 38 X).

3. Ableitung aus fremdem Recht. Die Rechtmäßigkeit der Beeinträchtigung kann möglicherweise aus einem Recht abgeleitet sein, welches nicht demjenigen zusteht, von dem die Beeinträchtigung unmittelbar ausgeht, sondern demjenigen, in dessen Vertretung gehandelt worden ist[156]. Behauptet im Prozeß[157] der Beklagte, daß er die Beeinträchtigung in Ausübung des Rechts eines Dritten vorgenommen habe, so kann er, wenn er dem Dritten vor der Verhandlung zur Hauptsache den Streit verkündet und ihn unter Benennung an den Kläger zur Erklärung ladet, bis zu dieser Erklärung oder bis zum Schluß des Ter-

[153]) Die erforderliche Genehmigung der Schuldübernahme durch den Gläubiger (§ 415 BGB) wird in einem solchen Fall immer gegeben sein. Sie kann auch stillschweigend erfolgen (BayZ 21, 44).

[154]) SeuffA 36 Nr. 261; 64 Nr. 111; A. M. RGK Bem. 6 zu § 1004.

[155]) Vgl. SeuffA 36 Nr. 261 (RG); 164 Nr. 111 (Stuttgart); BayObLG 12, 108.

[156]) Maenner 243. Vgl. hierüber unten N 195 und 196.

[157]) Vgl. hierüber unten § 38 IV 2.

mins, in welchem sich der Benannte zu erklären hat, die Verhandlung zur Hauptsache verweigern. Bestreitet der Benannte die Behauptung des Beklagten oder erklärt er sich nicht, so ist der Beklagte berechtigt, dem Klageantrag zu genügen. Wird die Behauptung des Beklagten von dem Benannten als richtig anerkannt, so ist dieser berechtigt, mit Zustimmung des Beklagten an dessen Stelle den Prozeß zu übernehmen. Hat der Benannte den Prozeß übernommen, so ist der Beklagte auf seinen Antrag von der Klage zu entbinden. Die Entscheidung ist in Ansehung der Sache selbst auch gegen den Beklagten wirksam und vollstreckbar (§§ 76, 77 ZPO).

IV. Parteistellung für die Eigentumsfreiheitsklage[158])

1. Aktivlegitimation. Klageberechtigt ist vor allem der Eigentümer[159]). Es ist nicht erforderlich, daß er im Besitz des Grundstücks ist. Auch ein einzelner Miteigentümer ist klageberechtigt (§ 1011)[160]), ebenso ein einzelner Miterbe hinsichtlich eines in Erbengemeinschaft stehenden Grundstücks (§ 2039)[161]).

Der Anspruch steht ferner dem Erbbauberechtigten[162]), dem Dienstbarkeitsberechtigten[163]), dem Nießbraucher[164]), dem Pfandgläubiger[165]) und dem

---

[158]) Tritt während des Prozesses ein Wechsel im Eigentum ein und hat sich der Verkäufer im Kaufvertrage seinem Käufer gegenüber verpflichtet, die auf dem Gut eingetragene Grunddienstbarkeit zur Löschung zu bringen und kann diese Löschung nur dadurch herbeigeführt werden, daß der Verkäufer gegen den Inhaber der Dienstbarkeit Klage erhebt, so liegt in der Verabredung der Verpflichtung auch die Ermächtigung des Käufers an den Verkäufer, die Klage anzustellen. Bolze 12 Nr. 70, vgl. unten N 172. Wegen der Anwendbarkeit des § 266 ZPO vgl. unten im Text zu N 171 und 171 a.

[159]) Der Käufer eines Hauses, dem es noch nicht übereignet ist, kann die Klage nicht erheben. Eltzbacher, Unterlassungsklage 150.

[160]) Gegen einen anderen Miteigentümer kann er aber die Eigentumsfreiheitsklage nicht stellen; in solchem Falle können nur die Ansprüche aus der Gemeinschaft geltend gemacht werden. Eltzbacher, Unterlassungsklage 151 und dagegen R 01, 175.

[161]) § 2039 bezieht sich nicht nur auf persönliche, sondern auch auf dingliche Ansprüche (Planck Bem. zu § 2039). Sowohl der Anspruch auf Beseitigung, wie der auf Unterlassung ist auf eine Leistung (§ 241) gerichtet. Wird der Anspruch auf Beseitigung oder auf Unterlassung erfüllt, so kommt die Leistung bei einem in Erbengemeinschaft stehenden Grundstück von selbst allen Miterben zugute. Der Miterbe, der Beseitigung oder Unterlassung verlangt, fordert daher Leistung an alle Erben (§ 2039), ohne daß es nötig oder auch nur möglich wäre, dies im Klageantrage zum Ausdruck zu bringen. Das ist eine Folge der Unteilbarkeit dieses Anspruches (vgl. Staudinger 1. Teil 2, 519).

[162]) § 11 Erbbau RVO.

[163]) §§ 1027, 1090 Abs. 2 BGB (bezüglich des Fischereiberechtigten s. SeuffBl 12. ErgBd. 129 u. 134).

[164]) § 1065 BGB. Der Nießbraucher ist selbst dann zur Anstellung der actio negatoria berechtigt, wenn das Nießbrauchgrundstück und das Grundstück, von welchem die Beeinträchtigung ausgeht, demselben Eigentümer gehören.

[165]) § 1227 BGB.

Inhaber eines Wohnungseigentums[166]) zu, soweit ihr dingliches Recht beeinträchtigt wird. Auch der Fideikommißbesitzer ist aktiv legitimiert.

An Stelle des Eigentümers sind klageberechtigt: Der Konkursverwalter (§§ 6, 10f. KO), der Testamentsvollstrecker (§§ 2212, 2213 BGB), aber auch der Zwangsverwalter, weil die Eigentumsfreiheitsklage im wesentlichen eine der ruhigen Bewirtschaftung des Grundstücks dienende Schutzklage ist[167]).

Dagegen fehlt die Aktivlegitimation dem Mieter und Pächter[168]).

Es ist keine Voraussetzung der Aktivlegitimation, daß der Kläger schon zur Zeit der Beeinträchtigung Eigentümer war. Es genügt deshalb zur Klage auf Unterlassung, wenn die Störung mit der Besorgnis der Wiederholung gegen den Rechtsvorgänger des Klägers gerichtet war[169]) und die Besorgnis der Wiederholung während der Besitzzeit des Sondernachfolgers fortbesteht. Der Sondernachfolger kann also Beseitigung des beeinträchtigenden Zustands auch dann verlangen, wenn dieser Zustand schon vor seinem Eigentumserwerb geschaffen wurde[170]).

Hat der klagende Eigentümer das beeinträchtigte Grundstück während der Anhängigkeit des Rechtsstreits veräußert, so findet § 266 ZPO Anwendung, obwohl das Grundstück als solches nicht „streitbefangen" ist; maßgebend ist aber, daß die Eigentumsfreiheitsklage dem Eigentümer als solchem zusteht. Daher ändert sich an der Befugnis des bisherigen Eigen-

---

[166]) § 34 II WEG.

[167]) Jäckel Anm. 3g zu § 152 ZWVG.

[168]) RG 59, 327; JW 23, 305 (Bamberg). Auch der Eigentümer eines Bienenvolkes ist nicht klageberechtigt, denn seinem „Recht der Bienenweide" steht kein Abwehrrecht gegen giftige Abgase auf diesen Grundstücken zu (RG 159, 69; Westermann § 36 I 1c, der aber mit Schiffer ZAKDR 39, 313 der Zubilligung von Ansprüchen wegen „mittelbarer Beeinträchtigung" zuneigt; wie Schiffer auch Palandt 3 b zu § 1004); vgl. auch BGH in NJW 55, 747 und oben § 16 VI.

Dem Besitzer steht aber die Besitzstörungsklage nach § 862 BGB zu, die zu demselben Resultat führt. RG 105, 213; Volkmann in DJZ 01, 382; Staudinger Bem. 3a zu § 1004; RG 63, 374; OLG 9, 296; vgl. unten § 40. Wird durch die Beeinträchtigung der Mietsache der vertragsmäßige Gebrauch für den Mieter beeinträchtigt, so kann der Mieter auf Grund des § 536 BGB den Vermieter auf Beseitigung der Beeinträchtigung belangen und so den Vermieter veranlassen, gegen den Nachbar mit der Eigentumsfreiheitsklage vorzugehen. Ist durch die Beeinträchtigung dem Mieter oder Pächter ein Schaden verursacht worden, dann steht demselben, falls die Beeinträchtigung auf einem Verschulden des Einwirkenden beruht, die Schadenersatzklage des § 823 BGB gegen den Störer zu, s. unten § 43 D II.

[169]) Eltzbacher, Unterlassungsklage 178.

[170]) Unrichtig BayObLG 12, 109 mit der unzulänglichen Begründung, daß er ja das Grundstück in diesem Zustand übernommen habe, demnach in seinem „Besitzstand weder beeinträchtigt noch geschädigt sei". — Eine andere Frage ist, ob der Beseitigungsanspruch dann entfällt, wenn der Rechtsvorgänger der Schaffung des Zustandes zugestimmt hat. S. darüber oben § 38 III 2.

tümers des gestörten Grundstücks, den Rechtsstreit weiter zu führen, durch die Grundstücksveräußerung an sich nichts[171]). Der Erwerber des beeinträchtigten Grundstücks ist aber berechtigt und auf Antrag des Gegners verpflichtet, den Rechtsstreit in der Lage, in welcher er sich befindet, als Hauptpartei zu übernehmen. Als Rechtsnachfolger gilt auch derjenige, der das Grundstück im Zwangsversteigerungsverfahren erstanden hat[171a]).

Die Abtretung des Eigentumsfreiheitsanspruchs in dem Sinne, daß hierdurch der Abtretungsempfänger ermächtigt wird, die dem Abtretenden aus § 1004 BGB zustehende Rechtsbefugnis kraft fremden Rechts im eigenen Namen und im eigenen Interesse durch Klage geltend zu machen, ist rechtswirksam[172]).

2. Passivlegitimation. Passiv legitimiert für die Eigentumfreiheitsklage ist jeder Störer ohne Rücksicht darauf, ob er Eigentümer des Grundstücks ist, von welchem die Störung ausgeht[173]). Störer ist nicht nur der unmittelbare Täter, der die Beeinträchtigung vornimmt, sondern auch derjenige, der die Störung durch seine Anordnungen veranlaßt oder in ungehöriger Weise duldet[174]). Juristische Personen haften für Störungshandlungen ihrer gesetzlichen Vertreter (§§ 31, 89 BGB).

Weil nur eine zuständliche Eigentumsbeeinträchtigung den negatorischen Anspruch erzeugt, so ist Beklagter nicht notwendig derjenige, welcher die Handlung, durch welche der Zustand der Beeinträchtigung herbeigeführt wurde, vorgenommen hat, sondern derjenige, durch dessen Willen dieser Zustand aufrecht erhalten wird[175]). Deswegen kann gegen denjenigen, welcher einen Zaun über die Grenze gebaut hat, die Eigentumsfreiheitsklage dann nicht mehr erhoben werden, wenn er vor der Klagezustellung das Grundstück oder auch nur den Teil des Grundstücks, von welchem der Zustand der Beeinträchtigung ausgeht[176]), an einen anderen veräußert hat[177]). Regelmäßig ist der Eigentümer als Vertreter des Grund-

---

[171]) BGH in NJW 55, 1719; RGRKomm. 2 b zu § 1004; Palandt 3a zu § 1004; Rosenberg, Zivilprozeßrecht 6. Aufl., § 101 II 1. — Vgl. auch N 171a.

[171a]) RG 40, 333; JW 97, 448 Nr. 7 und 8; 99, 143 Nr. 14; Gruchot 43, 512; Turnau-Förster Anm. 7 zu § 906; vgl. zu § 266 ZPO unten N 177.

[172]) R 25 Nr. 2411 (RG); vgl. oben N 158.

[173]) Dernburg 438. Vgl. Gruchot 25, 958; 38, 925; JW 94, 30 Nr. 93; 36, 3454.

[174]) RG 97, 26; 134, 234; 149, 206; 155, 319; HRR 40 Nr. 295; Warn. 30 Nr. 172 (Inhaber einer Autorep.werkstätte ist für den durch die Autofahrer auf seinem Grundstück verursachten Lärm verantwortlich); BayZ 18, 50 (die Stadt hat ihre Kanalanlagen für die Einleitung der Abwässer zur Verfügung gestellt und gilt daher als Immittent).

[175]) M 3, 425 (Mugdan 3, 237); Biermann Bem. 2 zu § 1004. RG 92, 176; 103, 176; s. dagegen Schmidt, Negat. Beseitigungsanspruch (1924) 1 ff.

[176]) RG 103, 176 läßt dies dahingestellt.

[177]) Biermann Bem. 2 zu § 1004. RG 103, 176. Unzutreffend JW 00, 323 Nr. 32. Eine andere Frage ist, ob nicht die Beseitigung als Anspruch auf Schadenersatz wegen

stücks der richtige Beklagte[178]); so ist der neue Erwerber der Klage unterworfen, wenn er nicht für sofortige Beseitigung des Beeinträchtigungszustandes sorgt[179]). Hat dagegen ohne Wissen und ohne Verschulden des Eigentümers ein Dritter, der zum Eigentümer in keinem Vertretungsverhältnis steht, eine nach § 909 unzulässige Vertiefung hergestellt, dann ist der Eigentümer hierfür nicht verantwortlich[180]). Der Anspruch auf Herstellung der Standsicherheit kann in diesem Fall gegen ihn nicht erhoben werden. Ebensowenig ist der Eigentümer zur Beseitigung der Steine verpflichtet, die sein Vorbesitzer auf das Nachbargrundstück geworfen hat[181]). Dagegen kann wegen eines vom Mieter oder Pächter eines Grundstücks

Verschuldens (Wiederherstellung des früheren Zustandes) verlangt werden kann (§§ 823, 249 BGB), vgl. OLG. 4, 65; 18, 129; SeuffA 56 Nr. 20. Hat der beklagte Eigentümer nach der Einreichung und vor der Zustellung der Klage das Grundstück veräußert, so kann er auf Ersatz der hierdurch dem Kläger erwachsenen Kosten nur dann in Anspruch genommen werden, wenn er den Zustand der Beeinträchtigung schuldhaft herbeigeführt oder aufrecht erhalten hat; in diesem Falle ist er schadenersatzpflichtig nach § 823 BGB; zu dem von ihm herbeigeführten Schaden gehören auch die Kosten des Prozesses, der infolge des Eigentumswechsels nicht mehr fortgeführt werden kann. War die Klage schon zugestellt, so ist § 266 ZPO anzuwenden; vgl. RG 40, 333. Gruchot 43, 510; 49, 663. RGK Bem. 2 zu § 1004. Immer da kommt § 266 ZPO zur Anwendung, wo gewissermaßen das Grundstück selbst als das berechtigte oder verpflichtete Subjekt und der jeweilige Eigentümer nur als dessen Vertreter erscheint (Sydow-Busch Bem. 1 zu § 266 ZPO). Das ist bei der Eigentumsfreiheitsklage auf der aktiven Seite (vgl. oben IV 1 und N 171) immer, auf der passiven dann der Fall, wenn der Beklagte als Eigentümer des Grundstücks verklagt wird, von dem die Einwirkung ausgeht. A. M. Stein-Jonas-Schönke (I zu § 266) unter Bezugnahme auf RG JW 12, 471 und OLG 31, 42 (Rostock). Diese gegenteiligen Entscheidungen schaffen, indem sie Wert darauf legen, ob der Beklagte ein Recht zu der Einwirkung behauptet, unklare Verhältnisse. Mit einer Verurteilung des bisherigen Eigentümers, der über das Grundstück zu verfügen nicht mehr berechigt ist, ist nicht gedient. Es muß trotzdem gegen den Erwerber geklagt werden. Vgl. Gruchot 55, 1007. WarnE 11 Nr. 331 (der Verkäufer, der gewußt hat, daß die Beeinträchtigung durch den Erwerber herbeigeführt werden würde, ist nicht als Störer anzusehen).

178) BayOGH 5, 641; R 04 Nr. 764 (RG). RG 103, 176. Dies kann auch der Fiskus oder eine öffentliche Körperschaft sein (RG 159, 135).

179) RG 103, 177 (JW 22, 486), wo mit Recht der Ansicht RGK Bem. 3 zu 1004 entgegengetreten wird, daß der Erwerber, der dem Nachbar sofort sein Einverständnis mit der Beseitigung erklärt, nicht auf seine Kosten zu beseitigen, sondern nur die Beseitigung auf Kosten des Nachbars zu dulden brauche. — Vgl. SeuffA 48 Nr. 247; RG 15, 344; Dernburg 439. Bolze 6 Nr. 85 verurteilt den Eigentümer eines Grundstücks, dessen Vorbesitzer Abfälle und Rückstände von der Vaselinfabrikation auf dem Grundstück hat eingraben lassen, welche noch nach dem Besitzwechsel auf das Nachbargrundstück nachteilig einwirken, sogar auf Schadenersatz.

180) Vgl. RG 47, 162; RGK Bem. 3 zu § 1004.

181) Denn hinsichtlich der gar nicht mehr auf seinem Grundstück befindlichen Steine wird der Zustand nicht von dem Willen des Besitznachfolgers aufrecht erhalten. Der durch die Steine beeinträchtigte Nachbar darf auch nicht etwa die Steine auf das Grundstück, von dem sie herübergeworfen sind, zurückwerfen.

herbeigeführten körperlichen Zustandes der Beeinträchtigung regelmäßig neben dem Mieter und Pächter auch der Vermieter und Verpächter mit der Eigentumsfreiheitsklage belangt werden[182]). Besteht die Beeinträchtigung nicht in einem körperlichen Zustand, sondern in einem Zustand der Gefährdung durch Wiederholung der Einwirkung[183]), so haftet der Vermieter nur dann für diesen vom Mieter herbeigeführten Beeinträchtigungszustand, wenn er das Grundstück dem Mieter zu einer derartige Eigentumsübergriffe in sich schließenden Benutzung überlassen hat oder doch wenigstens von seinem Recht, den Mieter von den ihm bekannt gewordenen Eingriff abzuhalten, keinen vollen Gebrauch gemacht hat[184]). Dabei muß man den Vermieter in letzter Linie sogar für verpflichtet erachten, zu diesem Zweck gegen seinen Mieter mit Klage auf Unterlassung vorzugehen[185]). Aus demselben Grund ist die Stadtgemeinde dafür verantwortlich, wenn die Ortseinwohner in den von der Stadtgemeinde eingerichteten und den Ortseinwohnern zur Ableitung der Abwässer überlassenen Kanal Fäkalien einleiten, und es kann daher die Eigentumsfreiheitsklage wegen hierdurch entstehender übler Gerüche in diesem Fall selbst dann gegen die Stadtgemeinde gerichtet werden, wenn sie die Einleitung von Fäkalien verboten hat[186]).

Gehen unzulässige Einwirkungen von mehreren Immissionsquellen aus (es werden z. B. von verschiedenen Betrieben übelriechende Abwässer in einen Fluß geleitet), so ist es zulässig, den Abwehranspruch nur gegen einen Betriebsinhaber zu erheben[187]).

---

[182]) RG 47, 162; 97, 26; LZ 19, 323 (RG). Gruchot 57, 1003. JW 00, 840. Der Vermieter kann dem Anspruch nur durch den Nachweis entgehen, daß der Mieter das gemietete Grundstück ohne sein Wollen und Wissen mißbraucht hat (RG 47, 162; RGK Bem. 3 zu § 1004). Vgl. ferner oben § 16 N 41.

[183]) S. oben § 38 II 2.

[184]) Vgl. JW 01, 51; 04, 142; R 04 Nr. 737; RG 47, 162; SeuffA 48 Nr. 247; 57 Nr. 9; JW 00, 323 Nr. 33; Mugdan, OLG 3, 11; Bad. Rspr. 16, 17; vgl. BayOGH 5, 641 (Klage gegen den Eigentümer, der die Veränderung seines Eigentums durch einen anderen gestattet).

[185]) Vgl. JW 01, 51; R 17 Nr. 2003; 18 Nr. 1372; 19 Nr. 429 und dagegen OLG 3, 11. Hat sich der Vermieter durch entsprechende Bestimmungen des Mietvertrages die Klagestellung gegen den Mieter wegen Mißbrauchs unmöglich gemacht, so hat er im voraus unzulässigerweise seine Einwilligung zu Störungen des Nachbars erteilt. Gruchot 46, 654 (RG).

[186]) Vgl. JW 01, 52; BayZ 18, 50 (RG); BayObLG 1, 313; OLG 18, 123 (Eindringen von Gerüchen und Ratten aus Straßenkanälen). Bedenklich R 03 Nr. 2972 (Celle). Beklagter hatte seinem Nachbar gestattet, Abwässer in den über das Grundstück des Beklagten führenden Graben zu leiten; von diesem Graben wurden die Abwässer dem Grundstück des Klägers zugeführt. Das OLG hat die Passivlegitimation des Beklagten verneint. Zu Unrecht; denn dadurch, daß der Beklagte seinen Graben zur Aufnahme der Abwässer hergegeben hat, ist die unzulässige Einwirkung ermöglicht worden. Neben ihm kann natürlich auch derjenige belangt werden, der die Abwässer in den Graben eingeleitet hat.

[187]) BayZ 18, 50; RG 21, 300.

Ist die Beeinträchtigung des Eigentums durch das Zusammenwirken von zwei verschiedenen Personen bewirkt und hat auf Verlangen des Eigentümers einer dieser beiden Störer die Beeinträchtigung beseitigt, so kann dieser von dem anderen Störer anteilmäßigen Ersatz der für die Beseitigung aufgewendeten Kosten nur dann verlangen, wenn der Eigentümer auch von dem anderen Störer die Beseitigung verlangt hatte; denn nur in diesem Fall kann auftraglose Geschäftsführung oder Bereicherung in Frage kommen[188]). Anders ist zu entscheiden, wenn die Beeinträchtigung durch eine, von mehreren gemeinschaftlich begangene, unerlaubte Handlung bewirkt wurde (§§ 830, 840, 426 BGB).

Keine notwendige Voraussetzung der Eigentumsfreiheitsklage ist es, daß sich der Störer ein Recht zu dem Eingriff anmaßt, auch nicht, daß ihm die Störung zum Verschulden anzurechnen ist[189]).

Hat jemand die Störung in fremdem Auftrag verübt, so hat sich die Klage in erster Linie gegen den Auftraggeber zu richten[190]), doch kann auch der Beauftragte verklagt werden[191]), wenn er den Zustand der Beeinträchtigung aufrecht erhält, sei es, daß er zur Beseitigung der Beeinträchtigung nach den Umständen in der Lage ist oder daß gerade auch von ihm noch weitere Störungen drohen[192]). Dies trifft nicht zu bei dem Baumeister[192a]), welcher im Auftrag des Eigentümers einen Bau ausführt und wohl auch nicht bei dem Dienstknecht, der wiederholt auf Geheiß seines Dienstherrn über den fremden Acker fährt[193]). Dagegen ist der Pächter eines landwirt-

[188]) R 24 Nr. 823 (RG).

[189]) S. oben § 38 I 4.

[190]) BayOGH 7, 61; JW 98, 620 Nr. 67. Vgl. SeuffA 60 Nr. 10 (der Bauherr ist verantwortlich für Benutzung des fremden Grundstückes zu Baufuhren).

[191]) Der Beauftragte kann der Klage die Einwendungen entgegensetzen, die dem Auftraggeber zustehen (R 24 Nr. 1234 RG).

[192]) RG HRR 40, 214; RGK Bem. 3 zu § 1004. Eltzbacher, Unterlassungsklage 173. Staudinger Bem. 3b zu § 1004. Nach Dernburg 439 und Cosack 2, 175 ist die Klage gegen den Auftraggeber und den Beauftragten schlechtweg zulässig. Ähnlich BadRspr. 03, 127 (Karlsruhe). Dadurch, daß der Störer als Mitglied einer Gemeinde gehandelt hat, wird seine Passivlegitimation nicht ausgeschlossen (BayOGH 14, 240; SeuffA 48 Nr. 169), wohl aber, wenn er ohne persönliches Interesse und erkennbar nur als (befugter) Vertreter der Gemeinde gehandelt hat.

[192a]) Zum Fall des Überbaues vgl. oben § 24 I 3 und 5.

[193]) Wenn der Knecht ohne Geheiß seines Dienstherrn über den fremden Acker fährt, so ist der Dienstherr nicht ohne weiteres passiv legitimiert; wenn er aber davon Kenntnis erlangt hat, daß sein Knecht über das fremde Grundstück gefahren ist, liegt ihm die Verpflichtung ob, seinen Knecht von einer Wiederholung, die nach den Umständen als möglich anzunehmen ist, abzuhalten. Der Dienstherr befreit sich nicht unter allen Umständen durch ein, wenn auch ernstgemeintes und energisches, Verbot von seiner Verantwortung. Er muß den Vollzug seines Verbotes sichern; dazu gehört, daß er seinem Dienstknecht ab und zu nachgeht. Freilich kann man ihm nicht zumuten, daß er mmer auf der Lauer steht; aber er muß so viel tun, als man von einem verständigen

schaftlichen Guts, der den ihm vom Verpächter angewiesenen Weg über ein fremdes Grundstück nimmt, passiv legitimiert, ebenso wie der Verpächter. Der Einwand, daß noch andere als Störer hätten mitverklagt werden müssen, ist unzulässig[194]).

Behauptet der Beklagte, daß er die Beeinträchtigung in Ausübung des Rechts eines Dritten vorgenommen habe, so finden die §§ 76, 77 ZPO Anwendung[195]) (nominatio auctoris)[196]).

Nach Veräußerung des Grundstücks des Beklagten während des Rechtsstreits ist der Erwerber nach § 266 ZPO verpflichtet, den Rechtsstreit zu übernehmen[197]).

V. Beweislast

Der Kläger hat zu beweisen, daß er Eigentümer ist[198]). Ist er als solcher im Grundbuch eingetragen, so kommt ihm die Vermutung des § 891 BGB zustatten.

Dem Kläger liegt ferner der Nachweis der Klageveranlassung (s. oben § 38 I 5) ob; er muß also beweisen, daß ein Zustand der Beeinträchtigung

---

und gerecht denkenden Mann verlangen kann. Folgt der Knecht seinem Herrn nicht, so wird strengere Überwachung und äußerstenfalls sofortige Entlassung wegen beharrlicher Gehorsamsverweigerung eintreten müssen, wenn sich nicht der Dienstherr der Passivlegitimation für die Eigentumsfreiheitsklage aussetzen will; vgl. BayOGH 3, 153; 7. 61. (Vgl. ferner BGH in VRS 56, 12.)

194) BayZZ 17, 50 (RG). Über die Beeinträchtigung durch mehrere Immissionsquellen s. oben § 16 V I und § 16 N 74 und 75.

195) Staudinger Bem. 3 b zu § 1004. Wenn der Mieter dem Vermieter gegenüber zu den schädigenden Handlungen berechtigt wäre, kann er eine gegen ihn angestellte Klage auf Grund des § 76 ZPO auf den Vermieter abwälzen. R 04, 165 Nr. 737.

196) S. oben III 3.

197) Das gilt auch dann, wenn die Klage darauf gerichtet ist, daß der Beklagte die durch einen Bau bewirkte Beeinträchtigung der vom Kläger als Eigentum beanspruchten Grundfläche auf seine Kosten beseitige, während der Beklagte nicht nur das Eigentum des Klägers bestreitet, sondern auch dem Beseitigungsanspruch gegenüber sich auf § 912 beruft (BayObLG 14, 704).

198) Eltzbacher, Unterlassungsklage 151. War zu der Zeit, zu welcher der Nachbar den Besitz an einem Grenzstreifen dem Eigentümer vollständig entzogen hat (z. B. dadurch, daß er die Grenzmauer über die Grenze gerückt hat), der Kläger noch nicht Eigentümer des beeinträchtigten Grundstücks, so ist er gleichwohl zur Klage legitimiert. Der Beklagte kann nicht einwenden, daß dem Kläger von seinem Besitzvorgänger der Besitz an der überbauten Fläche nicht eingeräumt werden konnte und der Kläger daher nicht der Eigentümer des Grenzstreifens geworden sei. Das Klagerecht ist mit dem beeinträchtigten Grundstück verbunden und geht daher von selbst auf den Nachfolger im Eigentum über; es kann auch eine stillschweigende Zession des Klagerechts angenommen werden. S. oben N 172.

vorliegt. Für den Anspruch auf Beseitigung muß das körperliche Verhältnis[199]) und für den Anspruch auf Unterlassung die Gefährdung durch die Besorgnis der Wiederholung[200]) nachgewiesen werden.

Dagegen ist es Sache des Einredebeweises für den Beklagten, darzutun, daß die Beeinträchtigung erlaubt ist oder m. a. W., daß der Eigentümer zur Duldung verpflichtet ist. Der Kläger hat die Freiheit des Eigentums von einem Beeinträchtigungsrecht des Störers zwar zu behaupten, nicht aber zu beweisen, da für die Freiheit des Eigentums die Vermutung spricht[201]). Darauf, ob sich der Beklagte im Besitz des angemaßten Beschränkungsrechts befindet, kommt es also nicht mehr an[202]).

Für den Nachweis der Beeinträchtigung ist im Falle des § 906 BGB genügend, wenn eine Einwirkung vom Kläger bewiesen wird; dies ergibt sich aus der Fassung des § 906 BGB, durch welche dem Immittenten die Beweislast für die Zulässigkeit der Immission überbürdet wird. Der Beklagte hat daher zu beweisen, daß entweder durch die Einwirkung die Benutzung des Grundstücks nicht oder nur unwesentlich beeinträchtigt oder aber die Einwirkung durch eine Benutzung des anderen Grundstücks herbeigeführt wird, die nach den örtlichen Verhältnissen bei Grundstücken dieser Lage gewöhnlich ist[203]).

VI. Verjährung. Der Abwehranspruch verjährt in 30 Jahren (§§ 194, 195, 198 BGB)[204]), aber immer von der letzten Einwirkung ab. Daraus ergibt sich, daß unzulässige Einwirkungen nicht allein durch Zeitablauf zulässig werden können. Eine Verwirkung ist hiernach ebenfalls nur ganz ausnahmsweise denkbar; insbesondere kann sich der Störer keineswegs ohne weiteres auf Verwirkung durch den Rechtsvorgänger berufen (Palandt Anm. 8 zu § 1004).

Unerheblich ist, daß das Eigentum erst erworben worden ist, nachdem die störende Anlage bereits errichtet war (RG JW 35, 1775).

VII. Gerichtsstand

Für die Eigentumfreiheitsklage ist, sofern es sich um eine unbewegliche Sache handelt, das Gericht ausschließlich zuständig, in dessen Bezirk die Sache belegen ist (§ 24 Abs. 1 ZPO). Dabei kommt es auf die Lage des-

199) S. oben § 38 II 1. 200) S. oben § 38 II 2.

201) Dernburg 441; Westermann § 63 I 1; RG JW 32, 402. Eine behördliche Genehmigung zu der störenden Maßnahme schafft aber einen tatsächl. Anhaltspunkt dafür, daß sie auch nachbarrechtlich erlaubt ist: RG 133, 155.

202) Staudinger Bem. 4 zu § 1004.

203) S. oben § 16 VII.

204) Unrichtig Schmidt, Der negatorische Beseitigungsanspruch 24, 105.

jenigen Grundstücks an, für welches die Freiheit in Anspruch genommen wird (§ 24 Abs. 2 ZPO)[205]).

Wird Klage erhoben, daß der Nachbar die Fenster entsprechend den Vorschriften des Landesrechts einrichten soll[206]), so macht der Kläger keine Belastung des Nachbargrundstücks geltend, sondern die Freiheit seines Grundstückes von der in den unzulässigen Fenstern liegenden Beeinträchtigung. Dasselbe gilt, wenn der Eigentümer des höher liegenden Grundstückes gegen den Nachbar klagt, daß er eine auf dessen tiefer liegendem Grundstück befindliche Anlage, durch welche der natürliche Wasserlauf zurückgestaut wird, beseitigen soll (vgl. hierzu unten § 38a II 2a). In beiden Fällen ist deshalb für die Zuständigkeit die Lage des dem Kläger gehörigen Grundstücks entscheidend, weil die für das Nachbargrundstück statuierte gesetzliche Eigentumsbeschränkung für ihn eine Verstärkung seines Eigentumsrechtes bedeutet und daher durch Zuwiderhandlung gegen die Eigentumsbeschränkung sein Eigentum beeinträchtigt wird.

Der Gerichtsstand ist ein ausschließlicher, er kann also weder durch ausdrückliche, noch durch stillschweigende Vereinbarung beseitigt werden (§ 40 Abs. 2 ZPO).

Die sachliche Zuständigkeit richtet sich nach dem Streitwert, der nach der Höhe des Interesses an der Beseitigung oder Unterlassung zu bemessen ist[207]). Das Interesse an der Beseitigung umfaßt die Aufwendungen, welche die Beseitigung erfordern würde, und den Minderwert, den das Anwesen hätte, wenn die Beeinträchtigung dauernd geduldet werden müßte. Bei der Unterlassungsklage gegen Immission ist die Behauptung des Klägers über das Maß der Einwirkung maßgebend und die darnach anzunehmende Minderung an Erträgnissen (Miete) zu kapitalisieren[208]). Für eine auf das Eigentum am Grundstück gestützte Räumungsklage (wenn kein Miet- oder Pachtverhältnis in Frage steht) bildet der Wert des Grundstücks den Streitgegenstand. Wird nur die Räumung eines Teils des Grundstücks (einer Wohnung) verlangt, dann wird der Streitwert bestimmt durch den Bruchteil des Verkehrswerts des ganzen Grundstücks, der dem Verhältnis der benutzten Räume zu dem Rest des Grundstücks entspricht (§ 6 ZPO)[209]).

Mit der Klage nach § 24 ZPO können nach § 260 ZPO andere Klagen, so insbesondere die Klage aus der unerlaubten Handlung, verbunden werden, wenn für diese derselbe Gerichtsstand gegeben ist. Wenn infolge einer durch eine unerlaubte Handlung herbeigeführten Eigentumsbeeinträchtigung ein Schaden entstanden ist, so ist dies regelmäßig der Fall, da nach § 32 ZPO für die hieraus abgeleitete Schadenersatzklage das Gericht zuständig ist, in dessen Bezirk die unerlaubte Handlung begangen ist.

---

[205]) Vgl. RG 32, 414; 36, 237.
[206]) S. oben § 25.
[207]) RG 3, 394; JW 04, 482; RG WarnE 16 Nr. 57.
[208]) R 07 Nr. 2099 (RG); 09 Nr. 2969 (RG).
[209]) JW 23, 773 (Frankfurt).

Neben dem negatorischen Anspruch kann der auf Verschulden[210]) gestützte Schadenersatzanspruch als Nebenanspruch auch ohne Angabe des Schadensbetrages erhoben werden[211]).

VIII. Einstweilige Verfügungen

Einstweilige Verfügungen können sich anläßlich eines Eigentumsfreiheitsstreits vielfach als notwendig erweisen. Einschlägig wird zumeist § 940 ZPO sein, so namentlich bei Immissionsprozessen. Auch durch einstweilige Verfügung kann grundsätzlich nur eine generelle Verurteilung in der Weise erfolgen, daß dem Störer lediglich aufgegeben wird, übermäßige Immissionen fernzuhalten, während das „Wie" seine eigene Angelegenheit bleibt; nur ausnahmsweise kann auch im Eilverfahren — ebenso wie im Hauptprozeß — eine Anordnung zur Vornahme bestimmter Maßnahmen ergehen, sofern entweder der Störer ausdrücklich oder — durch Nichtgeltendmachen seines Wahlrechts in der mündlichen Verhandlung — stillschweigend sich mit ihnen einverstanden erklärt hat oder nach allgemeiner Auffassung zur Abwehr der Beeinträchtigungen nur eine ganz bestimmte Maßnahme in Betracht kommt, so daß insoweit das Wahlrecht des Störers ohnehin entfallen würde und er selbst die gleiche Maßnahme ergreifen müßte[212]). Auch durch einstweilige Verfügung kann daher z. B. die Nachtarbeit in einer Fabrik verboten werden, ja sogar ein Verbot der Errichtung einer Anlage kann durch einstweilige Verfügung auf Grund des § 940 ZPO erlassen werden. (Vgl. oben N. 96c.) Bei Grenzüberschreitungen wird vielfach die Einstellung des Baues durch einstweilige Verfügung zu veranlassen sein.

Der Richter ist hier vor eine schwierige Aufgabe gestellt. Zwar ist die Partei, welche die einstweilige Verfügung erwirkt hat, nach § 945 ZPO auch ohne Verschulden, dem Gegner zum Schadenersatz verpflichtet, wenn sich hinterher die einstweilige Verfügung als unberechtigt erweist. Zum Vollzug dieser Vorschrift gehört aber ein zahlungsfähiger Gegner, und gerade ein solcher wird sich den Antrag auf eine solch einschneidende einstweilige Verfügung mit Rücksicht auf seine Ersatzpflicht doppelt überlegen. Namentlich in größeren Städten sind die durch eine Baueinstellung entstehenden Verluste sehr bedeutend. Bei Würdigung der in das reine Er-

---

[210]) Verschulden (§ 823 Abs. 1) liegt vor, wenn der Störer die nachteiligen Folgen seines Handelns für den Eigentümer bei Anwendung der erforderlichen Sorgfalt voraussehen konnte (Gruchot 44, 870 RG).

[211]) PucheltsZ. 32, 80 (RG).

[212]) Vgl. Hodes in NJW 54, 644 zu OLG Köln in NJW 53, 1592. Vgl. hierzu auch oben II 2a.

messen des Richters gestellten Frage wird der Richter neben anderen Erwägungen zu prüfen haben, ob nicht die durch Baueinstellung für den Bauherrn entstehenden Schäden außer allem Verhältnis zu den Nachteilen stehen würden, welche eine Fortsetzung des Baues für den Nachbar bis zur Beendigung des Prozesses bringen würde. Trotz der allgemeinen Fassung des § 938 ZPO kann im Unterlassungsstreit durch einstweilige Verfügung so wenig eine bestimmte Maßnahme angeordnet werden wie im Hauptprozeß, da § 938 ZPO seine Schranke im Inhalt des zu sichernden Hauptanspruchs findet[213]).

Zur Verhütung von Grenzverdunkelungen kann eine vorübergehende Sequestration auf Grund des § 935 ZPO in Frage kommen. Dieselbe Gesetzesbestimmung wäre für ein einstweiliges Verbot des Abbruchs einer strittigen Mauer anzuwenden.

IX. Kein Schadenersatz

Schadenersatz kann nur gefordert werden, wenn hierfür ein besonderer Verpflichtungsgrund vorliegt; s. hierüber unten § 43 A.

X. Unzulässigkeit des Rechtswegs gegenüber öffentlich-rechtlichen Verhältnissen

1. Begriff des öffentlich-rechtlichen Verhältnisses. Maßgebend für die Natur des Anspruchs ist seine Anspruchsgrundlage, d. h. das Verhältnis, aus dem er hergeleitet wird (OGHZ 6, 61; RG 154, 207; 144, 230; 103, 56). Von einem privatrechtlichen Anspruch kann daher nur dann gesprochen werden, wenn die begehrte Rechtsfolge nach den zu ihrer Begründung behaupteten[214]) Tatsachen auf einem dem bürgerlichen Recht[215]) angehörenden Grund beruht und daher unabhängig von einem hoheitlichen Handeln eines der Beteiligten entstanden und denkbar ist. Nur auf die Behauptungen des Klägers, nicht auf die Behauptungen des Beklagten kommt es an[216]). Bei der Eigentumsfreiheitsklage gehört jedoch die Darlegung der Störung, gegen welche sich die Klage richtet, zum Klagegrund[217]); deshalb ist es Sache des Klägers, in der Klage darzutun, daß es sich bei der Störung, gegen die er Schutz begehrt, um eine Irrung privat-

---

[213]) Kreß JW 09, 5 und oben II 2a.

[214]) Auf die Erweislichkeit kommt es nicht an(BayKompKGH 1, 262; BayObLG 11, 680; RG 103, 18; JW 21, 743 (RG). Doch darf es sich nicht um eine bloße privatrechtliche Aufmachung der Klage handeln (vgl. RG 53, 423; 71, 68; 83, 306). Vgl. auch BGH in NJW 56, 382.

[215]) Schönke, Lehrb. d. Zivilprozeßrechts, 1951, S. 51.

[216]) Vgl. JW 92, 425; 99, 320.

[217]) RG 75, 398; 93, 259.

rechtlicher Natur handelt[218]), da andernfalls der Anspruch aus § 1004 nicht besteht[219]). Vgl. hierzu auch oben § 19 N. 59 und § 38 I 1 f.

Öffentlichrechtlich ist also das Rechtsverhältnis, in dem der Einzelne kraft seiner Unterwerfung unter die Gewalt des Staates oder einer sonstigen öffentlichen Gemeinschaft zu dieser öffentlichen Gewalt oder den der gleichen Gewalt Unterworfenen steht; privatrechtlich ist dagegen das Rechtsverhältnis, das unabhängig von der Zugehörigkeit zu einem Gemeinwesen besteht. Tritt der Staat den seiner Herrschaft unterworfenen Personen nicht als gleichberechtigter Träger von Rechten, sondern kraft obrigkeitlicher Gewalt im Wege des Gebots oder Verbots gegenüber, so handelt er öffentlichrechtlich[220]); von der Ausübung hoheitlicher Gewalt kann bei nächtlichen musikalischen Veranstaltungen einer städtischen Badeverwaltung selbstverständlich keine Rede sein (DJ 40, 875 — Karlsruhe).

2. Beispiele. Unzulässig ist somit der Rechtsweg für Klagen auf Unterlassung des Maschinenbetriebs in einer Artilleriewerkstätte[221]); auf Unterlassung der Sprengung durch Pioniere[222]); auf Beseitigung eines Militärschießplatzes[223]) oder auf Unterlassung der Zuführung von Geschossen aus einem Militärschießplatz[224]), oder auf Unterlassung der Absperrung der in der Nähe des Schießplatzes gelegenen Grundstücke[225]), auf Unterlassen von militärischen Schießübungen wegen übermäßiger Erschütterungen[226]), oder auf Unterlassung der Beseitigung von Anlagen im Festungsgebiet[227]), oder auf Herstellung von Einrichtungen nach § 26 GewO in einer Sprengstoffabrik während des Krieges[228]); ebenso auf Unterlassung der Vertiefung des Erd-

---

[218]) Auch, wenn die Klage auf ein Privatrecht gestützt wird, ist der Rechtsweg ausgeschlossen, wenn nach dem Klagevorbringen der abzuwehrende Eingriff auf Grund der Herrschaftsgewalt des Staates erfolgt (vgl. BayObLG 22, 25; RG 170, 42; RG JW 38, 2969), während der Rechtsweg zulässig ist, wenn in der Klage ein privatrechtlicher Eingriff des Staates behauptet wird. Stellt sich dann heraus, daß der Eingriff keinen privatrechtlichen, sondern einen öffentlich-rechtlichen Charakter getragen hat, dann ist die Klage als unbegründet, nicht als unzulässig abzuweisen (JW 20, 366). Bedenklich R 24 Nr. 537 (RG). Vgl. auch oben § 16 N. 148 mit weiteren Verweisungen.

[219]) RG 93, 259; 102, 248; 103, 56; 104, 207; 105, 38; 106, 150; R 24 Nr. 1272 (RG); SächsArch. 00, 625 (Jordan); JW 20, 366.

[220]) RG 102, 252; 170, 42; BayZ. 23, 175 (RG); BayObLG 22, 25. Über all diese Fragen, insbesondere darüber, daß Herkommen, Verjährung, Unvordenklichkeit, Anerkenntnis, Vertrag, Bereicherung ebensogut auf dem Gebiet des öffentlichen Rechts wie auf dem des Privatrechts liegen können, vgl. Meisner BayZ 23, 5 ff.; s. auch oben N 123.

[221]) RG 44, 225.

[222]) R 08 Nr. 1200.

[223]) BayRegBl. 1866, 974; 1871, 600 (BayKompGH); JW 94, 297 (RG)

[224]) JW 96, 14 (RG).

[225]) JW 17, 937 (RG).

[226]) JW 20, 450 (Hamburg).

[227]) BayRegBl. 1853, 1057.

[228]) Vgl. RG 101, 102.

bodens (§ 909) durch Aushebung von Geschützständen bei militärischen Übungen; oder auf Unterlassung des Bombenabwurfs einer Fliegerbeobachtungsschule[229]), auf Unterlassung der Beeinträchtigung durch eine Polizeiwache mit Arrestlokal[230]), oder durch eine Maschinenanlage, die der praktischen Ausbildung der Schüler einer staatlichen Maschinenbauschule dient[231]), oder auf Unterlassung des vom Staat geregelten Spielens auf einem vom Staat unterhaltenen Sportplatz[232]), oder auf Unterlassung des Betriebs öffentlicher Schulen[233]), oder für eine Klage eines Triebwerksbesitzers an einem öffentlichen Fluß, welche gestützt auf ein Privatrecht die Aufhebung der von der Polizeibehörde im öffentlichen Schiffahrtsinteresse erlassenen Anordnung bezweckt, durch welche dem Triebwerksbesitzer die Ableitung des Wassers mittels Ziehens des Grundablasses verboten wird[234]), oder für eine Klage auf Anbringung weiterer Reinigungsvorrichtungen zu einer Sielanlage[235]), oder für eine Klage auf Einstellung von Betriebshandlungen eines Verschiebe- und Abstellbahnhofs[235a]).

In allen diesen Fällen ist für einen Anspruch, durch dessen Zusprechung irgendein Einfluß auf den Dienstbetrieb der Behörde ausgeübt werden würde, der Rechtsweg unzulässig, gleichviel ob der Anspruch aus dem Gesetz (z.B. §§ 906, 909 BGB) oder aus einem mit dem Staat geschlossenen privatrechtlichen Vertrag abgeleitet wird[236]).

Es kann nicht einmal die Frage der gerichtlichen Entscheidung unterbreitet werden, ob etwa die Herstellung von Einrichtungen und Vorrichtungen behufs möglichster Hintanhaltung der Beeinträchtigung, unbeschadet der Durchführung der staatshoheitlich getroffenen Anordnung, verlangt werden kann[237]). Denn schon die Frage, ob hierdurch die volle Durchführung der behördlichen Anordnung gestört werden könne, unterliegt der ausschließlichen Beurteilung der Verwaltungsbehörde. Das gilt selbst dann, wenn die Beeinträchtigung des Nachbars durch eine nicht gewollte

---

[229]) JW 17, 937.

[230]) R 08 Nr. 1974.

[231]) Die Maschinenanlage dient einer das Gemeinwohl fördernden öffentlichen Tätigkeit, dem staatlichen Unterrichtsbetriebe. Belanglos, daß die Maschine daneben auch Beleuchtungszwecken dient (Gruch. 60, 859 RG).

[232]) OLG 43, 223 (Hamburg).

[233]) Warn 16, 248.

[234]) Vgl. BayRegBl. 1856, 460; SeuffKomm. z. Bay. GrO 1, 195 Anm. 174; 1, 198 Anm. 179; 1, 201 Anm. 185; 1, 121; SeuffA 7 Nr. 357.

[235]) RG 170, 44.

[235a]) RG JW 38, 2969.

[236]) BayRegBl. 1853, 1075 (BayKompKGH).

[237]) RG 170, 44: Die Klage auf Anbringung weiterer Reinigungsvorrichtungen in einer Sielanlage ist unzulässig; da nämlich die Anlage nicht einfach stillgelegt werden kann, würde in einem auf Unterlassung der Einleitung ungereinigten Wassers lautenden

Wirkung des Dienstbetriebs eintritt, da es auch hier wieder darauf ankommt, ob durch eine entsprechende Einrichtung des Dienstbetriebs diese ungewollten Wirkungen vermieden werden können, also auf eine Frage, in welche sich das Gericht nicht einzumischen hat.

Nach den Gesetzen vom 13. 12. 33 (RGBl. I 1058) und vom 18. 10. 35 (RGBl. I 1247) besteht gegenüber Betrieben in der Hand juristischer Personen des öffentl. Rechts, die für die Volksertüchtigung und Volksgesunndheit wichtig sind, weder ein Unterlassungs- noch ein Schutzanspruch. Der dort zugleich geregelte Ausschluß jeglicher Ersatzansprüche, deren Zahlung an den Nachbarn nicht zuvor im Genehmigungsverfahren zur Auflage gemacht worden ist, ist heute aber nicht mehr rechtsgültig (Ebenso Palandt 906 Bem. 5b; Westermann 63 II 4c).

§ 38a. Rechtsverhältnisse der Trümmer-(Ruinen-)Grundstücke

Die ungeheuren Zerstörungen an Gebäuden und Bauwerken, vor allem durch die Einwirkungen des Bombenkrieges, die bis zur Währungsreform andauernde Knappheit an Material und Arbeitskräften, sowie späterhin vielfach der Mangel an den für einen Wiederaufbau erforderlichen Geldmitteln brachten es mit sich, daß noch heute in Städten und Dörfern in größerem Umfang Trümmergrundstücke festzustellen sind, die sich in dem gleichen unaufgeräumten Zustand befinden, in welchen sie durch die Kriegseinwirkungen versetzt worden sind. Hierdurch sind verschiedene neue nachbarrechtliche Probleme aufgeworfen worden. Neben der Frage nach der Anwendbarkeit der §§ 836—838 BGB auf solche ganz oder nur teilweise zerstörte Gebäulichkeiten (vgl. hierzu oben § 19 III) hat sich die Rechtsprechung immer wieder mit den von den Trümmergrundstücken ausgehenden Beeinträchtigungen zu befassen. Diese bestehen meist darin, daß die in Form von Regen oder Schnee von den Schuttmassen aufgenommene Feuchtigkeit in das erhalten gebliebene oder neu aufgebaute Nachbarhaus[1]) eindringt, die Wand durchfeuchtet, zur Ablösung von Verputz und von Tapeten und zur Schwammbildung führt, weil sie — vielfach wegen der erhalten gebliebenen Fundamente — nicht in den Erdboden absickern kann. Hier erhebt sich die Frage, ob der Trümmergrundstückseigentümer (TrGE) zur Verhinderung solcher Beeinträchtigungen verpflichtet ist.

Erkenntnis der Zwang zur Herstellung neuer Reinigungsanlagen liegen. Die den früheren Entscheidungen (RG 44, 227; 55, 56) zugrunde liegende abweichende Ansicht ist mit Recht aufgegeben worden. — Lediglich über Maßnahmen rein wirtschaftlicher Natur (z. B. über die Höhe der Schornsteine), durch die in den Dienstbetrieb gar nicht eingegriffen werden kann, kann im ordentlichen Rechtsweg gestritten werden (RG Gruch 60, 859), und auch hierüber nur dann, wenn die Vertretung des Staates zugibt, daß hierdurch in den Dienstbetrieb nicht eingegriffen würde.

[1]) Beide Fälle (stehen gebliebener Anbau oder nachträgl. Wiederaufbau) stehen sich rechtlich gleich. Vgl. hierzu unten N. 36.

I. Anwendbarkeit der §§ 823, 826, 836, 906, 907 BGB?

Auf die §§ 823, 826 BGB kann ein solcher Anspruch nicht gestützt werden, da die Beschädigung oder Zerstörung des Gebäudes auf dem Ruinengrundstück und damit die hauptsächliche und erste Ursache für den Übertritt der Feuchtigkeit von dem TrGE nicht verschuldet ist[1a]).

Auch § 836 BGB kann keine unmittelbare Anwendung finden, da der Schaden nicht durch die bewegende Kraft des Einsturzes, also nicht durch die einstürzenden Mauermassen, sondern durch Umstände verursacht worden ist, die erst nach dem Zusammensturz eintraten[2]).

Ferner scheiden als Rechtsgrundlagen eines solchen Beseitigungsanspruchs auch die §§ 906 und 907 BGB aus, und zwar die erstere Vorschrift deshalb, weil es sich bei der eindringenden Feuchtigkeit nicht um die Zuführung unwägbarer Stoffe handelt[3]); § 907 kommt nicht in Betracht, weil in dem Belassen der Gebäudetrümmer nicht das Unterhalten einer Anlage im Sinne dieser Vorschrift gesehen werden kann[4]).

II. Anwendbarkeit des § 1004 BGB?

Es fragt sich also, ob der Eigentümer des Nachbarhauses einen Anspruch auf Unterlassung künftiger Beeinträchtigungen durch eindringende Feuchtigkeit auf § 1004 BGB stützen kann.

1. Ist der Trümmergrundstückseigentümer Störer? Störer nach § 1004 BGB ist unstreitig nicht nur der, der die Beeinträchtigung unmittelbar veranlaßt hat, sondern auch derjenige, mit dessen Willen der beeinträchtigende Zustand aufrechterhalten wird[5]). Immer aber muß irgendein Zusammenhang zwischen einer Willensbetätigung des „Störers“ und der Beeinträchtigung bestehen. Soweit letztere durch Naturkräfte ausgelöst ist, kommt es darauf an, ob sie durch eine auf dem Willen des Störers beruhende Handlung „ermöglicht“ worden ist, d. h. ob dieser für die Wirkung der Naturkräfte eine

---

[1a]) LG Berlin in HW 50, 273 hat — allerdings mit völligunzu reichender Begründung — vorübergehend die gegenteilige Ansicht vertreten.

[2]) LG Frankfurt a. M. in EMW 51 Nr. 106 = Hess. HausbesZtg. 51 Nr. 1.

[3]) LG Berlin (HW. 50, 273); KG (HW 51, 349); OLG Hamm (NJW 54, 273); a. M. anscheinend LG Köln (Nds. HuGrBes. 50, 180).

[4]) KG (HW 50, 273); LG Köln (EMW 53 Nr. 397); Glaser (DWW 51, 120); LG Berlin (HW 50, 273) u. Wüsthoff in Anm. dazu. A. M. dagegen anscheinend Weskott (NJW 53, 1109), der ausführt, der TrGE sei nicht nur dann für die störende „Anlage“ verantwortlich, wenn er sie selbst errichtet habe, sondern auch dann, wenn er als Verfügungsberechtigter die „Anlage“ dulde. — Unklar OLG Hamm (NJW 54, 273), das zwar einerseits das Vorliegen einer Anlage im Sinne des § 907 verneint, aber den TrGE als Störer nach § 907 dann angesehen wissen will, wenn er ohne triftigen Grund die Schuttbeseitigung durch den Nachbar verbietet. Der Begriff einer Anlage nach § 907 ist aber ausschließlich nach objektiven Gesichtspunkten zu beurteilen.

[5]) Vgl. oben § 38 IV 2; insoweit unzutreffend Krach (NJW 53, 789).

„Vorbedingung" geschaffen oder auch nur „mitgeschaffen" hat[6]). Würde man nun die Kriegseinwirkung auf das Gebäude einer durch Naturkräfte verursachten Zerstörung gleichsetzen, so könnte als eine vom TrGE gesetzte Vorbedingung nur der Umstand in Betracht kommen, daß er früher einmal auf dem Grundstück das Gebäude errichtet oder, sofern er nicht der Erbauer war, es wenigstens erhalten hat; denn ohne die Erbauung und Erhaltung des Hauses hätte dieses nicht in Schuttmassen zusammensinken und eine Leitung für die übertretende Feuchtigkeit abgeben können.

Tatsächlich wird diese Auffassung auch vom LG Hagen[7]) und von Weskott[8]) vertreten. Das LG Hagen führt dazu aus, daß die unmittelbare Ursache für die Durchfeuchtung zwar die Ausbombung sei, mittelbar sei die Beeinträchtigung aber auf den Willen des TrGE zurückzuführen, da dieser durch den Bau des Hauses die Vorbedingung dafür geschaffen habe, daß nach der Ausbombung das Regenwasser nicht mehr absickern konnte. Ebenso meint Weskott, es könne, nachdem die Zerstörung nun einmal eingetreten sei und ohne Tätigwerden des Eigentümers auch andauere, nicht mehr darauf ankommen, welcher Wahrscheinlichkeitsgrad früher der Beeinträchtigung beigelegt worden sei; Erbauer und TrGE könnten somit immer in Anspruch genommen werden, da die fraglichen Einwirkungen auf das Nachbargrundstück ohne die Erbauung des Hauses nicht erfolgen würden. Im Gegensatz hierzu hat das LG Berlin[9]) zwar ebenfalls die Bombardierung nicht nur als Ursache für die Beeinträchtigungen angesehen, sondern sie zugleich einem zerstörenden Naturereignis gleichgesetzt, aber die Tatsache der Erbauung des Hauses als Mitverursachung des Schadens im Sinne des § 1004 BGB ausdrücklich abgelehnt. Auch das OLG Düsseldorf[10]) hat die Haftung des TrGE verneint, wobei es sich allerdings auf die Feststellung beschränkt hat, der bemängelte Zustand sei durch Kriegseinwirkungen und nicht durch eine Willensbetätigung des Beklagten hervorgerufen. Zum gleichen Ergebnis sind das LG Frankfurt a. M.[11]) und Wüsthoff[12]) gekommen, weil sie in dem Eindringen der Feuchtigkeit den Übertritt „wilden Wassers" und damit ein Naturereignis sehen, für das der TrGE nicht verantwortlich zu machen sei, da es an jeglichem Zusammenhang zwischen dem eingetretenen Zustand und einer

---

[6]) RG SeuffA 60, 55; Gruch 54, 158; RG 134, 231; 149, 210. Vgl. oben § 38 I 2.

[7]) NJW 53, 266.

[8]) NJW 53, 1109.

[9]) HW 50, 293; KG (HW 51, 349) läßt die Frage, ob die Bombardierung einem zerstörenden Naturereignis gleichzusetzen ist, dahingestellt, da es eine Rechtspflicht zum Handeln für den TrGE „allgemein aus § 823" herleitet; vgl. unten IIc.

[10]) NJW 53, 1394.

[11]) EMW 51 Nr. 106.

[12]) HW 50, 181.

Willensbetätigung des TrGE fehle. Auch Glaser[13]), der in den Kriegsereignissen, die die Trümmerfelder geschaffen haben, höhere Gewalt sieht, vertritt die gleiche Ansicht.

Richtig ist sicherlich, daß die Bombardierung des Hauses die erste und hauptsächliche Ursache für die noch jetzt von dem Trümmergrundstück ausgehenden Beeinträchtigungen bildet. Auch erscheint es zutreffend, rechtlich solche Kriegseinwirkungen zerstörenden Naturereignissen gleichzustellen, da in allen diesen Fällen der Eigentümer den auf sein Eigentum einwirkenden Ereignissen machtlos gegenübersteht und nicht in der Lage ist, durch eigene Maßnahmen hindernd oder mildernd einzugreifen. Abzulehnen ist aber die Ansicht, die in der Erbauung des Hauses, die übrigens schon Jahrzehnte vor der Zerstörung erfolgt sein konnte, eine Mitverursachung oder das Setzen einer Vorbedingung für die später ausgelösten Beeinträchtigungen sehen will, denn sie widerspricht dem im BGB anerkannten Grundsatz, daß die Haftbarmachung für einen Schaden regelmäßig mehr als einen ursächlichen Zusammenhang im streng logischen Sinne (jede Bedingung, die nicht hinweggedacht werden kann, ohne daß der Erfolg entfiele, ist als Ursache anzusehen) fordert, nämlich den sogenannten adaequaten Kausalzusammenhang: Die gesetzte Bedingung muß allgemein oder erfahrungsmäßig, nicht nur unter besonders eigenartigen, ganz unwahrscheinlichen und nach dem regelmäßigen Verlauf der Dinge nicht in Betracht zu ziehenden Umständen zur Herbeiführung des Erfolges geeignet gewesen sein[14]); die Möglichkeit des Eintritts eines derartigen Schadens infolge der Bedingung darf nicht eine so entfernte sein, daß sie nach der Auffassung des Lebens vernünftiger Weise nicht in Betracht gezogen werden kann[15]). Dies bedeutet, wie der Bundesgerichtshof (NJW 52, 1010) mit Recht ausgeführt hat, daß bei der Feststellung, ob der adäquate Kausalzusammenhang gegeben ist, es nicht eigentlich um die Feststellung der Verursachung als solcher geht, sondern vielmehr um die Ermittlung der Grenze, bis zu der dem Urheber einer Bedingung eine Haftung für die Folgen der gesetzten Bedingung billigerweise zugemutet werden kann; die Lehre von der adäquaten Verursachung hat damit eine Haftungsbegrenzung zum Gegenstand, die in § 242 BGB ihre Grundlage findet[15a]). Bei Anwendung dieser Grundsätze muß das Bestehen eines adäquaten Zusammenhangs zwischen der Erbauung und der Erhaltung des Hauses einerseits und der auf die Einwirkungen des modernen

---

13) DWW 51, 120.

14) RG 69, 58; 72, 327; 78, 272; 81, 360; 84, 386; 104, 143; 133, 127; 158, 38. Unrichtig AG Ffm. (Hess. HausbZtg. 50 Nr. 11), das Zufallshaftung bejaht.

15) RG SeuffA 63, 263; 64, 7.

15a) Vgl. auch unten § 43 B.

Krieges zurückzuführenden Zerstörung mit den sich hieraus ergebenden Beeinträchtigungen andererseits geleugnet werden; die Einwirkungen des modernen Krieges stehen schlechthin außerhalb der adäquaten Kausalkette, die mit der Erbauung des Hauses ihren Anfang nimmt[16]).

Folgerichtig verteidigt Weskott a. a. O. seine abweichende Ansicht mit der Erwägung, für den Begriff des Störers nach § 1004 BGB komme es auf die Adäquanz nicht an. Zur Begründung beruft er sich auf RG 149, 210; jedoch zu Unrecht. In dem dort vom Reichsgericht entschiedenen Falle hatten sich von felsigem Untergrund, auf dem ein Aussichtstempel errichtet war, Steine und Geröll dadurch gelöst, daß der Tempel mit seinem Gewicht den Felsblock belastete und infolge mangelhafter Unterhaltung des gemauerten Fundaments Niederschlagswasser in den Fels eindringen konnte, was unter Frosteinwirkung Verwitterungen und Absprengungen des Mauerwerks und Felsens zur Folge hatte. Zwischen dem Belasten des Felsblocks mit dem Bauwerk in Verbindung mit der Ermöglichung des Eindringens von Regen und Schnee in das Gestein durch mangelhafte Fundamentunterhaltung einerseits und dem Absprengen von Felsbrocken durch die zusätzlichen Witterungseinflüsse andererseits war offensichtlich der adäquate Zusammenhang gegeben, da ein solcher Verlauf der Dinge durchaus den allgemeinen Erfahrungen entsprach.

2. Besteht eine Rechtspflicht zum Handeln? Eine Haftung des TrGE könnte hiernach nur bejaht werden, wenn für ihn eine Rechtspflicht zum Handeln gegeben und somit sein Untätigbleiben als rechtswidrige Unterlassung zu werten wäre.

a) Nach wasserrechtlichen Vorschriften? Als Grundlage für eine solche Rechtspflicht könnten in erster Linie wasserrechtliche Vorschriften in Betracht kommen. Nach Art. 65 EG sind die landesgesetzlichen Vorschriften des Wasserrechts unberührt geblieben. Alle größeren Wassergesetze der früheren deutschen Länder regeln die Verhältnisse des oberirdisch abfließenden „wilden" Wassers. So haben für die ehemals preußischen Gebiete die §§ 196—198 PrWG die Vorschriften des ALR I 8 §§ 102—105 aufrechterhalten, wonach der Eigentümer eines Grundstücks nicht verpflichtet ist, zu verhindern, daß Regen- oder Traufwasser, welches sich in seinem Grundstück ansammelt, in das Nachbargrundstück einzieht; wohl aber kann der Unterlieger seinerseits gegen das Wasser Abwehrmaßnahmen ergreifen. Die gleiche Rechtslage war, abgesehen von dem Abwehr-

[16]) Ebenso BGH in NJW 56, 382; LG Köln in JR 55, 339. Ist die Zerstörung des Gebäudes, von dessen Grundstück die Beeinträchtigungen ausgehen, nicht durch eine Kriegseinwirkung, sondern z. B. durch Blitzschlag erfolgt, so ist der ursächliche Zusammenhang zwischen Erbauung oder Erhaltung des Gebäudes und den Beeinträchtigungen gegeben (vgl. hierzu die Ausführungen unter 2b)

recht des Unterliegers, auch im Gebiet des gemeinen Rechts gültig; diese gemeinrechtliche Regelung wurde von § 11 Abs. 1 BadWG (GVBl. 36, 135), § 49c Braunschw. WG (GS 1876, 285), Art. 6 II Hess. BachG (RegBl. 1899, 758) und Art. 6 Abs. 1 S. 1 Württ WG (RegBl. 1900, 921) übernommen[17]).

Die Frage, ob es sich bei dem vom Trümmergrundstück aus übertretenden Niederschlagswasser um wildes Oberflächenwasser handelt, wird von Wüsthoff[18]) bejaht. Daher ist nach seiner Ansicht der TrGE nach Wasserrecht nicht verpflichtet, den Übertritt der Feuchtigkeit auf das Nachbargrundstück zu verhindern. Im Gegensatz hierzu verneint das Kammergericht[19]) schlechthin die Möglichkeit, die Wassergesetze auf Fälle der vorliegenden Art anzuwenden, da ein natürlicher Wasserablauf, wie er von den Wassergesetzen gemeint sei, hier nicht in Betracht komme.

Die Entscheidung der Frage nach der Anwendbarkeit der genannten Vorschriften kann jedoch auf sich beruhen. Denn würde man sie grundsätzlich für anwendbar halten, so müßte man mit Wüsthoff wohl annehmen, daß dieses Regen- und Traufwasser, dessen Weg infolge der Kriegseinwirkung bestimmt ist, die ihrerseits einem Naturereignis gleichsteht, als „wildes" Wasser anzusehen sei; eine Verpflichtung des TrGE, das Übertreten der Feuchtigkeit zu verhindern, würde also hierauf nicht gegründet werden können. Dies würde selbstverständlich erst recht gelten, wenn die Wassergesetze schlechthin für unanwendbar zu erachten wären.

b) Mit Rücksicht auf eine allgemeine Unterhaltungsverpflichtung? Für den TrGE besteht grundsätzlich auch keine normale Unterhaltungspflicht mehr gegenüber den durch Kriegseinwirkung zerstörten Gebäuden, denn es kann ihm nicht zugemutet werden, das Haus lediglich zu dem Zwecke wieder instandzusetzen oder gar aufzubauen, um Schädigungen des Nachbarn zu verhindern[20]).

c) Nach den §§ 836, 823 BGB? Eine Rechtspflicht des TrGE kann auch — entgegen der Ansicht des Kammergerichts[21]) — nicht allgemein aus den §§ 836 und 823 BGB gefolgert werden. Zwar wurde die Entscheidung

---

[17]) Wüsthoff in HW 50, 181 u. 273; Holtz-Kreutz-Schlegelberger Anm. 8 zu § 197 u. Anm. 3 zu § 198 PrWG.

[18]) HW 50, 181 u. 273; ebenso OLG Düsseldorf in NJW 53, 1394 u. LG Frankfurt a. M. in EMW 51 Nr. 106.

[19]) HW 51, 349.

[20]) OLG Düsseldorf in NJW 53, 1394; LG Berlin in HW 50, 293; LG Köln in JR 5, 339; Glaser in DWW 51, 120; Brumby in HW 50, 150.

[21]) HW 51, 349. Diese Ansicht ist im Urteil des KG vom 17. 11. 1953 — 9 U 1516/53 — grundsätzlich aufrecht erhalten (vgl. Clausnitzer in HW 54, 28). Ebenso Palandt 2a zu § 1004.

des Reichsgerichts in RG 52, 375 vielfach so verstanden, als ob damit habe gesagt sein sollen, in Verallgemeinerung des in § 836 BGB enthaltenen Rechtsgedankens sei jeder Grundstückseigentümer allgemein verpflichtet, einen Schaden zu verhüten, der von seinem Grundstück dem Nachbarn drohe, soweit dies bei billiger Rücksicht auf die Interessen des anderen erwartet werden könne. Dieser Auslegung ist das Reichsgericht aber in seinen späteren Entscheidungen in RG 134, 231 und 149, 210 entgegengetreten und hat dort ausgeführt, daß aus dem bloßen Eigentum allein eine Rechtspflicht zur Schadensverhütung nicht zu folgern sei[22]); unterlasse es also der Eigentümer bei einem von Natur gegebenen Zustand seines Grundstücks die Einwirkung von Naturkräften auf das Grundstück und die hieraus sich ergebende Beeinträchtigung des Nachbarn zu verhindern, so könne hieraus allein ein Haftungsgrund nicht hergeleitet werden. Die analoge Anwendung des § 836 BGB könnte entsprechend dem dieser Vorschrift zu Grunde liegenden Zweckgedanken auch wohl nur dann gerechtfertigt sein, wenn der allgemeine Verkehr und seine Sicherung sie erforderten[23]). Diese Voraussetzung für eine ausdehnende Anwendung des § 836 wäre aber in Fällen der vorliegenden Art, die lediglich Feuchtigkeitsschäden am Nachbarhaus betreffen, nicht gegeben. Eine Rechtspflicht des TrGE zur Beseitigung von Feuchtigkeitseinwirkungen läßt sich also aus § 836 BGB nicht begründen.

Erst recht gilt dies für die Vorschrift des § 823 BGB. Die Ansicht des Kammergerichts aaO., aus § 823 BGB lasse sich allgemein die Rechtspflicht herleiten, einen Schaden des Nachbarn zu verhüten, soweit dies bei billiger Rücksicht auf dessen Interessen erwartet werden könne, da die Pflicht, niemand widerrechtlich Schaden zuzufügen, zugleich die Pflicht in sich schließe, Schaden eines anderen zu verhüten, ist nicht haltbar. Das Kammergericht verkennt dabei, daß ebenso wie ein schadenstiftendes Handeln auch ein Unterlassen grundsätzlich nur dann zur Haftung führt, wenn es selbst widerrechtlich ist; auch das Unterlassen der Verhütung eines Schadens kann somit nur dann verantwortlich machen, wenn die Unterlassung deshalb gegen das Recht verstieß, weil auf Grund einer besonderen Rechtsnorm eine Rechtspflicht zum Handeln begründet war. Die Ansicht des Kammergerichts, daß jedermann verpflichtet sei, bei Meidung seiner Ersatzpflicht den einem anderen drohenden Schaden zu verhüten, würde zu einer praktisch einfach nicht durchführbaren allgemeinen Verpflichtung zur Beistandschaft oder allgemeinen Hilfeleistung führen.

---

[22]) Vgl. auch Weskott in NJW 53, 1109; Wüsthoff in HW 50, 181; OLG Düsseldorf in NJW 53, 1394. S. auch oben § 38 I 2.

[23]) Vgl. KG in HW 51, 349.

d) Nach § 242 BGB?. Schließlich gibt auch die Vorschrift des § 242 BGB[24]), die gleichermaßen im Schuld- wie im Sachenrecht gilt, keine Rechtsgrundlage für eine Rechtspflicht des TrGE, Feuchtigkeitseinwirkungen zu verhindern, ab. Hiergegen spricht vor allem die Erwägung, daß damit dem durch den Krieg ohnehin schon hart betroffenen TrGE ein zusätzliches, nicht zumutbares Opfer auferlegt würde[25]); dabei muß die Tatsache außer Betracht bleiben, daß dem TrGE auf Grund der §§ 13 I 1, 31, 39 I 1 LAG, §§ 4, 13 Feststellungsges. der Kriegssachschaden in beschränktem Umfang vergütet wird und auch steuerliche Berücksichtigung erfährt, da es sich hierbei immer nur um einen Teilersatz handeln kann, der den tatsächlichen Vermögensschaden niemals aufwiegt, so daß der TrGE im Falle des Wiederaufbaus zu erheblichen eigenen finanziellen Anstrengungen gezwungen ist.

Allerdings ist der Grundstückseigentümer zu solchen finanziellen Maßnahmen auch dann gezwungen, wenn sein Haus nicht durch eine Einwirkung des modernen Krieges, sondern durch Blitzschlag zerstört wird; trotzdem muß man in letzterem Falle sowohl den adäquaten Ursachenzusammenhang wie auch die Haftung des TrGE bejahen; denn es handelt sich bei dem im Einzelfall auf Blitzschlag unmittelbar oder mittelbar beruhenden Schäden nicht nur um solche, gegen die jeder Gebäudeeigentümer versichert ist, sondern zugleich um solche, die nach Entstehungsursache und Auswirkungen bereits bekannt waren, als der Gesetzgeber die hier anzuwendenden Vorschriften des bürgerlichen Rechts schuf und die er daher bei Erlaß jener Bestimmungen mitregeln konnte. Von alledem kann aber keine Rede sein, soweit die Einwirkungen eines modernen totalen Krieges und die von diesem ausgehenden Schäden in Frage stehen. Hierbei handelt es sich um Katastrophen unübersehbaren Ausmaßes, die nicht nur über den Einzelnen, sondern über ein ganzes Volk mit elementarer Gewalt hereinbrechen und unabsehbare Schäden persönlicher und wirtschaftlicher Art bringen. Ihnen gegenüber erscheint jeder Lösungsversuch auf Grund der vorhandenen Rechtsnormen des BGB von vorneherein zum Scheitern verurteilt, und diese unter ganz anderen Voraussetzungen erlassenen

[24]) Unter Berufung auf die Grundsätze von Treu und Glauben hat das LG Köln (EMW 53 Nr. 397), das grundsätzlich einen von der hier vertretenen Auffassung abweichenden Standpunkt einnimmt, die Rechtspflicht des TrGE zur Beseitigung von Feuchtigkeitseinwirkungen für den Fall verneint, daß das beeinträchtigte Gebäude erst nach erfolgter Zerstörung des Nachbargrundstücks errichtet worden ist, da bei dieser Sachlage der Bauherr den vorhandenen Zustand erkannt habe und sich nach diesem auf dem Baugelände vorgefundenen Zustand richten müsse. Dem steht entgegen, daß der Störer sich grundsätzlich nicht auf seine Priorität berufen kann. — Wie hier LG Köln (14. ZK) in JR 55, 339.

[25]) OLG Hamm in NJW 54, 273; LG Köln in JR 55, 339; AG Frankfurt/M. in Hess. HausbZtg. 50 Nr. 11; Brumby in HW 50, 150; Glaser in DWW 51, 120. A. M. KG in seinem Urteil vom 17. 11. 1953 — 9 U 1516/53 — (vgl. Clausnitzer in HW 54, 28).

Gesetzesbestimmungen müssen hinsichtlich ihrer Anwendbarkeit notwendig versagen. Damit soll aber nicht gesagt sein, daß die Schäden des modernen Krieges sich einer rechtlichen Beurteilung überhaupt entzögen; denn nach heutiger Rechtsauffassung, die ihren historischen Ausgang von den — allerdings nur im Gnadenweg gewährten — Maßnahmen des preußischen Königs nach der Katastrophe des 7-jährigen Krieges genommen haben dürfte, alsdann ihren Niederschlag in gesetzlichen Vorschriften[26]) — wie z. B. in den beiden Reichsgesetzen vom 14. 6. 1871 über den Ersatz von Kriegsschäden und Kriegsleistungen bzw. über Beihilfen an die aus Frankreich ausgewiesenen Deutschen, im Gesetz über die Feststellung von Kriegsschäden vom 3. 7. 1916 (RGBl. 675), in der Personenschaden VO vom 10. 11. 1940 (RGBl. I 1482), in der KriegssachschädenVO vom 30. 11. 1940 (RGBl. I 1547) — gefunden hat und schließlich durch das Lastenausgleichsgesetz vom 14. 8. 1952 (BGBl. I 791) erneut bestätigt worden ist[26a]), kann dem einzelnen von einem solchen nationalen Unglück Betroffenen nicht zugemutet werden, die Last des entstandenen Schadens allein zu tragen; vielmehr steht ihm gegenüber der Allgemeinheit ein Rechtsanspruch darauf zu, daß diese im Sinne eines allgemeinen Ausgleichs der Lasten helfend eingreife und die Beseitigung der entstandenen und noch entstehenden Schäden als eine grundsätzlich ihr allein obliegende Aufgabe durchführt[27]). Auch hieraus ergibt sich also, daß den TrGE grundsätzlich

---

[26]) Vgl. die Zusammenstellungen bei Schwandt, Das deutsche Kriegssachschädenrecht, 20ff.; Danckelmann-Kühn, Besatzungsschädenrecht, Einl. I 28/29; BGHZ 11, 53 ff.

[26a]) Durch § 373 Ziff. 3 LAG wurde die KriegssachschädenVO aufgehoben. Damit fiel zugleich § 28 Abs. 2 dieser VO weg, der für die typischen Kriegsschadenfälle die gesetzlichen Schadenersatzansprüche gegen das Reich ausdrücklich ausgeschlossen und gegen Dritte auf die Tatbestände der vorsätzlich oder grob fahrlässig verschuldeten unerlaubten Handlungen beschränkt hatte (vgl. hierzu Danckelmann in NJW 50, 676ff.). Zu der Frage, welche Rechtswirkungen der Aufhebung des § 28 Abs. 2 KSSchVO beizulegen sind, läßt sich den Gesetzesmaterialien nichts entnehmen. Aus dem Zweck des LAG, die Entschädigung für Kriegsschäden abschließend und umfassend zu regeln, wird man aber folgern müssen, daß — jedenfalls, soweit Ansprüche gegen den Bund in Frage stehen — diese sich ausschließlich nach den Vorschriften des LAG richten sollen und daher ein Aufleben von Ansprüchen in einem Umfang, der über den früher durch § 28 Abs. 2 KSSchVO gegebenen beschränkten Rahmen hinausgehen würde, ausgeschlossen sein soll. Dritten gegenüber wird die Frage nach der Rechtswirkung der Aufhebung des § 28 Abs. 2 heute aus dem Grunde regelmäßig praktisch bedeutungslos sein, weil solchen Ansprüchen Dritter heute durchweg der Verjährungseinwand entgegenstehen wird (§ 852 BGB).

[27]) Ebenso BGH in NJW 54, 1160, wo ausgeführt ist: „Daß die finanziellen Lasten eines von der überörtlichen Gemeinschaft geführten Krieges und damit auch die Lasten der Kriegs- und Kriegsfolgeschäden in der Regel und in der Hauptsache nicht von den örtlichen, sondern von der überörtlichen Gemeinschaft — nämlich dem Staat — zu tragen sind, ergibt sich von selbst".

keine Verpflichtung treffen kann, Feuchtigkeitseinwirkungen seines Grundstücks auf das Nachbargrundstück zu verhindern.

Unter Anwendung der Grundsätze von Treu und Glauben muß der TrGE aber für verpflichtet erachtet werden, seinem Nachbarn zu gestatten, das Trümmergrundstück zu betreten, es — soweit erforderlich — zu entschutten und zum Zwecke des Verputzes der Giebelmauer auch Baugerüste aufzustellen[28]). Wegen der durch die Aufräumungsarbeiten entstehenden Kosten kann sich der Nachbar an den TrGE unter dem Gesichtspunkt des § 812 BGB erst wenden, wenn dieser sich zu einem Neubau entschlossen oder das Grundstück in anderer Weise in Benutzung genommen hat und so aus der bereits erfolgten Abräumung seines Grundstücks tatsächlichen Nutzen zieht[29]). Zu diesen Kosten können aber nicht die Verputzkosten der Giebelmauer gerechnet werden, da im Falle eines Anbaus der Verputz wieder beseitigt werden muß[30]).

Aus den Grundsätzen von Treu und Glauben kann aber nicht gefolgert werden[31]), daß der TrGE seinerseits verpflichtet sei, tätig zu werden, wenn die Beseitigung der Schadensursache nur geringfügige Kosten veranlassen würde und nur mit unerheblichen Anstrengungen verbunden wäre, während andererseits dem Nachbarn ein unverhältnismäßig hoher Schaden drohte. Ihm kann nur angesonnen werden, den beeinträchtigten Nachbarn selbst auf dem Trümmergrundstück Abwehrmaßnahmen treffen zu lassen. Warum sollte auch dem Nachbarn die Beseitigung der Schadensursache nicht selbst zugemutet werden, obwohl nur ihm der Schaden droht und die Abwehrmaßnahmen — auch für ihn — nur mit geringen Kosten und Mühen verbunden wären?

III. Eindringen der Feuchtigkeit durch eine halbscheidige Grenz-(Giebel-)Mauer

Eine besondere Erörterung erheischt die Frage, ob sich an dem oben gefundenen Ergebnis dann etwas ändern müßte, wenn die Feuchtigkeit durch eine gemeinsame oder besser gemeinsam gewesene Giebelmauer in das Nachbargrundstück eindringt. Hagemann[32]) ist der Ansicht,

[28]) OLG Düsseldorf NJW 53, 1394; im Ergebnis ebenso OLG Hamm in NJW 54, 273; LG Köln in EMW 53, Nr. 397; LG Essen in Westd. Türmer 52 Heft 10; Hagemann in HW 52, 227; Glaser in DWW 51, 120. Vgl. auch oben § 14 Anm. 16. Ergänzend ist hier auf das vereinzelt noch in Geltung gebliebene Hammerschlags- und Leiterrecht zu verweisen (vgl. oben § 28 I).

[29]) LG Essen in Westd. Türmer 52, Heft 10; LG Köln EMW 53 Nr. 397 für den Fall, daß der Nachbar erst nach eingetretener Zerstörung ein Gebäude errichtet.

[30]) Hagemann in HW 52, 227; vgl. auch LG Essen a. a. O.

[31]) So LG Berlin in HW 52, 293; Glaser HWW 51, 120.

[32]) HW 52, 227. Ebenso LG Köln in JR 55, 339, das die gemeinsame Unterhaltungspflicht gemäß §§ 741, 921, 922 BGB bejaht.

daß auch nach der Zerstörung des einen Hauses die Grenzmauer noch dem Vorteil beider Grundstücke diene, da sie nach wie vor beide Grundstücke scheide und ihnen als Hausabschluß oder als Möglichkeit zum erneuten Anbau diene; der TrGE sei also in Fällen solcher Art regelmäßig verpflichtet, die halben Kosten für die Trockenlegung der Kommunmauer beizusteuern. Eine Ausnahme hiervon sei allenfalls dann gerechtfertigt, wenn die Wiederbebauung des Trümmergrundstücks, z. B. infolge städtebaulicher Maßnahmen, unzulässig sei. Im Gegensatz hierzu vertritt das OLG Hamm[33]) die Ansicht, daß seit der Zerbombung des einen Hauses die gemeinschaftliche Brandmauer eine Grenzanlage, die dem Vorteil beider Grundstücke diene, nicht mehr darstelle. Das darauf beruhende Gemeinschaftsverhältnis, auf das nach § 922 Satz 3 BGB die Vorschriften über die Gemeinschaft anzuwenden seien, sei der Natur der Sache nach vorläufig beendet. Schließlich sei bei Einrichtungen der in § 921 BGB genannten Art nur ein Benutzungsrecht, nicht aber eine Benutzungspflicht gegeben, was schon früher[34]) zu der Anerkennung des Grundsatzes geführt habe, daß ein Haus an einer solchen gemeinschaftlichen Brandmauer abgerissen werden könne, ohne daß dem Nachbarn Ansprüche gegen den anderen auf Mitwirkung bei der Unterhaltung oder auf Beteiligung an den Unterhaltskosten zustünden.

Der Ansicht des OLG Hamm wird im Ergebnis beizutreten sein[34a]). Zwar kann dieser Entscheidung nicht gefolgt werden, wenn sie ohne nähere Begründung davon ausgeht, vom Zeitpunkt der Zerbombung des einen Hauses ab habe die stehengebliebene Brandmauer aufgehört, Grenzeinrichtung zu sein. Ebenso wie nämlich nach herrschender, insbesondere auch vom Reichsgericht vertretener Ansicht[35]) eine im beiderseitigen Einverständnis errichtete Giebelmauer, deren spätere Mitbenutzung durch den Anbau des Nachbarn in Aussicht genommen ist, schon vor dem Anbau eine Grenzeinrichtung im Sinne des § 921 BGB darstellt, wobei es auf die schwierigen und verwickelten Eigentumsverhältnisse in solchen Fällen nicht ankommt, wird man umgekehrt auch anerkennen müssen, daß im Falle des Wegfalles eines Hauses, sei es durch freiwilliges Abreißen oder durch gewaltsame Zerstörung während des Krieges, der Charakter der Giebelmauer als einer Grenzeinrichtung grundsätzlich nicht aufgehoben wird: Nach wie vor bietet die Giebelwand für den TrGE die Möglichkeit

---

[33]) NJW 54, 273.

[34]) Vgl. hierzu Hamm in Rspr. 26, 32 und RGK 1939, § 922 Anm. 5, wo ausgeführt ist, daß kein Recht darauf besteht, daß der Nachbar es unterläßt, durch Abbruch eines Hauses die Mauer den Einflüssen der Witterung auszusetzen.

[34a]) Vgl. auch Moeller NJW 55, 183.

[35]) Siehe oben § 7 N. 7.

zum Anbau und für den Nachbarn den Hausabschluß. Auch ihre grenzscheidende Wirkung hat sie behalten, wenn auch im allgemeinen dieser Zweck gegenüber dem ersteren völlig in den Hintergrund zu treten pflegt und im übrigen der Begriff der Grenzeinrichtung es nicht erfordert, daß diese gerade als Grenzscheidungsmittel dient (vgl. oben § 7 N. 18).

Trotzdem ist aber auch in diesem Falle der TrGE grundsätzlich weder zu einer Abhilfe noch zu einer Beteiligung an den entstehenden Kosten unter dem Gesichtspunkt der Unterhaltung der Giebelmauer[35a]) verpflichtet: Abgesehen davon, daß selbstverständlich auch für diesen Tatbestand die oben unter 2 d angestellten Erwägungen in vollem Umfange Geltung beanspruchen, lassen sich gegen eine Zahlungsverpflichtung des TrGE noch folgende weitere Gründe anführen:

Im Falle der Errichtung einer als Grenzeinrichtung gedachten halbscheidigen Giebelmauer gehen die Grundstücksnachbarn davon aus, daß nicht nur der eine, sondern auch der andere alsbald an die Giebelmauer anbauen soll. Normalerweise läßt sich ein solches Vorhaben mit einiger Sicherheit ohne weiteres vorausplanen, so daß eine solche Grenzeinrichtung in der Regel verhältnismäßig schnell den Zweck, als gemeinsame Brandmauer zu dienen, voll erfüllen wird; in einem solchen Falle erscheint es nicht mehr als billig und gerecht, daß entsprechend § 922 Satz 3 BGB der Nachbar auch schon vor seinem Anbau zu den Unterhaltungskosten herangezogen wird. Im Gegensatz hierzu wird der TrGE in vielen Fällen zum Wiederaufbau und damit zum Anbau an die Giebelwand entweder überhaupt nicht in der Lage sein, weil ihm trotz des Lastenausgleiches die erforderlichen Mittel fehlen, oder zum mindesten wird er nicht oder noch nicht übersehen können, ob und wann er zu einem Wiederaufbau einmal in der Lage sein wird. Unter diesen Umständen wird man entsprechend dem Zweckgedanken der §§ 921, 922 BGB zu dem Ergebnis kommen müssen, daß die Verpflichtung des TrGE, zu den Unterhaltungskosten der Giebelmauer beizutragen, mindestens so lange ruht, als ein Anbau für ihn nicht in Betracht kommt. Macht er dann später von seinem Anbaurecht Gebrauch, so wird er nach § 812 BGB zur hälftigen Erstattung der inzwischen von seinem Nachbarn auf die Giebelmauer verwendeten Kosten insoweit verpflichtet sein, als diese für die notwendige Unterhaltung der Mauer verwendet worden und daher noch im Zeitpunkt des Anbaues durch den TrGE für diesen von Vorteil sind.

IV. Ergebnis. Hiernach ist festzustellen, daß der TrGE nicht verpflichtet ist, die ohne sein Zutun von seinem Trümmergrundstück ausgehenden Beeinträchtigungen des Nachbargrundstücks abzustellen[36]). Nach

[35a]) Vgl. hierzu auch oben § 9 II 4.

[36]) Ebenso OLG Oldenburg in NdsRpfl. 56, 54 und OLG. Hamburg in MDR. 56,

den Grundsätzen von Treu und Glauben[37]) besteht für ihn lediglich die Verpflichtung, dem Nachbarn zu gestatten, auf eigene Kosten die Ursache der Beeinträchtigungen zu beseitigen, indem er ihm das Betreten und Entschutten des Grundstücks sowie — falls erforderlich — das Aufstellen eines Baugerüsts erlaubt. Nimmt der TrGE später sein Grundstück, insbesondere durch Wiederaufbau, wieder in Gebrauch, so hat er nach § 812 BGB die Kosten der Aufräumung des Trümmergrundstücks und der Trockenlegung der Kommunmauer dem Nachbarn hälftig insoweit zu erstatten, als sich für ihn die getroffenen Maßnahmen noch zum Vorteil auswirken oder ihm Ausgaben erspart bleiben[38]).

§ 39. Die besondere Gestaltung der Eigentumsfreiheitsklage gegenüber konzessionierten gewerblichen Anlagen

I. Voraussetzungen des § 26 GewO

Durch die Bestimmung des § 26 der GewO, welche als lex specialis den Vorschriften des BGB vorgeht, wird für die dort vorgesehenen Fälle eine Beschränkung bzw. Änderung des Eigentumsfreiheitsanspruchs herbeigeführt.

Es kann nämlich einer mit obrigkeitlicher Genehmigung errichteten gewerblichen Anlage gegenüber (§ 26 der GewO)[1]) niemals auf Einstellung des Betriebs, sondern nur auf Herstellung von Einrichtungen, welche die benachteiligenden Einwirkungen ausschließen oder, wo solche Einrichtungen nicht tunlich (mit einem gehörigen Betrieb des Gewerbes unvereinbar) sind,

---

352 (dieses allerdings mit unzutreffender Begründung, da der Eigentümer, der wieder aufbaut, nur sein gutes Recht ausübt und nicht als sein „eigner Störer" gelten kann).

[37]) Die Entscheidungen der Vollversammlg. des LVG Rheinland-Pfalz in Koblenz vom 13. 3. 1953 (EMW 53 Nr. 400) und des OVG Münster (Westf.) vom 31. 1. 1952 (Betrieb 52, 288) bejahen zwar die Zustandshaftung nach § 20 PVG grundsätzlich auch hinsichtlich des kriegsverursachten polizeiwidrigen Zustandes; sie halten den Polizeipflichtigen aber für die Beseitigung des polizeiwidrigen Zustandes dann nicht für verpflichtet, wenn diese ihm wirtschaftlich unmöglich, d. h. bei Berücksichtigung seiner wirtschaftlichen Leistungsfähigkeit nicht zumutbar ist (ebenso BGH in NJW 55, 258). Die Polizeipflichtigkeit des TrGE wird auch vom OVG Berlin bejaht (JR 53, 270), dagegen schlechthin verneint vom Bez. VerwG für die brit. Zone (HW 50, 321) und dem VGH Freiburg (HW 52, 464).

[38]) Über die Verpflichtung zum anteiligen Tragen der Kosten, die durch das aus Gründen der öffentlichen Sicherheit notwendig gewordene Niederreißen einer Kommunmauer, die von zwei früher einander angrenzenden, inzwischen zerbombten Häusern allein zurückgeblieben ist, entstehen, vgl. oben § 19 III.

[1]) Hierzu gehören auch Stauanlagen für Wassertriebwerke, die gewerblichen Zwecken dienen (Holtz-Kreutz-Schlegelberger, Vorb. zu § 91 PrWG; Landmann-Rohmer, § 26 Anm. 3). Für nicht gewerbliche Stauanlagen bedarf es in der Regel der Verleihung (§§ 40 Z 2, 46ff. Pr WG). Bei Verleihung ist der Unterlassungsanspruch ausgeschlossen, es können nur Abwehranlagen gefordert werden — jedoch ist für dieses Verfahren der Rechtsweg ausgeschlossen (§ 82 Pr. WG).

auf Schadloshaltung geklagt werden. Den Schutz des § 26 GewO genießt nur die fertige Anlage; die Abwehr von Störungen, die bei der Herstellung der Anlage erfolgen, wird daher durch § 26 nicht beschränkt[2]).

§ 26 GewO setzt voraus:

1. daß der Anspruch erhoben wird auf Grund des gesetzlichen Nachbarrechts[3]). Eine auf besonderem privatrechtlichen Titel (Grunddienstbarkeit oder obligatorische Zusage) beruhende Klage kann auf Unterlassung auch dann gerichtet werden, wenn der Unterlassungsanspruch nur durch Einstellung des Betriebs erfüllt werden kann[4]);

2. daß es sich um eine gewerbliche Anlage handelt, für welche die Gewerbeordnung besondere behördliche Genehmigung erfordert. Die Gewerbeordnung enthält ein Verzeichnis[5]) dieser Anlagen in § 16 Abs. 1. Hierzu kommen dann noch die in § 24 der GewO angeführten Dampfkessel[5a]). Unter § 16 GewO fallen beispielsweise Abdeckereien (Wasenmeistereien), Gasanstalten, Kalk-, Ziegel-[6]) und Gipsöfen, chemische Fabriken[7]), Feuerwerkerei (Luftfeuerwerk, Herstellung von Gewehr- und Geschützmunition)[8]), Leim- und Seifensiedereien, Schlächtereien[9]), Gerbereien[10]), unter Umständen auch Müllverbrennungsanlagen, nicht

[2]) OLG 39, 213 (Arbeiteraborte während der Bauausführung).

[3]) Gleichviel, ob vom Eigentümer (§ 1004) oder vom Besitzer (§ 862).

[4]) Mandry, Der zivilrechtliche Inhalt der RGes 371; RG 93, 103; BayOGH 11, 520. — Berger-Wilhelmi, GewO Anm. zu § 26. — Vgl. RG 13, 52. Bolze 11 Nr. 82 (Vereinbarung einer bestimmten Stauhöhe). In solchen Fällen kann die Verwaltungsbehörde die Bewilligung vorbehaltlich zivilrechtlicher Austragung erteilen oder bis zur Beseitigung des Einspruchs versagen (BayVGH 2, 94). In RG 93, 105 ist darauf hingewiesen, daß bei einem vertragsmäßigen Anspruch die Einrede der nachträglichen Unmöglichkeit (Millionenschaden) in Frage kommen könne (§§ 275, 242 BGB). Vgl. oben § 38 N 79.

[5]) Das Verzeichnis, das nur durch Bundesgesetz geändert werden kann, ist erschöpfend und duldet grundsätzlich keine entsprechende Anwendung auf andere Anlagen (RG 104, 81; OLG Karlsruhe in DJ 40, 875). Hinsichtlich der Aufbereitungsanstalt als Nebenbetrieb eines Bergbaubetriebs siehe aber unten N 20.

[5a]) Landmann-Rohmer, 1952, § 26 Anm. 3.

[6]) Auch Feldziegelöfen für sog. Feldbrände (SeuffBl. 42, 355).

[7]) Fabrikmäßige Herstellung eines chemischen Produkts fällt unter § 16 GewO, wenn sie auch nur einen Nebenbetrieb zur Herstellung eines Hilfsstoffes für die nicht genehmigungspflichtige Hauptbetriebsanlage bildet (SeuffBl. 6. ErgBd. 5, 168).

[8]) RG 104, 82 (Zerlegung von Großzündern); SeuffBl. 60, 127 (Herstellung von sog. Einheitspatronen und Bereitung der dazu erforderlichen Zündmasse).

[9]) Zum Begriff einer Schlächterei gehört weder Benutzung durch eine größere Anzahl von Metzgern, noch eine besondere dauernde Vorrichtung; tatsächliche Widmung zum periodischen gewerbsmäßigen Schlachten genügt. BayZ 8, 466; vgl. SeuffBl. 44, 368.

[10]) Auf Herstellung von Lohkuchen durch einen Gerber, getrennt von der Gerbereibetriebsstätte (SeuffBl. ErgBd. 5, 113).

dagegen Brikettfabriken[11]), handwerksmäßig betriebene Kupferschmieden[12]), Sauggasanstalten[13]), Faßpichereien[14]), Hutfabriken[15]), Wasserleitungsanlagen[16]), Stauanlagen zum Betrieb einer gemeindlichen Wasserleitung[17]), Schmieden[18]) und Zuckerfabriken[19]). Aufbereitungsanstalten des § 58 PrABG stehen den nach § 26 GewO genehmigungspflichtigen Anlagen gleich[20]). Ferner sind vereinzelt durch Landesgesetz die Eisenbahn-, Dampfschiffahrts- und ähnliche Unternehmungen des öffentlichen Verkehrs den genehmigungspflichtigen Anlagen des § 26 GewO gleichgestellt worden (§ 46 BraunschwAG; Art. 92 HessAG; Art. 224 WürttAG — RegBl. 31, 585 ff.)

„Gewerbliche Anlagen" im Sinne des § 16 GewO sind Vorrichtungen zur gewerblichen Erzeugung. Niederlagen (z. B. von Lumpen) fallen nicht darunter, wenn sie nicht Bestandteil einer solchen Anlage sind[21]). Die Kläranlagen einer Stadt fallen nicht unter § 16[22]). Zu den gewerblichen Anlagen gehört außer den Betriebsstätten das Zubehör, d. h. alles, was zur zweckentsprechenden Herstellung der genehmigungspflichtigen Anlage nötig ist, also auch die zur Fortschaffung von Abfällen und Abwässern erforderlichen Einrichtungen[23]), nicht dagegen weitere Anlagen des Betriebs, die nicht der genehmigungspflichtigen Anlage und ihrer Benutzung dienstbar sind[24]). Deshalb findet § 26 GewO keine Anwendung auf die außerhalb der genehmigungspflichtigen Gasbereitungs- und -bewahrungsanstalt befindliche, in dem Rohrnetz verkörperte Anlage, die dazu dient, das bereitete Gas den Straßen und Häusern zuzuführen[25]);

3. daß die behördliche Genehmigung von der zuständigen gewerbepolizeilichen Behörde erteilt worden ist[26]). Es ist eine Ge-

[11]) RG bei Scherer, das 7. Jahr des BGB, 183. [12]) SeuffBl. 67, 452 (BayObLG).
[13]) Reger E 26, 2. [14]) BayVGH 19, 113. [15]) BlAdmPr. 25, 15.
[16]) SeuffA 79 Nr. 172 (RG).
[17]) BayVGH 26, 338.
[18]) Bolze 5 Nr. 87 (RG).
[19]) RG 11, 186.
[20]) RG 98, 79. Ebenso OLG München (HRR 41, 29) für bayr. Gebiet.
[21]) BayOVG 42, 276; SeuffBl. 69, 21 (BayObLG).
[22]) BayZ 18, 50 (RG).
[23]) BayVGH 13, 412; Voraussetzung der Anwendung des § 26 GewO auf eine für den Fabrikbetrieb notwendige Anlage zur Fortschaffung der Abwässer ist jedoch, daß diese Anlage in dem der Behörde eingerichteten Plane vorgesehen war (RG 86, 234).
[24]) Vgl. RG 104, 82.
[25]) RG DR 44, 410; RG 63, 274; JW06, 554; SeuffA 79 Nr. 172 (RG). Vgl. unten § 43 D III 1 d.
[26]) Diese Voraussetzung ist auch gegeben, wenn die Konzession vor Inkrafttreten der GewO nach Landesrecht erteilt ist, sofern die Errichtung einer solchen Anlage nach § 16 GewO jetzt der Genehmigung bedarf (Riehl bei Gruchot 51, 152; JW 86, 120 RG; Bolze 2 Nr. 151; WarnE 14 Nr. 189; a. M. RG 11, 185; Bolze 2 Nr. 150).

nehmigung im Sinne der Gewerbeordnung erforderlich. Die gewöhnliche polizeiliche Genehmigung ist nicht einschlägig[27]). Der Schutz des § 26 wird nur für den genehmigten Dampfkessel (§ 24 GewO), nicht aber für die mit diesem ein Ganzes bildenden, nicht genehmigten Anlagen, z. B. eine mit dem Dampfkessel verbundene Dynamomaschine gewährt[28]). Denn im Gegensatz zu den Fällen des § 16 der GewO, in denen die gesamte gewerbliche Anlage mit allem, was dazu gehört, der gewerbepolizeilichen Genehmigung bedarf, ist diese in § 24 der GewO ausdrücklich auf einen bestimmten Teil der Anlage (den Dampfkessel) beschränkt. Die Gewerbebetriebe selbst werden, falls sie an sich nicht genehmigungsbedürftig sind, dies auch nicht dadurch, daß sie Dampfkessel benutzen, welche der Genehmigung bedürfen.

Der Schutz des § 26 GewO ist daher im Falle des § 24 der GewO nur für die Dampfkesselanlage selbst, nicht aber auch für die Feuerungsanlage gegeben[29]), obwohl ohne diese eine Benutzung des angelegten und genehmigten Dampfkessels gar nicht möglich ist;

4. daß die gewerbliche Anlage unter Einhaltung der in der behördlichen Genehmigung gemachten Auflagen, durch welche eine Verminderung der betreffenden Einwirkungen bezweckt wird, errichtet worden ist[30]). Dabei ist zu beachten, daß für eine Veränderung der Betriebsstätte[31]) und, soweit die Anlagen der §§ 16, 24 GewO in Betracht kommen, auch für eine wesentliche Änderung[32]) im Betrieb Genehmigung erforderlich ist (§ 25 GewO).

Ist dem Unternehmer bei der Konzession die Einhaltung von Bedingungen auferlegt worden, so kann im Falle des § 907 BGB Klage erhoben werden, daß der Betriebsunternehmer künftig die Überschreitung der ihm seinerzeit auferlegten Konzessionsbedingungen unterläßt[33]). Handelt der Unternehmer den ihm auferlegten Konzessionsbedingungen zuwider, so kann er insoweit nach den Grundsätzen der gewöhnlichen Eigentumsfrei-

---

[27]) Landmann, GewO Anm. 3 zu § 26. R 03 Nr. 2887 für eine nur der polizeilichen Erlaubnis bedürfende Eismaschine einer Brauerei.

[28]) RG 40, 182. SeuffA 38 Nr. 159 (RG).

[29]) SeuffA 53 Nr. 180. — Vgl. BayVGH 2, 291. Nach BayOHG 17, 19 gehört aber zur gewerblichen Stauanlage (§ 23 GewO) auch das Triebwerk, das dieser Stauanlage dient.

[30]) Vgl. SeuffA 38 Nr. 159.

[31]) Betriebsstätte ist der gesamte zur Ausübung benutzte Raum mit allen integrierenden Bestandteilen (SeuffBl. 70, 398).

[32]) Die Änderung ist wesentlich, wenn dadurch stärkere Belästigungen für die Nachbarn herbeigeführt werden (vgl. OVG 10, 260; 24, 316; 29, 286 u. 309; SeuffBl. 70, 398). Die Ersetzung eines Wasserrads durch eine Turbine ist wesentlich (OVG 43, 263). Ebenso ist die Herstellung einer neuen Abwasseranlage eine wesentliche Änderung (vgl PrMinBl. für Handel u. Gewerbe 15, 390).

[33]) Reger 10, 385. — Landmann, GewO Anm. 5 zu § 26.

heitsklage in Anspruch genommen werden[34]). Dem Unternehmer liegt der Beweis ob, daß die Einwirkung durch eine konzessionierte Betriebshandlung herbeigeführt wird[35]). Würde an sich nicht der Beseitigungsanspruch (§ 907), sondern nur der allgemeine Unterlassungsanspruch (§ 1004) bestehen, so wäre die Klage darauf zu richten, daß der Beklagte die unzulässigen Einwirkungen insoweit unterläßt, als sie bei Einhaltung der Konzessionsbedingungen ausgeschlossen wären.

II. Veränderung des Eigentumsfreiheitsanspruchs durch § 26 der Gewerbeordnung

Es ist nun zu untersuchen, inwieweit § 26 der GewO auf die einschlägigen Vorschriften des BGB einwirkt bzw. was er von den hier gegebenen Ansprüchen übrig läßt. Vor allem ist zu beachten, daß § 26 der GewO lediglich zur Förderung des Gewerbebetriebs eingeführt wurde. Es sollte also nicht etwa gegen den Gewerbebetrieb ein Anspruch begründet werden, der nach den allgemeinen Vorschriften nicht bestehen würde. Der Anspruch, welcher zum Schutz des durch den Gewerbetrieb belästigten Grundeigentümers durch die allgemeinen Vorschriften gegeben ist, sollte in seinen Voraussetzungen nicht erleichtert werden.

Daß ein Anspruch auf Einstellung des Betriebs auf Grund des § 906 BGB überhaupt nicht besteht, ist bereits ausgeführt worden[36]). Soweit aber nach § 907 BGB ein Anspruch auf Beseitigung der Anlage besteht, so ist er gegenüber den gewerblich konzessionierten Betrieben im Sinne des § 26 der GewO durch diese Bestimmung ausgeschlossen. Es ist klar, daß, wenn § 26 der GewO nicht einmal einen Anspruch auf Betriebseinstellung zuläßt, dadurch auch der weitergehende Anspruch auf Beseitigung der Betriebsanlage entzogen ist[37]). Hiernach stellt sich die Rechtslage für die behördlich genehmigten gewerblichen Anlagen im Sinne des § 26 der GewO, wie folgt dar:

1. Wegfall des Beseitigungsanspruchs. Der etwa an sich bestehende Anspruch auf Beseitigung der Anlage (§ 907 BGB) fällt weg; an dessen Stelle tritt der Anspruch auf Herstellung der tunlichen Einrichtungen,

[34]) Bei einem Verstoß gegen die in der Genehmigungsurkunde getroffenen Anordnungen wird aus § 823 Abs. 2 BGB auf Schadensersatz gehaftet (BayZ 16, 91 RG). § 16 GewO verbietet den Gewerbetrieb, der nicht genehmigt ist. Wird die Genehmigung unter Bedingungen und Auflagen erteilt, so ist durch § 16 GewO der Betrieb, bei dem die Bedingungen und Auflagen nicht eingehalten sind, verboten. Nicht die Anordnung der Verwaltungsbehörde stellt das Schutzgesetz dar, wie das RG a. a. O. sagt, sondern § 16 GewO. [35]) Riehl bei Gruchot 51, 152.

[36]) Vgl. Mandry, Der zivilrechtliche Inhalt der RGes 370.

[37]) Vgl. Turnau-Förster Anm. 1 zu § 907. Für einen gleichwohl erhobenen Anspruch auf Beseitigung ist der Rechtsweg zulässig (JW 08, 302).

welche die benachteiligenden Einwirkungen ausschließen. Aber nur solche Einrichtungen können verlangt werden, welche tunlich und mit einem gehörigen Betrieb des Gewerbes vereinbar sind. Mit einem gehörigen Betrieb des Gewerbes ist alles unvereinbar, was vom Standpunkt des Unternehmens aus das in wirtschaftlicher Beziehung Unzweckmäßige in sich schließt[38]). Deshalb können unverhältnismäßig kostspielige Einrichtungen nicht verlangt werden, auch nicht Einrichtungen, die mit ganz erheblichen Betriebsstörungen verbunden wären. Besteht die Möglichkeit, daß nach Herstellung der tunlichen Einrichtungen doch noch unzulässige Einwirkungen übrigbleiben, für welche der Unternehmer zur Schadloshaltung verpflichtet ist, dann kommt es darauf an, ob die Kosten der Vorkehrungen zu der hierdurch bewirkten Herabminderung des Ersatzanspruchs in einem entsprechenden Verhältnis stehen[39]). Der Nachbar braucht sich regelmäßig[40]) nicht damit zu begnügen, daß die Beeinträchtigung vom Unternehmer durch Betriebseinstellung vermieden wird. Es könnte jeden Augenblick doch wieder begonnen werden, und gerade gegen solche Gefährdung wäre an sich der Anspruch auf Beseitigung gegeben, an dessen Stelle aber der mindere auf Herstellung von Einrichtungen tritt. Ist Ausschließung nicht möglich, so kann der Eigentümer des leidenden Grundstücks verlangen, daß Einrichtungen getroffen werden, welche die benachteiligenden Einwirkungen auf ein erträgliches Maß herabsetzen[41]). Der Anspruch auf Herstellung und Unterhaltung solcher Einrichtungen ist ein dauernder; er besteht so lange wie die beeinträchtigende Anlage. Daher ist die Klage nicht ohne weiteres schon dann abzuweisen, wenn der Beklagte im Laufe des Rechtsstreits Vorrichtungen getroffen hat, welche die beeinträchtigenden Einwirkungen in Wegfall bringen, und der Kläger trotzdem seinen Antrag aufrechterhält, denn im allgemeinen ist der Anspruch damit nur zeitweise befriedigt; der beeinträchtigte Eigentümer muß regelmäßig die Möglichkeit behalten, mit Zwangsmaßregeln vorgehen zu können, sobald die getroffenen Schutzeinrichtungen wieder beseitigt werden sollten[42]). Die Hauptsache ist aber als erledigt anzusehen (vgl. oben § 38 II 2a und N. 104ff. daselbst), wenn einerseits die getroffenen Einrichtungen nach menschlicher Voraussicht die schädlichen Einwirkungen auf das zulässige Maß zurückführen und andererseits die Wiederbeseitigung der Schutzeinrichtungen und die Wiederaufnahme des früheren Betriebs nach der Lage der Verhältnisse nicht in Betracht

[38]) Gruchot 42, 138; vgl. RG 93, 103.
[39]) RG 86, 234.
[40]) Vgl. oben im Text zu § 38 N. 107ff.
[41]) JW 96, 210; 00, 895; 02, Beil. 202; OLG 36, 157.
[42]) RG 36, 178; JW 96, 210; 98, 610.

kommen können[42a]). Der Klageantrag und die Verurteilung dürfen nicht auf Herstellung konkret bestimmter Einrichtungen gerichtet werden, weil der Unternehmer in der Auswahl der ihm zu Gebote stehenden Schutzmaßregeln nicht beschränkt werden darf[43]). Dies bleibt der Zwangsvollstreckungsinstanz vorbehalten (§§ 887, 888 ZPO)[44]).

Behauptet der Beklagte, daß die Herstellung von Einrichtungen, welche die benachteiligende Einwirkung ausschließen oder mindern, überhaupt nicht tunlich ist, so trägt er hierfür im Prozeß die Beweislast.

2. Einschränkung des Unterlassungsanspruchs. Der allgemeine Anspruch[45]) auf Unterlassung der Beeinträchtigung (§ 1004 BGB) oder der Besitzstörung (§ 862 BGB)[46]) fällt dann weg, wenn Einrichtungen, welche die benachteiligende Einwirkung ausschließen, untunlich sind. Denn wenn dies der Fall ist, dann könnte der Eigentümer nur durch Einstellung des Betriebes dem Anspruch auf Unterlassung gerecht werden. Gerade das soll ihm aber nach § 26 GewO nicht angesonnen werden können[47]). Aber auch die Herstellung solcher Einrichtungen, die mit einem gehörigen Betriebe des Gewerbes nicht vereinbar sind, soll nicht verlangt werden können, und es ist daher der Anspruch auf Unterlassung der Beeinträchtigung auch dann versagt, wenn nur durch Herstellung solcher Einrichtungen die unzulässige Beeinträchtigung vermieden werden könnte. Sind aber die Einrichtungen, welche die benachteiligenden Einwirkungen ausschließen, tunlich, so hat der Eigentümer des leidenden Grundstücks den Anspruch auf Unterlassung der Beeinträchtigung; er kann nicht verlangen, daß tatsächlich solche Einrichtungen getroffen werden[48]). Es bleibt dem Unternehmer überlassen, dem Anspruch auf Unterlassung der Beeinträchtigung auch durch Betriebseinstellung zu genügen. Sind Einrichtungen, welche die benachteiligende Einwirkung ausschließen, nicht tunlich, so kann der Eigentümer des leidenden Grundstücks doch auf die Unterlassung des Übermaßes der benachteiligenden Einwirkungen

---

[42a]) RG JW 10, 654; 11, 326; 27, 45; Warn. 12 Nr. 215; 17 Nr. 245; 19 Nr. 172; Gruch. 44, 866; 54, 1008.

[43]) RG 36, 178; JW 09, 5 (Kress); vgl. oben § 38 II 2a u. b und § 38 VIII.

[44]) Riehl bei Gruchot 51, 153; RG 60, 120; SeuffA 59 Nr. 21 (RG).

[45]) Nach § 51 GewO kann die höhere Verwaltungsbehörde eine gewerbliche Anlage wegen überwiegender Nachteile und Gefahren für das Gemeinwohl jederzeit untersagen.

[46]) RG 105, 214; vgl. unten § 40.

[47]) RG 170, 44; unrichtig WürttRV 13, 247, Stuttgart, wonach nur ein auf Einstellung des Betriebes gehender Antrag ausgeschlossen sein soll, nicht dagegen ein Antrag auf Unterlassung einzelner Störungen, mag auch bei deren Durchführung der weitere Betrieb unmöglich sein.

[48]) Es handelt sich hier nur um den nach Maßgabe des § 906 BGB bestehenden Anspruch, während oben unter a der weitergehende Anspruch, der aus § 907 BGB hervorgeht, erörtert ist.

klagen, um welches diese durch Herstellung der tunlichen Einrichtungen gemindert würden[49]).

III. Anspruch auf Schadloshaltung

Es fragt sich nun, wie in jenen Fällen, in welchen auf Grund des § 26 GewO der negatorische Anspruch aus § 1004 oder der Besitzstörungsanspruch aus § 862 entzogen ist, der an dessen Stelle durch § 26 GewO verliehene Anspruch auf Schadloshaltung beschaffen ist. Für die Untersuchung dieser Frage ist eine Klarstellung des Begriffs „Schadloshaltung" erforderlich.

Der Begriff „Schadloshaltung" wird nur dann richtig erfaßt, wenn man von der dem Anspruch zugewiesenen Aufgabe ausgeht, einen Ausgleich für die Entziehung des negatorischen Abwehranspruchs zu schaffen. Weil nun die Eigentumsfreiheitsklage Verschulden des Beklagten nicht voraussetzt, so ist auch für den Anspruch auf Schadloshaltung Verschulden des Beklagten nicht erforderlich[50]). Der Eigentümer soll dafür schadlos gehalten werden, daß er die Einwirkungen nicht abwehren kann, die er an sich nicht zu dulden hätte. Hierfür — aber auch nur hierfür — soll er gemäß § 26 GewO entschädigt werden. Eine in der Zukunft weiter wirkende Beeinträchtigung des Eigentums, gegen die keine Abwehr möglich ist, muß den Wert des Gegenstandes des Eigentums herunterdrücken; der dadurch herbeigeführte Minderwert ist zu ersetzen[51]). Der beeinträchtigte Eigentümer darf aber dadurch nicht besser gestellt werden als er stehen würde, wenn ihm der gesetzliche Abwehranspruch verblieben wäre. Deshalb wird ihm nur der Minderwert ersetzt, den sein Grundstück dadurch erleidet, daß er die Einwirkungen nicht abwehren kann, die über das nach den allgemeinen Vorschriften (insbes. § 906) zulässige Maß hinausgehen[52]). Die

[49]) SeuffA 47 Nr. 285 (RG). JW 96, 210; 00, 895; 02 Beil. 202; OLG 35, 157. Der infolge des Vorhandenseins der geminderten Beeinträchtigung erwachsende Minderwert des Hauses muß ersetzt werden. Vgl. BayOGH 6, 403. Vgl. unten III.

[50]) RG 47, 98; 155, 313; JW 01, 11; Gruchot 50, 412 (RG); vgl. Maenner 165 Anm. 44; Bolze 17 Nr. 62. Zutreffend Endemann 2, 475 Anm. 57: „§ 26 GewO greift keineswegs der zivilrechtlichen Frage vor, ob stets eine Haftung auf Schadenersatz besteht." Das ist richtig; man muß eben die Begriffe „Schadenersatz" und „Schadloshaltung" auseinanderhalten.

[51]) SeuffA 49 Nr. 236 RG.

[52]) Das RG hatte zunächst (Warn. 11 Nr. 404; R 11 Nr. 3185) die abweichende Ansicht vertreten, daß auch der „Schaden" zu ersetzen sei, der durch die nach § 906 BGB zulässigen Einwirkungen verursacht wird, denn auch dieser würde vermieden werden können, wenn dem Eigentümer der Anspruch aus § 907 BGB auf Beseitigung zustehe. Dabei wurde aber übersehen, daß dem Eigentümer der gewerblichen Anlage nach deren Beseitigung eine anderweitige Benutzung seines Grundstücks und die dadurch herbeigeführte Zuführung zulässiger Immissionen freistehen würde. Durch die Schadloshaltung soll der beeinträchtigte Eigentümer in seiner Vermögenslage aber nur so gestellt werden,

Höhe der Schadloshaltung ist nach dem Maße der derzeit[53]) unzulässigen Einwirkungen festzusetzen. Steigert sich später das Maß der Einwirkungen, so kann weitere Schadloshaltung für die dadurch herbeigeführte Erhöhung des Minderwerts verlangt werden. Ist der Wert des Hauses nicht nur durch die an sich unzulässigen Einwirkungen des beklagten Betriebes, sondern auch durch Einwirkung anderer Nachbarn gemindert, so hat der beklagte Betrieb nur für den von ihm verursachten Teil des Minderwertes schadlos zu halten[54]). Da durch die Schadloshaltung der Nachteil, daß die Einwirkungen für alle Zukunft nicht abgewehrt werden können, ausgeglichen werden soll, muß in entsprechender[55]) Anwendung des § 249 der Zustand hergestellt werden, der bestehen würde, wenn der zur Schadloshaltung verpflichtende Umstand (Wegfall des Abwehranspruchs für die Zukunft) nicht eingetreten wäre. Würde der Abwehranspruch bestehen bleiben, so hätte das Haus einen höheren Wert. Der Minderwert ist zu ersetzen. Der Ersatz wird regelmäßig durch eine Kapitalabfindung zu leisten sein[56]). Es kann aber unter Umständen auch Verurteilung zu einer jährlichen Rente für die Dauer des Beeinträchtigungszustandes angezeigt sein, wenn mit dem Fortfall einer an sich unzulässigen Beeinträchtigung zu rechnen ist[57]).

---

wie er stehen würde, wenn ihm sein Abwehranspruch durch § 26 GewO nicht entzogen wäre. Das RG hat denn auch, nachdem es bereits in RG 70, 150 und in RG 101, 105 Schadloshaltung nur für die über das zulässige Maß hinausgehenden oder für die rechtswidrigen Einwirkungen zugebilligt hat, in RG 139, 29 (vgl. auch RG 155, 316) seine frühere Ansicht ausdrücklich aufgegeben und sich der hier vertretenen angeschlossen. — Ebenso RGK, 10. Aufl., 13c zu § 906.

[53]) RG WarnE 13 Nr. 144.

[54]) Eine entsprechende Anwendung des § 840 kommt nicht in Frage; RGK Bem. 13 zu § 906.

[55]) § 249 kann nicht unmittelbar, sondern nur analog angewendet werden, da er nur den „Schadenersatz" regelt, während es sich hier um den damit nicht zusammenfallenden Begriff der „Schadloshaltung" handelt.

[56]) RGK Bem. 13 zu § 906 wendet den § 249 Satz 2 an, da es sich um Beschädigung einer Sache handle, und somit der Zustand herzustellen sei, der bestehen würde, wenn die Einwirkungen nicht stattfinden würden. Deshalb sei grundsätzlich eine Kapitalabfindung und nur unter ganz besonderen Umständen eine zeitweise oder fortdauernd zu zahlende Rente zu gewähren (RG 45, 203; Gruchot 61, 804; JW 18, 86; BayZ 18, 81; WarnE 15 Nr. 141; 19 Nr. 172). Diese Ansicht würde dazu führen, daß der Eigentümer, wenn später durch die an sich unzulässigen Einwirkungen ein positiver Sachschaden eintreten würde, auch dann keinen Ersatz zu beanspruchen hätte, wenn dieser Schaden durch Fahrlässigkeit des Betriebsinhabers herbeigeführt wäre, weil dieser Schaden ja schon im voraus durch die Kapitalabfindung ausgeglichen wäre. Hier wie überall kommt man zu einem richtigen Ergebnis nur durch scharfe Auseinanderhaltung der wesensverschiedenen Begriffe „Schadloshaltung" und „Schadenersatz". Der Begriff „Schadloshaltung" hat eine Vermögensbeschädigung (ähnlich wie bei § 263 StGB) im Auge, die schon vorliegen kann, bevor die Sache beschädigt ist.

[57]) Vgl. SeuffA 49 Nr. 236 (RG billigt dort eine Verurteilung zu 5% des Hauswertes zu), vgl. BayOGH 6, 403.

Weil die Schadloshaltung den Ausgleich dafür schafft, daß für die Zukunft die an sich unzulässigen Einwirkungen nicht abgewehrt werden können, so kann nach geleisteter Schadloshaltung der Betriebsunternehmer von einem Sondernachfolger des beeinträchtigten Grundstücks insoweit nicht nochmals auf Schadloshaltung in Anspruch genommen werden, als für die Entziehung des Abwehranspruchs dem Vorbesitzer der dadurch herbeigeführte Minderwert ersetzt ist[58]). Eine andere Beurteilung hat einzutreten, wenn sich nach der Schadloshaltung das Maß der an sich unzulässigen Einwirkungen gesteigert hat.

Durch die Zahlung des Minderwerts erhält aber der Eigentümer des beeinträchtigten Grundstücks noch keinen völligen Ausgleich für die ihm durch die Entziehung des Abwehranspruchs zugehenden Nachteile. Könnte er den Anspruch auf Beseitigung (§ 907) oder Unterlassung (§ 1004) erheben, so würde von da ab der Unternehmer durch die Geltendmachung des Anspruchs[59]) in Verzug (vgl. unten § 43 D I) gesetzt mit der Folge der Schadenersatzpflicht ohne Verschulden (§ 286). Durch die Entziehung des Abwehranspruchs wird sein Nachbar außerstande gesetzt, den Unternehmer in Verzug zu setzen und dadurch ohne weiteres schadenersatzpflichtig zu machen. Für diesen Verlust muß er schadlos gehalten werden und die Schadloshaltung besteht eben gerade darin, daß der Unternehmer, der auf Erfüllung nicht gemahnt werden kann, ohne Mahnung schadenersatzpflichtig ist. Voraussetzung ist weiter nichts, als daß an sich — ohne § 26 GewO — die Erfüllung des Beseitigungs- oder Unterlassungsanspruchs hätte verlangt werden können, nicht aber, daß diese Erfüllung tatsächlich verlangt worden ist[60]). Nur dann, wenn nach den Umständen des Falls mit

---

[58]) RGK Bem. 13 zu § 906 meint, der Ersatzpflichtige könne sich im Falle der Kapitalabfindung dagegen, daß er von einem Besitznachfolger des Ersatzberechtigten etwa „noch einmal auf Schadenersatz" in Anspruch genommen werde, dadurch schützen, daß er die Eintragung einer Grunddienstbarkeit betr. Duldung der Einwirkungen verlange (RG WarnE 15 Nr. 141). Hier wird also unterstellt, daß der Sondernachfolger, wenn eine solche Grunddienstbarkeit nicht eingetragen sei, nochmals Schadloshaltung beanspruchen könne. Das ist nicht der Fall. Wenn durch die Schadloshaltung der Minderwert ausgeglichen wird, der durch die Pflicht zur dauernden Duldung der Einwirkungen herbeigeführt ist, dann wird der Käufer des Grundstücks entsprechend diesem Minderwert auch einen geringeren Kaufpreis zu zahlen haben (vgl. unten N. 63). Hat der Verkäufer durch arglistiges Verschweigen der ihm geleisteten Schadloshaltung im Käufer den Glauben erweckt, daß er die unzulässigen Einwirkungen abwehren oder doch Schadloshaltung verlangen könne, dann kann er vom Käufer auf Schadenersatz aus dieser unerlaubten Handlung belangt werden. Gegen den Betriebsunternehmer hat der Sondernachfolger nach einer seinem Rechtsvorgänger geleisteten Schadloshaltung den Anspruch nicht mehr.

[59]) Auch der Anspruch auf Unterlassung ist auf eine „Leistung" gerichtet.

[60]) Das Reichsgericht vertrat zunächst (Gruchot 50, 412; JW 05, 503; 12, 869; 15, 601; RG 101, 103; 105, 214) die abweichende Ansicht, nach § 26 GewO könne eine Schadloshaltung ohne Verschulden nur gegen künftig zu befürchtende nachteilige Ein-

Sicherheit anzunehmen ist, daß der Abwehranspruch, auch wenn seiner Geltendmachung das rechtliche Hindernis aus § 26 GewO nicht entgegengestanden hätte, nicht geltend gemacht worden wäre, kann dieser Schadenersatzanspruch nicht geltend gemacht werden, da ja die Schadloshaltung nur den Schaden ausgleichen soll, der infolge der Entziehung des Abwehranspruchs erlitten wird.

Der Anspruch auf Schadloshaltung umfaßt also den Minderwert des beeinträchtigten Grundstücks und daneben den Ersatz des Schadens, der durch diesen Minderwert nicht ausgeglichen ist, gleichviel, ob der Schaden bereits entstanden ist oder erst in Zukunft entstehen wird.

Der Minderwert stellt den Vermögensnachteil dar, der schon jetzt dadurch entstanden ist, daß der Eigentümer die an sich unzulässigen Einwirkungen für die Zukunft nicht verbieten kann, sondern dulden muß. Hat der Eigentümer dadurch, daß er nicht verbieten konnte, einen bereits eingetretenen Schaden erlitten, so gehört dessen Ersatz zur Schadloshaltung. Es kann aber in Zukunft durch die Einwirkungen ein weiterer Schaden verursacht werden, dessen Eintritt möglich oder sogar wahrscheinlich ist, aber nicht mit Bestimmtheit vorauszusehen ist. Während der schon jetzt entstandene Sachschaden und Vermögensschaden (Minderwert) den derzeitigen Eigentümer trifft, und daher diesem zu ersetzen ist, trifft ein weiterer späterer Schaden denjenigen, der zur Zeit des Eintritts dieses Schadens der Eigentümer ist. Solange dieser Schaden noch nicht eingetreten ist, kann er nicht zugesprochen werden und die Feststellung kann nicht zugunsten des derzeitigen Eigentümers erfolgen, sondern zugunsten desjenigen, der beim Eintritt des Schadens der Eigentümer sein wird.

Die Klage auf Schadloshaltung wird also etwa folgenden Antrag zu erhalten haben:

1. Der Beklagte ist schuldig, dem Kläger 5000 DM (Minderwert) zu ersetzen;

---

wirkungen und nicht auch für bereits eingetretene Schäden verlangt werden. In RG 104, 85 billigte es dann für die Fälle des § 907 BGB den Anspruch auf Schadloshaltung auch hinsichtlich des in der Vergangenheit liegenden Schadens zu, da nach § 907 schon vor einer unzulässigen Einwirkung der Beseitigungsanspruch gegeben sei, an dessen Stelle der Schadloshaltungsanspruch trete. In RG 139, 33 hat das RG dann unter Aufgabe seiner früheren Rechtsprechung sich allgemein der hier vertretenen Ansicht (vgl. Meisner-Stern, Preuß. Nachbarrecht, S. 533 N. 2) angeschlossen und zur Begründung ausgeführt, der Schadenersatzanspruch nach § 26 GewO sei keiner anderen Beschränkung unterworfen, als sie sich aus § 26 GewO selbst ergebe; insbesondere bestehe kein ausreichender Grund, aus der der Abwehrklage ihrer Natur nach innewohnenden Wirkungsbeschränkung auf die Zukunft eine gleiche Beschränkung für den Schadenersatzanspruch des § 26 zu entnehmen, der eine solche nicht wesensnotwendig in sich trage. Die Schadloshaltung sei also nicht auf die nach Klageerhebung eingetretenen Schäden beschränkt. Dieser Auffassung hat sich der BGH angeschlossen (NJW 55, 19 = RdL 55, 10); ebenso Westermann § 63 II 4a.

2. es wird festgestellt, daß der Beklagte verpflichtet ist, dem Eigentümer des Hausgrundstücks Flurstück Nr. 211 jeden durch die Zahlung des Minderwerts von 5000 DM nicht ausgeglichenen Schaden zu ersetzen, der in Zukunft dadurch erwachsen wird, daß der Beklagte dem Grundstück Nr. 211 Erschütterungen zuführt, welche die Benutzung dieses Grundstücks wesentlich beeinträchtigen und welche durch eine Benutzung des beklagten Grundstücks herbeigeführt werden, die nach den örtlichen Verhältnissen bei Grundstücken dieser Lage ungewöhnlich ist[61]).

Die Zahlung für Wertminderung begreift alle Nachteile in sich, die infolge der Fortdauer der unzulässigen Einwirkung nach dem regelmäßigen Verlauf der Dinge in Zukunft eintreten werden. Ist das Maß der von dem Gewerbebetrieb ausgehenden Erschütterungen so stark, daß mit dem Grad von Sicherheit, mit dem sich die menschliche Erkenntnis für die Beurteilung der Zukunft begnügen muß, die Verursachung von Rissen des Nachbarhauses vorherzusehen ist[62]), dann ist dem Ersetz der Minderung ein entsprechender Betrag für Schutzvorkehrungen und Instandsetzungsarbeiten einzurechnen[63]). Ist die Entstehung solcher Risse nicht vorherzusehen, so ist in der Gegenwart auch ein Vermögensschaden nicht entstanden.

Entsteht später ein Sachschaden, so ist es für den nachträglich erhobenen Schadenersatzanspruch des Eigentümers (gleichviel ob es der durch Zahlung der Wertminderung abgefundene Eigentümer ist oder sein Sondernachfolger) Tatfrage, ob bei der seinerzeitigen Bemessung der Schadloshaltung auch die Gefährdung der Beschädigung des Nachbarhauses durch Risse einbezogen wurde. War dies der Fall, so ist noch weiter zu prüfen, ob nicht nach der Schadloshaltung eine Steigerung des Maßes der Einwirkungen eingetreten ist. Dies kann nach beiden Richtungen zu der Annahme führen, daß durch die Schadloshaltung für Wertminderung nur ein Teil des später entstandenen Sachschadens im voraus ausgeglichen wurde.

---

[61]) Vgl. oben § 16 VII.

[62]) Dabei wird der Richter einen strengen Maßstab an die Erfordernisse einer solchen Sicherheit anzulegen haben, damit, wenn später die Beschädigung durch Risse eintritt, der Ersatz hierfür an den gelangt, der zur Zeit der Beschädigung Eigentümer ist.

[63]) Ein Haus, bei dem die Entstehung von Rissen mit Sicherheit vorauszusehen ist, ist schon jetzt entsprechend weniger wert. Der Vermögensschaden ist also schon jetzt entstanden, auch wenn der Sachschaden erst später eintritt. Der derzeitige Eigentümer ist daher geschädigt und ihm wird der Ersatz durch Zahlung der Wertminderung bezahlt. Tritt dann nach einem Wechsel des Eigentums der Sachschaden ein, so wird zwar der Erwerber von diesem Sachschaden betroffen; in seiner gesamten Vermögenslage wird jedoch der Erwerber nicht geschädigt; denn er hat seinerzeit ein Haus erworben, bei dem die spätere Entstehung von Rissen mit Sicherheit vorauszusehen und das infolgedessen entsprechend weniger wert war. Hat er einen Kaufpreis bezahlt, bei dem die Wertminderung infolge der Gefährdung des Hauses nicht berücksichtigt war, dann ist sein Vermögen dadurch geschädigt, daß er zu teuer gekauft hat.

Der Unterschied zwischen den Begriffen Schadloshaltung und Schadenersatz kommt auch insofern zur Geltung, als derjenige, welcher den Anspruch auf Schadloshaltung im Sinne des § 26 GewO erhebt, beweisen muß, daß der negatorische Anspruch infolge der Bestimmung des § 26 GewO in Wegfall gebracht ist, insbesondere auch, daß solche Einrichtungen, welche die Beeinträchtigungen auf das zulässige Maß herabsetzen, nicht tunlich sind[64]). Der Kläger wird daher gut daran tun, seinen Klageantrag alternativ zu stellen, so daß dem Beklagten die Wahl gelassen wird, ob er die erforderlichen Einrichtungen treffen oder schadlos halten will[65]), zum mindesten aber sollte der Kläger den einen Anspruch hilfsweise neben dem andern erheben. Denn selbst, wenn er nachweisen kann, daß die Folgen der unzulässigen Einwirkungen auf einem Verschulden des Beklagten beruhen, so kann er nur Ersatz des bereits entstandenen Schadens, nicht Ersatz des Schadens beanspruchen, der durch künftige Einwirkungen entstehen wird[66]).

Die Schadloshaltungs- oder Schadensersatzansprüche, die an die Stelle der nach §§ 906, 907, 1004 BGB an sich gegebenen Ansprüche treten, verjähren nach § 852 BGB[67]). Die Verjährung ist aber keine für alle Einwirkungen einheitliche; sie beginnt also nicht für sämtliche Beeinträchtigungen bereits mit der ersten Einwirkung, sondern läuft besonders für jede Ein-

---

[64]) Vgl. Landmann-Rohmer, Anm. 5 zu § 6. Vgl. Gruchot 50, 415 (RG); LZ 21, 379 (RG). — Freilich wird man an diese Beweislast für ein negativum keine hohen Anforderungen stellen dürfen. Wenn der Beklagte auf Befragen nicht darzulegen vermag, welche Einrichtungen für die Ausschließung (ohne Abschwächung) der schädlichen Einwirkungen in Betracht kommen, ist dem Kläger ein weiterer Beweis nicht anzusinnen. — Hat der Eigentümer Klage auf Zahlung von 4000 DM als Schadloshaltung für den Minderwert seines Hauses erhoben und der Betriebsinhaber stellt Einrichtungen her, welche die Beeinträchtigung auf das zulässige Maß herabsetzen, ist die Klage regelmäßig in der Hauptsache erledigt; vgl. hierzu oben II 1 und N. 42 u. 42a.

[65]) § 264 BGB; vgl. Stein-Jonas-Schönke, Vorbem. III zu § 803.

[66]) Zwar kann dann der Kläger Schadenersatz nach § 823 beanspruchen, aber dieser Schadenersatzanspruch umfaßt nicht den Ausgleich der Wertminderung für die künftigen unzulässigen Einwirkungen. Soweit § 26 GewO nicht in Frage steht, kann der Eigentümer des beeinträchtigten Grundstücks für die Zukunft weiter nichts verlangen als die Unterlassung. Im Sinne des § 823 ist der Schaden erst entstanden, wenn der Sachschaden eingetreten ist. Es kann daher neben dem Anspruch auf Unterlassung wohl auf Feststellung einer künftigen Schadenersatzpflicht für den Fall der Zuwiderhandlung geklagt werden, keineswegs aber auf Abfindung durch einen Geldbetrag.

Es liegt also nicht im Belieben des beeinträchtigten Nachbars zu erklären, daß er die unzulässige Immission dulden wolle, dafür aber Schadloshaltung, d. i. Ersatz des durch die Duldung bewirkten Minderwertes seines Hauses verlange (vgl. Bolze 2 Nr. 154).

[67]) RG JW 35, 1775; 12, 31; RG Warn. 14 Nr. 189; RGK 10. Aufl., Anm. 13c zu § 906; Landmann-Rohmer, 1952, Anm. 5 zu § 26 GewO. Unrichtig: Meisner-Stern, S. 537, und Meisner-Ring, Bay. Nachbarrecht, 4. Aufl., S. 573.

wirkung, die jeweils einen neuen Anspruch auslöst, der selbständig nach § 852 BGB verjährt[68]).

§ 40. Die Besitzstörungsklage

I. Begriff und Wesen des Besitzes

Nach § 854 BGB versteht man unter Besitz die rechtlich anerkannte tatsächliche Gewalt über eine Sache.. Der Besitz ist also kein Rechts-, sondern ein tatsächliches Verhältnis; er gewährt aber eine wichtige Rechtsstellung, so daß er die Bedeutung eines, wenn auch nur vorläufigen Rechts hat[1]). Im Gegensatz zu der rechtlichen Herrschaft über eine Sache, die im Eigentum zum vollendeten Ausdruck kommt, stellt der Besitz die tatsächliche Herrschaft dar. Der Mieter (Pächter) ist Besitzer[2]).

Durch § 865 BGB hat der Teilbesitz Anerkennung gefunden, indem der Besitz an einzelnen Teilen einer Sache insoweit möglich ist, als eine gesonderte räumliche Herrschaft einer anderen Person über den anderen Teil der Sache geübt werden kann[3]). So ist z. B. an dem Keller[4]) oder an anderen Räumen (Mietwohnung)[5]) eines Hauses, ja sogar an einem Teil der Oberfläche einer Hauswand[6]) oder an den Straßenbahngleisen, die in städtische Straßen eingefügt sind[7]), ein selbständiger Besitz möglich, der auch dem Eigentümer des Ganzen gegenüber vollwirksam ist.

Wann die für den Besitz erforderliche tatsächliche Herrschaft vorliegt, ist nach der im gewöhnlichen Leben und Verkehr herrschenden Auffassung für jeden Fall besonders zu entscheiden[8]). Das maßgebende Merkmal liegt darin, ob ein Verhältnis der Person zu der Sache vorliegt, welches die Möglichkeit gewährt, jederzeit auf die Sache einzuwirken[9]). Einen hierauf ge-

---

[68]) RG JW 35, 1775; 12, 31; RG Warn. 14 Nr. 189.

[1]) Palandt, Überbl. vor § 854 Anm. 1; In dem Besitz sehen ein Recht: RG 59, 328; Staudinger Vorbem. VII vor § 854; 3, 14 und die dortigen Nachweise über die sehr bestrittene Frage. Vgl. unten § 43 D II 1.

[2]) Er kann daher die Abwehrklage (§ 862) gegen unzulässige Einwirkungen auf das Mietgrundstück erheben (RG 63, 374; 105, 212; WarnE 18 Nr. 55). Der Mieter ist unmittelbarer, der Vermieter mittelbarer Besitzer; das zwischen ihnen bestehende Mietverhältnis vermittelt den Besitz (Besitzmittlungsverhältnis).

[3]) M 3, 114 (Mugdan 3, 63).

[4]) Vgl. BayObLG 16, 282; SeuffA 52 Nr. 147; SeuffBl. 32, 297.

[5]) RG 59, 328. Vgl. oben § 16 N. 41.

[6]) OLG 3, 26; Besitz an dem Teil der Oberfläche, auf welchem sich das Firmenschild des Mieters befindet.

[7]) JW 91, 256 (RG).

[8]) Vgl. Prot. S. 3334f.; Mugdan 3, 502. Kein Besitzschutz des Jagdpächters, aber Unterlassungsklage eingeräumt JW 22, 233; 08, 653 (vgl. OLG 6, 254). — Vgl. BraunschwZ 06, 41 (Schutz im Besitz eines Kirchenstuhlrechts).

[9]) ROHG 7, 35; R 24 Nr. 1232 (RG).

richteten Willen verlangt das Gesetz nicht als begriffliches Erfordernis[10]), der Mangel eines solchen Willens wird aber regelmäßig bei der tatsächlichen Würdigung der Frage, ob ein Besitzverhältnis vorliegt, gegen die Bejahung erheblich ins Gewicht fallen[11]). Der Besitz muß erkennbar sein[12]).

In altrömischer Zeit war für den Übergang des Besitzes auf einen anderen die tatsächliche Übertragung entscheidend. Doch schon in Rom, mehr noch im Mittelalter fiel das Gewicht vorzugsweise auf die Willenseinigung. Biermann, traditio ficta (1891) hat nachgewiesen, daß nach Gemeinem Recht die Besitzübertragung einfach als eine durch den Vertrag begründete Sukzession zu behandeln ist.

Das BGB ist nicht so weit gegangen, weil diese Lehre zu bedenklichen Ergebnissen führen kann, wenn sich der tatsächlichen Ausübung des Besitzes von vornherein unüberwindliche Hindernisse entgegenstellen. Deshalb bestimmt § 854 Abs. 2 BGB[13]):

„Die Einigung des bisherigen Besitzers und des Erwerbers genügt zum Erwerb (des Besitzes), wenn der Erwerber in der Lage ist, die Gewalt über die Sache auszuüben".

Als Besitzhandlungen können alle Handlungen in Betracht kommen, durch welche eine Einwirkung auf das Grundstück ausgeübt wird. Gerade bei Liegenschaften kann sich der Besitz an dem ganzen Grundstück durch eine Einwirkung kundgeben, die weder alle Teile der Sache trifft, noch an sich die vollendete Herrschaft in sich begreift, aus der sich aber doch die Möglichkeit für den Handelnden ergibt, auf das ganze Objekt einzuwirken[14]). Auch hier muß die besondere Gestaltung des Einzelfalls entscheiden. Maßgebend wird zumeist sein, welche Willensrichtung aus einem äußeren Vorgang gemeinhin abgeleitet wird. Ist an der Hauswand das Firmenschild des Ladenmieters angebracht, so wird niemand daran denken, daß hier ein Besitz an dem ganzen Hause[15]) kundgegeben sei, während andererseits ein

[10]) Vgl. Bendix, Besitzlehre S. 1; Turnau-Förster Bem. 4 zu § 854. Bekker JherJ. 34, 27. (A. M. R 14 Nr. 209, Stuttgart.) Indes setzt der Besitz in der Regel den Willen voraus, die Sache tatsächlich zu beherrschen. Wie aus § 867 ersichtlich, bedeutet die unbewußte Innehabung regelmäßig noch keinen Besitz im Sinn des § 854. Allerdings ist denkbar, daß jemand an Sachen, die in den Bereich seiner tatsächlichen Innehabung gelangen, Besitz erwirbt, bevor er von der Innehabung Kenntnis erlangt hat. Es müssen dann aber Veranstaltungen getroffen sein, die einen allgemeinen mit auf Empfang der betreffenden einzelnen Sachen gerichteten Willen erkennen lassen (JW 25, 785 [RG]; RG 106, 136).

[11]) Vgl. Staudinger Bem. I 2 zu § 854; KGBl. 03, 21 (Kammergericht).

[12]) RG 77, 208; Recht 23 Nr. 744.

[13]) Vgl. R 24 Nr. 1232 (RG).

[14]) Bendix, Besitzlehre 9. So wird z. B. der Besitz des ganzen Grundstücks durch Bepflanzung eines Teils dann erworben, wenn der animus possidendi auf das ganze Grundstück gerichtet ist und der Bepflanzende in der Lage ist, die Gewalt über das ganze Grundstück auszuüben (OTr. 46, 46). Das ist aber regelmäßig nicht anzunehmen, wenn ein anderer an dem übrigen Teil Besitzhandlungen ausübt.

[15]) Es liegt nur Besitz an dem Teil der Wandoberfläche vor, welche von dem Firmenschild bedeckt ist. OLG 3, 26 (Kammergericht). Vgl. RG 80, 281 (ein am fremden Hause angebrachter Lichtreklame-Kasten).

einziger auf das Grundstück gesteckter Strohwisch eine Besitzhandlung darstellen kann, die nach allgemeiner Auffassung das ganze Grundstück ergreift. Die den Besitz kennzeichnende Herrschaftsausübung wird vornehmlich durch Anlagen und Handlungen kundbar gemacht, die dem Zweck der wirtschaftlichen Verwendung des Grundstücks entsprechen[16]).

In dem Einpflocken eines Grundstücks mit Grenzzeichen, in dem Abpfählen einer Verlandung[17]), Einzäunen eines Grundstücks, Einstecken von Dörnern zum Schutze gegen Betreten durch Menschen, Aufstellung eines Strohwisches oder einer Warnungstafel, im Pflügen eines Ackers, Abgrasen eines Rains sind regelmäßig Besitzhandlungen zu erblicken. Auch die Dachüberladung mit dem dadurch bedingten Tropfenfall kann als Besitzausübung an dem unter der Traufe gelegenen Raum in Betracht kommen[18]). An einem Teich kann je nach den Umständen der Besitz durch Ausübung der Jagd, Fischerei, Schilf- und Materialentnahme ausgeübt werden[19]).

Andererseits ist z. B. aus der Entnahme von Lehm nicht unbedingt Besitz an dem Grundstück abzuleiten, wenn sie auf Grund einer vom Eigentümer erteilten Erlaubnis erfolgt[20]).

Zur Besitzübertragung bedarf es keiner äußeren Form, es genügt die bloße Einigung über den Besitzübergang (§ 854 Abs. 2 BGB), die nicht ausdrücklich zu erfolgen braucht[21]), sondern sich aus den Umständen ergeben kann; so wird regelmäßig in der Auflassung auch die Einigung über den Besitzübergang liegen[22]).

Ausnahmsweise sind Personen, welche eine tatsächliche Herrschaft über eine Sache ausüben, nicht als Besitzer zu erachten, indem § 855 BGB bestimmt: Übt jemand die tatsächliche Gewalt über eine Sache für einen anderen in dessen Haushalt oder Erwerbsgeschäft oder in einem ähnlichen Verhältnis aus, vermöge dessen er den sich auf die Sache beziehenden Weisungen des anderen Folge zu leisten hat (Besitzdiener), so ist nur der andere Besitzer.

Andererseits wird ein Besitz ohne tatsächliche Gewalt ausnahmsweise anerkannt, indem § 868 BGB bestimmt: Besitzt jemand eine Sache als Nießbraucher, Pfandgläubiger, Mieter, Verwahrer oder in einem ähnlichen Verhältnis, vermöge dessen er einem anderen gegenüber auf Zeit zum Besitze berechtigt oder verpflichtet ist, so ist auch der andere Besitzer (mittelbarer Besitzer).

---

16) Endemann 2, 196.
17) PreußVerwBl. 23, 520 (Oberverwaltungsgericht).
18) S. oben § 26 I.
19) Vgl. OTr. 55, 208.
20) R 02, 125.
21) Staudinger Bem. II 1a zu § 854.
22) Staudinger Bem. II 3 zu § 854.

Der Besitzer darf sich verbotener Eigenmacht mit Gewalt erwehren (§ 859 Abs. 1 BGB)[23]). Wird dem Besitzer eines Grundstücks der Besitz durch verbotene Eigenmacht entzogen, so darf er sofort nach der Entziehung sich des Besitzes durch Entsetzung des Täters wieder bemächtigen (§ 859 Abs. 3 BGB). Die gleichen Rechte stehen dem Besitzer gegen den Besitznachfolger desjenigen zu, der den Besitz durch verbotene Eigenmacht erlangt hat (§ 859 Abs. 4 BGB).

II. Voraussetzungen der Besitzstörungsklage

1. Verbotene Eigenmacht. Im Begriff des Besitzes als der rechtlich anerkannten tatsächlichen Gewalt über eine Sache (§ 854 BGB) liegt es, daß der Besitzer andere von jeder Einwirkung auf seinen Besitz ausschließen kann, sofern nicht die Einwirkung durch das Gesetz gestattet wird. Die rechtswidrige Einwirkung eines Dritten (verbotene Eigenmacht: § 858) enthält daher eine Störung des Besitzrechts, zu deren Abwehr dem Besitzer neben dem Recht der Selbsthilfe (§ 859 BGB) die Besitzklagen gegeben sind (§§ 861, 862 BGB).

2. Besitzstörung, nicht Besitzentziehung. Bei totaler Verletzung des Besitzes, nämlich bei Entziehung des Besitzes, geht der Anspruch auf Wiedereinräumung des Besitzes (§ 861 BGB). Wird der Besitz nur teilweise, d. i. eben in anderer Weise als durch Entziehung des Besitzes, beeinträchtigt, so steht dem Besitzer die Besitzstörungsklage zu (§ 862 BGB).

Bei Grundstücken können die Klagen wegen Besitzentziehung und Besitzstörung nicht ineinander übergehen[24]). Wenn vom Nachbargrundstück eine Furche weggeackert wird, so wird man es nicht mit einer bloßen Besitzstörung, sondern mit einer Besitzentziehung an der weggeackerten Furche zu tun haben; daneben liegt Besitzstörung hinsichtlich des ganzen Grundstücks vor. Der Übergang von der einen zu der anderen Besitzklage ist nicht als Klageänderung anzusprechen[25]).

3. Tatsächlicher Besitzstand entscheidend. Das Gesetz erkennt die tatsächliche Herrschaft als schutzwürdig an; dem Besitzer ist das Recht auf Erhaltung seiner tatsächlichen Herrschaft verliehen; sein Besitz wird geschützt ohne Rücksicht darauf, ob er mit der Rechtslage übereinstimmt. Wer diese tatsächliche Herrschaft ohne den Willen

[23]) Keine Schadenersatzpflicht desjenigen, der berechtigte Selbsthilfe angewendet hat (SeuffA 78 Nr. 112).

[24]) M 3, 126; Mugdan 3, 70. OLG 20, 395 (Braunschweig).

[25]) Maenner 146; Staudinger Bem. 3 zu §§ 861, 862; vgl. OLG 20, 395 („Bei Grundstücken sind die Grenzen zwischen Störung und Entziehung des Besitzes schwer zu unterscheiden; der Unterschied ist tatsächlich quantitativer Art").

des Besitzers stört, handelt widerrechtlich, sofern ihm nicht das Gesetz die Störung gestattet; die Störung ist verbotene Eigenmacht (§ 858 BGB) und also selbst dann unzulässig, wenn der Störer seinerseits ein Recht zum Besitz hat und der Besitz des Gestörten ein materiell rechtswidriger ist. Auch derjenige, zu dessen Gunsten eine Enteignung ausgesprochen worden ist, muß sich den Besitz auf dem Rechtsweg verschaffen, da der Enteignungsbescheid keine Einweisung in den Besitz enthält (OLG 43, 208 — Hamburg). Vgl. unten III.

4. Beeinträchtigendes Verhalten. Gestört ist der Besitz immer dann, wenn die tatsächliche Herschaft des Besitzers über eine Sache beeinträchtigt wird[26]). Die Handlungen, welche hierzu geeignet sind, decken sich mit jenen, welche eine Beeinträchtigung des Eigentums darstellen, weshalb auf die dortigen Ausführungen (oben § 38) verwiesen werden kann[27]).

Hier wie dort kann die Beeinträchtigung durch positive Tätigkeit oder eine rechtswidrige Unterlassung herbeigeführt werden (vgl. oben § 38 I 2); ein bloßes Bestreiten des Besitzes genügt nur ausnahmsweise[28]), kann aber eine Feststellungsklage rechtfertigen (vgl. oben § 38 I 3); die Besitzstörungsklage setzt kein Verschulden[29]) des Störers voraus. Ebensowenig ist Voraussetzung, daß der Beklagte ein Recht behauptet[30]).

Die Störung kann vorliegen, obwohl der Störende nicht die Absicht gehabt hat, den Besitz zu stören[31]).

---

[26]) Vgl. OLG 2, 40 (Besitzstörung durch den Verpächter); StriethA 65, 230 (Aufstellung einer Warnungstafel); RG 59, 328; OLG 9, 296 (Störung des Mitbesitzes durch unzulässige Immissionen); RG HHR 31 Nr. 2119 und BGH in BB 54, 426 (gegen Geräuscheinwirkungen seitens eines Mitmieters eines anderen Stockwerks im gleichen Haus ist dem Mieter unter den Voraussetzungen des § 906 die Besitzstörungsklage gegeben); Störung des Pachtbesitzes durch unzulässige Einwirkung von Rauch und Gas auf die Pflanzen der gepachteten Handelsgärtnerei: RG 105, 215 (wo ausgeführt ist, daß die Besitzstörungsklage des Pächters der gleichen Beschränkung unterliegt, wie sie in § 906 BGB dem Eigentum auferlegt ist). JW 96, 14; RG 55, 56 (Irrläufer bei militärischen Schießübungen; vgl. hierzu oben § 38 X); OLG 4, 148; 10, 105; JW 93, 350 (Pfändung); SeuffA 21 Nr. 124 (Strafanzeige); Enteigner, der sich nur auf Grund des Enteignungsbescheids — nicht auf dem Rechtsweg — den Besitz verschafft (OLG 43, 208 — Hamburg).

[27]) Vgl. RG 55, 57; OLG 4, 290.

[28]) Aufstellung einer Warnungstafel kann bei Wegerechten eine Besitzstörung darstellen (Scherer 3, 24). Die Behauptung, Eigentümer zu sein, schließt ein Bestreiten des Besitzes noch nicht in sich (BayOGH 2, 427). In einer Klagestellung ist keine Besitzstörung zu erblicken, Staudinger Bem. II 2a zu § 858. Wegen bloßer Drohungen vgl. OLG 4, 290; SeuffA 57 Nr. 122 und oben § 38 I 3. Besitzstörung liegt aber vor, wenn nicht bloß der Besitz bestritten wird, sondern zugleich künftige Besitzhandlungen verboten werden (JW 08, 274; SeuffA 63 Nr. 205).

[29]) S. oben § 38 I 4.

[30]) BayOGH 3, 153; 8, 182.

[31]) BayOGH 14, 240.

Nach § 859 Abs. 1 darf sich der Besitzer verbotener Eigenmacht mit Gewalt erwehren[32]). Durch dieses Selbsthilferecht wird natürlich der Anspruch auf gerichtlichen Schutz nicht berührt. Es kann deshalb ein Antrag, den Besitz durch einstweilige Verfügung zu schützen, nicht mit dem Hinweis abgewiesen werden, daß sich ja der Besitzer selbst durch Gewalt helfen könne und daher die einstweilige Verfügung nicht notwendig (§ 935 ZPO) sei.

III. Ziel der Besitzstörungsklage

Das Ziel der Besitzstörungsklage ist die Abwehr der Beeinträchtigung. Es ist klar, daß sie da nicht mehr angestellt werden kann, wo sie nicht mehr notwendig ist, weil eine Störung des Besitzes nicht mehr vorliegt. Deshalb kann man auch von der Besitzstörungsklage sagen, daß sie einen Zustand der Beeinträchtigung voraussetzt. Dieser Zustand kann in einem körperlichen Verhältnis bestehen, durch welches die Störung dargestellt wird, oder in einem Zustand der Gefährdung durch Wiederholung der Eingriffe.

Aus dieser Verschiedenheit der Veranlassung ergibt sich eine doppelte Gestaltung des Anspruchs:

1. Beseitigung der Störung. Der Anspruch auf Beseitigung der Störung geht (§ 862 BGB) auf Wiederaufhebung einer fortbestehenden Störung des Besitzes. Der Fortbestand und die Wiederaufhebbarkeit der Störung setzen ein körperliches Verhältnis voraus (vgl. hierüber oben § 38 II 1). Die Wiederversetzung eines entzogenen Ackerstreifens in den früheren ackerbaufähigen Zustand läßt sich mit dem Anspruch aus § 861 nicht begründen; doch kann der Anspruch aus § 823 hergeleitet werden, wenn dessen Voraussetzungen (Verschulden) gegeben sind[33]).

2. Unterlassung künftiger Störung. Der Anspruch auf Unterlassung weiterer Störung setzt ebenfalls einen Zustand, jedoch nicht körperlicher Art, voraus. Wenn das Zuwiderhandeln gegen das Verbot der Eigenmacht die zuständliche, bis in die Gegenwart fortdauernde Folge hervorgebracht hat, daß weitere Störungen nach den Umständen zu besorgen sind, so ist dem Besitzer der Anspruch auf Unterlassung weiterer Störung gegeben (§ 862 BGB. Vgl. hierüber oben § 38 II 2). Eine bloß abstrakte Möglichkeit der Wiederholung genügt nicht[34]); es ist eine auf die gegebenen Umstände sich gründende Wahrscheinlichkeit erforderlich[35]).

---

[32]) Vgl. LZ 23, 311 (RG).

[33]) OLG 15, 329. (Gegen diesen Anspruch ist Widerklage auf Feststellung des Eigentums zulässig.) Über Schadenersatz s. unten § 43.

[34]) RG 63, 379.

[35]) JW 13, 543.

Auch hier ist der Besitzer weder verpflichtet noch berechtigt, auf Vorkehrung bestimmter Maßnahmen zu klagen, durch welche die Störung hintangehalten werden soll[36]) (vgl. oben § 38 II 2a). Über die Zwangsvollstreckung aus einem Urteil auf Unterlassung vgl. oben § 38 II 2b.

Die Besitzklage kann nicht gegen eine offene Handelsgesellschaft als solche, sondern nur gegen deren Gesellschafter gerichtet werden[37]). Auch mehrere Mitbesitzer genießen in ihrem Verhältnis zueinander Schutz ihres Mitbesitzes[38]).

Anwendungsfälle der Besitzstörungsklage sind beispielsweise: unzulässige (§ 906) Immission in die vermietete Wohnung[39]); Verhinderung an der Benutzung des Notwegs[40]); Anbringung von Firmenschildern[41]); Anbringen von Lichtreklame an der Außenwand nicht gemieteter Räume (RG 80, 282).

Auch die Besitzstörungsklage kann einer mit obrigkeitlicher Erlaubnis errichteten gewerblichen Anlage gegenüber niemals die Einstellung des Betriebs, sondern höchstens die Herstellung von Einrichtungen, welche die Störungen ausschließen, bewirken. Wo solche Einrichtungen nicht tunlich sind, kann wegen der Besitzstörung lediglich Schadloshaltung verlangt werden (vgl. hierüber oben § 39)[42]).

Daneben greift der allgemein anerkannte Rechtsgrundsatz in die Besitzstörungsklage ein, wonach gegenüber der Ausübung staatlicher Hoheitsrechte und speziell gegenüber polizeilichen Anordnungen nicht auf Unterlassung geklagt werden kann (z. B. Besitzstörung durch Militärschießplatz, Artilleriewerkstätte, Polizeiwachtstube, Läuten der Kirchenglocken), vgl. hierüber oben § 38 X.

IV. Materielles Recht ist ohne Bedeutung

1. Folgerungen. Nur der tatsächliche Besitzstand ist entscheidend und nicht das bessere materielle Recht auf den Besitz. Niemals kann die Besitzklage auf das materielle Recht gestützt werden. Wer mit der Besitzstörungsklage durchdringen will, muß seinen Besitz[43]) und die Störung durch verbotene Eigenmacht nachweisen.

---

[36]) OLG 12, 71; vgl. übrigens RG 63, 379.

[37]) R 24 Nr. 1683 (RG). [38]) R 24 Nr. 985 (RG).

[39]) RG 59, 328; OLG 9, 295; 12, 71. Vgl. auch oben § 16 N. 41.

[40]) R 04 Nr. 1821 (Colmar). [41]) KGBl. 08, 107 (KG). [42]) RG 105, 213.

[43]) Im allgemeinen steht auch dem mittelbaren Besitzer (§ 868 BGB) die Besitzstörungsklage zu, wenn der Besitzer (Mieter, Pächter) in seinem Besitz gestört wird (§ 869 BGB); jedoch kann der mittelbare Besitzer die Besitzstörungsklage nicht gegen den unmittelbaren Besitzer selbst erheben (vgl. SächsArch. 1, 435, Dresden), während umgekehrt dem unmittelbaren Besitzer (Mieter) die Besitzstörungsklage gegen den mittelbaren Besitzer (Vermieter) zusteht und ihm sogar den wirksamsten Schutz gegen Übergriffe des Vermieters in die zum Gebrauch überlassene Sache gewährt (vgl. OLG 2, 41, Stettin).

Kann der Kläger seine — den Besitz darstellende — tatsächliche Gewalt über die Sache nicht nachweisen, so muß er mit seiner Besitzklage selbst dann abgewiesen werden, wenn sein materielles Recht auf den Besitz feststeht. Zur Begründung der Besitzstörungsklage ist aber weiter erforderlich, daß der Besitz durch verbotene Eigenmacht (§ 858 BGB) gestört wurde. Die Besitzklage findet also nicht gegen jeden fehlerhaften und namentlich nicht gegen den precario erlangten Besitz statt[44]). Ob der Kläger seinerseits selbst den Besitz durch verbotene Eigenmacht erlangt hat[45]), ist nur dann von Bedeutung, wenn der Besitzer dem Störer oder dessen Rechtsvorgänger gegenüber den Besitz durch verbotene Eigenmacht erlangt hat und der Besitz in dem letzten Jahr vor der Störung erlangt worden ist[46]). Nur wenn diese doppelte Voraussetzung gegeben ist, ist die Besitzstörungsklage ausgeschlossen (§ 862 Abs. 2 mit § 858 Abs. 2 BGB). Auf diese Weise konzentriert sich die Entscheidung im Besitzprozeß auf die Frage, ob verbotene Eigenmacht von einer der Parteien verübt wurde. Der Besitzschutz bezweckt die Aufrechterhaltung der äußeren Rechtsordnung. So wenig der nichtbesitzende Kläger den Mangel seiner Aktivlegitimation durch den Nachweis ersetzen kann, daß ihm nach materiellem Recht der Besitz gehört, so wenig ist es dem Beklagten nachgelassen, die von ihm verübte verbotene Eigenmacht durch den Nachweis zu rechtfertigen, daß der Kläger nach materiellem Recht zur Duldung der Besitzbeeinträchtigung verpflichtet ist. Der gute Glaube des Eigenmächtigen ist ohne jede Bedeutung[47]). Ein solches materielles Recht zum Besitz oder zur Vornahme der störenden Handlung kann nur zur Begründung der Behauptung geltend gemacht werden, daß die Entziehung oder die Störung nicht verbotene Eigenmacht sei (§ 863 BGB). Das will besagen: der Einwand, daß der Störer zur Störung berechtigt gewesen sei, ist insoweit unzulässig, als damit dargetan werden soll, daß der durch formelles Unrecht geschaffene Zustand dem materiellen Recht entspreche[48]); zulässig ist jedoch dieser

---

[44]) R 07, 310 Nr. 588 (RG). Der prekaristisch erlangte Besitz ist nicht ohne den Willen des früheren Besitzers entzogen.

[45]) Vgl. RG 34, 425.

[46]) Dem Anspruch aus § 861 Abs. 1 kann der Beklagte gemäß Abs. 2 den Einwand entgegensetzen, daß der Kläger ihm gegenüber fehlerhaft besaß. Dem Kläger steht demgegenüber seinerseits wieder der Gegeneinwand zu, daß der frühere Besitz des Beklagten fehlerhaft war. Denn keine Partei kann sich auf die Fehlerhaftigkeit des gegnerischen Besitzes berufen, wenn sie selbst innerhalb eines Jahres vor der fehlerhaften Besitzerlangung des Gegners diesem gegenüber den Besitz fehlerhaft erlangt hat. Die Besitzklage ist sonach nur dann begründet, wenn die Reihe der gemäß § 861 in Betracht kommenden widerrechtlichen Besitzentziehungen nicht vom Kläger, sondern von dem Beklagten eröffnet worden ist (SchleswHolstAnz. 25, 110 Kiel).

[47]) JW 04, 361; RG 67, 389; SeuffA 60 Nr. 9; R 12 Nr. 3369 (RG); WarnE 23/24, 149. [48]) Turnau-Förster Bem. 1 zu § 863.

Einwand insoweit, als damit dargetan werden soll, daß durch die Störung gar kein formelles Unrecht geschaffen worden sei, mit anderen Worten, daß eine verbotene Eigenmacht im Sinne des § 858 nicht vorliege[49]). Dies trifft nur dann zu, wenn entweder der Besitzer[50]) oder das Gesetz[51]) die den Besitz beeinträchtigende Handlung gestattet hat[52]). Die Erlaubnis des Eigentümers schließt den Begriff der Eigenmacht nicht aus, wenn der Eigentümer nicht Besitzer ist[53]). Hat jemand nach materiellem Recht den Anspruch auf die Besitzeinwirkung, so wird, namentlich wenn dieses Recht auf vertraglicher Grundlage beruht, die Zustimmung des Besitzers zu der vertragsgemäß zulässigen Einwirkung regelmäßig so lange unterstellt werden dürfen, als nicht der Besitzer seinen der Vertragspflicht entgegenstehenden Willen dem Vertragsgegner kundgegeben hat[54]). Zieht der Pächter zu dem vereinbarten Termin auf dem Pachtgut auf, so kann ihn der Eigentümer nicht mit der Besitzklage vertreiben. Hat aber der Verpächter dem Pächter vorher erklärt, daß er ihn nicht aufziehen lasse, so kann der Pächter, der dessen ungeachtet aufgezogen ist, die Besitzklage des Verpächters nicht damit bekämpfen, daß ja der Verpächter gemäß § 581 BGB verpflichtet sei, ihm den Besitz zu dem vertragsmäßigen Termin einzuräumen und somit das Verbot des Verpächters rechtswidrig gewesen sei[55]). Andererseits kann der Vermieter gegen den Mieter, der nicht rechtzeitig räumt, die Besitzklage nicht erheben, weil ja der Mieter den Besitz mit dem Willen des Vermieters erlangt hat. Stört der Vermieter den Mieter in diesem materiell unrechtmäßigen Besitz, so steht dem Mieter die Besitzklage zu, gegen welche der Beklagte nicht einwenden kann, daß die Mietzeit abgelaufen und deshalb der Mieter zum Auszug verpflichtet sei.

Die Erlaubnis des Gesetzes schließt den Begriff der verbotenen Eigenmacht aus. Hier kommen in erster Linie die allgemeinen Bestimmungen

[49]) Vgl. SeuffA 51 Nr. 95.

[50]) Und zwar der unmittelbare Besitzer, nicht der mittelbare (JW 08, 681); vgl. übrigens § 869 und RG 68, 389. Der unmittelbare Besitzer hat den Besitzschutz auch gegen den mittelbaren Besitzer (SchleswHolstAnz. 04, 145, Kiel; WürttJ 18, 54 Stuttgart).

[51]) Vgl. §§ 227—229; 561; 860; 904; 910; 962; 1373; 1443; 1519; 1546; 2205 BGB. § 127 StPO (Wegnahme einer Sache zwecks Verwendung als Überführungsgegenstand. Vgl. RG 64, 385.) — Nicht dagegen gewährt § 867 das Recht auf Aufsuchung und Wegschaffung einer auf einem fremden Grundstück befindlichen Sache gegen den Willen des Eigentümers dieses Grundstücks.

[52]) Die Erlaubnis kann auch stillschweigend erteilt werden (RG 72, 198); vgl. JW 04, 361 (über das Fortwirken einer früher erteilten Erlaubnis); R 14 Nr. 773.

[53]) BayZ 05, 322 (RG). — (Der Eigentumsberechtigte begeht verbotene Eigenmacht, wenn er das Grundstück zwar mit Zustimmung des Eigentümers, aber ohne die des besitzenden Pächters in Besitz nimmt.)

[54]) Nur mit dieser Einschränkung ist Staudinger Bem. 1 zu § 863 beizupflichten.

[55]) Endemann 231 Anm. 23. Das Recht zum Besitz macht die Eigenmacht nicht zu einer rechtmäßigen Handlung, Endemann 231 Anm. 22. Ausnahme s. unten § 40 IV 2.

des § 229 BGB über die erlaubte Selbsthilfe[56]) und des § 904 BGB über die Notstandshandlungen (s. oben § 14) in Betracht, daneben aber auch Spezialbestimmungen wie z. B. § 561 BGB.

§ 561 BGB berechtigt den Vermieter, die seinem Pfandrecht unterliegenden Gegenstände des ausziehenden Mieters auch gegen dessen Willen in Besitz zu nehmen. Die Besitzentziehungsklage des Mieters wird mit diesem Einwand aus dem Feld geschlagen. Räumt der Mieter die Mietwohnung nicht zu dem vereinbarten Endtermin, so kann der Vermieter keine Besitzklage gegen ihn stellen.

Die Vorschrift des § 863 hat eine wichtige prozessuale Folge: Gegenüber einer Besitzklage ist eine petitorische Widerklage nur insoweit zulässig, als nach § 863 gegen die Besitzklage eine petitorische Einrede zulässig ist, d. h. also eine petitorische Widerklage kann eben nur im Rahmen des § 863 BGB erhoben werden[57]), weil sonst der nach § 33 ZPO erforderliche rechtliche Zusammenhang fehlt[58]).

Ebenso wie gegenüber der Besitzschutzklage der Einwand unzulässig ist, daß der Beklagte nach materiellem Recht zu der Störung befugt war, so kann dem materiellen Recht auch nicht die Begründung einer Widerklage gegen die Besitzklage entnommen werden. Wenn aber der Beklagte gegenüber dem Besitzanspruch einwendet, daß die störende Handlung auf Grund einer Erlaubnis des Besitzers oder auf Grund einer gesetzlichen Ermächtigung zur Eigenmacht (§§ 227—229) zulässig war, so ist diese Verteidigung geeignet, dem Besitzschutzanspruch die Grundlage zu entziehen. Auf Grund einer solchen Einwendung kann zugleich eine Widerklage erhoben werden. Wendet der Beklagte ein, daß der Kläger dem Beklagten oder dessen Rechtsvorgänger den Besitz im letzten Jahr vor der Störung durch verbotene Eigenmacht entzogen habe (§ 861 Abs. 2; § 862 Abs. 2), so ist eine Widerklage auf Besitzeinräumung zulässig[59]). Eine Behauptung dagegen, die nicht geeignet ist, den Besitzschutzanspruch zu überwinden, ist ungeeignet, den für die Zulässigkeit einer Widerklage erforderlichen rechtlichen Zusammenhang (§ 33 ZPO) zu vermitteln[60]).

2. Ausnahme. Von dem Grundsatz, daß das materielle Recht für den Besitzschutz gleichgültig ist, gibt es eine Ausnahme. Der Besitzanspruch

---

[56]) Von dem Einwand des Rechts zum Besitz ist der Einwand des Rechts zur Selbsthilfe streng zu unterscheiden. Endemann 232 Anm. 24.

[57]) Staudinger Bem. 3 zu § 864; Planck Bem. 4 zu § 863; Bendix, Besitzklage 71; Turnau-Förster Bem. I 4 zu § 861; Seuffert Bem. 2e zu § 33 ZPO; R 02, 528; Biermann Bem. 2 zu § 863; Dernburg 95 Anm. 4. A. M. OLG 4, 289; Cosack § 190 VIII.

[58]) Vgl. RG 23, 396; JW 97, 228 Nr. 3 und dagegen SeuffA 48 Nr. 63.

[59]) Vgl. Turnau-Förster Bem. I 4 zu § 861.

[60]) RG 23, 693; RGK Bem. zu § 863; OLG 15, 328.

erlischt nach § 864 Abs. 2 BGB, wenn durch rechtskräftiges Urteil[61]) festgestellt ist[62]), daß dem Täter ein dingliches oder obligatorisches[63]) Recht an der Sache zusteht, vermöge dessen er die Herstellung eines seiner Handlungsweise entsprechenden Besitzstandes verlangen kann[64]). War beim Eintritt der Rechtskraft des petitorischen Urteils ein Besitzanspruch anhängig, so muß der Kläger seinen Anspruch der Hauptsache nach für erledigt erklären; es ist dann lediglich noch über die Kosten zu entscheiden, und zwar, wenn der Beklagte sich der Erledigterklärung des Klägers angeschlossen hat, nach § 91a ZPO[65]).

V. Erlöschen des Anspruchs

Der Anspruch auf Wiedereinräumung des Besitzes wie auf Beseitigung der Störung und Unterlassung weiterer Störung erlischt mit dem Ablauf eines Jahres nach der Verübung der verbotenen Eigenmacht, wenn

---

[61]) Eine einstweilige, wenn auch rechtskräftige einstweilige Verfügung steht einem Urteil in dieser Hinsicht nicht gleich. So mit Recht Staudinger Bem. 2c zu § 864 gegen R 01, 284 (Dresden). Allein es wird im Einzelfalle zu untersuchen sein, ob nicht die einstweilige Verfügung die Berechtigung zum eigenmächtigen Besitzeingriff verleihen wollte; dann ist der Besitzklage die Grundlage entzogen, weil dann eben die Eigenmacht infolge der einstweiligen Verfügung (und zwar schon vor deren Rechtskraft) erlaubt, mithin nicht verboten ist.

[62]) Trotz des entgegenstehenden Wortlauts des Gesetzes nimmt RG 107, 258 an, daß es gleichgültig ist, ob die Rechtskraft vor oder nach Verübung der Eigenmacht eingetreten ist.

[63]) Turnau-Förster Bem. 2 zu § 864; Endemann 233 Anm. 28, RGK Bem. 3 zu § 864; Strohal JherJ 38, 120; Wolff JherJ 44, 181 Anm. 105 und die überwiegende Meinung. Dagegen für Beschränkung auf dingliche Rechte Planck Bem. 2 zu § 864; Staudinger Bem. 2c zu § 864; vgl. die Nachweise bei Staudinger a. a. O. Es ist ja richtig, daß das BGB unter einem Recht an einer Sache sonst nur ein dingliches Recht versteht. Das Motiv des Gesetzgebers, nach definitiver Überwindung des tatsächlichen Herrschaftsverhältnisses durch das materielle Recht nicht einen öden Formalismus aufkommen zu lassen und da zur Einräumung des Besitzes zu verurteilen, wo doch schon rechtskräftig feststeht, daß der eingeräumte Besitz sofort wieder zurückgegeben werden muß, trifft für obligatorische Rechtsverhältnisse genau so zu wie für dingliche. Da liegt es doch viel näher, an eine Ungenauigkeit des Gesetzgebers im sprachlichen Ausdruck zu denken, als durch Beiholung des § 226 BGB die unerträgliche Lücke auszufüllen.

[64]) Die Besitzklage wie die Klage aus dem materiellen Rechte können unabhängig voneinander erhoben, ja sogar miteinander verbunden werden. Freilich wird sich eine solche Verbindung wohl niemals empfehlen; deshalb wird der Richter wohl auch von der Verbindungsbefugnis des § 147 ZPO keinen Gebrauch machen; keinesfalls ist es angängig, daß die Verhandlung über den Besitzanspruch ausgesetzt wird bis zur rechtskräftigen Entscheidung des über das materielle Recht anhängigen Rechtsstreits. Denn gerade, weil der Besitzanspruch, abgesehen von der Ausnahme des § 864 Abs. 2 völlig unabhängig von dem materiellen Recht ist, liegt Präjudizialität im Sinne des § 148 ZPO nicht vor.

[65]) Vgl. § 38 N. 92.

nicht vorher der Anspruch[66]) im Wege der Klage geltend gemacht ist (§ 864 Abs. 1 BGB). Weil diese Frist keine Verjährungsfrist, sondern eine gesetzliche Ausschlußfrist ist, muß sie der Richter von Amts wegen berücksichtigen[67]). Sie läuft von der Verübung der verbotenen Eigenmacht an ohne Rücksicht auf die Kenntnis des Klägers[68]). Sind wiederholte Störungen vorgekommen, so wird zwar das Jahr von der letzten Störung an zu berechnen[69]) sein, die früheren Störungen können aber für die Anwendung des § 862 Abs. 2 BGB von Bedeutung sein.

VI. Einfluß von Besitzfehlern

Zur Begründung der Besitzstörungsklage gehört der Nachweis, daß sich der Kläger zur Zeit der Störung im Besitz befunden hat, daß der Besitz gestört wurde und daß der dadurch geschaffene Zustand der Beeinträchtigung des Besitzes zur Zeit der Klageerhebung noch fortdauert. Es ist keine Voraussetzung des Unterlassungsanspruchs, daß die Besorgnis weiterer Störung noch zur Zeit des Urteils besteht, wohl aber, daß nach Sachlage zu diesem Zeitpunkt noch die Möglichkeit der Wiederholung besteht[70]). Fehlerfreiheit des Besitzes ist nicht Voraussetzung des Klageanspruchs; aber je nach den tatsächlichen Verhältnissen kann infolge des Besitzfehlers in Frage gestellt sein, ob überhaupt der Begriff des Besitzes im Sinne der tatsächlichen Gewalt (§ 854) im gegebenen Fall erfüllt ist. Nur dann ist das Klagerecht durch den Besitzfehler ausgeschlossen, wenn der Besitzer dem Störer oder dessen Rechtsvorgänger gegenüber fehlerhaft besitzt und der Besitz in dem letzten Jahr vor der Störung erlangt ist (§ 862 Abs. 2). Fehlerhaft ist lediglich der durch verbotene Eigenmacht erlangte Besitz (§ 858 Abs. 2). Ein lediglich auf Ruf und Widerruf (precario modo) eingeräumter Besitz ist kein fehlerhafter im Sinne der §§ 858 Abs. 2, 862 Abs. 2, genießt also den Besitzschutz auch demjenigen gegenüber, der den Besitz erst im letzten Jahr vor der Störung prekaristisch eingeräumt hat.

VII. Schadenersatz. Die Besitzschutzklage (§§ 861, 862) ist nur darauf zu richten, daß ein Zustand herzustellen ist, bei dem die Beeinträchtigung des Besitzes nicht mehr vorhanden ist. Der Anspruch auf Herstellung des Zustandes, der bestehen würde, wenn die Beeinträchtigung überhaupt nicht eingetreten wäre (Schadensersatzanspruch), bedarf einer

---

66) Eine Feststellungsklage hält daher den Ablauf der Frist nicht auf. Staudinger Bem. 1 zu § 864; RGK Anm. 2 zu § 864; Palandt Anm. 1 zu § 864.

67) JW 03 Beil. 105; RG 68, 389.

68) Das muß auch für wörtliche Handlungen gelten, wenn hierin überhaupt eine Besitzstörung zu erblicken ist. Vgl. hierüber oben § 38 I 3.

69) Staudinger a. a. O.; Palandt Anm. 1 zu § 864.

70) Vgl. oben § 38 II 2.

besonderen Begründung[71]) (vgl. unten § 43 A). Dieser Anspruch setzt regelmäßig voraus, daß die verbotene Eigenmacht schuldhaft begangen wurde. Da der Besitz ein Vermögensrecht und § 858 ein Schutzgesetz darstellt, ist § 823 Abs. 2 anwendbar[72]). Der Vermieter, der dem Mieter nach Ablauf der Mietzeit gegen dessen Willen den Besitz entzieht, übt verbotene Eigenmacht und ist schadenersatzpflichtig[73]).

Der Anspruch auf Schadenersatz wegen Besitzstörung ist durchaus petitorischer Natur, so daß für ihn auch das materielle Recht von Bedeutung ist[74]). Wird die Besitzstörungsklage mit dem Schadenersatzanspruch verbunden, so können daher dem Ersatzanspruch gegenüber auch materiellrechtliche Einwendungen geltend gemacht werden; daher ist dem Schadenersatzanspruch gegenüber auch eine Widerklage aus dem materiellen Recht zulässig[75]).

Dem Besitzer, dem durch § 26 GewO die Besitzstörungsklage entzogen ist (s. darüber oben § 39), steht der Anspruch auf Schadloshaltung zu[76]).

Die Besitzstörungsklage des § 862 BGB unterliegt natürlich den gleichen Beschränkungen, die § 906 BGB dem Eigentum auferlegt[77]).

§ 41. Rechtsschutz der Grunddienstbarkeiten

Wird eine Grunddienstbarkeit beeinträchtigt, so stehen dem Berechtigten die im § 1004 BGB bestimmten Rechte zu (§ 1027 BGB). Der hiernach gegebene Anspruch ist aus dem materiellen Recht des Grunddienstbarkeitsberechtigten abgeleitet. Es handelt sich also dabei nicht um eine Besitzstörungsklage[1]).

I. Beeinträchtigung

Die Beeinträchtigung kann durch eine positive Tätigkeit[2]) oder eine rechtswidrige Unterlassung herbeigeführt worden sein. Freilich ist hier zu berücksichtigen, daß vermöge des Grundsatzes servitus in faciendo

---

[71]) Vgl. R 17 Nr. 825 RG; OLG 15, 329. — Der Anspruch aus §§ 861, 862 ist seiner Natur nach kein Schadenersatzanspruch (R 09 Nr. 1683, Braunschweig).

[72]) RG 59, 326; RGK Bem. 4 zu § 861. JW 06, 737; R 24 Nr. 269 (RG); Gruchot 51, 985. Über die Beschränkung, welche für die Verbindung des Schadenersatzanspruchs mit der Besitzschutzklage zu setzen ist, vgl. SeuffA 66 Nr. 54 (RG).

[73]) OLG 43, 209 (Hamburg). [74]) R 24 Nr. 269 (RG).

[75]) Vgl. SchleswHolstAnz. 25, 114 (Kiel).

[76]) RG 105, 214. Über den Begriff „Schadloshaltung" s. oben § 39 III.

[77]) RG 105, 216.

[1]) Unrichtig. BayObLG 23, 117. Dagegen ist ein Besitzschutz nach Art. 191 Abs. 2 EG gewährt, s. hierüber unten § 42.

[2]) Z. B. durch Errichtung eines Gebäudes (RG 47, 359) oder durch Transport von Schiffen (Fischrecht), durch Verengung der Straße und damit Behinderung der Benutzung einer Durchfahrt (RG 126, 373); RGK Bem. 4 zu § 1027.

consistere nequit (s. oben § 30 III 6) der Eigentümer des dienenden Grundstücks regelmäßig nicht zu einem positiven Tun verpflichtet ist. Doch gibt es hiervon Ausnahmen[3]) (vgl. hierzu oben § 30 III 6).

Auch bloße Drohungen können unter Umständen eine Beeinträchtigung der Grunddienstbarkeit darstellen[4]), während ein bloßes Bestreiten regelmäßig den Anspruch aus § 1027 nicht erzeugt[5]) (vgl. oben § 38 I 3). In letzterem Fall kann ein Feststellungsanspruch auf Anerkennung des rechtlichen Bestandes oder Umfanges der Grunddienstbarkeit erhoben werden, wenn die Voraussetzungen des § 256 ZPO gegeben sind. Die Verbindung eines solchen Feststellungsanspruchs mit dem Anspruch aus § 1027 ist zulässig und wird sich häufig empfehlen, um Rechtskraft zugunsten des ganzen Rechtsverhältnisses herbeizuführen und die Grundlage für die Eintragung der Grunddienstbarkeit im Grundbuch zu schaffen[6]).

Der Anspruch setzt kein Verschulden desjenigen voraus, welcher für die Beeinträchtigung verantwortlich ist (vgl. oben § 38 I 4).

II. Inhalt des Anspruchs

Das Ziel des Anspruchs ist die Abwehr der Beeinträchtigung. Es ist klar, daß die Abwehrklage da nicht mehr angestellt werden kann, wo sie nicht mehr notwendig ist, weil eine Störung der Grunddienstbarkeit nicht mehr vorliegt. Deshalb kann man sagen, daß der Anspruch aus § 1027 einen Zustand der Beeinträchtigung voraussetzt. Dieser Zustand kann in einem körperlichen Verhältnis bestehen, durch welches die Störung dargestellt wird, oder in einem Zustand der Gefährdung durch Wiederholung der Eingriffe.

Aus dieser Verschiedenheit der Veranlassung ergibt sich eine doppelte Gestaltung des Anspruchs:

1. Anspruch auf Beseitigung. Der Anspruch auf Beseitigung der Beeinträchtigung geht auf die Wiederaufhebung einer fortbestehenden Beeinträchtigung der Grunddienstbarkeit. Der Fortbestand und die Wiederaufhebbarkeit der Beeinträchtigung setzen ein körperliches Verhältnis voraus (s. hierüber oben § 38 II 1).

Wenn die Unterhaltung einer zur Ausübung der Grunddienstbarkeit dienenden Anlage dem Eigentümer des dienenden Grundstücks obliegt,

---

[3]) S. z. B. oben § 34 III über die Verpflichtung des Eigentümers eines mit einem Forstrecht belasteten Waldes, das Holz anzuweisen oder zu fällen. — Vgl. oben § 31 V, über die Verpflichtung des Eigentümers zur Unterhaltung einer Anlage, welche der Ausübung der Grunddienstbarkeit dient. Soweit der Eigentümer des belasteten Grundstücks unterhaltspflichtig ist, steht dem Eigentümer des berechtigten Grundstücks der Anspruch auf Unterhaltung aus § 1027 BGB zu.

[4]) Vgl. JW 08, 274.

[5]) Vgl. BayZ 06, 446 (Bamberg); BayObLG 3, 500; RGK Bem. 2 zu § 1027.

[6]) Staudinger Bem. 1b zu § 1027.

stellt die Unterlassung dieser Unterhaltung eine Beeinträchtigung der Grunddienstbarkeit dar. Die Beseitigung dieser Beeinträchtigung wird durch Ausführung der Unterhaltung bewirkt; hierauf ist also in diesem Fall der Beseitigungsanspruch zu richten[7]).

2. Anspruch auf Unterlassung. Der Anspruch auf Unterlassung weiterer Beeinträchtigung setzt ebenfalls einen Zustand, jedoch nicht körperlicher Art, voraus. Wenn das Zuwiderhandeln gegen die aus dem Inhalt der Grunddienstbarkeit sich ergebenden Pflichten die zuständliche, bis in die Gegenwart fortdauernde Folge hervorgebracht hat, daß weitere Beeinträchtigungen nach den Umständen zu besorgen[8]) sind, so ist dem Berechtigten der Anspruch auf Unterlassung weiterer Beeinträchtigung gegeben (vgl. hierüber § 38 II 2).

Auch hier ist der Berechtigte weder verpflichtet noch berechtigt, auf Vorkehrung bestimmter Maßnahmen zu klagen, durch welche die Beeinträchtigung hintangehalten werden soll (vgl. oben § 38 II 2a). Über die Zwangsvollstreckung aus einem Urteil auf Unterlassung vgl. oben § 38 II 2b.

Der Anspruch des Grunddienstbarkeitsberechtigten kann einer mit obrigkeitlicher Erlaubnis errichteten gewerblichen Anlage gegenüber niemals die Einstellung des Betriebes, sondern höchstens die Herstellung von Einrichtungen, welche die Störung ausschließen, bewirken. Wo solche Einrichtungen nicht tunlich sind, kann wegen der Beeinträchtigung der Grunddienstbarkeit lediglich Schadloshaltung verlangt werden (vgl. hierüber oben § 39 II u. III). Daneben greift der allgemein anerkannte Rechtsgrundsatz auch in den Anspruch auf § 1027 ein, wonach gegenüber der Ausübung staatlicher Hoheitsrechte und speziell gegenüber polizeilichen Anordnungen nicht auf Unterlassung geklagt werden kann (vgl. oben § 38 X).

3. Kein Schadenersatz. Schadenersatz kann nur im Falle des Verschuldens nach Maßgabe der Haftung für die unerlaubte Handlung verlangt werden[9]). Dieser Schadenersatzanspruch kann mit dem Anspruch aus § 1027 BGB verbunden werden.

III. Parteistellung im Rechtsstreit

1. Aktivlegitimation. Klageberechtigt ist der Inhaber der Dienstbarkeit, also der jeweilige Eigentümer des herrschenden Grundstücks[10]).

---

[7]) Staudinger Bem. 3b zu § 1027; Dernburg 585.

[8]) Bloße Möglichkeit genügt nicht. (RG 63, 374.)

[9]) Vgl. SeuffBl. 68, 166; BayObLG 3, 492; vgl. unten § 43 A.

[10]) Bei Gemeindeservituten ist das einzelne Mitglied der Gemeinde nicht aktiv legitimiert (s. oben § 30 N. 117).

Es ist nicht erforderlich, daß er im Besitz des Grundstücks ist. Auch der einzelne Miteigentümer ist klageberechtigt (§ 1011 BGB). Wird das herrschende Grundstück geteilt und die Grunddienstbarkeit bleibt für die einzelnen Teile fortbestehen (§ 1025 BGB, s. oben § 31 VIII 1), so ist jeder Eigentümer eines solchen Teils klageberechtigt[11]). Ebenso der Erbbauberechtigte (§ 11 ErbbauRVO) und der Nießbraucher[12]) (§ 1065 BGB), soweit mit dem Erbbaurecht und dem Nießbrauch die Ausübung einer Grunddienstbarkeit aktiv verbunden ist. Der Fideikommißbesitzer des herrschenden Grundstücks ist aktiv legitimiert. An Stelle des Eigentümers sind der Konkursverwalter (§§ 6, 10f. KO), der Testamentsvollstrecker (§§ 2212, 2213 BGB), aber auch der Zwangsverwalter aktiv legitimiert. Dagegen fehlt die Aktivlegitimation dem Mieter und Pächter[13]) (über die Aktivlegitimation überhaupt vgl. oben § 38 IV).

2. Passivlegitimation. Passiv legitimiert ist jeder Störer (vgl. hierüber oben § 38 IV 2), also nicht nur der Eigentümer des dienenden Grundstücks, sondern jeder Dritte, der unbefugt der Ausübung der Grunddienstbarkeit in den Weg tritt[14]). Mehrere Störer haften aus einer gemeinschaftlich begangenen Störung als Gesamtschuldner für die Beseitigung der Beeinträchtigung[15]).

Der Eigentümer des dienenden Grundstücks, der störende Veranstaltungen auf seinem Grundstück durch andere wissentlich duldet, ist als Störer verantwortlich[16]).

Wird auf Feststellung einer Grundgerechtigkeit geklagt, die auf einem Grundstück ruht, welches im Miteigentum mehrerer Personen steht, so muß die Klage gegen die sämtlichen Miteigentümer erhoben werden, wenn auch nur einer von ihnen die Grunddienstbarkeit bestritten hat[17]).

IV. Beweislast. Der Kläger ist für den von ihm behaupteten Inhalt und Umfang der Grunddienstbarkeit beweispflichtig, wobei hinsichtlich der im Grundbuch eingetragenen Grunddienstbarkeiten die Bezugnahme auf den Inhalt des Grundbuchs genügt (§§ 891, 874 BGB).

---

[11]) Vgl. OTr. 25, 280.

[12]) RGK Bem. 3 zu § 1027.

[13]) Planck Bem. 2 zu § 1027; BayZ 23, 305 (Bamberg); RGK Bem. 3 zu § 1027 (jedoch unter Umständen Feststellungsklage); dagegen steht dem Mieter und Pächter der Besitzschutz, § 1029, hinsichtlich der Grunddienstbarkeit zu, s. hierüber unten § 42. A. M. Staudinger Bem. 2a zu § 1027, Dernburg 584, die dem Mieter und Pächter die Feststellungsklage gewähren wollen. Man wird sie regelmäßig auf die Besitzstörungsklage beschränken müssen. Nicht eindeutig Palandt, Anm. 3 zu § 1027.

[14]) BayZ 06, 446 (Bamberg); BayObLG 3, 352 (Bamberg); RGK Bem. 4 zu § 1027.

[15]) Vgl. SeuffA 61 Nr. 224, vgl. oben § 38 IV 2.

[16]) Vgl. RG 47, 162; JW 00, 840; 02 Beil. 187; vgl. oben § 38 IV 2.

[17]) OLG 18, 149 (Köln); Stein-Jonas-Schönke, § 62 III 1. — A. M. dagegen Josef ArchZivPr 107, 168; die Kosten, die gegen den nicht bestreitenden Miteigentümer er-

Dem Kläger liegt ferner der Nachweis der Klageveranlassung ob; er muß also beweisen, daß ein Zustand der Beeinträchtigung (in dem oben I und II erörterten Sinne) vorliegt.

V. Zeitliche Statutenkollision. Der § 1027 BGB gilt auch für die bei dem Inkrafttreten des BGB bereits bestehenden Grunddienstbarkeiten (Art. 184 EG).

VI. Gerichtsstand. Für die Klage aus § 1027 BGB ist das Gericht ausschließlich zuständig, in dessen Bezirk das dienende Grundstück belegen ist (§ 24 ZPO).

§ 42. Besitzschutz der Grunddienstbarkeiten

A. Begriff des Quasibesitzes an Grunddienstbarkeiten

I. Arten der Grunddienstbarkeiten

Ein Sachbesitz im Sinne des § 854 BGB ist bei Grunddienstbarkeiten nur dann denkbar, wenn sich die Dienstbarkeit in Anlagen verkörpert, die auf das dienende Grundstück direkt einwirken, z. B. in überragenden Balken, Dunggruben, Wasserleitungen usw. Auf diese Fälle finden die Vorschriften des BGB über den Schutz des Sachbesitzes (§§ 854ff. BGB) unmittelbar Anwendung[1]).

II. Rechtsbesitz?

Abgesehen hiervon ist ein Sachbesitz bei Grunddienstbarkeiten undenkbar. Obwohl das BGB den Rechtsbesitz im allgemeinen nicht anerkannt hat, hielt es aus praktischen Gründen für unumgänglich, dem Besitzer einer Grunddienstbarkeit den possessorischen Rechtsschutz zu gewähren. Bei der Bestimmung der Voraussetzungen dieses Schutzes geht das BGB davon aus, daß eine Analogie zwischen dem Sachbesitz und dem Zustand der Ausübung der Grunddienstbarkeit gegeben ist. Das Analogon des Sachbesitzes ist bei den Grunddienstbarkeiten der Zustand der Ausübung bzw. der Zustand der tatsächlichen Geltung der Dienstbarkeit, welcher in deren Betätigung seitens des Ausübenden zutage tritt[2]). Den Vorschriften des BGB liegt der Gedanke zugrunde, daß man denjenigen, welcher sich in der Ausübung der Dienstbarkeit befindet, gewissermaßen als Mitbesitzer (quasi possessor) neben dem Sachbesitzer ansehen kann[3]). Dadurch aber ist in der Tat bei Grunddienstbarkeiten vom BGB der Rechts-

---

wachsen sind, können diesem auch dann überbürdet werden, wenn er den Anspruch sofort anerkennt, weil sein Anerkenntnis so lange wirkungslos ist, als es nicht alle Miteigentümer erklären.

[1]) Planck Bem. 1 zu § 1029; Staudinger Bem. 1a zu § 1029; Palandt 1 zu § 1029.

[2]) M 3, 490, Mugdan 3, 273. [3]) Planck Bem. 1 zu § 1029.

besitz anerkannt worden. Zwar spricht das BGB nur von einer entsprechenden Anwendung der für den Besitzschutz geltenden Vorschriften auf den Schutz der Ausübung einer Grunddienstbarkeit (Art. 191 EG; § 1029 BGB). Aber die entsprechende Anwendung der Vorschriften über den Schutz des Sachbesitzes ist eben nur dann möglich, wenn Rechtsbesitz (quasi possessio) des Servitutberechtigten zugrunde gelegt wird[4]). Dagegen genießt die beschränkte persönliche Dienstbarkeit einen Besitzschutz nur dann, wenn die Voraussetzungen des Sachbesitzes (§ 854 BGB) im Einzelfall gegeben sind.

B. Erwerb des Quasibesitzes an Grunddienstbarkeiten

I. Erwerb durch Ausübung der Grunddienstbarkeit

Wie der Sachbesitz durch die Erlangung der tatsächlichen Gewalt über eine Sache erworben wird (§ 854 BGB), so wird die quasi possessio durch die Ausübung der Grunddienstbarkeit erworben, und zwar schon durch eine einmalige, auf Fortsetzung gerichtete Ausübung. Gleichwie der Sachbesitz als tatsächliche Gewalt besteht ohne Rücksicht darauf, ob er rechtlichen Schutz genießt, so besteht die dem Sachbesitz entsprechende quasi possessio unabhängig davon, ob und inwieweit ihr vom Gesetzgeber ein Schutz zugebilligt wird. Dieser Gedanke ist als grundlegend festzuhalten. Es wäre verfehlt, eine quasi possessio nur insoweit als gegeben zu erachten, als ein Schutz der quasi possessio vom Gesetzgeber zugebilligt ist. Die quasi possessio wird erlangt durch eine Handlung, welche sich objektiv als Ausübung einer Grunddienstbarkeit darstellt. Die Handlung muß den Charakter der Rechtsausübung tragen[5]).

Gleichgültig für den Begriff der quasi possessio ist es, ob sie durch eine fehlerhafte Besitzhandlung erworben wird. Gleichwie der Räuber an der von ihm abgenommenen Uhr Besitz erwirbt, so wird die quasi possessio einer Fahrtgerechtigkeit auch dann erworben, wenn der Ausübende den seiner Fahrt entgegengestzten Willen des Eigentümers mit Gewalt überwindet. Er besitzt fehlerhaft, aber er besitzt, wenn es ihm gelungen ist, den

[4]) So ist nach § 862 Abs. 2 BGB der Besitzanspruch ausgeschlossen, wenn der Besitzer dem Störer gegenüber fehlerhaft besitzt und der Besitz in dem letzten Jahre vor der Störung erlangt ist. Die entsprechende Anwendung dieser Vorschrift auf den Schutz der Ausübung von Grunddienstbarkeiten setzt unerläßlich voraus, daß auch hier ein tatsächliches Machtverhältnis als erlangt unterstellt wird. Mit anderen Worten: wie der Sachbesitz durch eine einmalige Handlung erworben wird, so muß auch das unterstellte Herrschaftsverhältnis bezüglich einer Grunddienstbarkeit, welches den Besitzschutz genießt, durch eine einmalige Handlung dergestalt erworben werden können, daß ein dem Sachbesitz analoges, aber nicht in der tatsächlichen Gewalt, sondern nur in der rechtlichen Fiktion bestehendes Herrschaftsverhältnis angenommen wird.

[5]) Vgl. BayOGH 8, 461; OLG 6, 255.

entgegenstehenden Willen des Grundeigentümers zu überwinden[6]). Er hat die quasi possessio erlangt und behält sie so lange, als er nicht das von ihm begründete Herrschaftsverhältnis aufgibt oder in anderer Weise verliert.

Durch den Akt der Betätigung der Dienstbarkeitsausübung wird also ein dem Sachbesitz analoges Herrschaftsverhältnis begründet, welches mit zuständlicher Wirkung fortdauert (quasi possessio).

Die quasi possessio reicht natürlich niemals weiter als die Ausübung, und in diesem Rahmen hat sich dann auch der Besitzschutz, sofern er überhaupt besteht, zu halten.

II. Art und Weise der Ausübung

Ob ein Besitzstand vorliegt, muß nach Lage des Einzelfalls entschieden werden[7]). Es ist nicht erforderlich, daß die Willensrichtung des Quasipossessors gerade auf die Ausübung einer Grunddienstbarkeit als eines Rechts an einer fremden Sache gegangen ist; auch eine Rechtsausübung, welche in dem Glauben, Eigentümer zu sein, vorgenommen wurde, genügt. Aber es muß sich um eine solche Betätigung handeln, die rein objektiv betrachtet als die eines Grunddienstbarkeitsberechtigten aufgefaßt werden kann; es muß also eine Ausübung vorliegen, die für die Benutzung eines dem Quasipossessor gehörigen Grundstücks Vorteil bietet; dem Grundsatz servitus fundo utilis esse debet (s. oben § 30 III 1) muß bei der in Frage stehenden Betätigung Genüge geleistet sein, weil es sich sonst gar nicht um die Ausübung einer Grunddienstbarkeit handeln kann. Wenn z. B. der Postbote bei seinem täglichen Bestellgang über eine fremde Wiese geht, wird er niemals die quasi possessio einer Gehgerechtigkeit an dieser Wiese erwerben. Wenn aber der Eigentümer eines Ackers zum Zweck der Bestellung über einen daran grenzenden Rain gefahren ist, dann kann er hierdurch die quasi possessio einer Fahrtgerechtigkeit selbst dann erworben haben, wenn er sich irrtümlicherweise für den Eigentümer des Rains gehalten hat.

Die Immission von Rauch, Ruß usw. kann nicht ohne weiteres als eine Handlung aufgefaßt werden, in welcher die Absicht einer Rechtsausübung an dem fremden Grundstück zum Ausdruck kommt[8]), ebenso wenig das Ausschwärmenlassen von Bienen[9]). Desgleichen stellt eine bloße Mauerausbauchung oder das bloße Hineinragen eines schief gewordenen Giebels für sich allein noch keine Rechtsausübung einer Servitut dar[10]). Die Rechtsausübung einer Dienstbarkeit an Sachen, welche dem öffentlichen Gebrauch gewidmet sind, ist denkbar, aber sie liegt noch nicht ohne

---

[6]) Natürlich ist § 861 Abs. 2 BGB anzuwenden.
[7]) Vgl. oben § 40 I 1.
[8]) Vgl. Bolze 2 Nr. 191, 5 Nr. 97, 11 Nr. 51, RG 12, 175; SeuffA 46 Nr. 171.
[9]) Vgl. JW 84, 281 Nr. 39.
[10]) Vgl. RG 45, 287 und dagegen: OLG 5, 423.

weiteres in der Ausübung von allgemeinen Gebrauchsbefugnissen, welche aus der Öffentlichkeit des Weges folgen[11]). Wenn die Benutzung nur vergünstigungsweise oder mit dem Willen der Verheimlichung erfolgt, ist die quasi possessio nicht gegeben[12]). Dagegen kann eine gewaltsam erzwungene Ausübung sehr wohl den Charakter der Rechtsausübung tragen[13]). Gerade weil jemand sich sein Recht nicht nehmen lassen will, übt er es trotz des Verbots erst recht aus.

Zweifelhaft ist, was zu der Ausübung der Dienstbarkeit gehört, wenn diese darin besteht, daß auf dem dienenden Grundstück gewisse Handlungen nicht vorgenommen werden dürfen. Die bisherige Rechtsprechung hat in solchen Fällen eine quasi possessio nur dann angenommen, wenn die Nichtvornahme der betreffenden Handlung infolge eines Verbots des anderen Teils erfolgte[14]). Daran wird festzuhalten sein. Wenn aber die Dienstbarkeit im Grundbuch eingetragen ist, so wird man in dieser Eintragung schon das erforderliche Verbot erblicken können[15]).

Durch Dritte kann, wenn sie in einem Repräsentationsverhältnis zu der Person des Berechtigten stehen, die quasi possessio erworben werden[16]); steht der Dritte zu dem Berechtigten in keinem Repräsentationsverhältnis, so kann die quasi possessio zwar durch ihn erhalten, aber nicht erworben werden[17]).

Wenn die Handlung so, wie sie äußerlich in die Erscheinung tritt, geeignet ist, eine Rechtsausübung darzustellen, so wird es Sache des Gegenbeweises sein, den Charakter der Rechtsausübung zu widerlegen[18]).

C. Endigung der quasi possessio

Wie lange der durch den erwerbenden Akt vollzogene Zustand der quasi possessio erhalten bleibt, ist ebenso wie beim Sachbesitz eine Tatfrage. Auch hier tritt wieder in Erscheinung, daß der Begriff der quasi possessio den rechtlichen Schutz nicht zur Voraussetzung hat. Das ergibt sich aus Art. 191 EG. Danach wird für eine Grunddienstbarkeit, welche weder eingetragen, noch in einer Anlage verkörpert ist, der Besitzschutz

---

11) OLG 6, 255, vgl. Kahr, BayGemO 359; BayOGH 9, 81; 10, 200; SeuffA 42 Nr. 194 (RG).

12) OLG 6, 255; Palandt 2b zu § 1029.

13) Vgl. RG 22, 189; BayOGH 8, 201; a. M. Dernburg 587. Zu unrecht beruft sich Dernburg auf Planck Bem. 3b.

14) Holzschuher, Theor. und Kas. 2, 403; SeuffA 36 Nr. 110; JW 91, 23 Nr. 53; vgl. oben § 36 II 3.

15) Planck Bem. 3b zu § 1029; RGK Bem. 5 zu § 1029.

16) Vgl. Planck Bem. 3b zu § 1029; SeuffA 47 Nr. 188; BayOGH 5, 795 (Dienstboten), 7, 241 (Pächter).

17) Vgl. SeuffA 47 Nr. 188.

18) Planck Bem. 3b zu § 1029.

nur gewährt, wenn die Dienstbarkeit in jedem der drei letzten Jahre vor der Störung mindestens einmal ausgeübt worden ist. Damit ist nicht gesagt, daß der Besitzschutz stets dann gewährt werden **muß**, wenn die Dienstbarkeit in jedem der drei letzten Jahre mindestens einmal ausgeübt worden ist. Es wird vielmehr vorausgesetzt, daß zur Zeit der Störung die quasi possessio noch besteht. Die quasi possessio kann aber erloschen sein, obwohl im letzten Jahr vor der Störung die Grunddienstbarkeit noch ausgeübt wurde[19]).

Es erlischt nämlich die quasi possessio, wenn der Berechtigte das durch Ausübung begründete Herrschaftsverhältnis aufgibt oder in anderer Weise verliert, gleich wie der Sachbesitz nach § 856 BGB dadurch beendigt wird, daß der Besitzer die tatsächliche Gewalt über die Sache aufgibt oder in anderer Weise verliert.

Wenn z. B. der Kläger bei seiner Fahrt über die fremde Wiese gestört wird und deswegen die Besitzschutzklage erhebt, so wird er mit dieser Klage auch dann abgewiesen werden können, wenn er in jedem der vorhergehenden drei Jahre wiederholt und sogar durchaus ungehindert und im guten Glauben über die fremde Wiese gefahren ist. Wenn ihm nämlich der Wiesenbesitzer eine von ihm aufgefundene Urkunde vorgezeigt hat, aus der sich ergab, daß die bis dahin von beiden Teilen unterstellte Fahrtgerechtigkeit in Wirklichkeit nicht bestand und daraufhin der Kläger, der im Begriff stand, über die Wiese zu fahren, dies unterließ, so hatte er hierdurch die quasi possessio verloren; er hatte das durch die Ausübungshandlung begründete Herrschaftsverhältnis aufgegeben.

Das Herrschaftsverhältnis des Berechtigten an der fremden Sache, die quasi possessio, wird namentlich dadurch aufgegeben, daß der Berechtigte die nach den Umständen veranlaßte Fortsetzung der Ausübung mit dem Willen unterläßt, die Grunddienstbarkeit nicht mehr weiter auszuüben. Das Aufgeben des Besitzwillens ist unter diesen Umständen auch aus einer bloßen, länger andauernden Nichtausübung des Rechtsbesitzes zu folgern. Ob dies der Fall ist, ist eine Frage vorwiegend tatsächlicher Natur[20]).

Der Verlust des Quasibesitzes tritt auch dann ein, wenn der Besitzer des herrschenden Grundstücks die Ausübung der Dienstbarkeit nicht freiwillig aufgibt, sondern ihm die Ausübung der Dienstbarkeit von dem Besitzer des belasteten Grundstücks, wenn auch nur zeitweilig[21]), unmöglich

---

[19]) Planck Bem. 3 zu § 1029.

[20]) Vgl. BayOGH 15, 279. Ausübung eines Fahrtrechts auf Bitte des Belasteten in einer anderen Richtung; Wahrung des Besitzstandes in der ursprünglichen Richtung (BayOGH 9, 483; vgl. 6, 765).

[21]) Nach dem Wegfall der Verhinderung kann die quasi possessio natürlich von neuem erworben werden.

gemacht wird[22]). Allein gegen diese Behinderung kann gerade der Besitzschutz wirksam angerufen werden.

D. Besitzschutz

I. Voraussetzungen

Die Voraussetzungen sind verschieden, je nachdem die Grunddienstbarkeit im Grundbuch eingetragen ist oder nicht.

1. Eingetragene Grunddienstbarkeiten

Wird der Besitzer eines Grundstücks in der Ausübung einer für den Eigentümer im Grundbuch eingetragenen Grunddienstbarkeit gestört, so finden die für den Besitzschutz geltenden Vorschriften entsprechende Anwendung, soweit die Dienstbarkeit innerhalb eines Jahres vor der Störung, sei es auch nur einmal, ausgeübt worden ist (§ 1029 BGB).

Der Besitzschutz kann auf Grund des § 1029 niemals über den Inhalt der Grunddienstbarkeit, wie er im Grundbuch eingetragen ist, hinausgehen[23]). Eine Ausübung, die über den eingetragenen Inhalt der Grunddienstbarkeit hinausgeht, kann aber den Besitzschutz unter den Voraussetzungen genießen, unter welchen er einer nicht eingetragenen Grunddienstbarkeit zukommt (s. unten 2).

Die Erfordernisse der Ausübung sind oben unter B erörtert.

Ist die Dienstbarkeit innerhalb des der Störung vorausgehenden Jahres nicht mindestens einmal ausgeübt worden, so bleibt der Besitzschutz überhaupt versagt. Er wird dagegen gewährt, wenn dies auch nur einmal in dem der Störung vorausgegangenen Jahr geschehen ist. War diese vorhergehende Ausübung eine gewaltsame, so kommt es darauf an, ob der Quasipossessor die quasi possessio schon vor dem Beginn des der Störung vorhergehenden Jahres erlangt hat (s. hierüber oben B I). War dies der Fall, dann kann ihm dieser fehlerhafte Erwerb seiner quasi possessio nach §§ 861 Abs. 2, 862 Abs. 2 nicht mehr entgegengehalten werden. Hat aber der Besitzer des herrschenden Grundstücks die quasi possessio erst in dem der Störung vorhergehenden Jahr erlangt, dann sind die Voraussetzungen gegeben, vermöge deren der störende Besitzer des dienenden Grundstücks die Besitzklage nach §§ 861 Abs. 2, 862 Abs. 2 aus dem Felde schlagen kann.

2. Nicht eingetragene Grunddienstbarkeiten

Nach Art. 191 Abs. 1 EG sind die bisherigen Gesetze über den Schutz im Besitz einer Grunddienstbarkeit oder einer beschränkten persönlichen Dienstbarkeit aufrecht erhalten, bis das Grundbuch für das belastete Grund-

---

22) Planck Bem. 3 zu § 1029.

23) Planck Bem. 4 zu § 1029.

stück als angelegt anzusehen ist. Vom Inkrafttreten der Grundbuchverfassung an ist also der Besitzschutz der Grunddienstbarkeiten in Gemäßheit des Art. 191 Abs. 2 EG nach Reichs-(Bundes-)recht zu beurteilen. Soweit der Besitzschutz der nicht eingetragenen Grunddienstbarkeiten durch Art. 191 Abs. 2 EG geregelt ist, sind zu unterscheiden:

a) die nicht eingetragenen Grunddienstbarkeiten, mit welchen das Halten einer dauernden Anlage verbunden ist. Diese genießen den Besitzschutz ohne weiteres (Art. 191 Abs. 2 S. 1 EG);

b) die sämtlichen nicht eingetragenen Grunddienstbarkeiten anderer Art, denen der Besitzschutz nur dann gewährt wird, wenn die Dienstbarkeit in jedem der drei letzten Jahre vor der Störung wenigstens einmal ausgeübt worden ist (Art. 191 Abs. 2 Satz 2 EG).

Daß die quasi possessio während der drei Jahre ununterbrochen fortgedauert hat, ist nicht notwendig. Es genügt, wenn sie in jedem Jahre mindenstens einmal, wenn auch nur zeitweilig vorhanden war, sofern sie nur unmittelbar vor Beginn des letzten der Störung vorausgegangenen Jahres bestanden hat. Ist aber die Wiedererlangung der quasi possessio erst in dem der angeklagten Störung unmittelbar vorausgehenden Jahr wieder erlangt worden, so schlägt der störende Besitzer des belasteten Grundstücks die Besitzklage mit dem Einwand aus §§ 861 Abs. 2, 862 Abs. 2 BGB.

II. Inhalt

Solange das durch die Ausübungsbetätigung begründete zuständliche Herrschaftsverhältnis (quasi possessio) fortdauert, ist jede Behinderung oder Störung in der Ausübung der Dienstbarkeit ohne den Willen des Quasibesitzers eine Verletzung des Quasibesitzrechts. Die rechtswidrige Verhinderung in der Ausübung oder deren rechtswidrige Beeinträchtigung ist verbotene Eigenmacht, zu deren Abwehr dem Quasibesitzer neben dem Rechte der Selbsthilfe[24]) (§ 859 BGB) die Besitzklagen gegeben sind.

Bei totaler Verletzung, nämlich bei Entziehung des Quasibesitzes geht der Anspruch auf Wiedereinräumung desselben (§ 861 BGB). Wird der Quasibesitz nur partiell, d. i. eben in anderer Weise als durch Entziehung, beeinträchtigt, so steht dem Quasibesitzer die Besitzstörungsklage zu (§ 862 BGB).

Der Quasibesitz ist entzogen, wenn der Dritte die Ausübung der Dienstbarkeit ganz vereitelt; er ist gestört, wenn die Ausübung der Dienstbarkeit erschwert wird; die Grenzen der beiden Besitzklagen sind bei ihrer Anwendung auf den Schutz der Grunddienstbarkeitsausübung besonders flüssig.

---

[24]) Vgl. hierüber Planck Bem. 4a zu § 1029.

Das Gesetz erkennt mit gewissen Einschränkungen, die unter I erörtert wurden, die quasi possessio als schutzwürdig an; dem Quasipossessor ist das Recht auf Erhaltung des durch die Ausübung erlangten Herrschaftsverhältnisses in dem Sinn verliehen, daß er an der Fortsetzung der Ausübung nicht behindert werden darf. Sein Quasibesitz wird geschützt ohne Rücksicht darauf, ob er mit der Rechtslage übereinstimmt. Wer diesen Herrschaftszustand stört, handelt widerrechtlich, sofern ihm nicht das Gesetz die Störung gestattet (s. oben § 40 II 3). Die Störung ist verbotene Eigenmacht (§ 858 BGB) und also selbst dann unzulässig, wenn die angemaßte Grunddienstbarkeit in Wirklichkeit gar nicht besteht. Ob der Kläger seinerseits selbst den Besitz durch verbotene Eigenmacht erlangt hat, ist nur dann von Bedeutung, wenn der Quasibesitzer dem Störer oder dessen Rechtsvorgänger gegenüber den Besitz durch verbotene Eigenmacht erlangt hat und der Besitz in dem letzten Jahr vor der Störung erlangt worden ist (§ 861 Abs. 2, § 862 Abs. 2 BGB). Das Nähere hierüber s. oben § 40, insbesondere § 40 IV 1.

Der Anspruch geht auf Wiedereinräumung des Quasibesitzes bzw. auf Beseitigung der Störung und Unterlassung weiterer Störung der Ausübung der Grunddienstbarkeit (s. oben § 41 II). Er erlischt mit dem Ablauf eines Jahres nach der Verübung der verbotenen Eigenmacht, wenn nicht vorher der Anspruch im Wege der Klage geltend gemacht ist (§ 864 Abs. 1 BGB), (s. hierüber oben § 40 V).

Eine Einwendung oder Widerklage aus dem materiellen Recht ist nicht zulässig (s. hierüber und über die Ausnahmen von diesem Grundsatz oben § 40 IV 1 und 2).

§ 43. Anspruch auf Schadenersatz

A. Eigentumsfreiheitsklage und Schadenersatz

Schaden ist gleichbedeutend mit Minderung des Vermögens. Grundsätzlich muß der Geschädigte den Schaden selbst tragen. Nur dann kann er ihn auf einen anderen abwälzen, wenn dieser aus einem besonderen Rechtsgrund zum Ersatz verpflichtet ist. Deshalb allein, weil ein anderer den Schaden verursacht hat, ist er noch nicht zum Schadenersatz verpflichtet.

Aus § 1004 ist ein zum Schadenersatz verpflichtender Rechtsgrund nicht abzuleiten[1]). Der Eigentumsfreiheitsanspruch erschöpft sich in der Beseitigung der Beeinträchtigung des Eigentums. Die Beeinträchtigung besteht darin, daß das Recht des Eigentümers, mit seiner Sache nach Be-

---

[1]) Das gleiche gilt für den Anspruch des § 862 wegen Beeinträchtigung des Besitzers (OLG 20, 395).

lieben zu verfahren und andere von jeder Einwirkung auszuschließen (§ 903), durch das Verhalten eines anderen in zuständlicher Weise verletzt wird. Folgerichtig geht der Beseitigungsanspruch auf Herstellung eines Zustandes, bei dem von nun ab der Eigentümer sein Recht, mit seiner Sache nach Belieben zu verfahren und andere von jeder Einwirkung auszuschließen, ungehemmt ausüben kann. Mit der Herstellung dieses Zustandes ist der Beseitigungsanspruch auch dann erfüllt, wenn während der Dauer der Beeinträchtigung der Zustand der Sache selbst durch die Beeinträchtigung in nachteiliger Weise verändert worden und nach der Beseitigung der Beeinträchtigung verändert geblieben ist (Sachschaden) oder der Eigentümer infolge der Beeinträchtigung eine anderweitige Minderung seines Vermögens (Vermögensschaden) erlitten hat. Der Eigentumsfreiheitsanspruch gewährt also keinen Ersatz dafür, daß infolge der Beeinträchtigung des Eigentums der Eigentümer an seinem Vermögen geschädigt ist[2]). Mit dem Anspruch aus § 1004 kann Wiederherstellung des früheren Zustandes im Sinne des § 249 nicht gefordert werden, weder hinsichtlich der Sache noch hinsichtlich der allgemeinen Vermögenslage. Mit anderen Worten: Mit der Eigentumsfreiheitsklage kann nur gefordert werden die Herstellung eines Zustandes, bei dem die Beeinträchtigung nicht mehr vorhanden ist; nicht dagegen die Herstellung des Zustandes, der bestehen würde, wenn die Beeinträchtigung überhaupt nicht stattgefunden hätte. Wer diesen letzteren Anspruch geltend macht, verlangt Schadenersatz (§ 249) und kann damit nur durchdringen, wenn die Haftung auf Ersatz des infolge der Beeinträchtigung eingetretenen Schadens durch einen besonderen Rechtsgrund (s. unten D) bestimmt ist. Der aus einem solchen besonderen Grund beanspruchte Schadenersatz wegen Beeinträchtigung des Eigentums kann neben dem negatorischen Anspruch in derselben Klage sogar ohne ziffernmäßige Angabe des Betrags geltend gemacht werden[3]).

B. Ursächlicher Zusammenhang

Wer Schadenersatz fordert, muß in jedem Fall den Nachweis erbringen, daß der Schaden auf dasjenige Ereignis zurückzuführen ist, für das der Beklagte haftet (Kausalzusammenhang).

---

[2]) RG 45, 300; 63, 374; SeuffA 60 Nr. 218 (RG); R 06 Nr. 940 (BayObLG); Werner im R 04, 330 gegen OLG 7, 29 (Köln); Staudinger Bem. 6 zu § 1004 und Bem. IV 2f., δ zu § 906. Der Unternehmer einer städtischen Gasanstalt oder einer städtischen Wasserleitung haftete deshalb bis zum Inkrafttreten des § 1a RHaftpflG für den durch Rohrbruch verursachten Schaden nur im Falle des Verschuldens (RG 63, 374); vgl. hierüber oben § 17 N. 36 und unten § 43 D III 1d.

[3]) PucheltsZ 32, 80 (RG); vgl. R 06 Nr. 2852 (Frankfurt).

Im logischen Sinn ist ein ursächlicher Zusammenhang schon dann gegeben, wenn durch ein Ereignis eine der mehreren Bedingungen für die Entstehung des Schadens gesetzt ist. Allein der logische Begriff des ursächlichen Zusammenhangs ist für das Recht unbrauchbar. Der juristische Begriff des ursächlichen Zusammenhangs beruht auf einer Beurteilung des Geschehens. Jedes Ereignis hat eine erfahrungsmäßige Tendenz, gewisse Erfolge hervorzubringen. Der Sachkundige, mit dem gesamten Wissen der Erfahrung Ausgestattete, ist schon beim Eintritt des Ereignisses in der Lage, zu übersehen, welche Folgen voraussichtlich daraus hervorgehen werden. Ein solcher Sachkundiger wird bei seiner Vorstellung über den Ablauf der Folgen eines Ereignisses mit mannigfachen Möglichkeiten rechnen[4]). Aber er würde sich ins Uferlose verlieren, wenn er bei seiner Vorstellung auch eine Verquickung ganz besonders eigenartiger Umstände einbeziehen würde. Er wird den kausalen Ablauf des Ereignisses in 99 von 100 Fällen richtig beurteilen, wenn er ganz außergewöhnliche Verwicklungen außer Betracht läßt und nur mit den Folgen rechnet, mit denen man nach dem gesamten Erfahrungswissen rechnen muß. Tritt dann infolge eines ganz außergewöhnlichen Verlaufs doch eine andere Folge ein, als sie ein solcher Sachkundiger in seine Vorstellung einbezogen hat, dann war diese Folge für die menschliche Erkenntnis nicht vorhersehbar. Die in diesem Sinne aufgefaßte Vorhersehbarkeit durch den Sachkundigen, der das gesamte Erfahrungswissen beherrscht, ist unerläßliche Voraussetzung des ursächlichen Zusammenhangs im Rechtssinn (adäquater Zusammenhang)[5]).

Die gesetzte Bedingung muß also allgemein oder erfahrungsgemäß, nicht nur unter besonders eigenartigen, ganz unwahrscheinlichen und nach dem regelmäßigen Verlauf der Dinge nicht in Betracht zu ziehenden Umständen, zur Herbeiführung des Erfolges geeignet gewesen sein[6]); die Möglichkeit des Eintritts eines derartigen Schadens infolge der gesetzten Bedingung darf nicht eine so entfernte sein, daß sie nach der Auffassung des Lebens vernünftigerweise nicht in Betracht gezogen werden kann[7]). Dies bedeutet, wie der Bundesgerichtshof[8]) mit Recht ausgeführt hat, daß bei der Feststellung, ob der adäquate Kausalzusammenhang gegeben ist, es nicht eigentlich um die Feststellung der Verursachung als solcher geht, sondern vielmehr um die Ermittlung der Grenze, bis zu der dem Urheber einer Bedingung die Haftung für die Folgen der gesetzten Bedingung

---

[4]) Nicht bloß mit den regelmäßigen Folgen (RG 81, 361; Gruchot 67, 569 [RG]).

[5]) Vgl. Staudinger 2 Abt. 1, 54ff.; RGK 1, 327f. und 994. (Vorbem. 3 vor § 249 und Vorbem. 5 vor § 823).

[6]) RG 69, 58; 72, 327; 78, 272; 81, 360; 84, 386; 104, 143; 133, 127; 158, 38.

[7]) RG SeuffA 63, 263; 64, 7.

[8]) NJW 52, 1010; NJW 55, 1876. — S. auch oben § 38a II 1.

billigerweise zugemutet werden kann; die Lehre von der adäquaten Verursachung hat damit eine Haftungsbegrenzung zum Gegenstand, die in § 242 BGB ihre Grundlage findet.

Für die Frage des adäquaten Zusammenhangs ist keineswegs erforderlich, daß der Verantwortliche die Folgen voraussehen konnte[9]). Dieser Umstand ist für die Frage des Verschuldens von Bedeutung, nicht aber für die Frage (die objektiv, d. i. losgelöst vom Standpunkt des Verantwortlichen, zu beurteilen ist), ob ein Ereignis im adäquaten ursächlichen Zusammenhang zu einem andern steht. Hat allerdings der Urheber der Bedingung die mehr oder weniger entfernt liegende Möglichkeit des Eintritts des schädigenden Erfolgs bewußt in Kauf genommen oder hätte er auch dann nicht anders gehandelt, wenn er die Möglichkeiten eines schädigenden Erfolges dieser Art im gegebenen Falle zuvor erwogen hätte, so ist diese Feststellung für die Ermittelung der Grenze der Haftung nach Billigkeitsgesichtspunkten in der Weise erheblich, als sie die Möglichkeit schafft, die Haftungsgrenze verhältnismäßig weit zu ziehen[9a]).

In allen Fällen, in welchen Ersatz für einen Schaden begehrt wird, obliegt dem Kläger der Nachweis dieses ursächlichen Zusammenhangs. In vielen Fällen handelt es sich hier um Fragen, die ganz besonders schwierig sind, bei deren Beantwortung der Richter aber immerhin nicht zu ängstlich zu Werke gehen darf. Der Umstand allein, daß ein Verhalten feststeht, das den Schaden herbeigeführt haben kann, begründet noch keine Vermutung, daß es den Schaden wirklich herbeigeführt hat[10]). Andererseits darf sich der Richter mit dem hohen Grad von Wahrscheinlichkeit begnügen, der dem Umfang der menschlichen Erkenntnis und Erfahrung entspricht, und auf Grund der bisherigen Erfahrungen für Wahrheit halten darf[11]). So ist in der Rechtsprechung des RG mehrfach anerkannt, daß es, wenn die hohe Wahrscheinlichkeit eines ursächlichen Zusammenhangs zu einem schadenbringenden Erfolg und einer gefährlichen Handlung gegeben ist, einer Aufklärung des ursächlichen Zusammenhangs in allen seinen Gliedern bis auf das erste durch die gefährliche Handlung gesetzte Glied nicht bedarf, sondern daß der Richter zur Annahme des Kausalzusammenhangs einerseits durch die Beurteilung der Gefährlichkeit und andererseits durch die negative Feststellung gelangen kann, daß nach menschlicher Erfahrung mit

[9]) RG 66, 253; 69, 344; 81, 361; Gruchot 57, 569 (RG).
[9a]) BGH NJW 55, 1876.
[10]) HansGZ 05, Beibl. 4 (Hamburg); JW 02, Beil. 212 (RG).
[11]) OLG 2, 506 (Schädliche Raucheinwirkung auf Waldungen).
[12]) RG 8, 167; 10, 141; (Explosion einer Pulverfabrik als Folge der Nichtbeachtung polizeilicher Vorschriften); 2, 190; 15, 339; 29, 140 (Waldbrand); 95, 68 und 249. — JW 03, 384; 08, 197; BayObLG 2 ,171; 24, 98; JW 15, 243; 08, 196; SeuffA 63 Nr. 249; JW 21, 748.

Rücksicht auf die Sachlage eine Verursachung durch einen anderen Vorgang als ausgeschlossen erscheint[12]) (Prima facies-Beweis). In einem solchen Fall muß es dem zur Verantwortung Gezogenen überlassen bleiben, zu beweisen, daß ausnahmsweise dieser der Erfahrung entsprechende Zusammenhang nicht besteht[13]).

C. Inhalt und Umfang des Schadenersatzes

I. Begriff des Schadens

Unter Schaden ist eine nachteilige Veränderung der Vermögenslage zu verstehen. Der Schaden besteht in dem Unterschied der Vermögenslage nach dem schädigenden Ereignis gegenüber der Vermögenslage, die ohne das schädigende Ereignis vorhanden wäre. Soll beurteilt werden, ob eine Einwirkung auf ein Grundstück einen Schaden herbeigeführt hat, so muß man sich zwei verschiedene Zustände vorstellen und diese miteinander vergleichen. Durch diesen Vergleich wird festgestellt, ob die Vermögenslage desjenigen, der durch die Einwirkung betroffen ist, nachteilig verändert wurde. Dabei handelt es sich also um zwei Kausalreihen:

a) durch die Einwirkung wird das Grundstück (oder seine Bestandteile) irgendwie körperlich verändert;

b) durch diese Änderung wird die Vermögensbeschädigung verursacht.

Die erste Ursachenreihe besteht aus rein tatsächlichen, und zwar physischen Elementen; sie arbeitet mit dem naturwissenschaftlichen Ursachenbegriff; die zweite Ursachenreihe besteht auch aus gedanklichen Elementen, bei denen rechtliche Begriffe eine Rolle spielen; sie arbeitet mit dem Begriff der adäquaten Verursachung, der auf einer Beurteilung des Geschehens beruht[14]).

II. Art der Schadensersatzleistung

Über die Art der Ersatzleistung bestimmt § 249 BGB: „Wer zum Schadenersatz verpflichtet ist, hat den Zustand herzustellen, der bestehen würde, wenn der zum Ersatz verpflichtende Umstand nicht eingetreten wäre. Ist wegen Verletzung einer Person oder wegen der Beschädigung einer Sache Schadenersatz zu leisten, so kann der Gläubiger statt der Herstellung den dazu erforderlichen Geldbetrag verlangen.“

Der durch § 249 Satz 2 begründete Anspruch auf den zur Herstellung des früheren Zustandes erforderlichen Geldbetrag stellt sich als die bei Beschädigung einer Sache dem Verletzten zustehende besondere Art des

---

[13]) R 09 Nr. 3769; 14 Nr. 466 (RG); LZ 15, 624 (RG); 20, 647 (RG); JW 20, 554; WarnE 20, 14; RG 97, 116.

[14]) Isay, preuß. BergG 2, 63; s. oben B.

Wiederherstellungsanspruchs dar[15]). Danach hat der Geschädigte im Fall der Beschädigung einer Sache entgegen der Regel des Satzes 1 des § 249 das Recht, die Herstellung selbst vorzunehmen. Er kann die vom Ersatzpflichtigen angebotene Herstellung durch diesen ablehnen, selbst herstellen und Ersatz seines Aufwands beanspruchen[16]). Diese Wiederherstellung kann nur durch Aufwendung derjenigen Kosten erfolgen, welche zu der Zeit, wo die Wiederherstellungsarbeiten vorgenommen werden, dazu erforderlich sind. Maßgebend für die endgültige Bemessung des Geldschadens nach § 249 ist regelmäßig nicht der Zeitpunkt der Klageerhebung, sondern derjenige der Urteilsfällung[17]). Wählt der Verletzte die ihm durch § 249 Satz 2 eingeräumte Art der Ersatzleistung, so geht eine seit Eintritt des Schadens eingetretene Preissteigerung zu Lasten des Ersatzpflichtigen, es müßte denn sein, daß sich der Verletzte in sachwidriger Weise untätig verhalten hat, m. a. W. den Schaden schuldhaft vergrößert hat (§ 254). Wenn Unklarheit darüber besteht, welche technischen Maßnahmen zur Wiederherstellung erforderlich sind, kann den Verletzten dieser Vorwurf nicht treffen[18]). Das Wesen des § 249 besteht darin, daß der Verletzte die Wiederherstellungsarbeiten selbst vornimmt und von dem Ersatzpflichtigen den hierfür erforderlichen Geldbetrag verlangt. Der Verletzte kann diesen Geldbetrag schon vor der Ausführung der Arbeiten verlangen. Zahlt der Ersatzpflichtige auf Verlangen sofort und stellt sich nach ungesäumter Ausführung der Arbeiten heraus, daß der bezahlte Betrag nicht ausreicht, so muß der Ersatzpflichtige den Mehrbetrag nachzahlen. Hat der Verletzte den Geldbetrag verlangt, der Ersatzpflichtige aber Zahlung nicht geleistet, so haftet der Ersatzpflichtige für die durch Preissteigerung herbeigeführte Vergrößerung des Schadens auch auf Grund seines Zahlungsverzugs, wenn der Ersatzberechtigte die erforderlichen Mittel zur Ausführung der Arbeiten nicht hatte oder ihm billigerweise deren Vorlage nicht zugemutet werden konnte.

§ 249 erfordert nicht die Herstellung eines Zustandes, der mit dem früheren in jener Hinsicht übereinstimmt; es genügt vielmehr die Herstellung eines im wesentlichen gleichen, d. h. eines wirtschaftlich gleichwer-

---

15) RG 71, 214. 16) JW 21, 234 (RG). 17) RG 108, 40.

18) RG 98, 56. — Anders ist zu entscheiden für den Anspruch auf Schadloshaltung im Sinne des § 26 GewO (vgl. hierzu oben § 39 III). In diesem Falle ist zu ersetzen der Minderwert für die Duldung künftiger Einwirkungen, die an sich unzulässig sind, aber auf Grund der sonderrechtlichen Vorschrift nicht abgewehrt werden können. Maßgebend ist der Zeitpunkt, in welchem der Abwehranspruch entzogen und damit die Duldungspflicht begründet wurde. Da später eingetreten, liegt die durch den Krieg und seine Nachwirkungen herbeigeführte Preissteigerung nicht im Rahmen der adäquaten Verursachung (vgl. RG 98, 53). Über den Einfluß der Preissteigerung auf den Ersatz des Bergschadens vgl. R 20 Nr. 2998 und 2999 (RG).

tigen Zustandes[19]). Überhaupt stellt § 249 nicht schlechtweg auf die frühere Sachlage, sondern auf die Entwicklung der Dinge ab, die ohne das schadenbringende Ereignis nach Erfahrungsgrundsätzen aller Wahrscheinlichkeit nach stattgefunden hätte[20]).

Soweit die Herstellung nicht möglich oder zur Entschädigung des Gläubigers nicht genügend ist, hat der Ersatzpflichtige nach § 251 Abs. 1 BGB den Gläubiger in Geld[21]) zu entschädigen. Nach § 251 Abs. 2 BGB kann der Ersatzpflichtige den Gläubiger in Geld entschädigen, wenn die Herstellung nur mit unverhältnismäßigen Aufwendungen möglich ist. Für die Bemessung des Schadenersatzes für Beschädigung einer Sache ist der Zeitpunkt der letzten Tatsachenverhandlung maßgebend[22]).

Es kommt nur der Schaden in Betracht, welcher durch eine bereits vollzogene Eigentumsverletzung erwachsen ist oder noch erwachsen wird[23]). Eine Klage auf Ersatz des Schadens, der durch künftige Eingriffe in das Eigentum erwachsen wird, ist höchstens als Feststellungsklage und ohne ziffernmäßigen Schadensbetrag, nicht aber als Leistungsklage zulässig. Wenn z. B. infolge des unerträglichen Lärms eines Fabrikbetriebes die Mieter des Nachbarhauses ausgezogen sind, so ist auch der durch den künftigen Mietausfall erwachsende Schaden durch die bereits eingetretenen Verletzungen des Eigentums verursacht[24]). Soweit aber der Mietwert der Wohnungen mit Rücksicht darauf herabgedrückt ist, daß die Immissionen fortdauern und auch für die Zukunft zu erwarten sind, kann dem Eigentümer nicht etwa eine dauernde Rente oder gar ein Kapitalbetrag als Ausgleich für diesen künftigen Minderertrag zugebilligt werden[25]). Denn mit Sicherheit steht weder fest, daß die Eigentumsverletzungen in Zukunft fortdauern, noch auch, daß der durch die Verletzungen zugefügte Schaden in Zukunft der gleiche bleiben wird[26]). Es kann die Fabrik, welche den Lärm hervorruft, verlegt werden oder der Lärm durch technische Neuerungen auf ein erträgliches Maß herabgesetzt werden; es kann aber auch auf dem

---

19) RG 67, 267; 76, 147; 93, 284; 96, 123; JW 24, 816; vgl. OLG 36, 157 und oben § 38 II 1.

20) JW 24, 811 (RG).

21) Durch Kapitalabfindung, nicht durch Zusprechung einer Rente (LZ 18, 459; RG).

22) Eine bis zu diesem Zeitpunkt eingetretene Preissteigerung geht also regelmäßig zu Lasten des Ersatzpflichtigen. Der Einwand des Ersatzpflichtigen, daß der Verletzte durch sofortige Ersatzbeschaffung den Schaden vermindert hätte, ist unerheblich (JW 22, 220; RG); vgl. JW 24, 816.

23) Riehl bei Gruchot 51, 148.

24) Vgl. Riehl bei Gruchot 51, 150.

25) Riehl bei Gruchot 51, 147. Eine Kapitalabfindung würde im Fall der Veräußerung gar nicht demjenigen zukommen, der den Schaden hat. Vgl. SeuffA 54 Nr. 212 (Braunschweig).

26) Vgl. Riehl bei Gruchot 51, 147.

bisher beeinträchtigten Nachbargrundstück eine Fabrik erbaut werden, deren Benutzung durch den vom Nachbargrundstück kommenden Lärm gar nicht beeinträchtigt wird, oder es kann das ganze Viertel zu einem Industrieviertel werden, in welchem die bisher unzulässige Immission infolge dieser Änderung schlechtweg zulässig ist. Nur in jenen Fällen, in welchen der negatorische Anspruch schlechtweg entzogen und durch den Anspruch auf „Schadloshaltung" ersetzt ist (gegenüber gewerblich konzessionierten Anlagen), ist ein Ersatz des Minderwerts zu leisten, den das Nachbargrundstück dadurch erleidet, daß es die an sich unzulässigen künftigen Einwirkungen dulden muß (s. darüber oben § 39 III).

III. Mitwirkendes Verschulden des Geschädigten

Das mitwirkende Verschulden des Beschädigten ist nach § 254 BGB zu berücksichtigen. Dem durch die unzulässigen Einwirkungen beeinträchtigten Nachbar kann aber nicht angesonnen werden, daß er seinerseits auf seinem Grundstück Einrichtungen treffen muß, welche die Schädlichkeit der Einwirkungen von vornherein abwenden oder mildern. So kann ihm nicht entgegengehalten werden, daß er durch einen sog. Schutzstreifen seinen Wald vor Inbrandsetzung durch Lokomotivfunken hätte sichern sollen[27]) oder daß die an sich unzulässigen, aber nach § 26 GewO zu duldenden Erschütterungen des benachbarten Stanzmaschinenbetriebs nur deshalb den Einsturz seines Hauses herbeiführten, weil dasselbe zu leicht gebaut war[28]). Wenn freilich zur Zeit der Errichtung des Hauses dessen Eigentümer erkennen mußte, daß es den Einwirkungen des schon vorhandenen benachbarten Stanzbetriebes nicht standhalten könne, wird § 254 BGB anzuwenden sein. Der Eigentümer hätte in solchem Fall dem Haus eine festere Konstruktion geben müssen; den Mehraufwand hätte ihm der Immittent ersetzen müssen. Wer ungeachtet des übermäßigen Rußes der benachbarten Fabrik seine Wäsche zum Trocknen aufhängt, wird sich die Anwendung des § 254 BGB gefallen lassen müssen; er hätte die Wäsche auf eine Bleiche verbringen und den hiermit verbundenen Aufwand beanspruchen sollen[29]).

IV. Vorteilsausgleichung

Die an und für sich auch hier zulässige compensatio lucri cum damno kann nicht dazu führen, daß gegenüber dem Schaden, der durch die

27) R 02, 589 (Stettin). Vgl. dagegen Keyßner, R 04, 619. Dagegen wird man Mit-Verschulden annehmen müssen, wenn ein Hausbesitzer sein Haus mit einem Strohdach gedeckt läßt, obwohl das Eisenbahngleis dicht an seinem Haus liegt.

28) Vgl. BayOGH 17, 19; Bolze 10 Nr. 67.

29) Der negatorische Anspruch bleibt natürlich unberührt, vgl. oben § 16 N. 13.

unzulässige Einwirkung (z. B. Immissionen) entstanden ist, der Gewinn aufgerechnet wird, der dem Eigentümer durch die Anlage der einwirkenden Fabrik und die dadurch hervorgerufene Hebung der Industrie in der fraglichen Gegend erwachsen ist. Denn der Gewinn beruht in diesem Fall nicht auf demselben Ereignis, das den Schaden verursacht hat[30]).

V. Verjährung. Der Anspruch auf Ersatz des aus einer unerlaubten Handlung entstandenen Schadens verjährt in drei Jahren von dem Zeitpunkt an, in welchem der Verletzte von dem Schaden und der Person des Ersatzpflichtigen Kenntnis erlangt, ohne Rücksicht auf diese Kenntnis in dreißig Jahren von der Begehung der Handlung an (§ 852). Es genügt für den Beginn der Verjährung, daß der Schaden im allgemeinen erkennbar war. Auf die Kenntnis der Einzelheiten des schädigenden Ereignisses oder Zustandes kommt es nicht an. Es muß der gesamte, aus einer schädigenden Handlung entstehende Schaden als ein einheitlicher, nicht als eine Summe von einzelnen selbständigen Schäden angesehen werden. Demnach wird der Beginn der Verjährung durch die Ungewißheit über den Umfang und die Höhe des Schadens nicht ausgeschlossen. Vielmehr gelten alle Folgezustände, die im Zeitpunkt der Erlangung der Kenntnis des Schadens überhaupt auch nur als möglich vorauszusehen waren, als durch die allgemeine Kenntnis des Schadens dem Verletzten bekannt geworden[31]). So ist z. B. die Lockerung des Fundaments der eigentliche Schaden; die einzelnen nach und nach auftretenden Risse am Gebäude sind nur für den Umfang des Schadens von Bedeutung[32]). Hiernach kann nicht jede neu eintretende Folge der ursprünglichen Schadensursache als ein neuer Schaden und die Zeit seines Eintritts als der Anfangstermin für eine neue Verjährung angesehen werden. Dies kann nur in besonderen Ausnahmefällen z. B. dann geschehen, wenn die neuen Folgen nicht voraussehbar waren[33]) oder wenn es sich um schädigende Ereignisse handelt, die sich wiederholen[34]). Danach sind fortgesetzte Handlungen, durch welche mehrmals die Ursache für schädigende Wirkungen gesetzt wird, jedesmal als ein neuer schädigender Eingriff anzusehen; sie können nicht als eine einzige Handlung und ihre schädigenden Folgen nicht als Folgen einer einzigen Handlung gelten, mögen sie selbst auch gleichartig sein und zeitlich mehr oder minder un-

---

[30]) Riehl bei Gruchot 51, 146. Anders ist zu entscheiden, wenn „Schadloshaltung" für den Minderwert des Hauses verlangt wird, der durch die an sich unzulässigen, aber (nach § 26 GewO) zu duldenden künftigen Einwirkungen herbeigeführt wird.

[31]) RG 70, 150; 99, 9; JW 09; 724 und 725; 14, 355; LZ 18, 1133; WarnE 12 Nr. 29; 13 Nr. 143; 14 Nr. 189 und insbes. SeuffA 79 Nr. 170 (RG) = JW 26, 1152.

[32]) Gruchot 54, 392; JW 09, 724; SeuffA 79 Nr. 170 (RG); JW 26, 1152.

[33]) JW 12, 751; SeuffA 79 Nr. 170 (RG) = JW 26, 1152.

[34]) JW 07, 382; SeuffA 79 Nr. 170 (RG) = JW 26, 1152.

mittelbar aufeinander folgen[35]). Aus diesem Grunde beginnt in solchen Fällen fortgesetzter unerlaubter Einzelhandlungen hinsichtlich des durch jeden einzelnen Eingriff verursachten Schadens die Verjährung selbständig mit jedem einzelnen Eingriff zu laufen.

D. Gründe der Haftung auf Schadenersatz

Ist durch die Beeinträchtigung des Eigentums ein Schaden entstanden, so kann Ersatz dieses Schadens nicht ohne weiteres gefordert werden, sondern nur dann, wenn diese Haftung durch einen besonderen Rechtsgrund bestimmt ist (s. oben § 43 A). In dieser Hinsicht kommen in Betracht: die Schadenersatzpflicht wegen Verzugs, wegen Verschuldens und auf Grund der Gefährdungshaftung sowie die Entschädigung im Falle des Aufopferungsanspruchs.

I. Verzug. Leistet der Schuldner auf eine Mahnung des Gläubigers nicht, die nach dem Eintritt der Fälligkeit erfolgt, so kommt er durch die Mahnung in Verzug (§ 284). Der Schuldner hat dem Gläubiger den durch den Verzug entstandenen Schaden zu ersetzen (§ 286)[36]). Wird das Eigentum beeinträchtigt, so kann der Eigentümer von dem Störer die Beseitigung der Beeinträchtigung verlangen; sind weitere Beeinträchtigungen zu besorgen, so kann der Eigentümer auf Unterlassung klagen (§ 1004). Der Anspruch auf Beseitigung der Beeinträchtigung ist auf eine Leistung gerichtet, ebenso der Anspruch auf Unterlassung (§ 241). Wenn also der zur Beseitigung oder Unterlassung Verpflichtete auf Verlangen des Eigentümers nicht beseitigt oder unterläßt, so kommt er in Verzug und haftet vom Eintritt des Verzuges an auf Ersatz des Schadens, der durch die Fortdauer der Beeinträchtigung herbeigeführt wird[37]). Da der Mahnung die Er-

[35]) JW 12 11. 17, 39; WarnE 14 Nr. 189; LZ 19, 322.

[36]) Aus dem Satz in § 285: „Der Schuldner kommt nicht in Verzug, solange die geschuldete Leistung infolge eines Umstandes unterblieb, den er nicht zu vertreten hat" ist zu folgern, daß für den Schuldnerverzug ein wenn auch nur geringfügiges Verschulden Voraussetzung ist. Ein verzeihlicher Irrtum, unter besonderen Umständen sogar ein Rechtsirrtum kann die Schadenersatzpflicht ausschließen. BayZ 26, 46 (Augsburg); vgl. RG 92, 380; 96, 316; 105, 359; SeuffA 75 Nr. 3 (RG).

[37]) Vgl. Riehl bei Gruchot 51, 145. Die Frage, ob die §§ 284ff. auf Ansprüche auf Unterlassung anzuwenden sind, ist bestritten. Für die Bejahung Rogowski, Zuwiderhandlung gegen Unterlassungsverbindlichkeiten 44; Paech, Leistungsverzug 67; Uricht, Unterlassungsanspruch 207. Für Verneinung: Wendt, ArchZivPr. 92, 68; Planck Bem. 9 zu 284; Staudinger Bem. I 2 i. — Planck und Staudinger Vorbem. 2 vor § 284 stellen auf: „Nimmt der Schuldner die Handlung vor, welche er zu unterlassen verpflichtet ist, so haftet er ohne Rücksicht darauf, ob eine Mahnung, die Handlung zu unterlassen, erfolgt ist oder nicht, nach Maßgabe des § 280 Abs 1." Ob dies für vertragsmäßige Unterlassungsansprüche zutrifft, kann dahin gestellt bleiben. Für den auf dem Gesetz beruhenden Unterlassungsanspruch des § 1004 trifft es sicher nicht zu. Jedoch wird hier die Ersatz-

hebung der Klage gleichsteht (§ 284 Satz 2), so haftet der Beklagte für jeden Schaden, der nach Rechtshängigkeit des Beseitigungs- oder Unterlassungsanspruchs infolge der fortdauernden Beeinträchtigung des Eigentums eintritt.

II. Verschulden

1. § 823 Abs. 1 BGB. Wer vorsätzlich oder fahrlässig das Eigentum oder den Besitz[38]) eines anderen widerrechtlich verletzt, ist dem anderen zum Ersatz des daraus entstehenden Schadens verpflichtet (§ 823 Abs. 1 BGB).

Die Verletzung kann nicht nur durch positives Handeln, sondern auch durch Unterlassung[39]) begangen werden, was insbesondere für die Fälle der fahrlässigen Rechtsverletzung von Bedeutung ist[40]).

Die Vornahme von Handlungen, die nur der Eigentümer vornehmen darf, oder von Handlungen und rechtswidrigen Unterlassungen, durch die der Eigentümer in der Ausübung seines Eigentums gestört wird, ist Verletzung des Eigentums[41]).

Eine bloße Gefährdung (z. B. durch feuergefährliche Anlagen auf dem Nachbargrundstück) ist noch keine Verletzung des Eigentums[42]). Die Entziehung von Vorteilen, auf deren Belassung der Eigentümer keinen Rechtsanspruch hat (z. B. Luft und Licht), ist keine Eigentumsverletzung[43])

a) Widerrechtlichkeit. Die erste Voraussetzung des § 823 Abs. 1 BGB ist, daß die Verletzung widerrechtlich erfolgt ist[44]). Demgemäß ist der Ersatzanspruch aus § 823 Abs. 1 BGB wegen Verletzung des Eigentums insbesondere überall da versagt, wo dem Eigentümer durch die nachbarrechtlichen Gesetzesvorschriften das Recht, die fragliche Einwirkung zu verbieten, entzogen ist.

In einem Fabrikviertel ist gemäß § 906 BGB eine starke Zuführung von Ruß zulässig. Wird durch den Ruß die Wäsche des Nachbarn beschädigt, so fehlt es an der

---

pflicht durch Verzug begründet, da auch der Unterlassungsanspruch auf eine Leistung gerichtet ist.

[38]) RG 59, 328; R 05, 646 Nr. 2669 (Breslau). Nach RG 59, 328 ist auch § 823 Abs. 2 einschlägig. Dagegen sucht Eccius bei Gruchot 53, 8 nachzuweisen, daß die schuldhafte Verletzung des Besitzes nicht unter § 823 Abs. 2 falle.

[39]) Vgl. oben § 38 I 2.

[40]) M 2, 727 (Mugdan 2, 406).

[41]) Vgl. JW 10, 330 (Rammen und Auspumpen des Bauunternehmers mit der Folge der Unbewohnbarkeit des Nachbarhauses); RG 60, 140 (Immission von Sand, der vom Wind auf das Nachbargrundstück geweht wird); R 12 Nr. 2939 (Lagerung feuer- und explosionsgefährlicher Gegenstände, durch die Waren anderer Einlagerer in Brand gesetzt werden, kann schuldhafte Eigentumsverletzung sein). Vgl. über die Gefährdungshaftung für Explosion unten III 2 b.

[42]) S. oben § 38 I 1 d.

[43]) S. oben § 38 I 1 e.

[44]) RG 50, 60; vgl. RGK Bem. 10 zu § 823, Bem. 1 vor § 823.

Widerrechtlichkeit dieser Einwirkung, auch wenn der Unternehmer die starke Zuführung von Ruß und selbst die Beschädigung der Wäsche vorausgesehen hat.

Die Besitzer der Wohnhäuser dürfen Feuerherde unterhalten; dabei kann es vorkommen, daß Funken auf das Strohdach des Nachbarhauses fallen und dieses in Brand setzen. Eine Eigentumsverletzung liegt vor, aber sie ist herbeigeführt durch eine Benutzung des anderen Grundstücks, die nach den örtlichen Verhältnissen bei Grundstücken dieser Lage gewöhnlich ist. Eine solche Einwirkung muß sich der Nachbar nach § 906 BGB gefallen lassen. Der Besitzer des Hauses haftet aus § 823 Abs. 1 BGB auch dann nicht[45]), wenn bei Anwendung eines Funkenfängers der Funkenauswurf verhütet worden wäre, sofern nicht bei Grundstücken jener Lage die Anwendung von Funkenfängern gewöhnlich ist[46]).

Der Eigentümer muß den Überbau unter gewissen Voraussetzungen dulden. Kraft dieser besonderen Bestimmung des § 912 BGB wird der Überbauende von einer neben der Entschädigungsrente hergehenden Vertretung einer leichten Fahrlässigkeit entbunden, aber nur insoweit, als fahrlässig die Grenze überschritten worden ist. Im übrigen bleibt er den allgemeinen gesetzlichen Bestimmungen unterworfen, hat daher nach diesen für schuldhafte Eingriffe in sonstige Rechte des Nachbarn aufzukommen. Es kann daher ungeachtet des § 912 BGB beim Vorliegen der Voraussetzungen des § 823 die Entfernung des Überbaues verlangt werden, wenn er auf den Fundamenten des Nachbarhauses aufgesetzt wird und dieses hierdurch Risse erhält oder gar einzustürzen droht[47]).

Das Bewußtsein der Rechtswidrigkeit ist zur Begründung der Schadenersatzpflicht nicht erforderlich.

Über die Rechtswidrigkeit der Einwirkung, insbesondere darüber, daß die Rechtswidrigkeit auch durch ein obligatorisches Recht ausgeschlossen werden kann, vgl. oben § 38 III.

Niemand kann sich zu seinem Vorteil darauf berufen, daß er durch die Rechtsausübung eines anderen Schaden erleidet, wenn er sich durch seine eigene willkürliche Handlung in die Lage versetzt hat, die zu seinem Schaden ausschlägt[48]).

b) Verschulden. Die Verletzung des Eigentums muß durch Verschulden des Einwirkenden[49]) herbeigeführt sein. Wer den Ersatz eines

[45]) Dagegen kann unter Umständen die Haftung aus § 823 Abs. 2 BGB bestehen, wenn durch Polizeivorschrift die Anwendung von Funkenfängern geboten ist. Darüber, daß zu den den Schutz eines anderen bezweckenden Gesetzen auch die Gesetze gehören, welche die Gesamtheit schützen sollen, sofern sie daneben auch den Schutz des Einzelnen bezwecken, herrscht Übereinstimmung; a. M. Linckelmann, Schadensersatzpflicht 27. Vgl. unten § 43 D II 2

[46]) Vgl. oben § 16 N. 22, unten § 43 D II 2.

[47]) RG 65, 74.

[48]) Vgl. BayObLG 7, 237.

[49]) Ersatzpflichtig ist derjenige, welcher den Schaden herbeigeführt hat. Das ist der Störer in dem oben § 38 IV 2 dargelegten Sinn. Der Beauftragte eines Dritten haftet neben dem Auftraggeber. Unter Umständen kann angenommen werden, daß den Beauftragten, der den Weisungen eines Dritten Folge geleistet hat, kein Verschulden trifft. Das ist Tatfrage. Der Pächter kann sich von der Schadenersatzpflicht für den dem Nachbargrundstück zugefügten Schaden nicht durch den bloßen Hinweis darauf befreien, daß er den Anordnungen des Verpächters Folge geleistet habe. R 03, 18 Nr. 33 (RG). Eine nominatio auctoris findet nicht statt, da sich die §§ 76, 77 ZPO nur auf den negatorischen Anspruch beziehen.

Schadens fordert, muß grundsätzlich den Nachweis eines für diesen ursächlichen Verschuldens des Beklagten führen, es sei denn, daß aus dem feststehenden oder nicht bestrittenen Sachverhalt dieses Verschulden zweifelsfrei hervorgeht[50]. Der Beweispflicht ist Genüge geleistet, wenn ein Sachverhalt dargetan wird, der nach dem regelmäßigen Verlauf der Dinge die Folgerung rechtfertigt, daß der Beklagte den Schaden schuldhaft verursacht hat (Prima-facies-Beweis vgl. hierzu oben § 43 B). Demgegenüber ist es Sache des Beklagten, die etwaigen besonderen Umstände darzulegen und zu beweisen, aus denen sich seine Schuldlosigkeit ergibt[51].

Verschulden nach § 823 Abs. 1 liegt vor, wenn die Eigentumsverletzung vorsätzlich oder fahrlässig erfolgt ist.

Unter Vorsatz versteht man die Voraussicht der Eigentums- oder Besitzverletzung, unter Fahrlässigkeit ihre Voraussehbarkeit[52]. Nur auf die Eigentumsverletzung, nicht auf den durch diese herbeigeführten Schaden muß sich demnach die Schuld beziehen[53].

Somit genügt zum Vorsatz die Vorstellung des Erfolges (Eigentums- oder Besitzverletzung); nicht erforderlich ist, daß die Verletzung gewollt wird; es genügt, wenn als notwendige oder doch mögliche[54] Folge der Handlung die Verletzung des Eigentums oder Besitzes erkannt und gleichwohl die Handlung vorgenommen wird (Vorstellungstheorie).

Fahrlässigkeit im Sinne der Vorhersehbarkeit des Erfolges ist gegeben, wenn der Handelnde (Unterlassende) bei Anwendung der im Verkehr erforderlichen Sorgfalt die Eigentumsverletzung voraussehen konnte[55]. Dabei sind entfernte Möglichkeiten nicht in Betracht zu ziehen[56]. Ob im gegebenen Fall die im Verkehr erforderliche Sorgfalt angewendet wurde, ist nach objektivem Maßstab zu beurteilen. Ob aber der Handelnde unter der Unterstellung, daß er diese Sorgfalt nicht angewendet hat, auch in der Tat den Erfolg, welcher die Eigentumsverletzung darstellt, voraussehen konnte, ist unter Berücksichtigung der Individualität des Handelnden, also

---

[50]) R 21 Nr. 2559 (RG).

[51]) JW 12, 348; 08, 543; 20, 554; 21, 748; WarnE 20, 14; SeuffA 75, 169. RG 53, 276; 89, 136; 95, 68; 97, 116. Vgl. RG 93, 117

[52]) Liszt, Deliktsobligationen 54.

[53]) Liszt, Deliktsobligationen 28; vgl. RGK Bem. 2 und 3 zu § 823. RG 66, 253; R 19 Nr. 1431 (RG).

[54]) Hiermit ist auch für das Zivilrecht der Begriff des dolus eventualis (Billigung des als möglich vorausgesehenen Erfolges) anerkannt. Liszt, Deliktsobligationen 55. RG 75, 55. JW 03 Beil. 313.

[55]) Durch eine baupolizeilicheGenehmigung einer Anlage wird er nicht schlechtweg der Pflicht der eigenen Prüfung überhoben. Die polizeiliche Duldung einer gefährlichen Anlage entschuldigt so wenig wie der Umstand, daß solche Anlagen in der Stadt üblich sind (R 15 Nr. 1788, JW 09, 432).

[56]) JW 04, 357; 05, 16; 07, 505; 11, 95; 14, 470.

nach subjektivem Maßstab zu bestimmen[57]). Die tatsächlichen Voraussetzungen der Eigentumsverletzung müssen sämtlich voraussehbar gewesen sein, während das Bewußtsein, daß diese Voraussetzungen eine rechtliche Verletzung des Eigentums erfüllen, nicht erforderlich ist.

Zur Begründung eines Schadenersatzanspruchs wegen unzulässiger Immissionen (§ 906 BGB)[58]) ist daher, soweit er lediglich aus § 823 Abs. 1 BGB abgeleitet werden soll[59]), erforderlich, daß der Immittent bei Anwendung der im Verkehr erforderlichen Sorgfalt erkennen konnte, einmal, daß überhaupt eine Immission, d. h. eine Einwirkung auf das Nachbargrundstück eintreten könne, ferner, daß diese Einwirkung, sei es für sich allein oder durch ihre zu gewärtigende Wiederholung oder ihr Zusammenwirken mit anderen Immissionsquellen die Benutzung des Nachbargrundstücks wesentlich beeinträchtigen könne[60]) und durch eine Benutzung seines Grundstücks herbeigeführt wird, die nach den örtlichen Verhältnissen bei Grundstücken dieser Lage außergewöhnlich ist[61]).

c) Ausnahme: Notwendigkeit des Eingriffs. Eine weitere Voraussetzung des Schuldmoments ist, daß der Einwirkende in der Lage gewesen sein muß, den Eingriff zu unterlassen. Ob dies der Fall ist, muß nach allgemeinen wirtschaftlichen Grundsätzen beurteilt werden. Bei einer Kollision der Interessen ist nach richterlichem Ermessen abzuwägen, ob das Interesse an der Handlung so groß ist, daß sie trotz der Gefahr einer möglichen Verletzung der rechtlich geschützten Interessen Dritter zu rechtfertigen war. Hierbei ist auch auf die Größe der bedrohten Interessen Dritter Gewicht zu legen.

In Anwendung dieser Grundsätze hat das Reichsgericht mit Recht ausgesprochen, es lasse sich keineswegs anerkennen, daß der Betrieb einer

---

57) Liszt, Deliktsobligationen 55.

58) Vgl. z. B. Schadenersatzanspruch wegen Schädigung eines Gartenwirtschaftsbetriebs durch vorübergehende üble Gerüche (RG 47, 250.) Über den Ersatzanspruch aus § 823 Abs. 2 BGB s. unten § 43 D II 2.

59) Erleichterte Voraussetzungen, wenn der Anspruch aus einem Verstoß gegen ein anderes Schutzgesetz als aus dem des § 906 abgeleitet wird (s. hierüber unten § 43 D II 2).

60) In diesem besonderen Falle muß die Beeinträchtigung der Benutzung als Folge der Eigentumseinwirkung erkennbar sein; denn ohne diese Beeinträchtigung liegt keine Eigentumsverletzung vor und die tatsächliche Verletzung des Eigentums muß voraussehbar gewesen sein. Wenn an die Fabrik ein Grundstück anstößt, auf welchem sich ein Wohngebäude mit einem Hausgarten befindet und von der Fabrik Dämpfe auf das Nachbargrundstück ausgeströmt werden, so ist es zur Begründung der Ersatzpflicht aus § 823 Abs. 1 BGB für die durch die Dämpfe herbeigeführte Beschädigung der Bäume erforderlich, daß der Fabrikunternehmer diese nachteilige Einwirkung der Dämpfe auf Pflanzen hätte erkennen können. Man wird aber dem Fabrikherrn, der weiß, daß die Dämpfe in den Garten eindringen, zur Pflicht machen müssen, sich sorgfältigst (bei Sachverständigen) zu erkundigen, ob die ihm bekannte Einwirkung den fremden Bäumen schädlich ist.

61) Vgl. Gruchot 50, 413 (RG); RG 16, 178; 38, 268.

Eisenbahn schon an sich notwendig eine schuldhafte Handlung darstelle, weil der Unternehmer erkenne oder doch erkennen könne, daß die der Lokomotive entströmenden Funken einen Brand herbeizuführen vermögen; denn alle Verschuldung beruhe ihrem letzten Grunde nach auf einem Willensfehler in der Richtung, daß der Täter freiwillig eine schädigende Handlung vorgenommen habe, obwohl er bei Anwendung der gewöhnlichen Sorgfalt und Vorsicht den eingetretenen Erfolg als eine mögliche Folge seiner Handlung hätte vorhersehen können; der Täter müsse daher in der Lage gewesen sein, die schädigende Handlung vorzunehmen oder zu unterlassen. Es bedürfe aber keiner Ausführung, daß nach den Gründen, welche den Staat zur Genehmigung einer Eisenbahn bzw. zum eigenen Betrieb einer Eisenbahn veranlassen, der Betrieb als ein willkürlicher in dem hervorgehobenen Sinne nicht aufgefaßt werden könne. Von Annahme einer Verschuldung im technischen Sinne müsse daher abgesehen werden, wenn durch die dem Betrieb eigenen besonderen Gefahren ein Schaden entstehe, welchen der Unternehmer als eine mögliche Folge des Betriebes und jener Gefahren vorhersehen konnte[62]).

Mit anderen Worten, es wäre ein Verschulden vorhanden, wenn der Betrieb nicht notwendig wäre[63]). Dies gilt in gleicher Weise für alle gefährlichen Betriebe, die wirtschaftlich notwendig sind[64]).

Dabei ist aber immer zu prüfen, ob und inwieweit der Eingriff trotz Notwendigkeit des Betriebs zu verhüten gewesen wäre; denn insoweit ist eben der Betrieb in dieser Art nicht notwendig. Der Unternehmer muß also alle jene Einrichtungen und Vorkehrungen treffen, die nach dem derzeitigen Stande der Erfahrung und Technik zur Hintanhaltung einer Schadenszufügung gegeben und mit einem gehörigen Betrieb vereinbar sind.

So muß der Eisenbahnunternehmer die Schlote der Lokomotive mit Funkenfängern versehen, für einen ordnungsgemäßen Aschenkasten sorgen und diese und die anderen erforderlichen Einrichtungen in ordnungsgemäßem Zustande erhalten.

Es ist Sache des Unternehmers darzutun, daß der Betrieb in der gegebenen Art unvermeidbar gewesen ist; deshalb ist das Verschulden beim Vorhandensein der übrigen Voraussetzungen nur dann als ausgeschlossen zu erachten, wenn der Unternehmer beweist, daß er zur Verhütung der unzulässigen Einwirkung das Menschenmögliche vorgekehrt hat.

---

[62]) RG 17, 103.

[63]) Vgl. Rümelin, Kulpahaftung und Kausalzusammenhang im ArchZivPr. 88, 295 und 303.

[64]) Auch hier ist Verschulden Voraussetzung der Schadenersatzpflicht. Ist es bewiesen, so tritt für den Beweis des ursächlichen Zusammenhangs zwischen Verschulden und Schaden eine Erleichterung ein. Vgl. RG 10, 143 und oben § 43 B. Aber auch ohne Verschulden besteht die Ersatzpflicht, wenn die Voraussetzungen der Gefährdungshaftung oder des Aufopferungsanspruchs gegeben sind. S. hierüber unten § 43 D III.

Gelingt dem Unternehmer dieser Beweis, so kann ihm ein Verschulden nicht zur Last gelegt werden, so daß er nicht aus § 823 auf Schadenersatz in Anspruch genommen werden kann. Gleichwohl kann er schadenersatzpflichtig sein, wenn die Voraussetzungen der Gefährdungshaftung oder des Aufopferungsanspruchs gegeben sind[65]) (hierüber s. unten § 43 D III).

2. Verstoß gegen ein Schutzgesetz (§ 823 Abs. 2 BGB). Während § 823 Abs. 1 die gegen das Eigentum als solches gerichtete unerlaubte Handlung behandelt, beruht die durch § 823 Abs. 2 begründete Ersatzpflicht auf wesentlich anderer Grundlage. Darnach ist derjenige, welcher gegen ein den Schutz eines anderen bezweckendes Gesetz verstößt, zum Ersatz des daraus entstehenden Schadens verpflichtet. Auch im Fall des § 823 Abs. 2 ist der Grund der Haftung ein Verschulden. Während aber Abs. 1 des § 823 zur Voraussetzung hat, daß der Ersatzpflichtige die Eigentumsverletzung vorausgesehen hat (Vorsatz) oder doch voraussehen konnte (Fahrlässigkeit), ist die Voraussehbarkeit dieses Erfolges bei Abs. 2 nicht erforderlich[66]). Hier genügt es, wenn ein den Schutz eines anderen bezweckendes Gesetz schuldhaft übertreten ist.

Zu den den Schutz eines anderen bezweckenden Gesetzen gehören auch jene, welche die Gesamtheit schützen sollen, wenn sie nur daneben auch den Schutz des Einzelnen bezwecken[67]).

Unter den Begriff des Schutzgesetzes fallen mannigfache Vorschriften des Polizeirechts, welche die Sicherheit der Personen und Sachgüter schützen sollen. Auch die auf Grund einer gesetzlichen Ermächtigung erlassenen polizeilichen Vorschriften können den Begriff erfüllen. Auch privatrechtliche Vorschriften können Schutzgesetze im Sinne des § 823 Abs. 2 sein.

Schutzgesetze im Sinne des § 823 Abs. 2 sind beispielsweise § 226[68]), § 858[69]), § 906[70]), § 909[71]), §§ 1004, 1020 und 1027 BGB[72]), §§ 16 und 147 GewO[73]), § 367 Nr. 8 StGB (Legung von Selbstgeschossen, Schießen, Ab-

[65]) Für Verletzung einer Person oder einer Sache bei dem Betrieb einer Eisenbahn ist die Ersatzpflicht nach dem Reichshaftpflichtgesetz vom 7. 6. 1871 bzw. nach dem Gesetz über die Haftung der Eisenbahnen und Straßenbahnen für Sachschäden vom 29. 4. 1940 (RGBl. I, 691) begründet. Vgl. hierzu unten § 43 III D 1 c.

[66]) JW04, 408; RG 66, 251; 91, 72. Gruchot 67, 569.

[67]) RG 63, 324; 59, 237; Gruchot 52, 1008; JW 04, 554. Näheres über diese Frage s. bei Staudinger Bem. III A 2 zu § 823.

[68]) RG 58, 214.

[69]) RG 59, 326; Gruchot 51, 985.

[70]) R 08 Nr. 745.

[71]) RG 51, 77.

[72]) Rosenthal LZ 10, 107; SeuffA 76, 662 (RG); WarnE 11 Nr. 331.

[73]) JW 09, 493; 16, 38; SeuffA 71, 86. Nicht die bei der Genehmigung des § 16 GewO getroffenen Anordnungen sind als Schutzgesetz zu erachten (wie BayZ 16, 91, RG zu Unrecht annimmt), sondern § 16 GewO; vgl. oben § 39 N. 34.

brennen von Feuerwerkskörpern[74]), § 367 Nr. 12 StGB (unverwahrte Öffnungen)[75]), § 367 Nr. 14 StGB (Bauten oder Ausbesserung von Gebäuden ohne die erforderlichen Sicherungsmaßregeln)[76]), § 367 Ziff. 13 StGB (Gebäude, welche dem Einsturz drohen)[77]), § 368 Ziff. 2 StGB (Unterlassen des Raupens), § 368 Ziff. 4 StGB (brandsicherer Zustand der Feuerstätten und Schornsteine[78]), § 368 Ziff. 6 StGB (Feueranzünden in der Nähe von Wäldern oder Gebäuden), § 370 Ziff. 1 StGB (Abgraben oder Abpflügen von Wegen oder Grenzrainen). Über landesrechtliche Schutzgesetze vgl. RGK Bem. 14 IIIc zu § 823 mit Verweisen.

Das für die Ersatzpflicht unerläßliche Verschulden bezieht sich also nur auf die Willensbetätigung (mit Einschluß der Unterlassung), in welcher die Übertretung des Schutzgesetzes gelegen ist. Es braucht also Vorsatz oder Fahrlässigkeit nur in Beziehung auf das vorzuliegen, was gegen Verbot getan oder gegen Gebot unterlassen wurde[79]).

Ein Beispiel wird den Unterschied klar machen: In der Mitte eines größeren und bebauten Areals liegt ein Fabrikanwesen, aus dessen Kaminen ein starker Funkenregen ausgeworfen wird. Mit Rücksicht darauf, daß der Abstand von der Grenze ringsum ein großer ist, kann der Unternehmer auch bei Anwendung der im Verkehr erforderlichen Sorgfalt nicht voraussehen, daß ausströmende Funken auf fremde Grundstücke niederfallen können.

Aus § 823 Abs. 1 haftet der Unternehmer nicht, wenn gleichwohl durch einen Sturmwind Funken auf ein Nachbarhaus geworfen werden und dieses entzünden. Wenn aber eine Polizeivorschrift besteht, wonach Fabrikschlote mit Funkenfängern versehen sein müssen, so haftet der Unternehmer aus § 823 Abs. 2, wenn nur die Zuwiderhandlung gegen das Gesetz vorsätzlich oder fahrlässig erfolgt ist und bei Befolgung der Polizeivorschrift der Schaden nicht eingetreten wäre.

Für das Verschulden des § 823 Abs. 2 ist keineswegs erforderlich, daß der Unternehmer die betreffende Polizeivorschrift gekannt hat, sofern die Unkenntnis auf Fahrlässigkeit beruht[80]). Liegt ein Verstoß gegen das Schutzgesetz vor, so muß der Zuwiderhandelnde beweisen, daß ihn kein Verschulden trifft[81]). Das erforderliche Verschulden fehlt z. B. dann, wenn der Unternehmer die Ersetzung des alten Funkenfängers angeordnet und der Handwerker ohne Wissen des Unternehmers den alten Funkenfänger abgenommen hat, bevor der neue zum Ersatz bereit war.

---

74) JW 02, Beil. 220 (RG).

75) JW 05, 17; 06, 89; 11, 713; 12, 30 (RG); SeuffA 59, 204 (Bamberg).

76) RG 51, 177; JW 04, 62; 10, 12; RG 70, 207.

77) Vgl. hierzu § 836 BGB; s. oben § 19.

78) RG 67, 339.

79) Liszt, Deliktsobligationen 34; RG 38, 272; JW 02, 11; 04, 408; 09, 313; 10, 1003 (RG); SeuffA 59, 204 (Bamberg).

80) R 12 Nr. 3467; 13 Nr. 836 (RG).

81) JW 12, 319; 16, 38; RG 91, 72; R 07 Nr. 1150.

Wenn aber das zum Schutz eines andern erlassene Gesetz nicht eine Handlung schlechthin verbietet, sondern nur insoweit, als sie einen gewissen Erfolg, insbesondere eine schädliche Wirkung mit sich bringt, so daß dem Ermessen des Handelnden in dieser Richtung ein Spielraum bleibt, so liegt ein Verschulden bei Nichtbeachtung des Gesetzes nicht vor, wenn der Handelnde mit Fug glauben konnte, daß seine Handlung nicht schädigend wirken könne[82]). Deshalb trifft bei Zuwiderhandlungen gegen das Vertiefungsverbot des § 909 den Täter nur dann eine Ersatzpflicht, wenn er bei sorgfältiger Prüfung hätte voraussehen können, daß durch die Vertiefung das Nachbargrundstück die erforderliche Stütze verlieren würde[83]). Ebenso tritt eine Ersatzpflicht wegen Zuwiderhandlung gegen das Schutzgesetz des § 906 (Immissionen) nur dann ein, wenn der Immittent bei Anwendung der pflichtgemäßen Sorgfalt erkennen konnte, daß durch die Einwirkung die Benutzung des Nachbargrundstücks wesentlich beeinträchtigt werden könne.

3. Sittenwidrige Schadenzufügung (§ 826 BGB). Die Ableitung von Schadenersatzansprüchen aus der Vorschrift des § 826 BGB ist bei Rechtsverhältnissen, die sich aus dem nachbarlichen Zusammenleben ergeben, häufig das einzige Mittel, um dem durch unanständiges Handeln gekränkten Rechtsempfinden zum Sieg zu verhelfen. Da es bei der Anwendung des § 826 immer auf den konkreten Sachverhalt ankommt, sei hier lediglich auf einzelne Anwendungsfälle verwiesen, die oben behandelt sind[84]).

III. Haftung ohne Verschulden

Das BGB steht auf dem Standpunkt der Verschuldenshaftung. Die Verursachungshaftung, die dem Entwurf I zugrunde lag, wurde im Entwurf II zurückgedrängt und im Entwurf III völlig ausgeschaltet. Gleichwohl gibt es eine Reihe von Fällen, in denen entweder kraft gesetzlicher Vorschrift oder auf Grund von der Rechtsprechung entwickelter und gewohnheitsrechtlich anerkannter Rechtsgrundsätze eine Haftung auch ohne Verschulden begründet ist. Dies gilt, wenn man von dem nach § 26 GewO begründeten Anspruch auf Schadloshaltung (vgl. oben § 39 III) absieht, für die Fälle der Gefährdungshaftung und des sog. Aufopferungsanspruchs[85]).

---

[82]) RG 38, 272.
[83]) S. oben § 20 II.
[84]) Vgl. § 13; § 13 N. 14, 15, 37; § 21 N. 9; im Text zu § 31 N. 119; § 38 N. 19, 28, 79.
[85]) RG 159, 72.

1. Gefährdungshaftung

Den Vorschriften über die Gefährdungshaftung liegt der Gedanke zugrunde, daß regelmäßig durch den in Frage kommenden Betrieb[86]) eine besondere Gefahr, die Betriebsgefahr, gegeben ist, die den Betrieb zu einem gefährlichen Unternehmen stempelt und damit zugleich die Haftung des Unternehmers auch ohne Verschulden — regelmäßig allerdings mit einer Begrenzung der Haftungssumme nach oben — rechtfertigt, sofern nicht der Schaden durch höhere Gewalt[86a]) verursacht worden ist; mitverursachendes Verhalten im Sinne des § 254 BGB muß sich der Verletzte regelmäßig entgegenhalten und anrechnen lassen.

a) § 7 Straßenverkehrsgesetz. Nach § 7 Straßenverkehrsgesetz vom 19. 12. 1952 (BGBl. I S. 837) haftet der Halter eines Kraftfahrzeugs — entsprechend auch der Schwarzfahrer — für den beim Betrieb eines Kraftfahrzeugs entstandenen Schaden. Es muß sich dabei aber immer um eine plötzliche Beeinträchtigung durch ein regelwidriges Ereignis handeln. Allmähliche Abnutzung der Straßen durch fortgesetzte Fahrten, allmähliche Beschädigung anliegender Gebäulichkeiten infolge der durch das ständige Befahren der Straße hervorgerufenen Erschütterungen sowie andere dauernd lästige Einwirkungen auf ein Grundstück, z. B. infolge Motorenlärms von einem Garagengrundstück, fallen daher nicht unter § 7 STVG[87]), sondern sind ausschließlich nach nachbarrechtlichen Vorschriften zu beurteilen[88]). Wohl aber muß der Halter eines Kraftfahrzeugs auch ohne Verschulden für den Schaden einstehen, der an einem Zaun oder einer Hauswand dadurch entsteht, daß ein Kraftfahrzeug dagegen fährt[89]).

---

[86]) Entsprechend setzt die Haftung des Tierhalters nach § 833 BGB voraus, daß die Schädigung durch die eigentümliche Tiergefahr, d. h. durch das von keinem vernünftigen Wollen geleitete willkürliche Verhalten des Tieres, das sich als Ausfluß der gefährlichen tierischen Natur darstellt, hervorgerufen worden ist (RG 69, 399; 80, 237). § 833 BGB liegt daher nicht vor, wenn die Bienen nur mit ihren natürlichen Ausscheidungen Schaden anrichten (RG 141, 406). — Zur Frage der gewöhnlichen oder erhöhten oder konkreten Betriebsgefahr vgl. OLG Oldenburg NJW 55, 1032.

[86a]) Zum Begriff der höheren Gewalt vgl. BGH in BGHZ 7, 338ff. u. in RdL 55, 192.

[87]) Müller, Straßenverkehrsrecht, 17. Aufl., § 7 B II b 1.

[88]) Zur Unterlassungsklage des Eigentümers eines durch die laufenden Erschütterungen infolge eines genehmigten Omnibusverkehrs geschädigten Hauses vgl. RG 133, 152 und oben § 16 N 16.

[89]) Die Ersatzpflicht ist ausgeschlossen, wenn der Unfall durch ein unabwendbares Ereignis verursacht worden ist, das weder auf einem Fehler in der Beschaffenheit des Fahrzeugs noch auf einem Versagen seiner Einrichtungen beruhte. Als unabwendbar gilt ein Ereignis insbesondere dann, wenn es auf das Verhalten des Verletzten oder eines nicht beim Betriebe beschäftigten Dritten oder eines Tieres zurückzuführen ist und sowohl der Halter als auch der Führer des Fahrzeugs jede nach den Umständen des Falles gebotene Sorgfalt beobachtet haben.

b) Luftverkehrsgesetz. Das Luftverkehrsgesetz in der Fassung vom 26. 1. 1943 (RGBl. 1943 I S. 69) — vgl. oben § 1 II 7 — regelt entsprechend die Haftung des Halters eines Luftfahrzeugs für Personen- und Sachschaden, der durch einen beim Betrieb eines Luftfahrzeugs entstandenen Unfall herbeigeführt worden ist.

c) § 1 Reichshaftpflichtgesetz. § 1 des Reichshaftpflichtgesetzes vom 7. 6. 1871 bestimmt die Haftung des Bahnunternehmers für Personenschäden. In Ergänzung hierzu hat das Gesetz über die Haftung der Eisenbahnen und Straßenbahnen für Sachschäden vom 29. 4. 1940 (RGBl. I S. 691) die Haftung des Bahnunternehmers auf Sachschaden ausgedehnt. Von dieser Haftung sind allerdings die Schäden ausgenommen, die durch Einwirkungen der in § 906 BGB genannten Art (also z. B. durch Erschütterungen, Geräusch, Ruß, Rauch, Funkenflug) veranlaßt sind; die Zulässigkeit solcher Einwirkungen und die Rechtsfolgen unzulässiger Einwirkungen dieser Art bestimmen sich also weiterhin ausschließlich nach bürgerlichem Recht[90]).

d) § 1 a Reichshaftpflichtgesetz. § 1 a des Reichshaftpflichtgesetzes, der durch das Gesetz zur Änderung des Reichshaftpflichtgesetzes vom 15. 8. 1943 (RGBl. I S. 489) in dieses eingefügt wurde, unterwirft auch den Inhaber von Anlagen, die der Fortleitung oder Abgabe von Elektrizität[91]) oder Gas — einschließlich der Gasbehälter — dienen, einer vom Verschulden unabhängigen Haftung, weil solche Betriebe die Öffentlichkeit einer Gefahr aussetzen, der diese sich nicht entziehen kann[92]). Hiernach kann nun der Bauer, dessen Vieh beim Berühren eines gerissenen Stromkabels getötet oder verletzt worden ist, ohne Verschuldensnachweis Schadenersatz verlangen; Gleiches gilt für Unfälle, die durch das Undichtwerden oder den Bruch von Gasleitungen oder Gasbehältern verursacht werden (vgl. hierzu aber die unten stehenden Vorschriften über den Haftungsausschluß).

Die Haftung greift ausnahmsweise sogar dann Platz, wenn die Unfallursache nicht in der typischen Gefahr der Elektrizität oder des Gases zu

---

[90]) Vgl. amtliche Begründung in DJust. 1940 S. 540.

[91]) Fernmeldeanlagen sind ausgenommen (§ 1 a Abs. 2); ebenso die Energie-Erzeugungsanlagen. Die Haftung entfällt ferner für Schäden, die durch Energie-Verbrauchsgeräte (Glühlampen, Heizapparate, auf fremdem Grundstück elektrisch betriebene Dampfmaschinen) oder an diesen entstehen (§ 1 a Abs. 3 Ziff. 2).

[92]) Den Anspruch auf Ersatz eines vor Erlaß des § 1 a Reichshaftpflichtgesetz, nämlich im Winter 1939/1940, infolge Gasrohrbruchs entstandenen Schadens hat das Reichsgericht in DR 44, 410 abgelehnt, obwohl es eine gewisse Gefährdung durch das Gasrohrnetz grundsätzlich bejaht hat; die entsprechende Anwendung des § 1 a RHaftpflG wurde allerdings nur wegen der besonderen Lagerung des konkreten Falles verneint.

suchen ist (§ 1a Abs. 1 Satz 2 des Gesetzes); vielmehr genügt als Ursache auch eine mechanische Einwirkung, wie z. B. das Umstürzen von Leitungsmasten oder Herabfallen von Leitungsdrähten, die keinen elektrischen Strom führen. Für Unfälle, die durch das Herabfallen von Leitungsdrähten entstehen, wird ferner gehaftet, wenn das Herabfallen der Leitung durch höhere Gewalt (Blitz, Sturm, Rauhreif, Vogelflug) verursacht worden ist. Auch steht es dem Herunterfallen eines Leitungsdrahts gleich, wenn der Unfall durch einen nicht gerissenen, wohl aber unvorschriftsmäßig tief herabhängenden Leitungsdraht verursacht worden ist[93]).

Die Haftung ist aber ausgeschlossen, wenn der Schaden entweder innerhalb eines Gebäudes oder innerhalb eines im Besitz des Inhabers der Anlage stehenden befriedeten Grundstücks entstanden ist, da Schäden dieser Art verhältnismäßig selten sind und als Geschädigte regelmäßig nicht die Öffentlichkeit als solche, sondern nur der Strom- oder Gasabnehmer und dessen Angehörige, Besucher, Mieter, Bedienstete in Betracht kommen. Da der Abnehmer regelmäßig zugleich auch der Inhaber der in den Gebäuden oder befriedeten Grundstücken (Höfen oder Gartenanlagen) befindlichen Leitungsanlagen sein wird, kommt die Haftungsbeschränkung auch ihm selbst zugute.

2. Aufopferungsanspruch

a) Geschichtliche Entwicklung und Geltungsbereich. Dieser Rechtsbegriff geht auf die Vorschrift des § 75 Einl. ALR zurück, wonach der Staat gehalten ist, denjenigen zu entschädigen, der „seine besonderen Rechte und Vorteile dem Wohl des Gemeinwesens aufzuopfern genötigt wird". Diese Vorschrift war nicht nur im Gebiet des Preuß. ALR, sondern auch in den Gebieten des gemeinen und des rheinischen Rechts[94]) anwendbar.

b) Rechtsprechung des Reichsgerichts. Aus § 75 Einl. ALR und zugleich in entsprechender Anwendung des dem § 904 BGB und dem § 26 GewO zugrundeliegenden Rechtsgedankens hat das Reichsgericht folgenden allgemeinen Rechtsgrundsatz entwickelt:

---

[93]) Vgl. Amtliche Begründung in DJust. 1943, S. 430.

[94]) RG JW 25, 2446. Ihre Weitergeltung hat das Reichsgericht in RG 156, 309 ausdrücklich bejaht. Ebenso Schack in VerwA 40, 426. A. M. Stödter, Öffentlich-rechtliche Entschädigung 1933, S. 229ff., S. 239 und Cremer in RVerwBl. 35, 625; beide sehen in Art. 153 WeimVerf. — jetzt Art. 14 GG — eine Art Generalklausel für die öffentlich-rechtliche Entschädigung schlechthin und damit zugleich einen Schutz gegen Angriffe der Verwaltung in subjektive Persönlichkeitsrechte.

Für rechtswidrige Einwirkungen auf das Eigentum[95]) eines anderen muß, auch wenn dem Einwirkenden ein Verschulden nicht zur Last fällt, eine Entschädigung überall da geleistet werden, wo dem Eigentümer die ihm nach bürgerlich-rechtlichen Grundsätzen zustehende Befugnis, wegen des Eingriffs die Abwehrklage nach § 1004 BGB zu erheben, ausnahmsweise entzogen ist.

Diese Ansicht über die Voraussetzungen des Aufopferungsanspruchs ist jedoch zu eng und führt in vielen Fällen nicht zu einem befriedigenden Ergebnis. Tatsächlich hat auch das Reichsgericht, um im Einzelfall zu einem praktisch brauchbaren Ergebnis zu kommen, zwar die aufgestellte These bejaht, bei ihrer praktischen Anwendung aber sich dem Grundsatz der Gefährdungshaftung erheblich angenähert, indem es die in verschiedenen Gesetzen enthaltenen Bestimmungen, die eine Schadensersatzpflicht ohne Verschulden festsetzen, auf ein gemeinsames höheres und damit allgemein gültiges Prinzip zurückführte[96]); dieses allgemeine Prinzip ist aber das der Gefährdungshaftung, wenn auch das Reichsgericht das Kind nicht beim Namen genannt hat.

Geht die Einwirkung von einer Anlage aus, von der schon vor dem Eintritt des Schadens mit Sicherheit vorauszusehen war, daß ihr Bestand oder ihre Benutzung eine unzulässige Einwirkung auf das Nachbargrundstück zur Folge haben werde, dann stand zu diesem Zeitpunkt dem Nachbarn an sich der Anspruch auf Beseitigung dieser Anlage zu (§ 907). War jedoch eine unzulässige Einwirkung in diesem Zeitpunkte nicht mit Sicherheit vorauszusehen, so ist Voraussetzung des als dann in Frage kommenden Unterlassungsanspruches (§ 1004), daß vor Eintritt des Schadens schon eine unzulässige Einwirkung stattgefunden hatte[97]) und eine weitere unzulässige Einwirkung zu besorgen war (§ 1004). Diese Besorgnis erfordert mehr als eine abstrakte Möglichkeit, während es andrerseits genügt, wenn nach Lage der Verhältnisse mit der Möglichkeit einer Wiederholung zu rechnen ist. Wenn also durch eine unzulässige Einwirkung ein Schaden verursacht wird, und es war vorher eine unzulässige Einwirkung weder mit Sicherheit vorauszusehen noch auch vorher tatsächlich schon erfolgt, dann bestand schon nach allgemeinem Recht kein Abwehranspruch, mithin konnte auch eine Ersatzleistung für

---

[95]) Während das Reichsgericht bei Eingriffen in Gesundheit und Leben den Aufopferungsanspruch verneint hat, hat der BGH (NJW 53, 857) mit überzeugender Begründung die Haftung ohne Verschulden auch für Eingriffe in Gesundheit und Leben (Impfschäden) bejaht. Ebenso Westermann § 28 III 3. — Über den Umfang der Entschädigungspflicht bei rechtswidrigem, enteignungsgleichem Eingriff vgl. BGH in NJW 54, 1362.

[96]) RG 58, 130; 59, 74; 63, 376; 70, 152; 81, 216; 86, 232; 93, 100; 97, 291; 98, 348; 100, 69; 101, 102; 113, 306; 122, 134; 139, 33; 144, 333; 155, 154; 155, 389; 159, 69; 159, 309; 161, 368; 167, 25; 170, 44; JW 05, 131; 10, 580; 10, 619; 12, 869; WarnE 11 Nr. 40; 13, Nr. 226. — vgl. auch Rümelin, ArchZivPr. 88, 285ff.; Almassi in JW 18, 357 (über die Ungarische Rechtsprechung in solchen Fragen). In RG 101, 106 und Gruchot 66, 475 wurde der Anspruch auf Ersatz des durch Einwirkungen einer Munitionsfabrik verursachten Schadens allerdings vorsorglich auf § 904 Satz 2 BGB gegründet.

[97]) RG WarnE 11 Nr. 330; RG 101, 339; RGK Bem. 1 und 5 zu § 1004.

die Entziehung des Abwehranspruches nicht in Frage kommen. In der Tat hat das Reichsgericht diesen Standpunkt in einzelnen Entscheidungen mit Entschiedenheit vertreten, so namentlich im Falle der Explosion[98]), und dieser grundsätzliche Standpunkt lag auch der Ablehnung des Ersatzes für einen Schaden zugrunde, der „in der Vergangenheit liegt, also mit der Klage auf Einstellung des Betriebs nicht hätte verhindert werden können"[99]).

In anderen Entscheidungen wurde dieser Standpunkt zwar nicht grundsätzlich, aber doch tatsächlich verlassen, zum mindesten stark auf die Seite geschoben. Im Falle RG 101, 102 konnte er hochgehalten werden, weil das BG die tatsächliche Feststellung getroffen hatte, daß von der Sprengstoffabrik eine Explosion früher oder später mit Sicherheit zu erwarten war[100]). Darüber, daß diese tatsächliche Feststellung zweifellos auf einer rechtlichen Verkennung des Erfordernisses „mit Sicherheit zu erwarten" (§ 907) beruhte, hat das RG hinweggesehen. Sonst hätte sich die Verurteilung mit der reichsgerichtlichen Konstruktion nicht halten lassen. Die tatsächliche Feststellung des BG war darauf gestützt, daß zwar im Frieden eine Sprengstoffabrik gefahrlos gewesen sei (vgl. RG 50, 226), daß sich dies aber bei dem kriegsgemäßen Betrieb mit Rücksicht auf den Mangel an ausgebildeten Arbeitern sowie die gebotene Eile der Arbeit wie auch die Anhäufung größerer Mengen geändert habe. Gewiß war die Gefährlichkeit des Betriebs durch die Kriegsmäßigkeit gewaltig gesteigert; mit Sicherheit[101]) konnte deswegen natürlich eine Explosion nicht vorhergesehen werden; tatsächlich sind auch nicht alle Munitionsfabriken in die Luft geflogen[102]).

Auch in anderen Fällen konnte die vom RG beigebrachte Begründung seines Standpunktes nicht zum Ziel führen.

Zumeist — namentlich bei Schadenfällen infolge Funkenflugs — beschränkte sich das RG auf die ganz allgemein gehaltene Unterstellung, daß dem durch Funkenflug geschädigten Eigentümer des Grundstückes der ihm nach dem ordentlichen Recht zustehende Abwehranspruch entzogen und ihm dafür als Ersatz der Entschädigungsanspruch[103]) zuzubilligen sei. Eine Untersuchung darüber, welcher Art dieser Abwehr-

---

[98]) RG 50, 226 (hier allerdings nur bezüglich der von einer Petroleum-Raffinerie drohenden Explosionsgefahr und der dadurch herbeigeführten Entwertung des Nachbargrundstückes) und namentlich RG 63, 374 u. DR 44, 410 (Schadenersatzpflicht für den durch Rohrbruch einer Gasanstalt entstandenen Schaden abgelehnt). Vgl. R 11 Nr. 2732. (Sind Kugeln von dem Schießstand bisher nicht herübergeflogen, so kann von der Besorgnis weiterer Beeinträchtigung nicht die Rede sein.)

[99]) Gruchot 54, 412 (RG); JW 12, 869 (RG); vgl. auch die vom RG unbeanstandet gelassene Ausführung des OLG im Fall RG 101, 102. Später wurde diese Ansicht — jedenfalls im Ergebnis — vom RG aufgegeben; vgl. oben § 39 N 60.

[100]) Ebenso im Fall RG 104, 82 und Gruchot 66, 475 (Explosion am 4. 8. 1917).

[101]) S. oben § 17 II 3.

[102]) In den Fällen SeuffA 87 Nr. 83 und RG 104, 81 war das RG nochmals in der angenehmen Lage, die tatsächliche Feststellung des LG zugrundelegen zu können, daß von dem Betrieb (zur Zerlegung von Granatzündern) unzulässige Einwirkungen auf die Nachbargrundstücke mit Sicherheit zu erwarten waren. In jenen Fällen trat die Explosion am 18. 7. 1919 bzw. am 25. 3. 1920 ein. Damals waren in Deutschland die Arbeiterverhältnisse noch in Gärung, so daß friedensmäßige Betriebssicherheit noch nicht hergestellt war. RG 101, 106 und Gruchot 66, 479 begründen den Ersatzanspruch vorsorglich auch mit § 904 Satz 2 BGB. Es wird die im Krieg bestandene Notwendigkeit von Munitionsfabriken mit den damals unvermeidbaren Einwirkungen auf die Nachbargrundstücke als Notstand im Sinne des § 904 aufgefaßt.

[103]) Gegen den Flugzeughalter (RG 93, 223).

anspruch in concreto gewesen sei und ob damit die den Brandschaden vermittelnde Einwirkung des Funkenflugs nach ordentlichem Recht auch wirklich hätte abgewehrt werden können, fehlte regelmäßig, obwohl dieser Nachweis vom Standpunkt des RG aus unerläßlich gewesen wäre. Im Falle JW 10, 619 machte die Revision gegen die Verurteilung zum Schadenersatz wegen Funkenauswurfes mit Recht geltend, daß, wenn sich die Entschädigung als Ersatz für die entzogene Eigentumsklage darstelle, im einzelnen Falle zu prüfen sei, ob dem Kläger der Anspruch aus § 1004 zugestanden hätte. In jenem Fall war ein Funke aus der Lokomotive einer Kleinbahn auf ein 50 m vom Schienenstrang entferntes Gebäude geworfen worden und hatte dort gezündet. Die Revision führte aus, daß Funken unter normalen Verhältnissen in einer Entfernung von 50 m nicht mehr zu zünden pflegen und daher nicht als wesentliche Beeinträchtigung zu erachten, übrigens auch nicht ungewöhnlich seien. Deshalb könne der Grundeigentümer die Zuführung von Funken nicht verbieten (§ 906), auch sei bei der außergewöhnlichen Natur des Ereignisses (Sturmwind) eine Besorgnis der Wiederholung, die nach § 1004 erforderlich ist, nicht gegeben. — Das RG hat diesen Revisionsangriff zurückgewiesen. Der Einwand, daß Funken im allgemeinen unter § 906 fallen, wurde mit der Bemerkung abgetan, daß der Funkenauswurf wegen seiner Gefährlichkeit zu den Einwirkungen, die § 906 unter Umständen zuläßt, überhaupt nicht gerechnet werden könne. Damit ging das RG entschieden zu weit. Es kommt ja nicht nur der Funkenflug aus Lokomotiven, sondern auch aus Schornsteinen in Betracht. Er läßt sich auch durch Funkenfänger nicht völlig ausschließen, und ein Grundeigentümer, auf dessen Eigentum hie und da einmal ein aus dem Schornstein des Nachbarhauses kommender Funke getragen wird, kann deshalb noch nicht mit Erfolg eine Abwehrklage erheben. Was aber die nach § 1004 erforderliche Besorgnis der Wiederholung anlangt, so setzt sie begriffsmäßig voraus, daß vor dem zündenden Funken schon einmal ein Funke auf dasselbe Grundstück aus der gleichen Immissionsquelle gelangt ist[104]). Darüber schwieg sich die Entscheidung aus. — Selbst wenn dies in dem zur Entscheidung stehenden Fall nachweisbar gewesen sein sollte, so läßt sich doch der Fall denken, daß dieser dem Kläger obliegende Nachweis nicht zu erbringen ist. Man braucht sich die Entfernung nur etwas größer vorzustellen als 50 m, dann ist es wohl denkbar, daß der erste Funke, der nachweisbar aus einer Lokomotive auf das betreffende Grundstück durch einen Sturm getragen wird, zündet. Bei einem solchen Schadenfall wäre mit der Konstruktion des RG nicht zu helfen.

Noch deutlicher zeigt sich die Anfechtbarkeit der reichsgerichtlichen Konstruktion, wenn man unterstellt, daß zur Zeit des Eintritts des Schadens der Anspruch auf Unterlassung zwar bestanden hätte, jedoch nicht geltend gemacht worden war, während eine Sondernorm, durch welche der Unterlassungsanspruch entzogen war, fehlte. Wenn z. B. vor der Schädigung durch Sprengung beim Bau eines Privatwegs schon eine Einwirkung durch abgesprengte Steine auf das Nachbargrundstück erfolgt war, bestand von da ab der Unterlassungsanspruch. Durch keine gesetzliche Vorschrift war dieser Anspruch entzogen. Dem Eigentümer des Nachbargrundsrücks war nun die vorausgegangene Einwirkung unbekannt geblieben. Ein Verschulden des Unternehmers an dem Schaden lag nicht vor. Bei Durchführung der reichsgerichtlichen Gedankengänge wäre kein Ersatz zu leisten, so daß also bei bestehendem Unterlassungsanspruch der Geschädigte schlechter stehen würde als nach seiner Entziehung durch Sondergesetz.

Im Falle des RG 100, 74 hat das RG Ersatzpflicht für die durch den Absturz eines Flugzeuges verursachte Beschädigung des Grundstücks (Durchschlagen des Daches) zugebilligt[105]). Aus § 905 wird das Recht des Eigentümers abgeleitet, das Überfliegen seines

[104]) RG WarnE 11 Nr. 330; RGK Bem. 1 und 5 zu § 1004.

[105]) Schäden, die durch den Betrieb eines Luftfahrzeugs entstehen, sind jetzt durch das Luftverkehrsgesetz — vgl. oben § 1 II 7 — erfaßt und geregelt. Vor dessen Erlaß war

Grundstücks in noch so großer Höhe zu verbieten. Aber mit der Einräumung des Verbietungsrechts ist noch nicht ohne weiteres der Abwehranspruch gegeben. Auch hier muß eine Beeinträchtigung — Überfliegen des betroffenen Grundstücks — vorausgegangen sein, bevor nach damaligem Recht der Anspruch auf Unterlassung einer weiteren Beeinträchtigung zustand[106]). Wie nun, wenn das betreffende Grundstück bei dem Absturz zum ersten Male überflogen wird? Und wie hätte man in Anwendung der reichsgerichtlichen Konstruktion zu entscheiden, wenn das Grundstück überhaupt nie, auch nicht vor dem Absturz, überflogen wurde, da das Flugzeug erst im Absturz durch den Wind auf jenes Grundstück getrieben wurde? Dann bestand sicher kein Abwehranspruch[107]). Wenn er aber bestehen würde, wo ist die Sonderrechtsnorm, durch die er entzogen wird? Das RG antwortete darauf: Wenn alle Grundeigentümer das ihnen zustehende Verbietungsrecht ausüben würden, so würde dies zu einer völligen Unterbindung des Luftbetriebs führen. Weil aber der Luftfahrtbetrieb ein wirtschaftlich wertvolles, bis zur Unentbehrlichkeit auszubildendes Verkehrsmittel sei, auf welches die Allgemeinheit nicht verzichten könne, deshalb müsse das Verbietungsrecht des Einzelnen hinter dem Interesse der Allgemeinheit zurückstehen und könne nicht ausgeübt werden. Also wurde aus dem Verbietungsrecht der Abwehranspruch konstruiert, dann wurde das Verbietungsrecht zerschlagen, wobei das entziehende „Sondergesetz“ wohlweislich verschwiegen wurde[108]). Damit war der Abwehranspruch entzogen und die Theorie gerettet.

Andererseits war vom RG für die Zeit vor Inkrafttreten des Luftverkehrsgesetzes anerkannt, daß dem Eigentümer das Recht, ein Überfliegen in geringer Höhe zu verbieten, mit Rücksicht auf die Belästigung durch Lärm zustand[109]), also nicht entzogen war. Somit konnte vom Standpunkt des RG aus (vor Inkrafttreten des LVG) kein von Verschulden losgelöster Ersatzanspruch bestehen, wenn das Flugzeug aus geringer Höhe abstürzte. Erfolgte dagegen der Sturz aus großer Höhe, dann bestand die Haftung. Also wurde vor Inkrafttreten des Luftverkehrsgesetzes für die Folgen einer zulässigen Einwirkung gehaftet, für die Folgen einer unzulässigen Einwirkung dagegen nicht. Das konnte unmöglich Rechtens sein[110]).

Damit dürfte dargetan sein, daß die Begründung, welche das RG für den von ihm in gleichförmiger Rechtsprechung aufgestellten Rechtssatz gab, nicht stichfest war. Von dieser Unrichtigkeit der Begründung wurde die Gültigkeit der aufgestellten Rechtssatzung selbst nicht berührt. Denn hier handelt es sich um ein durch Gerichtsbrauch anerkanntes Gewohnheitsrecht: Seitdem das RG die Gültigkeit dieses Rechtssatzes für das neue Recht erstmals[111]) aufgestellt hatte, fand es die willige Gefolgschaft der gesamten Rechtsprechung. In all den Fällen, in welchen sich daraufhin das RG mit dieser Frage beschäftigte, hatte schon das Berufungsgericht diesen Rechtssatz seiner Entscheidung zugrunde gelegt und eine Aufhebung erfolgte nur insoweit, als das Berufungsgericht

---

im Falle des Echterdinger Zeppelinunfalls eine Haftung ohne Verschulden verneint worden (RG 78, 71).

[106]) RG WarnE 11 Nr. 330; RGK Bem. 1 und 5 zu § 1004.

[107]) Die bloße Gefährlichkeit gewährt nicht einmal gegenüber einer Anlage einen Abwehranspruch RG 50, 225; SeuffA 57 Nr. 191; OLG 4, 55.

[108]) Die Entscheidung ist für das geltende Recht durch das Luftverkehrsgesetz überholt (s. oben N 105). Aber auch schon vorher bestand kein Verbietungsrecht; es war aber nicht durch eine Sondernorm, sondern durch die allgemeine Vorschrift des § 905 ev. des § 826 entzogen. § 905 setzt ein schutzwürdiges Interesse voraus (vgl. RG 97, 27; SeuffA 71, 89). [109]) RG 97, 25.

[110]) Jetzt ist die Haftpflicht für Unfälle beim Betrieb eines Luftfahrzeugs durch das Luftverkehrsgesetz vom 21. 8. 1936 geregelt (s. oben § 1 II 7).

[111]) RG 58, 130.

daraus Folgerungen gezogen hatte, die dem RG zu weit gingen[112]). In der Rechtslehre wurden zwar zunächst vereinzelt gegen die Aufstellung des Rechtssatzes Bedenken erhoben[113]), aber so beachtlich diese Bedenken waren, sie wurden nicht beachtet, während der vom Reichsgericht aufgestellte Rechtssatz, so unzulänglich seine Begründung war, gutgeheißen und allenthalben angewendet wurde. Die vereinzelt erhobene Kritik, der das unfruchtbare Ankämpfen gegen ein vernünftiges, ja wirtschaftlich notwendiges Ergebnis keine Freude machen konnte, verstummte. Heute muß die Geltung der vom RG aufgestellten Rechtssatzung als unbestritten und durch langjährige gleichförmige Übung aller deutschen Gerichte als ein durch Gerichtsbrauch anerkanntes Gewohnheitsrecht erachtet werden. Die verbindliche Kraft eines solchen Gewohnheitsrechts kann nicht in Zweifel gezogen werden[114]).

Der Inhalt dieses Gewohnheitsrechts kann jedoch nicht seiner Begründung[115]) entnommen werden. Er muß der Gesamtheit der Tatbestände entnommen werden, für welche die Schadenersatzpflicht ohne Verschulden anerkannt wurde.

Hierbei sind zwei Gruppen zu unterscheiden. In die erste Gruppe sind Fälle einzureihen, in welchen der geschädigte Grundeigentümer in concreto in der Lage gewesen wäre, die Einwirkung, durch welche der Schaden verursacht wurde, durch Klage abzuwehren, wenn ihm nicht der Abwehranspruch durch eine Sondervorschrift versagt wäre. Für diese Fälle trifft auch die reichsgerichtliche Begründung des Rechtssatzes zu. Hierher gehört der Ersatz der Schäden, die durch die fortdauernde Beeinträchtigung durch Ruß und Rauch des Eisenbahnbetriebes[116]) oder durch den Lärm des Rohrpostbetriebes[117])

---

[112]) Vgl. insbes. RG 63, 374 u. DR 44, 410 (Schadenersatz für den durch Rohrbruch einer Gasanstalt entstandenen Schaden).

[113]) Fuld, PucheltsZ 05, 616; Meisner, zweite Auflage des Bayer. Nachbarr. 269, vgl. R 04, 330 und 617.

[114]) RGK 1, 9 und 10; Staudinger 1, 12f. und 6, 11 mit Nachweisen. Vgl. JW 02, 94, wo das RG zwar ausspricht, daß durch bloßen Gerichtsgebrauch, der auf unrichtige Anwendung des bestehenden Rechts zurückzuführen ist, ein von diesem abweichendes Gewohnheitsrecht nicht begründet werden könne, aber demgegenüber in der Anerkennung durch die Rechtslehre und in dauernder Anwendung durch die Gerichtshöfe mehr als einen bloßen Gerichtsgebrauch erblickt. Es kann also durch einen Gerichtsgebrauch das Rechtsbewußtsein der Gemeinschaft erzeugt werden; wird dann der Rechtssatz von der Rechtslehre und der Rechtsprechung dauernd anerkannt, so ist Gewohnheitsrecht begründet.

[115]) Vgl. SeuffA 15 Nr. 217 (Stuttgart): „Wo als Grund und Zweck eines Gerichtsgebrauchs der Wille sich darstellt, durch den aufgestellten Rechtssatz einem Rechtsbedürfnis zu genügen und das Rechtssystem mit dem lebendigen Rechtszustand zu versöhnen, bildet der Gerichtsgebrauch eines der sichersten Erkenntnismittel des Bestehens eines Gewohnheitsrechts." Wenn den Entscheidungen der äußere Schein einer bloßen Auslegung und Anwendung des geschriebenen Rechts gegeben werde, so sei in Wirklichkeit nicht in dieser Auslegung der Grund und Anlaß der Aufstellung des fraglichen Rechtssatzes zu suchen, sondern in der Erkenntnis eines vorhandenen Rechtsbedürfnisses. „Die Berufung auf Stellen des geschriebenen Rechts stellt sich daher nur als ein unrichtiges Mittel dar, den als ein Bedürfnis des Verkehrslebens erkannten Rechtssatz zur Geltung zu bringen. Hierdurch wurden aber die Aussprüche ihrer Bedeutung als Ausdruck einer im Volk lebenden Rechtsüberzeugung nicht entkleidet ... und es muß daher der durch sie sanktionierte Rechtssatz als Gewohnheitsrecht aufrecht erhalten bleiben, wenn auch die versuchte wissenschaftliche Begründung desselben als unhaltbar sich erwiesen hat." Zustimmend Regelsberger, Pand. 97.

[116]) JW 10, 580. [117]) JW 06, 620.

oder durch abirrende Kugeln eines Militärschießstandes[118]) oder durch die Anlage eines Eisenbahntunnels unter einem Hause[119]) verursacht sind.

Der zweiten Gruppe dagegen sind jene Fälle einzureihen, in welchen dem Grundeigentümer zur Zeit der schädigenden Einwirkung auch nach ordentlichem Recht eine Klage auf Abwehr dieser Einwirkung nicht zustand. Hierher gehören Funkenflug aus Lokomotiven, Explosion und (vor Inkrafttreten des Luftverkehrsgesetzes)[120]) Absturz eines Flugzeugs. In allen diesen Fällen hat das RG die Ersatzpflicht anerkannt, auch wenn der Eigentümer schon nach ordentlichem Recht der Einwirkung gegenüber völlig machtlos war. Daran ändert der Umstand nichts, daß das RG durch Ausschweigen oder durch Unterstellen unter eine auf Rechtsirrtum beruhenden tatsächlichen Feststellung die Fiktion aufrecht zu erhalten suchte, als ob der Eigentümer nach ordentlichem Recht die Einwirkung hätte abwehren können.

Wenn man nun die einzelnen Anwendungsfälle ins Auge faßt, so fällt als das allen Gemeinsame ein Doppeltes auf: Einerseits handelt es sich — beim Ausschluß eines Verschuldens — um unabwendbare Ereignisse, also um Unglücksfälle, und andererseits um Ereignisse, die doch nicht als reine Zufälle, sondern als Auswirkung der mit dem betreffenden Betrieb verbundenen, diesem Betrieb eigentümlichen Gefahren zu erachten sind. Damit sind aber die Merkmale der Gefährdungshaftung in dem Begriff, wie er in der Rechtslehre herausgearbeitet wurde, bloßgelegt. In der Tat sind diese Kriterien vom RG in jedem der in Betracht kommenden Fälle (Funke, Explosion, Flugzeug) herausgestellt worden.

So hat das Reichsgericht im Falle des Brandschadens durch Funkenflug aus einer Lokomotive infolge Sturmwindes ausgesprochen, daß Unfälle, die in dem regelmäßigen Eisenbahnbetrieb und den damit verbundenen eigentümlichen Gefahren ihren Grund haben und mit denen man, weil sie nicht ganz ungewöhnlich sind, rechnen muß, nicht als höhere Gewalt oder unabwendbarer Zufall zu erachten sind[121]). Und ebenso hat das RG im Falle des Absturzes eines Flugzeugs den Anspruch auf Erstattung „des durch die Betriebsgefahren angestifteten Schadens" mit dem Beifügen zugesprochen, daß sich der Unternehmer auf höhere Gewalt zum mindesten dann nicht berufen könne, wenn das schädigende Ereignis auf Ursachen zurückzuführen ist, die im Bereich der mit dem Luftverkehr verbundenen Gefahren liegen[122]). Hiermit ist der Begriff der „spezifischen Betriebsgefahren" im Sinne der Gefährdungshaftung zutreffend umschrieben[123]). Im Fall JW 25, 53 spricht das RG selbst von „typischer Gefahr". Das Gegenstück finden wir in der Ablehnung der Haftung für den durch Rohrbruch eines Gaswerks oder einer Wasserleitung herbeigeführten Schaden. Hier stellt das Reichsgericht den Eisenbahnbetrieb, der nicht anders als unter Auswurf von Rauch und Funken erfolgen kann, der Versorgung einer Stadt mit Gas durch Leitungsröhren gegenüber[124]). Diese grundsätzliche Anwen-

---

118) Gruchot 45, 1008. 119) JW 12, 869. 120) S. oben § 1 II 7.

121) JW 10, 619. 122) RG 100, 74; JW 25, 53.

123) Daß das RG in der Tat die Grundsätze der Gefährdungshaftung anwendete, ergibt sich auch daraus, daß es den Ersatzanspruch der kurzen Verjährung des § 852 unterstellte: RG 70, 150; WarnE 14 Nr. 189; JW 26, 1151 (RG). Für den Anspruch aus der Gefährdungshaftung der quasideliktische Natur hat, ist die kurze Verjährungsfrist des deliktischen Ersatzanspruchs das Gegebene. Stellte sich aber der Schadenersatzanspruch als ein Ersatz-Rechtsbehelf für den entzogenen Anspruch aus § 1004 dar, dann müßte eben hierauf die für den entzogenen Anspruch geltende dreißigjährige Verjährungsfrist angewendet werden. Das hatte dort das OLG angenommen.

124) RG 63, 374. Vgl. ferner RG DR 44, 410. Ähnlich R 20 Nr. 2405 (RG): Ohne Nachweis eines Verschuldens kann Schadenersatz verlangt werden in all den Fällen, in denen ein Eigentümer, wenn ihm nicht vom Staat Beschränkungen auferlegt wären, die

dung der für die Gefährdungshaftung erforderlichen Voraussetzungen ist unverkennbar. Und wenn man sich diese Tragweite des vom RG nur zur Widerlegung eines Einwandes so nebenbei angeführten Grundes zum Bewußtsein kommen läßt, entfällt der Eindruck, daß sich diese Entscheidung des RG nicht verträgt mit den übrigen Entscheidungen des RG. Auch in dieser Entscheidung hat sich ja das RG bemüht darzutun, daß die Ersatzpflicht nur deshalb nicht bestehe, weil kein Abwehranspruch entzogen sei. Den wahren, der Gefährdungshaftung entnommenen Grund der Ablehnung des Ersatzanspruchs deckte das RG auf, indem es sagte, es fehle daran, daß die Kläger „unabwendbaren Folgen eines gefährlichen Betriebes" schutzlos preisgegeben wären; die Versorgung einer Stadt mit Gas könne bei ordnungsgemäßem Betrieb, also in Ermangelung eines Verschuldens, nur beim Eintritt von Zufällen, denen alle menschlichen Einrichtungen unterliegen, einen Schaden anrichten[125]). Kurz gesagt: Es handele sich nicht um eine spezifische Gefahr. — Die Gegenprobe bietet die Entscheidung des RG in BayZ 16, 91. Dort wird die Ersatzpflicht ohne Verschulden für einen Schaden erörtert, der durch den Bruch eines in bergunsicherem Gelände verlegten Gasrohrs verursacht wurde. Es sei zu untersuchen, ob hier nicht ein anderer Sachverhalt vorliege als bei RG 63, 374, ob hier insbesondere ein der Regel nach ungefährliches Gasrohrnetz zu beurteilen sei oder nicht vielmehr eine wegen der Unsicherheit des Erdbodens dringend gefahrdrohende Gasrohrleitung. Hier wird also direkt auf die Gemeingefährlichkeit abgestellt.

In anderen Entscheidungen sind dem RG die rechtspolitischen Gründe, durch welche die Gefährdungshaftung gegenüber der Verschuldenshaftung gerechtfertigt wird, aus der Feder geflossen. Im Falle RG 101, 102 (Explosion einer Sprengstoffabrik) sagte das RG: Auch die Billigkeitserwägungen, die der BR aus den großen Gewinnen der Beklagten herleitet, ohne übrigens damit einen für die Entscheidung maßgebenden Gesichtspunkt aufzustellen, werden nicht durch den Hinweis ausgeschaltet, daß andere Betriebe noch größeren Gewinn gemacht hätten, ohne mit der Tragung der aus dem Betrieb für andere entspringenden Gefahren belastet zu werden. Andererseits sprechen die wirtschaftlichen Gründe, die namentlich im Urteil des OLG Frankfurt[126]) hervorgehoben sind, in hohem Maße für die Unentbehrlichkeit einer Entschädigungspflicht der Sprengstofffabriken gegenüber den Grundstückseigentümern in solchen Fällen, in denen die ganze wirtschaftliche Existenz des gesamten, im weiten Umkreis einer derartigen Fabrik gelegenen Grundbesitzes gefährdet war, ohne daß dieser während des Krieges sich durch die sonst gegebenen Rechtsbehelfe schützen konnte". Während hier zum Schluß der Ersatz für die Entziehung des Abwehranspruchs wieder zu Ehren kam, war das RG vorher aus der Rolle seiner Rechtskonstruktion gefallen. Ob diese Billigkeitserwägungen nicht doch trotz der gegenteiligen Beteuerung maßgebenden Einfluß auf die Entscheidung geübt haben, ist der Nachprüfung entzogen. Aber so viel ist gewiß: In diesen Erwägungen liegt die Rechtfertigung des Gefährdungsprinzips als Rechtsgrundsatz.

In der zweiten Gruppe der einschlägigen Entscheidungen des RG sind in der Tat alle die Rechtsgrundsätze zur Anwendung gebracht, welche den Inhalt der Gefährdungs-

---

Beseitigung von Beeinträchtigungen ohne Nachweis eines Verschuldens verlangen könnte. Dieser Grundsatz darf aber nicht auf den Betrieb einer Wasserleitung übertragen werden, da der Betrieb einer Wasserleitung als einer gemeinnützigen und segensreichen Einrichtung „nicht zu den mit einer besonderen Gefährdung Dritter verbundenen und darum das Prinzip der Gefährdungshaftung ohne Verschulden rechtfertigenden Betrieben gehört".

[125]) Diese Ausführungen beziehen sich nur auf die Gasleitungsröhren, nicht auch auf die Gasbehälter. Jetzt ist § 1a RHaftpflGes. (RGBl. 1943 I 489) einschlägig; vgl. hierzu oben § 43 D III 1d.

[126]) LZ 19, 1284.

haftung bilden, und das ist entscheidend. Denn dadurch sowie durch die damit im Einklang stehenden Entscheidungen der übrigen deutschen Gerichte und die sich damit deckende Rechtslehre ist ein Gewohnheitsrecht anerkannt mit folgender Rechtssatzung:

Der Unternehmer[127]) eines gemeingefährlichen Betriebes[128]) haftet auch ohne Verschulden auf Schadenersatz für die Schädigungen des Eigentums, die durch Auswirkung der mit seinem Betrieb verbundenen, diesem Betrieb eigentümlichen Gefahren verursacht sind. Es muß sich um eine Gefahr handeln, die durch keinerlei Einrichtungen völlig ausgeschlossen werden kann. Die Gefährdungshaftung erstreckt sich nicht auf einen bloßen Zufall, aber ein solcher Zufall liegt eben dann nicht vor, wenn die Gefahr dem Betrieb in der Art eigentümlich ist, daß mit der jederzeitigen Verwirklichung der Gefahr gerechnet werden muß. Ist diese Voraussetzung gegeben, dann kommt es auf die größere oder geringere Wahrscheinlichkeit einer Entladung dieser spezifischen Betriebsgefahr nicht an, wohl aber auf den größeren oder geringeren Grad der Schäden, welche drohen. Nur wenn ernste Schäden von der Verwirklichung der Betriebsgefahr zu befürchten sind, liegt eine Gefährdung im Sinne des Gefährdungsprinzips vor[129]). Es muß sich um eine „gemeine" Gefahr handeln, der gegenüber die Allgemeinheit machtlos ist. Auf die tatsächliche, nicht auf die rechtliche Machtlosigkeit kommt es an. Sind aber überhaupt nach der Art der Betriebsgefahr erhebliche Schäden von einer Betriebsart zu gewärtigen, dann tritt im Einzelfall die Haftung ein, auch wenn der verursachte Schaden ein geringer ist. Die vom RG hiernach anerkannte Gefährdungshaftung erfaßte nur den Sachschaden[130]), dagegen konnte bei einer folgerichtigen Durchführung der reichsgerichtlichen Konstruktion das Leben keinen Schutz finden[131]). Ein Grund mehr für ihre Ablehnung; denn es wäre für das Rechtsbewußtsein unerträglich, wenn wohl für beschädigte Dachziegel Ersatz geleistet werden müßte, nicht aber für vernichtete Menschenleben. (Vgl. nachstehend III 2c.)

c) Einzelfälle des Aufopferungsanspruchs nach dem heutigen Stand der Rechtsprechung. Auf dem vom RG und der früher

---

[127]) Auch die Passivlegitimation des Unternehmers für den Ersatzanspruch deckt sich mit dem Standpunkt des RG. Danach ist ersatzpflichtig derjenige, dem der Vorteil der Entziehung des Abwehranspruchs zugeht (JW 05, 131 und 10, 619; RG 98, 347. Das ist derjenige, für dessen Rechnung der Betrieb geht (RG 1, 280; 12, 145; 38, 92).

[128]) Vgl. OLG 43, 219 (Hamburg).

[129]) Als weitere Anwendungsfälle kamen beispielsweise in Betracht die Gefahren der elektrischen Überlandleitungen (Erdschluß) oder eines Scharfschießens. Vgl. hierzu oben III 1d.

[130]) Das RG erkannte den Ersatzanspruch nur für schädliche Einwirkungen auf das Eigentum oder dingliche Rechte an. Seligsohn JW 22, 1511 bekämpft die Auffassung, daß durch die reichsgerichtliche Rechtsprechung die Gefährdungshaftung gewohnheitsrechtlich anerkannt sei. Die reichsgerichtliche Rechtsprechung beruhe allein auf dem Gedanken, daß derjenige, der sich eine Beeinträchtigung seines Eigentums im Interesse der Allgemeinheit gefallen lassen müsse, schadlos zu halten sei. Richtig ist, daß mit diesem Gedanken der sachliche Inhalt dieses Rechtssatzes begründet wird. Aber diese Gründe sind nur Scheingründe, die — wie oben nachgewiesen ist — den Rechtssatz nicht tragen können. Sie sind hierfür unzulänglich. Von dieser Unzulänglichkeit wird aber die Geltung des gleichwohl anerkannten und festgehaltenen Rechtssatzes nicht berührt. (S. besonders oben N 115).

[131]) Erfolgt die Verletzung einer Person oder Sache beim Betrieb der Eisenbahn, so besteht die Haftpflicht nach dem geänderten ReichshaftpflichtGes. Vgl. hierzu oben D III 1c.

herrschenden Meinung eingeschlagenen Weg sind die Gerichte und auch der Bundesgerichtshof inzwischen weiter vorangeschritten. Sie haben nicht nur den vom Reichsgericht zum Begriff des Aufopferungsanspruchs entwickelten Rechtsgrundsätzen „ganz allgemeine Bedeutung"[132]) und damit die Wirkung allgemein verbindlichen Gewohnheitsrechts zuerkannt; sie haben vielmehr diese Grundsätze auch in der Weise weiter entwickelt, daß sie den Aufopferungsanspruch und damit die Verpflichtung zur Schadloshaltung nicht nur bei Eingriffen in das Eigentum oder in vermögenswerte Rechte, sondern auch bei Eingriffen in Leben und Gesundheit nun grundsätzlich anerkannt haben[133]). Schließlich hat der Bundesgerichtshof (NJW 55, 1876) mit zutreffender Begründung für den Fall der Tötung des unmittelbar Betroffenen den Aufopferungsanspruch in entsprechender Anwendung des § 844 BGB den mittelbar geschädigten Unterhaltsberechtigten zuerkannt.

Der Aufopferungsanspruch wurde hiernach bejaht[133a]) bei:

aa) hoheitsrechtlichem Eingriff auf Grund Verwaltungsakts[134])[135]): Gruchot 45, 1018 (von einem Militärschießplatz abirrende Kugel; R 08, 1200 (Sprengung durch Pioniere); RG 113, 306 (Zerstörung eines Kabels durch ein Torpedoboot); JW 12, 869 (Zwangsenteignung zur Ermöglichung des Baues eines Eisenbahntunnels); RG 126, 361; 140, 287; 149, 36; BGH in NJW 56, 263 (Versagung der Bauerlaubnis); OLG Celle in NJW 51, 78 (Rechtswidrige Erfassung von gewerblichem Raum als Wohnraum); KG in NJW 51, 78 (Impfschäden); OLG Schleswig in NJW 51, 605 (Tötung infolge polizeilicher Maßnahmen); BGH in NJW 53, 857 (Impfschäden); BGH in NJW 53, 953 und 54, 753 (Vorschriftswidrige Erfassung von Gewerberaum als Wohnraum).

[132]) BGH in NJW 53, 857.

[133]) KG in NJW 51, 78; OLG Schleswig in NJW 51, 605; BGH in NJW 52, 973; 53, 857; 55, 1876; 56, 629.

[133a]) Einem Imker steht in der Regel für Schäden, die seine Bienen auf fremden Grundstücken durch zur Schädlingsbekämpfung verwendete Giftstoffe erleiden, ein Aufopferungsanspruch nicht zu (BGHkin NJW 55, 747); vgl. hierzu oben § 16 VI (nach N. 134).

[134]) Dabei spielt es keine Rolle, ob die Behörde im Rahmen der gesetzlichen Vorschriften, also rechtmäßig, oder aber schuldlos rechtswidrig gehandelt hat: RG 140, 276; 156, 311; BGH in NJW 52, 973; OLG Celle in NJW 51, 78; OLG Schleswig in NJW 51, 605.

[135]) Opfer, die vom Gesetz, das damit eine für alle gleichmäßige Pflichtenlage schafft, gefordert oder gewollt sind und hinsichtlich deren dem behördlichen Ermessen keinerlei Spielraum verbleibt, lassen einen Entschädigungsanspruch nach § 75 EinlALR grundsätzlich nicht entstehen (so schon RG 72, 88; 144, 333; 156, 310); die neuere Rechtsprechung (BGH in NJW 53, 859 — Impfschäden —; vgl. hierzu die Anm. von Hamann in NJW 53, 1217; KG in NJW 51, 78) billigt aber in solchen Fällen einen Aufopferungsanspruch hinsichtlich der Nachteile zu, die über das hinausgehen, was nach dem Willen des Gesetzes jeder Einzelne hinzunehmen hat.

bb) Beeinträchtigungen seitens eines Grundstücks, auf dem ein im öffentlichen Interesse geführter und behördlich genehmigter Betrieb unterhalten wird: RG 58, 134; 97, 291; 98, 348; JW 04, 360; 05, 131; 10, 580 (Funkenflug, Rauch und Ruß seitens eines Kleinbahnbetriebs); RG JW 38, 2969; RG 133, 346 (Lärm, Ruß, elektrische Stromeinwirkungen seitens des Eisenbahnbetriebs); RG 101, 102; 104, 81; LZ 19, 1284 [Frankfurt] (Sprengstoffabrik); RG JW 10, 620 (Rohrpostbetrieb); RG JW 25, 53 (Betrieb der Drachenwarte einer Seewarte).

cc) Einwirkungen eines gemeinnützigen Unternehmens: RG 155, 389 (Wasserwerk entnimmt Grundwasser zur städtischen Wasserversorgung); RG 167, 25 (Grundwasserabsenkung bei Bauvorhaben gemeinnütziger öffentlich-rechtlicher Körperschaft).

dd) von lebenswichtigen Betrieben ausgehenden Beeinträchtigungen: RG 170, 44 (Sielanlage); 159, 135 (Autobahn).

ee) Einwirkungen seitens volkswirtschaftlich bedeutsamer Betriebe[136]): RG 159, 69 und RG DR 42, 1703 (Giftige Abgase einer chemischen Fabrik).

d) Ziel des Aufopferungsanspruchs. Der Aufopferungsanspruch wird in Rechtsprechung und Schrifttum vielfach als „Schadensersatzanspruch" bezeichnet[137]). Dies ist aber nur insofern richtig, als er auf Ersatz von Schaden und damit auf Entschädigung geht. Im übrigen aber hat er mit einem Schadenersatzanspruch nach §§ 249ff. BGB nichts gemein[138]). Er geht daher nicht notwendig auf vollen Ersatz des zugefügten Schadens mit allen seinen Folgen[139]). Er ist auch nicht inhaltsgleich mit dem Anspruch auf Schadloshaltung nach § 26 GewO[140]), obwohl letzterer eine Art gesetzlicher Aufopferungsanspruch ist[141]). Der Aufopferungsanspruch soll vielmehr lediglich einen angemessenen Ausgleich für die Beeinträchtigung gewähren, die ohne Abwehrmöglichkeit hingenommen werden muß. Die Entschädigung ist daher, ähnlich wie bei § 200 PrWG, so zu bemessen, wie sie nach den Umständen des Falles gerecht erscheint[142]).

136) Gleichen Beschränkungen sind die Nachbarrechte unterworfen gegenüber Beeinträchtigungen, die von Betrieben ausgehen, die für die Volksertüchtigung (Gesetz vom 13. 12. 1933 — RGBl. I 1008 —) oder für die Volksgesundheit (Gesetz vom 18. 10. 1935 — RGBl. I 1247 —) von besonderer Bedeutung sind. Bedenken gegen die Weitergeltung dieser Gesetze dürften nur insoweit begründet sein, als sie die Regelung der Entschädigung unter Ausschluß des Rechtswegs vorschreiben.

137) RGK 9. Aufl. III, 205; Planck-Strecker, Sachenrecht, 5. Aufl. 2b β zu § 903 und 5a zu § 906; RG 155, 389.

138) RG 167, 26.

139) RG 126, 356; 140, 287.

140) RG 167, 26; 155, 316; vgl. hierzu auch oben § 39 III. 141) RG 159, 69.

142) RG 167, 26; 126, 361. Nicht vermögensrechtliche Nachteile müssen dabei unberücksichtigt bleiben: BGH in NJW 56, 629.

Die auf den Schadenersatzanspruch nach §§ 249, 251 BGB zugeschnittene Bestimmung des § 254 BGB kann auf den Aufopferungsanspruch keine unmittelbare Anwendung finden[143]). Die dieser Vorschrift zugrundeliegenden Billigkeitserwägungen führen aber dazu, daß der Geschädigte sich in gewissem Umfang entgegenhalten lassen muß, wenn er es aus grober Fahrlässigkeit unterlassen hat, den durch den Eingriff hervorgerufenen Schaden zu mindern oder sogar abzuwenden[144]). Ebenso müssen auch wirtschaftliche Vorteile, die dem Geschädigten durch den Eingriff entstanden sind, bei der Bewertung des Ausgleichsanspruchs angemessen berücksichtigt werden[145]).

Der Aufopferungsanspruch setzt voraus, daß sonstige Abwehrmittel fehlen. Werden also beispielsweise Felssprengungen ausgeführt, so kann er nur erhoben werden, wenn die Felssprengungen sachgemäß oder nicht schuldhaft unsachgemäß ausgeführt wurden. Liegt bei dem — rechtswidrigen — Schädiger also ein Verschulden vor, so steht dem Geschädigten kein Aufopferungsanspruch, sondern nur der Schadenersatzanspruch nach § 823 BGB zu[146]).

e) Anspruchsverpflichteter. Entgegen dem Wortlaut des § 75 EinlALR richtet sich der Aufopferungsanspruch keineswegs in jedem Fall gegen den Staat, vielmehr kann auch der in Anspruch genommen werden, dem die Aufopferung unmittelbar zugute kommt[147]). Daher geht z. B. der Aufopferungsanspruch nicht gegen den Landkreis, sondern gegen die Gemeinde, in der sich der gewerbliche Raum befindet, der durch den Landkreis zu Unrecht als Wohnraum erfaßt worden war[148]). Unmittelbar begünstigt sind regelmäßig nur der Staat und die Gemeinden, aber nicht die zwischen ihnen bestehenden öffentlich-rechtlichen Verbände (Provinz, Regierungsbezirk, Kreis); eine Ausnahme hiervon gilt jedoch für Vermögensträger mit einem durch ihre Spezialfunktion begrenzten Aufgabenkreis; sie sind unmittelbar Begünstigte, wenn gerade die Erfüllung jener Spezialaufgaben den Eingriff oder das Opfer veranlaßt haben[149]).

f) Zuständigkeit des ordentlichen Gerichts. Die Frage, ob der Aufopferungsanspruch öffentlich-rechtlicher oder privatrechtlicher Natur

[143]) RG 167, 26; 126,1 .36

[144]) OLG Celle in NJW 54, 559 für den Fall, daß im Erbgesundheitsverfahren das zulässige Rechtsmittel nicht eingelegt worden ist.

[145]) BGH in NJW 52, 973.

[146]) Vgl. hierzu SeuffA 79 Nr. 172 (RG); JW 25, 2447 (RG).

[147]) BGH in NJW 53, 859; OLG Schleswig in NJW 51, 608 RG 167, 28; RG 149, 38; RG JW 25, 2446.

[148]) OLG Celle in NJW 51, 78.

[149]) BGH in NJW 54, 753; vgl. auch BGH in NJW 54, 1361

ist, hat das Reichsgericht noch in RG 137, 189 im Sinne der letzteren Alternative beantwortet. Im Gegensatz hierzu hat sich inzwischen aber das staats- und verwaltungsrechtliche Schrifttum[150]) ganz überwiegend auf den gegenteiligen Standpunkt gestellt und den Aufopferungsanspruch mit der Begründung als öffentlich-rechtlichen bezeichnet, daß sein Entstehungstatbestand nicht in einem bürgerlich-rechtlichen Gleichordnungsverhältnis, sondern in einem Verhältnis der Unterwerfung des einzelnen Staatsbürgers unter die staatliche Hoheitsgewalt begründet sei. Unberührt von dieser Streifrage besteht allerdings Einigkeit darüber, daß der Aufopferungsanspruch vor dem ordentlichen Gericht geltend gemacht werden kann, da es sich hierbei um die „Geltendmachung kraft Tradition" vor dem Zivilgericht handelt[151]).

g) Verjährung. Allgemein wird auch angenommen, daß die Verjährung des Aufopferungsanspruchs sich nach den Vorschriften des BGB beurteilt. In der Beantwortung der Frage aber, ob hierbei der § 195 BGB mit der 30jährigen Verjährung oder der § 852 BGB mit seiner regelmäßig nur 3jährigen Verjährung anzuwenden ist, gehen die Meinungen auseinander.

Die Rechtsprechung des Reichsgerichts war nicht einheitlich. In RG 70, 150ff. (Rauch- und Rußeinwirkung seitens eines behördlich genehmigten Eisenbahnunternehmens) hat es für alle Fälle, in denen nach den §§ 74, 75 EinlALR, nach § 26 GewO oder nach anderen Vorschriften Ansprüche aus dem Eigentum im Interesse des öffentlichen Wohls versagt sind, unterschieden zwischen einerseits den Fällen, in denen durch eine schädigende Anlage das Eigentumsrecht eines anderen unmittelbar verletzt wird, und andererseits den Fällen, in denen die Anlage außerhalb des Eigentumskreises des anderen ausgeführt ist und nur mittelbar, z. B. durch Immissionen, die das Maß des § 906 BGB überschreiten, auf das Grundstück des anderen eingewirkt wird: In der 1. Gruppe von Fällen soll der an Stelle der entzogenen Klage auf Beseitigung der Eigentumsstörung gegebene Ersatzanspruch der ordentlichen 30jährigen Verjährung, in der 2. Gruppe von Fällen soll der Entschädigungsanspruch auf Grund entsprechender Anwendung des § 852 BGB der 3jährigen Verjährung unterliegen (vgl. hierzu JW 27, 893). Im vorerwähnten Fall wurde daher § 852 BGB angewendet. In RG 78, 203 (Einschränkung einer Abdeckereigerechtigkeit durch Polizeiverfügung im Gesundheitsinteresse) hat das Reichsgericht ausgeführt, für die Anwendbarkeit des § 852 BGB müsse nach der

[150]) Vgl. Stödter, Öffentl.rechtl. Entschädigung, 1933, S. 13; Giese, Der öffentlichrechtliche Aufopferungsanspruch, 1936, S. 15; Fr. Giese in Anm. zu JZ 53, 469. — Das OLG München (HRR 41, 1087) und der Bundesgerichtshof (BGHZ 9, 209) haben diese Frage dahingestellt sein lassen.

[151]) Ebenso Giese in Anm. zu JZ 53, 469.

gegenständlichen (objektiven) Seite an dem Erfordernis der Widerrechtlichkeit festgehalten werden. In dem in RG 70, 150ff. entschiedenen Fall habe diese Widerrechtlichkeit in der Überschreitung des zulässigen, also berechtigten Maßes der Einwirkungen gelegen; ein im Rechts- und Pflichtenkreis einer Behörde sich haltendes Tun — im fraglichen Fall also die polizeiliche Verfügung — könne aber auch bei weitester Spannung des Begriffs nicht als unerlaubte Handlung gewertet werden, wie überhaupt bei dem Anspruch aus § 75 EinlALR die Nötigung, durch die der Schaden entstehe, aus dem Grunde niemals eine unerlaubte Handlung sein könne, weil sie gerade durch das Gesetz (§ 74) zugelassen oder sogar vorgeschrieben sei. Die Verjährungseinrede wurde daher in diesem Fall nach § 195 BGB beurteilt. In JW 26, 1152 (Rissebildung in der Hauswand infolge der zum Bau einer Untergrundbahn durchgeführten Rammarbeiten) hat das Reichsgericht unter Hinweis auf RG 70, 150ff. wiederum den § 852 BGB für anwendbar erklärt. In seiner die Anlage der Petersbergbahn betreffenden Entscheidung in JW 27, 893 hat das Reichsgericht dann aber die Berechtigung der in RG 70, 150ff. getroffenen Entscheidung selbst wieder in Zweifel gezogen. Schließlich hat das Reichsgericht in RG 167, 14ff. (Schäden am Haus infolge künstlicher Grundwassersenkung zwecks U-Bahnbau und Errichtung eines Reichsbankgebäudes), d. h. in einem Fall nach § 909 BGB, anders als in dem ähnlich gelagerten Fall in JW 26, 1152 ohne jede Begründung den Aufopferungsanspruch der 30jährigen Verjährung des § 195 BGB unterstellt.

Der Bundesgerichtshof hat inzwischen in einer grundlegenden Entscheidung[152]) sämtliche Aufopferungsansprüche, also auch die aus nicht rechtmäßigen Eingriffen der hohen Hand, allgemein der 30jährigen Verjährung nach § 195 BGB unterstellt. Dieser Auffassung wird, jedenfalls im Ergebnis, mit der herrschenden Meinung[153]) beizutreten sein, zumal sie den beeinträchtigten Eigentümer hinsichtlich der Verjährung seiner Ansprüche günstiger stellt. Im übrigen aber würde der Streitfrage, ob § 195 BGB oder § 852 BGB anzuwenden ist, viel von ihrer Bedeutung genommen, wenn man, soweit man sich doch für die Anwendbarkeit des § 852 BGB entschließt, zu einer entsprechend weitherzigen Behandlung der Frage nach

---

[152]) BGHZ 9, 209ff.

[153]) Staudinger-Kober, 10. Aufl., Anm. 4 zu § 195; RGK, 10. Aufl. zu § 195; Fleiner, Institutionen 289; Laforet, DVerwR 37, 221; Stödter, Öffentlichrechtliche Entschädigung, S. 24; Ermann, § 852 Anm. 1a bb; § 903 Anm. 2a E; § 904 Anm. 6; Giese in Anm. zu JZ 53, 469; anscheinend jetzt auch Palandt § 903 Anm. 3 c. Abw. Ansicht sind: v. Thur, Allg. Teil II 2, 474, 475; Giese, Der öffentlichrechtliche Aufopferungsanspruch, 1936, 80; OLG München in HRR 41, 1087 und MDR 55, 686 (Die Begründung stützt sich im letzteren Falle allerdings ausschließlich auf Art. 125 BayAG BGB).

dem Beginn der Verjährung sich bereitfinden könnte[154]). Schließlich wird die Frage nach der Verjährung des Aufopferungsanspruchs ohnehin nur in Ausnahmefällen praktisch werden können, weil der geschädigte Eigentümer, der Schaden und Schädiger kennt, in aller Regel keine 3 Jahre verstreichen lassen wird, bis er seine Ansprüche geltend macht.

§ 44. Entschädigungspflicht des Bergbauberechtigten

Bisher mangelt es an einem einheitlichen Bundesbergrecht. Zwar stimmen die Berggesetze der Länder der Bundesrepublik weitgehend mit dem Preußischen Allgemeinen Bergrecht (PrABG) überein. Wegen der aber trotzdem vorhandenen, wenn auch geringfügigen Abweichungen untereinander einerseits und wegen des Fehlens einer einheitlichen Rechtsquelle — beispielsweise beruhen die Bergrechte für Hamburg und Bremen nicht auf Landes-, sondern auf Reichsrecht — andererseits können die bergrechtlichen Vorschriften der Länder auch nicht insoweit, als sie übereinstimmen, als einheitliches (partielles) Bundesrecht im Sinne der Art. 74, 125 GG angesehen werden[1]).

Die vorliegend zu behandelnde Frage nach der Entschädigungspflicht kann aber wegen der hier festzustellenden weitgehenden Übereinstimmung der einzelnen Ländergesetze untereinander an Hand des PrABG — unter Hinweis auf einzelne Abweichungen — dargestellt werden.

I. Eigentum und Bergwerkseigentum

Das Recht des Bergwerkseigentümers gegenüber dem Grundeigentümer findet in den ihm durch die Berggesetze verliehenen Befugnissen seine Grenzen. Eine Belastung des Grundeigentums mit der Folge, daß der Eigentümer gehindert wäre, sich einer jeden dem Bergbau nachteiligen Handlung zu enthalten, wird durch die bergrechtliche Verleihung nicht herbeigeführt. Vielmehr bewendet es auch bezüglich dieses Verhältnisses

---

[154]) Vgl. hierzu Endemann in Anm. zu RG 26, 1152.

[1]) So mit Recht BGH in NJW 54, 187; Schlütter in NJW 50, 396. A. M. Schulte in „Glückauf“ 1950 S. 475. — Im übrigen vgl. Bad. BergG vom 17. 4. 1925 — GVBl. 103 —; BraunschwBergG vom 15. 4. 1867 — GVBl. 109 —; für Bremen das PrABG gemäß RGBl. 1941 I S. 447; für Hamburg das PrABG gemäß RGBl. 1937 I S. 426 und 1256 sowie 1938 I S. 1724; Hess. BergG. vom 6. 7. 52 — GVBl. 130 und 1953 S. 61 —; NordrheinWestf. ÄnderungsG zum PrABG vom 25. 4. 1950 — GVBl. S. 73 —; RheinlPfälzÄnderungsG zum PrABG vom 15. 10. 1952 — GVBl. S. 154 —; Schaumburg-Lippe BergG vom 28. 3. 1906; Schleswig-Holst ÄnderungsG zum PrABG vom 12. 11. 1952 GVBl. 176 —; Württ. BergG vom 7. 10. 1874 — RegBl. S. 265 — mit einer Anzahl späterer kleiner Änderungen. — S auch Heinemann-Pinkerneil, Handb. d. Deutschen Bergwesens, Band Ia.

bei dem allgemeinen Grundsatz, daß der Eigentümer in dem Recht der freien Benutzung seines Grundes und Bodens an sich unbeschränkt ist (§903 BGB) und durch die Ausübung dieses Rechts vorbehaltlich der Bestimmungen der §§ 226, 826 BGB niemandem verantwortlich wird. Durch ein bestehendes Bergwerkseigentum werden somit die Oberflächeneigentümer grundsätzlich nicht gehindert, Anlagen jeder Art (z. B. Gebäude, Eisenbahnen)[2]) zu errichten, selbst wenn sie dadurch den Bergbau verhindern oder einschränken[3]). Auch Schadenersatz kann hierfür der Bergwerksbesitzer nicht fordern. Der Grundeigentümer ist beispielsweise berechtigt, eine unter dem Kohlenlager befindliche Tonschicht (ohne Berührung des Kohlenlagers) selbst dann auszubeuten, wenn hierdurch der Bergwerksbetrieb in dem Kohlenflötze beeinträchtigt wird[4]), z. B. dadurch, daß durch die Wegnahme des Tons dem Kohlenflötz und den darin befindlichen Bergbaueinrichtungen die erforderliche Stütze entzogen wird. Auch auf § 909 BGB (unzulässige Vertiefung) kann sich der Bergbauberechtigte nicht berufen, da § 909 auf das Rechtsverhältnis zwischen Grundeigentümern und Bergbauberechtigten überhaupt keine Anwendung findet.

Diese Rechtslage hat eine Änderung erfahren durch die „Verordnung über Beschränkungen zur Sicherung der Gewinnung von Bodenschätzen" vom 28. 2. 1939 — RGBl. I S. 381. Hiernach können nämlich Flächen, die für Zwecke der Gewinnung von Bodenschätzen in Anspruch genommen werden sollen, zur Verhinderung einer dem künftigen Verwendungszweck widersprechenden Bebauung den Vorschriften dieser VO mit der Wirkung unterworfen werden, daß die Baugenehmigungsbehörde im Einvernehmen mit der unteren Bergbehörde die baupolizeiliche Genehmigung solchen genehmigungspflichtigen Bauvorhaben, die die Durchführung der bergbaulichen Maßnahmen erschweren würden, versagen kann. Für die Baubeschränkung ist, falls hierdurch ein bereits bestehender Wirtschaftsbetrieb unwirtschaftlich wird, angemessene Entschädigung, anderenfalls zur Vermeidung von Härten Entschädigung nach billigem Ermessen zu gewähren, und zwar seitens der begünstigten Bergwerksunternehmer (§ 3 Abs. 1 und 2 VO). Die Entscheidung über Voraussetzungen und Umfang der Entschädigungspflicht soll nach § 3 Abs. 3 VO der höheren Verwaltungsbehörde und deren vorgesetzten Stellen vorbehalten sein; die Frage nach der Weitergeltung dieser Bestimmung der VO wird man verneinen und auch für diesen Fall einer „Aufopferung" den Rechtsweg vor dem ordentlichen Gericht für zulässig erachten müssen (vgl. oben § 43 D III 2f.).

---

[2]) Über das Verhältnis zwischen öffentlichen Verkehrsanstalten und Bergbau s. Arndt bei Gruchot 52, 63ff,; vgl. RG 58, 149.

[3]) RG 5, 266. Arndt bei Gruchot 52, 63ff.

[4]) RG 38, 329; bekämpft von Isay Berggesetz 1 ,87.

II. Ersatzpflicht des Bergwerksberechtigten

In jedem Fall ist der Bergwerksbesitzer (nach § 100 OldenburgBG der Bergwerksunternehmer; nach § 112 des BG für Lippe der Inhaber des Schürfrechts) verpflichtet, für allen Schaden, welcher dem Grundeigentum[5]) oder dessen Zubehörungen durch den unterirdisch oder mittels Tagebaus geführten Betrieb des Bergwerks zugefügt wird, vollständige Entschädigung zu leisten ohne Unterschied, ob der Betrieb unter dem beschädigten Grundstück stattgefunden hat oder nicht, ob die Beschädigung verschuldet ist[6]) und ob sie vorausgesehen werden konnte (§ 148 PrABG).

1. Einleitung. Der Betrieb des Bergwerks im Sinne des § 148 umfaßt alle diejenigen Handlungen und Verrichtungen, zu denen das Berggesetz den Bergwerkseigentümer in Ansehung der fremden Grundstücke ohne vorgängiges Enteignungsverfahren berechtigt[7]), und die somit von den an den fremden Grundstücken Berechtigten nicht abgewehrt werden können. An die Stelle des entzogenen Abwehranspruchs tritt der Schadenersatzanspruch.

2. Passivlegitimation. Haftbar für den Schaden ist derjenige, welcher bei Eintritt des Schadens der Eigentümer[8]) des Bergwerks (nach § 100 OldenburgBG: der Bergwerksunternehmer; nach § 112 des BG für Lippe: der Inhaber des Schürfrechts) ist, auch wenn die Betriebshandlung, durch welche die Schädigung verursacht wird, schon unter seinem Vorbesitzer vorgenommen wurde[9]). Voraussetzung ist nur, daß das schädigende Berg-

---

[5]) Auch das im Gemeingebrauch stehende Staatseigentum ist geschützt (vgl. R 09 77); nicht aber das Leben.

[6]) Die Ersatzpflicht besteht, wenn die Halde sich selbst entzündet (Bolze 3 Nr. 181); wenn einem Bergwerk durch einen Nachbarbetrieb Wasser entzogen und es dadurch zusammengebrochen ist und Schaden angerichtet hat. Der Eigentümer des zusammengebrochenen Bergwerks ist ersatzpflichtig (Bolze 2 Nr. 272; Isay Bem. 3 zu § 148). Liegt ein Verschulden vor, so besteht neben dem Anspruch des § 148 Bergges. der Anspruch aus der unerlaubten Handlung (Bolze 3 Nr. 181 und Nr. 355).

[7]) Für Handlungen, die hierunter nicht fallen, wird nur aus einem besonderen Rechtsgrund (Verschulden) auf Schadenersatz gehaftet (Isay Bem. 2 zu § 148). Dabei ist zu berücksichtigen, daß Handlungen, welche eine planmäßige Benutzung der Oberfläche des Grundstücks bedingen, ohne vorherige Einräumung des Benutzungsrechts unzulässig sind und daher abgewehrt werden können. Für den durch eine solche rechtswidrige Handlung herbeigeführten Schaden wird nicht nach § 148 BG gehaftet (Isay a. a. O.). Handeln gegen Verbot stellt Verschulden (§ 823 Abs. 1) und unter Umständen Verzug (§ 286) dar.

[8]) Nur der Eigentümer ist haftbar, nicht auch derjenige, welcher das Bergwerk auf Grund eines vom Eigentümer abgeleiteten Nutzungsrechts besitzt. RG 71, 152; 30, 228. JW 94, 403; 09, 437; SeuffA 66 Nr. 71; Zeitschr f. Bergrecht 73, 516 u. 77, 162 (RG). A. M. Becher, Bay Landeszivilrecht 1019 und dortige Nachweise, der unter Bergwerksbesitzer nicht bloß den Bergwerkseigentümer versteht, sondern jeden, der das Bergwerk auf eigene Rechnung betreibt.

[9]) RG 30, 250; JW 93, 109; 97, 297; Becher, Bay. Landeszivilrecht 1019.

werk identisch ist mit dem, dessen Eigentümer in Anspruch genommen wird[10]). Dem hiernach Ersatzpflichtigen bleibt der Rückgriff gegen seinen Vorbesitzer vorbehalten, falls dieser nach dem der Besitznachfolge zugrunde liegenden Rechtsverhältnis regreßpflichtig ist.

Nicht dagegen kann der Ersatzberechtigte den Sonderrechtsvorgänger des Bergwerkseigentümers in Anspruch nehmen für einen Bergschaden, der erst nach dem Besitzwechsel entstanden ist. Der Schaden ist entstanden mit der Wahrnehmbarkeit der Einwirkung des Bergbaus auf das Grundstück, nicht bereits mit der Einwirkung auf das Vermögen[11]). Nur demjenigen, der zu diesem Zeitpunkt berechtigt an dem beschädigten Grundstück ist, steht der Ersatzanspruch zu[12]).

Ist der Schaden durch den Betrieb zweier oder mehrerer Bergwerke verursacht, so haftet jeder Bergwerksbesitzer zu gleichen Teilen (s. unten 3).

Zur Entschädigung berechtigt ist auch jeder Nutzungsberechtigte des Grundstücks, sofern der Schaden Nutzungsrechte trifft[13]).

Der Entschädigungsanspruch ist persönlicher Natur; er geht daher weder auf Seiten des Berechtigten noch auf der des Verpflichteten ohne weiteres[14]) auf den Sonderrechtsnachfolger über[15]).

Der Schadenersatz ist in Geld zu leisten. Der Bergbauberechtigte kann den Ersatzanspruch nicht dadurch abwenden, daß er sich erbietet, den Schaden selbst zu beseitigen (§ 249 Satz 2 BGB)[16]).

3. Schädigung des Grundeigentums und der Zubehörungen. Diese Vorschriften bezwecken, soweit möglich, eine Ausgleichung der Nachteile herbeizuführen, die dem Grundeigentum durch die Ausübung der dem Bergbau von der Gesetzgebung eingeräumten Rechte erwachsen. Eines dieser Rechte ist die Befugnis des Bergwerksbesitzers zum ungehinderten Betrieb des Bergwerks, den der Grundeigentümer dulden

---

[10]) Vgl. Daubenspeck, Bergrechtliche Entsch. 219, 231. Mitverantwortlich ist der Eigentümer desjenigen Bergwerks, dessen früherer Betrieb den durch den späteren Betrieb eines anderen Bergwerks veranlaßten Schaden vergrößert hat (vgl. Daubenspeck a. a. O. 337). Greift ein Bergwerksbesitzer in das Feld eines anderen unbefugterweise hinüber und verursacht hierdurch Schädigungen Dritter, so ist der andere Bergwerksbesitzer hierfür nicht verantwortlich. RG 35, 165.

[11]) Isay Bem. 12 zu § 148; vgl. JW 96, 720; R 14 Nr. 74 und andererseits bei einem Schaden infolge der Gefahr des Bergbaus JW 93, 109; 01, 157.

[12]) In der Veräußerung des beschädigten Grundstücks liegt nicht immer eine stillschweigende Abtretung (Bolze 1 Nr. 275, RG 30, 250. A. M. Isay Bem. 25 zu § 148).

[13]) Auch dem Pächter oder Mieter steht der Anspruch zu. RG 46, 280; 70, 242; 74, 313; R 09, 255; 15, 252 (RG). A. M. Becher, BayLandeszivilrecht 1019.

[14]) Eine stillschweigende Zession des Entschädigungsanspruchs auf den Käufer des geschädigten Grundstücks ist denkbar, s. jedoch oben N 12.

[15]) Becher, BayLandeszivilrecht 1019.

[16]) JW 21, 233.

muß, auch wenn er darunter Schaden leidet; aber dafür ist der Bergwerksbesitzer zum vollen Ersatz dieses Schadens verpflichtet. Nur derjenige Schaden ist auf Grund des § 148 zu ersetzen, welcher dem Grundeigentum oder dessen Zubehörungen zugefügt wird. Für diesen Begriff der Zubehörungen sind die § 93 ff. BGB maßgebend; wegen Beschädigung von beweglichen Sachen, die nach bürgerlichem Recht nicht Zubehörungen des Grundstücks sind, kann ein Schadenersatzanspruch auf bergrechtliche Normen nicht gestützt werden[17]). Weil nur der dem Grundeigentum zugefügte Schaden zu ersetzen ist, kann der Eigentümer eines durch den Bergbaubetrieb beschädigten Grundstücks nicht etwa Ersatz der Geschäftsverluste beanspruchen, die er in unmittelbarer Folge der Beschädigung des Grundstücks an einem außerhalb des letzteren betriebenen Gewerbe erlitten hat[18]).

4. Umfang der Ersatzpflicht. Im übrigen ist der dem Grundeigentum als solchem durch den Bergbaubetrieb erwachsene Schaden[19]) schlechtweg zu ersetzen[20]). Der Begriff des Schadens ist im Berggesetz nicht definiert und muß deshalb nach den Vorschriften des BGB (§ 249 ff.) beurteilt werden. Zu ersetzen ist der Vermögensschaden, der durch die Einwirkung des Bergbaus auf ein Grundstück verursacht ist. Maßgebend hierfür sind die Grundsätze des adäquaten Kausalzusammenhangs[21]) (s. oben § 43 B). Hiernach gehört zur vollständigen Entschädigung der Ersatz des gesamten (positiven) Schadens (§ 249 BGB) und des entgangenen Gewinns (§ 252 BGB). Die Grundsätze der Vorteilsausgleichung sind anzuwenden[22]). Hieraus ergibt sich, daß der Eigentümer des beschädigten Grundstücks für alle mit dem Betrieb des Bergwerks in Zusammenhang stehenden Vermögensnachteile, mögen sie unmittelbar oder mittelbar durch den Bergbau veranlaßt sein, Ersatz fordern kann, und daß es keineswegs erforderlich ist, daß die Unversehrtheit des Grundstücks infolge der Einflüsse des Bergbaus aufgehoben wird oder

---

[17]) Becher, BayLandeszivilrecht 1021. Vgl. JW 15, 908 (Fernleitungen eines Elektrizitätswerks), JW 10, 396.

[18]) RG 64, 276.

[19]) Ist durch den Betrieb des Bergwerks der Wert eines Grundstücks gemindert, so ist eine einmalige Kapitalabfindung und nicht eine fortlaufende Rente zu zahlen. Dies gilt auch dann, wenn die Wertminderung in der dauernd verminderten Ertragsfähigkeit ihren Grund findet und sich mithin die Folgen des entstandenen Schadens in die Zukunft erstrecken und sich alljährlich erneuern. Vgl. RG 45, 203.

[20]) Darüber, inwieweit sich der Geschädigte mit der Wiederherstellung des früheren Zustandes begnügen muß, vgl. RG 11, 266 und §§ 249, 250, 251 BGB.

[21]) Bolze 1 Nr. 267; JW 83, 98; 96, 218; RG 64, 276. — Über den Einfluß der Preissteigerung (Geldentwertung) auf die Bemessung der Schadenhöhe vgl. R 20 Nr. 2998 (RG) und andererseits R 20 Nr. 2999 (RG) und oben § 43 N 22.

[22]) Z. BergR 64, 231 (RG).

auch nur eine Einbuße erleidet. Somit erzeugt schon die bloße Gefahr schädlicher Einwirkungen den Schadenersatzanspruch, sofern durch diese Gefahr eine Minderung des gemeinen Werts des Grundstücks herbeigeführt ist[23]). Es ist deshalb auch dafür Ersatz zu leisten, daß ein Grundstück durch den Bergbau seine bisherige Bauplatzeigenschaft eingebüßt hat[24]), oder daß durch Bodensenkungen eine Erschwerung des Eisenbahnbetriebs bewirkt wird[25]). Demgemäß hat die Rechtsprechung dem Grundbesitzer z. B. auch für die Trockenlegung seines Brunnens und für die Entziehung bisher oberirdisch zugeflossenen Quellwassers Schadenersatz zugesprochen, auch wenn ihm Sonderrechte in diesen Beziehungen nicht zur Seite standen, und obgleich er diese Handlungen, wenn in Ausübung des Eigentumsrechts von dem Nachbar vorgenommen, ohne Entschädigung hätte dulden müssen.

Deshalb haftet der Bergwerksbesitzer dem Besitzer einer Windmühle für die Schädigung, welche die Mühle infolge der Windentziehung durch Aufschüttung des bei Gewinnung des Minerals gebrochenen und aufgelagerten Steinmaterials (Halden) erleidet, obwohl dem Mühlenbesitzer kein gesetzliches Recht auf Windbezug zusteht[26]).

5. Schädigung durch den Bergwerksbetrieb. Voraussetzung ist natürlich immer, daß die schädigende Handlung im Betrieb des Bergwerks geschehen ist. Unter Betrieb des Bergwerks im Sinne des § 148 PrABG ist nur die unmittelbar auf Förderung des Minerals gerichtete Tätigkeit, der Betrieb im engeren Sinn[27]), zu verstehen; dagegen ist bei solchen Anstalten

[23]) RG 30, 250; 84, 197; JW 98, 124; 02, 157; 14, 600. Vgl. auch R 26 Nr. 17 (RG).

[24]) Über den Begriff „Bauland" s. JW 23, 927. Ist dem Grundstück durch den Bergbau die Bauplatzeigenschaft entzogen, so kann es für die Ersatzpflicht nicht darauf ankommen, daß möglicherweise künftighin Verhältnisse eintreten können, durch die das Grundstück wieder bausicher wird. Denn bei einem einmal entstandenen Schaden hat Kläger nicht die Verpflichtung, auch noch nachzuweisen, daß er ein dauernder bleiben werde. Gruchot 42, 726 (RG). Vgl. JW 14, 107; R 15, 539; RG 93, 262.

[25]) Gruchot 45, 941 (RG). [26]) RG 49, 282.

[27]) Unter den Betrieb des Bergwerks fallen: Schächte (JW 02, 322). Nicht unter den Betrieb des Bergwerks fallen: Halden (JW 21, 252. A. M. Gruchot 30, 1008); Aufbereitungsanlagen, Koksöfen (JW 90, 125; RG 35, 170; JW 15, 1125; R 16, 652); Anlagen zur Weiterbeförderung des gewonnenen Materials, z. B. Zechenbahnen (JW 11, 338; R 15, 307 [RG]); Entwässerungsanlagen (RG 26, 224; 35, 171). Die vorsätzliche Ableitung der Grubenwässer in Wasserläufe fällt zwar unter den Betrieb des Bergwerks, allein dabei handelt es sich um eine Benutzung der Oberfläche fremder Grundstücke oder fremder Wasserläufe; eine solche Benutzung fällt nicht unter § 148 Bergges. (Isay Bem. 2 zu § 148 ABG. A. M. dagegen die herrschende Meinung vgl. JW 93, 49; 10, 396 und andererseits Bolze 7 Nr. 128; JW 11, 338). Die Beseitigung der Grubenwasser durch Versickernlassen fällt nicht unter § 148 ABG (RG in BrassertZ 48, 288). Feuer ist Betriebsvorgang im Sinne des § 148, wenn es gerade in dem Teil, wo die Kohle gefördert wurde, in der anstehenden freigelegten Kohle seine Nahrung fand. Gleichgültig ist, ob das Feuer durch Zufall oder durch die Fahrlässigkeit eines Dritten entstanden ist; das Feuer hängt trotzdem im Rechtssinn mit dem Grubenbetrieb zusammen (LZ 25, 778 = WarnE 25, 94 RG).

oder Einrichtungen, welche die Bearbeitung, Aufbewahrung, Weiterbeförderung und Verwertung des Minerals betreffen, die Schadenersatzpflicht des Bergwerksbesitzers nach den allgemeinen Gesetzen zu beurteilen; deshalb fallen Schäden, die durch Immissionen aus Maschinen und Anlagen über Tage (z. B. Grubenbahnen) hervorgerufen werden, auch wenn sie unmittelbar dem Bergwerksbetrieb zuzuschreiben sind, nicht unter die Vorschrift des § 148 PrABG[28]), ebensowenig Handlungen und Veranstaltungen, welche zur Ausgleichung eines durch den Bergwerksbetrieb hervorgerufenen Schadens vorgenommen werden[29]).

Ist die Schädigung im Betrieb des Bergwerks erfolgt, so ist es für die Ersatzpflicht des Bergbauberechtigten unerheblich, ob er Eigentümer des Grundstücks ist, auf welchem die dem Nachbar schädliche Handlung vorgenommen wird. Es kommt nur darauf an, ob der Schaden durch den Betrieb des Bergwerks zugefügt wurde[30]); ist dies der Fall, so muß der Bergwerksbesitzer auch dann entschädigen, wenn er auf Grund seines Eigentums am Grund und Boden oder einer sonstigen Berechtigung befugt ist, die schädliche Handlung, z. B. Entziehung des Quellwassers, vorzunehmen; denn die Ersatzpflicht ist nicht davon abhängig, daß der Bergwerksbesitzer widerrechtlich gehandelt hat.

6. Schädigung durch mehrere Bergwerksbetriebe. Ist der Schaden durch den Betrieb zweier oder mehrerer Bergwerke verursacht, so sind die Besitzer dieser Bergwerke gemeinschaftlich, und zwar ohne Rücksicht darauf, ob der Schaden zum größeren oder geringeren Teil von dem einen oder anderen Bergwerk verursacht ist, zu gleichen Teilen zur Entschädigung verpflichtet[31]) (§ 149 PrABG). Im Verhältnis der

---

[28]) JW 15, 601; RG 26, 227; 35, 171. Der Grundstückseigentümer kann gegen solche Immissionen die Eigentumfreiheitsklage erheben (Gruchot 55, 1168 RG).

[29]) RG 35, 170. Der Bergwerksbetrieb hatte die Trockenlegung eines Sees erfordert. Um Ersatz für den Entgang des Trink- und Nutzwassers für die Angrenzer zu schaffen, hat der Bergwerksbesitzer auf einem ihm gehörigen Grundstück Wasser erbohrt, wodurch die Brunnen der Kläger trocken gelegt wurden. Der hierfür eingeklagte Ersatzanspruch wurde abgewiesen. Ebenso RG 26, 225. Der Bergwerksbesitzer hatte behufs Entwässerung der durch den Bergbaubetrieb gesunkenen und versumpften Gegend eine Anlage gemacht, welche eine allmähliche Senkung des Grundwasserstandes zur beabsichtigten Folge hatte und hierdurch die Brunnen der Kläger trocken legte.

[30]) Das schädigende Ereignis braucht nicht die einzige Ursache des Erfolgs gewesen zu sein; es genügt, wenn es eine war (LZ 25, 778 RG).

[31]) Vgl. RG 8, 283; 102, 318; JW 89, 249. Eine notwendige Streitgenossenschaft ist auf Seiten der mehreren Bergwerksbesitzer nicht gegeben; es kann also die Klage nur gegen einen derselben erhoben werden. Becher, BayLandeszivilrecht 1019 Anm. 40. Bei Schädigungen durch Bergbau einer Gewerkschaft und Immissionen Dritter besteht kein Gesamtschuldverhältnis. JW 08, 119 Nr. 20.

Bergwerksbesitzer unter sich ist der Nachweis eines anderen Teilnahmeverhältnisses nicht ausgeschlossen (§ 179 Abs. 2 PrABG)[32].

7. Mitwirkendes Verschulden eines Dritten. Hat zur Entstehung oder Vergrößerung eines Bergschadens eine unerlaubte Handlung eines Dritten mitgewirkt, so stehen dem Beschädigten zwei aus verschiedenen Rechtsgründen Verpflichtete gegenüber, von denen jeder nur in dem von ihm verursachten und daher zu verantwortenden Umfang haftet; ein Gesamtschuldverhältnis kann weder aus §§ 830, 840 BGB abgeleitet werden, da der Bergbau keine unerlaubte Handlung ist, noch aus § 431 BGB, da die jeden einzelnen betreffende Verpflichtung zur Wiederherstellung des früheren Zustandes (§ 249 BGB) sich je nach der zu vertretenden Einwirkung verschieden gestalten wird[33].

8. Ausschluß der Ersatzpflicht. Der Bergwerksbesitzer (Schürfer) ist nicht zum Ersatz des Schadens[34]) verpflichtet, welcher an Gebäuden oder anderen Anlagen durch den Betrieb des Bergwerks[35]) (bzw. das Schürfen) entsteht, wenn solche Anlagen[36]) zu einer Zeit errichtet worden sind, wo die denselben durch den Bergbau (bzw. das Schürfen) drohende Gefahr[37])

---

[32]) Vgl. RG 69, 422; 79, 288.

[33]) RG 67, 275. Dort wurde gleichwohl Gesamthaftung für den Fall angenommen, daß die beiden schädigenden Ursachen nebeneinander, nicht erst nacheinander eingewirkt haben, weil der Anspruch des Geschädigten in erster Linie auf Wiederherstellung (§ 249) geht, dieser Anspruch aber unteilbar ist (§ 431) und die sonach für diesen Anspruch begründete Gesamthaftung durch die bloße Umwandlung des Anspruchs in eine Geldforderung nicht aufgehoben wird.

[34]) Im Fall des § 150 will der Gesetzgeber das unvorsichtig errichtete Gebäude weggedacht wissen und die Schadenersatzpflicht so regeln, als wenn das Grundstück nach wie vor eine unbebaute Grundfläche wäre. War das Grundstück eine Baustelle und hat es diese Eigenschaft durch den Bergwerksbetrieb verloren, so ist dieser Minderwert auch im Fall des § 150 Bergges. zu ersetzen (RG 59, 287).

[35]) Bei Immission von Asche aus den Kaminen einer Zeche fällt der Anspruch des Nachbars weg, wenn er sein Haus zu einer Zeit erbaut hat, als bereits die Immission auf die Baustelle vorhanden waren. A. M. Gruchot 45, 1013 (RG).

[36]) Eine Gasröhrenleitung kann als Anlage im Sinne des § 150 Berggesetz in Betracht kommen, jedoch nicht dann, wenn die Leitung in einer bereits bestehenden Ortsstraße gelegt wird. RG 61, 23. Nach §§ 153, 154 ABG nehmen die öffentlichen Verkehrsanstalten eine besondere Stellung ein, s. hierüber JW 23, 754.

[37]) Es muß sich um die Gefahr handeln, die später den Schaden herbeigeführt hat (Bolze 4 Nr. 170; 10 Nr. 135; R 18, 122). Bei Grundstücken, in deren Nähe der Bergbau umgeht, gibt es eine absolute Bausicherheit überhaupt nicht. Trotz der dadurch begründeten allgemeinen Gefahr kann gebaut werden. Der Einwand des groben Verschuldens steht dem Bergwerksbesitzer nur dann zur Seite, wenn im Einzelfall dem Grundstück besondere (konkrete) Gefahren gedroht haben, die der Grundbesitzer bei gewöhnlicher Aufmerksamkeit erkennen konnte (JW 24, 1980 RG).

dem Grundbesitzer[38]) bei Anwendung gewöhnlicher Aufmerksamkeit[39]) nicht unbekannt bleiben konnte[40]) (§ 150 ABG). Muß wegen einer derartigen Gefahr die Errichtung solcher Anlagen unterbleiben, so hat der Grundbesitzer auf die Vergütung der Wertminderung, welches sein Grundstück hierdurch erleidet, keinen Anspruch, wenn sich aus den Umständen ergibt, daß die Absicht, die Anlage zu errichten, nur kundgegeben wird, um jene Vergütung zu erzielen.

9. Verjährung. Ansprüche auf Ersatz eines durch den Bergbau oder das Schürfen verursachten Schadens, welche sich nicht auf Vertrag gründen, verjähren in 3 Jahren von dem Zeitpunkt an, in welchem der Verletzte von dem Schaden und der Person des Ersatzpflichtigen Kenntnis erlangt[41]), ohne Rücksicht auf diese Kenntnis in 30 Jahren von dem Eintritt des Schadens an (§ 150 ABG mit § 852 BGB).

10. Zuständigkeit. Die Zuständigkeit richtet sich nach §§ 12ff. ZPO. Zuständig ist auch das Gericht, in dessen Bezirk das beschädigte Grundstück liegt (§ 26 ZPO)[42]).

---

[38]) § 150 ABG findet auch auf solche Fälle Anwendung, wo nicht der klagende Grundbesitzer, sondern dessen Vorgänger bei Errichtung der später beschädigten Anlage die gewöhnliche Aufmerksamkeit außer acht gelassen hat. RG 34, 268; JW 96, 309.

[39]) Das ist gleichbedeutend mit grober Fahrlässigkeit, also einer besonders erheblichen Außerachtlassung der gebotenen Sorgfalt. JW 24, 1980 (RG). LZ 10, 1545; RG 11, 337. Vgl. JW 91, 579; 94, 597; 95, 30; 98, 527; 00, 402 und 832; 03, 131; Bolze 1 Nr. 274; 19 Nr. 109; 6 Nr. 129.

[40]) Vgl. Gruchot 46, 1152 (RG). — Der Umstand, daß der Bergbau in der Nähe des Grundstücks umgeht, wird in der Regel noch nicht die Besorgnis begründen, daß der Baugrund durch den Bergbau gefährdet sei. Ob dies der Fall ist, hängt ab von der Art und dem Umfang des Bergbaubetriebs, den Bodenverhältnissen, der Beschaffenheit des Deckgebirges, der Lagerung der Flötze usw. Von einem Laien (gewöhnlichen Bergarbeiter) kann man nicht erwarten, daß er hierüber unterrichtet ist. Nur wenn er von Tatsachen Kenntnis erlangt hat, die bei jedem vorsichtigen Mann Zweifel an der Bebaubarkeit des Grundstücks rege zu machen geeignet sind, besteht die Pflicht, Erkundigungen einzuziehen (Gruchot 42, 1032 RG). Eine bloße Warnung, durch welche die konkrete Gefahr nicht deutlich erkennbar gemacht wird, hat für sich allein noch nicht die Wirkung, daß der Grundbesitzer durch Außerachtlassung der Warnung seiner Entschädigungsansprüche verlustig geht. Gruchot 44, 993 (RG).

[41]) Vgl. JW 93, 89; 96, 720; 97, 428; 11, 494 u. 726; 14, 419; R 18, 35; Gruchot 48, 1060.

[42]) Bolze 20 Nr. 723.

Wortregister

B

L

S

T

Kolibri 360 GmbH
Ferdinand-Jühlke-Straße 7
99095 Erfurt, Deutschland
produktsicherheit@kolibri360.de